A HISTORY OF PHILOSOPHY

A HISTORY OF PHILOSOPHY

A HISTORY OF PHILOSOPHY

西方哲学史

上

（英）勃特兰·罗素 著

解志伟 侯坤杰 译

应急管理出版社

·北 京·

图书在版编目（CIP）数据

西方哲学史／（英）勃特兰·罗素著；解志伟，侯坤杰译．--北京：应急管理出版社，2019

ISBN 978-7-5020-7425-8

Ⅰ．①西… Ⅱ．①勃… ②解… ③侯… Ⅲ．①西方哲学—哲学史 Ⅳ．①B5

中国版本图书馆 CIP 数据核字（2019）第 066005 号

西方哲学史

著　　者　（英）勃特兰·罗素
译　　者　解志伟　侯坤杰
责任编辑　陈棣芳
封面设计　吕彦秋

出版发行　应急管理出版社（北京市朝阳区芍药居 35 号　100029）
电　　话　010-84657898（总编室）　010-84657880（读者服务部）
网　　址　www. cciph. com. cn
印　　刷　天津文林印务有限公司
经　　销　全国新华书店

开　　本　787mm×1092mm 1/16　**印张**　48　**字数**　850 千字
版　　次　2019 年 8 月第 1 版　2019 年 8 月第 1 次印刷
社内编号　20191842　**定价**　128.00 元（全二册）

美国版序言

哲学史著述可谓硕果累累，我编纂的目的并不在于追求为哲学史研究增加一部别无二致的作品，而是要将哲学作为社会生活和政治生活的一个不可分割的部分进行展示——我并非把哲学作为卓越超凡的个体的幽思冥想，而是既把各种盛行制度下不同社群的品性作为哲学的影响，又把这些品性看成哲学的成因。这一目的就要求对一般性的历史知识做出比通常哲学史家更多的叙述。我感觉对普通读者未必熟稔的那几段历史时期来说，叙述更多的历史知识尤其必要。十一世纪的改革促生了经院哲学时代，反过来，这些改革又是对此前颓废堕落的反动。假如不了解罗马衰亡到中世纪教权兴起之间的那几个世纪的历史，就难以理解十二、十三世纪的士林风气。在叙述这段时期的哲学时，正如叙述其他时期的哲学一样，我致力于提供足够必要的一般历史知识，以达成对生成哲学家的相关时代与在哲学家襄助下生成的时代的交互理解。

这种观点会带来这样的结果，叙述中给予一个哲学家重要性的强调往往与其哲学价值有所背离。例如在我看来，与洛克相比，斯宾诺莎是一位更伟大的哲学家，但是他的影响要小得多，因而我对他的叙述就比对洛克的叙述要简略得多。有些人——如卢梭和拜伦——尽管在严格的学术意义上完全算不上哲学家，然而他们深远地影响了当时盛行哲学思潮的倾向，如果忽略了他们，就不可能理解哲学的发展。就影响这方面而言，甚至纯粹的实干家们有时也非同寻常——没有几个哲学家对哲学的影响能和亚历山大大帝、查理曼大帝或者拿破仑相提并论；莱库格斯，假如确有其人的话，就更是一个显著的例子了。

要想涵盖更加宽广的时间跨度，就必须要有强烈的选材原则。在阅读了一些中规中矩的哲学史后，我得出了这样一个结论：过分简略的叙述是不会让读者得到有价值的收获的。因此在我看来那些似乎不值得加以详述的人物（除了极少数例外）就完全略过不提了。在我所讨论的人物中，我只提及那些看起来似乎与他们的生平和社会背景相关的东西；有时我甚至会记下某些本身无关紧要的细节，只要我认为这些细节对一个人或者他的时代具有解释说明意义。

最后，一些专家的研究涉及我所研究的庞大题材中的一些内容，对于他们我还要再做一番辩解和致歉。显而易见，相比任何一位哲学家，我所拥有的知识都不能和一个研究范围并不广泛的人相比。我坚信，关于任何一个我论述到的哲学家（除了莱布尼茨以外），很多人都比我知道得多。然而，如果以此为充分理由必须谨守缄默的话，那么就很难有人来论述某一个短暂历史片段之外更多的东西了。斯巴达对于卢梭的影响、柏拉图对于十三世纪以前基督教哲学的影响、聂斯托利教派对于阿拉伯人以及进而对于阿奎那的影响、自伦巴第诸城的兴起到今天圣·安布洛斯对于自由主义的政治哲学的影响——这些都是只有在一部综合性的历史著作中才能处理的题材。基于上述理由，我要请求那些发现我研究的主体中某些知识显得不足的读者们迁就，如果没必要记住“时间是飞驰的战车”这句话，我关于这部分知识的论述可能会更充分一些。

本书得以问世要归功于巴恩斯（Albert C. Barnes）博士。原稿是为宾夕法尼亚大学的巴恩斯基金会的讲座写作而成，其中一部分内容曾被讲授过。

正如最近十三年来我的大多数作品一样，我的妻子巴特雷西亚·罗素在我的研究和其他许多方面都曾对我鼎力相助。

勃特兰·罗素

英国版序言

为了使本书免于遭受更多其所应得的苛刻的批评，我有必要做些致歉和解释。

我要向研究不同学派和个别哲学家的专家们致歉。我所论及的每一位哲学家，可能莱布尼茨例外，都比我知识丰富。编著一部涉及范围广泛的作品，这种情况是难以避免的，因为既然我们不能长生不老，那么凡是要撰写这样的书的人，对书中任何一部分所花费的时间势必要比一个集中精力研究一位作者或一个时代的人所花费的时间要少。有些学术严谨、毫不妥协的人可能会断言：根本就不应该撰写题材宏大的书籍；如果真要写的话也应该由许多不同作者的专题论文组成。但是多个作者合著存在一定的缺陷——如果历史的运动中存在统一性，如果前后相继发生的历史事件有联系，那么为了将这种统一性和联系表现出来，时代前后相继发生的事情就应当在一个人的思想中加以综合。一位卢梭的研究者可能难以公平对待卢梭与柏拉图和普鲁塔克的书中所记述的斯巴达的关系；一位研究斯巴达的历史学家未必就能先知先觉地联想到霍布斯、费希特和列宁。体现这样的关系正是本书的目的之一，而这一目的只有通过广泛的考察才能完成。

哲学史著作已经有很多部了，但据我所知，还没有一部其目的与我为自己所设定的完全相同。哲学家们既是结果，也是成因。他们是其时代社会政治与制度环境的产物；如果幸运的话，他们也可能是后世政治与制度的信条的成因。在大多数哲学史中，每个哲学家都仿佛出自真空一般——除了最多和早先的哲学家们在思想上相互有些联系以外，他们被展现出来的观点仿佛与其他一切都没有任何关系似的。与此相反，在事实所允许的范围内，我总是试图把哲学家呈现为其环境的产物，显示为一个笼统而宽泛的形式，具体并集中体现了以他作为其中一员的社会所共同拥有的思想和感情的人。

这就需要加入一些纯粹社会历史性质的章节。如果缺乏关于希腊化时代的一些知识，就无法理解斯多葛派和伊壁鸠鲁派；如果不了解一些公元五世纪到十五世纪基督教发展的历程，就不可能理解经院哲学。因此，我简明扼要地叙述了一些在我看来对哲学思想最有影响的历史概况；某些读者可能不太熟悉某段历史时期，比如早期中世纪，对此我进行了详细的叙述。但是在这些历史性的章节中，我已经严格地排除了任何看起来与前代后世的哲学没有联系或联系很少的内容。

选材对于今天这样一本书来说是十分不易的。缺乏细节的作品往往空洞乏味；铺陈细节则易于让人感到冗长难以忍受。撰写过程中我采取折中的办法，即只叙述那些在我看来相当重要的哲学家，关于他们提到的则是这样一些细节——其本身并不十分重要，却因为能够澄清疑难或是使描述生动而具有一定的价值。

从古至今，哲学就不只是某些学派之间的问题或少数学者之间的论争，而是社会生活的一个重要组成部分，这就是我著述的初衷。如果本书有任何贡献，也是来自上述观点。

本书得以问世要归功于巴恩斯（Albert C. Barnes）博士。原稿是为宾夕法尼亚大学的巴恩斯基金会的讲座撰写而成，部分内容曾经被讲授过。

正如在最近十三年来我的大多数著作上一样，我的妻子巴特雷西亚·罗素在我的研究和其他许多方面都曾给过我很大的帮助。

目录
Contents

第一卷
古代哲学

■ 第一篇　前苏格拉底哲学家

■ 第二篇　苏格拉底、柏拉图、亚里士多德

■ 第二篇　经院哲学家

导论

我们称之为“哲学的”人生观和世界观是两个要素的产物——一个是世代相传的宗教与道德观念；另一个是一种在最宽泛的意义上使用“科学”这个词，可以被称为“科学的”那种研究。不同个体的哲学家千差万别主要在于这两个要素在他们体系中所占的比例各不相同，但正是这两个要素在某种程度上的并存才构成了哲学的特征。

“哲学”这个词曾经被人以多种方式使用过，有些意义比较宽泛，有些意义比较狭隘。我打算以一个非常宽泛的意义来使用该词，现在就这一点我来做一番解释。

哲学，就我对这个词的理解来说，是某种介于神学和科学之间的东西。如同神学一样，它包含了对迄今仍为确切知识所不能肯定的事物的思考；像科学一样，哲学诉诸人的理性而非权威，不管这权威是来自传统还是来自启示。我主张，一切确定的知识属于科学，一切超越确定知识之外的信条则属于神学。但是在神学和科学之间是一片他们彼此攻讦的真空地带，这片真空地带暴露在神学和科学两方面的夹击之下，它就是哲学。几乎所有苦思冥想的心灵最感兴趣的问题都是科学无法回答的，而神学家们确信无疑的答案也不再像过去的几个世纪那样令人心悦诚服了。世界是被分成心和物吗？如果是，那么何为心？何为物？心是从属于物，还是自身具有自主力？宇宙拥有统一性和目的性吗？是在朝着什么目标演化吗？真的存在自然律法吗？还是我们相信自然律法只不过是出自我们与生俱来固有内在的对秩序的钟爱？人是否如同天文学家眼中看到的那样，是一小块不纯净的碳和水，无力地在一个渺小微不足道的星球上爬行？或者是不是哈姆雷特眼中看到的那个样子？会不会二者兼备？生活方式有无高低贵贱之分？还是所有的生活方式都是无所谓的？假如真有一种高尚的生活方式，那它的内容是什么？我们又该如何获得这种高尚的生活方式？善之永恒就是为了得到应有的重视？抑或哪怕宇宙注定走向灭亡而善却依然值得追求？所谓智慧这种东西到底存不存在，还是智慧只不过是精明至极的愚蠢？所有这些问题在实验室里是找不到答案的。各种神学声言要给出答案，但全都过于确定。而正是他们的这种确定性让现代思维满腹狐疑地审视他们。研究这些问题，假如不是要回答这些问题，那就是哲学的事情了。

那么，也许你会问，为什么要在这些不可解决的问题上浪费光阴？对此人们可以以一个历史学家的身份来回答，也可以以一个面对宇宙间的孤独深觉恐怖的个人的身份来回答。

在本书中，我将在力所能及的范围内表述出历史学家的答案。自从人类拥有了自由思索的能力，他们的行为，在无数重要的方面都有赖于关于大千世界和人生的各种理论，有赖于善恶是非的各种理论。这一点亘古以来确凿未改。要了解一个时代或是一个民族，我们必须了解其哲学；而要了解其哲学我们自己在某种程度上必须就是哲学家。这里有一种互为因果的关系：人们的生活环境在很大程度上决定着他们的哲学；反过来，人们的哲学又在很大程度上决定着他们的环境。这种贯穿诸多世纪的交互作用就是接下来本书的主题。

然而，还有一种答案出自本人个人的观点。科学告诉我们可知的东西，但是可知的东西是很少的。一旦我们忘记了未知的是如此之多，我们就会对许多至关重要的东西变得麻木不仁。另一方面，神学诱导了一种武断的信念，认为实际上只要我们无知，我们便拥有了知识，这样做会对宇宙产生一种粗鲁的傲慢。在鲜活的希望和恐惧面前，不确定性是令人痛苦的，但是我们必须忍受，只要我们还希望在没有慰藉的童话的帮助下生活下去。无论是忘记哲学提出的这些问题还是说服自己我们已经找到了确凿的答案，都是不对的。教导人们如何在没有确定性的情况下生活并且不为犹豫所困扰，也许是哲学在我们的时代能够为研究者们所做的最主要的事情了。

异于神学的哲学，起始于公元前六世纪的希腊。历经古代时期之后，随着基督教的兴起和罗马的崩溃，这种哲学再次淹没于神学之中。十一世纪到十四世纪属于哲学的第二个重要时期，它完全是被天主教会所控制的，其间只有像德皇弗里德里希二世（1195—1250）这样少数的离经叛道者。这个时期以宗教改革为顶点的各种混乱和无序为终结。第三个时期，从十七世纪到当下，比起前两个时期来，哲学更多地为科学所支配。传统的宗教信仰依然很重要，但却让人感到辩解是必要的，而且每当科学似乎是使调整改造必需进行之际，宗教信仰就会被调整。从天主教的观点来看，这一时期的哲学家很少是正统的，而且他们认为世俗政权比教会要重要得多。

社会凝聚和个人自由，也如同宗教和科学一样，在整个历史时期都处于一种冲突或不安定的妥协状态。在希腊，社会凝聚力靠对城邦的忠诚保证。即便是亚里士多德，尽管在他生活的亚历山大大帝使城邦制逐渐废弃的时代里，也看不出其他政体能有什么优点。个人自由因其对城邦的责任的程度不同而大相径庭。在斯巴达，个人拥有的自由和在今天的德国或者俄国一样少；在雅典，尽管迫害时有发生，但是公民在最好的时代里享受过不受政权限制的极大的自由。直到亚里士多德为止，希腊思想一直为对城邦的宗教热诚和爱国热情所支配，其伦理体系与公民生活相适应，并含有很大的政治成分。随着希腊人先臣服于马其顿人，接着又臣服于罗马人，与那些独立岁月相适应的观念就不再适用了。这一方面造成了与传统的断裂和活力的丧失；另一方面一种更个人化，更缺乏社会性的伦理也由此产生。斯多葛派认为，有德行的生活乃是一种灵魂与上帝的关系，而不是公民与国家的关系，这样他们就为基督教铺平了道路。基督教像斯多葛主义一样，原本也是非政治性的，在最初的三个世纪里，他们的教徒对政府毫无影响。自亚历山大至君士坦丁的六个半世纪里，社会团结既不是靠哲学也不是靠古代的忠诚，而是靠强力得到保证的，起初依靠军队的强力，随后靠公共行政机构的强力。罗马军队、罗马道路、罗马法律以及罗马官吏首先建立了起来，随之维持了一个强大的中央集权国家。没有什么可以归功于罗马哲学，因为根本就不存在什么罗马哲学。

在这一漫长的时期，从自由时代传承下来的希腊观念经历了一个循序渐进的转化过程。某些古老的观念，尤其是那些我们认为颇具宗教色彩的，收获了相对的重要性；而那些更富理性色彩的，因为不符合时代的精神而被抛弃。后世的异教徒们就是以这种方式整修了希腊的传统，使之能为基督教教义所吸收。

基督教普及了一种早已包含在斯多葛派学说中但是对于古代一般精神却很陌生的重要见解，即我所认为的人对上帝的责任要比对国家的责任更为重要这一见解。苏格拉底和十二门徒常说“我们应该服从神更胜过服从人”，这种见解在君士坦丁皈依之后一直保存了下来，因为早期的基督教皇帝是阿里乌斯派信徒或者倾向于阿里乌斯派。当皇帝们转变成正统教徒时，这种见解就戛然而止了。在拜占庭帝国，它依然潜存着，正如在后来的俄罗斯帝国一样，俄罗斯帝国的基督教正是源自君士坦丁堡。[1]但是在西方，除了高卢的部分地区外，天主教的皇帝们几乎是立即就被异教的蛮族征服者们所取代，于是宗教忠诚应该优越于政治忠诚的观点延续下来，并且在某种程度上迄今不绝如缕。

蛮族的入侵使西欧的文明中断达六个世纪之久。只是在爱尔兰还苟延残喘，直到九世纪时才被丹麦人摧毁。在它灭绝之前，它还在那里造就了一位卓越的人物——司各脱·厄里根纳。在东罗马帝国，希腊文明如同枯木衰草，又如同尘封在博物馆里一样，就这样一直延续到1453年君士坦丁堡陷落。但除了一种艺术传统和查士丁尼罗马法典之外，君士坦丁堡给世界带来的重要的东西寥如晨星。

公元五世纪到十一世纪中叶属于黑暗时代，西罗马地区经历了一些颇有趣味的变化。基督教带来的对上帝的责任和对国家的责任之间的冲突，以教会与国王之间的冲突这种形式表现出来。教皇的教权蔓延到意大利、法国、西班牙、大不列颠和爱尔兰、德国、斯堪的纳维亚和波兰。初始之时，除了在意大利和法国南部，教皇对于主教和修道院长的控制十分薄弱。但自从十一世纪晚期格里高利七世时代（十一世纪末）以来，教皇的控制力量变得更加实际而有效了。从那时起，教士在整个西欧就形成了一个受罗马指挥的单一组织，挖空心思、残酷无情地追名逐利；直至公元1300年之后，在与世俗统治者们的较量中教会总是胜利者。教会与政权的冲突并不只是教士与凡俗之人的冲突，同时也是地中海世界与北方蛮族之间冲突的重演。教会的统一就是罗马帝国统一的回响：其祷文是拉丁文，其主要首脑是意大利人、西班牙人或者南方法国人。当教育恢复之后，他们的教育也是古典的。他们的法律观念和政府观念在马可·奥勒留皇帝看来要比近代君主们看来更容易理解。教会既代表着对过去的延续，也代表当下最文明的存在。

与之相反，世俗的权力则掌握在有条顿血统的王侯手中，他们竭尽全力保留从日耳曼森林中带出来的种种制度。绝对的权力与这些制度格格不入，对于这些生机勃勃的征服者来说，那些法律制度同样显得死气沉沉、毫无生气。国王必须和封建贵族们分享自己的权力，但是所有人都期待着能够不时地以战争、谋杀、劫掠和奸淫的形式发泄激情。君主们也会忏悔，因为他们对宗教也是笃信虔诚的。而且，忏悔本身毕竟也是激情的一种形式。但是教会永远也不能在他们身上创造出循规蹈矩的良好品行，就像一个现代的雇主要求他的员工安分守己但无济于事一样。在精神亢奋状态下，如果他们不能酗酒、杀戮或是纵情欢愉，那征服世界又有何意义呢？而且既然他们拥有骁勇善战的骑士队伍，又为什么要听命于

「1」这就是为什么现代俄国人并不认为我们应该遵从辩证唯物主义胜过遵从斯大林。

誓言独身而又手无寸铁的书呆子呢？尽管教会不认可，他们依然保留了决斗和比武的审判方法，他们还发展出了马上比武大会和温情脉脉的恋爱。有时，他们甚至会狂暴骤发而杀死声名显赫的教士。

所有的军事武装力量都在国王这一边，然而教会仍然是胜利者。教会能够获胜，一方面是因为它几乎垄断了教育；另一方面是因为国王们经常相互杀伐；但是除了极个别的例外，主要是因为统治者和民众都笃信教会掌握着天堂的钥匙。教会可以决定一个国王应该永恒升入天堂还是永远坠入地狱。教会还可以解除臣民效忠的责任，从而可以鼓动叛乱。此外，教会在无政府状态代表着秩序，并因此获得了新兴的商人阶级的支持。在意大利，这最后一点尤其具有决定意义。

条顿人企图至少部分保留教会独立性，不仅表现在政治上，还表现在艺术、浪漫故事、骑士精神和战争上。但是这一点在知识界很少得到表现，因为教育几乎完全局限于教士阶层。中世纪公开可见的哲学并不是一面忠实反映时代的镜子，而是某个派别的思想的镜子。然而，在教士们中间，尤其是在方济各会的修士们中间，却无疑有一定数目的人因为种种原因和教皇之间存在分歧。此外，文化传播到俗人中间在意大利要比在阿尔卑斯山以北早好几个世纪。弗里德里希二世曾试图建立一种新的宗教，这代表了反教皇文化达到了顶峰；托马斯·阿奎那，尽管出生在弗里德里希二世至高无上的那不勒斯王国，却直到今天依然是教皇哲学的经典阐释者。大约五十年后，但丁完成了一种综合，并给整个中古观念世界做了唯一的一套均衡的阐述。

但丁之后，因为政治上的和理智上的种种原因，中世纪哲学综合体系分崩离析了。中世纪哲学存续期间，它具有整齐、玲珑和完整的性质，这个体系论述到任何一点都与其极有限的宇宙中的其他内容建立起一个非常精确的联系。但是宗教大分裂、宗教会议运动和文艺复兴的教廷终于导致了宗教改革运动。宗教改革摧毁了基督教世界的统一性和以教皇为中心的经院哲学的政府理论。在文艺复兴时代，无论是关于古典时期的还是关于地球表面的新的知识，都使人对理论体系心生厌倦，人们感到理论体系是心灵的监狱。哥白尼的天文学赋予地球和人类的地位远比在托勒密的理论中卑微得多。新事物带来的乐趣取代了思考、分析和体系化的乐趣。尽管文艺复兴时期的艺术依然崇尚整齐有序，但是其思想却倾向于庞大繁复杂乱无序。从这方面来说，蒙田是这个时代最典型的代表。

在政治理论方面，正像除了艺术以外的一切事情一样，秩序也崩溃了。中世纪尽管事实上动荡不安，但是思想却被寻求合法性和严谨的政治权力理论的热情所支配。一切权力根本上都是源自上帝，上帝将神圣事务的权力交给了教皇，将世俗事务的权力交给了皇帝。但是在十五世纪，教皇和皇帝同样都丧失了自己的重要性。教皇变成了意大利诸侯中的一员，在意大利的强权政治中从事种种不可思议的勾心斗角和寡廉鲜耻的游戏。在法国、西班牙和英国，新的君主专制的民族国家在他们自己的领地上享有的权利，无论教皇还是皇帝都无法干涉。民族国家，主要是拥有了火药的缘故，对人们的思想和感情产生了一种从未有过的影响，并逐渐摧毁了罗马残留下来的追求文明统一这一信念。

这种政治上的混乱无序在马基雅维利的《君主论》一书中有所阐述。政治没有了任何指导原则，已经变成了赤裸裸的争权夺利，至于如何才能在这种赌局中立于不败之地，《君主论》一书给出了精明的建议。伟大的希腊时代出现过的情况在文艺复兴时期的意大利重现——传统道德的束缚消失了，因为人们将其与迷信联系在一起，从羁绊中解放出来，个人的精力充沛而又富于创造力，从而造就了一个罕见的天才的繁盛期；但是礼崩乐坏不可避免地带来混乱无序和阴险诡诈，却使得意大利人在整体上无能为力，最终他们也像希腊人那样，沦落到文明程度不如自己但却不像他们那样缺乏社会凝聚力的民族的支配之下了。

但是结果不像希腊的情况那么具有灾难性，因为新兴的强有力的民族，除了西班牙外，都表现出他们能够像以往的意大利人那样取得伟大的成就。

十六世纪之后，宗教改革便在欧洲思想的历史中占有主导地位。宗教改革是一场复杂多面的运动，其成功也要归功于许多不同的原因。总体上，这是北方民族对罗马统治东山再起的反抗。宗教曾经是征服欧洲北方的力量，但是在意大利却颓废了。教廷作为一种制度还存在着，并且从德意志和英格兰抽取大量的赋税，但是这些虔诚不改的民族对波尔嘉和美第奇家族却实在难以怀有什么敬意，这些家族借口可以用金钱从炼狱中拯救灵魂，但却将聚敛来的钱财挥霍在奢侈而又不道德的行径上。民族的、经济的、道德的动机结合在一起，强化了对罗马的反叛。此外，君主们不久就发现，如果他们领地上的教会变成纯粹的民族教会，就可以对其加以控制，并因此在自己的土地上变得远比在和教皇分享权力时强大有力。由于这种种原因，路德的神学改革在北欧的大部分地区既受到统治者的欢迎，也得到了人民的拥护。

天主教教会有三个源头：其圣史是犹太的，其神学是希腊的，其政府和教会法至少间接是罗马的。宗教改革摒弃了罗马的要素，淡化了希腊的要素，但是大大加强了犹太的要素。因此宗教改革和民族主义势力展开了合作，这些民族主义势力一直致力于瓦解先由罗马帝国后由罗马教会所做的那种社会团结工作。在天主教的教义中，神圣的启示并不随着经典而结束，而是通过教会的媒介代代传承下去；因而，个人意见服从教会的意见乃是个人的责任。与之相反，新教徒拒绝承认教会是传达神圣的启示的媒介；真理只能在《圣经》中寻找，而每个人对《圣经》都可以有自己的解释。如果人们的解释出现分歧，那么也并没有神所指定的权威来解决这种分歧。实际上，国家将曾经属于教会的权力宣布为自己所有，但这是一种篡夺。在新教的理论中，灵魂和上帝之间应该是没有任何尘世的中间人的。

这一变化的作用极其重大。真理不再通过权威做出肯定，而是通过内在的沉思来获得肯定。于是一种趋势迅速发展起来，在政治上趋向无政府主义，而在宗教上趋向神秘主义，而这与正统天主教教义体系始终格格不入。那时出现的不是一种新教，而是许多教派；不是一种与经院哲学相对立的哲学，而是有多少位哲学家就有多少种哲学；不像在十三世纪那样，只有一个皇帝与教皇对立，而是有许多异端的国王。结果无论是在思想上还是在文学上，出现了一种不断加深的主观主义，起初是作为从精神奴役下有益身心的解放的活动，但却朝着不利于社会健康的个人孤立倾向稳步前进。

近代哲学始于笛卡尔，他最基本肯定的就是他自己及其思想的存在，外在世界就是由此推断而来的。这不过是经过贝克莱和康德直到费希特的发展历程的第一阶段。到了费希特，他认为万物都不过是自我的流溢，这是荒谬的；而之后的哲学也一直试图从这一极端逃回到日常生活的常识世界中去。

政治上的无政府主义和哲学上的主观主义携手并进。在路德还在世时，那些不受欢迎也不被承认的弟子们就已经发展出再洗礼派的教义了，这一学说曾一度统治了明斯特城。再洗礼派拒绝一切法律，因为他们认为好人是无时无刻不受圣灵的引导的，而圣灵是不受任何准则约束的。从这个前提出发，他们得到了共产主义和性乱交的结论，因而这一学派在经过了一段顽固的抵抗之后还是被消灭了。但是他们的教义却以一种更柔和的形式传播到荷兰、英国和美国，这就是历史上贵格会的起源。一种和宗教无关、更加激进的无政府主义兴起于十九世纪，在俄国、西班牙以及较小程度上在意大利，都取得过一定的成功；直到今天，它依然是美国移民局眼中可怕的怪物。这种近代的形式，尽管反宗教，但是依然具有许多早期新教的精神，不同之处主要在于将路德指向教皇的敌意转而指向了世俗政府。

主观性一旦脱缰，就不能再被限定在任何疆域之内，而只能一路狂奔到底。在道德上，新教徒强调个人的良知，其本质上是无政府主义的。风俗和习惯是如此有力，以致除了像在明斯特那样偶尔短暂的爆发之外，个人主义的信徒们在伦理上依然按照传统认为合乎道德的方式行动。但这是一种不稳固的心理平衡。十八世纪对“感性”的崇拜开始破坏这种平衡——一种行为被赞赏，不是因为有好结果，也不是因为与某种道德准则相符合，而是因为都具有将其激发出来的情操。由这种态度发展出了卡莱尔和尼采所表现的英雄崇拜，或拜伦式的对任何激情的崇拜。

浪漫主义运动，无论是在艺术上、文学上还是在政治上，都与对人的主观主义判断方式相联系，即人不被当作集体的一员，而是被当作令人愉悦的审美冥想的对象。老虎比绵羊更美丽，但是我们更希望老虎被关在牢笼里。典型的浪漫派却要拿掉牢笼来欣赏老虎毁灭绵羊时那壮丽的一跃。他激励他人将自己视为老虎，但是当他成功时结果也并不总是令人愉快的。

针对近代主观主义各种近乎失常的形式曾经出现很多不同的反应。首先是一种不彻底的折中妥协的哲学，即试图给政府和个人划分各自领域的自由主义学说。这种学说的近代形式开始于洛克，他对于所谓“热情主义”，即再洗礼派的个人主义和对绝对权威与传统的盲从都是同样反对的。另一种更彻底的反抗则导致了国家崇拜学说的诞生，这种学说把国家提高到教会甚至上帝之于天主教信仰的地位。霍布斯、卢梭和黑格尔代表了这种理论的不同方面，而他们的学说在实践上就体现为克伦威尔、拿破仑和近代德国。共产主义在理论上和这种哲学相距甚远，但是在实践上也趋向于一种和国家崇拜的结果十分相似的共同体。

从公元前600年至今，在这段漫长的发展历程中，哲学家们可以分成希望加强社会约束和希望放松社会约束的两种人。这个差别和许多其他的差别相关联。纪律主义者宣扬某种或旧或新的教条体系，并不得不因此被迫或多或少地仇视科学，因为他们的教条不能被经验所证明。他们几乎总是在教训人，说幸福并不是善，而唯有“高贵”和“英雄主义”才值得赞许。他们对人天性中非理性的部分怀有同情，因为他们认为理性不利于社会团结。另一方面，除了极端的无政府主义者之外的自由论者们，都倾向于科学、实用、理性而反对激情，并且是一切较深刻的宗教形式的敌人。这种冲突早在我们认为的哲学兴起之前就存在于希腊，并且在早期的希腊思想中已经十分明显。其不同的变化形式一直延续到今天，无疑也会延续到未来的许多时代。

这场争论中的各方，就像长期以来一直存在的诸多争论一样，每一方都是正确与错误交加的。社会团结是必要的，但是人类迄今为止还没有过仅凭理性的论辩就能达到团结的成功先例。每个社会都受到两种相对立的危险的威胁：一种是过于强调纪律和对传统的尊重而导致的僵化；另一种是随着个人主义和个人独立性的增长而发生的合作的不可能，进而导致社会解体或对外来征服的屈服。一般说来，重要的文明都是从一个严格而迷信的体系出发，逐渐宽松，并在一定阶段发展为一个天才辈出的辉煌时代，其时，传统中好的东西保留了下来，而其内在的会导致其解体的坏东西还没有得到发展。但是随着坏东西的不断发展，它就走向无政府主义，从而又不可避免地走向一种新的暴政，最终出现新教条体系所保证的一种新的综合。自由主义的学说就是一种想要逃脱这种无休止的反复的尝试。自由主义本质上企图脱离非理性的教条建立一种社会秩序，并且除了维系社会所必须的束缚外，不再以更多的束缚来保证社会稳定。这种企图是否能够成功，只有未来才能断定。

西方哲学史

A HISTORY OF PHILOSOPHY

第一卷

古代哲学

I

西方哲学史
A HISTORY OF PHILOSOPHY

第一篇

前苏格拉底哲学家

I

第一章

希腊文明的兴起

在全部历史中，再没有什么比希腊文明的骤然兴起更令人感到惊奇和难以解释的了。构成文明的大部分东西已经在埃及和美索不达米亚存在了好几千年，并从那里传播到邻近国家。但是其中却始终缺失某些要素，一直等到希腊人才把这些缺失的要素提出来。希腊人在艺术和文学上的成就是人尽皆知的，但他们在纯粹知识领域所做的贡献更加卓越不凡。他们首创了数学[1]、科学和哲学；他们最先编纂撰写了有别于纯粹年表的历史；他们自由地思索着世界的性质和生活的目的，而不为任何因循守旧的正统观念的枷锁所束缚。所发生的一切是如此令人惊叹，以致直到最近人们依然对希腊的天才持续感喟并神秘地谈论着他们。但是现在已经有可能通过科学的观念来了解希腊的发展了，而且也的确值得我们这样去做。

哲学始于泰勒斯，因为他预言过一次日食，所以我们可以很幸运地据此来推断他的年代；据天文学家们说，这次日食发生于公元前 585 年。哲学和科学原是不分的，他们一起诞生于公元前六世纪初期。在这之前希腊及其邻近的国家发生了哪些事情？任何回答都必然具有揣测的性质，但是这个世纪的考古学给予我们的知识已经比我们的前人所掌握的多得多了。

文字发明在埃及大约是公元前 4000 年，在巴比伦稍晚一些。这两个国家的文字书写最初始于象形图画。这些图画很快变得约定俗成了，于是话语就用表意符号来表示，正如在中国目前依然通行的那样。在几千年的过程中，这种繁复的

「1」古埃及人和巴比伦人已经有了算术和一些几何学，但是以经验的方式存在。从一般的前提进行演绎性的思考，这是希腊人的创新。

体系发展成了拼音文字。

在埃及和美索不达米亚，文明的早期发展应该归功于尼罗河、底格里斯河和幼发拉底河，这些河流使得农业生产非常容易且量产丰富。这种文明在许多地方都接近于西班牙人在墨西哥和秘鲁所发现的那种文明。在这里有一个神圣的国王，他拥有专制的权力；在埃及，国王还拥有所有的土地。在这里有一种多神教，国王和多神教的至高无上的神有着亲密的关系。有军事贵族，也有祭司贵族。国王懦弱或战事失利，贵族祭司往往会侵凌王权。土地的耕种者是农奴，他们属于国王、贵族以及祭司。

古埃及和巴比伦的神学大相径庭。古埃及人关注的是死亡，他们相信死者的灵魂下到阴间，在那里根据其尘世的生活方式受到奥西里斯的审判。他们相信灵魂终将回到身体中来，这导致了木乃伊的制作和宏伟陵墓的修建。金字塔群就是在公元前4000年末叶和公元前3000年初叶由历代国王建造的。在这之后，古埃及文明就变得越来越僵化，宗教保守主义使得进步变得寸步难行。大约公元前1800年，埃及被叫作喜克索斯人的闪米特族所征服，他们在埃及统治了大约两个世纪。尽管没在埃及留下什么永久的痕迹，但是他们在那里的出现一定曾有助于古埃及文明在叙利亚和巴勒斯坦的传播。

巴比伦的发展比古埃及更带有黩武好战的色彩。最初统治这里的种族并不是闪米特人，而是“苏美尔”人，对苏美尔人的起源我们仍不清楚。他们发明了楔形文字，作为征服者的闪米特人从他们那里接受了这种书写体系。曾有一段时期，许多独立的城邦彼此交战，但最终巴比伦称霸并建立了一个帝国。其他城邦的神退居次要地位，而巴比伦的神马尔督克则获得如同后来宙斯在希腊众神中的地位。古埃及也发生过同样的事情，不过时间要早得多。

古埃及和巴比伦的宗教与其他古代的宗教一样，最初都是生殖崇拜。大地是阴性的，太阳是阳性的。公牛常被认为是雄性生殖力的象征，牛神是非常普遍的。在巴比伦，大地女神伊什塔尔在众女神中至高无上，在整个西亚，这位伟大的母亲以不同的名字受到崇拜。当希腊殖民者在小亚细亚找到她的神庙时，他们把她称作阿耳忒弥斯，并且接受了原有的礼拜仪式。这就是“以弗所人的狄安娜”的起源。基督教将她转变为童贞女玛利亚，直到在以弗所的一次宗教大会上将“圣母”的头衔合法地授予了我们的教母。

只要宗教和帝国政府能够结合在一起，政治动机就会大大改变宗教原来的面貌。一位男神或女神就会和国家联系起来，他们不仅要赐予丰收，还要保证战争的胜利。富有的祭司阶层精心设计出一套仪式和神学，将帝国各个部分的神灵一起安置在一座万神殿里。

通过和政府的联系，神和道德也有了联系。立法者从神那里接受了他们的法典，因此违反法律就是亵渎神明。现在所知最古老的法典是由大约公元前2100年的巴比伦王汉谟拉比制定的；国王宣称这一法典是由马尔督克递交给他的。宗教与道德的联系在整个古代变得越来越紧密。

与古埃及不同，巴比伦的宗教更关心此世的繁荣而非来世的幸福。巫术、占卜和占星术，尽管不是巴比伦特有的，但在这里却比在其他地方得到更充分的发展，而且也主要是通过巴比伦，它们在古代后期才奠定了地位。从巴比伦也流传下来一些属于科学的东西：一天分成24个小时，圆周分成360度，以及日食和月食周期的发现，从而使月食能够被准确地预报，而且能够以某种盖然性预言日食。我们下面将会看到，这些巴比伦的知识，泰勒斯是学到了的。

古埃及和美索不达米亚的文明是农业文明，而那些周边的民族起初则是游牧文明。最初的商业发展几乎全在海上，一个新的要素随着商业的发展出现了。直到公元前1000年左右武器还都是青铜制造的，有些国家本土缺乏这些必要的金属，他们被迫通过贸易或海盗劫掠来获得它们。海盗劫掠只是权宜之计，在社会和政治条件相当稳定的地方，商业很快被发现更加有利可图。在这方面，克里特岛似乎是先驱。克里特岛曾出现一种艺术上极为发达的文化——米诺斯文化，它存续了大约十一个世纪，可以说从公元前2500年到公元前1400年。克里特艺术遗物给人一种欢愉甚至是颓废奢靡的印象，与阴森恐怖的古埃及神庙迥然相异。

阿瑟·伊文思爵士和其他人的发掘工作之前，人们对于这一重要的文明几乎一无所知。这是一种航海民族的文明，与古埃及保持着密切的联系（除了希克索斯人统治的时期以外）。从古埃及的图画中可以看出，克里特的水手们在埃及和克里特之前进行过相当可观的商业贸易，这种商业贸易在公元前1500年左右达到顶峰。克里特的宗教看上去和叙利亚、小亚细亚的宗教有很多相同之处，但是在艺术上和古埃及的相同点更多一些，虽然克里特的艺术颇具有原创性并且充满了令人惊异的生命力。克里特文明的中心是位于克诺索斯的所谓“米诺斯宫殿”，古希腊的传说中一直流传着对它的追忆。克里特的宫殿极其宏伟壮丽，但在大约公元前十四世纪末被摧毁了，或许是希腊侵略者所为。克里特历史纪年是从在克里特发现的古埃及器物和在埃及发现的克里特器物中推断出来的，我们的知识完全建立在考古学的证据之上。

克里特人崇拜一个或数个女神。最毋庸置疑的女神是“动物们的女主人”，她是一个女猎手，或许就是古典的阿耳忒弥斯的来源[1]。她或者其他的女神同时也是一位母亲；而唯一的男神，除了“动物们的男主人”之外，就是她年轻的儿子。有证据认为克里特人信仰死后的生命，就像古埃及的信仰一样，尘世的行为在死后会受到赏罚。但是总体来说，从他们的艺术作品上看，克里特人是乐观的民族，并没有受到阴沉的迷信太大的压迫。他们喜好斗牛，斗牛中女斗牛士和男斗牛士一样展现出令人叹为观止的技巧。斗牛是一种宗教庆典，阿瑟·伊文思爵士认为表演者属于最高等的贵族。流传下来的图画无不生动逼真。

克里特人有一种线性的文字，至今仍未被破译。在本土他们是和平的，他们的城市都没有围墙，毫无疑问他们受海权保护。

公元前1600年左右，米诺斯文明在毁灭之前传播到了希腊大陆，在那里它经历了逐渐的蜕化，一直存在到公元前900年左右。这种大陆文明叫作迈锡尼文明，它是在国王们的陵墓和山顶上的堡垒中被发现的，这说明他们比克里特人更害怕战争。陵墓和堡垒一直都给古希腊的想象力留下深刻的印象。宫殿中的器物如果不是确实出自克里特工匠之手，也和克里特风格有密切的联系。透过一层朦胧传说的迈锡尼就是荷马诗歌所描述的文明。

关于迈锡尼人还有很多不确定的地方。他们的文明是被克里特人征服的结果吗？他们是说希腊语吗？还是本身就是年代较早的土著种族？对于这些问题现在还不可能有确切的答案，但是总体上看，他们很可能是说希腊语的征服者，至少其贵族阶层是由来自北方浅色头发的入侵者组成的，他们带来了希腊的语言[2]。希腊人以前后相继的三波浪潮进入希腊，先是爱奥尼亚人，接着是亚开亚人，最后是多利安人。爱奥尼亚人虽然是征服者，但是似乎相当完整地采纳了克里特的文明，正如后来罗马人采纳了希腊的文明一样。但是爱奥尼亚人受到他们的后继者亚开亚人的侵扰，并大部分遭到驱逐。从波伽兹－科易（Boghaz-Keui）发掘出的赫梯泥板我们得知，亚开亚人曾经在公元前十四世纪建立过一个庞大而又有组织的帝国。已经被爱奥尼亚人和亚开亚人的战争所削弱的迈锡尼文明，事实上被最后的希腊入侵者多利安人所毁灭。以前的入侵者大部分采用了米诺斯的宗教，但是多利安人保留了祖先原始的印度－欧罗巴宗教。但是迈锡尼时代的宗教依然不绝如缕，特别是在下层人民中间；古典时代的希腊宗教就是这两者的混合。

---

[1] 她有一个男性的孪生兄弟或配偶，但并不那么重要。将阿耳忒弥斯和小亚细亚的伟大母亲等同起来是后来的事。

[2] 见马丁·P·尼尔逊（Martin P. Nilsson）：《米诺斯－迈锡尼宗教及其在希腊宗教中的残留》，第11页以下。

尽管以上的叙述可能确有其事，但是我们必须记住我们并不知道迈锡尼人到底是不是希腊人。我们所知道的只是他们的文明衰败于铁器取代青铜器时，并且有一段时期海上霸权落到了腓尼基人手中。

在迈锡尼时代后期及这一时期结束之后，一些入侵者定居下来变成了农耕者，另一些则继续推进，先是进入希腊群岛和小亚细亚，接着进入西西里岛和意大利南部，在那里他们建立了城市并靠海上贸易为生。希腊人最初在这些沿海的城市里对文明做出实质性的崭新贡献；后来又出现了雅典霸权，但是当雅典兴起时也同样是和海权联系在一起的。

希腊大陆多山而又贫瘠。虽然有许多土地肥沃的山谷，出海也很方便，但是彼此之间的陆路交通却被山峦所切断。在这些山谷里，独立的社区就逐渐成长起来。这些社区靠农业为生，环绕着一个通常是近海的城镇。在这种情况下，任何社会的人口一旦过剩，本地的资源无法支撑时，陆上无法生存的人们就会很自然地去航海。大陆上城市建立了殖民地，而且殖民地往往是在谋生比本国容易得多的地方。因此在最初的历史时期，小亚细亚、西西里和意大利的希腊人要比大陆上希腊本土的人更加富庶。

希腊不同地区之间的社会体制存在很大差异。在斯巴达，少数贵族阶层依赖榨取另一种族的农奴的劳动为生；在较为贫穷的农业地区，占人口大多数的农民在家人的协助下耕种属于自己的土地。但是在贸易和制造业繁荣地区，自由公民们依靠使用奴隶而致富——男奴采矿，女奴编织。在爱奥尼亚，这些奴隶来自邻近的野蛮人，通常最早都是战俘。随着财富的积累，地位高的妇女越来越被孤立，她们在后来的希腊文明生活里几乎不受尊重，只有斯巴达是个例外。

一般的发展历程是从君主制过渡到贵族制，再到僭主制和民主制的交替。国王并不像在古埃及和巴比伦那样具有绝对的权力，他们必须听从元老会议的劝告，也不可能违背习俗而不受惩罚。“僭主制”并不一定意味着一个坏政府，而只是意味着一个不是通过世袭获取权力的人来统治。“民主制”指的是全体公民共治，但是公民中并不包括奴隶和女人。早期的僭主们，像美第奇家族那样，因为是各地的财阀中最富有的成员而获得权力。他们财富的来源则常常是占有金银矿，从爱奥尼亚附近的吕底亚传来了新的铸币制度使他们一夜暴富[1]。铸造货币似乎是公元前700年以前不久被发明的。

商业贸易和海上劫掠起初是难以区分的，这两种活动最重要的结果是希腊

「1」见乌雷（P. N. Ure）：《僭主制的起源》。

人获得了书写艺术。尽管书写在古埃及和巴比伦已经存在了几千年了，而且米诺斯的克里特人也有一种文字（还没有被破译），但却没有决定性的证据能够证明希腊人在公元前十世纪之前已经学会了写字。他们从腓尼基人那里学会了这种技艺，而腓尼基人像其他叙利亚的居民们一样，受到来自古埃及和巴比伦两方面的影响，并且在爱奥尼亚、意大利和西西里的希腊城邦兴起之前一直保持着海上霸权。公元前十四世纪时，叙利亚人给古埃及的异教国王伊克纳顿[1]写信时依然使用楔形文字；但是推罗的海拉姆（公元前 969 年—前 936 年）就已经开始使用腓尼基字母了，而腓尼基字母或许正是从古埃及文字中发展出来的。古埃及人最初使用的是一种纯粹的图画象形文字，这些图画在约定俗成之后逐渐开始代表音节，通常是其所描画的事物的名字的第一个音节，最终按照“字母 A 是一个射青蛙的弓箭手 Archer”[2]这样的原则代表单个的字母。最后这一步不是由古埃及人自己而是由腓尼基人完成的，拼音字母由此获得了一切的便利性。希腊人又从腓尼基人那里借用了这种字母体系，并加以改造来适应他们自己的语言，例如加入元音使字母表不再只有辅音这个重要的创新就是希腊人完成的。毫无疑问，获得这种便利的书写方法极大地促进了希腊文明的兴起。

希腊文明第一个著名的产物就是荷马。关于荷马的一切都是推测，但是看起来最好的意见似乎是认为荷马是一系列诗人的共名而非一个诗人。《伊利亚特》和《奥德赛》这两本书完成的时间前后相差差不多两百年，有人认为是公元前 750 年到公元前 550 年[3]，也有人认为“荷马”在公元前八世纪末就已经写成了[4]。《荷马史诗》现存的形式，是被庇西特拉图带到雅典的，他在公元前 560 年到公元前 527 年间断断续续地在雅典执政。自他之后，雅典的青年就开始背诵荷马，这成为他们的教育中最重要的部分。而在希腊的其他地方，特别是在斯巴达，荷马直到较晚的时期才享有同样的声望。

荷马的诗歌，像中世纪后期的宫廷传奇一样，代表了一种文明开化的贵族阶层的观点，并把在大众中依然流行的许多迷信当作下等人的低俗的东西而忽略掉。但是到了更后来的时代，许多这样的迷信又重见天日。根据人类学研究的结

「1」Ikhnaton，也写作 Akhenaton，古埃及国王（公元前 1375？—1358？），他摈弃了旧神，倡导一种敬拜太阳的新仪式。

「2」例如，希伯来文的第三个字母“Gimel”指的是骆驼，而这个符号本身就是一个约定俗成的骆驼的形象。

「3」贝洛赫，《希腊史》，第十二章。

「4」罗斯托夫采夫，《古代世界史》，第一卷，第 399 页。

论，近代的作家们断定：荷马是一个删订者而不是一个原创者，就像一个十八世纪式古典神话阐释家，怀有一种上层社会温良有礼的启蒙理想。在《荷马史诗》中代表宗教的奥林匹斯众神，无论是在当时还是后来都不是希腊人唯一的崇拜对象。在群众性宗教中还有更黑暗更野蛮的要素，虽然在希腊智慧的昌盛期被压制着，但是始终在等待着虚弱和恐惧的时刻爆发。每逢衰败的时代就会证明，荷马所摈弃的那些宗教迷信在整个古典时代依然存在，只是看上去隐约朦胧罢了。这个事实揭示了许多本来是自相矛盾和令人惊奇的事情。

任何地方的原始宗教都是部族的而非个人的。人们举行特定的仪式，借助交互情感的魔力来增进部落的利益，特别是动植物和人口的繁衍。冬至时要祈求太阳不要再减小威力，春天和收获也需要举行适当的祭礼。这些常常能够激起一种集体的激情，个人在其中没有了孤立感而感到自己与整个部族融为一体。在全世界范围内，在宗教演化的特定阶段，作为牺牲的动物和人是要按照一定的仪式被杀死或吃掉的。在不同的地区，这一阶段出现的时间或早或晚。通常，把人作为牺牲祭品的习俗要比将作为牺牲祭品的人吃掉的习俗持续得久一些，在希腊历史的早期也未曾完全消失。没有这些残酷特征的祈求丰收的仪式在整个希腊也很普遍，特别是厄琉西斯秘仪，其象征体系是根植于农耕的。

我们必须承认《荷马史诗》中的宗教并不那么具有宗教气息。众神完全是人性的，与人的不同只在于他们长生不死并具有超人的威力。在道德上他们没有什么值得称道的地方，也很难看出他们是怎么激起人们那么强烈的敬畏的。一些章节被认为写得比较晚，其中神灵们受到伏尔泰式的不恭敬的对待。《荷马史诗》中能找到的真正的宗教感情与奥林匹斯众神无关，而是命运、必然、天数这些即便宙斯也要俯首称臣的冥冥的存在。命运的观念对整个希腊思想产生了极为深远的影响，而且这也许就是科学能够得出对于自然律法信仰的源头之一。

《荷马史诗》中的众神是征服者的贵族阶级的神，而不是对那些在田里劳作的人们有用的丰收之神，正如吉尔伯特·穆雷所说[1]：

“大多数民族的神都宣称曾经创造了世界。但是奥林匹斯众神却并不自命如此。他们所做的主要是征服世界……当他们已经征服了他们的王国之后，又干了些什么呢？他们关心政治吗？他们促进农业生产吗？他们从事商业贸易和工业吗？完全没有。他们为什么要从事任何本分踏实的工作呢？依靠税收过活并对不交税的人大发雷霆在他们看来更加舒适安闲。他们都是征服欲望强盛的首领，是

「1」《希腊宗教的五个阶段》，第67页。

海盗之王；他们征伐、宴游、寻欢作乐；他们开怀痛饮，并且高声嘲笑那些服侍他们的瘸腿铁匠。除了自己的王，他们一无所惧。除非在恋爱或战争中，他们从不说谎。”

荷马笔下的人间英雄，行为同样也不是那么端正。为首的珀罗普斯家族就没能成功地树立起幸福的家庭生活的榜样。

“亚洲人坦塔罗斯，这个王朝的建立者，是以直接冒犯神灵开始其事业的。有人说，他企图诱骗神去吃人肉，吃掉他自己儿子珀罗普斯的肉。珀罗普斯在奇迹般地复活之后，也接着冒犯神明。他之所以在那场著名的战车比赛中能赢得比萨王奥诺莫斯，是因为和后者的车夫串通一气，但是后来他又干掉了许诺要付给报酬的同伙，把他沉入大海。于是希腊人称之为‘阿特’（ate）的诅咒便遗传给他的儿子阿特柔斯和提厄斯忒斯，这是一种强烈但并非不可抗拒的犯罪冲动。提厄斯忒斯奸污了自己的嫂子，并因此将家族的‘幸运物’著名的金羊毛偷到了手。阿特柔斯反过来先是想方设法放逐了自己的兄弟，后来又以和解为借口把他召了回来，设宴款待让他吃了他自己孩子的肉。这个诅咒又传给了阿特柔斯的儿子阿伽门农，他因为杀死了一头用作祭品的鹿而得罪了阿耳忒弥斯，于是不得不牺牲掉自己的女儿伊菲格涅亚来平息女神的愤怒，并得以让他的舰队安全抵达特洛伊。阿伽门农又被他不忠的妻子克吕泰涅斯特拉和她的情夫埃癸斯托斯——提厄斯忒斯活下来的一个儿子所谋杀。阿伽门农的儿子，俄瑞斯忒斯又杀死了自己的母亲和埃癸斯托斯，为父报仇雪恨。”[1]

《荷马史诗》的定稿是爱奥尼亚的产物，而爱奥尼亚则是希腊化的小亚细亚及其附近岛屿的一部分。最迟到公元前六世纪，《荷马史诗》已经固定成为今天看到的形式。希腊的科学、哲学和数学也正是发端于这个世纪。在同一时期，世界上的其他地方也正在发生具有根本性影响深远的事件。孔子、佛陀和琐罗亚斯德[2]，假如确有其人，也同样属于这个世纪。在这个世纪的中叶，居鲁士建立了波斯帝国；到了这个世纪的末尾，在爱奥尼亚，波斯人曾经允许其拥有部分自治权的希腊城邦发动了一次未遂叛乱，这次叛乱遭到了大流士的镇压，这些城邦中的精英人物成了流亡者。这一时期，一些希腊哲学家就是流亡者，他们在未遭希腊世界奴役的地方，从一个城邦颠沛辗转到另一个城邦，传播了直到那时为止基

「1」罗斯（H. J. Rose），《希腊的原始文化》，1925年版，第193页。

「2」然而琐罗亚斯德的年代猜测的成分很大，有人将其前推至公元前1000年。参见《剑桥古代史》，第四卷，第207页。

本上仍局限在爱奥尼亚的文明。他们在周游过程中得到了殷勤的款待。色诺芬也是一个流亡者，他主要活动于公元前六世纪后半叶，他曾经说道："吃过一顿美味佳肴，围在冬天的火炉边，躺在柔软的长榻上，喝着美酒嚼着鹰嘴豆时，我们就应该问这样的问题：'老先生，您从哪个国家来？您多大年纪？米底人出现时您年岁几何？'"通过萨拉米斯和普拉提亚之战，希腊的其他部分成功地保持了独立，而在那之后，爱奥尼亚也获得了一段时间的自由。[1]

希腊分为数目众多的独立小国，每一个小国都包括一个城市和周围的农业地区。文明的水平在希腊世界各个不同地区是高低不一的，只有少数城邦对希腊整体的成就做出过贡献。在后文中我会有详细的论述，斯巴达在军事意义上很重要，但是在文化意义上并不如此。科林斯是一个重要的商业中心，繁荣而又富庶，但是却没有诞生过多少伟大的人物。

也有完全从事农耕的乡村地区，例如众口交赞的阿卡迪亚。城市人将其想象为世外桃源，但实际上那里充斥着古老的野蛮和恐怖。

居民们崇拜牧神潘，他们举行多种不同的祈求丰收的仪式，仪式中往往用一根光秃秃的柱子来代替神像。因为农民们太穷没有牛，山羊便成了丰收的象征。在饥馑之年，人们就击打潘神的神像（类似的事情至今在中国的偏远乡村地区仍未绝迹）。想象中的狼人家族也许和活人祭祀、食人肉习俗有关。那时人们认为谁要是吃了当作祭品的人的一块肉就会变成狼人。在一个山洞里供奉着宙斯·里凯欧斯（即狼宙斯），山洞里人都没有影子，任何走进去的人一年之内必将死掉。所有这些迷信在古典时代依然盛行。[2]

潘神原来的名字是"潘昂"，意为饲养人或者牧羊人。在公元前五世纪的希波战争之后，雅典人也接受了潘神崇拜，于是"潘昂"获得了这个更广为人知的名字，而此名翻译出来意思就是"全神"。[3]

然而，在古代希腊，也有许多东西让人感觉就是我们现在所理解的宗教。那些东西不是和奥林匹斯众神而是和狄俄尼索斯或者巴克斯联系在一起，我们会非常自然地把这位神想象为声名扫地的酗酒和烂醉之神。由于对他的崇拜就产生了一种影响深远的神秘主义，它深刻影响了很多哲学家，甚至对基督教神学的形成也有一定的影响。这种崇拜发展过程尤其值得关注，任何想要研究希腊思想的人

---

[1] 作为雅典被斯巴达打败的后果，波斯人重新获得了小亚细亚的海岸地区，他们对这一地区的权利通过安达希达斯和约得到了确认。大约五十年以后，这一地区又并入了亚历山大帝国。

[2] 罗斯（H. J. Rose），《原始希腊》，第 65 页以下。

[3] 哈里逊（J. E. Harrison），《希腊宗教研究导言》，第 651 页。

都必须对它加以深刻理解。

狄俄尼索斯或者巴克斯，原本是色雷斯人的神。色雷斯人文明程度远不如希腊人，因而被希腊人视为野蛮人。像所有原始农耕者一样，他们也有各种祈求丰收的仪式和一位保障丰收的神灵，他的名字就是巴克斯。我们始终不太清楚巴克斯到底是人形还是牛形。当他们发现了酿造麦酒的方法时，醉酒被认为是神圣的，巴克斯因而是应该被赞美的。当后来他们知道了葡萄并学会了酿造葡萄酒之后，巴克斯的形象更加美好了。于是他促进丰收的功能就逐渐从属于他与葡萄和醉酒的癫狂联系在一起而具有的功能了。

我们并不清楚对巴克斯的崇拜是什么时候从色雷斯传到希腊来的，但似乎是在历史时期刚刚开始之前。对巴克斯的崇拜尽管遭到了正统派的敌视，但是还是建立起来了。这种崇拜包含许多野蛮的成分，比如把野兽撕成一片一片的并全部生吞下去。其中还包括一种奇特的女性主义要素，贵妇名媛成群结队整夜在荒山上跳舞直至如醉如痴，这种癫狂一方面是因为酒精，但主要的原因却是神秘使然。丈夫们对这些行径很是恼怒，但是却不敢反对宗教。这种具有野性美的仪式在欧里庇得斯的剧本《酒神》中得到了展现。

巴克斯在希腊的胜利不足为奇。如同所有开化很早的民族一样，希腊人，至少是其中一部分人中间，产生了一种对原始事物的爱慕，一种对出于本能、更热情洋溢而不受当时道德制约的生活方式的渴望。对于那些受强迫在行为上比在感情上更文明的男男女女来说，理性是令人厌烦的，美德是一种负担和奴役。这导致了在思想、感情和行动上的反动。思想上的反动与我们密切相关，但是对于在感情和行为上的反动必须先说几句话。

文明人相对于野蛮人的不同之处主要在于谨慎，或者用一个稍稍宽泛一点的词来说，即深谋远虑。一个文明人为了将来的快乐，即便这快乐十分遥远，他也愿意忍受眼前的痛苦。这种习惯随着农业的兴起开始变得重要。没有一种动物或者野蛮人会为了能在冬天有东西吃而在春天工作，除了一些纯粹出自本能的行为方式，比如蜜蜂酿蜜和松鼠藏坚果。在这些情况下，远虑是没有的，有的只是一种行为的直接冲动，在人类观察者眼里，很明显这种冲动后来会被证明是有益的。只有当一个人做某件事不是受冲动的驱使，而是他的理性告诉他在未来的某个时间他会因此受益时，才出现了真正的深谋远虑。打猎不需要有远见，因为那是令人愉快的；但是耕种土地是一种劳作，并不是受自发的冲动驱使就能完成的。

文明抑制冲动并不是通过深谋远虑，那是一种加于自我的抑制，而且通过法律、习俗和宗教抑制冲动。这种抑制力是其从野蛮时代继承下来的，但是在文明时代变得更具系统性，更少自发性。某些行为被认为是犯罪，并被加以惩罚；另外一些行为，尽管不会被法律制裁，但被认为是邪恶的，出现这些行为的人会遭到社会的非难。财产私有制带来了女性的从属地位，通常还会创造出一个奴隶阶级。一方面社会的目的被强加给个人；另一方面，个人已经习惯于将自己的一生看作一个整体，于是越来越多的人为自己的未来而牺牲自己的现在。

显而易见，这个过程可以被推至极致，守财奴就是个例子。但纵然不会推到那样的极端，谨慎也很可能会造成生命中一些最美好的事情的缺失。巴克斯的崇拜者就是对谨慎的反动。酣醉之中，无论是肉体上还是精神上，人都又恢复了被谨慎所摧毁的强烈的感情，觉得世界充满了欢愉和美丽。人的想象力突然被从日常事物的监狱中解放出来。崇拜巴克斯的仪式创造了所谓“激情状态”，从词源学上讲，这个词指的就是让神进入崇拜者的身体，让信徒感觉自己已经和神合而为一。人类所取得的成就中大部分都包含着某种沉醉的成分[1]，某种用激情来扫除谨慎的行为。没有这种巴克斯的成分，生活是无趣的；有了这种成分，生活是危险的。谨慎和激情之间的对抗是一场贯穿整个历史的冲突，在这场冲突中我们不应偏袒任何一方。

在思想领域，清醒的文明大致就是科学的同义词。但是毫不掺杂其他事物的科学是难以让人满足的，人也需要激情、艺术和宗教。科学可以给知识划定界限，但却不应该给想象划定界限。在希腊哲学家中，像后世的哲学家一样，有些哲学家基本上是科学的，也有些科学家基本上是宗教的；后者大都直接或间接地受到巴克斯教的影响。这特别适用于柏拉图，通过他而适用于后来最终体现为基督教神学的种种发展。

狄奥尼索斯崇拜的原始形式是野蛮的，在许多方面是可憎的。其对哲学家们的影响并不是通过这种原始的形式，而是通过以奥尔弗斯之名精神化了的形式。这是一种禁欲主义的形式，而且以精神的沉醉来代替肉体的沉醉。

奥尔弗斯是一个朦胧且风趣的人物。有人认为他实有其人，另一些人则认为他是一个神或者是一个虚构的英雄。传说他和巴克斯一样也来自色雷斯，但是他或者和他的名字联系在一起的运动似乎更有可能是来自克里特。可以肯定的是，奥尔弗斯教义包含的很多东西似乎源于古埃及，而古埃及正是主要通过克里特而影响希腊的。据说奥尔弗斯曾经是一名改革者，他被正统巴克斯教狂热的女信徒们撕成了碎片。在关于他的传说较早的形式中，他对音乐的癖好还没有那么重

「1」此处指的是精神上的，而不是酒精造成的沉醉。

要。他基本上是一个祭司和哲学家。

如果奥尔弗斯确有其人，不管他本人的教义是什么样的，奥尔弗斯派信徒的教义是广为人知的。他们相信灵魂轮回，他们宣扬根据其尘世的所作所为，灵魂会在之后获得永恒的祝福或是受到永恒或暂时的折磨。他们致力于变得“纯洁”，一方面通过净化的仪式，另一方面通过避免某种污染。他们中间最正统的教徒忌食肉，除非是在仪式中当作圣餐来食用。他们认为人部分属于地，部分属于天，通过纯洁的生活，属于天堂的部分就会增加，而属于尘世的部分就会减少。最后一个人可以和巴克斯神合二为一，就是所谓“一人巴克斯”。曾经有一种很精巧的神学说法，巴克斯诞生过两次，一次是由他母亲塞墨勒生出来的，一次是从他父亲宙斯的大腿中生出来的。

巴克斯神话有很多种形式。其中一说巴克斯是宙斯和珀尔塞福涅的儿子；另一种则说他还是小孩子时就被泰坦巨人们撕碎，他们吃了他的肉，只留下他的心。有人说宙斯把这颗心交给了塞墨勒，也有人说宙斯吞下了这颗心。无论哪种说法都解释了巴克斯二次诞生这种说法的起源。巴克斯教徒撕碎一只动物并生吃它的肉，被认为是在重演泰坦巨人族撕裂并生吃巴克斯的故事，那只动物在某种意义上就是那位神的化身。泰坦族是从大地之中诞生的，但是在生吃了巴克斯神之后他们也获得了一丝神性。所以人部分属于大地，部分属于神，巴克斯信仰的仪式就是为了让人更接近完满的神性。

欧里庇得斯借一位奥尔弗斯教祭司之口所说的一段自白很有启发意义[1]：

主啊，您是欧罗巴提尔人的后裔，
宙斯的儿子，在您的脚下，
是千百座克里特的城池，
我在这幽暗的神龛里向你祈祷。

顶上山杨木雕成的横梁，
装饰着查力布之剑和公牛的血，
巧夺天工的柏木栋梁岿然不动。
我的岁月流逝在清川中。

「1」本章的诗歌采用的是吉尔伯特·穆雷教授的翻译。

我是伊地安宙夫的仆人，
得到了他[1]传授的密经，
暗夜中我游荡在扎格柔丝[2]，
忍受着他呼号的雷霆。

成就了他鲜红流血的盛宴，
守护着伟大母亲山头上的火焰，
我自由了，并被赐予一个巴克斯之名，
位列披甲胄的祭司中。

身着纯白的法衣，我在洁净中诞生，
涤荡尽人间卑贱和尘世的腐朽，
我的口唇，
禁绝了肉食一切生灵。

已经在陵墓中被发现的奥尔弗斯派的书籍，内容都是教诫，告诉亡灵如何在另一个世界寻求出路，以及为了证明自己如何获得救赎所言之语。这些书大多残缺不全，其中佩特里亚书简最近乎完备的一份内容为：

你将在九泉下地府哈得斯宫殿的左边发现一泓清泉，
白色的松柏矗立泉边，
切莫靠近这一清泉。
但你将在记忆之湖边上看到另一眼，
寒流涌动，护卫守在泉边。
你要声言：‘我是大地与星空之子，
但是你也知道，我的族裔只属于天。
看啊，我快要焦渴死去。请快赐我，
记忆之湖中涌出的清冽泉水。’
他们自会让你畅饮那神圣的清泉，
于是你就将在英雄中拥有无上威严……

「1」被人很神秘地等同于巴克斯。
「2」巴克斯众多名字中的一个。

另一份书简上写道："欢迎您，受苦受难的人……你将从人变成神。"还有一份书简上写道："快乐幸福之人，你会成为神而再也不会死亡。"

灵魂不能喝的泉水就是忘川勒忒，因为喝了就会忘掉一切。另一眼泉水就是聂摩沁，它使人记忆一切。灵魂在来世要想获得拯救，就不能遗忘；相反必须获得超自然的记忆。

奥尔弗斯教主张苦修，酒对他们来说就像后来基督教的圣餐一样只是一种象征。他们追求在"激情状态"下和神结合的那种沉醉。他们相信通过这种方式可以获得通常无法获得的神秘知识。这种神秘的因素通过毕达哥拉斯进入希腊哲学。毕达哥拉斯是奥尔弗斯教的改革者，正如奥尔弗斯是巴克斯教的改革者一样。奥尔弗斯教的成分从毕达哥拉斯进入到柏拉图的哲学中，并通过柏拉图进入到后来大多数带有宗教性质的哲学中。

只要受到奥尔弗斯派教义的影响就一定保留着一定的巴克斯教的成分。其中之一就是女权主义成分。毕达哥拉斯的理论对此广泛涉及，而在柏拉图那里，甚至发展到主张女人和男人拥有相同的政治地位。毕达哥拉斯说，"女性作为一个性别……天然地更接近于神"。另一种巴克斯教的成分是尊重激情。希腊悲剧产生自狄俄尼索斯的祭祀仪式。欧里庇得斯对奥尔弗斯教的两位主神巴克斯和厄洛斯尊重有加。但他毫不尊重那些自以为是行为正派的冷静的人；在他的悲剧里，这种人往往不是被逼疯就是因亵渎神明冒犯神灵而命运沉沦。

传统认为，希腊人展现了一种令人钦佩的静穆。这种静穆使得他们有如奥林匹斯诸神一般能够置身局外观赏激情，来观察热情所表现出来的一切美妙。这种观点非常片面。也许对于荷马、索福克勒斯和亚里士多德来说的确如此，但是对于那些或直接或间接受到巴克斯教和奥尔弗斯教影响的希腊人来说，这就断然不是那么真切。厄琉西斯神话构成了雅典国家宗教中最神圣的部分，有一首圣歌唱道：

> 高高举起你的酒杯，
> 欢乐欲狂，
> 主啊！你，巴克斯，潘恩。
> 请降临到鲜花盛开的厄琉西斯山谷上。

在欧里庇得斯的《酒神》中，酒神侍女的合唱显示了一种与静穆截然不同的、诗歌与野蛮的结合。她们庆祝肢解野兽的欢乐，并当场把它生吃了下去：

哦，狂欢，狂欢在高山之巅，
神醉魂销，精疲力竭地你争我抢，
当只剩下神圣的乳鹿皮，
而其他一切都被扫荡，
为了那红色的泉水畅快奔涌，
被撕碎的山羊鲜血流淌，
像野兽一般荣耀地狼吞虎咽，
当山顶上天已开始放光，
在弗里吉亚和吕底亚的群山中，
布罗米欧斯指引我们奔向前方。

布罗米欧斯也是巴克斯众多名字之一。酒神侍女们在山坡上的舞蹈不仅仅是粗犷的，同时也是一种逃避，逃离文明的重负和烦恼，奔向非人间的美丽世界和清风繁星的自由。她们用一种不那么狂热的情调唱道：

它们还会否再一次、再一次来到我身旁？
那些漫长、漫长的歌舞，
彻夜不息随着闪烁的星光消亡？
我能否感觉到润喉的露珠
和清风对长发的轻拂？我们洁白的双足
会否在渺茫的浩瀚中闪烁？
哦，那些在绿地上的小鹿的脚，
独自在草丛中孤独地奔跑。
猎物奋力跃出陷阱和致命的罗网，
从此再也不用恐慌。
然而远方传来
一个声响、恐惧和飞奔的猎狗，
哦，狂热地搜寻，激烈地奔跑，
沿着河流和峡谷奔向前方——
这是快乐还是恐惧，你那疾风般的双足？
向着寂静无人的可爱地方，
那儿万籁俱静，只是在那绿荫中，
小生命在林中无忧无虑地徜徉。

人云亦云地说希腊人是“静穆的”之前，试着想象一下费城的主妇们也有这样的行为吧！哪怕是在尤金·奥尼尔的戏剧里。

奥尔弗斯教的信徒并不比未经改革的巴克斯的崇拜者们更“静穆”。对于他们而言，此世的生活就是痛苦和无聊。我们被束缚在轮子上，在无休止的生与死的循环中轮回；我们真正的生活属于星空，但我们却被束缚在尘世之中。只有通过生命净化和否定并过一种苦修的生活，我们才能逃离这个轮子，最终达到和人生和一的天人感应。这绝不是那些感到生活轻松愉快的人的观点。这更像是黑人的灵歌：

当我回到故乡，

我要向神明诉说我的一切烦恼忧伤。

虽然并不是所有，但有很大一部分希腊人是充满激情和不幸的，他们处在与自己交战的状态；一方面受理智驱使，另一方面又为热情所驱使；既有构造天堂的想象力，又有创造地狱的那种顽强的自我主张。尽管希腊人的格言说“绝不过度”，但是实际上他们在任何事情上都是很过分的——在纯粹思想上、在诗歌上、在宗教上和在罪恶上。当他们称得上伟大时，正是这种热情和理智的结合造就了他们的伟大。激情与理智，只有二者之一在任何未来的时代都不会改变这个世界，有如希腊人曾经做过的那样。他们在神话中的原型并不是宙斯而是普罗米修斯，他盗来天火因此遭受永恒的折磨。

如果把希腊人作为一个整体来考虑，那么上文所说的那些就会和把希腊人的特征归结为“静穆”的做法同样是片面的。事实上在古希腊存在两种倾向，一种是热情的、宗教的、神秘的、关注来世的；另一种是欢愉的、经验的、理性的，并对获得各种不同事物的知识很感兴趣。希罗多德就代表了后一种倾向，早期的爱奥尼亚哲学家们亦然，亚里士多德在一定程度上也是如此。贝洛赫[1]在描述奥尔弗斯教后这样写道：

“但是总体上希腊人的青春活力是如此充沛，以至于他们不能普遍接受任何否定现世生活并把现实生活转到来世的信仰。相应地，奥尔弗斯派的教义始终局限在相当狭小的信徒圈子里，没有对国家宗教产生一丁点影响；即使在已经在国家祭祀中采用了神秘主义的仪式并使之获得法律保障的地方，比如雅典，情况也

「1」贝洛赫，前引书，第一卷，第一章，第434页。

是如此。整整一千年之后，这些观念——当然披着一套截然不同的神学外衣——才在希腊世界取得了胜利。”

这听起来像是夸大其词，特别是对浸透着奥尔弗斯教义的厄琉西斯秘仪。泛泛而言，具有宗教气质的人都倾向于奥尔弗斯教义，而比较理性的人都对它相当轻视。人们可以将奥尔弗斯教义的地位和十八世纪末十九世纪初的英格兰的卫理教派的地位相比较。

我们或多或少知道一点一个有教养的希腊人从他父亲那里学到的，但是对他早年从他母亲那里学到的，我们就所知寥寥；而希腊女性在很大程度上和男性享受的文明是相互隔绝的。即使在雅典的全盛时代，不管受过教育的雅典人在他们公开精神意识的过程中如何理性，他们似乎依然从传统和童年经历中获得了一种更原始的思维和感觉方式，而在紧要关头，这种方式往往更容易占优势。基于这个原因，任何的简单分析希腊人全貌都不恰当。

宗教，尤其是非奥林匹斯的宗教对于希腊思想的影响直到最近才被充分地认识到。简·哈里逊的革命性著作《希腊宗教研究导言》重点强调了普通希腊人的宗教中原始的和狄俄尼索斯的成分；F.M. 康恩福特的《从宗教到科学》试图让希腊哲学的研究者们关注宗教对哲学家们的影响，但是这本书中的许多解释或者书中人类学知识是不能完全作为信史加以接受的。我所知道的最公允的叙述应是约翰·巴奈特的《早期希腊哲学》，尤其是第二章《科学与宗教》的内容。据巴奈特所说，科学与宗教的冲突“起始于公元前六世纪横扫整个希腊的宗教复兴”，同时历史舞台也从爱奥尼亚转到了西方。“宗教在希腊大陆上”，他还说道，“发展出了一种与爱奥尼亚十分不同的方式。特别是来自色雷斯的对狄俄尼索斯的崇拜，尽管在《荷马史诗》中只是偶有提及，但却蕴含了一种新的看待人与世界关系的方式的萌芽。把所有崇高的看法都归功于色雷斯人当然是错误的，但毫无疑问，对于希腊人来说，神人合一的想象暗示了灵魂并不只是对自我无力的复制，而只有在所谓‘灵魂出窍’时才能看清其真正的本质……

“看起来希腊宗教正是将要进入东方宗教所已达到的相同阶段；若不是因为科学的兴起，我们很难看出有什么东西能够阻止这种趋势。一般认为希腊人之所以能免于东方式的宗教是因为没有祭司阶层，但这是一种倒果为因的说法。祭司阶层并不制造教条，虽然如果已经有了教条，他们是要加以维护的；东方民族在他们发展的初期阶段也没有上述意义上的祭司阶层。科学的存在而非祭司阶层的缺失拯救了希腊。

“新的宗教——在某种意义上是新的，但是在另一种意义上则和人类同样的古老——随着各个奥尔弗斯教团体的建立而发展到登峰造极。就我们目前所知，它们的发源地是阿提卡，但是传播得非常迅速，特别是在南意大利和西西里。首先他们都是奉行狄俄尼索斯崇拜的组织，但是因其两个新特征和希腊人相区别。他们渴望有一种启示作为宗教权威的根源，他们并且组成人为社团。那些包含了他们神学思想的诗篇据说由色雷斯的奥尔弗斯所作，此人曾经造访过冥府，因此，他是一位稳妥的向导，能够引领脱离躯壳的灵魂在彼岸世界渡过种种危险。”

巴奈特继续说，奥尔弗斯信仰与同一时期在印度流行的信仰有着惊人的相似之处，尽管他并不认为两者之间有过任何接触。接着他开始谈论“狂欢”（orgy）这个词的原义，奥尔弗斯教徒用这个词来指“圣礼”，并试图以此来净化信徒的灵魂，使之能够逃脱生死的轮回。奥尔弗斯教徒和崇拜奥林匹斯诸神的祭司们不同，他们建立了我们可以称之为“教会”的组织，即没有种族和性别之分，任何人都可以加入的宗教团体。由于他们的影响，作为一种生活方式的哲学的观念出现了。

第二章

米利都学派

每本哲学史教科书提到的第一件事都是哲学发端于泰勒斯，而泰勒斯说万物水成。这让入门者感到很泄气，因为他们总是力图对哲学抱有一种这门课程似乎应有的尊重。然而，我们有充分的理由推崇泰勒斯，尽管可能是把他当作一位科学家而非现代意义上的"哲学家"。

泰勒斯生于小亚细亚的米利都，这是一个繁荣的商业城市，拥有大量的奴隶，而在自由民中，富人和穷人之间有着更尖锐的阶级冲突。"在米利都，人民最初取得了胜利并杀死了贵族的妻子和儿女；后来贵族又占了上风，把他们的对手活活烧死，用活人当火把将城市广场照得透亮"[1]。在泰勒斯的时代，类似的情况在小亚细亚大多数希腊城市里数见不鲜。

和爱奥尼亚其他的商业城市一样，公元前七世纪和公元前六世纪的米利都经历了重要的经济和政治发展。政治权力最初属于地主贵族，但是逐渐被一种商人财阀政治所取代。财阀们又被僭主所取代，僭主照例都是通过民主党派的支持而获得权力的。吕底亚王国位于希腊海岸城市的东部，但是直到公元前612年尼尼微的陷落为止，吕底亚王国一直和这些城市保持着友好关系。这使得吕底亚王国能够很自由地把注意力放在西边，但是通常米利都能和吕底亚保持一种友好关系，尤其是和最后一个吕底亚王克诺索斯，他于公元前546年被居鲁士征服。米利都和古埃及的关系也很重要，埃及的国王依靠希腊的雇佣兵，并且开放了一些城市和希腊进行贸易。希腊人在埃及的第一个殖民地是米利都卫队占据的一个要塞；但是在公元前610年至公元前560年间，最重要的殖民地则是达芙妮。耶利

[1] 罗斯多夫采夫，《古代世界史》，第一卷，第204页。

米和其他许多犹太流亡者在这里躲避过尼布甲尼撒大王的追捕（《耶利米书》，第43章第5节以下）；毫无疑问，古埃及影响了希腊人，但是犹太人却没有，我们也不能想象耶利米面对怀疑主义的爱奥尼亚人除了恐惧还能感到些什么。

关于泰勒斯生活的年代，我们现在看到的最好的证据是他曾经因预言过一次日食而出名，而这次日食根据天文学家的推算，发生在公元前585年。现存其他的证据也都把他的活动时期大致放在这个时间段。预言一次日食并不能说明他有什么天才。米利都和吕底亚是同盟，而吕底亚和巴比伦有文化上的联系，巴比伦的天文学家们早就发现日食的周期大约是每十九年发生一次。他们能大致成功地预言月食，但是一个地方发生的日食另一个地方不一定能看到这个事实妨碍了他们预言日食。结果他们只知道在某些日子日食更有可能出现，这大概就是泰勒斯所知的全部。不管是他还是巴比伦的天文学家，都不知道为什么会有这种周期循环。

据说泰勒斯曾经到埃及旅行，并从那里为希腊人带回了几何学。古埃及人知道的几何学大都是经验性的，所以没有理由相信泰勒斯已经掌握了后来希腊人发现的演绎式的证明。他似乎发现了如何通过测量陆地上两点间的距离来计算船在海上的距离，以及如何通过测量其影子的长度来测算金字塔的高度。许多其他几何定理也被归在他的名下，但那恐怕是张冠李戴了。

泰勒斯是希腊七位哲人之一，七位哲人每一位都有一句著名的格言，传说他的那句是“水为至善”。

根据亚里士多德的记载，他认为水是原初的物质，其他一切都是由水构成的；他又主张大地浮于水面之上。亚里士多德还说他认为磁石具有灵魂，因为它能让铁块移动；又说万物都充满了神灵[1]。

万物水成的表述可以被认为是一种科学假说，而且绝不是一种愚蠢的假说。二十年前，人们普遍接受的观点是万物由氢构成，而水的三分之二是氢。希腊人勇于大胆假设，而至少米利都学派是准备从经验上来论证这些假说的。关于泰勒斯我们知道得太少了，以至于不能令人满意地重建他的学说；但是关于他在米利都的后继者们，我们知道的要多得多，因而设想其后继者的思想中有些东西来自他是十分合理的。他的科学和哲学都很粗糙，但是都能激发人们去思索和观察。

有很多关于泰勒斯的传说，但是我并不认为除了我提到过的那些事实之外，关于他还有什么能被知晓。有些故事趣味十足，比如亚里士多德在《政治学》中讲的那个：“人们责怪他的贫穷，认为这说明哲学是无用的。故事里说，他凭借

[1] 伯奈特（《早期希腊哲学》，第51页）对最后一种说法提出了质疑。

着星象知识在冬天就预知来年夏天的橄榄要大丰收，于是他把他微薄的财产全部当作押金，租下了希尔斯和米利都所有的榨油器，因为没有人和他竞价，所以租价很低。等到了收获季节，榨油器骤然供不应求，他就恣意抬高租金，结果大为获利。他以此向全世界证明，只要哲学家们愿意，他们可以一夜暴富，只不过他们的雄心壮志别有所属。”

米利都学派的第二位哲学家阿那克西曼德比泰勒斯还要风趣得多，他生活的年代无法确定，但是据说他在公元前546年时已经六十四岁了，而我们有理由相信这种说法接近真相。他认为万物出于一种单一的原物质，但那并不是泰勒斯认为的水，或者任何其他我们已知的物质形式。这种原物质是无限的、永恒的而且是无尽的，并且“它包围着所有的世界”——因为他认为我们的世界只是众多世界中的一个。原物质可以转化为各种各样我们熟悉的物质形式，其形式之间又可以互相转化。关于这一点，他做了一些非常重要、值得注意的论述：

“万物所由而生的东西，覆灭之后复归于其所萌生之物，这是命定了的，因为万物都按照时间秩序，为彼此间的不正义而互相补偿。”

所谓正义的观念，无论是关于宇宙的还是关于人类的，在希腊的宗教和哲学中所占据的地位对于一个现代人来说往往不太好理解；的确，用我们的“正义”（Justice）这个词很难表达出其含义，但是又很难找出一个更好的字眼。阿那克西曼德的思想要表达的似乎是这个意思：世界上的火、土和水应该有一定的比例，但是每一种元素（被认为是一位神）都永远在试图扩大自己的王国。但是有一种必然性或者自然律永远在校正这种平衡，例如有火必有灰烬，而灰烬属于土。这种正义的观念，即不要逾越永恒的界限的观念是一种最深厚的希腊信仰。神明和人类一样也要服从于正义，但这种至高无上的力量是非人格的，也不是至高无上的神灵。

阿那克西曼德有一种论据证明原物质不是水或者任何其他已知的元素，即如果这些物质中有一种是原物质的话，它就会征服其他元素。亚里士多德记载他曾经说过这些已知的元素彼此对立，气冷、水潮而火热。“因而，如果其中一种是无限的话，那么此时余者将不复存在了。”所以原物质在这场宇宙的斗争中必须是中立的。

有一种永恒的运动，在其过程中出现了一切世界之源。一切世界并不像犹太教或基督教的神学所说的那样是被创造出来的，而是演化出来的。在动物的王国里同样也存在演化。当湿元素被太阳蒸发掉时，活的生命就出现了。人和其他所有动物一样是由鱼繁衍而来的。但是人一定是由一种种类不同的生物演化而来的，因为人的婴儿期很长，如果人原先就像现在这样，他就一定无法生存下来。

阿那克西曼德充满了科学的好奇心。据说他是第一位绘制地图的人。他认为大地的形状就像一根圆柱。有各种不同的记载说他曾经说过太阳和大地一样大，或者是地球二十七倍大，或者是地球二十八倍大。

凡是在他具有原创性的地方，他总是科学而又理性的。

米利都学派三杰中的最后一个，阿那克西美尼斯，就不如阿那克西曼德风趣十足了，但是他取得了一些重要的进步。他的年代很不确定，但是他一定生活在阿那克西曼德之后，而且其主要活动期一定在公元前 494 年之前；因为这一年米利都在镇压爱奥尼亚叛乱中被波斯人摧毁了。

他说基础物质是气。灵魂是气，火是稀薄的气，凝结之时，气先变成水，如果继续凝结就变成土，最后变成石头。这种理论的优点是可以使不同物质形式之间的一切区别都是转化量的区别，将其完全归结为凝结程度的不同。

他认为大地的形状像一个圆桌，而气包围着万物："正如我们的灵魂是气并把我们结合在一起一样，气息和空气同样包围着整个世界。"仿佛这个世界也在呼吸着。

阿那克西美尼斯在古代比阿那克西曼德更受称赞，尽管几乎每个现代人都会做出相反的评价。他对于毕达哥拉斯和许多后来的思想都有重要的影响。毕达哥拉斯学派发现大地是球形的，而原子论者则坚持阿那克西美尼斯的观点，认为其形状像一个圆盘。

米利都学派是重要的，但并不是因为其取得的成就，而是因为其做出的尝试。米利都学派的出现是希腊人的心灵与巴比伦和古埃及相接触的结果。米利都是一个富庶的商业城市，在那里许多原始的偏见和迷信都被不同民族之间的互相交往冲淡了。直到公元前五世纪被大流士征服为止，爱奥尼亚在文化上始终是希腊世界最重要的一部分。爱奥尼亚几乎从来没有受到过与巴克斯和奥尔弗斯相联系的宗教运动的影响；其宗教是奥林匹斯式的，但似乎从未受到人们认真对待。泰勒斯、阿那克西曼德和阿那克西美尼斯的思考可以被认为是科学的假说，很少表现出任何神人同体的欲望和道德观念。他们提出的问题很好，他们的努力也激励了后来的研究者。

希腊哲学的下一个阶段是和意大利南部的希腊城邦联系在一起的，它更具有宗教性，特别是拥有更多的奥尔弗斯教的成分——在某些方面更加趣味十足，取得的成就值得赞叹，但是其精神上却不如米利都学派那样科学了。

第三章

毕达哥拉斯

本章主题为毕达哥拉斯对古代和近代的影响。无论在聪明还是不聪明两个方面，毕达哥拉斯在思想上都是有史以来最具影响的人之一。数学，在证明式的演绎推论的意义上的数学，始自他；而且数学对他来说和一种特殊形式的神秘主义紧紧地联系在一起。自他的时代以来，数学对于哲学的影响，因为他的一些缘故，一直是既深刻而又不幸的。

让我们从他那为人所知甚少的生平谈起。他是萨摩岛人，其盛年活动主要在公元前 532 年前后。有人说他是显赫的公民穆奈萨克斯的儿子，也有人说他是阿波罗神之子；读者们可在这两个选项中自行选择。在他的时代，萨摩岛被僭主波吕克拉底统治着，这是一个发了横财的老流氓，拥有一支庞大的海军。

萨摩岛在商业上是米利都的竞争对手，其商人足迹远达以矿产著名的西班牙的塔尔特苏斯。大约在公元前 535 年，波吕克拉底成为萨摩岛的僭主，并一直统治到公元前 515 年。他是不大在乎道义上的非难的，他除掉了两个原来和他一起搞僭主制的兄弟，他的海军主要用来进行海上掠夺。当时米利都对波斯的臣服对他很有利。为了阻止波斯人继续向西扩张，他和埃及国王阿玛西斯结盟。但是当波斯王冈比西斯集中全力征服埃及时，波吕克拉底认为他很有可能取胜，于是就临阵倒戈，并派遣了一支由他的政敌组成的舰队去攻打埃及。但是船员们哗变并转回萨摩岛向他进攻。他战胜了他们，但最终还是因其贪婪被人密谋设计而垮台。萨迪斯的波斯总督假装想要背叛自己的大王，并愿意拿出一大笔钱来酬谢波吕克拉底的援助；当他来到大陆准备会晤波斯总督时，被捕捉并被钉死在十字架上。

波吕克拉底是艺术的资助者，建造了许多非比寻常的公共建筑，美化了萨摩岛。阿那克里翁是他的宫廷诗人。然而毕达哥拉斯却不喜欢他的政府，因此离开萨摩岛。据说很有可能，毕达哥拉斯游历过埃及并在那里学到了他的大部分知识。不管怎样，可以肯定的是，他最终定居在南意大利的克罗顿。

南意大利的希腊城邦，像萨摩岛和米利都一样，都是繁荣富庶之地；此外，它们又遭受不到波斯人的威胁[1]。两个最大的城市是锡巴里斯和克罗顿。锡巴里斯的奢华至今仍广为人津津乐道，其全盛时期的人口，据狄奥多罗斯所说有三十万人之多，尽管毫无疑问这是夸大其词。克罗顿和锡巴里斯规模大致相等。两个城市都依靠将爱奥尼亚的货物进口到意大利为生，一部分作为意大利的消费品，一部分再从西海岸转运到高卢和西班牙。意大利的各个希腊城邦之间彼此进行着激烈的征战杀伐，当毕达哥拉斯抵达克罗顿时，克罗顿刚被洛克里打败；而在他到达后不久，克罗顿又在对锡巴里斯的战争中大获全胜，并彻底地摧毁了这座城市，时间是公元前 510 年。锡巴里斯在商业上和米利都联系密切；克罗顿则以医学出名，有一个叫德摩西底斯的克罗顿人做过波吕克拉底的御医，后来又成为大流士的御医。

毕达哥拉斯和他的门徒在克罗顿建立了一个社团，有一段时间在这座城市声名卓著。但是最终公民们起来反对他，于是他搬到了梅塔彭提翁（也在意大利南部），并终老此地。他不久就成为一个神话式的人物，被赋予种种奇迹和魔力；但他同时也是一个数学学派的创建者[2]。这样两种截然对立的传说使他的事迹具有争议，而真相变得扑朔迷离。

毕达哥拉斯是历史上最风趣而又最让人百思难解的人物之一。关于他的传说几乎是真理与荒谬混作一团难以理顺，即便是传说最简单最少争议的形式，依然给我们展示了一种奇特的心理学特点。简单地说，可以把他描述成爱因斯坦和艾迪夫人的混合。他创立了一种宗教，其主要的信条是灵魂的轮回[3]和食用豆子的罪恶。他的宗教体现为一种宗教团体，这种教团到处取得对国家的控制并建立起

「1」西西里的希腊城邦是受到迦太基人的威胁的，但是在意大利这种威胁并不那么急迫。

「2」亚里士多德说他“最初从事数学和算术，后来有一段时间甚至从事菲利塞德斯所奉行的魔法工作”。

「3」“小丑：毕达哥拉斯对于野禽有什么意见？马伏里奥：他说我们祖母的灵魂曾经居住在一只鸟的身体里。小丑：你怎么看他的意见？马伏里奥：我认为灵魂是高贵的，绝不认同他的观点。小丑：那么就再你的见吧！你就继续待在黑暗之中，等你同意了毕达哥拉斯的观点我才认为你头脑健全。”莎士比亚，《第十二夜》。

圣人的统治。但是顽固不化的人们还是很想吃豆子，于是迟早都将反叛。

毕达哥拉斯教团的一些教规如下：

1. 禁食豆子。

2. 物落莫捡。

3. 勿触白色雄鸡。

4. 勿掰面包。

5. 勿迈过门闩。

6. 勿用铁拨火。

7. 勿食整块面包。

8. 勿掐花冠。

9. 勿坐斗上。

10. 勿食心脏。

11. 勿行于大道。

12. 勿让燕子房内筑巢。

13. 锅从火上取下，灰烬上勿留印迹，而要将其抹平。

14. 灯边勿照镜子。

15. 脱下睡衣要将其卷起并抚平身体留下的痕迹[1]。

所有这些诫命都属于原始禁忌观念。

康恩福特在他的《从哲学到宗教》中说，在他看来，“毕达哥拉斯学派代表了与我们认为的科学主义倾向相反的神秘主义倾向的主流”。他将巴门尼德称为“逻辑的发现者”，并认为其是“毕达哥拉斯的一个支派，而柏拉图本人从意大利哲学中获得了其灵感的大部分来源”。毕达哥拉斯主义，据康恩福特所说，是对奥尔弗斯教派的改良运动，而奥尔弗斯教派又是对狄俄尼索斯崇拜的一种改良。理性与神秘的对立贯穿了整个历史，在希腊人中间首先就表现为奥林匹斯众神和其他较不开化的神灵之间的对立，后者比较接近于人类学家们所研究的那种原始信仰。在这一分野上，毕达哥拉斯是站在神秘主义一边的，虽然他的神秘主义具有一种奇异的理智性。他视自己为一种半神之人，他似乎还曾经说过：“世上有人也有神，还有像毕达哥拉斯这样的存在。”所有他启示的体系，据康恩福特所言，“都倾向于出世，将一切价值都系于上帝不可见的统一性之中；而将可见的世界斥为虚假的幻影，是一种混沌的介质，天堂之光在雾色和黑暗之中遭到了破

[1] 引自伯奈特的《早期希腊哲学》。

坏，变得模糊不清”。

狄凯亚科斯说毕达哥拉斯曾经教导说：“首先，灵魂是不朽的东西，并且可以转化为其他生命形式；其次，一切存在之物都会在一个演化的巨轮中重生，无物绝对崭新；一切生来具有生命之物都应该被认为是亲属。”[1]据说毕达哥拉斯也曾经像圣方济各一样，向动物们讲法布道。

他创立的团体，不分性别都可参加，财产公有，生活方式统一。甚至科学和数学上的发现也被认为是集体完成的，但又在某种神秘的意义上被归到毕达哥拉斯的名下，即便在他死后依然如此。梅塔彭提翁的希帕索斯曾经触犯了这条戒规，结果他就死于沉船，这是神明对于他不虔诚而震怒的结果。

但是这些和数学又有何关系？两者之间乃是通过一种推崇沉思的生活方式的道德观而被联系在一起。伯奈特将这种道德观总结如下：

“在这个世界上我们都是他乡异客，身体是灵魂的墓穴；但是我们决不能通过自杀来寻求解脱，因为我们归上帝所有，他是我们的牧人，没有他的命令我们没有权利逃避。在现世生活中有三种人，正像参加奥林匹克运动会的也有三种人一样。最低等的一级是那些贩夫走卒，比他们高一级的是那些赛手，但是最高等的却是那些观看比赛的看客。因此，对一切事物最伟大的净化就是无为而为的数学，唯有献身于此的人，即那些真正的哲学家们才能最有效地将自己从‘生死轮回’中救赎出来。”

文辞含义的变化往往是非常具有启发意义的。我在上文已经谈到了狂欢“orgy”这个词，现在我想谈谈理论“theory”这个词。这原本是奥尔弗斯教派所用的一个词，康恩福特将其译为“热切动人的沉思”。他说在这种状态中，“旁观者与受苦受难的上帝合而为一，在他的死亡中死去，又在他的新生中复活”；对于毕达哥拉斯来说，这种“热切动人的沉思”是理智上的，从中产生了数学的知识。这样，通过毕达哥拉斯主义，“theory”这个词就逐渐获得了其近代的意义；然而对一切受到毕达哥拉斯的启发的人来说，这个词一直保持着一种让人癫狂迷醉的启示成分。对于那些在学校里无可奈何地学过一些数学的人来说，这一点似乎很奇怪；但是对于那些曾经时不时地经历过数学带来的豁然开朗和由此带来的令人陶醉的喜悦的人来说，对于那些热爱数学的人来说，毕达哥拉斯主义的观点看起来十分自然，哪怕其并不真实。这就好比那些经验主义的哲学家是其材料的奴隶，而纯粹的数学家则如同音乐家一样，是其秩序井然、美丽的世界的自由创

[1] 康恩福特，前引书，第 201 页。

造者。

有趣的是，我们从巴奈特对毕达哥拉斯派的道德观的叙述中，可以看到和现代价值相反的观念。譬如在一场足球比赛中，具有现代头脑的人会认为选手比观众更重要。在国家事务上也有类似的情形：他们对于政治家，即政治比赛中的选手的崇拜要胜过对那些仅仅是旁观者的崇拜。这一价值观的改变和社会制度的变迁有关——战士、君子、财阀和独裁者都有各自关于善和真的判断标准。君子曾经在很长时间内统治了哲学思想，因为他们是和希腊的民族精神联系在一起的，因为沉思的美德需要神学上的支持，因为理想的无为而为的真理神圣化了学院生活。君子可以被定义为团体中互相平等的一员，这个团体依靠奴隶的劳动，或者至少也是建立在无疑地位比较低下的人们的劳动之上的。应该看到这个定义也可以包括圣人和哲人，在这些人的生活中他们也是耽于沉思冥想而非积极活动的。

近现代关于真理的定义，例如实用主义和工具主义的定义，就是注重实用而非冥想的，这是由与贵族制度相对的工业文明所引起的。

不管人们对于容许奴隶制存在的社会制度怀有什么看法，但正是因为上文提到的那种君子，我们才有了纯粹数学。既然沉思冥想的理想能够导致纯粹数学的诞生，那么它就是一种有用的活动的根源；这增加了其威信，使之在神学、伦理学和哲学上取得了其他情况下都不会取得的成功。

毕达哥拉斯作为一位宗教先知和一位纯粹数学家的两个方面我们已经解释得够多了。这两个方面当时并不像近代人看来那么截然分开，而毕达哥拉斯在这两方面都有着不可估量的影响。

大多数科学在其开端就和某种形式的错误信仰联系在一起，这赋予了科学知识一种虚幻的价值。天文学和占星术联系在一起，化学则和炼金术相联系，数学则和一种更精巧的错误相结合。数学知识看起来可靠、准确，并且可以应用于现实世界；此外它还是由纯粹的思维所获得的，并不需要观察。结果，数学被人认为能够提供一种日常经验性的知识无能为力的理想。人们根据数学设想思想是高于感觉的，直觉是高于观察的。如果感觉世界和数学不相符，那只能说明感觉世界更糟糕。人们通过各种不同的方式来寻找更接近数学家理想的方法，最后得出的意见成了形而上学和认识论中很多错误的根源。这种哲学的形式也是始自毕达哥拉斯。

众所周知，毕达哥拉斯曾经说过，“万物皆是数”。这个表述如果用现代的方法加以解释，是逻辑上的废话；但是他的本意却不是完全无意义的。他发现了数字在音乐上的重要性，数学术语“调和中项”和“调和级数”仍然保存着他在音乐和算术之间建立的联系。他把数字想象成色子或者纸牌上的那种形状。我们至今还在说的数的平方和立方就是从他那里来的。他还提到过长方形数目、三角形数目和金字塔形数目等等，这些是构成这些形状所需要的鹅卵石（或者像我们会更自然地说的那样，小圆球）的数目。他认为世界是由原子构成的，而物体则是由原子按照不同的形状组成的分子所构成的。他希望这样一来算术能够成为物理学和美学的基础研究对象。

毕达哥拉斯或者他最亲近的弟子们最伟大的发现是关于直角三角形的命题，即直角三角形两直角边的平方和等于另一边即弦的平方。古埃及人已经知道了如果三角形的三边长是 3、4、5 的话，那么必有一个直角。但显然是希腊人最早观察到了 $3^2 + 4^2 = 5^2$，并依据这一提示给出了这个命题一般性的证明。

但对毕达哥拉斯来说很不幸的是，他的定理立即导致了无理数的发现，这似乎否定了他的整个哲学。在一个等边直角三角形中，弦的平方等于每一边平方的二倍。让我们假设每边长一英寸，那么弦应该有多长呢？让我们假设它的长度是 m/n 英寸。那么 $m^2/n^2 = 2$。如果 m 和 n 有一个公约数，将其约去，于是 m 和 n 中必有一个是奇数。现在 $m^2 = 2n^2$，所以 m^2 是偶数，所以 m 也是偶数；因此 n 就是奇数。假设 $m = 2p$，那么 $4p^2 = 2n^2$，因此 $n^2 = 2p^2$，因此 n 便是偶数，自相矛盾。所以就不存在 m/n 这样的分数可以表示弦的长度。以上的证明，大体上就是欧几里得第十编中的证明[1]。

这个论证证明了无论我们采用什么样的长度单位，总会有一些长度和这种单位是没有精确的数字联系的。也就是说，没有这样的两个整数 m 和 n，使得问题中 m 乘以长度等于 n 乘以长度的单位。这使得希腊的数学家们相信，几何学的成立一定是独立的，而不依赖算术。柏拉图对话录中有些段落可以证明在他那时对几何学的独立研究已经在着手进行了，欧几里得就是这一进程的集大成者。欧几里得在第二编中用几何学的方法证明了许多我们会很自然地用代数方法证明的东西，比如 $(a+b)^2=a^2+2ab+b^2$。正是因为有无理数的困难才使得他认为这种做法是必要的。他在第五编和第六编中论述比例问题时也使用了同样的方法。整个体系在逻辑上让人欣喜，它已经预示了十九世纪数学家们的严谨。只要还没有令人满意的关于无理数的算术理论，欧几里得的方法就是几何学中可能有的最好的方法。当笛卡尔介绍解析几何从而再度确立了算术的崇

「1」但这并不是欧几里得发现的。见希斯《希腊的数学》。可能柏拉图也知道上述的证明。

高地位之后，他设想应该可能有一个解决无理数问题的方法，但是在他的时代这种方法没有被找到。

几何学对哲学和科学方法的影响一直十分深远。希腊人建立的几何学，是从自明的或者被认为是自明的公理出发，经过演绎式的推理，最后达到远不是自明的定理。这些公理和定理被认为对于实际空间来说真实确切，而现实空间则被交给了经验去处理。这样先是注意到自明的东西，再进行演绎推理，似乎就能发现现实世界中的事物了。这种观点影响了柏拉图和康德，以及他们中间大部分的哲学家。当美国的《独立宣言》中说“我们认为这些真理不言自明”时，就是在遵循欧几里得的模式。十八世纪天赋人权的观念就是在政治领域对欧几里得式的公理的追求。牛顿的《自然原理》一书，尽管其材料被承认是经验的，但是其结构却完全是欧几里得式的。最严格的经院主义式的神学，其风格也具有同样的来源。个人宗教来自于天人感应，神学理论则源自数学；而这两者都可以在毕达哥拉斯身上找到。

我相信，数学是我们对于永恒的、严格精确的真理之源，以及信仰一个超感觉的可知世界的主要来源。几何学讨论严格精确的圆，但是没有一个可感知的物体是绝对的圆形；无论我们怎样小心地使用我们的圆规，总会有一些不完美和不规则。这暗示了一种观点，即所有严密的推理只能用于和可感知的事物相对立的理想对象；很自然地可以进一步论证，思想比感觉更高贵，而思想的对象比感觉和知觉的对象更真实。神秘主义关于时间和永恒的关系的学说也为纯数学所巩固；因为数学对象，例如数字，如果根本上是真实的，就必然是永恒的并处在时间之外。这种永恒的对象就可能被构想为上帝的思想。因此柏拉图的学说认为上帝是一位几何学家；而詹姆斯·吉恩斯爵士则认为上帝痴迷算术。与启示性的宗教相对的理性主义宗教自从毕达哥拉斯以后，特别是自柏拉图之后，一直被数学和数学的方法所支配。

数学和神学的结合始于毕达哥拉斯，并且是希腊时期、中世纪和直到康德时代的所有宗教性的哲学的特征。毕达哥拉斯之前的奥尔弗斯教义类似于亚洲的神秘教派。但是在柏拉图、圣奥古斯丁、托马斯·阿奎那、笛卡尔、斯宾诺莎和康德的身上，宗教与推理密切交织，一种道德上的追求和对无时间性之物逻辑的永恒崇拜的交织；这源自毕达哥拉斯，并且将理智化了的欧洲神学和更加直截了当的亚洲神秘主义区别开来。直到非常晚近时人们才能够清楚地说出毕达哥拉斯到底错在哪里。在思想层面我不知道还有什么其他人像他一样有影响力。我之所以这样说，是因为对所谓的柏拉图主义如果加以分析，会发现其本质是毕达哥拉斯主义的。关于一个永恒的、只显示于理智而不显示于感觉的世界的所有观念都是从毕达哥拉斯那里来的。要是没有他，基督徒就不会将基督认作道；要是没有他，神学家们就不会去寻求上帝和不朽存在的逻辑证明。但是在他身上，这一切还都不明显。下面就来谈谈这一切是如何变得分明的。

第四章

赫拉克利特

目前对待希腊人有两种十分常见的态度。其中一种自文艺复兴时期直至最近的时代实际上都广为流传，即带着近乎迷信的尊崇来看希腊人，把他们视作一切最美好事物的创造者和具有现代人无法奢望的天才超人。另一种态度则是由科学的胜利和对进步的乐观信仰所激发的，将古人的权威看成是会给人带来梦魇的负担，并且主张希腊人对于思想的贡献现在最好大都被忘掉。我自己不能接受任何一种这样极端的观点，我会说这两种观点都是正误掺杂的。在进入讨论任何细节之前，我先试图阐明今天从对希腊思想的研究中我们还能得到一种什么样的智慧。

关于世界的性质和结构，可能存在各种不同的假说。就一度存在的形而上学而言，其发展历程包括这些假说的逐渐精练化、其意义的发展和为了面对拥护相反假说的人提出的反驳而对每种假说进行的重新表述。学着按照每一种这类体系来理解世界是想象力的愉悦和教条主义的解毒剂。再者，就算没有一种假说能够完全被证实，但若能发现它们能够自圆其说，并解释已知符合事实的事物，这里面就已经是包含一定的真知了。而今天几乎所有支配着近代哲学的假说都是首先由希腊人思索出来的；对于他们在抽象事物方面的想象创新能力怎么称赞也不过分。我主要就是基于这种观点来谈论希腊人，我认为他们孕育了许多具有生命力并能独立发展的理论，这些理论虽然最初多少有点稚嫩，但是已经证明两千年来它们是能够存在并且能够发展的。

千真万确，希腊人还做出了另外一些贡献，这些贡献证明了抽象思维具有更长远的价值：他们发现了数学和演绎推理的方法。尤其是几何学是希腊人的一项发明，没有它就不可能有近代科学。但是在数学方面，希腊人天才的片面性也表现了出来：他们是从看起来不证自明的东西出发进行演绎推理，而不是通过观察进行归纳推理。他们运用这种方法取得了惊人的成就，这不仅误导了古代世界的人，也把大部分近代世界的人引入歧途。通过观察特殊事物以求能够归纳出一些原则的科学方法，取代了希腊人根据哲学家们头脑中自明的公理而进行演绎的信念，历经一个漫长的过程。仅就此原因而论，迷信般崇拜希腊人就是一个错误。尽管希腊人中间确实有少数人对科学的方法有粗浅的认识，但是整体而言，科学方法对于他们思维的气质来说是格格不入的；而且企图通过贬低最近四个世纪知识的进步来抬高希腊人，本身对现代思想的发展也是一种束缚。

而且，还有一种更为普遍的论据可以反驳这种迷信般的崇拜，不管是对希腊人还是对其他什么人。在研究一位哲学家时，正确的态度既不是推崇也不是轻视，而首先应该是一种假设性的赞同，直到了解了其理论中有哪些可信的内容，只有到这时才能重新采取一种批判的态度，这种批判的态度应该尽可能地接近一个人放弃固执己见之后的那种精神状态。轻视干扰了这一进程的前半部分，推崇干扰了后半部分。有两件事必须要牢记：首先只要一个人的观点和理论值得研究就可以认为他具有一定的智慧；其次也没有人对于任何研究对象曾经达到过圆满和终极的真理。当一个智慧之人表述了一个在我们看来明显十分荒谬的观点时，我们不应该试图去证明这个观点多少还是有点道理的，而应该尝试去理解为什么这个观点能够看起来像是真的。这种运用历史学和心理学想象力的锻炼能够扩展我们的思想领域，并帮助我们认识到许多自己所珍视的偏见在一个精神气质不同的时代看来是那么愚蠢。

在毕达哥拉斯和我们本章将要谈到的赫拉克利特之间，还有一位不太重要的哲学家，名叫色诺芬。他的生卒年月无法确定，大致只能通过他提到过毕达哥拉斯而赫拉克利特又提到过他这一事实来推断他生活的年代。他出生在爱奥尼亚，但是他一生中大部分岁月是在意大利南部度过的。他相信万物是由土和水构成的，在神灵的问题上，他则是一个十分坚决的自由思想者。“荷马和赫西俄德把一切凡人间的无耻和丑行都加在神灵身上——盗窃、奸淫、尔虞我诈。……世人都认为神祇与自己一样是被生育出来的，穿着和人一样的衣服，有着和人一样的音容笑貌。……是的，假如牛马或者狮子也长着手，并且能用手作画和像人一样创造艺术品，那么马就会画出像马一样的神像，牛就会画出像牛一样的神像，并且会按照各自的模样来塑造它们的神灵的身体。……埃塞俄比亚人就把他们的神造成黑皮肤、扁鼻子的；色雷斯人则说他们的神是金发碧眼的。”色诺芬相信有一个唯一的神，其在形象上和思想上都与人不同，并且可以“以其心灵的力量毫不费力地左右一切”。他这样嘲笑毕达哥拉斯的轮回学说：“据说他（毕达哥拉斯）有一次走在路上，看见一只狗受人虐待，他就说：‘住手！别再打它。它是我一个朋友的灵魂，我一听它叫唤的声音就知道。’”色诺芬相信人们不可能确切地知道神学方面的真理，“关于我所谈的神灵和万物的确凿真理，现在没有人知道，将来也不会有人知道。即使有人偶然说出了一些极其正确的真理，他自己也不知晓——人世间除了猜测之外就没有什么别的东西”。

色诺芬在反对毕达哥拉斯和其他人的神秘主义倾向的理性主义者中具有举足轻重的地位，但并不是一流的独立思想家。

毕达哥拉斯的学说，正如我们所看到的那样，很难和他弟子们的学说区分开来，而且尽管毕达哥拉斯本人年代很早，但是其学派产生影响晚于许多其他的哲学家。这些哲学家中第一个创造了一种至今仍有影响的理论的就是赫拉克利特，他的鼎盛时期约为公元前500年。唯一可知的是他是以弗所的一位贵族公民，他的生平几乎不为人所知。他之所以在古代声名远播乃是由于他万物都处于流变状态的学说；但我们将会看到，这一点只不过是他的形而上学的一个方面而已。

赫拉克利特尽管是爱奥尼亚人，但是并不属于米利都学派所代表的科学传统[1]。他是一位神秘主义者，但却是非同一般的神秘主义者。他将火视为根本的物质，认为物都像火苗之于火那样是从其他事物的死亡中诞生的，“死而不亡，不亡乃死，生者诞于他死，死者亡于他生”。世界是具有统一性的，但那是由对立面的结合而构成的统一性。“万物生于一，而一生于万物”；但是万物的实在性不如一，一就是上帝。

从他的著作残留部分来看，他表面上不是一个和蔼可亲的人。他非常热衷于鄙薄他人，而且反对民主制度。他这样说他的同胞：“以弗所每一个成年人都应该行行好把自己吊死，把城市交给还没长胡子的小伙子们，因为他们放逐了赫尔莫多罗斯，他们中间最优秀的人，还说：‘我们中间不应该有一个最优秀的人。要是有的话就让他到别处去和其他人在一起吧。’”他对所有著名的先辈（除了一个例外）都出言不逊：“应该把荷马从竞技场中拖出去，并抽他一顿鞭子。”“我听过很多人高谈阔论，但没有一个人达到过这样的认识，即智慧离所有人都很遥远。”“博闻多识无助于理解，否则它就已经让赫西俄德和毕达哥拉斯以及色诺芬

「1」康恩福特在前引书第184页强调过这一点，我认为是正确的。赫拉克利特常常因为被和其他爱奥尼亚人混为一谈而受到误解。

和赫卡忒俄斯通情达理了。”“毕达哥拉斯……宣称自己智慧，但他不过是博闻多识并通晓恶作剧的艺术而已。”唯有条达慕斯免于赫拉克利特的责难，他被赫拉克利特作为一个“值得比其他人更多描述”的人挑选出来。假如我们要追问赞赏的原因，我们发现条达慕斯曾经说过，“绝大多数人都是坏人”。

他对人类的鄙夷导致他认为只有强力才能强迫他们为他们自己的好处而行动。他说，“每一种畜生都是被鞭子抽到牧场上去的”；又说，“驴子宁愿要稻草而不要黄金”。

可以料想得到，赫拉克利特信奉战争。他说，“战争是万物之父也是万物之王；他将有些人变成神，将有些人变成人，将有些人变成奴隶，将有些人变成自由人”；又说，“荷马说‘愿神界和人间的斗争消失’是错误的。他没有看到他这是在祈祷宇宙的毁灭，因为要是听从了他的祷告，一切将不复存在”；他还说，“我们必须知道战争对一切都是平等的，斗争就是正义。所有的事物都通过斗争产生和消亡”。

他的伦理观是一种高傲的禁欲主义，和尼采的伦理非常接近。他将灵魂视作火和水的混合物，并认为火是高贵的而水是卑贱的。灵魂拥有最多的火的成分，他声称是“干燥的”。“干燥的灵魂最智慧、最好。”“变湿对灵魂来说是快乐的。”“一个男人喝醉了酒，被乳臭未干的小子领着，步履蹒跚，不知归于何处，他的灵魂就是潮湿的。”“对于灵魂来说变成水就意味着死亡。”“和自己心中的欲望做斗争是艰难的。不管意欲为何，都以灵魂为代价。”“一切心想事成并非好事。”可以说赫拉克利特重视通过自我控制获得权力，而鄙视分散人们核心志向的激情。

赫拉克利特非常敌视其时代的各种宗教，至少对巴克斯教的态度如此，但不是科学的理性主义者的敌视。他有他自己的宗教，并部分地阐释当时的神学思想以适应自己的学说，又部分地极其轻视当时的神学思想。他被康恩福特称作巴克斯主义者，又被普法莱德雷认为是神秘派的阐释者。我认为相关的断简残篇不能够支持这种观点。比如，他曾说，“人们所奉行的神秘教是不神圣的神秘主义”。这暗示他头脑里可能有一种不那么“不神圣”的神秘主义，并且异于当时存在的大多数神秘教。如果他不是那么愤世嫉俗并投身到其宗教理论宣传之中，他本可能成为一位宗教改革家。

以下传世论述可以体现他对于当时神学的态度。

在特尔斐传达神谕的神既不明说也不隐瞒，而只是通过征兆来暗示其意。

女祭司满嘴胡言乱语说出了一些让人悲伤而又质朴无华的东西，她的声音响彻千年，因为她被神灵附体。

地狱中才嗅得到灵魂。

更伟大的死亡赢得更伟大的奖赏（亡者成神）。

梦游者、魔术师、巴克斯的祭司和酒神的女祭司、神秘教传教者。

人们所奉行的神秘教是不神圣的神秘教。

而他们向这些神像祈祷就是对牛弹琴，他们不知道什么是真正的神灵和英雄。

如果不是为了酒神狄俄尼索斯，那么他们举行赛事和吟唱下流的阳具颂歌，其所作所为最为卑鄙无耻。虽然哈得斯和狄俄尼索斯一样是神，但是人们只为了纪念酒神狄俄尼索斯而疯。

人们用鲜血来净化自己是徒劳的，这就像踩进烂泥里还要用污泥来洗脚。任何人看到有人这样做都会认为他是疯子。

赫拉克利特相信火是最基本的元素，其他万物由火而生。读者们还会记得，泰勒斯认为万物由水构成；阿那克西美尼斯认为气是最基本的元素；赫拉克利特则倾向于火。最后恩培多克勒展示了一种政治家式的妥协，他认为有四种基本元素，分别是土、气、火、水。古代人的化学走到了这一步便停滞不前了。这门科学再没有什么进步，直到伊斯兰教的炼金术士们开始着手探寻哲人石、长生不老药和将廉价金属转化为黄金的方法时为止。

赫拉克利特的形而上学激荡人心，足以满足最急进的现代人：

“这个世界万物一同，神人无一成之；然而它过去、现在和将来都是一团永恒之火，燃烧一寸，便灭失一寸。”

“火首先转化为海洋；海洋的一半为土，另一半为旋风。”

在这样一个世界里，只能期待永恒的变化，而这正是赫拉克利特所信仰的。

然而，他还有另一种学说，比起永恒流变的学说更为他自己所重视，这就是关于对立面混同为一的学说。他说，“人们不知道相反者如何相成。对立的力量可以达成和谐，正如琴弓和琴一样”。他将斗争的信仰和这个理论联系在一起，因为在斗争中对立的事物结合起来产生了运动，运动即是和谐。世界有一种统一性，但是是从差异和分歧中得来的统一。

“一对事物是一个整体又不是一个整体；既是聚合的，又是离散的；既是和谐的又是嘈杂的。万物成一，一生万物。”

有时候他的论述好像是说统一要比分歧更根本：

“善恶一同。”

“对神来说一切皆善、美、真；但是人们却认为事物有些正确，有些错误。”

“升降一途无异。”

“神既是日又是夜，既是冬又是夏，既是战争又是和平，既是餍足又是饥饿；他幻化万形，就像火一样，当火和香料混而为一时，味之不同，名亦有别。”

尽管如此，如果没有对立事物的结合就不会有统一：“对立之物对我们是好的。”

这种学说包含着黑格尔哲学的萌芽，黑格尔哲学是通过综合对立事物而发展前行的。

赫拉克利特的形而上学和阿那克西曼德的一样，受一种关于宇宙的正义的观念的支配，这种观念防止对立事物的斗争中任何一方获得完胜。

“万物皆能置换为火，火也置换为万物，正像货物和黄金可以互换一样。”

“活火乃是死气，活气即是死火；活水乃是死土，活土即是死水。”

“太阳不能超越他的界限，如果他超越了界限，命运女神伊里涅斯就会把他找出来。”

“我们必须知道战争对一切都是平等，斗争就是正义。”

赫拉克利特反复提到与“众神”相区别的“上帝”。“人之道没有智慧，而上帝之道则有……在上帝眼里，人是幼稚的，正如成人看儿童那样。……最智慧的人和上帝比起来都是一只猴子，正如最美丽的猴子和人比起来都很丑陋一样。”

毫无疑问，上帝正是宇宙正义的体现。

万物都处于流变状态的学说是赫拉克利特最有名的观点，而且根据柏拉图《泰阿泰德》篇的记载，这也是他的弟子们最为强调的一点。

“人不能两次踏进同一条河流，因为新水不断流过身旁。”[1]

“太阳每日都是新的。”

他对于普遍变化的信仰，通常被认为体现在这个警句中：“万物都是流动的。”但是这和华盛顿所说“爸爸，我不能说谎”，威灵顿所说“战士起身瞄准敌人”这些话一样，都是杜撰的。他的著作和柏拉图之前的那些哲学家一样，是通过引文才为人所知的；而且大部分柏拉图和亚里士多德的引用都是为了要反驳他。我们只要想想，如果任何一个近代哲学家只是通过其对手的批驳而为人所知会变成什么样子，我们就会明白那些苏格拉底之前的哲学家们多么令人敬佩；因为即使

「1」可以比较“我们既踏进又不踏进同一条河流；我们既存在又不存在”。

透过他们的敌人散布的恶意烟雾，他们依然显得很伟大。不管怎么说，柏拉图和亚里士多德都认同赫拉克利特的教导，因为柏拉图说过“无物已成，一切皆在变化”，亚里士多德说过“无物可以固定存在”。

后文论及柏拉图时，我还会回来讨论这种学说，因为柏拉图十分热衷于反驳它。现在我不想探究哲学对此有什么可说的，而只想说说诗人们的感受和科学家们的教导。

追寻永恒存在的东西是引导人们投身哲学的最根深蒂固的本能之一。这无疑是出自热爱家乡和逃避危险的渴望；因此我们会发现生命面临灾难的人们身上这种本能有着最强烈的体现。宗教通过上帝和不朽这两种形式来追求永恒。上帝没有各种变化也不处在转变的阴影中；而死后的生命则是永恒和没有变化的。十九世纪的欢乐使人们转而反对这些静态的观念，而且现代的自由主义神学也相信即使是天堂也有进步，即使是神性也有演化。但是即便在这种观念里也存在某种永恒的东西，即进步本身及其内在的目标。于是只要一丁点儿灾难就足以将人类的希望带回到那更古老的超人间的形式中去：如果尘世的生活令人绝望，那么安定祥和唯有在天堂才能企及了。

诗人们曾经哀叹，时间的力量会扫除一切他们所爱的东西：

光阴刺穿青春的盛装，
摧残了美人的眉黛，
饕餮自然真理的珍馐，
万物都在等待它长镰割收。

通常他们又会补充说他们自己的诗篇却是永存不灭的：

时间之手尽管残酷，
然而我却期待，
我的诗篇会与世长存，会被传颂。

但这不过是传统上文学式的自负罢了。

倾向于哲学的神秘主义者并不能否认，凡是在时间之中的都是转瞬即逝的，于是他们就发明了一种永恒的观念，认为这种永恒并不在无尽的时间之中延续，而是存在于整个时间的进程之外。按照某些神学家的看法，比如英格教长的意见，永恒的生命并不意味着在未来时间的每一个时刻的存在，而是一种完全独立于时间之外的存在模式。这个观点曾经被沃恩充满诗意地表达过：

> 那天夜里我见到了“永恒”，
> 像是一个巨大的纯洁无尽的光环，
> 通体宁静，而又透着光辉；
> 时间分成时辰和岁月围在其下，
> 被球形的天穹所驱动，
> 像一个巨大的阴影在向前；这个世界
> 都像在其中被抛弃。

一些久负盛名的哲学体系曾经试图用庄严的散文来表述这种观念，将这种观念说成是经过耐心的追求，理智终究会迫使我们相信的东西。

至于赫拉克利特本人，因为其对变化的信仰，只承认某些东西是永恒存在的。与无穷的延续相对的永恒的观念是从巴门尼德那来的，而在赫拉克利特这里是找不到的；在他的哲学中只有心中的那团火永远不会熄灭，世界的“过去、现在、将来都是一团永恒的不熄火焰”。但是火是一种变化不居的东西，其永恒也只是一种过程而非实体的永恒——而且赫拉克利特并没有想到这个观点。

科学和哲学一样，也想通过在千变万化的现象中发现某种永恒的基础，以逃避永恒流变的学说。化学似乎可以满足这个愿望，因为它发现似乎要毁灭万物之火不过是在变形而已；元素被重新组合，但是燃烧之前存在的每一个原子在过程完成之后依然存在。人们因此就设想原子是不可毁灭的，物理世界中一切的变化不过是永远存在的元素的重新整合。这个观点直到放射性现象被发现为止一直非常流行，那时人们才发现原子也是会衰变的。

物理学家也不甘示弱，他们发现了新的更小的单位，名曰电子和质子，它们构成了原子。这些新发现的单位在若干年里被认为具有以前归之于原子的那种不可毁灭性。不幸的是，看起来质子和电子也能聚合并爆炸，所形成的却不是新的物质，而是以光速在宇宙中传播的能量波。于是能量就必须代替物质成为永恒的东西了。但是能量和物质不同，不是在常识的意义上对一个“东西”的提炼，而只是一个物理过程中的一个特征。我们可以异想天开地将其等同于赫拉克利特所说的火，但是能量并不是燃烧的东西，而是燃烧的过程。在现代物理学中，所谓“燃烧的东西”已经消失了。

把话题从微观转向宏观，天文学也不再允许我们把天体看作是永恒的了。行星诞生于恒星，而恒星则诞生于星云。太阳已经存在了很长时间，也许会存在得更久，但是迟早有一天——大约是一万亿年以后——它还是会爆炸，摧毁太阳系所有的行星，并回到一种四散的气体状态。反正天文学家们是这么说的，也许当末日越来越近时，他们会发现自己的计算存在某种错误。

永恒流变的学说，如果像赫拉克利特所教导的那样，是令人痛苦的；而我们已经看到，科学对于否定这种学说是无能为力的。哲学家们主要的抱负之一就是想重新复活那些似乎已经被科学扼杀的学说。因此哲学家们便以坚韧的毅力在寻找某种不臣属于时间王国的东西。这种追寻始于巴门尼德。

第五章

巴门尼德

希腊人并不热衷中庸之道，不管是在他们的理论中还是实践上。赫拉克利特主张一切都是变动不居的，而巴门尼德则反驳说，没有什么是变化的。

巴门尼德是意大利南部的埃里亚人，主要活动于公元前五世纪上半叶。根据柏拉图的记载，约公元前450年，苏格拉底年轻时曾和巴门尼德有过一次会面，那时巴门尼德已经垂垂老矣，苏格拉底从他那里受益匪浅。不管这次会面在历史上是否存在，我们至少能够通过其他方法推断，柏拉图显然受过巴门尼德学说的影响。意大利南部和西西里的哲学家比爱奥尼亚的哲学家更倾向于神秘主义和宗教，大体来说，后者的倾向是科学的和怀疑主义的。但是数学，因为受毕达哥拉斯的影响，在泛希腊地区[1]比在爱奥尼亚更兴盛；当然那个时候的数学本就和神秘主义混同一起。巴门尼德受过毕达哥拉斯的影响，但影响程度只能全靠推测了。巴门尼德发明了一种形而上学的论证方法让他彪炳史册，这种方法以各种不同形式存在于绝大多数后来研究形而上学的人身上，直到并且包括黑格尔在内。人们常说黑格尔创造了逻辑，但他真正创造的是基于逻辑的形而上学。

巴门尼德的学说呈现在一首名为《论自然》的诗中。他认为感觉是具有欺骗性的，并且把大量可感的事物斥为纯粹的假象。唯一真实的存在是“太一”，并且是无限的，不可分的。太一并不是赫拉克利特的学说中所说的那种对立事物的统一，因为对立根本就不存在。例如，他显然认为“冷”仅仅意味着“不热”，

「1」指意大利南部的希腊城邦。

而“黑暗”仅仅意味着“不亮堂”。巴门尼德想象的“太一”并非我们所想象的上帝；他似乎认为它是物质的和可延展的，因为他说太一是球形的；但它又是不可分割的，因为其整体是无所不在的。

巴门尼德把他的教诲分成两个部分，分别称为“真理之道”和“意见之道”。后者不是我们所关心的。他对真理之道的论述，就其保存下来的部分而论，主要有如下几点：

“你不能知道什么是不存在的——那是不可能的，也是说不出来的；因为能被思维和能存在是一回事。”

“那么现在存在的是怎样在未来存在的呢？或者说，它是怎么开始存在的呢？如果其存在开始于过去，现在就不存在；如果其将存在于未来，那么现在也不存在。这样变化就被消灭了，所谓过渡也不会被人听见了。”

“能被思维的东西和思想为之存在的东西是同一的；因为你找不到一种没有表达存在之物的思想。”[1]

这一论证的本质是：当你思想时，你必定是就某种东西而思想；当你使用一个名称时，你必定是就某种东西使用这个名称。因此思想和语言都要求其本身之外的对象。而且既然你能在这一时刻而又在另一时刻同样地思想和论述某个事物，那被思想着和被论述着的事物必定在所有时刻都存在。结论就是，不可能有什么变化，因为变化包括事物的产生与灭亡。

这是在哲学上通过思想和语言来论证宏观世界的最早的例子。这当然不能被认为是有效的，但是值得我们来看一看其中包含了哪些真理的因素。

我们可以这样来表述这一论证：如果语言不是无意义的，那么词语必然意味着某种东西，而且一般来说这某种东西不仅仅是别的词语，更是不管我们谈不谈到它都会存在的东西。比如，假设你谈到了乔治·华盛顿，除非历史上真的有过这样一个人物，否则这个名字看起来就是没有意义的了，包含这个名字的句子也就是无意义的了。巴门尼德主张乔治·华盛顿不仅在过去一定存在，而且在某种意义上现在一定也存在，因为我们依然能够有所指地使用他的名字。这看起来显然是不对的，但是我们应该如何诘难这一论证呢？

让我们举一个虚构的人物，比如哈姆雷特。考虑一下这个说法：“哈姆雷特是丹麦王子。”在某种意义上这是真的，但不是在纯粹历史学的意义上。正确的

「1」伯奈特注：“我认为，这段话的意思是……一种思想不可能与一个不是真实事物名称的名称相一致。”

说法是："莎士比亚说哈姆雷特是丹麦王子。"或者更明确地说："莎士比亚说有一个丹麦王子叫作'哈姆雷特'。"这样这句话就没有什么是虚构的了。莎士比亚、丹麦和"哈姆雷特"这个响声都是真实的，但是"哈姆雷特"这个响声并不真的是人的名字，因为没人真的叫"哈姆雷特"。就算你说"哈姆雷特"是一个虚构的人物的名字，还是不够严格准确；你应该说"有人虚构说'哈姆雷特'是一个真实人物的名字"。

哈姆雷特是一个虚构的个体；独角兽则是一种虚构的动物。有些包括"独角兽"这个词的语句是真的，另一些则是假的，但这两种情况都不是直接的。让我们来看看"一个独角兽有一只角"和"一头牛有两只角"这两句话。为了证明后者，你得去看一头牛；只是说有本书里说牛有两只角是不够的。但是独角兽有一只角的证据却只能在书里找了，而且实际上正确的说法是"有某些书本声称有一种只有一只角的动物叫作'独角兽'"。所有关于独角兽的陈述实际上都是关于"独角兽"这个词的陈述；就如同所有关于哈姆雷特的陈述实际上都是关于"哈姆雷特"这个词的陈述一样。

但是显然在大多数情况下，我们所说的并不是词，而是词语所表示的东西。于是这又将我们带回到巴门尼德的论证上去了，即如果一个词能够被有所指地使用，必定意味着某种事物，而不会什么也不表示，因此这个词所表示的东西一定在某种意义上是存在的。

那么，关于乔治·华盛顿应该怎么说？似乎我们只有两种选择：要么说他还活着；要么说当我们使用这个名字时，我们并不是在说叫这个名字的人。两种说法似乎都是一种悖论，但是后一种并不那么明显，现在我就来说说在哪种意义上后者是正确的。

巴门尼德认为词语的意义是固定不变的，这实际上是他论证的基础，而他认为这一点是无可置疑的。然而尽管字典或者百科全书对一个词给出了可以说是官方的和约定俗成的意义，但是没有任何两个人在使用同一个词时脑子里想的是同一种东西。

乔治·华盛顿本人可以将自己的名字和"我"这个词当作同义语。他可以觉察到自己的思想和身体动作，因此能比任何其他人都更充分地使用他名字的意义。他的朋友们，在他面前也能够觉察到他身体的动作，并能猜测他的思想；对他们来说，"乔治·华盛顿"这个名字依然标示着自己经验中某种实在的东西。但是在他死后他们就必须用记忆来代替知觉，这样在他们使用他的名字时他们的心理就会发生变化。对于我们这些从未见识过华盛顿的人来说，这个心理处理过程又会有不同。我们可以想着他的画像对自己说，“对，是那个人”。我们也可以想着“美国的第一任总统”。如果我们非常孤陋寡闻，那么他对于我们来说可能不过是“那个叫作‘乔治·华盛顿’的人”罢了。无论这个名字使我们想起什么，那一定不是他本人，而是某种当前呈现在感觉、记忆或者思想之中的东西，因为我们从未见识过乔治·华盛顿。这足以表明巴门尼德论证中的错误了。

这种词义上永恒不断的变化被另一种事实给隐藏起来了，即一般来说，这种变化和包含这个词的命题的真假无关。如果你提出任何一个包含“乔治·华盛顿”这个名字的真命题，然后用“美国第一任总统”这个词组去代替这个名字，那么那个命题照例依然会是真的。但是这条规则也有例外。在乔治·华盛顿被选举之前，一个人可以说“我希望乔治·华盛顿成为美国第一任总统”，但是他不会说“我希望美国第一任总统成为美国第一任总统”，除非他对于同一律有着不同寻常的激情。但是我们可以很容易地制定规则把这些例外情况排除在外；在剩下的情况中你就可以用任何只适用于乔治·华盛顿的描述性的词组来代替“乔治·华盛顿”这个名字。也只有通过这些描述性的词组我们才能了解他这个人。

巴门尼德又争辩说，既然现在我们能够知道通常被认为是属于过去的事物，那么那就不可能全然是过去的，而在某种意义上现在也存在。由此他推断并没有变化这种东西。我们对于乔治·华盛顿所做的论述就足以对付这个论证了。可以说在某种意义上我们没有关于过去的知识。当你回忆时，所回忆的事物出现在现在，而且和回忆本身也不是一回事。但是回忆却提供了一种对于过去事件的描述，而且就最实际的目的而言，没有必要区别所描述的东西和描述本身。

以上整个论证表明了从语言中抽象出形而上学的结论是如此容易，以及为了避免这种错误的论证我们如何只能在逻辑上和心理学上将对语言的研究推进得比大多数形而上学家更远。

然而，我认为巴门尼德如果死而复生，读到了我刚才的论述，会认为是非常肤浅的。他会问：“你怎么知道你有关华盛顿的叙述指向一个过去的时代呢？根据你自己的说法，直接的推断必须是关于现在的事物的；例如，你所说的回忆，发生在现在，而不是在你认为做出回忆时。如果要将记忆当作知识的一个来源，过去必须现在就呈现在我们的头脑中，因此在某种意义上一定还存在。”

现在我想正面回应这一论证，因为这需要对记忆的讨论，而那是一个很困难的题目。我在这里把上述的论证提出来是要提醒读者，一种哲学理论如果很重要的话，在其原始的形式被驳倒之后很容易以一种新的形式复生。反驳绝少是终极的；在大多数情况下，反驳只是进一步精练的序曲罢了。

后来的哲学直到相当晚近的时期为止，从巴门尼德那里所接受过来的并不是一切变化的不可能性，那是一种太过激进的悖论，而是实体的不可毁灭性。“实体”这个词并没有出现在他的直接传人中间，但是其想法已经在他们的思索中出现了。实体被设想为各种变化不定的谓语的永恒不变的主词。它两千多年来一直这样，并成为哲学、心理学、物理学和神学的基础概念之一。对此我在后面的章节里还有很多话要说。现在我所关心的是，介绍这一点只不过是为了尽量公平地对待巴门尼德的论证而又不否认某些显而易见的事实。

第六章

恩培多克勒

我们发现毕达哥拉斯混杂着哲学家、预言者、科学之人和江湖骗子的品质，这种混合在恩培多克勒身上表现得异常完备。他主要活动于公元前440年左右，是青年巴门尼德的同代人，但是他的学说在某些方面更接近于赫拉克利特。他是西西里南海岸的阿克拉加斯的公民，也是一位民主派的政治家，同时他还自称是神。大多数的希腊城邦，尤其在那些西西里的城邦，民主制度和僭主统治之间存在持续不断的冲突。无论哪一派的领袖，一旦在某个场合被击败就会被处决或被流放。那些遭到流放的人毫不顾忌地和希腊的敌人们——东方的波斯和西方的迦太基合作。恩培多克勒也曾被放逐一段时间，但此后他似乎更倾心于做一位贤者，而不是一个流亡阴谋家。很可能他年轻时多少是个奥尔弗斯教徒，而且在遭到流放之前他就将政治和科学结合在一起，而仅仅是在暮年流亡后他才变成预言家。

恩培多克勒的传说非常之多。据说他曾经行过神迹等之类的事情——有时他是通过魔法，有时则是采用科学知识的手段；据说他能控制风，还曾经让一个似乎已经死了三十天的女人复活；最后，传说为了证明自己是神，他跳进埃特纳的火山口而死。用诗人们的话来说就是：

伟大的恩培多克勒，那燃烧的灵魂，
跳进了埃特纳火山，整个成了烤人。

就这个题材，马修·阿诺德写过一首诗。尽管那是他最差的诗作之一，但并不包含上面的俳句。

像巴门尼德一样，恩培多克勒也用韵文写作。卢克莱修曾受过他的影响，并高度评价了作为诗人的恩培多克勒。但在这个问题上观点并不统一，因为他的著作只有一些片段传世，所以他诗歌的价值依然存疑。

将他的科学和宗教分开来处理十分必要，因为二者之间存在龃龉。我将先讨论他的科学，再谈他的哲学，最后谈他的宗教。

他对于科学最重要的贡献是他发现了空气是一种独立的物质。这一点是他通过观察把一只桶或者类似的容器倒着放进水里，水不会进入桶中这个现象来证明的。他是这样说的：

“有一个姑娘在把玩一个闪闪发亮的铜制更漏，她那美丽的手压住水管的开口，然后把更漏浸入波光粼粼的水中，水流不会进入这个容器，因为里面有一团空气在紧紧地压着这个小孔，阻止水的流入。除非她把压着的手拿开使空气逸出，同样体积的水才会进入。”

这段话是他解释呼吸时所说。

他还发现过至少一个证实离心力的例子：把一杯水系于绳端，用力旋转，水不会洒出来。

他知道植物也有性别，而且他拥有演化和适者生存的理论（但必须承认，他这个理论大抵是出于臆想）。他在解释生物的起源时说，起初“无数不同种群生物散布四方，形式不一而足，蔚为壮观”。有的有颈无头，有的有臂无肩，有的有眼无额，还有单一的肢体，这些东西各自随机地组合在一起，于是就有了长着无数双手步履蹒跚的造物、脸和胸膛朝着不同方向的造物、牛身人面的造物和牛面人身的造物，还有具备双性特征、无法繁衍的两性人。最后，只有几种物种生存了下来。

在天文学方面，他知道月亮通过反射光线而发光，并认为太阳也是如此。他说光线传播也需要时间，但是用时极短以至于我们不能察觉。他还知道日食是由月亮处在太阳和地球之间而引起的，但这一点他似乎是从阿那克萨戈拉那里学的。

他是意大利学派医学的创立者，这一学派曾经影响过柏拉图和亚里士多德。据伯奈特认为，它影响整个科学和哲学的思潮。

所有这些都展示出他的时代科学生机盎然，晚期的希腊无法与其相比。

现在再谈一谈他的宇宙论。上文已经提及，是他将土、气、火、水确定为四大元素的（但是他却没有使用过“元素”这个词）。每一种元素都是永恒存在的，但它们可以按照不同的比例混合起来，这样就生成了我们在这个世界上所看到的复杂变化的物质。它们因爱结合，又因斗争而分离。“爱”和“斗争”对于恩培多克勒来说是和四大元素同一等级的原始物质。有时爱占优势，有时斗争更强大。过去曾有过一个黄金时代，那时爱大获全胜；在那个时代，人们只崇拜塞浦路斯的爱神。世界上的变化并不受任何目的所控制，而只是受偶然性和必然性的支配。有这样一种循环：当所有的元素都被爱充分地混合起来之后，斗争会再次将它们逐渐分开；当斗争将它们彻底分离之后，爱又逐渐将它们重新联合在一起。所以每种混合而成的物质都是暂时的，只有四大元素以及爱和斗争是永恒的。

这个理论与赫拉克利特异曲同工，但他的理论比较温和，因他认为不仅仅是斗争，而是爱和斗争一起促成了变化。柏拉图在其《智者篇》中将赫拉克利特和恩培多克勒二人相提并论：

有些爱奥尼亚的诗人，后来又有些西西里的诗人得出了这样一个结论——将关于太一和众物两个原则结合在一起更加可靠，并声言存在就是一与多。有些激进的诗人说它们是由敌意和友谊统摄在一起的，时分时合；但是那些比较温和的诗人并不坚持有永恒的斗争与和平，只承认二者之间存在缓和与交替——有时在爱神的支配下和平与一占上风，但有时因为斗争原则的作用，多与战争又占了上风。

恩培多克勒认为物质世界是一个球体。在黄金时代，斗争居于外部而爱居于内部；然后斗争逐渐进入而爱就被放逐于外；直到斗争完全进到里面而爱则整个在球体之外这种最坏的情况出现；再然后，因为一种不为人知的原因，又开始了一种相反的运动，直到黄金时代重临，但黄金时代也不会永恒存在。整个循环就这样周而复始。固然可以假设这两个极端中有一个是稳定的，但这却不是恩培多克勒的观点。他虽然希望在解释运动时能够采纳巴门尼德的论证，但是他并不希望在任何一个阶段得出一个不变的宇宙的结论。

恩培多克勒对于宗教的观点大体上是毕达哥拉斯式的。在一个极有可能是谈论毕达哥拉斯的残篇里，他说，“他们中间有一个人知识十分渊博，极其工于心计。他获得了无限的智慧；任何时候只要他动动脑筋就可轻而易举看到十代人甚至二十代人之后的一切”。上文已经说过，人们在黄金时代只崇拜爱神，并且“神坛上不再因为满是公牛的鲜血而发出恶臭，而且将牛撕碎并吃掉那巨大肢体的行为会被人们视为令人憎恶的事情”。

有一次他豪情万丈地把自己说成是神：

朋友们，你们住在阿克拉加斯这个俯瞰着黄色岩石、背靠着要塞的城市里，那些忙于善事、为陌生人提供光荣的避风港、从来不行恶举的善人们，我向你们致敬！我现在游走在你们中间，是一个不朽的神灵而非凡人；在所有见到我的人中间我都受到恰如其分的尊敬。人们给我缠上丝带和戴上花环，只要我装扮上这些在善男信女簇拥下进入繁华的城市，人们便立即向我致敬。无数的人蜂拥而来追随着我，向我求财问福，向我祈求神示。那些常年饱受疾病折磨的人，则向我求医问药……但是我干吗要喋喋不休，似乎超越必亡必朽的人是了不起的事情。

有时他却觉得自己是一个罪孽深重的人，他为自己的不虔诚而赎罪：

有一个必然之神的神谕、一条古老的戒律、一则信誓旦旦许诺的永恒的训命，它曾说过，只要一个恶魔——漫长岁月是其命运——用罪恶的鲜血玷污了双手，或是违背了自己的誓言而追随了斗争，他就必须远离受祝福的人们在外游荡三万年。其间他将以各种形式托生于凡间，一生劳作受累且世世不得改变。劲风会把他吹进海洋，海洋会把他吐回干燥的土地上，土地把他扔到烈日的炙烤之下，烈日又把他丢进气旋。它们一个一个都接受他，又都把他抛弃。我现在就是这样的一个人，被众神放逐而游荡的人，因为我把自己的希望和期待都系于残忍无情的斗争之中。

我们无从得知他的罪恶到底是什么。也许在我们看来并不是很严重的事，因为他还说过：

“啊，我大祸临头了！在我饕餮犯下那邪恶的罪行之前，为什么无情的死亡之日不曾将我带离？”

“要远远禁绝月桂叶……”

“不幸的人，最不幸的人，你们的双手千万别去碰豆子！”

所以也许他干的坏事不过是大嚼月桂叶和狂吃豆子罢了。

柏拉图有段十分著名的文章，其中他把这个世界比作一个洞穴，我们在其中只能看见外面明亮的现实世界的各种投影。恩培多克勒也暗示过这一点，这大概也起源于奥尔弗斯派的教义。

也有些人，他们大多通过多次的转生脱离了罪恶，最后能获得与众神为伴永恒的幸福：

但是最后，他们[1]在凡人中出现。他们是预言家、诗人、医生和君王。他们从此荣升为神，和其他的神共享香火和供奉。不再有人类的哀愁，不再受命运的

「1」这里并没有指明“他们”是谁，但我们可以认为就是那些保留了自己纯洁性的人。

摆布，再也不会受到伤害。

以上所说的一切几乎全部包括在奥尔弗斯教和毕达哥拉斯的教诲之中。

恩培多克勒的原创性，除了在科学上之外，还体现在四大元素说以及用爱和斗争的原则来解释变化的学说上。

他拒绝一元论，并认为自然过程与偶然性和必然性相关联，而与目的无关。在这些方面他的哲学要比巴门尼德、柏拉图和亚里士多德的都更富有科学性。其他方面他确实默认了许多当时的迷信，但是许多今天的科学家在这一点上也未必逊色。

第七章

雅典与文化的关联

雅典的丰功伟业开始于两次希波战争时期（分别发生在公元前 490 年和公元前 480 年—前 479 年）。此前，爱奥尼亚和泛希腊地区（即南意大利和西西里的希腊城邦）诞生过许多伟大的人物。公元前 490 年，雅典在马拉松战役中打败了波斯王大流士，又在公元前 480 年领导希腊联合舰队打败了大流士之子及继承者薛西斯，这为雅典树立了极高的威信。居住在小亚细亚群岛和一部分大陆上的爱奥尼亚人曾经反叛过波斯，雅典将波斯人从希腊大陆上赶出去之后，同时也促成了他们的解放。在这个进程中，只关心自己地盘的斯巴达人没有参与。这样雅典就成为反波斯同盟中最主要的成员。盟约规定所有缔约国都有义务上交一定数目的船只或是相应的代役金。大多数城邦选择了后一种方法，这样雅典就获得了凌驾于其他缔约国之上的海上霸权，并逐渐将这个同盟转变为雅典帝国。雅典富庶起来了，并在伯利克里的英明领导下更加繁荣；伯利克里是由公民们自由选举出来的，统治了大约三十年，直到公元前 430 年失势。

伯利克里时代是雅典历史上空前幸福和光荣的时代。曾经参加过希波战争的埃斯库罗斯就是此时开始创作希腊悲剧的；《波斯人》是他的悲剧之一，此作背离了从《荷马史诗》中选择题材的传统，转而描述大流士的溃败。此后相继的是索福克勒斯和欧里庇得斯。但是欧里庇得斯一直活到了伯利克里下台并去世之后的伯罗奔尼撒战争那段黑暗岁月，他的剧作就反映了一种后期的怀疑主义。他同时代的喜剧诗人阿里斯托芬从一种强健但却有限的常识的立场出发，嘲笑了所有的主义，特别是苏格拉底，将其斥为一个否定宙斯的存在并亵渎神明的伪科学的神秘的人。

雅典曾经被薛西斯占领，卫城上的神庙也毁于兵燹。伯利克里投身于这些神庙的重建工作，他所修建的帕台农和其他神庙的遗迹至今仍让我们印象深刻。雕塑家菲迪亚斯受国家的雇佣来建造那些巨大的男女神像。这一时期末叶，雅典成了希腊世界无与伦比的美丽繁华之邦。

历史学之父希罗多德本是小亚细亚哈里卡尔纳苏斯人，但是他生活在雅典，并受到雅典国家的鼓舞，站在雅典的立场上记录了希波战争。

伯利克里时代的雅典所取得的成就大概是所有历史中最令人拍案惊奇的。此前，雅典一直落后于许多其他希腊城邦，无论是在艺术上还是文学上都没有产生过一个伟人（除了梭伦，但他主要是一个立法者）。突然之间，在胜利、财富和重建带来的需求的刺激下，涌现了大批建筑家、雕塑家和剧作家，他们的创作一直影响到近代时期，一些作品直至今日也无法被超越。当我们考虑到雅典人口规模很小时，这一点就更让人感到诧异了。雅典人口在公元前 430 年前后达到顶峰，据估计包括奴隶在内也只有二十三万人，周围阿提刻农村地区的人口可能还要少些。此前此后没有任何一个具有相似人口比例的地区有能力取得雅典那样高度辉煌的成就。

在哲学方面，雅典仅仅贡献了两个伟大的名字，苏格拉底和柏拉图。柏拉图的时代比较晚，但是苏格拉底则在伯利克里的统治下度过了其青年时代和成年时代的早期。雅典人对哲学有足够的兴趣，他们急切地去凝听来自异邦教师的教诲；智者们则为希望学习辩论术的年轻人所环绕。在《普罗泰格拉篇》中，柏拉图笔下的苏格拉底曾经对那些紧紧追随外来著名学人的信徒们做了一番妙趣横生的讽刺。我们将会看到，正是伯利克里将阿那克萨戈拉引进雅典的；而苏格拉底声称正是从阿那克萨戈拉身上学到了心灵在创造过程中居于首要的地位。

《柏拉图对话录》的大部分篇章都发生在伯利克里时代，这些文字展示了一幅富裕生活的惬意画卷。柏拉图出身于雅典的一个贵族家庭，是在那个战争和民主制还没有摧毁上层社会的财富与安逸的时代的传统中成长起来的。像他一样的青年都不需要工作，并把大多数闲暇时光都花在对科学、数学和哲学的追求上；他们几乎都能背诵《荷马史诗》，并且是评价职业朗诵诗歌人的行家。演绎性推理的方法刚在此前不久被发现，并且在整个知识领域对真真假假的理论起到了刺激作用。与为数不多的时代一样，在这个时代人们可以既有知识才华又生活幸福，并且可以通过知识才华来获得幸福。

但是塑造了这个黄金时代的各种力量之间的平衡是不稳定的，在内部和外部都受到威胁——在内部受民主制度的威胁，在外部则受斯巴达的威胁。为了理解在伯利克里之后发生的一切，我们有必要简要地审视一下阿提刻地区的早期历史。

阿提刻历史时期的开端之初，它只是一个自给自足的小小农业地区；其首都雅典规模并不大，但是人口中工匠和熟练技工的比例日益提高，他们都渴望把产品销往国外。人们逐渐发现种植葡萄和橄榄比种植谷物更加有利可图，于是就开始进口谷物，主要从黑海沿岸。这种农业运作方式比单纯谷物种植需要更多的资金，于是小农们就破产了。像其他希腊国家一样，阿提刻在荷马时代实行的是君主制，但是国王逐渐变成了一个没有实际政治权力的纯粹宗教官员。政权落入贵族手中，他们既压迫乡下的农民也压迫城里的工匠。早在公元前六世纪，梭伦就朝着民主制方向促成了妥协，其大部分成果一直延续到随后庇西特拉图和他的儿子们统治的僭主制时期。当僭主统治的时期走到尽头时，僭主政治的对头——贵族们已经能够说服自己接受民主制了。到伯利克里下台为止，贵族们通过民主制的进程掌握了权力，就像在十九世纪的英国那样。但是在伯利克里时代的后期，民主制的领导人已经开始要求分享更大的政治权力。同时伯利克里的帝国主义政策维系了雅典繁荣，但又造成了与斯巴达的摩擦不断增加，并最终导致了公元前431年—前404年的伯罗奔尼撒战争，而雅典在战争中彻底溃败。

尽管在政治上崩溃了，但雅典的威望依旧存在，并且哲学始终以雅典为中心延续长达千年之久。亚历山大城在数学和科学上盖住了雅典的光芒，但是亚里士多德和柏拉图让雅典在哲学上依然至高无上。柏拉图曾经讲过学的学园，比所有其他学派时间延续得都长，它在罗马帝国皈依了基督教之后，成为一个异教思想的孤岛，薪火相传超过两个世纪之久。最终在公元459年被持有偏执宗教信仰的查士丁尼皇帝关闭，于是黑暗时代便降临欧洲。

第八章

阿那克萨戈拉

哲学家阿那克萨戈拉尽管不能和毕达哥拉斯、赫拉克利特或巴门尼德相提并论，但他依然具有相当重要的历史地位。他是爱奥尼亚人，并继承了爱奥尼亚的科学和理性传统。他是把哲学介绍给雅典人的第一人，而且是第一个提议心为物质运动的主要原因的人。

大约在公元前500年，他生于爱奥尼亚的克拉佐美奈，但是他大约在公元前462年—前432年间在雅典生活了三十多年。他很可能是伯利克里为了教化自己的国人引进的。而将阿那克萨戈拉介绍给伯利克里的可能是米利都的阿斯帕齐娅[1]。柏拉图在其《斐德罗篇》中说道：

伯利克里“似乎与科学家阿那克萨戈拉意气相投，并让自己饱学了有关高尚事物的理论，从而获得了一种关于理智和愚蠢的真正性质的知识，而那正是阿那克萨戈拉所讨论的主要内容。从这个来源伯利克里汲取了一切足以提高自己演说艺术的东西”。

据说阿那克萨戈拉还影响过欧里庇得斯，但那很不可信。

雅典的公民，也像其他大陆上其他城市里的公民们一样，对那些试图引进一种比他们所熟悉的文化更高级的文化的人怀有敌意。当伯利克里年事渐高时，他的对手们开始了一场通过攻击他的朋友们来攻击他本人的运动。这些人控告菲迪斯侵吞了用来塑造雕像的部分黄金。他们还通过了一条法律允许告发那些不奉行宗教而传播源于所谓“上天事物”的理论的人。根据这条法律，他们检举了阿那

「1」希腊的高等妓女和伯利克里的情妇，以其智慧、机智、美貌而著称。

克萨戈拉，因为他宣扬说太阳是一块又红又烫的石头而月亮则是泥土（苏格拉底的检察官也重复了同样的指控，所以苏格拉底嘲笑他们已经过时了）。究竟发生了什么无从知晓，但可以肯定的是，阿那克萨戈拉必须离开雅典。很可能是伯利克里把他救出了监狱并设法安排他离开。按照他的遗嘱，他的忌日被定为学生们的假日。

阿那克萨戈拉认为一切事物都可以无限地被分割，哪怕最小的一块物质也包含着各种元素。事物所表现出来的就是其所包含的最多的东西。比如万物都包含着一定量的火，但只有当这种元素占优势时我们才称之为火。和恩培多克勒一样，他反对虚空的存在，并提出过论证，说漏壶和充气的兽皮证明了看起来一无所有之处还是有空气的。

与前人不同，他将心（nous）也视为参与构成生命体的一种实体，从而将其和无生命的物质区分开来。他说世间万物都包含着各种事物的一部分，但是心例外，只有某些事物中也包含着心。心具有支配所有生命之物的力量；心是无限的和自我支配的，而且不与任何事物相混合。除了心以外，一切事物不管多么微小，都包含着一切对立的事物的一部分，比如热与冷、白与黑。他坚持雪有一部分是黑的。

心是一切运动之源。有一种旋转肇始于心灵，逐渐波及整个世界，促使最轻的事物聚集到周边，而最重的事物降落到中心。心是不变的，在动物体内和在人体内一样善良。人类显见的优势是因为拥有双手这个事实，一切表面看起来是智力上的不同，其实都是因为身体上的差异。

无论是亚里士多德还是柏拉图笔下的苏格拉底都抱怨阿那克萨戈拉在介绍了心这一概念之后却很少使用它。亚里士多德指出，他只是把心当作一种起因来介绍，因为他不知道还有什么其他原因。凡是他能够解释的地方，他都给出机械的解释。他反对以必然与偶然为事物的起源，然而，他的宇宙论中也没有什么“天道”的观念。看起来他关于伦理学和宗教似乎想得不多；也许像他的检举者坚持说的那样，他是一个无神论者。除了毕达哥拉斯之外，所有的前人都影响了他。巴门尼德对他的影响有如其对恩培多克勒的影响一样。

他在科学上贡献很大。正是他第一个解释了月亮是通过反射而发光的，尽管巴门尼德有很隐晦的话语暗示他可能也知道这一点。阿那克萨戈拉提出了日食和月食的正确理论，并且他知道月亮是位于太阳下面的。他说太阳和群星都是炽热的石头，我们感受不到星星的热力只是因为它们太遥远了。他认为太阳比伯罗奔尼撒半岛还要大。他还认为月亮上有山脉，还有居民。

有人说阿那克萨戈拉出自阿那克西美尼斯的学派，显然他确实延续了爱奥尼亚人理性和科学的传统。在他那里找不到那种伦理上的和宗教上的先入之见；这种先入之见从毕达哥拉斯主义者传到苏格拉底再传到柏拉图，把一种蒙昧的偏见带进了希腊的哲学。他似乎并不完全是一流的，但是作为将哲学带到雅典的第一人，并且是塑造了苏格拉底的影响之一，他的地位举足轻重。

第九章

原子论者

原子论的创始者为琉西普斯和德谟克利特二人。这二人是很难区别开来的，因为他们总是为人相提并论，而且很显然是琉西普斯的一些著作后来还被认为是德谟克利特的。

琉西普斯似乎主要活动于公元前440年前后[1]；他来自米利都，并继承了和那个城市联系在一起的科学和理性的传统。他深受巴门尼德和芝诺的影响。但是人们对他所知甚少，以致伊壁鸠鲁（德谟克利特的一个后来的追随者）曾经完全否定过他的存在，有些近代人也重提过这一观点。但是亚里士多德曾经很多次间接地提到他，要是他真的不过是个神话人物，竟然出现对他那么多的引用（包括引用原文）就显得很不可思议了。

德谟克利特则是一个确定存在的人物。他是色雷斯的阿布德拉人。至于他的年代，因为他曾经说过在阿那克萨戈拉暮年之时（大约公元前432年）他尚且年轻，所以一般认为他盛年主要活动于公元前420年前后。他周游过南方和东方的各国以寻求知识，可能在埃及度过了相当长一段时间，并且肯定到访过波斯。然后他就回到阿布德拉，并终老此地。策勒说“他知识的广博在哲学家中空前绝后，在思考的逻辑精确性和正确性上出其右者寥寥”。

德谟克利特是苏格拉底和智者们同时代的人，因此基于纯粹编年的理由，应该放在我们这部历史后面一点的地方来讨论。但困难的是很难将他和琉西普斯分

「1」西里尔·贝莱在《希腊原子论者和伊壁鸠鲁》一书中估计他的主要活动期当是公元前430年或稍早一些。

开。基于这个考虑，我还是把他放到苏格拉底和智者之前来讨论，尽管他哲学的一部分就是作为对他的同乡和最杰出的智者普罗泰格拉的回应。普罗泰格拉访问雅典时受到了热烈欢迎；与之相反，德谟克利特却说："我去了雅典，但没有人知道我。"他的哲学在雅典一度长期被忽视。伯奈特说，"还不清楚柏拉图是否了解德谟克利特……与之相反，亚里士多德是很了解德谟克利特的，因为他也是来自北方的爱奥尼亚"[1]。柏拉图从未在自己的对话录中提到过他，但是据第欧根尼·拉尔修斯所说，柏拉图非常讨厌他，以至于希望把他的书都烧光。希斯把他作为一个数学家而倍加推崇[2]。

琉西普斯和德谟克利特这两人共有的哲学基本观点是出自前者的，但是就其理论形成而言就很难把他们分开，而且对我们来说做那样的尝试并不重要。琉西普斯——如果不是德谟克利特的话——是通过调和巴门尼德和恩培多克勒分别代表的一元论和多元论而被引向原子论的。他们的观点和现代科学的观点之间有显著的相似，也避免了希腊式的冥想易犯的各种错误。他们相信万物都是由原子构成的，原子在物理学上而非几何学上是不可分的；原子之间是真空；原子是不可毁灭的；原子过去、现在和将来都处在运动之中；原子的数目是无限的，种类是无限的，形状和大小上的差异也是无限的。亚里士多德声称[3]，按照原子论者的说法，原子在热度上也是不同的，构成火焰的球形原子热度最高；至于重量，他引用了德谟克利特的说法，"任何不可分的事物越是扩大，其重量越大"。但是在原子论者的各种理论中原子最初到底有没有重量这个问题一直是存在争议的。

原子处于永恒的运动之中，但是注疏者对于原始运动的特性众说纷纭。有些人，特别是策勒，认为可以将原子想象为永远在向下落，越是重的落得越快，于是重的原子就逐渐赶上了较轻的原子并发生了碰撞，原子就像台球一样发生了转向。这肯定也是伊壁鸠鲁的观点，因为其理论的许多方面都是建立在德谟克利特之上的，同时又不那么明智地想要将亚里士多德批评纳入考虑范围。但是我们有相当充分的理由认为重量并不是琉西普斯和德谟克利特最初所设想的原子的属性之一。在他们看来，原子似乎最初更有可能是在随机地运动着的，如同现代气体分子的运动理论所认为的那样。德谟克利特说在无限的真空中既没有向上也没有向下的运动，他把原子的灵魂中的运动比作在无风时尘埃在太阳光中的运动。这

「1」《从泰勒斯到柏拉图》，第 193 页。

「2」《希腊数学》，第一卷，第 176 页。

「3」《论生成与腐朽》，326 节 A。

是比伊壁鸠鲁高明得多的看法，而且我认为我们可以假定这就是琉西普斯和赫拉克利特的观点[1]。

由于互相碰撞，聚集的原子形成了旋涡。接下来的进程就像阿那克萨戈拉所说的那样，但是原子论者对旋涡给出的是机械论的解释而并不将其归之为心的作用，这是一个进步。

古代，原子论者总是被人指责，说他们把一切都归于偶然性。恰恰相反，原子论者们都是严格的决定论者，相信一切都是按照自然律的安排发生的。德谟克利特明确地否定过任何事情能纯粹偶然地发生[2]。虽说琉西普斯这个人是否存在依然存疑，但是人们都知道他曾经说过一件事："没有什么会无端发生，万物都是有理由的，而且也都是在必然性的支配下。"确实他没有解释为什么世界最初就是它所原有的样子，这一点也许可以归之为偶然。但是只要世界一旦存在，其进一步的发展就不可更改地被机械原则所规定好了。亚里士多德和其他人都批评他和德谟克利特，批评他们没有说明原子最初的运动从何而来，但是在这个问题上原子论者比他们的批评者们要科学得多。因果作用只能从某一点上开始，而且无论其从什么地方开始都不能给其起始的前提再指派一个原因。世界可以被认为是一个造物主创造的，但是即便如此，造物主本身也是无法加以解释的。原子论者的理论实际上要比古代提出的所有其他理论更接近近代科学的观点。

原子论者与苏格拉底、柏拉图或者亚里士多德不同，他们试图在不引入目的和终极原因的前提下解释这个世界。一个事件的"终极原因"是未来的事，而且这个事件正是为了这个原因才发生的。关于生活琐事，这个观念也适用。为什么面包师要做面包？因为人们会饥饿。为什么要修建铁路？因为人想要旅行。在这些情况中，事情是用其所服务的目的来解释的。当我们对于一件事问"为什么"时，我们指的可能是以下两种情况中的任一种——我们可能指的是："这件事的目的是什么？"也可能指的是："是怎样的先决条件促成了这件事？"对前一个问题的回答就是出于目的论的，或者依靠终极原因的解释；对后一个问题的回答就是机械论的解释。我看不出来怎么能事先知道科学应该问的是哪一个问题，还是应该两个都问。但是经验告诉我们机械论的问题引出了科学的知识，而目的论的问题没有。原子论者们问的是机械论的问题，也给出了机械论的回答。他们的后人直到文艺复兴时期为止，都是对目的论问题更感兴趣，这就把科学带进了死胡同。

「1」这是伯奈特采用的解释，贝莱至少对琉西普斯也是这么解释的。（前引书，第 83 页。）

「2」见贝莱前引书，第 121 页，论德谟克利特的决定论的段落。

关于这两个问题，无论在一般的思想中还是在哲学里，我们往往忽视了一条界限，那就是没有一个问题是可以在理智上对包括上帝在内的现实的整体发问的，而只能对其一部分发问。就目的论的解释而言，它总是不久就归结到一位造物主，或者至少也是一个创造者，而创造者的目的就体现在自然的过程中。但是假如一个人是如此执着于目的论以至于要追问造物主又是为了什么目的而存在的话，那么很显然他的问题就是不虔诚的。再者说这样的问题也是无意义的，因为要使这个问题有意义，我们就只能假设造物主是被某个超级造物主所创造出来并为他服务的。目的这个概念只适用于现实内部，而不适用于现实本身。

一种较为类似的论证可以用来说明机械论的解释。一个事件被另一个事件引起，而这另一个事件又是被第三个事件所引起的，以此类推。但是如果我们追问这一切的原因的话，我们被迫只能再次回到造物主，而造物主本身还是没有原因的。因此所有使用因果律的解释必须有一个武断的起始点。这就是为什么原子论者的理论中对原子的最初运动存而不论不能算是一个欠缺。

我们一定不能认为他们提出自己理论的理由是完全经验的。原子理论在近代又复活了，并被用来解释化学上的事实，但是这些事实古希腊人并不知道。经验性的观察和逻辑性的论证之间在古代并没有太明显的区别。巴门尼德确实并不看重观察到的事实，但是恩培多克勒和阿那克萨戈拉却把他们大部分的形而上学和对滴漏以及旋转的水桶的观察联系在一起。直到智者们出现为止，似乎还没有一位哲学家怀疑过一种完整的形而上学和宇宙论能够建立在大量的演绎推理和少量的观察所得的混合之上。原子论者凭着好运偶然想到了一种理论，两千多年以后才发现了这种理论的一些证据，所以他们的信仰在自己的时代是缺乏一切坚实的基础的[1]。

与同时代的其他哲学家们一样，琉西普斯想要找到一种方法来调和巴门尼德对于运动和变化的那些显而易见的事实所做的论证。正如亚里士多德所说[2]：

“尽管巴门尼德的这些观点在辩证的讨论中似乎十分符合逻辑，但是当人们考虑到事实时，相信这些观点就和疯子的胡言乱语相去无几。因为实在没有一个疯子能够丧失理智地设想火和冰就是‘太一’；只有对那些介乎是真确的和习惯上看起来是真确的之间的东西，才会有人能疯狂到看不出差别来。

“然而，琉西普斯认为自己有一种和感觉一知觉相调和的理论，而且既不取

[1] 关于原子论者理论的数学和逻辑基础，参见加斯顿·米约的《希腊的几何哲学》，第四章。

[2]《论生成与腐朽》，325 节 a。

消生成和毁灭也不废除运动和事物的多样性。他向知觉的事实做了这些让步，在另一方面又向一元论者妥协，承认不能有没有虚空的运动。结果就是他阐述了这样一种理论：‘虚空是一种不存在，而存在的任一部分都不是一种不存在；因为存在在其最严格的意义上是一种绝对的充实。然而这种充实却不是太一，相反它是一种数目无限的众多，并且因为其体积的微小而不可见。这种众多在虚空中运动（因为虚空是存在的），通过它们的聚集就产生了生成，把它们分开就产生了毁灭。此外，无论何时，当它们因为偶然（因为它们不是太一）发生接触时，它们就互相起作用和受到作用，因此通过聚集和纠缠它们就可以繁衍。但是另一方面，从真正的太一出发是不会生成多样性的，从真正的众多也不会产生太一——那都是不可能的。”

可以看出到此为止有一点是各派都认同的，那就是在充实充满之中不会有运动。但是在这一点上，所有人都被误导了。在一种充实中可以有一种周期性的运动，只要它之前一直存在就行。希腊人各种论证的要点是说，一个事物只能运动到一处真空虚的位置上去，而在一种充实的东西中没有虚空的位置。也许我们可以很合逻辑地主张，认为运动永远不能在一个充实的事物中开始，但是我们不能从逻辑上主张运动就完全不可能在其中存在。只是对希腊人来说，一个人要么只能默认巴门尼德式的无变化的世界，要么只能承认虚空的存在。

那么现在巴门尼德反对不存在的论证似乎同样也可以在逻辑上无可辩驳地反对虚空的存在，而且由于看起来什么也没有的地方也有空气这一发现而得到强化（这是一个常见的逻辑和观察相混淆的例子）。我们可以把巴门尼德的立场表述如下："你说有虚空存在，那么虚空一定是什么东西，那么它就不是虚空。"不能说原子论者已经答复了这个论证，他们只不过宣称他们提议忽略这个问题，理由是运动是一种经验事实，因此必然有虚空这种东西，不管那是多么难以想象[1]。

让我们来探讨一下这个问题后来演变的历史。避开这一逻辑困难的最初和最显著的方法是区分物质和空间。按照这种观点，空间并不是无物，而具有一种容器的性质，其中任一指定的部分都有可能是也有可能不是充满物质的。亚里士多德说过："虚空存在的理论就包含了空间的存在，因为人们会把虚空定义为被抽去了物体之后的空间。"（《物理学》，208b）这个观点被牛顿极其明确地展现了出来，

[1] 贝莱（前引书第 75 页）的主张则相反，他认为琉西普斯有一个"极端精妙"的答案。其在本质上承认了某种无形的东西（真空）的存在。同样伯奈特也说过，"实际上正是这些通常被认为是古代伟大的唯物主义者的原子论者们最早清楚地说出一个没有形体的事物依然是真实的——这真是个奇怪的事实"。

他肯定绝对空间的存在，相应地，还区分了绝对运动和相对运动。在关于哥白尼学说的论争中，不管论战双方对这一点的认识是多么微乎其微，他们实际上都是承认这个观点的，因为他们认为"天体自东向西转"和"地球自西向东转"这两种说法之间是有差别的。如果所有的运动都是相对的，那么这两个陈述不过是对同一事物的不同说法罢了，就像是说"约翰是詹姆斯的父亲"和"詹姆斯是约翰的儿子"一样。但是同样，如果所有运动都是相对的，而空间又不是物质的，那么我们手里就只剩下巴门尼德式的反对真空的论证了。

笛卡尔的论证正如同早期希腊哲学家的论证一样，认为广延性是物质的本质，因此处处都有物质。对笛卡尔来说，"广延"是个形容词而不是个实体字；其实体字说法是物质，而且没有其实体形式它就不能存在。虚空对他来说，就像是说有幸福而没有能感受幸福的存在一样荒谬。莱布尼茨出于多少有些不同的立场也相信有充实的事物，但是他坚持认为空间不过是一个联系的系统。在这个问题上他和牛顿之间有过一场著名的论争，但是在论争中牛顿实际上是由塞缪尔·克拉克代表的。这场论战直到爱因斯坦时还悬而未决，但是他的理论把决定性的胜利授予了莱布尼茨。

现代的物理学家虽然在某种意义上依然相信物质是由原子构成的，但是并不相信虚空的存在。在没有物质的地方，依然有某种东西，特别是光波。物质已经不再具有通过巴门尼德的论证而获得的至高无上的哲学地位了。物质并不是没有变化的实体，而不过是事件聚集的一种方式。有些事件可以被认为属于物质性事物的集合；有些事件，例如光波则不属于。只有事件才是这个世界的材料，任意一个事件的持续时间都很短暂。在这个问题上，现代的物理学是站在赫拉克利特一边而反对巴门尼德的；但是从巴门尼德到爱因斯坦和量子力学为止，物理学一直是站在巴门尼德那一边的。

至于空间，现代的观点认为其既不像牛顿所坚持的，也就是和琉西普斯、德谟克利特应该说过的那样是一种实体，也不像笛卡尔所设想的那样是延展的物体的一个形容词，而是像莱布尼茨所认为的那样，是一个有着种种关联的体系。这个观点和虚空的存在能不能共存还无从知晓。但是也许作为抽象的逻辑的一个题目而言，它可以和虚空的概念达成和解。我们可以说，在两个事物之间总有一定的或长或短的距离，而在这个距离中并不必然包含着中间物。然而这样一种观点在现代物理学中是无法使用的。自爱因斯坦以后，距离就只存在于事件之间，而并不存在于事物之间，而且还包括时间和空间。"距离"本质上是一种出自因果律的概念，而且在现代物理学看来，物理作用是不分远近的。所有这一切都基于经验的而非逻辑的基础。再者说现代的观点如果不用微分方程的形式就无法表达，所以对于古代的哲学家们来说就更不可理解了。

原子论者的观点及其相应的逻辑发展结果似乎是牛顿关于绝对空间的理论，而这种理论所遇到的困难是必须把实在归之为不存在。对这个理论做不出逻辑上的反驳。主要的反驳是绝对空间是绝对不可知的，因而在经验性的科学中就不是一个必要的假设。更实际的反驳是物理学没有它照样能进行。但是原子论者所构想的宇宙在逻辑上依然是可能的，并且比任何其他古代哲人们的构想都更接近于那个真实的世界。

德谟克利特相当详尽地创立了他的理论，而其创立过程中有些部分是十分有趣的。他说每一个原子因为并不包含真空，所以是不可穿透的和不可分的。当你用刀子切苹果时，刀刃必须找到一个能穿透的空隙；如果苹果不包含虚空，它就会无限地坚硬并且在物理上是不可分的。每个原子的内部都是不变的，实际上就是巴门尼德所说的“太一”。原子们所干的唯一一件事就是运动和互相撞击，以及有时候当它们的形状碰巧契合时互相组合。原子的形状千姿百态：火是由小球状的原子构成的，灵魂也一样。原子通过碰撞产生旋涡，从中又产生了各种物体，并最终形成世界[1]。世界有许多个，有些在成长，有些在衰亡；有些可能没有太阳和月亮，有些则可能有好几个。每一个世界都有一个开端和终了。一个世界可能因为和另一个较大的世界相撞而毁灭。这种宇宙观可以用雪莱的诗句来总结：

> 层层世界在永恒地翻滚，
> 从肇始到毁灭，
> 像河水激起的水泡，
> 闪亮着、破裂着以至于消亡。

生命是从最初的烂泥中演化出来的。每个活着的物体都包含着一些火，但是在头脑里或者胸膛里最多（关于这一点，专家们众说纷纭）[2]。思想也是一种运动，因而也能引起别处的运动。知觉和思想都是生理过程。知觉又分两种，一种是关于感觉的，另一种是关于理解的。后一种知觉只依赖于被感知的事物，而前一种

「1」关于他是如何设想这一过程的发生的，参见贝莱前引书第 138 页以下。

「2」指古人有两种观点，一种认为大脑是思维器官，另一种认为心脏是思维器官。——译者注

知觉还有赖于我们的感官，因而很富有欺骗性。和约翰·洛克一样，德谟克利特也认为有些性质，比如热度、味道和颜色并不存在于物体之中，而存在于我们的感觉器官之中；而有些性质，如重量、密度和硬度是真实存在于物体之中的。

德谟克利特是一个彻底的唯物主义者。我们已经说过，对他来说灵魂也是由原子构成的，思想也是物理过程。宇宙并没有目的，只有被机械的法则所支配的原子。他不相信流俗的宗教，并反驳过阿那克萨戈拉所说的心说。在伦理学上，他将快乐视为生活的目的，但又认为节制和修养是获得快乐最好的手段。他不喜欢任何激烈和热情的东西，也不赞成性生活，他说那会导致快感压倒意识。他很看重友谊，但是对女人敌意很大，也不想要孩子，因为教育子女会干扰哲学研究。在所有这些方面他都很像杰里米·边沁。希腊人称之为民主的东西也深受他的青睐。[1]

至少在我看来，德谟克利特是最后一个避免了那种危害过后来所有古代和中世纪思想的错误的希腊哲学家。到现在为止我们探讨过的所有哲学家都想通过一种置身事外的努力来理解这个世界；他们所认为的"理解"要比实际情况轻而易举得多。但是要不是这种乐观主义他们也不会有胆量开始。他们的态度只要不是完全代表了各自时代的偏见，就基本上是科学的。但又不仅仅是科学的，还是想象丰富的、朝气蓬勃的和富于进取精神的。他们对一切事物都很感兴趣——流星和日食、鱼类和旋风、宗教和道德。他们是富于洞察的智慧和赤子般的热忱的结合。

从德谟克利特之后，尽管希腊哲学仍取得了空前的成就，但已经蕴含了某种衰落的种子，接着就呈现出逐渐的衰颓。哲学的错误，即便是在德谟克利特之后最好的哲学里，就是在和宇宙相对比时过分地强调了人。首先，随着智者们出现了怀疑主义，引导了一种研究我们如何认知而不去追求新鲜知识的倾向。接着，随着苏格拉底出现了对伦理的强调；随着柏拉图出现了对感觉世界的否定和对自我创造的纯粹理念世界的偏好；随着亚里士多德又出现了将目的作为科学的根本概念的信仰。尽管柏拉图和亚里士多德两人天才出众，但是其理论却包含着后来被证明危害无穷的恶习。在他们之后，哲学的活力就萎缩了，各种流俗的迷信又再次发作。一种部分新的世界观和人生观随着正统天主教义的胜利而出现；但是一直到文艺复兴，哲学才重新获得了塑造苏格拉底的前人们的那种活力和自主。

「1」他说过，"在民主之下的贫困要比专制下的所谓繁荣好得多，正如自由之于奴役那样"。

第十章

普罗泰戈拉

我们曾经探讨过前苏格拉底的那些伟大的体系在公元前五世纪后半期遭到了怀疑主义运动的攻击，其中最重要的人物就是智者们的领袖普罗泰戈拉。“智者”这个词原本没有什么贬义，其意义差不多就是我们所说的“教授”。一个智者就是一个以教授年轻人一些被认为对他们的实际生活有用的东西为生的人。因为那时还没有教育这类公共设施，所以智者们只教那些自备束脩或家长代付束脩的人。这就形成一种趋势，对他们产生一种阶级偏见，而且随着时代政治局势的发展，这种偏见不断增长。雅典和许多别的城邦的民主制度取得了政治上的胜利，但是对于削减那些属于旧贵族家庭的人们的财产却无能为力。总体上来说，是那些富人们体现了我们心目中的希腊文化，他们有教养，有闲暇时间，游历逐渐磨平了他们传统偏见的棱角，他们消磨在讨论上的时间又磨砺了他们的机智。因为所谓民主制并没有触动奴隶制，富人们通过奴隶制，无须压迫自由公民，照样能享有财富。

在许多城邦，特别是在雅典，贫穷的公民们对富人怀有双重的敌意：一是出于嫉妒，二是出于传统心理。富人不常常被天经地义地认为不虔诚或者不道德，他们颠覆古老的信仰，可能还试图摧毁民主制。这样就形成了政治上的民主制和文化上的保守主义的相互结合，而文化的革新者们就往往倾向于政治上的反动派了。近代美国的情形多少有点相似，在美国，坦慕尼作为一个主要信奉天主教的组织，一直投身于保卫传统的神学和伦理信条、抵抗启蒙运动的进攻。但是在美国，开明人士的政治力量比在雅典弱得多，因为他们没能和大财阀们建立共同的目标。但是在美国有一个重要的高等知识阶层从事保卫财阀，即公司法律顾问阶级，在某些方面他们的功能和智者在雅典所发挥的作用十分相似。

雅典的民主制，尽管存在不包括奴隶和妇女这个严重的缺陷，但在某些方面比任何现代的体制都要“民主”。法官们和大多数行政官员都是用抽签的办法选出来的，任期也很短；因而他们都是普通的公民，就像我们的陪审员一样。他们有着普通公民所秉持的偏见，并且缺少职业素养。一般说来，听审的法官的数目总是很多。原告和辩护人以及检举人、被告都亲自出庭，不用专业律师代劳。这样一来，胜负在很大程度上自然就取决于迎合公众偏见的演讲水平如何。虽然一个人必须亲自发言，但是他可以雇一个专家来为他写发言稿，或者像许多人偏好的那样，可以花钱请人教导那种要在法庭上获胜所必需的技巧。这些技巧正是公认由智者们所传授的。

雅典历史上的伯利克里时代，非常类似于英格兰历史上的维多利亚时代。雅典富裕而又强大，不怎么受战争的干扰，并且拥有一个贵族指导的民主体制。我们已经在谈到阿那克萨戈拉时看到一个反对伯利克里的民主反对派正在逐渐积聚力量，并且开始逐一攻击伯利克里的朋友们。伯罗奔尼撒战争爆发于公元前 431 年[1]，雅典和其他许多地方一样遭到了瘟疫的蹂躏；其人口从曾经的二十三万人急剧减少，并且再也没有恢复到原来的水平[2]。伯利克里本人在公元前 430 年被解除了将军的职务，并被一个一百五十人组成的法庭判处挪用公款罪并处以罚金。他的两个儿子都死于瘟疫，他自已也在次年（公元前 429 年）亡故。菲迪斯和阿那克萨戈拉也都被判有罪；阿斯帕西亚被指控不敬神明和持家无方，但是最后被赦免。

在这样一个社会里，那些很容易招致民主派政治家忌恨的人希望学习法庭辩论术是很自然的事情。因为雅典人尽管热衷于政治迫害，但是在一个方面还是不像近代美国人那么狭隘，那就是那些被指控不敬神明和败坏青年的人依然被允许出席为自己辩护。

这就说明了为什么智者们受到一个阶层的欢迎而不受另一个阶层的欢迎。但是在他们自已心中还是自认他们并非为个人的目的而服务，他们中间许多人确实也在从事哲学。柏拉图对他们极尽诋毁谩骂之能事，但是我们不能用柏拉图的批评来评价他们。在他语气比较轻松的篇章里，比如下面这段从《欧绪德谟篇》中引的文字，其中有两个智者，狄俄尼索多鲁斯和欧绪德谟去捉弄一个叫克里希普斯的头脑简单的人。狄俄尼索多鲁斯开腔说道：

「1」结束于公元前 404 年，雅典惨败。

「2」伯里：《希腊历史》，第一卷，第 444 页。

你说你有一只狗?
是啊，克里希普斯回答，还是只恶狗。
他有小狗吗?
有啊，小狗们和他一个样。
那么这么说他是他们的父亲咯?
是的，他说，我确实曾看到他和小狗们的妈妈在一起。
他不是你的吗?
确实如此。

那么他是一个父亲，又是你的，那他就是你的父亲了，小狗们都是你的兄弟。

而在柏拉图语气比较严肃的篇章里，比如那篇题为《智者》的对话录，就是一篇以智者为例对定义所做的逻辑探讨。我们现在先不管它的逻辑，我在这里唯一希望提到的是这篇对话的结论:

“制造矛盾的技巧，出自一种不诚恳的自负的模仿，是一种由影像制造假象的特点，这一特点属于人为的而非神明的创造，表现为一种玩弄文字——作为千真万确的真理，这就是真正的智者们的血脉和渊源。”(据康恩福特的译文。)

有一个关于普罗泰戈拉的故事，尽管肯定是杜撰的，但是足以说明在大众心目中智者和法庭的关系。据说普罗泰戈拉教过一个年轻人，条件是如果年轻人在第一次诉讼中获胜就付学费，否则就不用。而这个年轻人的第一场官司就是普罗泰戈拉控告他，要收他的学费。

现在，是时候把以上这些铺垫放在一边，来看看对于普罗泰戈拉我们真正知道些什么。

普罗泰戈拉大约在公元前500年生于阿布德拉城，是德谟克利特的同乡。他曾两次访问雅典，第二次不会晚于公元前432年。他在公元前444年—前443年之间为图里城编过一部法典。传说他曾经被控不敬神明，但这恐怕并不可靠。尽管他写过一本叫《论众神》的书，开头便说:“关于神明我不能肯定地感觉到他们存在还是不存在，也不清楚他们的形象如何，因为有太多的事情阻碍了确切的知识，比如问题的隐晦和人生的短促。”

他第二次访问雅典，柏拉图在《普罗泰戈拉篇》中有多少带点讽刺的描述，在《泰阿泰德篇》中并且严肃认真地讨论过他的学说。他以这一学说而扬名:“人是万物的尺度，是存在的事物存在的尺度，也是不存在的事物不存在的尺度。”这个理论被解释为每一个人都是万物的尺度，这样当人们意见分歧时就没有可以判断谁对谁错的客观真理。这个学说从本质上是怀疑主义的，并且其依据基础很可能是感觉的“欺骗性”。

实用主义的三位创始人之一，费迪南德·席勒习惯于自称是普罗泰戈拉的门徒。我想这可能是因为柏拉图在《泰阿泰德篇》中提出过一种对普罗泰戈拉的解释，即一种观点可能比另一种更好，但可能不会比另一种更真。举个例子来说，当一个人得了黄疸病，他看什么东西都是黄色的。对他说这些东西不是黄色的而是健康人看到的颜色是没有意义的。但是我们可以说，既然健康要比疾病好一点，那么健康人的观点就比黄疸病人的要好。这个观点显然是非常类似于实用主义的。

不相信客观真理让大多数人在实际的目的方面自己成了应该相信什么的裁判者，因此这就导致普罗泰戈拉致力于保卫法律、风俗和传统道德。虽然正像我们已经看到的那样，他不知道神是否存在，但他还是认为应该崇拜神灵。这种态度对于理论上的彻底怀疑主义且又讲逻辑的人来说无疑是个正确的选择。

普罗泰戈拉把大部分成年时光都花在了周游希腊各城邦不断讲学的生活上，并收取学费教那些“渴求实际的效率和拥有更高精神修养的人”（策勒尔书，第1299页）。柏拉图反对智者们收钱教学的做法，但这在现代观念看来多少有点自命不凡。柏拉图自己拥有可观的私人财产，因此很显然认识不到那些没有他那样好运的人的需要。奇怪的是现代的教授们，他们自己没有任何拒绝薪酬的理由，但是却一再重复柏拉图的苛责。

智者们在另外一点上和大多数当时的哲学家们不同。那就是除了智者以外，通常一位老师创立一个多少有点兄弟会性质的学园，或多或少地过集体生活，常常奉行一种僧侣般的戒律，总是讲授一种秘不外传的神秘学说，等等。凡是在哲学源于奥尔弗斯主义的地方，这些情况都是非常自然的。但是在智者们中间，绝无此事。在他们的心目中他们所教授的东西是和宗教、德行无关的。他们教辩论术，以及一切对这门技艺有所促进的知识。宽泛地说，他们就像是现代的律师那样，只是期望展示如何赞成或反对一个观点的技巧，而并不关心为他们自己的观点辩护。这对于那些将哲学视为一种和宗教紧密联系的生活方式的人们来说，当然是十分震动；对他们来说，智者们显得轻佻而且不道德。

在某种程度上，尽管不可能说出到底在多大程度上，智者们之所以不仅遭到一般人也遭到柏拉图和后来的哲学家们的憎恶，是由于他们聪明过人。对真理的追求如果是全心全意的，就必须抛开道德上的顾虑，因为我们不能事先知道真理在一个特定的社会里会不会被认为是有启发性的。智者们总是跟随着论证的脚步，而不管会被带到哪里去。这时常把他们引向怀疑主义。智者中的一员，高尔吉亚曾经主张没有任何事物存在；如果有任何事物存在也是不可知的；即便其存在并且被任何一个人知道了，他也不能将这一点告诉其他人。我们并不知道他的论证是怎么样的，但是我能想象得到其论证有一种逻辑的力量并迫使他的对手们拿强词夺理当挡箭牌。柏拉图总是在宣传那些会让人们变成他所认为的有德行的样子的观点，而他在理智层面也几乎总是不诚实的。他假装是在跟着论证走并且是以纯粹理论的标准来做判断，但事实上他总是在歪曲讨论并将其引向一个道德的结论。他把这种恶习带到了哲学里来，从此这种恶习就一直延续了下去。也许主要就是对智者们的敌意赋予了其对话录以这样的特点。柏拉图之后所有哲学家共有的缺点就是他们在伦理学上的探寻是在他们已经知道要得到什么结论的前提下进行的。

似乎有人在公元前五世纪后半叶的雅典教授着在同时代人和现代的民主国家看来都不道德的政治学说。在柏拉图《理想国》的第一卷中，特拉西马库斯就论证过除了强者的利益以外没有正义；并且论证了法律是政府为了自身的利益而制定的，以及在权力斗争中没有可以援引的客观标准。根据柏拉图在《高尔吉亚篇》中记载，卡里克里斯主张过一种相似的学说，说自然的法律是强者的法律，只是为了方便人们才建立了各种制度和道德观念来约束强者。这样的学说在我们今天比在古代获得了更广泛的认同[1]。但是无论人们对此怎么想，这并不是智者们的特征。

不管智者们在其中扮演了什么样的角色，在公元前五世纪，雅典确实经历了从僵化的清教徒式的质朴向机智的但很残酷的犬儒主义的转变，这个转变处在和迟钝且同样残酷的保卫摇摇欲坠的正统教义的努力的冲突中。在这个世纪初，雅典鼎力支持爱奥尼亚的城邦反抗波斯人，并且在公元前 490 年的马拉松战役中取得了胜利。在这个世纪末，雅典在公元前 404 年败于斯巴达，以及苏格拉底在公元前 399 年被处决。在那之后雅典在政治上就不重要了，但是却获得了文化上无可置疑的至高地位，并一直保持到基督教的胜利为止。

公元前五世纪的雅典史上有些事情对于理解柏拉图及所有后来的希腊思想来说都是非常重要的。在第一次希波战争中，因为在马拉松的决定性胜利，荣誉主要归于雅典人；在十年后的第二次希波战争中，雅典在海上依然是希腊的最强者，但是陆上的胜利主要归功于斯巴达，并且斯巴达被公认为希腊世界的领袖。但斯巴达人却具有十分狭隘的地方性观念，当他们把波斯人驱逐出希腊世界的欧洲版图之后就不再对抗波斯人了。支持希腊世界的亚洲部分并解放那些被波斯人征服的岛屿的重任就落在了雅典人的肩膀上，并且取得了巨大的成功。雅典变成

「1」本书写于第二次世界大战期间。

了一个有领导权的海上强国，对爱奥尼亚各岛屿取得了极大的帝国主义式的控制权。在伯利克里这个温和的民主派和温和的帝国主义者的领导下，雅典日趋繁荣。为了代替被薛西斯毁掉的神殿，他提议修建了伟大的神殿，这些神殿的遗迹至今仍是雅典城的荣耀。这座城市的财富和文化都迅速地增加，正如这种时代所必然出现的一样，在这时，特别是财富来自对外贸易增加时，传统的道德和信仰就衰败了。

这是一个雅典英才辈出的时代。三大悲剧家——埃斯库罗斯、索福克勒斯和欧里庇得斯都属于公元前五世纪。埃斯库罗斯参加过马拉松战役，并目睹了萨拉米斯海战；索福克勒斯依然是一个宗教上的正统派；但是欧里庇得斯却受到了普罗泰戈拉和自由思考的时代精神的影响，他对神话题材的处理是怀疑主义的和充满颠覆性的。喜剧诗人阿里斯托芬嘲笑苏格拉底、智者和哲学家们，但是他本人也属于那个圈子；柏拉图在《会饮篇》中把他和苏格拉底的关系写得非常友好；雕塑家菲迪斯像我们已经看到的那样，也是属于伯利克里的圈子的。

这一时期雅典的卓越成就是艺术上的而非智慧上的。公元前五世纪的伟大数学家们和哲学家们除了苏格拉底以外没有一个是雅典人。苏格拉底也不写作，只是把自己限定在述而不作的口头辩论上。

公元前 431 年伯罗奔尼撒战争的爆发和公元前 429 年伯利克里的逝世开启了雅典历史上的黑暗时期。雅典人占据海上优势，斯巴达人则拥有陆上霸权，并且屡次在夏天攻占了除雅典城之外的阿提刻地区。结果雅典城中过分拥挤，并饱受瘟疫的肆虐。公元前 414 年雅典派出了一支庞大的远征军前往西西里，希望能够攻陷与斯巴达结盟的叙拉古，但这个企图破产了。战争使得雅典人变得凶残暴虐。公元前 406 年他们征服了梅洛斯岛，屠杀了所有兵役期男子，将剩下的居民掠夺为奴。欧里庇得斯的剧作《特洛伊妇人》对这种野蛮暴行进行了控诉。这场斗争还有意识形态方面的意义，因为斯巴达是寡头统治的拥护者，而雅典是民主制的代表。雅典人有理由怀疑他们自己的一些贵族有叛国行为，因为一般认为公元前 405 年伊格斯波塔米之战中海军最后的溃败与贵族的叛变有一定的关系。

战争结束时，斯巴达人在雅典建立了一个寡头统治的政府，史称三十僭主。其中有些人，包括其首领克瑞提亚斯，曾经是苏格拉底的学生。他们当然是不得人心的，不到一年便被推翻了。在斯巴达的同意下，民主制又恢复了，但那是充满怨恨的民主制，日薄西山，因为有大赦制度的阻挠而不能直接报复自己内部的敌人，便又喜欢在大赦的范围之外想方设法找各种理由来迫害他们。发生在公元前 399 年的苏格拉底的审判和死刑都与这种氛围有关。

第二篇

苏格拉底、柏拉图、亚里士多德

II

第十一章

苏格拉底

苏格拉底对历史学家们来说是一个非常困难的题目。有许多人我们知之甚少，又有许多人我们知之甚多，但是对于苏格拉底的情况我们无法确定自己知道的究竟是很少还是很多。可以肯定的是，他是一个属于中产阶层的雅典公民，把毕生时间都花在了辩论和面向年轻人教授哲学上，但他不像智者们那样收取学费。他也确实曾被起诉并被判处死刑，于公元前 399 年被处死，时年约七十岁。他无疑是雅典城里声名卓著的人物，因为阿里斯托芬在其剧作《云》中曾经以漫画式的手法描绘过他。但是在这些事实之外，关于他就众说纷纭了。他弟子众多，其中两位——色诺芬和柏拉图，都以很大的篇幅写到过他。但是两人的记述出入很大。即使当两人的说法一致时，按照伯奈特的观点，那也是色诺芬抄袭柏拉图的结果。当两人的说法不一致时，有人相信色诺芬，有人相信柏拉图，也有人对二者都不信。在这场很成问题的争论中，我不会冒险表明立场，但我会简要地组织一下各种观点。

让我们先从色诺芬开始，他是个军人，头脑并不开明，其观点也总体上是因循守旧的。让色诺芬感到痛苦的是苏格拉底居然会被指控不敬神明和败坏青年；他坚持说，恰恰相反，苏格拉底是出了名的虔诚，并且对那些受他影响的人产生了非常全面的有益身心的作用；而且苏格拉底的各种观点看来也不是颠覆性的，而是有点乏味和平凡的。这个辩护走得太远了，因为这让那些针对苏格拉底的敌意变得无从解释。伯奈特在《从泰勒斯到柏拉图》一书第 149 页曾说过，“色诺芬为苏格拉底的辩护太过成功。苏格拉底要真是那个样子就不会被判处死刑了”。

人们曾经倾向于认为色诺芬所说的一切都是真实可信的，因为他没有那种构想不真实事物所需要的机智。这是一个很站不住脚的论证。一个笨人对一个聪明人的复述从来就是不准确的，因为他会下意识地把他所听到的翻译成他所能理解的。我就宁愿让一个哲学家中的死敌而非一个对哲学一无所知的好朋友来复述我的话。因此一旦色诺芬的记述有什么哲学上的难点或者是为证明苏格拉底无罪所做的辩护的一部分，那我们就不能接受他的观点了。

尽管如此，色诺芬的一些回忆还是非常令人信服的。他讲述过苏格拉底是如何坚持不懈地研究怎样才能让有能力的人走上权力岗位，这一点柏拉图也有记述。苏格拉底会问这样的问题："如果我想修鞋，该找谁呢？"一些天真的年轻人就会回答："哦，苏格拉底，找鞋匠啊。"苏格拉底会接着问关于木匠、铜匠等等的类似问题，最后就会问出这样的问题："谁应该来修理国家这艘船呢？"当他和三十僭主发生冲突时，他们的领袖克瑞提亚斯因为曾经跟着他学习过，知道他的路数，就禁止他继续教授那些青年，还加上一句："你最好别再讲那些鞋匠、木匠和铜匠了，这些东西因为你四处宣扬都快被讲烂了。"[1]此事发生在伯罗奔尼撒战争之后，斯巴达人在雅典建立短暂的寡头统治之际。但是在大多数的时间里，雅典实行的都是民主制，而且民主到连将军都是用抽签的方式选出来的。苏格拉底曾经遇到一个想做将军的青年，并且劝他最好能学习一些战争方面的知识。这个青年于是就离开去上了一些简单的战术课程。当他回来以后，苏格拉底语带讥讽地夸了他几句，就又打发他去接受进一步的教育。[2]另一个青年则被他送去学习理财之道。苏格拉底对许多人都用了这个招数，甚至包括国防部长在内。但是人们最终决定对他还是用毒酒鸩杀让他闭嘴，因为这比改正他所抱怨的种种弊端要容易得多。

至于柏拉图有关苏格拉底的记述，其困难和色诺芬的情况完全不同。那就是我们很难判断柏拉图在多大程度上是在描述历史上真实的苏格拉底，而又在多大程度上不过是在其对话录中把那个叫"苏格拉底"的人当作自己意见的传声筒。柏拉图除了是个哲学家以外，还是一个才华横溢、风流倜傥并且充满想象力的作家。没有人会认为其对话录中的那些交谈就是像他所记录的那样发生的，即便是柏拉图本人也不会真这么自夸。但是无论如何，在较早写成的对话录中，交谈非常自然，人物栩栩如生。正是作为小说家的柏拉图高超的虚构能力让人们不免怀疑作为历史学家的柏拉图。他笔下的苏格拉底是一个前后一致而又风趣十足的人

---

[1] 色诺芬《回忆录》，第一卷，第二章。

[2] 色诺芬《回忆录》，第三卷，第一章。

物，远非大多数人能够创造得出来的人物。但是我认为柏拉图是有能力创造这个形象的，至于他是不是真这么做了当然是另外一个问题。

通常认为最具历史真实性的一篇对话是《申辩篇》。据说这是苏格拉底在受审过程中为自己所做的辩护词，当然，这不是一篇速记稿，而是事件发生许多年以后留在柏拉图脑子里的记忆，并且经过了汇总和艺术加工。开庭时柏拉图是在场的，并且显而易见这篇对话里记下的就是柏拉图所记得的苏格拉底说过的话，而且总的来说他是追求历史真实的。尽管有各种局限性，但是却足以为苏格拉底的性格描绘出一幅相当确切的图像。

对苏格拉底的审判其大部分事实是毋庸置疑的。起诉所依据的罪状是："苏格拉底是一个作恶多端、稀奇古怪的人，他窥探天堂和地狱的事物，颠倒良莠，还把这一切教给其他人。"几乎可以肯定地说，仇视他的真正理由是他被认为和贵族派有勾结，因为他的大多数学生都是贵族，而且其中有些身居高位的人已经被证明是害群之马。但是因为有大赦的缘故，这个理由不能明说。法庭大多数都认为他有罪，这时根据雅典法典，他可以对自己提出一种轻于死刑的刑罚，法官们如果认为被告有罪，就必须在被告要求的刑罚和法庭裁定之刑之间选择其一。所以提出一个比较重的刑罚对苏格拉底来说是有利的，因为法庭可能会认可并加以采纳。但是他提出的却是三十米尼[1]的罚金，而且他的大部分朋友包括柏拉图在内都愿意为他支付这笔保释金。这个处罚太轻了，以致激怒了法庭，比认定他有罪时更多人判决他死刑。无疑他是预见到了这一结局的。显然他不想通过看起来像是认罪的妥协来避免死刑。

检察官包括这样一些人：阿尼图斯，一个民主派的政治家；美利都，一个悲剧诗人，"年轻而且默默无闻，留着细长的头发和稀疏的胡子，还长着一个鹰钩鼻"；还有李康，一个没什么名气的辩论家。[2]他们坚持说苏格拉底因为不敬国家所崇拜的神却引进其他的新神而有罪，更因为教授这些东西来败坏青年而罪加一等。

让我们不再纠结于柏拉图笔下的苏格拉底和真实人物之间的关系这个不可解决的问题，还是先来看看柏拉图让苏格拉底是如何回答这个指控的吧。

苏格拉底一上来就控诉那些检察官是在强辩，而反驳了他人对自己强辩的指控。他还说自己所具有的唯一辩才就是真理的辩才。而且如果他用自己习惯的方

「1」希腊货币单位，合一百德拉马克。——译者注

「2」见伯奈特，《从泰勒斯到柏拉图》，第180页。

式，而不是用一种“卖弄辞藻的陈词滥调”[1]来说话，他们也不必对他感到愤怒。因为他已经年逾七旬，而且之前从没有上过法庭，所以他们应当原谅他这种不合法庭的说话方式。

他继续说除了他的正式检察官之外，他还有一大群非正式的控告者，他们在那些法官还是孩子时就已经在四处传说“有个智慧之人叫苏格拉底，他往上沉思着天堂之上的事物，往下探求着大地之下的东西，而且让坏的看起来像好的”。他说，这样一个人是会被设想为不相信众神的存在的。这种旧有的舆论的指责要比正式的起诉危险得多，更危险的是除了阿里斯托芬的情况之外他自己并不知道这种指责是从哪来的[2]。为了回应导致对他敌意的老套理由，他指出自己并非一个科学家——“物理学上的思索与我无关”；也不是一个教师，因为他讲课不收学费。他接着又嘲笑了智者们，否认他们拥有他们所宣称的那些知识。那么，“到底是什么原因让我被称为有智慧并得到了这样一个邪恶的名声呢？”

看起来可能是因为有一次有人在特尔斐请求神谕，有没有比苏格拉底更有智慧的人？得到的回答是没有。苏格拉底声称自己被完全弄糊涂了，因为他一无所知，但是神又不可能撒谎。因此他就在各种以智慧出名的人们中间游走，看看他能否证明是神犯了错。首先他去找一位政治家，因为他“被许多人认为是有智慧的，而他自己认为自己还要再聪明一点”。苏格拉底很快就发现这个人是没有什么智慧可言的，并且既和善又肯定地向他解释了这一点，“结果就是从此他对我怀恨在心”。随后他又去找诗人们，请他们解释一下自己作品中的一些段落，但是他们却办不到，“于是我就知道诗人们写诗不是靠智慧，而是靠一种天才和灵感”。最后他去找工匠们，但是发现他们也同样地令人失望。最后他做出了总结，“只有神才是有智慧的，神通过神谕是想表明人类的智慧没什么价值甚至根本没有价值；神不是在说苏格拉底，而只是用我的名字作为例证，这就好比是神在说‘人类啊！只有那些像苏格拉底一样，知道自己的智慧实际上毫无价值的人才是最智慧的’”。这项揭露自命有智慧的人的工作耗尽了他所有的时间，并且让他落入了极端的贫困之中，但是他觉得维护神谕是一种责任。

他还说那些较富有阶层的年轻人们因为无所事事很喜欢听他揭露别人，进而自己也这样做，这就让他树敌更多，“因为他们不喜欢承认别人已经看穿他们假装有智慧这件事”。

「1」在引用柏拉图时，我采用的一般是乔伊特的译本。

「2」在《云》一剧中，苏格拉底被描写成不相信众神的存在。

这就是对第一种起诉者们的回答。

苏格拉底进而诘问美利都，即那个“自称是好人和真正的爱国者”的检察官。他问道，是谁改善了青年人。美利都先是提到法官们，接着在步步紧逼下不得不说每一个雅典人都是改善青年的人，但是不包括苏格拉底，对此苏格拉底说他要祝贺雅典城的好运。接着，苏格拉底指出好人要比坏人更好相处，所以他不至于蠢到去故意败坏他的同胞公民；如果他在无意中这么做了，美利都应该纠正他而不是控告他。

起诉书上说苏格拉底不仅否认国家所信奉的众神的存在，还宣扬他自己的神；但是美利都却说苏格拉底是一个彻头彻尾的无神论者，并添油加醋地说，“他说太阳是石头而月亮是泥土”。苏格拉底回答道，美利都似乎以为自己正在控告的是阿那克萨戈拉吧。他的观点大概只要花一个德拉克马就能在剧场里欧里庇得斯的戏剧中看到。当然，苏格拉底也指出这个无神论者的新指控和起诉书是矛盾的，接着他就进入了对比较一般的事物的讨论。

《申辩篇》剩下的部分的基调本质上是宗教性的。苏格拉底说他当过兵，并且服从命令，坚守岗位。现在“神命令我完成一个哲学家探寻自我和他人的使命”，如果放弃这个使命就像在战斗中弃守岗位一样可耻。惧怕死亡是不智慧的，因为没人知道死亡到底是不是一件更好的事情。如果允许他活着，但条件是停止到那时为止他所做的思索，那么他就会回答：“雅典人啊！我尊敬你们，热爱你们，但是我会服从于神而不服从你们[1]；只要我还一息尚存，我就不会停止实践哲学和教授哲学，并规诫我遇到的每一个人。……因为我知道这是神的命令；而且我相信在这个国家再没有发生过比我对神的服务更好的事情了。”他继续说道：

“我还有些话要说，而你们对这些话很可能会大惊小怪的；但是我相信听我说说话对你们有好处，所以我请求你们不要大惊小怪。我将会让你们认识到，你们如果杀死了像我这样一个人，受伤害更多的是你们自己而不是我。没有什么能够伤害到我，不管是美利都还是阿尼图斯——他们做不到，因为坏人是不允许伤害比他更好的人的。我不否认阿尼图斯也许可以杀害一个比他好的人，或者流放他，或者剥夺他的公民权利；他也许在想象，其他人也许也在想象，他使好人蒙受了巨大的伤害——但是我不能同意这一点！因为他的邪恶的行径，不正义地夺取别人生命的邪恶行径，乃是更大的罪过。”

「1」可比较《使徒行传》，第五章，第二十九节。

他说，他之所以申诉是为了他的法官们着想而不是为了自己。他是一只被神派到这个城邦的牛虻，再想找到像他这样一个人是不容易的。“我敢说你们会感到恼羞成怒的，就像一个突然从睡梦中醒来的人那样。你们认为可以像阿尼图斯建议的那样轻而易举把我打死，然后在梦中度过余生，除非是神眷顾尔等，才会再给你们派另一只牛虻过来”。

那么为什么苏格拉底只在私下谈论而不对公共事务发表意见呢？他回答道：“你们都听我在不同时间、不同地点说过曾有一个神谕或是启示降临于我，这就是美利都在起诉书里嘲笑的那个神灵。这个启示是一种声音，在我还是小孩子时就降临于我。它总是禁止而不是命令我去做我要做的事情。就是它阻止我成为一个政治家。”他继续说，在政治上没有一个诚实的人能够长寿。他举出自己两次不得已卷入公共事务的例子：第一次是他对抗民主制；第二次是他反抗三十僭主。在这两个例子中，他都是在当权者行为非法时才介入的。

他指出，出庭的许多人都是他从前的学生或者是他学生的父亲和兄弟们；但是起诉书没有指出哪一个人证明他曾经败坏过青年。（这一点恐怕是整部《申辩篇》中唯一一个让辩护律师觉得成立的论证）他拒绝遵循惯例把自己哭哭啼啼的儿女带到法庭上展示来软化法官们的心肠；他说这种景象只会让被告和这座城市显得同样可笑。他的任务是说服法官们，而不是求他们开恩。

在判决裁定并否决了三十米尼罚金的替代方案后（对此苏格拉底提名柏拉图为他的保证人之一，并且他当时也在场），苏格拉底做了最后一次演讲：

“现在，你们这些裁定我有罪的人们啊！我很乐意为你们做一个预言，因为我就要死了，而光荣赴死之人是具有预言的本领的。那么我就为你们这些谋杀了我的人预言：在我死后马上就会有比你们加在我身上严重得多的惩罚在等待你们。……如果你们指望杀人能阻止人们非难你们罪恶的生活，那你们就错了，因为那是一种既不可行也不光荣的逃避。最简单和最高尚的方法不是让别人说不了话，而是改正你们自己。”

接着他转向那些投了无罪开释票的法官，对他们说，在那天他所做的所有事情上，他的那个启示都没有反对过他，而在其他场合它总是在他话说到一半时跳出来打断他。他说，这“是一种暗示，暗示发生在我身上的事情是好的，而那些认为死亡是一件有害的事的人们是错误的”。因为死亡要么是一场没有梦境的睡眠——那显然很好；要么就是灵魂向另一个世界的迁徙。再说“如果一个人能和奥尔弗斯、缪萨乌斯、赫西俄德以及荷马交谈，又有什么不能舍弃的呢？不但如此，如果这是真的，那就让我一死再死吧”。在另一个世界，他可以和其他死于不公正的人们谈话，最重要的是他可以继续对知识的探求。“在另一个世界里，人们不会因为一个人提问题而把他处死，绝对不会。因为除了比我们更幸福之外，他们还是永恒不死的——如果人们所说的是真的……”

“告别时刻到了，我们各走各的路吧——我去死，你们去生。哪一条路更好只有神知道。”

《申辩篇》为一种特定类型的人描绘出了一幅清晰的画像：一个非常自信的人，拥有高明的头脑，对世俗的成败漠不关心，相信自己受到一个神圣的声音的引导，坚信清晰的思考是正义的生活最重要的必需品。除了这最后一点以外，这种人和基督教的殉道者和清教徒很像。从他最后那段探讨死后情形的文字中，人们不难感觉到他是坚定地相信灵魂不朽的，他所声称的不确定性只是一种假设而已。他不像基督徒那样，因为惧怕永恒苦难而困扰；他毫不怀疑他在另一个世界的生活会是幸福的。在《斐多篇》里，柏拉图笔下的苏格拉底曾经提出信仰灵魂不朽的理由；至于那些理由是不是影响了历史上的苏格拉底就无从得知了。

几乎毫无疑问的是，历史上的苏格拉底宣称被一个神谕或者守护神[1]所引导。这究竟是一种类似于基督徒所说的良心的召唤的东西，还是一种对苏格拉底来说显得很真实的声音，我们不得而知。圣女贞德是受到声音的激励的，但那是精神错乱的一种常见症状。苏格拉底可能容易发作强直性眩晕症，至少这可以很自然地解释他在军队中服役时所发生的一件事：

“有一天早上他在思索一件他解决不了的事，他决不放弃，因而从凌晨一直琢磨到了中午——他就这样站在那里一动不动地思考着。到中午时人们开始注意到他，好奇的人群中间开始传说苏格拉底从天刚破晓就站在那里想什么东西。最后，在晚饭过后的夜里，几个爱奥尼亚人出于好奇（我应该说明一下这件事发生在夏天而不是冬天）把自己的铺盖搬了出来睡在户外，这样他们就能看着苏格拉底，看他能不能站一整夜。他在那里一直站到了第二天早上，迎着重新降临的阳光，对太阳做了祈祷，然后走开了。”[2]

这种事情，当然在较轻的程度上，经常发生在苏格拉底身上。在《会饮篇》的开头，苏格拉底和亚里士多德摩斯一起去参加一个宴会，但是苏格拉底突然一阵分神就落在了后面。当亚里士多德摩斯到达宴会时，那家主人阿伽松问道：“你把苏格拉底怎么样了？”亚里士多德摩斯大吃一惊，这才发现苏格拉底没有和他

[1] daimon，兼有善与恶两种性质。——译者注

[2] 见《会饮篇》，第220页。

在一起。他们派一个奴隶去找他，最后在邻居家的门廊上找到了他。奴隶回来之后说："他定在那里，我叫他时他也不动。"那些十分了解苏格拉底的人于是就解释说："他就是有这个本事，能在任何地方停下并无缘无故地出神。"于是他们就不管他了，直到宴会进行到一半时他才来。

任何人都同意苏格拉底相貌非常丑陋：他鼻子扁平、大腹便便。色诺芬在《会饮篇》中说他比"萨提尔剧中的任何西勒诺斯丑角还要难看"。他经常破衣烂衫，光着脚到处走。他不畏冷热和不惧饥渴让所有人都很惊讶。在《会饮篇》中，亚西比德曾经描述过在军队中服役的苏格拉底：

"他的忍耐力简直不可思议。当我们的补给被切断并不得不到野外寻找食物时——这种情形在战争中经常发生——他的坚韧毅力不仅胜过我，也胜过所有其他人，别人与他无法相比。……他忍受寒冷的毅力相当惊人。曾经有一次寒霜凛冽——那个地区的冬天实在是可怕，所有人都躲在屋里，外出时就套上一层又一层的衣服，穿上厚厚的靴子。苏格拉底却穿着平常的衣物光着脚站在冰上，而且在行军中还比其他穿着鞋的士兵走得好。他们都对苏格拉底怒目而视，因为好像他这是在嘲笑他们似的。"

他对一切肉体激情的驾驭也常为人所称道。他很少喝酒，但是一旦喝起来没有人能喝得过他，也从来没人见他喝醉过。在爱情方面，即使面对最强烈的诱惑，他也始终是"柏拉图式"的，如果柏拉图说的是实话。他是一个完美的奥尔弗斯教的圣人，因为在天堂性的灵魂和尘世性的肉体的对立中，他获得了灵魂对肉体彻底的驾驭。他在最后的时刻无惧于死亡便是对这种驾驭力最后的证明。但同时，他并不是正统的奥尔弗斯派，因为他所接受的只是基本的教义，而不是各种迷信和净化的仪式。

柏拉图笔下的苏格拉底暗示了斯多葛派和犬儒学派。斯多葛派认为至高无上的善是德行，一个人也不会因为外界的原因而失掉德行。这种学说在苏格拉底声称他的法官们不能伤害他的那段辩论中已经隐隐可见了。犬儒主义者鄙弃世间的财富，并通过回避文明带来的舒适生活表现他们的蔑视。苏格拉底赤脚衣衫褴褛的生活也是出于同样的观点。

可以相当肯定地说，苏格拉底主要关注的是伦理而不是科学。正像我们在《会饮篇》中看到的那样，他说，"物理学上的思索与我无关"。柏拉图最早的几篇对话录一般被认为最富于苏格拉底主义，但主要关注的是对一些伦理学用语的定义的探究。《卡尔米德篇》是讨论节制和中庸的定义的，《吕西斯篇》是讨论友谊的，《拉凯斯篇》则是讨论勇敢的。所有这些对话最后都没有得出结论，但是苏格拉底很清楚地表示他认为审视这些问题是很重要的。柏拉图笔下的苏格拉底一贯坚持认为自己一无所知，而且他比其他人聪明的一点只是在于他知道自己一无所知，但他并不认为知识是不可获得的。恰恰相反，他认为追求知识是极其重要的。他坚持认为没有人会明知故犯，所以让所有人都有德行所需要的仅仅是知识。

将德行和知识紧密地联系在一起是苏格拉底和柏拉图的特色。在某种程度上，这也存在于一切希腊思想之中，而与基督教义相对。在基督教的伦理中，纯洁的心灵才是最根本的，而且至少是在没有学问的人中间和博学多闻的人中间都同样可以找到的。希腊伦理和基督教伦理之间的这个区别一直持续到了今天。

辩证法，我指的是那种通过问答来获取知识的方法[1]，并不是苏格拉底发明的，而似乎是由巴门尼德的弟子芝诺首先系统化地加以运用的。在《巴门尼德篇》中，芝诺用这个方法让苏格拉底拜服，正如在柏拉图笔下的其他地方苏格拉底用同样的方法让其他人拜服一样。但是有理由认为苏格拉底实践并且发展了这种方法。正如我们已经看到的那样，在苏格拉底被判死刑时，他很快乐地想到，在另一个世界他可以继续提问题了，而且不会被处死，因为他将永生不死。当然，如果他真是像《申辩篇》中所描述的那样使用辩证法，对他的敌视就很好解释了：全雅典的骗子都会联合起来反对他。

辩证的方法仅仅适用于某些问题，而不适用于另一些问题。也许这可以帮我们确定柏拉图的研究到底有何特点，因为他的大部分研究都是用这种方法论述的。而且由于柏拉图的影响，后来的大多数哲学家都曾经被这种方法的局限所束缚。

有些问题显然是不适合用这种方法来处理的，比如经验性的科学。确实伽利略曾经用对话录的形式宣扬过他的理论，但那只是为了克服偏见，而且他的那些发现所依据的正面理由如果不以一种非常突兀造作的形式就没法被塞进他的对话录中去。在柏拉图的著作中，苏格拉底总是自称只不过是在引出那些被问到的人已经拥有的知识罢了，并由于这个缘故他将自己比作一个助产士。但是在《斐多篇》和《美诺篇》中，当他把这种方法应用到几何学问题上时，他就不得不问一些任何法官都会驳回的引导性的问题了。辩证的方法是和回忆论的学说相协调的，因为按照这个学说，我们是通过回忆前世已经知道的东西来学习的。为了反对这种观点，考虑一下任何一种通过显微镜获得的发现吧，比如说疾病通过细菌

---

[1] 辩证法的希腊文原义为“和某人谈话的技巧”。

的传播；我们几乎不能主张这样一种知识能用提问和回答的方法从一个之前对此一无所知的人那里引导出来。

适用于苏格拉底的方法的那些问题是我们已经有了足够的知识来做出正确结论的问题，只是由于思想的混乱或缺少分析而不能对我们所知的材料进行符合逻辑的使用。一个像“何为正义?”这样的问题是非常适合用柏拉图对话录那样的方式来讨论的。我们都在随意地使用“正义”和“非正义”这些词，只要检查一下我们使用它们的方式，我们就能推导出最适合使用的定义。所需要的知识不过是问题中的这些词是如何被使用的而已。但是当我们的探究有了结论时，我们只是做出了一个语言学上的发现，而不是伦理学上的。

但是，我们也可以很恰当地在某种更宽泛的情况之中应用这种方法。只要所争辩的东西是有关逻辑的而不是有关事实的，讨论就是发现真理的一种好办法。举例来说，假设有人主张民主制是好的，但又认为持有某种观点的人不应该允许其投票，我们就可以判定他犯了前后矛盾的错误，并且可以向他证明他的两种主张中必定有一种或多或少是错误的。我认为，逻辑的错误的实际重要性要远远超过许多人的想象，它能使犯了这种错的人轮流地在所有问题上采取自己惬意的观点。任何一种逻辑上前后一致的学说一定在某种程度上是令人痛苦和与流俗相对的。辩证的方法，或者更宽泛地说，不受拘束地讨论的习惯，有助于提高逻辑上的前后一致性，在这个意义上就是有用的。但是当我们的目标是要发现新事实时，这种方法就几乎完全无效了。也许“哲学”这个词可以被定义为用柏拉图的方法所能追寻的全部探究的综合。但即便这个定义成立，那也是由于柏拉图对后世哲学家们的影响。

第十二章

斯巴达的影响

要了解柏拉图，实际上，特别是要了解后来的许多哲学家们，有必要知道一些斯巴达的情况。斯巴达对希腊思想有着双重影响：现实的和神话的，而且任何一种都是很重要的。在现实中，斯巴达在战争中打败了雅典；关于斯巴达的神话则影响了柏拉图的政治理论，也影响了后来无数作家的神话学说。神话经过充分发展的情形见于普鲁塔克的《来库古生平传记》，书中赞扬的各种理想在卢梭、尼采和国家社会主义[1]的学说中发挥了很大的作用。从历史上看，这个神话甚至比现实更重要，然而我们还是从现实开始，因为现实乃神话之根源。

斯巴达又名拉西第蒙，是位于伯罗奔尼撒半岛东南部的拉哥尼亚地区的首府。斯巴达人是作为统治者的种族，他们在多利安人从北方入侵时征服了这个地方，并把原来居住在这里的人们降为农奴。这些农奴被叫作希洛人（Helots)。在整个斯巴达历史中，所有的土地都是属于斯巴达人的，但是法律和风俗又禁止他们自己耕种这些土地。理由有二：一是这种劳作是丢脸的；二是为了让他们总是能有时间服务于军事。农奴不得买卖，而是被固定在土地上；而土地又分成许多小块的份地，每一个成年的斯巴达男子都有一块或几块份地。这些份地像希洛人一样也是不得买卖的，只能根据法律从父亲传给儿子，或根据遗嘱传给其他人。土地所有者每年从耕种自己份地的希洛人那里收取七十梅德尼（约合一百零五蒲式耳）的谷物给自己，十二梅德尼给自己的妻子，还收一定量的酒和水果。在这个数量之外的所有产出都是希洛人的财产。希洛人和斯巴达人一样也是希腊人，

「1」更别提托马斯·阿诺德博士和英国的公立学校了。

而且非常痛恨自己受奴役的地位。只要有可能，他们就会造反。斯巴达人有一个秘密的警察组织来对付这种危险，而且为了加强预防措施的力度，他们还有另外一种做法：每年对希洛人宣战一次，这样他们的年轻人就能杀死任何看起来有不驯服迹象的人而不会犯杀人罪。希洛人可以被国家释放，但是他们的主人却没有这个权力。在非常罕见的情况下，他们也可能因为作战特别勇敢而被释放。

公元前八世纪的某个时候，斯巴达人征服了邻近的美塞尼亚地区，将其大部分居民沦落到希洛人的处境。斯巴达一直缺少生存空间（Lebensraum）[1]，但是新的领地暂时缓和了这种不满情绪。

份地提供了斯巴达人的公共事业所需。贵族们拥有自己的庄园，而份地是国家分配的一块块公共土地。

拉哥尼亚地区其他地方的自由居民被称作珀里俄基（Perioeci）人，他们并不享有政治权利。

斯巴达公民唯一的职业就是战争，为此从一出生就受到战争的训练。经过部落首领的检查被认为羸弱的婴儿要被丢弃，只有那些被认为健壮的婴儿才被允许养育。十二岁之前，所有的男孩都在一座规模很大的学校里受训，训练的目的是要让他们吃苦耐劳、不惧疼痛和服从纪律。学校里没有什么关于文化和科学的废话，唯一的目标就是造就完全忠诚于国家的优秀战士。

真正的兵役开始于二十岁。任何人过了二十岁都可以结婚，但是男人必须都住在“男子宿舍”里，直到三十岁为止，而且必须把自己的婚姻当作是一件不合法的秘密事务来处理。过了三十岁，男人就成了羽翼丰满的公民了。每个公民都属于一个食堂，在里面和其他成员一起进餐，还必须捐献一部分自己份地上产出的实物。不让每一个斯巴达公民贫穷也不让每一个斯巴达公民富有是一项国家政策。每个人都只能靠自己份地上的出产为生，份地除了免费赠送是不能转让的。任何人都不允许私自拥有黄金白银，货币是用铁铸造的。斯巴达的简朴是出了名的。

在斯巴达，妇女的地位很特殊。她们并不像希腊其他地方有地位的妇女们那样与世隔绝。女孩子们经受着和男孩子们同样的体育训练。更不寻常的是男孩们和女孩们一起全部裸体进行体育锻炼，这还是被极力要求的。普鲁塔克的《来库古传》（我引用的是诺斯的译本）中这样说：

“少女们也应该通过跑步、摔跤、投标枪和扔飞镖的锻炼来强壮自己的身

「1」这是一个德语词，是当时纳粹扩张的主要理由之一。——译者注

体，以便让她们以后怀上的孩子能够从一个健壮的身体里吸收营养，从而迅速成长而且长得更好。而且通过从这些锻炼中获得的力量，她们也能减轻分娩时的痛楚。……尽管少女们确实这样公开地展示裸体，但是却看不到也不会发生任何不检点的行为。这种体育充满了游戏和嬉闹，没有任何春情和淫荡成分。”

不肯结婚的人“根据法律是违法的”，并被强迫即使在最寒冷的天气下也要在年轻人做运动和跳舞场地之外赤身露体地徘徊。

妇女们不允许流露出任何对国家不利的情绪。她们可以表示对一个胆小鬼的蔑视，而且如果这个胆小鬼是她的儿子的话，她们的蔑视还会受到赞扬；但是她们不许在自己刚生下的孩子因为羸弱被处死，或者儿子在战场上阵亡时表现出悲伤。她们被其他希腊人认为是异常忠贞不渝的，但是同时，如果国家命令一个已婚未生育的女人去试试别的男人是否在生养小公民方面比她的丈夫更成功，她也不会拒绝。法律鼓励生育子女。据亚里士多德说，有三个儿子的父亲可以免除兵役，有四个儿子的父亲可以免除对国家的一切负担。

斯巴达的政治体制非常复杂。有两个世袭的国王，分属两个不同的家族。在战时由其中一个王指挥军队，和平时期他们的权力则受到限制。在公共的宴会上，他们得到的吃的是其他人的两倍。当一个王去世时，会得到全体哀悼。两个王都是长老会议的成员，这个会议的成员包括两个王在内共有三十人，都必须出自贵族家庭。其余二十八个会议成员必须年过六十岁，并由全体公民投票选出。长老会议负责审判犯罪案件，并为公民大会召开准备议程。公民大会这个组织由全体公民组成，其本身不能提出任何动议，但是可以投票赞成或反对任何向它提出的建议。没有公民大会的同意，任何法律都是无法生效的。但是它的同意虽然必要却并不充分，在法律生效之前，长老们和执政官仍然必须宣布决定。

斯巴达的政府除了两个国王、长老会议和公民大会之外还有第四个其特有的分支，那就是五个监察官。他们是从全体公民中挑选出来的；至于选择的方式，据亚里士多德所说是“太幼稚了”，而据伯里所说其实就是抽签。监察官在这个体制里是一个“民主”[1]的要素，显然就是为了平衡王权。每个月国王们都要宣誓拥护现行体制，接着监察官们宣誓只要国王们信守诺言他们也拥护国王。当任何一个王进行军事远征时，都有两个监察官陪同他并监视他的行动。监察官们是最高的民事法庭，但对于王他们拥有刑事审判权。

「1」在讨论斯巴达政治体制中的“民主”成分时，一定不要忘记公民们作为一个整体是统治阶级，对希洛人实行严厉的暴政，同时不准珀里俄基人拥有权利。

在古代历史的末期，斯巴达的体制被认为应该归功于一个叫来库古的立法者。据说他在公元前 885 年颁布了他制定的法律。但是实际上，斯巴达的政治体系是逐渐发展起来的，来库古只是一个神话中的人物，他最初是一位神。他的名字意思是“驱狼人”，其起源是在阿卡狄亚。

斯巴达在其他希腊人中间引起了一种多少会让我们感到惊讶的钦慕。起初，它和其他的希腊城邦并没有多大的差别，不像后来那样；在早期，那里也诞生过和其他地方一样优秀的诗人和艺术家。但是在大约公元前七世纪或者更晚一些，其政治体制（被错误地归功于来库古）逐渐固定成为我们刚刚描述过的那种形式。其他的一切都为了战争的胜利而被牺牲了，斯巴达也因此在希腊对世界文明做出的贡献中不再有任何地位了。在我们看来，斯巴达人的国家就是纳粹如果获得胜利将会建立的那种国家的一个雏形。但是在希腊人看来并不如此，正如伯里所说：

“一个来自雅典或者米利都的异邦人如果在公元前五世纪访问那些没有城墙、朴实无华、由散落的村庄组成的城市，他一定会有一种置身于一个早已逝去的时代的感觉。那时候的人们更勇敢，更友善，更单纯，没有被财富所腐蚀，也没有被各种观念所困扰。对于一个思索着政治科学的问题的哲学家，比如柏拉图来说，斯巴达人的国家看起来像是最接近理想的。普通的希腊人则将其视作一座拥有简单和朴素之美的建筑，一座如同多利安神庙一般庄严的多利安人的城市，远比自己居住的地方要高尚，只不过真要住在里面不那么舒适罢了。”

斯巴达的稳定性是其他希腊人对其存有钦慕之情的原因之一。所有其他的希腊城邦都有过革命，但是斯巴达的政治体制数个世纪以来未曾改变——除了监察官们的权力有一个逐渐扩大的过程，但那也是经过合法程序的，而且没有发生暴力。

不可否认的是，在一个相当长的时间里，斯巴达人在他们的主要目标上，即创造无敌战士的种族，是很成功的。公元前 480 年的温泉关之战，尽管在技术上是一场失败，却也许是他们英勇的最好例证。温泉关是群山之中一处狭窄的通道，希腊人希望能在这里阻挡住波斯军队。三百名斯巴达人和他们的随从，击退了所有正面的进攻。但是最终波斯人发现山里有一条迂回的小道，并立即成功地两面夹击了希腊人。每一个斯巴达人都死在了自己的岗位上。有两个人因为休病假而不在场，他们当时正为眼病所苦，差不多算是暂时失明了。其中一个坚持要他的希洛人带他到战场上，于是阵亡了。另一个休病假的人叫作亚里士多德摩斯，他觉得自己实在病得太重不能战斗，于是就一直没有出战。当他回到斯巴达时，没有人愿意和他说话，人们叫他“胆小鬼亚里士多德摩斯”。一年之后，他洗刷了自己的耻辱，英勇地战死于斯巴达人大获全胜的普拉提亚战役中。

战争结束以后，斯巴达人在温泉关的战场上树立了一座纪念碑，上面只刻着：“各位过客，请告诉拉西第蒙人。我们遵照他们的命令，长眠于此。”

斯巴达人在很长的时间里都证明了自己在陆地上是不可战胜的。他们将这种至高无上的地位保持到了公元前 371 年，直到他们在留克特拉之战中被底比斯人打败。这标志着他们军事上的伟大终结。

但是除了在战争方面以外，斯巴达的现实总是和理论相去甚远。生活在斯巴达鼎盛期的希罗多德曾经评论到，令人惊讶的是，没有一个斯巴达人能够拒绝贿赂，尽管鄙视财富和热爱简朴的生活一直是斯巴达的教育所倡导的。据说斯巴达的妇女都是非常忠贞的，然而却有好几次，有名的王位继承人因为不是自己母亲丈夫的儿子而遭到废黜。据说斯巴达人是坚贞不屈的爱国者，但是普拉提亚之战的胜利者，斯巴达国王帕萨尼阿斯最终却被薛西斯收买而成为叛徒。除了这些恶名昭彰的事迹外，斯巴达的政策也经常是狭隘的和地方主义的。当雅典从波斯人手中解放居住在小亚细亚及其邻近岛屿上的希腊人时，斯巴达作壁上观，因为只要能确保伯罗奔尼撒半岛的安全，其他希腊人的命运就无关紧要了。任何一个建立希腊世界同盟的努力都受挫于斯巴达人狭隘的观念。

亚里士多德生活在斯巴达衰落之后，他对斯巴达的政治体制做了一番充满敌意的描述[1]。他的描述和其他人的差距是如此之大，以致很难相信他说的也是同一个地方。例如：“立法者想让全国人民都坚强而克制，在男人们那里他实现了自己的目的，但是却忽略了妇女们，让她们生活在各种放纵和奢侈之中。结果正如大多数好战的种族一样，在这样一个国家财富受到过高的重视，特别是当公民们落到自己妻子们的支配之下时。……至于勇气的问题，其实在日常生活中根本没用，只是在战争中才需要勇敢，而拉西第蒙的妇女们在这方面的影响也极为恶劣。……拉西第蒙女人的放荡不羁是自上古而然的，也是可想而知的。因为按照传说的说法，来库古想要使女人们服从他的法律，但是她们起来反抗，于是他就放弃了这个企图。”

他接着又指责斯巴达人的贪得无厌，并将这一点归因于财产分配的不平等。他说，尽管份地不能买卖，但是可以送人或传给后代。他又补充说，全部土地的五分之二属于妇女。结果就是斯巴达公民人数的大幅缩减：据说斯巴达曾经有过

「1」《政治学》，第二卷，9（1269^b–70^a）。

一万公民，但是到了被底比斯人打败时，已经不足千人了。

亚里士多德批评了斯巴达政治体制的每一个方面，他说监察官们通常非常贫穷，因此很容易收受贿赂；但他们的权力又是如此之大，以至于连国王也不得不向他们献殷勤，所以这个体制已经转变成民主制了。我们还知道，监察官们拥有太多的特权，其生活方式也与这个体制的精神南辕北辙；但是对普通公民们的严格又是如此让人难以忍受，以至于他们沉溺于秘密而又非法的肉体快乐来寻求解脱。

亚里士多德写下这些时斯巴达已经衰败，但是在某些地方他明确地说他提到的这些罪恶从最早时就一直存在。他的语气是如此确凿，以至于很难不相信他，而且这也符合近代以来由于法律过分严厉从而得到的一切经验。在人们的想象之中保留下来的并不是亚里士多德笔下的斯巴达，而是普鲁塔克笔下神话般的斯巴达和柏拉图《理想国》中经过哲学理想化的斯巴达。多个世纪以来，年轻人们读着这些著作，燃烧着要成为来库古或者哲人王的雄心。结果就是，理想主义和贪恋权势联合在了一起，一次又一次地将人们引入歧途，直至今天依然如此。

对中世纪和近代的读者们来说，斯巴达的神话主要是由普鲁塔克确定下来的。但是当他写作时，斯巴达已经属于浪漫的往昔了；其鼎盛时代距离普鲁塔克就像哥伦布距离我们一样遥远。他所说的一切对于研究政治制度的历史学家们来说必须小心对待，但是对于研究神话的历史学家们来说则具有极大的重要意义。希腊影响了世界，但经常是通过对人们的想象、理想和希望产生作用来实现的，并非直接通过政治权力。罗马建造的道路至今仍大部分保存完好，制定的法律成为许多近代法典根源，但是使这些变得重要的却是罗马的军队。希腊人尽管也是令人敬佩的战士，但是他们没有征服过，因为他们军事力量大都消耗在对彼此的征战上了。一直到半野蛮的亚历山大才把希腊文明传播到了近东一带，并且希腊语成为埃及、叙利亚和小亚细亚内陆地区的书面语言。希腊人永远也不能完成这项任务，不是因为他们缺少军事力量，而是因为他们在政治合作上的无能。在政治上传播希腊文明的媒介从来都不是希腊世界的；但是正是希腊人的天才鼓舞了外部的民族，并让他们去传播那些被征服者的文化。

对于世界范围内的历史学家们来说，重要的并不是希腊城邦之间那些没完没了的战争，也不是那些争夺党派权力的卑鄙权谋，而是当这段短暂的插曲结束之后人类所保留的记忆。就好比一个登山者在陡峭而又风雪交加的阿尔卑斯山上奋力攀登了一整天，终于看到了壮丽的日出所留下的回忆那样。当这些记忆逐渐消退之后，在人们的脑海中会留下关于某些特定的山峰的画面，它们在晨光中闪耀着奇特的光芒，让我们始终明白这样一个真理：乌云背后依然光辉灿烂，并且随时都可能再次显现。在这些'山峰'中，柏拉图对于早期基督教来说是最重要的，亚里士多德对于中世纪来说是最重要的；但是在文艺复兴之后，当人们开始重视政治自由时，他们首先转向的"山峰"是普鲁塔克。他深刻地影响了十八世纪英国和法国的自由主义者以及美国的奠基者们；他还影响了德国的浪漫主义运动，并且主要通过间接的渠道一直到今天仍然影响着德国思想。在某些方面，他的影响是好的；但在某些方面是坏的，在来库古和斯巴达这方面就是如此。他对来库古所说的一切非常重要，我将对其做一番简单的描述，哪怕其中会有些重复。

普鲁塔克这样说，来库古决意要为斯巴达制定法律，于是他周游各地学习研究各种不同的制度。他喜欢克里特的法律，因为它们"十分明确而严厉"[1]；但是他不喜欢爱奥尼亚的法律，因为它们"烦琐而又浮夸"。在埃及他学到了把士兵与其他人分开的好处，并在旅行结束之后把这种做法"带回了斯巴达，在那里让商人、工匠和劳动者各司其职各安其分，他就建立了一种高尚的联邦"。他将土地平均分配给全体斯巴达公民，目的是"把所有破产、嫉妒、贪婪和享受以及一切富裕和贫穷都驱逐出这座城市"。他禁止金币和银币，只允许铁制的货币，其价值是如此之低，以至于"要储蓄值十个迈纳的这种钱，就要占用整整一个地窖"。通过这个办法他扫除了"所有虚浮和无益的学问"，因为没有足够的钱来支付给实践这些学问的人；根据同一套法律他还让所有的外贸变得不可能了。雄辩家、老鸨和珠宝商都不喜欢这种铁钱，全都避开了斯巴达。他接着规定所有的公民都要在一起进餐，而且所有人都得进食同样的食物。

像其他的改革家一样，来库古认为对儿童的教育是"一个变法者应该确立的头等大事"；而且像所有追求军事力量的人一样，他急切地想要提高出生率。那些"少女们赤身裸体在年轻男子面前游戏、进行体育活动和舞蹈就是引诱这些年轻男子们去结婚；婚姻不是像柏拉图所说的那样，是出于几何学上的理由，而是出于两情相悦和互相热恋"。婚后几年把婚姻当作一件私密的事情来处理的习惯"让双方心中都持续着一种燃烧的热恋，和对彼此新的渴慕与日俱增"——至少，这是普鲁塔克的观点。他又继续解释到，如果一个老人娶了一个年轻的妻子，并允许她和另一个年轻的男人生育，并不会招致流言蜚语。"一个正直的男人爱上了另一个人的妻子也是合法的……并可以恳求她的丈夫将妻子让给自己，以便他也可以在那片肥沃的土地上耕作，并播下天赋优良的种子。"绝不会有愚蠢的嫉

「1」在引用普鲁塔克时，我用的是诺斯的译本。

妒，因为“来库古不喜欢孩子归任何私人所有，而认为孩子们应该归所有人集体所有。基于这一理由，他也愿意那些将来要成为公民的人们并不是人人都可以生育的，而只让那些最正直的人有这个权利”。他接着解释说，这正是农民们饲养家畜所采取的原则。

婴儿出生后，父亲会把婴儿带到家族长老们的面前去检查。如果婴儿很健康，就被交还给父亲去抚养；如果不健康，就把他扔到一个深水坑里。孩子们从一开始就必须接受严格的训练计划，这个计划的某些方面是好的——例如，他们不会被裹进襁褓里。男孩子七岁时被从家里带走并被编进一所寄宿制的学校里，在那里他们被分成小组，每组都选出一个智勇双全的成员来发号施令。“至于学习，他们只学对他们有用的东西，其他的时间他们用来学习如何服从，如何忍受痛苦，如何刻苦耐劳，如何在战斗中保持克制和冷静。”他们大部分时间都赤身裸体做游戏，到了十二岁以后就不穿外衣；他们几乎总是“邋遢和令人作呕的”，因为除了一年中的几个特定的日子以外，他们从不沐浴。他们睡在稻草铺成的床上，而且冬天时还要在稻草中掺入带刺的蓟草。人们教唆他们去偷窃，但是被抓到了要受惩罚——不是因为偷盗，而是因为偷技笨拙。

不论是男性还是女性，同性恋在斯巴达是一种被认可的风俗，并且是青春期男孩所受的教育中的正式组成部分。一个男孩的情人会因为其功过廉耻而受到连带奖惩。普鲁塔克描述过，有一次，一个男孩因为在战斗中受伤而喊叫，这个男孩的情人就因为他的懦弱而受到惩处。

斯巴达人的一生在任何阶段都是无自由可言的。

“他们的纪律和生活秩序在完全成人之后依然保留着。任何随心所欲的生活都是违法的，他们生活在自己的城邦之中就好像生活在一座军营里一样，每个人都知道自己应该如何生活，都知道在自己的岗位上的职责。简而言之，他们都有这样一种心情，即他们生来不是为自己服务的，而是为国家服务的……来库古带给他的城邦最好和最幸福的东西之一，就是他让他的公民们享受了非常多的休息和闲暇时光，仅仅只是禁止他们从事任何卑鄙下贱的勾当；而且在一个财货无利可图并且不受重视的地方，他们用不着处心积虑地来积累巨额财富。反正有那些在战争中沦为奴隶的人们，为他们耕作的希洛人，并且每年向他们上交一定的赋税。”

普鲁塔克继续给我们讲述故事：一个雅典人因为游手好闲而被判刑，一个斯巴达人听说了惊呼道：“带我去看这位吧，因为生活高贵如同绅士而被判刑！”

普鲁塔克接着说，来库古“使他的公民们习惯于这样一种生活：他们不会也不能单独地生活，而是以一种彼此合作的方式活着，永远生活在一个集体的组织中，就像蜜蜂围绕着它们的蜂王一样”。

斯巴达人不许外出旅行，外邦人如果没有公事也不允许进入斯巴达，因为害怕异邦的风俗会败坏拉西第蒙人的德行。

普鲁塔克也提到，斯巴达人的法律允许他们可以随心所欲屠杀希洛人；但是他拒绝相信这样令人发指的事情应该归咎于来库古。“因为没人可以说服我相信来库古会创造或制定这样邪恶而有害的法律：因为根据他在所有其他事情上的仁慈和正义，我想象他的本性应该是温和而又宽容的。”除了这一点以外，普鲁塔克对斯巴达的体制无一贬损而全是赞扬。

斯巴达对柏拉图的影响是显而易见的，尤其是在他对自己乌托邦的叙述中体现得特别明显。柏拉图是我们下一章的主题。

第十三章

柏拉图见解的来源

柏拉图和亚里士多德是古代、中世纪和现代的一切哲学家中最有影响的人物，在这两人中，柏拉图对于后世的影响更大一些。我这样说有两个原因：其一是亚里士多德本人也是柏拉图影响的结果；其二是基督教的神学和哲学至少直到十三世纪很大程度上始终更偏向于柏拉图式而不是亚里士多德式。因此在一部关于哲学思想的历史中，有必要将柏拉图，和相对较少程度上对亚里士多德，描述得比他们的任何一个前人或者后继者都更为完备。

柏拉图哲学中最重要的内容如下：第一，是他的乌托邦，它是一长串乌托邦序列中的第一个；第二，是他的理念理论，它是要解决迄今仍未解决的共相问题的第一次尝试；第三，是他为了支持灵魂不朽所做的论证；第四，是他的宇宙起源论；第五，是他那种将知识看成回忆而非知觉的观点。但是在讨论这些话题之前，我首先要概述一下他的生活环境和支配了他政治和哲学观点的那些影响。

柏拉图生于公元前 428 或 427 年，即伯罗奔尼撒战争的早期。他是一个富裕的贵族，和三十僭主统治时期涉及的许多人都有关系。雅典战败时，他还是一个年轻人，他将战败归咎于民主制度，因为他的社会地位和他的家庭关系很容易让他鄙视民主制。身为苏格拉底的学生，他对苏格拉底有着深厚的感情和崇高的敬仰，而苏格拉底正是被民主制度判处死刑的。因此他转向斯巴达来描画他的理想国的轮廓不足为奇。柏拉图善于将他狭隘的意见打扮得足以欺骗后世，让后人在赞赏《理想国》的同时意识不到那些提议中都包含了些什么。人们一直认为正确的做法是赞扬柏拉图，而不是去理解他。这是伟人的共同命运。但是我的目标正相反，我希望能理解他，对待这种人我是没有什么尊重的，就像对待一个宣传极权主义的当代英国人或美国人那样对待他。

柏拉图受到的纯粹哲学方面的影响也注定会使他偏向斯巴达。大致说来，这些影响来自毕达哥拉斯、巴门尼德、赫拉克利特和苏格拉底。

无论有没有通过苏格拉底，柏拉图从毕达哥拉斯那里都获得了他的哲学中奥尔弗斯教的成分——宗教的倾向、对灵魂不朽的信仰、来世的观念、僧侣式的气质和他那个洞穴的比喻中所包括的一切东西；还有他对数学的尊重，以及他对理智和神秘主义所做的充分的混合。

从巴门尼德那里，他得到了以下信仰：实在是永恒的、无时间性的，并根据逻辑理由来讲，一切变化都是虚幻的。

从赫拉克利特那里，他得到了消极学说，认为感觉世界里没有任何永久性事物。这和巴门尼德的学说相结合，就导致了认为知识不能通过感觉获得，只能通过理智得到的结论。这一点反过来又与毕达哥拉斯主义非常契合。

也许是从苏格拉底那里，他学会了关注伦理问题，并获得了用目的论而非机械论的方式来解释世界的倾向。他的思想受"善"这个概念支配的程度要超过所有前苏格拉底的哲学家们，这个事实也很难不归功于苏格拉底的影响。

所有这一切是怎样和政治上的权威主义联系在一起的呢?

首先，善和现实都是没有时间性的，最好的国家应该稳定，几乎不发生变化，并且具有最多静态的完美，因为这样的国家才最接近对天堂之上那个模型的复制。其统治者应该是最能够理解这种永恒的"善"的人。

其次，像所有神秘主义者一样，柏拉图在他的信仰中有一个确定性的内核，这种内核从本质上讲如果不体现为一种生活方式是无法传达给别人的。毕达哥拉斯教徒努力为新成员确立一套规矩，从根本上说这正合柏拉图之意。如果一个人想做一个好的政治家，他就必须知道何为"善"；而这一点他只能通过理智和道德的训练方能实现。如果允许没有经历过这些训练的人参加政府，他们不可避免地会使政治遭到败坏。

再次，按照柏拉图的原则来造就一个好的统治者需要很多的教育。在我们看来，柏拉图坚持要向叙拉古的僭主小狄奥尼西奥斯教授几何学，以便将他改造成一位好国王这件事是很不明智的，但是以柏拉图的观点看来这是必不可少的。他有一种完全毕达哥拉斯式的观点，认为没有数学就不可能有真正的智慧。这种观点必然暗示了寡头政体。

最后，柏拉图和大多数希腊哲学家一样持有这样的观点：闲暇是智慧必不可少的条件。因此智慧就不可能在为了生计而奔波的人们中间找到，而只能在拥有独立的财富或者是依靠国家解除了生存之忧的人们中间找到。这种观点本质上是贵族式的。

当柏拉图和近代思想相遭遇时，就会产生两个一般性的问题。其一是有没有“智慧”这种东西？其二是假设有这样一种东西，能不能设计一种政治体制使之具有政治权力？

依据我们对“智慧”意义的设定，它不会是一种专门的技艺，像一个鞋匠、医生或军事战术家所掌握的那样；而一定是比这些更一般化的一种东西，因为在设想中只要一个人掌握了这种智慧，就有能力很明智地进行统治。我认为柏拉图会说智慧包括了关于善的知识，并且还会用苏格拉底的学说来补充这个定义，即没有人会故意作恶，因此任何知道什么是善的人都会做出正当的事情。对我们来说，这样一种观点似乎是远离现实的。我们会更自然地说利益的分歧客观存在，因而政治家应该促成最可行的妥协。一个阶级或民族的成员们之间可能有共同利益，但是共同利益经常和其他阶级或者其他民族的利益发生冲突。无疑也存在着一些人类整体的利益，但是它们却不足以决定政治上的行动。也许在未来的某个日子，人类的共同利益可以决定政治行为，但是只要还存在着许多主权国家就绝不可能如此。而且即便政治行为真的可以由人类共同利益决定，如何在各种互相敌视的特殊利益中达到妥协，也将会是追求共同利益的过程一个非常困难的部分。

即便我们假设有“智慧”这样一种东西，又有没有一种形式的政治体制能够将政府交到那些明智的人手中呢？很明显大多数人，比如全体会议之类的组织，是可能犯错的，而事实上也确实犯过错。贵族们并不总是明智的，国王们则常常是愚蠢的，教皇们，尽管有所谓“绝无谬误性”，也犯过很严重的错误。有人会主张要把政府交到大学毕业生，甚至交到神学博士们的手中吗？还是交给那些出身贫寒、一夜暴富的人呢？很显然，在实际中不会有任何一种法律界定的公民比人民的全体更明智。

有人可能会提议说我们可以通过适当的训练给予人们政治智慧，但这又会引出一个问题：什么是适当的训练？这结果会被证明是一个党派性的问题。

因此，如何找出一群“有智慧”的人，并把政府交到他们手中，乃是一个不可解决的难题。这就是实行民主制终极的理由。

第十四章

柏拉图的乌托邦

柏拉图最重要的一篇对话录《理想国》大体上包括三个部分。第一部分大约到第五卷的末尾，主要是关于一个理想国的构造，这就是最早的乌托邦。

柏拉图通过第一部分得出的结论之一是统治者必须是哲学家。第六卷和第七卷就是在给“哲学家”这个词下定义。这一讨论组成了第二部分。

第三部分主要是对各种实际存在的政治体制及其优缺点的讨论。

《理想国》名义上的目的是要给“正义”这个词下定义。但是在讨论的开始阶段柏拉图就决定，既然一切事物在宏观上总比在微观上看得清楚，那么最好还是先来探究是什么造就了一个正义的国家，而不去管是什么造就了一个正义的个人。又因为正义是可以想象得到的最好国家的必然属性，那么就不妨先详细描述这样一个国家，再来决定其完美之处中有哪些可以被称之为“正义”。

让我们先为柏拉图的乌托邦勾勒一个大致的轮廓，再来考虑顺带产生的问题。

柏拉图开始认定公民们应该被分成三个阶级：普通人、战士和守卫者。只有最后一个阶级的公民才拥有政治权力，但他们的人数要比另外两个等级少得多。最初他们应该是由立法者挑选出来的，但是之后他们通常就是世袭的了。但是在一些特殊情况下，也可以从两个较低的等级中提拔有前程的孩子；守卫者们的孩童或青年中间有令人不满意的也会被降级。

据柏拉图认为，这个乌托邦最重要的问题，是如何保证守卫者能够贯彻立法者的意图。为了这个目的他在不同方面提出了许多建议：教育方面的，经济方面的，生物学方面的和宗教方面的。往往并不明确，这些建议对于除了守卫者之外的其他等级适用到何种程度，可以肯定的是其中有些确实是适用于战士的。但是柏拉图主要关心的仅仅是守卫者这个比较与众不同的阶级，就像旧时巴拉圭的耶稣会士，1870 年前罗马教廷的神职人员和现代苏联的共产党那样。

首先要考虑的就是教育。教育又分成两部分，音乐和体育，但这两个词的含义都要比今天更宽泛。“音乐”意味着一切缪斯女神管辖的领域中的事物，“体育”意味着一切和身体锻炼和健康相关的事物。“音乐”覆盖的范围大致和我们所说的“文化”一样广泛；而“体育”覆盖的范围比我们今天所说的“运动”还要广泛。

文化致力于将人培养成绅士，就是今天英国人所熟知的那种绅士，而英国人之所以能够知道有这样一种人，在很大程度上也是由于柏拉图的缘故。柏拉图时代的雅典在一个方面类似于十九世纪的英国：那就是都有一个享受财富和社会声望但是并没有垄断政治权力的贵族阶层，而且贵族阶层都必须以庄重动人的举止获得尽可能多的权力。所不同的是，在柏拉图的乌托邦里，贵族阶层的统治是不受限制的。

庄重、礼仪和勇敢似乎是教育所要培养的主要品质。从最早的年岁开始，对年轻人能够接触的文学和他们可以听的音乐就有一种严格审查制度。母亲和保姆们只能向她们的孩子讲述经过审定的故事。荷马和赫西俄德都因为种种原因而被禁止讲述。首先，荷马和赫西俄德所言之神表现行为不端，这是不能起到教化作用的；一定要教导年轻人知道，罪恶绝不会来自神，因为神并不是一切事物的创造者，而只是一切美好事物的创造者。其次，荷马和赫西俄德的作品中有些内容被认为会让读者贪生怕死，然而教育所做的一切就是为了让年轻人愿意战死沙场。必须教育我们的男孩子们让他们知道当奴隶比死还可怕，因此他们也不能听到好人居然也哭哭啼啼的故事，哪怕这眼泪是为了朋友们的亡故而流。第三，端庄的仪态要求绝不能纵情大笑，而荷马经常提到“那些幸福的众神大笑不止”，要是孩子们引用这段话，学校老师们还怎么能有效地批评欢笑呢？第四，荷马有些段落描述了丰盛的宴会，还有些段落描述了众神的欲望。这些描述都是会妨碍节制的。（一位真正的柏拉图主义者，英格教长曾经反对过一首著名的圣歌中的一句话：“那些胜利者们的欢呼，那些宴饮者们的歌唱。”而这句是用来描述天堂上的欢乐的。）最后，绝不能有坏人幸福或者好人受苦的故事，其道德效果对于那些脆弱的心灵来说是最不幸的。根据这些理由，诗人们是该受到谴责的。

柏拉图接着提出了一种稀奇古怪的关于戏剧的争辩。他说好人是不情愿模仿坏人的，而大部分戏剧中都有恶棍的角色，因此剧作家和扮演恶棍的演员不得不模仿犯下了各种各样罪行的人。不仅是罪犯，女人们、奴隶和一般的下等人也都不应该由上等人来模仿。(在希腊，正如在伊丽莎白时代的英国一样，女人的角色是由男人来扮演的。) 因此，如果真要允许戏剧，那么其中除了出身名门完美无瑕的男性英雄之外就不能包含其他的角色。但是这样做显然是不可能的，于是柏拉图决定将戏剧家也从他的城邦中驱逐出去：

“当那些聪明万分可以模仿任何事物的演哑剧的先生们到我们这里来时，如果他们提出要展示自己和他们的诗歌，我们会拜倒在地并把他们当作可爱的、神圣的、绝妙的存在来崇拜。但我们也必须告诉他，在我们的国家里像他这样的人是不允许存在的；法律不会容忍他们。我们会在他们身上抹上油脂，给他们戴上羊绒花环，并把他们打发到其他的城邦里去。”

接下来，我们来谈谈音乐（在近代的意义上）的审查制度。吕底亚和爱奥尼亚的和声音乐是要被禁止的，前者是因为表达了悲伤，后者是因为轻松自如。只有多利安的（因为勇敢）和弗里吉亚的（因为节制）音乐才被允许。所允许的韵律一定是简单的，并且是表现勇敢和和谐的生活的。

对肉体的锻炼是非常苛刻的。鱼和肉只能烤了来吃，也不许有任何调料和甜食。他说，按照他的食谱被养大的人，任何时候都不会需要医生。

年轻人在一定年纪之前是不许看到任何丑恶和罪行的。但是在一个适当的时刻，必须向他们展示种种“魅惑”，让他们不惧怕恐怖，也不会被颓靡的享乐诱惑了意志。只有当他们经受住了这些考验之后，才被认为适合做一个守卫者。

年轻的男孩子们在长大之前应该观摩一下战争，但是不用亲身参加战斗。

至于经济问题，柏拉图建议在守卫者中间实行一种彻底的共产主义，而且我认为对战士阶层也是如此，尽管这一点还不是很清楚。守卫者要拥有小型的房屋和简单的食物；他们要像在军营里那样生活，大家一起用餐。除了确实必要的东西之外他们不能有任何私有财产。黄金和白银都是被禁止的。尽管不富裕，他们也不应该有任何不快乐的理由，因为城邦的目的是为了全体成员的好处，而不是只为了一个阶级的幸福。财富和贫穷都是有害无益的，在柏拉图的城邦中两者都不存在。关于战争他有一个奇谈怪论，即既然这个城邦不会要求分享任何战利品，一定能够很容易地收买到盟友。

柏拉图笔下的苏格拉底带着假惺惺的不情愿，把他的共产主义应用到了家庭生活之中。他说，朋友们之间应该分享一切东西，包括女人和孩子。他承认这会有困难，但并认为困难不是不可克服的。毕竟女孩子们从一开始就受着和男孩子们完全一样的严格教育，学习音乐和体育，并和男孩子们一道学习战术。女人在所有方面都和男人有着平等的地位。“能将一个男人培养成一位优秀的守卫者的教育，同样也能将一个女人培养成一位优秀的守卫者，因为他们最初的本性是一样的。”无疑男人和女人之间有一些差别，但这些差别与政治无关。有些女人有哲学天赋，适合当守卫者；有些女人比较好战，可以成为很好的战士。

立法者在选定了一些男人和女人来做守卫者之后，会规定他们必须住在公共的房屋中，吃同样的伙食。我们所理解的那种婚姻形式也被彻底地改变了[1]。在某些特定的节日上，新娘和新郎按照维持人口稳定所需要的数目通过抽签结合在一起，要教育他们相信他们的结合是抽签的结果。实际情况是统治者根据优生学的原则操纵了抽签的结果。他们这样安排是为了让最好的父亲有最多的子女。所有的孩子一出生就要被从他们父母的身边带走，而且要做得非常小心，让所有的父母都不知道谁是自己的孩子，所有的孩子也都不知道谁是他们的父母。畸形儿和下等的父母所生的孩子则“要被抛弃到一个神秘的不为人知的地方，那是他们该去的地方”。未经国家批准的结合所生出的孩子都被认为是私生子。母亲的年龄应该在二十至四十岁之间，父亲应该在二十五岁至五十五岁之间。在这个年龄段之外，性爱依然是自由的，但是会强迫他们堕胎或杀婴。在国家安排的‘婚姻’中，相关的人是没有选择的，他们受到国家责任这个观念的驱使，而不是受着已遭驱逐的诗人们曾经歌颂过的那些普通情感的驱动。

既然没有人知道自己的父母是谁，他就必须称呼所有年纪可能是他父亲的男人为“父亲”，至于“母亲”“兄弟”和“姐妹”的情况也一样。（这种情况在一些野蛮人中也曾经出现过，并经常让传教士们感到困惑）这样的“父亲”和“女儿”之间以及这样的“母亲”和“儿子”之间是不能有婚姻的；而且一般来说（尽管并不绝对），这样的“兄弟”和“姐妹”之间的婚姻也是被禁止的。（我认为如果柏拉图更仔细地想想这样做的后果，他会发现除了那些他当作极个别例外的“兄弟—姐妹”之间的婚姻外，他已经禁止了所有的婚姻了。）

可以认为现在和“父亲”“母亲”“儿子”和“女儿”这些词联系在一起的那些感情经过柏拉图的安排之后依然和那些词汇联系在一起。举个例子来说，一个年轻人就不能打一位老人，因为他可能在打他的父亲。

柏拉图这样做所追求的好处当然是要将自私、独占的情感最小化，从而扫除妨碍公共精神占支配地位，以及反对取消私有财产的障碍。僧侣们的独身制在很大程度上也是出于同样的动机[2]。

「1」“这些女人无一例外地会是这些男人共同的妻子，没有一个男人会拥有自己的妻子。”

「2」参见亨利·李，《僧侣独身制度史》。

最后我来谈一谈这个体系神学方面的问题。但我考虑的并不是那些广为接受的希腊众神，而是政府反复灌输的某些神话。柏拉图开诚布公地说过，说谎是政府的特权，正如开药方是医生的特权一样。我们已经看到了，政府要通过假装用抽签安排婚姻来欺骗众人，但这并不是宗教方面的事务。

乌托邦里要有一种“高尚的谎言”，柏拉图希望这些谎言可以欺骗统治者，并且无论如何一定要能欺骗整个城邦里剩下的公民。柏拉图将这个“谎言”展现得非常详细。其中最重要的部分就是神创造了三种人这一信条：最好的人是用金子做的，次好的人是用银子做的，普通的等闲之辈则是用铜和铁做的。用金子做成的人适合当守卫者；用银子做成的人应该当战士；其他的人只能从事体力劳动。通常但一定并非永远，孩子们都属于他们父母的那个级别，如果他们不属于，就必须相应地升级或是降级。他认为让目前这一代人相信这个神话几乎是不可能的，但是下一代人和所有以后的世代都可以通过教育从而让他们不怀疑这个神话。

柏拉图认为对这种神话的信仰可以在两代人的时间内被培养起来，他是正确的。日本人从1868年开始开展“天皇是太阳女神的后裔”这样的教育，并且日本要比世界其他地方更早地被创造出来。任何一个大学教授，哪怕是在一部学术著作中质疑了这些信条，都会因为从事反日活动的罪名而被开除。柏拉图似乎没能认识的是，强迫接受这种神话是和哲学的精神不相容的，并且必然包含一种阻碍理智发展的教育方式。

整个讨论名义上的成果就是对“正义”这个词的定义，实现这个成果是在第四卷中。我们知道，所谓正义就是每个人都各守其职而不越俎代庖：当商人、仆人和守卫者们都只做自己的工作而不干涉其他等级的工作时，这个城邦就是“正义的”。

每个人都应该做好本职工作当然是一条值得赞美的箴言，但是却几乎不能符合一个近代人很自然地称之为“正义”的那种东西。我们用“正义”来翻译的那个希腊词汇与一种对于希腊思想十分重要的概念联系在一起，但是关于这个概念我们却找不到精准的同义词。在这里很值得回想一下阿那克西曼德说过的话：“万物消逝之后复归于其所萌生之处，这是注定了的，因为一切都在时间的安排下因为自身的不正义而互相补偿。”

在哲学产生之前，希腊人对宇宙已经有了一种可以称之为宗教性的或者伦理性的理论或感情。按照这种理论，每个人和每个事物都有其规定的地位和规定的功能。但这并不依靠宙斯的命令，因为宙斯本人也要臣服于同一种统治着其他一切的法律。这个理论是与命运或者必然性的观念联系在一起的，并被特别强调应用于天体。凡是有活力的地方，就有一种突破正义界限的趋势，于是就产生了斗争。某种非人格化的、超奥林匹斯的法律对肆无忌惮施以惩罚，并不断地恢复侵犯者试图破坏的永恒的秩序。这种宇宙观，最初也许是无声无息地传递到了哲学之中。在像赫拉克利特和恩培多克勒那样强调斗争的宇宙论中，和巴门尼德那样的一元论的学说中都可以找到这种观点。这就是希腊人对自然法律和人间法律信仰的根源，而且很显然也构成了柏拉图正义观念的基础。

"正义"这个词在法律方面依然被使用着那种意义，比它在政治思想中所使用的意义更接近柏拉图的观念。在民主理论的影响下，我们开始将正义与平等联系在一起；但是对于柏拉图来说并没有这层含义。"正义"在其差不多是"法律"的同义语时——比如当我们说法院（Court of justice）时——主要是关于财产权的，而那与平等是没有关系的。在《理想国》的开头，关于"正义"被提出的第一个定义就是，正义在于偿还债务。这个定义很快就因为不充分而被抛弃了，但是其中的某些东西却一直保留到了对话的结尾。

柏拉图对正义定义中有几个要点需要注意。首先，这个定义让权力和特权的不平等但不是不正义成为可能。守卫者们将会拥有全部的权力，因为他们是社会中最有智慧的成员。按照柏拉图的定义，只有当其他等级中有人比某些守卫者更有智慧时，才会出现不正义。这就是柏拉图预先规定好公民升级和降级的原因，尽管他认为出身和教育上的双重优势在大多数情况下足以使守卫者的孩子们优于其他等级的孩子了。如果有一种更严谨的政府学说，并且人们更确定地追随其教诲，那么关于柏拉图的体系就有很多值得称道的地方了。没有人会认为把最好的选手放到足球队里是不正义的，哪怕他们可能会因此获得很大的优越地位。如果像雅典人管理政府那样民主地管理足球，为自己大学出战的学生就必须用抽签来决定了。然而，在政治事务上很难知道究竟谁最老道，而且也很难确定一个政治家会不会把他的能力用在公共利益上，而不是用在他自己或者他的党派和宗派的利益上。

第二个要点是，柏拉图关于"正义"的定义预先假设要有一个国家，无论是按照传统模式还是按照他自己设计的模式，为了总体上实现某些伦理理想而组织起来。我们知道，正义就在于每个人做自己的工作。但一个人的工作又是什么呢？在一个像古埃及或者印加王国那样世世代代毫无变化的国度，一个人的工作就是他父亲的工作，不会产生任何问题。但是在柏拉图的国家里，没有人有法律上的父亲。因此一个人的工作一定是由他自己的兴趣决定，或者由国家对其才能的判断决定。显然后者正是柏拉图所期望的。然而有些种类的工作，尽管有高超的技术性，但是却被认为是有害的。比如柏拉图就认为撰写诗歌的工作就是有害的，而我会认为拿破仑的工作是有害的。那么政府存在的目的从根本上讲就是为了决定人们的工作到底是什么。尽管所有的统治者都必须是哲学家，但是乌托邦里不会有改革，因为一个人永远只有在理解并认同柏拉图时才算是哲学家。

如果我们发问：柏拉图的理想国到底能成就什么呢？答案就有点乏味了。不过是它在和人口大致相等的国家的战争中能够取得胜利，以及它能确保特定的一小部分人的生计。因为其僵化，它差不多完全不会产生什么艺术和科学，在这方面和在其他许多方面，它很像斯巴达。尽管有着一切动听的言辞，它能够取得的成就不过是战争的技艺和足够的食物罢了。柏拉图在雅典经历过饥荒和战败，也许他下意识地认为避免这些祸患就是一个政治家能够获得的最高成就了。

认真来说，一个乌托邦一定能够体现出其创造者的理想。让我们先考虑片刻，用“理想”这个词我们可以表示哪些意义。首先，理想是被那些信仰它的人所期望的。但是一个人期望理想的方式和期望食物、住所之类的令个人舒适的方式并不相同。“理想”和普通的期望对象之间的区别在于前者是非个人性的，并且理想至少在表面上是某种和怀有这种期望的人的自我没什么特殊联系的东西，因此在理论上每个人都能够怀有这种期望。所以我们也许可以把“理想”定义为某种非自私自利的而被期望的东西，而且怀有这种期望的人希望所有人也都怀有这种期望。我可以希望每个人都有足够的食物，每个人都对彼此友善等等，如果我希望这种事情发生，我就会希望其他人也这么希望。用这种方式，我就能建立起一套看起来非个人化的伦理，但是事实上这还是建立在我的个人期望的基础之上的——因为期望始终是我的，哪怕所期望的事情和我自己没有关系。例如，一个人可以希望每个人都懂科学，另一个人会希望每个人都能欣赏艺术，但是造成这两个期望之间的不同的还是这两个个体之间的差异。

只要一出现争论，个人的因素就变得很明显。假设有人说：“你希望每个人都能幸福是错误的，你应该期望德国人的幸福和所有其他人不幸福。”这里“应该”这个词指的是，这就是说话人希望我去期望的事情。我可以反驳道，我不是德国人，在心理上我不可能期望所有非德国人不幸。但是这个答案似乎并不充分。

这里再一次地出现了一种纯粹非个人性理想之间的冲突。尼采式的英雄虽然和基督教的圣人不同，但是两者都是作为非个人化的偶像而受到崇拜的；前者是被尼采的信徒们崇拜，后者是被基督徒们崇拜。如果不通过我们自己的期望，我们又怎么能在这两者之间做出决定呢？而且，如果再没有什么进一步的理由，伦理上的意见分歧只能由情感上的好恶或者暴力甚至战争这个终极的手段来解决。对于事实上的问题，我们可以诉诸科学和科学的观察方法，但是对于终极的伦理问题我们似乎无法求助于类似的东西。所以，如果情况真的如此，那么伦理上的论争就可以归结为力量上的竞争，而且包括宣传的力量在内。

这种观点在《理想国》第一卷中已经由特拉西马库斯以一种比较粗糙的形式提出来了。他和柏拉图对话录中的其他大多数角色一样，也是一个真实的人物。他是一位来自卡尔西顿的智者，并且是一位著名的雄辩术的教师；他还曾经在公元前 427 年阿里斯托芬上演的第一部喜剧中出现过。在苏格拉底和一个叫作克法洛斯以及柏拉图的兄长格劳孔和阿德曼托斯亲切而又友好地讨论了一阵正义的话题之后，特拉西马库斯已经越听越不耐烦，就插话进来，对这种幼稚的废话做了一番激烈的抗议。他断然宣称，“正义不过是强者的利益罢了”。

苏格拉底对这种观点的反驳不过是诡辩，这个问题从来没有得到恰如其分的回应。这种观点引出了一个伦理上和政治上的根本性问题，即除了人们用“好”和“坏”这两个词所期望的事物之外，有没有什么关于好坏的标准呢？如果没有，从特拉西马库斯的观点引出的许多后果似乎就是不可避免的了。如果要说有，我们又该如何着手呢？

在这个问题上，宗教第一眼看上去是有一种简单的答案的。上帝决定什么是好什么是坏，一个人的意志和上帝的意志相一致，那么他就是一个好人。但是这个回答不那么规范。神学家们说上帝是好的，这就暗示了有一个独立于上帝意志之外的好的标准。于是我们就不得不面对这样一个问题：在“快乐是好的”这样的陈述中有没有一种像“雪是白的”这样的陈述所蕴含的客观真实性和虚假性呢？

要回答这个问题，有必要进行长篇大论的探讨。有人也许会认为我们在实践方面尽可能避开那个根本性的问题，只要说：“我不知道‘客观真理荷马和赫西俄德’是什么意思。但是如果做过研究的人都同意支持某一个陈述，那我也会认为这个陈述是‘真的’，或者几乎是真的。”在这个意义上，雪是白的、恺撒是遇刺身亡的，水是由氢和氧构成的等等以及诸如此类的陈述就都是“真的”了。这样我们就面临着一个事实上的问题：在伦理方面有没有相近的一致同意的陈述呢？如果有，那么它就既可以被当作个人行为准则的基础，又可以作为一种政治理论的基础。但是如果没有，不管哲学上的真理如何，在实际中只要还有持有不可调和的伦理观点的强势集团存在，我们就不得不诉诸暴力、宣传或者两者兼备的较量。

对于柏拉图来说，这个问题实际上却并不存在。尽管他戏剧上的敏感导致他将特拉西马库斯的立场叙述得颇为令人信服，但是他却没有意识到这个观点的力量所在，而且还允许自己对其进行了十分不公正的反驳。柏拉图确信有“善的事物”的存在，而且其本性是可以弄清楚的。如果人们对于“善”有不同意见，那么至少有一个人犯了知识上的错误，就好像这些意见不同是涉及某件事实的科学问题一般。

柏拉图和特拉西马库斯之间的理论分歧是非常重要的，但是对一个哲学史家来说，这却是一个只需关注而不需要解决的问题。柏拉图认为他能够证明他的理想国是好的；而一个接受了伦理客观性的民主主义者会认为他能证明这个理想国是坏的。但是任何一个同意特拉西马库斯的人都会说：“问题不在于什么证明或者证伪，唯一的问题在于你是不是喜欢柏拉图所期望的那种国家。如果你喜欢，那它对你就是好的；如果你不喜欢，那它对你就是坏的。如果有许多人喜欢也有许多人不喜欢，裁决就不可能凭理性做出，而只能诉诸实在的或隐藏的暴力解决。”这是一个至今依然争论不休的哲学议题，争论双方都有许多值得敬佩的人物。但是在很长的时间里，柏拉图宣扬的观点一直没有遭到挑战。

我们还应该进一步注意，那种用意见的一致来代替客观标准的观点还有某些后果，而这些后果几乎没人愿意接受。像伽利略那样科学上的革新者，其提倡的观点开始几乎无人赞同，但最终几乎赢得了所有人的支持，对于这种情况我们又该怎么说呢？他们做到这一点是通过论证的方法，而不是通过情感诉求、国家宣传或暴力。这就暗示了除了广为接受的观点之外还有一种判断准则。伟大的宗教导师在伦理事物上也遇到过类似的情形。基督教导过，在安息日摘谷穗吃不是错误的，但是恨你的敌人是错误的。这种伦理上的新观念显然暗示了在多数意见之外的某种标准，但这种标准无论是什么，都不是科学问题中的客观事实。这个问题很困难，我宣称并不能够解决它。眼下暂且让我们满足于关注它。

与近代的乌托邦不同，柏拉图的理想国也许是真准备要付诸建设的。这并不像我们会很自然认为的那样是异想天开、不可能办到的。理想国中的许多规定，包括那些我们认为非常不切实际的规定，实际上在斯巴达已经实现了。毕达哥拉斯就曾经尝试过哲学家们的统治，而且在柏拉图的时代，毕达哥拉斯主义者阿契塔在塔拉斯（即今天的塔兰特）是非常有政治影响力的。雇用一位贤人来为城邦草拟法律是当时盛行的做法，梭伦为雅典这么做过，毕达哥拉斯也为图里这么做过。那个时候的殖民地是完全不受其宗主国的控制的，因而一帮柏拉图主义者在西班牙或者高卢的海岸上建立理想国是完全可行的。不幸的是，偶然之中柏拉图被带到了叙拉古，一个正在和迦太基进行着一场孤注一掷的战争的巨大商业城市，在这样的氛围中，没有哲学家能够取得成就。到了下一代人时，马其顿的兴起让所有小型的国家变成了过时旧迹，进而将一切政治模型的实验化为徒劳。

第十五章

柏拉图的理念论

《理想国》中间的一部分，从第五卷的后半段到第七卷的末尾，主要讨论的是与政治相对的纯粹哲学问题。一段突兀的陈述引入了这些问题：

“除非哲学家们成为国王，或者世界上的国王们和君主们都具备哲学的心智和力量；除非政治上的伟大和智慧合而为一，并且那些只追求其中一个而拒绝另一个的平头百姓都被迫站到一边去，否则城邦——我相信就连整个人类也如此——就永远不会免于那些祸害并获得安宁，也只有到了那个时候，我们的国家才有一线生机和重见天日的可能。”

如果真是这样，我们就必须决定，构成一个哲学家本质的究竟是什么，我们谈到“哲学”时指的到底又是什么意思。随之而来的讨论是《理想国》中最著名的部分，也许也是最有影响的部分。其中有些地方文采之美无与伦比，读者可能会像我一样不同意文章的内容，但却很难不为之所动。

柏拉图的哲学建立在对实在（reality）和现象（appearance）的区别之上。这最初是由巴门尼德提出来的，在我们现在所涉及整段的讨论中，巴门尼德式的词句和论证也不断地出现。但是其中对于实在却有一种宗教化的语气，这与其说是巴门尼德式的，倒不如说是毕达哥拉斯式的；而其中有许多关于数学和音乐的内容可以直接追溯到毕达哥拉斯的追随者们。这种将巴门尼德的逻辑性和毕达哥拉斯以及奥尔弗斯教的来世关怀相结合的做法，产生了一种感觉上既可以满足理智需要又可以满足宗教情感的学说。其结果是一种非常有力的综合，并且以各种不同的形态一直影响到了包括黑格尔在内的大多数伟大哲学家。然而绝不仅仅只有哲学家们受到了柏拉图的影响。为什么清教徒们反对音乐、绘画和天主教教堂中那些华丽的仪式呢？你可以在《理想国》的第十卷中找到答案。为什么孩子们在学校里要被迫学习算术呢？《理想国》第七卷给出了理由。

下面几段是对柏拉图的理念论的概述。

我们的问题是：哲学家是干什么的？第一个答案和词源学的解释是一致的：哲学家是热爱智慧的人。但是哲学家的爱知识和我们说一个好打听的人也可能爱知识并不是一回事，因为庸俗的好奇心并不能造就一个哲学家。因此这个定义应该修改为：哲学家是一个热爱“洞见真理”（vision of truth）的人。那么这种洞见又是什么呢？

假设一个人热爱美好的事物，他总是坚持去欣赏新的悲剧，去看新的画作，去听新的音乐，这样的人不是哲学家，因为他爱的是美好的事物，而哲学家爱的是美好本身。只爱美好事物的人是在做梦，而知道绝对之美的人则是完全清醒的。前者只有见解（opinion），而后者有知识（knowledge）。

“知识”和“见解”之间的区别又在哪里呢？有知识的人的知识一定是关于某种事物的，也就是说，对某种存在的事物的知识，因为不存在的东西不是某种事物（这让人想起巴门尼德）。这样来说知识是不会出错的，因为从逻辑上讲知识是不可能被弄错的。但是见解是可能被弄错的。而这个区别又是怎么来的呢？因为见解不可能是关于不存在事物的见解，那是不可能的。见解又不可能是关于存在的事物的见解，那样它就成了知识。所以见解一定是关于既存在又不存在的事物的。

但这怎么可能呢？答案就是特定的事物永远分享着一对相反的性质：美的事物在某些方面也是丑的；正义的事物在某些方面也是不正义的等等。所有特定的感觉对象，按照柏拉图的主张，都具有这种矛盾的性质。它们就这样介于存在和不存在之间，很适合当见解的对象，而非知识的对象。“但是那些看到了绝对、永恒与不可改变的人可以说能够拥有知识，而不仅仅只拥有见解”。

我们于是得到了一个结论：见解是关于呈现在感觉面前的那个世界的，而知识是关于一个超感觉的永恒世界的。例如，见解涉及的是特定的美的事物，而知识涉及的是美本身。

而被提出来支持这一切的唯一论证则是：设想一种事物既美又不美或者既正义又不正义，这种设想是自相矛盾的，但是特定事物看上去依然结合了这种矛盾的性质。所以特定事物是不真实的。赫拉克利特曾经说过：“我们既踏进又不踏进同一条河流；我们既存在又不存在。”将其与巴门尼德相结合，我们得到的就是柏拉图的结果。

然而，柏拉图学说也有一些极具重要性的东西是不能追溯到他的前辈的，那就是关于“理念”或者说“形式”的理论。这个理论部分是逻辑的，部分是形而上学的。逻辑的部分和一般性的词句的意思有关。对于许多动物的个体，我们都可以正确无误地说“这是一只猫”。当我们说“猫”这个词时又意味着什么呢？显然我们指的是与每一只特定的猫都不同的东西。一只动物能够是一只猫，看起来是因为它分享了所有的猫都共有的一般性的性质。没有像“猫”这样的一般性的词语，语言就不能进行下去，因而这些词语显然不是没有意义的。但是如果“猫”这个词意味着什么，那么它一定不是意味着这只猫或那只猫，而一定是意味着某种普遍的猫性（cattiness)。这种猫性不会随着某只特定的猫的出生而出生，也不会随着它的死亡而死去。实际上，这种猫性不能在时间和空间之中定位，它是“永恒”的。这就是这个学说的逻辑部分，支持它的论证不管最终是不是有效的，但都是很有力的，而且也在很大程度上独立于这个学说的形而上学部分。

而根据这个学说的形而上学部分来说，“猫”这个词指的是某种理想的猫，被上帝创造出来的独一无二的“那只猫”。个别的猫都分享了那只猫的性质，但是多多少少都并不完美。也正是因为有这种不完美性，才能有许多个别的猫。那只猫是真实的，个别的猫只是一种现象。

《理想国》的最后一卷是一篇为了谴责画家而写的序言，其中相当清晰地阐释了理念或者说形式的学说。

在那篇序言中，柏拉图解释道，凡是一定数量的个体拥有一个共同的名字，它们就有一个共同的“理念”或者“形式”。例如，尽管有许多张床，但是只有一个关于床的“理念”或“形式”。各种不同的床都不是实在的，而只是对“理念”的复制，就像镜子中照出的床的镜像那样只是现象而并不“实在”，只有关于床的“理念”才是唯一实在的床，而且是由神创造的。关于这个由神创造的唯一的床我们可以有知识，但是关于木匠们造出的许多个别的床，我们只能有见解。哲学家就其身份来说，是应该只对那个唯一实在的床感兴趣的，而不应该对感觉世界中发现的各种各样的床感兴趣。他对于日常琐事应该有某种程度的漠不关心：“一个有着宏大的心灵并且是一切时代和一切存在的观察者的人，怎么会对人类生活想得很多呢？”能够成为哲学家的年轻人在他的同伴中会显得格外正直和温文尔雅，他热爱学习，拥有良好的记忆力和天生和谐的心灵。这样一个人才可以被教育成哲学家和守卫者。

说到这里，阿德曼托斯会插话进来抗议。他说，当他努力和苏格拉底争辩时，他感觉自己在苏格拉底的引导下每一步走得都有些偏，直到最后，所有他原来的观点都被颠倒了过来。但是不管苏格拉底怎么说，人人都可以看到的情况依然是，谨守哲学的人会变成让人不安的怪物，更不用说彻底的行为反常了，即使其中最好的人也被哲学弄得百无是处。

苏格拉底承认这种情况在现实世界中是真实存在的，但是他坚持说这应该归咎于他人，而不应该责怪哲学家。因为在一个有智慧的社会里，哲学家就不会显得愚不可及；只有在蠢货们中间，聪明人才会被认为没有智慧。

在这种二难推理的窘境中我们应该怎么做？有两种方法来开创我们的理想国：要么让哲学家成为统治者；要么让统治者成为哲学家。作为一个开端，前一种方法似乎是不可行的，因为在一个还没有哲学化的城邦中，哲学家是不受欢迎的。但是一个生下来就是君主的人却有可能成为一个哲学家，而且“一个就足够了。只要有一个整个城邦都服从其意志的人，他就可以建立一种全世界都感到难以置信的理想政体”。柏拉图希望能够在叙拉古的僭主小狄俄尼修斯身上发现这样一位君主，但是这个年轻人结果让人非常失望。

在《理想国》第六卷和第七卷中，柏拉图主要关注两个问题：第一，哲学何为？第二，具有合适气质的青年男女，怎样才能被教育成哲学家。

对柏拉图来说，哲学是一种洞见，对“真理的洞见”。它并不是纯粹理智的，因为它不仅仅是智慧，而且还是对智慧的爱。斯宾诺莎所说的“理智对上帝的爱”也是大致相同的那种思想和感情的紧密相关。任何一个从事过某种创造性工作的人都或多或少地经历过这样一种精神状态：持之以恒地劳作，真理或者美好在一阵突然而至的灿烂中显现，或者看上去显现了——可能只是关于某些细碎的事物，也可能是关于整个宇宙。在这个时刻获得的经验非常具有说服力。疑虑此后可能会涌上心头，但是在那个时刻却是完全确凿可信的。我认为无论是在艺术上、科学上还是在哲学上，最好的创造性工作大部分都是这样的时刻的产物。我不敢说其他人是不是也像我一样经历过这样突然来临的时刻。但是对我来说，如果我想就某个问题写一本书，我必须首先将自己沉浸在细节之中，直到对于这个题目的各个单独的部分都很熟悉了为止；然后，如果我幸运，某一天我会看到各个部分都已经恰当地关联好了的整体。此后，我只需要写下我看到的东西就行了。最相似的类比是先在雾中走遍一座山，直到对单独的每一条道路、山脊和山谷都很熟悉了为止；然后，在明媚的阳光下从远处清晰地观看这整座山。

我相信这种经验对于好的创造性工作是必需的，但是只有它也是不够的，因为随着这种经验而来的主观确实可靠性确乎能够将人引向致命的歧途。威廉·詹姆斯描述过一个人从笑气中得到的经验：只要他受到笑气的作用，他就知道了宇宙的秘密，但是当他清醒过来，就把宇宙的秘密给忘了。最终，凭借极大的努力，他趁着这种影像还没有消失把它写了下来。等他完全清醒过来后，他急忙去看他到底写了什么，结果却是："自始至终到处都是一股石油的气味。"看上去像是突然洞见的东西可能会造成误导，因此一定要在那阵神圣的陶醉过去之后，加以清醒认真的检验。

但是柏拉图是完全相信他的洞见的。在撰写《理想国》时，为了将其洞见的本质传达给读者，他迫切地需要一个寓言故事相帮，这就是那个洞穴的比喻。但是柏拉图事先做了许多铺垫性的讨论，以便让读者看出理念世界存在的必然性。

首先，他把理智世界和感觉世界区别开来。接着，理智和感觉－知觉又分别被分为两种，我们可以不关心哪两种感觉－知觉。两种理智则分别被称为"理性"和"悟性"。其中理性是更高级的理智，涉及的是纯粹的理念，其方法是辨证的。悟性就是数学中所使用的那种理智，其之所以低于理性是因为使用了自身无法证明的假设。比如在几何学中我们说，"假设A B C是一个直线三角形"。然而尽管只要A B C是我们画出的一个图形，我们就可以确定地说它不是一个直线三角形，因为我们画不出绝对的直线；但是问A B C是不是真的是一个直线三角形还是不合规矩的。相应地，数学永远不能告诉我们有什么，而只能告诉我们如果……则会有什么。在感觉世界里没有直线，因此，如果数学要具有比假设的真理更多的东西，那我们就必须在一个超感觉的世界里为超感觉的直线寻找存在的证据。悟性是做不到这一点的，但是根据柏拉图所说，理性可以做到这一点。因为通过理性可以表明天堂上有直线三角形，凭借这一点，几何学的命题就可以得到绝对的而不是假设的肯定。

在这一点上有一个难题并没有逃过柏拉图的注意，这个难题对于近代的唯心主义哲学家们来说也是显而易见的。我们看到，神只创造了一张床，因此我们会很自然地假设神也只创造了一条直线。但是如果有一个天堂上的三角形，神就必须创造至少三条直线。几何学研究的对象，尽管是理想的，但是必须能够存在于许多例证中。比如，我们需要有两个相交的圆的可能性以及诸如此类的东西。这就使我们联想到，按照柏拉图的理论，几何学是不能达到终极的真理的，而会被贬低为现象研究的一部分。但是让我们暂且略过这一点，因为柏拉图的回答多少有点模糊不清。

柏拉图试图从视觉上解释清晰的理智洞见和混乱的感觉－知觉洞见两者之间的区别。他说，视觉和其他的感觉不同，因为视觉不仅需要眼睛和客体，还需要光。太阳照在物体上我们就看得很清楚，在暮光中我们就看得很模糊，在漆黑一团中我们就什么也看不见。那么理念世界就好比是太阳照在物体上时我们看到的东西；而流变的事物组成的世界就好比暮光中模糊的世界。眼睛被比作灵魂，而光线的来源太阳，就被比作真理或者善。

“灵魂就像一只眼睛：当它注视着被真理和存在照耀的事物时，灵魂就能感知和理解它们，并且闪烁着智慧之光；但是当其转向忽隐忽现的暮光时，灵魂就只能有见解，并且一直闪烁不定，先有一个见解又有另一个见解，看上去没有什么智慧。……那么现在将真理赋予已知的事物并把认知的能力授予认知者的就是我会让你们称之为善的那种东西，同时你们也应该视之为科学的源泉。”

这就引向了那个著名的洞穴比喻。据其所说，缺乏哲学的人就好比是一个山洞里的囚犯。因为枷锁在身，他们只能朝一个方向看，而他们的后面是一堆火，前面是一堵墙。在他们和墙之间什么也没有，他们所看到的一切都是自己的影子和身后物体的影子，这些都是由火光投射到墙上去的。他们不可避免地会把这些影子当作是实在的，而对造成了这些影子的东西则一无所知。终于有一个人成功地从洞穴中逃脱来到阳光底下，他第一次看到了实在的东西，并认识到他到那时为止一直受到影子的蒙蔽。如果他是那种适合成为守卫者的哲学家，他就会觉得有责任再回到那个洞穴中去，回到他从前的囚犯同伴那里去，教给洞里的人真相，并将出去的路指给他们看。但是他想说服他们会很困难，因为从阳光下来到昏暗的洞穴中，他看影子要比他的同伴们看起来更不清晰，因而对他们来说会比逃脱之前更愚蠢。

“那么现在，我说，让我用一幅图像来说明我们的本性可以被启迪或是被蒙蔽到什么程度吧。——瞧！有许多人住在一个地洞中，有一个朝着光亮的小口一直通到洞穴里去。这些人从小时候就一直在这个洞中，他们的腿和脖子上都上了枷锁以至于无法移动，他们只能朝前看，因为有枷锁的妨碍不能扭头。在他们的上方和后面都有一团火在远远地燃烧，在火焰和这些囚徒之间有一条高高的通道。如果你看过去，你将会看到，沿着这条通道有一面矮墙，就好比演皮影戏的人在他们的前面有一面帷幕，他们在帷幕上表演他们的木偶。

“我看到这样的图像了。

“那么我说，你有没有看到人们沿着这面墙来来往往，带着各式的器皿，还有用木头、石头和各种不同的材料制成的动物的塑像和图像，它们都显示在这面墙上？这些人中有些在说话，有些不作声。

“你给我们看的真是一幅奇怪的影像，那些人也真是一群奇怪的囚徒。

“我回答说，他们正像我们自己一样。他们只能看到自己的影子和彼此的影子，并且都是由火光映射在洞穴对面的墙上。”

善在柏拉图的哲学中的地位非同寻常。他说，科学和真理都近似于善，但是善的地位更高。“善不是本质，而且在尊严和力量上要远远超过本质。”在对绝对的善的感知中，辩证法导向了理智世界的终结。正是依靠善，辩证法才能够摒弃数学家们的假设。一个隐含的假定是，作为和现象相对的实在是完美的善，因此认识实在就是认识善。柏拉图的哲学也像毕达哥拉斯主义一样，贯穿着理智和神秘主义的融合，但是到了最后完成时，神秘主义很明显地占了上风。

柏拉图关于理念的学说讹误颇多。但是尽管有这些讹误，它依然标志了哲学上一个非常重要的进步，因为这是最早强调指出了共相问题的理论，而共相的问题以各种不同的形式一直延续至今。一切事物的初始状态总是很粗糙的，但是不能因此忽视了它们的开创性。即使经过一切必要的修正之后，柏拉图所说的话中依然有些东西会保留下来。即便是从最敌视柏拉图的观点来看，能够保留下来的东西至少也应该包括：一种完全由专有名词组成的语言不能让我们表达自己，我们必须同时拥有一些像“人”“狗”“猫”这样的通用词语；如果没有这些，那就必须有一些像“相似”“先于”等等这样的关联词。这样的词并不是无意义的噪声，但是如果世界完全是由专有名词代表的个别事物所组成的，也很难看出它们是怎么能够具有意义的。尽管可以有回避这一论证的方法，但是无论如何它提供了一种看上去是有利于共相的实例。我会姑且承认其在某种程度上是有效的，但是即使已经承认了，也不能推导出柏拉图说出的其余的话语。

首先，柏拉图完全不理解哲学的语法规则。我可以说“苏格拉底是有人性的”“柏拉图是有人性的”等等。在所有这些陈述中，可以假设“有人性的”一词具有严格相同的意义。但是无论这个词意味着什么，它一定意味着某种和苏格拉底、柏拉图以及其他构成了人类种族的个人不同种类的东西。“有人性的”是一个形容词，所以说“有人性的是有人性的”就是在说废话。柏拉图就犯了一个类似于说“有人性的是有人性的”这样的错误。他认为美是美的，他认为作为共相的“人”是上帝创造的作为典范的人的名字，而实际中的人不过是其不完美并多少不实在的复制罢了。他全然没有认识到共相与殊相之间横亘多么大的鸿沟，他的“理念”其实不过是在道德上和审美上高于普通种类的殊相罢了。后来他自己也开始看到了这一困境，正如在《巴门尼德篇》所表现的那样，而这篇对话包含了历史上哲学家们的自我批评中最值得注意的一些实例。

《巴门尼德篇》据说和柏拉图的异母兄弟安提丰有关，因为只有安提丰还记得那次谈话，但是当时他的兴趣只在马身上。他们找到安提丰时发现他正拿着一副马笼头，而且费了很大的劲才说服他来讲述巴门尼德、芝诺和苏格拉底之间的那场著名的讨论。我们得知，这件事发生在巴门尼德垂暮之年（大约六十五岁），芝诺正当中年（大约四十岁），而苏格拉底还很年轻。苏格拉底详细阐释了理念论：他确信有相似性、正义、美和善这样的理念，但是不能肯定有没有人这一理念；并且很愤慨地否认像头发、泥土和污垢这样的东西也有相应的理念的提法。——但是他又补充道，有时候他认为没有什么东西是没有理念的。他回避了这种观点，因为他害怕会掉进一个无休止的无聊的争辩的深渊里去。

“巴门尼德说道，是的，苏格拉底，那是因为你还年轻。但那个时候会到来的，如果我没弄错，到那时哲学会更紧地抓住你的，然后你就不会鄙视哪怕最微贱的事物了。”

苏格拉底同意，依照他的看法，“有某些特定的理念为其他一切事物所分享，并且事物从中获得自己的名字。例如，相似的事物之所以相似，是因为它们分享了相似的性质；伟大的事物之所以伟大，是因为它们分享了伟大的性质；正义和美的事物之所以正义和美，是因为它们分享了正义和美的性质”。

巴门尼德进而罗列了许多难点。（1）个体分享整个的理念还是只分享其中一部分？无论哪种观点都会遭到反驳。如果是前者，一个事物就会同时存在于许多地方。如果是后者，那么既然理念是不可分割的，因而一个具有小的性质的一部分的事物会比“绝对的小”更小是很荒谬的。（2）当一个个体分享了一种理念，这个个体和这个理念就是相似的，因而就必须有另一个理念，将各个特殊事物和作为原初的理念包括在内。于是就必须再有另一个理念将个体和这两个理念包括在内，以此类推直至无穷。这样每个理念就不是一种单独的存在，而变成了一个无穷的理念的序列。（这和亚里士多德“第三个人”的论证是一样的。）（3）苏格拉底提出理念可能只是思想，但是巴门尼德指出思想必须是关于某物的。（4）根据（2）条中给出的理由，理念不能再和分享其性质的特殊事物相似。（5）如果有任何理念存在，也一定不能为我们所认识，因为我们的知识不是绝对的。（6）如果神的知识是绝对的，他不会认识我们，因此也不会统治我们。

尽管如此，理念论并没有被完全丢弃。苏格拉底说，没有了理念，心灵就没有什么可以依靠的了，因此推理行为就被摧毁了。巴门尼德告诉苏格拉底他的难点出自缺乏事先训练，所以得不到任何确切结论。

我并不认为柏拉图对可感觉的特殊事物其实在性的逻辑反驳是经得起推敲的。例如，他说凡是美的在某些方面一定也是丑的；是双倍的也是一半的，等等。但是当我们说某件艺术作品在某些方面是美的，在另一些方面是丑的，通过分析（至少是在理论上）我们总能够说“这个部分或这个方面是美的，而那个部分或那个方面是丑的”。至于“双倍”和“一半”，这些是表示相对性的词语，2是1的两倍，又是4的一半这个事实是没有任何矛盾的。柏拉图因为不理解相对性词语，所以总是陷入麻烦之中。他认为如果A比B大而又比C小，那么A就同时既大又小，这在他看来是一种矛盾。这样的困窘只是哲学上的一种幼稚病。

实在与现象之间的区别，是不会存在巴门尼德、柏拉图和黑格尔派给它的那些结论的。如果现象真的有所显现，那么它就不是无物，因此也就是实在的一部分，这是一种正确的巴门尼德式的论证。如果现象并不真的显现，那我们为什么还要在这上面动脑筋呢？但是也许有些人会说：“现象并不真的显现，但是它却显得有显现。”这样说也无济于事，因为我们可以再这样问：“现象到底是真的显得有所显现，还是仅仅表现得显得有所显现呢？”即便现象真的是显得有所显现，我们迟早也一定会找到某种确实有所显现的东西，因而也是实在的一部分。柏拉图做梦也没有想过要否定有许多床显现在我们面前这一事实，尽管他认为只有一张实在的床，也就是神创造的那张。但是他似乎没有认识到有许多现象这一事实所包含的暗示，也没有认识到这种“多的性质”也是实在的一部分。任何一种将世界分成若干部分并认为其中一部分比其他部分更“实在”的企图都是注定要失败的。

柏拉图的另一种奇怪的观点与这一点相联系，即知识和见解一定是关于不同的题材的。我们可以说：如果我认为将要下雪，这是见解；如果过会我看到真的在下雪，这是知识，但是在两种情况中题材是一样的。然而柏拉图却认为在任何时刻是见解对象的东西就再也不能成为知识的对象。知识是确定的和不会出错的；见解不仅容易出错，而且必然会被弄错，因为其假定了仅仅是现象的事物的实在性。这一切都是在重复巴门尼德所说过的话。

但是柏拉图的形而上学在一个方面显然和巴门尼德不同。对于巴门尼德来说，只有“太一”存在；对柏拉图来说，则有许多理念。正如我们已经看到的那样，不仅有美、真、善，还有神创造的天堂之床，以及天堂之人、天堂之狗、天堂之猫等等所有诺亚方舟里面有的东西。然而，在《理想国》中似乎并没有充分地考虑过这一切的后果。柏拉图所说的理念或者形式并不是思想，尽管它可以是思想的对象。很难看出神是怎么创造出一个理念的，因为理念的存在是非时间性的：神不可能决定去创造一张床，除非在他做决定时他的思想中已经为了要创造的对象而具有了柏拉图式的理念之床，而我们被告知，这种理念之床也正是神创造的。非时间性的一定不是被创造出来的。这里我们就碰到了一个曾经困扰了许多有哲学气质的神学家们的难题。只有这个偶然的世界，这个存在于时间和空间之中的世界才能是被创造出来的，但是这又是一个被斥为虚假和罪恶的日常世界。因此造物主似乎只创造了虚假和罪恶。某些始终如一的诺斯替教徒就接受了这种观点，但是在柏拉图那里，这个难题还潜藏在表面之下，而且他在《理想国》中似乎也从来没有认识到这一点。

据柏拉图所说，一个要成为守卫者的哲学家必须回到洞穴中去，生活在那些从没有见过真理的阳光的人们中间。神自己如果想改良他的创造物，似乎也得做同样的事，一个基督教柏拉图主义者可能就会这样解释基督的道成肉身。但这仍然完全不能解释为什么神会不满足于理念世界。哲学家发现了洞穴的存在，并受善心的驱使回到其中，但是人们会认为，如果造物主真的创造了一切，他本是可以完全防止洞穴的存在的。

也许这个难题只是从基督教的造物主的观念中而来的，不能怪罪柏拉图。因为柏拉图说上帝并没有创造一切，而只创造了好的东西。按照这个观点，感觉世界的多样性一定在上帝之外另有起源了。那么也许与其说理念是被上帝创造的，不如说理念是上帝本质的组成部分。这样与理念的多样性有密切联系的多元主义就不是终极的了。终极的只有上帝，或者善，而各种理念就是用来形容神或善的。无论如何，这是对柏拉图的一种可行的解释。

柏拉图接着对一个将要成为守卫者的青年适合受什么样的教育做了一番有趣的概述。我们已经知道，青年人根据理智和道德品质的综合被挑选才获得这一荣誉：他必须正直、文雅、热爱学习，有好记性和和谐的心灵。因为具有这些优点而被挑选出来的年轻人会用二十岁到三十岁之间的时间来学习毕达哥拉斯式的四种学问：算术、平面和立体几何、天文学和音律学。这些学习没有任何功利主义精神方面的追求，而是为了让他的心灵能够洞见永恒事物而做准备。例如在天文学上，他不应该让自己过多地纠缠于实际的天体，而应该关心天体运动中的数学知识。这在近代人听起来也许很荒唐，但是奇怪的是，这在实验天文学研究时已经证明是一种非常有用的观点。这种情况出现的方式是非常奇怪的，值得我们思考。

地球上所见的行星运动，在对它们做深度的分析之前，看上去是复杂而又无规律可循的，绝不是一个毕达哥拉斯式的造物主会选定的样子。对每一个希腊人来说，显而易见，天体应该展示数学之美，而行星只有在做圆周运动时情况才确实如此。又因为柏拉图对善的强调，这一点在他看来尤其显而易见。于是就随之产生了问题：有没有一种假说能够将行星运动表面上的无序简化为有序、单纯和美丽呢？如果有，那么善的理念就会证明我们坚持这种假说是正义的。萨摩岛的阿里斯塔克斯发现了这样一种假说：包括地球在内的所有的行星都围绕太阳做圆周运动。这种观点两千年来都部分地因为亚里士多德的权威而遭到拒绝。亚里士多德还曾经把一种非常相近的假说归之为“毕达哥拉斯学派”（《论天》，293a）。这个假说被哥白尼复活了，而其成功似乎证明了柏拉图在天文学上的偏见是合理的。然而很不幸，开普勒发现行星是做椭圆形运动而非圆周运动的；太阳在一个焦点上而不是在中心。后来牛顿又发现行星甚至不是严格地按椭圆形运动的。于是柏拉图所追求的，并似乎由萨摩的阿里斯塔克斯找到了的那种几何学上的单纯性最终被证明是虚幻的。

这段科学史为普遍真理提供了一个例证：那就是一种假说不管多么荒谬都有可能对科学有用，只要它能让探索者用一种新的方式来构想事物。但是当这个假说已经幸运地发挥了这个作用之后，它就很可能成为继续前进的障碍了。对善的信仰作为科学理解这个世界的一把钥匙是有用的——在某个阶段，在天文学上——但是在任何一个后来的阶段它就是有害的了。柏拉图的，更多的是亚里士多德的伦理和审美上的偏见曾一度大大在扼杀希腊科学。

值得注意的是，近代的柏拉图主义者，除了极少数例外，对数学几乎都很无知，不管柏拉图曾经将多么巨大的重要性联系到算术和几何学上，而算术和几何对柏拉图的哲学又曾经有过多么巨大的影响。这是专门化坏处的一个例子：一个人如果不把青春时光都花在希腊文上就不能写柏拉图，结果竟抽不出时间研究柏拉图认为很重要的那些东西了。

第十六章

柏拉图的不朽论

名为“斐多”的那篇对话在几个不同的方面都很有趣。这篇对话旨在记述苏格拉底生命中最后的时刻：他将要饮下毒酒之前的对话以及他喝下毒酒之后到丧失意识之前的对话。这篇对话表现了柏拉图心目中具有超乎一切的智慧和善行而又完全不惧死亡的理想人物形象。柏拉图所描述的面对死亡的苏格拉底，无论是在古代还是在近代，都具有十分重要的伦理意义。《斐多篇》对不信基督教的人或者自由思想的哲学家的意味，等同于福音书中耶稣受难和被钉上十字架的记述对基督徒的意味。[1]而苏格拉底在最后时刻的镇定自若是与他对不朽的信仰联系在一起的，《斐多篇》之所以重要就在于它不仅展现了一个殉道者的死亡，还提出了许多学说，这些学说后来成了基督教的学说。圣保罗和那些神父们的神学大部分就是直接或间接地来自此处，如果柏拉图被忽略，他们的神学就几乎无法理解。

早前的一篇对话《克里托篇》讲述了苏格拉底的一些朋友和弟子是如何设计了一个方案让他逃到特萨里去。如果苏格拉底真的逃脱了，兴许雅典当局会非常高兴，对话中提到的方案认为可以不出问题。然而苏格拉底完全不吃这一套。他坚持自己已经通过正当的法律程序被定了罪，因此再做任何违法的事来逃避惩罚都是错误的。他第一个宣扬了那个会让我们联想到耶稣登山宝训的原则：“我们对任何人都不应该以怨报怨，不论我们从别人那里受到了多大的怨。”他接着设

「1」甚至对许多基督徒来说，这也是仅次于基督之死的事情。“在任何古代或者近代的悲剧中，在任何诗歌和历史中（除了一个例外），都没有一个事件可以与柏拉图笔下苏格拉底的弥留之际相提并论。”这些话出自本杰明·乔伊特牧师之口。

想自己在和雅典法律进行一场对话，对话中雅典法律指出他对于法律应该怀有儿子对父亲或者奴隶对主人般的尊敬，而且程度还要更高；法律又进一步说任何雅典公民如果不喜欢雅典的政府都可以自由地移民。法律以下面这些话结束了自己的长篇大论：

“那么听着，苏格拉底！听听我们这些把你养大的人。不要先想到生活和孩子们再想到正义，而要先想到正义，这样你才能在九泉之下的君主们面前证明清白。因为如果你做了克里托劝你做的事，那么，无论是你还是你的亲人，这一生一世都不会再幸福、神圣或者正直，在来生也不会幸福。现在如果你清白离去，就是一个受难者而非作恶者，一个众人的而非法律的牺牲品。但是如果你继续前行，并以怨报怨，以眼还眼，破坏了你和我们已经定下的契约和协议，伤害了你最不应伤害的东西，也就是说，伤害了你自己、你的朋友、你的国家和我们，那么我们就会在你活着时对你怀恨在心，而我们的兄弟们，也就是那阴间的法律，也会把你当作敌人一样来款待，因为他们会知道你曾经尽你所能地来摧毁我们。”

苏格拉底说，这个声音“我似乎听见它在我耳朵里嗡嗡作响，就像是一个神秘主义者的耳朵里听到的笛声一样”。于是他认定，留下来等候死亡判决是他的责任。

《斐多篇》里写到，最后的时刻到了，苏格拉底的枷锁被拿掉了，他获准和他的朋友们自由地交谈。他送走了他哭哭啼啼的妻子，为的是她的悲伤不至于妨碍到这场讨论。

苏格拉底一开始就主张，尽管任何一个具有哲学精神的人都不会惧怕死亡，而是恰恰相反，会欢迎死亡的到来，但是他却还不想结束自己的生命，因为那被认为是违法的。他的朋友们就发问，为什么自杀被认为是非法的？他的回答和奥尔弗斯教派的学说相一致，而且几乎就是一个基督徒面对这个问题时会说的话：“有一种口耳相传的学说讲，人是一个没有权力打开门逃走的囚犯，这是一个我不太理解的机密。”他将人对神的关系比作牲畜对其主人的关系。他说，如果你的牛擅自决定自己了结自己，你们也会生气的，所以，“有理由说一个人不应该自己结束自己的生命，而应该等待神来召唤他，就像神现在就要召唤我那样”。苏格拉底对死并不感到悲伤，因为他坚信“首先，我会和其他那些智慧而又善良的神在一起（我对这一点正像对任何这类事物那样深信不疑）；其次（但是我对最后这点不那么确信）我会和那些故去的人们在一起，他们比我留在身后的那些人要好得多。我有着这样美好的希望，希望依然有一些东西等待着死者，那些东西对待善人要比对待恶人更加美好”。

苏格拉底说，死亡就是灵魂和肉体的分离。这里我们受到了柏拉图的二元论的影响：实在与现象、理念与感觉对象、理智与感觉－知觉、灵魂与肉体。这些对立相互联系，每对中的第一个无论是实在性还是善性都要优于第二个。苦行式的道德观就是这种二元论的必然结果。基督教曾经部分地，但是从未完整地采纳过这种学说，因为存在两个障碍：其一是如果柏拉图是正确的，那么创造有形世界可能似乎就是一件罪恶的事，于是造物主就不会是善的；其二是正统的基督教从来不曾下决心谴责婚姻，尽管它认为独身要更高尚。摩尼教徒在这两方面就要始终如一得多。

心灵和物质之间有区别，这在哲学、科学和一般人思想中已经成为常识了：这种区别有着宗教性的根源，最初体现为灵魂和肉体有别的形式。我们已经看到，奥尔弗斯教徒宣称自己是大地和星空的儿女，身体从大地中来，灵魂则从星空中来。柏拉图试图以哲学的语言加以表述的正是这种理论。

在《斐多篇》中，苏格拉底紧接着继续展开其学说中蕴含的苦行主义的含义，但是他的苦行主义却有一种适度节制又有绅士派头的味道。他不说哲学家应该完全戒除日常的快乐，而只是说哲学家不应该成为这些快乐的奴隶。哲学家不应该把饮食放在心上，但是他显然应该吃下必要的食物，苏格拉底并不建议禁食。而且我们还得知，苏格拉底尽管对酒不是很感兴趣，但是某些场合他比其他任何人喝得都多，而且从来不会喝醉。他谴责的不是饮酒，而是嗜酒如命。同样，哲学家也不应该太在意爱情的快乐、昂贵的衣物和鞋袜或者其他个人的装饰。他必须全身心地关注灵魂，而不是肉体，“他要想尽其所能地远离肉体而转向灵魂”。

很显然这种学说流行起来之后就会变得有苦行和禁欲的色彩，但是其意图确切地说并不是苦行禁欲的。哲学家不是要努力戒除感觉上的快乐，而是要思考其他事物。我认识的哲学家中有许多会忘记吃饭，而最后终于吃上饭时还是手不释卷。这些人就是在做柏拉图认为哲学家应该做的事：他们不是通过道德的努力来戒除大吃大喝，而只是对其他事物更感兴趣。显然，哲学家也应该同样以这种心不在焉的方式去结婚和生儿育女，但是随着妇女的解放，这一点变得越来越困难了。所以难怪苏格拉底的妻子赞蒂佩会是一个泼妇。

苏格拉底继续说道，哲学家试图割裂灵魂和肉体之间的交流，但是其他人却认为一个人如果“没有快乐的感觉，不能享受肉体欢愉”，这样人的生命是不值得活的。在这个说法中，柏拉图似乎（也许是无心地）认同了某种道德家的观点，即肉体的快乐才是真正算数的快乐。这些道德家认为一个不追求感官快乐的人一定是在回避所有的快乐而过一种有德行的生活。这是一个祸患无穷的错误。只要心灵和肉体的区分还能被接受，最坏的快乐和最好的快乐一样都是心灵上的——例如嫉妒和各种形式的残忍和热衷权势。弥尔顿笔下的撒旦是远远超乎肉体痛苦之上的，他投身于毁灭的工作并从中获得了一种完全属于心灵的快乐。许多著名的教士都宣称放弃了感觉上的快乐，但是没有警惕其他的快乐，因而变得贪权恋势，难以自拔，这导致他们的暴行和迫害骇人听闻，名义上还说是为了宗教。在我们今天，希特勒就属于这种类型。基于种种原因，感觉上的快乐对他来说不具有什么重要性。从肉体专制下的解放可以成就伟大，但是正如促成德行方面的伟大一样，它也可以同样地使人罪大恶极。

不过，这是一段题外话，我们还是回到苏格拉底身上来吧。

我们现在来谈一谈柏拉图归于苏格拉底的（不管柏拉图是归对了还是归错了）宗教中理智性的那一面。我们得知，肉体是对获取知识的一种阻碍；视觉和听觉都是不真确的见证人——真正的存在如果会显示给灵魂，也是通过思想而不是通过感觉。让我们先来考虑一下这一学说的含义。这个学说包含着对经验性知识的彻底拒绝，包括所有的历史知识和地理知识在内。我们无从得知有没有雅典这一地方或者有没有苏格拉底这样一个人，他的死亡，他临死时的无畏，都属于现象世界。我们只有通过视觉和听觉才能对这一切有所了解，而真正的哲学家却忽视视觉和听觉。那么，还剩下些什么给他呢？首先是逻辑和数学，但这两者都是假设性的，而且无法证明任何关于现实世界的具有绝对意义的命题。下一步——这是关键的一步——就有赖于善的理念了。只要获得了这个观念，据设想，哲学家们就能知道善是实在的，因此就能够推导出理念世界才是实在世界。后来有许多哲学家论证实在与善的同一性，但是柏拉图似乎已经假定这一点是不证自明的了。所以如果我们想要理解他，就必须假设这个假定已经得到了证明。

苏格拉底说，当心灵向其自身聚合，不为声音、景象、痛苦和欢乐所困扰并且告别了肉体而渴求真正的存在，这时的思想才是最好的，因为“哲学家们通过这样做让肉体荣誉扫地”。从这一点出发，苏格拉底继续探讨理念、形式或者本质。绝对的正义、绝对的美和绝对的善都是存在的，只是它们对于肉眼来说都是不可见的。“而且我谈的不只是这些，还有绝对的伟大、健康和力量，以及万物的本质或者真正的本性。”所有这些都只能被理智上的视觉所看见。因此当我们身处肉体之中时，当灵魂被肉体的罪恶所污染时，我们对真理的渴望就不会得到满足。

这种观点就把科学的观察和实验排斥在了获取知识的手段的范围之外。做实验的人的心灵可不是“向其自身聚合”的，也不打算避免声音和景象。用柏拉图推荐的方法可以从事的两种精神活动只有数学和神秘的顿悟。这就说明了为什么这两者在柏拉图和毕达哥拉斯学派中紧密结合在一起。

对于经验论者来说，正是肉体让我们和外在的现实世界相接触，但是对于柏拉图来说，肉体却具有双重的罪恶：既是一种变形的媒介，让我们像是透过一面朦胧的镜子一样来看事物，又是肉欲的根源，干扰我们对知识的追求和对真理的洞见。一些引文可以让我们对这一点看得更明白：

“肉体需要的不过是食物，但这就足以成为我们层出不穷的烦恼的根源；而且肉体还容易染上疾病，这会妨碍我们对真正存在的追求；肉体让我们充满了七情六欲和无穷无尽的蠢行；并且正像人们所说的那样，肉体实际上彻底夺走了我们的思考能力。战争、厮杀和派系斗争都是从何处而来？难道不是从肉体和肉体带来的欲望中来的吗？战争起于贪恋金钱，而获取金钱则是为了满足肉体上的享受。因为存在这些阻碍，我们没有时间从事哲学；最后也是最坏的是，即使我们有闲暇让自己致力于一些思考，肉体也总是在打断我们，让我们的探求过程充满混乱和困惑，让我们惶恐并阻碍我们认识真理。经验已经向我们证明，如果我们想对任何事物有真正的知识，我们都必须摆脱肉体——要让灵魂的本体看见事物的本体。然后我们才能获得我们所期望的智慧，我们才能称自己是爱智慧的人。但并不是在我们活着时，而是在我们死后，因为灵魂与肉体为伴时便无法获得纯粹的知识，如果真要获得知识，也只能在我们死后。”

“像这样摆脱了肉体的愚蠢之后，我们就会变得纯洁并且能和一切纯洁的事物交流，并且自身知道处处充溢着光明，这种光明不是别的，正是真理之光。因为不纯洁的是不允许接近纯洁的……纯洁化不就是灵魂和肉体的分离吗？……这种灵魂从肉体的分离和解脱就叫作死亡……而只有真正的哲学家，也只有他们，一直在寻求灵魂的解脱。”

“有一种真正的钱币是应该不惜代价交换的，那就是智慧。”

“神秘教的创立者曾用一个形象暗示未曾入道之人九泉之下要躺在泥坑里，而凡是入道而又经过纯洁化仪式的人在地府则会和众神居住在一起时，这种说法看来并非空谈，而是具有一定实际意义的。因为正如他们在神秘教里所说的那样，许多人都是酒神的持杖者，但是很少有人是神秘主义者。按照我的理解，神秘主义者这个词意思就是真正的哲学家。”

所有这些文字都充满了神秘气息，也是来自神秘教的。“纯洁”是一个奥尔弗斯教的概念，本来具有一种仪式上的意义，但是对柏拉图来说，这个词指的却是摆脱肉体和肉体需要的奴役获取自由。有意思的是，他认为战争是出于贪恋金钱，而只有为了肉体的享受才需要金钱。这个观点的前半段与马克思的主张相同，但是其后半段见解则大相径庭。柏拉图认为如果一个人的需求被减到最低限度，他可以不要什么钱就能生活下去，这一点无疑是正确的。但是他还认为一个哲学家应该被免除一切体力劳动，因此哲学家就必须靠别人创造的财富过活。在一个很贫穷的国度里是很可能没有哲学家的。正是伯利克里时代雅典的帝国主义政策使得雅典人能够研究哲学。大体上讲，精神产品也与大多数物质商品同样昂贵，同样不能独立于经济条件之外。科学需要图书馆、实验室、望远镜、显微镜等等，而且从事科学的人必须由别人的劳动来养活。但是对神秘主义而言，这一切都十分愚蠢。一个印度或者西藏的圣人不需要仪器设备，只裹着一块腰布，素米为餐，靠着很微薄的布施过活，因为人们认为他有智慧。这就是柏拉图观点的逻辑发展。

回到《斐多篇》上来：西庇斯对死后灵魂的存在表示了怀疑，要求苏格拉底提供证据。苏格拉底接着就对此进行了论证，但必须承认这些论证根本站不住脚。

第一个论证是，万物都有对立面，并且都是从其对立面中产生的——这一表述让我们想起了阿那克西曼德关于宇宙正义的观点。那么因为生与死是对立的，所以其中一个必然产生另一个。因此死者的灵魂必然在某个地方存在着，并且会按照预定的进程返回尘世。圣保罗所谓“种子只有死去才会发芽”的表述似乎就属于这样一种理论。

第二个论证是，知识是一种回忆，因此灵魂必定在人出生前就已经存在。支持知识是回忆这种理论主要事实为，我们拥有诸如绝对相等这样不能从经验中获得的理念。我们有大致相等的经验，但是从来不能在感觉对象那里找到绝对相等，但是我们又知道“绝对相等”意味着什么，所以既然我们不是从经验中得到这一认识的，我们就一定是从我们的前世带来了这种知识。苏格拉底还说类似的论证可以应用于所有其他的理念。这样本质的存在和我们理解本质的能力就证明了预先存在有知识的灵魂。

一切知识都是回忆的论点在《美诺篇》（82 以下）中发挥到了极致。篇中苏格拉底说，“没有什么教学，有的只是回忆”。他声称能证明他这一观点，于是就叫美诺叫进来一个小奴隶，接着苏格拉底问他一些几何学的问题。他们认为这个小奴隶的回答表明他确实知道几何学，尽管他到那时为止一直没有认识到自己拥有这些知识。《美诺篇》和《斐多篇》得出了一个同样的结论，即知识是由灵魂从前世带来的。

有人也许会看出，关于这个问题的论证首先完全不能应用于经验性的知识。那个小奴隶不可能在人的引导下“回忆起”金字塔建造于何时，或者特洛伊之战是不是真的发生过，除非他在这些事件发生时恰好正在现场。只有那种被称为“先验”的知识——特别是逻辑和数学——才有可能被认为存在于每个人之中而与经验无关。事实上，柏拉图也只承认这种知识（除开神秘的洞见）是真正的知识。那么就让我们来看看在数学上可以怎样来面对这种论证。

可以拿相等的概念做例子。我们必须承认在可感觉的对象中我们没有绝对相等的经验，我们所见的只有大致的相等。那么我们是如何达到绝对相等这个理念的呢？或者，也许我们没有这样的理念？

让我们来举一个具体的例子。一公尺的长度就被定义为存放在巴黎的一根金属棒在某个温度下的长度。那么如果我们说另外一根棍子其长度正好是一公尺，我们的意思是什么呢？我不认为我们可以意味任何东西。可以说，今天科学已知的最精确的测量方法也无法表明我们的这根棍子到底是比巴黎的标准一公尺长还是短。如果我们足够性急的话，还可以追加一个预言，即任何未来测量技术上的改进都不会改变这个结果。但是任何时刻都有经验性的证据可以提供反证，就这个意义来说，这依然是一种经验性的表述。我并不认为我们具有柏拉图假定我们具有的那种绝对相等的理念。

纵然我们的确具有这一观念，很显然任何孩童不到一定年龄就不会具有这种观念，而且这种经验也是被诱导出来的，而不是直接从经验中得出的。再者说，除非我们出生之前的存在不是一个感觉－知觉性的存在，否则它就不能像此世的生命一样产生各种观念。而且如果可以假设我们前世的存在是部分超感觉的，为什么不能对我们此世的存在做同样的假设呢？根据所有这些理由，这种论证无法成立。

回忆说是已经确立的了，于是西庇斯说：“我们所要求的东西大约一半已经被证明了，也就是说，我们的灵魂在我们出生之前确实存在。但是灵魂在我们死后是不是也像在我们出生之前那样存在，这依然是需要证明的另一半。”于是苏格拉底就致力于解决这一问题。他说刚才已经说过万物都是由其对立面产生的，因此死亡一定能够导致生命，就如同生命一定能够导致死亡一样。但是他又加上了一个在哲学上历史更悠久的论证，即只有复杂的事物才能被分解，而灵魂和理念一样，都是单纯的而非由部分合成的。应该认为凡是单一的都不能有开始，或终结，或变化。那么本质就是不会改变的：例如绝对的美就永远是一个样子，而美丽的事物则在永恒的变化中。这样可见的事物是暂时的，而不可见的事物是永恒的。肉体是可见的，而灵魂是不可见的，因此灵魂就可以被归到永恒的那一类事物中去。

那永恒的灵魂，一定善于沉思各种永恒的事物，也就是各种本质，但是当灵魂在感觉 - 知觉中沉思那万物流变的世界时，它变得迷失和混乱了。

“当灵魂将肉体当作一种知觉工具时，也就是说，当灵魂使用视觉或者听觉或者别的感官时（因为通过肉体感知就意味着通过这些感官感知）……灵魂就被肉体拖进了一个不断变化的领域，四处游荡而又感到迷惘；当它触碰变化时，世界就围着它旋转，如同醉汉一样。……但是当它返回自身之中进行思考时，它就进入了另一个世界，那个纯洁、永恒、不朽、不变的领域。它们都是灵魂的同类。当灵魂孤独无伴，无拘无束时，它就和它们生活在一起。到那时灵魂就不再犯错，而与不变相沟通而本身成为不变的了。灵魂的这种状态就叫作智慧。”

真正的哲学家的灵魂在他活着时已经从肉体的奴役下解放了出来；在他死后，其灵魂则会离开到那个看不见的世界里去，与众神为伴。但是不纯洁的灵魂，因为贪恋肉体，就会变成出没于坟墓之间的幽灵，或者进入一种动物的身体中，比如驴、狼或者鹰。一个曾经很有德行但是没有成为哲学家的人，会变成蜜蜂或者黄蜂或者蚂蚁，或者别的什么群居的社会性动物。

只有真正的哲学家死后才升入天堂。“任何没有研究过哲学的人和离世时不是完全纯洁的人，都不允许和众神为伴，只有那些爱知识的人才可以。”这就是哲学的忠实信徒们要摒弃肉体欲望的原因：不是因为他们害怕贫穷或耻辱，而是因为他们“意识到灵魂只是附着在肉体上——在哲学来接引灵魂之前，它无法以它自己并通过其自身来观看真实的存在，只能隔着监狱的栅栏来观看真实的存在，而且由于欲望的缘故，它已经变成了监禁自己的主要同谋犯”。哲学家要有节制，因为“每一种快乐和痛苦都是把灵魂钉在肉体上的钉子，直到灵魂变得和肉体一样，直到灵魂也会认同那些肉体宣称是真实的东西”。

此时，西米阿斯提出了毕达哥拉斯式的观点，言称灵魂是一支乐曲，并争辩道：如果琴破了，乐曲还能继续存在吗？苏格拉底回答说，灵魂不是一支乐曲，因为乐曲是复杂的，而灵魂是单纯的。他又进一步说，灵魂是一支乐曲这一观点和已经被回忆说证明的灵魂前世存在不相容，因为乐曲在有琴之前并不存在。

苏格拉底接着叙述了他自己的哲学发展历程，那非常有趣，但是和主要的论证并不相关。他接着阐释关于理念的学说，并得出了这样一个结论：“理念是存在的，其他的事物都分享了理念并从中获得自己的名字。”最后他描述了灵魂死后的命运：善者升入天堂，恶人坠入地狱，中间的人则进入炼狱。

他描述了他临终和诀别的情形。他的遗言是："克里托，我欠阿斯克勒庇俄斯一只公鸡。你能记着替我还上这个债吗？"当时人们在病愈之后就向医药神阿斯克勒庇俄斯献上一只公鸡，而苏格拉底害了一辈子的间歇性热病刚刚痊愈。[1]

斐多最后做了总结："在他的时代的所有人中间，他是最有智慧、最正直、最善良的人。"

柏拉图笔下的苏格拉底成了后来世世代代哲学家的典范。从伦理上我们应该如何来看待他呢？（我只关心柏拉图所描绘的苏格拉底那个人。）他的优点是显而易见的。他不热衷于世间的成败；他是如此的无畏，以至于到了最后一刻依然安静祥和、儒雅与幽默；他对自己所信仰的真理的关心胜过其他任何事情。然而，他也有一些非常严重的缺陷。他的论证缺乏诚恳且流于诡辩；在他私下，思想是将理智用于证明那些对他来说可以接受的结论，而不是用于对知识不偏不倚的追求。他也有沾沾自喜和油腔滑调的一面，让人联想起坏的类型的教士。如果他不相信自己将要享受和众神为伴的永恒幸福，那么他面对死亡的勇气就更让人刮目相看了。与他的前人不同，他在思想上不是科学的，而是决心去证明一个与他的伦理标准相一致的宇宙。这是对真理的背叛，也是哲学上最恶劣的罪行。把他作为一个人来看，我们可以相信他有资格和圣人们交游；但是把他作为一个哲学家来看，他就需要长久住在科学的炼狱中。

---

[1] 因为死亡会治好这个终身的顽疾。——译者注

第十七章

柏拉图的宇宙生成论

柏拉图的宇宙生成论是在其《蒂迈欧篇》[1]中被提出来的，这篇对话曾经被西塞罗译成拉丁文，进而成了对话录中唯一为中世纪的西欧所知的一篇。在那时以及在较早的新柏拉图主义那里，这篇对话比柏拉图的任何其他著作都更有影响力。这一点很奇怪，因为这篇对话显然比他的其他著作包含更多荒唐的东西。作为哲学作品来讲，此篇并不重要。但是在历史上它却是如此有影响，以至于必须对它的某些细节加以考察。

在较早的那些对话中，苏格拉底所占据的位置在《蒂迈欧篇》中被一个毕达哥拉斯主义者取代了，而这个学派的学说，包括（在一定程度上）那种数字是世界的解释的观点在内，都大体上被采纳了。这篇对话先是对《理想国》前五卷做了一个总结，接着讲述了一个亚特兰蒂斯的神话，据说那个地方位于赫拉克勒斯之柱[2]的外面，比利比亚和亚细亚加起来还要大。然后蒂迈欧，这位毕达哥拉斯派的天文学家就开始讲述世界史。他所说的大致如下：

不变的事物被理智和理性所认识，变化的事物被意见所认识。世界既然是可感觉的，就不能是永恒的，而且一定是被神所创造的。又因为神是善的，所以他一定是以永恒的模型创造了这个世界，因为神无妒忌之心，所以他让万物都尽可能像他自己。"神渴望尽可能万物皆善，无物为恶。""因为发现可见的寰宇扰动不息，以一种无规无序的方式运行，于是他就从无序中制造出了秩序。"（这样说，看

「1」这篇对话包含了许多让人费解的地方，曾经在注释家们中间引起了许多争论。总体上讲，我发现自己在大部分时候都和康德那本令人赞赏的著作《柏拉图的宇宙论》相一致。

「2」位于今天的直布罗陀海峡。——译者注

起来柏拉图的上帝与犹太教和基督教的上帝不同，并不是从无物之中创造出这个世界，而是对预先存在的材料加以重新调整。）神把理智置于灵魂中，又把灵魂置于肉体中。他把世界作为一个整体造成一个具有理智和灵魂的活物。世界只有一个，并非如同苏格拉底之前各家所教导的那样有许多个；不可能有多个世界，因为这个世界被创造时就被设计成了一个最接近于上帝所理解的那个永恒原本的摹本。世界作为一个整体是可见的，其自身包含所有其他类型。世界是球形的，因为像要比不像更好，而只有球形是处处相像的。世界处在旋转之中，因为只有循环的运动最完美，又因为旋转是世界球体独有的自运动，所以它不需要手和脚。

火、气、水、土这四种元素，表面上每一种代表一个数字，并且构成了一种连比的关系，也就是说，火比气等于气比水和水比土。神在创造世界时用到了所有这四种元素，所以世界是完美的，不会生老病死。世界因为成比例而和谐，这让它具有了友谊的精神，并且除了神之外无法让它解体。

神先创造了灵魂，接着创造了肉体。灵魂由不可分－不可变的事物和可分－可变的事物混合而成，这是一种第三类和中间性的本质。

接下来是一段毕达哥拉斯派对行星的描述，并导向一种对时间起源的解释：

“当万物之父和造物主看见那些被自己创造出来运动着、生活着的造物时，看到创造的那些永恒的众神影像时，他感到欣喜，并且在这喜悦中他决定要让摹本更加近似于原本。因为原本是永恒的，他便试图让宇宙也尽可能地永恒。虽然理想存在的本性是不朽的，但是却不可能将这个性质完整地赋予一个造物。为此他决心让永恒具有运动的影像，当他为天堂安排好了秩序以后，他让这种影像永恒但依照数字而运动，而永恒本身则是一个静止的统一体。这种影像我们就称之为‘时间’。”[1]

此前不辨白昼黑夜。关于永恒的本质我们不能说过去存在或将来存在，只有说现在存在才正确。但这就必然意味着，关于“永恒的那个运动的影像”无论是说其过去存在还是将来存在都是正确的。

时间和天体在同一瞬间开始出现。神造出了太阳，所以各种类型的造物才能学会算术——因为如果没有日夜交替，是没法想象我们会想到数字的。日夜年月的景象创造了数字知识，给予了我们时间的观念，由此产生了哲学。这是视觉给予我们最大的恩赐。

除了作为一个整体的世界之外，还有四种不同类型的动物：神、鸟、鱼和陆

---

[1] 沃恩在写他那首以“那天晚上我看见了永恒”开头的诗时，一定已经读过这一段了。

生动物，其中神主要是火。恒星则是神圣和永恒的动物。造物主告诉神说，他可以摧毁他们，但是不会这样做。在造物主已经创造了不朽的和神圣的部分之后，他让众神创造其余可朽的部分。(这段像柏拉图其他论述神的段落一样，也许不那么值得认真对待。一开始蒂迈欧就说他寻求的只是可能性，而不能确定。许多细节显然具有想象性，并非真如字面的意思。)

蒂迈欧又说，造物主为每一颗星星都创造了一个灵魂。灵魂都拥有七情六欲，如果它们能够克服欲望，它们就能正直地生活，否则就不能。如果一个人生前表现良好，死后他就会在属于他的那颗星星里永远幸福地生活。但是如果生前表现恶劣，他就会在来生变成女人；如果他（或她）继续作恶多端，再一次来生就会变成兽类，就这样不断轮回下去直到理性最终获胜。上帝把有些灵魂置于地球上，有些置于月亮上，有些置于其他的行星和恒星上，让众神去塑造它们的肉体。

因有两种：一种是理智的因；另一种是被其他的因推动并且反过来不得不再去推动他因的因。前一种被赋予了心灵，是公正和善的事物的制造者；而后一种只能产生没有秩序没有计划的偶然结果。这两种都应该加以研究，因为创造是混合的过程，是由必然性和心灵共同构成的。(应该注意到必然性并不臣服于上帝的权力之下。) 蒂迈欧于是进而讨论必然性起到的作用。[1]

土、气、火、水并不是初始原则或者字母或者元素，它们甚至不是音节或者最初的混合物。例如，我们不应该说这团火，而应该说这样的火——也就是说，火不是一种实体，而只是实体的一种状态。在这里就出现了一个问题：可理解的本质是不是只是名字呢？我们被告知，答案取决于心灵和真正的见解是不是一回事。如果不是，因为知识一定是关于本质的知识，所以本质不可能仅仅是名字。而心灵和真正的见解当然是不同的，因为一个是被教育植入的，另一个则是被说服的结果；因为一个是与真正的理性为伴的，而另一个不是。所有的人都享有真正的见解，而心灵是一种属于众神和极少数人的特性。

这就导致了一种多少有些离奇的空间理论，即把空间看成本质世界和由转瞬即逝的可感觉的事物构成的世界之间的某种中间物。

“有一种始终如一的存在，它不是被创造的，也不能被摧毁；它从不接受任何外界的东西到自身中来，自己也不到外界的其他东西中去。它对任何感官来说都既不可见又不可认识，只允许理智对它进行沉思。然而还有一种和它同名并近

「1」康恩福特在前引书中指出，不应该把“必然性”和现代决定论中主宰的规律的观念相混淆。由于必然性而发生的事情不是由一个目的所引起的：它们是混沌的，不服从规律的。

似的性质，这种性质是被创造出来的，可以被感知，并永远处在运动之中，在恰当的地方出现又在不恰当的地方消逝，这可以被见解和感觉所领会。还有第三种性质，这就是空间。它是永恒的，不可能被毁灭，并为所有被创造出来的事物提供了一个居所，它无须感官，只需一种虚假的理性就可以被理解，并且几乎不是实在的。我们注视它就如同在梦里一般，可以说一切存在都因为必然性的作用在某个地方，占据着某个空间，而是既不在天堂也不在尘世的东西。”

这是一段晦涩的文字，我一点也不假装能完全理解它。其所表达的理论，我认为，一定来自对几何学的思索。因为几何和算术一样，看起来都是纯粹理性的，但是几何又必须涉及空间，而空间却是感觉世界的一个方面。一般来说拿后世的哲学家来做类比是不切实际的，但是我禁不住认为康德一定会喜欢这种关于空间的观点，因为这和他自己的观点颇为相似。

蒂迈欧说，物质世界的真正元素不是土、气、火、水，而是两种直角三角形：一种是正方形的一半，另一种是等边三角形的一半。起初万物都处在混乱之中，并且“各种不同的元素各有其所，直到它们被安排形成宇宙”。但是那时候上帝是用形式和数字塑造它们的，并“从不美不善之物中尽可能地把它们造得尽善尽美”。他说，上述的两种三角形是最完美的形式，因此上帝便用它们来构建物质。用这两种三角形可以构建出五种正多面体中的四种，而且构成各种元素的原子都是一个正多面体。土的原子是正立方体，火的原子是正四面体，气的原子是正八面体，水的原子是正二十面体。下面我来谈谈正十二面体。

正多面体的理论是在欧几里得《几何原本》的第十三卷中提出来的，柏拉图时代，这还是一种新发现。这个理论由泰阿泰德完成，他就是那个出现在那篇以他的名字命名的对话中的年轻人。根据传说，他是第一个证明了只有五种正多面体的人，并且还发现了正八面体和正二十面体。[1]正四面体、正八面体和正二十面体的表面都是等边三角形，而正十二面体的表面是正五边形，因此就不能用柏拉图的那两种三角形构造出来。因为这个原因，柏拉图就没有把正十二面体和四种元素联系起来。

至于正十二面体，柏拉图只是说“上帝用来勾勒宇宙的还有第五种组合”。这话说得很含混，包含了宇宙是一个正十二面体的意思，但是在别的地方他又说宇宙是球形的。[2]五角形在巫术中一直非常重要，其显赫地位显然应该归功于

「1」见希斯，《希腊的数学》，第一卷，第159、162，294—296页。

「2」为了调和这两种表述，参见康恩福特，前引书，第219页。

毕达哥拉斯学派。他们把五角形称为“健康”，并用它作为辨识团体成员的符号。[1]看起来五角形的性质得之于从正十二面体表面是五边形这个事实，在某种意义上，五角形也是宇宙的象征。这个话题很吸引人，但是很难确定其中有多少可靠的东西。

在一段对感觉的讨论之后，蒂迈欧接着解释了人所具有的两种灵魂，一种是不朽的，另一种是可朽的；一种是被上帝创造的，另一种是被众神创造的。可朽的灵魂“屈服于可怕而又不可抵抗的情感——情感中居于首位的就是快乐，它是对罪恶最大的刺激；然后是痛苦，那会妨碍对善的追求；还有急躁和恐惧这两个愚蠢的参谋，难以平息的愤怒，容易将人引入歧途的希望。众神按照必然性的法则将这些和非理性的感觉和肆无忌惮的爱情混合起来，这样就构造出了人”。

不朽的灵魂在头脑里，可朽的灵魂则在胸膛中。

还有一些稀奇古怪生理学的内容。例如，肠子的作用是通过在其中储存食物来防止暴饮暴食。接着又是另一段对转世轮回的描述：胆小鬼和不正派的人下辈子会变成女人；那些幼稚轻浮、认为可以不凭借数学知识单凭仰望星空就能学习天文学的人会变成鸟；那些不懂哲学之人会变成陆上的野兽；最愚蠢的那些人会变成鱼。

这篇对话的最后一段总结道：

“现在可以说关于宇宙性质的探讨结束了。世界接纳了并充满了各种可朽的和不朽的造物，世界本身也变成了一个包含着可见事物的可见的造物。可感觉的上帝是理智的影像，是至大、至善、至美和最完善的——那唯一被创造出来的天。”

我们很难知晓《蒂迈欧篇》中哪些应该认真对待，哪些不过是异想天开的戏言。我认为应该认真对待从混沌中创造秩序的描述，对四种元素之间的比例与它们和多面体以及组成它们的三角形之间的关系，也应该如此。对时间和空间的解释，和那种认为被创造的世界是永恒原型的一个摹本的观点，显然都是柏拉图所相信的。世界中混合着必然性和目的性这一信仰实际上早在哲学兴起之前就为所有的希腊人所共有。柏拉图接受了这种信仰，这样就避免了曾经困扰过基督教神学的罪恶问题。我认为他的世界－造物说也是认真的。但是那些轮回转世的细节和论及众神的部分以及其他无关紧要的地方，我认为只是加进来以试图充实具体内容而已。

正如我所言，整篇对话对古代和中世纪思想有着巨大的影响，而且其影响并不局限在其幻想性最少的部分，所以值得我们加以研究。

「1」希斯，前引书，第 161 页。

第十八章

柏拉图论知识与知觉

大多数近代人都会认为经验性的知识（knowledge）理所当然是依靠或者来源于知觉（perception），然而柏拉图和其他某些学派的哲学家却有一种迥然相异的学说，大意是没有任何来自感觉的值得被称为“知识”的东西，而真正实在的知识一定与概念有关。在这种观点看来，“2 + 2 = 4”是真正的知识，但是像“雪是白的”这样的表述则充满了含混和不确定，以至于不能在哲学家的真理文集中占有一席之地。

这种观点也许可以追溯到巴门尼德，但是哲学家获得其清晰的形式则要归功于柏拉图。本章我准备讨论柏拉图对知识和知觉同为一物这种观点的批评，这占据了《泰阿泰德篇》的前半部分。

这篇对话本来关注的是为“知识”寻找定义，但是结束时仅仅得到了一个消极的结论而空无一物。提出几个不同的定义后又被否定了，始终没有提出一个令人满意的定义。

这篇对话中提出的第一个定义，也是唯一我要加以考虑的定义，就是泰阿泰德所言：

“对我来说，知道某事的人也就是知觉到了他所知的事，而且就我目前所能看到的来说，知识不过是知觉而已。”

苏格拉底将这个学说等同于普罗泰戈拉所说的“人是万物的尺度”，也就是说，任何特定的事物“对我来说就是我所看到的那个样子，对你来说就是你所看到的那个样子”。苏格拉底还补充道：“那么知觉总是某种存在的东西，而且作为知识它是不会出错的。”

随后是一大段知觉特性的论证，这一点讨论完之后，很快就证明了知觉所形成的这么一种东西绝不可能是知识。

赫拉克利特认为万物都在变化之中，换言之，就是“一切我们乐意称之为‘存在’的事物实际上都处在变化的过程中”。苏格拉底把这一学说加入普罗泰戈拉的学说中，柏拉图相信对于感觉的对象来说这一点是真实的，但是对实在的知识的对象来说却并非如此。然而在整篇对话中，他的肯定性的学说却始终隐藏在幕后。

把赫拉克利特的学说（即便其只适用于感觉的对象）和将知识定义为知觉的说法放在一起来看就会得出这样一个结论，即知识是关于变化的事物的，而不是关于存在的事物的。

这一点上有一些颇具根本性的令人困惑的难题。我们知道，因为6大于4而小于12，所以6既大又小，这是自相矛盾的。又比如，苏格拉底现在比泰阿泰德高，但是泰阿泰德是一个还没有完全发育的年轻人，那么几年后苏格拉底就会比泰阿泰德矮了。因此苏格拉底既高又矮。这种相对命题的概念似乎困住了柏拉图，正如它困住了黑格尔及其之前的大多数伟大哲学家一样。然而，这些难题和这个论点没有太大关系，可以被忽略。

回到知觉的问题上来。知觉被认为是对象和感觉器官之间的一种交互作用的结果，而按照赫拉克利特的学说，这两者总是在变化中，在其变化过程中它们又都在改变着知觉的对象。苏格拉底说，健康时他觉得酒很甜，但是当他生病时就觉得酒很酸。这里就是知觉者的变化导致了知觉对象的变化。

某些对普罗泰戈拉学说的反驳有所推进，但是其中一些紧接着又被撤回。有人质问，普罗泰戈拉应该同样地承认猪和狒狒也是万物的尺度，因为它们也是知觉者。关于梦中和疯狂状态下知觉的有效性的问题也被提出。有人委婉地提到，如果普罗泰戈拉是正确的，那么一个人就不会比另一个人知道得多，不仅普罗泰戈拉会和众神一样有智慧，更严重的是，他也不会比一个傻瓜更聪明。进一步说，如果一个人的判断和其他人的一样准确，那么有同样的理由可以认为那些判断普罗泰戈拉错了的人是正确的。

苏格拉底于是就把自己暂时置于普罗泰戈拉的立场上，着手为这些反驳寻找答案。首先就做梦而论，则知觉的对象作为对象来说依然是真实的。至于猪和狒狒的论证，应当看作粗俗的羞辱而不予考虑。至于反驳如果每个人都是万物的尺度，那么每一个人就会和其他人一样智慧。苏格拉底代表普罗泰戈拉提出了一种非常有趣的回答，那就是，当一种看法不能比另一种更真时，它可以更好——从其会导致更好的后果这个意义上来讲。这个说法让人想起了实用主义。[1]

然而，尽管苏格拉底首创了这个答案，但是却对它并不满意。例如，他极力主张当一位医生预言我的病情发展时，他对于我的未来真的比我知道得多。又比如当人们就国家如何颁布命令才更有智慧这个问题发生争执时，这个事件就表明某些人对于未来有比其他人更多的知识。这样我们就不可避免地得到这个结论，即一个有智慧的人和一个傻瓜比起来是万物的更好尺度。

所有这些驳斥每个人都是万物的尺度这个学说的，只是间接地驳斥了“知识”意味着“知觉”这个学说，而且只在后一种学说会导致前一种的情况下才如此。也有一种直接的论证，那就是记忆必须像知觉一样得到承认。承认了这一点，原先提出的定义就在这个程度上得到了修正。

接下来我们就要谈到对赫拉克利特学说的批评。我们被告知，这些批评首先就根据他的弟子在以弗所的青年才俊中间的所作所为而被推向了极端。一个事物可以在两方面发生变化，一是位置的移动，另一个是性质的改变。而万物流变的学说据说认为一切事物在这两方面也总是在发生改变。[2]一切事物不仅仅总是在经历着某些性质上的变化，而是总在变化其所有的性质——据说，以弗所的聪明人就是这么认为的，这造成了非常不便的后果。我们不能说“这是白的”，因为如果在我们开始这么说时它是白的，那么在我们讲完这个句子之前它就不再会是白的了。我们不能说我们正在看见某个东西，这是不正确的，因为我们正在看见的东西永远在变成我们看不见的东西。[3]如果万物在每个方面都在变化着，那么看见就没有权利被叫作看见而应该叫作看不见，知觉也不应该被叫作知觉而应该叫作非知觉。当我们说“知觉就是知识”时，我们同样可以说“知觉就是非知识”。

上述的论证意味着，不管有其他的什么处在永恒的流变之中，词语的意义至少在一段时间内必须是确定的，否则就没有什么命题是确定的，也没有什么命题是真实的而非虚假的。如果要使讨论和知识成为可能，就必须有某种多多少少始

---

[1] 大概就是这段文字最早让费迪南德·席勒产生了对普罗泰戈拉的敬仰之情。

[2] 无论是柏拉图还是以弗所那些充满活力的年轻人似乎都没有注意到，按照极端的赫拉克利特派的学说，位置的移动是不可能的。运动要求一个给定的事物 A 有时在此处，有时在彼处，但是在运动时它必须始终是同一个事物。在柏拉图所研究的那种学说中，事物的性质和位置都在变化，但是其本质却没有变化。在这个方面，现代量子物理学比柏拉图时代最极端的赫拉克利特的弟子们走得还要远。柏拉图一定会认为这对科学是致命的，但是已经证明了并非如此。

[3] 可以与英荷壳牌石油公司的广告词相对照：“That’s Shell，that it was.”

终如一的东西。我认为对这一点应该加以承认。而万物流变的学说在很大程度上和这一点也是可以共容的。

说到这里，柏拉图拒绝讨论巴门尼德，理由是他太伟大了，太显赫了。他是一个“令人敬畏的人物”，“他既高贵又有城府”，他是“一个我最为崇敬的人”。柏拉图的这些评价表明了他喜爱一个静态的宇宙，而不喜欢赫拉克利特式的万物流变的学说，他只是为了论证的需要才承认了它。但是在表达了敬意之后，他却努力避免发展巴门尼德的学说来取代赫拉克利特的学说。

我们现在开始讨论柏拉图反对知识等于知觉的最终论证。开始他就指出我们是通过眼睛和耳朵在感知，而不是用它们来感知。他又进一步指出我们的某些知识与任何感觉器官都没有关系，例如我们可以知道声音和颜色是两回事，但是没有任何感觉器官能够感知到这一点，也没有专门的器官来感知“存在与不存在、相似与不相似、同一与不同一，以及数学上同质的数与一般性的数字”。同样的道理也适用于荣誉与耻辱，以及好与坏。“心灵以其自身为手段来思索某些事物，其他的感觉则需要借助肉体的官能”，我们通过触觉感知到硬和软，但是心灵做出了它们存在并且相反的判断。只有心灵才能认识到存在，而如果我们认识不到存在，我们就无法认识真理。因此我们不能只通过感觉来认识事物，因为这样我们就认识不到事物的存在。所以知识在于沉思而不在于印象；知觉不等于知识，因为“既然知觉领会不到什么存在，那么理解真理也就与它无关”。

在这个反对将知识等同于知觉的论证中，很难分清楚哪些是可以接受的，哪些是必须拒绝的。柏拉图的讨论中有三个互相关联着的命题，即：

1. 知识是知觉。

2. 人是万物的尺度。

3. 万物都处在流变的状态中。

首先来看命题 1。柏拉图主要论证的就是这个命题，但是除了在我们刚刚论及的最后一个段落中以外，几乎没有就其本身进行过讨论。得到论证的只是比较、关于存在的知识和对数字的理解，这些东西对知识来说是很根本的，但是因为它们不是由任何感觉器官导致的，所以不能被包括在知觉之内。对于这些看法，我们要谈的东西各有不同。让我们先从相似和不相似开始。

假设我看到两片颜色，不管它们相似还是不相似，对我来说都是我将会接受的东西，而且不是真的作为一种“知觉的对象”，而是作为一种“知觉的判断”。我会说知觉的对象并不是知识，而不过是发生的某件事情，同等地属于物理世界和心理世界。我们会很自然地把知觉的过程视为柏拉图所说的知觉者及其对象之间的一种联系：我们会说“我看见一张桌子”，但是这里的逻辑结构只是“我和桌子”而已。所以在我们所举的例子中，未经加工的事件的核心不过是特定的几块颜色而已。这种核心和通过感触得到的印象相结合，可能就会导致言语，也可能会变成记忆的一个源头。被通过感触得到的印象填充起来的知觉对象变成了“客体”，并被认为是属于物理世界的；而被言语和记忆所填充起来的知觉对象则成为“知觉”，是“主体”的一部分，并被认为是属于精神世界的。认知只是一个事件，既不真也不假，而被词语填充起来的知觉对象是一个判断，可能为真也可能为假。这种判断我称之为“知觉判断”。“知识是知觉”这个命题必须被解释成意为“知识是知觉判断”。只有以这种形式，它在语法上才可能是正确的。

再回到相似和不相似的问题上来。在我同时感知两种颜色时，很可能把它们的相似性和不相似性当作我所获得的信息资料的一部分，并且在一个知觉判断中对其下断语。柏拉图说我们没有感知相似性和不相似性的感觉器官的论证忽视了大脑皮层的存在，并且假定了所有的感觉器官都必须在身体的表面。

把相似性和不相似性包括在可感知的信息资料的范围内的论证如下。假设我们看到了两片颜色 A 和 B，并且我们判断“ A 和 B 相似”。让我们像柏拉图所做的那样再进一步假设，这样一个判断一般说来是正确的，并且特殊说来在我们所考虑的这个事例中也是正确的。那么这样一来，A 和 B 之间就有了一种相似性的联系，而不只是从我们的角度所做的一种相似性的断言。如果所有的只是我们的判断，那这就会是一个任意的判断，不可能有真假。而这个命题很显然是可以有真假的，所以 A 和 B 之间的相似性应该是有效的，并且不应该仅仅是某种“精神的”东西。“A 和 B 相似”这个判断如果为真的话，那是拜一个“事实”所赐，就像“ A 是红的”或者“ A 是圆的”这样的判断那样。心灵在感知相似性的过程中并不比在感知颜色的过程中介入得更多。

我现在来谈谈存在，这是柏拉图极为强调的一个问题。他说，关于声音和颜色我们有一种思想可以同时包括这两者，这就意味着它们的存在。存在属于一切事物，也是心灵本身可以把握的事物之一。认识不到存在，就不可能认识真理。

为了反驳柏拉图的这个观点所做的论证，和相似性与不相似性的例子中的论证颇为不同。这里的论证是：柏拉图关于存在所说的一切语法都很糟糕，或者不如说句法都很糟糕。这一点不仅在和柏拉图的关系上很重要，在和其他问题——比如为了证明神的存在而做的本体论的证明——的关系上也很重要。

假如你对一个孩子说，“狮子存在，而独角兽不存在”，那么你只要把他带到动物园并对他说“看，那就是狮子”，就可以证明你关于狮子的观点。除非你是一个哲学家，否则你不会再补充道："现在你看见了，那是存在的。"但是如果你真是一个哲学家，真的补充了这一点，那你就是在说废话。说"狮子存在"意思就是"有狮子"，也就是说，"对于一个合适的 X 来说，'X 是狮子'是真的"。但是我们不能说那个合适的 X"存在"，我们只能把这个动词用于一种完备或者不完备的描述。"狮子"是一个不完备的描述，因为它可以应用于许多对象。"那个动物园里最大的一头狮子"就是完备的，因为它只能应用于一个对象。

再假设我正在看一块鲜红色的布。我可以说"这是我现在的知觉对象"，我也可以说"我现在的知觉对象存在"，但我一定不能说"这存在"，因为"存在"这个词只有在应用于一种与名称相对立的描述时才有意义。[1]这就把存在处理成了心灵在客体之中觉察到的事物之一。

现在我来谈谈对数字的理解。这里有两种非常不同的问题需要考虑：一种是算术上的命题；另一种是关于计数的经验性命题。"2 + 2 = 4"就属于前一种；"我有十根手指头"则属于后一种。

应当说我同意柏拉图关于算术和纯数学一般不是来自知觉的观点。纯数学是由类似"人是人"这样的重言式所构成的，只是通常更复杂而已。要知道一个数学命题是否正确，我们不必研究这个世界，而只需要研究符号的意义。而当我们省掉符号的定义（只是出于简略的目的）之后，剩下的是像"或者""并非""所有"和"某些"这样的词。这些词和"苏格拉底"这样的词不一样，并不指称现实世界中的任何东西。一个数学方程式断定两组符号有同一个意义，而只要我们把自己限定在纯数学的范围内，这个意义就一定可以无须知晓任何可感知的事物而被理解。因此正像柏拉图所主张的那样，数学真理是独立于知觉的，但这是一种非常奇特，只涉及符号的真理。

至于像"我有十根手指头"这样的计数命题，就属于另外一个颇为不同的范畴了，并且显然至少是部分地依赖于知觉。"指头"这个概念很显然是从知觉中抽象出来的，那么"十"这个概念又从何而来呢？这里我们似乎触及了一种真正的共相，或者说柏拉图式的理念。我们不能说"十"是从知觉中抽象出来的，因为任何一种可以被看作十个什么东西的知觉对象都可以同样被看作不同数目的别的什么东西。比如我可以用"五指"这个名称指代一只手掌上的所有手指头，然后我就可以说"我有两个五指"，这和我之前用数字十描述的是同一个知觉事实。这样将"我有十个手指头"这个陈述和"这是红的"这个陈述放在一起比较，知

「1」关于这个题目，参看本书最后一章。

觉在前者中所起的作用较小，而概念所起的作用较大。然而，这只是一个程度上的问题。

对于所有出现了“十”这个词的命题来说，如果经过正确的分析，我们会发现即使最完美的答案在其中也找不到任何与“十”这个词相一致的组成部分。用“十”这么大的数字为例子来解释这一点会很复杂，因此让我们用“我有两只手”来代替。这就意味着：

“有某物 a 和某物 b，a 和 b 并不相同。不管 x 为何物，当且仅当 x 是 a 或者 b 时，‘x 是我的一只手’才是真实的。”

在这里数字“二”并没有出现。确实 a 和 b 这两个字母出现了，但是我们没有必要知道它们的数目是二，就像我们没有必要知道它们是黑的还是白的，或是别的什么颜色一样。

因此数字从某个严格的意义上来讲是形式的。有各种不同的命题肯定了有两个成分的各种不同的聚合，而证实了这些命题的事实则有一点相同，这个共同点不是一种组成部分，而是一种形式。因为这一点，它们和那些关于自由女神像、月亮或者乔治·华盛顿的命题是不同的。后者牵涉一个特殊的时间－空间的部分，在所有关于自由女神像能做的陈述当中，正是这种时空部分是共同的。但是在像“有两个某物”这样的命题中，除了一个共同的形式之外，就再没有什么共同的地方了。“二”这个符号与它在其中出现的命题的意义之间的关系，要远比“红”这个符号与它在其中出现的命题的意义之间关系复杂。在特定的意义上我们可以说“二”这个符号没有任何意义，因为当它在一个真语句中出现时，这个语句的意义中没有任何与之相关的组成部分。如果我们喜欢，还可以继续说数字是永恒的、不变的等等，但是我们必须补充到，它们都是逻辑上的虚构。

另外还有一个问题。关于声音和颜色，柏拉图说“二者合一为两，其中每个为一”。我们已经考虑过了“二”，现在我们必须考虑一下“一”。这里有一个非常类似于关于存在的那种错误。“一”这个逻辑上的谓项不能用于各种事物，而只能用于各种单一的类。比如我们可以说“地球有一个卫星”，但是说“月亮是一”就是一个句法错误，因为这样的一个断言又能意味些什么呢？你不妨说“月亮是多”，至少它有许多部分。说“地球有一个卫星”是在为“地球的卫星”这个观念赋予一个性质，也就是以下的这个性质：

“有某物 c，当且仅当 x 是 c 时，‘x 是地球的一个卫星’才是真的。”

这是一个天文学的真理，但是如果你用“月亮”或者其他的专有名称来代替“地球的卫星”，结果不是没有意义就是同义反复。因此“一”就是特定观念的一种性质，就好比“十”是“我的手指”这个观念的性质一样。但是去论证“地球有一个卫星，即月亮，所以月亮是一”，就像去论证“使徒是十二个，彼得是使徒，所以彼得是十二”一样拙劣。但是如果我们用“白色的”来代替“十二”，这个论证就会有效了。

以上的种种考量表明，虽然有一种形式上的知识，即逻辑和数学不是从知觉中来的，但是柏拉图关于其他知识的论证都是错误的。当然，这并没有证明他的结论也是假的，这只证明了他没能有效证明其结论是真的。

接着来看命题 2。我现在来谈谈普罗泰戈拉关于“人是万物的尺度”的主张，或者像它被解释的那样，每个人都是万物的尺度。这里要做的最根本的事情是决定要在哪个层次上进行讨论。显然我们一开始就应该区分开知觉的对象和推论。对于知觉的对象，每个人都不可避免地局限在自己所感知的范围内，他要了解别人的知觉对象只能通过自己的听觉和阅读所得进行推论。作为知觉对象来说，梦中人和疯子的知觉对象和其他人的一样好，反对它们的唯一理由是，因为它们的背景环境很不寻常，所以很容易导致错误的推论。

那么推论又是从何而来的呢？它们同样也是个人的和私下的吗？在某种意义上，我们必须承认它们是的。我要相信某件事情，必须有某种对我有吸引力的原因。的确，我的原因可能是另一个人的断言，但那有可能是一个极其充分的原因——例如，我是一个听信证据的法官。而且无论我是多么信奉普罗泰戈拉的学说，对于一组数字优先考虑一个会计的见解而不是我自己的见解是很明智的，因为我可能已经一而再，再而三地发现，即便我起初不同意他的见解，但是只要稍加注意就会看出他是正确的。在这个意义上，我有可能承认另一个人比我更有智慧。普罗泰戈拉式的立场，如果加以正确地阐释，其实并不包括那种我的错误一定会显现给我的观点。对过去的自己也能像对另一个人一样加以判断。但这一切都预先假定了，关于与感知相对的推论，是有某种非个人化的正确标准的。如果我碰巧所做的推断都和其他的一样好，那么随之而来的是柏拉图从普罗泰戈拉那里推出来的理智的混乱无序。因此这个问题很重要，而在这个问题上柏拉图似乎是正确的。但是经验主义者会说，知觉是检验由经验性材料所做的推论是否正确的标准。

最后来看命题 3。万物流变的学说遭到了柏拉图的夸张和扭曲，很难想象曾经有人持有过柏拉图给出的那种极端的形式。举个例子来说，让我们假设我们看到的颜色都在不断的变化之中。像“红色”这样的词可以应用于许多种渐变的颜色，如果我们说“我看见了红色”，并没有任何理由可以认为在我们说话的这段时间内这句话就不是真的了。柏拉图之所以会得到他的结果，是因为他把感知和不感知、知道和不知道这样一些逻辑上的对偶法运用到了连续性的变化进程中。而这些对立其实并不适合用来描述这种进程。假设在一个雾天，你看着一个人沿着道路离你而去，他变得越来越模糊，最终会有一个时刻你确信再也看不见他了，但是中间有一段时间你拿不定主意。逻辑上的对立是为了我们的方便而被创造出来的，但是要研究连续性的变化需要的是一种计量的手段，而柏拉图忽视了我们找到这样一种手段的可能性。因此关于这个题目他所说的大部分内容都是南辕北辙。

与此同时，必须承认词语在某种意义上具有确定的意义，否则讨论就是不可能的。然而，在一点上同样很容易犯绝对化的错误。词语的意义的确是不断变化的；以“理念”这个词为例，只有在经历了相当长的教育进程之后我们才能学会赋予这个词某种类似于柏拉图赋予它的那个意义。词语的意义变化有必要滞后于词语所描述的事物的变化，但是没有必要完全不发生变化。也许这个要求并不适用于逻辑和数学上的抽象用语，因为正如我们已经看到的那样，这些词语只适用于命题的形式而非内容。这里我们再一次发现了逻辑和数学奇怪的地方。柏拉图在毕达哥拉斯派的影响下，过多地把其他种类的知识同化于数学。他和许多伟大的哲学家同样都犯了这个错误，但这毕竟是个错误。

第十九章

亚里士多德的形而上学

阅读任何重要的哲学家，特别是阅读亚里士多德时，从以下两个方面来进行研究很有必要：参考他的前辈与参考他的继承者。就前者而言，亚里士多德有巨大的优点；就后者来说，他的缺点同样也是巨大的。但是对于他的缺点，他的后人们要比他责任更大。他出现在希腊思想创造期的末叶，在他死后两千年，世界上才又产生了被认为大致能和他相提并论的哲学家。在这段漫长的时期结束之前，他的权威几乎变得和基督教会的权威一样不容置疑，并且已经成为科学以及哲学进步的一个严重的阻碍。自从十七世纪初叶开始，几乎每一个重要的知识上的进步都必定以攻击亚里士多德学说中的某个观点开始；而在逻辑上，直到今天依然如此。不过如果他的前人（也许德谟克利特除外）有人获得了同样的权威，其结果至少也同样是灾难性的。为了公平起见，我们首先必须忘记他身后那过分的名声，以及由此引起的同样过分的责难。

亚里士多德大约在公元前 384 年生于色雷斯的斯塔吉拉。他的父亲继承了马其顿国王的御医职位。亚里士多德大约在十八岁时到雅典师从柏拉图。他在学园里待了将近二十年，直到公元前 348 年—前 347 年柏拉图去世为止。他之后一度周游各地，并娶了一个叫赫米阿斯的僭主的姐妹或侄女为妻（有谣言说她是赫米阿斯的女儿或者宠妃，但是这两种说法都被赫米阿斯本人是个阉人的事实否定了）。公元前 343 年，他成了年仅十三岁的亚历山大的私人教师，一直施教到亚历山大被他的父亲腓力二世宣布成年的十六岁那年，并被指定父王缺位时摄政。关于亚里士多德和亚历山大的关系，人们想知道的任何事情都是无法确定的，特别是围绕二人的种种流言使之更加扑朔迷离。两人之间有过一些信函来往，但这些信件被公认为伪作。那些同时崇拜二者的人猜想老师影响了学生。黑格尔就认为亚历山大的事业表明了哲学的实际用途。对于这种观点，阿·维·贝恩说道："万幸哲学并没有与亚历山大的性格一样来证明自身……自大、酗酒、残忍、睚眦必报而又粗鄙迷信，他将一个高地酋长的恶习和一个东方暴君的狂暴集于一身。"[1]

对我而言，尽管我赞同贝恩对亚历山大性格的描述，但是我认为他的功绩是极其重要和极为有益的，因为没有他，希腊文明的整个传统可能早已消亡。至于亚里士多德对亚历山大的影响，我们自己可以自由去做最合乎情理的猜想。对我来说，我倾向于认为是零。亚历山大是一个野心勃勃、脾气暴躁的男孩，他与父亲的关系很糟糕，大概也没有耐心接受教育。亚里士多德认为，任何一个城邦都不应该拥有超过十万名公民，还曾经宣扬过他的黄金平衡学说。我想象不出他的学生除了把他当作父王派来管教自己的乏味的老学究以外还能把他当成什么。的确，亚历山大对雅典文明怀有某种势利的尊敬，但这一点对他那个想要证明自己不是野蛮人的王朝来说都是如此。这类似于十九世纪的俄国贵族对巴黎的那种感情。然而这一点不能归功于亚里士多德的影响。而我在亚历山大身上也看不出别的什么可源于亚里士多德的东西。

更加出人意料的倒应该是亚历山大对亚里士多德的影响怎么会这么小，后者政治学的思考遗忘了城邦国家的时代已经被帝国的时代所取代这个事实。我怀疑亚里士多德最终不过是把他当作一个"游手好闲而又刚愎自用的孩童，从来不曾理解任何哲学"。总的来说，这两个伟大人物之间的接触似乎是毫无结果的，就好像他们生活在不同的世界里似的。

从公元前 335 年到公元前 323 年（这一年亚历山大去世），亚里士多德生活在雅典。在这十二年中他建立了自己的学派并写下了他的大部分著作。亚历山大一死，雅典人就造反了，并把矛头指向他的朋友们，包括亚里士多德。这些人都被指控为不敬神明，但是和苏格拉底不同，亚里士多德逃走了，以躲避刑罚。他于次年（公元前 322 年）去世了。

作为一个哲学家，亚里士多德在许多方面都迥然异于他的前人。他是第一个像一个教授那样写作的哲学家：他的论著是系统性的，他的讨论按照标题分类，他是一个职业的教师而不是一个通灵的预言者。他的著作是批判性的、细致的、平淡的，没有流露任何巴克斯式激情的痕迹。柏拉图的奥尔弗斯教的成分在亚里士多德这里被冲淡了，并且掺进一剂强烈的常识感。在他具有柏拉图特色之处，

---

[1]《希腊哲学家》，第一卷，第 285 页。

人们会感觉到这是因为他天生的气质被他所受的教诲给压倒了。他并不富于激情，也没有任何深刻意义上的宗教倾向。他前人的错误是年轻人尝试不可能所犯的那种光荣的错误；他的错误则出自老年人不能使自己摆脱习以为常的偏见。他最擅长的是细节和批评，但是因为缺乏根本上的确定性和泰坦巨人般的火力，所以没能取得什么伟大的建树。

很难决定从什么地方开始叙述亚里士多德的形而上学，但是或许最好从他对理念论的批评和他自己关于共相问题的一套替代学说开始。他提出了许多很好的论证来反对理念论，其中大部分在柏拉图的《巴门尼德篇》中已经可以找到。最有力的一个论证是所谓"第三个人"：即如果一个人之所以是一个人是因为他类似于那个理想的人，那么就必须有一个普通人和理想的人都与之相似的更理想的人。又比如，苏格拉底是一个人也是一种造物，那么就会出现一个问题：一个理想的人是不是一种理想的造物？如果是，那么有多少个造物的种类就必须有多少个理想的造物。但是没必要深究这个问题，因为亚里士多德已经很清楚地指出了，如果许多个体分享一个述词，这不可能是由于它们与某种和自身同类的事物有关系的缘故，而是由于与某种更理想的事物有关系的缘故。这部分已成定论，但是亚里士多德自己的学说远没有这么清晰。也正是因为他缺乏确定性，所以才导致了中世纪唯名论者和唯识论者之间的论争。

大致说来，亚里士多德的形而上学可以被描述为被常识稀释了的柏拉图。他的难以理解就是因为柏拉图和常识是很不容易混合在一起的。当一个人努力去理解亚里士多德时，有些时候他会认为亚里士多德是一个不懂哲学的人的平庸观点；另一些时候他会认为亚里士多德是在用新的词汇来阐明柏拉图主义。我们不能过分强调某一段话，因为在后面的一些段落中很可能会有修正。总的说来，要理解他的共相理论和形式与内容的理论，最简单的方法是先列出他的常识性的学说——这些学说占了他观点一半，再来考察他根据柏拉图主义对这些常识所做的修订。

在特定的范围内，共相理论是很简单的。语言中有专有名词和形容词，专有名词所指称的"事物"和"人"，每一个都是这个名称在谈话中唯一适用的事物或人。太阳、月亮、法国、拿破仑，都是独一无二的，这些名称并不适用于许多事例。在另一方面，像"猫""狗""人"这样的词则指称许多不同的事物。共相问题所涉及的就是这样一些词以及像"白的""硬的""圆的"等等这样的形容词。亚里士多德说[1]："用'共相'我指的是那些其本质上可以用来表述许多客体的词；

「1」《解释篇》，17a。

用‘殊相’我指的是那些其本质上不能做这种表述的词。”

一个专有名词所指代的东西就是一个“实体”，而一个形容词或者一个像“人类”和“人”这样的类别名称所指称的东西就叫作一个“共相”。实体是“这个”，而共相是“这类”——共相指出的是这一种事物，而不是实际中特殊的事物。共相不是实体，因为不能说“这个”共相。（柏拉图所谓天堂上的床对那些能够感知它的人来说，应该可以说这个，但这正是亚里士多德不同意柏拉图的地方。）亚里士多德说，“任何共相用语似乎都不可能是一个实体的名称。因为……每个事物的实体都是其所特有的，不属于任何别的事物；但是共相是公有的，因为所谓共相就是指属于不止一个事物的东西”。那么到现在为止，这个问题的要点是，共相不能孤立存在，而必须存在于特殊的事物之中。

表面上看，亚里士多德的学说是足够明白的。假如我说“有足球比赛这样一种东西”，大多数人都会认为这是不言而喻的。但是如果我推断说足球比赛可以没有足球运动员而存在，我无疑就会被人认为是在说废话。类似地，人们会认为有家长这么一种身份，但只是因为有许多对父母；人们认为有甜这么一种东西，但只是因为有甜的东西；人们认为有红色，但只是因为有红色的东西。但是这种依存关系被认为并不是相互的：即便足球运动员从来没有踢过足球，但是他们依然存在；通常是甜的东西也可能变酸；我通常是红色的脸也可能变得苍白但是不会不再是我的脸。通过这种方式我们被引导着得出了一个结论，即一个形容词所描述的事物只有依赖于一个专有名词所指称的事物才能存在，但是反过来并不是这样。我认为亚里士多德就是这个意思。他的学说在这个问题上也和在其他许多问题上一样，是一种通过学究式的方法表达的常识性的偏见。

但是要使这个理论更加精确却并非易事。假定足球比赛不能没有足球运动员而存在，但是它却可以很好地没有这个或那个足球运动员而依然存在。再假定一个人可以不踢足球而存在，但是他不能不做任何事情而存在。红的性质不能离开某些客体而存在，但是却可以离开这个或者那个客体而存在。类似地，一个客体不能没有某种性质而存在，但却可以没有这种或那种性质而存在。这样用来支撑事物和性质之间有区别这个假定的根据便显得是虚幻的了。

支持这个区别的真正根据实际上是语言学上的，是从句法中得来的。语言中有专有名词、形容词和关系词，我们可以说“约翰是聪明的，詹姆斯是愚蠢的，约翰比詹姆斯高”。这句话中“约翰”和“詹姆斯”是专有名词，“聪明的”和“愚蠢的”是形容词，而“比……高”则是关系词。自从亚里士多德以来，形而上学家们就在从形而上学的角度来解释这些句法上的不同：约翰和詹姆斯是实体，智慧和愚蠢是共相（关系词则被忽略了或者被错误地解释）。如果加以足够的关注和思考，我们也许会发现形而上学方面的差别和句法方面的差别有着某种联系。但是果真如此，也需要经过许多层的解析才能发现，并且还需要附带创造一种人工的哲学语言。这种语言将不包括"约翰""詹姆斯"这样的名称，也不包括"聪明的""愚蠢的"这样的形容词，所有日常语言中的词语也必须加以分析，并且被含义简单的词语替换掉。这项工作不完成，殊相与共相的问题就都不能得到充分的探讨。但是当我们终于到了能够探讨这个问题时，我们会发现我们所讨论的问题和一开始我们所假设的问题已经大相径庭了。

因此如果我无法解释亚里士多德的共相理论，我坚持认为那是因为它不可解释。但那确实是理念论上的一个进步，也确实涉及了一个货真价实而又非常重要的问题。

还有一个名词在亚里士多德和他的那些经院派的后继者们那里很重要，这就是"本质"，这绝不是"共相"的同义词。你的"本质"是"那个因你的本性而成的你"。你可以说，本质是你的一些特性，如果没有了这些特性，你就不再是你自己了。不仅个体事物有本质，每个事物种类也有。一个种类的定义就应该以描述其本质为主要内容。后文中我还会回过头来谈"本质"的概念和亚里士多德的逻辑的联系。目前我认为这不过是一个头脑糊涂的看法，也是不可能达到精确的。

亚里士多德形而上学中的下一个要点是"形式"和"内容"的区别。(但是我们必须理解，与"形式"相对的"内容"和与"心灵"相对的"物质"其含义是不同的。)[1]

在这里，亚里士多德的理论也有一个常识基础，但是在这个问题上柏拉图式的改造要比在共相问题上的更重要。我们可以举一座大理石像为例来开始理解，在这里大理石是内容，而被雕塑家赋予的形象就是形式。或者用亚里士多德的例子，如果一个人做了一个青铜球，青铜就是内容，球形就是形式；又比如一片宁静的大海，水是内容而宁静是形式。到这里为止，一切还都很简单。

亚里士多德继续说，正是因为形式的缘故，内容才成为某种确定的东西，而这就是事物的实质。亚里士多德要表达的意思似乎就是简单的常识：一个"事物"一定是有界限的，这个界限就构成了其形式。比如说，有一定体积的水，其任意一部分都能够被装进一个容器里，从而和其余的水区别开来，于是这一部分水就

「1」内容与物质的原文都是 matter。——译者注

变成了一个“事物”，但是只要这部分水无法和剩下的大量同质的水相区别，它就不是一个“事物”。一座雕像是一个“事物”，构成雕像的大理石在某种意义上在作为一个部分从一块石头上或者采石场里被分离出来之后依然是没有发生变化的。我们不会很自然而然地说正是形式赋予了事物实在性，但那是因为原子假说已经在我们的想象中根深蒂固了。然而每一个原子，如果它是一个“事物”，也同样是因为它和其他原子之间划出了界限的缘故，因此原子在某种意义上也有一种“形式”。

我们现在来谈谈新表述，这种新表述乍看上去似乎很难。亚里士多德告诉我们说，灵魂是肉体的形式。这里的“形式”并不意味着“形状”，这是很清楚的。后面我会回过头来讨论灵魂在什么意义上才是肉体的形式，眼下我只会做这样的评论，即灵魂在亚里士多德的体系里是让肉体成为一个事物的东西，它具有目的上的统一性，以及种种我们会和“有机体”这个词联系起来的特点。眼睛的目的是看，但是离开了肉体它就不能看，因为实际上在看的是灵魂。

那么这样看来，“形式”就是赋予一部分物质以统一性的那种东西，而这个统一性也总是（如果不是常常是）目的性的。但是“形式”最终所意味的要比这多得多，也要难以理解得多。

我们又被告知，事物的形式是其本质和首要的实体。形式是真实存在的，尽管共相并不是。当一个人制作青铜球时，内容和形式都已经存在了，他所做的只是把两者联合到一起，这个人并不制造形式，正如他并不制造铜一样。并不是一切事物都有内容，永恒的事物，除了那些能在空间中移动的以外，都是没有内容的。事物的实在性随着所获得形式性的增加而增加。没有形式的内容只是一种潜在的可能性罢了。

这种关于形式是可以独立于作为其实例的内容而存在的实体的观点似乎把亚里士多德暴露在了他自己用来反对柏拉图的理念的论证之下。按照他的意思，形式本应是某种与共相迥然不同的东西，但是它们却有着许多相同的特点。我们被告知，形式比内容更具有实在性，这让人回想起理念的唯一实在性。亚里士多德对柏拉图的形而上学的改动，似乎比他所描述的要少。策勒尔就持有这种观点，关于内容和形式这个问题他说道：[1]

“然而，亚里士多德为什么会在这个题目上缺乏明确性，可以在以下事实中找到最终解释——正如我们将要看到的那样，他只是将自己的一半从柏拉图实体

---

[1]《亚里士多德》，第一卷，第204页。

化理念的倾向中解放了出来。‘形式’对他来说，正如‘理念’对柏拉图来说那样，有着自身形而上的存在，同时制约着一切个别的事物。尽管他非常敏锐地跟踪了理念从经验中的生长过程，但是这些理念依然会实实在在地，特别是在它们距离经验和直接知觉最为遥远时，从一种人类思想的产品最终变形为超感觉世界里的直接的表象，并在这种情况下成为理智直觉的对象。”

我看不出亚里士多德怎样才能找到一个回复来应对这个批评。

我能够想象出来的唯一的一种回答是他可能会主张没有两种事物能够拥有相同的形式。如果一个人制造了两个铜球，我们就应该不得不说，每一个铜球都有其独特的球性，这个球性既实在又特殊，是作为共相的“球性”的一个例子，但是并不等同于它。我认为我所引用的那些段落的语言并不能够很好地支持这种解释。而且这种解释对于以下的反驳也是完全开放的，即根据亚里士多德的这种观点，特殊的球性应该是不可知的；但是根据他的形而上学的本质，随着形式的越来越多和内容的越来越少，事物应该是逐渐变得可知的。这和他剩下的观点不相协调，除非形式可以在许多特殊的事物中得到体现。如果他要说有多少种球形的事物就有多少种作为球性事例的形式，他就不得不对他的哲学做彻底的修改。例如，他认为形式即本质的观点就无法和以上提出的出路兼容。

亚里士多德的内容和形式的学说是和潜在和实在的区别相联系的。光秃秃的内容被认为是一种潜在的形式，事物在变化之后要比之前具有更多的形式，在这个意义上说，所有的变化我们都应该称之为“进化”。具有更多形式的事物被认为是更“实在的”。上帝就是纯粹的形式和纯粹的实在，因此在他那里就不会有任何变化。可以看出这种学说是乐观主义的和带有目的论色彩的：宇宙和万物都在不断地发展成某种永远比过去要好的东西。

潜在这个概念在某些场合使用起来非常方便，只要我们在使用时能够将我们的陈述翻译成不出现这个概念的形式。“一块大理石是一座潜在的雕像”意味着“一块大理石经过适当的加工就可以造出一座雕像”。但是当潜在被当作一个根本性的和不可简约的概念时，它就往往遮蔽了思想上的混乱。亚里士多德运用这个概念是他的体系的糟糕特点之一。

亚里士多德的神学很有意思，也和他的形而上学的其他部分有着紧密的联系——神学正是他用来称呼我们所说的“形而上学”的许多名称之一。(我们所知的名为《形而上学》的那本书，并非由亚里士多德本人命名。)

他说有三种实体：一种是那些可感知又会消亡的；一种是可感知但不会消亡的；第三种是既不可感知又不会消亡的。第一类包括了植物和动物；第二类包括了天体（亚里士多德相信天体除了运动之外并不经历变化）；第三类包括了人类具有理性的灵魂和上帝。

对上帝的论证主要就是原动因：一定有某物引发了最初的运动，而此物本身一定是不动的，也一定是永恒的，是实体和现实。亚里士多德说，欲望和思想的对象就以这种方式引起了运动，而它们本身不在运动之中。就这样上帝由于被爱而产生了运动，而任何其他的动因都是通过自身处在运动之中来起作用（就像一个台球）。上帝是纯粹的思想，因为思想是最好的东西。“生命也属于上帝，因为思想的实在就是生命，所以上帝就是实在，所以上帝自我独立的实在就是最好的和永恒的生命。因此我们说上帝是有生命的存在，永恒、至善。正因为如此，生命和永恒不断的延续都属于上帝，因为那就是上帝。”

“由上所述可以很清楚地知道，有一种永恒的、不可移动的、与可感觉的事物相区别的实体。这种实体已经显示出是不可能有任何大小的，而是没有组成部分和不可分割的……但是它已经显示出自己是静止不动的和不可改变的，因为所有其他的变化都晚于位置的变化。”

这里的上帝并不具有基督教上帝的那些属性，因为一旦想到任何完美（也就是上帝本身）之外的事物，都会有损于上帝的完美性。“神圣的思想一定是在自行思索着（因为它是最卓越的事物），而且它的思索是对思索的思索。”我们一定能推论出上帝是不知道我们这个月亮下面的世界的存在的。亚里士多德和斯宾诺莎一样，都认为人必须爱上帝，而上帝却不可能爱人。

不能将上帝定义为“不动的推动者”。因为正相反，天文学上的考察得出的结论是，有四十七个或者五十五个不动的推动者。亚里士多德没有解释这些推动者和上帝之间的关系，但是一个很自然的解释应该是有四十七位或者五十五位神，因为在上文中那些关于上帝的段落之后，亚里士多德接着说道：“我们一定不能忽略这样一个问题，这样的实体我们该设想只有一个还是不止一个。”紧接着他展开那个得出有四十七个或者五十五个不动的推动者的论证。

不动的推动者这个概念非常难以理解。在一个现代人的头脑看来，一个变化的原因一定是一个之前的变化，而如果宇宙曾经完全静止话，它就会永远保持静止。要理解亚里士多德所说的意思，我们就必须来谈谈他对原因的看法。按照他的意思，一共有四种原因，分别被称为内容因、形式因、动力因和终极因。让我们再举那个做雕像的人为例：雕像的内容因是大理石；形式因是将要被造出来的这座雕像的本质；动力因是凿子和大理石的接触；终极因是雕刻家作为目的的结局。在现代的术语中，“原因”这个词只限于指动力因。不动的推动者也可能被认为是一种原因：因为它为变化提供了一种目的，这个目的从根本上讲是朝着与上帝相似的方向而进化。

我说过亚里士多德并不具有很深的宗教气质，但是这话只是部分正确。我们也许可以把他的宗教的一个方面多少有些随意地解释如下：

上帝作为纯粹的思想、幸福、完全彻底的自我实现而存在，没有任何未曾实现的目的。与之相反，可感觉的世界则是不完美的，但是其中有生命、欲望、一种不完美的思想和渴望。所有的生命都或多或少地察觉到上帝，并且在对上帝的敬仰和热爱的驱使下行动，因而上帝是所有行为的终极因。变化在于将形式赋予内容，但是当涉及可感觉的事物时，则始终有一种内容作为下层基础。只有上帝是由没有内容的形式组成。世界持续向一个程度更高的形式演进，并因此逐渐变得和上帝相似。但是这个进程不可能完成，因为内容不可能完全被消灭。这是一种关于进步和演化的宗教，上帝静态的完美性只是通过有限的存在对他的热爱来驱动这个世界。柏拉图是数学式的，亚里士多德则是生物学式的，这就解释了这两人宗教的区别。

然而，这只是对亚里士多德的宗教的片面看法，因为他也拥有希腊人对静态完美的热爱以及对沉思而非行动的偏好。他哲学上的这一面展现在他的灵魂学说里。

亚里士多德到底有没有教导过任何形式的灵魂不朽学说，这是一个令注释者头疼的问题。阿威罗伊认为他没有，他的观点在基督教国家也有一些追随者，其中比较极端的一派叫作伊壁鸠鲁学派，但丁发现这些人都在地狱中。实际上，亚里士多德的学说很复杂，也极易产生误解。在《论灵魂》一书中，他将灵魂看成是和肉体紧紧捆绑在一起的，并且嘲笑了毕达哥拉斯派的轮回转世学说。灵魂似乎会和肉体一起消逝："那么随之而来不容置疑的是，灵魂与肉体是不可分离的。"但是他马上又补充道："或者无论如何灵魂总有一部分是如此。"肉体和灵魂的关系与内容和形式的关系有关："物质的肉体的形式蕴含着生命的潜在性，就这个意义来说，灵魂一定是一种实体。而实体又是现实的，所以灵魂就是以上所描述的那种肉体的现实。"灵魂相当于事物本质的确定准则，在这个意义上说灵魂是实体。这就意味着，灵魂是一个具有上述规定的特性的身体"本质的东西"，即灵魂是一个蕴含着生命的自然肉体的第一级的现实。这个肉体就是一种有机组织的肉体。如果问灵魂和肉体是否同为一个，就像是问蜡和用图章印出来的形状是否同为一个一样没有意义。自我滋养是植物所具有的唯一的灵魂能力。灵魂是肉体的目的因。

在《论灵魂》一书中，亚里士多德区别了“灵魂”和“心灵”，并且让心灵比灵魂更高，与肉体的联系更少。在谈到了灵魂和肉体的关系之后，他说：“心灵的情况有所不同，它似乎是一种被植入到灵魂之中并且无法摧毁的独立实体。”又说：“我们暂时还没有关于心灵或者思考能力的证据，它似乎是一种大不相同的灵魂，与一般灵魂的差别有如永恒的事物和可消逝的事物之间的差别一样大，只有它才能独立于任何其他精神能力而存在。尽管有某些说法与此相反，但是从以上论述可以很清楚地看出，灵魂的所有其他部分都是无法独自存在的。”心灵是我们身上可以理解数学和哲学的那一部分，它的这些对象是没有时间性的，因此它自身也被认为是没有时间性的。灵魂是驱动肉体和感知感觉对象的东西，它常被描述成能够给自己提供营养、感觉、情绪和动力，但是心灵则具有更高级的思想功能，这种功能和肉体或者感觉无关。因此心灵能够是不朽的，但是灵魂的其他部分就不能。

要理解亚里士多德的灵魂学说，我们必须记住灵魂是肉体的“形式”，并且空间形状也是一种“形式”。那么灵魂与空间之间有什么共同点呢？我认为共同点是两者都赋予了一定量的内容以统一性。一块大理石中将要成为一座雕像的部分，在还没有和其他的大理石相分离时就还不是一个“事物”，也就没有任何统一性。雕刻家造出了这座雕像之后，它才具有统一性，而这是从它的形状中得来的。那么灵魂借以成为肉体的“形式”的最本质的特征，就是它让肉体成了一个有机的整体，成了一个有统一目的的单元。一个单独的器官，其目的是在自身之外的，孤立的一只眼睛就无法观看。所以许多事物比如动物和植物以整体作为一个对象可以这样进行讨论，但是它们的任何部分都不能这样讨论。正是在这个意义上我们才说有机组织或者形式赋予了事物以实体性。亚里士多德将赋予动物或者植物以实体性的东西称为“灵魂”。但是“心灵”是一种不同的东西，和肉体的联系没有那么紧密，也许它是灵魂的一部分，但是只有很少数的生命体拥有心灵。作为思辨过程的心灵不能成为运动的原因，因为它不会去思考什么是可行的，也永远说不出应该避免什么或者应该追求什么。

《尼各马可伦理学》一书中提出了类似学说，但是一些术语存在微小差别。灵魂中有一种理性的因素和一种非理性的因素。非理性部分又一分为二：一部分是无性欲的，在所有生命体即便是在植物中都能找到；另一种是有性欲的，只存在于所有的动物之中。理性灵魂的生活在于沉思，那对于人类来说是完满的幸福，尽管无法完全企及。“这样一种生活对人来说恐怕要求太高了，因为只要人还是一个人他就不会这么生活，而只有某种神圣的事物在他身上显现的条件下他才会如此，而且他所表现出来的这种神圣性之优于我们混合的本性正在于其行动之优于其他（实际种类的）德行的作用。所以，如果理性和人比起来是神圣的，那么与理性相符合的生活和人类生活比起来也就是神圣的。但是我们决不能听从某些人的建议，作为人就只想着人类的事情，作为凡人就只想着凡人的事情，而一定要尽我们所能地使我们自己不朽，并绷紧每一条神经来按照我们身上最好的东西生活，因为即便那些最好的事物在体积上很小，但是在力量和价值上却大大超过了一切事物。”

从这些段落的文字来看，似乎将一个人和其他人区别开来的个性是与肉体以及非理想的灵魂相联系的，而理想的灵魂和心灵则是神圣的和非个人性的。一个人喜欢吃牡蛎而另一个人喜欢吃菠萝，这就区分了这两个人。但是当他们想到乘法表时，只要他们想得正确，两人之间就没有任何区别。非理性的灵魂将我们分开，有理性的灵魂则把我们联合在一起。因此心灵或者理性的不朽性不是单个人的不朽，而是对上帝的不朽性的一种分享。亚里士多德似乎并不相信柏拉图以及后来的基督教所教导的那种个人的不朽性。他只是相信，在人们理性的范围内，他们分享了神圣的事物，那才是不朽的。人完全可以增加自己本性中神圣的因素，这样做就是最高的德行。但是当他完全取得成功之后，他就不再是一个单个的人了。这也许不是对亚里士多德的话唯一可行的解释，但是我认为这是最自然的解释。

第二十章

亚里士多德的伦理学

在亚里士多德的全部作品中，有三篇关于伦理学的论文，但是其中两篇现在一般认为出自其弟子之手。第三篇，即《尼克马可伦理学》，就可靠性而言大部分都是没问题的，但是即便在这本书里也有一部分（第五卷到第七卷）被许多人认为是从他弟子们的某篇作品中选进来的。不过我会忽略掉这些富有争议的问题，而把整本书当作是亚里士多德的作品来处理。

亚里士多德在伦理学上的观点大体上代表了他那个时代受过教育并且阅历丰富者流行的见解。他的观点不像柏拉图的那样蕴含着神秘的宗教，也不赞同那些可以在《理想国》中关于财产和家庭的非正统理论。那些行为中庸、道德水平极为一般的公民会在《伦理学》这本书里找到一些系统性的表述，作为指导他们自身行为的原则，但是要求稍微更高一点的人则会感到失望。这本书对那些体面的中年人很有吸引力，并且，特别是从十七世纪起，被他们用来压制年轻人的激情和热忱。但是对于任何一个具有任何情感深度的人来说，这本书都可能是令人感到憎恶的。

这本书告诉我们善即是幸福，而幸福是灵魂的一种活动。亚里士多德说柏拉图把灵魂分成理性的和非理性的两部分是正确的。他又把非理性的那部分分成无性欲的（即便在植物身上也能找到）和有性欲的（存在于所有的动物身上）这两部分。有性欲的部分在其所追求的善是理性所赞许的情况下也可能在某种程度上是理性的。这一点在对理性的描述中是必不可少的，因为在亚里士多德看来，理性本身是纯粹静观的，如果不借助欲望就无法导致任何实际的行动。

与灵魂的两个部分相对应，德行也有两种：理智的和道德的。理智的德行是教育的结果，道德的德行则是习惯使然。立法者的工作就是要通过培养善习来使公民们向善。我们变得正直是因为我们做出了正直的行动，其他的德行也是如此。亚里士多德认为，我们是被迫获得善良的习惯的，但是我们迟早会在行善举的过程中发现快乐。这让人联想起哈姆雷特对他母亲所说的话：

> 假如您没有节操，也要假装良善。
> 风俗，这个吞噬一切理智的恶魔，
> 邪恶是其习惯，
> 他们也会化身天使，
> 只要举止公正与良善，
> 风俗同样会非常巧妙地
> 让他的外衣无限光鲜。

我们现在来看看他著名的黄金均衡（gold mean）学说。每种德行都是两个极端之间的中庸，每个极端都是恶行。这一点通过对不同德行的考察而得到证明。勇敢是懦弱和鲁莽之间的中庸；慷慨是挥霍和吝啬之间的中庸；自尊心介于目中无人和卑躬屈膝之间；机智幽默介于油腔滑调和笨拙土气之间；谦逊则介于扭捏害羞和放荡无耻之间。有些德行似乎并不适合于这种组合，比如真理性。亚里士多德说真理是自吹自擂和故作谦卑之间的中庸，但是这只适用于关于个人自身的真理性，我看不出有任何广义的真理能够适合于这个组合。某位市长曾经接受了亚里士多德的学说，在他公职任期届满时他发表演讲说，自己在职时努力在偏袒徇私和公正无私之间的那条狭窄的路线上前进。将真理视为中庸的观点，似乎也并不比这位市长的话更高明。

亚里士多德关于道德问题的见解往往是在他那个时候已经约定成俗的看法。在某些问题上，主要是那些贵族制形式被纳入讨论的地方，亚里士多德的观点和有别于我们这个时代的观点。我们认为人类至少是在伦理学理论上有平等的权利，并且正义必然与平等性相关，但是亚里士多德正义涉及的不是平等性而是正确的比例，而那只在某些时候才表现为平等性。

主人或者父亲的公正和公民的公正是两回事，因为儿子和奴隶是财产，而对一个人自己的财产不可能有什么不公正。但是谈到奴隶时，在一个人有没有可能和自己的奴隶成为朋友这一问题上，亚里士多德的学说却稍做修正："这两种人之间是没有什么共同点的；奴隶是活着的工具……只要其身份是奴隶，那么人们就不可能和他做朋友。但是如果其身份是人则可以，因为只要任意两个人能够共享一个法律体系或者成为一个契约的当事人，那么两人之间似乎总是有某种公正存在的，所以只要他是一个人，就可以和他保持友谊关系。”

如果自己的儿子很顽劣，那么父亲可以与他断绝关系，但是一个儿子却不能与他的父亲断绝关系，因为儿子永远也不能偿还父亲，特别是他的生命。在本来就不平等的关系中，这是正确的，因为每个人被爱的程度都应该和他的价值成比例，所以下等人爱上等人应该超过上等人爱下等人：妻子、孩子和臣民对丈夫、父母和君主的爱应该超过后者对他们的爱。在一个称得上善的婚姻里，“男人依照他的价值来进行管理，尽到经营家庭的义务，至于那些适合女人来干的事情他就交给他的妻子”。丈夫不应该管妻子分内的事情，而妻子更不应该管丈夫职责范围内的事情，这一点在妻子成为继承人时却时常发生。

亚里士多德所设想的最好的个人，是一个与基督教的圣人非常不同的人。他应该有适当的自尊心，并且不应该低估自己的优点。他应该鄙夷任何该受鄙夷的人。亚里士多德对于一个自尊或者说气度非凡[1]的人的描述非常风趣有意思，它表明了异教伦理和基督教伦理之间的区别，也说明了尼采将基督教义视为奴隶道德之所以有理的意义何在。

“气度非凡的人因为应得最多，因此一定是至善，因为越是善的人应得的越多，所以至善之人应得的最多。因此真正气度非凡的人一定是善的。在每一种德行方面都伟大似乎就是气度非凡的人的特征。逃避危难、袖手旁观、冤枉他人都是与气度非凡的人不相称的行为。因为这个，再也没有什么比他更伟大的，为什么要去做这些不光彩的事呢？……那么所谓气度非凡，似乎就应该是一切德行之冠，因为它让其他的德行更伟大，但是在它们中间又找不到它。因此真正的气度非凡很难达到，因为没有性格上的高贵和善那就是不可能的。因此气度非凡的人主要关心的是荣誉和耻辱，对于那些伟大的善人所给予的荣誉他会很适度地表示欣喜，同时认为这是他理所应得，甚至这低于他理所应得，因为没有什么荣誉可以配得上完美的德行，但是既然人们没有更高的荣誉可以授予他，他还是会接受这个荣誉。但是他会完全鄙视来自随便哪个人或者基于无足轻重的理由的荣誉，因为这配不上他，同样，耻辱也是如此，因为那对他来说不公平。……出于荣誉

[1] 希腊语中这个词字面上的意思是“灵魂伟大”，通常都被译作“气度宏大”，但是牛津式的翻译使用的是“自尊”这个词。这两个词其近代的用法都不能很好地表达亚里士多德的意思，但是我更倾向于使用“气度宏大”这个词，因此在之前引用牛津大学所出的著作时，都用“气度宏大”代替了“自尊”这个词。

的缘故，权力和财富都值得追求，对他这样的人来说，甚至荣誉也是一件小事。因此气度非凡的人被人认为鄙视一切。……气度非凡的人不冒无畏的危险，但是他会直面重大的危难，当他身处危险之中时会奋不顾身，因为他知道在某些条件下生命是不值得留恋的。他是那种以施人恩为荣、以受人恩惠为耻的人，因为前者是上等人的标志，而后者是下等人的标志。他倾向于滴水之恩报以涌泉，因为这样原来的施惠者在获得酬谢之后还会有负于他。……气度非凡的人的标志是乐于助人不求回报，面对权贵不亢不卑，面对中等阶层不矫揉造作，因为要高于前者十分困难也很自以为是，但是面对后者就轻而易举。面对权贵举止倨傲并不是没有教养的标志，但是在低下的人中间这么做就如同向弱者展示力量一样低级了。……他又必须是爱憎鲜明的，因为隐藏自己的感情，也就是说关心别人的意见胜过关心真理，是一个懦夫的行为。……他自由地发表意见，因为他鄙视一切又习惯于讲真话，除非是他在讽刺那些庸俗的人。……他也不能习惯于赞美别人，因为对他来说没有什么是更伟大的。……他也不是一个搬弄是非的人，因为既然他既不关心获得赞扬也不关心指责别人，那么他既不会谈论自己也不会谈论他人。……他宁愿要华而不实的东西而不愿意要物美价廉的东西。……此外，步态缓慢对一个气度非凡的人来说也是相称的，还要有一个深沉的嗓音和一个平稳的讲话方式。……如此这般便是一个气度非凡的人。做不到他那样的人就会过度谦卑，做得太过的人就会虚荣自负。”

这样一个爱慕虚荣的人会是什么样的，想想真让人不寒而栗。

无论对气度非凡的人有什么看法，有一点是清楚的：这种人在一个社会里不会很多。我的意思并不仅仅是说因为德行很难实践，所以一般来说不可能有很多有德行的人，我的意思是说气度非凡的人的各种德行在很大程度上依赖于他拥有优越的社会地位。亚里士多德将伦理学视为政治学的一个分支，所以他赞扬了自尊心之后，又认为君主制是最好的政府形式，贵族制次之，这并不奇怪。君主和贵族们是可以“气度非凡”的，但是如果普通的公民也要照那个样子来生活就很可笑了。

这提出了一个半伦理半政治的问题。如果一个社会因为其根本性的构造方式而让少数人垄断最好的东西，而大多数人只能满足于次等的东西，我们能否认为这个社会在道德上令人满意？柏拉图和亚里士多德说可以，尼采也同意他们的看法。斯多葛派、基督徒和民主主义者都说不行。但是他们否认的方式却大不相同。斯多葛派和早期的基督徒认为最大的善就是有德，外部环境是不能阻止一个人有德行的，因此没有必要去寻求公正的社会体制，因为社会不公正只对不重要的问题有影响。与之相反，民主主义者通常都认为至少在涉及政治的地方，最重要的善是权力和财产，因此一个民主主义者不能容忍在这些方面不公正的社会体制。

斯多葛－基督教式的观点有赖于一种与亚里士多德非常不同的德行的概念，因为他们坚持认为对奴隶和他的主人来说德行都是同样可能的。基督教的伦理不赞成自豪，但是亚里士多德却认为那是一种德行；基督教的伦理赞美谦卑，亚里士多德则认为那是一种劣性。理智上的德行对柏拉图和亚里士多德来说其价值高于一切，但是在基督教那里就不得不从德行的名单上划掉，这样贫穷和地位低贱的人才可能和其他人一样有德行。教皇格里高利一世曾经因为一位主教教授语法而严肃地谴责过他。

亚里士多德认为最高的德行只属于少数人，这一观点和他把伦理学隶属于政治学的做法有着逻辑上的联系。如果我们的目标是一个善的社会而不是善的个人，那么在一个善的社会是有可能存在主从关系的。在一支管弦乐队中，第一小提琴要比双簧管更重要，尽管两者对于整体的完美性来说都是必要的。如果把每个人都看作一个孤立的个人，并且都给他们最好的，那么按照这个原则是不可能组织一支管弦乐队的。近代大型国家的政府情况不无相同，不管它是多么的民主。近代的民主制和古代的不同，它将巨大的权力赋予了某些被选举出来的个人，比如总统和首相，也指望他们能够拥有各种在常人身上没有什么希望找到的优点。当人们不是在用宗教性的或者政治论战中的特定用语来思考，他们会倾向于认为一个好的总统要比一个好的泥瓦匠更应该受人尊重。在一个民主国家中，人们并不期望总统能像亚里士多德式的气度非凡的人，但是人们依然期望他和平常的公民能够颇有些不同，并且具有某些和他的职位相联系的优点。这些特有的优点也许不会被人认为是“伦理的”，但那是因为我们所使用的这个形容词的意义要比亚里士多德所使用的狭隘得多。

作为基督教教义的结果，道德和其他优点之间的区别变得远比在希腊时期尖锐。一个人能够成为一位伟大的诗人、作曲家或者画家是一个优点，但不是一个道德的优点，我们并不认为他因为拥有这些才能而更有德行，或者更有可能升入天堂。道德优点只与意志的行为有关，也就是说，在各种可能的行为方式中做出正确的选择。[1]我不会因为不知道怎么写歌剧而被人指责。正统的观点是，如果有两种可能的行为方式，良心就会告诉我哪个是正确的，而选哪个又是罪恶的。

「1」亚里士多德确实也说过这一点，但是就他的意思来说，其后果没有基督教的解释那样影响深远。

德行主要在于避免罪恶，而不在于任何建设性的东西。没有理由指望一个受过教育的人比一个没有受过教育的人，或者一个聪明人比一个蠢人在道德上更好。通过这种方式，许多具有重大社会重要性的优点就被排除在伦理学的范围之外了。“不合伦理的”这个形容词，在近代的用法中，其适用范围要比“令人讨厌的”这个形容词狭窄得多。反应迟钝是让人讨厌的，但并不是不合伦理的。

然而，许多近代的哲学家并没有接受这种伦理观。他们认为我们应该首先定义什么是善，然后再说我们应该怎么做才能趋向于实现善。这种观点比较近似于亚里士多德，因为他认为幸福就是善。尽管最高的善确实只对哲学家们开放，但是对亚里士多德来说这并不构成对这个理论的反驳。

各种伦理学的理论，按照它们把德行当作目的还是手段，可以分成两种类型。总体上说，亚里士多德秉持的观点是德行是达到一种目的（即幸福）的手段。“那么，我们期望着一个目的，就要仔细考虑并选择手段，与手段有关的行为就要和选择相符并且是自愿的。德行的实践与手段有关。”但是德行作为包括在行为的目的中的一部分，还有另一种意义上的德行：“人类的善就是灵魂在一个完满的生活中根据德行所做出的活动。”我认为他会说理智上的德行是目的，而实践中的德行只是手段。基督教的道德家们认为，虽然一般来说有德行的活动其后果都是好的，但是后果并不和有德行的活动本身一样好，有德行的活动所受的评价是针对它们自身的，而不是针对它们的结果的。另一方面，那些认为快乐就是善的人只是把德行当作手段。除非把善定义为德行，否则所有其他的定义都会导致同样的后果，即德行就成了不同于其自身的达到善的手段。我们已经说过，亚里士多德在这个问题上尽管不完全同意，但是也大体上认同这样一种观点，即伦理学的首要工作是为善下一个定义，并且应该将德行定义为倾向于导致善的行为。

伦理学和政治学的关联提出了另一个相当重要的伦理问题。假设正确的行为应该以整个社会乃至整个人类的利益为其目的，那么社会性的利益是不是个人所享受的利益的总和？抑或在本质上它是一种整体性的而非部分性的东西？我们可以用人体做类比来说明这个问题。各种快乐大体上是和身体的各个不同的部分联系在一起的，但是我们认为快乐是属于作为整体的人的。我们可以享受一种令人愉快的气味，但是我们知道只有鼻子是享受不到的。有些人主张在一个组织紧密的社会里，也有一些类似的属于整体而不属于部分的美德。如果这些人是形而上学家，他们也许会像黑格尔那样，认为任何一种称得上是善的性质都是作为一个整体的宇宙的特性，但是他们通常都会补充说将善归之于国家要比归之于个人更少错误。从逻辑上这种观点可以叙述如下，即有各种不同的逻辑上的谓项可以归之于一个国家但是不能归之于其单独的成员——这些谓项包括人口众多、领土广大、强大有力等等。我们现在所考虑的这种观点就把伦理上的谓项也归入了这一类中，并且认为只有基于这些谓项的衍生物才属于个人。一个人可以属于一个人口众多的国家或者一个好的国家，但是他们认为这个人我们不能说他人口众多，也不能说他好。这种观点曾经广泛地为德国哲学家们所坚持，但这非亚里士多德的看法，但是也许在某种程度上他的关于正义的概念是个例外。

关于友谊的讨论占据了《伦理学》一书中相当一部分，包括有关感情的所有关系在内。完美的友谊只可能存在于善人之间，并且和许多人做朋友是不可能的。一个人不应该和一个地位比自己高的人做朋友，除非他同时也有更高的德行可以证明对他的尊敬。我们已经看到了，在本来就不平等的关系中，比如夫妻或者父子关系中，地位在上的人应该受到更多的爱。因此不可能和上帝做朋友，因为他不可能爱我们。亚里士多德还讨论了一个人能不能和自己做朋友，并且断定这只有在他是个善人时才有可能。他还断言，邪恶的人经常恨他们自己。善人应该爱他们自己，但是应该高贵地爱自己。在遇到不幸时，朋友是一种安慰，但是一个人不应该出于寻求自己朋友的同情而让他们烦恼，就像女人和那些女性化的男人们那样。并不是只在不幸中才希望交到朋友，因为幸福的人也需要朋友来分享自己的快乐。“没有人在独自一人的条件下还会选择整个世界，因为人是一种政治的造物，其本性就是要和其他人生活在一起。”所有这些关于友谊的话都是合乎情理的，但是却没有一个词是超乎常识之上的。

亚里士多德在讨论快乐时再一次地显示了超强的判断力，而柏拉图则多少是带着一点苦修的意味来看待快乐的。按照亚里士多德的用词法，快乐和幸福不同，尽管没有幸福也就没有快乐。他说，有三种关于快乐的观点：快乐永远都不是善的；有些快乐是善的，但大多数是坏的；快乐是善的，但不是最好的。他基于如下理由对第一种观点进行了反驳，即痛苦无疑是坏的，所以快乐就一定是好的。他非常肯定地说，一个人在极度的痛苦中也可以很快乐这种说法是胡扯：因为来自外部的某种程度上的好运对于幸福是必要的。他也驳斥了那种认为一切快乐都是肉体性的观点，因为一切事物都有某种神圣的成分，因此也都具有某种感受更高级的快乐的能力。善人如果没有遭到不幸就总是快乐的，而上帝则总是享受着一种单独并且单纯的快乐。

在本书的后面一部分，还有一段对快乐的讨论，但是与前面所说的并不完全一致。在这里他论证到，也存在坏的快乐，但是那些对于称得上善的人来说是算不上快乐的，所以也许快乐是分成不同的种类的，而且快乐的好坏是和它们所联系着的行动的好坏相一致的。有些事物的价值应该比快乐更重，没人会满足于以孩童般的智力水平而度过一生，哪怕这么做是让人感到愉快的。每种动物都有其特有的快乐，人所特有的快乐是和理性联系在一起的。

这就导向了这本书中唯一的一种不仅仅是常识的学说。幸福在于有德行的行动，最完美的德行在于最好的行动，而最好的行动是静观的。沉思静观要比战争、政治或者任何其他的实际的事业更可取，因为那让人获得安逸，而安逸对于幸福来说是根本性的。实际的德行只能导致次等的幸福，至高无上的幸福在于对理智的运用，因为理智与其他任何东西相比都更是人本身。人不能完全是静观的，但是当他是静观时，他分享了神圣的生命。“上帝的行动在幸福的状态上超过了其他任何事物，因此一定是静观的”。在所有人中，哲学家的行动是最近似于神的，因此也是最幸福的和最好的：

“运用并培养自己的理性的人看上去既处在最好的精神状态又最为众神所珍爱。因为如果众神像人们认为的那样对人类事物有任何关心，那么他们似乎应该理所当然地喜欢最好的，和他们最相似的东西（即理性），而且也应该奖赏那些热爱并敬重理性的人，因为他们关心众神所珍爱的东西，并且行为既正确又高尚。而且很明显所有这些属性首先是属于哲学家的。因此哲学家是最为众神所珍爱的。而最为神所珍爱的人大概也是最幸福的人了。所以也是通过这种方式，哲学家们会比其他人更幸福。”

这段话是《伦理学》这本书事实上的结束语，随后几段牵涉的内容是向政治学的过渡。

现在让我们试着来决定我们对《伦理学》的优点和缺点应该有什么看法。与希腊人探讨过的其他学科不同，伦理学至今还不曾有任何确定无疑的、在确定有所发现的意义上的进步；伦理学中没有任何在科学的意义上是已知的东西。因此，一篇古代的论文无论哪一方面都不应低于一篇现代的作品。当亚里士多德谈到天文学时，我们可以肯定地说他错了；但是当他谈到伦理学时，我们不能在同样的意义上说他对或说他错。概括地说，关于亚里士多德的伦理学，或者任何其他哲学家的伦理学，我们可以问三个问题：其内在是不是首尾一致的？与作者观点的其余部分是不是一致？这种学说关于伦理问题所给出的答案是不是和我们自己的伦理感情相符？如果对第一个或者第二个问题的答案是否定的，那我们所谈论的哲学家就犯了某种理智上的错误。但是如果我们否定第三个问题的答案，我们就没有权利说他是错误的，我们只有权利说我们不喜欢他。

让我们就《尼克马可伦理学》一书提出的伦理学理论来依次考察这三个问题。

一、大体上讲，除了在一些不太重要的方面之外，这本书是前后一致的。善即是幸福而幸福在于达到目的的行动，这个学说构想得很好。但是每种德行都是两个极端之间的中庸的学说，尽管发挥得也很巧妙，但就不那么成功了，因为这不适用于理智上的沉思静观，而我们被告知，那正是所有行为中最好的。当然，我们可以继续坚持说这种中庸的学说只打算用于实际的德行，而非理智的德行。让我们换个话题，那个立法者的地位似乎多少也是有点暧昧不明的。他是要促使孩子们和年轻人获得实践善行的习惯，这些善行最终会让他们在德行中发现快乐，并让他们不需要法律的强迫就能做出有德行的行为。很显然，立法者也可能同样使年轻人获得坏习惯。如果要避免这种情况，他就必须具有一个柏拉图式的守卫者的全部智慧；如果避免不了这种情况，关于有德行的生活是令人快乐的论证就站不住脚。然而，也许这个问题更多的是政治学的而不是伦理学的。

二、亚里士多德的伦理学在每一个论点上都和他的形而上学相一致。当然他的形而上学理论本身就是一种伦理学上的乐观主义的表现。他相信终极因具有科学上的重要性，这就蕴涵着一种信仰，即目的是在统御着宇宙发展的过程的。大体上，他是把变化当作一种组织性或者“形式”的增加的，并认为归根结底只有那些有助于这个倾向的行为才是有德行的。确实他的大部分实践伦理学都不是特别地具有哲学性，而不过仅仅是对人类事物的观察结果罢了。他学说的这一部分，尽管可能独立于他的形而上学，但是和他的形而上学并不矛盾。

三、当我们将亚里士多德伦理学上的倾向和我们自己的相比较时，就像已经指出的那样，我们首先就会发现一种让大多数现代人感到厌恶的对不平等的认同。他不仅不反对奴隶制度，也不反对丈夫和父亲对妻子和孩子的特权，而且他还认为最好的东西从根本上来说是只为少数人的——气度非凡的人和哲学家。由此可以推导出，大多数人似乎只是产生少数统治者和贤人的手段。康德主张每一个人其自身都是一个目的，可以认为这是基督教介绍进来的观点的一种表达。然而，康德的观点中有一个逻辑上的困难，因为当两个人的利益发生冲突时，它就无法提供一种解决的手段了。如果每个人自身都是一个目的，我们怎么能达成一种原则来决定谁应该让步呢？这样一种原则必须和集体而非个人有关。就正义这个词最宽泛的意义而言，它必须是一种“正义”的原则。边沁和功利主义者都把“正义”解释为“平等”：当两个人的利益发生冲突时，最好的办法是能够产生的幸福的总量最大的那种，不管两个人之中由谁来享受幸福，也不管幸福在两人之间如何分配。如果给予好人的要比给予坏人的更多，那是因为从长远来看，总的幸福可以通过奖励德行并惩罚恶行而获得增加，而不是因为有一种基本的伦理学说认为善人应该比坏人得到的更多。按照这种观点，“正义”在于只考虑所涉及的幸福的数量，而不偏袒一个个人或阶级而反对另一个个人或阶级。希腊哲学家，包括柏拉图和亚里士多德在内，有一种不同的正义的概念，并且这种概念今天依然广泛流行。最初是基于宗教上的理由，他们认为每个事物或个人都有其专属的领域，跨越了领域之间的界限就是“不正义的”。有些人因为其性格或能力的缘故，拥有比其他人更广大的领域，因此如果他们分享了更多的幸福，这也没有什么不正义可言。这种观点在亚里士多德那里被认为是理所当然的，但是这种观点的原始宗教基础在早期哲学家那里是很明显的，然而在亚里士多德的著作中就不再那么明显了。

亚里士多德思想里几乎完全没有可以被称为仁慈或者仁爱的东西。他能够察觉到的人类的苦难并没有使他动情，他认为那些是理智上的罪恶。但是没有证据表明人类的苦难曾经使他不幸福，除非受苦的碰巧是他的朋友。

更笼统地说，《伦理学》中有一种感情的缺失，这在早期的哲学家中间是看不到的。亚里士多德对人类事物的思考有着某种过分沾沾自喜和耽于安逸的东西，所有能使人们对彼此感到热情关怀的东西似乎都被遗忘了。即便是他对友谊的描述也是淡淡的。没有迹象表明他曾有过任何使他难以保持健全理智的经验，显然他并不知道道德生活中所有较为深刻的方面。可以说人类经验中整个有关宗教的领域都被他忽略了。他所说的是对生活安逸欠缺激情的人有用的东西，但是对于被神灵或魔鬼迷住了心窍的人，或者被外来的不幸逼得绝望的人，他就一无所言了。基于这些原因，我判断，他的《伦理学》尽管很有名气，但是却缺乏内在的重要性。

第二十一章

亚里士多德的政治学

亚里士多德的政治学不仅有趣而且十分重要——有趣的是他展现了他那个时代有教养的希腊人共同的偏见；重要的是它是许多原则的源头，这些原则直到中世纪末依然具有影响力。我并不认为其中有太多东西会对今天的政治家有任何实际的用处，但是其中有很多内容可以让我们看清希腊化世界的不同地区所发生的朋党冲突。书中并没有认识到非希腊化国家的政府管理方法，尽管确实间接提到过埃及、巴比伦、波斯和迦太基，但是除了迦太基的情况之外，其他都只是泛泛而谈。书中也没有提到过亚历山大，甚至一点也没有察觉亚历山大当时在世界上所引起的翻天覆地的巨变。整个讨论围绕的都是城邦国家，而没有预见到城邦制度即将落下帷幕。希腊由于分成许多独立的城邦，所以是各种政治尝试的实验室，但是适宜于这些政治实验的环境从亚里士多德的时代直到中世纪意大利城邦的兴起为止不复存在。在许多方面，亚里士多德所依据的现实经验都更适用于比较近代的世界，而不适用于成书之后一千五百年中的任何一个时代。

书中还附带许多有趣的议论，在着手讨论政治理论之前，我们可以先摘录几条。亚里士多德告诉我们，欧里庇得斯在马其顿国王阿基劳斯的宫中时，一个叫迪坎尼库斯的人指责他有口臭。为了平息他的盛怒，国王允许他抽迪坎尼库斯的鞭子，他就真的这么做了。迪坎尼库斯在多年的等待后参加了一次成功的谋害国王的阴谋，但是这个时候欧里庇得斯已经亡故。他又告诉我们说，应该选择在冬天怀孩子，因为这时风在北边吹。而且我们必须十分谨慎避免下流言辞，因为“可耻的言语导致可耻的行为”，下流的举止除了在神庙里面之外绝不会被容忍，而在神庙里，法律甚至允许说脏话。人们不应该在太年轻时结婚，因为如果这样做了，生出来的孩子会身体孱弱，还会是女孩，妻子则会变得淫乱，丈夫则会发育不良。合适的结婚年龄是男子三十七岁，女子十八岁。

我们从中还得知泰勒斯曾经因为贫穷被人嘲笑过，于是他就用分期付款的方式买下了所有的橄榄榨油器，于是他就能够垄断它们的租用价格。他这么做是要表明哲学家是能够挣到钱的，如果他们一直贫穷度日，那是因为他们要考虑的事情比财富更重要。不过所有这一切都是顺带提及的。现在我们来考察一些严肃的问题。

本书一开始就指出了国家的重要性。国家是一种最高级的社会，以最高的善为目的。按照时间次序，首先出现的是家庭，它建立在男－女和主－奴这两对基本的关系之上，而这两种关系都是自然的。若干家庭组合而成一个村庄；若干村庄组合而成一个国家，这个组合必须差不多大到能够自给自足。国家虽然在时间上出现得比家庭晚，但是就其本质而言却先于家庭，因为“一切事物只有充分发展之后我们才能说它到底是什么”，人类社会充分发展之后就是国家，而整体是先于部分的。这里涉及一种有机体的概念：他告诉我们，如果身体被毁灭，那么一只手就不再是一只手了。这里暗含的意思是，手是由目的（即拿取）所规定的，而它只有被装到一个活着的身体上时才能达到这个目的。同样的道理，个人除非是国家的一部分，否则就不能实现自己的目的。亚里士多德说创建国家的人是最伟大的恩主，因为人没有了法律就是最坏的动物，而法律的存在就依赖于国家。国家并不仅仅是一个旨在互换有无和防止犯罪的团体：“国家的目的是善的生活。……而且国家是一个处在完美和自给自足状态中的家庭和村庄的联盟，这种状态我们就称为幸福和光荣的生活。”“一个政治团体为了高尚的行动而存在，不是为了单纯的伙伴关系。”

因为一个国家是由许多户人家组成，而每户人家又是一个家庭，所以对政治的讨论应该从家庭开始。这一大块的讨论都与奴隶制度有关——因为在古代，奴隶一直被当作家庭的一部分。奴隶制度是行之有效的和正确的，只是因为奴隶天然地低于主人的地位。从一出生开始，有些人就被选定要做臣民，另一些人则被选定要做统治者。那些就其本质而言不属于自己而属于其他人的人本质上就是奴隶。奴隶不应该是希腊人，而应该是没有多少精神的低等种族。温驯的动物饲养时长得就比较好，那些天生低下的种族被优于他们的种族统治时情况也是如此。也许有人会问，将战俘降为奴隶的做法是不是正当呢？力量，比如那种可以让人在战争中获胜的力量，似乎暗示了更高等的德行，虽然情况并不总是如此，但是对为了受统治而生但却不肯屈服的人发动战争总是正义的。这就暗示了，在这种情况下，将被征服的人作为奴隶是正当的。这个观点似乎足以为任何曾经存在过的征服者辩护，因为没有一个民族会承认自己从本质上说是应该受统治的，所以判断其天生倾向的唯一证据只能从战争的结果中获得。因此在每场战争中胜利者总是正确的，被征服者总是错误的。说得非常令人满意！

接下来是关于商业贸易的讨论，这一讨论深刻地影响了经院哲学的决疑论[1]。每种事物都有两个用途，一种是正当的（proper），另一种是不正当的（improper）。例如一只鞋，穿在脚上是它的正当用途，拿去交换则是它的不正当用途。因此鞋匠身上就有某种退化堕落的东西，因为他必须卖鞋来维持生计。亚里士多德告诉我们，零售并非一种自然的致富方式。自然的致富方法是有技巧地经营房产和地产。通过这种方式得到的财富是有限度的，但是通过贸易得到的财富是无限度的。贸易必须和钱有关，但是财富并不在于获得钱币。从贸易中得到的财富被人憎恨是很正当的，因为它是不自然的。“那种最遭人憎恨的，而且理由最充足的，就是高利贷，因为其利润是从金钱本身中，而非金钱的自然对象中获得的。因为金钱本是用来在交换中使用的，而不是为了增值利息的。……在所有致富的方式中，高利贷是最不自然的。”

这个权威意见产生了什么结果，你可以参阅托尼的《宗教与资本主义的兴起》一书。但是尽管书中的历史是可信的，作者的评论却有一种倾向前资本主义时期的偏见。

“高利贷”这个词在亚里士多德那里指的是所有有利息的借款，不像现在那样只是指利息过高的借款。自希腊时代至今，人类，至少是在经济上比较发达的那部分人类，都被分成了债务人和债权人；债务人总是不赞成利息，而债权人总是赞成利息。在大多数时候，土地拥有者都是债务人，而从事商业的人都是债权人。各种哲学家们的观点，除了极少数例外，都和自己阶级的金钱利益相一致。希腊的哲学家都属于或者受雇于土地拥有者阶级，因此他们不赞成利息。中世纪的哲学家是教士，而教会的财产主要在于土地，因此他们也看不出有什么理由要修改亚里士多德的见解。他们反对高利贷又被反犹太主义所加强，因为大部分流动资金都为犹太人所有。神职人员和贵族们之间存在斗争，有时还非常激烈，但是他们却能够联合起来反对邪恶的犹太人，而犹太人通过贷款的方式来帮助他们度过坏年景，并且认为自己应该因为节俭而获得某种报答。

随着宗教改革的展开，情况发生了改变。许多诚挚的新教徒都是商人，对他

---

［1］一种将理论规则运用于特殊实例来解决道德问题的学说。——译者注

们来说，借款谋利极为重要。于是先是加尔文，接着是其他的新教神学家，都认可了利息。最终天主教会也不得不跟着这么做，因为古老的禁令已经不再适用于近代世界了。自从哲学家不再是神职人员后，也不再和土地所有权有什么联系，并且其收入来自大学投入的资金，他们也都赞同了利息。每个时代，总是有很丰富的论据来支持在经济上对自己有利的观点。

柏拉图的乌托邦遭到了亚里士多德基于各种不同理由的批判。先是一段非常有趣的议论，说乌托邦的学说赋予了国家太多的同一性，以至于将国家变成了个体。接着是那种每个读者都会很自然地想到的反对废除家庭的提议的论证。柏拉图认为只要把“儿子”这个称呼加到所有年龄适当有可能为人之子的人头上，一个人面对全体民众就会获得目前人们只对自己真正的儿子所具有的那种感情，相应地，关于“父亲”这个称呼也会发生同样的事情。与之相反，亚里士多德说为绝大多数人所共有的东西也最少受到关心，所以对许多个“父亲”来说，如果“儿子们”是共有的，那么这些儿子就会共同地受到忽视，做一个现实中的表兄弟比做一个柏拉图所说的“儿子”要好。柏拉图的计划会让人与人之间的爱变得像水一样平淡无味。然后是一段奇谈怪论，说既然禁绝私通是一种德行，所以如果有一种社会制度废止了这个德行和相应的恶行就是一件让人惋惜的事情了。接着他又向我们提出了一个问题：如果妇女是公共的，那么谁来操持家务呢？我曾经写过一篇文章，名叫《建筑学与社会制度》，在其中我指出过，所有将共产主义和废除家庭联系起来的人同时也是一种供许多人使用，拥有公共厨房、餐厅和育儿室的集体房屋的倡导者。这种体制可以被描述为不需要独身的修道院。这一点对执行柏拉图的计划具有根本性的意义，而且和他所做的其他许多提议比起来绝对不是更不可能的事情。

柏拉图的共产主义理论惹恼了亚里士多德。他说，那会导致对懒人的愤恨，也会导致同路人中间很常见的那种冲突。更好的办法是每个人都只关心他自己的事情。财产应该是私有的，但是应该用仁爱来训导人民，以便让他们在很大程度上允许公共使用自己的财产。仁爱和财产都是德行，但是没有私有财产它们就都是不可能的。最后他还告诉我们，如果柏拉图的计划很好，那么应该早就有人想到过了。[1]我并不同意柏拉图，但是如果有任何东西能让我同意柏拉图的意见，那也只能是亚里士多德反对他的论证了。

---

［1］试比较西德尼·史密斯作品中那个傻子的演说：“如果这个提议真那么合情合理，撒克逊人会不曾理会它吗？丹麦人会对它视若无睹吗？它能逃得过精明的诺曼人吗？”（引文依据的是我的记忆。）

正如在涉及奴隶制度时我们已经看到的那样，亚里士多德并不信仰平等。而且即便承认了奴隶和妇女的从属地位，全体公民在政治上是否平等依然是个问题。他说有些人认为这是可取的，他们所依据的理由是所有的革命都会把注意力转向财产的革命。但是他反对这个论证，坚持说最大的犯罪是由于过度丰盈而不是由于十分贫乏，没有人会为了避免饥寒交迫而变成一个暴君。

一个政府若以整个社会的利益为目标就是一个好政府，若仅以自身的利益为目标便是一个坏政府。有三种好政府：君主制、贵族制和立宪政府制（又叫共和制）；又有三种是坏的政府：僭主制、寡头制和民主制。也有许多混合的中间形式。我们必须注意到的是，好政府和坏政府的区别是由权力拥有者的道德品质，而不是由政体的组织形式所决定的。不过这一点也只是部分正确。贵族制是一种有德行的人的统治，寡头制是一种有钱人的统治，而且亚里士多德并不认为德行和财富是严格的同义语。他的主张与中庸平均的学说相一致，即适量的收入最有可能和德行相联系："人类不是通过外在财富的帮助来获得或者保持德行，而是通过德行和幸福的帮助来获得外在财物——不管主要借助的是德行还是幸福，还是两者兼而有之，往往都更能够在那些精神和性格上都具有高度教养，并且只拥有一份适度的外在财物的人身上找到，而不是在那些拥有的外在财物多到无用的程度但却缺乏更高尚品质的人身上找到。"因此在最好的人的统治（贵族制）和最富的人的统治（寡头制）之间是有区别的，因为最好的人通常只有适度的财富。在民主制和共和制之间，在各自政府的伦理差异之外还有一个区别，因为亚里士多德称之为"共和制"的制度保留了一些寡头制的因素。但是君主制和僭主制唯一的区别只是伦理上的。

他强调要通过执政党的经济地位来区分寡头制和民主制：当富人的统治完全不考虑穷人时便是寡头制，当权力掌握在穷人手中并且他们忽视富人的利益时便是民主制。

君主制比贵族制好，贵族制比共和制好。但是最好的一旦腐化便是最坏的，因此僭主制比寡头制坏，而寡头制比民主制坏。通过这种方式，亚里士多德为民主制做出了有所保留的辩护，因为实际存在的大多数政府都是坏的，因此在现实的政府中，民主政府有可能是最好的。

希腊的民主观念在许多方面都要比我们今天更为极端，例如，亚里士多德说选举行政官就是寡头制的，而通过抽签来任命他们才是民主的。在极端的民主制度里，公民大会高于法律之上，在每个问题上都独立地做决定。雅典的法庭是由许多通过抽签选出的公民组成的，没有任何法学家的辅助，当然这些公民很容易受到雄辩和党派激情的影响。所以当他批评民主制时，我们必须理解他所指的是这一类情况。

书中还有对革命起因的长篇探讨。在希腊，革命就像以前的拉丁美洲一样频繁，因此亚里士多德有十分丰富的现实经验来作为论述的引证。革命的主要原因是寡头派和民主派之间的冲突。亚里士多德说，民主制产生于同等自由的人们在所有方面都应该平等这一信念；而寡头制则产生于在某些方面更优越的人要求很多这一事实。两者都有某种公正，但都不是最好的那种。“因此两种制度下的政党，只要他们在政府中所占的比重和他们预想的目标不相符，他们就会发动革命。”民主制的政府比起寡头制的政府来说更不容易有革命，因为寡头们之间也可能因为争吵而失和。寡头们似乎都是些精力充沛的家伙。一些城市，寡头们宣誓说：“我要做人民的敌人，我会尽我所能地设法来伤害他们。”今天的反动派们可就没有这么坦率了。

要防止革命需要做三件事：政府宣传教育、防微杜渐尊重法律；在法律和行政上的正义，也就是“按比例的平等，并且使每个人各享所有”。亚里士多德似乎从来没有认识到“按比例平等”的困难。如果这是真正的公正，那么这比例就必须是德行的比例。而德行是难以度量的，而且这是一个政党之间会有争论的问题。所以在政治实践中，德行总是倾向于用收入来衡量。亚里士多德试图在贵族制和寡头制之间做出的那种区别，只有在世袭贵族阶层根深蒂固的地方才有可能。然而即便是那样，只要存在着一个庞大而又非贵族的富人阶层，也必须允许他们分享权力以免造成革命。世袭的贵族阶层不可能长久地保持他们的权力，除非是在那种土地几乎就是财富的唯一来源的地方。从长远来看，一切社会性的不平等都是收入的不平等，这一点也是支持民主制的论证的一部分：将“按比例的公正”建立在任何除财富之外的价值之上的努力都是注定要失败的。寡头制的辩护者们自称收入是和德行成比例的；赞美诗的作者也说他从未见过一个正直的人靠乞讨为生；亚里士多德则认为善人获得的收入正好是他自己的，既不太多也不太少。但是这一类的观点都很荒唐。除了绝对平等之外的所有种类的“公正”都必须在实际中奖励某种除了德行之外的品质，因此都是该受谴责的。

有一节关于僭主制的内容非常有趣。一个僭主渴望财富，而一位国王则渴望荣誉。僭主的卫士是雇佣兵，而国王的卫士是公民。僭主们大都是煽动家，通过许诺要保护人民反对贵族而获得权力。亚里士多德以一种讽刺性的、马基雅维利式的口吻解释了一个僭主要保持住权力必须做些什么。他必须防止出现任何一个功勋卓著的人，如有必要可以进行迫害和暗杀。他必须禁止公共聚餐、俱乐部和任何可能产生敌对情绪的教育。绝对不能有文学聚会或讨论。他必须防止人们互相之间有深入的了解，并且要强迫他们在他的城门前公开地生活。他应该雇佣像叙拉古女侦探那样的密探。他必须播下斗争的种子，并让他的臣民们穷困潦倒。他应该让臣民们永远忙碌于修建巨大的工程，就像古埃及的国王用来建造金字塔的方法一样。他应该把权力赋予女人和奴隶们，来让他们成为告密者。他应该挑起战争，好让他的臣民们有事情可做并总是需要一位领袖。

一想到整本书中只有这段话与今天的情况最相称，不禁让人感到悲哀。亚里士多德得出了结论说，对于一个僭主来说，没有什么罪恶是太大的。他说，不过也有一种办法可以维持僭主制，那就是明哲保身和假装信教。关于这两个办法他没有做出决断证明哪个更成功。

有一段很长的论述证明了对外征服不是一个国家的目的，这表明当时有很多人都持有一种帝国主义者的观点。但是的确也有一个例外：即对“天生的奴隶”的征服是既正确又正义的。按照亚里士多德的观点，这就可以证明针对野蛮人的战争是正当的，但是不能证明针对希腊人的战争有理，因为没有希腊人是“天生的奴隶”。一般来说，战争只是一种手段而不是目的，一个处在孤立状态、不可能进行征服的城邦也可以是幸福的；生活在孤立状态下的国家也没必要无所事事。上帝和宇宙都是积极活跃的，尽管它们不可能进行对外征服。因此一个国家所应该追求的幸福不应该是战争，尽管战争有时候是达到这个目的的必要手段，而应该是和平状态下的积极活力。

这引出了一个问题：一个国家应该有多大？他告诉我们，规模大的城邦永远不可能治理得很好，因为人数一多就不可能整齐有序。一个国家应该大到差不多可以自给自足，但是不能大得无法建立立宪政府。它还应该足够小，以便公民们可以了解彼此的性格，否则在选举和法律诉讼中公正就得不到保障。其领土应该小到在山顶上就可以看到它的全貌。他既告诉我们国家应该自给自足，又告诉我们国家应该有进出口贸易，这一观点似乎前后矛盾。

靠劳作为生的人不应该被允许拥有公民权。“公民们不应该过一种工匠或者商人的生活，因为这样一种生活是不高尚的并对德行有害。”他们也不应该是农夫，因为他们需要休闲。公民们应该拥有财产，而庄稼汉应该是来自不同种族的奴隶。他告诉我们，北方的种族精力充沛，而南方的种族则富有智慧，因此奴隶应该是南方的种族，因为如果他们精力充沛就不方便管理了。只有希腊人才既精力充沛又富有智慧，他们治理得比野蛮人好得多，如果把他们联合起来就能统治世界。人们也许会期待在这个地方总该有一些提及亚历山大的话了，但还是一个字也没有提到。

关于一个国家的规模，亚里士多德在不同的程度上也和许多近代的自由主义者一样犯了同样的错误。一个国家必须能够在战争中保卫自己，甚至如果要保留任何自由的文化，还必须能毫不费力地保卫自己。为了达到这一要求，国家的规模就取决于工业和战争的技术了。在亚里士多德的时代，城邦制国家已经过时了，因为它在马其顿的威胁下无法保卫自己。在我们的时代，整个希腊包括马其顿在内，在这个意义上也都过时了，而这一点在最近得到了证明。[1]现在再来鼓吹希腊，或者鼓吹任何其他小国的完全独立，就像是在鼓吹一座版图从山丘上就能一览无余的城市的完全独立一样毫无意义。除非一个国家或者同盟通过其自身的努力，强大到足以击退所有外来征服，否则就不可能有真正的独立。要满足这个要求，一个国家就不能小于美国和英帝国加在一起的面积总和，甚至即便这样一个单位也还是太小。

我们今天所看到的这本书的版本以讨论教育的一段文字而告结束，似乎还未完成。当然，教育只是为了那些将要成为公民的孩子，奴隶可以教他们有用的手艺，比如烹饪，但那并不是教育的一部分。公民应该按照他们生活其中的政府样式进行形塑，因而根据所涉城邦是寡头制还是民主制就会有所不同。但是在这段讨论中，亚里士多德假定了公民们都享有政治权利这一点。孩子们应该学习对他们有用的东西，但是不能让他们变得粗俗鄙陋，例如，不能教给他们任何会让身体变形或者赚钱的技术。他们应该适度地从事体育活动，但是不应达到为了获得专业技术而锻炼的程度。那些为了参加奥林匹克运动会而训练的男孩们，其健康是受到损害的，正如那些孩提时总能获胜，成人之后却鲜能获胜的人所证明的那样。孩子们应该学习绘画，目的是为了欣赏人体之美，应该教导他们欣赏体现了道德观念的画作和雕塑。他们可以学习唱歌和使用乐器，以便让他们能够品鉴音乐，但又不足以成为熟练的演奏家，因为除非喝醉了酒，否则没有一个自由人会演奏乐器或歌唱的。当然，他们还必须学习阅读和写字，尽管这些技艺也是有用的，而教育的目的在于“德行”而不是有用。亚里士多德所说的“德行”是什么意思他在《伦理学》一书中已经告诉我们了，在这本书里他又频繁地加以引用。

亚里士多德在《政治学》一书中所做的基本假设与任何近代作者的都大不相同。按照他的观点，国家的目的在于产生有教养的绅士——即那些将贵族的思维方式和对学习和技艺的热爱集于一身的人。这种集结，其至高、完美无缺的形

「1」这一段写于 1941 年 5 月。（译者注：指当时的希腊被纳粹德国占领。）

态，存在于伯利克里时代的雅典，但不是存在于大范围的人口中，而只存在于那些富有的人中间，并在伯利克里时代的最后年代开始解体。没有文化的大众起来反抗伯利克里的朋友，他们不得不利用欺诈、暗杀、非法专制以及其他各种非常下三烂的手段来维护自身特权。苏格拉底死后，顽固的雅典民主制开始衰弱，雅典继续成为古代文化的中心，但是政治权力转移到了其他地方。在整个古代的后期，权力和文化通常是相分离的：权力掌握在粗鲁的军人手中，文化则属于没有权力的希腊人，经常还是些奴隶。这一点在罗马的鼎盛期还只是部分如此，但是在西塞罗之前和马库斯·奥勒留皇帝之后的那些时期里就绝对如此了。蛮族入侵之后，"绅士"成了北方的野蛮人，有文化的人成了南方八面玲珑的教士。这种情形差不多一直持续到文艺复兴时期，那时俗人才开始掌握文化。自文艺复兴以来，政府应由有文化的绅士组成的希腊人观念逐渐变得越来越流行，并在十八世纪登峰造极。

这种局面为各种不同的力量所终结。首先是体现在法国大革命及其结果中的民主制。伯利克里的时代以后，有文化的绅士们不得不为了保护自己的特权而对抗大众，并在这个过程中既不再是绅士也没有了文化。第二个原因是工业文明的兴起带来了一种与传统文化截然不同的科学技术。第三个原因是公众教育只交给了民众读写的能力却没有教给他们文化，这让新型煽动家得以进行新型的宣传，正如我们在独裁国家中所看到的那样。

因此不管好也罢，坏也罢，有文化的绅士们的时代都一去不复返了。

第二十二章

亚里士多德的逻辑学

亚里士多德给不同领域带来了深远的影响，其中尤以他在逻辑学方面的影响最为巨大。古代后期，当柏拉图在形而上学方面的地位至高无上时，亚里士多德则是逻辑学方面公认的权威，并且他在整个中世纪都保持着这种地位。到了公元十三世纪，基督教哲学家在形而上学领域也将亚里士多德奉为至尊。这种至尊地位在文艺复兴以后大部分都丧失了，但是在逻辑方面一直保留着。即使是在今天，所有的天主教哲学教师和其他许多人依然顽强地拒绝现代逻辑的发现，并怪异、固执地坚持无疑和托勒密的天文学一样过时的体系，这使得我们很难对亚里士多德做出公正的历史评价。他在今天对清晰的思维的影响仍如此有害，以至于我们很难记住他在其前人（包括柏拉图）的基础上做出的巨大进步，也很难记起，如果经历了一个持续的发展过程，而不是走进了死胡同（事实上如此）并继之以两千多年的停滞，他的逻辑学著作会是怎样地显得令人赞叹。在论述亚里士多德的前人时，没有必要提醒读者说，他们并不是一字一句都充满了灵感。读者可以赞美他们的才能，而不必被人认为赞同他们全部的学说。与之相反，亚里士多德的学说，特别是在逻辑方面，时至今日依然是个战场，因此不能以一种纯粹的历史精神来加以处理。

亚里士多德在逻辑上最重要的成就是三段论。三段论是一个包括大前提、小前提和结论的论证。其中每一种经院哲学家为之起了一个名字。其中最为人所熟知的叫作“Barbara”。[1]

---

[1] 亚里士多德的三段论涉及两对直言命题：第一对是全称肯定命题（universalis affirmativa）和全称否定命题（universalis negativa）；第二对是特称肯定命题（particularis affirmativa）和特称否定命题（particularis negativa）。为了方便起见，分别简称为 A、E、I 和 O；Barbara 式三段论之所以叫这个名字，是因为 Barbara 这个词的三个元音都是 A。其他类型的三段论也依此类推。——译者注

所有的人都会死（大前提）。

苏格拉底是人（小前提）。

所以：苏格拉底会死（结论）。

或者：所有的人都会死。

所有的希腊人都是人。

所以：所有的希腊人都会死。

（亚里士多德没有区别这两种形式，我们在后面会看到，这是一个错误。）

其他的形式有：所有的鱼都是没有理性的，所有的鲨鱼都是鱼，所以所有的鲨鱼都是没有理性的。（这种被叫作“Celarent”。）

所有的人都是有理性的，有些动物是人，因此有些动物是有理性的。（这种被叫作“Darii”。）

所有的希腊人都不是黑皮肤的，有些人是希腊人，所以有些人不是黑皮肤的。（这种被叫作“Ferio”。）

这四种形式就构成了“第一格”，亚里士多德又增加了第二格和第三格，经院学者们又加上了第四格。已经证明后三种格可以通过各种不同的方法归结为第一格。

从单个的前提可以推出多个结论。从“有些人是会死的”我们可以推导出“有些会死的是人”。按照亚里士多德的观点，这一点也能从“所有的人都是会死的”中推出来。从“所有的神都不会死”我们可以推导出“所有会死的都不是神”，但是从“有些人不是希腊人”并不能推导出“有些希腊人不是人”。

除了上述的这一类推论外，亚里士多德和他的追随者们还认为所有演绎性的推论，如果加以严格的叙述，都是三段论式的。通过列出所有有效的三段论的形式，并将所有提出的论证组织成三段论的形式，这样就有可能避免一切的谬误。

这个体系是形式逻辑的开端，凭这一点它就是既重要又令人敬佩的。但是如果将其作为形式逻辑的结局而非开端来考虑，就可以对它做出三种批评：

1. 这个体系自身的形式缺陷。

2. 和演绎推理的其他形式相比，对三段论的评价过高。

3. 对作为一种论证形式的演绎法评价过高。

关于这三种批评中的每一种，我们都有话要说。

1. 形式缺陷。让我们从“苏格拉底是人”和“所有的希腊人都是人”这两个陈述开始。有必要在这两者之间做出严格的区别，而亚里士多德式的逻辑学不曾做到过这一点。对“所有的希腊人都是人”这个陈述的解释通常都认为它暗示了有希腊人存在，没有这个含义，亚里士多德的某些三段论就不能成立。例如：

“所有的希腊人都是人，所有的希腊人都是白皮肤的，所以有些人是白皮肤的。”如果希腊人存在，那么这种三段论就是有效的。但是如果我这么说，它就是无效的：

“所有的金山都是山，所有的金山都是金制的，所以有些山是金制的。”尽管在某种意义上我的前提可以说是真的，但是我的结论却是错误的。如果我们要追求明晰可靠，就必须把“所有希腊人都是人”这个陈述一分为二，一个说“有希腊人存在”，另一个说“如果有任何东西是一个希腊人，那么它是一个人”。后一个陈述纯粹是假设性的，并不暗示有希腊人存在。

所以“所有希腊人都是人”这个陈述在形式上就比“苏格拉底是人”这个陈述要复杂得多。“苏格拉底是人”以“苏格拉底”为其主项，但是“所有希腊人都是人”却并不是以“所有希腊人”作为自己的主项，因为无论是在“有希腊人存在”这个陈述中还是在“如果有任何东西是一个希腊人，那么它是一个人”这个陈述中，都没有任何和“所有希腊人”有关的东西。

这个纯粹形式上的错误是形而上学和认识论中许多错误的根源。让我们来考虑一下在“苏格拉底是会死的”和“所有的人都是会死的”这两个命题上我们知识的状态。为了知道“苏格拉底是会死的”这句话的真实性，我们大多数人会满足于依赖证据，但是如果要想让证据是可靠的，我们就必须追溯到某个认识苏格拉底并且亲眼见到他死去的人。这个被认知到的事实——苏格拉底的尸体再加上我们知道这个东西曾经叫作“苏格拉底”的知识，就足以向我们保证苏格拉底的必死性。但是谈到“所有的人都是会死的”时，问题就不同了。我们对于这一类一般命题的知识有一个很困难的问题。有时候这种困难只是文字上的：“所有的希腊人都是人”之所以为我们所知，是因为任何事物都不能被称为“希腊人”，除非它是一个人。这样的一般性陈述可以在字典里得到确认，但是除了如何使用词语以外，它们没有告诉我们任何关于这个世界的东西。但是“所有的人都是会死的”却不属于这类命题，因为一个不会死的人在逻辑上没有任何自相矛盾的地方。我们是根据归纳法而相信这种命题，因为没有一个经过鉴定有效的事例可以说一个人能够活过，比如说一百五十岁。但是这一点只让这类命题成为或然命题而不是必然命题，只要有活着的人存在它就不可能是必然的。

形而上学方面的假设出自如下的假定，即在一个同样的意义上，“所有的人”是“所有的人都是会死的”的主项，“苏格拉底”也是“苏格拉底是会死的”的主项。这让人有可能认为，在某种意义上，“所有的人”和“苏格拉底”所指示的是同一类存在。这导致亚里士多德说在某种意义上种类也是实体。他很谨慎地为这个陈述加上了限制，但是他的追随者们，尤其是波尔菲里，就没有这么小心了。

通过这个错误，亚里士多德又陷入了另一个错误之中，他认为一个谓项的谓项可以成为原来那个主项的谓项。如果我说“苏格拉底是希腊人，所有的希腊人都是人类”，亚里士多德就认为“人类”是“希腊人”的谓项，而“希腊人”是“苏格拉底”的谓项。但是实际上“人类”并不是“希腊人”的谓项。名称和谓项之间的差别，或者用形而上学的语言来说，殊相与共相之间的差别，就这样变得模糊不清了，这给哲学带来了灾难性的后果。结果发生的混乱之一就是去设想只有一个成员的类别和那个唯一的成员是同一的。这使得关于数目一不可能有正确的理论，还在关于同质性的问题上导致了无穷无尽的糟糕的形而上学。

2. 对三段论评价过高。三段论只是演绎推理的一种。在完全是演绎性的数学中，三段论几乎从来不曾出现过。当然，我们可以把数学论证重写成三段论的形式，但是那样做非常不自然，也不会让数学论证更令人信服。拿算术为例，假如我要买十六先令六便士的货物，并拿出了一英镑的纸币来付钱，那么应该找给我多少？把这样简单的算术改成三段论的形式会很荒谬，而且还有可能隐藏了这个论证的真正性质。另一方面，在逻辑中也有非三段论式的推论，比如，“马是一种动物，因此马的脑袋是一种动物的脑袋”。实际上，有效的三段论也只是有效的演绎法的一部分，对其他部分并没有逻辑优先权。试图将演绎法中的三段论提到至高的地位会在数学思维的本质这个问题上误导哲学家。康德认识到了数学并不是三段论式的，便推断说它一定使用了超逻辑的原则，但是他又设想这些原则和逻辑原则一样可靠。尽管是通过一种不同的方式，但是康德还是因为对亚里士多德的尊重而被误导了。

3. 对演绎法的过高评价。与近代哲学家相比，希腊人对作为知识来源的演绎法赋予了更多的重要性。在这个方面，亚里士多德犯的错误要比柏拉图少些，他反复承认归纳法的重要性，也在这个问题上投入了相当多的注意力：我们是如何知道演绎法必须以之为开端的最初前提的？但是他仍然像其他的希腊人一样，在他的认识论中给予了演绎法过高的地位。我们会赞同，史密斯先生是会死的，我们也可以不严谨地说，我们知道这一点是因为我们知道“所有人都是会死的”。但是我们真正知道的并不是“所有的人都是会死的”，我们知道的不如说是像“所有生于一百五十年前的人都是会死的，几乎所有生于一百年前的人都是会死的”这样的东西。这就是我们认为史密斯先生也会死的理由。但这种论证是归纳法，不是演绎法。归纳法不像演绎法那样令人信服，并且只承认或然性而不承认必然性；但是另一方面它却给我们带来了演绎法无法带来的新知识。除了逻辑和纯数学之外的一切重要论断都是归纳性的而非演绎性的，只有法律和神学例外，两者都从不容置疑的条文中得出自己最初的原则，那就是法典或者经文。

除了处理三段论问题的《分析前篇》之外，亚里士多德另外还有一些在哲学史上具有相当重要性的逻辑著作。其中之一就是名为《范畴篇》的短篇。新柏拉图主义者波尔菲里给这本书写过一篇评注，对中世纪的哲学有着非常显著的影响。但是眼下还是让我们忽略波尔菲里，只谈亚里士多德。

我必须承认我从来都没有办法理解在亚里士多德、康德或者黑格尔那里，“范畴”这个词到底意味着什么。我自己并不相信“范畴”这个术语是有用的，也不相信它能够表述任何清晰的观念。在亚里士多德那里有十种范畴：实体（substance）、数量（quantity）、性质（quality）、关系（relation）、地点（place）、时间（time）、方位（position）、状态（state）、行动（action）、影响（affection）。他所提供的唯一的一种对“范畴”这个术语的定义是：绝不是通过混合的方式来表意的措辞——接着就是以上所列的清单。这似乎意味着，每一个其意义不是由其他词语的意义混合而成的词都指示了一种实体、数量或者别的什么东西。但是没有提及编制这份十个范畴的清单依据的是什么原则。

“实体”一般既不能成为一个主项的谓项，也不能出现在一个主项之中。当一个事物不是主项的一部分，但是离开主项就无法存在时，我们就说它“出现于主项”。亚里士多德所给出的例子是一段出现在心灵中的语法知识，和呈现在一个物体中的某种白色。在上述的首要意义上，一个实体就是一个个体的事物、人或者动物。但是在一个次要的意义上，一个种或者一个类——例如“人类”或“动物”——也可以称之为一个实体。次要意义看上去是站不住脚的，并且在后来的作者那里为许多糟糕的形而上学打开了方便之门。

《分析后篇》这篇著作主要探讨的是使任何一种演绎性理论都困扰的问题，即：最初的前提是如何得到的？既然演绎法必须从某一点上出发，我们就必须从某种未经证明的而且一定不是通过演示而为我们所知的东西开始。我不会详细叙述亚里士多德的理论，因为它依赖于本质这个观念。他说，定义就是对一个事物本质属性的陈述。在我们进入近代时期以前，本质的观念对于每一个亚里士多德之后至近代之前的哲学家来说都是核心部分。在我看来，这是一个糊涂不堪的概念，但是其历史重要性却要求我们对它做一番叙述。

一个事物的“本质”其意思似乎是“那些一旦改变就会丧失其自身同一性的

性质”。苏格拉底可以有时快乐，有时悲伤；也可以有时健康，有时生病，但是它们都不是他的本质的一部分，因为他可以改变这些性质而依然是苏格拉底。但据设想，苏格拉底是人这一点应该是他的本质，尽管一个信仰轮回转世的毕达哥拉斯主义者不会承认这一点。实际上，“本质”的问题是一个如何使用词语的问题。我们在不同的场合对多少有些不同的事件使用了同样的名称，并且认为这些事件是单个的“事物”或者“人物”的化身。但是实际上这只是为了言谈上的方便。有些性质如果不存在，我们就不会使用“苏格拉底”这个名字，而苏格拉底的“本质”正是由这些性质构成的。这个问题纯粹是语言学上的：一个词可以有本质，但是一个事物却不可能有本质。

与“本质”的概念相同，“实体”的概念也是将纯粹语言学上的便利转移到了形而上学上来。在描述这个世界时，我们发现，把某些事件描述为“苏格拉底”生命中的事情，而把另一些事件描述为“史密斯先生”生命中的事情是很方便的。这导致我们认为“苏格拉底”或者“史密斯先生”标示出了某种持续了若干年的东西，并且在某些方面要比碰巧发生在他们身上的那些事情更“稳定”，更“真实”。如果苏格拉底生病了，我们就想既然他在其他时是健康的，因此苏格拉底的存在是独立于他的疾病的。但是另一方面，疾病也需要某个人生病，而且即便并不需要苏格拉底生病，也需要有某事发生在他身上，这样他才能被认为是存在着的。因此他实际上并不比碰巧发生在他身上的事情更“稳定”。

如果加以认真考虑的话，“实体”这个概念是不可能摒除各种困难的。实体被认为是各种性质的核心，但又是某种不同于其所有性质的东西。但是当我们拿走各种性质，试着想象实体本身时，我们就会发现什么都没有剩下。再从另一个角度来看这个问题：是什么让一个实体有别于另一个实体呢？并不是其性质的差异，因为根据实体这个概念的逻辑，性质的差异必须以所涉及的实体在数目上的不同为先决条件。因此两个实体必须只是两个，而它们本身不管以什么方式都不能加以辨别。那么我们又怎么能发现它们是两个？

“实体”实际上不过是一种把事情集合成束的方便做法而已。我们对于史密斯先生都了解一些什么呢？当我们看着他时，我们看见一个颜色的图案；当我们听他说话时，我们听见一连串的声音。我们认为他也和我们一样拥有思想和感情。但是离开了所有这些事件以后，史密斯先生又是什么呢？只是一个纯粹想象中的挂钩，各种事件被认为就吊在上面。但是它们实际上并不需要一个挂钩，就像大地不需要一头大象来驮着一样。地理区划的情况与之类似，任何人都能看出像“法兰西”这样的词只是一种语言上的简便，在其不同的部分之外没有任何事物叫作“法兰西”。同样“史密斯先生”也可以这么认为，它是若干事件的集体名称。如果我们认为它意味着更多，那么它所标示的就是完全不可知的东西了，在表达我们所知的意思时并不是必需的。

总而言之，“实体”是一个形而上学上的错误，因为它把由主语和谓语组成的句法结构转移到了世界的构造中来。

我得出的结论是本章中我们所探讨的亚里士多德的学说完全是错误的，除了关于三段论的形式理论之外，但那是不重要的。今天任何一个想学习逻辑的人如果去读亚里士多德或者他弟子们的著作就是在浪费时间。尽管如此，亚里士多德的逻辑著作依然展现了高超的才智，如果在一个知识的原创性还很活跃的时代出现的话对人类来说会是有用的。不幸的是，它们出现在希腊思想创造时期的末尾，因此被人当作权威而全盘接受。等到逻辑的原创性复兴时，两千多年的统治地位已经让亚里士多德非常难以被推翻。整个近代时期，几乎每一个科学、逻辑或是哲学上的进步都是顶着亚里士多德的信徒们的反对而实现的。

第二十三章

亚里士多德的物理学

在这一章里我打算考察亚里士多德的两本书，一本叫作《物理学》，另一本叫作《论天》。这两本书联系得非常紧密；第二本书就是在第一本书停下的地方开始论证的。这两本书的影响都极为深远，并且直到伽利略的时代为止都统治着科学。像“第五本质”和“月亮之下”[1]这样的词就是来自这两本书所表述的理论。因此尽管按照近代科学的观点看来，这两本书中几乎没有一句话是可以接受的，但是哲学史家依然必须研究它们。

要理解亚里士多德以及大多数希腊人在物理学上的观点，有必要弄懂他们的想象背景。每一位哲学家，在他提供给世界的正式体系之外，还有一种简单得多的、可能他自己都不曾察觉的体系。如果他认识到了这个体系的存在，他大概就会意识到那是不大可能行得通的，因此他就把它隐藏起来，而提出某种更精巧复杂的东西。他自己相信这种东西，因为这与他原来未经加工的体系相似，他又让别人接受这种东西，因为他认为他已经使它无可辩驳了。这种诡辩是通过对反驳的反驳而实现的，但是只靠这个的话永远也给不出建设性的结论：这充其量只能表明一种理论可能是真的，而非一定是真的。有建设性的结论，如果哲学家意识到的是多么的少，都应该归功于他想象性的先入之见，或者桑塔亚纳称之为“动物信仰”的那种东西。

在和物理学有关时，亚里士多德的想象背景与一个近代研究者的差别非常大。今天，一个初学者从力学开始，而力学（mechanics）这个名字就暗示了机械

「1」指人间。——译者注

（machine）。汽车和飞机对他来说是司空见惯的，即使在他潜意识的想象中最晦暗的角落里，他也不会想到一辆汽车里包含着一种像马一样的东西，也不会想到飞机能飞是因为其机翼像一只鸟的翅膀那样拥有神奇的力量。动物在我们对这个世界的想象性图画中已经失去了它们的重要性，只有人类在其中比较独立地作为一个基本没有生命并且大部分都处在从属地位的物质环境的主人而存在。

对于希腊人来说，在试图给运动一个科学描述的努力中，除了少数像德谟克利特和阿基米德那样的天才人物之外，纯粹力学的观点几乎从来也没有被提出过。只有两套现象看上去是重要的：动物的运动和天体的运动。在近代具有科学精神的人看来，动物的身体是一台非常精巧的、具有极为复杂的物理—化学结构的机器，而每一个新发现主要就是要填平动物和机器之间那条显而易见的鸿沟。对希腊人来说，更自然的似乎是将表面上无生命的运动同化于动物的运动之中。孩子们依然用自身能不能动这个事实来区别活着的动物和其他事物。对希腊人特别是亚里士多德来说，这种特质作为一种普遍的物理学理论的基础就出现在他们的头脑中。

但是那些天体又是怎样的？它们因为运动的规律性而和动物相区别，但这可能只是由于它们优越的完美性。每一位希腊哲学家，不管他们成年之后如何思考，在小时候都是被教导要将太阳和月亮当作神的。阿那克萨戈拉曾经被指控亵渎神明，就因为他宣扬说它们并不是有生命的。如果一个哲学家认为天体本身不是神明，那他们也应该很自然地认为他们是被一种像希腊人一样热爱秩序和几何式的简洁的神圣的存在所推动的。这样一切运动的最终根源便是意志：在地球上是人类和动物变幻无常的意志，但是在天上则是那个至高无上的创造者不变的意志。

我并不是在暗示这一点适用于亚里士多德所说的每一个细节。但我确实是在提示，这一点给出了他的想象背景，并且代表了那种他在着手进行研究时希望能够证明的东西。

在做了这些准备工作之后，让我们来考察一下他确实说过些什么。

在亚里士多德那里，物理学（physics）指的是关于希腊人称之为“phusis”或者“physis”的那种东西的科学。Phusis 这个词被译作“自然”，但是并不严格具有我们所赋予自然这个词的意义。我们虽然谈论“自然科学”和“自然史”，但是“自然”本身，尽管这是个含义非常模糊的词，却很少恰好和“phusis”意味着同样的意义。“phusis”与生长有关，我们可以说“一颗橡实自然要长成一棵橡树”，但是如果那样我们就是在亚里士多德的意义上来使用这个词。亚里士多德说，一个事物的“自然”就是其目的，就是这个事物为了它的缘故而存在的目的。这样这个词就具有了一种目的论的含义。有些事物是出于其自然而存在的，有些事物却是因为别的原因。动物、植物和单纯的物体（元素）是出于其自然而存在的。它们具有一种内在的运动原则（被译成“运动”或“移动”的那个词，具有比“位置移动”更宽泛的意义；除了位置的移动之外，它还包括性质和大小的变化）。自然是被推动或者静止的根源。如果事物具有这种内在的原则，它们就“有自然”。“按照自然”这个说法就适用于这些事物和它们的本质属性。（正是由于这种观点，“不自然”一词才可能用于表达指责。）自然在形式而非内容之中，潜在的肉和骨就还没有获得它们自己的自然。整个这种观点似乎受到了生物学的启发：一颗橡实就是一棵潜在的橡树。

自然属于那一类为了某种事物的缘故而起作用的原因。从这就引出了一段关于自然而只是因为必然性而运转的讨论。与目的相关，亚里士多德还讨论了恩培多克勒所宣扬的那种形式的适者生存的学说。他说那不可能是正确的，因为事物按照固定的方式发生，当一连串的事件走到一个终点时，之前所有的步骤都是为了这个终点的缘故而发生的。那些“起始于内在的原则，经历了连续的运动，达到了某种终结”的事物都是“自然”的。

整个这种“自然”的概念，尽管看上去似乎令人赞叹，可以适合于解释动物和植物的生长，但是到头来却变成了科学进步的一个极大的障碍和许多伦理学上糟糕东西的起源。从后一个方面来说，它依然是有害的。

亚里士多德告诉我们，运动是实现某种潜在的东西。这种观点，除了有各种缺陷以外，也不能和位置移动的相对性共容。当A相对于B运动时，B也相对于A运动，说两者之一在运动中而另一个是静止的没有任何意义。当一只狗抓住一根骨头时，按照常识来说似乎是狗运动了而骨头是静止的（直到被抓住为止），那么这个运动就有一个目的，也就是要实现那条狗的“自然”。但是结果这种观点被证明不适用于已经死亡的物体。而且对于科学的物理学的论题来说，没有什么“目的”的概念是有用的，在严格的科学意义上，任何运动也只能被当成是相对的来处理。

亚里士多德否认琉西普斯和德谟克利特所主张的真空。他接着开始了一段颇为奇特的对时间的讨论。他说，有人也许会主张时间是不存在的，因为时间是由过去和将来所组成的，过去已经不复存在而将来又还未到来。但是他反对这种观点。他说时间是一种可以计数的运动。（我们并不清楚为什么他认为计数这么重要。）他接着说，我们完全可以问这个问题：既然除非有某个人在数数，否则就没有任何东西可数，而时间又需要计数，那么时间到底能不能离开灵魂而存在？看起来亚里士多德将时间看作是许多个小时、日子或者年份。他又补充说，有些事物就其并不存在于时间之内的意义而言，是永恒的。大概他把这些事物当作是数字了。

一直就有运动，运动也会一直存在，因为没有运动就不会有时间，而且除了柏拉图，所有人都同意时间并不是被创造出来的。在这一点上，亚里士多德的基督教追随者们却被迫和他的意见分道扬镳，因为《圣经》告诉我们宇宙是有一个开始的。

《物理学》这本书以对不动的推动者的论证而结束，这点我们已经在谈到《形而上学》那篇时考察过了。有一个不动的推动者，直接造成了圆周运动。圆周运动是最初的运动类型，也是唯一的一种持续、无穷无尽的运动。最初的推动者既没有部分也没有大小，位于这个世界的周边。

谈到了这个结论之后，让我们接着来谈天体。

《论天》这篇论文提出了一种单纯而又令人愉悦的理论。在月亮以下的事物都臣服于生成和毁灭。从月亮往上，万物就既不能被生成，也不能被毁灭。大地是球形的，位于宇宙的中心。在月亮以下的范围内，万物都是由土、水、气、火四种元素构成，但是有一个第五种元素是构成天体的。地面上的各种元素的自然运动是直线型的，但是第五种元素的自然运动则是圆周型的。各层天都是完美的球形，越是上面的区域就越是比下面的区域更神圣。恒星和行星不是由火，而是由第五种元素构成的，它们的运动是由于它们附着于其上的天球的运动。（所有这一切都以诗歌的形式出现在但丁的《天堂篇》中。）

地面上的四种元素并不是永恒的，但是可以从彼此之中产生——火就其自然运动是向上的这一点来说就是绝对的轻，土是绝对的重，气是相对的轻，水是相对的重。

这种理论给后世提出了许多难题。彗星被认为是可以毁灭的，它就必须被归到月亮之下的领域中去。但是在十七世纪人们发现彗星是绕着太阳运转的，而且极少离我们像月亮那样近。既然地面上物体的自然运动是直线型的，那么人们就认为沿着水平方向被发射出去的抛射物会在一段时间内沿着水平方向移动，然后突然开始垂直下落。伽利略发现被抛射出去的物体是沿着抛物线运动的，这震惊了他的亚里士多德派的同事们。哥白尼、开普勒和伽利略在确定地球不是宇宙的中心，而是每天自转一次并且每年绕太阳运转一周这个观点时，他们不得不与亚里士多德以及《圣经》作战。

再来谈一个更具普遍性的问题：亚里士多德的物理学和牛顿的“运动第一定律”（最初是由伽利略发表的）是不相容的。这个定律指出，所有物体在没有外界干扰的情况下如果已经处在运动中，就会一直沿直线做匀速运动。这样我们就需要外部的原因，但不是用来描述运动，而是用来描述运动的变化，不管是在速度上还是在方向上。亚里士多德认为的对于天体应是“自然的”那种圆周运动，其实包含着连续的运动方向的变化，因此依据牛顿的万有引力定律，一定还需要一种向心的力。

最后，天体是永恒的和不可毁灭的这种观点不得不被人放弃。太阳和恒星有很长的生命，但不会永远存在下去。它们从星云中产生，最终不是爆炸就是因为冷却而死亡。在可见的世界中没有什么是可以免于变化和衰败的；与之相反的亚里士多德式的观点，尽管被中世纪的基督教徒所接受，但实际上是一种针对日月星辰的异教崇拜的产物。

第二十四章

希腊早期的数学与天文学

本章我所关注的是数学，但不是因为数学本身的缘故，而是因为它和希腊哲学的联系——尤其是在柏拉图的思想中，它与哲学有一种非常紧密的联系。希腊人在数学和天文学方面的卓越表现明显胜于其他任何方面。他们在艺术、文学和哲学上的成就是可以根据个人喜好来加以判断的，但是他们在几何学上的建树却是毋庸置疑的。他们从古埃及汲取了一些东西，从巴比伦得到的东西则少之又少；而且他们从这些来源所获得的东西，在数学上主要是小小的经验，在天文学上则是持续时间长久的观察记录。数学证明的方法几乎完全是起源于希腊。

有许多非常有趣，但是大概不具有历史真实性的故事揭示了是什么样的实际问题刺激了数学研究。其中，最早和最简单的故事和泰勒斯有关，传说他在埃及时，国王要求他算出一座金字塔的高度。他在白天等到自己的影子和自己的身高一样长时就去测量金字塔的影子，当然这时影子的长度就是金字塔的高度。据说最早研究透视规则的是几何学家阿加塔库斯，为的是给埃斯库罗斯的戏剧画布景。据说泰勒斯也曾研究过求出海面上一艘船和我们之间的距离的方法，而这个问题在很早时就已经正确地解决了。希腊的几何学家所关注的重大问题之一，即如何将一个立方体的大小增加一倍，这一问题据说最初是由某座神庙里的祭司提出来的，因为神谕告诉他们说神想要一座是原来两倍大的神像。一开始他们认为只要把神像的所有尺寸都增加一倍就可以了，但是他们很快意识到那样做的结果就会是原来神像的八倍大，而花费就会比单纯满足神所要求的多得多。于是他们派了一名代表到柏拉图那里去咨询，学园中有没有人能够解决他们的问题。几何学家接下了这个任务，在这个问题上努力了好几个世纪，附带产生了许多令人赞叹的成果。当然，这个问题在于如何求 2 的立方根。

第一个被发现的无理数是 2 的平方根，早期的毕达哥拉斯学派已经知道了它，并且发明了许多巧妙的方法来求它的近似值。其中最好的办法如下：设想有两列数字，我们称之为 a 列和 b 列，每一列都从 1 开始，a 列中的每一个数字都是 a 列和 b 列中已经得到的上一个数字之和；b 列中的每一个数字都是 a 列和 b 列中已经得到的上一个数字之和的两倍。所得到的最初六对数字是（1，1）（2，3）（5，7）（12，17）（29，41）（70，99）。在每一对数字中，$2a^2$ 减去 b^2 的结果都是 1 或者 –1。这样 b/a 的结果就差不多是 2 的平方根，而且越是向下演算，结果越是接近。例如，读者们会很满意地发现 $\frac{99}{70}$ 的平方就非常接近于 2。

毕达哥拉斯是个相当朦胧的人物，普洛克罗斯说他是第一个将几何学变成一门教育科目的人。许多权威的学者，包括托马斯·希斯爵士在内[1]，都认为毕达哥拉斯很可能发现了那个以他的名字命名的定理。那个定理大意是说，在一个直角三角形中，斜边的平方等于其他两直角边的平方和。无论如何，这个定理在很早时就已经为毕达哥拉斯派的人所知。他们还知道三角形的内角和等于两个直角。

除了 2 的平方根之外，其他无理数在一些特例中也被苏格拉底的同代人狄奥多罗斯研究过，与柏拉图大约同时代但是年长一些的泰阿泰德也曾以一种更通用的方式研究过它。德谟克利特写过一篇关于无理数的论文，但是其中的内容几乎无从得知。柏拉图对这个题目也极为感兴趣，他在《泰阿泰德篇》这篇对话录中反复提到狄奥多罗斯和泰阿泰德两人的工作。在《法律篇》中，他说对这个题目普遍的无知是很可耻的，并且暗示说他自己也是在相当年老时才知道的。这个题目当然和毕达哥拉斯派的哲学有着重要的关联。

无理数的发现最重要的后果之一就是欧多克索斯（约公元前 408 年—约公元前 355 年）发明了关于比例的几何学理论。在他之前，只有关于比例的算术理论。按照这种算术理论，如果 a 乘以 d 等于 b 乘以 c，那么 a 比 b 就等于 c 比 d。这个定义在没有关于无理数的算术理论的情况下只适用于有理数。但是欧多克索斯给出了一个不受这个限制的新定义，其结构方式预示了近代的分析方法。这个理论在欧几里得那里得到了发展，并且具有很大的逻辑之美。

欧多克索斯还发明或者完善了“穷举法”，这一方法随后被阿基米德运用得非常成功。这种方法是积分学的先声。举圆的面积问题为例，你可以做一个内接

---

[1]《希腊的数学》，第一卷，第 145 页。

于圆的正六边形，或者正十二边形，或者正一千边形，正一百万边形。不管有多少条边，这样一个多边形的面积都是和圆的直径的平方成比例的。这个多边形的边越多，其面积就越接近于圆。如果这个多边形的边足够多，你就能证明它与圆的面积差小于任何事先指定的面积，无论这一指定的面积有多么小。为了支持这种做法，就需要引用“阿基米德公理”。这个公理（多少经过简化之后）是说，将两个数目中较大的那一个平分成两半，再将其中之一平分成两半，如此反复，最终会得到一个比原来的两个数目中较小的那一个还要小的数目。用另一种形式来表达就是 a 大于 b，那么总有一个整数 n 使得 2 的 n 次方乘以 b 大于 a。

穷举法有时候可以得出很精确的结果，例如阿基米德所做的求抛物线形的面积的问题，有时候则只能导向连续不断的近似值，例如试图求圆的面积的问题。求圆的面积的问题就是确定圆周与直径的比例的问题，这个比例就叫作 π。阿基米德在计算中使用了$\frac{22}{7}$这个近似值，通过做出内接和外切于圆的正九十六边形，他证明了 π 小于$3\frac{1}{7}$而大于$3\frac{10}{71}$。穷举法可以继续进行到任何所需要的近似程度，但是在圆周率的问题上，这种方法也只能做这么多了。通过内接和外切多边形来求 π 的近似值的方法可以追溯到安提丰，他是苏格拉底的同时代人。

在我年轻时，欧几里得的《几何原本》是唯一公认的儿童几何教科书。他曾经在公元前 300 年前后亚历山大和亚里士多德死后那几年生活在亚历山大城。他的《几何原本》的大部分内容都不是原创的，但是命题的顺序和逻辑结构大部分都出自他之手。一个人越是研究几何，这些内容就越发令人赞叹。他用著名的平行公理来讨论平行线问题的做法具有双重优点：推理严密又掩饰原始假设的可疑。他的比例理论继承了欧多克索斯，其做法本质上接近维尔施特拉斯介绍给十九世纪分析数学的方法，从而避免了所有和无理数有关的困难。欧几里得从这里过渡到了一种几何式的代数学，并在第十卷中处理了无理数的问题。在这之后他继续讨论立体几何，并以正多面体的作图问题而结束。这个问题是被泰阿泰德所完善的，并曾在柏拉图的《蒂迈欧篇》中被提到过。

欧几里得的《几何原本》无疑是有史以来最伟大的著作之一，也是希腊理智无比完美的丰碑之一。当然这本书也存在典型的希腊式局限：所使用的方法是纯粹的演绎性的，也没有任何内在于这本书的方法可以证明那些最初的假设。这些假设都被认为是毋庸置疑的，但是十九世纪的非欧几何学指出了它们可能部分存在错误，并且只能凭借观察才能决定它们是不是真的有错。

欧几里得鄙视实际应用，这一点曾被柏拉图反复教训过。据说有个学生在听了一段证明之后问到，他学习几何学能够得到什么好处。欧几里得叫来一个奴隶，说："既然那个年轻人一定要从他学习的东西中得到什么好处，那么给他三块硬币吧。"但是对实用的鄙视却在实际中证明是合理的。在希腊时代，没有人能想到圆锥曲线有什么实际的用途，但是最终在十七世纪，伽利略发现抛射物是沿着抛物线运动的，开普勒也发现行星是沿着椭圆轨道运行的。这样希腊人纯粹出于对理论的热爱而完成的工作突然之间就成了战争和天文学至关重要的东西了。

罗马人的头脑太过实际，以至于认识不到欧几里得的价值。第一个提到欧几里得的罗马人是西塞罗，在他的时代大概还没有欧几里得的拉丁文译本，而且在波埃修斯（约公元前480年）之前确实没有任何关于拉丁文译本的记载。阿拉伯人更重视欧几里得：拜占庭皇帝在公元760年前后送给过哈里发一部《几何原本》的抄本，在公元800年前后哈伦·阿尔·拉希德统治时就有了阿拉伯文的译本。现存最早的拉丁文译本是巴斯的阿德拉德于1120年前后从阿拉伯文转译的。从那时起，对几何学的研究就在西方逐渐复兴，但是直到文艺复兴晚期才出现了比较重要的进步。

现在来谈谈天文学，希腊人在这一方面的成就和在几何学上一样令人瞩目。在希腊人的时代之前，巴比伦人和古埃及人已进行了许多个世纪的观察，奠定了良好的基础。他们记录下了天体的视动，但是他们并不知道启明星和长庚星其实都是金星。巴比伦肯定发现了日食和月食的周期，埃及可能也发现了，这就使人们可以很准确地预测月食，但是不能准确地预测日食，因为日食在一个特定的地方并不总是可见。将直角定为九十度，将一度分成六十分，这些也得归功于巴比伦人，他们喜欢六十这个数字，甚至有一个六十进制的计数体系。希腊人喜欢把他们先驱的智慧归因于游历埃及的结果，但是在希腊人之前，他们所取得的成就是非常之少的。不过泰勒斯曾经预言了一次日食倒是受到外来影响的一个例子，我们没有理由认为他在从古埃及或巴比伦所学到的东西之上又增加了一些什么，而且他的预言得以证实也完全是出乎意料的好运气。

让我们从一些最早的发现和正确的假说开始。阿那克西曼德认为大地是在随意地飘浮着的，没有任何东西作为支撑。亚里士多德[1]在大多数情况下总是反对当时最好的假说，所以他就驳斥阿那克西曼德的理论，认为如果大地位于中心，它就会保持不动，因为大地没有理由朝一个方向而不朝另一个方向运动。他说如果阿那克西曼德的理论是正确的，那么假设一个圆周的每个点上都摆上了食物，

[1]《论天》，295b。

一个站在其中心的人还是会饿死，因为他没有理由选择一个点上而不选择另一个点上的食物。这种论证在经院哲学中重现，但不是和天文学而是和自由意志联系在一起。它以“布里丹的驴”的形式重现，这头驴因为无法在其左右两边距离相等的两捆干草之间做出选择，于是就饿死了。

毕达哥拉斯十有八九是第一个认为大地是球形的人，但是他的理由（我们必须认为）是审美的而不是科学的。不过科学的理由不久之后也被发现了。阿那克西曼德发现了月亮是通过反射光线而发光的，并且给出了关于日食和月食的正确的理论解释。他本人依然认为大地是平的，但是月食时地球在月亮上投影的形状给了毕达哥拉斯派大地是球形的决定性的证据。他们进一步认定地球是行星之一。他们还知道——据说是从毕达哥拉斯本人那里得知的——启明星和长庚星其实是同一颗星。他们认为所有的行星，包括地球在内，都在做圆周运动，但不是围绕着太阳，而是围绕着“中央之火”。他们已经发现了月亮总是以同一面对着地球，他们还认为地球也总是以同一面对着“中央之火”。地中海地区位于和“中央之火”相对的那一面，因此永远也见不着那团火。“中央之火”被称作“宙斯之家”或者“众神之母”。太阳被认为是通过反射“中央之火”而发光的。在地球之外还有一个天体叫作反地球，与地球离“中央之火”的距离相等。他们有两个理由来支持这个观点，一个是科学的，另一个得之于他们算术上的神秘主义。科学的理由是他们正确地观察到月食有时在太阳和月亮都在地平线以上时也会发生，但是他们并不知道这个现象的原因是光的折射，所以他们认为在这种情况下发生的月食一定是因为地球之外另一个天体的影子的缘故。算术神秘主义的原因是太阳、月亮、五大行星、地球和反地球以及“中央之火”就组成了十个神圣的天体，而十对于毕达哥拉斯派来说是一个神秘数字。

毕达哥拉斯派的这一理论应该归功于菲洛劳斯，他是希腊的底比斯人，生活在公元前五世纪晚期。尽管这个理论富于幻想，并且有些部分非常不科学，但是它依然非常重要，因为它包含了哥白尼的假说需要的大部分想象能力。把地球设想为不是宇宙的中心，而设想为行星中的一员；不认为地球是永恒固定的，而是在太空之中漫游着的，这些都体现了一种非同寻常的摆脱人类中心思考方式的思想解放。一旦人在自然中的图景受到了这样的撼动，就不难以科学论证将其引向一个更精确的理论上来。

许多不同的观察对这一点都有所贡献。稍晚于阿那克萨戈拉的欧诺皮德斯发现了黄道和赤道的交角。不久人们就清楚了太阳肯定比地球大得多，而这个事实支持了那些否定地球是宇宙中心的人们。“中央之火”和反地球在柏拉图时代之后不久就为毕达哥拉斯主义者所抛弃。本都的赫拉克利德斯（约公元前 388 年—公元前 315 年，亚里士多德的同时代人）发现了金星和水星都围绕着太阳而旋转，并且认为地球每二十四小时绕地球自转轴旋转一周。这种观点非常重要，因为没有任何前人曾经迈出过这一步。赫拉克利德斯属于柏拉图的学派，而且一定曾经是一位伟大的人物，但是他没有受到应有的尊敬，而是被人描述成了一个脑满肠肥的花花公子。

萨摩岛的亚里斯达克斯，大约生活在公元前 310 年到公元前 230 年之间，果真如此的话，他就大约比阿基米德大二十五岁。他是所有古代天文学家中最有趣的一个，因为他提出了一套完整的哥白尼式的假说：所有的行星包括地球在内都围绕着太阳做圆周运动，而地球每二十四小时围绕自转轴旋转一周。但是亚里斯达克斯现存的唯一的一部著作《论太阳与月亮的大小和距离》，依然遵循着地球中心的观点，这一点让人颇为失望。的确，对于这本书所研究的问题来说，采取何种观点并没有什么不同，也许他因此认为，反对一种天文学家们所普遍认同的观点而增加自己的计算负担，那是不智之举；或者他是在书成之后才得出那套哥白尼式的假说的。托马斯·希斯爵士在他的关于亚里斯达克斯（书中包括了那本书的原著和译文）的著作中[1]，就倾向于后一种观点。但是不管怎样，亚里斯达克斯曾经提出过哥白尼式的观点，这一点是证据确凿的。

第一个也是最有力的一个证据出自阿基米德，正如我们已经看到的那样，他是一个和亚里斯达克斯同时代的年轻人。在一封写给叙拉古王国格伦的信函中，他写到，亚里斯达克斯写了“一本书，其中有一些假设”，又继续说：“他的假说是恒星和太阳都是保持不动的，而地球沿着圆的圆周旋转，太阳在这个轨道的中间。”普鲁塔克的著作中也有一段话，说克利安泰斯“认为以不敬神明的罪名控告萨摩岛的亚里斯达克斯是所有希腊人的责任，因为他让宇宙的炉灶（即地球）运动起来了，这是他试图通过设想天空静止不动而大地在沿着一个倾斜的圆运转的同时还绕着自身的轴自转，以简化现象的结果”。克利安泰斯是亚里斯达克斯的同时代人，大约死于公元前 232 年。普鲁塔克的另一段话又说亚里斯达克斯只是把这种观点作为一种假设而提出来的，但是亚里斯达克斯学说的接班人塞琉古则主张这是一种确定的观点。（塞琉古主要活动于公元前 150 年前后。）埃提乌斯和塞克斯图斯·恩培李库斯也声称亚里斯达克斯提出过太阳中心论的假说，而且

---

[1]《萨摩的亚里斯达克斯——古典时代的哥白尼》，托马斯·希斯爵士著，1913 年版。以下所讨论的内容所依据的就是这本书。

并没有说他提出的只不过是一种假说。但是即便他真的不仅仅将这个理论当作一种假说来提出，他也不是没有可能像两千多年以后的伽利略一样，因为害怕冒犯宗教偏见而受到了影响，我们上面所提到的克利安泰斯的态度表明这种害怕不是没有理由的。

不管是肯定性的还是尝试性的，这种哥白尼式的假说在提出之后肯定被塞琉古所接受了，但是没有被任何其他古代的天文学家所接受。这种广泛的反对主要应该归因于喜帕恰斯，此人主要活动于公元前 161 年至公元前 126 年，他被希斯描绘成“古典时期最伟大的天文学家”。[1] 喜帕恰斯是第一个系统论述三角学的人，他发现了恒星年和回归年之间的时间差；他估算过朔望月的长度，误差不超过一秒；他改进了亚里斯达克斯对太阳和月亮的大小和距离的估算；他制作了一张有八百五十颗恒星的星图，并标出了它们的经纬度。为了反对亚里斯达克斯的太阳中心假说，他采纳并且改进了阿波罗尼斯（此人主要活动于公元前 220 年前后）创造的周转圆理论，这个理论后来就发展成了托勒密的体系，并以活动于公元二世纪中叶的天文学家托勒密的名字命名。

哥白尼也许偶然之间知道了亚里斯达克斯这个几乎快被人遗忘的假说的一些内容，但知道得并不太多，他为自己的创见找到了一个古代的权威而感到鼓舞。否则的话，这种假说对后世天文学的影响实际上就等于零。

古代的天文学家在估算地球、月亮和太阳的大小以及月亮和太阳距地球的距离时所使用的方法在理论上都是行之有效的，但是他们缺乏精密仪器，因而受到掣肘。鉴于这个不足，他们的许多成果真是令人惊叹。埃拉托斯特尼推算地球的直径是 7850 英里，这只比实际长度少了 50 英里。托勒密推算月球到地球的平均距离是地球直径的 29.5 倍，而正确的数据大约是 30.2 倍。他们中没有人在估算太阳的大小和日地距离时接近真相，他们都大大地低估了。他们估算的结果，如果用地球的直径来表示的话，则是：

亚里斯达克斯：日地距离是地球直径的 180 倍；

喜帕恰斯：日地距离是地球直径的 1245 倍；

波西多纽斯：日地距离是地球直径的 6546 倍。

正确的数据是 11726 倍。可以看出这些估算值表现出了一种持续的进步（不过托勒密的估算则表现了一种倒退）。波西多纽斯[2] 的推算约为正确数字的一半。总

[1]《希腊的数学》，第二卷，第 153 页。

[2] 波西多纽斯是西塞罗的老师。他主要活动于公元前二世纪的后半叶。

体来说，他们关于太阳系的想象与实际情况相去不是太远。

希腊的天文学是几何式的而非动力学式的。古人认为天体的运动是匀速圆周运动，或者复合圆周运动。他们没有力的概念。天球作为一个整体运动着，各种不同的天体就固定其上。牛顿和万有引力理论引入了一种更少几何色彩的新观点。但是奇怪的是我们注意到在爱因斯坦的广义相对论中又有一种对几何学观点的回归，牛顿意义上的力的概念又被抛弃了。

天文学家们所关注的问题其实就是：已知天体在天球上的视动，那么如何通过以假说的方式引入第三个坐标，即深度，来尽可能简洁地描述这种现象。哥白尼假说的优点不在于真实性而在于简洁性，从运动相对性的观点来看，没有什么问题涉及真实性。希腊人在寻找能够“简化现象”的假说时，尽管不是完全有意的，但是实际上已经在通过一种科学上正确的方式来解决这个问题了。将他们与其前人以及直到哥白尼为止的后人做个比较，就足使每个人对他们真正令人惊异的天才确信无疑了。

第一流的希腊数学家的名单的最后两位是生活于公元前三世纪的阿基米德和阿波罗尼斯。阿基米德是叙拉古国王的朋友或者堂兄弟，于公元前 212 年罗马人攻陷这座城市时被害。阿波罗尼斯从青年时代开始就生活在亚历山大城。阿基米德不仅仅是一位数学家，还是一位物理学家和流体静力学的研究者。阿波罗尼斯则主要是因为他对圆锥曲线的研究而闻名。关于这两个人我不会再多谈，因为他们生活的年代太晚，对哲学没有什么影响。

在这两人之后，虽然许多相当重要的工作依然在亚历山大城继续进行，但是伟大的时代已经结束了。在罗马人的支配下，希腊人丧失了政治自由时期的自信心，并因此而对他们的前人产生了一种盲目的尊敬。那个杀死了阿基米德的罗马士兵就是罗马给希腊世界带来的创造性思想凋零的象征。

西方哲学史

A HISTORY OF PHILOSOPHY

第三篇

亚里士多德以后的古代哲学

III

第二十五章

希腊化世界

古代希腊语世界的历史可以分成三个阶段：城邦时期，结束于腓力二世和亚历山大；马其顿统治时期，这一时期最后的残留消失于克里奥巴特拉死后罗马并吞埃及的行动中；最后是罗马帝国时期。在这三个时期中，第一个时期的特点是自由与无序；第二个时期的特点是屈服与无序；第三个时期的特点是屈服与秩序。

第二个时期就是人们所知的希腊化时代。在科学和数学领域，这一时期内完成的工作是希腊人所取得的最高成就。在哲学领域，这一时期有伊壁鸠鲁派和斯多葛派以及得到了系统性阐述的怀疑主义的学说，因而这一时期在哲学上依旧是重要的，尽管不如柏拉图和亚里士多德的时代那么重要。公元前三世纪以后，直到公元三世纪的新柏拉图主义者出现为止，希腊哲学中并没有什么真正新的东西。但是在这一时期内罗马统治下的世界已经为基督教的胜利做好了准备。

亚历山大短暂的生涯突然之间改变了希腊世界，公元前334年到公元前324年这十年间，他征服了小亚细亚、叙利亚、埃及、巴比伦、波斯、撒马尔罕、大夏和旁遮普。波斯帝国是当时世界上已知最大的帝国，也在三次战役之后完全被摧毁。巴比伦人古老的学问和他们古老的迷信一起，变成了希腊人的求知欲所熟悉的东西，拜火教的二元论以及较小程度上的印度宗教（那时佛教在印度正日趋鼎盛）也是如此。凡是亚历山大渗透到的地方，不管是阿富汗的深山、锡尔河畔还是印度河的支流，他都建立起希腊式的城邦，试图在其中复制希腊的制度，并在一定程度上建立了自治政府。虽然他的军队主要是由马其顿人组成，而且大多数欧洲希腊人并不甘心听命于他，但是他一开始依然将自己当作传播希腊文明的使徒。不过随着他征服的地区逐渐扩大，他转而采取了一种旨在促进希腊人和野蛮人之间有友好融合的政策。

他这么做有许多不同的动机。一方面，他的军队并不庞大，很显然不能永远依靠武力来维持如此庞大的一个帝国，从长远来看，他必须依赖与被征服人民和睦相处；另一方面，东方国家除了一个神圣的国王的统治之外不适应任何一种政府形式，而亚历山大感觉他自己很适合这样的角色。他究竟相信自己是神，还是出于政治动机而表现出种种神性，那是心理学家们的问题了，因为历史证据并不明确。不管怎样，可以肯定的是，他在埃及被人们当作法老的继承者来奉承，在波斯则被当成大王。但是他那些被称为“同伴”的马其顿军官却依然对他持有一种西方的贵族对立宪制统治者的态度：他们拒绝在他面前拜倒匍匐；他们甚至对他以命劝谏或批评；在紧要关头，他们还控制了他的行动，让他从印度河启程回国而不是再去征服恒河。而东方人则更容易容忍和服从，只要他们的宗教偏好得到尊重。这对亚历山大来说没有什么困难，只需要把埃及的阿蒙神和巴比伦的贝尔神与希腊的宙斯合而为一，并宣布自己是神之子就可以了。心理学家注意到亚历山大憎恨自己的父亲腓力二世，可能还秘密参与了弑父的阴谋。他很愿意相信自己的母亲奥林匹娅斯像许多神话中的希腊女人一样，曾经被一位神爱上。亚历山大的功业太神奇，以至于他很可能认为唯有一个神秘的出身才能完美解释他的巨大成就。

希腊人对野蛮人怀有一种极强烈的优越感；当亚里士多德说北方的种族精力充沛，南方的种族文明开化，而只有希腊人才既精力充沛又文明开化时，他无疑是在表达一种广为接受的观点。柏拉图和亚里士多德都认为用希腊人为奴是错误的，但是用野蛮人则不存在问题。亚历山大并不是一个十足的希腊人，他试图打破这种倨傲的态度。他自己娶了两个蛮族的公主，还强迫他手下的马其顿首领和贵族出身的波斯妇女结婚。我们可以想象，在他建立的无数希腊城邦中，殖民人口中男性肯定多于女性，所以男人们就必须效仿亚历山大和当地妇女通婚。这项政策使爱思索的人们头脑中产生了作为一个整体的人类的概念，旧式的对城邦国家的忠诚和在一个较小的程度上对希腊种族的忠诚看起来都不再合适了。在哲学上世界大同主义的观点始于斯多葛学派，但是在实践中它开始得更早，应始于亚历山大。其结果就是希腊人和野蛮人之间相互作用和相互影响：蛮族学到了一些希腊的科学，而希腊人则学到了许多蛮族的迷信。希腊文明所覆盖的地域越广，就变得越不是纯粹希腊式的了。

希腊文明本质上是一种城市文明。当然也有许多希腊人从事农作，但是他们对希腊文化中最独特的部分没有什么贡献。从米利都学派开始，在科学、哲学和文学上出类拔萃的希腊人都是和富裕的商业城邦联系在一起的，而这些城邦往往又被野蛮人所包围。这种文明的形式不是由希腊人，而是由腓尼基人开创的，推罗、西顿和迦太基都是依靠奴隶从事家庭体力劳动，战时则依靠雇佣军。他们并不像近代的大城市那样依赖数量众多、血缘相同并且拥有同等政治权利的农村人口。近代与之最类似的情况见于十九世纪后半叶的远东。新加坡和中国香港、上海及其他的通商口岸都成了一些欧洲人的孤岛，在那里白人形成了一个依赖苦力劳动的商业贵族阶层。但在北美洲梅森－迪克逊线以北，因为没有这样的劳动力，所以白人就不得不自己从事农业。因为这个原因，白种人对北美的控制是稳固的，而对远东的控制已经大为削弱了，而且很可能将彻底终结。但是白人文化，特别是工业文明，依然会保留下来。这个类比有助于我们理解希腊人在亚历山大帝国东部所处的地位。

亚历山大对于亚洲的想象方面所起的作用是巨大且持久的。《马卡比书》第一卷成书于他死后好几个世纪，但是却以叙述他功业的一段内容开篇：

“于是事情就这么发生了，来自切提姆之地的马其顿人亚历山大，腓力的儿子，击溃了波斯人和米底人的王大流士，并取代他第一次成为君临整个希腊之王。他东征西伐，攻城略地，占领了许多坚固的要塞；他杀戮了大地上的众王，挺进到大地的尽头，掠夺了许多国家，直至大地在他面前匍匐在地。于是他的地位不断攀升，雄心高涨。他招募组建了一支强军，成为万国之王，诸多国家、民族和国王变成了他的附庸。这一切大功告成之后他病倒了，并预感到自己即将谢世，于是他叫来了他的仆人，那些从小伴他成长的尊贵百官大臣，趁着一息尚存就把自己的王国分给了他们[1]。这样，亚历山大在统治了十二年后便驾崩而去。”

作为一个传奇英雄，亚历山大依然存在于穆罕默德的宗教中，而且直到今日一些喜马拉雅山区的小部落的首领还声称是他的后裔。[2]任何其他真正的历史英雄人物，没有一个像他一样曾经为神话的创作者提供过如此丰富的想象材料。

亚历山大驾崩之后，曾经有过努力试图保持他帝国的统一。但是他的两个儿子，一个还在襁褓之中，而另一个遗腹胎中。两个儿子各有一派支持，但在随之而来的内战中两人都被丢在了一边。最终他的帝国被三个将军家族所瓜分，大体

「1」这不是历史事实。

「2」也许这一点已经不再是事实了，因为持有这种信仰的人，他们的儿子已经在伊顿公学中接受教育了。

上讲，一家得到了亚历山大领地的欧洲部分，一家得到了非洲部分，一家得到了亚洲部分。欧洲部分最后落入了安提柯后人的手中；托勒密得到了埃及，并以亚历山大城作为他的首都；塞琉古则在经过多次战争之后才得到了亚洲部分，他因辗转作战而没有确立固定的首都，但是在后期安条克成了他王朝的主要城市。

不论是托勒密王朝还是塞琉西王朝（塞琉古所建立的朝代）都放弃了亚历山大试图促成希腊人和蛮族之间的融合的努力，并建立了军事专制体制，起初他们依赖于各自所掌控的马其顿军队，他们的军队因为希腊雇佣军而得到加强。托勒密王朝十分稳固地控制了埃及。但是在亚洲，长达两个世纪之久的纷乱的王朝战争最终以罗马的征服宣告结束。在亚历山大之后的两个世纪中，波斯被安息人征服，大夏的希腊人则日益孤立。

在亚历山大的继承者们中间，公元前二世纪时（之后他们就迅速地衰落了）出现了一个国王名叫米南德，他的印度帝国非常之辽阔。他和一位佛教高僧之间的两篇对话至今还以巴利文的形式保留着，其中一部分还有中文译本。塔因博士提出过一种看法，他认为第一篇对话是依据希腊文原文；而第二篇对话以米南德退位并成为一位佛教圣人而告终，则肯定没有依据希腊文原文。

这一时期的佛教是一个富有活力、劝人皈依的宗教。佛教的圣王阿育王（公元前 264—公元前 228）在一篇保存至今的铭文中记载他曾经派遣传教士到各个马其顿人国王那里对他们说："国王陛下认为佛法的征服乃是主要的征服，这也是陛下在他自己的领地和所有邻近的距离在六百里格（leagues）之外的王国里所实现的征服——甚至远达希腊国王安条克所住的地方，并且越过了安条克，到达了四位分别叫作托勒密、安提柯、马加斯和亚历山大的王所住的地方……在这里也是如此，在国王的领地上，在育拿人（即旁遮普的希腊人）中间。"[1] 可惜的是，关于这些传教士，西方并没有任何记载保留下来。

巴比伦受到希腊文明的影响更加深刻。正如我们已经看到的那样，古代唯一追随萨摩岛的亚里斯达克斯坚持哥白尼式体系的人是底格里斯河上的塞琉西亚的塞琉古，他主要活动于公元前 150 年前后。塔西佗告诉我们，在公元一世纪时塞琉西亚还是没有"堕落到接受安息人的野蛮风俗的地步，而依然保持了其希腊创建者塞琉古[2]的种种制度。因其财富或智慧而被推选出来的三百名公民组成了一

「1」引自比万，《塞琉古王朝》，第一卷，第 298 页注。

「2」是国王塞琉古，而非天文学家塞琉古。

个类似元老院的组织，人民大众也能分享权力”。[1]在整个美索不达米亚，正如在其西部的地区那样，希腊语成了学术与文化的语言，并且直到伊斯兰教征服这一地区为止一直如此。

就语言和文学而言，叙利亚（不包括巴勒斯坦南部的犹太人地区）的城市已经彻底地希腊化了。但是更为保守的农村人口依然保留了对他们来说更为习惯的宗教和语言。[2]在小亚细亚，几个世纪以来沿海的希腊城邦一直在影响着他们的蛮族邻居。马其顿的征服更强化了这种影响。《马卡比书》记载了希腊文明和犹太人之间第一次的冲突，这是一篇趣味十足的故事，与马其顿帝国境内任何其他事情都不相同。我在后文谈到基督教起源和发展时会再来讨论这个问题。在其他地方，希腊的影响从未遭遇过如此顽强的抵抗。

从希腊文化的观点来看，公元前三世纪最杰出的成就是亚历山大城这座城市。比起马其顿统治下的欧洲和亚洲部分来说，埃及受到战争的威胁较少，亚历山大城又处在一个特别有利商业的位置。托勒密王朝的君主是学问的赞助人，并且把那个时代许多非凡卓绝的人才吸引到自己的首都里来。数学成了亚历山大城一门主要的学问，这种情况一直保持到罗马灭亡。的确，阿基米德是西西里人，而且在他所属的那部分世界中，希腊的城邦国家直到公元前 212 年阿基米德被杀为止一直保持独立，但是阿基米德也曾在亚历山大城学习过，埃拉托斯特尼就是亚历山大城那座著名的图书馆的馆长。公元前三世纪，数学家和科学研究人员全都和亚历山大城有着千丝万缕的联系，他们也和以前各个世纪里的希腊人一样才华横溢，也做出了同样重要的成就。但是与他们的前人不同，他们不是把所有的学艺都当作自己的领域，并且发挥着包罗万象的哲学，他们是近代意义上的专家，欧几里得、亚里斯达克斯、阿基米德和阿波罗尼斯都满足于当一位数学家，他们并不期望在哲学上提出什么原创的东西。

这个时代不仅在学术世界，而且在所有领域都以专业化为其特征。在公元前五世纪和公元前四世纪那些自治的希腊城邦中，一个有才能的人被认为样样精通，在不同情况下，他可以是军人、政治家、立法者或者哲学家。苏格拉底尽管并不喜欢政治，但是也未能幸免身陷政治争端。青年时代的苏格拉底曾是一个士兵，而且（尽管他在《申辩篇》中加以否认）他还研究过物理科学。普罗泰戈拉主要从事向寻求最新事物的贵族青年们传授怀疑主义的教学工作，他尚能从中抽

「1」《编年史》，第六卷，第四十二章。

「2」参看《剑桥古代史》，第七卷，第 194—195 页。

出身来为图里城起草了一部法典。柏拉图涉足过政坛，但是并不成功。色诺芬在编写苏格拉底传记之余脱身于乡绅之时，就去当将军打发岁月。毕达哥拉斯派的数学家们曾试图获得许多城邦的统治权。每个人都必须充当陪审员，并且要履行其他各种各样的公共职责。但是在公元前三世纪，所有这一切都发生了变化。的确旧式的城邦制国家中的政治活动在继续进行，但是这些活动已经变得范围有限并且无足轻重，因为希腊已经处在马其顿军队的摆布之下了。真正的争权夺利发生在马其顿军人之间，而这种争夺毫无原则可言，问题只不过是在互相竞争的冒险者们中间如何分配土地。在行政和专业问题上，这些没受过多少教育的军人就雇用希腊人来做他们的专家，例如在埃及，在灌溉和排水系统的问题上取得了杰出的成绩。当时有军人、行政人员、医生、数学家和哲学家，但是再也没有人能够同时身兼多职了。

在这个时代，一个富有而不追求权力的人可以享受令人非常愉快的生活——当然这一点总须以未曾遭受抢劫成性的军队的掠夺为前提。学者受到君主宠信可以过着奢靡的生活，只要他们能够刁钻圆滑地阿谀奉承并且不在意愚昧无知的宫廷的嘲弄。但是这些学者们并没有安全感，一场宫廷政变就有可能废黜那些帮闲文人所依赖的恩主；加拉太人[1]也有可能毁掉富人们的庄园；自己的城邦也可能在一场王朝战争中出于偶然而被洗劫一空。在这种环境下，人们习惯于崇拜幸运女神也就不足为奇了。人间万物的安排似乎没有任何理性可言。那些执着地坚持要在某个地方找出理性来的人只好反求诸己，像弥尔顿笔下的撒旦那样认定：

> 心灵是它自己的家园，在它自身之中
> 可以把地狱建成天堂，也能把天堂变成地狱。

除了那些自私自利的冒险，再也没有什么能激起人们对公共事务的兴趣。在亚历山大征服的辉煌插曲之后，希腊化世界因为既缺乏一个强大专制君主以实现稳定的最高权力，又没有一个足够有力的原则能促成社会团结而陷入了混乱。面对新的政治问题，希腊式的智慧表现出了彻头彻尾的无能。与希腊人相比，罗马人无疑既愚蠢又粗野，但是至少他们能够创造出秩序。在自由的年代里，那种旧式的无序是可以忍受的，因为每一位公民都是这种无序的一部分，但是新的马其顿式的无序是由一群无能的统治者强加到他们的臣民之上的，这就让人完全不可忍受

「1」公元前三世纪分三批入侵色雷斯、希腊和小亚细亚的凯尔特部族名。——译者注

了——尤其是和后来对罗马人的臣服比起来就更是如此。

社会的不满和对革命的恐惧都在广泛传播。自由劳动力的报酬缩水了，主要由于来自东方的奴隶劳动力的竞争，但是同时生活必需品的价格却在上升。人们发现亚历山大在他事业起步时还有时间订立条约，以便让穷人们安分守己。公元前355年，亚历山大和科林斯联盟国家所订立的条约中规定："联盟的议事会和亚历山大的代表必须保证在所有的联盟城邦中都不会发生籍没个人财产、分配土地、免除债务或者为了革命的目的而解放奴隶这一类的事情。"[1]在希腊化世界里，神庙是银行，僧侣们拥有黄金储备，并且控制着信贷。在公元前三世纪早期，得洛斯岛上的阿波罗神庙以百分之十的利息发放贷款，之前的利息还要高。[2]

自由劳动者们发现自己的收入甚至还不足以维持最低生活需要，如果他们年轻力壮，就可以去当雇佣兵谋生。雇佣兵的生活无疑是充满了艰苦和危险的，但是也有一些巨大的机会，他们可能去掠夺某座富裕的东方城市，也可能发动一次有利可图的哗变。对一个指挥官来说，试图解散自己的军队一定是极其危险的，而这肯定也是战争几乎连绵不绝的原因之一。

老希腊城邦多少还存在旧式的市民精神，但这种市民精神却不见于亚历山大所建立起来的新城市中——就连亚历山大城也不例外。在较早的时代里，新的城邦大抵都是由来自某个旧城邦的移民们所组成，并且还和自己的母邦保持着一种感情上的联系。这种感情的寿命非常之长久，例如，公元前196年兰普萨库斯在赫勒斯滂[3]地区的外交活动就可以证明这一点。这座城邦面临着被塞琉西国王安条克三世征服的危险，于是决定向罗马请求保护。他们派出了一个使团，但是没有直接去罗马，而是不顾路途极其遥远先去了马赛，因为马赛和兰普萨库斯一样，都是福西亚所建立起来的殖民地，而且罗马人对马赛的态度又十分友善。马赛的公民们在听了使节的一番演讲之后立即决定派遣一个自己的外交使团到罗马去支持他们的姐妹城市。住在马赛内陆地区的高卢人也加了进来，致函他们在小亚细亚的亲戚加拉太人，建议他们和兰普萨库斯保持友好。罗马自然很高兴有借口可以插手小亚细亚事务，并且因为罗马的干预，兰普萨库斯保住了自己的自

「1」塔因著《公元前三世纪的社会问题》一文，收入剑桥1923年版的《希腊化时代论文集》这部由许多不同的作者合著的论文集中。这篇文章非常之有趣，包含了许多在其他地方不那么容易得到的事实。

「2」同上所引。

「3」即今达达尼尔海峡。——译者注

由——直到他们的自由让罗马人感到不舒服了为止。[1]

一般来说，亚洲的统治者们都自称是"亲希腊派"，并且在政策和军事需要所允许的范围内和老希腊城邦保持着友好。这些城市期望并且在力所能及时就宣布以下这些都是自己应当享受的权利：民主的自治政府、免交贡税、不受国家驻军的侵扰。安抚这些城市是值得的，因为它们十分富庶，能够提供雇佣兵，其中很多城市还拥有重要的港口。但是如果在内战中站错了队的话，它们就将自己彻底暴露在了被征服的危险中了。总的来说，塞琉西王朝和其他逐渐发展起来的王朝在对待它们时都非常宽容，当然也有例外。

新城邦虽然也有拥有一定自治权的政府，但是却没有像老城邦那样的传统。它们的公民们并没有一个统一的来源，而是来自希腊的各个地方。他们大体上更像是征服者（conquistadores）[2]或约翰内斯堡的定居者那样的冒险家，而不是像早期的希腊殖民者或新英格兰的开拓者那样虔诚的朝圣者。结果，亚历山大所建立的城市没有一座形成一个强有力的政治单元。这一点从国王政府的角度来看是有利的，但是从传播希腊文化的角度来看则是一个缺点。

非希腊的宗教和迷信对希腊化世界的影响大体上是（但不完全是）很糟糕的。其实情况本不该如此。犹太人、波斯人和佛教徒都拥有一种绝对要优于流行的希腊多神教的宗教，即便是最好的哲学家去研究它们也会有收获。但不幸的是，给希腊人的想象力留下最深刻印象的却是巴比伦人或迦勒底人。首先就是他们那让人难以置信的古代史，僧侣们的历史记录回溯了几千年之久，并且他们声称还可以向上再追溯好几千年。也有一些真正的智慧：早在希腊人之前很久，巴比伦人就能大致地预测日食和月食了。但是这些只是让他们对希腊人来说易于接受而已，希腊人真正接受的主要是占星术和巫术。吉尔伯特·莫雷教授说："占星术进攻希腊人的头脑，就如同某种新型的疾病在某座偏僻岛屿上的居民们中间肆虐。根据狄奥多罗斯的描述，奥奇曼第阿斯的墓穴中布满了占星术的符号，在科马济尼所发现的安条克一世的墓穴也有同样的特征。相信星星在注视着他们，不仅对统治者们来说是很正常的事情，而且所有人都做好了接受这种病菌的准备了。"[3]占星术最早似乎是在亚历山大的时代由一个叫作贝罗索斯的迦勒底人教给希腊人的。他曾经在科斯讲过学，根据塞涅卡的说法，他所讲的内容是在"解释

「1」比万，《塞琉古王朝》，第二卷，第45—46页。

「2」尤指十六世纪征服墨西哥和秘鲁的西班牙人。——译者注

「3」《希腊宗教的五个阶段》，第177—178页。

贝尔神”。莫雷教授说，“这一定意味着，他将那篇写于公元前第三个千年、奉萨尔贡一世之命所作名为《贝尔之眼》的文章翻译成了希腊文。这篇文章写在七十块泥板之上，发现于亚述奔尼拔的图书馆（公元前686年—公元前626年）之中”。

我们将会看到，甚至大多数最优秀的哲学家也开始信仰占星术了。既然占星术认为未来是可以预见的，那么它必然包含着一种对必然性和命运的信仰，而这就可以与当时盛行的对运气的信仰相抗衡。但是毋庸置疑的是，大多数人同时两者都信，而且没有注意到不一致的地方。

普遍的混乱必然引起甚至比理智上的衰弱更严重的道德败坏。动荡不安持续了好几个时代，尽管一些极为圣洁崇高的人可以和这样的时代共存，但是这个时代对平凡普通的正派公民们的德行却是有害的。当你所有的储蓄一夜之间化为乌有，勤俭节约看上去就没什么用了；当你坦诚相待的人肯定要欺骗你时，诚实也不再是一种优点了；当没有什么原则是重要的或者有机会取得持久的胜利时，再坚持原则也就没有意义了；当只有低眉顺眼地随波逐流才能保全生命和财产时，也就没有说真话的理由了。那些除了纯粹尘世的考虑之外没有其他来源的德行的人，在这样一个世界里，如果有勇气就可以当一个冒险家，如果没有则只能当一个默默无闻、得过且过的懦夫。

属于这样一个时代的米南德说道：

> 我知道有那么多人，
> 他们并非天生的无赖，
> 却由于不幸而不得不成为无赖。

这几行诗概括了公元前三世纪的道德特征，只有一些特殊的人才是例外。甚至就在这少数人中间，恐惧也取代了希望。生活的目的不是为了实现任何积极的善，而是为了逃避不幸。“形而上学隐没在了背景之中，个人伦理现在成了头等重要的东西。哲学不再是引导少数勇敢追求真理的人前进的火炬；相反，哲学成了尾随在一场为了生存的斗争后面等着搭救脆弱的人和受伤者的救护车。”[1]

---

[1] C·F·安格斯，《剑桥古代史》，第七卷，第231页。上文所引米南德的诗也出自同一章。

第二十六章

犬儒主义者和怀疑论者

拥有卓越才智的人和当时社会的关系，随着时代的差异而大有不同。在某些幸运的时代中，他们总体上可以与周围环境和谐相处——同时无疑也在提出一些在他们看来必要的改革建议，但是他们相当自信，认为自己的建议是受欢迎的，而且即便他们身在其间的世界不曾发生变革他们也不会厌恶它。在另一些时代，他们是革命的，认为有必要进行激进的变革，并且希望这些变革部分地作为自己鼓吹的后果能够在很近的未来得以实现。但是还有一些其他的时代，生活于其中的才能出众的人对世界感到绝望，而且他们感觉即便自己知道哪些事情是需要做的，也没有希望将这些事情付诸实施。这种情绪很容易恶化为一种更深的绝望，认为尘世上的生活本质上是坏的，善的希望只存在于来世或者某种神秘的转变之上。

在有些时代，所有这些态度都有可能被同时生活着的不同的人所采纳。不妨拿十九世纪早期的情况做个例子，歌德是轻松安逸的，边沁是一位改革者，雪莱是一位革命家，李奥巴第则是悲观主义者。但是在大多数的时代里，伟大的作家中却流行一种格调：在英格兰，他们在伊丽莎白时代和十八世纪都是轻松闲适的；在法国，他们在 1750 年前后变得具有革命性；在德国，他们从 1813 年以来都是民族主义者。

在公元五世纪到十五世纪的教会统治时期，人们所相信的理论与所感知的事实之间存在一定的冲突。在理论上，世界是一眼流泪的泉水，是在受苦受难中对来世的准备；但是实际上，著书立说的人因为几乎全都是教士又不免得意于教会的权势，因为这使得他们有机会从事许多他们认为是有用的活动。所以他们怀有一种统治阶层的心态，而不是期盼着另一个世界的逃亡者的心态。这就是贯穿整个中世纪的那种奇怪的二元论的一部分，这种二元论直接起因于教会虽然基于出世的信仰但又是俗世生活中最重要的制度这一事实。

在心理上为基督教的出世精神所做的准备开始于希腊化时期，它与城邦国家的衰落联系在一起。亚里士多德和他之前的希腊哲学家尽管也充满抱怨，但是大体上对宇宙并不感到绝望，也不会觉得自己在政治上无能。即便他们有时属于政治斗争中的失败者，也只是在冲突中由机缘所致，而不会产生空有智慧贤达却无能为力的哀叹。甚至像毕达哥拉斯或者某些心境下的柏拉图那种鄙弃现象世界而逃避于神秘主义的人，也都有着要将统治阶级改造为圣贤的具体计划。但是当政权落入马其顿人手中时，希腊的哲学家也就很自然地脱离了政治，而更加专注于个人的德行或者解脱的问题了。他们不再追问：人怎样才能创造一个好的国家？而是追问：在一个罪恶的世界里，人如何才能有德行？或者，在一个苦难的世界里，人如何才能幸福？当然这只是一种程度上的变化：类似的问题以前也有人提出过，而后期的斯多葛学派有一段时间也关注过政治——当然关注的是罗马而非希腊的政治。但这依然是一种真正的变化：除了罗马时期的斯多葛主义者是某种程度上的特例之外，所有认真思想、认真感知的人们的观点都变得日益主观化和个人主义了。直到最终基督教发展出了一套个人拯救的福音，这激起了传教的热情并创造了基督教会。在这之前，从来没有过一种制度能够让哲学家们全心全意地置身其间，因此他们对权力合法的热爱也找不到宣泄的手段。因为这个原因，希腊化时代的哲学家作为人来说，就比那些活着时城邦国家依然能够激励其忠诚的人们具有更大的局限性。他们依然在思考，因为他们无法停止思考，但是他们几乎不指望自己的学说能够在实际的世界中产生什么效果。

有四派哲学大约都是在亚历山大时代建立起来的。最有名的两派是斯多葛派和伊壁鸠鲁派，那是我们后面两章的主题；另两派是本章我们要讨论的犬儒派和怀疑派。

这两派哲学中前者是由第欧根尼创立的，但是起源于安提斯泰尼斯。安提斯泰尼斯是苏格拉底的弟子，比柏拉图年长大约二十岁。他是一位引人注目的人物，在某些方面很像托尔斯泰。在苏格拉底死后，他一直生活在苏格拉底的那些贵族弟子的圈子中，也没有表现出任何非正统的迹象来。但是某种事情——或者是雅典的战败，或者是苏格拉底之死，或者是对哲学诡辩的厌恶——导致他在青春不再时开始鄙弃那些他之前很看重的东西。除了单纯的善之外，他不想要任何东西。他和工匠们交往，穿得也像他们一样。他开始进行露天讲道，他的演讲的风格就连那些没有受过教育的人也能明白。一切精练的哲学他都认为没有价值，凡是一个人能知道的，普通人都能认识。他的信条是“重返自然”，并且把这种信仰贯彻得很彻底。他认为应该没有政府、没有私有财产、没有婚姻、没有被公认的宗教。如果他本人不曾谴责过奴隶制的话，他的追随者们谴责过奴隶制。他不是一个严格的苦行主义者，但是他鄙视奢侈和所有对人为的感官快乐的追求。他曾经说过，“我宁愿疯掉也不愿快乐”。[1]

安提斯泰斯的名声被他的弟子第欧根尼超越。第欧根尼是“一个来自攸克辛海[2]边西诺普地方的年轻人，一个安提斯泰斯第一眼看见就不喜欢的人。他是一个声名狼藉的钱币兑换商的儿子，他父亲曾经因为在钱币上乱涂乱画而被送进监狱。安提斯泰斯要求这个小伙子走开，但是他不予理睬。安提斯泰斯用棍子打他，但是他纹丝不动。他想要‘智慧’，并且看出安提斯泰斯有智慧可以传授给他。他的人生目标就是要做他父亲做过的事，去‘涂改钱币’，只是规模要大得多。他要涂改这个世界上通行的所有钱币。每种约定俗成的印章都是虚假的。人被打上将军和国王的印章，国王又被打上荣誉、智慧、幸福和财富的印章。但是所有这些不过是被印上了不诚实的文字的破铜烂铁而已”。[3]

他决定像一只狗那样生活，因此就被人叫作“犬儒”，这个词的意思就是“像狗一样”。他拒绝遵循一切风俗习惯——不管涉及的是宗教、礼貌、服装、起居、饮食还是正派体面。传说他住在一个桶里，但是吉尔伯特·穆雷向我们保证这是一个误传：那实际上是在很早时用来埋葬死者的大瓮。[4]他像一个印度的苦行者那样靠乞讨生活。他宣告自己不仅和所有人，而且和所有的动物都有兄弟关系。他是一个在其生前就传说纷纭的人物。每个人都知道亚历山大如何去拜访他，并问他想不想要什么赏赐，而他的回答是：“只要你站开点，别挡着我的阳光。”

第欧根尼的教诲绝没有我们今天称之为“玩世不恭”的那种意思。恰恰相反，他对“德行”有着一种十分炽烈的激情，并认为相形之下尘世的财货毫无价值。他追求德行和从欲望之中解脱出来所获得的那种道德自由：对幸运赐给你的财富视而不见吧，你会从恐惧中获得解放。我们可以看出，斯多葛派延续了他在这一方面的学说，但是他们没有跟着他去摒弃文明带来的舒适便利。他认为既然

「1」贝恩，第二卷，第 4—5 页：穆雷，《希腊宗教的五个阶段》，第 113—114 页。

「2」即今黑海。——译者注

「3」穆雷，《希腊哲学的五个阶段》，第 117 页。

「4」同上所引，第 119 页。

普罗米修斯将那些造成现代[1]生活的复杂和做作的技巧带到了人间，那么对他的惩罚就是公正的。在这一点上他很像道教徒、卢梭和托尔斯泰，但是坚持得比他们更彻底。

虽然他和亚里士多德是同时代的人，但是他的学说就其秉性而论却属于希腊化时代。亚里士多德是最后一位快乐面对这个世界的希腊哲学家；在他之后，所有人都有着这种或者那种形式的逃避哲学。世界是坏的，让我们学会弃世独立吧。身外之物是不确定的，它们是幸运的馈赠，而不是我们自身努力的报酬。只有主观上的财富——德行或者因为听天由命而获得的满足——才是牢靠的，因此只有这些才会得到有智慧的人的重视。第欧根尼充满了旺盛的精力，但是他的学说却像所有希腊化时代的学说一样，对那些已经摧毁了其天生热情、身心疲惫失望的人们很有吸引力。显然这种学说并不打算促进技艺、科学、政治才干或者任何有用的行为，而只是对强大的罪恶所做的一种抗议。

观察一下犬儒派的学说在广为传播之后的变化情况十分有趣。公元前三世纪早期，犬儒主义风行一时，特别是在亚历山大城。他们发行短小的布道文，指出没有物质财产是多么幸福，粗茶淡饭是多么幸福，在冬天没有锦衣貂裘也可以多么暖和（这在埃及倒是真的），眷恋家乡或者哀悼自己的孩子和朋友亡故又是多么可笑。一个叫作德勒斯的通俗化了的犬儒主义者说，“因为我的儿子或者妻子死了，难道就有理由忽略尚在生存的自己并不再照顾自己的财产吗？”[2]到了这个地步，我们就很难同情这种单纯的生活了，因为它已经变得太过简单了。我们心生疑窦，谁会欣赏这些布道文呢？是那些希望认为穷人的苦难只是虚构出来的富人们吗？还是那些刚刚沦落为穷人，因而竭力鄙视成功的商人的人吗？还是那些自欺欺人地认为所接受的施舍无足轻重的奴颜婢膝者吗？德勒斯对一个富人说：“你慷慨地赠予，我痛快地取之于你，没有奴颜婢膝，没有自轻自贱，也没有满腹牢骚。”[3]这种学说倒是方便省事。通俗的犬儒主义并不宣扬要禁绝世界上的好东西，而只是宣扬对它们要有某种漠不关心。对一个欠债者来说，这种学说有可能表现为一种尽量低估对债主的应负的责任形式。我们从中可以看到“玩世不恭的”这个词是如何获得它的日常意义的。

犬儒主义学说的精华传到了斯多葛主义中，而斯多葛主义是一种更为完备、

「1」指第欧根尼当时所处的时代。——译者注

「2」《希腊化时代》，剑桥，1923年版，第84页以下。

「3」同上所引，第86页。

更为圆通的哲学。

作为一派学说的怀疑主义最初是由皮洛提出的。皮洛曾服役于亚历山大的军队，随之征战最远达印度。这个经历似乎使他饱尝长途征战的滋味，于是他在故乡埃里斯度过余年，并于公元前 275 年终老乡关。他的学说缺乏新颖，只是对较早的各种怀疑进行系统化和形式化。在关于感觉的问题上，怀疑主义从很早时起就困扰着希腊的哲学家。唯一例外的是像巴门尼德和柏拉图那样否认知觉的认识价值的人，他们还借着这个否认的机会来宣扬他们在知识上的教条主义。智者，特别是普罗泰戈拉和高尔吉亚，曾经被感觉－知觉的模棱两可和显而易见的自相矛盾引向了一种无异于休谟的主观主义。皮洛似乎（因为他非常明智而从未著书立传）在关于感觉的怀疑主义之上又加入道德上和逻辑上的怀疑主义。据说他曾经主张过不可能存在任何合理的理由，使人会偏向一种行为方式胜过另一种行为方式。在实际中，这就意味着一个人无论生活在哪个国度都会遵从当地的风俗。一个现代的怀疑主义信徒可以在星期天去教堂，并且行合乎规范的跪拜仪式，但是却不具有任何被认为激起了这些行动的宗教信仰。古代的怀疑主义者全程参与异教的仪式，有时候他们甚至是祭司。他们的怀疑主义使他们确信无法证明这种行为是错误的，而他们的常识感（在他们的哲学之后依然存在）则使他们相信这样做很方便。

怀疑主义自然会吸引许多不那么哲学的头脑。人们注意到各派哲学之间的分歧和他们之间尖锐的争执，于是便断定所有的哲学派别一样都是在假装知道实际上无法得到的知识。怀疑主义对懒人是一种慰藉，因为它表明了愚昧无知之人和声望卓著的学者一样聪明。一些人天性中就想要获得一种福音，对他们而言，怀疑主义似乎并不能令人满意，但是像希腊化时代的所有学说一样它将自己宣传为一种忧愁的解药。为什么要为未来操心呢？那是完全不确定的。你不妨享受现在，“未来的一切都是无从把握的”。由于这些原因，怀疑主义在一般人中相当成功。

我们应该注意到，作为一种哲学的怀疑主义不仅仅是一种怀疑，而应该称之为武断的怀疑。具有科学精神的人说，“我认为事情是如此这般，但是我并不确定”。具有知识上的好奇心的人们说，“我不知道它是怎么回事，但是我希望能弄明白”。哲学上的怀疑主义者则说，“没有人知道，也永远不可能有人知道”。正是这种教条主义的因素让怀疑主义的体系变得脆弱。怀疑主义者当然否认他们武断地肯定了知识的不可能性，但是他们的否认并不那么令人信服。

然而，皮洛的弟子泰门提出了一种理智上的论证，而这种论证从希腊式的逻辑的观点出发是很难对其做出答复的。希腊人所承认的唯一的一种逻辑是演绎性的，所有的推理都必须像欧几里得那样从一般性的自明的原理出发。泰门否定了找到这样原则的可能性。因此一切都不得不通过其他的某种手段来加以证明了。因此所有的论证要么是循环的，要么不过是挂在虚无之上的一条无尽的锁链。而无论是哪种情况都不能证明任何东西。我们可以看出，这个论证击中了统治着中世纪的亚里士多德式哲学的要害。

在我们这个时代，那些根本算不上彻底的怀疑主义者提倡的一些形式的怀疑主义在古代未曾出现。古代的怀疑主义者们并不怀疑现象，一些命题的意思在他们看来只表示我们可以直接从现象中得知，他们对此不加质疑。泰门的绝大多数著作都已经遗失了，但是保留下来的两段文字可以证明这一点。其中一段说，“现象总是有效的”；另一个说，“我拒绝断言蜂蜜是甜的，但是我完全承认它显得似乎是甜的”。[1]一个现代的怀疑主义者会指出，现象只是发生，它们既不有效也不无效，只有一个陈述才必须是有效或无效的，而没有一个陈述和现象的联系会紧密到不可能有错误。基于同样的理由，他也会说“蜂蜜显得是甜的”这个陈述只是高度或然的，而不是绝对必然的。

在某些方面，泰门的学说非常类似于休谟，他坚持认为没有被我们观察到的事物——例如原子——就不能被我们有效地推知。但是当两个现象经常被我们一起观察到时，他认为人们可以从其中一个推知另一个。

泰门在其漫长一生的晚年都在雅典度过，并于公元前235年终老此地。随着他的离世，皮洛的学说作为一个学派来说是结束了，但是他的学说在多少经过修改之后——尽管看上去有些奇怪——却被代表柏拉图传统的阿凯迪亚学园继承下来。

带来这一惊人的哲学革命的人是阿塞西劳斯，他是泰门的同时代人，大约终老于公元前240年。大多数人从柏拉图那里得到的是，信仰存在于一个超感觉的理智世界，以及不朽的灵魂之于可朽的肉体的优越性。但是柏拉图具有多面性，在某些方面也可以认为他是在宣扬怀疑主义。柏拉图笔下的苏格拉底自称一无所知，我们自然会认为这是讽刺，但是这话也可能是认真的。对话录中有许多篇并没有得出确定的结论，其目的就在于让读者处在一种怀疑状态中。有些对话——例如《巴门尼德篇》的后半部分——除了表明一个问题的两个方面都可以提出有道理的主张外，似乎并没有其他的目的。柏拉图式的辩证法可以被当作一种目

「1」转引自埃德温·比万：《斯多葛派和怀疑论者》，第126页。

的，而不是一种手段，而且如果我们真的这么处理的话，它就成了对怀疑主义令人钦佩的辩护。而这似乎就是阿塞西劳斯解释的柏拉图方式，他声称依然在追随着柏拉图。他砍掉了柏拉图的头，不过不管怎样剩下的躯干依然是真实的。

阿塞西劳斯的教学方式有许多地方可圈可点，前提是那些向他学习的年轻人能够避免受他的麻痹。他并不主张任何论点，但是却会驳斥任何一个学生所提出的论点。有时候在前后相继的两个场合，他会提出两个互相矛盾的命题，同时说明可以通过论证让人信服其中任何一个。如果一个学生拥有足够的叛逆勇气，他可以学到机智并且可以避免错误，但是实际上除了聪明机灵和对真理的漠不关心之外，似乎没有人学到任何东西。阿塞西劳斯的影响是如此之大，以至于阿凯迪亚学园在差不多两百年的时间里都是怀疑主义的。

在这段怀疑主义时期的中叶，发生了一件有趣的事情。公元前156年，雅典向罗马派遣了一个外交使团，使团中有三位哲学家，其中之一就是那位当之无愧继承阿塞西劳斯担任学园领袖的卡涅阿德斯。他看不出有任何理由（使臣这个庄重的职务）会妨碍这个大好机会，于是他就宣布要在罗马讲课。那个时代罗马的年轻人们都急切地想要模仿希腊的风俗并学习希腊文化，于是蜂拥而至聆听他讲课。他的第一场讲演详细阐释了亚里士多德和柏拉图正义的观点，并且是完全彻底启发性的。然而，他的第二场讲演却否定了他在第一场中所说的一切，而且不是为了提出一个相反的结论，而只是表明每一种结论都是毫无根据的。柏拉图笔下的苏格拉底曾经论证过，对于作者来说施加不公正比起忍受不公正来说是一件更大的罪恶。卡涅阿德斯在他的第二次讲演中对这个论点嗤之以鼻。他指出，大国都是通过不公正地侵犯它们弱小的邻居而变得强大起来；在罗马，无法很好否认这一点。在船只失事时，你应该以其他弱小者的生命为代价来拯救自己，如果你不这么做你就是个傻瓜。他似乎并不认为“妇女和儿童优先”是一句能让个人得救的格言。如果当你在逃避乘胜追击的敌人时丢掉了自己的战马，但是发现一个受伤的战友骑着一匹战马，这时你应该怎么做？如果你是明智的，你就应该把他拉下来并将他的战马夺来，而不管正义会如何要求。这段不大有建设性的论证出自一个名义上的柏拉图的追随者之口，真是令人惊讶，而且它似乎还很讨具备现代头脑的罗马青年们的欢心。

但是这让一个人不高兴，这个人就是老加图，他代表了罗马赖以打败迦太基的严厉、古板、愚蠢又残忍的道德准则。从年轻时到晚年，加图生活十分简朴，很早就起床，从事剧烈的体力劳动，粗茶淡饭，从来没有穿过价值在一百便士以上的外衣。他对国家的忠诚一丝不苟，拒绝一切贿赂和贪渎。他苛求所有其他的罗马人都具备他自己所践行的那些德行，并且断言指控和追捕恶人是正直的人所能做的最好的事情。他不遗余力强制推行古代罗马人严厉简朴的风俗：

“加图将一个叫作马尼利乌斯的人逐出了元老院，而这个人本来有很大的希望成为来年的执政官。加图的理由仅仅是他在白天当着自己女儿的面过于深情地吻了他的妻子。加图在责骂他时还告诉他，除了在打雷时，他自己的妻子从来没有吻过他。”[1]

老加图当政时取缔了奢侈和宴饮。他让妻子不仅哺乳自己的孩子，也给他的奴隶们的孩子喂奶，为的是在用同样的奶水养大之后奴隶们也会爱他的孩子。当他的奴隶们年迈不能劳作时，他就无情地把他们卖掉。他坚持要求自己的奴隶要么在工作要么就在睡觉。他鼓励奴隶们互相争吵，因为“他不能容忍他们居然会互相做朋友”。当一个奴隶犯了很严重的错误时，他会把其余的奴隶都叫来，诱使他们判那个犯错的人死刑，接着他就当着其他幸存者的面亲手执行这个判决。

老加图和卡涅阿德斯之间形成了全面鲜明的对比：一个因为一种过分严格和传统的道德而变得残忍；另一个则因为一种过分放纵道德，并严重沾染希腊化世界的社会堕落而变得可鄙。

“马尔库斯·加图甚至从青年们开始学习希腊人说话的腔调，从而当希腊语在罗马日益为人所看重时开始就非常不喜欢这一切：他唯恐那些渴望学问和雄辩术的罗马青年们会彻底放弃战争的荣誉和光荣。……于是有一天他在元老院里公开指责这几位使臣在那里待得太久，并且没有忙于公事；又虑及这些人都很狡诈、易于获取他人信任。如果没有其他方面的考虑，仅凭这一条就应该足以说服元老们对这些使臣做出决定性的答复，送他们回老家他们的学校里去教他们的希腊子弟。至于罗马子弟他们就不用管了，还是让罗马子弟像以前一样学习遵纪守法和服从元老院吧。他向元老院说的这番话语，不是像有些人认为的那样，是出于任何私人的对卡涅阿德斯的恶意或憎恶，而是因为他总是憎恨哲学。”[2]

在老加图看来，雅典人是一个没有法律的低等种族，所以如果他们因为知识分子浅薄的诡辩腐蚀而堕落的话是没有关系的。但是罗马的青年必须一直是清教徒式的、帝国主义式的、无情的而又愚昧无知的。但是并未如愿以偿，后来的罗马人在保留了许多他所代表的缺点的同时还接受了许多卡涅阿德斯所代表的缺点。

「1」诺尔斯译，普鲁塔克《名人传》，马尔库斯·加图传。

「2」同上。

阿凯迪亚学园在卡涅阿德斯（约公元前180年—约公元前110年）之后的下一任领袖是一个本名叫哈斯德鲁伯的迦太基人，但是他在和希腊人打交道时更愿意自称克里托马库斯。卡涅阿德斯将自己限定在讲演活动上，克里托马库斯与其不同，他撰写了大约四百本著作，其中一些是用腓尼基语写成的。他的主要观点看起来和卡涅阿德斯的一样。在某些方面，它们十分有用。这两位怀疑主义者都投身于反对日益流行的占卜、巫术和占星术的信仰活动。他们也发展出了一种关于或然性的程度的有建设性的学说：尽管我们永远也不会有理由感觉到确实的可靠性，但是某些事物比其他的更有可能近乎真实。或然性应该是我们在实践中的向导，因为按照各种可能的假说，最有可能的一种行动是合乎情理的。这种观点大多数的近代哲学家也会赞同。可惜的是，阐释这种观点的书籍已经失传，我们也很难从现存的线索中重构出这种学说。

在克里托马库斯之后，阿凯迪亚学园就不再是怀疑主义的了，而且从安条克（死于公元前69年）的时代之后，其学说在好几个世纪里实际上和斯多葛派已经没有区别了。

不过怀疑主义并没有消失，它被来自克诺索斯的克里特人埃涅西德穆斯复兴，假如我们对克诺索斯这个地方有些了解，就会知道这里在两千年前就可能有过怀疑主义学派，他们通过怀疑动物们的女神有没有神性来取悦宫廷群臣。埃涅西德穆斯的年代无从确定。他放弃了卡涅阿德斯所宣传的关于或然性的学说，又回到怀疑主义最早的形式上去。他的影响巨大，追随者有公元二世纪的讽刺作家卢西安，以及稍晚一些的塞克斯图斯·恩培李库斯——唯一一位有著作存世的古代怀疑主义哲学家。例如，有篇名叫《反对信仰神的论证》的短论曾经被埃德温·比万在他的《晚期希腊宗教》第52至56页中译成英文，而且据比万所说，这篇文章很可能就是塞克斯图斯·恩培李库斯取自克里托马库斯所记载的卡涅阿德斯的著作。

这篇文章开篇就解释说，怀疑主义者在行为举止上是符合正统的："我们怀疑主义者在实践中随波逐流，而且对此并不持有任何意见。当我们谈论神时就当他是存在的，我们也向众神献上我们的敬仰，并认为他们在行使着天命；但是在这么说时我们并不表示任何信仰，因为避免了教条主义者们的那种轻率鲁莽。"

他接着论证说，人们在关于神的本性这个问题上是有分歧的，例如，有人认为他是有肉身的，有些则认为没有。既然我们对于神没有任何经验，我们就无法知道他的属性。神的存在不是自明的，因此需要证据。同时他还有一个比较混乱的论证来否认这样的证据不可能存在。他接着谈论罪恶问题，并以下面这些话作为结束：

“那些积极地肯定神的存在的人不可避免地会落入一种不虔诚的行为之中。因为如果他们说神控制着万物，那么他们就把神当作了罪恶事物的创造者了；另一方面，如果他们说神只控制着某些事物，或者什么也不控制，他们就被迫让神变得狭隘或者无能，这样做很显然是对神明一种十足的亵渎。”

怀疑主义尽管直到公元三世纪为止都吸引了某些有教养的人，但是它和日益转向教条化的宗教和拯救学说的时代气质却格格不入。怀疑主义有足够的力量让受过教育的人对国家的宗教不满，但是它即便是在纯粹知识的领域也没有任何积极的东西可以取代宗教的位置。自文艺复兴以来，神学上的怀疑主义（就大多数拥护者而言）已为对科学的热诚信仰所取代，但是在古代却没有这种对怀疑的替代品。古代世界并没有能够回答怀疑主义者的论证，而是回避了它们。奥林匹斯神已经不足信了，于是东方宗教入侵的道路已经被扫清，它们争夺那些迷信者的支持，直到基督教的胜利为止。

第二十七章

伊壁鸠鲁派

斯多葛派和伊壁鸠鲁派这希腊化时代的两大新学派是同时创立的。他们的创始人芝诺和伊壁鸠鲁大约同时出生，在几年的时间内分别作为各自派别的领袖定居于雅典。因此先谈论哪一个不过是喜好的问题。我会从伊壁鸠鲁派开始，因为他们的学说被其创立者从一开始就完全确定了下来，而斯多葛主义则经历了长期的发展，一直延续到公元 180 年罗马皇帝马尔库斯·奥勒留驾崩为止。

关于伊壁鸠鲁生平的权威记述出自生活在公元三世纪的第欧根尼·拉尔修斯。但是有两点困难：一是第欧根尼·拉尔修斯本人轻信一些历史价值很小甚至根本没有历史价值的传说；二是他的传记有一部分记载了斯多葛派对伊壁鸠鲁令人反感的指责，而且也无法弄清到底是他自己在断言某些事情还是在转述别人的诽谤。当我们赞扬斯多葛派高尚的德行时，也应谨记他们确实曾经编造了这些谣言，而这些谎言并不是关于伊壁鸠鲁的事实。例如，有个传说讲伊壁鸠鲁的母亲是个行骗的女祭司，关于这个问题第欧根尼说道：

“他们（显然是斯多葛派）说他曾经跟着母亲挨家挨户去念洗罪的祷文，还帮父亲教人启蒙来混一口饭吃。”

对这段文字，贝莱的注释[1]是：“有个故事说他曾经作为侍祭和他母亲云游四方，背诵着她那些老套的咒语。如果这个故事有任何真实性的话，那么他可能在很早时就已经被激起了一种对迷信的仇恨，这一点后来在他的学说中是一个显

「1」西里尔·贝莱，《希腊的原子论者与伊壁鸠鲁》，牛津，1928 年版，第 221 页。贝莱先生对伊壁鸠鲁做过专门的研究，他的著作对研究者们来说是无价之宝。

著的特征。”这个理论很吸引人，但是鉴于古代晚期在造谣中伤方面极端的寡廉鲜耻，我并不认为有任何根据可以接受这种解释。[1]有一个事实可以反驳这种理论，那就是他对他的母亲怀有异乎寻常的强烈的感情。[2]

不过伊壁鸠鲁生平主要事实却似乎是确定无疑的。他的父亲是萨摩岛上的一个贫穷的雅典殖民者。伊壁鸠鲁生于公元前 342 年或者前 341 年，但无从得知是生于萨摩岛还是阿提刻。不管怎样，他在萨默斯岛上度过了童年时光。他自称从十四岁时开始研究哲学。在他十八岁时，即亚历山大死亡前后，他去了雅典，此行显然是为了确认他的公民权，但是当他到了雅典，萨摩岛上的雅典殖民者被赶了出去（公元前 322 年）。伊壁鸠鲁的家人逃亡到了小亚细亚，他也前往那里和家人团聚。此前此后，他在陶斯这个地方向一个名叫纳西法尼斯的人学习过哲学，而此人显然是德谟克利特的一个追随者。尽管成熟的伊壁鸠鲁哲学吸收德谟克利特的东西要比任何其他哲学都多，但是他对纳西法尼斯除了轻蔑之外没有任何表示，伊壁鸠鲁影射他是“那只软体动物”。

公元前 311 年，伊壁鸠鲁创立了他的学园，起初在米提林尼，后来在兰普萨库斯，在公元前 307 年之后则位于雅典。他也在公元前 270 年或者前 271 年死于雅典。

在度过青年时代的艰难岁月之后，他在雅典的生活是宁静的，只是受到他糟糕的健康状况的困扰。他拥有一栋房子和一座花园（显然和房子是分开的），他就在这座花园里讲学。他的三个兄弟和其他一些人从一开始就是学园的成员，不过在雅典他的团体才壮大起来，不仅学哲学的弟子们的人数增加了，而且他的朋友、子女以及奴隶和妾妇（hetaerae）的人数也增加了。后面这些人成了他敌人诽谤他的借口，但这显然是不公正的。他在纯粹的人与人之间的友谊上有一种非凡的能力，他给团体成员的年轻子女写过的信件轻松愉快，信中并没有表现出人们期待的古代哲学家的庄重和深沉的感情，他的信写得出乎意料地自然和真挚。

这个团体的生活非常简朴，部分是因为他们的原则，部分无疑是因为他们缺少钱款。他们主要以面包和水为饮食，伊壁鸠鲁觉得这就很令人满足了。他说：“当我靠面包和水生活时，全身都快乐得颤抖；而且我唾弃奢靡带来的快乐，不是因为它们自身的缘故，而是因为它们带来种种不便。”这个团体的财政至少是

「1」斯多葛派对待伊壁鸠鲁是非常不公的。例如爱比克泰德就在写给伊壁鸠鲁的信中说：“这就是你宣称自己应得的生活：吃饭、喝水、交媾、排泄、睡觉。”《爱比克泰德文集》，第二卷，第二十章。

「2」吉尔伯特·穆雷，《希腊哲学的五个阶段》，第 130 页。

部分地依赖自发捐助。伊壁鸠鲁致函一个人说："送给我一些干奶酪吧，这样我就可以兴起之时举办宴会了。"在给另一个朋友的信件中他又写道："请代表您和您的孩子们为我们提供一些肉体生存所需之物吧。"又说："我求取的捐赠一定要让您的门徒给我送来，哪怕他们生活在希珀伯里安人[1]那边。我希望每年从你们每个人那里收取二百二十个德拉克马[2]，不会再多。"

伊壁鸠鲁一生深受疾病折磨，但是他学会了以极大的毅力去承受。正是他而不是斯多葛派最早主张，一个处在极度痛苦中的人也可以很快乐。他留下了两封信，一封写于他离世前几天，一封写于他弥留之际。信中表明他是有权主张这种观点的。第一封信写道："在写这封信七天之前我就完全不能动弹了，并且忍受着人生末日的痛苦。如果我有什么不测，请你务必照看梅特罗多罗斯的孩子们四五年，但是在他们身上的花费不要多于你在我身上的花费。"第二封信写道："在我一生中真正幸福的日子里，在我即将死去的时刻，我向您致函。我膀胱和胃部的疾病在持续恶化，这些疾病通常异常严酷。但是与这一切相对，我回想着与您交谈的快乐。请您如我所愿，用自幼对我和哲学的忠诚，好好照料梅特罗多罗斯的孩子们。"梅特罗多罗斯是他最早的弟子之一，当时他已经亡故，伊壁鸠鲁在他的遗嘱里为他的孩子们安排未来。

尽管伊壁鸠鲁对大多数人都是既温文尔雅又谦和的，但是在和其他哲学家的关系上他显示出了其性格的另一面，尤其是对那些被认为影响过他的那些哲学家。他说，"我猜这些胡言乱语的人都认为我曾经是那只软体动物（纳西法尼斯）的弟子，还曾经和一些酗酒成性的年轻人一起听过他的讲演。实际上那是个坏家伙，他的习惯永远也不可能将他引向智慧"。[3]他从来也不承认其学说受惠于德谟克利特。至于琉西普斯，他断言没有这样一位哲学家——意思当然不是说没有这样一个人，而是说这个人不是一个哲学家。第欧根尼·拉尔修斯曾经列出了一张完整的骂人绰号名单，据认为这些都是伊壁鸠鲁给他最杰出的前辈们取的侮辱性的绰号。除了对其他的哲学家们不够宽容之外，他还有一个严重的缺陷，那就是独断的教条主义。他的追随者必须学习一套教条以将他的学说具体化，而且不准有任何疑问。最终，没有一个追随者曾经对此进行过修正增删。两百年后当卢克莱修把伊壁鸠鲁的哲学转写成诗歌时，据判断，他也没有在他导师的学说里加

「1」hyperborean，希腊神话中居住在极北乐土上的人。——译者注

「2」约合五英镑。

「3」W.J. 奥茨：《斯多葛派和伊壁鸠鲁派哲学家》，第 47 页。只要有可能，我都尽量引用奥茨先生的译文。

入任何理论上的新东西。凡是可能加以比较之处，都可发现卢克莱修与原意密切相符，而且一般认为在其他地方，卢克莱修可以填补因伊壁鸠鲁三百本著作统统都遗失给我们的知识所造成的空白。他的著作，除了几封书信、一些片段和一篇关于“原则信条”的陈述之外，什么都没有保留下来。

伊壁鸠鲁的哲学，和他同时代的其他哲学一样（只有怀疑主义是某种程度上的例外），主要是为了求得内心的宁静。他认为快乐就是善，而且不同寻常地一如既往坚持这种观点，不管其后果如何。他说，“快乐就是受福佑的生活的起点和归宿”。第欧根尼·拉尔修斯引用过他在一部名为《生活的目的》的书中的话：“如果我抽去了味觉的快乐，抽去了爱情和听觉和视觉的快乐，那么我就真不知道如何还能设想善。”又说：“一切善的起点和根基都是口腹之乐，即使是智慧和文化也必须归因于此。”他说，心灵的快乐是对肉体快乐的沉思。与肉体的快乐相比，心灵快乐唯一的优势就是我们可以学会凝视快乐而非痛苦，这样与身体上的快乐相比我们就更能够控制精神上的快乐。“德行”如果不意味着“在追求快乐时的谨慎小心”，就是一个空洞的名字。例如，正义就在于行动时不至于害怕引起别人的憎恶——由这种观点就通向了一种非常近似于社会契约论的社会起源学说。

伊壁鸠鲁不同意他的某些快乐主义的前辈区别积极快乐和消极快乐，或者动态快乐和静态快乐的做法。动态的快乐在于达到了所期望的目的，而之前的期望是和痛苦相伴的。静态的快乐在于一种平衡的状态，那是事物的一种存在状态的结果，如果没有这种状态我们就会期望它存在。我认为可以说填饱肚子的动作，在其进行过程中，就是一种动态的快乐，而当彻底填饱了肚子之后随之而来的静寂的状态就是静态的快乐。伊壁鸠鲁认为在这两种快乐中还是追求后一种比较审慎一点，因为它是纯粹的，而且并不依赖痛苦的存在作为对愿望的刺激。当身体处于平衡状态时，就没有痛苦，因此我们应该以平衡和安静的快乐，而不应该以更剧烈的欣喜为目标。伊壁鸠鲁似乎只要有可能就愿意处在饮食节制中，而不愿意处在狼吞虎咽的状态中。

这样他在实践中就走到了将没有痛苦，而不是拥有快乐当作聪明人的目标的地步。[1]肚子也许是一切事物的根本，但是胃病的痛苦却有可能压过大快朵颐的快乐，因此伊壁鸠鲁只吃面包，在宴饮的日子里才吃一些奶酪。对财富和荣誉

[1] 对伊壁鸠鲁来说，“没有痛苦本身就是快乐，而且按照他的终极分析，简直是最真实的快乐”。贝莱，前引书，第249页。

的渴望是没有意义的，因为它们会让一个本来感到很满足的人心绪难平。“最最伟大的善就是审慎，它甚至比哲学还要宝贵。”按照他的理解，哲学就是一个意在追求快乐生活的实践体系，这个体系需要的只是尝试，而不是逻辑、数学或是任何柏拉图所精心设计的训练计划。他极力劝勉他年轻的弟子和朋友皮托克勒斯“逃离任何形式的文化”。这是他劝人尽量少参加公共生活的原则的必然结果，因为一个人获得的权力越大，嫉妒他并进而想伤害他的人就越会成比例地增加。即便他逃脱了外在的不幸，在这种情况下心灵也不可能平静。有智慧的人会努力默默无闻地生活，这样才避免树敌。

性爱，作为最“动态”的快乐之一，自然也是受到禁止的。这位哲学家宣称，“性爱中的结合从来没有给一个人带来过任何好处，而且如果没有给他带来任何坏处就算他走运了”。他很喜爱（别人的）孩子，但是要满足这种爱好他似乎就不得不指望别人不听他的劝告了。事实上他对孩子的喜爱似乎就是有违于他的初衷，因为他认为婚姻和孩子是对更严肃的追求的干扰。卢克莱修追随他谴责爱情，但是他并不认为性爱中的结合有什么害处，只要其和激情相分离。

按照伊壁鸠鲁的看法，最安全的社会性快乐是友谊。像边沁一样，伊壁鸠鲁也认为没有人无时无刻不在追求他们自己的快乐，而且时而比较明智，时而很不明智；并且他也像边沁一样，时常被自己亲切而温柔的本性引导着做出令人敬佩的、但是根据他自己的理论却应该加以克制的行为。他显然很喜欢他的朋友，不管他从他们那里能够得到什么，但是他使自己相信，按照他的哲学观点，他也和所有人一样自私。据西塞罗所说，伊壁鸠鲁认为“友谊不可能和快乐相分离，并且因为这个原因必须结交朋友，因为没有友谊我们就不能安然地生活，不能无所畏惧，甚至不快乐”。不过偶尔他又多少忘记了自己的理论，说“所有的友谊本身都是值得期望的”，又补充道：“尽管友谊发端于对援助的需要。”[1]

虽然伊壁鸠鲁的伦理学在其他人看来粗鄙且缺乏崇高的道德，但是他非常真诚。正如我们已经看到的那样，他在谈到那个花园中的团体时，说的是“我们神圣的组织”；他写过一本名为《论神圣》的书；他具有一位宗教改革者所有的一切热情。他对人类的苦难一定怀有一种非常强烈的怜悯之情和一种毫不动摇的信念，认为如果人们采纳了他的哲学就会得到极大的解脱。这是一种孱弱多病者的哲学，意在与一个已经几乎不可能由冒险所带来的快乐的世界相适应。少吃，害怕的是消化不良；少喝，怕第二天早上醒不了；回避政治和爱情以及一切激情洋

「1」关于友谊这个题目和伊壁鸠鲁那和善的自相矛盾，参看贝莱，前引书，第317—320页。

溢的活动；不要让自己的命运被婚姻和子女所绑架；在精神生活中，教自己学会沉思快乐而非痛苦。肉体的痛苦固然是一件很痛苦的事，但是如果它很严重，那它就很短暂；而如果它持续时间很长，就可以通过精神上的自制和在痛苦来袭时想着快乐的事情的习惯来加以忍受。最重要的是，要为了避免恐惧而生活。

正是通过这个避免恐惧的问题，伊壁鸠鲁被引向了理论哲学。他认为恐惧最大的来源是宗教和害怕死亡，这两者之间是有联系的，因为宗教助长了死亡不快乐的观点。因此他就寻求一种可以证明众神并不干预人间事务并且灵魂随着肉体一起消灭的形而上学。大多数近代人都认为宗教是一种安慰，但是对伊壁鸠鲁来说正相反。对自然进程的超自然干预在他看来是恐怖的一个来源，而不朽性对于从痛苦中解脱的希望来说又是致命的。于是他构建了一种精致的学说，旨在治愈人们身上那些会引起恐惧的信仰。

伊壁鸠鲁是一个唯物论者，但不是一个决定论者。他追随德谟克利特相信宇宙是由原子和虚空构成的，但是他并不像德谟克利特那样相信原子在一切时刻都处在自然律彻底的控制之下。我们已经看到，希腊的必然性观念有一个宗教的起源，所以当他考虑如果允许必然性继续存在的话，那么对宗教的攻击就不全面时，也许他是正确的。伊壁鸠鲁认为原子有重量，并且在持续地坠落，不是朝着大地的中心，而是一种绝对意义上的下落。然而时不地，一个原子会受到某种类似于自由意志的东西的驱动，因而稍稍偏离了直接下坠的路径「1」，进而和其他原子发生碰撞。在这一点之后，对旋涡的发展等等问题的论述展开的方式大致和德谟克利特一样。灵魂是物质的，是由那些组成了呼吸和热的微粒所构成的。（伊壁鸠鲁认为呼吸和风在本质上和气不同，它们不仅仅是运动着的气。）灵魂 - 原子散布在身体各处。感觉的产生是由于肉体投射出去一层薄膜，这层薄膜一直在飘荡，直到它们接触到灵魂 - 原子为止。这些薄膜在当肉体消亡离开肉体之后依然有可能存在，这就解释了为什么会有梦。在死亡的那一刻，灵魂消散，其原子当然会继续存在，但是不会再有感觉，因为它们已经不再和肉体相联系。由此得出的结论，用伊壁鸠鲁的话来说就是："死亡对我们来说什么都不是，因为已经消亡的就没有了感觉，而缺乏感觉的对我们来说什么都不是。"

至于神，伊壁鸠鲁坚定地相信他们的存在，因为否则他就无法解释那种广泛传播的认为神存在的生活方式。但是他相信神自己并不插手我们人世间的事情。众神都是符合伊壁鸠鲁的认识、既理性又回避公共生活的快乐主义者。政府是一

「1」在当下，爱丁顿在解释测不准原理时也竭力主张一种类似的观点。

种不必要的工作，那些生活幸福美满的人并不受其诱惑。预言、占卜和所有这一类的活动当然都是纯粹的迷信，对天命的信仰也是如此。

因此没有理由害怕我们会招来众神的愤怒，或者我们会在死后在冥府受苦。尽管我们臣服于可以被科学地加以研究的自然力，但是我们依然拥有自由意志，并且在某些范围内是我们自己命运的主人。我们无法逃避死亡，但是如果死亡被正确地理解的话，其实那并不是坏事。如果我们依照伊壁鸠鲁的那些格言警句谨慎地生活，那么我们将很有可能在某种程度上免于痛苦。这种观点是一种平和的福音，但是却足以激起那些对人类的苦难有深切感受的人的激情。

伊壁鸠鲁对科学本身并不感兴趣，他看重科学只是因为科学为那些迷信归之为上帝之手的种种现象提供了自然主义的解释。当出现好几种可能的自然主义的解释时，他主张没有必要在其中进行选择。例如，对于月亮的盈亏就曾经有过许多种解释，其中任何一种只要不牵扯到神就和其他的一样好，至于企图要决定哪一种是正确的，则不过是无聊的好奇心罢了。所以难怪伊壁鸠鲁派实际上对自然知识毫无贡献。他们在抗议后期的异教徒对巫术、星相和占卜不断增长的痴迷时，也算发挥了有益的作用，但是他们却和其创立者一样始终是教条主义的、有限的，对个人幸福之外的任何事情都没有真正的兴趣。他们都能背诵伊壁鸠鲁定下的信条，但是他们在这个学派存在的好几个世纪里却没有对这些信条有任何增删。

伊壁鸠鲁唯一的一位知名弟子是诗人卢克莱修（公元前99年—公元前55年），他和尤里乌斯·恺撒是同时代的人。在罗马共和国末期，自由思想蔚然成风，伊壁鸠鲁的学说在受过教育的人中间十分流行。但是奥古斯都皇帝推行一种古代德行和宗教的复兴措施，这导致了卢克莱修的《物性论》一直到文艺复兴时期都默默无闻。这本书只有一个抄本在中世纪侥幸逃脱，它在本该被顽固派毁灭的命运幸存下来。几乎没有任何伟大的诗人要等待这么长的时间才为人所知，但是在近代，他的价值差不多已经得到了公认。例如，他和本杰明·富兰克林就是雪莱最喜欢的两位作家。

他的诗歌以韵文的方式阐释了伊壁鸠鲁的哲学。但是尽管二人信奉同样的学说，他们的秉性却截然不同。卢克莱修很有激情，与伊壁鸠鲁相比特别需要审慎学说的劝诫。他是自杀身亡的，而且似乎饱受间歇性精神错乱之苦——这使得有些人断言他是由于爱情的痛苦或是在服用催情药时出现意外而死的。他对伊壁鸠鲁的感情如同对救世主一般，而且在他所认为的宗教毁灭者的身上倾注了宗教般

强烈有力的语言：[1]

当人生匍匐在地，
在宗教的淫威下遭到公然的践踏
和卑鄙的压榨，
而她却从高高在上的天堂
展现出凶狠面颊，
俯视着凡间天下。
一个希腊人
惊恐地抬起凡人的眼睛，
第一个敢于直面她，
也是第一个站出来挑战她。
无论是众神传说，还是万钧雷霆，
抑或天上喋喋不休的恐吓都不能将他镇压，
这一切反而更加
激起他强烈的勇气，
直到他渴望第一个
打破自然之门的闩插。
就这样他那燃烧着的思维之力
获得了胜利，他跨过了那道门，乘兴远去；
越过了这个世界熊熊燃烧着的铜墙铁壁，
在思想和精神中，在无垠的宇宙中
海阔天空地飞驰。
自此之后，
他作为一个征服者回到我们中间，
带回了
可产生之物和不可产生之物的信息
以及每样东西之力，
最后让我们认知，
每件事物在什么原则下

「1」我引用的是R.C.特立威廉先生的译本，第一卷，第60—79页。

达到它力量的极限。
因此现在宗教已经被打倒，
反过来被人们在脚下践踏，
他的胜利将我们高高举在蓝天下。

如果我们接受了对希腊宗教和仪式欢快乐观的传统描述，那么伊壁鸠鲁和卢克莱修所表达的对宗教的憎恨就很不容易理解了。例如，济慈的《希腊古瓮颂》就赞美了一种宗教庆典，但是那种庆典可不会在人们的心灵中填满阴暗恐怖的东西。但是我认为流行的信仰绝大部分并不是这种欢欣的东西。在奥林匹斯神崇拜中迷信的残忍要比在其他形式中的希腊宗教少一些，但是即使是奥林匹斯众神直到公元前七世纪或公元前六世纪偶尔还是会要求人做牺牲，这种活动在神话和戏剧中都有记载。[1]在伊壁鸠鲁的时代，在整个蛮族世界，人祭的做法依然得到认可。直到罗马征服之前，蛮族中最文明的人在危急关头还会举行这种仪式，如在布匿战争中。

正如简·哈里逊已经极其令人信服地证明了的那样，希腊人除了对宙斯及其家族崇拜之外，还有其他更为原始的信仰是与野蛮的仪式多少相联系的。后来这些都在一定程度上被吸收进奥尔弗斯主义中，后者变成了具有宗教气质的人群中十分盛行的信仰。人们有时错误地认为地狱是一项基督教的创造，基督教在这方面所做的不过是将之前流行的各种信仰系统化而已。从柏拉图的《理想国》的开篇部分可以很清楚地看出，对死后惩罚的恐惧在公元前五世纪的雅典是非常普遍的，而且从苏格拉底到伊壁鸠鲁之间这段时间，这种恐惧也不可能有什么减少。（我指的不是受过教育的少数人，而是指普通人。）当然通常瘟疫、地震、战败和类似的灾难也被归咎于神明的恼怒或者没有尊重预兆。我认为希腊的文学和艺术在关于当时流行信仰的问题上可能起了很大的误导作用。如果除了贵族式的书籍和绘画之外没有其他关于十八世纪晚期的记录保留下来，那么我们对于那个时代的循道宗又知道多少？循道宗的影响力像希腊化时代对于宗教的虔诚一样，都是来自下层民众的，但是到了博斯韦尔和约书亚·雷诺兹爵士的时代它已经很强大了，尽管在这两人的著述中不大能看得出这种强大力量的影响。所以我们决不能用“希腊古瓮”这样的形象或者诗人和贵族哲学家们的作品来判断希腊的流行宗教。无论是从他的身世还是他的交游来看，伊壁鸠鲁都不是贵族，或许这就解释

[1] 卢克莱修引证牺牲伊菲革涅亚的事情作为宗教造成的祸害的例证之一。

了他对宗教的极端的敌意。

自从文艺复兴时期以来，伊壁鸠鲁的哲学主要是通过卢克莱修的哲学才为读者们所知。如果这些读者不是职业的哲学家，那么给他们留下最深刻印象的就是在诸如唯物主义、否认天命和反对灵魂不朽这样一些东西与基督教的对比了。尤其会使一位近代的读者感到震惊的是，这些今天一般被认为是阴暗、令人沮丧的观点居然代表了一种从恐惧的重压下得到解放的福音。卢克莱修像任何基督徒一样，坚定地认为在关于宗教的问题上真正的信仰非常重要。他在描述了人们在成为内在冲突的受害者是如何试图逃避自我并徒劳地试图在别处寻找解脱之后，又说道：

每个人都急于逃脱自我，
但实事求是，
他却实在没有力量逃脱自己，
而是身不由己地依附于它，尽管他也厌恶，
因为，尽管他病了，
他却认识不到他的病因。
只要他能清楚知道病因，
每个人都会把一切抛在一边，
而首先去认识世界万物的本性，
因为这是我们永恒的境遇：
不只是在犹疑中的一朝一夕，
而是要在这种境遇中作为凡人度过一生。
那在人们死后等待着他们的漫长的光阴。

伊壁鸠鲁的时代是一个厌倦疲惫的时代，甚至连毁灭看上去都像是一种很受欢迎的精神痛苦的解脱。与之相反，对大多数罗马人来说，共和国末期却不是一个幻灭的时代：具有巨人般精力的人正在从混乱之中创造出一种马其顿人没能创造的秩序。但是对于置身于政治之外也不关心争权夺利的罗马贵族们来说，事情的发展一定极为令人沮丧。而之外又加上间歇性精神错乱的折磨，卢克莱修将解救的希望寄托在不生存之上也就不足为奇了。

但是对死亡的恐惧在人的本性里如此根深蒂固，以至于伊壁鸠鲁的福音在任何时候都不可能得到广泛流传，而始终只是少数有教养的人们的信条。即便是在哲学家中间，自奥古斯都的时代之后，照例来说都是反对伊壁鸠鲁而倾向于斯多葛主义的。然而尽管其活力逐渐萎缩，但是伊壁鸠鲁主义在其死后依然存在了六百年之久。不过随着人们不断地受到其尘世存在的苦难的压迫，他们也就持续地从哲学或者宗教中索取灵丹妙药。哲学家除了少数例外，都到新柏拉图主义中寻求庇护；而没受过教育的人们则转向各种东方的迷信，并且越来越多地投入基督教的怀抱之中，基督教的早期形式将所有的美好都置于死后的生活中，这样就为人们提供了一种与伊壁鸠鲁派恰恰相反的福音。不过与伊壁鸠鲁主义十分相像的各种学说在十八世纪末期又被法国的哲人们（philosophes）复活了，并被边沁和他的追随者们带到了英国，这样做是在有意地反对基督教，因为这些人对待基督教像伊壁鸠鲁对待当时的宗教一样怀有敌意。

第二十八章

斯多葛主义

尽管斯多葛主义和伊壁鸠鲁主义同时起源，但是其学说却有着一个更漫长变化多端的历史。斯多葛主义公元前三世纪早期的创始人芝诺的学说，无论如何也不可能等同于公元二世纪后半期的马尔库斯·奥勒留。芝诺是一个唯物主义者，其学说大体上是犬儒主义和赫拉克利特的结合物。但是随着柏拉图主义的不断渗入，斯多葛派放弃了唯物主义，直到最终几乎连一丝痕迹也找不到了。不过他们的伦理学的确几乎没有什么变化，而那是这一学派大多数人认为最重要的东西。但是即便在这个方面，着重点也有所不同。随着时间的推移，斯多葛主义在其他方面谈论得越来越少，而伦理学以及与之密切相关的那些神学部分则不断地被极端地强调。在讨论所有早期的斯多葛主义者时，我们要接受这样一个事实的限制，即他们的著作只有一些只言片语保留了下来。只有生活于公元一世纪和二世纪的塞涅卡、爱比克泰德和马尔库斯·奥勒留这些人的著作得以完整地保存下来。

斯多葛主义比我们迄今为止所讨论的任何派别的哲学都更缺少希腊性。早期的斯多葛主义者大多是叙利亚人，晚期的则主要是罗马人。塔因（《希腊化文明》，第 287 页）怀疑斯多葛主义曾受迦勒底人的影响。于伯威格公正地评论到，希腊人在将蛮族世界希腊化的同时丢失了那些只适用于他们自己的东西。斯多葛主义和早期纯粹的希腊哲学不同，它在感情上是很狭隘的，在某种意义上说是狂热的，但是它也包含了那些当时的世界感到需要的，但是希腊人却似乎无法提供的宗教因素。特别是斯多葛主义能够迎合统治者，吉尔伯特·穆雷教授说："几乎所有亚历山大的继承者——可以说是在芝诺之后历代最主要的国王——都宣称自己是斯多葛主义者。”

芝诺是腓尼基人，大约在公元前四世纪后半叶的某个时间生于塞浦路斯岛上的西提姆。他的家庭很可能从事商业，而且最初将他带到雅典也很可能是商业利益关系。然而在到了雅典之后，他变得渴望研究哲学了。犬儒派的观点比任何其他学派都更和他意气相投，但是他却多少是个折中主义者。柏拉图的追随者曾经指控他剽窃了阿凯迪亚学园。在整个斯多葛派的历史中，苏格拉底始终是他们首要的圣人。苏格拉底在接受审判时的态度，他对逃亡的拒绝，他在死亡面前的平静，他所坚持的作恶者对自己的伤害要超过对其受害者的伤害的主张，所有这些都完美地契合斯多葛派所宣扬的学说。同样还有苏格拉底的不知冷暖，他在食物和穿着上的朴素，以及他对一切肉体上的安逸彻底的漠不关心。但是斯多葛派从来没有接受过柏拉图关于理念的学说，他们之中的大多数人也否定柏拉图关于灵魂不朽的论证。只有晚期的斯多葛派才追随柏拉图，认为灵魂是非物质的，早期的斯多葛派则赞同赫拉克利特认为灵魂是由物质性的火构成的观点。这种学说在字面上也可以从爱比克泰德和马尔库斯·奥勒留那里找到，但是他们似乎并不真的认为火是构成物理事物的四种元素之一。

芝诺对形而上学中的种种玄虚毫无耐心，德行才是他认为重要的东西，而且他重视物理学和形而上学也仅仅是因为它们对德行研究有所帮助。他试图借助常识与当时的种种形而上学倾向相斗争，而常识在希腊就意味着唯物主义。对感觉可靠性的种种怀疑使他感到苦恼，于是他就把与之相反的学说推向了极端。

“芝诺从断定现实世界的存在开始。怀疑主义者问道：‘你说的现实是什么意思？’‘我指的是那些稳定的和物质的东西。例如这张桌子就是我所说的稳定的物质。’怀疑主义者又问道：‘那么上帝呢？灵魂呢？’芝诺说：‘完全是稳定的。如果真有的话，那么比这张桌子还要稳定。’‘那么德行或者正义或者三分律也是稳定的物质吗？’‘当然，’芝诺说，‘相当稳定。’”[1]

在这一点上十分显然，芝诺像许多其他人一样，因为热衷于反对形而上学而陷入了自己的形而上学。

这个学派始终坚持不变的主要学说，是关于宇宙决定论和人类自由的。芝诺相信并没有偶然这么一种东西，还相信自然的进程是严格地为自然律所决定的。起初只有火，接着其他的元素——按照气、水、土的顺序——逐一浮现。但是迟早会有一场蔓延全宇宙的大火，于是一切又将重新变成火。但是按照大多数斯多

「1」吉尔伯特·穆雷：《斯多葛派哲学》(1915 年)，第 25 页。

葛主义者的意见，这并不是像基督教的学说中所说的那样是最终的结局，而只是一个循环的终结，整个过程将会永无休止地重演。现在所发生的一切事情以前也曾经发生过，将来也会再次发生，而且不是一次，而是无数次。

到此为止，这个学说看起来似乎很阴郁，在任何方面都不如一般的唯物主义，例如德谟克利特的唯物主义那样让人感到慰藉。在斯多葛主义中，自然的进程像在十八世纪的神学中那样是被一个"立法者"所决定的，这个立法者同时又是仁慈的上帝。宇宙中的一切，直至最微小的细节，都是被设计成通过自然的手段来达到某些特定的目标。这些目标，除了那些涉及众神和魔鬼的之外，都可以在人的生活中找到。万物都有一个与人类关联的目的。有些动物美味可口，有些则可以考验我们的勇气；即便是臭虫也有用，因为它可以帮助我们早起而不至于赖床。那股至高无上的力量有时候被叫作上帝，有时候被叫作宙斯。塞涅卡后来在这个所谓的宙斯和通俗的信仰对象之间做了区别，后者也是现实的，但是处于从属地位。

上帝与这个世界不是相分离的，他是世界的灵魂，而且我们每个人都分享了一部分神圣之火。一切事物都是那个叫作自然的单一系统的一部分，当个人的生命和自然相和谐时就是善。从一个意义上来说，每一个生命都是和自然相和谐的，因为正是像自然律这样的东西导致了它的存在；但是从另一个意义上来说，一个人的生命只有在其个体意志受到属于德行的目的的引导时才是和自然相和谐的。德行就存在于一种和自然相一致的意志之中。罪恶的人虽然也不得不遵守上帝的律法，但是他们这样做却不是心甘情愿的，用克利安泰斯的比喻来说，他们像是被拴在马车后面的狗一样，被迫跟着马车一起走。

在一个人的生命中，德行是唯一的善，诸如健康、幸福、财富这样的东西都是没有价值的。因为德行在于意志，因此人一生中的一切事物到底是真的善还是真的恶，这只取决于他自己。他可以变得穷困潦倒，但那又有什么关系呢？他依然可以是有德的。一个暴君可以把他关进监狱，但是他依然可以在与自然的和谐中坚持生活。他可以被判处死刑，但是他可以像苏格拉底那样高贵地死去。外人有力量左右自己的身外之物，但是德行，那唯一真正的善，则完全靠个人自己。因此每个人都拥有绝对的自由，只要他把自己从世俗的欲望中解脱出来。那些欲望只有通过错误的判断才得以流行。圣贤在所有自己珍视的事物上都有着正确判断，他们则是自己命运的主人，因为没有什么外在的力量可以剥夺他们的德行。

这个学说有一些十分明显的逻辑难点。如果德行真的是唯一的善，那么仁慈的上帝肯定只关心如何促成善，但是自然律却创造了大量罪恶的人。如果德行是唯一的善，那么就没有理由去反对残忍和不正义，因为正如斯多葛派一直不懈指出的那样，残忍和不正义为其受害者提供了实践德行的绝佳机会。如果世界完全是决定论的，那么自然律会决定我到底将有德还是无德。如果我是一个罪恶的人，那是自然迫使我变得罪恶，而斯多葛派所认为的德行能够带来的自由对我来说就完全不可能了。

如果在一种有德行的生活中一事无成，现代人的头脑是很难对其感到满腔热情的。我们会敬佩一位在瘟疫流行时甘冒生命危险的医务人员，因为我们认为疾病是件坏事，而我们希望减少其发生的频率。但是如果疾病并不是一件坏事，那么医务人员完全可以舒舒服服地待在家里。对于斯多葛主义者来说，他们的德行本身就是一种目的，而不是某种可以实现善的手段。但是如果我们把眼光放得长远一些，最终的结果又是什么呢？那就是现存的世界被火毁灭，然后又是整个过程的重演。还有什么事情比这更具有破坏性且徒劳无益吗？在这儿或那儿可能会有一段时间的进步，但是从长远来看只有循环往复。当我们看见某些令人不可忍受的痛苦时，我们希望总有一天这样的事情会不再发生，但是斯多葛派却向我们保证说现在正在发生的事情会一而再再而三地反复发生。人们恐怕会想，就连那注视着这一切的上帝最终都会因为绝望而感到厌倦吧。

与之相联系，在斯多葛派的德行观念中就表现着一种冷酷无情的成分。不只是恶的激情遭到谴责，而是所有的激情都遭到谴责。圣贤们毫无同情心，当他们的妻子或是子女死去时，他们会这样考虑：这件事并不是对他自身德行的妨碍，所以他并不会深深地感到痛苦。伊壁鸠鲁高度赞美的友谊当然也很好，但是友谊决不能发展到你朋友的不幸能够破坏你神圣的安宁的地步。至于公共生活，参与其中也许是你的责任，因为它为你提供了实践正义、坚毅等等诸如此类的品德的机会。但是你决不能受一种施惠于人类的欲望的驱动，因为你可以施与的恩惠——比如和平或者更充足的食物供应——并不是真正的恩惠，而且在任何情况下那都不是像你自己的德行那样对你至关重要。斯多葛主义者并不是为了行善而有德行，而是为了有德行而行善。他们不曾想到过要爱邻如己，除了一种表面上的意思之外，爱在他们的德行观念中是缺失的。

当我这么说时，我指的是作为一种感情的爱而不是作为一种原则的爱。斯多葛派也宣扬作为一种原则的博爱，这种原则在塞涅卡和他的后来者身上可以找到，而且很有可能是他们从早期的斯多葛主义者那里继承而来的。这个学派的逻辑所引出的学说因为其追随者们的人道精神而变得平淡了，如果这些追随者们真的前后一贯的话，那他们就会比原先要坏得多。与这些追随者们很相像的康德就曾经说过，你要对你的兄弟友善，不是因为你喜欢他，而是因为道德律要求你这么做。不过我很怀疑他在私人生活中是不是真的能够遵守这条戒律。

把这些一般性的问题放在一边，让我们回到斯多葛主义的历史上来。

关于芝诺[1]，只有一些残篇断简流传下来。从这些片断来看，似乎他将上帝定义为世界燃烧着的心灵，而且他似乎说过上帝是一个有形的实体，整个宇宙就形成了上帝的实体。特尔图良说过，按照芝诺的意见，上帝遍布于宇宙之中就如同蜂房里满是蜜蜂一样。据第欧根尼·拉尔修斯所说，芝诺认为普遍的规律就是正确的理性，遍布于一切事物之中，如同宙斯，那统治着宇宙的政府中至高无上的首脑一样。上帝、心灵、命运和宙斯都是一回事：命运是一种让物体移动的力量，"天意"和"命运"是它的别名。芝诺并不相信应该有祭祀众神的庙宇，他说："建造庙宇是没有必要的：因为我们决不能认为庙宇是很重要或者具有任何神圣性的东西。建筑师和工匠们的工作是不可能有什么了不起的价值或是神圣的地方的。"他似乎和晚期的斯多葛主义者一样相信星相和占卜。西塞罗说芝诺认为星星有一种神奇的力量。第欧根尼·拉尔修斯说："各种占卜术都被斯多葛派认为是靠得住的。他们说如果有一种叫作天意的东西的话，那么就一定有一种能够预测它的占卜方法。他们用芝诺所做的许多预言都得到了验证这个事实来说明占卜术的真实性。"关于这个问题，克吕西普说得很清楚。

斯多葛派关于德行的学说虽然不见于芝诺的著作中保留下来的片断中，但是似乎确实是他本人的观点。

芝诺的直接继承人是阿索斯的克利安泰斯，他主要因为两件事而出名。第一件事我们已经谈到过，他认为萨摩的亚里斯达克斯应该因为亵渎神明而受到指控，因为他让太阳取代地球成为宇宙的中心。第二件事是他的《宙斯颂》，这首诗中大部分内容看上去就像是出自蒲柏或者任何一位牛顿之后的基督徒之手似的。克利安泰斯的这些短篇祷文的基督教味道甚至更浓：

> 哦，宙斯！指引我；命运，请你指引我向前进。
> 不管你差遣我干什么，
> 请你指引我向前。
> 我无所畏惧地追随着你，哪怕我因猜疑
> 停住脚步不愿向前，我依然会追随着你。

「1」以下论述的来源，参见比万的《晚期希腊宗教》，第1页以下。

克吕西普（公元前280年—公元前207年）继承了克利安泰斯的衣钵，他一生著述甚多，据说一共写了七百零五本书。他将斯多葛主义变得系统化和学究化了。他认为只有宙斯，那至高无上的火，才是不朽的；其他的神明，包括太阳和月亮在内，都是有生有死的。据说他认为上帝并没有参与制造罪恶，但是不清楚他是怎样将这个观点和决定论相调和的。在其他的地方，他仿效赫拉克利特的方式来处理罪恶的问题，主张对立的事物是互相包含的，而如果没有恶，在逻辑上就不可能有善："再没有什么比那些认为善可以离开恶的存在而存在的人更笨拙的东西了。善和恶因为是完全相反的，所以都必须存在于对立中。"为了支持这个学说，他求助柏拉图而不是赫拉克利特。

克吕西普主张好人总是幸福的而坏人总是不幸福的，而且好人的幸福和上帝的幸福绝没有什么不同。但是在灵魂死后是否存在的问题上，克利安泰斯和克吕西普两人的观点有冲突。克利安泰斯坚持认为所有的灵魂都继续存在直到下一次宇宙大火为止（那时一切都被纳入上帝之中）；但是克吕西普坚持认为只有对有智慧的人的灵魂来说才是如此。克吕西普的兴趣并不像晚期的斯多葛派那样只在伦理学上，事实上，他将逻辑当作了根本。假言三段论和选言三段论，以及"选言"这个词，都出自斯多葛派，对语法的研究和对词形变化中"格"的发现也是如此。[1]克吕西普或者其他受到他著作启发的斯多葛主义者，有一种很精巧的知识论，大体上是经验性的并且以知觉为基础，不过他们也允许有某些被认为是由consensus gentium——即全人类的一致——所建立起来的观念和原则的存在。但是芝诺和罗马的斯多葛派却认为所有的理论研究都是附属于伦理学的：芝诺说过哲学就像一座果园，其中逻辑学是围墙，物理学是果树，伦理学则是果实；又说哲学好比是一个蛋，逻辑学是蛋壳，物理学是蛋清，而伦理学则是蛋黄。[2]这样看来，克吕西普是承认理论研究有其更独立的价值的。也许他的影响可以解释在斯多葛主义者中有许多人在数学和其他科学上有所贡献的事实。

斯多葛主义在克吕西普之后受到帕奈修斯和波西多纽斯这两个重要人物相当大的修改。帕奈修斯引入了相当大的柏拉图主义的元素，并放弃了唯物主义。他是小西庇阿的朋友，对西塞罗也有过影响，而斯多葛主义主要就是通过西塞罗才为罗马人所知的。波西多纽斯对西塞罗的影响更大，西塞罗曾经在罗德岛上跟着他学习过。波西多纽斯是帕奈修斯的学生，帕奈修斯大约死于公元前110年。

---

[1] 参见巴特，《斯多葛派》，1922年，斯图加特，第四版。

[2] 同上书。

波西多纽斯（约公元前135年—约公元前51年）是一个出生在叙利亚的希腊人，当塞琉西帝国灭亡时他还是个孩子。也许正是因为他在叙利亚经历过无政府状态才促使他向西游历。他先到了雅典，在那里接受了斯多葛主义，然后继续向远处游历，就来到了罗马帝国的西部。“他在已知世界的边缘亲眼看见了大西洋上的日落，在西班牙对面的非洲海岸上看见了满是猿猴的树木，在马赛的内陆地区看见了村落和野蛮的民族，在那里将人头当作战利品挂在房门上是一种司空见惯的景象。”[1]他在关于科学的题目上成长为一个多产的作家，其实他游学的理由之一就是想要研究潮汐，而这在地中海地区是无法进行的。他在天文学上完成了杰出的工作，正如我们已经在第二十四章中谈到过的那样，他对地球与太阳之间距离的估计在古代是最好的。[2]他还是一位值得注意的历史学家，续写了波利比乌斯的著作。但是他主要还是作为一位折中主义的哲学家而为人所知：他将阿凯迪亚学园在怀疑主义时期似乎已经遗忘的柏拉图的学说和斯多葛主义结合在了一起。

这种对柏拉图的偏好体现在他关于灵魂和死后生活的学说中。帕奈修斯像大多数斯多葛主义者那样曾经说过，灵魂随着肉体而消灭。而波西多纽斯则与之相反，说灵魂会一直生活在空气中，并且大多数情况下一直不变地停留在那里直到下一次世界大火为止。并不存在地狱，但是恶人在死后并没有好人那么幸运，因为罪恶会使灵魂的蒸气变得混浊，使它不能像好人的灵魂那样升得那么高。罪恶深重的灵魂就停留在地面附近并且要经历轮回；那些真正有德行的灵魂则上升到星空之中，并将时间花在守护星星的运转上。它们可以帮助其他的灵魂，波西多纽斯认为这就解释了占星术的真相。比万提出一种说法，认为波西多纽斯通过复活奥尔弗斯派观念和对新毕达哥拉斯派信仰的吸纳，也许就为诺斯替主义铺平了道路。比万恰如其分地补充到，对像波西多纽斯这样的哲学，致命的不是基督教而是哥白尼式的理论。[3]克利安泰斯将萨摩的亚里斯达克斯当成一个危险的敌人是很有道理的。

在历史上（尽管不是在哲学上）有三位和罗马相联系的人物要比早期斯多葛派更为重要，他们是塞涅卡、爱比克泰德和马尔库斯·奥勒留——分别是大臣、奴隶和皇帝。

「1」埃德温·比万：《斯多葛派和怀疑论者》，第88页。

「2」他估计从加迪斯向西航行70000里（Stade）就可以到达印度。塔因在其《希腊化文明》一书第249页中说，“这个说法是哥伦布信心的根本依据”。

「3」以上对于波西多纽斯的叙述主要依据埃德温·比万的《斯多葛派和怀疑论者》第三章。

塞涅卡（约公元前 3 年—公元 65 年）是西班牙人，他父亲是一个生活在罗马的有教养的人。塞涅卡选择了投身政治，并且因为受梅萨丽娜皇后的忌恨而被克劳狄皇帝放逐到科西嘉岛上（公元 41 年），当时他已经取得了相当的成功。公元 48 年，克劳狄的第二任妻子阿格莉皮娜将他从流亡中召了回来，任命他为自己十一岁的儿子的私人教师。塞涅卡不如亚里士多德走运，因为他的学生是后来的尼禄皇帝。尽管作为一个斯多葛主义者，塞涅卡在正式场合鄙弃钱财，但是他却积聚了巨大的财富，据说总数达三亿塞斯特斯（约合三百万英镑）之多。其中大部分都是他通过在不列颠放债获得的利息。据狄奥所说，他所收取的高额利息是引发这个国家叛乱的原因之一。勇敢的波阿迪西亚女王，如果那个故事是真的话，就是一场反抗这位艰苦朴素的哲学使徒所代表的资本主义叛乱的领袖。

逐渐地，随着尼禄越来越骄横，塞涅卡也就越来越不受欢迎。最终他受到控告——这个控告可能是公正的，也可能不是——说他参与了一个牵连甚广的阴谋，要谋杀尼禄并让一个新皇帝——有人说就是塞涅卡自己——登上皇位。因为顾念他之前的功劳，尼禄开恩允许他自尽（公元 65 年）。

他在临终时仍不忘教诲。起初，当听到皇帝的命令时，他动手准备写一份遗嘱。当别人告诉他时间不允许他长篇大论时，他转身对他悲伤的家人说："不必难过，我给你们留下的是比人间的财富有价值得多的东西——一个有德生活的典范。"——或者一些大意如此的话。接着他就切开了自己的血管，并把自己的秘书叫来记下他的临终遗言。据塔西佗所说，他具有雄辩口才，在弥留之际他依然滔滔不绝。他的侄子，诗人卢坎也在同时收到了同样的死刑判决，而他临死时还在吟诵他自己的诗句。在之后的时代里，人们是根据塞涅卡那令人敬佩的格言而不是根据他那多少有些可疑的行为来对他进行评判的。有好几位神父宣称他是一位基督徒，他和圣徒保罗之间的一封通信还被圣杰罗姆这样的人认为是真的。

爱比克泰德（约公元 60 年—约公元 100 年）则属于另一种非同一般的人，虽然作为哲学家他和塞涅卡非常相像。他是希腊人，本是伊帕弗洛狄图斯地方的一个奴隶，在尼禄手中获得了解放，后来做了他的大臣。他脚有些跛，据说是他当奴隶时有一次受到残酷惩罚的结果。他在罗马生活和讲学一直到公元 90 年为止，那一年罗马皇帝图密善因为用不着知识分子，就驱逐了所有的哲学家。因为这件事，爱比克泰德就退居到伊庇鲁斯的尼克波利斯，在那里著书讲学，几年之后逝世。

马尔库斯·奥勒留（公元 121 年—公元 180 年）则处于社会等级的另一端。他是好皇帝安东尼乌斯·皮乌斯的养子，后者同时还是他的叔叔和岳父。他在公元161年继承皇位，并且一直十分缅怀皮乌斯。身为皇帝，他致力于实践斯多葛派的德行。他十分需要坚韧不拔的毅力，因为他在位时各种灾祸此起彼伏——地震、瘟疫、持久而艰难的战争、军队暴动等等。他的《沉思录》是为自己而写就，并且显而易见并未准备拿来发表。书中反映了他感到自己的公共责任繁重不堪，并且为一种巨大的厌倦所困扰。他的独生子康茂德继承了他的皇位，结果却变成了糟糕得不能再糟糕的皇帝，但是康茂德在父亲生前却成功地隐藏了自己邪恶的秉性。这位哲学家皇帝的妻子福斯蒂娜受到指控——也许这指控是不公正的——有严重的不道德行为，但是他从来没有怀疑过她，并且费尽心机让她死后享受到神一般的祭礼。他迫害基督徒，因为他们拒绝信奉国家宗教，而他认为在政治上国家宗教是必要的。他所有行动都本着良心，但是大多数行动都未获成功。他是一个悲剧人物：在必须加以抗拒的一系列世俗欲望中，他感到引退去过一种宁静的乡村生活最具有诱惑力，但是这样做的机会却始终未曾来临。《沉思录》的一些篇章是在军营里写成的，还有些是写于远征中，最终艰难困苦的征战导致了他的死亡。

值得注意的是，爱比克泰德与马尔库斯·奥勒留二人在所有的哲学问题上都完全一致。这暗示着，尽管社会环境影响一个时代的哲学，但是个人环境对其哲学的影响却比想象的要小。哲学家们往往心胸宽广，他们大都可以将自己私人生活中的种种偶然事件置之度外，但是即便他们也不能超越时代宏观的善恶之上。在坏的时代他们创造出各种慰藉，在好的时代他们的兴趣则更纯粹是理智的。

吉本的历史著作细节详尽，开篇就是康茂德的种种倒行逆施，他也和大多数十八世纪的作者同样认为安东尼王朝[1]是一个黄金时代。他说："如果让一个人在世界历史之中确定一个人类境况最美满幸福、最繁荣昌盛的时代，那么他会

---

[1] 又称"五贤帝时期"，指罗马帝国自公元96年至公元180年之间的这段历史时期。其间实际上一共经历了六位最高统治者，即涅尔瓦、图拉真、哈德良、安东尼乌斯·皮乌斯、马尔库斯·奥勒留和维鲁斯。最后两人同是皮乌斯的养子，同时继承皇位，是罗马历史上第一次两帝共治，但因为维鲁斯早死（公元169年），所以习惯上将其略去不提。这六人之间虽然大多有亲戚关系，但并不是父子相继，继位的皇帝多是前任皇帝的养子。之所以称之为安东尼王朝是因为第四任皇帝安东尼乌斯·皮乌斯统治的时间最长，帝国在其治下达到鼎盛。罗马在这将近一百年的时间里政治稳定、经济繁荣、对外战争屡屡获胜，所以吉本称之为"黄金时代"。公元180年奥勒留去世后，皇位落入其荒淫无能的亲生儿子康茂德之手，安东尼王朝随之结束。——译者注

脱口而出指定从图密善之死到康茂德继位之间的那段时期。”对此我们无法苟同，因为奴隶制度的罪恶必然造成巨大的苦难，并且一直在消耗着古代世界活力的元气。那时残酷的角斗和斗兽表演令人无法忍受，它腐蚀了那些津津有味品赏这种景象的人们。的确，马尔库斯·奥勒留敕令角斗士们必须用钝剑格斗，但是这项改革无疾而终，而且他在人兽角斗问题上再也没有任何作为。那时的经济体制十分糟糕，意大利的农业正日趋衰落，罗马的居民依靠免费供给的外省粮食度日。一切主动权都集中到皇帝和他的大臣手中。在帝国辽阔的领土上，除了偶尔出现将军造反之外，面对屈服所有人都无能为力。人们向过去的时代寻求至善的东西，至于未来，他们感觉充其量令人厌倦，最坏的结果则是恐怖。当我们把马尔库斯·奥勒留的笔调与培根、洛克或者孔多塞的相比较时，我们就会发现一个积弱不堪的时代和一个满怀希望的时代之间的区别。在一个满怀希望的时代，眼前巨奸大恶是可以忍受的，因为人们认为它们都会过去；但是在一个积弱不堪的时代，就连真正的美好也失去了它们的滋味。斯多葛派的伦理学十分适合爱比克泰德和马尔库斯·奥勒留的时代，因为它们是忍受而不是希望的福音。

从一般的幸福角度来看，安东尼王朝无疑比后来直到文艺复兴为止的任何一个历史时期都要好得多。但是细致的研究表明，这一时期并不像其引人想象的建筑遗迹所描绘的那样繁荣。希腊－罗马文明对农业地区影响非常之少，这种文明实际上只局限于城市。而即便在城市也有一贫如洗的无产阶级和庞大的奴隶阶层。罗斯多夫采夫在论述城市社会和经济条件时总结道[1]：“（城市）社会状况的景象并非像其外在的表象那样吸引人。我们的资料来源带给我们的感受是：城市的辉煌成就为一小部分居民所创造，也只为这一小部分人而存在，而且即便是这一小部分人的福利也是建立在相对十分脆弱的基础之上的，占城市人口绝大多数的普通民众不是收入微薄就是生活在赤贫之中。总而言之，我们绝对不能夸大这些城市的财富：它们的外表是会误导人的。”

爱比克泰德说，我们都是尘世中的囚徒，被囚禁在凡尘肉体之中。根据马尔库斯·奥勒留的说法，他还经常说“人就是驮着一具尸体的弱小的灵魂”。宙斯无法让肉体获得自由，不过他将其一部分神性分给了我们。上帝是众人之父，我们皆是兄弟。我们不应该说“我是一个雅典人”或者“我是一个罗马人”，而应该说“我是这个宇宙的公民”。如果你是恺撒的亲戚，你就会感到安全，那么你作为上帝的亲戚不是应该感到更安全吗？如果我们能理解德行才是唯一真实的善

[1] 罗斯多夫采夫：《罗马帝国社会经济史》，第179页。

这一点，那么我们就会明白任何真正的罪恶都不会降临到我们头上。

“我是必死的，但是我一定要呻吟着死去吗？我必被囚禁，但是我一定要为此哀怨不已吗？我必忍受流亡之苦，但是有任何人能够阻止我面带微笑和勇气平静地上路吗？‘把秘密告诉我吧。’我拒绝，因为这是我的权利。‘但是我会给你戴上镣铐。’你说什么，伙计？给我戴上镣铐？不错，你可以给我上脚镣，但是你锁不住我的意志，就连宙斯也征服不了我。‘我会把你囚禁起来。’你囚禁的不过是我这躯体罢了。‘我要砍掉你的头颅。’怎么？我何时告诉过你我是这世上唯一的一个不能被砍头的人吗？

“这就是那些追求哲学的人应该考虑的思想，这就是他们应该日复一日地记录下来的教训，他们应该用这种方法磨炼自己。”[1]

奴隶和其他人一样平等，因为大家都是上帝之子。

我们必须服从上帝，如同一个好公民服从法律那样。“士兵们宣誓说他们向恺撒致以最高的敬意，但是我们则宣誓首先崇敬我们自己。”[2]“面对尘世中的强者，你要记住天上另一个人正在俯视着发生的事情，你要取悦于他而不是你面前的强者。”[3]

那么谁才是一个斯多葛派呢？

给我指出一个按照他所表述的那些论断的模式塑造出来的人吧，就像我们将一座按照菲迪阿斯艺术塑造的称为菲迪阿斯式形象的那样。给我指出一个疾病缠身但依然幸福，身处险境但依然幸福，濒临死亡但依然幸福，颠沛流离但依然幸福，忍辱含垢但依然幸福的人吧。把那个人指给我看。以众神的名义，我真的愿意看见一个斯多葛派。不，你无法给我指出一个已经成熟的斯多葛派来，那么就给我指出一个正在形塑、正在走上那条路的斯多葛派来吧。帮帮忙吧，不要吝啬让我这样一个老人看看从来没有见过的景象。什么？你准备指给我看菲迪阿斯的宙斯或者雅典娜神像？那种象牙制品和黄金制品？我想看到的是灵魂。请你们中间某个人指给我看一个想和上帝在一起、不想怨天尤人、不想再失败、不想自怨自艾，想要摆脱愤怒、嫉妒和猜忌的人的灵魂吧——一个想要把自己的人性改造成神性（为什么要掩饰我的意思呢？），将其可怜的肉体的目的寄托在与上帝的交流上的人。把这样一个人指给我看。不，你办不到。

「1」引自奥茨，前引书，第225—226页。

「2」同上书，第251页。

「3」同上书，第280页。

爱比克泰德采取的往往是一种朴实亲切的谈话的方式，永不厌倦地指出我们应该如何对待那些被认为是不幸的事情。

他和基督徒一样认为我们应该爱我们的敌人。总的来说，他也和其他的斯多葛派一样鄙视快乐，但是有一种快乐却是不能鄙视的。"雅典是美丽的。是的，但是摆脱了激情和纷扰的幸福却要美丽得多，那是一种你的事情不依赖任何人的感觉"。每个人都是一部戏剧中的一个演员，上帝已经指定好了角色，演好自己的角色是我们的职责，不管自己的角色是什么。

记载爱比克泰德学说的作品极其真诚与简洁（它们是根据其弟子阿里安的笔记写成的）。爱比克泰德的道德是高尚和超脱凡俗的。但是在一个人的主要责任就是反抗暴君的权势的局面下，也很难找出任何其他更有用之物了。在某些方面，爱比克泰德的道德观优于柏拉图、亚里士多德或者其他任何一个其思想产生于城邦制国家的哲学家，例如承认人类之间的兄弟关系并宣扬平等对待奴隶。爱比克泰德时代的现实世界要比伯利克里的雅典糟糕得多。但是现实存在的罪恶却让他的志向更加远大，他的理想世界要优于柏拉图的理想世界，正如他的现实世界要劣于公元前五世纪的雅典一样。

马尔库斯·奥勒留的《沉思录》的开篇感谢其祖父、父亲、养父，各位老师以及众神对他所施的恩惠。他所列举的某些恩惠有些稀奇古怪。他说他从狄奥格尼图斯那里学会了不理睬那些行奇迹者；从鲁斯提库斯那里学会了不写诗；从塞克斯图斯那里学会了如何庄严不矫揉造作；从语法学家亚历山大那里学会了不去更正别人糟糕的语法，而是要在别人说过之后不久使用正确的表达方式；从柏拉图主义者亚历山大那里学会了复函时不以工作繁忙作为耽搁的借口；从他的养父那里学会了如何不爱上男孩子们。他接着说他应该感谢众神让他在其成长过程中没有在他祖父的妻妾们手里待太长的时间，并没有过早地知晓男女之事；他的孩子们既不愚蠢也没有身体上的畸形；他的妻子顺从、温柔而又淳朴；当他开始研究哲学时他也没有在历史学、三段论或者天文学上浪费时间。

《沉思录》中非个人化的地方都和爱比克泰德密切一致。马尔库斯·奥勒留怀疑灵魂不朽，但是也会像一个基督徒那样说道："既然你在这一刻就有可能告别生命，那么就与之相应地来安排每桩行为和思想吧。"与宇宙相和谐的生活才是善的，而与宇宙相和谐和服从上帝的意志是一回事。

"哦，宇宙，一切与我相和谐的都与你相和谐。凡是对你来说恰逢其时的事情对我来说也就既不早也不晚。哦，自然，你的季节所带来的一切都是我的果实：万物出自你，存在于你，复归于你。诗人们说，'亲爱的刻克洛普斯之城'[1]，难道你就不能说，'亲爱的宙斯之城'吗？"

我们可以看出，圣奥古斯丁的《上帝之城》部分地继承了这位异教皇帝的思想。

马尔库斯·奥勒留相信上帝为每个人都指派了一个专门的精灵作为他的向导——这一信仰在基督教的守护天使观念中得到重现。他一想到宇宙是一个紧密织就的整体就感到安慰。他说，宇宙是一个有生命的存在，它有一个实体和一个灵魂。他的格言有："常思宇宙中万物相连。""无论你身上发生什么事，那都是亘古的永恒已经为你准备好了的，一切原因的可能结果在永恒编织着你的生命之线。"与此相伴的——尽管他在罗马这个国家里地位至高无上——还有那种斯多葛派的认为人类是一个集体的信仰。"对于作为安东尼乌斯的我来说，我的城市和国家是罗马；但是对于作为一个人的我来说，我的城市和国家则是世界。"人们在所有的斯多葛派身上都会发现一种难以调和决定论和自由意识的困难。当奥勒留想着自己作为统治者的责任时，他说："人们为了彼此而存在。"当他想着只有有德的意志才是唯一的善这种学说时，他在同一页上又说："一个人的罪恶并不能伤害另一个人。"他从未推论一个人的善对另一个人来说没有任何好处，或者如果一个人是像尼禄那样的坏皇帝的话，那么除了对他自己以外，他不可能对任何他人造成任何伤害，尽管这一结论看上去似乎十分自然。

奥勒留又说："唯有人才会爱那些做了错事的人。当他们做错事时，你要想到他们是你的亲人，并且他们犯错出于无知且无意，并且过不了多久你们都会死去，尤其是那些犯错的人没有对你造成任何伤害，因为他们没有削弱你的控制能力。"

他还说："热爱人类，顺从上帝。……只要记得一切都在律法的支配之下就足够了。"

这几段话将斯多葛派伦理学和神学中固有的矛盾展现得一览无余。一方面，宇宙是一个已经被决定好了的、一成不变的单一整体，其中所发生的一切都是之前各种原因的结果。但是另一方面，个人意志又是完全自主的，没有什么外在的原因可以迫使一个人去犯罪，这是矛盾之一。与之密切相关的还有另一个矛盾，即既然意志是独立自主的，而且只有有德行的意志才是善，那么一个人就不可能对另一个人行善或者作恶，所以仁慈就是一种假象。关于这两个矛盾我都要解释一下。

「1」指雅典。刻克洛普斯是传说中阿提卡的第一任国王。——译者注自由意志与决定论之间的矛盾，是那些亘古至今贯穿着哲学历史的矛盾之一。在不同的时代有着不同的表现形式。现在我们要关心的是斯多葛派的形式。

以我之见，如果我们能让一个斯多葛主义者接受苏格拉底式的诘难的话，那么他大概会这样为他的观点辩护：宇宙是一个单一的而有生命的存在，具有一个可以被称为上帝或者理性的灵魂。作为一个整体，这个存在是自由的。上帝从一开始就决定，自己要按照确定的普遍法则来行动，不过他选择了那些应该能够产生最好结果的法则。有时候，在一些特殊的情况下，结果并非完全理想，但为了律法的稳定性，这种不方便是值得容忍的，就像在人类的法典中那样。所有人都有一部分是火，有一部分是较为低等的泥土。就一个人是火的那部分而言（至少当这部分具有最好的品质时），他是上帝的一部分。当一个人身上神圣的部分有德地贯彻着意志时，这种意志就是上帝意志的一部分，因为上帝的意志是自由的，所以在这些情况下人类意志也是自由的。

这在一定限度上是一个不错的答案，但是当我们考虑到我们意志作用的原因时，这种解释就站不住脚了。众所周知，作为一种经验性的事实，诸如消化不良就会对人的德行有不好的影响，并且如果强制服用适当的药物，意志力是能够被摧毁的。我们可以用爱比克泰德最爱举的例子来说明，即一个人被一个暴君不公正地投入监狱，最近几年这类例子比人类历史上任何其他时期都要多。有这种遭遇的人们，有些人体现出了斯多葛式的英雄气概，有些人则颇为神秘没有做到这一点。我们现已知道，不仅足够的折磨可以摧毁几乎所有人的坚强不屈精神，而且吗啡和可卡因也可以迫使一个人服从。所以实际上只有当暴君不懂科学时，意志才能够不受暴君的影响。这是一个极端的例子，不过那些存在于无生物界中支持决定论的种种论证同样也大体上存在于人类意志的领域。我并不是说——我也并不认为——这些论证是决定性的，我只是说它们在这两种情况中力量相等，所以没有什么足够的理由可以让我们在一个领域接受这些论证而在另一个领域又反对它们。当一个斯多葛主义者忙于宣传对待罪人要保持容忍态度时，他就是在宣传有罪的意志是之前各种原因的一个结果，似乎只有有德的意志在他看来才是自由的。然而，这却是前后矛盾的。马尔库斯·奥勒留解释说他自己的德行得归功于其父母、祖父母和老师们的良好影响，但是好的意志和坏的意志同样都是之前原因的结果。完全可以说斯多葛主义者的哲学是那些接受了这种哲学的人有德行的原因，但是似乎除非接受者身上掺杂某种理智上的错误，就不会有这种理想的效果。认识到德行和罪恶同样都是之前原因不可避免的结果（像斯多葛派所应该主张的那样）很可能对道德努力有某种瘫痪作用。

现在我来谈谈第二个矛盾，即斯多葛主义者在宣扬仁爱时，在理论上其实主张没有人可以对其他人行善或者作恶，因为只有有德的意志才是善，而有德的意志和外部原因无关。这个矛盾比另一个更加显著，也更为斯多葛派（包括某些基督教的道德家们）所特有。至于为什么他们没有注意到这一点，可以解释为：他们像众人一样，有两套伦理系统——一套是针对他们自己的特级伦理，另一套是针对那些“劣等出身、不知法度”的人的低级伦理。当一个斯多葛派在想着自己时，他就认为幸福和所有其他所谓尘世间的美好都是毫无价值的，他甚至说期望幸福也与自然相悖，意思是那样做就会涉及不服从上帝的意志。但是作为在实际中掌管着罗马帝国的人，马尔库斯·奥勒留十分明白这种事是行不通的。确保非洲的运粮船按时到达罗马，采取措施来缓解瘟疫带来的苦难，保证蛮族敌人不会跨过国境，这些都是他的责任。也就是说，在对待他那些他认为现在不是，将来也不可能成为斯多葛派哲学家的臣民们时，他接受了普通的世俗的善恶标准。正是因为采用了那种标准，他才能够履行作为执政者的责任。奇怪的是，这种责任本身又属于斯多葛派圣人所应该达到的那个更高的领域，尽管它是从一种斯多葛派的圣人认为根本错误的伦理中推导出来的。

对这个困难我能够想象的唯一答案在逻辑上也许无懈可击，但是听起来却并不怎么合理。我认为康德也会给出这个答案，因为他的伦理体系和斯多葛派的非常相似。康德也许会说：的确，除了善的意志之外没有东西是善的，但是意志只有朝着某种目的时才是善的，而这些目的本身是中立的。A 先生到底是幸福还是不幸福，这无关紧要，但是如果我是有德的，我就会按照一种会让 A 先生感到幸福的方式来行动，因为那是道德律所要求的。我不能使 A 先生有德，因为他的德行完全依赖他自己，但是我能做某些事情来让他幸福、富裕、博学或者健康。斯多葛派的伦理学因而可以被表述如下：某些事情被世俗认为是好东西，但那是一个错误，真正的善乃是为其他人取得这些虚假的好东西的意志。这种学说并不包含逻辑上的矛盾，但是如果我们真的相信通常所认为的好东西都是毫无价值的，那这种学说听起来就丧失了一切可信性，因为在那种情况下，有德的意志完全可以朝向迥然不同的目的。

实际上，斯多葛主义中有一种酸葡萄的成分。我们不能幸福，但是我们可以有善，因此就让我们假装只要有善，幸福不幸福都无所谓。这种学说是英勇的，在一个恶劣的世界里也是有用的，但是它不正确，从一个根本的意义上说也不真诚。

尽管斯多葛派主要重点在伦理学方面，但是他们的学说中有两个方面在其他领域中开花结果。其一是认识论，其二是关于自然法则和天赋人权的学说。

在认识论方面，他们不管柏拉图的学说，他们承认知觉的作用。至于感官的欺骗性，他们认为那实际上是错误的判断，稍加注意就可以避免。一位斯多葛派的哲学家，芝诺的嫡传弟子斯菲鲁斯有一次被邀请去参加国王托勒密的晚宴。国王在倾听这一学说之后，就送给他一个蜡做的石榴。这位哲学家接着就想吃，于是国王就笑话他。他回答道，他无法确定这是不是一个真的石榴，只是认为王室的餐桌上大概不会提供任何不能吃的东西。[1]在这个回答中他就援引了斯多葛派的学说，即在那些根据知觉可以被确实地认识的事物和那些基于同样的根据只是或然的事物之间是有区别的。总体上讲，这种学说是理智的和科学的。

他们在认识论方面的另一种学说影响更大，不过也更可疑。那就是他们信仰天赋观念和原则。希腊式的逻辑完全是演绎性的，这就导致了最初前提的问题。最初的前提必须至少部分地是普遍的，而且不存在任何方法可以证明它们。斯多葛派认为有某些原则是明白透亮的，是所有人都承认的，这些原则就可以作为演绎的基础，如同在欧几里得的《几何原本》中那样。类似地，天赋的观念也可以当作定义的出发点。这种观点在整个中世纪，甚至在笛卡尔那里，都是被承认的。

十六、十七、十八世纪所出现天赋人权的学说是斯多葛派学说的复活，尽管有一些重要的修正。正是斯多葛派区分了自然法（jus naturale）和民族法（jus gentium）。自然法得之于那些被认为构成了一切普遍知识基础的最初原则。斯多葛派认为，所有的人生来都是平等的。马尔库斯·奥勒留在他的《沉思录》中也赞同“一种能使所有人都受同样的法律制约的政体，一种依据平等权利和平等的言论自由而治的政体，一种最为尊重被统治者自由的君主政府”。这是罗马帝国不可能彻底实现的理想，但是它影响了立法，尤其是改变了妇女和奴隶的地位。基督教在继承斯多葛派其他思想的同时也继承了这部分学说。最终在十七世纪，有效反抗专制主义的机会终于到来，斯多葛派关于自然法则和天赋平等的学说披着基督教的外衣，获得了一种在古代甚至一位皇帝也不能赋予的实际力量。

「1」《第欧根尼·拉尔修斯》，第七卷，第 177 页。

第二十九章

罗马帝国与文化的关系

罗马帝国曾以不同的方式或多或少地影响了文化史。

第一，罗马对希腊思想的直接影响。这种影响既不太重要，也不十分深刻。

第二，希腊和东方对帝国西半部的影响。这种影响既深刻而又持久，因为它包括了基督教。

第三，罗马悠久的和平对于传播文化和使人们习惯于与一个单一政府相联系的单一文明这一观念，所起的重要作用。

第四，希腊文明传播到了穆斯林手中，最终又传回西欧。

在考察罗马的这些影响之前，对政治历史做一番非常简洁的概括将是有所裨益的。

亚历山大的征服行动并没有波及西地中海地区，那里在公元前三世纪初期被迦太基和叙拉古这两个强大的城邦所控制。经过第一次和第二次布匿战争（分别发生在公元前 264 年—公元前 261 年以及公元前 218 年—公元前 201 年），罗马征服了叙拉古，并且将迦太基降到了无足轻重的地位。公元前二世纪，罗马征服了马其顿王朝的各个国家——虽然还有埃及作为附属国一直苟延残喘地延续到克利奥帕特拉死时为止（公元前 30 年）。征服西班牙是对汉尼拔的战争的一个插曲，法兰西则是由恺撒在公元前一世纪中叶征服的，大约一百年之后英格兰也被征服了。鼎盛时期罗马帝国的疆界西起欧洲的莱茵河和多瑙河，东至亚洲幼发拉底河，南至北非大沙漠。

罗马帝国主义也许在北非（此地因是圣居普良和圣奥古斯丁的故乡而在基督教历史上具有十分重要的地位）表现最好，这里在罗马时代之前和之后都是大片没有开垦的荒地，这时被开发成肥沃多产的良田，且能维持许多人口众多的城市。在从奥古斯都即位（公元前 30 年）到公元三世纪的动乱这段时间里，罗马帝国总体上是歌舞升平的。

与此同时，罗马的国家体制也经历了很重要的发展历程。最初，罗马是一个小型的城邦国家，与希腊的那些城邦国家特别是斯巴达没有什么不同，也并不依赖对外贸易为生。国王像在荷马时代的希腊一样，也已经被贵族共和制所取代了。当体现在元老院中的贵族因素依然强大时，民主的因素就被逐渐加了进来，这种妥协被潘尼提乌斯视为君主制、贵族制和民主制三种因素的理想组合（波利比乌斯和西塞罗也都重复他的观点）。但是对外征服却打破了这种极不稳定的平衡：征服为元老阶层带来了新的巨大财富，在较小程度上也为那些被称为“骑士”的上层中产阶级带来了财富。意大利的农业本来掌握在小农手中，他们靠自己和家人的劳动进行耕作；但是慢慢地，农业成了那些为罗马贵族所有、依靠奴隶劳动来种植葡萄和橄榄的大庄园的事情了。结果，罔顾国家利益和臣民福祉，只知寡廉鲜耻追求个人发财致富的元老院竟成了事实上的无所不能了。

公元前二世纪后半期，格拉古兄弟掀起了一场民主运动，由此爆发了一系列的内战。最终的结果——像在希腊已经司空见惯的那样——便是“僭主制”的建立。看起来令人惊奇的是，在希腊被局限在极小区域里的运动又以如此巨大的规模重演。尤里乌斯·恺撒的继承人与养子奥古斯都在其统治期间（公元前 30 年至公元 14 年）结束了国内的争端和对外的征服战争（除了极少数几个例外）。自从希腊文明开始以来，古代世界第一次享受到了和平和安全。

两件事情摧毁了希腊式的政治体系：第一是每个城邦都要求绝对的主权；第二是大多数城邦内部富人和穷人之间都有着激烈而血腥的斗争。在迦太基和希腊化诸王国被征服之后，第一个原因就不再困扰古代世界，因为对罗马的征服已经不可能再有什么有效的抵抗了。但是第二个原因却继续存在。内战中，一位将军可能会宣布自己是元老院的捍卫者，另一位将军可能会宣布自己是人民的捍卫者。胜利则属于能给士兵们提供最高的军饷的那个。士兵们想要的不仅是军饷和战利品，还要得到法律承认的土地所有权。因此在每一次内战结束之后，都是以正式法令驱逐许多名义上是国家佃户的现有土地所有者，以便给获胜部队的士兵让位。战争所需的开销，则通过处决富人并没收其财产来筹集。这种制度尽管是灾难性的，但是却不容易被终结。最后，出乎所有人的意料，奥古斯都取得了彻底的胜利，以至于再也没有一个竞争者能够挑战他所要求的那种权力了。

对于罗马世界来说，竟然发现内战已经结束，这简直出乎意料。除了少数元老党之外，大家无不为之欢欣鼓舞。对每个人来说，罗马在奥古斯都的统治下终于达到了此前希腊人和马其顿人曾经徒劳地追求过的稳定和秩序，这真是一种深深的解脱。据罗斯多夫采夫所说，共和时代的罗马给希腊"除了贫困、破产以及一切自主的政治活动的停滞之外没有带来任何新的东西"。[1]

奥古斯都统治时期是罗马帝国的一段幸福时光。在组织各省的行政机构时，至少考虑到了一些当地民众的福祉，而不完全是一个掠夺体制了。在他死后，奥古斯都不仅被官方神化，而且也被许多外省的城市自发地认为是一位神。诗人们歌颂他，商人阶层觉得普遍的和平省事又便利，就连奥古斯都一直在虚与委蛇地尊敬着的元老院，也从不放过任何机会把各种荣誉和职位堆在他头上。

不过尽管世界是幸福的，生活中的某些气息也消失了，因为人们更爱安全而不愿冒险了。在早期，每一个自由的希腊人都有机会去冒险，而腓力二世和亚历山大结束了这种状态。在希腊化的世界中，只有马其顿的君主们才享有无政府式的自由。希腊世界失去了青春活力，变得既犬儒又富有宗教气息。可以在世俗的制度中实践理想的希望消逝了，就连最优秀的人也随之失去了他们的热情。对于苏格拉底来说，天堂是一个能够继续进行讨论的地方，但是对于亚历山大之后的哲学家们来说，那却是一种和他们在地底下的存在状态大不相同的一种东西了。

罗马在后来也经历了一种相似的发展过程，不过是采取一种不那么令人痛苦的形式。罗马并没有像希腊那样被征服；相反地，却受到了成功的帝国统治的刺激和激励。在整个内战时期，正是罗马人应该为各种无序负责。希腊人在向马其顿人屈服之后并没有获得和平和秩序，而希腊人和罗马人在向奥古斯都屈服之后获得了这两者。奥古斯都是一个罗马人，大多数罗马人向他臣服是心甘情愿的，并不仅仅是因为他那超凡的权力的缘故，更何况他还煞费苦心地掩饰其政府的军队出身，并将自己的统治建立在元老院法令的基础之上。元老院所表现出来的种种阿谀奉承无疑是言不由衷的，不过在元老阶层之外也没人为此而感到耻辱。

当时罗马人的心境很像十九世纪法国的那些"步入正轨的年轻人"（jeune homme rangé），他们在经历过一种情欲冒险的生活之后，就在一段理性的婚姻上安定下来。这种心境，尽管令人满意，但却不具有创造性。奥古斯都时代的大诗人都是在动荡不安的岁月中塑造出来的：贺拉斯亡命于腓立比，他和维吉尔两人的田庄都被籍没并分给了获胜的军人。奥古斯都出于稳定的考虑，开始多少有些虚伪地着手恢复古代那种对信仰的虔诚，因此必然对自由的研究抱着相当敌视的

[1]《古代世界史》，第二卷，第255页。

态度。罗马世界开始变得墨守成规了，在后来诸位皇帝在位时这一进程依然在持续进行。

奥古斯都最初的几个继承人肆无忌惮地用各种残忍行径来恐吓元老院以及紫色皇袍的潜在竞争者们。在某种程度上，这一时期的为政不仁也蔓延到了外省。但是总体上，奥古斯都创立的行政机器依然运行得相当良好。

公元98年，图拉真即位开创了一段更好的时代，并一直延续到公元180年马尔库斯·奥勒留逝世为止。这一时期内，帝国政府正像任何一个专制政府所能做的一样好。与之相反，公元三世纪则充满了种种骇人听闻的灾难。军队意识到了自己的威力，转而开始以金钱和终生不再上战场为转移来拥戴或废黜皇帝，结果军队失去了有效的战斗力。来自北方和东方的蛮族入侵并劫掠罗马的领土，军队因为忙于私利和内斗而无力进行抵抗。整个财政体系崩溃了，因为各种收入来源已经大为减少，各种劳而无功的战争和收买军队的花费又大为增加。在战争之外，瘟疫也使得人口锐减。看起来似乎这个帝国就要垮台了。

帝国垮台崩溃的结局被两个能干的人物——戴克里先和君士坦丁避免了，前者于公元286年到公元305年在位，后者无可争议的统治则从公元312年持续到公元337年。他们将帝国分成东西两部分，大体上与希腊语和拉丁语的分界线相吻合。君士坦丁将帝国东半部的首都定在了拜占庭，并给这个地方命以新名君士坦丁堡。戴克里先曾经通过改变军队性质而暂时约束了军队，但是在他之后，最有力的战斗力量都是由蛮族人，主要是日耳曼人组成，而且所有的高级指挥职务都对他们开放。这权宜之计显然十分危险，到了公元五世纪初，罗马人终于吞下了自己种下的恶果。那时蛮族人终于决定为自己作战要比为罗马主子作战更加有利可图。尽管如此，这种政策依然在一个多世纪里达到了自己的目的。戴克里先的行政改革同样在一段时间内也取得了成功，但是从长远来看同样也是灾难性的。原先罗马的体制允许城镇拥有地方自治政府，并将收税的工作交给当地官员，只有一个城镇所要缴纳的税收总数才是由中央政府决定。在繁荣时期，这个体制运行得很好，但是在帝国衰竭的状况下，中央所要求的税收如果不用横征暴敛就无法满足。市政官员们个人也是有纳税的义务的，因此便纷纷逃亡以避免纳税。戴克里先强迫家境富足的公民担任市政官职，并规定逃亡属于违法。基于同样的动因，他又将农村人口转化成农奴，将他们固定在土地上并禁止他们迁移。这套体制也为后任皇帝所沿袭。

君士坦丁最重要的革新是将基督教定为国教，显然这是由于很大一部分士兵都是基督徒的缘故。[1]这项措施的结果就是当公元五世纪日耳曼人摧毁西罗马帝国时，帝国的余威使得他们也信奉了基督教，进而为西欧保留下了曾经为教会所吸收的那部分古代文明。

至于划归东罗马帝国的那部分领土，其发展有所不同。东罗马帝国的疆域虽然一直在缩小（除了公元六世纪查士丁尼短暂的征服以外），但是它一直存在到了1453年，直到君士坦丁堡被土耳其人征服为止。但是在东方，大多数曾经是罗马省份的地方，包括在西边的非洲和西班牙在内，都落入了穆斯林之手。阿拉伯人与日耳曼人不同，他们排斥被征服者的宗教，但是却接受了被征服者的文明。东罗马帝国的文明是希腊式的而非拉丁式的，因此从七世纪到十一世纪，正是东罗马帝国和阿拉伯人保存了希腊文学以及一切与拉丁文明相对的希腊文明的残留。从十一世纪开始，正是通过摩尔人的影响，西方才重新获得了曾经失落的希腊文明遗产。

我现在就来谈谈罗马帝国影响文化史的四种途径。

一、罗马对希腊思想的直接影响。这种影响始于公元前二世纪的两个人：历史学家波利比乌斯和斯多葛派哲学家潘尼提乌斯。当时希腊人对罗马人的态度是夹杂着恐惧的鄙夷。希腊人觉得自己是更文明的，但是在政治上却更软弱。如果罗马人在政治上更成功，那只能说明政治是一种更低贱的活动。在公元前二世纪，一般的希腊人都是耽于享乐、机敏多智、善于经营的，他们在任何事情上都没有什么道德原则。不过还是有一些具有哲学能力的人。其中有些人——特别是怀疑主义者，比如卡涅阿德斯——让机灵摧毁了严肃。另外有些人，比如伊壁鸠鲁主义者和斯多葛主义者中的一派，则完全退回到了宁静的私人生活之中。但是也有少数人，有着亚里士多德在看待亚历山大时所没有的那种洞察力，他们认识到了罗马的伟大应该归功于某些希腊人所缺乏的优点。

历史学家波利比乌斯大约在公元前200年生于阿卡狄亚。他是作为一名囚犯被送到罗马的，但是在罗马却幸运地结识了小西庇阿，并跟随他多次四处征战。尽管大多数受过教育的罗马人都认识希腊文，一个希腊人认识拉丁文十分罕见，然而波利比乌斯的人生经历却使他精通拉丁文。他为了希腊人的利益而记述了后两次布匿战争的历史，罗马正是通过这两次战争才征服了古代世界的。他写作时对罗马体制的钦佩已经有点过时了，但是在他的时代之前，与大多数希腊城邦中不断变化的各种制度相比，罗马的体制在稳定和效率这两方面确实是非常值得赞

---

[1] 罗斯多夫采夫，《古代世界史》，第二卷，第332页。

许的。罗马人自然很高兴地去阅读他的历史作品，不过希腊人是否如此就很值得怀疑了。

我们在上一章里已经提到了斯多葛派的潘尼提乌斯，他是波利比乌斯的朋友，也像他一样受到小西庇阿的庇护。潘尼提乌斯在西庇阿生前曾经多次造访罗马，但是在公元前 129 年西庇阿死后，他就留在雅典当斯多葛学派的领袖了。罗马依然具有和政治活动的机遇相联系的希望和乐观，而这种特质在希腊已经丢失了。相应地，潘尼提乌斯的学说就更具有政治性，并且和早期的斯多葛派相比，与犬儒学派的相似性更少。也许正是有教养的罗马人对柏拉图所怀有的那种敬慕影响了他，使他放弃了斯多葛派前人所具有的那种狭隘教条。潘尼提乌斯和他的继承者波西多尼乌斯赋予了斯多葛主义一种更宽泛的形式，从而强有力地吸引了更为严肃的罗马人。

再后来，爱比克泰德虽然是一个希腊人，但是他生命中的大部分时间都生活在罗马。罗马为他的著作提供了大部分实例，例如他经常劝诫聪明人不要在皇帝面前发抖。我们知道爱比克泰德对马尔库斯·奥勒留的影响，但是他对希腊人的影响则很难追溯了。

普鲁塔克（约公元 46 年—公元 120 年）在他的《希腊罗马名人传》中追溯了这两个国家多数声名显赫的人物之间的平行对应关系。他在罗马生活过相当长的时间，并受到了哈德良和图拉真两位皇帝的敬重。除了《希腊罗马名人传》以外，他还在哲学、宗教、自然历史和道德等方面写过无数的著作。他的《希腊罗马名人传》一书显然是想在人们的思想中促成希腊和罗马的和解。

总的来说，除了以上所列举的这些例外人物，罗马对其帝国东部说希腊语的部分所起的只是枯萎作用。思想和艺术同样都衰败了。直到公元前二世纪末期为止，对于那些殷实之家来说，生活是愉快而又舒适的，但是也没有什么诱因催人积极奋进，也几乎没有什么机会去获得伟大的成就。已经广为人知的各派哲学——柏拉图创立的阿凯迪亚学园、亚里士多德创立的逍遥学派、伊壁鸠鲁派以及斯多葛派——也都一直存在，直到他们被查士丁尼所取缔。不过在这些学派中，除了我们下一章将要谈到的新柏拉图主义者之外，没有任何一派在马尔库斯·奥勒留死后展现过任何活力与生气，而且这些人也几乎完全没有受到罗马的影响。罗马帝国中说拉丁语和说希腊语的两部分日益分道扬镳，掌握希腊语在西部越来越罕见，而拉丁语在君士坦丁之后在东部也只存在于法律和军队之中。

二、希腊和东方对罗马的影响。这里要考虑的是两种迥然不同的情况：首先是希腊的艺术、文学和哲学对那些最有教养的罗马人的影响；其次是非希腊的宗教和迷信在整个西方世界的传播。

当罗马人第一次和希腊人接触时，他们就意识到相形之下自己是比较野蛮和粗野的。希腊人在许多方面都无比优越于罗马人：在农业生产及其技术方面，在成为一个优秀的官员所必需的各种知识方面，在交谈和享受生活方面，在艺术、文学和哲学方面。罗马人唯一比希腊人优越的是军事策略和社会凝聚力。罗马人和希腊人的这种关系很像1814年和1815年普鲁士人和法国人的那种关系，但是后一种状况只是暂时性的，而前一种状况则延续了一段漫长时间。在布匿战争之后，罗马的年轻人对希腊人产生了一种敬佩之情。他们学习希腊语，他们复制希腊的建筑，他们雇用希腊的雕塑家。罗马诸神也被等同于希腊诸神。罗马人起源于特洛伊的说法被创造了出来，以便和荷马的传说取得联系。拉丁诗人采用了希腊式的韵律，拉丁哲学家接手了希腊的理论。最终，罗马在文化上成了希腊的寄生虫。罗马人没有创造过任何艺术形式，没有构建过任何原创的哲学体系，也没有过任何科学上的发现。罗马人修筑过良好的道路，编纂过系统的法典，组织过高效的军队；至于其他的事情，他们都唯希腊马首是瞻。

罗马的希腊化在罗马人的举止方面带来了一定程度的萎靡，这是为老加图所深恶痛绝的。直到布匿战争为止，罗马人一直是一个农耕的民族，有着农民的种种德行和恶行：朴素、勤劳、粗鄙、顽固而又愚昧。他们的家庭生活一直稳定，被牢固地建立在父权（patria potestas）的基础之上。女人和年轻人完全处在附属的地位。所有这一切随着突然之间巨额财富的流入而发生了变化。小型的农庄消失了，逐渐被使用奴隶劳动、新型科学农业生产的大庄园所代替。实力雄厚的商人阶层兴起了，许多人都因为掠夺而致富，就像十八世纪英国的那些“纳瓦布”[1]一样。女人一直都是德行良好的奴隶，现在也变得自由和放荡了；离婚变得普遍了；富人们不再生养孩子。希腊人在几个世纪以前也经历过类似的发展过程，现在他们的榜样刺激了历史学家称之为道德败坏的那种现象。不过即使在罗马帝国最放荡的时代，普通的罗马人依然认为罗马是更纯洁的伦理规范的维系者，与希腊的腐化堕落相对抗。

希腊对西罗马帝国的影响在公元三世纪之后便迅速地衰减了，主要是因为文化的普遍衰败。个中原因颇多，但是有一点必须特别指出，那就是在西罗马帝国末期，政府与以往相比越发实行赤裸裸的军事暴政，军队通常会推举一个战功显

「1」纳瓦布（nabob）原是印度莫卧儿帝国时期的地方穆斯林长官的称号，后来被引申为指那些在印度发了横财的欧洲人。——译者注

赫的将军作为皇帝。但是军队本身，即便是最高级的军官阶层也都不再是由有教养的罗马人组成的了，而是由来自边境地区的半野蛮人所构成。这些粗野的士兵是用不着文化的，有文化的公民在他们看来不过是赋税的来源而已。私人都穷困潦倒以致受不起教育，而国家又认为教育不是必需的。结果在西方只有少数知识渊博的人还能阅读希腊文。

与此相反，非希腊的宗教和迷信则随着时间的推移在西方取得了越来越稳固的地位。我们已经讨论过亚历山大的征服是如何将巴比伦人、波斯人和埃及人的信仰引介给希腊世界的。同样，罗马的征服也让西方世界熟悉了这些民族以及犹太人和基督徒的学说。我在后文还要谈论犹太人和基督徒，眼下我会将讨论的范围尽可能地局限在各种异教迷信的范围内。[1]

在罗马，每一个教派和每一位先知在各个当权的派系里都有代表，并会时不时地在最高权力阶层获得青睐。在那个轻率的时代，代表理智的怀疑主义的卢西安曾经讲过一位叫作巴甫拉格尼亚人亚历山大的先知和预言者的有趣故事，而且这个故事一般认为相当可信。故事说这位亚历山大能为人治病和预言未来，不时地还进行敲诈勒索。他的名声传到了当时正在多瑙河上和马格马尼人作战的马尔库斯·奥勒留的耳朵里。皇帝向他请教如何才能赢得这场战争，得到的回答是如果他把两头狮子扔进多瑙河里就会取得一场伟大的胜利。皇帝对这位预言家言听计从，但取得伟大胜利的却是马格马尼人。尽管出了这次意外，亚历山大的名气依然与日俱增。有一位执政官阶层的罗马显贵卢提连鲁斯向他咨询过许多事情，最后，在择偶时还征求他的意见。这位亚历山大像安狄米恩[2]一样曾经博得过月亮女神的青睐，并和女神生下了一个女儿，于是神谕就将他的女儿推荐给了卢提连鲁斯。“那时年已花甲的卢提连鲁斯，立刻听从了神的命令，并在婚礼上为他那位天上的岳母献上了整整一百头牛作为祭品。”[3]

比巴甫拉格尼亚人亚历山大的事迹更重要的是皇帝埃拉加巴鲁斯（又名赫里奥加巴鲁斯，公元 218 年—公元 222 年在位）的统治，他在被军队推举登基之前，本是叙利亚的一位太阳神祭司。在他从叙利亚动身前往罗马的缓慢行程中，他的画像被当作礼物提前送到了元老院。“他画上的形象身穿丝绸和黄金制成的祭司长袍，而且是在米底人和腓尼基人中间流行的那种松垮宽大的款式；戴着高

「1」参见库蒙的《罗马异教信仰中的东方宗教》。

「2」安狄米恩（Endymion）是希腊神话中的美少年。——译者注

「3」贝恩，《希腊哲学家》，第二卷，第 226 页。

高的波斯式头巾，数不清的项圈和手镯上装饰着无价的宝石。他的眉毛被涂得浓黑，脸颊则被矫揉造作地画成了白里透红的颜色。庄严的元老们叹息着承认，罗马在经历了本国人长期严厉的暴政之后，终于拜倒在东方专制的奢华萎靡之下了。"[1]因为有大部分军队的支持，这位皇帝狂热地将东方宗教的种种做法都搬到了罗马，他的名字就是他曾经担任过大祭司的埃梅萨那个地方太阳神的名字。实际掌握政权的却是他的母亲或者祖母，她看出他做得有些过火，于是就将他废黜并改立自己的侄子亚历山大（公元222年—公元235年在位），此人的东方倾向还比较有节制。当时可能各种信仰杂糅相间，这在他的私人礼拜室中得到体现，他在其中同时放置了亚伯拉罕、奥尔弗斯、提亚那的阿波罗和基督的神像。

源于波斯的密特拉教是当时基督教的有力竞争对手，特别是在公元三世纪后半叶。极力想要控制军队的皇帝们都觉得宗教可能会提供一种非常必需的稳定性，但那必须是一种新的宗教，因为得到士兵们垂青的就是这些新宗教。密特拉教被引入了罗马，非常投合那些士兵们的心意。密特拉是一位太阳神，但是不像他的叙利亚同类那样软弱，而是一位和战争有关的神，而善恶之间的大决战自琐罗亚斯德以来就是波斯信仰中的一部分。罗斯多夫采夫复制了一些发现于德国海登海姆地下避难所里密特拉崇拜的浮雕[2]，并指出士兵中密特拉的信徒一定非常之多，不仅是在东方，在西方也是如此。

君士坦丁采用基督教在政治上是成功的，而之前的种种引进新宗教的尝试都失败了。不过从政府的视角来看，之前的各种尝试和君士坦丁的做法是非常类似的。其成功可能依赖于罗马世界的不幸和疲惫，在这一点上它们都是相似的。希腊和罗马的传统宗教只适合于对人间感兴趣并且对尘世的幸福尚怀有希望的人们。而亚洲经历了悠久的痛苦和失望，于是炮制出了更为成功、采取寄希望于来世的各种形式的解救剂，其中，基督教在带给人慰藉这一点上是最有效的。但是基督教在成为罗马的国教时，已经从希腊吸收了许多东西，并且将这些连同其犹太因素一起，传承给了西方的后代。

三、政府与文化的统一。希腊的伟大时期所取得的各种成就之所以没有像米诺斯时代的成就那样失传，我们首先要感谢亚历山大，其次要感谢罗马。公元前五世纪如果崛起了一位成吉思汗式的人物的话，那么很可能希腊世界中所有重要的东西都会被一扫而光。只要薛西斯能力稍强一点，就可能让希腊文明在将他

「1」吉本，第六章。

「2」《古代世界史》，第二卷，第343页。

击退之后的发展远远逊色于实际情况。想想从埃斯库罗斯到柏拉图之间这段时期吧，其间所有的成就都是由少数几个商业城邦中的少数居民所取得的。这些城邦在后来都表明自己没有太强的力量来抵御外来征服。但是格外幸运的是，他们的征服者们，马其顿人和罗马人，都是热爱希腊文明的，因而并没有像薛西斯或者迦太基所做的那样摧毁他们所征服的文明。我们能够熟悉希腊人在艺术、文学、哲学和科学方面的成就，得归功于西方的征服者们所带来的稳定，他们具有清醒的头脑，去欣赏和仰慕他们所统治的文明，并且他们也尽力去保护它。

在某些特定的方面，例如政治和伦理，亚历山大和罗马人促生了一种更好的哲学，而这种哲学超越了希腊人在自由的年月里所传授过的任何一种哲学。正如我们已经看到的那样，斯多葛派信仰一种人类的兄弟之爱，而并不把自己的同情心仅仅局限在希腊人的范围内。罗马的长期统治使人们习惯了同一政府治下的同一文明这种理念。我们现在知道世界上还有许多重要的部分没有受到罗马的统治——特别是印度和中国。但是对于罗马人来说，似乎在帝国之外不过是些蛮族部落罢了，他们可以随时随心所欲征服他们。在罗马人的头脑中，帝国在本质上和观念中都是世界性的。这种观念传给了基督教会，所以尽管有佛教徒、儒家信徒和后来的伊斯兰教徒，基督教会依然称自己为“公教”。Securus judicate orbis terrarum（无所畏惧地审判整个世界）是圣奥古斯丁的一句格言，体现了后期斯多葛派的学说，而这条格言之所以具有吸引力也是因为罗马帝国那显而易见的大一统。在查理曼大帝之后，整个中世纪的教会和神圣罗马帝国在观念上都是世界性的，尽管人人都知道事实上并非如此。一个人类大家庭、一种公教、一种普世的文化、一个世界性的政府，自从这些观念被罗马差不多实现以来，它们就一直萦绕在人们的脑海中。

在扩大文明区域这方面罗马所起的作用具有极重要的意义。北意大利、西班牙、法兰西和部分西德意志都因为被罗马军团征服而开化了。这些地区都证明了自己也像罗马一样有能力创造高度的文化。在西罗马帝国的末期，高卢所产生的人物至少能够和他们同时代的其他古文明地区的人物相媲美。正是由于罗马对文化的传播才让蛮族造成的沉沦仅为暂时而不是永久的黑暗。也许有人会争辩说，文明的质再也没有伯利克里时代的雅典那么好了，但是在一个充满了战争和毁灭的世界里，量几乎也和质一样重要，而量则是要归功于罗马的。

四、伊斯兰教徒作为希腊文明传播的媒介。公元七世纪时，先知穆罕穆德的追随者们征服了叙利亚、埃及和北非。在随后的一个世纪，他们又征服了西班牙。他们的胜利是那么轻而易举，只有几次不太激烈的战斗。大概除了最初那几年，他们也并不是很狂热。基督徒和犹太人只要缴纳赋税就不会受到侵扰。阿拉伯人不久就学习了东罗马帝国的文明，但是他们的心中满怀着国运初兴的希望，而非国运衰颓的疲惫。他们中间博学之士阅读并翻译希腊的著作，并加以注疏。亚里士多德能够声望卓著主要得归功于他们。在古代，很少有人提及亚里士多德，并认为他和柏拉图不可同日而语。

梳理一下我们从阿拉伯人那里得来的一些词汇是很有启发性的，比如：代数、酒精、炼金术、蒸馏器、碱、方位角、天顶等等。"酒精"这个词指的不是饮料，而是化学上所用的一种材料，除了这个例外，这些词汇为我们从阿拉伯人那里所得到的东西勾勒了一幅很好的图像。代数学是亚历山大城的希腊人发明的，但是伊斯兰教徒将其推进了一步。"炼金术""蒸馏器"和"碱"这些词都与试图将贱金属转化为黄金的尝试有关，这是阿拉伯人从希腊人那里继承过来的，而且他们炼金时还援引过希腊哲学。[1]"方位角"和"天顶"是天文学用语，它们对阿拉伯人来说的主要用处是占星术。

但是这种词源学的方法会掩盖我们从阿拉伯人那里所得到的关于希腊哲学的知识，因为当欧洲重新开始研究哲学时，所采用的术语都是来自希腊文和拉丁文的。在哲学上，阿拉伯人是更好的注释家而非原创性的思想家。对于我们来说，他们的重要性在于是他们而不是基督徒直接继承了仅存于罗马帝国的希腊传统。与伊斯兰教徒在西班牙（在一个较小的程度上也包括西西里）的接触使西方知道了亚里士多德，以及阿拉伯数字、代数学和化学。这种接触引发了十一世纪学艺的复兴，促生了经院哲学。再后来，从十三世纪开始，对希腊文的研究使得人们能够直接阅读柏拉图、亚里士多德和其他古代希腊作家的著作。但是如果不是阿拉伯人保留了这种传统的话，文艺复兴时代的人们也许就会怀疑复兴古典学术到底能够获益几何了。

「1」参见阿瑟·约翰·霍普金斯的《炼金术，希腊哲学的产物》，1934年哥伦比亚版。

第三十章

普罗提诺

新柏拉图主义的创立者普罗提诺（公元204年—公元270年）是最后一位伟大的古代哲学家。他的一生几乎与罗马历史上最多灾多难的一段时期相伴始终。在他出生前不久，军队已经意识到了自己的力量，并视给予自己的金钱和报酬的多少来决定拥立皇帝，接着又将皇帝暗杀以借机重新兜售帝国。这些念头在士兵头脑里萦绕，使得他们无法在边境进行有效防御，无法抵挡北方的日耳曼人和东方的波斯人的大举入侵。战争和瘟疫让帝国的人口大约减少了三分之一，甚至在那些并未受到敌对势力侵扰的省份，横征暴敛和收入萎缩也造成了财政的崩溃。那些曾经是文化的主要载体的城市受到特别沉重的打击，家境殷实的市民大量逃亡以逃避税官。直到普罗提诺死后，秩序才重新建立起来，戴克里先和君士坦丁的强力措施暂时拯救了帝国。

但这一切普罗提诺的著作都没有提到。他不是面对现实世界毁灭和痛苦的景象，转而去思索一个永恒的善与美的世界。在这一点上，他和那个时代所有最严肃的人格调一致。对于所有这些人来说，不管他们是基督徒还是异教徒，现实世界似乎都无法给人以任何希望，只有“另一个世界”看上去才是值得期许的。对于基督徒来说，“另一个世界”便是死后会享有的天国；对于柏拉图主义者来说，那则是永恒的理念世界，那个与虚幻的现象世界相对的真实世界。基督教的神学家将这些观点结合到一起，还囊括了许多普罗提诺的哲学。印格教长关于普罗提诺价值非同一般的著作正确强调了基督教从他那里所得到的东西。他说：“柏拉图主义是基督教神学的一个必不可少的组成部分，我敢说再也没有别的哲学能和基督教神学合作而不发生摩擦。”又说：“想把基督教义中的柏拉图主义剔除而又不导致基督教的崩溃瓦解是绝对不可能的。”他指出，圣奥古斯丁在谈到柏拉图的体系时称之为“所有哲学中最纯粹最光辉的”；奥古斯丁还把普罗提诺称为“柏拉图再世”，说如果普罗提诺生得再晚一些的话，那么“只要改动一些字句，他就会变成一个基督徒”。根据印格教长的说法，圣托马斯·阿奎那“比真实的亚里士多德还要接近普罗提诺”。

因此，普罗提诺因为影响了中世纪的基督教和天主教神学而具有历史重要性。历史学家们如果要谈论基督教，就必须仔细地辨认基督教所经历的各种重要变化，以及那些即便在同一个时代中也可能出现的不同的形式。综观福音书[1]中所体现的基督教，对形而上学几乎是完全一无所知。在这方面，现代美国的基督教很像原始基督教；对一般美国人的思想和感情来说，柏拉图主义是陌生的，而且大多数美国基督徒更关注的是现世的责任以及日常世界中的社会进步，而不是一种在世间万物都使人感到绝望时给人以慰藉的超验希望。我所说的不是教义上的变化，而是着重点和兴趣上的不同。一个现代的基督徒，除非他能认识到这种不同的鸿沟，否则他便不能理解历史上的基督教。至于我们这本书，因为我们的研究是历史性的，我们所关注的就是过去的世纪里各种有影响力的信仰，而在关于这些信仰的问题上我们就不能不同意印格教长在柏拉图和普罗提诺的影响这个问题上所说的那些话。

然而，普罗提诺并不是只具有历史上的重要性而已。他比任何其他哲学家都更能代表一种重要的理论类型。一种哲学体系是否重要，我们可以依据很多种不同的理由来判断。首先也是最明显的判断方法是我们会想它是不是真的。在今天不会有多少研究哲学的人还感到普罗提诺是真的了，只有印格教长在这一点上是个罕见的例外。但是真实性并不是一种形而上学所能拥有的唯一优点，它还可以很美，而这在普罗提诺的著作中是肯定能找到的。他书中的许多段落会让人联想起但丁《天堂篇》中最后的那些章节，而不是想到任何别的文学上的东西。时不时地，他会对永恒世界的光荣做一番描绘：

> 在我们极为精妙的幻境中，
> 传来了一曲纯净悠扬的歌声，
> 在蓝宝石色的宝座前对着坐在上面的人
> 高声唱着赞同和遵命。

「1」指《新约》中文笔、用词、风格等各方面都极为相似的《马太福音》《马可福音》《路加福音》这三部福音书的总称。——译者注

此外，一种哲学之所以重要也可能是因为它更多地表达了人们在某些特定心境下和特定环境中会容易相信的东西。单纯的快乐和忧伤并不是哲学的题材，而更多的是比较简单的诗歌和音乐的题材。只有在思索着宇宙的奥秘时随之而来的快乐和忧伤才能产生各种形而上学的理论。一个人可以是一个快乐的悲观主义者，也可以是一个忧郁的乐观主义者。也许，萨缪尔·巴特勒可以作为前一种人的一个代表，而普罗提诺则极好地代表了后一种人。在普罗提诺所生活的那样一个时代，随时会降临的不幸让人紧张压抑。至于幸福，如果还有可能获得的话，也只能通过思索那些远离各种感官印象的事物来获得了。这种幸福自身总是有一种紧张的因素，与儿童简单的幸福是大为不同的。而且既然这种幸福并不是得之于日常世界，而是得之于思想和想象，它就要求有一种忽略或者鄙弃感官生活的能力。因此，在形而上学的领域里，创造出各种建立在对超感官世界的真实性的信仰之上的乐观主义的人，就不是那些很享受本能幸福的人。在那些在世俗的意义上是不幸的，但是下定决心要在理论世界中找到更高级的幸福的人们中间，普罗提诺占据着很高的地位。

他在纯粹理智方面的优点也是绝对不能加以忽视的。他在许多方面将柏拉图的学说清晰化了，他还发展出了一种他和其他许多人都宣扬过的理论，而且在这一过程中尽可能地保持了理论的前后一致性。他那些反对唯物主义的论证是很好的，在灵魂和肉体的关系这个问题上，他的观念总体上要比柏拉图和亚里士多德要清晰。

像斯宾诺莎一样，普罗提诺也有某种道德上的纯粹性和崇高性。他总是很真诚，从来不尖刻或者挑剔，他所关注的事情，始终是如何尽可能简单地将他认为重要的东西告诉读者。无论人们如何看待作为一位理论哲学家的普罗提诺，但是作为一个人来说，人们是不可能不爱他的。

普罗提诺的生平，就其已知的部分而论，是通过他的朋友和弟子波尔菲里为他所写的传记而为人所知的。波尔菲里是一个闪米特人，他的真名是马尔库斯。但是这本传记的叙述中有许多传奇式的因素，使得那些较为可信的部分也很难被人完全相信了。

普罗提诺认为自己在时空中的表象是无足轻重的，所以他不愿意谈论自己一生中的历史性事件。不过他说过他生于埃及，而且我们知道他在年轻时曾经在亚历山大城求学，他的老师就是一般被认为是新柏拉图主义创始人的安摩尼乌斯·萨卡斯。他在亚历山大城一直生活到了三十九岁，之后他参加了罗马皇帝高迪安三世对波斯人的远征，据说是为了研究东方的宗教。这位皇帝当时还很年轻，不久就像当时司空见惯的那样被军队谋杀了。此事发生于公元 244 年他在美索不达米亚的一场战役中。普罗提诺于是便放弃了他的东方计划并定居于罗马，不久就在那儿开始了教学工作。在他的听众中有许多很有影响力的人物，他还得到了皇帝加利努斯「1」的垂青。有一段时间他还制定了一个计划，要在意大利的坎帕尼亚地区建立柏拉图的理想国，为了达到这个目的还计划建立一座新城市，名叫柏拉图诺波利斯（意即柏拉图之城）。皇帝起初是赞成的，但是最终还是撤回了对他的支持。在靠罗马这么近的地方还能有空间建立一座新城市，这看起来似乎是一件很奇怪的事。不过也许这是因为那块地方在普罗提诺提出这项计划时已经像今天「2」一样瘟疫流行了，而在那之前却不是这样。普罗提诺在四十九岁之前都没有写过什么东西，在那之后，他著述甚丰。他的著作是由波尔菲里编辑整理的，而后者更倾向于毕达哥拉斯主义而非柏拉图主义。波尔菲里使得新柏拉图主义学派更具有超自然主义色彩了，如果这个学派更忠实地遵循普罗提诺的话，情况会有所不同的。

普罗提诺对柏拉图怀有极大的敬意，“他”这个代词在普罗提诺的著作中经常被用来专指柏拉图。一般来说，他对待“受到祝福的古人”是尊敬有加的，但是原子论者却不在受他尊敬的人之列。当时依旧活跃的斯多葛派和伊壁鸠鲁派他都是反对的。他反对斯多葛派只是因为他们的唯物主义，而他反对伊壁鸠鲁派则是因为他们哲学的方方面面。亚里士多德对他的影响要比表面上看起来大，因为他对亚里士多德的借用常常是未加说明的。在许多问题上人们还感觉得到巴门尼德的影响。

普罗提诺笔下的柏拉图并不像真实的柏拉图那样有血有肉。理念论、《斐多篇》和《理想国》第六卷中的神秘主义学说，以及《会饮篇》中对爱情的讨论，这些差不多就构成了出现在《九章集》(普罗提诺全集的名字）中的柏拉图的全部。对政治的兴趣、对各种不同的德行的定义的探究、对数学的爱好、对个人戏剧化而又充满感情的鉴赏，尤其是柏拉图的那种戏谑，是完全不见于普罗提诺的著作之中的。柏拉图，正如卡莱尔所说，“在天国中是很能自得其乐的”；而普罗提诺

「1」关于加利努斯皇帝，吉本曾经评论道：“他是好几种新奇但是无用的学问的大师：一位伶俐的演说家和一位风雅的诗人、一位熟练的园丁、一位出色的厨师，但却是一位最差劲的君主。当国家遇到重大的紧急情况需要他出面料理时，他却在忙于和哲学家普罗提诺谈话。并且把时间浪费在各种琐碎的或者放荡的消遣上，他准备亲身参加希腊的各种神秘仪式，或者在雅典的阿雷奥帕古斯山上为自己谋求一个职位。”

「2」本书写于第二次世界大战期间。——译者注

与之相反，总是谨守礼节的。

普罗提诺的形而上学是从一个神圣的三位一体开始的：太一、精神和灵魂。但是这三者并不像基督教的三位一体那样互相之间是平等的，太一是至高无上的，其次是精神，最后是灵魂。[1]

“太一”多少有些朦胧不清。它有时被称作上帝，有时被称作善，它超越于存在之上，存在则在太一之后接踵而来。我们对太一不能使用任何谓语，而只能说“太一存在”。（这让人想起了巴门尼德。）把上帝说成是“一切”是错误的，因为上帝超越于“一切”之上。上帝通过万物而呈现。太一则可以不通过任何事物而呈现：“它是无处，而无处并不是它。”尽管太一有时候被说成是善，但他却告诉我们它既先于善又先于美。[2]有时候，太一看起来很类似于亚里士多德所说的“上帝”，他说上帝用不着他自己的派生物，也不关注被创造的世界。太一是无法定义的，在关于太一的问题上，沉默无言比任何言语都更具有真理性。

现在我们来看看第二者，普罗提诺称之为 nous。我们总是很难找到一个合适的英文词来表示 nous 所表示的意思。词典上标准的翻译是“心灵”，但是心灵这个词并不具有 nous 的各种合适的内涵，特别是当这个词被用在一种宗教性的哲学之中时。如果我们说普罗提诺将心灵置于灵魂之上，我们就会传递一种完全错误的印象。普罗提诺作品的英译者麦肯纳用的是“理智－原则”，但是这种译法太笨拙了，而且也没有提示出 nous 这个词是一种适合宗教崇拜的对象。印格教长用的是“精神”，也许这是可以想到的最好的一个词了。但是这种译法忽略了毕达哥拉斯之后一切希腊宗教性哲学中都很重要的理智因素。数学、理念世界和一切非感觉的思想对毕达哥拉斯、柏拉图和普罗提诺来说都有着某种神圣的意味，它们构成了 nous 的活动，或者至少也构成了我们能够设想的最接近 nous 活动的路径。正是柏拉图宗教中的这种理智的成分引导着基督徒们——特别是《约翰福音》的作者——将基督等同于逻各斯（Logos）。因为有这层联系，“逻各斯”应该被翻译成“理性”，这就让我们无法用“理性”这个词来翻译 nous 了。我可能会效仿印格教长使用“精神”一词，但是有一个附加条件，即 nous 有一种我们通常所理解的“精神”所没有的理智的含义。不过更有可能的是，我会使用 nous 这个词而不加任何翻译。

---

[1] 与普罗提诺同时代且师出同门的欧利根，在他的哲学中也教导说，“第一者”高于“第二者”，而“第二者”要高于“第三者”，在这个问题上他和普罗提诺的观点是一致的。但是后来欧利根的观点却被宣布为异端。

[2]《九章集》，第五卷，第五篇，第十二章。

普罗提诺告诉我们，nous 是太一的影子。它之所以能够产生是因为太一在自我追求之中必须有所见，而太一的所见就是 nous。这个概念很难理解。普罗提诺说，一个不是由部分组成的存在也可能认识到自身，在这种情况下，见者与被见者就是同一的。柏拉图曾经用太阳做类比来设想上帝，在上帝之中，发光者和被照亮者就是同一的。由这个类比推断，nous 也许可以被认为是太一借以观察自己的光线。对于那个遗失在我们自我意识中的“神圣心灵”，我们是有可能加以认识的。要认识这种神圣的心灵，我们就必须在自己的灵魂最接近上帝时对其加以研究：我们必须撇开自己的肉体，和塑造了肉体的那部分灵魂，以及“具有诸如欲望和冲动这样虚幻无用之物的各种感官”。这时所剩下的就是神圣理智的影子了。

“那些受上帝支配和启示的人们至少都知道在他们自身之中有着某种更伟大的东西，尽管他们说不出来到底是什么。从驱动他们的动作中和他们所发出的言语中，他们察觉到在推动自己的是那股力量而不是他们自身：当我们保持着纯净的 nous 并站在至高无上者的面前时，也一定是遵循着同样的模式。我们认识到内在的神圣心灵，它创造了存在和所有其他这一类的东西。但是我们也知道另外还有一种不属于任何这类事物的东西，一种比我们所知道的存在更高贵的原则。它更完满，更伟大，在理性、心灵和感觉之上，它赋予了那些力量，我们不能把那些力量和它混为一谈。”[1]

像这样，当我们“受到上帝的支配和启示”时，我们就不仅看见了 nous，也看见了太一。当我们像那样和神明相接触时，我们无法用文字来思索或者表达，那些都是后来的事。“在接触的那一瞬间，我们没有力量去做任何确认，也没有那个闲工夫。我们在事后才会去思索所看到的景象。我们可能是在灵魂突然被照亮时才知道我们拥有这种景象的。而这种亮光是从至高无上者那里来的，本身也是至高无上的。当他像其他的上帝那样受到某个人的呼唤而带着亮光降临到我们面前时，我们才会相信，那亮光就是他降临的证据。像这样，那些没有被照亮的灵魂依然看不到那种景象。被照亮之后，灵魂便得到了其所追求的东西。而摆在灵魂面前的真正目的就是，把握住这种亮光，用至高无上的而非任何其他原则的亮光去观看至高无上——观看那个其自身同时也就是获得这种所见的方法的至高无上者，因为照亮了灵魂的正是灵魂所要观看的，正如我们借助太阳自身的光线才看到了太阳一样。”

但是如何才能做到这一点呢？

「1」《九章集》，第五卷，第三篇，第十四章。麦肯纳英译本。

“切断与万物的联系。”[1]

“出神”（ecstasy，站在自己的身体之外）的体验经常发生在普罗提诺身上：

“这种事发生过很多次：离开了肉体，升入了自我之中；以自我为中心，成为一切外物的外物；看见了绝妙的美丽；接着无比确信自己和那最崇高的秩序融为一体；激活了最高贵的生命；和神明合二为一；在获得了活力之后便保持在那种状态之中；泰然地凌驾于任何一种低于至高无上的理智之上；不过，从理智向思索下降的时刻还是到来了，而在神明之中逗留了一番之后，我问我自己，为什么我现在会在下降？灵魂是如何进入我的肉体的？即便是那肉体中的灵魂，也证明了自己是一种高尚的东西。”[2]

由此我们来谈谈灵魂，三位一体中第三个也是最低等的那个成员。灵魂尽管低于 nous，但却是一切有生命的物体的创造者，它造出了日月星辰和整个可见的世界。它是“神圣智力”的产物。灵魂是双重的：一种内在的灵魂，专注于 nous；另一种灵魂则面向外界。后者和一种向下的运动联系在一起，灵魂在这种运动中便产生了自己的影像——即自然和感官世界。斯多葛派将自然等同于上帝，而普罗提诺则将自然视作最低等的领域，当灵魂忘记了向上看着 nous 时从它那里流出来的某种东西。这也许会让人想起诺斯替教认为可见世界是罪恶的观点，但那不是普罗提诺的观点。他认为可见世界是美丽的，是各种受到祝福的生灵的住所，它只是在善这一点上不如理智世界罢了。诺斯替教的观点认为宇宙及其创造者都是罪恶的，普罗提诺在针对这种观点的很有趣但是也很具争议的一段讨论中，承认诺斯替教学说中的某些部分，例如对物质的憎恨，应该归因于柏拉图，不过他又认为那些不是来自柏拉图的部分是不真实的。

他对诺斯替主义的驳斥有两种。其中一种是：他说灵魂依据对神圣事物的记忆创造了物质世界，而不是因为自己堕落了的缘故。他认为感觉世界是一个可感觉的世界所能达到的最好的水平。他对被感官所察觉到的事物的美有着强烈的感受：

“那些真正感受到理智王国的和谐的人们，只要对音乐有些许的爱好，又有谁会对可觉察的声响中的和谐无动于衷呢？什么样的几何学家或者算术学家会无法欣赏在可见的事物中观察到的秩序的对称、一致和各种原则呢？甚至，我们可以想象一下绘画的情形：那些在用肉体感官观看绘画艺术作品的人并不是在用唯一一种方式观看唯一一件事物，他们因为在眼前被描绘的物体中认出了理念的显

[1]《九章集》，第五卷，第三篇，第十七章。

[2] 同上书，第四卷，第八篇，第一章。

现而感到深深的激动，并因此被唤起了对真理的回忆——正是从这种经验中升腾出了爱。所以，如果一种美丽的景象被完美地再现于一张面孔之上，并且将心灵催升到了另一个领域，那么显然没人会认为感官世界里的这种美好太多了——这种巍峨的秩序即便在那些遥远的星辰身上也得到了体现，没有人会如此愚昧迟钝、冥顽不灵，以至于无法被这种秩序带到回忆之中，无法在想到这种秩序时被敬畏之情所占据，因为这一切是如此的伟大，从那种伟大之中诞生。不能像这样做出回应就只能意味着既没有探寻过这个世界也不曾对另一个世界有过任何洞见。"[1]

反驳诺斯替教观点的依据还有另一个理由。诺斯替教的信徒认为没有任何神圣的东西与日月星辰相联系，它们是被一个邪恶的精灵创造出来的。在可以被感知的事物中，只有人的灵魂还多少有一点善。但是普罗提诺则深信天体是各种像神一样的存在的身体，要无可估量地优越于人类。诺斯替教信徒的观点是："他们宣称自己的灵魂，人类中最渺小的那部分人的灵魂，是不死的、神圣的，但是整个天空和天空中的各种星辰则和不朽的原则没有相通之处，尽管那些比他们的灵魂要纯洁、美好得多。"[2] 普罗提诺的观点有《蒂迈欧篇》作为其支柱，曾被某些基督教的神父比如欧利根所采纳，这种观点表达了天体会引起的各种自然感受，也让人们在物理宇宙中显得不是那么孤独。

在普罗提诺的神秘主义中，没有任何阴郁或者敌视美好的东西。不过他却是许多世纪以来称得上这一点的最后一位宗教导师。美和一切相关的快乐逐渐都被认为是属于魔鬼的，异教徒以及基督徒都开始颂扬丑陋和污浊。例如罗马皇帝叛教者朱利安和当时正统的圣人一样都以美髯公自诩。所有这一切在普罗提诺的学说中都是找不到的。

物质是由灵魂创造的，并没有独立的实在性。每个灵魂都有自己的时刻，时候一到就下降进入适合自己的肉体之中。其动机并不是理性，而是某种更类似于性欲的东西。如果灵魂曾经犯下罪恶，那么在它离开肉体之后必须进入另一个肉体，因为正义要求它受到惩罚。如果你在今生谋杀了自己的母亲，那么在来世你就会成为一个女人并被自己的儿子所谋杀。[3] 罪恶必须受到惩罚，但是惩罚是通过驱使作恶者不断地犯错误而自然实现的。

我们在死后还记得今生吗？普罗提诺对此的回答非常之符合逻辑，但是大多数近代的神学家都不会那么说。记忆与我们在时间中的生命有关，但是我们最好最真实的生命是在永恒之中的。因此，随着灵魂逐渐趋向永恒的生命，它的记忆

---

[1]《九章集》，第二卷，第九篇，第十六章。

[2]《九章集》，第二卷，第九篇，第五章。

[3]《九章集》，第三卷，第二篇，第十三章。

将越来越少，朋友、儿女和妻子都会逐渐被遗忘，最终，我们对这个世界的事物将一无所知，而只是凝视着理智王国。对个人的记忆将不复存在，而个人在沉思的所见中是意识不到自己的。灵魂会和 nous 合为一体，而不会走向自身的毁灭：nous 和个人的灵魂同时既是两者也是同一。[1]

《九章集》第四卷是关于灵魂的，其中有一段（第七篇）是集中讨论不朽性的。

肉体因为是混合而成的，所以显然不是不朽的，那么如果肉体是我们的一部分，我们就不是完全不朽的。但是灵魂和肉体的关系怎样呢？亚里士多德（但是并没有明确地提到他的名字）说灵魂是肉体的形式，但是普罗提诺反对这种观点，依据的理由是，如果灵魂是肉体的任何形式，那么就不可能有什么理智的行为了。斯多葛派认为灵魂是物质的，但是灵魂的统一性证明那也是不可能的。再者说，既然物质是被动的，它就无法创造自己。物质如果没有被灵魂创造出来便无法存在，而如果灵魂不存在的话，物质在眨眼间便会消失。灵魂既不是物质也不是物质性的肉体的形式，而是本质，而本质是永恒的。这种观点在柏拉图那个理念不朽因而灵魂永恒的论证中还是隐而不发的，只有在普罗提诺的学说中它才变得明晰起来。

灵魂是如何从高高在上的理智世界进入到肉体之中的呢？答案是，通过欲念。欲念尽管有时候是不高尚的，但是可能相对来说是比较高尚的。就其最好的部分而言，灵魂“具有那种按照它在‘理智－原则’（nous）中的所见厘定秩序的欲望”。也就是说，灵魂关注着内在的本质领域，并且希望能够尽可能地制造出某种不用从内往外看也可以被看到的东西——我们可以说，这就好比是一位作曲家先构想他的音乐，接着希望能听一支管弦乐队把音乐演奏出来。

但是灵魂的这种创造的欲望有着不幸的后果。只要灵魂还生活在纯粹的本质世界中，它就不会和生活在同一个世界中的其他灵魂相分离，但是一旦它和一个肉体结合在一起，它就有了统治低于自己的事物的任务，因为这个任务的缘故它就和其他的灵魂相分离，其他的灵魂也各有各的肉体。除了在少数时刻的少数人那里之外，灵魂总是被束缚在肉体上的。“肉体让真理变得晦暗不明，但是在彼处[2]一切始终是清楚明白而又各各有别的。”[3]

这种学说像柏拉图的一样，在如何避免创造是个错误这一点上是有困难的。灵魂在其最好的状态下是满足于 nous 那个本质世界的。如果灵魂总是处于最好

---

[1]《九章集》，第四卷，第四篇，第二章。

[2] 普罗提诺习惯于像一个基督徒那样使用“彼处”这个词——例如，这个词被用在：不知道什么是终结，也不会流泪的生命就在“彼处”。

[3]《九章集》，第四卷，第九篇，第五章。

的状态中，它就不会去创造而只会冥思了。看起来似乎创造这种行为只能依据以下这个理由而得到辩解：被创造的世界就其主线而论是逻辑上可能有的最好结果，而且这个世界是永恒世界的摹本，有着一个摹本所可能有的美。在论诺斯替教那一章[1]中对这种观点有着最明确的表述：

"若是问灵魂为什么创造了宇宙，就是在问为什么会有灵魂，以及为什么创造者会创造。这个问题还暗示了永恒有一个开端，并进一步地将创造等同于一个变化多端的存在从这个样子转变为那个样子的行为。

"那些这么认为的人必须得到指导——如果他们愿意并且经得起被纠正的话——让他们知道那非凡之物的性质，并让他们停止他们那种轻薄的对庄严权力的亵渎，在那里所有人都应该感到尊敬的迟疑。

"甚至在宇宙的运行中也没有理由支持这样的攻击，因为宇宙的运行已经为理智本性的伟大提供了明白的证明。

"这种呈现为生命的这一宇宙'全体'并非没有固定的形状——像它那过剩的活力在自己内部日夜不停地产出的较低等的形式那样——宇宙是一个有组织的、有效率的、复杂的、无所不包的、体现着深不可测的智慧的生命体。那么，又有谁能够否认，宇宙就是诸位理智的神明的明白清楚而又形状美丽的影像呢？毫无疑问，宇宙是一个摹本而非原本，而这就是它的本性，它不可能同时既是象征又是实在。但是如果说它是一个并不令人满意的摹本也是错误的，一个物理秩序中的美丽图像所能包括的一切都被包括在内了。

"这样的一种复制是必然存在的——尽管并没有经过深思和斟酌——因为理智并不是最后的事物，而是有着双重行为的：一种是在其自身内部的，另一种则是朝外的。因此必然存在着某种后于神明的东西，因为只有那种一切力量都随之终结的东西才无法将自身的某个部分传递下去。"

这几段话也许是普罗提诺的原则对诺斯替教信徒做出的最好的答复了。这个问题以略有不同的措辞又被基督教神学家们所继承，他们也发现很难在说明创世这个问题的同时又不导致那种认为创世者在创世之前有着某种欠缺的渎神结论。甚至，他们的困难比普罗提诺的还要大，因为普罗提诺可能会说心灵的本性使得创世是不可避免的，而对基督徒来说，这个世界是上帝的自由意志不受约束地运动的结果。

普罗提诺对某种特定的抽象之美有着特别鲜明的感受。在描述理智的地位如

「1」《九章集》，第二卷，第九篇，第八章。

何介于太一和灵魂之间时，他的笔端突然迸发出一段少见的雄辩之词：

“至高无上者在其前行的过程中绝不会借助于任何没有灵魂的工具，甚至不会直接借助灵魂本身：某种难以言喻的美丽会为它的到来通风报信：在伟大的王行进的队列的最前面是较低级的随从；接着出来的就一列比一列更伟大，一列比一列更高贵，越来越接近于王，也就越来越富有王者气象；再接着是王尊贵的同伴；直到最终，在所有这些富丽堂皇中，突然出现了至高无上的君主本人。于是所有人——除了那些只看了王到来之前的景象便满意地离开的人们之外——都拜倒在地，向他欢呼。”[1]

还有一篇是论理智之美的，也表现出了同样的感情[2]：

“毫无疑问，一切神灵都是威严和美丽的，而且是一种我们的言语所无法描述的美丽。那么又是什么使得他们能够如此呢？是理智，特别是那种在他们（神圣的太阳和星辰）内部运行的，可见的理智……

“‘安逸的生活’就在‘彼处’，确凿的真理对那些神圣的存在来说是母亲和保姆，是生存和营养；他们能看见一切不处在变化过程之中而是真正存在的事物，他们自己在一切之中；因为一切都是透明的，没有什么是黑暗的，没有什么是有阻碍的；每个存在对其他任何一个存在来说都是清楚明白的，不管是论其广度还是深度；光明穿过光明。并且他们之中每一个都在自身之中包含着一切，同时又在任意一个他者之中见到了一切，所以处处都是一切，一切是一切，任意一个也是一切，这种光荣是无边无际的。他们每一个都是伟大的，连微小的都是伟大的。在彼处，太阳是所有的星辰，并且每一颗星星同样也是所有的星辰和太阳。而任一中都以某种存在的方式为主导，一切和任一他者都彼此映照。”

除了都认为世界因为是一个摹本而不可避免地不完美之外，普罗提诺和基督徒们一样还都认为有更明确的邪恶是从罪行之中产生的。罪孽是自由意志的产物，而普罗提诺是支持自由意志以反对决定论者的，尤其是占星术士们。他并不冒险完全否定占星学的有效性，但是他试图为其限定一个范围，以便让剩下的部分能和自由意志共存。对于巫术，他也做了同样的事情：他说圣贤是不受巫师的力量所制的。波尔菲里讲述过，有一个敌对的哲学家曾经想对普罗提诺施加邪恶的诅咒，但是因为普罗提诺的圣洁和智慧，诅咒弹回到那个敌对的哲学家身上去了。波尔菲里和所有普罗提诺的追随者们都比他本人要迷信得多。而普罗提诺身

「1」《九章集》，第五卷，第五篇，第三章。

「2」同上书，第五卷，第八篇。

上的迷信，是那个时代可能有的最轻微的了。

现在让我们试着来总结一下普罗提诺所宣扬的学说的优点和缺点，基督教神学就其系统性并且合乎理智的部分而言，大体上是采纳了他的学说的。

首先也是最重要的是，普罗提诺相信他为各种理想和希望构建了一个安全的避难所，而且那更是一个包括了道德和理智成就的避难所。在公元三世纪和蛮族入侵之后的若干个世纪中，西方文明已经濒临彻底的毁灭了。幸运的是，虽然神学差不多是仅存的精神活动，但是人们所接受的体系并不纯粹是迷信的，而是保存了各种有时隐藏得相当深的学说。这些学说包括了大量希腊理智的著作，也很强烈地体现了为斯多葛派和新柏拉图主义者所共有的那种道德热忱。这就使得经院哲学的兴起和后来随着文艺复兴的发展，在重新研究柏拉图并进而研究其他古人时所获得的那种刺激和激励成为可能。

另一方面，普罗提诺哲学的缺点则是鼓励人们向内看而不是向外看：当我们向内看时，我们看到的是神圣的 nous；而当我们向外看时，我们看到的是感觉世界的种种不完美之处。这种主观性有一个逐渐成长的过程，我们在普罗泰格拉、苏格拉底和柏拉图的学说中，以及在斯多葛派和伊壁鸠鲁派那里都可以发现它。不过最初，它只是学说上的，而不是气质上的。在一个很长的时间内它都没能扼杀科学的好奇心。我们已经看到了，波西多纽斯在大约公元前 100 年时为了研究潮汐，是如何跋涉到了西班牙和非洲的大西洋海岸。然而，渐渐地，主观主义侵入了人们的感情以及他们的学说。科学不再有人钻研了，只有德行被认为是重要的。柏拉图所设想的德行，是将当时所有在精神领域可能完成的成就包括在内的，但是在后来的若干世纪中，人们越来越认为德行只涉及有德的意志，而不涉及那种改变物理世界或是改进世界上人类制度的欲望。基督教在其伦理学学说中也没有避免这个缺点，不过在实践中，对传播基督教信仰重要性的坚信为道德活动树立了一个实际的目标，使得道德活动不再局限于自我完善了。

普罗提诺既是终结也是开端——对希腊人来说是一个终结，对基督教世界来说是一个开端。对于经历了几个世纪之久的失望、被绝望折磨得精疲力竭的古代世界来说，普罗提诺的学说也许是可以接受的，但不是令人鼓舞的。粗俗卑劣、精力过剩的蛮族世界更为需要加以约束和指导而不是刺激，对他们来说，他的学说中能够吸引人的东西都是有益的，因为在那里要加以制止的邪恶已经远超萎靡而是粗暴了。将普罗提诺哲学中能够保留下来的部分加以传播，这项工作是由罗马帝国晚期的基督教哲学家们完成的。

第二卷

天主教哲学

II

天主教哲学，就我使用此词的所包含的意义而言，指的是自奥古斯丁至文艺复兴时期在欧洲哲学思潮中占主导地位的哲学。在近一千年的时期里，不少哲学家都属于这一总的流派。奥古斯丁之前，支撑起这个流派的主要是教父，其佼佼者是欧利根；文艺复兴之后，包括目前那些墨守某种中世纪体系——特别是托马斯·阿奎那体系正统天主教哲学教师在内的许多哲学家，则继承了这一流派的衣钵。然而，奥古斯丁至文艺复兴期间的那些伟大的哲学家，才是天主教思想综合体系真正的建立者和完善者。因为，在奥古斯丁之前，比起斯多葛学派和新柏拉图主义者，那些教父在哲学方面的才能可谓相形见绌；而文艺复兴之后，即使是在正统的天主教教徒中，也没能出现一个可以继承经院学派或奥古斯丁传统的卓越的哲学家。

本书将要涉及的这一时期，不仅在哲学方面有别于其他时代，即使是在其他方面也与其前后的各个时代有所不同。其中最为明显的一点就是教会的权力。在大约从公元 400 年至公元 1400 年的中世纪期间，教会使哲学信念与社会、政治事务联系的紧密程度空前绝后。在这段时期，教会成为建立在教义上的社会组织；而其教义本身一部分是哲学的，另一部分则与圣史有关。经由教义，教会获得了在世俗的权力和财富，也因此往往会和世俗的统治者发生冲突，不过，世俗的统治者还是在冲突中落于下风，因为大多数人，包括世俗统治者本身的绝大部分人都深信天主教的真理。教会还不得不和罗马与日耳曼传统做斗争。在意大利，特别是在法学学者中，罗马传统根深叶茂；日耳曼传统则在蛮族入侵之后的新兴封建贵族中影响巨大。然而数个世纪过去了，这些传统没能有一个显示出足够的力量对教会进行一次成功反击；而归其缘由，大抵是因为这些传统没能形成任何形式的哲学内核。

一部思想史，比如现在我们所着手的这部，在论及中世纪的时候，不可避免地会产生片面性。除了极个别外，这个时期对精神生活方面有所贡献的都是些僧侣。虽然中世纪的世俗阶层在缓慢地建立起一种强有力的政治经济制度，但他们的行为却在某种意义上来讲是盲目的。在中世纪后期，诞生了对后世来说极为重要的世俗文学，这种文学迥异于以往的教会文学，在一部通史中需要比哲学思想史加以更多的考察。在但丁之前，我们还未发现一个充分具有当代宗教哲学知识的世俗者从事写作。一直到十四世纪为止，教士们实际上已经垄断了哲学，而与此相应的，哲学也为教会服务。因此，为了使中世纪思想对我们来说显得不那么晦涩难懂，我们需要先对教会制度的发展史，尤其是教皇制的发展史做出一定的阐述。

相比古代，中世纪具有不同形式的二元对立特征。僧侣和世俗者的对立，拉丁和条顿的对立，天国和人世王国的对立，灵魂和肉体的对立。而所有的这些二元对立则均可在教皇和皇帝的二元对立中体现出来。其中，拉丁和条顿的对立，是蛮族入侵的结果，而其他二元对立则有着更为悠久的渊源。中世纪僧侣和世俗者之间的关系可以在撒母耳与扫罗的关系上一窥究竟；在阿利乌斯教派或半阿利乌斯教派的帝王统治时期产生了僧侣至上的要求。天国和现世的二元对立可以在《新约》中得以发现，但是圣奥古斯丁在其著作《上帝之城》中将其系统化了。精神和肉体的二元对立可见于柏拉图，并为新柏拉图主义者所宣扬；精神和肉体的对立还在圣保罗的说教中占有举足轻重的地位，并一度支配了公元四世纪和五世纪的基督教禁欲主义。

天主教哲学被黑暗时代划分为两个时期，在此期间，西欧的精神活动几乎绝迹。从君士坦丁改宗到鲍依修斯逝世为止，无论是现在还是过去，一个不容否认的事实就是罗马帝国始终支配着天主教哲学家们的思想。与此同时，蛮族则仅仅被当作是一种令人厌恶的东西，而不将其看作是基督教世界的一个独立部分。即使如此，这仍然是一个文明社会，其中的富有者均可读书写字。因此，哲学家不得不同时兼顾僧侣和世俗者的心意。在这个时期和黑暗时代之间，即在公元六世纪末，大格雷高里掌权，虽然他把自己当作拜占庭帝国的臣子，但其对待蛮族的态度却相当傲慢。从他之后，整个西方基督教世界的僧俗之间的间隙和分化趋势便愈发明显了。世俗的贵族阶层创立了封建制，在一定程度上遏制了当时的混乱局面；僧侣们则大力宣扬基督教的谦卑，然而却只有底层阶级的人才将其付诸实践；异教徒的骄傲充斥在决斗、通过战争进行裁判、比武以及私人复仇上，所有的这些，尽管教会感到十分厌恶，却也无力阻止。极尽艰辛之后，在十一世纪初，教会终于摆脱了封建贵族制的桎梏，而这也正是欧洲脱离黑暗时代的原因之一。

天主教第一个伟大的阶段是由圣奥古斯丁主导的，而在异教徒当中柏拉图主义则占据统治地位。第二个阶段以圣托马斯·阿奎那为高峰，在他和他的继任者看来，亚里士多德的重要性远远超过了柏拉图。然而，《上帝之城》中的二元论却完整地延续了下来。罗马教会代表了“上帝之城”，而哲学家们也在政治上拥护教会的利益。这个阶段的哲学旨在捍卫信仰，并诉诸理性与那些不接受基督教真理性的异教徒们（比如穆斯林）争辩。在此过程中，哲学家们不仅以神学家的身份，并且以一个创立旨在吸引任何其他教义信奉者的思想体系的发明家的身份来借助理性进行反击批评。虽然归根结底诉诸理性大抵也是错误的，但这在十三世纪，似乎还是十分有效的。

十三世纪的思想体系，虽然曾有过完备的规模，最终因为一系列不同的原因而被破坏了。其中最重要的因素应该就是富商阶级的壮大，起初是在意大利，而后是其他各处。在当时的民众看来，大体上来说，封建贵族是无知、愚蠢和野蛮的；因此普通人一般是站在教会一边的，他们认为教会无论是在智慧、道德还是在和无政府状态做斗争的能力上都高封建贵族们一筹。但随着富商阶层的逐渐壮大，其表现出不但可以在智慧上和教士相媲美，而且比教士们更加了解世俗社会的能力。另外，他们更善于对付贵族，作为公民自由捍卫者的他们也更易被城市的底层所接纳。由此而来的民主风气日益盛行，在协助教皇打败了皇帝之后，“民主”又顺便将社会经济生活从基督教会的束缚中挣脱了出来。

中世纪终结的另一个原因则是诸如法国、英格兰、西班牙等这样一批强大的民族君主制国家的崛起。这些国家的国王们在平定了本国的动乱，并联合富商阶层打压了贵族势力之后，于十五世纪中叶起，他们就已经拥有了为了民族利益去跟教皇抗衡的足够力量。

与此同时，教皇实际上已经失去了他之前在十一世纪到十三世纪期间大体上应得的道德威望。起初是因为教皇们住在阿维农的时候曾屈从于法兰西，而后的大分裂，他们无意间让西方世界开始相信，一种不加限制的教皇专制既不可能实现，也不值得向往。到了十五世纪，由于卷入了意大利纷杂混乱、肆无忌惮的政治权力斗争中，教皇作为昔日基督教世界统治者的地位实际上已经趋于下位，最终沦落为意大利的一方诸侯。

接下来的文艺复兴和宗教改革则进一步瓦解了中世纪的综合思想体系，而如此清晰、完整的思想体系也没能得到后世很好的继承。有关其具体的成长和衰落便是本书第二卷的主题。

整个中世纪，富有思想的人总是对现实世界的事物深感不幸，而他们之所以能够忍受这一切，则是因为他们对来世心存希冀。事实上，这种不幸恰恰是对当时整个西欧正在发生的一些事情的反映。公元三世纪是一个多难期，那时的人们，生活水平急剧下降。经历了公元四世纪短暂的平静之后，西罗马帝国于公元五世纪灭亡，而其原统治领域内的蛮族则趁势兴起。过去支撑起罗马文明的有文化的城市富人，大部分沦为了一贫如洗的流亡者，其余的则依靠他们在农村的田产生活。新的冲击一直持续到大约公元1000年为止。期间没有任何充分复苏所需的喘息机会。拜占庭人和伦巴底人的多次战争将意大利残存的文明破坏殆尽；阿拉伯人则占领了东罗马帝国的大部分领土，他们在非洲和西班牙定居下来，一度对法兰西构成威胁，甚至竟有一次劫掠了罗马。丹麦人和诺曼人也对法兰西、英格兰、西西里和意大利南部造成极大的破坏。这段时期，人们的生活充满了各种苦难和不稳定性。本来，现实生活已经够艰难了，而悲观的迷信则更是让其雪上加霜。当时的人们认为，大多数人甚至基督教徒也要下地狱。人们感到自己无时无刻不被恶魔所包围，并且极易遭到魔法师和女巫的暗算。因此，除了那些处于幸福时刻还能有孩童般赤子之心的人以外，几乎没人能感到人生的乐趣。而这种普遍的不幸又增强了人们对宗教的依赖。现世的善者，一生只为迈向天国；除了最后引人到达永福（eternal bliss）的坚贞德行之外，尘世间再没有任何有价值的东西了。希腊人在他们所处的伟大时代里，曾于日常生活中发现了欢悦和美丽。恩培多克勒曾对他同市的市民欢呼道："朋友们，你们居住在这样一座坐落在阿克拉加斯城堡之上的伟大城邦里，每天从事着美好的工作；这里是异族向往的避难所，这里的人们品德高尚，我为这里欢呼，我向你们致敬！"至此一直到文艺复兴，人们在现实世界中从没有过如此简单纯洁的幸福，他们曾寄希望于看不见的来世，心中的阿克拉加斯也逐渐被金色的耶路撒冷所取代。直到人世的幸福再次来临之后，这种对来世的殷切希望才逐渐冷却。此后，虽然人们还会使用同样的言辞，但已不像之前那么饱含深情了。

为了更好地理解天主教哲学的起源和意义，我认为相较于古代或近代哲学，有必要花费更多的篇幅来阐明历史方面的内容。就本质而言，天主教哲学实质上是一种社会组织——天主教教会的哲学；而近代哲学，虽然已经远离了正统教义，但仍然关心一些道德和政治理论方面的问题，而这些问题正是源于基督教在道德和法律方面的观点，以及天主教教义中关于教会和国家之间关系的一些论述。在希腊—罗马异教主义中，从来没有像基督教对信徒要求的那样，即从一开始就必须对上帝和恺撒，或者用政治的术语来说，对教会和国家尽双重忠诚。

而这种双重忠诚所带来的问题，早在哲学家们提出相应的理论学说之前，大部分都已经在实践中被解决了。这个过程以西罗马帝国的灭亡为界限，鲜明地被划分为两个阶段。一系列主教们的实践经验为圣奥古斯丁的政治哲学提供了坚实的基础，而这在圣安布洛斯主教那里达到了顶峰。此后蛮族的入侵引起了长期的混乱，愚昧和无知也随之与日俱增。在从鲍依修斯到圣安瑟勒姆长达五个多世纪的时间里，只出现了一位卓越的哲学家——约翰·司各托，他是爱尔兰人的缘故使得他基本逃过了西欧其他地区重塑的过程。虽然没有哲学家，但并不意味着这个阶段是一个思想停滞不前的时期。实际上正是由于这种混乱，才引发了一系列迫切需要解决的实际问题。这些问题是依据在经院哲学占据主导地位的一些制度和思想方法来处理的，而这些制度和思想方法即便是在今天，在很大程度上，也还是十分重要的。它们的形成，靠的并不是一些理论家，而是那些处于紧迫斗争压力下的实践家。在十一世纪，作为经院哲学序幕的罗马教会道德改革，可以说是对把教会逐渐吸纳到封建制度里的一种反抗。为了理解经院学派，我们应该首先了解希勒德布兰德，而要了解希勒德布兰德，则必须先对他所抨击的罪恶有所了解。同时，我们也不能忽视神圣罗马帝国的创立及其对欧洲思想的影响。

出于以上原因，在以下的章节中，读者将会更多地接触到有关教会史和政治史方面的内容，也许这些内容与哲学的思想发展，关系显得并不是那么直接，但由于我们所涉及的这一时期对于那些通晓古代史和现代史的人来说，是陌生而又模糊的，因此我们有必要详尽地叙述一下这段时期的历史。很少有像圣安布洛斯、查理曼和希勒德布兰德那样的专业哲学家，他们对哲学思想产生如此重大的影响。因此在充分处理我们课题的同时，对这些人物及其所处时代的重要史实加以陈述是非常有必要的。

第一篇
教父

I

第一章

犹太人的宗教发展

罗马帝国后期传到蛮族的基督教主要包含三种要素：

一、主要来自柏拉图和新柏拉图主义者，部分来自斯多葛学派的一些哲学理念；

二、源自犹太人的一些道德和历史观念；

三、以救世学说为代表的某些学说，虽然它们在某种程度上可以追溯到奥尔弗斯教和一些近东的类似教派，但是在基督教里却基本上是新的。

我认为，存在于基督教里的犹太要素主要有以下几点：

一、一部圣史。从创世纪一直到未来的结局，并证明上帝之于人类行为的公正。

二、存在着一小部分上帝的宠儿。对于犹太人来说，这部分人是上帝的选民；而对基督教徒来讲，这部分人则是蒙拣选的人。

三、一种全新的“公义”概念。比如施舍的美德便是基督教从后期的犹太教那里继承过来的。而对于洗礼的重视则可追溯自奥尔弗斯教或一些神秘的东方异教流派。但是作为基督教美德概念重要组成部分的博爱，则很可能来自犹太人。

四、律法。基督教徒借鉴了部分希伯来人的律法，如十诫等，但同时又摒弃了其中有关典礼和仪式的内容。不过在实践中，他们基本上会像犹太人对待律法那样对待使徒信条。这就意味着，正确的信仰和道德的行为，处于同等重要的地位，而这种学说实际上最早来自希腊。然而选民的排他性则是源于犹太民族。

五、弥赛亚。犹太人相信弥赛亚会给他们带来现世的富足，并可以帮助他们战胜世间的敌人；而且它会在未来持续进行。对于基督徒来说，弥赛亚就是历史上的耶稣，而耶稣也就是希腊哲学中所说的“道”。但是弥赛亚是在天国，而非地上，使其信徒战胜他们的敌人。

六、天国。在某种意义上讲，所谓的来世是犹太人、基督教和后柏拉图主义者所共有的一个概念，而且这个概念在他们当中，要比在希腊哲学家那里有着更为具体的表现形式。那些见之于许多基督教哲学家而非普通基督教教徒中的希腊学说通常认为，这个感性的世界，无论在空间还是在时间上，都只是一个幻觉，一个人只有经过精神和道德上的训练，才能在唯一且永恒的世界里得以生存。另外，依据犹太教和基督教的教义，来世并非形而上学地区别于现世，而是在未来的某个时刻，善人将会享受永恒的欢乐，而作恶之人则遭受永世的痛苦。这种信念展现了大家所熟悉的复仇心理，不过，希腊哲学家们的学说与此并不相同。

为了阐明上述信条，我们有必要到犹太人的一些史实中寻求答案，下面我们将会对这一问题进行着重探讨。

对于以色列民族早期的历史，是不能从除了《旧约全书》以外其他任何典籍中加以证实的；同时，我们也不能断定从何时起它才不是纯粹的传说。所以，我们姑且认为大卫和所罗门是两位历史上真实存在过的国王。因为，至少在我们所接触到的早期史料中，已经可以肯定的是，以色列和犹大这两个王国在历史上真实存在过。《旧约全书》中，最先有着独立记载的人物是以色列国王亚哈。他于一封公元前853年的亚述人的信中被提及。亚述人最终在公元前722年征服了以色列王国，并且劫掠了那里的大部分居民。在此之后，犹大王国则独自保留了以色列的宗教和传统。公元前606年，巴比伦人和米底人攻陷尼尼微，亚述王国就此灭亡，然而犹大王国在亚述灭亡之后仍然维持了一段时间。但在公元前586年，尼布甲尼撒人攻陷了耶路撒冷，捣毁了圣殿，并将那里的大部分居民掳到了巴比伦。而巴比伦王国又在公元前538年被米底人和波斯人所灭。随后，米底人和波斯人的国王居鲁士于公元前537年下了一道准许犹太人返回巴勒斯坦的命令。在尼希米和以斯拉的领导下，很多人得以重返巴勒斯坦，他们在那里重新修建了圣殿，犹太教于此便开始逐步成形了。

在犹太人被掳走的这段时期以及前后，犹太教经历了极为重要的发展阶段。起初，从宗教的角度来看，以色列人和其周围部落之间似乎并没有太大的差别。耶和华最初只是一个钟爱以色列人的部落神，但这并不意味着当时不存在其他的神，事实上当时部落对其他神的崇拜也是非常正常的。十诫当中的第一条如是说“除了我之外，你不能再信奉别的神”，表明这是一次发生于被掳到巴比伦之前的一次革新，而这一点也已经被早期先知们的各种经文所证实。而也正是这个时候，这些先知们开始训示人们，说信奉、崇拜异教的神是一宗罪。他们还宣称，为了赢得当时不断进行的战争的胜利，耶和华给予的恩惠是必不可少的。而如果他们信奉别的神，那么耶和华将收回他所赐予的恩惠。特别值得一提的是耶利米和以西结，他们似乎曾经宣扬过这样一种观点：除了犹太教以外，其他所谓的宗教都是伪宗教，同时主是要惩罚神像崇拜的。

从下面的一些引证可以一窥他们的训诫，以及他们对当时盛行于世的异教崇拜现象的反对。“你难道没有看到他们在犹大城和耶路撒冷街道上的所作所为吗？孩子们拾柴，父亲们生火，妇女们则揉面做饼献给天后‘伊什塔’，又在别的神前浇酒祭奠，他们所做的一切都惹我发怒！”主为此而发怒，“他们在欣嫩子谷建造托非特的丘坛[1]，在上面点火烧死自己的儿女，这并不是我授意的，更不是我内心愿意的”。

《耶利米书》中有一段非常有趣的记载，书中谴责了在埃及的犹太人的异神崇拜。耶利米曾经和这些犹太人生活过一段时间。这位先知曾告诉那些流亡在埃及的犹太人说，耶和华将要降灾给他们所有人，因为他们的妻子向其他的神敬香。但是那些犹太人并不听从他的劝告，反而说：“我们必须说到做到，向天后焚香，浇酒祭奠，正如我们以及我们的父辈、君主、首领往常在犹大城中和耶路撒冷街上所做的那样。因为那时我们吃饱饭，无苦难，并不见灾祸。”但是耶利米还是向他们一再重申，耶和华已经注意到他们的这些异神崇拜，并因此要降灾祸到他们身上。“看啊，我以我的盛名起誓！”主说，“我的名字将不会再从任何一个在埃及的犹太人口中说出……我对他们将只降灾祸而不赐予幸福，在埃及的所有犹太人都将因战争或饥荒而被消灭，直到全部消亡。”

以西结同样为犹太人的异神崇拜所震惊。主在幻象中向他展示了一位处于圣殿北门外为塔穆斯（Tammuz，巴比伦的神）哭泣的妇女；然后又将一些“更加可憎的事”显示给他看：圣殿门口的二十五个人正在朝拜太阳。于是主宣布道：“那么我也要以愤怒行事：我的眼里不再有宽容，也不再怜惜他们，即便他们向我大声求救，我也不再理会他们。”

那些认为除了某一个宗教之外的其他宗教都是邪恶的，以及认为主会惩罚异神崇拜的想法，显然是由这些先知们所杜撰出来的。一般来说，这些先知都是一些极端民族主义者，他们期待着有一天主会彻底消灭所有的异邦人。

---

[1] 丘坛：不按上帝规定式样建造的祭坛，多用于偶像崇拜。

以色列人的被掳曾被用来佐证先知训诫的真理性。假若耶和华是万能的，而犹太人是他的选民，那么他们所遭受的苦难，就只能归因于他们自己的罪恶。这实际上相当于一种家长管教心理：对于犹太人，只有通过训诫才能得到净化。在这种信条的影响下，犹太人在其流亡期间发展出了一种比独立时更为严格、对异族也更为排斥的正统教义。而那些留在原地没有被掳掠到巴比伦的犹太人，则并未有如此的发展。所以，当以斯拉和尼希米在被掳后重返耶路撒冷的时候，他们震惊地发现，当地的杂婚现象已经普遍存在，于是他们便立即着手将这些婚姻都解除了。[1]

犹太民族和其他古代民族之间的不同点突出表现在他们强烈的民族自尊心。其他民族一旦被征服后，一般都是由里而外地表现出对征服者的屈服，而只有犹太人仍然可以保持他们自己卓尔不群的品格，并且相信自己所遭遇的不幸只是源于上帝的愤怒，是因为他们没能保持信仰和教义的纯洁性。《旧约》中有关历史的部分，大多都是在犹太人被掳后编写的，这就容易让人们产生某种错觉：认为这部分内容暗示了先知所反对的异神崇拜，是与先前严谨的风尚相背离的。然而，实际上这种先前所谓的严谨风尚并不存在。那些先知们在某种程度上更像是一些革新家，这和我们以非历史的眼光来读《圣经》时所了解的有所不同。

被掳期间，犹太教后来的一些特征得以形成，当然有一部分特征是其先前本已存在的。由于原本唯一可以用来作为祭奠场所的圣殿也被毁了，因此犹太教的仪式也逐渐演变为非祭祀性质的了。这一时期，犹太会堂开始创立，他们在那里诵读当时已经存在的部分《圣经》。人们开始强调安息日的重要性，随之开始得到重视的还有另外一个仪式，那便是后来作为犹太人重要标志的割礼。另外，还有我们之前已经提及的，流亡期间犹太人与外邦人通婚也开始被严格禁止。可以说，犹太人以各种形式存在的排他性在这段时间有了明显的增长。“我是万能的主，是你们的上帝，我使你们与普通人有所区别。”[2]“你们要保持圣洁，因为你们的上帝我耶和华是圣洁的！”[3]律法也是这一时期的产物，它是当时用以维持民族凝聚的主要力量之一。

我们所知的《以赛亚书》是两位不同先知所作，其中一个是在被掳之前，另一个则是在被掳之后。后者被《圣经》研究者称作“第二以赛亚”，他是诸多先

---

[1] 见《以斯拉记》，第九章—第十章第五节。

[2] 见《利未记》，第二十章第二十四节。

[3] 见《利未记》，第十九章第二节。

知中最为卓越的一位。他最早提到主曾经说过“除我之外，没有真神！”他相信肉身死后，可以复活，这可能是受到波斯人影响的结果。而他的关于于弥赛亚的预言，也成了后世用来证明先知曾预见基督降临的主要《旧约》经文之一。

在基督徒对外邦人以及犹太人展开的辩论中，这些“第二以赛亚”所著述的经文曾起到了非常关键的作用。因此，我将把其中最重要的部分引用如下。所有的民族终必皈依：“他们会将刀剑打成犁头，将枪做成镰刀：国与国之间不再互相征伐，也不再研究战争。”[1]“看哪！必要有处女怀孕，生下一个男孩，他的名字叫作以马内利。”[2]（关于此处的经文，犹太人和基督徒之间有过一段争执，犹太人认为正确的翻译应该为“一个少妇将会怀孕”，但是基督徒认为犹太人是在撒谎。）“于黑暗中前行的人已经看到了一道伟大之光；身处死亡阴影笼罩之地的人们也被光明照耀……因有一婴孩将为我们降生，要被赐予我们。政权将要由他承担，他将被称作优秀的谋士、全能的神、永在的父、和平的君。”[3]这些论述中明显最具有预言性质的一段出现在第五十三章，其中包括为我们所熟知的经文：“他被世人藐视和鄙弃，他将承受种种痛苦，遭受种种灾难……他坦然替我们承担灾祸、承受痛苦……但是他却因为我们的过错而受到伤害，因为我们的罪孽而遭遇不测。因他所受的刑罚我们得以平安，因他所受到的鞭笞我们得以复原……他受到欺压、迫害，但他从不开口；他像羔羊一样被迁到屠宰场，又像剪羊毛人剪刀下的绵羊一般沉默，从不开口。”而在最后的救赎中，显然也将外邦人包括在内：“外族人也会来接受你的光明普照，君主们也会膜拜你的光辉。”[4]

在以斯拉和尼希米之后，犹太人在史册上一度销声匿迹。犹太人的国家也仅仅作为一个神权国家残存着，而且它的疆域也非常狭小——根据 E. 比万[5]所述，它仅仅只有耶路撒冷方圆十到十五英里那么大。亚历山大大帝死后，这里便成为托勒密王朝和塞琉西王朝之间互相争夺的区域。但实际上，在犹太人的疆域内，并没有发生太多的战争，因此他们得以在一段较长的时期内自由地信奉着自己的宗教。

在这一时期，犹太人的道德箴言都被记录在《圣经外传》(Ecclesiasticus）里，其可能成书于公元前 200 年前后。直到现在，这本书也仅仅只是以希腊文版本为

「1」见《以赛亚书》，第二章第四节。
「2」见《以赛亚书》，第七章第十四节。
「3」见《以赛亚书》，第九章，第二节、第六节。
「4」见《以赛亚书》，第六十章第三节。
「5」见《大祭司统治下的耶路撒冷》，第 12 页。

人所知，这也是它被人斥为《伪经》(Apocrypha) 的原因。但最近又发现了该书的希伯来文稿本，不过，在这部稿本中，某些地方与之前英译希腊文版本的《伪经》中的表述有所不同。比如，这本书中所讲的道德是非常世俗化的：邻里之间的声誉受到高度重视；诚信被看作是最重要的品质，因为这样可以得到耶和华的偏爱；施舍的美德也得以提倡。书中唯一可以看出受到希腊影响的是对医药的赞美。

对待奴隶不能过于仁慈："草料、棍棒和重担，那是给驴子准备的；面包、惩罚和工作，则是为奴仆所准备……让他去从事适合他的工作，如果他不顺从，那就给他戴上更重的枷锁。""同时你要谨记，你已经为他付了钱，如果他逃跑了，那你的这笔钱就白花了。"这就为奴隶主获利的严苛设立了一道界限。"女人是忧患的一大根源。"显然，在他所处的年代里，她们是非常热衷于淫乱的。该书的作者更是对妇女加以歧视，从心底看不起妇女："虫豸生自衣服，而邪恶生自妇女。"取悦于你的孩子是一种错误，应该"让他们从小就学会低头"。

总之，就像老伽图那样，这个人代表的是一种很不光彩的善良商人的道德。

犹太人的这种平静、舒适而又自命清高的生活，最终被塞琉西王朝的安提阿古四世粗暴地打断了，此人一心想把自己统治的区域全部希腊化。公元前 175 年，他在耶路撒冷建立了一座体育场，并且教授当地的年轻人头戴希腊式的帽子进行各种运动。整个事件还得到了一个希腊化犹太人——雅森的协助，后来他被任命为当地的大祭司。实际上，此时的僧侣、贵族阶层早已厌倦了严苛的教规，因此希腊文明对他们来说颇具吸引力。但是，他们遭到了一个号称"哈西弟姆"(Hasidim，"神圣"的意思) 政党的反对，这个党在农民中颇具强大势力[1]。公元前 170 年，当安提阿古四世卷入对埃及的战争中时，犹太人发动了叛变。于是安提阿古从圣殿中搬走了圣器，并放置了神像。他还仿照在其他地方已获成功的做法，将耶和华与宙斯等同起来。[2]他下定决心要铲除犹太教，废除割礼以及其他一些跟食物相关的戒律。对于这一切，耶路撒冷的居民都屈从了，但是耶路撒冷城外的犹太人却进行了非常顽强的抵抗。

这段历史在《马喀比第一书》中有述[3]。该书在第一章就讲述了安提阿古是

---

[1] 后来的爱西尼教派很有可能就是从他们当中发展而来的，该教派曾经影响过原始的基督教。参见欧伊斯特雷和罗宾逊合著的《以色列史》，第二卷，第 323 页。法利赛人也是他们的后代。

[2] 一些亚历山大的犹太人并不反对这样的说法，见《亚里士提阿斯书简》(*Letters of Aristeas*) 第 15—16 页。

[3]《马喀比第一书》，第一章，第六十至六十三节。

如何让其统治下的臣民合为一体，废除他们各自的律法的。所有的异教徒都屈从了，其中不乏许多以色列人。然而，尽管国王已经下令取消安息日，禁止使用猪肉献祭和对男孩进行割礼，而且所有违抗这些禁令的人都要被处死，但是仍然有许多犹太人进行了违抗。“他们处死那些让自己孩子接受割礼的妇女，用绳索勒死那些孩子，洗劫他们的房子，杀死那些给孩子们施行割礼的人。但即使这样，还是有很多以色列人依然坚决地拒绝食用任何不洁之物。在选择是被肉类玷污、亵渎圣约还是死亡上，他们毅然选择了后者。”

也正是在此期间，关于灵魂不死的教义在犹太人中得到了广泛信仰。以前人们普遍认为，道德将会在现世得以回报，但事实并非如此：在安提阿古统治期间，被迫害的往往正是那些最有德行的人。因此，为了继续捍卫所信奉神之公义，相信还存在来世的赏罚就变得十分必要了。当然这种教义在当时并没有得到所有犹太人的承认。基督在世的时候，撒都该人就一直拒绝承认这条教义。但那毕竟只是一小部分犹太人。而且，在那之后，几乎所有的犹太人都接受了这条关于灵魂不死的教义。

后来，一个名叫犹大·马喀比的军事将领成功领导了一场针对安提阿古四世的叛乱。他先是收复了耶路撒冷（公元前 164 年），接着便继续对罗马军队进行反击。战争中，有时他会屠杀敌方所有的男子，有时还会强行给俘虏施行割礼。他的兄弟约拿单被任命为大祭司，带着守备军驻守耶路撒冷；他则继续征服了撒玛利亚的一部分，并进一步攻占了约帕和阿克拉。最后，他和罗马之间进行了谈判，并最终获得了在该地区的自治权。他的家族，直到希律王，都世袭大祭司的职位，被后人称为哈斯模尼亚王朝。

这一时期，犹太人在忍受和反抗自身所遭受的迫害的过程中，表现出极大的英勇精神。即使他们所维护的事情，诸如割礼和不吃猪肉等，在我们看来，并不重要。

在犹太民族的历史中，安提阿古四世的迫害期是一段极其重要的时期。在这段时期，很多流亡的犹太人逐渐希腊化；在犹太的犹太人变得越来越少，而且他们之中的那些富人和权贵阶层也都倾心于希腊式变革。如果没有哈希蒂姆党人的奋起反抗，犹太教很有可能已经消失了。如果真是这样，那无论是基督教还是伊斯兰教都将不会以其之前所呈现出来的形式而存在了。汤森在他的《马喀比第四书》译本序言中如是说：

“俗话说得好，倘若犹太教作为一个宗教，在安提阿古的统治下被灭绝，那么基督教所赖以滋生的种床就没有了；那些拯救了犹太教的马喀比家殉道者们所流的鲜血最终成为教会的萌芽。因为基督教和伊斯兰教的一神教教义皆是源自犹太教，因此，可以说，今天存在于世界上的一神教，不论是东方的还是西方的，实际上都可以追溯到马喀比那里。”[1]

尽管如此，马喀比家族并没有得到后世犹太人的追崇，因为他的家族在成功世袭了大祭司一职后，便采取了更为世俗的妥协政策。人们崇敬的是那些殉道者。《马喀比第四书》，大约成书于基督时代的亚历山大里亚，这本书中对此事和其他一些有趣的事情都有所提及。值得留意的是，虽然这本书的标题是《马喀比第四书》，但实际上书中没有提及任何马喀比家族的成员。书的开头提到了一个老头和七个年轻人，他们都曾遭到安提阿古的严刑拷打，但是他们刚毅不屈，安提阿古最终只能将他们处死。那时，他们的母亲也在场，并且在一旁鼓励他们一定要坚持不屈。起先，安提阿古也想用甜言蜜语来诱降他们，许诺他们说，只要他们愿意吃猪肉，就会得到自己的恩宠，并为他们谋得立身出世的机会。当他们拒绝了他的劝降后，安提阿古将手指向刑具给他们看，企图吓倒他们，然而，他们仍然坚持自己的选择，毫不动摇，并且对安提阿古说，他将在死后得到无尽的痛苦，而他们则会享受永恒的幸福。就这样，他们一个接着一个，在自己的母亲面前，先是被劝说吃猪肉，拒绝后则随即遭到严刑拷打，最终惨遭杀害。最后，连安提阿古也对他的士兵们说，希望他们能够从如此英勇的榜样获得教益。当然，以上的叙述是带有传说成分的，但酷刑、迫害以及英勇的品质在历史上却是真实的；而主要抗争点也正是割礼和吃猪肉的问题。

从另一个角度来看，这本书也是非常有趣的。虽然作者明显是一个正统教派的犹太人，但他却使用了斯多葛派的哲学语言，并试图证明犹太人是完全依照斯多葛派的清规戒律生活的。此书开篇有这样一段陈述：

“下面我将要讨论的问题，具有高度的哲学意义。亦即得到神性启示的理性能否统御各种激情的问题。关于这方面问题的哲学，我非常郑重地请求你们给予诚挚的关注。”

在哲学方面，亚历山大里亚的犹太人都倾向于学习希腊，但却异常固执地墨守其自身的律法，尤其是在割礼、遵守安息日以及不吃猪肉和其他他们认为不洁的肉类等方面。从尼希米到公元70年的耶路撒冷陷落这期间，他们对律法的重视愈来愈大。以至于他们甚至开始不能容忍，那些经常来宣讲某些新鲜事物的先

---

[1] 见R. H. 查理士编：《英文旧约中之伪经与托名书》(*The Apocrypha and Pseudepigrapha of the Old Testament in English*)，第二卷，第659页。

知。于是，有一些迫切需要用先知体写作的人，便假装发现了一卷由但以理、所罗门和一些其他的先贤们所著的古书。犹太教义的这种独特性，使他们团结成一个民族。但是对律法的过分强调，却逐渐破坏了他们的创造力，使他们变得过于保守。而这种顽固的保守也使得圣保罗在反抗律法统治的过程中显得尤为出色。

那些对基督降生之前的犹太文学毫不了解的人，往往会将《新约全书》看作是一个全新的开端，然而事实并非如此。先知们为了引起世人的注意，不得不以古人的名义写作，但他们的热情并没有熄灭。在这方面，最有意思的要数《以诺书》[1]。《以诺书》是一部不同作者的作品集，其中年代最早的著作要稍早于马喀比所处的时代，而最晚的作品则在公元前64年左右。书中主要记述了主教以诺蒙神启示时所看到的种种异象，这对犹太教中逐渐向基督教转变的这一流派来说极为重要。《新约全书》的作者们对此书并不陌生，圣犹大一度认为这本书就是以诺本人所著。早期基督教的教父，比如亚历山大里亚的克莱门特和特尔图良，都把这本书看作经典。但到了杰罗姆和奥古斯丁那里，这本书却遭到了摒弃，结果它开始被人遗忘，最终失传。一直到了十九世纪初，人们才在阿比西尼亚发现了用埃塞俄比亚文写的三部稿本。此后，希腊文和拉丁文的部分译本相继被发现。后来的研究发现，原书好像一部分是用希伯来文写的，而一部分则用的是阿拉姆文。原书的作者是一些哈西第姆党人，此后，法利赛人继承了他们的工作。书中对国王和亲王们——哈斯模尼亚王朝和撒都该人——都进行了猛烈的抨击。它还一度影响了《新约全书》中的教义，尤其是关于弥赛亚、地狱和魔鬼学说等方面。

从内容上看，《以诺书》主要由一系列“寓言”构成，较之《新约》中的寓言，其含有更多宇宙论方面的论述。其中描述了天堂、地狱以及最后的审判等诸多景象。书中文笔高超之处可以让人联想到《失乐园》的前两卷，而文笔拙劣的地方则会让人想起布雷格的《先知书》。

《以诺书》中对《创世纪》第六章的第二节和第四节有着一段精彩的、普罗米修斯式的引申。天使将冶金术教给了人类，而他们则因泄露“天机”遭受惩罚。他们也需食用人肉。后来，那些犯了罪的天使们就变成了异教的神；而他们中的妇女则变成了人首鸟身的海妖。最后，他们都陷入万劫不复的痛苦之中。

书中一些关于天堂和地狱的描写具有很大的文学价值。最后的审判是由“公义的人子”坐在他那荣耀的宝座上来执行的，一些外邦人最终悔改，并得以赦

「1」这本书的英文版参见查理士所译版本，该译本的序言部分也十分重要。

免，而大部分外邦人和那些已经希腊化的犹太人，则受到了永远诅咒。因为那些义人渴望复仇，而他们的心声则将被执行。

书中还有一部分涉及天文学的内容。比如，文中提及了太阳和月亮、被风推动的战车、一年有 364 天；人类的罪孽使得天体脱离它们的轨道，只有善良的人才能了解天文学，以及流星实际上是受到七位天使长惩罚而坠落的天使等等。

接下来谈谈圣史。《以诺书》中关于圣史的较早部分，一直可以追溯到马喀比家族，其大致是依照《圣经》的描述来讲的；而稍晚部分，则是按照一般的历史来写的。作者在书中还描绘了未来，如新耶路撒冷、剩余外邦人的改宗、义人的复活和弥赛亚。

书中还花了很大篇幅谈及对罪人的惩罚和对义人的赏赐。义人对那些有罪之人始终不能示之以基督徒的宽恕。“有罪的人，当你听到义人的祷告声，你们这些罪人，你们将怎么办？审判之日，你们又能逃往何处？”“人之初，性本善。性相近，习相远！”“罪恶一一为上天记录。”“罪人将永被诅咒，永不安宁。”也许罪人一生都是快乐的，甚至临终的时候也还是如此，但他们的灵魂终将被打入地狱，在那里，他们将遭受“黑暗、枷锁和烈火”的熬煎。而对于义人，“我和我的儿子[1]则要永远与他们同在”。

《以诺书》的最后一段话是这样的：“对于正义途上的信徒，上帝也必将示之于忠信。生于黑暗的人终将堕入黑暗，而义人则将发出灿烂的光。罪人将哭号不已——注视义人的光，事实上，他们将被打入特定的时空中过活。”

类似基督徒，犹太人对于罪恶考虑得也很多。但是，很少会有人把他们自己也当作罪人。事实上，把自己当作罪人，是基督徒的一项革新，这是从法利赛人和税官的寓言中提出来的。基督责备文士和法利赛人时曾经把想到自己是罪人一事当作一种美德来宣讲。基督徒竭力实践基督教的谦卑，而犹太人则一般不这么做。

不过，基督降世的不久前，正统的犹太人中也存在着一些重要的例外。比如《十二位先祖的遗书》[2]，该书成书于公元前 109 年—前 107 年，作者是一名法利赛人，而且是哈斯模亚王朝大祭司约翰·希尔卡努斯的狂热崇拜者。就我们目前所看到的版本而言，里面有一些涉及教义的内容曾被基督徒篡改过。如果将这些内容删掉，那么书中关于伦理方面的训示则与福音书中的论述非常相似。正如博

「1」即上帝和圣子。

「2」该书英文名为：*The Testaments of the Twelve Patriarchs*.

士 R.H. 查理士牧师所说："登山宝训中有好几处反映了这种精神，有的部分甚至直接引用了原文；福音书中也有许多片段显示出该书的痕迹；圣保罗好像曾经将该书作为一种手册（vade mecum）。" 在这本书中，我们可以看到如下信条：

"你们要发自内心地彼此相爱；如果有人得罪了你，你要心平气和地向他提出，切不可存有任何邪恶之心；如果他向你忏悔并认错了，那你就要宽恕他；如果他拒不承认错误，你也不要迁怒于他，以免他因恼羞而开始咒骂，这样他的罪孽又要加倍。即使他不知廉耻，坚持作恶，你也要从内心宽恕他，并把惩罚的事情交给上帝。"

查理士博士认为基督对上面的这段文字定不陌生。接着我们还看到：

"你要爱主和爱你的邻居。"

"你要终生爱主并真心彼此相爱。"

"我爱主；同样我也真心地爱世间每一个人。" 这段话可以和马太福音第 22 章第 37—39 节进行对比。《十二位先祖的遗书》中还有一段专门对仇恨的批驳，比如：

"愤怒是盲目的，它让你见不到任何人的真正面目。"

"所以，仇恨是充满罪恶的，因为它通常伴随着谎言。" 据此可以推测，本书的作者认为：不仅是犹太人，外邦人最终也会获得救赎。

基督徒从福音书中学会了憎恶法利赛人，然而这本书的作者却是一个法利赛人，正如我们所见，正是他教给了我们那些最能显示基督教特征的伦理格言的。这件事情并不难解释。首先，在作者所处的年代，他至少是一个特别的法利赛人；当时，最普遍的教义毫无疑问应该是《以诺书》中所记述的。其次，我们知道，所有的运动最后都会趋于僵化，现在还有谁能在 D.A.B.（Daughters of the American Revolution）这一团体中找到当年杰弗逊的原则呢？最后，我们知道，法利赛人把律法看作终极的绝对真理，而这种对律法的狂热迷信，很快葬送了所有鲜活的思想与情感，正如查理士博士所说：

"当法利赛派打破了其宗派自身的原有理念，转而投身于政治利益和运动，并且拘泥于钻研律法条文的词句时，（先祖的）遗书中所阐述的那些崇高的伦理道德系统也就没有了继续发展的余地。所以早期哈西第姆党人的真正继承者和信徒都脱离了犹太教，并在原始的基督教中找到了他们的自然归宿。"

经过大祭司的一段统治期之后，马克·安东尼又任命了他的朋友希律作为犹太人的国王。希律是一个放荡不羁的冒险家，他本人曾经历过数次破产危机，习惯于罗马的社交生活，远没有犹太人的那种虔诚。他的妻子来自一个犹太大祭司家庭，但是他本人却是一个伊都米亚人，而正是这一点让其成为犹太人猜忌的对象。此人还是一个十足的趋炎附势者，当屋大维的军队显然将会胜利的时候，他立即背叛了安东尼。就是这样的一个人，却费尽心思想要使犹太人臣服于他。他重新修建了圣庙，滑稽的是，他所修建的圣殿是按照希腊风格建造的，而且圣殿周围还有很哥林多式的圆柱。他还在圣殿正门的上方安装了一只巨大的金鹰，这显然违反了犹太人的第二条戒律。因此，当人们传言他快要死去的时候，法利赛人便趁机把那只金鹰拆掉了。希律为了报复，处死了很多法利赛人。他最终死于公元前 4 年。在他死后不久，罗马人便废除了国王制，转而派出一名总督对犹太国进行统治。公元 26 年，破蒂斯·比拉多被任命为新一任总督，但由于昏庸无能，很快就被撤换了。

公元 66 年，犹太人在狂热党人的领导下背叛了罗马，但他们很快就被镇压了。之后耶路撒冷于公元 70 年被罗马攻陷，圣殿再次被毁，只有少数的犹太人继续留在犹太国境内。

早在这个时期之前的数世纪里，在外流亡的犹太人已经变得十分重要了。原本犹太人几乎都是农民，但是他们在被掳期间从巴比伦人那里学会了经商。在以斯拉和尼希米时代之后，仍然有很多人选择继续留在巴比伦，其中不乏富有之人。在亚历山大里亚城建成之后，大量的犹太人开始涌入。在那里，他们拥有一个指定的聚居区域，当然，这还不是今天意义上的犹太人区（Ghetto），这种专区实质上是使他们免受外邦人的玷污而设置的。亚历山大里亚的犹太人希腊化程度也要比犹太国境内的犹太人高，他们甚至已经不说希伯来语了。正因如此，将《旧约全书》翻译成希腊文版本就变得十分必要了，这便是后来的《旧约全书七十人译本》[1]。其中《摩西五经》译成于公元前三世纪中叶，其余部分则要稍晚。

关于《旧约全书七十人译本》，后人传说这本书之所以如此命名，是因为它是由七十位译者共同翻译而成。而且据说这七十位译者都独立完成了整部书的翻译工作。翻译完成后，当人们将这些译本进行对照时，却发现这些译本连最细微处都是一样的，便认为全体译者都受到了神灵的启示。但是之后的学者们却指出《旧约全书七十人译本》是存在严重的缺点的。在基督教兴起之后，犹太人很少再使用该译本，转而重新阅读希伯来文版本的《旧约》。与此相反，由于早期的基督教徒很少有人通晓希伯来文，因此他们主要通过《旧约全书七十人译本》或

「1」原文为 Septuagint. ——译者注

据此重译的拉丁文译本来阅读《旧约全书》。公元三世纪时欧利根也曾经不辞辛劳地翻译出一个比较好的版本。然而，在公元五世纪，杰罗姆完成了拉丁语译《圣经》（Vulgate）之前，那些只懂拉丁语的人只能阅读那几种略有缺陷的拉丁文译本（包括欧利根版）。起初，杰罗姆版还引起了很多的批评和非议，因为他在翻译的过程中得到了一些犹太人的帮助。许多基督徒认为犹太人故意篡改了先知的话，故意让人们看不到关于基督降临的预言。但最终杰罗姆的译本还是得到了大众的承认，而且，直到现在，该译本仍然在天主教会中拥有相当高的威信。

与基督同时代的哲学家菲罗是犹太人在思想上受到希腊影响的最好说明。虽然菲罗在宗教上属于正统教派，但他在哲学上却是一个不折不扣的柏拉图主义者；此外斯多葛派和新毕达哥拉斯派对其也有重要的影响。但是当耶路撒冷被攻陷之后，他在犹太人中的影响便逐渐消退了，后来基督教的教父们发现他曾经指出了一条使希腊哲学与希伯来经典之间相调和的道路。

犹太人在古代的每一个重要城市都逐步建立起了为数众多的聚居地，这些犹太人和一些其他的东方宗教信徒一起，对不满于怀疑主义以及希腊和罗马的官方宗教的人们产生了很大影响。不仅在罗马帝国，甚至在俄罗斯南部，也有很多人改信了犹太教。而基督教在产生之初可能也是先吸引了当时的犹太人和半犹太人集团的。但是，正统犹太教在耶路撒冷陷落后就逐渐变得越发保守和狭隘了，就如之前耶路撒冷被尼布甲尼撒攻陷时那样。公元一世纪以后，基督教逐渐成形，其和犹太教之间的关系也就随之彻底地敌对化和疏离化了。正如以后我们看到的那样，基督教有力地激发了反闪族主义的产生。所以在整个中世纪里，犹太人在基督教国家的文化里没有任何地位，他们长期遭受严酷的压迫，以至于除了为当地修建天主教堂提供必要的资金支持和一些其他类似的帮助外，几乎无法对当时的文明做出任何贡献。在这段时间里，犹太人只有在伊斯兰教徒那里，才能享受到人道的对待，从而去研究哲学，进行启蒙性的思辨。

整个中世纪，伊斯兰教徒要比基督教徒表现得更为文明和人道。基督教徒一直在迫害犹太人，特别是当有宗教骚乱发生的时候，十字军的那些圣战几乎都伴随着对犹太人的集体屠杀。与此相反，在伊斯兰国家，犹太人从来没有遭到如此恶劣的对待。特别是在摩尔人统治下的西班牙，犹太人对该国的学问做出了很大的贡献。迈蒙尼德斯（1135—1204年）生于科尔多瓦（Cordova），他被人们认为是斯宾诺莎哲学流派的主要起源。当基督徒重新占领了西班牙时，正是靠这些犹太人将摩尔人的大部分学问传给了他们。犹太学者大多通晓希伯来语、希腊语和阿拉伯语，而且对亚里士多德的哲学思想也十分熟悉，他们将自己的知识传授给那些学识较浅的经院学者。当然，他们也传授了一些价值不大的东西，如炼金术和占星术等。

在中世纪以后，犹太人仍然对人类文明做出过很大的贡献，但大多数只是以个体的形式，而不再是以整个种族的形式了。

第二章

基督教最初的四个世纪

起初，基督教是作为一种改良了的犹太教在犹太人内部互相传播的。圣雅各，其次还有圣彼得，都曾希望基督教的传播不要超出这个范围。如果没有圣保罗，他们的主张怕是早就盛行于世了。但后来圣保罗却毅然决定允许外邦人加入，并且不苛求他们遵守割礼以及摩西的律法。关于当时这两派之间的争论，《宗徒大事录》[1]里曾以圣保罗的立场对此有过记述。圣保罗在很多地方都建立了基督徒社团，毫无疑问，这些社团的成员一部分是由犹太人中的改宗者组成，而另一部分则是由那些寻求新宗教的外邦人组成。在这样一个各种宗教信仰都趋于崩溃的时期，犹太教对当时的人无疑具有非常大的吸引力，但是割礼的存在却阻碍了大量的改宗者。另外，犹太教在食物方面的清规戒律也给改宗者造成了极大的不便。即便没有其他障碍，仅这两方面因素就足以阻碍希伯来宗教无法进一步普及。由于圣保罗的努力，基督教保留了原来犹太教义中吸引人的部分，并摒弃了那些外邦人难以接受的戒律。

然而，犹太人是上帝的选民这一观点尤为让高傲的希腊人反感。这一观点被诺斯替教彻底摒弃。这些人，至少其中有一部分人认为，感官世界是由索菲亚（Sophia，智慧之神）的混沌之子——一个名为亚勒达包士的劣神创造的。他们说他就是《旧约全书》中的耶和华，而那条蛇，实际上并不邪恶，甚至它曾经告诫过夏娃不要相信他的谎言。在很长一段时间里，至高无上的神都允许亚勒达包士自由活动，最后他派他的儿子暂住在一个叫作耶稣的人的体内，使他将整个世界

「1」原文 *the Acts of the Apostles*，又译作《使徒行传》。——译者注

从摩西荒谬的训示中解放出来。而持有这种观点的人，常常又会把该观点与柏拉图哲学相结合；正如我们所看到的那样，普罗提诺发现他很难驳斥这种观点。事实上，诺斯替教在哲学的异教主义和基督教精神之间找到了一个折中点，因为虽然他们尊崇基督，但却憎恶犹太人。后来出现的摩尼教也是如此，圣奥古斯丁正是从摩尼教转而信仰天主教的。摩尼教融合了基督教和拜火教的诸多要素，教导恶是一种肯定性原理，充斥于物质之中，而善的原理则体现在精神之内。它谴责食肉和性欲——甚至婚姻生活。这种折中的教义给希腊语系的人改宗提供了助力。但《新约全书》中却告诫真正的信徒们去反对这些人："啊，提摩太，你要保守所托付于你的，躲避世俗的虚谈和那似是而非的学问。已经有人自称有这学问，其已经偏离了真道。"[1]

诺斯替教和摩尼教继续盛行，一直到政府改信基督教时才逐渐走向没落。在那之后，他们虽然被迫掩饰其信仰，但仍然具有潜在的影响力。穆罕默德就曾采用诺斯替教某一流派的教义。他们认为耶稣只是一个普通人，在他受洗的时候上帝派圣子进入了他的肉身，而在他受难的时候又抛弃了他。为了证明这个观点他们还引用了下面的一段经文："我的上帝！我的上帝！你为什么要抛弃我？"[2]——对于这段经文，基督徒经常感到难以理解。诺斯替教认为上帝的儿子不应托生为人，成为一个婴儿，而且最终被钉死在十字架上。他们认为这些事只是发生在作为凡人的耶稣身上，而非发生在圣子身上。不过，虽然穆罕默德不认为耶稣是神，但他仍然将其奉为先知，他非常强烈地认为，先知最终不应该有一个很差的结局。于是他采用了幻影教派（Docetics，诺斯替教的一个流派）的观点，该观点认为被钉在十字架上的只是一个幻影，犹太人和罗马人只是在幻影上枉费心机地进行着他们的复仇，显然这种复仇是虚无和徒劳的。诺斯替教的某些成分正是以这样的方式被纳入到了伊斯兰教的正统教义之中。

很早之前，基督徒对同时代犹太人的态度就已经开始敌对化了。公认的说法是上帝曾经与先祖、先知等圣人们交谈过，并向他们预言了基督的降临；但是当基督真正降临的时候，犹太人却不承认他，因而这些人应被视为罪人。另外，基督废弃了摩西律法，转而以爱上帝和爱邻舍这两条诫命取代之，但犹太人对此却不予承认。所以当整个国家都开始信奉基督教的时候，反闪族主义便以其中世纪的形式，开始在名义上成为基督徒热忱的表现。此后，经济动机也曾点燃过反闪

「1」见《提摩太前书》，第六章第二十、二十一节。

「2」见《马可福音》，第二十五章第三十四节。

族主义的火焰，但究竟皈依基督教的罗马帝国起过多大作用，似乎已经无法考证了。

随着基督教希腊化的程度逐渐加深，它也逐渐变得神学化了。而犹太人的神学则是向来比较单纯的——耶和华从一个部落神发展成一个创造世间万物的全能上帝；当人们发现上帝的公义并不能让现世的善人得到更好的回报时，人们便将其寄托于天国，于是，这也产生了灵魂永生的信仰。犹太教义的整个演化的过程没有包含任何复杂的形而上的成分，它不故作神秘，且能为每一位犹太人所理解。

从整体来看，犹太人的这种单纯性，也塑造了共观福音书（马太、马可、路加三福音书）的特征，但在约翰福音书里，这种单纯性则已经消失了。约翰福音书中的基督已经和柏拉图、斯多葛等学派的逻各斯等同起来了。第四福音书的作者似乎对作为神的基督比对作为人的耶稣更为感兴趣，那些教父们更是如此。你会发现，在他们的著作中论及约翰福音书的地方比论及其他三者的总和还要多。保罗书信中也包含了许多神学方面的内容，特别是在关于救赎的问题上；这也说明该书的作者对希腊文化是非常熟悉的——其中有一段话引自米南德，还有一段话提到了一个名为埃庇米尼得斯的克里特人，这个克里特人曾说他的同胞都是说谎者，等等——虽然如此，圣保罗[1]说："你们要当心有人利用哲学和一些虚妄的谎言将你们掳去。"

希腊哲学和希伯来经典之间的融合，在欧利根时期（公元 185 年—254 年）之前，只是处于一种偶然和片段的阶段。和菲罗一样，欧利根也居住在亚历山大里亚城里面，因为商业和大学的缘故，这座城市自其兴起直到衰落一直都是学术交流和融合的中心。欧利根和与他同时代的普罗提诺均是阿摩尼阿斯·萨卡斯的学生，而萨卡斯则曾经被公认为新柏拉图主义的创始人。欧利根的学说正如其著作《原理论》（*De Prinoipiis*）所著述的那样，不但与普罗提诺的学说并无二致，而且事实上也超出了正统教义的容忍范围。欧利根说，除了上帝（即圣父）、圣子和圣灵外，所有的东西都是具有形体的。天上的星辰亦有生命、富有理性，上帝曾赋予它们固有的灵魂；太阳亦能犯罪。他还说，正如柏拉图所言，人类的灵魂是创世纪以来就存在的，人一诞生，灵魂便从某处附诸他们身上。就像普罗提诺哲学中所提到的那样，努斯（Nous）和灵魂多多少少是存在着一些区别的。当努斯堕落时就会变成灵魂，而当灵魂积德时则又会重新变回努斯。但最终所有

「1」或者不如说就是保罗书信的作者——《歌罗西书》第二章第八节。

的魂灵都要完全归顺于基督，并且不再拥有具体的形态。最后甚至连魔鬼也要被救赎。虽然当时欧利根也被承认是众多教父中的一员，但是后来他却遭到了谴责——指责他主张以下四点邪说：

一、正如柏拉图所说，灵魂是先于肉体存在的；

二、不仅是基督的神性，就连其人性，在他道成肉身以前业已存在；

三、复活时，我们的身体将会变成绝对虚无的形态；

四、所有的人甚至是魔鬼，最终也会被救赎。

圣·杰罗姆曾因欧利根修订过《旧约圣经》而对其产生过一段盲目的景仰之情，但他很快就发现自己要花更多的时间和精力去驳斥欧利根在神学上所犯的错误。实际上，欧利根不仅在神学方面超乎常理，他还在年轻时犯过一项不可弥补的过失。由于他过分拘泥于如下经文——“那些被阉割之人都是为了他们所追寻的天国而自愿受阉的”[1]——的字面意思，其所轻率采用的这种逃避肉欲的方法遭到了教会的强烈谴责，他甚至因此丧失了当选为神职人员的资格。尽管对此，有些教士也曾表示过反对意见，并引发了一些无足轻重的争论。

欧利根最显赫的著述是《反西尔撒斯论》。西尔撒斯曾写过一本反基督教的书（现已散佚），欧利根在《反西尔撒斯论》中对西尔撒斯的论点进行了逐条驳斥。西尔撒斯对基督教的批判首先是从对基督徒的批判开始的，他认为基督教实际上是非法的社会组织，欧利根并没有否认这一点，反而宣称这正是一种美德，就像诛杀那些暴君一样。紧接着西尔撒斯又指出了人们憎恶基督教的真实根源：基督教来源于犹太人，而犹太人则属于蛮族，只有希腊人才能从蛮族的教义中提取出意义所在。对此，欧利根回应说，无论是谁，当他从希腊哲学转向福音书时，终将意识到福音书的真实性，提供令希腊哲人们满意的论证。进一步而言，“福音书本身存在着自我论证，而且这种论证比任何希腊辩证法显得更加神圣。使徒们曾将这种更为神圣的方法称为‘圣灵与权威的显现’；其中‘圣灵的显现’多半源于一些预言，这些预言，尤其是那些与基督有关的叙述，足以让任何读者产生忠实的信仰；而‘权威’的显现，则一般靠那些我们必须要相信的迹象和奇事，这些迹象和奇事除了通过其他很多方式展现出来外，还可以通过下面一种方式，即我们仍可以从那些按照福音书中的戒律生活的人们中间找到很多迹象。”[2]

这段文章是饶有趣味的，正如上面所述，文章中包含了对信仰问题的双重

「1」欧利根，《反西尔撒斯论》，第一卷，第二章。

「2」同上。

论证，这正是基督教哲学的重要特征。一方面，通过对纯理性的恰当运用，建立起基督教最本质的信仰，特别是关于上帝、灵魂不死和自由意志的信仰；另一方面，《圣经》不仅证明了这些信仰的本质，而且还证明了除此之外的很多东西；《圣经》中关于圣灵的部分也被以下事实所证实，即先知们通过一些奇事以及忠诚的信仰所带来的恩赐准确地预测了弥赛亚的降世。也许这些论证在今天会显得有些过时，但上面的最后一项仍为威廉·詹姆斯所沿用。而且这些论证一直到文艺复兴时代为止，都是基督教哲学家所承认的。

欧利根的有些论证是十分怪异的，他说魔法师们虽然经常向“亚伯拉罕的上帝”祈祷，但实际上并不知道上帝到底是谁。不可思议的是，这种祈祷看上去却十分受用。在魔法中，上帝的具体名称是非常重要的，而用犹太语、埃及语、巴比伦语、希腊语或婆罗门语所表达的上帝是有差别的。魔法中的咒语一旦被译成其他语言，便不再具有魔力。这不禁使人设想那个时代的魔法师们应该几乎用遍了当时所有知名宗教的魔咒，假若欧利根的论证是正确的话，那些源于希伯来语的魔咒应该是最有效的。但他还指出摩西曾禁止使用魔法，因而就显得更加荒诞了。[1]

他在书中还告诫人们，基督徒不该参与到国家政府中，只能在“神的国度”——也就是教堂里工作[2]。这种教义虽然在君士坦丁之后稍有变更，但其中仍有一部分被保留了下来，这也被圣·奥古斯丁的《上帝之城》所沿用。在西罗马帝国走向衰落的时期，这种教义曾使那些僧侣消极地对待世俗的种种灾难，他们将自己的才能和精力都花在了教会修行、神学之争以及普及修道院制度等工作上面。事实上，直到今天，我们仍然可以发现这种教义的痕迹：现在很多人仍然认为政治是无比世俗的，而真正的圣人应当避而远之。

在早期的两三百年里，教会统治发展得颇为迟缓。但是，在君士坦丁改宗之后，其发展就变得十分迅速了。主教们是由普通民众选举产生的，他们逐渐获得了很大的权力，从而可以对其辖区内的基督徒实现领导。但在君士坦丁之前，整个教会之中并没有任何形式的中央集权机构。布施在某种程度上加强了大城市里主教的权力：他们可以随时宣布对城市里的贫民提供施舍或停止施舍。如此一来，城市贫民中就出现了一批专门按主教意愿行事的人。当基督教成为罗马帝国的国教之后，主教们又被赋予了司法权和行政权，另外还专门成立了一个中央行

---

[1] 欧利根，《反西尔撒斯论》，第一卷，第二十六章。

[2] 同上，第八卷，第七十五章。

政机构，主要处理教义方面的问题。君士坦丁一度对发生在天主教徒和阿里乌斯教派之间的争执感到烦恼不堪，实际上，他既然已经决定与基督徒们同进退，还是非常希望他们能够团结为一个统一的流派的。为了消除这两派之间的纷争，他召集了各国基督教分支举行了尼西亚会议，制定了尼西亚信条[1]。就天主教徒与阿里乌斯派之间的纷争而言，这次的尼西亚会议可以说是确定了正统教义永久的准绳地位。而在此之后的所有教会争论也都是通过召开这样有众多国家参与的基督教会议来解决的，其一直持续到东罗马帝国与西罗马帝国分立。由于东罗马帝国不再承认教皇的权威，这种会议也便无法继续召开了。

虽然就职位而言，教皇一直是教会首要人物，但在相当长的一段时间里，他们并没有执掌教会的大权。教皇权力的不断增长是一个非常有意思的课题，我们在以后的章节中还会继续讨论这方面的内容。君士坦丁之前基督教的发展，正如君士坦丁改宗的动机一样，不同的作家往往会给出不同的解释。吉朋[2]列举了以下五个原因：

一、基督教徒不屈不挠的品质，或者换一种说法，那种近乎偏执的热情，的确源于犹太教。但是他们摒弃了犹太教中某些狭隘和闭塞的精神，这种精神不仅使得犹太教不欢迎外邦人，甚至阻止了他们遵从摩西律法。

二、关于来世的教义，因赋予此项主要真理重要性和有效性的每一新情况的发生而有所改进。

三、可追溯到原始教会的行奇迹的权能。

四、基督徒纯洁而严肃的道德品质。

五、基督教的团结和纪律，使其在罗马帝国内部逐渐形成了一个独立而壮大的国度。

宽泛地讲，这种分析还是可以接受的，但是需要进行一些必要的补充。其中，第一条理由——关于源于犹太教的不屈不挠的品质以及不宽容的缺点——基本是没有问题的。今天我们能够看到这种不宽容性给宣传工作所带来的好处：即大多数基督徒认为只有基督徒在死后才有资格升入天堂，而那些异教徒则会在来世遭受最可怕的惩罚。存在于公元三世纪前后与基督教竞争并存的其他宗教则并没有类似颇具威胁性的特点。例如，有一个叫作“伟大的母亲”的宗教团体，其信徒也需要参加一种类似于洗礼的、被称作“献牡牛”的仪式，但他们却从来不

「1」这里的尼西亚信条与现在的尼西亚信条有所不同，现在的信条是在公元326年制定的。

「2」见《罗马帝国衰亡史》第十五章。

会对异教徒说“谁要是不参加这种仪式就会下地狱”。顺便说一句，“献牡牛”是一种非常昂贵的仪式，在举行仪式时，需要先宰杀一头牡牛，然后让牛血缓缓流淌到新入教者的身体上。显然这种仪式在当时是非常贵族化的，因此很难形成具有某种吸引像财主与穷人、自由人与奴隶等大多数民众的宗教大众化基础。就这点来讲，基督教是明显优于同时期的其他竞争者的。

在西方，关于来世的教义首先是由奥尔弗斯教教徒宣扬的，后来又被希腊哲学家所采纳。早期一些希伯来的先知们虽然也曾宣扬过肉身的复活，但犹太人所相信的灵魂复活则似乎源于希腊人[1]。在希腊，灵魂不死论主要以两种形式存在：一种是以奥尔弗斯教的通俗形式，另一种则是柏拉图主义的学术形式。其中后者以晦涩难懂的论证为基础，难以广泛流传；而前者，即奥尔弗斯教的通俗形式反而在古代后期对普通民众的舆论产生了很大的影响，不仅仅是影响了众多的异教徒，而且对犹太人和基督徒也产生了广泛的影响。事实上，奥尔弗斯教以及一些亚洲宗教的神秘因素，基督教神学都有所吸收。在这些因素中，最核心的神话当属神的死而复生[2]。因此我认为，灵魂不死论对基督教传播的影响可能并不像吉朋所说的那样——两者具有非常重大的关系。

在基督教的传播中，神迹发挥了重大的作用。事实上，在古代末期，神迹是非常普遍的，并非为某个宗教所独有。但基督教的神迹却能比其他宗教的神迹获得更为普遍的信仰，其原因是很难说清楚的。我想吉朋忽略了一个极其重要的事实：基督徒有一本《圣经》。基督徒所信仰的神迹早在远古时期，那个连古代人都觉得颇为神秘的国度中就已经开始了。他们拥有一部完整的历史，从创世纪一直延续至今。根据他们的历史，上帝先是向犹太人行神迹，而后再向基督徒行神迹。显然，对一个近现代的历史学者来说，他们往往会认为以色列人早期的历史带有浓厚的传说色彩，但古人并不这样想。他们对荷马所讲述的特洛伊战争、罗缪鲁斯和雷缪斯[3]等传说都笃信不疑。对此，欧利根曾问道：“既然你们承认这些传说，那又为何否认犹太人的传说呢？”针对这种争论似乎并没有什么合乎逻辑的答案。因此，接受《旧约》中的神迹也就是自然而然的事了，而一旦人们承认了《旧约》中的神迹，那么晚些时候的神迹，特别是由基督徒对先知书所做的阐释，也就可以让人觉得可信了。

「1」参见欧伊斯特雷和罗宾逊合著的《以色列史》。

「2」参见安格斯《神秘的宗教和基督教》。

「3」此二人为孪生兄弟，后来成为罗马城的缔造者。——译者注毫无疑问，君士坦丁之前，基督徒的道德是高于一般的异教徒的。彼时基督教徒经常会受到种种迫害，而在与异教徒的竞争中，他们也常常处于不利地位。他们坚信道德必将在天国带来幸福，而罪孽则在地狱里招致惩罚。他们在性方面所恪守的道德规范在古代实为罕有。即便是以迫害基督教徒为职责的普利尼，也承认他们确实拥有崇高的道德品质。君士坦丁改宗之后，虽然基督徒中也有过一些趋炎附势的小人，但除了极个别之外，那些杰出的僧侣仍然是一些坚守道德准则的人。所以，我认为吉朋把这种高度的道德水准归为基督教得以广泛流传的原因之一，是非常正确的。

吉朋在其提出的五个原因的最后，提及了基督教的团结和纪律。我认为从政治的角度来看，这是五个原因中最为重要的一条。现代社会，我们对那些政治组织可谓司空见惯，每个政治家都必须考虑天主教方面的选票，但这些选票同时还制衡于其他政治组织和集团。在总统选举中，一个天主教徒的候选人，往往会由于新教徒的成见处于不利地位。如果新教徒的这些成见并不存在，那么毫无疑问，天主教徒候选人将比其他候选人更有优势。君士坦丁所考虑的似乎正是这一方面。通过支持基督徒，他可以借此获得基督徒所组成的独立团体组织的拥护，尽管也有人憎恨基督徒，但这些人并没能有效地组织起来形成一个相对严格的团体，因此其在政治上并没有太大实力。从某种程度上讲，罗斯多夫采夫的观点可能是正确的，他认为军队中大部分军人是基督徒，而这也正是对君士坦丁影响最大的因素。不管怎样，当基督徒还是少数派的时候，他们之间就已经形成了某种组织，或许这在今天看来十分正常，但在当时实属新奇。这种组织赋予了他们以一个压力集团[1]所拥有的无与伦比的政治势力。这是他们在独占了热忱这一品质之后的自然结果，而这种热忱则传承于犹太人。

不幸的是，基督徒一旦获得了政治权利之后，他们便立即将自己的热忱投入到彼此的攻讦上了。君士坦丁之前，曾有不少的异端邪说存在，正统教派对此束手无策，没有办法惩治他们。而当基督教成为国教之后，权力和财富便成了教徒公开争夺的对象。为此还发生过一些有争议的选举，神学方面的争论实质上也就沦为了世俗的利益之争。君士坦丁本人在这些神学家的争论中一直保持中立态度，但在他死后（公元 337 年），他的继任者们（除叛教者尤里安以外）或多或少都是倾向于阿利乌斯教派的，直到公元 379 年狄奥多修斯继位，这种局面才有所

「1」压力集团：为了通过立法来保障其本身的利益，往往向立法机关及执政党施加政治压力的某个利益集团。——译者注

改变。

这段时期，不得不提一个英雄人物，他便是阿萨纳修斯（约公元 297—373 年），在他漫长的一生中，他一直是维护尼西亚正统教义的勇士。

由于神学在政治上的重要性，从君士坦丁到卡勒西顿会议（公元 451 年）这段时间是非常特殊的时期。有两个问题一直让当时的基督教界躁动不安：首先是三位一体的性质问题；其次是道成肉身的问题。其中，第一个问题在阿撒那修斯时代最为引人注意。作为一个有教养的亚历山大里亚祭司，阿利乌斯主张圣父和圣子之间并不是等同的关系，圣子是由圣父创造的。这样一种理解在之前的时代或许并不会招来太多的反对，但在公元四世纪时，大多数神学家都对这种看法持反对意见。最终，大家普遍认为圣父和圣子是相等的，而且属于同一性质，但即便如此，他们却是两个不同的人。而以撒伯留斯为创始人的撒伯留斯异端邪说则认为圣父和圣子并不是截然对立的，而是同一个人的不同方面。因此，正统的教义被迫走上了一条狭隘的道路：那些过分强调圣父和圣子之间的区别的人有陷入阿利乌斯教派的危险；而那些过分强调圣父和圣子的同一性的人则面临着坠入撒伯留斯教派的危险。

在公元 325 年举行的尼西亚会议上，阿利乌斯的教义曾遭到了绝大多数人的谴责。后来的神学家们又对此提出了不同的修正意见，并获得了不同皇帝的支持。阿撒那修斯自公元 328 年一直到他去世时为止，都担任着亚历山大里亚市的主教一职，他因热心于支持尼西亚的正统教义而遭到数次流放。他在埃及享有极高的声誉，在大争论期间，所有的埃及人都毫不动摇地追随着他。令人不解的是，就在此次神学争论的过程中，原本自罗马征服各国以后就已经熄灭了的民族情感（至少是畛域性的）竟然奇迹般地“复活”了。君士坦丁堡和亚洲倾向于支持阿利乌斯教派，埃及则近乎疯狂地笃信阿撒那修斯教派，而西罗马则坚定地支持尼西亚会议的决议案。在阿利乌斯争论逐渐平息之后，又发生了很多起类似的新争论，在这些争论之中，埃及代表了其中一个异端方向，而叙利亚则代表了另一个异端方向。这些受到正统教义排斥的异端邪说损害了东罗马帝国的统一性，并给伊斯兰教徒的征服活动提供了可乘之机。实际上就分裂活动本身而言是没有什么值得大惊小怪的，但是当这些分裂活动和一些极其微妙深奥的神学问题纠缠在一起时，就显得多少有些诡异了。

公元 335 年到 378 年，这期间的皇帝们大都是在其胆量允许范围内或多或少地支持阿利乌斯教派的见解。但这里有一个例外，那就是叛教者尤里安（公元 361—363 年），作为一个异教徒，他对基督徒内部的争端保持了中立态度。最终，到了公元379年，新即位的皇帝狄奥多修斯全力支持天主教徒，从而使他们在帝国最终彻底获得了胜利。在下一章中，我们将要谈到圣·安布洛斯、圣·杰罗姆和圣·奥古斯丁，他们都是生活在天主教取得完全胜利的这段时期里的。但是，之后西方又迎来了一段阿利乌斯统治期，在此期间，哥特人和凡达尔人相继征服了西罗马帝国的大部分领土。他们的权势大约延续了一个世纪，直到该世纪末期才被查士丁尼及其领导下的伦巴底人和法兰克人所灭，而这些人则属于正统教派。就这样，天主教的信仰最终取得了决定性的胜利。

第三章

教会三博士

圣·安布洛斯、圣·杰罗姆、圣·奥古斯丁和教皇大格雷高里四人被称作西方教会的博士。四人中，前三个人大约处于同一个时代，而教皇大格雷高里所处的时代则要稍晚于前三人。本章中，我会对前三位博士所处的时代以及他们的个人生涯先做一个简要概述，在下一章则会重点论述圣·奥古斯丁的学说，因为对我们而言，他是这三人中最为重要的一位。

安布洛斯、杰罗姆和奥古斯丁三人都是生活在天主教会在罗马帝国取得胜利之后、蛮族入侵之前这段时期里的，在这段相当短暂的时期内，这三个人显得非常活跃。在叛教者尤里安统治时期，这三个人都还年轻：杰罗姆在罗马被阿拉里克王率领的哥特族劫掠后仍活了十年；奥古斯丁则一直活到了凡达尔族入侵非洲，直到凡达尔族围攻他的主教辖区希坡时，他才去世。在他们生活的时代不久之后，意大利、西班牙和非洲的统治者们不仅仅都是蛮族，而且还是阿利乌斯教派异端邪说的支持者。这次文明衰退长达数世纪之久，直到大约一千年以后，基督教世界才产生了能与这三位在学术和文化方面相匹敌的人物。在黑暗时代以及整个中世纪里，他们享有崇高的权威，而且他们建立起了一整套的教会运作模式，这是他人所不能企及的。总体来说，圣·安布洛斯确立了教会与国家之间关系问题上的基本观点；圣·杰罗姆则给西方教会提供了《圣经》的拉丁语译本，同时为修道院制度的确立发挥了很大作用；而圣·奥古斯丁的主要贡献则是确定了一直到宗教改革为止的教会神学，及其之后的路德与加尔文教义的大部分内容。就他们对教会所做的贡献而言，基督史上无出其右。圣·安布洛斯一贯主张教会应该脱离世俗国家，取得独立，这是一种全新的具有革命性的教义，并且一直流传到了后来的宗教改革时期。到了十七世纪的时候，霍布斯对这种教义提出了批判，而其批判的矛头主要就是指向圣·安布洛斯的。圣·奥古斯丁在十六、十七世纪的神学论争中同样处于风口浪尖的位置，新教徒和冉森派表示支持他，而正统的天主教徒却反对他的主张。

公元四世纪末，安布洛斯担任了西罗马帝国首都——米兰的主教一职。他所担任的职务使得他获得了更多的机会和皇帝接触，他在与皇帝交谈的时候往往以平等者自居，有时甚至会以一个长者的身份跟皇帝交谈。实际上，他对宫廷帝王的这种态度，在某种程度上可以说明当时社会上的一个颇具对比性的特点：帝国正趋于衰弱、无能，而且正被一群毫无原则、自私自利的人所统治，他们目光短浅，治理国家毫无雄才大略；而此时的教会则是朝气蓬勃，它的领导者是一群随时愿意为教会利益牺牲一切个人利益的人，他们制定政策时目光长远，而且也正是这种长远的眼光为教会赢得了接下来将近一千年的胜利。诚然，这些丰功伟绩可能会因狂热和迷信崇拜而有所折扣，但如果没有当时这些人，那么之后的任何改革运动都将难以成功。

圣·安布洛斯在为国家服务期间，有过很多可以让自己功成名就的机会。他的父亲也叫安布洛斯，曾是政府的一名高级官员——高卢人的总督。圣·安布洛斯很可能出生在一个叫托莱福的边防小镇上，当时罗马帝国为了防止日耳曼人入侵，在这里驻扎了大量军队。十三岁时，小圣·安布洛斯被带到了罗马，并在那里接受了良好的教育，特别是打下了良好的希腊语基础。当他成年之后，他开始专攻法律而且颇有建树；在他三十岁时，就被任命为列古里亚和以米利亚两个地方的总督。尽管在世俗政治中已经取得了如此大的成就，但他在四年之后仍然选择了抛弃世俗政治，并且一举战胜了当时阿利乌斯教派的候选人，在群众的欢呼声中就任了米兰市主教一职。此后，他将自己所有的财产都捐献给了穷人，并且将自己余生的全部精力都奉献给了教会事业，甚至不惜为此冒生命危险。他所做出的选择当然不是出于世俗动机，但是这个选择对他来讲却是十分明智的，因为，即使他后来成为帝国的皇帝，他也不能像作为一个熟练处理众多烦琐教务的主教那样，得以充分施展自己在行政方面的才能。

在圣·安布洛斯担任米兰主教的最初九年里，西罗马帝国的皇帝是格雷善，一个好心却很粗心的天主教徒。他在位期间，由于沉迷于狩猎而荒废了政事，最终遭到暗杀。其继任者是一个名字叫作马克西姆斯的篡位者，他拥有西罗马帝国的大部分疆域。而继承意大利王的则是格雷善的弟弟瓦林提尼安二世，由于当时他还只是一个孩子，因此，即位之初由他的母后，即先皇瓦林提尼安一世的遗孀查士丁娜摄政。但这位查士丁娜是一位忠实的阿利乌斯派信徒，因此，她与圣·安布洛斯之间的矛盾也就不可避免了。

本章记述的三位圣徒都曾写过无数的书信，其中有很多一直保存至今。因此我们对他们的了解基本上比中世纪其他的任何异教哲学家或僧侣们的了解来得更为详尽，当然少数特例除外。圣·奥古斯丁的信是写给各方面的人的，其内容主要是教义和教会的戒律问题；圣·杰罗姆的书信则主要是写给妇女的，信的主要内容无外乎劝诫她们要保持童贞；而在圣·安布洛斯的书信中，最为有趣且最具价值的要数那些写给皇帝们的书信了，他在信中毫不客气地指出了皇帝们作为一国之君的失职之处，当然，对于那些恪尽职守的皇帝，他也给予了褒扬和祝贺。

在圣·安布洛斯上任之初，首先关注的公共问题便是罗马胜利女神的祭坛与神像问题。相对其他地方，罗马城的那些元老家族更为长久地保持着异教信仰，而此时的官方宗教则掌握在贵族僧侣阶级手中，并与帝国征服世界的那种骄傲紧密地联系在一起。元老院的胜利女神像曾被君士坦丁的儿子君士坦提乌斯移除，但是叛教者尤里安在其执政期间又将塑像重新塑立起来。后来格雷善皇帝再次将该雕像撤掉，而现在，在安布洛斯上任之初，以罗马市长西马库斯为首的元老院代表们又开始要求恢复胜利女神像了。

这位曾在奥古斯丁生涯中产生重要影响的西马库斯出身名门望族，是一名富有的贵族、有学识的异教徒。在公元 382 年，他曾因为反对格雷善拆除胜利女神像而被驱逐出罗马，但不久之后，于公元 384 年，他又被任命为罗马市长。他有一个孙子跟他同名，也叫西马库斯，这个小西马库斯是狄奥都利克治下的杰出官员，也是鲍依修斯的岳父。

但是，元老院中的基督徒们拒绝恢复胜利女神像的要求，他们的主张在圣·安布洛斯和教皇达马苏斯的支持下得到了皇帝的准许。在格雷善皇帝去世之后，西马库斯和元老院中的其他异教徒们又于公元 384 年向新即位的皇帝瓦林提尼安二世再次提出了恢复胜利女神像的要求。为了粉碎他们这次的阴谋，安布洛斯给皇帝上了一封奏疏，在奏疏中，他指出皇帝有向万能的神服役的义务，正如所有的罗马人有向皇帝服兵役的义务一样。[1]他还说：“不能让任何一个人利用陛下的年幼而牟取私利。那些提出如此要求的异教徒，无非是想用自己迷信的思想来束缚陛下的精神意志，这是一种极为卑劣的手段。他们应当以自己的热情来启发陛下热心于真正的信仰，而他们却将全部热情投入到了那些虚妄的事情里

「1」这个观点似乎即为后来封建主义世界观的滥觞。

了。”他又指出，如果强制基督徒对那个神像祭坛进行宣誓，那么，对基督徒来说，这无异于是一种迫害。“如果这是一个民事诉讼案，可以将答辩权留给反对派们；但这是一个宗教性质的案件，因此我作为主教要求……如果陛下下达了别的裁决，那么我作为主教绝对不会置若罔闻而一直隐忍下去；陛下固然可以走进教会里来，但那时陛下必将连一个祭司都找不到，即便是找到一个，那肯定也是反对陛下您的。”[1]

安布洛斯在随后的一封书信中指出，在教会基金的用场方面，异教神庙基本从未参与。“教会财产基本上都被用来维持贫民的生活了，而您可以让他们算一下，那些异教徒的神庙赎买过多少俘虏？他们又给穷人布施过什么食物？他们对那些逃亡者提供过多少生活费用？”这是一个非常有力的辩驳，而且这也是为基督徒们的实践所证明了的。

最终圣·安布洛斯赢得了这次论辩的胜利。但不久之后，篡位的尤金尼乌斯偏袒异教徒，在他的主导下胜利女神的塑像及祭坛一度得以恢复，并一直存在至公元394年，在尤金尼乌斯败给狄奥多修斯之后，胜利女神像的问题才最终得以按照基督徒的意愿圆满解决。

起初，主教安布洛斯与皇室之间的关系非常友好。当时，人们非常担心篡位者马克西姆斯会进犯意大利，意大利皇室为此派遣了一个外交使节团出访马克西姆斯，而安布洛斯正是这个使节团的成员之一。但随后发生了一起颇为严重的纠纷。前面提到的那个阿利乌斯教派皇后查士丁娜要求将米兰的一个教会割让给阿利乌斯教派，这个要求遭到了安布洛斯的拒绝。当时的群众也都支持安布洛斯，巴锡里卡[2]里甚至挤满了前来声援他的群众。阿利乌斯教派中的一群哥特士兵被派往该处进行强占，但他们到了那里之后，却对当地的群众十分友好。安布洛斯在给他的姐妹的一封信中[3]情绪高昂地说：“伯爵们和护民官们都来到这里，强迫我赶紧交出巴锡里卡，并且声称这是皇帝在行使自己的职权，因为这一切都在其权力范围之内。对此我回答道，如果皇帝要索取的是属于我个人的东西，譬如我的田地、金钱或者其他私人物品，我都不会拒绝，虽然我早已将我拥有的一切都给了那些穷人。但是那些属于上帝的东西却不能将其置归于皇权之下，‘如果需要我祖传的家产，那么尽请拿去；如果需要我的肉体，我也会毫不犹豫地向

---

[1] 第17号书信。

[2] 巴锡里卡：古罗马的一种公共建筑形式。——译者注

[3] 第20号书信。

前。你们想缚我以锁链，抑或直接将我处死也罢，对此我都会欣然接受，毫无怨言。我无意用群众做挡箭牌来保护自己，更不愿到祭坛上苟且求生，我愿意为了祭坛献出自己生命’。当我听说军队被派往巴锡里卡进行强占的时候，我非常震惊，我非常担心民众保卫巴锡里卡的行动会招致一场大屠杀，那将会给整个城市带来灭顶之灾。我不禁向上帝祷告，不要让我活着看到这样一座伟大的城市，以及整个意大利遭受这样的毁灭。”

安布洛斯在其书信中表达的这些担心并非耸人听闻，因为这支哥特人组成的军队很有可能对民众们采取非常野蛮的手段，正如他们在二十年后洗劫罗马时所做的那样。

实际上安布洛斯之所以如此强硬，主要还是源于群众对他的支持。因此有人斥责他煽动群众，但他回应说：“我可以不去刺激他们，但是，只有上帝才能让他们归于平静。”据安布洛斯讲，由于市民中没有一个人是阿利乌斯教派的人，因此阿里乌斯教派没有人敢站出来。当他被勒令交出巴锡里卡时，军队也接到了在必要时可以动用武力的命令。但最终军队拒绝使用武力，皇帝只好做出让步。就这样，在安布洛斯的领导下，教会在争取自身独立的斗争中取得了一次伟大的胜利，这次胜利还向世人宣示，国家在某些事务上须服从于教会，而这也被确立为一项至今颇具重要性的原则。

接着他又和狄奥多修斯皇帝发生了冲突。有一所犹太人的会堂被焚毁，当时的东罗马伯爵向皇帝报告说这件事是有人在当地主教的唆使下干的，于是皇帝下令一定要严惩纵火犯，并且责成这位主教戴罪重建那所犹太人会堂。圣·安布洛斯对这位主教参与焚毁会堂一事既没有承认也没有否认，但他对皇帝在处理这件事情上明显表现出来的对犹太人的偏袒和对基督徒的偏见十分愤慨。如果这位主教拒绝执行命令并坚持到底，那他势必将成为一名殉道者；而如果他放弃抵抗屈服了，那么他就会成为背叛者。假如伯爵决定私自用基督徒的钱来重建犹太人的会堂，那皇帝就有了一个叛教的伯爵，基督徒的钱也被用以支持异端了。“难道应该掠夺教会的财产来为不信仰基督的犹太人建立一所会堂吗？难道应该把基督徒们因为基督的恩赐才得来的钱财拱手让给那些不信仰基督的人吗？”他继续说道，“可能是为了维持法纪您才这样做的吧，但是皇帝陛下，在显示法纪和宗教信仰之间哪一项才是最重要的呢？审判也是要服从宗教的。皇帝陛下，当尤里安皇帝下敕令重修耶路撒冷圣殿的时候，那些整理废墟的人都被烈焰吞噬了，这些难道您就没有听说过吗？”

显然，圣·安布洛斯认为那位主教就犹太人会堂焚毁事件而言，是不该承受任何处罚的。这就是一旦教会在获得权力之后，便开始煽动反闪族主义的一个范例。

接下来发生在皇帝和圣·安布洛斯之间的冲突给后者带来了更大的威望。公元 390 年，当狄奥多修斯来到米兰的时候，在帖撒罗尼迦这个地方，有一个暴徒杀害了当地驻军的一个指挥官。狄奥多修斯听到这个消息后怒不可遏，立即下令进行了一次骇人听闻的报复行动。他先将当地的群众都召集到竞技场，然后命令军队对他们突然发动袭击，并最终不加区分地屠杀了至少七千人。安布洛斯事先曾竭力劝谏皇帝不要这样做，但没有任何成效。于是他便又给皇帝修书一封，其言辞颇为激烈，信中所论及的也都是纯粹的道德问题，并没有涉及神学或者教会权力之类的问题。

“在帖撒罗尼迦城里发生了一件史无前例的惨案，很遗憾，我未能阻止这场悲剧的上演，但是我事前曾屡次劝谏皇帝，甚至向其指出这是一种极其暴虐的行径。”

大卫王也曾犯下数次罪行，但是他每次都能忏悔自己的罪行[1]。狄奥多修斯是否也能够做到呢？安布洛斯宣布了如下决定：“如果陛下在场的话，那我断然是不敢献祭的。即便是有一个无辜者流血之后我都不能献祭，现如今在这么多无辜的民众流血之后我又怎么可能献祭呢？我想这是决计不可能的。”

狄奥多修斯最终忏悔了，他在米兰大教堂内脱下了紫袍，当众举行了忏悔仪式。从此之后，直到公元 395 年他去世为止，他和安布洛斯之间再也没有发生过任何冲突。

毫无疑问，安布洛斯是一名杰出的政治家，但他在其他方面也只不过是其同时代人物中一个比较典型的代表而已。像其他教会作家一样，他也曾经写过宣扬童贞和责难寡妇再嫁的文章。有一次，他在为一所新建的教堂选址时，恰巧那里发现了两具尸骨（据说曾经在一次异象中显现过），人们发现这两具尸骨能行奇事，于是安布洛斯宣称这是两位殉道者的尸骨。他的书信里还有其他很多类似的奇迹描述，但都不可避免地显示出了其所处时代的那种轻浮的烙印。所以说，作为一个学者，他不如杰罗姆；作为一个哲学家，他又不如奥古斯丁；但是作为一名智勇双全、巩固教会权力的政治家，他确实称得上是一流人物。

「1」这种引用《撒母耳记》中的故事来与国王针锋相对论争的方法成为《圣经》中很多议论的范本，而且在后来清教徒与斯图亚特王朝的斗争中，这样一种论争方法也经常被使用到，例如弥尔顿的作品中就会经常出现这种手法。

圣·杰罗姆主要是以翻译家的身份出名的，他译出了拉丁语版本的《圣经》，这本书直到现在仍然是天主教会官方认定的《圣经》版本。在此之前，西方教会在《旧约全书》方面主要依据的是《旧约圣经七十人译本》中的材料，而在这些材料中，很多重要的地方是与希伯来文原本有出入的。比如，基督徒公认为：自基督教兴起以来，犹太人就曾篡改了希伯来文原典中有关弥赛亚预言的章节。这一观点尽管看上去颇为学术但是已经被证明是不可靠的，杰罗姆也是坚决反对这种观点的。他还接受了犹太法师拉比的暗中帮助，之所以说是暗中帮助，是因为拉比畏惧其他犹太人。对于那些来自基督徒的批评，杰罗姆回应说："有谁想质疑这个译本的话就请去问犹太人吧！"正由于他采用了犹太人认为正确的希伯来文原典，所以他的译本起初受到很多人的抵制。但最终该版本还是获得了世人的承认，虽然这其中有一部分是由于获得了圣·奥古斯丁支持的缘故。总而言之，由于该译本中也包含了很多对原典的批判，因此这显然是一项伟大的成就。

杰罗姆出生于公元345年，比安布洛斯出生晚了五年。他出生在离阿奎雷亚不远的一个叫斯垂登的小城镇里，这个小城镇后来于公元377年为哥特人所摧毁。他的家境不算太富有，但还算有些家底。公元366年他到了罗马，在那里他主要学习修辞学，并有过犯罪记录。之后他又游历了高卢等地，并最终在阿奎雷亚定居下来，而且成了一名禁欲主义者。在接下来的五年里他又在叙利亚的荒野里过上了隐居者的生活，"他在荒漠中经历的是一种非常严酷的苦行僧似的生活，眼泪、呻吟以及精神上的恍惚不断交替着折磨着他，同时还要忍受那段在罗马生活的回忆的煎熬。他就住在一间小木屋或者一个小洞穴里，寻找自己每天的粮食，仅以一些粗麻布遮住自己的身体"。[1]在这之后，他又来到了君士坦丁堡，之后又在罗马生活了三年。正是在罗马生活期间，他成了教皇达马苏斯的朋友兼顾问，而在教皇的鼓励之下，他开始着手《圣经》的翻译工作了。

圣·杰罗姆曾参与过多次论争。例如他和圣·奥古斯丁曾就圣保罗在加拉太书第二章中论及的圣彼得的某些作风问题进行过争论；他和他的朋友鲁芬纳斯则因为一些关于欧利根的问题争论得不可开交，直至两个好朋友反目成仇；他还曾因为激烈地反对裴拉鸠斯，而导致其所在的修道院遭到该派暴徒的袭击。在达马苏斯教皇去世后，他甚至还和信任的教皇也发生过争论。他在罗马生活期间曾结识了一些虔诚的贵妇人，并说服了她们其中的一些人开始过禁欲的生活。新任的教皇和很多罗马一样，都非常讨厌他做的这件事。因为这件事，还有一些其他的

「1」参见《尼西亚会议以来诸位教父选集》，第六卷第17页。

原因，杰罗姆最终在公元 386 年离开了罗马来到了伯利恒，从这一年开始一直到公元 420 年他去世为止，他就一直居住在这个城市。

在他所说服的贵妇人当中，有两位特别值得注意，即寡妇保拉和她的女儿尤斯特休慕。这两位妇人在他前往伯利恒的路上一直陪伴着他。这俩人在当时是属于非常高贵的贵族阶级，因此人们难免觉得杰罗姆在对待这两位妇人的态度上有很大的势利的味道。后来保拉去世后就安葬在了伯利恒，杰罗姆为她写了一篇墓志铭：

这座墓里长眠着西皮奥的孩子，她是名门保罗家的女儿，是格拉古的后裔，属于显赫的阿伽门农一族；

这座墓里安歇着为她的父母和女儿尤斯特休慕所深爱着的保拉夫人，她更是第一位为了追随基督而来到伯利恒城的罗马妇人[1]。

在杰罗姆写给尤斯特休慕的信中有一些内容非常奇怪。他会在信中耐心而又坦诚地忠告她要保持童贞；他会对《旧约圣经》中某些晦涩难懂的词句加以准确地剖析和阐释；他甚至还运用了某种性爱式的神秘主义表现手法来赞扬修道院中修女生活的乐趣。在基督教中，修女即为基督的新娘，而这种婚姻在《所罗门之歌》中得到了赞美。当尤斯特休慕宣誓成为一名修女后，杰罗姆在写给她母亲的一封信中这样说："您是不是因为您的女儿选择成为国王（基督）的妻子，而没有去做一名士兵的妻子而感到生气？事实上她已经给您带来了一项尊贵的荣耀，您现在已经是上帝的岳母了。"[2]

就在同一封信（第 22 号书信）中他还对尤斯特休慕说："希望你永远保守闺房里的秘密；要让新郎永远存在于你的心中。你会祈祷吗？那便是你在和新郎交谈。你会读经吗？那便是新郎在和你谈话。当你睡觉的时候，他会来到你的后面将手放于门孔中，这样你的心便会为他所感动，当你惊醒的时候你会说，'我已为爱所困'。于是他会回答：'我的妹妹，我的新娘，你就是一座封闭的花园，一汪闭锁了的泉水，一道密封了的喷泉。'"

在这封信里他还说道，当他断绝了和亲戚、朋友之间的联系后，"更为困难的是，在断绝了经常享用的美味佳肴之后"，他仍对他的那些藏书恋恋不舍，于是他就把那些书带到了荒漠中去，"像我这样一个如此可怜的人，为了以后能够读到西塞罗的作品，我宁愿禁食"。但是经过了几天几夜的忏悔之后，他又选择

「1」参见《尼西亚会议以来诸位教父选集》，第 212 页。

「2」同上，第 30 页。

了堕落，并且读了普劳图斯的作品。在经过这样的放任之后，他越发感觉到先知们的文风是多么的“粗鄙和令人生厌”。最终，在一次热病中，他梦见自己在接受着最后的审判，基督问他是什么人，他回答说是一名基督徒。基督随即说道：“你在撒谎，你是西塞罗的信徒，而不是基督的信徒！”于是他被施以鞭笞的刑罚。在梦的最后，杰罗姆不禁喊道：“主啊，如果我再拥有那些世俗的书籍，或者如果我再阅读那些东西，我便是自己要跟您决裂的了。”他又补充道：“这绝对不是在说梦话，这也不是什么空虚的梦幻！”[1]

在此之后的数年里，他的书信中果然没有再引用过那些经典词句。但是过了一段时期之后，他的文章里又出现了维吉尔、霍拉斯，甚至欧维德的诗句，当然，这可能仅仅是来自他的回忆，因为其中的某些诗句是不断重复出现的。

就我感觉而言，我觉得杰罗姆的书信比其他任何作品都更为明显地表达出了因罗马帝国的衰落而产生的那种落寞的情感。公元 396 年他曾经这样写道[2]：

“当我想起我们这个时代所面临的各种灾难，我不由得战栗起来。这二十多年来，从君士坦丁堡到朱利安阿尔卑斯山区之间每天都被罗马人的鲜血浸染着。塞西亚、色雷斯、马其顿、达西亚、特萨里、亚该亚、爱贝鲁斯、达尔马齐亚以及潘纳尼亚等地方，每一处都被哥特人、萨马齐亚人、库阿第人、阿兰人、匈奴人、凡达尔人和一些边境人不断地烧杀抢掠……罗马帝国在不断走向衰落；但是我们不会低头，相反我们的头颅会更加高昂。试想一下，这些在野蛮人统治之下的科林斯人、雅典人、拉西第蒙人、阿家底亚人以及其他的希腊人具有何等的勇气？我这里只是列举了其中一部分的城市，但是这些城市曾经都是一些并不普通的国家的首都。”

他继续控诉着匈奴人在东罗马帝国造成的破坏，并且以如下的感想结尾：“即便是修西得底斯和萨鲁斯特也不能恰如其分地叙述这一段史实。”

十七年之后，也就是罗马被劫掠之后的第三年，他又写道[3]：

“这个世界正处于毁灭的边缘：是的！但是让人感到可耻的是，我们的罪孽却仍然继续存在并且不断加深。这座负有盛名的城市，罗马帝国的首都，却被一次巨大的火灾所吞噬；城市里所有的罗马人都在奔走逃亡。曾经神圣的教会也已不再，早已在烈火中化为一片瓦砾与灰烬。但是我们还是放纵我们的贪欲去谋取

「1」这种对于异教文学的憎恶一直延续到了十一世纪左右。但是爱尔兰地区除外，那里的人们从来没有崇拜过奥林匹克的诸神，所以教会对他们也就不感到恐惧了。

「2」第 60 号书信。

「3」第 128 号书信。

各种私利。我们虽然还活着，但就像明天就要走向死亡似的；我们又在重建，好像我们会永远活在这个世界上。我们将墙壁粉饰得金碧辉煌，就连天花板和柱头也都闪烁着金光；但是基督却像穷人一样赤裸裸地饿死在了我们的门前。”

以上这段话是出现在他写给一个朋友的信中的，这位朋友此时已经决定让其女儿做修女。因此信中的大部分内容其实是教导这个女孩应该如何遵守各种清规戒律。奇怪的是，虽然杰罗姆对帝国的衰落有着复杂的感情，但是他还是认为保持童贞要比战胜匈奴人、哥特人和凡达尔人来得更为重要。应该说他的思想就从来没有对治国方略有太多的关注；他从来没有指出过财政制度的腐败，也没有指出过国家过度依赖由蛮族组成的军队所隐藏的弊端。从这点上来说，安布洛斯和奥古斯丁也没有好到哪儿去，安布洛斯倒的确是一位政治家，但是他却是一名一门心思只为教会谋利益的政治家。既然连像他们这样算得上当时最优秀、最活跃的知识分子都如此极端地要远离世俗事务，那么罗马帝国的衰落也就不足为怪了。从一个方面来讲，既然衰落是不可避免的，那基督教的世界观倒可以让人们学会刚毅和忍耐。同时当世俗中的种种希望要落空的时候，基督教又可以使人们维持着宗教上的希望。这种观点在圣·奥古斯丁所著的《上帝之城》中表现得最为突出。

在本章中我想先叙述一下作为一个普通人的圣·奥古斯丁，而作为一名神学家和哲学家的奥古斯丁我们会在下一章加以详细论述。

奥古斯丁生于公元354年，小杰罗姆九岁，小安布洛斯十四岁。他是一名非洲土著，并且他一生中的大部分时间都是在非洲度过的。他的母亲是一个基督徒，但是父亲却不是。他曾经一度信奉的是摩尼教，后来才改信了天主教，他在米兰接受了安布洛斯的洗礼，成为一名天主教徒。后来在公元396年他担任了离迦太基不远的一个叫希波的地方的主教，并一直定居在这里直到公元430年他去世为止。

对于他早年的生活，我们可以比对其他大多数传教者的了解来得更为详尽，因为他本人在其所著的《忏悔录》一书中详尽地记录了这一时期的生活。这种书尽管在后世有着许多的效仿者，比较著名的有卢梭和托尔斯泰，但我想，在此之前却是从来没有出现过能与之相媲美的著作的。圣·奥古斯丁与托尔斯泰在很多方面都有着类似之处，但是他的智力却是在托尔斯泰之上的。他是一个充满热情的人，在青年时代就放荡不羁，但是其内心一直有一种力量在促使他不断寻求真理和正义。正如托尔斯泰一样，晚年的奥古斯丁也总是被种种罪恶感所困扰，他的生活也因此变得很糟糕，而他的哲学也逐渐变得不太合乎人道了。他曾经和异端邪说展开过非常激烈的论争，但是到了十七世纪，当他的一些观点被冉森尼乌斯再次提起时，却也被当作异端了。即便如此，在新教徒采纳了他的观点之前，天主教会倒是从来都没有指摘这些观点的正统性。

《忏悔录》中记载的关于奥古斯丁的第一件事是发生在他的少年时代。通过这件事我们可以看出，其实当时的奥古斯丁和其他少年并没有什么不同。事情是这样的，有一次他和一群年龄差不多的同伴们一起偷了邻居树上的梨，而此时他的肚子并不饿，而且他家里还有更好的梨。他后来认识到这是一种令人不能容忍的邪恶行为，而这种罪恶感竟一直伴随其一生。如果仅仅是因为饥饿而去偷梨，那么这样的行为还不至于有那么邪恶，但是这次恶作剧的行径是源于本能的对邪恶的偏好，正因如此，这件事情才显得那么不可饶恕。于是他请求上帝能够宽宥他：

"哦，上帝！请您来看看我的内心吧！请您看看我这颗虽已堕落至罪恶的深渊却仍得到您的怜悯的内心吧！请您看着我的内心并倾听它告诉您，它到底在追求什么。它想让我成为一个无端的邪恶之人，在没有种种邪恶行为的诱惑的时候，去追求邪恶的行为本身。它虽然已经污秽不堪，但是我仍然爱着它；我热爱毁灭，我热爱自己所犯的过错，这并不是喜欢导致这些过错的缘由，而是喜欢这个过错本身。那个从天界被您驱逐的污秽的灵魂啊，并不是想通过这种耻辱来追求什么，而是在追求这种耻辱本身！"[1]

在接下来的七章中，他叙述的都是关于自己年幼时从邻居树上偷摘了几个梨的问题。我们现在看来这种行为似乎有点不可思议，甚至于有点病态[2]。但是在他的那个时代，这种做法却是非常正确的，而且还是一种神圣的标志。在当时的犹太人中间，这种强烈的罪恶感实际上是作为在遭遇失败时调节自尊心的一种手段。亚威是全能的神，而且亚威对犹太人又特别关照，那他们又为什么不能逐渐兴盛起来呢？因为他们都是邪恶的：他们都是偶像崇拜者，他们会和异邦人杂婚，他们甚至从不遵守律法。上帝的一切目标都曾集中在犹太人身上，但是因为公义才是最高的善，而这必先历经苦难才能达到，因此犹太人必须先遭受惩戒，而且要认识到这种惩戒仍然是上帝慈爱的一种表现。

基督教徒以教会取代了选民，但除去其中某些方面以外，这对他们的罪恶心理并没有带来太大的不同。正如犹太人一样，教会也遭遇了种种苦难，他们曾

「1」见《忏悔录》第二卷第四章。

「2」这里必须要把玛哈马·甘地除外，因为他的自传中也包括与上述章节内容非常相似的段落。

受到异端的骚扰，个别基督徒因为忍受不了迫害而选择了叛教。尽管如此，犹太人在很大程度上却实现了一项重要的发展，即以个人的罪恶代替公共的罪恶。起初是整个犹太民族犯了罪，因此会集体受到惩罚，但随后罪恶逐渐成为个人的问题，因此也就失去了其政治性。当教会代替了犹太民族的时候，就发生了本质上的变化，因为教会作为一个精神实体显然是不会犯罪的，而且个别犯罪的人可以与教会断绝关系。我们上面谈到，犯罪是与个人的自尊相关的，这里所谓的自尊最初指的是犹太民族的自尊心，但后来就逐渐个人化，与教会无关了，因为教会是从来不会犯罪的。因此，基督教的神学就发展出两个分支，一支更多地关照教会，而另一支则会更多地关照个人的灵魂。发展到后来，天主教徒更强调前者，而新教徒却更愿意强调后者。但在圣·奥古斯丁看来这两者却是有着同等的地位的，而并非不可调和。那些被神救赎的人实际上就是上帝事先已经决定要拯救的人；这是人的灵魂和上帝之间的一种直接的联系。但如果一个人并没有接受过教会的洗礼而成为其中的一员，那么就不会得到上帝的救赎，这就使得教会成为人的灵魂与上帝之间的媒介。

对这种直接的联系而言，罪恶是一个根本性的问题，因为它说明了仁慈的上帝是如何让人们遭受苦难的，以及在这样的情况下，人类的灵魂又是如何在被创造出来的世界中占据重要的位置的。如此看来，成为之后宗教改革所倚重的神学出自一个有着不太正常的罪恶观念的人，也就不足为奇了。

关于梨的故事我们就说到这，下面让我们看看《忏悔录》中对其他一些问题的看法。

奥古斯丁还提到了他是如何在母亲的双膝上毫不费力地学习拉丁语的事情。但是，他却不喜欢学习学校里教给他们的希腊语，之所以这样，主要是因为在学校里他经常会遭到“残酷的威胁和惩罚”。甚至他到了晚年，希腊语水平仍然有限。从这方面看，也许你会猜想他会主张一种更为温和的教育方法，但是事实却是：

“很明显，在学习新事物方面，没有约束的好奇心要比可怕的义务感更为有效。但按照您的律法，只有这种义务感才能限制那自由的诱惑。哦，我的上帝！从老师的棍棒到殉道者的审判都是你的律法，它们可以给我们带来某种痛苦，而这种痛苦可以使我们远离那些有害的欢乐，重新回到你的面前，而此前正是那些有害的欢乐才使我们离开你的。”

从上面一段叙述我们可以看出，老师的鞭策虽然没有能够让他学会希腊语，但是却使他得以远离那些有害的欢乐。根据这一点，他认为适当的鞭策应该成为教育工作中不可或缺的一种手段。对于那些将行恶作为其最重要的事情去对待的人来讲，这种观点是合乎逻辑的。他紧接着又指出，自己不仅在儿童时代就犯下过诸如说谎、偷窃等罪行，其实，早在婴儿时期就已经充满了罪恶，如贪吃、嫉妒以及一些其他令人生畏的行径等等。关于自己婴儿时期的罪恶，他甚至不惜花了一整章的篇幅（第一卷第七章）来交代。

当他进入青春期之后，肉体上的情欲逐渐征服了他。“在我十六岁那年，尽管您的法律禁止了有关情欲的一切，但是当那种邪恶的、近乎疯狂的淫欲完全支配了我，而我自己也完全沉醉于其中的时候，我已经无法知晓我在哪，也不知道我离你那天界的欢乐到底有多远了。”[1]

奥古斯丁的父亲在防止这种罪恶的事情上似乎并没有花太多心思，他只是在奥古斯丁的学业上给予了很大帮助。与此相反的是，他的母亲圣莫妮卡反而苦苦劝他保持童贞，虽然这徒然无用。当时他的母亲甚至没有劝他早日成婚，“因为她担心家室会成为我事业的累赘”。

十六岁那年，他去了迦太基。“在我的周围到处可以碰到无拘无束的爱情。那个时候我虽然还没有恋爱过，但是我憧憬着能有一场恋爱。同时，由于当时的我内心深处缺乏一种根深蒂固的欲求，为此我非常憎恶自己。于是我开始寻找能与之恋爱的人，我开始热衷于恋爱，并憎恶所谓的安全感……对那时的我来说，爱与被爱都是非常幸福的事情；尤其在我和我爱的人一起共度时光时，我会更加幸福。因此我竟然以淫欲之污物玷污了友谊的清泉，并以贪婪的地狱遮盖了它的光辉。”[2]这段话实际上讲述的是奥古斯丁和一位彼此衷心相爱多年的情人的故事。[3]后来这位情人还给他生下了一名男孩。他非常疼爱这个孩子，甚至在他改宗之后，他还非常关心这个孩子的宗教教育问题。

奥古斯丁和他母亲都觉得他已经到了该考虑婚姻的年龄了，很快他便和一位他母亲十分中意的少女订了婚。如此一来，他就必须要跟他之前的情人断绝关系了。他说：“我的情人啊，她被当成了我结婚道路上的一个障碍，被人无情地从我身边拿走了。我这颗仍然依恋着她的心就像被人撕裂了一下，受了伤，在流着血。她将儿子留给了我，自己回到了非洲（奥古斯丁是住在米兰），并且向上帝起誓永远不会结交其他的男人。”[4]但是由于他的未婚妻尚且年幼，还需再等两年

「1」见《忏悔录》，第二卷第二章。

「2」同上，第三卷第一章。

「3」同上，第四卷第二章。

「4」同上，第六卷第十五章。

才能完婚，所以，他很快又有了一位新情人，但这次他并没有公开，很少有人知道这个情人的存在。同时他的良心也开始不安了，他经常祷告道："主啊，请赐给我贞操和克制力吧，只是现在还时机未到！"[1]最终，在他的婚期还没有到来之前，宗教就取得了彻底的胜利，他从此过着独身生活，终其一生。

让我们再回到稍早的时候：那年，奥古斯丁十九岁，当他掌握了修辞学之后，他又被西塞罗的作品引向了哲学。他尝试着阅读《圣经》，但他发现《圣经》缺少西塞罗式的庄严。就在这段时期，他信奉了摩尼教，这件事情令他的母亲大为伤心。他还做了一名专门教授修辞学的教师，同时他开始热衷于占星术。后来，当他晚年的时候，因为占星术向他训示："你的罪恶之所以不可避免，是因为这是由上天决定的。"[2]不久之后他便抛弃了占星术。在阅读方面，他尽量选择阅读用拉丁文写作的哲学书籍。他曾特别提到，自己在没有老师帮助的情况下，理解了亚里士多德的十大范畴。"我这个充满罪恶、淫欲的奴才，读了一些所谓'文艺'的书，虽然能读懂我所看的一切，但这于我又有什么好处呢？……因为我背对光明，因而可以面对着被光明照耀的万物，但是我自己的脸面……却没有得到光明的普照。"[3]这里，他把神比作一个巨大而充满光辉的物体，他自己也是这个物体的组成部分。我们本来还指望着他能讲述一下摩尼教的一些信条，但他仅仅指出那些信条非常荒谬。

有趣的是，圣·奥古斯丁最初开始反对摩尼教的一些理由主要是在科学方面。当时他想到自己曾经从一些卓越的天文学家的作品中所学到的那些知识时，他向我们指出[4]："我将那些天文学家的作品和摩尼基乌斯的言论进行了对比，发现他是近乎疯狂和愚蠢地写下了大量有关这些知识的东西，无论是在冬至、夏至、春分、秋分、日食和月食等方面的内容，还是在其他我们可以从世俗哲学书籍中找到的有关问题的论证，没有一样是可以让我觉得满意的。但我却被迫去相信这些，它们不但和我事先自己观察和推算的结果相悖，甚至有很多地方自相矛盾。"他还特别指出，科学方面的错误本身并不意味着信仰方面存在错误，但如果以权威自居，将其归于神的灵感，那就表明在信仰方面也存在问题了。这不禁令人想到，如果奥古斯丁处于伽利略那个时代，他又会怎么想。

为了解决奥古斯丁的疑问，摩尼教中一位以学识渊博著称的主教浮士德会见

「1」见《忏悔录》，第八卷第七章。

「2」同上，第四卷第三章。

「3」同上，第四卷第十六章。

「4」同上，第五卷第三章。

了他并和他进行了一场辩论。“首先，我觉得他对其他学科都基本处于极端无知的状态；其次，他虽然擅长语法，却也水平有限。但是，因为他曾经读过塔利的《讲演集》，还看过塞涅卡的一些著作和诗集，以及几本逻辑性较强的拉丁文摩尼教的经卷。另外，此人较为善辩，掌握了一定的雄辩术，外表看上去也温文尔雅，因而，人们觉得他的雄辩是如此动听和愉悦。”[1]

他发现浮士德基本不能解决他在天文学方面遇到的疑问。他指出，摩尼教那些经典中“充斥着冗长而乏味的关于天空、星星、太阳和月亮的神话”，而这些和天文学家们发现的相去甚远。当他向浮士德提出这些问题的时候，浮士德只得坦率地承认自己在这方面的无知。“正因如此，我反而更加欣赏这个人了。因为，一个人的谦逊和坦诚要比我所探求的知识更有魅力，而且我发现，在一些更为困难或者更为微妙的问题上，他的表现始终是如此坦诚。”[2]

这种见解非常豁达，很难想象，那个时代的人就已经有如此开明的想法了，而这种豁达的态度跟奥古斯丁本人在晚年对待异端者所持的态度也是大相径庭的。

就在此时，奥古斯丁决定要去罗马。据他说，这倒不是因为罗马教师的收入比迦太基高，而是由于他听说那里的学生在课堂上的秩序比较好。在迦太基，学生在课堂上的秩序十分之差，以至于连正常的授课都无法进行；但在罗马，虽然课堂秩序要好很多，学生们却经常欺骗性地拖欠学费。

在罗马的这段时间里，他虽然还跟摩尼教徒有一些往来，但已不太相信他们的主张了。他开始认为，学院派提出的“人应该怀疑一切”的说法是正确的[3]。但有一点，他还是同意摩尼教的，即“并不是我们本身在犯罪，而是我们内心中的某种天性（至于天性到底是什么，我也不知道）在使我们犯罪”。同时，他相信恶魔是某种具有实体的东西。很明显，奥古斯丁在改宗前后，曾被与罪恶相关的问题所困扰。

在罗马生活了一年后，应米兰市需要一名修辞学教师的请求，他又被西马库斯长官派往了米兰。在那里，他结识了安布洛斯，当时的安布洛斯已经是“全世界知名的杰出人物之一”了。他逐渐被安布洛斯的慈祥所征服，并进一步疏远了摩尼教义转而更喜欢天主教义了。但他之前从学院派那里学到的怀疑主义却让他

「1」见《忏悔录》，第五卷第六章。

「2」同上，第二卷第七章。

「3」同上，第五卷第十章。

裹足不前。然而，“对于那些哲学家，由于他们没有以基督为名义的救赎，所以我坚决拒绝将自己脆弱的灵魂交由其看护”。[1]

在米兰的时候，奥古斯丁和他的母亲生活在一起，他的母亲对于促成他最终走向改宗起到了关键作用。“她是一位非常虔诚的天主教徒”，奥古斯丁总是以一种非常尊敬的笔调来描述自己的母亲。由于在这段时间里，安布洛斯总是非常忙碌，几乎没有太多机会跟他私下交谈，所以，他的母亲对他就显得尤为重要。

本书中有一章非常有趣，在这一章中，奥古斯丁将柏拉图哲学与基督教教义进行了对比。[2]他说，上帝在这个时候赐了一些“从希腊文翻译成拉丁文的柏拉图主义者的著作给他。虽然可能个别字句翻译的不是很准确，但我们却能从其中读出相同的旨趣来，所谓‘太初有道，道与上帝同在，道就是上帝，这道太初与上帝同在。万物皆由上帝创造，没有他便没有万物。生命是他所创造，这生命便是人类的光。光照在黑暗中，但是黑暗却不接受光’。虽说人的灵魂要‘给光做见证’，但是它本身却不是光，只有上帝、上帝的道才是‘真正的光，它将普照生活在这世界上的所有人’。并且‘他也身处这世界之中，世界虽然是由他创造的，但是这个世界却不认识他’。但是我没有从中读到：‘他到他自己的地方来，他自己的地方却不接纳他；凡接纳他的人，便是信奉他的，他都会赐给他权柄，让他成为上帝的子民。’”他没有读到“道成肉身，存于我们之间”；也没有读到“他谦卑恭顺，诚心顺服，直至死亡，甚至死在十字架上”；也没有读到“以耶稣之名，无不屈膝”。

简而言之，他在柏拉图主义者那里找到了道（logos）的形而上学教义，但并没有找到关于道成肉身和人类自我救赎的教义。与这些教义相似的一些因素曾在奥尔弗斯教和其他一些神秘宗教中出现过，但奥古斯丁对此似乎并不了解。总之，这些宗教并不像基督教那样，与较为近期的众多历史事件产生联系。

与摩尼教的二元论相反，奥古斯丁开始相信，罪恶并非起源于某种实体，而是来自人类意志的乖张。

随后他在圣·保罗的著作中寻求到了特殊的慰藉。[3]

终于，在经历了内心的艰难斗争后，他还是于公元386年选择了改宗。他放弃了自己的教职、情人和未婚妻，在经过短时间的隐居和冥想后，接受了圣·安

「1」见《忏悔录》，第五卷第十四章。

「2」同上，第七卷第九章。

「3」同上，第七卷第二十一章。

布洛斯的洗礼。他的母亲为此感到十分高兴，但不久后她便去世了。公元388年，奥古斯丁回到了非洲，在那里度过了余生。在重回非洲的那段日子里，他全身心忙碌于主教的各种事务，包括通过写作来和杜纳图斯派、摩尼教以及裴拉鸠斯派等异端进行论争。

第四章

圣·奥古斯丁的哲学与神学

圣·奥古斯丁的著述非常丰富，其主要内容大都是有关神学方面的问题。他的一些论战性质的文章只是在当时受到很大的关注，而一旦论战胜利之后，这些文章的价值就不是太大了；但是，这里面还是有一些文章，特别是和裴拉鸠斯教派相关的文章，到现在也还是有着非常大的现实意义的。在这里，我不想详尽地论述他所有的作品，而只对那些我认为具有重要内在价值和历史价值的作品进行必要的考察，这些作品主要包括：

第一，他的纯粹哲学，尤其是他的时间论；

第二，他在《上帝之城》中所展示出来的历史哲学；

第三，他为反对裴拉鸠斯教派而提出的有关救赎的理论。

一、纯粹哲学

大多数情况下，圣·奥古斯丁并不致力于纯粹哲学的研究，但是他一旦着手这方面的研究，便立刻显示出了他在这方面惊人的天赋。在历史上，很多人的纯思辨性观点往往要受到与经文保持一致的束缚，奥古斯丁则在这些人当中居于首位。早期的基督教哲学家，如欧利根等，并不存在这种情况。在欧利根的作品中，基督教和柏拉图主义可以相互并存，且互不渗透。而圣·奥古斯丁的作品则截然相反，他认为柏拉图主义和《创世纪》的内容存在着多不协调之处，因此纯粹哲学中那些独创思想，在某些方面将不可避免地受到这种不协调的影响。

在圣·奥古斯丁的作品中，《忏悔录》第十一卷是有关纯粹哲学的最好作品。

目前市面上流行的一些普通版本的《忏悔录》都是十卷本的，因为原著第十卷之后十分枯燥乏味。而它之所以枯燥乏味，正是因为这一部分是很好的哲学内容，而非能引起读者兴趣的人物传记。第十一卷所涉及的问题主要如下：假如上帝创造万物是像《创世纪》第一章中所描述的那样，或者像奥古斯丁反驳摩尼教徒时所说的那样，那么它是早就应该发生的。因此，他为自己假想了一个反对者，并就此展开论证。

要想理解他的答案，首先必须认识到，《旧约全书》中提到的从无到有的创造，对希腊哲学来说是一个完全陌生的概念。当柏拉图谈到创世时，他将其想象成某种由上帝赋予其形体的原始物质，而亚里士多德对此也持有相同看法。他们所说的上帝，不像是我们通常所理解的造物者，倒更像是一名设计师或建筑师；上帝的意志只能决定物体的外在形象。与之相对的是，圣·奥古斯丁像其他正统基督徒一样，认为世界不是从任何既有的物质创造而来，而是从“无”中生出来的。上帝创造了一切物质，而并非仅仅是对其进行安置和秩序维持。

希腊人认为从“无”中创造出世间万物是不可能的，这一观点一直延续到了基督教时代，并最终导致了泛神论。泛神论认为上帝和世界是不可区分的，世上所有的东西都是上帝的一部分。该观点后来在斯宾诺莎的作品中得到了进一步发展，而且成功地吸引了几乎所有的神秘主义者。在基督教时代，神秘主义者很难一直信守正统教义，因为他们认为世界不可能存在于上帝之外。然而，奥古斯丁在这方面却并不觉得困难，他认为《创世纪》在这一点上已经讲得十分清楚了，这对他而言，已经足够了。他在这方面的观点对他之后的时间论起着至关重要的作用。

为什么世界没有更早地被创造出来呢？因为根本就不存在所谓“更早”的问题。时间也是在创世的同时被创造出来的。上帝是永恒的，是无法用时间衡量的；在上帝那里没有所谓的过去和将来，只有永恒的现在。上帝的永恒是脱离于时间之外的，对上帝来说所有的时间都是现在。他在时间上并没有存在于其创世之前，因为如果那样的话就意味着他是存在于时间之中的了，相反，他是永远站在时间长河的岸边的。正是基于这些观点，奥古斯丁写出了他那著名的时间相对理论。

“那么，究竟什么才是时间呢？”他说道，“如果没有人问我，那我是知道的；而一旦我要给问我的人解释，那我就又不知道了。”他困惑于诸多问题之中，他说，实际上，时间既不是过去，也不是将来，而仅仅是现在；现在只是一瞬间，时间只有在流逝时才能够被度量。话虽如此，但是过去和将来的时间又好像是确实存在的。我们发现，这里他已经陷入了矛盾，奥古斯丁本人能够找到的化解这种矛盾的唯一方法便是，“过去”和“将来”只能被想象为“现在”而存在:“过去”实际上就是回忆，“将来”则是一种期望，而回忆和期望都是存在于现在的东西。因此他提出有三种时间：“过去事物的现在，现在事物的现在，和将来事物的现在。”“过去事物的现在即为回忆，现在事物的现在即为所见，将来事物的现在即为期望。”[1]简单地说，他这里所说的三种时间即为过去、现在和将来。

当然，他也意识到这种理论实际上并没有解决所有的问题。他写道：“我的内心十分渴望能早日解开这个复杂的谜团。”他甚至向上帝祈祷，希望上帝能够给他灵感，他还向上帝保证他对这个问题的关注并不是出于无聊的好奇心。“啊，主啊，我向您坦白，我对时间是什么仍然一无所知。”但对于他在“时间是什么”这个问题上给出答案的主要思路，我们可以整理如下：时间是存在于人的主观世界之中的，是人们赖以回忆、思考和期待的基础。[2]因此，如果没有被创造之物，时间也便不可能存在[3]。所以，在创世之前谈论时间是毫无意义的。

我本人并不同意这种将时间归为是某种人类的精神产物的理论，但是，我不得不承认这个理论本身是一个非常卓越的理论，它值得人们加以深思。进一步说，与希腊哲学的各种时间理论相比，奥古斯丁的理论是一项了不起的进步。它的论述甚至比康德的主观时间论——该理论自康德以来曾得到哲学家们的广泛认同——还要更加完善和精确。

这种认为时间只是人思维的一部分的理论，实质上是主观主义的一种极端表现形式。正如我们所见，主观主义最早可以追溯至古代的普罗泰戈拉和苏格拉底，以此逐渐成长壮大起来。该理论在情感方面一直受困于罪恶，而在智力方面更是早已如此。圣·奥古斯丁也提出了两种主观主义，这种主观主义不仅使他成为康德时间理论的先驱，同时也使得他成就了笛卡儿“我思故我在”的滥觞。在《独语录》一书中，奥古斯丁写道：“你这个想要知道点什么的人，你知道你自己的存在吗？我知道。你知道你是从什么地方来的吗？我不知道。你觉得自己是单一的呢，还是复合的呢？我不知道。你感觉得到自己在移动吗？我不知道。你知道自己在想什么吗？我知道。”这段话不仅包括了笛卡儿的“我思故我在”的思想，也包含了他对伽桑地的“我行故我在”的思想的回应。因此，作为一名哲学

「1」见《忏悔录》第十一卷第二十章。
「2」同上，第二十八章。
「3」同上，第三十章。

家，奥古斯丁已然占据了一个制高点。

二、上帝之城

公元410年，当罗马遭到哥特人劫掠的时候，异教徒们很自然地认为这场灾难是不再信仰古代诸神的恶果。他们说，当人们还信奉朱比特时，罗马帝国一直保持着强盛，而现在的皇帝们已不再信奉他，他也就不再保护罗马人了。对于异教徒的这种诘难，需要有人予以回应。奥古斯丁于公元412年至公元427年间写成的《上帝之城》正是对此诘难的最好回答。只是，由于后来这部著作在写作过程中，涉及面非常广泛，最终其变成了一部包括过去、现在和未来的完整基督教历史纲要。在整个中世纪，特别是在教会与世俗的亲王斗争的过程中，这本书曾发挥了巨大的作用

像很多伟大的作品一样，这本书每多读一次，读者便会获得比之前更好的阅读感受。书中有的内容即使在现在也并非人人都能接受，而且这本书的核心命题多少有点被当时其他的一些无关紧要的因素所掩盖了。但是，他对“世俗之城”和“上帝之城”这两个非常广阔的概念之间的区分，却是十分有感召力的，即便在今天，我们仍然可以用非神学的术语对其加以阐述。

我们在介绍这部作品时，如果过于重视其核心思想而忽略其细节，就会对这部作品显示出过分的肯定和褒扬；而如果过于注重其细节部分，则又容易忽略其精华所在，而那正是这部作品最重要的部分。因此，我将尽量避免这两种错误，首先叙述该书的一些细节，然后再将其放入历史发展的一般进程中去论述该书的核心理念。

本书从罗马遭劫开始考察，其主要意图是想说明基督教之前的时代，发生过很多糟糕的事情。奥古斯丁在其书中写道，那些异教徒们经常将各种灾难归咎于基督教，可在罗马遭劫期间，他们中的很多人却都是跑到教会里避难的；因为蛮族哥特人也信奉基督教，所以他们对教会非常尊重。与此相反的是，历史上当特洛伊遭受劫掠时，朱诺神殿并没有成为当时人们的避难所，诸神也并没有守护该城，使其免遭破坏。罗马人根本没有宽恕过被他们征服城市的神殿，从这方面来讲，罗马遭受的劫掠还算是轻微的，而这种轻微正是由于基督教的庇护。

而且，那些在劫掠中遭到伤害的基督徒并无权利抱怨，原因是：那些邪恶的哥特人固然可以通过劫掠而暴富，但他们在来世必将遭受惩罚，如果一切罪恶都会在尘世得到惩罚，那最后的审判似乎也就没有必要了；如果基督徒有良好的道

德情操的话，那他们在现世所忍受的一切，必然有益于他们自身的修行；对于圣徒们来说，抛弃现世的东西并不意味着失去所有珍贵的东西，即便他们在死后得不到安葬，那也毫无关系，因为那些贪婪的野兽并不能阻止肉身的复活。

接着，他便谈到了在罗马遭劫期间，那些虔诚的少女们受到奸污的问题。有人认为这些少女虽然失去了童贞，但这并不是她们的过失。奥古斯丁对该说法不以为然，他认为“别人的淫欲是不会玷污你的！”在他看来，贞洁是人内心的一种美德，是不会因为别人的强奸而失去的；相反，假如自己内心出现了罪恶的念头，即便没有付诸实践，也会使你贞德尽丧。他还提出，上帝之所以允许强奸行为的发生，是因为那些受害者对自己节欲过分自负的缘故。另外，为了逃避强奸而去自杀也是有罪的，对此他还专门发表了针对鲁克蕾莎的长篇大论，指出鲁克蕾莎不该自杀，因为自杀本身也是一种罪恶，当然，犹太领袖参孙例外。

在为那些被强奸的妇女辩护的过程中，还有一个附加条件，即她们不能享受被强奸的过程，否则那也是有罪的。

下面他还谈到了异教中诸神的罪恶问题。他曾这样说过：“你们的那些舞台剧、肮脏的展览以及那些放荡的自负与虚荣，并非由于人们道德败坏而始于罗马，而是由你们的那些神直接教唆造成的。”[1]崇拜一个像塞庇欧那样的道德高尚者，要比崇拜那些道德缺失的神祇们更有益处。对于罗马遭受的劫难，基督徒们也不必烦恼，因为在“上帝的朝圣者之城”自有他们的避难所存在。

在现世，世俗之城和上帝之城是混为一体的；但到了来世，那些神选定的被救赎者和神所要抛弃的将会分开。而在现世，即便在表面上是我们敌人的中间，我们也无从得知谁会成为最终的选民。

他还告诉我们，对哲学家的反驳是整部书中最难的部分，因为基督徒和一些杰出哲学家的思想很大程度上是一致的——譬如，他们都相信灵魂不死论，都信奉上帝创造世界的学说。[2]

哲学家们不愿意放弃对异教诸神的信奉，而他们所信奉的诸神却又充满了罪恶，因此他们的道德戒律也都是脆弱无力的。但奥古斯丁在其书中并未说异教诸神仅仅是神话故事中的人物，事实上，他认为他们是确实存在的，只不过他把他们都归入了魔鬼一类。异教诸神想要伤害人类，因此他们允许一些关于他们自己的肮脏、下流的故事不断流传。对大多数异教徒来说，朱比特的种种行为要比

---

［1］见《上帝之城》，第一卷第三十一章。

［2］同上，第一卷第三十五章。

柏拉图的观点和伽图的见解对他们的影响更大。“柏拉图不会让诗人生活在一个井然有序的城市中，表明他本人或许比他在舞台剧中想要竭力颂扬的诸神更有价值。”[1]

他说，自罗马人建国伊始，强暴萨宾女子之后，整个罗马便一直被邪恶笼罩。奥古斯丁在书中花费好几章的篇幅来历数罗马帝国深重的罪孽。他认为罗马在成为基督教国家之前从未遭受苦难的说法是不正确的，高卢人的入侵以及罗马帝国的内战给罗马带来的创伤，丝毫不亚于哥特人的劫掠所带来的伤痛，甚至有过之而无不及。

奥古斯丁对占星术也有所批判，他认为那不仅是虚伪的，更是邪恶的。那些在同一时刻出生却有着截然不同命运的双胞胎，足以戳穿占星术虚伪的面孔[2]。斯多葛学派对命运之神的看法（这和占星术存在着关联）也是错误的，因为天使和人类都有自由的意志。上帝固然可以预知我们的罪恶，但我们作恶却并非源于上帝的预知。而认为良好的道德会给人带来不幸，更是一种荒谬的想法，即便在现世，事情也并非如此。那些信仰基督的皇帝们，如果拥有美好的德行，即便他们遭遇了不幸，那也是非常幸福的，正如君士坦丁和狄奥多修斯两位大帝那样。而且在犹太人对宗教的真义还坚信不疑的时候，他们国王的统治也都还能长久。

奥古斯丁在其书中有一段对柏拉图颇为同情的表述，他甚至将其地位置于其他所有哲学家之上。他认为其他哲学家都该让位于柏拉图：“让泰勒斯和他的‘水’、阿那克西美尼和他的‘空气’、斯多葛派和他们的‘火’、伊壁鸠鲁和他的‘原子’统统都见鬼去吧！”[3]不难发现，这里所列举的几位都是唯物主义者，而柏拉图却不是，他认为上帝并不具有具体的形态，但世间万物的存在都源于上帝，源于一些永恒的东西。柏拉图曾经提出，人的知觉并非真理的源泉，这个观点显然十分正确。后来的柏拉图主义者在逻辑学和伦理学方面都取得了相当大的成就，同时与基督教也最为接近。“据说普罗提诺是最能理解柏拉图的人，而他不久之前还活着。”至于亚里士多德，他虽然比不上柏拉图，但总还是远在其他哲学家之上的。不过，这两个人都认为众神皆善，都应得到崇拜。

圣·奥古斯丁还反对斯多葛学派批判一切激情的做法，他认为激情很有可能是基督徒美德的起源，愤怒、怜悯其本身都不该受到批判，我们必须去追寻他们

「1」见《上帝之城》，第二卷第十四章。

「2」这种论断其实并非是奥古斯丁的独创，它来源于雅典学派的怀疑主义论者卡尔内亚德。参见库蒙作品《罗马异教中的东方宗教》，第 166 页。

「3」见《上帝之城》，第八卷第五章。

的起因。

柏拉图主义者关于上帝的看法或许是正确的，但在对待诸神的问题上犯了错，而且他们不承认“道成肉身”也是错误的。

书中还有一段关于天使和魔鬼的长篇论述，这些内容和新柏拉图主义有着一定的联系。天使可能是善良的，也可能是邪恶的；但魔鬼一定是邪恶的。对天使而言，世俗事物的知识（虽然他们也都拥有）都是邪恶的。圣·奥古斯丁同意柏拉图的看法，认为感性世界总是比不上永恒的世界。

该书从第十一卷起，开始论述上帝之城的性质。上帝之城是选民的社会。基督是了解上帝的唯一通道。某些知识我们可以像哲学家那样，通过理性的思考来获得，但要想对宗教有更深层的了解，则必须借助于《圣经》。我们没有必要去弄懂在世界被创造出来之前，时间和空间是什么概念，因为在创世纪之前既没有时间，也没有空间。

得到祝福的一切事物都是永恒的，而永恒的事物却不一定得到祝福，比如地狱和撒旦。上帝能够预知魔鬼们的罪恶，但也能预知他们在改善整个宇宙的过程中所发挥的作用，这和修辞学中的对句是类似的。

欧利根曾错误地认为，人的灵魂被加于肉体之上实际是对灵魂的一种惩罚，如果真是这样，邪恶的灵魂也应有邪恶的身体，但是那些魔鬼们，即便是最为邪恶的魔鬼，都有着轻灵的肉体，甚至比我们的还要高级。

上帝之所以要在六天之内创造整个世界，是因为“六”是一个完全数，亦即它等于其所有因数之和。

天使有善良的，也有邪恶的，但即便是邪恶的天使，其本质上和上帝也并不相悖。上帝的敌人并非源于天性，而是来自意志。邪恶的意志没有动力方面的成因，只有缺陷方面的成因；它不是一种结果，而仅仅是一种缺陷。

整个世界还不到六千年，历史并非如哲学家们所说的那样是循环往复的，“基督也只能为我们的罪恶牺牲一次”。[1]

如果我们的祖先最初没有犯罪，那他们也不至于死亡；因为他们犯了罪，他们就必须要面对死亡。吃了苹果带来的不仅是自然的死亡，更是一种永恒的死亡，即所谓的万劫不复。

蒲尔斐利关于天上圣徒没有肉体的说法是错误的。相反，他们有着比堕落前的亚当更为强壮的身体；他们的肉体是精神化了的，但却又非灵体，而且没有重

「1」参见《新约·罗马人书》第六章。

量。男人会有男性的肉体，女人则有女性的肉体，而那些夭折的未成年人则会借助成人的肉体复活。

亚当的罪孽给人类带来了永恒的死亡（即万劫不复的惩罚），但是上帝又给人类施以恩惠，从而使很多人得到救赎。罪恶来自灵魂而非肉体。柏拉图主义者以及摩尼教徒试图把罪恶归咎于肉体本性的做法是不正确的。当然，在这方面，摩尼教所犯的错误要比柏拉图主义者严重得多。人类因亚当的罪孽而获得惩罚是无可厚非的，因为亚当的罪行，使得本来可以获得灵体的人在思想上肉欲化了。[1]

这个问题还将我们导向了书中对性欲的一段冗长而又无关紧要的论述，根据这段论述，我们现在为性欲所困，也是对亚当所犯罪行惩罚的一部分。这段论述非常重要，因为它揭示了禁欲主义者的心理。尽管奥古斯丁本人认为这个话题是很荒诞不经的，但我们仍要对其加以进一步陈述。其理论主要内容如下：

出于繁衍后代的考虑，发生在婚内的性交必须被认为是无罪的。但即便是在婚姻生活中，一个有道德人也不会因为纯粹的肉欲而去发生性行为。从人们希望保持自己隐私的角度来看，即便是在婚姻生活中，人们也会认为性行为是可耻的，即“这种源于人的天性（从人类的祖先开始）的合法行为一直是伴随着罪恶的羞耻感的”。犬儒主义者曾主张人不应该有羞耻感，狄奥根尼更是提出，要全面摆脱羞耻感的束缚，人完全可以像狗一样随心所欲地做任何事情。可是当他真正将其付诸实践的时候，哪怕只是一次尝试，便让他彻底打消了再次去做那些极端无耻行为的念头。肉欲之所以可耻，是因为它不受人类意志的约束。亚当和夏娃在堕落前，或可能有不是出于肉欲的性交——尽管事实并非如此。工匠们在工作的时候，舞动他们的双臂是不带有任何肉欲的成分的，同样，若是当时亚当远离那棵苹果树，那他现在可能就无须带着目前所需的情感来进行性行为了，而性器官也可以像身体的其他部分那样，服从于人类的意志。性交之所以需要肉欲，是因为其亦是对亚当所犯罪孽的一种惩罚，如果不是这样的话，那么性交和快感应该是分离的。除了一些生理性质的细节外，此书的英译者恰到好处地保留了原拉丁文中的一些朦胧词句。

以上便是圣·奥古斯丁关于性欲的一些理论。

从上面的叙述很容易看出，禁欲主义者之所以厌恶“性”是因为它不在人的意志控制范围内。所谓道德，便是要求意志对人的肉体实现全面控制，但这种控

[1] 参见《上帝之城》，第十四卷第十五章。

制对性行为来讲却很难实现。因此，性行为似乎总是和完美的道德生活相悖的。

自亚当堕落以后，世界被划分为两座城，一座城将永远受到上帝的垂青，而另一座城则要遭受魔鬼撒旦的折磨。该隐是属于魔鬼之城的，而亚伯则属于上帝之城。由于亚伯具有先知的美德而受到了上帝的恩惠，使其成为世间的朝圣者和天国的居民。十二位元老们也属于上帝之城。而有关玛土撒拉之死的讨论，则将奥古斯丁引向《旧约圣经七十人译本》与拉丁语译本《圣经》之间纷繁复杂的比较问题上去了。据《旧约圣经七十人译本》记载，玛土撒拉在洪水之后应该还继续活了十四年，但这是不可能的，因为他并没有登上诺亚方舟。拉丁语译本《圣经》则比较忠实于希伯来文的原典，根据其记载，玛土撒拉应该就是死于洪水发生那年。在这个问题上，奥古斯丁认为圣·杰罗姆和希伯来文的原典应该是正确的。但也有人说，犹太人可能出于对基督教的敌意而故意篡改了希伯来文原典，奥古斯丁对这种说法予以了驳斥。但另一方面，《旧约圣经七十人译本》肯定也是受到了神的感召，唯一可能的情况便是，托勒密大帝的抄写员们在抄写《旧约圣经七十人译本》时出现了笔误。而在说到《旧约圣经》的各种译本时，奥古斯丁写道："教会一直承认的是《旧约圣经七十人译本》，好像除此之外，再没有别的译本了，希腊的基督教徒也是如此，只知道使用这个译本而对其他译本一无所知。我们的拉丁文译本也是根据《旧约圣经七十人译本》翻译而来的，尽管在此之前，一个博学的教士、伟大的语言学家圣·杰罗姆已经将希伯来文的《圣经》直接译成了拉丁文。虽然犹太人已经证实杰罗姆的翻译几乎无可挑剔，而《旧约圣经七十人译本》中却存在着不少疏漏，但基督教会仍然认为杰罗姆一人的工作成果肯定不比众人集体工作的成果更为可取，更何况这些人都是由大祭司为这项工作专门选定的。"对于所谓的七十人单独翻译《圣经》最后取得惊人一致的说法，奥古斯丁是相信的，并将其作为《旧约圣经七十人译本》受到圣灵感召的一个佐证，但是希伯来文原典《圣经》同样受到过圣灵的感召，这就使得杰罗姆译本的权威性一直没有定论。如果奥古斯丁和杰罗姆之间没有对圣彼得的两面派倾向进行过争论的话，或许奥古斯丁会更坚决地站在杰罗姆这边。[1]

他还将圣史与世俗历史进行了逐年对比。通过对比我们发现，以尼阿斯来到意大利的时候，押顿[2]正在以色列做士师；另外，最后的迫害是由基督教的敌对

「1」参见《新约·加拉太书》，第二章，第十一至十四节。

「2」关于押顿，我们只知道他有四十个儿子，三十个孙子，他们这七十个人都骑着驴。（参见《旧约·士师记》，第十二章十四节。）

势力发起的，但其具体时间则不得而知。

在接下来的一章中，奥古斯丁对司法刑讯大为推崇，随后他又批驳了主张怀疑一切事物的新学院派。“基督教会对他们已经理解了的事物往往持坚信不疑的态度，因此对新学院派的‘怀疑’，教会总是将其当作一种疯狂的举动加以厌弃。”我们应该信奉《圣经》所讲述的真理。他进而又说明离开宗教，所谓的道德也就无从谈起了。异教的道德是“被淫秽下流的罪恶所玷污”了的。对基督徒来说，美德若是在异教那里便就是恶德。“那些她（灵魂）认为是美德并加以垂青的东西，如果跟上帝无关的话，那么与其称之为美德，倒不如称之为恶德。”那些不属于这个群体（教会）的人将遭受永远的痛苦。“我们在现世所做的斗争，不是痛苦取得了胜利，最后以死亡来终结，就是本性取得了胜利，并以之来终结痛苦。”但是，那些不属于教会的人，痛苦会一直折磨他们，而其本性则将永远被禁锢，两者都将忍受不断的惩罚。

复活分为两种，一种是死后灵魂的复活，另一种则是在最后的审判时肉体的复活。在讨论基督做王的一千年的种种磨难以及此后歌革和玛各的行为之后，他又谈起了帖撒罗尼迦书第二章的一处经文（第二章第十一、十二节）：“上帝使他们产生了非常强烈的错觉，让他们对谎言信以为真，他们都将被定罪为不愿信奉真理而在虚伪邪恶的国度里怡然自得的人。”也许有人会认为这是全能的上帝先欺骗他们，然后再对他们施以惩罚，而这是非常不公正的。但在圣·奥古斯丁看来这却是非常合理的。“因为他们被定了罪，所以他们才受到了引诱，同时，由于他们确实未能抵住诱惑，所以他们才会被定罪。他们所受的迷惑正是出于上帝秘密进行的审判，这种审判既是公正的又是秘密的。自从创造这个世界以来，他就一直持续不断地进行着这种审判。”圣·奥古斯丁认为上帝不是根据人的功过来拣选和遗弃他们的，而是基于一种比较随意的判断。所有人都应该同样地遭到惩罚，因此，那些被遗弃的人是没有任何理由去抱怨的。从上述圣保罗的章句来看，人是因为被遗弃才变得邪恶的，而并非因为邪恶才遭到了遗弃。

在肉体复活之后，那些被定罪之人的肉体最终会遭到永远的焚烧，但并不会因此化为无形。这点是不足为奇的，因为火蛇和埃特纳火山便是如此。魔鬼虽然没有具体的形体，但是亦能被有形的火所焚烧。人们的罪孽不会因地狱里所受的苦难而被洗清，更不会因为圣徒的求情而有所减轻。欧利根关于地狱并非永恒的想法显然是错误的，事实上，所有的异教徒和罪恶深重的天主教徒都将受到永远的惩罚。

最终，这本书以圣徒在天界见到上帝的景象，以及上帝之城里永恒的幸福与欢乐作为结尾。

从以上关于此书的主要内容介绍来看，其重要性还不够突出。该书有一点影响较大，即教会与国家的分离。这明显在表达这样一层含义：只有所有属于宗教的事务都服从教会，国家才有可能成为上帝之城的一部分。这一说法很快便成为教会的一项重要原则。整个中世纪，教皇的权力都是处于上升态势的。显然，圣·奥古斯丁为处于教皇和皇帝权力冲突中的西方教会提供了强大的理论基础和政策依据。犹太国家，不论是《士师记》中的神话时代，还是从巴比伦被掳后归来的那段历史时期，他们所采用的都是一种神权政治，在这方面，基督教国家应当效仿他们。罗马帝国的诸皇，以及中世纪西欧各国君主们所表现出来的懦弱，很大程度上促成了教会“上帝之城”的理想。但在东罗马，由于皇帝本身非常强大，所以教会很难朝这个方向发展，与西方教会相比，东方教会在更大程度上臣服于国家政权。

后来发生的宗教改革，虽然在某种程度上使圣·奥古斯丁关于救世的教义得以复活，但却抛弃了他所提倡的神权政治理论，而逐渐趋向于伊拉斯特派[1]了，这主要是出于对天主教的实际斗争需要。但新教徒中的伊拉斯特派多数是缺乏热情的，那些仍然维持着较强宗教性的新教徒仍然处于奥古斯丁的影响之下。再浸礼派、第五国王派和贵格派等派别虽然也继承了奥古斯丁的一部分教义，但都不愿过分强调教会的作用。奥古斯丁一方面仍然坚持着宿命论，另一方面又主张救赎时洗礼仪式的必要性，而这两条教义却并不十分协调，一些极端的新教徒往往会放弃后一条，但他们的末世论中却还保留着奥古斯丁的一些学说。

《上帝之城》中并没有太多的原创性理论，其末世论最早发轫于犹太人，是后来通过《启示录》一书传到基督教中的；宿命论和选民论则是保罗在《保罗书信》中最先提出的，只不过奥古斯丁在书中对这两个理论进行了更为充分和逻辑化的发展；而有关圣史和世俗史的划分，《旧约圣经》中也早已对此有过明确表述。奥古斯丁只是将这些理论融合在了一起，并结合当时史实加以论述罢了，其主要目的则是让基督徒们能够迅速适应罗马帝国衰亡的现实及之后漫长的混乱时期，使得其不至于在信仰方面遭到严重的挑战。

在任何历史时期，犹太人对待过去和未来历史的理解方式总是会强烈地投合一般被压迫者和不幸者。圣·奥古斯丁将这种方式运用到基督教，而马克思则将

---

[1] 伊拉斯特主义主张教会必须服从国家政权。

其应用于社会主义理论。所以，如果我们想更好地理解马克思主义，我们可以利用下列“字典”：

上帝 = 辩证唯物主义

弥赛亚（救世主）= 马克思

上帝的选民 = 无产阶级

教会 = 共产党

耶稣再次降临 = 革命

地狱 = 对资本家的惩罚

基督做王一千年 = 共产主义联邦

上面词典中左边的词汇即代表了右边词汇所包含的情感内容。正是由于这种基督徒或犹太人熟悉的情感，马克思的末世论才逐渐有了市场。同样，我们也可以为纳粹编一个类似的词典，但是他们的概念更多地接近于《旧约圣经》的内容，而与基督教的联系较为疏远，他们的弥赛亚与其说和基督类似，倒不如说和马喀比族更为接近。

三、裴拉鸠斯之争

奥古斯丁批判裴拉鸠斯教派异端学说的内容，是其神学理论中最具影响力的部分。裴拉鸠斯原名莫尔根，是威尔士人。其名莫尔根在威尔士语中是“海上之人”的意思，希腊语中的“裴拉鸠斯”一词与之意义相同。他是一名儒雅的教士，而且其身上没有很多同时代的人所表现出来的那种狂热。他相信自由意志，质疑有关原罪的教义，并且认为人类有可能通过道德方面的努力而获得良好的德行。如果人们能够恰当处事，信奉正统教义，那么作为美德的奖赏，他们就理应升入天国。

这些观点在今天看来可能是稀松平常的，但在当时却掀起了轩然大波，圣·奥古斯丁更是旗帜鲜明地反对裴拉鸠斯的学说，并将其宣布为“异端邪说”。有意思的是，这些观点一度还取得了比较大的成功，这使得奥古斯丁不得不给耶路撒冷的元老们写信，警告他们要小心这个诡计多端、曾劝诱了许多东方神学家采纳其观点的异端首领。在遭到奥古斯丁的强烈谴责之后，那些被称为“半裴拉鸠斯教派”的人开始以一种比较低调、渐进的方式继续宣扬裴拉鸠斯的学说。在这次论争中，圣·奥古斯丁比较纯粹的教义在很长时间后才获得了全面胜利。特别是在法兰西，一直到公元 529 年奥兰治宗教会议召开时，半裴拉鸠斯教派才最终被宣布为异端。

圣·奥古斯丁曾经指出，亚当在堕落前是有自由意志的，因此原本是可以避免犯罪的。但是，自他和夏娃偷吃禁果之后，败坏的道德便逐渐侵袭他们，并由此传给了他们所有的后代，因此，他们的后代便不能靠自己的意志来避免犯罪，只有通过上帝的恩惠，才能使其成为一个有德者。因为我们都继承了亚当的原罪，因而必须遭受永世的惩罚。所有没有受过洗礼便死去的人，即便是婴儿，也要被打入地狱接受永无休止的折磨，而我们则没有任何理由去抱怨这些，因为我们都是有罪的。（圣·奥古斯丁在其《忏悔录》一书中列举了自己在婴孩时期的种种罪恶。）但由于上帝那无私的恩惠，一部分受过洗礼的人将会被选定升入天国，这些人就是所谓的“选民”。他们被选入天国并非由于他们是善良的，我们所有的人，除了那些已经接受过上帝恩惠的选民，都是道德败坏的。至于为何有些人可以得到救赎，而剩下的人只能遭受苦难和诅咒，我们自己是找不到任何理由的，这只是出于上帝毫无动机的选择。永世的惩罚可以证明上帝的公正，部分的救赎则可显示上帝的悲悯，两者都表明上帝是善良的。

对于这种近乎残暴的教义，圣保罗曾多次在其论著中表示自己支持的态度，特别是在罗马人书中。后来该教义一度被加尔文恢复过，但也就是从那时起，天主教会彻底抛弃了该教义。奥古斯丁对待这些教义、学说，就像律师对待律法那样，给出的解释是那么有说服力，他能够赋予教义文本以无以复加的含义。他甚至能让人相信，虽然圣·保罗的信仰并非如自己所推论的那样，但是，单就其著作中某些章句来看，确实暗示了奥古斯丁曾经提到的某些含义。他的一些观点现在看来都有些荒诞不经，比如他“对未受洗礼的婴儿要遭受永世的苦难”这条教义不仅不感到震惊，反而觉得这出于上帝的慈悲。实际上，此时的奥古斯丁已经完全被罪恶感所支配，以至于他将婴儿都当作魔鬼撒旦的帮凶。中世纪的教会曾发生过许多起骇人听闻的事件，而这都可以追溯到奥古斯丁的这种阴暗而又普遍的罪恶感。

奥古斯丁并没有因为绝大部分人都将遭受永世的苦难而觉得上帝造人是一件令人遗憾的事情，这里有一个问题一直困扰着他：如果真的像圣保罗所说，人类保有亚当遗传下来的原罪，那么灵魂必然也像肉体那样，是由父母所生的了，因为罪恶是属于灵魂而非肉体。这条教义使奥古斯丁感到非常困惑，但他又说，因为《圣经》并没有提到这一点，所以就没有必要非得为这个问题找到一个答案。因此，他也就不再关心这个问题了。

在欧洲的黑暗时代开始之前，最后这几位杰出的知识分子，非但不关心如何去拯救文明、驱逐蛮族以及改革弊政等，反而大肆宣扬童贞的价值，以及“未受洗礼的婴儿将会遭受永世的苦难”，这实在让人觉得奇怪。但当我们了解到这些教义正是教会传递给那些蛮族改宗者的一些先入为主的偏见后，那我们对于为何下一时代比以往任何时期都显得残酷和迷信，也就不难理解了。

第五章

公元五世纪和公元六世纪

公元五世纪前后，是蛮族入侵和西罗马帝国日薄西山的时期。公元430年，在圣·奥古斯丁去世之后，哲学已荡然无存。这是一个充满破坏性的世纪，即便如此，这个世纪却仍然大致决定了欧洲此后的发展格局和方向。在这段时间里，英吉利人入侵了不列颠，使之成为英格兰；同时法兰克人入侵了高卢，使之成为法兰西；凡达尔人则侵入西班牙，并试图将它们的名字强加给安达卢西亚。到了本世纪中叶，爱尔兰人在圣·帕垂克的劝化下改信了基督教。在西欧，野蛮的日耳曼王国继承了罗马帝国中央高度集权的政治体制，此后帝国的邮路堵塞，道路崩塌，连年的战争导致大规模的商业活动完全中断，于是人们的生活，无论从政治方面还是经济方面，又重新局限在一片狭小的区域。此时中央集权的权威仅存在于教会之中，但教会也同样面临着重重困难。

在公元五世纪所有入侵罗马帝国的日耳曼人部族中，最为重要的便是哥特人。他们是在东方遭到匈奴攻打后，才被驱逐至西方世界的。他们起先想要征服东罗马，受挫之后便将矛头转向了意大利。从戴克里先时代开始，哥特人就成了罗马帝国的雇佣兵，在这期间，他们学会了许多普通蛮族不可能知道的战术。公元410年，哥特王阿拉里克带领军队洗劫了罗马，却在同一年死了。最终，东哥特族国王奥都瓦克于公元476年灭了西罗马帝国，并开始了他对罗马的统治。公元493年，另一伙由狄奥都利克率领的东哥特人谋杀了奥都瓦克，罗马再次易主。狄奥都利克担任意大利国王的时间比较长，一直到公元526年，关于此人，我们将在下面对其进行更为详细的叙述，他在历史上和在传奇故事中的地位都非常重要；在《尼伯龙根歌》中他还以伯恩人狄特利希的身份出现过。（注："伯恩"

即维罗纳。）

与此同时，凡达尔人开始定居于非洲，西哥特人则盘踞在法兰西南部地区，法兰克人也在法兰西北部定居了下来。

在日耳曼人侵入罗马中期，还发生了以阿提拉为首的匈奴人入侵事件。匈奴人虽属蒙古族一支，但早期却和哥特人十分交好。公元451年，阿提拉发兵入侵高卢，但就在这一重要关头，他们和哥特人却发生了争执，哥特人一气之下联合罗马人在莎龙这个地方大败了匈奴军。无奈之下，阿提拉只能将进攻目标转向意大利，企图进军罗马。然而兵临城下的罗马教皇仅用阿拉里克洗劫罗马后不久便暴亡的事例，便巧妙地说服了阿提拉暂时罢兵，但这次阿提拉的克制并未能给他带来好运，一年之后他也走向了死亡，从此匈奴的势力便一蹶不振了。

在这一段充满纷争的时期，教会一直受困于一场关于“道成肉身”的复杂论战。此次论战的双方是两位主教——塞瑞利和奈斯脱流斯。事情或多或少出于偶然，在这两人中，前者被列为圣徒，后者则被指为异端。圣·塞瑞利自公元412年起，开始担任亚历山大里亚的大主教至公元444年他去世。奈斯脱流斯则曾担任过君士坦丁堡的大主教，两人这次论战的焦点是神性和人性的关系问题。奈斯脱流斯首先提出，是否存在着两位基督，一位是人，一位是神呢？如果不是这样的话，那是否只存在一种本性呢？又或者是在一个人身上会兼有两种本性，一种为人性，另一种为神性呢？正是这些问题在五世纪引发了令人难以置信的激情和狂热。“对于基督的神性和人性的问题，有人对将其混为一谈表示忧虑，也有人对将两者对立分开的做法表示恐惧，在这两派之间逐渐产生了微妙却又不可调和的敌意。”

作为神人一体论的坚定拥护者，圣·塞瑞利可以说是一名狂热分子。他曾利用自己所担任的大主教职位，煽动了好几起针对亚历山大里亚城的大片犹太人聚居区居民的集体屠杀。甚至他的名声也是借助对一个叫希帕莎的贵妇处以私刑而实现的。这位希帕莎虽然身处在一个愚昧时代，但她仍能坚定地追随新柏拉图主义，并以自己的聪明才智从事数学研究。就是这样一名杰出的妇人，却被人“从她的马车上拖下来，剥光所有衣服，拉进教堂，最终被读经者彼得和一群野蛮、残忍的狂热分子，以一种极度残忍的方式无情地杀害：他们用锋利的蚝壳将她的肉从骨头上一点点分离，再将她还在颤动着的四肢投进烈火。公正的审判和惩罚皆因一些贿赂而消失得无影无踪”。[1] 此后，再也没有哲学家敢在亚历山大里亚

「1」参见吉朋《罗马帝国衰亡史》第四十七章。

出现了。

听闻君士坦丁堡在大主教奈斯脱流斯的带领下逐渐步入歧途，圣·塞瑞利对此感到非常痛心。与塞瑞利的神人一体论相反，奈斯脱流斯主张有两位基督，一位是人，一位是神。根据这种主张，奈斯脱流斯还对当时流行的一种新说法，即将处女视为“上帝的母亲”的说法表示明确反对；他认为处女只不过是作为人的基督的母亲，而作为神的基督，即上帝，是没有母亲的。对于这个问题，教会也逐渐分化为两派：大体上来说，苏伊士以东的主教们都是奈斯脱流斯的支持者，而苏伊士以西的主教们则是塞瑞利的支持者。公元431年，所有的主教们决定在以弗所召开一次会议来解决这个问题。会议当天，西方的主教们先行抵达会址，他们随即锁上大门，将迟到者拒于门外。之后，在圣·塞瑞利的主持下火速通过了拥护他的决议。“这次的主教骚动，在长达十三世纪之后，居然以第三次万国基督教会议这种让人觉得肃然起敬的面貌呈现于世。”[1]

作为此次会议决议的一项主要内容，奈斯脱流斯被宣布为异端。但他不但没有收回自己的主张，反而成了奈斯脱流斯教派的创始人。该教派后来在叙利亚和整个东方拥有众多信徒。几个世纪以后，奈斯脱流斯教派在中国非常盛行，并一度有机会成为其国教。十六世纪时，葡萄牙和西班牙的传教士们在印度也发现了奈斯脱流斯教派。君士坦丁堡的天主教政府对奈斯脱流斯教派的迫害引起了普遍不满，而这也促成了伊斯兰教徒对叙利亚的入侵。

奈斯脱流斯擅长雄辩，曾有很多人为他的口才所折服，但据说他的舌头最终却被虫豸所吞噬。

以弗所人虽已学会用圣母代替阿尔忒弥斯女神，但是他们对阿尔忒弥斯女神的感情较圣保罗时代却丝毫没有改变。传说圣母逝世后曾葬于此地。公元449年，当圣·塞瑞利去世后，以弗所教会试图扩大战果，但他们却因此陷入了与奈斯脱流斯主张方向相反的另一个异端，即所谓的“基督一性论”，宣称基督只有一个本性。如果圣·塞瑞利还在世的话，他显然会支持这种观点，进而走向异端。对之前的以弗所会议，皇帝是持支持态度的，但教皇却拒绝承认它。最终，教皇列奥——就是上面提到的那位劝阻阿提拉不要攻打罗马的教皇——在公元451年，也就是莎龙战争爆发的那一年，在卡勒西顿召开了一次万国基督教会议。这次会议对基督一性论者展开了猛烈的批判，最终确定“道成肉身”为正统教义。以弗所会议确定了基督只有一位，而卡勒西顿会议则确定了基督的双重本

「1」参见吉朋《罗马帝国衰亡史》第四十七章。

性，即人性和神性。在这项决议达成过程中，教皇的影响首屈一指。

不过，基督一性论者却跟奈斯脱流斯教派一样，不肯轻易屈服。他们的主张在埃及几乎得到了全民的信仰，甚至还传播到了尼罗河上游，最远则至阿比西尼亚。与叙利亚的异端为其引来了伊斯兰教徒的入侵一样，埃及对异端的信仰也为其引来了阿拉伯人的进攻。阿比西尼亚对异端的信奉后来竟成为墨索里尼侵占阿比西尼亚的借口之一。

公元六世纪，文化史上出现了四位显赫的人物：鲍依修斯、查士丁尼、边奈狄克特和大格雷高里。在本章剩下的部分以及下一章中，我将重点对这四位人物展开论述。

哥特人对意大利的征服并不意味着罗马文明的终结。在意大利人和哥特人共同的国王狄奥都利克统治之下，意大利原有的罗马式民政体系得以继续保留，意大利人过着平和的生活，并充分享有宗教信仰自由（一直到这位国王去世）。狄奥都利克是一名英明强干的君主。他任命执政官，保留了罗马的各项律法和元老院制度。他到罗马的时候，首先访问的正是元老院。

尽管他本人信奉的是阿利乌斯教派，但直到他晚年，都和教会保持着良好关系。公元523年，罗马皇帝查士丁宣布查禁阿利乌斯教派，这令狄奥都利克极为愤怒。他甚至有理由感到恐惧，因为意大利是一个天主教国家，由于神学上的同情心，他们必然会支持皇帝的决定。他虽然不能确定，但却强烈感觉到这是一个阴谋，而且自己的政府也有人参与其中。这直接导致他将他的大臣、元老院议员鲍依修斯监禁起来并处以极刑。而鲍依修斯在监狱中完成了他的著作《哲学的慰藉》。

鲍依修斯是一个富有传奇色彩的人物，他在整个中世纪都受到了人们无与伦比的推崇和赞赏，他经常被人们推崇为一名虔诚的基督徒，甚至一度被当作是一位教父。但是，他于公元524年在监狱中写就的《哲学的慰藉》一书，却是一部纯粹的柏拉图主义著作。虽然不能仅以此书就断言他不是一位基督徒，但至少可以说明异教哲学对他产生的影响要比基督教神学对他的影响深远得多。他虽然也流传有一些神学方面的著作，但大多已被权威学者们鉴定为伪作，其中，有一本以他的名义出版的、讲述“三位一体”论的书便是典型例子。但也正是由于这些伪作，才使得中世纪的人们把他当成正统教派，并且从他那里吸收了很多柏拉图主义的东西，否则，人们显然是会对柏拉图主义抱有怀疑态度的。

《哲学的慰藉》一书是用散文和诗歌两种文体交替写成的，当鲍依修斯以第一人称叙述时，便用散文的形式；而讲到哲学的内容时，便采用诗歌问答的形式。这和但丁的写作风格有着某种相似之处，事实上，但丁在写作《新生》一书时毫无疑问曾受到过鲍依修斯的影响。

这部曾被吉朋称为当之无愧的“金色宝典”之书，一开始就声称只有苏格拉底、柏拉图和亚里士多德才是真正的哲学家，而后来的那些被人们误以为是哲学之友的斯多葛学派、伊壁鸠鲁学派以及其他的一些学派都只是滥竽充数罢了。鲍依修斯在书中宣称他是遵从毕达哥拉斯的指令去“追随上帝”的。（注：不是根据基督的指令。）幸福和蒙福都是善，但快乐却不是。友谊是“最为神圣的”一件事情。实际上，书中有关伦理方面的学说，有很多和斯多葛学派的教义非常接近，而且大多源于塞涅卡。在该书《蒂迈欧篇》的开头部分，有一篇以韵文形式写成的概要，但随后便是大量关于纯粹柏拉图主义的那些形而上的学说了。他还告诉我们，不完美就是有所欠缺，也就意味着有一种完美的原型存在。对于恶，他采用了所谓的“缺失性理论”，进而又转向了泛神论，这本该足以让基督徒感到震惊，但由于某种原因，事实却并非如此。他认为，总体而言，蒙福和上帝都是首善，因此没有什么区别。“人因为获得神性而变得幸福。”“人一旦获得神性之后便成为神，因此每一个幸福的人都是神，虽然神本来只有一个，但是随着众多幸福的人的参与，神也可以变为很多个。”“人们不断探求的事物及其根源与原因都应当被理解成是一种善。”“上帝所包含的本质除了善以外别无其他。”上帝会作恶吗？显然不会！所以，罪恶实际上是不存在的，因为上帝可以做任何事情。品德高尚的人总是非常强大的，而品行恶劣的人总是软弱的，因为虽然两者都是向善的，但只有品德高尚的人才能得到善。品行不端的人如果逃避惩罚，那么他将遭受比接受惩罚更大的不幸。（注意：这里的惩罚不是指的地狱里的惩罚。）另外，“智者的心中是没有仇恨的”。

就这部书的风格而言，更加接近于柏拉图，而非普罗提诺。书中丝毫看不出当时的那种迷信与病态的迹象，也没有罪恶的困扰，以及对那些不可及的事物的过分追求。这本书呈现出来的是一种纯粹的哲学宁静——它是如此宁静。如果这本书是鲍依修斯在顺境中写成的，那或许会被认为是孤芳自赏，但这是他在自己被判处死刑的情况下，在监狱里写就的，这就和柏拉图笔下处于最后时刻的苏格拉底一样，让人不禁感到赞叹和钦佩了。

鲍依修斯之后，除了后来的牛顿，我们竟再也找不到与之相似的世界观了。书中有一首诗在哲学方面与波普的《人论》（*Essay on Man*）非常相似，现我将这首诗全文引用如下：

如果你以最纯洁的心来对待上帝的律法，
你须得抬头注视着浩瀚苍穹，
目光定格于漫天繁谧的星辰。
太阳的光辉并不能湮没众星的光芒，
大海的波涛亦难遮挡北斗的星芒。
北斗之星虽有众星环绕身旁，
她却独自高悬、独自轮转，
高高地挂在天际，远远地照着海洋。
黄昏时分天际的长庚
以其不变的行迹预示着黑夜的来到，
但那启明星却先于白昼而离去。
这两者彼此的爱情逐渐化作永恒，
在这星光照耀的苍穹之上，
一切战争和危险的根源都会消散。
这个甜蜜的允诺
用平等的纽带将万物的本性束缚，
终使潮湿的事物向干燥屈服，
刺骨的严寒中升腾起了友谊的火焰。
那颤动的火苗蹿向高处，
而那广袤的土地却逐渐坠入深渊。
万紫千红的花儿
在阳春发出馥郁的沁香，
在盛夏产出饱满的五谷，
在凉秋结出累累的硕果。
上天降下的绵绵细雨
使严冬的空气更加湿润。
这些亘古未变的规律
滋润和养育着生活在这世间的万物。
当他们死去的时候，
这些规律将带着他们到达最后的终点。
而此时造物主仍高坐于天上，
手中紧握着驾驭世界的绳缰。

他是他们的王，他的权力至高无上。
在他的统治之下，他们降生、繁衍和兴旺，
他是他们的律法和法官，赋予他们权力与荣光。
那些能以极快的速度滑行之物
其必定有股强大的惯性力量，
它们可在瞬间停止自己的脚步。
若不是那股力量限制住他们的躁狂，
将那狂奔不止者拉进这圆形的轨道场，
那么今天粉饰着这世间一切的律法
就将彻底消散，
世界万物也将背离其在太初以来的模样。
这强有力的爱普降于世间万物，
那些追求至善的众生终将返本还原。
除非用爱唤起万物的本原，
否则一切都无法持续到永远。

鲍依修斯和狄奥都利克一直都是非常要好的朋友。他的父亲曾经做过执政官，他自己也担任过执政官，他的两个儿子后来也都做过执政官。而他的岳父西马库斯（此人很有可能就是前面提到的，在胜利女神像问题上与圣·安布洛斯发生过激烈争执的那个西马库斯的孙子）在哥特国王的宫廷里也是一位位高权重的人物。狄奥都利克曾任用鲍依修斯改革当时的币制，并让他在那些近乎文盲的蛮族诸王面前演示滴漏、日晷等计时工具，这让那些蛮族诸王们感到十分惊讶。他并没有被迷信束缚，这在当时的罗马贵族世家中或许并不奇怪，但是他那渊博的学识，以及对公益事业的满腔热忱却终究使他成为那个时代里独一无二的特殊人物。在鲍依修斯出生之前的两个世纪，以及他死后的长达十个世纪的时间里，我几乎找不到另外一个欧洲学者能像他这样不拘于迷信和狂热的。他的这些优点不仅仅表现在他的冷静，而且，他极为高瞻远瞩、公正和受人尊敬。无论任何年代，他都将是一个了不起的人物，而就他实际所处的时代而言，他更是让人心悦诚服。

鲍依修斯在中世纪获得的声望，部分是缘于他被人当成了遭受阿利乌斯教派迫害的殉教者，这种看法是在他去世后两三百年间逐渐产生的。在帕维亚，他虽然被人们视为圣徒，但却并没有受到过教会的正式册封。因此，塞瑞利是圣徒，而鲍依修斯却不是。

在鲍依修斯被处决的两年后，狄奥都利克也去世了。翌年查士丁尼皇帝登基，他对帝国的统治一直持续到公元 565 年，在此期间他做了不少坏事，当然也有一些好事，其中让他成名的则是他的法典。但我并不想对这个话题展开讨论，因为这是法学家们该去关注的问题。他是一个对信仰极为虔诚的人，为了显示自己的虔诚，他在即位的第二年就把雅典城中那些尚在异教统治下的哲学学校全都关闭了。被驱逐的哲学家们只好纷纷逃亡波斯，因为那里的国王对他们还算友好。但波斯人一夫多妻和乱伦的习俗却让他们大为震惊，正如吉朋所说，这远远超出了作为哲学家的他们所能承受的范围。于是他们只得重返家园，并从此隐姓埋名，销声匿迹了。就在查士丁尼完成这一"勋绩"的第三年，即公元 532 年，他又开始了另一项为世人称颂的大事——他开始着手建造圣索菲亚大教堂。虽然还没有目睹圣索菲亚大教堂的雄姿，但我曾在拉文那见到过与之同时代的一些华美的镶嵌，其中包括查士丁尼和皇后迪奥杜拉的肖像。他们二人对上帝都十分虔诚，尽管皇后狄奥杜拉只是查士丁尼从马戏团里挑来的一个放荡女子。更为糟糕的是，她是倾向于"基督一性论"的。

对于这些丑闻，我想已经揭露得够多了。关于这位皇帝本人，我可以很高兴地说，除了在"三禁令"问题上之外，他可谓是一名无可非议的正统教派信徒。这是一个让人生厌的争论。卡勒西顿会议曾宣布有三名正统教派的教父可能是奈斯脱流斯教派的人。狄奥杜拉和其他许多人对这次会议的决议几乎都表示认可，但唯独不肯接受这一条。但西方教会却毫无异议地接受了这次会议的决议，这使得皇后怀恨在心，并伺机对教皇加以迫害。查士丁尼对他的这位皇后宠爱有加，公元 548 年，这位皇后去世后，他就像维多利亚女皇追思已故驸马那样悼念她。最终，他也身陷异端，与之同时代的一位历史学家埃瓦咯琉斯这样写道："他死后为其曾犯下的罪行遭到了惩罚，于是他又来到地狱中的审判官座前去寻求他应得的公义。"

查士丁尼急于尽可能地收复昔日罗马帝国的疆域，他于公元 535 年进军意大利，并在对哥特人最初的战争中迅速取得了胜利。当地的天主教居民非常欢迎他的到来，因为他代表着罗马抗击蛮族。但不久后，哥特人便又卷土重来，使得这场旷日持久的战争足足持续了十八年。而在这段时间，罗马和意大利的大部分地区所遭到的破坏程度，远比蛮族入侵时严重得多。

在查士丁尼统治时期，罗马曾沦陷过五次，其中三次被拜占庭帝国占领，有两次则是被哥特人占领，一度沦为一个小城镇。而曾被查士丁尼或多或少地收复了的非洲地区也有着与罗马类似的遭遇。起初，他的军队所到之处都受到了热烈欢迎，但人们很快就发现，拜占庭帝国政府腐败，苛捐杂税也极其繁重。以至于后来很多人宁愿哥特人或凡达尔人卷土重来，也不愿继续接受查士丁尼的统治。但罗马教会却是一直支持查士丁尼的，因为他直到晚年都坚持信奉正统教义。不过，他在位期间却从没有过收复高卢的打算，一来是因为距离太过遥远，二来则是因为法兰克人也属于正统教派。

查士丁尼去世三年后，即公元568年，意大利又遭到了凶悍的伦巴底人的侵犯，伦巴底人是日耳曼的新兴部族，他们后来和拜占庭帝国之间的战争时断时续，竟然持续了大约两百年，一直到查理曼大帝时才逐渐停止。拜占庭帝国逐渐失去了对意大利的控制，在意大利南部，他们还要面对撒拉森人的进攻。虽然罗马在名义上仍属于拜占庭，罗马教皇们也能恭敬地对待历任东罗马帝国皇帝，但在伦巴底人入侵之后，东罗马帝国的皇帝在意大利的大部分地区基本上已经没有什么权威了。而意大利文明的毁灭也正是在这一时期开始的。在此期间，一些为躲避伦巴底人侵略的难民建造了威尼斯城，而历史上关于威尼斯城是一群躲避阿提拉的难民所建的传言则是不正确的。

第六章

圣·边奈狄克特与大格雷高里

公元六世纪及其之后的几个世纪里，连绵不断的战火导致西方文明大范围衰退，古罗马残存的文化主要靠教会才得以保存。但教会并没能非常完美地做好这项工作，因为即便是当时那些最伟大的教士，也都醉心于宗教的狂热和迷信，研究世俗的学问则被当作是一种邪恶的行径。尽管如此，教会的各种组织还是建立起了一套稳固的机制，正是借助于这套机制，学术和文艺后来才得以全面复兴。

在本章所论及的时代里，基督教会有三种活动尤为值得我们关注：第一，修道运动；第二，教廷的影响，特别是在大格雷高里治下的影响；第三，通过派遣传教士向信奉异教的蛮族布道，使其改信基督教。下面，我们将依次对以上三项进行论述。

修道运动大约是在公元四世纪初期，在埃及和叙利亚同时盛行起来的。当时参与修道运动的主要有两类人，一类是独居的隐士，另一类则是住在修道院的僧侣。圣·安东尼是潜心修道的第一人，大约公元 250 年他诞生于埃及，公元 270 年前后则开始过起了隐居生活。起初，他在离家不远的一间茅草屋里独自居住了十五年，之后又迁到了遥远的荒漠中，一住就是二十年。他虽然一直过着隐居的生活，但他的声名却因他的隐居而逐渐为世人所知，许多民众都想聆听他的布道。于是，他于公元 305 年前后结束了隐居生活，出世布道，在布道的过程中，他曾多次鼓励人们去过隐居的生活。他所实行的修行极为苛刻，饮食、睡眠都被减少至仅能维持基本生存的限度。魔鬼还经常以充满肉欲的幻象来诱惑他，但每次他都使撒旦徒劳而返。到他晚年的时候，塞伯得[1]这个地方竟然住满了应他感召而选择修道的隐士。

又过了数年，大约在公元315年至320年，另一个叫作帕可米亚斯的埃及人创办了第一所修道院。这里的修道士们过着集体生活，他们没有私人财产，吃着公共的伙食，遵守共同的宗教仪式。至此，修道院制度以这种修道的方式，而非圣安东尼那种独自隐居的方式，赢得了基督教世界。在帕可米亚斯的修道院中，修道士们要做大量的工作，主要是从事农业生产劳动，这样可以避免将大量的时间用在抵制自身肉欲方面的诱惑上。

大概在同一时期，叙利亚和美索不达米亚也都出现了修道院。不过在这里，修道士们所过的苦行生活要远甚于埃及。当时最重要的苦行僧圣·谢米安以及其他一些隐士都是叙利亚人。而圣·巴歇尔（大约公元360年）则将修道院制度经由东方传到了那些说希腊语的国家。巴歇尔修道院中的苦行生活并没有那么苛刻，并且还设有孤儿院和男童学校（男童学校并非专门为准备当修道士的男童所设）。

最初，修道运动是一项完全独立于教会组织之外的自发式运动，最初将两者联系在一起的是圣阿撒那修斯。而且，也正是由于他的影响，才确立了修道的僧侣必须是教士的常规。公元339年，当他居住在罗马时，他又将修道运动传到了西欧。而在其推广过程中，圣杰罗姆也做了大量的工作。紧接着，圣奥古斯丁又将这项运动传到了非洲。另外，图尔的圣马丁在高卢、圣帕垂克在爱尔兰也都陆续创立了修道院。而埃奥纳的修道院则是由圣科伦巴于公元566年创办。在圣阿撒那修斯之前，修道士尚没有被纳入到基督教会组织中，他们时常会成为各种宗教纠纷的来源。原因则大抵如下：首先，人们在那些修道士中无法判断哪些人是真正虔诚的苦行者，而哪些人又仅仅是因生活所迫，觉得修道院生活较为舒适。其次，那些修道士们经常对他们喜欢的主教予以近乎狂热的支持，致使地方宗教会议（甚至整个基督教会议）陷入某种异端。曾经确立"基督一性论"的以弗所地方宗教会议（并非整个基督教会议）就曾经处于修道士的恐怖统治之下。如果不是当时教皇的强烈反对，基督一性论者或许就获得了永久的胜利。但在圣阿撒那修斯将修道士纳入到基督教会体系之后，这种纷争基本就没有再发生过了。

早在公元三世纪中期，在男性修道士尚未出现之前，似乎就已经有修女存在了。一些修女甚至将自己囚于墓穴之中进行修行。

---

[1] 位于埃及赛博斯附近的一处荒野。

在修道士看来，洁癖是非常可憎的癖好。他们将虱子称作“上帝的珍珠”，并将其当作圣洁的标志。圣徒们无论男女，除了必须涉水过河外，都以自己的脚从不沾水而感到自豪。在以后的几个世纪中，他们也做了很多有益的事情：他们在农艺方面比较擅长；有一些人还继承并复兴了一些学术。但在早期，尤其是那些遁世修行的隐士们，是决计不会做这些事的。那时候的修道士不做任何工作，读书也只读那几本宗教指定的书籍，其余的一概不看，并且总是以一种非常消极的态度来看待道德，认为道德只是对犯罪，特别是肉欲之罪的自我节制。唯一例外的是圣杰罗姆，他曾将自己所有的藏书都带到了荒漠中，但后来即使是他也认为这是一桩罪孽深重的事情。

在西方的修道院制度中，最重要的人物就是圣·边奈狄克特了，他是边奈狄克特教团的创建者，于公元480年出生在斯波莱托附近的一户翁布里亚贵族家庭。在他二十岁的那年，他抛弃了罗马奢靡、享乐的生活，孤身一人在一座隐秘的洞穴中隐居了三年。此后，他的生活便不像之前那样孤独了，他于公元520年前后创建了著名的蒙特·卡西诺修道院，他还为该修道院起草了一份“边奈狄克特教规”。这份教规是根据西欧的风土人情制定的，因此对苦行生活的要求并不像流行于埃及和叙利亚等地区的那么严格。当时在苦行生活方面，还有过一种不成文的恶性竞赛，即谁要是能忍受得了最为极端的苦行生活，大家就尊谁为圣人。而边奈狄克特却终止了这种竞赛，并宣布凡是超过教规允许程度之外的苦行都必须要经由修道院长的批准方可实行。在他所创建的修道院中，修道院长被赋予了极大的权力，且是终身任职制，在教规和正统教义允许的范围内，修道院长对其管辖下的修道士们几乎有一种专制的统治权。修道士们再也不可以像以前那样任意在各个修道院之间转入转出。边奈狄克特的修道士们虽然后来都是以博学多闻著称，但起初他们阅读的也仅限于一些修行用的书籍罢了。

但凡是各种群体性组织，都有其自身发展的规律，而且不以其缔造者的意志为转移。关于这一点，最明显的例子便是天主教会，如果耶稣、保罗还活着，他们肯定都会对天主教会的发展大吃一惊。另外，边奈狄克特教团也可以成为这一观点的佐证。边奈狄克特教团中的修道士在入会之初都必须宣誓，保持清贫、顺从和贞洁。关于这点，吉朋曾批评道：“我曾经在某个地方听说或看到一个边奈狄克特派修道院长坦率地自白：‘我那保持清贫的誓言每年可以给我带来十万法郎的收入；我那保持绝对顺从的誓言则将我提升至君主般的地位。’但是，我却忘记他关于保持贞洁的誓言所带来的后果了。”[1]虽然边奈狄克特教派后来逐渐偏离了创始人边奈狄克特的意愿，但这也不完全是一件憾事，尤其在学术方面。蒙特·卡西诺修道院的图书馆非常著名，晚期的边奈狄克特教派修道士们在学术方面表现出来的嗜好，曾使他们在许多领域都做出了很大贡献。

自蒙特·卡西诺修道院建立时起，圣·边奈狄克特便一直住在该修道院，直至公元543年他去世时为止。在边奈狄克特教团成员——大格雷高里被立为教皇的前不久，蒙特·卡西诺修道院曾遭到伦巴底人的一次劫掠。在这场劫掠中，修道士们被迫逃往罗马，不过，伦巴底人撤走之后，他们又纷纷回到了蒙特·卡西诺。

在大格雷高里教皇于公元593年所写的对话集中，我们可以得知很多关于边奈狄克特的事情。“他在罗马长大，并在那里接受了良好的古典文学教育。当他看到有很多人因为研究这项学问，结果陷入了荒淫、放荡的生活中之后，他便毅然转身，收回了自己刚刚踏入尘世的双脚，唯恐自己因在这学问中耽搁太久最终也深陷其中。因此，他扔掉了所有书籍，舍弃了父亲留下的房子和财产，带着一颗忠诚事奉上帝的心，寻找一片能够让自己神圣的心愿得以实现的净土。于是，他就这样离开了家门，虽无知又饱学，虽不学却有大智慧。”

很快，他就获得了行奇迹的本领。第一个奇迹是他用祈祷的方法修好了一个破旧的筛子，镇上的居民们随即将这个筛子挂在了教堂门口，“许多年后，当伦巴底人入侵时，那只筛子依旧挂在那里”。修好了筛子之后，他走进了他的洞穴，这个洞穴除了他的一个朋友，外人并不知晓。这位朋友每次都会秘密地用一根绳子将食物递给他，绳子上还系着一个铃铛，以便在食物到达的时候通知这位圣徒。但撒旦却用一颗石子将绳子和铃铛都打坏了，即便如此，这个人类的宿敌想要断绝圣徒食物的企图并没有得逞。

当边奈狄克特在洞穴中住满上帝所要求的时间后，我们的主便在复活节那天向一位祭司显圣，将边奈狄克特隐居的方位指点给他，并吩咐他在复活节和这位隐居的圣徒共进晚餐。与此同时，一些牧羊人也发现了他，“一开始当他们穿过灌木丛偶然发现他时，他穿的是用野兽皮毛制成的衣服，以至他们以为发现了一头野兽。但当他们与这位上帝的仆人熟识之后，许多人便因他将原本野兽般的生活奉为蒙恩、献身和虔诚的生活了”。

和其他隐士一样，边奈狄克特也曾遇到过肉欲方面的诱惑。“邪恶的意念曾

[1] 参见吉朋《罗马帝国衰亡史》，第三十七章，注57。

让他回忆起一个他之前见过的妇人，而这个回忆唤起了这位上帝仆人灵魂深处最为强烈的淫念，并且这种淫念不断地膨胀，几乎使他屈服，他脑子里甚至已经起了离开荒野、结束隐居生活的念头。最终，上帝的恩惠使他清醒了过来。当他看到附近生长的一片茂密的荆棘和丛生的荨麻时，他毫不犹豫地脱下了所有衣服，跳进去不断翻滚，而当他爬上来时，他的身体已是皮开肉绽，正是借助这种肉体的伤痛，他医治好了自己灵魂上的创伤。"

当他声名远播之后，有一个院长刚刚去世的修道院，想邀请他去主持该院事务。他接受了邀请，一就任便要求修士们严格遵守清规戒律，那些对此要求心存不满的修道士们一气之下决定在酒中下毒杀害他。边奈狄克特一下便识破了他们的险恶用心，他用手在杯口上画了一个十字，那只酒杯便立即粉碎了，而他也重新回到了荒野之中。

修补筛子并非边奈狄克特所行的唯一致用的奇迹。一天，一个善良的哥特人在用一把钩镰清理河边的荆棘时，镰头忽然从柄上脱落，掉到深水里了。边奈狄克特获悉这个事情之后，他将镰柄放到水中，这时那个铁制的镰头居然慢慢从水里浮了上来，并自动和镰柄接在了一起。

与他相邻教区里有一名祭司，因为嫉妒这位圣徒的盛名，决定送他一块下了毒的面包来加害他。但边奈狄克特却非常神奇地知道了这面包是有毒的。他有用面包喂养乌鸦的习惯，但那天当那只乌鸦飞来时，圣徒对它说："以我们的主，耶稣基督的名义，我命令你衔起这块面包，将它丢到没人能到达的地方去。"那只乌鸦听从了他的命令，当它飞回来的时候，边奈狄克特则仍像平常一样喂它食物。而那位邪恶的祭司，发现自己无法消灭边奈狄克特的肉身之后，就决定蚕食他的灵魂。他将七名赤身裸体的少妇送进了边奈狄克特所住的那家修道院中。圣徒担心那位邪恶的祭司的不断发难，会让修道院里那些年轻的修道士们经受不住诱惑而犯罪，于是，他自己选择了离开。如此一来，那个邪恶的祭司便没有动机行此恶事了。最终，那位祭司也没能善终，被房中倒塌下来的天花板砸死了。这时，有一位修道士找到边奈狄克特，非常高兴地告诉了他这个消息，并且邀请他重返那家修道院。而边奈狄克特在得知这个消息后，却对犯罪者的死亡进行了哀悼，并责罚那个面露喜色前来报信的修道士进行更为严苛的苦行。

大格雷高里不仅谈到了圣·边奈狄克特所行的一些奇迹，他对边奈狄克特的其他事迹也都乐此不疲地给予了关注。边奈狄克特在创建了十二所修道院之后又重新回到了蒙特·卡西诺修道院，那里有一所纪念阿波罗的小礼拜堂，当时仍然被乡民们用作异教的祭祀场所。"都这时候了，那些狂热的异教徒还在那里献上罪恶深重的祭品。”于是边奈狄克特摧毁了这座祭坛，并在原址上修建了一所教堂，并劝化附近的异教徒都改信了基督教。这时撒旦被惹恼了。

“这个人类的宿敌，认为这不是一件好事，他竟然不是在私下里，也不是在睡梦中，而是公开地来到边奈狄克特的面前，大声叫嚣着说，边奈狄克特粗鲁地冒犯了他。修道士们虽然也能听到他在喧嚣，但却不能看到他的形体。当圣父向修道士们讲述这件事时，撒旦又以一副穷凶极恶的嘴脸出现在他面前，他张牙舞爪，嘴里喘着炽热的粗气，眼睛里则射出喷薄的火焰，恨不得要将他撕成碎片。魔鬼对他所说的话，修道士们都听得真真切切。它先是嘴里叫唤他的名字，但这位上帝的仆人则对其不屑一顾，不做任何回应，于是，它又开始对圣徒冷嘲热讽：‘被赐福的边奈特啊！’当它发现自己仍然没有得到任何回应时，马上换了一副嘴脸，‘错了，不是被赐福的边奈特，而应该是被诅咒的边奈特，我与你有什么关系？你为什么要如此加害于我？’”到这里故事已经结束了，人们可以想象，最终，撒旦只能在绝望中选择了放弃。

我对大格雷高里的对话集做了较大篇幅的引用，其重要性主要表现在以下三个方面：第一，圣·边奈狄克特所制定的边奈狄克特教规后来成为所有西欧修道院（爱尔兰境内的修道院及爱尔兰人创立的修道院除外）教规的典范，而这些对话却正是我们了解其生平事迹的主要来源；第二，这些对话为我们展现了当时世界上文明程度最高的一个民族，在公元六世纪末期最为生动的生活画面；第三，这些对话是教皇大格雷高里所记录下来的，他是西欧教会中第四位也是最后一位博士，而且，在政治上他也是最为杰出的一名教皇。下面，我们将重点论述他。

曾经担任诺桑普顿副监督一职、令人尊敬的W.H.赫顿牧师[1]曾经断言，大格雷高里是公元六世纪里最伟大的人物，只有查士丁尼皇帝和圣·边奈狄克特方能与之匹敌。这三人都对未来产生了极其深远的影响：查士丁尼是因他的法典（而非武功，因为武功对世界的影响只是暂时性的）；边奈狄克特是因他制定的边奈狄克特教规；而大格雷高里则是因他所带来的教皇权力的增长。在上文我所引用的那些对话中，或许我们会觉得他显得有点幼稚和轻信，但作为一名政治家，他确实非常机敏、老练，在面对当时那个错综复杂、变幻莫测的世界时，他能非常清醒地认识到自己可以争取的成就。这一对比，不禁让人大吃一惊：那些在行动上颇为有效的人物在心智上往往只有二流的水平。

大格雷高里是以格雷高里为名的第一位教皇，他大约于公元540年出生在

「1」参见《剑桥中世纪史》，第二卷第八章。

罗马的一户富庶的贵族家庭。他的祖父在丧妻之后，好像也曾做过教皇。而他本人，在年轻的时候就曾拥有过一座宫殿和巨额的财产。他受到过在当时看来算是良好的教育，虽然其中并没有包括与希腊语相关的知识。而后来，尽管他曾在君士坦丁堡住了长达六年，他仍没能学会希腊语。公元 573 年，他出任罗马市长一职，但后来他接受了宗教的召唤：将自己的所有家财都捐献了出来，用以修建修道院和赈济贫民；他还将自己居住的宫殿改造成了修道士的居所，而自己则成为一名边奈狄克特的信徒。他全身心地投入到潜修和苦行当中，长期下来，其自身的健康也因之受到了极大的损害。当时的教皇裴拉鸠斯二世，看中了他在政治方面的才能，于是派遣他到君士坦丁堡担任教皇的全权代表，因为从查士丁尼皇帝时期开始，罗马便已经在名义上臣服于君士坦丁堡了。格雷高里于公元 579 至公元 585 年间一直居住在君士坦丁堡，在东罗马帝国的宫廷中，他一面代表着罗马教廷的利益，另一面则就教皇神学的问题不断与东罗马帝国的教士们进行探讨。这些教士与西罗马帝国的教士们比起来，更易于倾向异端。此时，君士坦丁堡的大主教正竭力宣扬一种错误的见解，他认为，我们复活之后的肉体是不可触及的。但最终，大格雷高里成功地将皇帝从偏离其真实信仰的歧途上拉了回来。即便如此，他还是未能说服皇帝出兵攻打伦巴底人，而这正是他此次出使的主要任务。

在公元 585 至公元 590 年这五年间，格雷高里在他的修道院里担任院长。不久，教皇去世了，于是他便继任，成为新的教皇。那是一段充满艰难的时期，但正是这种混乱的时代，才提供给了这位出色的政治家以极大的机会。当时，伦巴底人正在劫掠意大利；西班牙和非洲也因拜占庭的无能、西哥特族的衰落以及摩尔人的侵入，陷入了一种无政府的混乱状态；在法兰西境内，南北方之间爆发的战争仍在持续；而不列颠虽然在罗马治下时信奉基督教，但撒克逊人入侵之后，他们又改信了异教；另外，阿利乌斯教派仍然有残余，“三禁令”的异端也没有消失。这一动荡的时代甚至对当时的主教都产生了重大影响，使得他们当中很多人不再是世人的楷模。圣职买卖现象十分普遍，直到公元十一世纪后期，这仍是一项亟待矫正的弊病。

格雷高里上任之后，便全身心地投入到与这些混乱与动荡的根源做斗争的行动中。在他之前，罗马教皇虽然被公认为是处于教会阶层最上层的人物，但除了其主管的教区之外，他对别的教区并没有任何管辖权。比如，圣·安布洛斯与当时的教皇关系十分融洽，但他从来没有让自己屈从于教皇的权威。格雷高里上任之后却成功地使教皇的权威得以声张，而且他的权威不仅为全体西方教士所公认，甚至连东方的一部分教士也在某种程度上开始承认他的权威了。这一方面出于其杰出的个人道德品质，另一方面也得益于当时西方各国所处的无政府状态。在罗马教廷所能控制的地区，他主要通过与各地主教以及世俗统治者们通信的方法，来彰显他的权威，当然，有时也会使用其他手段。他所著的《教牧法规》中含有许多他对主教的忠告，这个小册子在中世纪初期产生了很大的影响。实际上，这是一本主教的工作指南。起初，他是为拉温那的主教写的，但同时又将其送给了赛比耶的主教。在查理曼统治时期，主教们只有在被授任圣职的时候才能被授予此书，而阿尔弗莱德大帝又将这本书翻译成盎格鲁－撒克逊语。在东罗马它则以希腊文的形式流传。格雷高里在这本书中给出的忠告或许并不能让人眼前一亮，但却十分全面。比如，他会劝告主教们不要玩忽职守，还会告诫他们不要去批评那些世俗统治者，如果他们不听从教会的建议，那么须时刻以地狱之火来警醒他们。

大格雷高里的信件都十分有趣，我们不仅可以从中看出他的性格，还能借之描绘出他所处时代的景象。除了对皇帝和拜占庭宫廷里的贵妇人外，他对收信人的口吻就像一个校长——有时会称赞表扬，但更多的是训斥，并且对自己发号施令的权力没有表现出丝毫的犹豫。

下面我们就以他在公元 599 年所写的书信为例。第一封是写给撒丁尼亚岛上一位叫卡格利亚利主教的。此人年纪虽长，但却道德沦丧。信中有一部分是这样写的："有人告诉我，在主日行庄严弥撒之前，你竟外出用犁翻毁了那些献礼之人的农作物……在庄严的弥撒礼之后，你又肆无忌惮地拔去了那土地的界标……如果你能体察到我们原谅你是个上了年纪的老人的话，那么，老头，你今后一定得多加反省，在行为上再也不能恣意妄为，在举止上更不能蛮横乖僻。"关于这个问题，他同时还给撒丁尼亚世俗界的权威人士写了信。后来这个主教又因私自收取葬礼费用，以及允许一位改宗的犹太人在犹太会堂里安置一个十字架和一座圣母像数次遭到斥责。另外，后来格雷高里还得知了该主教和撒丁尼亚的另外一名主教没有经过大主教的许可就擅自外出旅行，这当然也是被严格禁止的。接着下面的一封信是写给达尔马齐亚的总督的，信中言辞颇为严厉："我们看不出你身上有哪一点能够让上帝和民众满意"；"鉴于你仍在寻求我们对你的支持，我想，在这件事情上，你应该用全部的身心、灵魂和眼泪来侍奉你的救世主。"至于这个可怜的家伙到底做了什么，我们就不得而知了。

下面一封信则是写给意大利总督卡里尼克斯的。在信中他对卡里尼克斯战胜斯拉夫人表示祝贺，并告诉他该如何处理伊斯特利亚的异端者，这些人因触犯了

“三禁令”而获罪。关于这个问题，他还给拉温那主教写过信。也有一封信让我们颇感意外，这封信是格雷高里写给叙拉古的主教的，之所以让我们意外，是因为在这封信中他一反常态，信中没有指责别人的话语，反而是在为自己辩护。这封信所讨论的问题意义重大，即在进行弥撒的过程中是否有必要在某个时间点高呼“哈利路亚”。格雷高里指出，自己之所以会使用“哈利路亚”，并不是叙拉古的主教所想的那样是屈从于拜占庭的结果，而是起源于圣雅各，经由被赐福的杰罗姆而流传下来的。因此，那些认为他过分地屈从于希腊仪式的想法是错误的。(与此相类似的一个问题，曾是造成俄罗斯旧教徒分裂的原因之一。)

另外，他还有很多写给蛮族统治者们的信。法兰克女王布吕尼希勒德还曾写信请求他赐给她一件与之前赐给法兰西的某个主教一样的白羊毛袈裟。格雷高里虽然答应了她的请求，但非常不幸的是，她所派去的使者是一名分裂主义者。他还曾经写信给伦巴底国王阿吉鲁勒夫，对他和敌对势力的成功议和表示祝贺。他这样写道：“如果没能达成和平协议，那除了会使可怜的农民们——他们的劳动对交战双方都是有益的——继续流血，并且再度加重交战双方的罪孽和危险之外，还能带来什么呢?”同时他还给阿吉鲁勒夫的妻子狄奥德琳达皇后写了封信，希望她能够劝导其丈夫一心向善。紧接着他再次去信布吕尼希勒德，并就发生在其境内的两件事对其质问：一件事是一个世俗人没有经过普通祭司的试用期直接被提拔为主教；另一件事则是准许犹太人拥有基督徒作为奴隶。他在一封写给法兰克的两位国王狄奥都利克和狄奥代贝特的信中则说道，由于法兰克人的虔诚堪为典范，他本来只想说一些令人愉悦的事情，但他终究还是忍不住要指出，在他们的王国里，圣职买卖的罪行已经十分猖獗。在另一封写给图林地方主教的信中他则提到了该主教所犯的一些错误。他还曾给蛮族统治者、西哥特王理查写过一封纯粹恭维性质的信，这个理查之前属于阿利乌斯教派，于公元587年改信了天主教。为此格雷高里教皇还特意赏给了他一把小钥匙，“这把小钥匙是用当年拘锁圣徒彼得的锁链上的铁制成的，那条锁链拴在圣徒的脖子上并最终使他殉道。因而，它现在可以用来免除你和你的家人所犯下的一切罪孽，并可以从蒙神赐福的圣徒彼得身上得到祝福”。希望国王会“笑纳”如此珍贵的礼物。

对于以弗所异端宗教会议，他在信中对安提冈的主教指示道：“我们听说在东方的教会中，除非使用贿赂手段，否则没人能够担任圣职。”——言下之意即要求主教须竭尽所能纠正这种歪风。马赛的主教因为毁掉了一些人崇拜的偶像而遭到了格雷高里的斥责：偶像崇拜固然是错的，但那些偶像也并非一无是处，因此，对其也应当加以尊重。高卢有两位主教则因其教区中有个修女被迫结婚，而遭到了强烈的谴责。“如果确有其事的话……你们两位就应当去做个雇工，而不配做一名牧师。”

上面所列举的只是他在这一年中写的信件的一小部分。所以，就连他自己，也曾在当年的一封信中慨叹道：“难怪我基本找不出时间来进行冥想了。”

格雷高里对世俗的学问态度不太友好，他曾经在给法兰西伟恩（地名）的主教西德琉斯的信中这样说道：“我曾听说过一件让人羞于启齿的事情，即你的弟兄们（实际上就是你自己）喜欢给人讲授语法。对于此事，我们不仅感到非常不满，还十分愤怒，以至于我们将之前说过的话都化成了深深的叹息和哀伤，因为从那些对朱庇特赞不绝口的嘴里，是绝不会说出对耶稣的溢美之词的……从某种程度上讲，因为这件事与主教有所牵连，其性质相当恶劣。所以一定要查出真凭实据，以彻底弄清事实是否果真如此。”

教会对异教学术的这种敌视一直持续到了盖尔伯特时代（即赛尔维斯特二世时期），延续了四个多世纪。直到十一世纪之后，教会对世俗学术的态度才逐渐有了好转。

格雷高里对待皇帝的恭敬程度，要远高于其对待蛮族诸王的态度。他曾经在写给君士坦丁堡的一位记者的信中写道：“只要是那虔诚的皇帝想得到的东西，不管是什么，我们都可以满足他。他只要做了决定，就按照他决定的去办，只要他不会连累我们遭到撤职的处分就行。另外，如果他所做的一切都是合乎教义的，那我们就要追随；如果他违反了教规，我们则要隐忍，但是要以不会导致我们自身犯罪为上限。”当时的皇帝摩立斯在一次叛乱中被赶下了台，领导这次叛乱的是一个名不见经传的百夫长弗卡斯，这位政治上的暴发户在将皇帝赶下台后就迫不及待地即位做了皇帝，并且当着摩立斯的面杀害了他的五个儿子，随后将其也一并杀害。当时的君士坦丁堡大主教除了殉职，几乎没有别的选择，无奈之下只得为弗卡斯加冕。但此时格雷高里的态度却让人非常惊讶，这位远离罗马，并无生命之虞的教皇，居然给篡位者和他的妻子写了一封贺信，在信中他极尽阿谀奉承之能事，竟然这样写道：“诸侯国的国王与共和国的皇帝存在着诸多的不同，比如，诸国的国王是奴隶的主人，而共和国的国王是自由人的主人……愿万能的主能使你在思想上和行动上一直都拥有一颗最为虔诚的心，并使你永远沐于他的恩惠之中；愿你心中的圣灵指引着你不断去从事那些正义和仁慈的事业。”在写给弗卡斯的妻子丽恩莎皇后的信中，他写道：“那个长期压在我们身上的重负已经消除，代之以较为温和的皇权束缚，我们应该用怎样的言语和内心，对万能的上帝为帝国安宁所做的一切表示感恩呢？”有人认为，摩立斯是一个恶人，然而事实并非如此，他是一个善良的老人。那些支持格雷高里的人曾为之辩解，说他并不知道弗卡斯的暴行，但实际上虽然他知道拜占庭有篡位的先例，然而，他却并没有去查清弗卡斯究竟是不是一个例外。

异教徒纷纷改宗，使得教会的影响力得到极大的提升。早在公元四世纪末期，乌勒斐拉斯或者乌勒斐拉就曾使哥特人改过宗，但不幸的是，他们改信了凡达尔人所信仰的阿利乌斯教派。但在狄奥都利克死后，哥特人又开始逐渐改信了天主教。正如我们所见，西哥特国王在格雷高里时代也已经皈依了正统教义。法兰克人则是从克洛维斯时代改信天主教的。爱尔兰人在西罗马帝国灭亡之前，经过圣·帕垂克的劝化，也改信了天主教。圣·帕垂克是萨摩赛特郡的一位乡绅[1]，他从公元 432 年一直到公元 461 年去世为止，一直都住在那里。当时爱尔兰人在苏格兰和英格兰北部做了很多的传教工作，在这些传教士中最伟大的要数圣·科伦巴了。另外，还有一个人也很重要，即科伦班，他曾就复活节问题及其他一些重要的问题给时任教皇的格雷高里写过一封很长的书信。除了诺桑布利亚外，格雷高里还特别关注过英格兰的改宗。我们都知道，在格雷高里成为教皇前，他曾在罗马的奴隶市场上遇到过两个金发碧眼的小孩，当有人告诉他这两个男孩是盎格鲁人时，他立即回应道："不，他们是天使！"在他当上了教皇之后，他便派遣圣·奥古斯丁前往肯特，劝化他们改宗。关于此事，他曾多次写信给奥古斯丁、盎格鲁国王爱迪尔伯特以及一些其他人士。格雷高里还曾下令禁止破坏英格兰境内的异教神庙，但却又把那些庙宇中的异教神像悉数摧毁，原来的神庙也改为了神圣的教堂。圣·奥古斯丁曾就很多问题请示过他，比如堂亲或者表亲之间是否可以通婚，夜间行过房的夫妻是否可以进入教堂（关于这个问题，格雷高里认为只要他们都洗净了身体，还是可以进入教堂的）等问题。圣·奥古斯丁的这次布道应该说是成功的，而这也是今天我们仍然是基督徒的重要原因。

我们在本章中所叙述的这一历史时期，有着鲜明的时代特征：当时出现的那些伟人，虽然与其他时期的伟人们比起来还略显逊色，但他们对未来的影响却更为深远。罗马法典、修道院制度以及教廷所拥有的持续而又强大的影响力，这三者应主要归功于查士丁尼、边奈狄克特和格雷高里三人。公元六世纪的文明发达的程度虽不及它之前的时代，但与之后的四个世纪相比，仍是高度发达的，他们甚至摸索出了许多驯服蛮族的制度。值得留意的是，上面三人中，有两个人出身于罗马贵族，第三个人则直接是罗马教皇。格雷高里可以算得上是最后一个真正

---

[1] 至少伯里（J.B.Bury）在他所写的关于该圣徒的传记里就是这么说的。

意义上的罗马人。他那种命令式的口吻虽然是其职务使然，但其根源则是罗马贵族所固有的那种自负。在他之后的很长一段时间里，罗马城再也没有产生过一位伟人。但即便是在罗马城的衰落期，它却仍能成功地束缚住征服者灵魂：他们之所以对彼得圣座[1]心怀尊敬，实际上还是源于他们对凯圣座的畏惧。

在东方，历史的进程则截然不同，当格雷高里年近三十的时候，穆罕默德才刚诞生。

「1」这里用彼得圣座指代罗马教会。

西方哲学史

A HISTORY OF PHILOSOPHY

第二篇

经院哲学家

II

第七章

黑暗时期的罗马教皇制

从大格雷高里到赛尔维斯特二世这四个世纪里，教皇制度数度变迁。其时而受制于希腊皇帝[1]，时而又受到西罗马皇帝的支配，甚至在某些时期竟从属于罗马当地的贵族。即便如此，在公元八世纪到九世纪这段时间，那些手段强硬的教皇仍然趁机建立起了教皇的权力系统。公元600年到1000年这一时期，是我们了解中世纪教会及其与国家关系的重要时期。

教皇最终能摆脱希腊皇帝的束缚而取得独立，与其说是他们自己努力的结果，倒不如说是伦巴底人的武力无意间帮助了他们，当然，教皇们并无要感谢伦巴底人的意思。希腊教会在很大程度上一直是受制于皇帝，皇帝们认为自己有权力决定整个国家的信仰，也有权力决定主教甚至大主教的任免。修道士们也想摆脱皇帝的束缚而取得独立，因此他们经常与教皇为伍。君士坦丁堡的大主教们则情愿归顺于皇帝，也不愿意承认自己在某种程度上是受制于罗马教皇权力的。而皇帝为了让教皇帮助其抵抗意大利境内的蛮族，他对教皇的态度要比君士坦丁堡大主教对教皇的态度友好得多。东方教会拒绝承认教皇的审判权后来成了东西方教会最终走向分裂的最主要原因。

拜占庭人被伦巴底人击败之后，教皇们害怕自己也会被这些强悍蛮族所征服是情有可原的。但他们借着与法兰克人结盟，克服了内心的这一恐惧感。当时的法兰克人在查理曼大帝的领导下已经攻占了意大利和德意志。这一同盟产生了神

「1」这里实际上指的是东罗马帝国的皇帝，因为当时东罗马帝国的皇帝们大多是希腊人，故有此说法。——译者注

圣罗马帝国，该帝国曾有一个以教皇和皇帝之间的妥协为前提的宪法。然而，加洛林王朝却迅速地走向衰败了。首先，教皇可以从这种衰败中获益，公元九世纪下半叶，教皇尼古拉一世将教皇权力提到了一个前所未有的高度。当时普遍的无政府状态导致了罗马贵族事实上的独立。到了公元十世纪，这些贵族们控制了罗马教廷，造成了非常严重的后果。至于教廷和教会是如何通过革命运动来摆脱封建贵族控制的，将是我们在下面一章中重点讨论的内容。

公元七世纪，罗马仍处在皇帝的武力统治之下，那时候的教皇只能选择服从，否则就有可能遭到迫害。其中有些教皇，比如霍诺留斯甚至屈从了异端观点；另一些教皇则因对皇帝的强烈抵制而遭到了囚禁，比如，马丁一世。公元685年到752年间，担任教皇的大多是叙利亚或希腊人。而伦巴底人对意大利领土的不断蚕食，使得拜占庭的势力越发衰微了。公元726年，伊苏利亚王朝（拜占庭帝国）的皇帝里奥颁布了一项毁坏圣像的法令，而这导致了在当时，不仅整个西方，就连东方也都将其当作异端了。这项法令遭到了教皇们的强烈而有效的抵制，最终未能付诸实施。公元787年，在伊琳女皇统治时期（最初她只是摄政），这项明显带有异端色彩的法令终被东罗马帝国废除。但与此同时，在西方发生的一连串重大事件，也终止了拜占庭帝国对罗马教廷的控制。

在公元751年前后，伦巴底人彻底占领了拜占庭意大利的首都拉温那。该事件虽然对教皇本身而言，亦带来了伦巴底人的极大威胁，但也成为教皇彻底摆脱世俗皇帝控制的一次良机。出于某些原因，相比伦巴底人，那些教皇更喜欢希腊人。首先，希腊皇帝的权力是合法的，而那些蛮族国王如果没有经过皇帝的册封，就应当被当作篡逆者；其次，希腊人的文明程度要比蛮族高；第三，伦巴底人是狭隘的民族主义者，而教会则更倾向于罗马式的国际主义；第四，伦巴底人本来属于阿利乌斯教派，即便在改宗后，他们身上仍然保留着很多令人反感的东西。

公元739年，伦巴底人在其国王留特普兰的领导下试图攻占罗马，但遭到了教皇格雷高里三世的顽强抵抗，他甚至还向法兰克人求援。然而，此时洛维斯的后代——法兰克王国墨洛温王朝的国王们，却已经失去了王国的实权，国家大权已旁落在宰相手中。当时的宰相查理·马特尔是一个非常精明强干的人，他和英国征服者威廉一样，都是庶子。公元732年，在图尔进行的那场决定性战役中，他击败了摩尔人，为整个基督教世界拯救了法兰西。立有如此大的功劳，罗马教会本应非常感激他，但因他出于财政上的需要，竟夺取了教会的部分财产，这使得教会对其功绩评价大打折扣。公元741年，查理·马特尔和格雷高里三世相继去世，接任其宰相一职的是丕平，教会对此人相当满意。公元 754 年，时任教皇的斯蒂芬三世为了躲避伦巴底人，曾翻越阿尔卑斯山拜访丕平，并与之缔结了一份当时对双方都极为有利的协定。当时的教皇需要丕平提供军事保护，而丕平一心所想要的也只有教皇才能够赐给他的：将他取代墨洛温王朝国王的行为合法化，获得国王的称号。作为答谢，丕平还将拉温那，以及以前拜占庭总督在意大利的辖区全都赠给了教皇。显然，君士坦丁堡是不会承认这项馈赠的，因此，这也意味着法兰克在政治上从东罗马帝国中分离了出来。

如果说以前历代教皇都隶属于希腊皇帝的话，那么天主教会的发展则将要改变这种形势。在东罗马教会中，君士坦丁堡的大主教从来没能摆脱世俗王权的制约，获得真正意义上的独立，也没能像教皇那样获得那种高高在上的优越性。一开始，所有主教均被视为平等，该观点在东罗马一直被坚守着。像亚历山大里亚、安提阿和耶路撒冷等城市中还存在着其他大主教，但在西罗马，教皇是唯一的大主教。(但这一事实在伊斯兰教徒入侵之后就失去意义了。) 在西罗马，几百年来世俗人大多都是文盲，但在东罗马却并非如此，因此，西罗马教会有着东罗马教会所没有的便利。而罗马城的声望也是在东罗马诸城之上的，因为罗马市是和帝国的传统联系在一起的，而且还有彼得、保罗为之殉道，彼得是第一任教皇的传说。皇帝的权威也许会跟教皇的威望相冲突，但西罗马各国的君主们绝对不会这么做。神圣罗马帝国的皇帝们往往没有实权，他们只有在得到教皇的加冕后，才能成为真正的皇帝。正是由于这些原因，想要在西方教会建立起真正的教皇政治，并使教会真正独立于世俗王国，那就必须首先使教皇从拜占庭的统治之下得以解脱。

这一时期里有一些重要的文件，比如"君士坦丁之馈赠"和伪教令集等。我们这里不会涉及伪教令集，但是会叙述一些和"君士坦丁之馈赠"相关的东西。为了给丕平的馈赠行为披上一层合法的外衣，教士们特意伪造了一份文件，并将其说成是君士坦丁皇帝颁布的一项法令。该法令上说，当他创建新罗马时，曾将旧罗马及其所有的西部地区都赠送给了教皇。因此，整个中世纪，人们对这项奠定了教皇世俗权力基础的馈赠都信以为真。一直到文艺复兴时期，洛伦佐·瓦拉（1406—1457）才于 1439 年首次对该法令提出质疑，认为这是一份伪造出来的赝品。洛伦佐·瓦拉曾用非常优雅的拉丁语写了一本驳斥"君士坦丁之馈赠"的书，这种优雅的文风即使在八世纪也是极为少见的。奇怪的是，在他出版了这本书外加写了一篇赞美伊壁鸠鲁的文章之后，他竟被当时的教皇尼古拉五世任命为教廷的秘书，显然这位教皇热爱他那种优雅自然的拉丁文风甚至超过了热爱教会的程度了。虽然教皇对教会领地的管辖权是以那份伪造的法令为依据的，但尼古拉五世却从未提出过要放弃教会所管辖的领地。

关于这份著名的文件的内容，C. 戴利勒·伯恩斯曾引述如下[1]：

在总结了尼西亚信条，亚当的堕落以及基督的诞生后，君士坦丁说他自己患上了麻风病。医生对该病都束手无策，因此，他只得求助于“丘比特神殿的祭司们”。他们建议他杀死一些婴孩，将自己浸泡于那些婴孩的血液中，但当他看到那些婴孩母亲们的眼泪时，他最终将婴孩归还给了她们。当晚，彼得和保罗便向他显圣，并告诉他，隐居于苏拉科特洞穴中的赛尔维斯特教皇可以治好他的病。于是他去了苏拉科特，在那里，“万能的教皇”告诉他，彼得和保罗并不是神，而是使徒，并且还给他看了这两个人的画像，他一眼便认出这两个人正是上次显圣的两位，于是他在所有的总督面前承认了此事。教皇赛尔维斯特便让他穿上一件马毛衫进行了一段时间的忏悔，接着又给他进行了洗礼，此时他隐约感觉到上天降下一只手触摸了他一下。他的麻风病就这样治好了。从此，他自己也放弃了偶像崇拜。此后，他和他治下的总督、元老院贵族以及全体罗马人民最终决定将最高权力让给彼得教廷，并使之凌驾于安提阿、亚历山大里亚、耶路撒冷以及君士坦丁堡之上。然后他又在拉特兰皇宫内建造了一所教堂。他将自己的皇冠、三重冠和皇袍都赐给了教皇，并将三重冠戴在了教皇的头上，甚至还替教皇牵着马的缰绳。他把“罗马以及意大利所有的省、地区和城市都让给了赛尔维斯特和他的继任者们，将西罗马作为教会的永久辖区”。然后他自己迁到了东罗马，因为“在上帝已经建立主教权威且已存在着基督教首脑的地方，之前的世俗皇帝已经没有必要再掌权了”。

伦巴底人并不想臣服于丕平和教皇，但他们在战争中却数次被法兰克人打败。公元 774 年，丕平的儿子查理曼终于彻底击败了伦巴底人，入驻了意大利，并且自封为国王。随后他又占领了罗马，在那里他又确认了丕平的馈赠。当时的教皇略德里安和里奥三世发现，无论怎样，促成查理曼的计划实现于他们自己来说都是有利的。之后，查理曼又占领了德意志的大部分地区，并以强烈的迫害手段使撒克逊人改信了基督教，最终，他使得西罗马帝国得以复兴，而他自己也在公元 800 年的圣诞节那天，由教皇加冕为皇帝。

神圣罗马帝国的诞生，使得中世纪在理论方面开创了一个新的时代，但在实践方面却远非如此。中世纪是一个特别热衷于法权虚构的时代，当时的虚构认

「1」下面的内容引自一本尚未出版的书，书名为《第一欧洲》。

为前罗马帝国的西部各地区在法律上仍属于君士坦丁堡的皇帝，皇帝是合法权威的唯一源泉。查理曼在法权虚构方面就是一名老道的专家，他曾指出：事实上帝国的皇位目前还没有人继承，因为现在统治东罗马的艾琳（她自称为皇帝而非女皇）只是一个篡位者，女人是不可以做皇帝的。查理曼从教皇那里找到了支持自己主张的合法依据，毕竟从一开始，教皇和皇帝之间就存在着某种微妙、互为依存的关系。一方面，皇帝需要经过罗马教皇的加冕才能成为正式合法的皇帝；另一方面，几个世纪以来，每个比较强势的皇帝都声称自己有任免教皇的权限。关于中世纪法权的理论，实际上是由教皇和皇帝共同决定的，虽然双方都被两者之间存在的相互依存的关系所困扰，但却无法摆脱，一直持续了几个世纪。他们之间还存在着不断的摩擦，而这种摩擦的天平也是时而倾向这一方，时而倾向另一方的。到了十三世纪，两者之间的矛盾终于到了不可调和的地步，教皇虽然取得了最终的胜利，但随后却丧失了他们在道德上的权威。教皇和神圣罗马帝国的皇帝在并存了几个世纪之后，皇帝终于在拿破仑时代被终结，而教皇则一直延续到了现在。围绕双方权力所建立起来的那些精细的理论也早在十五世纪前后就失去了效用。该理论所主张的基督教世界一统论，很快就被世俗世界中法兰西、西班牙、英吉利等君主国的强权所摧毁，即使在宗教方面，也被后来的宗教改革摧毁了。

关于查理曼大帝及其随从的性格，盖哈特·泽里格博士曾概括叙述如下：[1]

查理曼大帝在宫廷中精力十分充沛。在他那里，我们既可以看到奢华的生活和天才的皇帝，也能看到很多不道德的行为。查理曼对他周围的人并不十分在意，而且其本人也绝非一个模范人物，对于那些他有好感或者他认为有用的人，他总能许之以各种恩惠。他虽然被人们称为“神圣的皇帝”，但他的私生活却丝毫不神圣。阿鲁昆就曾经如此称呼过他，并且称其美丽的女儿罗楚德是一位贤良淑德的女子，实际上这位罗楚德曾和梅因（地名）的一个叫罗德里克的伯爵有过一个私生子。查理曼容不得他的女儿们与之分离，他不允许她们结婚，因此，他不得不面对一些令人尴尬的结果：另一个女儿蓓尔塔和圣里其耶修道院的院长安吉尔伯特生下了两个男孩。事实上，查理曼治下的宫廷就是一个纵情享乐、腐化堕落的生活中心。

查理曼是一个相对比较粗鄙的人，虽然他在政治上与教会结成了同盟，但他对个人的虔诚却丝毫不加关心。他是一个文盲，基本没有读写能力，不过，他却

「1」参见《剑桥中世纪史》，第二卷，第663页。

发起了一次文艺复兴。他的个人生活放荡不羁，而且对自己的女儿极度溺爱，但是却竭力地劝化其治下的臣民过圣洁的生活。和他父亲丕平一样，他也巧妙地利用了传教士们的热忱来达到自己在德意志进行势力扩张的目的，并且想方设法地使教皇服从他的命令。而此时的教皇们是愿意这样做的，因为当时的罗马已经被蛮族占领，如果没有外界提供保护，教皇甚至连自身的安全都无法保证，这一时期的教皇选举也随之演变为混乱不堪的派系斗争了。公元 799 年，当地的敌对分子甚至直接绑架了教皇，将其囚禁起来，并且还威胁说要弄瞎他的眼睛。查理曼大帝在世时，似乎要开始一个新秩序，但当他去世之后，除了一套空洞的理论外他什么也没能留下。

教会所得的利益，特别是教廷获得的利益，要比西罗马帝国获得的利益稳固得多。在大格雷高里的数次命令下，一个修道士使团最终劝化英格兰改信了基督教。因此，与那些存在地方主教，但更习惯地方自治的地区相比起来，英格兰对罗马的态度显得更为恭敬和顺从。德意志的改宗主要归功于英格兰传教士圣·鲍尼法斯（公元 680 年—754 年）。他是一个英格兰人，而且是查理·马特尔和丕平的朋友，对教皇有着绝对的忠心。鲍尼法斯在德意志筹建了很多修道院，他的朋友圣戈勒也在瑞士建了一座修道院，并将其以自己的名字命名。根据一些权威人士记载，鲍尼法斯曾按照《列王纪上卷》中所提到的仪式为国王丕平举行过涂油仪式。

圣·鲍尼法斯原籍是英格兰西南部的德汶州，后来在艾克塞特和温彻斯特接受了教育。公元 716 年他去了一趟弗利西亚，但很快就返回了。次年，他去了罗马，公元 719 年他被教皇格雷高里派往德意志，其任务一方面是劝化德意志人改信基督教，另一方面则是同爱尔兰传教士在德意志造成的恶劣影响进行“斗争”（可以记得的是：他们把复活节的日期和削发的形式给搞错了）。公元 722 年，在他圆满完成任务之后，他回到了罗马，很快被格雷高里二世任命为主教，并宣誓效忠教皇。教皇给了他一封写给查理·马特尔的信，并督促他在劝化异教徒的同时也要适时对其进行镇压。公元 732 年他被提升为大主教，公元 738 年他第三次到访罗马。公元 741 年教皇扎卡里阿斯任命他为特使，命他前往法兰克，对那里的教会进行改革。他曾建立了弗勒达修道院，并制定了一套比边奈狄克特教团还要严格的规章制度。之后，他和撒尔兹堡的一名叫作维吉尔的爱尔兰籍主教发生了一场争论，维吉尔虽曾主张在我们的世界之外还有其他的世界，但在去世后仍被正式列入了圣籍。公元 754 年，鲍尼法斯和他的同伴们在回到弗利西亚后，遭到了异教徒的屠杀而不幸身亡。应该说，德意志基督教之所以成为教皇派，而没有成为爱尔兰派，主要是鲍尼法斯的功绩。

英格兰的修道院，特别是约克郡的那些修道院，在当时有着重大意义。罗马帝国统治期间的不列颠文明此时已经不复存在，而由基督教传教士们引进的新文明则几乎都是集中在边奈狄克特教派的修道院中，这些修道院直接对罗马负责。令人尊敬的毕德是贾罗地方的一个修道僧，其学生埃克伯特后来成为约克郡的第一任大主教，并且修建了一所教会附属学校，阿鲁昆便是在这所学校接受了教育。

阿鲁昆是当时文化界的一名重量级人物。公元780年，他在前往罗马的路上，于帕尔玛觐见了查理曼皇帝。皇帝雇他教法兰克人拉丁语，并且还请他负责王室成员的教育工作。就这样，他在查理曼的宫廷中度过了大半生，主要从事教育工作，并且建立了很多学校。在晚年的时候，他又担任了位于图尔的圣马丁修道院院长一职。他一生著述颇丰，其中包括一本用韵文写成的《约克郡教会史》。查理曼皇帝本人虽然没有接受过正规的教育，但他能充分认识到文化的价值，这一时期缓和了黑暗时代的愚昧，但他在这方面所取得的成果很快就被湮没了：约克郡的文化逐渐被丹麦人毁灭，而法兰西的文化也遭到了诺曼人的破坏。撒拉森人偷袭了意大利南部地区，攻占了西西里，甚至在公元846年还袭击了罗马。总之，公元十世纪对西方基督教来说，绝对是一段最黑暗的时期。因为在九世纪，基督教会尚能从英吉利的教会和像约翰·司各脱那样的大人物那里得到一些帮助。关于司各脱，我们将在后面详细叙述。

查理曼去世之后，墨洛温王朝逐渐走向了衰败。不久，查理曼帝国便宣告分裂。对此，教廷是首先从中获益的一方。教皇尼古拉一世（公元858年—867年在位）趁机将教皇的权力提升到了一个前所未有的高度。他和东罗马帝国的皇帝、西罗马帝国的皇帝、法兰西秃头国王查理、洛林国王罗塔二世以及众多基督教国家的主教们，几乎都发生过争执，而他基本上都可以成为这些争执的获胜者。在他之前，很多地方的教士都依附于当地的贵族诸侯，他上任后便着手改变这一局面。在他任期中，发生过两次比较重大的争论。一次是关于罗塔二世的离婚事件，另一次则是关于非法罢免君士坦丁堡大主教伊格纳修斯事件。整个中世纪，教会经常对皇室成员的离婚问题横加干涉。在那些刚愎自用的国王们看来，那项关于婚姻不可解除的教规只对普通臣民有效。但另一方面，只有通过教会而缔结的婚姻才是合法的、神圣的。如果教会宣布某项婚姻无效，那很有可能引起王位继承人的纷争，甚至会引发王朝的争战。因此，教会在反对皇室成员离婚事件和非法婚姻事件方面扮演着举足轻重的角色。英格兰教会在亨利八世统治时期一度丧失了这个地位，但到了爱德华八世，教会又重新恢复了这一地位。

当罗塔二世要求离婚时，虽然他得到了本国牧师的同意，但教皇尼古拉随即将那些对此事持默认态度的主教们撤职，并断然拒绝了该国王的离婚申请。为此，罗塔二世的兄弟路易二世皇帝曾发兵罗马，试图震慑教皇。但不久因其迷信造成的恐惧而选择了退兵，最终，教皇的意志还是取得了胜利。

有趣的是，伊格纳修斯大主教事件表明，教皇在东罗马仍然可以坚持自己的意见。伊格纳修斯本来担任大主教一职，但因与摄政王巴尔达斯不和，被免去了大主教的职位。不过，取而代之的却是一名叫弗修斯的俗人，拜占庭政府为此要求教皇批准这件事情。于是，教皇派出两名使者前往君士坦丁堡调查事实真相。不料，他们一到君士坦丁堡，便遭到了恐吓，只得勉强同意这项任免。起初，教皇对这件事情并不知晓，但事情最终还是传到了教皇那里，于是，他果断采取了一些措施。他先是在罗马专门召集了一次会议来商讨这个问题，接着又将使团中的一个成员就地免职，同时还罢免了同意授予弗修斯神职的叙拉古大主教。他痛斥了弗修斯，并将他被授予的圣职全部收回，同时将那些之前因反对弗修斯而被革职的人官复原职。皇帝米凯尔三世得知此事后大为光火，他立即给教皇写了一封怒气冲冲的信，但教皇在回信中却这样说道："过去那种国王兼任祭司或教皇的日子已经结束了，现在基督教已经将这两重职务分开了。皇帝作为一名基督徒，在得永生方面需要得到教皇的帮助，而教皇除了一些世俗事务之外，是不需要皇帝来干涉的。"出于报复，皇帝和弗修斯也立即召开了一次宗教会议，在二人的操纵下，开除了教皇的教籍，并宣布罗马教会为异端。但就在此后不久，米凯尔三世就遭到了暗杀，他的继任者巴歇尔恢复了对伊格纳修斯的任命，并且公开承认教皇在此事上享有一定的权限。这次教皇对皇帝的胜利发生在尼古拉死后不久，并且这场胜利几乎完全归功于宫廷革命的意外爆发。伊格纳修斯去世后，弗修斯再次担任了大主教。这使得东罗马和西罗马教会之间的矛盾更加激化。因此，从长期来看，并不能说尼古拉对此事的策略是彻底胜利的。

对教皇尼古拉来说，将自己的意志强加给那些主教，要比强加给国王更加困难。特别是那些大主教，他们都认为自己是非常伟大的人物，因此是断然不会屈服于那位教会中的君主的。但尼古拉认为，主教之所以能够存在，主要应归功于教皇。尼古拉在世时，应该说他成功地普及了这一观点。在这几个世纪里，主教该如何任命，这个问题一直都存在着争议。最初，他们是由所在教区的忠实信徒们直接选举出来的；其后，则经常由其所在教区附近教区的主教通过召开宗教会议选举产生；有的甚至直接由国王或教皇任命。如果出现重大过失，主教可能会被直接裁撤，但究竟是由教皇还是由地方性宗教会议来裁判，当时并没有明确。所有的这些不确定因素，使得该职位所能得到的权势严重依赖于任职者自身的毅力和机敏。尼古拉在位期间，可以说是将教皇的权力扩张到了当时所能达到的最大限度，但其继任者却很快便让这种权力重新陷入了低谷。

公元十世纪期间，教廷完全受制于当地的一些罗马贵族。当时教皇的选举也没有固定的规则，有时根据群众的支持度，有时由国王或皇帝任命，有时则正如公元十世纪所展现的那样，依赖于罗马当地的一些掌权者。这一时期的罗马已经和大格雷高里时代完全不同了，它已不再是一座文明高度发达的城市了。其间充满了派系斗争，一些豪门望族则不时通过暴力、贪污等各种手段来攫取统治权。在这段时间里，西欧的混乱和衰败，使得众多基督教国家都到了濒临崩溃的境地。对于其领地内，诸侯所制造的种种无政府状态，皇帝和法兰西国王都已没有能力进行阻止了。在此期间，匈牙利人袭击了意大利北部地区，而诺曼底人则入侵了法兰西海岸，一直到公元 911 年法兰西将诺曼底地区赠给他们，他们才开始信奉基督教。但此时意大利和法兰西南部地区所面临的最大威胁却来自撒拉森人——他们既不改信基督教，也不把基督教会放在眼里。大概在公元九世纪末期，他们成功攻陷了西西里地区，并在那不勒斯附近的嘎里戈里阿诺河畔定居下来。他们对蒙特·卡西诺和其他大型修道院进行了肆意破坏和践踏；他们还在普罗旺斯海岸建立了一处殖民地，并从那里夺取了意大利和阿尔卑斯山之间的山谷地带，从而阻断了罗马和北方的联系。

撒拉森人对意大利的入侵最终被东罗马帝国阻止，后者在公元 915 年彻底打败了嘎里戈里阿诺河畔的撒拉森人。但此时的东罗马已不能像查士丁尼时期那样，在征服罗马之后对其实施统治了。在经历了一百多年之后，此时的教皇也已逐渐沦为罗马和塔斯苛拉姆贵族的附庸了。公元十世纪初期，整个罗马最有权势的人恐怕要数“元老院议员”狄奥斐拉克特和他的女儿玛柔霞了，教皇的职位几乎被该家族世袭。玛柔霞先后曾有数任丈夫，情人更是不计其数。她曾将其中一个情夫直接任命为教皇，称为塞尔玖斯二世（公元 904 年—911 年在位）；他们的儿子是教皇约翰十一世（公元 931 年—936 年在位）；而他的孙子约翰十二世在十六岁时便坐上了教皇的宝座。这位约翰十二世教皇“以其极度荒淫和奢靡的生活将教皇这一职位的神圣性降到了最低点，而拉特兰宫也因此成为世人瞩目的焦点”。[1]这位玛柔霞很有可能是传说中的女教皇朱安的原型。

「1」参见《剑桥中世纪史》，第三卷，第 455 页。

这一时期的教皇自然也就丧失了之前教皇在东罗马所拥有的一切影响力。他们不能再像尼古拉一世那样，对阿尔卑斯山以北的主教实现有效的统治。各地的宗教会议也纷纷发表声明，要脱离教皇的控制实现全面独立，但它们对专制的君主和封建领主却保持不了独立。主教也逐渐被世俗界的封建领主所同化。“因此，正如无政府状态会给世俗社会带来纷乱一样，教会同样也成了无政府状态的受害者。各种罪恶开始肆无忌惮地蔓延，那些对宗教和拯救灵魂尚存有一丝信念的教士们，无不为当前普遍的衰败和混乱扼腕叹息，最后只能引导忠实的信徒们寄托于世界末日和最后的审判了。”[1]

当时社会上还散布着一条令人恐慌的流言，即认为世界末日将会在公元1000年降临，显然，这个流言早已不攻自破了。事实上，自圣保罗以来，基督徒就一直认为世界末日在逐渐迫近，但他们仍然做着自己的日常工作。

我们可以将公元1000年简单地看作西欧文明沉沦的最低点，此后，直到公元1914年，西欧文明进入了缓慢上升期。最初，这种上升过程源于修道士的改革。当时处于修道士教团之外的僧侣，大多已经变得暴虐不堪、道德败坏和世俗化了；那些由虔诚信徒们所布施的财富和权势逐渐使僧侣们走向腐化堕落，这样的事情发生了一次又一次，甚至连修道士教团中的人也不能幸免。所幸的是，每当这种普遍的道德沦丧发生时，总有一些改革者会以极大的热情站出来，试图重振原来的道德体系。

公元1000年之所以会成为历史的一个转折点，还有一个重要原因便是，大概在这一时期穆斯林和北方的蛮族逐渐中止了对西欧的征伐，而这正是西欧诸国盼望已久的。哥特人、伦巴底人、匈牙利人和诺曼人曾相继来犯，但最终各部族都改信了基督教，当然，这也导致了各部族原生文明的逐渐丧失。西罗马帝国分裂为许多由蛮族统治的王国后，那些国王都丧失了对其属下诸侯的控制，经常呈现出一种普遍的无政府状态，而相应伴随着的则是规模或大或小的暴力和战争。但最终所有那些强悍的北方征服者部落都改信了基督教，并且开始定居下来。诺曼人属于比较后期的入侵者，因而显得特别有文明素质。他们从撒拉森人那里夺回了西西里，从而使意大利免遭穆斯林的洗劫。他们又从丹麦人手中夺回了原本属于罗马帝国的英格兰，并将之重新纳入罗马的版图。而当他们最终定居在诺曼底之后，立即允许了法兰西的复兴，并向他们提供了实质性的帮助。

我们之所以将公元600年到公元1000年这段时间称为“黑暗时期”，主要是

「1」参见《剑桥中世纪史》，第三卷，第455页。

针对西欧历史而言的。这一时期的中国，正处于唐朝。那是中国诗歌发展最为鼎盛的时期，其他方面也都获得了惊人的成就。从印度到西班牙，光辉灿烂的伊斯兰文明正大行其道。在这一时期，基督教世界文明的没落谈不上是整个世界文明的损失，甚至恰恰相反。当时没人会想到西欧会在以后的时代里，不论在武力，还是在文化方面，都将处于世界的统治地位。我们很容易认为，只有西欧文明才是真正的文明，显然，这是一种颇为狭隘的观点。实际上，西欧文明中的大部分内容都来自地中海东岸，即希腊人和犹太人。说到武力，西欧占优势的时期也就是从布匿战争到罗马帝国的衰亡，即公元前200年前后到公元400年这之间的六个世纪。在此之后，再也没有一个西欧国家可以在军事上与中国、日本或者穆斯林国家相抗衡了。

文艺复兴以来，我们的优势主要是建立在科学和科技上的，还有部分则应归功于我们在中世纪期间逐步建立起来的政治制度。从事物的性质方面来看，这种优势是没办法持久的。在当下进行的战争中，俄罗斯、中国和日本都显示出了很强的军事力量，而他们皆是将西方的科学技术与东方的意识形态——拜占庭、儒教和神道——有机地结合在一起的。印度如若获得解放，势必也将归功于另一种东方元素。在接下来的几个世纪里，如果文明还能持续下去，那必然会呈现出文艺复兴不曾有过的多样性局面，甚至会出现一种比政治帝国主义还难对付的文化帝国主义。西罗马帝国灭亡很久之后——甚至一直到宗教改革为止——所有的欧洲文化都或多或少地保留了罗马帝国主义的成分。而目前对我们来说，西欧文化似乎也着实存在着一种帝国主义色彩。我认为，在现在进行的世界大战结束之后，我们不仅要在思想上必须承认亚洲在政治上的平等，也要承认亚洲在文化方面的平等。我不确定这将引起什么样的变化，但我确信，那些将要发生的变化必将具有极为深刻和重要的历史意义。

第八章

约翰·司各脱

公元九世纪有一位让人感到十分惊艳的人物——约翰·司各脱，又作约翰奈斯·司各脱斯，其名字后面偶尔还会带有厄里乌根纳或厄利根纳字样[1]。如果他生活在公元五世纪或者十五世纪，那他也许就不会让人觉得如此惊讶。约翰·司各脱是爱尔兰人，一名新柏拉图主义者，也是一名优秀的希腊学者，同时还属于斐拉鸠斯教派，又是一名泛神论者。他在法兰西国王、秃头王查理的佑护下度过了其一生的大部分时间，尽管他与正统教义相去甚远，但据我们所知，他却逃过了迫害。他将理性凌驾于信仰之上，并且丝毫不把教士们的权威放在眼里。即使这样，他反而被教士们请去对他们之间的争论进行仲裁。

为了更好地理解这个人物的出现，我们必须首先将关注的焦点转向圣·帕垂克之后数百年间的爱尔兰文化上来。除了圣·帕垂克是英格兰人这一令人不快的事实外，另外还有两件事也让人略感不快：首先，在圣·帕垂克来到爱尔兰之前，那里已经有基督徒出现了；其次，不管他为爱尔兰的基督教做出了什么贡献，爱尔兰的文化并非起源于他。据高卢的某个作家说，当阿提拉人、哥特人、凡达尔人和阿拉里克人相继入侵高卢时，“大海此岸所有的饱学之士都纷纷逃往海外，也就是爱尔兰。无论他们逃到哪里，他们都给当地的居民带来了巨大的知识进步”。[2]如果这些人中，有谁前往英格兰避难，盎格鲁人、撒克逊人和玖特人一定会将其赶尽杀绝；而那些前往爱尔兰的人，与当地的传教士一道，成功传

「1」这种名字后面的附加实际上是多余的，因为公元九世纪时，“司各脱斯”就是爱尔兰人的意思，如此一来他的名字实际上便成为“爱尔兰的爱尔兰人约翰”。

「2」参见《剑桥中世纪史》，第三卷，第501页。

播了许多本来在欧洲大陆已逐渐消亡了的知识和文化。我们有理由相信，公元六世纪到八世纪期间，在爱尔兰人中，还保留着一些希腊文化知识和拉丁古典著作。[1]而英格兰人，也是在狄奥多时代才开始掌握希腊文知识的。狄奥多是一名希腊人，他曾在公元669至690年担任坎特伯雷大主教一职，而他本人则是在雅典接受的教育。另外，在英格兰的北部地区，由于爱尔兰传教士们的传播，希腊文在该地区也逐渐流行起来。蒙塔格·詹姆士曾说道："公元七世纪后期，爱尔兰人对知识的渴求是最为迫切的，当地的教学工作也进行得颇为活跃。在那里，人们学习拉丁语（某种程度上也包括希腊语）都是从学术的角度来进行的。……他们先是被传教士们的热情所感染，接着又为家乡的困难情势所迫，于是不得不大举迁徙到欧洲大陆，而这一举动使得他们族人本就尊崇的、早已残缺不全的文献得以保存。"[2]奥克撒尔的海尔利克在公元876年，叙述当年爱尔兰学者迁徙的情景时曾这样说道："所有的爱尔兰人，包括他们的哲学家在内，纷纷置大海的危险于不顾，几乎是集体地迁移到我们海岸附近的。所有的博学之才都应贤王所罗门——亦即秃头王查理之邀，自愿背井离乡，走上了流亡之路。"[3]

历史上，学者们曾数次被迫开始流亡生活。在希腊哲学发展初期，许多哲学家都是从波斯逃出来的难民；而在希腊哲学后期，即查士丁尼统治时期，他们再次沦为难民而被迫逃往波斯。公元五世纪，正如我们前面所说，学者们为了躲避日耳曼人的入侵而从高卢逃到了西欧诸岛。到了九世纪，他们再次为躲避斯堪的纳维亚人入侵，从英格兰和爱尔兰重新逃回了高卢。时至今天，德国哲学家为了逃避国内同胞迫害，又被迫逃往更加遥远的西方。不知他们这一去，是否需要花和之前学者们同样长的时间才能重返家乡。

不过，对当时那些为欧洲保存了大量古典文化的爱尔兰人，我们却知之甚少。从他们的忏悔书中，我们可以看出，他们的学问与修道院有着紧密的联系，同时还充满了宗教的虔诚；但又与当时神学上的某些细节问题似乎并没有太大关联。因此，这种学问与其说是大主教的学问，不如说是修道士的学问。它没有大格雷高里曾赋予欧洲大陆僧侣们的行政化特点。但由于它同罗马割断了有效联系，因此，在对待教皇时，他们仍与圣·安布洛斯对待教皇的态度一致，而和后世对待教皇的态度有所不同。斐拉鸠斯虽然很有可能是不列颠人，但也有人认为

「1」关于这个问题，《剑桥中世纪史》中的论述较为谨慎，具体论述参见第三卷，第十九章，该书结论中肯定了爱尔兰人在当时所掌握的希腊语文方面的知识。

「2」同上书，第507页—508页。

「3」同上书，第524页。

他是爱尔兰人。而他的那些异端思想则很有可能残存于爱尔兰，不过，那里的当权者并未像高卢当权者那样，费尽心机地将其消灭。上面所提到的这些情况，基本已可以解释约翰·司各脱的思想何以如此自由与新奇了。

约翰·司各脱早年和晚年的生平都已不可考，我们只对其受雇于法兰西国王的那段时期有所了解。据推测，他大约生于公元800年，卒于公元877年。他到法国时，正值教皇尼古拉一世统治时期。后来我们在其交往的对象中，又发现了很多与教皇关系密切的人物，如秃头王查理、皇帝米凯尔以及教皇尼古拉一世本人。

大约公元843年，司各脱收到了秃头王查理的邀请前往法兰西，并在那里接受了宫廷学校校长的任命。当时一位叫作高特沙勒克的修道士和一位显要的僧侣——莱姆斯的大主教兴克玛尔发生了一场争论，争论的焦点则是有关预定说和自由意志的。其中修道士高特沙勒克属于预定说派，而兴克玛尔大主教则属于自由意志派。司各脱在其论文《论神的预定说》中曾对大主教的观点表示支持，但他的支持并不谨慎。事实上，这是一个非常棘手的议题：奥古斯丁曾不得不在其驳斥斐拉鸠斯的文章中提到过这个问题，赞同奥古斯丁的观点固然会有些许危险，而公然反对奥古斯丁的观点，则会招致更大的危险。司各脱支持自由意志说，这本无可厚非，不至于引起人们对其非难。但是，他在议论中所表现出来的那种纯哲学特性却引起了人们的不满。这倒不是因为他公然违抗了神学中的某些观点，而是因为他主张，哲学应该独立于启示之外，应当获得与启示同等的权威，甚至可以获得比启示更高的权威。他还声称理性和启示都是真理的来源，两者之间是不会产生矛盾的。退一步讲，即便这两者之间真的出现了矛盾，那也应当采纳理性而非启示。他说，真正的宗教便是真正的哲学，相反，真正的哲学也是真正的宗教。他的著作曾在公元855年和公元859年先后两次受到宗教会议的声讨，在第一次的宗教会议上，人们将其著作称为“司各脱杂粥”。

司各脱和国王的关系一直很好，也正是国王的支持，他才逃过了宗教会议对他的惩罚。如果玛姆兹伯利的威廉所记载的东西可信的话，司各脱曾与国王产生过一次如下的对话。当时司各脱和国王正在共进午餐，国王问司各脱：“什么东西可以将一个爱尔兰人（Scot）与一个酒徒（Sot）区别开来？”司各脱回答说：“只有餐桌可以。”后来，国王于公元877年去世，此后人们再也没有听到司各脱的下落了。有人认为，司各脱也在同一年死去了，但也有传闻说他又受阿尔弗莱德大帝之邀前往英格兰，并在那里担任了玛姆兹伯利修道院或阿塞勒尼修道院的院长一职，而且最终死于修道士的暗杀。但实际上，这很可能说的是另一位与之同名的司各脱。

司各脱还翻译过一本用希腊语写作的伪狄奥尼修斯的文集，这本书在中世纪早期非常出名。当圣保罗在雅典传教时，“有几个人走近他，皈依了基督，其中就有雅典的狄奥尼修斯”（《使徒行传》第 17 章第 34 节）。关于此人的生平事迹，我们现在已无从考证，但在中世纪，人们还知道关于他的很多事情。比如，他曾游历到法兰西，并在那里创建了圣邓尼修道院；至少在司各脱到达法兰西不久之前，该修道院的院长希勒杜因曾这样说过。此外，狄奥尼修斯还写过一本重要的论著，该论著主要是为了调和新柏拉图主义和基督教之间的矛盾的。至于这本著作的具体成书时间，我们现在已经无从知晓，但肯定是在普罗提诺所处时代之后——公元 500 年之前。这本书虽然在东方很早就已流传开来，但在西方，一直到公元 827 年，希腊皇帝米凯尔将该书的一本手抄本送给了虔诚的路易王，路易王又将其转赠给了上面所提到的修道院院长希勒杜因后，这本书才开始为世人所知。希勒杜因一直认为这本书是圣保罗的门徒所著，即实际上，他认为该书是其所在修道院的创建者所著。他很想知道书中的具体内容，无奈在司各脱到来之前，没有人能够胜任这本书的翻译工作。最终，司各脱很轻松地完成了这本书的翻译工作，由于他本人的观点与这本伪狄奥尼修斯文集中的观点颇为接近，想必他在翻译这本书时应该十分愉快。而这位伪狄奥尼修斯从此也对西方的天主教哲学产生了重大影响。

司各脱完成的伪狄奥尼修斯文集译本，于公元 860 年被送呈给教皇尼古拉。由于该书在出版发行之前，并没有得到教皇的首肯，因而他十分恼怒，并当即下令，要求查理王将司各脱押解至罗马问罪。当然，查理王并没有执行这项命令。而对这本书的要旨，特别是司各脱在译文中所展现出来的深厚学识，就连教皇本人也是无从挑剔。他曾就该书征询过他的图书馆馆长、杰出的希腊学家阿奈斯它修斯的意见，而后者也为一个远居未开化地区的人能够拥有如此渊博的希腊学知识而感到非常诧异。

司各脱最伟大的一部著作（用希腊文写成的）是《自然区分论》。这部书在经院哲学时代很可能被称作“现实主义”。也就是说，它和柏拉图一样，都主张共性高于个性。他的“自然”概念中不仅包括什么是自然，而且还列出了什么不是自然。他将整个自然分为四类：创造者而非被创造者；创造者同时又是被创造者；被创造者但非创造者；既非创造者又非被创造者。显然，第一类指的是上帝；第二类指的是存在于上帝那里的诸多理念，如柏拉图主义；第三类是存在于时间与空间中的万物；令人惊讶的是第四类，它依然指的是上帝，只不过，此处的上帝并非作为创世主而存在，而是作为世间万物的终极目的存在的。那些源于上帝的一切事物最终仍将复归于上帝，因此，所有的这些事物的终极和他们的开始是同一的。连接一和多的桥梁则是逻各斯。

他将许多事物都归于非有的那一类。例如，那些并不属于智能世界的实物，还有罪恶，因为罪恶意味着神性的丧失。只有那位创造者而非被创造者拥有最为本质的存在。上帝是世间万物的发端、中继和终结。上帝的本质是人类甚至天使都无从知晓的。从某种意义上讲，上帝自己都不知道自己的本质是什么："上帝不知道自己是什么，因为他本来就不是'什么'，在某种程度上，他本人以及一切有智能的生物都不能理解他的存在。"[1]我们在世间万物的存在中可以窥见上帝的存在，比如在万物的秩序中可以看到他的大智慧，可以在万物的运动中感受到他的生命。他的存在便是圣父，他的智慧便是圣子，他的生命便是圣灵。不过狄奥尼修斯所提出的"没有任何一种名称可以非常准确地言明上帝"的说法着实是正确的。有一种神学，它武断地将上帝说成是真理、善、本质等，但这些看似肯定的说法只不过是一种象征性的真实而已，因为这些术语都有其对立面，而上帝是没有对立面的。

至于"既是创造者同时又是被创造者"这一类，主要包括所有事物的本因，或世间万物的原型，抑或是类似柏拉图主义的诸多理念。这些本因的总和便是"逻各斯"。而理念中的世界虽是永恒的，但亦是被创造出来的。在圣灵的影响之下，这些本因导致了某些事物的产生，但其物质性还是虚幻的。说到上帝从"无"中创造万物，由于上帝是超越一切知识之上的，因此，这里的"无"应理解为上帝本身。

创世是一个永恒的过程：一切有限事物的本质都源于上帝。那些被创造者并不是一个区别于上帝的存在。被创造者永远存在于上帝之中，而上帝也是以一种不可言明的方式在被创造者中显示自己的存在。"圣三位一体爱存在于我们及其自身中的自己[2]，他看且推动他自己。"

罪恶的根源是自由：罪恶之所以发生，是因为人们容易转向自己而非转向上帝。上帝那里没有罪恶得以滋生的土壤，因为上帝本就没有罪恶的概念。罪恶是一种"非有"的存在，它并没有存在的根源。若非如此，那么罪恶的存在就成为

「1」此处参见布莱德雷关于一切认识的不充分性的论述。他认为没有绝对的真理，但是最好的真理在智力层面上都是不可更改的。

「2」参见斯宾诺莎。

必然了。实际上罪恶是由于缺少善。

所谓逻各斯，即是将多归于一、将人类带回上帝的一些原理；因此，它是世界的救世主。人类通过与上帝的结合，其肉身中与上帝发生结合的那部分将会变得神圣。

对亚里士多德在个体事物的实体性加以否定的观点，司各脱是持反对态度的。他称柏拉图是哲学界的泰斗。不过，在他关于存在的分类中，前三类却都间接来源于亚里士多德的主动者而非被动者、主动者且是被动者、被动者而非主动者的分类体系的。至于第四类的既非创造者亦非被创造者，司各脱则是根据狄奥尼修斯的一切事物复归于上帝的学说而提出来的。

从上面我们对约翰·司各脱思想主张的概述来看，其非正统性非常明显。他的泛神论否认被创造者具有实体性，这显然是与基督教义相悖的。而且，他对上帝从“无”中创造万物的解释，也并不能让所有严谨的神学家接受。他的三位一体说倒是与普罗提诺的观点很接近，只是他在这一点上虽然想竭力维护自已，但终究未能保持这“三位”在地位上的平等。这些异端思想，表明司各脱在精神上具有很强的独立性，这在公元九世纪是让人颇感诧异的。另外，就像之前的新柏拉图主义在公元四世纪到五世纪里曾广泛流传于希腊教父中一样，司各脱关于新柏拉图主义的一些观点在当时的爱尔兰也极为盛行。当然，如果我们对公元五世纪至九世纪期间爱尔兰的基督教发展情况有所了解的话，我们恐怕就不会对司各脱感到如此诧异了。另一方面，他所持有的异端思想大部分是受到了伪狄奥尼修斯的影响，由于历史上狄奥尼修斯与圣保罗之间有过联系，因此，他经常被人们错分为正统教派。

他还认为创世时是没有时间概念的，显然，这也是属于异端邪说。而这也迫使他提出《创世纪》中的记载，实际上是一种寓言体。伊甸园以及亚当和夏娃的堕落均不能单从字面上加以解释。关于罪恶的解释，司各脱也遇到了和其他泛神论者同样的困难。他坚持认为，人生来是没有原罪的，而一旦没了原罪，人类在性别上也就没了区别。这显然与《圣经》“上帝造男造女”的说法相抵触。根据司各脱的观点，人类被分为男性和女性仅仅是罪的结果。女性身上所体现的是男性感官的、堕落的本性。最终，人类性别的差异会逐渐消失，我们将会拥有一具纯粹圣灵化的肉身「1」。罪恶存在于被误导了的意志中，在于假定本来非善的事物为善。对罪恶施以惩罚也是很正常的，因为这样，可以发现罪恶欲望所具的虚

「1」参见奥古斯丁。

妄性，但这种惩罚却又不是永恒的。和欧利根的观点类似，司各脱认为即便是魔鬼，最终也会被救赎，只不过会晚于其他人。

司各脱翻译的伪狄奥尼修斯文集曾对中世纪的思想产生过巨大影响，但他自己的巨著《自然区分论》却影响甚微，且屡次被斥为异端。公元1225年，当时的教皇霍诺留斯三世甚至下令将该书的所有手抄本都加以焚毁，所幸的是，这项命令并没有得到有力执行。

第九章

公元十一世纪的基督教会改革

公元十一世纪，欧洲出现了自西罗马帝国灭亡以来，首次快速而持久的发展。在加洛林王朝文艺复兴期间，欧洲也曾出现过一次发展，但彼时的发展并不稳定。而在十一世纪出现的这次发展和进步不仅是持久的，而且是多方面、多领域的。此轮的发展进步肇始于修道院的改革，继而又扩散到教廷和其他教会机构，并在十世纪末期产生了第一批经院哲学家。撒拉森人被诺曼人赶出了西西里；匈牙利人成为基督徒，同时终止了掠夺者的生涯；诺曼人对法兰西和英格兰的占领使得这些地区免遭斯堪的纳维亚人的进一步侵扰。除了那些受到拜占庭影响的地区外，很多地方也一改过去简陋朴素的建筑风格，代之以规模宏大、气势雄伟的建筑风格。而且，教士和世俗贵族们的教育水平也有了显著提高。

在改革运动发起者的心目中，这次改革在最初阶段，纯粹是出于道德动机才开始的。当时，不管是正规的，还是世俗的僧侣，都早已过起了腐化、堕落的生活。于是，很多热忱的人士开始要求他们回归到清规戒律所规定的生活中来。当然，除了这个纯粹的道德动机之外，还有另外一种动机，这一动机在改革的初期可能还只是无意识的，但随着改革的深入，这一动机也逐渐变得明显起来。此动机便是彻底将僧侣和群众割裂开来，并以此加强僧侣的权力。正因如此，教会改革的胜利势必会导致教皇和皇帝之间发生激烈冲突。

当时在埃及、巴比伦和波斯，祭司早已成为一个独立而强大的社会阶层，而在希腊和罗马却并非如此。在原始基督教中，僧侣和世俗人之间的区别是慢慢产生的。我们在《新约》读到的“主教”一词，还不是现在我们所知道的意思。后来的僧俗分离主要从两方面进行，一方面是教义的分离，另一方面是政治的分离，而后者又是以前者为基础和前提的。僧侣拥有某些行奇迹的能力，特别是在圣礼方面——洗礼除外，因为俗人也能施行洗礼。但其他圣礼，诸如婚礼、赦罪礼和临终时的涂油礼等，没有僧侣的帮助是无法举行的。在中世纪，还有一项更为重要的圣礼，即圣餐的化体：这是一项只有祭司才能行弥撒的奇迹。化体说虽然早已被众人信仰，但直到十一世纪，即公元 1079 年前后才最终成为基督教的信条之一。

由于祭司具有行奇迹的权力，所以，他们可以决定一个人在死后是在天堂得到永生还是被打入地狱万劫不复。如果一个人在被开除教籍后死亡，那么，他将被打入地狱；如果祭司对其施行了一些必要的仪式，而且其本人也已认罪并表示忏悔，那他最终还有可能升入天堂。但在进入天堂之前，他还要到炼狱中忍受一段时期——有可能是很长一段时间的煎熬。祭司们还可以通过替他的灵魂做弥撒的方式而缩短此人在炼狱煎熬的时间。显然，在可观的金钱酬劳面前，他们是非常乐意做这件事的。

要知道，上面提到的这些，不只是官方宣布的信条，而且是被僧侣和俗界坚定不移地信奉的。僧侣行奇迹的权能还使他们一次次地战胜了那些拥有强大军队的君主。当然，这种权能也并非毫无限制。其限制主要来自以下两个方面，一是俗界对其愤怒的总爆发，二是僧侣集团内部的分裂。在教皇格雷高里七世之前，罗马当地的居民对教皇本人并不是十分尊敬，甚至每当混乱的党派斗争发生时，他们为了一些蝇头小利会毫不犹豫地绑架、拘禁、攻击甚至鸩杀教皇。也许你会产生如下疑问：这样的行为不是和他们的信仰相冲突吗？答案很简单，一方面因为这些人根本没有太多自我控制的能力，另一方面则是根据教义一个人在临终前可以对自己所犯下的罪行进行忏悔。还有一个原因是，国王可以使其治下的主教屈从于自己的意志，如此一来，他便可以从僧侣那里获得足够的魔法使自己免遭报应，只是这种情况在罗马地区不像在其他地区那么明显。因此，教会的纪律和一个统一的教会管理机构便逐渐成为僧侣权力的重要保障。作为此次僧侣道德改革的重要组成部分，该目标最终在公元十一世纪得以实现。

总体来说，僧侣集团的权能是以牺牲个体僧侣的利益来保证的。当时僧侣里的改革者一致抨击僧侣集团的两大罪恶行为，即圣职买卖和蓄妾。下面我们将对这两者分别加以叙述。

由于虔诚信徒们的捐献，当时的教会变得非常富有。很多主教都拥有巨额的财产，甚至连教区的神父都能过上非常舒适的生活。当时主教的任命权实际还是握在国王手里，但有时也会被一些地位较低的封建贵族操纵。当时国王借出售主教一职取得收入是十分稀松平常之事，所得款项也已成为其收入的重要来源之一。那些靠花钱得来的主教，在上任之后，又去出售在其职权范围内的高级圣职。这种圣职买卖在当时已然不是什么秘密。盖尔伯特（即塞尔维斯特二世）曾仿效主教的口吻说："我付出了黄金而得了主教一职，只要我在职权范围内行事，也不怕捞不回这些款项。我任命一个神父，就可以收到黄金；我任命一个执事，又可以得到一堆白银。瞧，我曾经付出去的黄金，如今又一分不少地返回到我的钱袋里了。"[1]公元1059年，米兰的彼得·达米安发现，该城市几乎每位僧侣都有过买卖圣职的罪行，而这种情形在当时却已是非常普遍了，绝非什么特例。

买卖圣职显然是一种罪恶的行径，但这并不是它遭到反对的主要原因。事实上，这样一种买卖，使得教会中人事的升迁可以仅仅凭借个人的财富而不是功绩，这就确立了世俗界在主教任命事宜上的权威，也导致主教一职逐渐沦为封建体系的一部分。特别是当一个人通过花钱买到了高级圣职之后，他势必要在任上收回自己为此付出的代价，于是，他会花费大量精力在世俗事务上，而无暇顾及宗教事务。正是出于这些原因，反对圣职买卖的运动最终成为教会争取权力斗争的一项重要内容。

类似的观点也适用于僧侣的独身主义。十一世纪的改革家们经常会提到"蓄妾"这个词，实际上，这个词的正确表达方式应该是"婚姻"。对于修道士来讲，由于其关于贞洁的誓言，他们是不能结婚的。但对那些世俗的僧侣而言，在这方面并没有明确的规定。在东方教会，直至今天，神父也是允许结婚的。而在十一世纪左右的西方，多数教区的神父也是可以结婚的。就主教自身来讲，他们则经常引用圣保罗的一句话："作为一名主教，必须无可指责地只做一名妇人的丈夫。"[2]从这里我们可以看出，神职人员结婚并没有像买卖圣职那样明显有违道德，但改革者们在僧侣独身问题上的主张与反对买卖圣职运动有着极为相似的政治动机。[3]

僧侣一旦结婚，自然会想方设法将教会的财产转移给他们的后代，如果他们的子嗣也成了僧侣，那他们更加可以明目张胆地将教会财产进行合法私吞了。因此，在改革派当权后所采取的一系列措施中，有一条便是禁止僧侣的子嗣担任圣

「1」参见《剑桥中世纪史》，第五卷，第十章。

「2」参见《提摩太前书》，第三章，第二节。

「3」参见亨利·C·李所著的《僧侣独身史》。

职。[1]这样一种做法，在当时混乱的状态下仍然存在着隐患，即对于那些已经有了子嗣的僧侣来说，他们总能找到一些非法侵吞教会田产的方法。除了这种经济上的考虑之外，还需考虑如下事实：如果一个僧侣和其邻居一样，都是有家室的人，那两者之间就没什么两样了。事实上，从公元五世纪开始，就存在着对僧侣独身主义的一种宣扬，如果一个僧侣想要获得其权势所仰仗的威望，显然，通过禁婚将自己与众人区别开来的做法是极为有效的。毫无疑问，改革者们坚信，僧侣结婚虽然是无罪的，但结婚者的身份势必要低于独身者的身份，而且，这还表明结婚者对肉欲做出了让步。圣保罗说过："如果他们把持不住，那就让他们结婚吧！"[2]但圣洁的人必须要有"把持"自己的能力，因此，僧侣的独身主义对于树立教会的道德权威是不可或缺的。

在上面颇为笼统的序言之后，下面我们将对公元十一世纪，教会改革运动的实际历史加以叙述。

这次改革运动最早可追溯到公元 910 年，阿奎泰公爵和虔诚的信徒威廉创建了克吕尼修道院。这所修道院在其创建之初就一直独立于外界的一切权威，当然，教皇的权威除外。而且其院长还被授权管辖后来由此分建的其他几家修道院。当时，大部分修道院都很富足和放纵，克吕尼修道院虽竭力避免极端的禁欲主义，但也同时注意保持一些基本的体面和礼法。该修道院的第二任院长奥都后来去了意大利，并在那里受命管理好几家罗马的修道院。但事情并不是十分顺利："法尔发修道院曾对奥都介绍来的克吕尼派修道士进行过抵制，当时这个修道院由于两个敌对院长之间的纷争而陷入分裂，而这两人正是暗杀其前任院长的凶手。后来阿勒伯利克（阿勒伯利克是向奥都发出邀请的罗马统治者）凭借武力又给这家修道院派了一位院长，但新院长到任后很快便遭到毒害。"[3]到了公元十二世纪，克吕尼修道院改革的热情逐渐冷却下来。圣·伯纳德曾对该修道院极为奢华的建筑提出过质疑，正如同时代虔诚的信徒一样，他也认为奢华的宗教建筑是罪恶的骄纵感的象征。

公元十一世纪期间，改革者们曾创建了许多教团。一个名为罗穆阿勒德的苦行的隐士，于公元 1012 年创建了卡玛勒多力兹教团，下文将要谈到的彼得·达米安就曾是该教团的成员之一；公元 1084 年，科隆的布鲁诺创建了卡尔图斯教

「1」公元 1046 年曾命令禁止僧侣的子嗣担任主教，随后又禁止担任所有圣职。

「2」参见《哥林多前书》，第七章，第 9 页。

「3」参见《剑桥中世纪史》第五卷，第 662 页。

团，该教团一向以严谨著称；公元1098年西多教团创立，圣·伯纳德后来于1113年加入，该教团恪守的是边奈狄克特的教规，它严禁使用彩色的玻璃窗，还雇用了一些俗家弟子，让他们专门从事修道院里的各种体力劳动，这些人虽然也会宣誓，但不允许读书识字，他们主要从事的是农业，以及建筑等方面的工作。约克州的芳腾修道院就隶属于西多教团——对那些视一切美为邪恶的人来说，芳腾修道院是一个值得瞩目的建筑。

从法尔发修道院事件（这在当时绝非个案）可以看出，推行修道院改革需要莫大的勇气和魄力。在其取得的成功背后，都有过世俗统治者的支持。正是这些改革家及其追随者，才使得教廷以至整个教会的改革得以实现。

然而，最初对教皇制的改革，主要是由皇帝推动的。最后一位世袭的教皇是边奈狄克特九世，他于公元1032年被选出，据说当时他只有十二岁。他是塔斯苛拉姆人阿勒伯利克的儿子，我们在前面讲述修道院院长奥都时曾提过此人。边奈狄克特九世逐渐长大后，他变得越发荒淫堕落，这让当时的罗马人深感震惊。最后，他甚至邪恶到了为了结婚而不惜辞去教皇职位的程度。他将教皇之位卖给了他的教父，即格雷高里六世。此人虽是通过金钱购买的手段获得教皇职位的，但其本身却是一名改革者，而且还是希尔德布兰德（即格雷高里七世）的好朋友。只是他取得教皇职位的手段终究是丑恶的，无法得到世人的原谅。当时，年轻的皇帝亨利三世（公元1039年—公元1056年在位），一位虔心推行改革的君主，他在保留自己对主教的任命权的同时，不惜放弃这一大宗收入来杜绝圣职买卖的现象。公元1046年，在他年仅二十二岁时，亨利来到意大利，并以圣职买卖的罪名废黜了教皇格雷高里六世。

亨利三世在位期间，始终掌握着对教皇任免的权限，并适时恰当地运用此权限对改革不断推进。在废黜了格雷高里六世之后，他任命了一位日耳曼籍的主教，班伯格人苏得格尔。罗马人也放弃了他们一直在要求却从没有很好地行使过的选举权。但新任命的教皇翌年就去世了，之后皇帝提名的下一任教皇人选也离奇死去，据说是被人下毒暗杀的。于是，亨利三世又选立了他的一位亲戚，土鲁人布鲁诺为新教皇，此即列奥九世（公元1049年—公元1054年在位）。列奥也是一名坚定的改革分子，他曾游历四方并多次召开宗教会议，甚至企图击破退守在意大利南部的诺曼人，但并未取得成功。希尔德布兰德是他的朋友，也可以说是他的学生。列奥九世去世后，皇帝于公元1055年又委任了爱赫史塔人格布哈尔德为教皇，此即维克多二世。翌年，亨利三世去世，又过了一年，这位新任命的教皇也追随亨利三世而去了。此后，皇帝和教皇的关系便不像之前那么友好了。教皇在亨利三世的协助下，获得了道德上的权威之后，先开始要求独立于皇帝，进而又要求享受比皇帝还要优越的待遇。教皇和皇帝之间的纷争就此拉开帷幕，并一直持续了两百多年，最后以皇帝的失败而告终。因此，从长远来看，亨利三世改革教皇制所采取的策略是近乎短视的。

亨利三世的下一任皇帝亨利四世（公元1056年—公元1106年在位），统治时间长达五十年。刚登基时，他尚未成年，由其母阿格尼斯王后摄政。史蒂芬九世只做了一年教皇，在他死后，红衣主教们又选出了一名新的教皇，而此时的罗马人又开始重新要求他们之前已经放弃的选举权了，并选举出了另一名教皇。两派对峙之中，阿格尼斯王后选择支持红衣主教，于是，他们选立了新的教皇，即为尼古拉二世。虽然这位教皇的统治时间只有三年，但这却是一段非常重要的时期。在此期间，他与诺曼人达成了和平协议，从而减少了教廷对皇帝的依赖。而且，在尼古拉二世时代，教皇是根据一项教令选举产生的，这一教令规定，教皇的选举首先由罗马市郊的红衣主教进行，其次再由其他主教进行，最后才在罗马的僧侣和市民中进行。有人猜测，最后一个由僧侣和市民参与选举的环节纯粹只是形式而已，真正能够决定教皇人选的，只有罗马市郊的六个红衣主教。教令还规定，教皇的选举要尽可能在罗马举行，如果在罗马举行出现困难时，才可另选地方进行。整个选举过程，皇帝没有任何参与权。这条教令实际上是经历一场斗争之后，才被承认的，而这也正是教皇制脱离世俗控制的一个重要步骤。

教皇尼古拉二世要求严格执行这一教令，并宣布，今后凡是通过金钱买卖而获得的圣职一律无效。当然，在执行这一教令的过程中，也遵循了既往不咎的原则，因为若要真的追究，就势必会牵扯到大多数现任神父的合法性问题。

尼古拉二世任职期间，一场有趣的斗争在米兰悄悄进行。那些延续了圣·安布洛斯传统的大主教，向教皇要求拥有一定的独立自主权。他们和治下的僧侣联合当地的贵族阶层，表示坚决抵制教会改革；另一方面，当地的商人和社会下层则希望僧侣保持虔诚。当时，米兰发生了很多起支持僧侣独身运动的暴乱，以及一次被称作“帕塔林”的反对大主教及其追随者的、声势浩大的改革运动。公元1059年，当时的教皇为了声援此次改革运动，任命当时颇具盛名的圣彼得·达米安作为自己的特使前往米兰。达米安是《论神的全能》一书的作者。在该书中，他主张上帝可以做出与矛盾律相反的事情，并且能够撤销已经发生过的事情（该论点曾经遭到圣·托马斯的激烈反对，并从那时起被定性为非正统）。他反对辩证法，并声称哲学只是神学的奴婢。正如我们所见，他是隐士罗穆阿勒德的坚定追随者，对自己所从事的事务性工作一向感到厌烦和勉强，但此人的圣洁却是当时教廷的可贵财富，因此，教廷对他所从事的改革运动给予了最大限度的支持，而他本人最终也听取了教皇的劝说。公元 1059 年，他在米兰的一次僧侣集会上进行了一场关于反对圣职买卖的演讲。演讲刚开始时，被其激怒的群众险些要了他的性命，但最终，他以其雄辩的口才赢回了他们，甚至让他们痛哭流涕、俯首认罪，并纷纷表示从此要对罗马保持忠心。之后，在下一任教皇的任期内，皇帝和教皇又在米兰教区的问题上发生了争执，在这次争执中，正是由于“帕塔林”派的帮助，教皇才取得了最后的胜利。

尼古拉二世于公元 1061 年去世，此时亨利四世已经成年。不久，他和红衣主教间发生了一场争执，争执的焦点与教皇的继承问题有关。皇帝拒不承认关于教皇选举的教令，并且丝毫没有放弃自己在教皇选举中的权力的打算。这场争端持续了三年有余，最终，还是红衣主教获得了胜利。但此时皇帝和教廷之间并未进行决定性的实力较量。随后的形势发生了重要的变化，因为，红衣主教新选出来的教皇——亚历山大二世具有杰出的品德和丰富的经验，他还曾是郎弗兰（此人后来出任过坎特伯雷的大主教一职）的学生。公元 1073 年，亚历山大二世去世，他的下一任教皇是希尔德布兰德，亦即格雷高里七世。

格雷高里七世（公元 1073 年—公元 1085 年在位）是历代教皇中最为杰出的教皇之一。他很早就显现出杰出的才能，并对之后教廷的政策产生了很大的影响。正是因为他，教皇亚历山大二世才对威廉入侵英格兰的计划赐予了祝福。他对意大利和北部地区的诺曼人格外照顾。另外，他还是那位为制止圣职买卖而先买得教皇职位的格雷高里六世教皇的门生。在教皇格雷高里六世遭到废黜后，希尔德布兰德在外流亡了两年，此后，他大部分时间在罗马度过。他并非是一个很有学识的人，但他从其崇拜的偶像——大格雷高里那里学到了很多圣·奥古斯丁的教义，并深受其鼓舞。在他担任教皇后，他把自己看作是圣彼得的代言人，而这给他带来了极大的自信，虽然这种自信以世俗的眼光来看，并不怎么令人信服。他认为，皇权也是由神授予的：起初，他曾将教皇和皇帝比作两只眼睛，但当他和皇帝发生争执后，他又将两者比作是太阳和月亮——显然，教皇应该是太阳。另外，由于教皇在道德上必须是至高无上的，因此，他有权废黜无道的皇帝，而世界上最无道的事情莫过于反抗教皇了。对以上所有的这些，他都深信不疑。

在强制僧侣奉行独身主义方面，与其前任教皇们相比，格雷高里七世走得更远。在德意志等地，他因此还遭到了僧侣们激烈反抗，而正因如此，以及其他方面的一些原因，这些地区的僧侣都转而支持皇帝了。然而，对那些普通信徒来讲，他们非常想让神父过上独身的生活。于是，格雷高里就通过煽动信徒们发动暴乱来抵制那些已婚的神父和他们的妻子。这段时间内，那些结了婚的僧侣夫妻经常会遭到残忍的虐待。他还号召信徒不去参加那些违抗独身之命的神父们所主持的弥撒，并声明那些已婚僧侣的婚姻都是无效的，甚至禁止已婚僧侣进入教会。所有这些举措都曾遭到僧侣们的激烈反抗，但与此同时也得到了广大信徒们的坚决拥护。即便在罗马，这样一个教皇过去经常会遇到生命危险的地方，他都能受到群众的热烈欢迎。

在格雷高里七世时代，还曾发生过一次有关“授职礼”的大纷争。一般，当一个主教被任命时，都会被授予一枚指环和一柄手杖，这是其职权的象征。以前这些东西都是由皇帝或国王（视所处地区而论）——作为该主教所在地的封建统治者——而授予主教的。但到了格雷高里七世，他坚持这些东西该由教皇授予。这场纷争事实上是教会制度与封建等级制度相脱离的重要标志，虽然在时间上持续了很久，但最终还是教廷获得了胜利。

不久，米兰大主教的教区问题又导致了卡诺萨事件的爆发。公元1075年，皇帝在副主教们的协助下任命了一位大主教，教皇格雷高里认为，这是对自己特权的一种侵犯，于是以将皇帝逐出教会和废黜对其加以威胁。皇帝随后在沃尔姆斯召集了一次由主教们参加的宗教会议，对教皇的威胁加以报复。在会上，主教们纷纷宣布不再效忠教皇，他们甚至还写信控告他犯有通奸罪、伪证罪，甚至还有更为严重的虐待主教罪。与此同时，皇帝也给教皇写了一封信，在信中，皇帝声称自己应该拥有凌驾一切世俗权力的审判权。就这样，皇帝和支持他的主教们宣布格雷高里已被废黜，而格雷高里也将皇帝和那些主教们逐出基督教会，并宣布皇帝已被废黜，一场闹剧开场了。

第一回合的胜利属于教皇派。撒克逊人之前曾经背叛过亨利四世，虽然他们后来一度重修于好，但不久撒克逊人再次叛变；德意志的主教们也主动同格雷高里讲和。不过，皇帝对待教皇的态度则更是让世人为之震惊。公元1077年，亨利决定去寻求教皇的宽恕。当时已是寒冬季节，皇帝带着他的妻儿和一些随从，翻越了塞尼山口，来到了教皇居住的卡诺萨城堡前，虔心恳求教皇原谅自己的罪行。教皇让他赤着脚，穿上忏悔服，在城堡外等了三天，才接见了他。在亨利向他表示了忏悔之意，并宣誓在对待德意志那些敌对者的问题上，一定会严格遵照教皇的指示行事后，格雷高里才赦免了他的罪行并恢复了他的教籍。

但是，教皇所取得的这些胜利很快便化为乌有，因为他受到了自己神学中的一些戒律的束缚，这些戒律中有一条便是“须得对那些忏悔者赦罪”。奇怪的是，他居然真的被亨利骗了过去，并认为亨利的忏悔是真心诚意的。很快他便察觉到了自己所犯的错误，但为时已晚，他已不能去支援亨利在德意志的那些敌对者了，因为他们认为教皇已经出卖了他们。从此，形势逐渐变得对格雷高里不利起来。

亨利在德意志的敌对者们又选出了一位名叫卢多勒夫的皇帝，以显示与亨利的对抗。起初，教皇格雷高里一方面声称帝位到底归亨利还是卢多勒夫，应该由他来决定，但另一方面他又一直没有给出确切的答案。一直到公元 1080 年，当他终于认识到亨利之前的忏悔并非真心实意时，他才匆匆宣布卢多勒夫为皇帝。但就在此时，亨利基本已经收服了他在德意志的那些敌对者，同时他还凭借追随他的僧侣们，选出了一位新教皇与格雷高里抗衡。亨利带着这位新教皇于公元 1084 年进入了罗马，并接受了这位新教皇为他举行的加冕礼。但不久，此二人便在前来营救格雷高里的诺曼人阵前遭遇了大溃败。诺曼人在罗马进行了疯狂的抢掠，并带走了格雷高里。这对格雷高里来说并不是好事，因为从被诺曼人带走一直到次年他去世为止，他实际上已沦为诺曼人的俘虏。

如此看来，格雷高里所采取的所有策略似乎都没有得到什么好的结局。但实际上，他的继承者们仍以一种比较温和的方式，在继续沿用着他的那些策略。当时，虽然已经达成了某种有利于教廷的协议，但教皇和皇帝之间的这种冲突在本质上是不可调和的。关于该冲突后的发展情况，我们在下面的章节中还会有所涉及。

接下来，我们有必要对发生于十一世纪的理性之复兴加以阐述。公元十世纪时，除了盖尔伯特（即教皇赛尔维斯特二世，公元 999 年—公元 13 年在位），几乎没有别的哲学家了，即使是盖尔伯特，也更多是一名数学家而非哲学家。但到了十一世纪，随着社会的逐步发展，一大批真正的哲学人才开始涌现。其中最为重要的便是安瑟勒姆、罗塞林以及其他一些值得一提的人物。而且，这些人都是和此次教会改革运动有关的修道士。

在这些人中间，年岁最大的恐怕要数彼得·达米安了。关于此人，我们在前面已经提过。图尔人贝隆嘎（卒于公元 1088 年）是一名饶有趣味的唯理主义论者。他主张，理性高于一切权威；为了支持自己的观点，他引用了约翰·司各脱的理论，正因如此，司各脱才会在死后还遭到谴责。贝隆嘎反对圣餐化体说，并曾两度为此被迫收回自己的言论。后来，他的“异端”观点被朗弗兰在其著作《论基督的血与肉》一书中遭到批驳。朗弗兰出生于帕维亚，曾在勃罗纳学习法律，后来成为一名一流的辩证学家。但他最终为了神学而放弃了辩证法，并进入了贝克修道院，在那里主持一所学校。公元1070年，征服者威廉任命他为坎特伯雷地区的大主教。

与朗弗兰十分相似，圣·安瑟勒姆也是意大利人，也曾在贝克修道院做过修道士并担任过坎特伯雷地区大主教一职（公元1093年—公元1109年在位）。作为一名大主教，他因恪守格雷高里七世的原则而和国王发生过争执。不过，让他成名的则是他创立的关于上帝存在的“本体论论证”。他是这样论述的：我们将“上帝”定义为最为可能的思维对象。如果某个思维对象是不存在的，那么，必有另一个与之非常相像，但又比之更加合适的思维对象存在。因此，在所有思维对象中，必有一个最为合适的存在，否则总有可能出现一个比它更好的思维对象。因此，上帝是存在的。

这一论证从未被神学家们接受过。它在当时就受到猛烈的批驳，此后便逐渐被人遗忘了。直到公元十三世纪后期，托马斯·阿奎那再次对该论证进行了批驳。后来阿奎那的观点便在神学家中流传开来。这一论证在哲学家那里，还算得到了一点稍好的待遇，笛卡儿对其形式稍加修改后便使其得以重生；莱布尼茨提出只要添加一个“上帝是可能的”补充证明，便可以使该论证变得有效；康德则认为他已经彻底推翻了这一论证。但是，它在某种意义上却构成了黑格尔及其学派哲学体系的基础，并重新出现在布莱得雷所提出的“凡是可能存在且必须存在的，就会存在”这一原则中。

显然，这样一个在历史上带有传奇色彩的论证，不论其本身是否有效，我们都应予以重视。可真正的问题在于：在我们思维所及的范围之中，存不存在这样一种东西，仅凭我们能够想到它这一事实，就足以证明它存在于我们的思维之外？每一位哲学家都会说“存在”，因为哲学家的工作就通过冥想而非观察来发现和认识世界的。如果“存在”是正确答案，那么，在纯粹的思维与现实世界之间就应该有一道桥梁；如果其不是正确答案，那么，这两者之间便不存在桥梁。柏拉图正是运用这种“本体论论证’方法的概括形式，证明了理念的客观实在性。在安瑟勒姆之前，没有人能以纯逻辑的形式对此展开论述，虽然安瑟勒姆的论述在获得纯洁性的同时，也失去了似真性（plausibility)，但他在这一问题上所做的贡献应当为我们所铭记。

另外，安瑟勒姆的哲学思想主要受到了圣·奥古斯丁的影响，他从奥古斯丁那里继承了很多柏拉图因素。他对柏拉图的很多理念都深信不疑，并从这些理念中发现了上帝存在的另一重要证据。通过运用新柏拉图主义进行论证，他声称自己不仅证明了上帝的存在，而且还证明了三位一体（我们可以回想一下，在普罗提诺哲学体系中，就有一个被基督徒认为是非正统教义的“三位一体”说）。安瑟勒姆认为，理性应从属于信仰，他说“为理解我相信”；他还认为人无信仰就不能理解，这一点脱胎于奥古斯丁。他还说：上帝不是公义的，而是公义本身。不难回忆，约翰·司各脱也说过类似的话，而他们共同的来源则都是柏拉图。

圣·安瑟勒姆和他之前的基督教哲学家一样，与其说他传承于亚里士多德，不如说他更倾向于柏拉图传统。正因如此，他并没有以托马斯·阿奎那为终结的那种“经院哲学家”们的典型特征。经院哲学，可认为是以罗塞林为开端，此人所处的年代与安瑟勒姆大致相当，但比安瑟·勒姆小十七岁。罗塞林的出现开启了一个全新时代，在下一章，我们将对其重点论述。

当我们说，公元十三世纪之前的中世纪哲学主要属于柏拉图学派的时候，我们应该了解，当时除了《蒂迈欧篇》中的一些哲学片段外，人们对柏拉图的了解都是非常间接的。以约翰·司各脱为例，如果没有柏拉图，他就不可能提出那些观点，不过，他的这种柏拉图式的观点却大多是来自伪狄奥尼修斯文集。该书作者的生活年代虽已不详，但我们觉得，他很有可能是新柏拉图主义者普洛克鲁斯的弟子。当然，约翰·司各脱也有可能根本就没听说过普洛克鲁斯，更没看过任何普罗提诺的著作。在中世纪，柏拉图主义的来源除了伪狄奥尼修斯外，还有一项重要来源便是鲍依修斯。不过，这里的柏拉图主义与我们现在直接从柏拉图本人著作所习得的很多方面都有差异。它将很多与宗教无关的内容一并删去，并在宗教哲学里为强调某些方面的内容而牺牲掉了很多其他方面的内容。实际上，这种对柏拉图观点的篡改现象早在普罗提诺那时就已经出现。人们对亚里士多德的认识同样是片面的，只不过走的是另一个极端：直到公元十二世纪，人们对亚里士多德的全部了解仅限于鲍依修斯翻译的《范畴论》和《正谬论》两本著作，亚里士多德也因此仅仅被当作是一名辩证学家，而柏拉图则仅仅被当作一名宗教哲学家以及一些理念学说的创始人。到了中世纪末期，上面所提到的两种偏见，特别是对亚里士多德的偏见，逐渐得到了修正。而对柏拉图的偏见修正，则一直持续到文艺复兴时期，才算基本完成。

第十章

伊斯兰文化及其哲学

东罗马帝国、非洲和西班牙所遭受的入侵，与西罗马所遭受的来自北方蛮族的入侵并不相同，两者至少有两方面的差异：首先，东罗马帝国一直延续到公元1453年，要远远长于西罗马帝国存在的时间；其次，东罗马帝国的入侵者主要是伊斯兰教徒，他们在征服东罗马之后并没有改信基督教，而是又独立发展出了一种新的重要文明。

伊斯兰教是穆罕默德从麦加流亡到麦地那时，即公元622年开始纪年的，十年之后，穆罕默德去世，阿拉伯人随即便开始了征战，并且进展神速。在东罗马，叙利亚在公元634年遭到入侵，并于两年后彻底屈服；波斯于公元637年遭受入侵，到公元650年被彻底征服；印度于公元664年遭受入侵；君士坦丁堡则在公元669年遭遇围攻（公元716年—公元717年再次遭围）。但阿拉伯人向西扩张的战线并没有如此突进，埃及是在公元642年被攻陷的，而迦太基则一直到公元697年才被攻占。西班牙则是除了西北部的一小片区域外，其余领土在公元711年—公元712年才彻底沦陷。公元732年，伊斯兰教徒在图尔战败，其向西扩张（除了西西里和南部意大利外）的脚步被迫停了下来，此时距离先知穆罕默德去世刚好百年。（最终攻陷君士坦丁堡的奥斯曼土耳其人属于稍后的时代，与我们这里所谈及的时代无关。）

当时形势的发展对此次扩张是极为有利的。波斯和东罗马帝国之间因为长期的战争皆已国力衰竭。叙利亚人大部分属于奈斯脱流斯教派，一直不断遭受着来自天主教的迫害；而伊斯兰教徒则可以容忍各个教派的基督徒以换取他们的纳贡。同样，占埃及人口多数的一性论者，也都欢迎入侵者的到来。在非洲，阿拉伯人跟罗马一直未能收服的柏柏尔人结成了联盟，并一起进犯西班牙，在那里，他们还得到了犹太人的帮助，这些犹太人在之前的很长一段时间里都生活在西哥特人的压迫之下。

先知穆罕默德的宗教是简单的一神论，没有那些复杂的三位一体论和基督化身等神学观点。不管是先知穆罕默德自己，还是他的追随者们，都没有提出过将穆罕默德本人神化的要求。他恢复了犹太人禁止供奉雕刻偶像的戒令，并且发布了禁酒令。他规定了忠诚的伊斯兰教徒所应尽的义务，即：要为伊斯兰教尽可能多地征服世界，但不得对基督教徒、犹太人或者拜火教徒进行迫害。在《古兰经》中，基督教徒、犹太人和拜火教徒等都被称作是“圣经之民”，因为他们都是遵循圣教教化的人。

阿拉伯大部分地区都是沙漠，随着人口的不断增长，其土地产出越来越不能满足供养人口的需要，因此，阿拉伯人最初发动的一些征战只是单纯地为了劫掠，只是后来他们看出了敌人的软弱，才逐渐由临时劫掠转为长期占领的。前后仅仅二十年光景，这群本来生活在沙漠边缘、经历种种艰难困苦的人，突然之间发现，自己竟成了世界上最富庶地区的主人，他们可以享受极尽奢华的生活，可以获得这一古代文明所留下的所有宝贵遗产。事实上，与大多数北方蛮族入侵者相比，阿拉伯人已经算是较好地抗拒了由这种突然转变所带来的种种诱惑。由于他们在占领这些国家时并没有发动太多的战争，因此也就没有造成太大的破坏，甚至连这些地方的民政也都保存完好，而当时波斯帝国和拜占庭帝国的民政制度已经高度发达。占领之初，阿拉伯人对复杂的民政制度一无所知，所以，只能让原来民政机构中的人员继续在原岗位服务。而这些人也并没有明显表现出对新主人的不屑。而且，这种主人的更迭反而让他们的工作变得更加轻松了。因为，新主人大幅削减了他们的赋税。正因如此，后来有很多普通民众为了逃避贡赋而选择抛弃基督教改信伊斯兰教。

当时的阿拉伯帝国是一个绝对的君主专制国家，其最高领袖被称作哈里发。哈里发不仅继承了先知穆罕默德的职位，还继承了他的圣洁。该职位起初在名义上还是经过选举产生的，但很快就变成世袭的了。阿拉伯第一个延续至公元 750 年为止的王朝是乌玛亚德王朝，该王朝由一群纯粹出于政治考量，而接受穆罕默德教义的人创立，这群人对伊斯兰教忠实信徒中的那些狂热分子一直持反对态度。阿拉伯人虽然以一个新兴宗教的名义占领了世界的大部分土地，但他们绝不是一个虔诚的、纯宗教性质的民族。他们发动的征战与其说是出于宗教目的，不如说是为了掠夺财富。正因为他们没有强烈的宗教意识，所以才能仅凭一小群武士就能毫不费力地对文明水平较高的、但信奉宗教不同的广大人民加以统治。

与阿拉伯人相反，波斯人则很早就有了浓厚的宗教心和高度的思辨性。他们改信伊斯兰教之后，从伊斯兰教义中，发展出了很多连先知穆罕默德及其随从们都意想不到的、更为有趣同时也更具宗教和哲学意味的因素。公元661年，穆罕默德的女婿阿利去世，从此，伊斯兰教分裂为两派：逊尼派和什叶派。前者的力量较为强大，后者主要是阿利的一些追随者，他们后来被认为是乌玛亚德王朝的篡逆者。波斯人正是属于什叶派，乌玛亚德王朝主要就是在他们的影响下被颠覆的，取而代之的是代表波斯人利益的阿巴斯王朝。而这次变革的标志便是帝国的首都由大马士革迁到了巴格达。

在政治上，与乌玛亚德王朝相比，阿巴斯王朝更偏向于狂热派。但他们没能统一整个帝国。乌玛亚德皇室的一位成员成功地躲过了那场大屠杀，逃到了西班牙，在那里，他被拥立为合法的统治者。正是从那时起，西班牙开始独立于伊斯兰教世界。

在阿巴斯王朝初期，哈里发的地位变得非常显赫。他们当中有一位名叫哈伦·阿尔·拉胡德的哈里发十分有名，他所处的时代与查理曼大帝和女皇伊琳大致相当。他之所以如此出名，主要归功于《天方夜谭》中的那些故事。他的宫殿是一座集奢华、诗意和学识为一体的娱乐中心；他的收入非常庞大；他的帝国统治范围西至直布罗陀海峡，东到印度河。他拥有绝对的意志；他身边经常带着一帮刽子手，只要他一点头，他们便会立刻行使他们的职权。然而，这种盛况注定是短暂的，他的继任者以土耳其人作为其军队的主力，这是一个严重的错误，因为土耳其人是桀骜不驯的。不久，哈里发便遭到了军队的架空，成了一个傀儡。当时军队一旦对哈里发不满，就有可能刺瞎或者谋杀他。尽管如此，哈里发的统治还是延续了下来，公元1256年，阿巴斯王朝的最后一任哈里发被蒙古人杀死，与之一起被杀的还有巴格达的八十万平民。

阿拉伯帝国在政治、社会制度以及其他方面与罗马帝国有着类似的缺陷。政治上的君主专制与社会制度中的一夫多妻制的结合，导致每一任统治者去世后都会引起一场王室争斗，而结局也不外乎是该统治者的一个王子取得胜利，而其他王子皆惨遭杀戮。而且，由于连年战争，帝国产生了大量奴隶，而这些奴隶群体也会不时地发动危险的暴动。不过，由于哈里发治下的王国正处东西方之间的中间地带，因此，其商业在这一时期得到了极大发展。“他们不仅获得了巨额的财富，也因而有了对中国的丝绸、北欧的皮毛等奢侈品的需求，而且贸易也因某些特殊因素而得到了极大促进，这些特殊的因素包括诸如穆斯林帝国疆域的空前辽阔、阿拉伯语作为世界语而逐渐普及、商人在伊斯兰教的伦理体系中得到了较高的地位等等。我们很容易联想到，就连先知穆罕默德本人也曾做过商人，他在前往麦加朝圣的途中也曾对商业贸易大加赞赏。"[1]阿拉伯的商业之所以能像军队一般牢固，主要赖于他们从罗马和波斯人那里继承了大规模良好的道路。与北方蛮族入侵者不同，他们不会听任这些道路崩坏失修。虽然如此，强盛一时的帝国还是逐渐走向了分崩离析——西班牙、波斯、北非和埃及相继从帝国分裂出去，取得了完全或近乎完全的独立。

阿拉伯经济最为出色的一面便是其发达的农业。由于他们长期生活在缺水的地方，所以他们特别擅长水利灌溉，直至今日，西班牙农业还能从阿拉伯人修建的水利工程上获益。

穆斯林世界那种独特的文化，虽发源于叙利亚，但很快便在其东西两端——波斯和西班牙盛行开来。在征服期间，叙利亚人是亚里士多德的崇拜者，奈斯脱流斯教派向来是重视亚里士多德过于柏拉图的，而后者则是天主教徒所钟爱的哲学家。阿拉伯人最早是从叙利亚人那里获得关于希腊哲学的知识的，因此，他们最初也认为亚里士多德比柏拉图重要。尽管如此，他们所理解的实际上却是披了一层新柏拉图主义外衣的亚里士多德。金迪（大约死于 873 年）是用阿拉伯文著述哲学的第一人，同时也是仅有的一位比较著名的阿拉伯人哲学家。他后来还翻译了普罗提诺《九章集》的部分内容，并且将这部分内容命名为《亚里士多德的神学》而出版，这给当时阿拉伯人对亚里士多德的理念带来了极大的混乱，以至于阿拉伯哲学界后来花了很长一段时间才廓清了这种混乱。

与此同时，波斯穆斯林与印度建立了联系，公元八世纪前后，他们从梵文经典中习得了天文学的初步知识。公元 830 年，一个梵文数学、天文学方面工作的翻译家穆罕默德·义本·莫撒·阿勒－花拉兹米，出版了一本名为《印度计数法》的书，该书后来在公元十二世纪左右被翻译了成拉丁文。正是通过这本书，西方才第一次接触到了我们后来称之为"阿拉伯数字"的东西，实际上，确切地讲我们应称之为"印度数字"。另外，此人还写过一本代数学的书，该书直到十六世纪还曾被西方广泛地用作教科书。

公元十三世纪，在波斯遭蒙古入侵之前，其璀璨的文明，不论是在学术方面，还是艺术方面，都是让人称羡的。但在遭到入侵后，其文明便再也没有复兴过。奥马·卡雅姆是我所知的唯一一位诗人兼数学家，他曾在公元 1079 年修订

[1] 参见《剑桥中世纪史》第四章，第 286 页。

过历法。令人不解的是，他的好朋友竟是暗杀派创始人，极富传奇色彩的“山岳老人”。波斯人还是伟大的诗人：菲尔杜锡（Firdousi）（约生于 941 年）著有《莎那玛》一诗，但凡读过他诗的人都认为他足可跟荷马相匹敌。波斯人还因其不同于其他伊斯兰教徒的神秘感而著称于世。现存的苏菲派，可以从神秘主义和寓言的角度对正统教义加以自由的阐释，而且其中还或多或少的带有一点新柏拉图主义因素。

最初，希腊对伊斯兰世界的影响是经由奈斯脱流斯教派实现的，但奈斯脱流斯教派的世界观却不是纯粹的希腊式。公元 481 年，该教派在埃德撒的学院被东罗马皇帝芝诺关闭，学院的大部分学者只得前往波斯，在那里继续开展研究工作，但他们也并非没有受到波斯人的影响。奈斯脱流斯教派仅仅只是推崇亚里士多德的逻辑学，而阿拉伯人之所以认为亚里士多德重要也正是因为其逻辑学。然而，他们之后也学习了亚里士多德的《形而上学》和《灵魂论》。一般而言，阿拉伯哲学家都是百科全书式的：他们对炼金术、占星术、天文学、动物学，还有所有我们可以称之为哲学的东西都备感兴趣。他们总会被那些狂热和固执的群众投以怀疑的目光，多亏那些开明王子们的保护，他们才得以拥有安全保障（当他们安全的时候）。

有两位伊斯兰教哲学家值得我们特别注意：一位是波斯人阿维森纳，另一位是西班牙人阿威罗伊。其中，前者在穆斯林中更为著名，而后者则在基督教徒中更为有名。

阿维森纳（伊本 · 西纳）（公元 980 年—公元 1037 年）一生都是在人们认为的那种充满诗意的地方度过的。他出生于波卡拉，二十四岁时来到了基瓦——“荒漠中孤寂的基瓦”，之后又去了克拉桑——“寂寞的克拉斯姆海岸”。在伊斯巴汗，他教了一段时期的医学和哲学，后来他又搬到了德黑兰。他在医学方面的名气要胜于哲学方面，尽管他对盖伦医学并未有太多突破。公元十二世纪至十七世纪，他一直被欧洲人尊为医学方面的导师。但他却算不上是一个是圣洁人物，事实上，他对酒色有着极大的热情，因此，他经常会遭到正统教派的猜忌，只不过他以其精湛的医术结交了一批亲王，所以他才能免遭迫害。但一些敌视他的土耳其雇佣兵仍然会找他的麻烦，因此他只能不断躲避，偶尔还会被投进监狱。他还曾著述了一本百科全书，但由于神学家们对其心存敌意，所以该书在东方并未能流传开来，但是，其拉丁译本在西方却有着较大的影响力。他的心理学具有一种明显的经验主义倾向。

与他的前辈们相比，阿维森纳在哲学方面更多地倾向了亚里士多德而非新柏拉图主义。他曾像后来的基督教经院哲学家那样，专心于共相问题。柏拉图曾说，诸共相是先于万物存在的。而亚里士多德则有两种观点：一种是他自己独立思考出的想法，一种是在反驳柏拉图时产生的。这就使得他备受评论家的青睐。

阿维森纳还提出过一个公式，其内容后来由阿威罗伊和阿勒贝尔图斯·马格努斯复述如下："思维会导致形式的一般性。"通过这一公式，人们可以推测为他不相信脱离思维的共相。然而，这样的观点过于简单化了。他提出，类（即共相）是同时居于万物之前、之中和之后的。对此，他又做了如下解释：首先，在上帝的思维中，类的概念先于万物，比如，上帝要造"猫"，那他首先须得在意念中形成"猫"的概念，而这一概念显然是先于单个猫存在的；其次，类的概念又存在于世间万物之中，存在于自然之中，比如，当猫被造出后，那猫的特性便存在于每一只猫当中；再者，类的概念又存在于万物之后，即存在于我们的思维之中，比如，当我们看到很多猫的时候，我们会发现他们之间非常相似，并最终将其归为"猫"这一类，从而得到了一个关于"猫"的普遍概念。显然，这一观点是对不同理论的有意调和。

与阿维森纳不同，阿威罗伊（义本·拉希德）（公元 1126 年—公元 1198 年）生活在伊斯兰世界的另一端。他出生于克尔多巴，其父亲和祖父都曾担任过那里的审判官。他本人也担任过该职位，先是在塞比耶，之后又回到了克尔多巴。起初，他研究神学和法学，但不久又涉猎了医学、数学和哲学等领域。因为他能够解读亚里士多德的著作（但他似乎并不懂希腊语），而被人推荐到当时的"哈里发"——阿布·雅库布·优苏夫那里任职。这位统治者对他十分信任，公元 1184 年，即正式任命其为御医，但不幸的是，这位哈里发两年后就去世了。其继任者雅各布·阿勒·曼绪继其父之后，又继续宠信阿威罗伊十一年之久。之后，正统教派对这位哲学家的反对之声逐渐让他惊醒起来，不久，他便革掉了阿威罗伊的御医职位，并将其放逐到了克尔多巴附近的一个小地方，后来又将其流放到了摩洛哥。当时有人控告说，他不惜以真正的信仰为代价来推动古代哲学的发展。于是，阿勒·曼绪张贴了一张告示：那些认为仅凭理性就能找到真理的人，上帝已经为其准备了地狱之火。随即，便将所有与逻辑学和形而上学相关的书籍都焚毁了。[1]

不久，西班牙境内摩尔人的领地由于基督教徒的入侵而迅速收缩，西班牙的伊斯兰哲学也随着阿威罗伊的去世而走向没落，伊斯兰世界僵硬的正统教义最终

「1」据说阿威罗伊在其死前不久仍再度获得宠信。

葬送了哲学上的思辨。

针对阿威罗伊有违正统教义的控告，德国哲学史家宇伯威客曾非常风趣地为之进行过辩解——也许会有人说，这样的事儿应该留给穆斯林自己决断。宇伯威客指出，按照神秘主义者的说法，《古兰经》中的每一章节都可能有七种、七十种甚至七百种不同的解释，其字面上的意义仅仅是针对愚昧的俗人的。按照这一说法，一个哲学家所阐释的教义基本不会与《古兰经》相冲突，因为在《古兰经》所可能有的七百种不同解释中，总有一种与该哲学家所讲相吻合。但在伊斯兰世界中，那些愚昧之人总是反对一切超出圣书之外的学问，即使并没有显现出什么异端，这种情况还是很危险。显然，神秘主义者所提出的“一般群众只需按照字面意思理解《古兰经》，而聪明的人则不必如此”的主张是很难为普通人所接受的。

阿威罗伊曾致力于改善阿拉伯人对亚里士多德的理解，其之前曾过于受到新柏拉图主义的影响。他对亚里士多德，就像对待一个宗教创始人那样推崇——甚至远远超过了阿维森纳对亚里士多德的尊崇。他认为上帝的存在可以通过独立于启示的理性思维来证实，后来的托马斯·阿奎那也持有同样的观点。对于灵魂不死论，他则坚定地支持亚里士多德的看法，认为灵魂并不是不朽的，真正不朽的是知性（理性）。但这并不能保证个人的永生，因为知性虽表现于不同的个人之上，但其却是同一的。这一观点自然会遭到基督教哲学家们的批驳。

阿威罗伊和在他之后的一些伊斯兰教哲学家一样，他们虽是伊斯兰教徒，但都不是严格意义上的正统教派。当时，有一个完全属于正统教派的神学家团体，他们认为哲学有害于信仰，因而反对一切形式的哲学。该团体有一名叫作阿勒噶则勒的人写了一本书，书名为《哲学家的毁灭》。在此书中，他叫嚣道：一切必要的真理已经存在于古兰经中，因此，任何独立于启示之外的思辨都是没有必要的。作为回应，阿威罗伊写了一本名为《毁灭的毁灭》的书。当时阿勒噶则勒在其书中特别推崇并用以攻击哲学家的教条是：时间中的世界创自虚无；神诸性的实在性；肉体复活。阿威罗伊则认为，宗教的比喻里往往蕴含着哲学上的真理，这一观点对创世纪尤为适用。实际上，这相当于阿威罗伊站在自己的哲学立场上，对创世纪给出了一种亚里士多德式的解释。

阿威罗伊在基督教哲学中的作用，远比其在伊斯兰教哲学中的作用重要。在伊斯兰教哲学中，他只是一个终结者，而在基督教哲学中他则是一名开创者。早在公元十三世纪初期，他的著作就已被迈克尔·司各脱翻译成了拉丁文，这不得不让人感到惊讶，因为这些作品都是阿威罗伊在十二世纪末期才完成的。他在欧洲具有非常大的影响力，这种影响力不仅体现在经院哲学家身上，同时也体现在很多否认灵魂不死论、被世人称作“阿威罗伊主义者”的非专业自由思想家身上。在职业哲学家当中，他的仰慕者最初主要由弗兰西斯教团中的僧侣和巴黎大学中的一些人组成。不过，关于这一话题，我们将在以后的章节中继续论述。

如果从哲学思想原创性的角度来看，阿拉伯哲学算不上重要。像阿维森纳、阿威罗伊这样的人只能算是一个注释家。总的来说，比较有体系的阿拉伯哲学家，其在逻辑学和形而上学方面的主要观点一般都来自亚里士多德和新柏拉图主义者，医学方面来源于盖仑，数学和天文学方面来自希腊和印度，在一些神秘主义的宗教哲学里则还夹杂了一些古波斯的信条。阿拉伯作家的原创性仅仅在一些数学和化学方面的著作中稍有表现，而后者也只是他们在研究炼金术时偶然发现的一些成果。不过，应该说，在伊斯兰教文化的鼎盛期，他们在美术和一些技术方面还是值得称道的，但在理论问题的独立思辨方面便显得极为捉襟见肘。然而，作为文化的传导者，伊斯兰文化的重要性不言而喻。在古欧洲文化和现代欧洲文化之间，曾经有一段漫长的黑暗时期。伊斯兰教徒和拜占庭人虽然缺乏革新所需的智力，但却有效地维护了文明传承的介质——教育、书籍和赖以治学的时间。当西欧最终从野蛮状态中恢复过来之后，一度受到了伊斯兰教徒和拜占庭人的激励——伊斯兰教徒主要在十三世纪，而拜占庭人则主要在十五世纪。这两次激励都产生了胜过传导者自身所创造的新思想——第一次产生了经院哲学，第二次则导致了文艺复兴（当然，文艺复兴的兴起还有很多其他方面的原因）。

在西班牙境内的摩尔人和基督徒之间，犹太人成为一条重要的纽带。西班牙的很多犹太人，在西班牙被基督徒征服后，他们选择继续留在那里。因为他们本来就通晓阿拉伯语，后来又在基督徒的强迫下学习了基督徒所用的语言，这样他们便担任翻译工作。另外，十三世纪时，由于伊斯兰教徒对亚里士多德主义者的迫害，很多摩尔哲学家只得到犹太人那里寻求避难，特别是在普罗旺斯。这使得犹太人成了伊斯兰文化向西方渗透的一种媒介。

在西班牙的犹太人中，有一位哲学家非常重要，即迈蒙尼德斯。此人于1135年出生在克尔多巴，但在三十岁时去了开罗，并在那里度过了余生。他用阿拉伯文写作，但其作品很快就被翻译成了希伯来文。在他死后不久，他的作品又在教皇弗里德里希二世的要求下被翻译成了拉丁文。他曾给那些迷失了信仰的哲学家们写过一本名为《迷路者指南》的书，其目的在于调和亚里士多德和犹太神学之间的矛盾。亚里士多德是世俗界的权威，而启示则是上帝之城的权威。在对上帝认识的问题上，哲学和启示应是一致的。追求真理是宗教应尽的义务，占星术则应该被摒弃。摩西五经不应总是按照其字面意思解读，当其字面意义与理性思维相冲突时，我们应该寻求一种寓言性质的解释。作为亚里士多德的反对者，他主张上帝不仅从无中创造了形式，也创造了内容。他曾经给《蒂迈欧篇》（他读的是该书的阿拉伯文译本）写过一篇总结，并表示，相比亚里士多德的观点，他更倾向于该书中的某些说法。上帝的本质是不可知的，是任何语言都无法完善表达的。正因如此，很多犹太人将其斥为异端，甚至挑唆基督教会的掌权者们出来攻击他。有人认为，他对后来的斯宾诺莎产生过重要影响，不过关于此说，还值得商榷。

第十一章

公元十二世纪

对我们而言，公元十二世纪中让人颇感兴趣的事主要有以下四个方面：

一、帝国和教廷之间的持续冲突；

二、伦巴底诸城邦的兴起；

三、十字军；

四、经院哲学的发展。

以上这四项运动都一直延续到了下个世纪，除了十字军逐渐走向了可耻的终结之外，其他三项运动在公元十二世纪尚处于过渡阶段，到了十三世纪才逐渐发展到了顶峰。在公元十三世纪，教皇对皇帝的斗争取得了决定性胜利；伦巴底诸城邦也都获得了稳定的独立；经院哲学发展到了顶峰。但这所有的成果都有赖于在公元十二世纪做出的准备。

在十二世纪的四项主要运动中，不仅第一项，其他三项也都与教皇和教会的权力增长密切相关。教皇同伦巴底诸城邦结成了联盟，共同反抗皇帝的统治；教皇乌尔班二世发动了第一次十字军东征，而此后的几任教皇则是后面几次十字军东征的主要策划者；经院哲学家基本都是僧侣，历届的宗教会议也都督促他们遵守正统教义，或在他们误入歧途时施以适当的惩戒。这些哲学家们感受到了教会在政治上取得的胜利，并以胜利者中的一员自居。这种感觉毫无疑问极大地激发了他们在思想上的主动性。

在中世纪，有一件让人匪夷所思的事情，即人们虽然富有独创精神和创造力，但其自身却并不知道。所有的派别都在使用古人的或者拟古的论证来证明自己政策的正确性。在德意志，皇帝会诉诸查理曼时代的封建原则；在意大利，皇帝则会引据罗马法以及古代皇帝们的权势；伦巴底诸城甚至会追溯至共和时代的罗马制度。教皇派则将自己的权力，一部分建立在伪造的君士坦丁赠予的基础上，一部分建立在旧约圣经记载的扫罗和塞缪尔之间关系的基础上。经院哲学家们则不是引据圣经，就是先引据柏拉图再转向亚里士多德。即便他们有了一些原创性的东西，他们也努力地将之隐藏起来。十字军们则竭力想恢复伊斯兰教兴起之前的局面。

我们不应该被这种表面上的拟古现象所蒙蔽。只有皇帝所做的拟古是与事实相符的。当时的封建制度已经走向没落，特别是在意大利；罗马帝国已仅存于人们的记忆之中了。因此，皇帝最终被打败。意大利北部的城市，在其后来发展的过程中，曾显现出了与古希腊城邦的许多相似之处。他们重现了古代城邦的那种范式，但这并不是出于模拟，而是出于其环境的相似：一些小而富饶、具有高度开化的共和政体的商业社会，其四周被一些文化水平较低的君主制国家包围。至于那些经院哲学家，不管他们多么推崇亚里士多德，他们所表现出来的独创性要远高于阿拉伯人——甚至可以说超过了普罗提诺之后，至少是奥古斯丁之后的任何人。同他们在思想领域的表现一样，他们在政治上的表现，也显示出了高度的独创性。

帝国与教廷之间的冲突

自教皇格雷高里七世至公元十三世纪中叶，这段时间的欧洲历史主要集中于教会和世俗王权之间的——主要和皇帝之间但有时也有和法兰西王或英格兰王之间的——权力斗争上。虽然格雷高里的教皇任期是以一种很不幸的方式结束的，但他所推行的政策却被乌尔班二世（公元 1088 年—公元 1099 年在位）以一种较为温和的方式继承了下来。他重申了关于禁止俗界担任圣职的法令，并要求主教必须由僧侣和普通民众自由选举产生。（毫无疑问，这种群众参与纯粹只是形式而已。）但实际上，如果俗界选的人能够胜任，他一般也不会再去争执。

起初，乌尔班只有在诺曼境内才会安全。但在公元 1093 年，亨利四世的儿子康拉背叛了自己的父亲，与教皇结成联盟，并征服了意大利北部的伦巴底联盟——即以米兰为首的一些城市联盟，在那里他拥立了教皇。他还战胜了法兰西国王菲利普，这位国王曾因要求离婚而被教皇开除教籍，此后便向教皇屈服了。公元 1094 年，乌尔班举行了一次横穿意大利北部和法兰西的胜利游行。次年，他便在克雷尔蒙宗教会议上宣布发动第一次十字军东征。此事在当时掀起了一股宗教热潮，并直接导致了教皇权力的增长，同时也导致了一场针对犹太人的惨绝人寰的大屠杀。乌尔班在罗马安然度过了晚年，这在当时的教皇中极为少见。

接下来的一任教皇是帕斯查勒二世，和乌尔班一样，他也出身于克吕尼修道院。他任职后，继续为圣职的任命权而斗争，并最终在法兰西和英格兰取得了胜利。公元 1106 年，皇帝亨利四世去世，继任者亨利五世与教皇的初次接触便略占上风，这是因为教皇帕斯查勒是一个非凡的人，他认为圣洁要比政治直觉更为重要。后来，教皇建议皇帝放弃对圣职的任命权，并愿以主教和修道院院长放弃世俗的财产作为交换条件。皇帝对此颇为赞同，但当这种带有妥协意味的协议公布于众后，教皇立即遭到了教士们的激烈反抗。当时正好在罗马的皇帝便趁机逮捕了教皇，迫于威胁，教皇只得在圣职任命权上再做让步，并且还为亨利五世举行了加冕仪式。直到十一年后，即公元 1122 年，教皇喀列克斯图斯二世才凭借沃尔姆斯协定使亨利五世放弃了圣职任命权，并且交出了其在勃艮第和意大利境内主教选举事务中的控制权。

自此，教皇和皇帝之间权力斗争的最终结果是，原本在亨利三世时期处于从属地位的教皇，获得了与皇帝平等的地位。与此同时，教皇在教会中也逐渐成为一个全面的统治者，通过派遣使节的方式对整个教会进行统治。教皇的权力不断增强，同时，主教们的重要性也相对随之降低。现在，教皇的选举已彻底摆脱了世俗政权的控制，实现了自由。而僧侣也比改革运动之前更有素养了。

伦巴底诸城邦的兴起

下一阶段主要跟弗里德里希·巴巴罗萨皇帝（公元 1152 年—公元 1190 年在位）有关。他是一个能力卓然而又精力充沛的人，凡有可能取得成功之事，必尽力为之。他受过良好的教育，虽然对拉丁语不太熟练，但是他却对此怀有极大的热忱。他对古典知识相当精通，而且很推崇罗马法。他自认为是罗马皇帝的继承人，并渴望继承他们手中的权力。但作为一个日耳曼人，他在意大利并不受欢迎。伦巴底诸城邦虽承认他正式君主的身份，但却拒绝他干涉内政，当然，也有少数城市因惧怕米兰而寻求他的保护。在米兰，帕塔林运动仍在继续进行，并且或多或少产生了民主倾向；意大利北部的大部分城市，都对米兰持同情态度，因而一致反对皇帝。

哈德里安四世是英格兰人，同样精力旺盛。他曾在挪威做过传教士，就在巴巴罗萨即位的第二天，他被选为了教皇。起初，他和巴巴罗萨的关系很好，两者之所以能和解主要是因为他们要面对共同的敌人。当时罗马市对教皇和皇帝都提出了独立要求，并且还邀请了一位圣徒式的异端——布雷西亚的阿诺德来支援他们的独立斗争[1]。阿诺德的思想极为异端化：他认为"但凡拥有土地的神职人员、获得领地的主教和拥有私有财产的修道士都不会获得救赎"。他之所以这么说，是因为他认为神职人员应该全身心地投入到宗教事业中去。尽管他因异端邪说而被人们视作邪恶之人，但却无人质疑过他虔诚的苦修行为。曾经激烈地反对过他的圣·伯纳德如是说："他不吃也不喝，但却像魔鬼那样渴求灵魂的血液。"哈德里安的前任教皇曾经写信给巴巴罗萨，指控阿诺德支持罗马平民派，而该派希望重新选举出一百名元老院议员和两名执政官，并以此拥立一名他们自己的皇帝。当时正向意大利进发的弗里德里希听到该消息后，自然大为光火。罗马市在阿诺德的煽动下继续要求充分自由，甚至导致了一场暴动，暴动中一名红衣主教被杀害。于是，新上任的教皇哈德里安立即宣布罗马市进入紧急状态，暂停一切宗教活动。当时正值基督复活节的前一周，最终迷信战胜了罗马市民，他们屈服了，并承诺驱逐阿诺德。虽然阿诺德为了躲避追捕而隐藏了起来，但终被皇帝卫队抓获。不久他便被处以火刑，骨灰也被撒入提伯尔河，以免有人将其当作圣物供奉。由于皇帝弗里德里希不愿在教皇下马的时候为其执马缰扶马镫，皇帝的加冕礼还拖延了一段时间。直到公元 1155 年，教皇在群众的一片反对声中为皇帝举行了加冕典礼，而此次群众的反对也遭到了血腥的镇压。

既然老实的人已被处理掉了，注重实际利益的政客自然又开始了他们之间的各种争吵。

教皇在同诺曼人达成和解后，最终于公元 1157 年跟皇帝彻底决裂。此后，以皇帝为一方，教皇和伦巴底诸城邦为另一方的战争持续了长达二十年之久。在此过程中，诺曼人基本是支持教皇的，而且，针对皇帝的几次重大战役也主要是由伦巴底联盟完成的，他们深受平民情感的鼓舞，高喊着"自由"的口号。后来皇帝也围攻了数座城市，甚至于公元 1162 年占领了米兰，并将该城夷为平地，同时强迫城中所有居民都迁往他处。但五年之后，伦巴底联盟又重建了米兰城，以前的居民也都陆续完成了回迁。就在这一年，皇帝带着一位新立的教皇[2]，率

「1」据说他是阿贝拉德的学生，但这种说法不太可信。

「2」这一时代的大部分时期都有另一位敌对的教皇存在。哈德里安四世去世后，亚历山大三世和维克多四世这两位教皇争夺者之间展开了一场争夺教皇法衣的斗争。最终维克多四世（即另一位敌对的教皇）未能获得那件法衣，只能从他的追随者那里接过一件事先准备的法衣，不过在匆忙之中，他竟将这件法衣穿反了。

领大量军队，气势汹汹地往罗马开拔。教皇听到消息后选择了逃跑，他当时所处的情境可谓十分绝望，但是当时流行的瘟疫彻底摧毁了弗里德里希的大军，最终他孤身一人返回了德意志。尽管除了西西里之外，希腊皇帝也来支持伦巴底联盟，但弗里德里希还是选择了再度进军，而这一次进军，以他在公元1176年雷格亚诺战役中的失败而告终。此次战役之后，他被迫接受和平协议，代价则是承认这些城市事实上的独立。不过值得一提的是，这次和平协议中的条款，并没有给皇帝和教廷斗争中的任何一方带来较为彻底的胜利。

弗里德里希的结局还算可以，他于公元1189年参加了第三次十字军东征，次年便去世了。

在这段长期的斗争中，最为重要的事情便是诸自由城邦的兴起。当时皇权和日趋没落的封建制度维系在了一起，而教皇的权力虽不断增长，但这主要因为世俗界需要他去充当皇帝的敌人，因此当帝国不再具有威胁的时候，教皇的权力也不可避免地走向了没落。此时，诸城邦逐渐成为一股新兴力量，这是当时经济发展的必然结果，同时也是新的政治形态的源泉。尽管这一切在十二世纪还没完全出现，但在随之不久的一些意大利城市便已经发展出一种非僧侣文化，而且这种文化在文学、艺术和科学上都达到了空前的高度。当然，正是反抗弗里德里希的斗争取得了胜利，才使这一切有了实现的可能。

意大利北部的大部分城市都是以经商为主，而公元十二世纪较为稳定的社会环境使得当地的商业得到了极大发展，这些城市都呈现出一派前所未有的繁荣景象。一些沿海的港口城市，像威尼斯、热内亚和比萨等，基本不用为自身的独立自由而斗争，所以他们并不像阿尔卑斯山脚下那些城市一样，对皇帝充满了仇视和敌意。而在当时，阿尔卑斯山下的城市是通往意大利的必经之路，所以这些城市对皇帝来说极为重要。正是由于这一原因，米兰在当时成了意大利各城市中最为重要也最引人注目的城市。

直到亨利三世之前，米兰人都一心追随着他们的大主教。但正如我们前面所提到的，帕塔林运动彻底改变了这一情况：一方面，大主教逐渐和贵族勾结；另一方面，一轮反对大主教和贵族们的强有力的群众运动正在进行。正因如此，当时民主政治的一些萌芽开始出现，甚至还产生过一部宪法。该宪法规定，城市的统治者必须由市民的公开选举产生。在北部诸城，特别是在勃罗纳，出现了一批饱学的平民律师，他们对罗马律法相当精通。此外，公元十二世纪以后，富有的平民所接受的教育甚至比阿尔卑斯山以北的封建贵族还要好。尽管这些富有的商业城市都是站在教皇这边而反对皇帝的，但他们的世界观也绝非纯粹是基督教的。在十二世纪和十三世纪里，正如宗教改革后的英格兰和荷兰商人那样，这些城市中很多人都信奉了清教徒们所宣扬的异端邪说。之后，他们又倾向于做一名真正的自由思考者，虽然在口头上仍拥护教会，但在心中已经毫无虔诚可言。但丁是旧派人物的最后一人，而薄卡丘则是新派人物的第一人。

十字军东征

作为一场战争，十字军东征对我们来讲无关紧要，但这场战争对文化却产生了重要影响。在十字军东征这件事上，教皇自然是始作俑者，因为十字军东征的目的（至少表面上看）是宗教性质的；由于战争宣传及其所激发的宗教热情，教皇的权力再次得到增长。与此同时，大量的犹太人遭到了集体屠杀，那些侥幸逃脱者也都被剥夺了所有财产，并被强制受洗。第一次十字军东征期间，德意志的犹太人曾遭到了大规模的屠杀；第三次十字军东征期间，当时正处于狮心王理查即位初期的英格兰，也上演了同样的惨剧。约克作为第一位基督徒皇帝的发祥地，恰巧成为历史上最骇人听闻的大规模反犹暴行的发生地。在十字军东征之前，犹太人几乎垄断了整个欧洲范围内来自东方的商品贸易；十字军东征之后，由于犹太人普遍遭到迫害，该项贸易逐渐大部分落到了基督徒手中。

十字军东征所产生的另一重要影响便是促进了同君士坦丁堡之间的文学交流。正是这种交流，在公元十二世纪和十三世纪初期，使得许多希腊文学作品被翻译成了拉丁文。当时人们与君士坦丁堡之间也进行着相当规模的贸易，特别是经由威尼斯人。然而意大利商人并不愿在希腊经典上劳心，正如当年在上海的英国、美国商人不愿意去看中国的经典著作一样。（欧洲人对中国古典知识的了解主要来自传教士。）

经院哲学的发展

狭义上的经院哲学，早在公元十二世纪初期就已产生。作为一个哲学流派，经院哲学具有鲜明的特征：第一，它被局限于经院哲学家心中的正统教义范围之内，一旦他们的观点遭到宗教会议的批驳，他们便会自愿地撤销自己的观点。这并不能完全归因于他们个人的懦弱，更像是法官对其上级法院判决的服从。第二，在公元十二、十三世纪中，人们对亚里士多德有了全新的认识，在正统教义的范围内，他逐渐被公认为最高的权威，柏拉图则未能继续守住第一的位置。第三，经院哲学家大多都推崇辩证法和三段论式的推理方法；他们的个人性情，与其说是神秘莫测的，不如说是琐碎而好辩的。第四，人们发现在共相这一问题上，亚里士多德和柏拉图的观点是相左的，由此也引起了人们对这一问题的关注。但如果据此就说"共相"问题是当时的哲学家们关心的主要问题，那就大错特错了。

公元十二世纪，这一问题连同其他一些问题，给公元十三世纪的到来开辟了道路。在新的世纪里，许多伟大的人物逐一登场。然而，早期的经院哲学家，其实是抱有开拓者的兴趣的。尽管当时的人们普遍推崇亚里士多德，但在教条尚未使思辨发展至危险的境地时，他们仍然拥有精神上的自信，并可自由、有效地使用理性。不过，由于对"辩证法"的过分强调，经院哲学不可避免地存在着一些缺点：他们漠视事实和科学，对那些仅靠观察才能定性的事物，他们更愿相信推理的结果；另外，他们还过分地强调言辞的细微差别与意义的微妙不同。在讨论柏拉图的时候，我们曾经也谈到过这些缺点，但到了经院哲学家这里，这些缺点反而以一种更为极端的形式存在了。

第一位严格意义上的经院哲学家是罗塞琳。关于此人，人们知道的并不多。他大约于公元 1050 年出生在贡庇涅，曾在布列塔尼的罗什讲过学，后来的阿贝拉德就曾在此地受业于他。公元 1092 年，在莱姆斯宗教会议上，他被指控为异端，因为害怕那些喜欢动用私刑的教士们用石头将自己砸死，他只得收回自己的学说。此后，他逃到了英格兰，但在那里，他居然又鲁莽地抨击了圣·安瑟勒姆。这一次他逃到了罗马，在那里他和教会达成了和解。公元 1120 年前后，他的名字就从各类史书上消失了，连其死亡的日期也是出于后人的推测。

除了一封写给其学生阿贝拉德的信外，罗塞琳的著作已全部佚失。这封信主要谈论的是三位一体，在信中他流露出对阿贝拉德的轻视，甚至对其受阉一事加以奚落。此事使得宇伯威客，这个很少表露感情的人，也都批评说他一定不是一个好人。除了这封信外，罗塞琳的观点主要是通过安瑟勒姆和阿贝拉德之间的论战文章而被世人知晓的。据安瑟勒姆多讲，罗塞琳曾经说过，所谓共相即是声息（flatus voics），"呼吸时的声音"。按照字面的理解，也就是说一个共相是一个物理事件，他就发生于我们读出一个单词的时候。但我们很难相信，罗塞琳曾提出过一个如此愚蠢的观点。安瑟勒姆说，根据罗瑟琳的观点，人并非一个个体，而只是一个类名。对于该观点，安瑟勒姆像一名忠诚的柏拉图主义者一样，将其归因于罗塞琳只承认一切可感知的事物才具有实在性。一般来讲，罗塞琳似乎主张一个由部分组成的整体是没有其自身的实在性的；"实在性"存在于部分之中，对整体而言那仅仅是一个单词。这一观点应该会将其或者已经将其引向了极端的原子论。无论如何，这一观点给他在三位一体问题上造成了麻烦。他认为三位一体中的“三个人”是三个不同的实体，只是由于语言习惯，我们才没有将其说成是“三位上帝”。根据他的观点，我们可以推出另一种说法：不仅是圣子，就连圣父和圣灵也要化作肉身。当然，这一观点他自己也未能接受。所有这些思辨性的观点，只要后来被人指控为异端的，他都在公元 1092 年的莱姆斯宗教会议上予以收回。现在，我们已经不可能知道他在共相问题上到底持什么样的观点了，但无论如何，他都可谓是一名唯名论者。

罗塞琳的学生阿贝拉德比他更有才干，也比他更为有名。阿贝拉德于公元 1079 年出生于南特附近，在巴黎，曾是尚波人威廉（一个唯实论者）的学生，此后又执教于当地的一所天主教会学校，在这里，他对威廉的观点进行了驳斥，并迫使威廉对自己观点做出了修正。后来他又师从拉昂人安瑟勒姆（注意这位并不是我们上面所提到的安瑟勒姆大主教）研究了一段时期的神学，并于公元 1113 年重返巴黎。在巴黎，身为一名教师的他赢得了极大的声望。就在这时，他成了教会参事富勒伯特的侄女厄罗伊斯的情人，为此，富勒伯特把他阉割了。于是，他和厄罗伊斯只好隐居避世。阿贝拉德去了圣邓尼修道院，厄罗伊斯则去了阿尔章特伊的一所女修道院。后来一位名叫施迈德勒的德国学者考证说，关于他们之间那著名的往来信件，阿贝拉德完全是将其当作一部文学作品来创作的。对于这一说法的正确性，我目前还无法给出准确的判断，但从阿贝拉德的个性来说，也是不无可能的。他一向自负、好斗、孤傲，在遭遇不幸后他一度感到非常羞愤。可以想象，他写这些信件，实际上是为了缓解自己自尊心所遭受的巨大伤痛。与他所写的信件相比，厄罗伊斯的书信显得更为专诚。

作为一名教师，即便在退休后，他仍然取得了较大的成就；年轻人都很喜欢他的睿智、辩证的技巧，以及他对其他年长教师的那种高傲。相应地，一些年长的人则不太喜欢他。公元 1121 年，他因一本关于“三位一体”的著作违背了正统教义，而在斯瓦桑遭到了批判。经过相应的屈服后，他被放逐到位于布列塔尼的圣吉尔塔修道院担任院长，他发现该修道院中的僧侣都是些粗野的乡下人。在那里，阿贝拉德过了四年潦倒的放逐生活，之后，他得以重返较开化一点的地方。至于后来的事情，除了撒利斯伯里人约翰曾提及他又继续教书且取得了不凡的成就之外，我们就一无所知了。公元 1141 年，经圣・贝纳德的鼓动，阿贝拉德再次受到批判，只不过这一次是在桑斯。于是他退居克律尼修道院，次年，他便去世了。

阿贝拉德最著名的著作，莫过于他在公元1121年—公元1122年间完成的《是与非》了。在这本书中，他用辩证式的论证方法支持和反驳了大量不同的论点，但大部分又没有得出什么有效的结论，显然他更享受这种辩论的过程，因为他认为辩论有利于锻炼自己的才智。这本书对唤醒那些沉睡于教条之中的人们发挥了极大的作用。阿贝拉德认为，除了《圣经》之外，辩证法是通向真理的唯一道路，显然没有一个经验主义者会接受这一观点，但作为一种消融不同偏见的溶剂，他的观点还是非常有价值的。同时，它也是对理智运用的一种鼓励。他说，除了《圣经》之外，没有什么东西是绝对不会犯错的，即便是使徒和圣父也不例外。

当然，以近代的观点来看，他对逻辑学的评价还是显得过于极端了。他认为逻辑主要是基督教的科学，并对其词源“逻各斯”[1]做了进一步的演绎。而约翰福音又说“太初有道”，他便认为这足以证明逻辑学的神圣性了。

阿贝拉德的主要贡献在于逻辑学和认识论方面。其哲学偏重于语言的批判性分析。比如，对于共相，亦即可以用以表述许多不同事物的东西，他认为我们在表述的并不是一样东西，而仅仅是一个单词。从这个意义上讲，他算是一名唯名论者。但为了反对罗塞琳，他又指出“声息”是这样一种东西：它并非我们用以表述一个物理事件的词，而是一个作为意义的词。实际上，他在这里引用了亚里士多德的观点。他说，万物是相似的，由这种相似性最终发展出了“共相”。但两个事物的相似点本身并非具体的事物，唯实论的错误正在于此。另外，他还发表过一些敌视唯实主义的言论，比如他认为，一般性的概念并不是基于事物的本性，而是诸多事物混杂的表象。不过，他并没有对柏拉图的“理念”进行完全否定：理念作为造物的模具，是存在于神的意念之中的，实际上，它们即是上帝的概念。

不管是对是错，我们都得承认他所有的这些理论是具有极大的说服力的。而关于共相的问题，一些最近的议论也未能出乎其右。

圣·伯纳德的圣洁，并未使他拥有足够的智慧[2]。他不仅未能理解阿贝拉德的思想精髓，甚至还对其提出了不公正的控诉。他断言阿贝拉德在三位一体问题上就像一个阿利乌斯教派，在圣恩问题上则像一个裴拉鸠斯教派，在基督“位”的问题上又变成了奈斯脱流斯教派；伯纳德还说阿贝拉德曾努力证明柏拉图是个

[1] 逻辑学的英文为logic，其词源为“logos”，我们这将其翻译作“逻各斯”。——译者注

[2] 圣·伯纳德的伟大并不在于其智慧，而在于其品德。——《大英百科全书》

基督教徒，而这恰恰证明了其自身是一名异教徒；此外，他还指责阿贝拉德因主张上帝可以被人类的理性完全理解而破坏了基督教信仰的优越性。事实上，阿贝拉德从来没有提过这一观点。尽管他像圣·安瑟勒姆那样，认为三位一体可以通过理性加以证明而无须启示的帮助，但他仍然给自己的信仰留有了广阔的回旋余地。阿贝拉德甚至一度将圣灵与柏拉图主义中的世界灵魂等同起来，但在有人向他提出这种观点的异端性后，他又立即放弃了这一观点。实际上，他之所以被人指控为异端，与其说是由他的学说造成的，不如说是由其本人好斗的性格导致的。因为他特别喜欢批判、攻讦权威和专家们，所以在那些稍有影响力的人那里，他都极不受欢迎。

当时的大部分学者并不像阿贝拉德那样热衷于辩证法。特别在沙特尔学派中，曾出现过一场仰慕古代、追随柏拉图和鲍依修斯的人文主义运动。另外，还有部分学者重新对数学产生了兴趣：巴斯人阿戴拉德于公元十二世纪初来到了西班牙，并在那里翻译了欧几里得的著作。

为了抵制索然无味的经院主义方法，圣·伯纳德发动了一次声势浩大的神秘主义运动。圣·伯纳德的父亲是一名骑士，在第一次十字军东征时战死。他本人则曾是西多教团的一名修士，并在公元1115年成为新建的克莱尔伍欧修道院院长。他对教会政治也产生了重要影响——扭转局势，使之于敌对教皇不利；打击意大利北部和法兰西南部的异端分子；对那些大胆的哲学家施以正统教义的重压；鼓动第二次十字军东征。在对付哲学家方面，他一般都能取得成功。但就在第二次十字军东征溃败之后，他失去了吉尔伯特·德·拉·波瑞的信任，当然此人也因过分赞同鲍依修斯而遭到这位圣洁的异端攻讦者的非难。圣·伯纳德尽管是一名政客加顽固派，但他的确是一个具有忠实的宗教气质的人，他所写的拉丁文赞美诗极其华美。[1]在受其影响的人当中，神秘主义逐渐占据了统治地位，并最终演变成与弗洛拉人约阿希姆相类似的异端学说。当然，约阿希姆在之后的时代里还产生过重要影响。圣·伯纳德及其追随者并不愿在推理中，而是试图在主观经验和沉思冥想中寻求宗教的真理。可以说，阿贝拉德和伯纳德都是各有偏重、各执一面的。

作为一名宗教上的神秘主义者，伯纳德对教廷陷入世俗事务的状况感到非常痛心，同时也对世俗界的权力感到非常厌恶。尽管他曾不遗余力地鼓动过十字军

---

［1］中世纪的拉丁文赞美诗是讲求音律的，它们或以高昂的情调，或以柔和中稍带悲伤的情调来表达当时宗教感情中最为善良的一面。

东征，但他并不知道军队需要高度的组织性，而不能仅靠宗教的热忱来指挥。他经常抱怨道：世人醉心于“查士丁尼法典，而非上帝之律法”。当他得知教皇竟动用军事武力来保护自己的领地时，他感到十分震惊。他认为教皇的作用应当是精神层面的，而不是试图进行世俗的统治。不过，这一观点仍然是带有对教皇的无限崇敬之情的，他曾称呼教皇为“主教们的君主，传道者的继承人，具有亚伯的首位权、诺亚的统治权、亚伯拉罕的族长权、麦基洗德的威严等级、亚伦的高贵和摩西的权威，在法权上如塞缪尔，在权势上如彼得，在涂油仪式上如基督”。圣·伯纳德所发起的种种运动，最终结果则是导致了教皇在世俗事务中权力的显著提高。

下面要提的是索尔兹伯里人约翰。他虽不是一个重要的思想家，但曾写过一些杂记，而这对我们了解他所处的那个时代具有极高的价值。他曾做过三任坎特伯雷大主教的秘书，其中便有贝克特主教。约翰是哈德里安四世的朋友，晚年曾担任过沙特尔主教一职，并于公元 1180 年死于任上。在除宗教信仰之外的问题上，他是一个坚定的怀疑论者。他自称是一名学者（就跟圣·奥古斯丁使用这个词的意思一样）。他对国王的尊敬十分有限：“一个文盲国王就是一头戴着王冠的蠢驴。”他很尊敬圣·伯纳德，但也深知伯纳德企图调和柏拉图和亚里士多德的做法必然失败。他也很仰慕阿贝拉德，但又讥笑他的共相理论，对于罗塞琳的共相论，他也持相同态度。他认为，逻辑学是通往学术的敲门砖，但它本身确实极端枯燥无聊。他说，亚里士多德的逻辑学尚有许多值得改进的地方。对古代作家的尊敬不应当妨害对理性的批判性使用。不过，柏拉图对他而言仍然堪称“哲学家之王”。他结识了当时的绝大部分有识之士，而且也会友谊性地参加一些学术辩论活动。一次，他重游三十年前到过的一家哲学学院，发现里面的哲学家仍在讨论与三十年前同样的话题，他不禁为之发笑。他经常出现的一些社交场合，其氛围与三十年前牛津大学休息室倒有些相似之处。在他即将走向生命尽头的时代，曾经附属于教堂的学院逐渐让位给了大学，从此以后，至少在英格兰，大学逐渐延续至今。

在公元十二世纪当中，翻译学家为西欧的学生翻译了大量希腊文的著作。这些翻译作品主要有三大来源：君士坦丁堡、帕勒尔摩和托莱多。其中又以托莱多最为重要。但来自托莱多的译本大多是从阿拉伯文转译过来的，并非直接译自希腊文。在公元十二世纪三十至五十年代，托莱多的大主教雷蒙德创办了一所翻译学院，其翻译工作卓有成效。公元 1128 年，威尼斯人雅各翻译了亚里士多德的《分析篇》《正位篇》和《诡辩驳斥篇》，但西方哲学家对《分析论后篇》都感到难以理解。卡塔尼亚人亨利·阿利斯提帕斯（卒于公元1162年）翻译了柏拉图的《斐多篇》和《美诺篇》，但他的译作在当时并没有立即产生影响。在十二世纪，西方虽然对希腊哲学的认识还很不全面，但一些学者已经意识到希腊哲学中还有很多东西需要西方去发掘，他们心中甚至出现了对获取最全面古代知识的渴望。正统教义对他们的桎梏并没有我们想象中的那么严重；当时的人们还可以著书立说，必要时还可以进行充分的公开讨论，以去除书中的异端部分。那时的哲学家群体中大部分是法兰西人，他们作为反对皇帝的中坚力量，对罗马教廷来说非常重要。在这些饱学的教士之中，不管出现了什么样的神学异端，他们在政治上仍是正统的。但这里有一个例外，此人便是布雷斯齐亚人阿诺德，这也可以说明他有多么邪恶了。从政治上来讲，我们可以把整个处于发展初期的经院哲学，看成是教会权力斗争的衍生物。

第十二章

公元十三世纪

在公元十三世纪，中世纪达到了一个顶峰。罗马帝国灭亡之后所逐渐建立的各种制度体系已经完备得无以复加；到了公元十四世纪，之前所建立起来的各种制度和发展起来的各哲学流派又开始趋于瓦解；公元十五世纪则已经是我们今天所认为的近代的开端了。公元十三世纪涌现出的伟人们都相当杰出：伊诺森三世、圣·弗朗西斯、弗里德里希二世、托马斯·阿奎那等，他们都以各自的方式，成为各自领域的杰出代表。此外，十三世纪还取得了一些与这些伟人没有太多关系的巨大成就，譬如法兰西的哥特式大教堂，有关查理曼、亚瑟王和尼伯龙根的浪漫主义文学作品，基于大宪章和下议院的立宪政治开端等。而和我们最直接相关的便是经院哲学，特别是阿奎那所阐述的经院哲学。但这一内容我们会放到下一章中详细叙述。本章，我们首先要对形成该世纪的精神风貌影响较大的一些事件进行大致的讲述。

本世纪初期的核心人物是教皇伊诺森三世（公元 1198 年—公元 1216 年在位），他是一个非常精明且精力充沛的政治家，但他坚信教皇有着至高无上的权力，骨子里缺少基督徒应有的谦恭。在任职仪式上，他曾选出一段经文布道：“看，今天我已将你们凌驾于民族和国家之上，鼓起你们的勇气去破坏、去摧毁、去推翻，进而去重建和树立。”他称自己为“诸王之王，诸主之主，永远是遵照麦基洗德等级体系中的大祭司”。他利用一切有利条件来推行这一观点。在曾经被皇帝亨利六世（卒于 1197 年，其妻子为诺曼国王的女继承人康斯坦斯）征服的西西里，新国王弗里德里希在伊诺森即位时方才三岁。当时的西西里国内动荡不安，康斯坦斯急需教皇的帮助。他让教皇担任了尚是婴孩的弗里德里希的监护人，通过承认教廷具有优越权，康斯坦斯使教皇承认了她的儿子在西西里的统治权。葡萄牙和阿拉贡地区对教廷的优越权也有过类似的承认。在英格兰，国王约翰经过一番激烈挣扎，仍旧被迫将自己的王国献给伊诺森，然后再将其当作教皇给他的封地领回。

从某种程度上讲，在第四次十字军东征中，威尼斯人较教皇而言还略占过上风。十字军的士兵本来要在威尼斯出发，但却没有足够的船只。当时，除威尼斯人之外，没人能提供这么多的船只。但威尼斯人出于商业目的，主张十字军应先进攻君士坦丁堡而非耶路撒冷——不管怎样，君士坦丁堡是一块有用的垫脚石，而且东罗马帝国对十字军也一直不怎么友好。大家不得不对威尼斯人做出让步，于是，十字军很快攻陷了君士坦丁堡，并给他们新立了一位拉丁裔皇帝。起初，伊诺森对此事感到十分恼怒，但他后来发现可以以此为契机将东西方教会重新联合起来（这一希望最终还是落空了）。除了此事之外，我目前还不知道有什么人能在与伊诺森三世交往的过程中占到上风。他命令大量的十字军前去攻伐阿勒比占西斯教派，这次征战彻底摧毁了法兰西南部的所有异端，连同那里的幸福、繁荣和文化。图卢兹的伯爵雷蒙德因为对十字军东征一事并不上心，而遭到了伊诺森的废黜。而此次十字军的统帅西蒙·德·蒙特福特（议会之父的父亲）则从他那里得到了阿勒比占西斯教派大部分领地的封赏。他跟德意志的皇帝奥托发生了争执，而号召日耳曼人将其废黜。日耳曼人果真这样做了，并在他的建议之下选出了刚刚成年的弗里德里希二世。但他竟以对弗里德里希提供支援为名，向其勒索一笔惊人的费用。弗雷德里克迫于无奈向其做出承诺，但很快他就决定要尽快背弃这一承诺。

伊诺森三世是第一位毫无圣洁可言的“伟大”教皇。教会改革建立起来的森严等级制度使他在道德上的威信进一步得到巩固，所以，他认为自己已无须再为圣洁问题担心了。从他开始，权力的欲望日益专擅地支配着教廷，因而，在他甚至健在的时候，就已遭到了一些虔诚教徒们的反对。为了进一步增加元老院的权力，他将一些教规编成了法典，沃尔瑟·梵·德·福格尔威德[1]将这本法典称作“地狱给人类的一本最为黑暗的书”。至此，尽管教廷仍可取得一些显赫的胜利，但其日后衰落的结局已经可以预见了。

曾受教皇伊诺森三世监护的皇帝弗里德里希二世，于公元1212年前往德意志，在教皇的支持下，他成功当选为皇帝并接替了奥托之位。可惜，伊诺森未能

「1」沃尔瑟·梵·德·福格尔威德是德国中世纪的一位吟游诗人。

亲眼看到，他为教廷培养出了一个多么可怕的敌人。

作为史上最杰出的统治者之一，弗里德里希二世是在极为艰难困苦的环境下度过其童年和少年时代的。他的父亲亨利六世（巴巴罗萨的儿子）打败了据守在西西里的诺曼人，并和该王朝的女继承人康斯坦斯结了婚。之后，亨利便创建了一支由日耳曼人组成的、令西西里人痛恨的驻守部队。公元1197年，亨利六世去世，而此时的弗里德里希年仅三岁。康斯坦斯因此决定脱离日耳曼人的束缚，企图在教皇的帮助下，实现独立统治。日耳曼人对此大为愤慨，于是奥托决定出征西西里，这也正是他和教皇发生争执的原因。

弗里德里希是在巴勒莫长大的，那里曾遭遇过其他一些动乱。譬如，伊斯兰教徒不时会发动暴乱，比萨人和热那亚人为了争夺西西里岛则彼此会进行战争等，西西里的显要人物也经常会根据战争双方（比萨人和热那亚人）开出价码的高低来选择叛变一方而投靠另一方，但在文化方面却对西西里大有裨益。穆斯林、拜占庭、意大利的日耳曼文化在这里达到了空前的交融，这是其他任何地方所不能企及的。那时，希腊语和阿拉伯语都在西西里得以流行，弗里德里希甚至能熟练使用六种不同语言，并且每一种都能达到出口成章的地步。他对阿拉伯哲学非常精通，并和穆斯林保持着非常友好的关系，这后来也为很多虔诚的基督教徒所不齿。他拥有霍恩施陶芬皇族血统，在日耳曼可以算得上是一个日耳曼人，但从文化和情感上讲，他更像是一个意大利人，并且还颇具拜占庭和阿拉伯色彩。和他同时代的人，往往以一种惊异的眼光看他，并且这种惊异渐渐转变为了恐惧，他们将他称作“世界的奇迹和不可思议的改革家”。在他还在世的时候，弗里德里希就已经成为很多传奇故事的主角了。他还被认为是《三大骗子论》一书的作者——三大骗子是指摩西、基督和穆罕默德。实际上这是一本根本就没存在过的书，很多教会的敌人都曾被说成是该书的作者，最后一个遭到如此诬陷的是斯宾诺莎。

在弗里德里希和皇帝奥托互相争斗的年代，“教皇党成员”和“皇帝党成员”两个词逐渐开始流传开来。而这两个词正是由这两位宿敌的姓氏“魏勒夫”和“韦布林根”[1]讹传而来。（奥托的侄子便是英国皇室的祖先。）

伊诺森三世死于公元1216年；而被弗里德里希打败了的奥托则死于公元1218年。新任教皇为霍诺留斯三世，起初，他和皇帝弗里德里希之间的关系还算融洽，但不久就产生了嫌隙。先是弗里德里希拒绝参加十字军东征；进而他又

「1」教皇党成员的英文为 Guelf，皇帝党成员的英文为 Ghibelline。——译者注

和伦巴底诸城邦产生了纠纷，这些城邦于公元1226年达成了一份为期二十五年的攻守同盟协议。他们仇视日耳曼人，曾有一个诗人写了一首措辞颇为粗鄙的诗歌来攻击日耳曼人："勿要爱日耳曼人，让这些疯狗，尽可能与你们远离！"这句话表达了伦巴底人的普遍感情。弗里德里希本想留在意大利对付这些城邦，但在公元1227年，教皇霍诺留斯突然去世，其继位者格雷高里九世是一个狂热的禁欲主义者，他对圣·法兰西斯极为热爱，而法兰西斯对其也极为钟爱。（就在法兰西斯去世两年后，他便将其追封为圣徒。）格雷高里认为，当前最重要的事情便是十字军东征一事，而弗里德里希居然不参加，于是便给予其开除教籍的处分。起初，弗里德里希拒绝参加十字军，主要因为他的妻子是耶路撒冷国王的公主兼王位继承人，其实就弗里德里希本人而言，他还是十分愿意追随十字军东征的，他甚至称自己为耶路撒冷王。公元1228年，当他还处于被开除教籍期间时，他终于决定加入十字军。但这一行为竟然比此前他拒绝参加十字军更让格雷高里勃然大怒，因为在格雷高里看来，让十字军部队由一个被教皇开除教籍的人来领导是一种奇耻大辱。弗里德里希抵达巴勒斯坦后，很快便和伊斯兰教徒达成了和解，并且向他们解释道，尽管耶路撒冷并没有什么战略价值，但基督教徒对其甚为看重。最终他成功地说服他们将该城和平地返还到他手中。此事让教皇感到更加恼怒——基督徒应该跟异教徒决战到底，而非跟他们和谈。然而，弗里德里希还是在耶路撒冷被正式加冕，毕竟，他所取得的成功任谁也无法否认。于是，公元1230年，教皇和皇帝又重归于好。

在接下来的这一短暂和平期内，皇帝弗里德里希得以专心于西西里王国的政务。他在首相彼得罗·德拉·维格纳的协助下，颁布了一部新的法典。该法典源于罗马法，显示出了他南部统治区域高度发达的文明。为了使那些说希腊语的居民使用方便，这部法典很快被翻译成了希腊文。他在那不勒斯创办了一所重要的大学，又铸造了一种名为"奥格斯塔勒斯"的金币，这算得上是几个世纪以来西方铸造的第一批金币。他还出台了比较自由的贸易政策，并彻底废除了国内的关税。他甚至召集了各个城邦选出的代表出席他的参议会，当然，他们只有咨议权。

然而，这一短暂的和平很快就由于弗里德里希和伦巴底联盟于公元1237年再次交恶而宣告终结。教皇和伦巴底诸城邦始终站在一起，于是他迅速做出反应，将弗里德里希的教籍开除。此后，直到公元1250年弗里德里希去世为止，战争从未中断，而且战局对双方来讲都变得越发惨烈、残酷和不可预测。在此期间，战争双方实力此消彼长，直到皇帝去世，战争的结局仍无法预料。只是弗里德里希的后继者虽亦想成就像他那样的伟业，但终究没有像他那样的魄力，于是他们不断遭遇失败，意大利也逐渐四分五裂，教皇赢得了最终的胜利。

此后又有几任教皇相继去世，但并没有对教廷和皇帝之间的斗争产生太大影响，几乎每一任教皇都不加改变地继承了前任教皇所推行的政策。格雷高里九世于公元1241年去世，公元1243年，弗里德里希的宿敌伊诺森四世当选为教皇。路易九世尽管是一个彻底的正统教派，但他仍想调和格雷高里和伊诺森九世之间的矛盾，但最终只是徒劳。特别是伊诺森四世，他拒绝接受皇帝提出的任何建议，并肆无忌惮地使用一切方法反对他。他甚至宣布要废黜皇帝，并组织十字军对其加以讨伐，所有支持皇帝的人也都遭到了开除教籍的处分。他还要求出去行乞的修道士到处散播攻讦皇帝的流言，很快，伊斯兰教徒发动了叛乱，而那些名义上支持皇帝的显要们也开始进行各自的阴谋。所有这些使得弗里德里希变得愈发残暴——那些私下里搞阴谋的人都遭到了严酷的惩罚，甚至被挖掉右眼，斩掉右手。

在这场旷日持久的斗争中，弗里德里希甚至一度想自创一个新的宗教，在新的宗教里他来充当弥赛亚，而他的首相彼得罗·德拉·维格纳则充当使徒圣彼得的角色[1]。但他并未能将这项计划考虑成熟并将之公之于众，只是在写给德拉·维格纳的信中提过此事。然而不久，他偶然间得知就连彼得罗也开始密谋反对他，不过，消息来源并不太准确，尽管如此，他还是将彼得罗的双眼刺瞎，并将其置于牢笼示众。最终，彼得罗通过自杀的方式以使自己免遭更多的痛苦。

尽管颇有才能，但弗里德里希终究未能成功，因为当时存在的反对教皇的力量是虔诚的、民主的，而他反对教皇的主要目的则是恢复一个异教的罗马帝国。在文化方面，他颇为开明，但在政治方面，他却极为反动。他的宫廷带有浓重的东方色彩，并且还设立了一个豢养太监的后宫。意大利诗歌正是从他的教廷中逐渐兴起的，而他自己作为一名诗人，也颇有才情。在和教廷的几次斗争中，他曾发表过数次有关教会专政危害性的言论，这些言论在十六世纪或许会有市场，但在他当时所处的时代，却没有产生任何影响。那些异端分子本该成为弗雷德里克的盟友，但他认为他们只是一群叛徒，为了取悦教皇他甚至还对他们加以迫害。那些自由的城邦，如果不是因为皇帝的话，倒真有可能去反对教皇。但一旦弗里德里希要求这些城邦臣服于自己时，他们便转而支持教皇，将教皇当作盟友了。因此，尽管他没有陷入当时的迷信，文化水平也远超同时代的统治者，但作为皇

「1」参见黑尔曼·康托罗维兹所著的《弗雷德里克二世传》。

帝，他不得不迫使自己反对一切政治自由主义者。最终，他不可避免地失败了，但他的失败却是历史上所有失败者中最令人关注的一个。

那些被伊诺森三世征讨的，以及被所有统治者（包括弗里德里希皇帝在内）迫害的异端们，不论是他们自身，还是他们当时所反映出的民众情感，都是值得研究的。因为对大众情感的研究，如果不通过异端，我们在当时的其他著作中是很难发现线索的。

在异端的诸多派别中，最让人感兴趣也是最为庞大的一个派别，莫过于喀萨利派了，在法兰西南部，他们则更多地被人们称作阿勒比占西斯教派。他们的教义主要是通过巴尔干半岛从亚洲传来的，该教派在意大利北部地区信奉的人很多，在法兰西南部也有绝大多数信众，其中还包括当地的一些贵族——他们总喜欢以各种借口侵吞教会土地。异端教派的广泛传播，一部分是由十字军战败所带来的悲观沮丧情绪所致，但主要还是由于民众在道德上对僧侣阶级财富和罪恶的憎恶。

当时，社会上正值流行一种崇尚个人圣洁的心理，这与后世的清教主义十分相似，因为这种心理正是与崇拜清贫相联系的。教会已变得相当富有和世俗化：大多数神父都极不道德。托钵僧曾对一些旧有教团和教区的神父提出控诉，声称他们利用忏悔室来诱奸女信徒。托钵僧的对手们也对他们提出了同样的指控。毫无疑问，托钵僧的指控是非常公正的。教会越发以宗教为借口要求获得至高无上的权力，民众就越发对他们的不端行为感到震惊。那项最终导致宗教改革的动机，在十三世纪也同样适用。只不过主要区别在于，此时的世俗统治者尚未做好准备将自己命运与异端分子联系在一起，因为当时还没有一种哲学能将异端的教义与国王对统治权的要求统一起来。

现在喀萨利教派的具体教义已无从得知，因为我们目前只是掌握了他们敌人的一些辩词。另外，那些通晓各派别异端历史的教士们，经常会根据一些并不贴切的相似点，而将现有异端教派贴上他们已经熟知了的标签，并将之前异端教派的教义强加于现有的异端教派。尽管如此，其中还是有很多事情是不容置疑的。有迹象表明，喀萨利教派的人皆是二元论者，正如诺斯替教派所认为的那样——旧约中的耶和华是一名邪恶的造物主，而真正的上帝直到新约才以启示形式出现。他们还认为物质在本质上都是邪恶的，即使是道德高尚的人，其死后的肉身也不会复活；但恶人必遭轮回之苦，其肉身也会变成动物。正因如此，他们都是素食主义者，甚至连鸡蛋、奶酪、牛奶都不吃。但他们吃鱼肉，因为他们认为鱼是通过无性生殖繁衍的。他们认为一切性行为都是让人憎恶的，有些人甚至认为婚姻比通奸还要有罪，因为婚姻是对自己性欲的一种持续性的满足。不过，他们对自杀却并无异议。对于新约，他们比正统教派还要拘泥于字面意义。他们一般不会起誓，而在有人打他们的左脸时，他们真的会将右脸凑上去让那人打。那些专门从事迫害异端工作的人曾记载了这样一个案例：一个人被指控为异端分子，他在为自己辩护时，声称自己吃过肉，撒过谎，也发过誓，是一名很好的天主教徒。

其实，该教派的那些严格教规只是让那些被称作“完人”的圣洁之人遵守的，其余的信徒还是可以吃肉甚至可以结婚的。

考证这些教义的来源也是一件非常有趣的事情。他们是由十字军军人从保加利亚的波哥米勒斯教派传到意大利和法兰西的；公元1167年，当喀萨利教派在图鲁斯附近举行宗教会议时，保加利亚也派出代表参加了此次会议。而波哥米勒斯教派则是摩尼教和保罗教派两者融合的结果。其中，保罗教派是阿尔美尼亚的一个教派，他们反对让婴儿受洗，不主张炼狱，拒绝向圣者祈祷，同时还否认三位一体说。这一教派先是逐渐传到了色雷斯，进而又进入了保加利亚。保罗教派的信徒皆是马尔西翁（大约生活在公元150年前后）的追随者。马尔西翁认为，自己在反对基督教中的犹太因素方面继承了圣保罗的思想，他后来虽未能成为诺斯替教派的成员，但和他们的来往一直都很密切。

另外一个我要提到的、也是当时也颇为流行的异端教派便是瓦勒都教派，该教派的成员都是彼得·瓦勒都的追随者。瓦勒都是一名狂热的宗教分子，公元1170年，他曾遵照基督律令发动了一次“十字军东征”。他将自己的所有财产都分给了穷人，并成立了一个名为“里昂穷人”的教团，该教团的成员推崇安贫乐道的生活，注重道德上的严格自律。起初，他们还得到了教皇的赞许，但由于他们对僧侣不道德行为的痛骂有些过分，在公元1184年的维罗纳宗教会议上，该教团遭到了谴责。因此他们决定，凡是善良的人皆可讲经布道；他们将原来天主教中大祭司所行使的职权分散到了自己任命的传教士手中。很快，该教派便传到了伦巴底，之后又到了波西米亚，并在那里为赫斯教派的传播铺平了道路。当阿勒比占西斯教派遭受迫害的时候，瓦勒都教派也受到了影响，很多教派成员都逃到了丕德蒙特。后来，到了英国诗人弥尔顿生活的年代，他们又在丕德蒙特遭到了迫害，激起了弥尔顿为此写下了“噢，上帝！请为那些遭受杀戮的诸位圣徒们复仇吧！”的十四行诗。直到现在，在偏远的阿尔卑斯山谷以及美国的一些地方，仍有该教派的信徒存在。

所有的这些异端教派，都不同程度地引起了教会的恐慌，于是教会采用了暴力手段对这些教派进行镇压。教皇伊诺森三世认为，应该将那些异端分子处以死刑，因为他们犯下了背叛基督的罪行。公元1209年，伊诺森三世号召法兰西国王组织了一支十字军对阿勒比占西斯教派进行征讨。此次十字军征战的残暴程度令人咋舌，特别是在攻陷卡尔卡松纳之后，他们在此地进行了一场骇人听闻、惨绝人寰的大屠杀。搜捕异教徒原本是由主教负责，但这对本来就已有很多职责的主教们来说，显得有点力不从心了。于是，公元1233年，格雷高里九世成立了宗教裁判所，用来接管之前由主教负责的这项工作。公元1254年之后，凡是由宗教裁判所起诉的人都不允许有人为之辩护，而且一旦定罪，其财产便会被全部没收——在法兰西，则归国王所有。当被告经查确实有罪时，他将被移送至世俗界的相关部门，宗教裁判所会象征性地为其祈祷，愿他的生命得到救赎。但如果世俗界当权者未将其处以火刑，那么，这些人自己也将会遭到宗教裁判所的传讯。后来，宗教裁判所不仅要处理一般意义上的异端教派案件，还要处理与巫术和魔法相关的案件。在西班牙，宗教裁判所针对的是活动隐秘的犹太教徒，该项工作主要是由多米尼克教团和弗兰西斯教团的教士们完成的。但这一宗教组织始终未能渗入斯堪的纳维亚和英格兰，尽管英格兰人乐于通过这一手段来对付圣女贞德。总而言之，宗教裁判所制度获得了巨大成功，在一开始，它便彻底肃清了阿勒比占西斯教派的异端分子。

在十三世纪初期，天主教会一度面临诸方叛乱的危险境地，其可怕程度一点也不亚于公元十六世纪爆发的叛乱。而教会之所以能躲过此次劫难，主要还应归功于托钵僧团的兴起。圣·弗兰西斯和圣·多米尼克为正统教义所做的贡献甚至要比最有权力的教皇还大。

圣·弗兰西斯（公元1181年或公元1182年—公元1226年）是阿西西人，他是历史上最可爱的著名人物之一。他出生在一个富足之家，他在青年时代时，并未对其经常享有的快乐感到厌恶。直到有一天，当他骑马经过一个麻风病人身旁时，内心突然冒出一股怜悯之情，这促使他下马亲了一下那个病人。从此之后，他决定散尽他在世俗界的所有钱财，并将自己生命献给布道和慈善事业。他的父亲是一位身价不菲的商人，在得知弗兰西斯的决定后，暴跳如雷，但终究未能改变他的决定。不久，圣·弗兰西斯周围便聚集了一批追随者，他们都起誓要过安贫乐道的生活。起初，教会对这一运动还充满了怀疑，因为这一运动太类似于“里昂穷人”派了。圣·弗朗西斯派往远方的第一批传教士竟被人们当成了异端分子，因为他们真的践行了固守清贫的誓言，而不像修道士那样，仅仅将清贫的生活留在誓言之中而从不去认真执行。但是，精明过人的伊诺森三世很快就发现，如果将这一运动保留在正统范围之内，将来必定将产生极大的价值。因此，公元 1209 年或 1210 年，伊诺森三世正式承认了这一教团。后来继位的教皇格雷高里九世是圣·弗兰西斯的朋友，因此一如既往地支持他，但教皇也会将某些戒律强加于他，而这些戒律在某种程度上正是这位圣徒内心狂热的无政府主义冲动所厌弃的。弗兰西斯还希望能以尽可能严格的方式诠释安贫乐道的誓言，他拒绝为他的追随者们购置房产或修建教堂，他们自己须靠行乞维持生计，除了偶尔受别人接待之外，不允许有住宿的地方。公元 1219 年，他游历到东方，并在苏丹[1]面前布道，这位苏丹礼貌地接待了他，但对自己伊斯兰教的信仰没有出现丝毫动摇。在他回来之后，他发现弗兰西斯教派的成员为他修建了一间屋子，为此他深感痛苦，但教皇劝说（或是强迫）他对此事做出了让步。在弗兰西斯去世后，格雷高里追授他为圣人，但同时也放宽了他所制定的恪守清贫戒律的尺度。

说到圣洁，与弗兰西斯不相上下的大有人在，但真正使他在众多圣徒中脱颖而出的则是他那发自内心的幸福感，他那博爱的精神和诗人的才华。他的善良似乎是天生的，从来没有什么瑕疵。他热爱世间万物，不仅仅是以一名基督徒，或者是一个善良的人，更是作为一名诗人。他在去世前所作的一首《太阳赞歌》，甚至像极了著名的太阳崇拜者伊克纳顿——虽然伊克纳顿对太阳的崇拜有时并不那么强烈——而基督教精神赋予了这首赞美诗更丰富的内涵，尽管这并不明显。另外，他还感到了自己对麻风病人应尽的责任，这都是为了别人，而不是他自己。与很多基督教圣徒不同的是，相较于自我救赎，圣弗兰西斯更关心他人的福祉。他从未表现出任何优越感，无论那些人有多么卑贱和邪恶。齐拉诺人托马斯提到他时曾这样说道，于圣徒中，他是超然的存在，而于带有原罪的众生中，他却是其中一员。

如果撒旦真的存在的话，那么由弗兰西斯所创建的圣·弗兰西斯教团在后来的发展势必会使撒旦得到极大的满足。作为该教团的首要人物，圣徒弗兰西斯的直接继承人伊利亚兄弟是穷凶极恶之人，他们彻底放弃了守清贫的戒律。在弗兰西斯教团的创建者逝后的几年间，该教团的主要工作就是给格勒夫派和基柏林派残酷而血腥的战争充当招募新兵的军官。弗兰西斯去世七年后，宗教裁判所相继在多个国家建立起来，而这主要就是由弗兰西斯教派的成员负责修建和管理的。当时还有一小部分称作“圣灵派”的信徒，仍然笃信他当年的训示，但他们最后却被宗教裁判所以异端分子的罪名处以火刑。“圣灵派”认为基督和他的使徒们

[1] 某些伊斯兰教国家最高统治者的称号。——译者注

不应该拥有任何财产，甚至连他们身上穿着的衣物都不是他们自己的。这种观点在公元1323年被教皇约翰二十二世斥为异端。总而言之，圣·弗兰西斯倾其一生的努力，最终却创造了一个更加富有和腐化的教团，他们进一步加强了教会中的等级制度，并对所有道德优秀、思想自由的人士进行迫害。从他自己的目标和品德看，我们再也不能想象出世界上还有什么结局能比这一结局更让人无语了。

相比圣·弗兰西斯，圣·多米尼克（公元1170年—公元1221年）的事迹较为乏味。他是卡斯提亚人，跟圣·罗跃拉一样，他对正统教义有着近乎狂热的信仰。他的主要目标便是与异端做斗争，为了达到这一目的他采用了恪守清贫的方法。他参与了讨伐阿勒比占西斯异端战争的全过程，尽管有人曾说他对这次战争中的一些极端残暴行为表示过强烈谴责。多米尼克教团由教皇伊诺森三世于公元1215年成立，教团很快便取得了成功。就目前我所知道的而言，圣·多米尼克唯一一次有人情味儿的事例就是他对萨克森人约旦的一段自白：与老妪相比，他更喜欢与少妇交谈。公元1242年，多米尼克教团发出了一项庄严的教令，要求约旦必须将这一段话从他所写的《多米尼克传记》[1]中删掉。

就在宗教裁判所的工作而言，多米尼克教团的教士们工作时显得比弗兰西斯教团成员更为积极。但是，他们所进行的学术研究也给人类做出了有价值的贡献，虽然这并不是多米尼克的本意。他曾对他手下的托钵僧下过这样一道禁令："未经特别许可，不得擅自学习世俗间的科学和文艺。"这道禁令一直到公元1259年才被撤销，此后，多米尼克教团又采取了诸多措施，来确保教团的学习生活变得更加轻松。他们没有半点体力劳动的义务，虔修的时间也相应缩短，一切都是为了给他们留有更多的时间从事学术研究。他们还曾试图调和亚里士多德和基督之间的矛盾，多米尼克派成员阿勒贝尔鲁斯·马革努斯跟托马斯·阿奎那在完成这项任务时，倾尽了他们的所有能力。托马斯·阿奎那的权威更是高于一切，以致后来的多米尼克教团在哲学上没能取得太多成就。尽管弗兰西斯教团的人要比多米尼克教团的人更为厌恶学问，但是在接下来的一段时期里出现的伟人却都属于弗兰西斯教团，比如罗吉尔·培根、邓斯·司各脱和奥卡姆的维廉，无一不是弗兰西斯教团的信徒。托钵僧为这段时期的哲学所做的贡献，将是接下来几章中我们讨论的主题。

「1」原文为"life of the founder"，即《开创者的一生》。——译者注

第十三章

圣·托马斯·阿奎那

托马斯·阿奎那（公元1225年或公元1226年—公元1274年）被认为是最伟大的经院哲学家。在所有教授哲学课程的天主教教育机构中，唯有他的哲学体系是被作为正统来讲授的，这一点早在公元1879年列奥十三世发布公告之后，便成了定例。因此，正如柏拉图、亚里士多德、康德和黑格尔一样，圣·托马斯不仅在历史上产生了重要影响，而且对现在仍具有重要的现实意义，甚至超过了康德和黑格尔。在绝大部分场合，圣·托马斯紧紧追随着亚里士多德，最终使这个斯塔基拉人在天主教徒心中获得了教父般的权威。当时，即便是对亚里士多德在纯哲学上进行的批判，也会被认为是不虔诚的[1]，但情况也并非一直如此。在阿奎那所处的时代，支持亚里士多德和反对柏拉图的斗争从未中断。而阿奎那的出现[2]使前者最终取得了胜利，并将此胜利一直保持到了文艺复兴时期。随后，柏拉图则逐渐在大部分哲学家心中占据了至高无上的地位，人们对他的认识也较中世纪进步了许多。到了公元十七世纪，一个人既可以是一位正统教徒，又可以是一名笛卡儿主义者；马勒伯朗士，虽是一名神父，但他却从未遭受过非难。但在今天，这种自由已经成为过去式，天主教的教士们若想涉猎哲学，就必须要先要承认圣·托马斯的哲学。

圣·托马斯是阿奎那伯爵之子。阿奎那伯爵在那不勒斯王国境内靠近蒙特·卡西诺的地方有一座城堡，我们这位“天使博士”的启蒙教育便是在那里开

「1」我本人就曾在一次无线电广播中做过一次这样的批评，结果招致天主教徒的强烈抗议。

「2」即他对亚里士多德的支持与推崇。——译者注

始的。他曾在弗里德里希二世创办的那不勒斯大学求学六年，之后加入了多米尼克教团，并来到科隆，在那里，他师从阿勒贝尔图斯·马革努斯，一位当时哲学界亚里士多德学派的领军人物。在科隆和巴黎生活了一段时间后，托马斯于公元1259年重返意大利，并在那里度过了自己的余生。期间于公元1269年—公元1272年，他曾再度旅居巴黎三年。在他再度旅居巴黎的这三年间，多米尼克教团由于推崇亚里士多德主义，和巴黎大学的权威们发生了争执，他们甚至被怀疑是在同情异端阿威罗伊派，当时该异端在大学校园里已渐成气候。根据阿威罗伊派对亚里士多德的理解，他们主张人的灵魂，只要是存在于个体当中，那就是不死的；灵魂的不死性只属于理智层面，理智不受人感情的左右，并且在不同的具有理智的个体中都是同一的。当他们最终认识到这一学说和天主教信仰相抵触时，他们便以“双重真理说”为托词加以回避。所谓双重真理说是指：真理包括两类，即基于理性的哲学真理和基于启示的神学真理。这些做法极大地败坏了亚里士多德的名声，圣·托马斯旅居在巴黎时的主要目的，就是要消除这种因过分拘泥于阿拉伯人学说而带来的危害。在这方面，他也的确取得了非常大的成功。

与其前辈不同的是，阿奎那对亚里士多德的学说有着充分的了解。他的朋友，穆尔贝克人维廉曾送给他一些源自希腊文原著的译稿，他对其进行了评论和注解。在阿奎那之前，人们对亚里士多德的理解，或多或少地被新柏拉图主义对其添加的成分所迷惑了。而阿奎那所追随的则是真正的亚里士多德主义，他对柏拉图主义深表厌恶，即便是在圣·奥古斯丁的言论中出现过的也不例外。最终，他成功说服教会，使他们相信，作为基督教哲学的基础，亚里士多德哲学体系的优势明显大于柏拉图哲学体系，伊斯兰教徒、基督教中的阿威罗伊主义都曾曲解了亚里士多德的学说。不过，在我看来，由《灵魂论》(亚里士多德著作）引出的阿威罗伊教派观点，要比由之引出的阿奎那观点显得更为自然。但在阿奎那之后，教会却有着不同的观点。我必须更进一步地指出，在很多逻辑学和哲学问题上，亚里士多德的观点并非就是金科玉律、不可更改，甚至其很多观点已经被证明是错误的了。当然，关于这些，天主教哲学家和哲学讲师们，都是不允许公然宣讲的。

圣·托马斯最重要的著作《异教徒驳议辑要》，写于公元1259年—公元1264年。书中，他通过与一名假想的非基督教徒展开辩论的方式确定了基督教的基本真理。有人猜测，书中这位假想的非基督教徒，很可能就是熟谙阿拉伯哲学的那类人。此外，他还写了另一本书，即《神学大全》，本书几乎和《异教徒驳议辑要》同等重要。但我们对此书并不太感兴趣，因为该书中的论证中，不以基督教真理为前提假设的很少。

下面是《异教徒驳议辑要》一书的摘要。

首先，让我们考察一下什么是“智慧”。一个人在某些特定的工作上可能是聪明的，比如说修建房屋。这意味着他知道达到某一特定目的应该使用的方法。但所有的特定目的都从属于宇宙之目的，因而智慧本身也与宇宙之目的密切相关，而宇宙之目的正是理智层面的善，比如说真理。从这层意义上讲，对智慧的追求应该是最完美、最崇高、最有益，也是最令人愉悦的一项事业。所有这些都可以通过引据像亚里士多德这样的大哲学家的权威而得以证实。

阿奎那说：我的目的是要阐释天主教信仰所推崇的真理。但在这里，我必须依靠自然的理性，因为异教徒是不承认经典的权威性的。只是，上帝的事务缺乏自然的理性，它虽能证明信仰中的一部分，但却不能将其完全证明；它能证明上帝的存在和灵魂不死，但却不能证明三位一体、道成肉身和最后的审判。目前来看，凡是可以论证的，其结果均与基督教信仰一致，在基督教的启示中，没有任何事务是和理性相悖的。但是，这并不意味着将基督教信仰中可被理性证明的部分与不能被理性证明的部分分开是不重要的。因此，这部《异教徒驳议辑要》分为四卷，其中前三卷，除为了证明理性推导出的结论与启示具有一致性之外，对启示未做任何引用；只有在第四卷中才对那些离开启示就不得而知的事物加以论述。

第一步是证明上帝的存在。有人认为这没有必要，因为（他们认为）上帝的存在是不言自明的。假如我们知道上帝的本质，那这一论断便是真的，因为（正如我们下面所证明的）在上帝那里，本质和存在是同一的。但我们并不知道上帝的本质，而仅仅知道一些很有限的知识。对于上帝的本质，聪明的人总要比愚蠢的人知道得多，天使又比这两类人知道得更多。目前，还没有一位足够博学的被创造者，能仅仅从上帝的本质推得上帝的存在。正因如此，本体论的论证方式才被否决掉了。

凡能被证实的宗教真理，同样可由信仰得知，记住这点非常重要。证明此点非常繁杂，只有饱学之士方能理解。但是，信仰之于无知者、年轻人以及那些因从事实际工作而无暇学习哲学的人而言，也还是十分必要的。当然，对于这些人，启示已可满足他们了。

有人说，上帝只能经由信仰方能得知。他们主张，如果论证所使用的原理，就像《分析后篇》中所说的那样，是通过源自感觉的经验为我们所知的，那么，所有超越感觉的事物就是不能为我们所证实的了。显然，这种论调是错误的，即使它是对的，上帝也还可以通过各种可以让人感知的作用为人们所知。

正如亚里士多德在著作中所述，上帝的存在性是由“非被动的始动者”[1]这一论证证实的。世界上有些东西只能是被动的，而另一些东西既能主动又能被动。所有被动的东西都是由外物推动才会发生运动，由于无尽的回溯不可能发生，所以我们终会在某个地方找到那件只存在主动而没有被动的事物。这件非被动的事物便是上帝。也许这一论证还会招致反对，因为其中含有天主教徒一直明确反对的运动永恒性。但这种反对只会是一个错误：在运动永恒性的假设下，这一推理必然是有效的；而在其相反假设下，这一论证的有效性只会得到加强，因为相反假设意味着运动一定有一个起始，这个起始便是“第一原因”。

在《神学大全》一书中，阿奎那给出了关于上帝存在性的五种论证方法。其一便是上文提到的“非被动的始动者”论证；其二便是第一原因的论证，这同样有赖于无限回溯的不可能性；其三,一切必然性必然存在着终极根源，这实际上和第二种论证非常类似；其四，在世界上，我们可以发现许多完美的事物，而这些完美的事物势必源于某些十全十美的事物；其五，我们发现即便是没有生命的事物，也都在完成一项目的，而此目的势必存在于该事物的外部，因为只有有生命的事物才会有内在的目的。

让我们再回到《异教徒驳议辑要》一书。在证明了上帝的存在性之后，我们现在可以提出很多有关上帝的认知，尽管这些认知在某种意义上讲都是具有否定性质的：我们只能通过否定性的“上帝不是什么”来认识上帝的本性：因为上帝是非被动的，所以上帝是永恒的；因为上帝没有潜在被动的可能性，因此上帝是不变的。迪南人大卫（十三世纪初期的一位唯物主义泛神论者）曾“叫嚣”上帝和原始物质是一体；这一观点十分荒谬，因为原始物质应该具有纯粹的被动性，而上帝则具有纯粹的主动性。上帝不再有任何组成成分，因此他没有躯体，因为躯体总会有各个组成部分。

上帝正是其自身的本质，否则，他就不是单一的，而是由本质和存在所合成的了（这一点十分重要）。对上帝来说，本质和存在是等同的，他不存在任何偶然性。他不能按照任何实体上的差异而将其具体化，他不属于任何一类，他也没有一个明确的定义。但他又具备每一类的优点，世间万物总是在某些方面与上帝类似，而在另外一些方面与上帝相异。值得注意的是，我们说万物像上帝要比说

---

[1] 英文原文为“the unmoved mover”，但事实上在亚里士多德的著作中，这一论证方法却会引出四十七个或五十五个上帝。

上帝像万物更为合适。

上帝是善良的，他不仅是自身的善，还是众善之善。他是充满智慧的，而他充满智慧的运动便是其本质。他通过自己的本质进行理解，并能完美地理解自己。（我们记得约翰·司各脱对此曾提出异议。）

尽管在神性理智中没有任何组成部分，但上帝能够理解很多事物。这看上去似乎是个难题，但是，上帝理解的事物在他那里没有实体的存在。同时它们也不像柏拉图所想的那样，是自身就已经存在的，因为自然界万物的形式脱离了物质是不能存在的，也是不能被人理解的。但是，上帝在创造万物之前必先对万物的形式有所了解。这一难题应该按如下方式解决：神性理智的概念——这概念是他的话语——正如上帝理解他自己那样，不仅是已知上帝自身的表象，而且还是一切类似神性本质事物的表象。因而许多事物，通过可知的形式，也就是神性本质，和通过一个已知的意愿，也就是神的话语——可以被上帝所理解。[1]。每一种存在形式，只要它是正面的，那它便是一个完美的存在。上帝凭借其智慧，可以通过观察事物哪里像自己、哪里不像自己而赋予每件事物以合适的本质；比如，植物的本质应当是生命，而非知识；动物的本质应当是知识，而非智慧。因此，植物在有生命这点上与上帝类似，在知识性上与上帝相异；而动物在知识性上与上帝类似，而在智慧性上与上帝相异。所有被创造出来的事物与上帝之间总会存在着某种否定性质的不同。

上帝能同时理解所有的事物。他的知识不是一种习惯，也不是散漫或好辩的。上帝即真理。（这须按字面意思去理解。）

现在，我们还要面临一个甚至曾困扰过柏拉图和亚里士多德的问题：上帝是能了解每一个具体事物呢，还是只能了解共相或普遍真理呢？由于基督徒都相信天命，因此，他们必然认为上帝可以了解每一个具体的事物；但针对此观点仍存在很多驳斥的论证。圣·托马斯在书中列举了七种这样的论证，并逐条予以反驳，这七条论证如下：

个体性是显体（signate matter），无法通过任何非物质的东西认识。

个体不能永远存在，当它们不存在的时候便不可知，因此，他们不能被一个永恒的事物所认识。

个体是偶然的，而非必然的，因此，除非他们存在的时候，否则不可得到与之相关的确切认识。

「1」参见《异教徒驳议辑要》第一卷，第五十三章。

某些个体来源于人的自主意志，因此只能被人的意志认识。

个体在数量上是无穷尽的，而像这样无穷尽的事物是无法认识的。

个体太过渺小而不能引起上帝的注意。

在某些个体中存在着罪恶，而上帝却无法认识罪恶。

对此，阿奎那逐条进行了回应：上帝之所以能了解所有个体，是因为他自身就是万物的根源；而且，上帝能够认识尚不存在的事物，这跟工匠制造东西的情景没什么两样；上帝能知道未来的偶然事件，那是因为在时间维度上他看待每个事件都是现在，而他自己却不在时间里；他能洞察我们的思维和我们的隐秘意志；他还能知晓事物的无限性，尽管我们不能；他也能通晓那些渺小之物，因为无物为绝对渺小，凡物都有些许高贵，否则上帝就只能认识他自己了；再者，宇宙的秩序也是非常宏大的，但如果我们不先对其渺小的组成部分有所了解的话，我们便不可能认识宏大的宇宙秩序；最后，上帝也能认识罪恶的事物，因为能认识所有善的事物，也就意味着能认识其反面，即罪恶的事物。

上帝存在意志，其意志亦即其本质，而其主要对象便是神性本质。上帝在用意志驱使自己的时候，也在驱使着万物，因为上帝为万物之终极。他甚至能以意志驱使尚未出现的事物。他用意志驱使自身的存在以及善，但对其他事物来讲，他虽也用意志驱使他们，但这并不是必要的。上帝有着自由意志，对于他的意志，我们只能去寻找原因，而非动机。上帝的意志不能对本身不可能的事物加以改变，譬如，他无法使某个矛盾化为真实。不过，对于超出神之力所能及的事情，托马斯举了一个十分不恰当的例子：他说，上帝不能将一个人变成一头驴。

上帝也有喜乐与爱；他不会仇恨任何事物并具沉思和积极上进的美德。他是幸福的，而且就是其自身的幸福。

下面我们来看看他（该书第二卷）对被创造物的看法。这对一些针对上帝的谬论，是非常有效的驳斥。与古人的观点恰恰相反，上帝从无创造了世界。上帝所不能做的事情再次被列举出来：他没有躯体，也不能改变自己；他不会失败，不知疲倦，不能遗忘，不会后悔，不会发怒，也不知悲伤；他不能让一个人没有灵魂；更不能让一个三角形的内角之和不等于两个直角；他不能改变过去，不能犯罪，也不能创作出另一个上帝，或者让自己不存在。

该书第二卷主要讨论的是与人灵魂相关的问题。所有精神，本质上都是非物质的、不朽的；天使没有肉体，但人是灵魂与肉体相结合的产物。正如亚里士多德所说，灵魂是肉体的形式。人类只有一个灵魂，而非三个。灵魂存在于身体的每一部分。与人类灵魂不同的是，动物的灵魂不是永生的。智力是每个人灵魂的一部分，并不是像阿威罗伊主张的那样——所有人都共用一个智力。灵魂不是通过精子遗传而来的，而是伴随每个人的诞生而被重新创造的。当然，这其中还有一个问题：私生子的诞生，似乎意味着上帝成了通奸者的帮凶。但是这种非难只停留在表面，并没有什么实质内容。（但曾经的确有过一个很重要的非难，即原罪的遗传问题，这困扰了圣・奥古斯丁许久。都说灵魂是有罪的，可是灵魂不是遗传产生的，而是随着人的出生再造的，那它又如何继承亚当的罪恶呢？对于这一问题，阿奎那的书中并没有讨论。）

该书对共相问题的讨论，是和智力联系在一起的。圣・托马斯的立场与亚里士多德一样。共相不会存在于灵魂之外，但智力除了能了解共相本身，还能认识到一些处于灵魂之外的东西。

第三卷主要讨论伦理方面的问题。罪恶是无意识的，它不能代表人的本质，况且它还具备偶然性的善因。万物都会趋于上帝，而上帝则是万物之终极。人类的幸福并不在于肉体欢娱、虚名假誉、荣华富贵和世俗权柄，也不在于感官享受。一个人的终极幸福并不在于道德行为本身，因为，那只不过是通向幸福的途径罢了；真正的幸福在于对上帝的冥想。但大多数人对上帝的了解，不管是通过论证得来的，或是通过信仰获得的，都是远远不够的。在现世，我们看不到上帝的本质、得不到终极的幸福；但在死后，我们便可跟上帝面面相见了。（这里需要注意的是，不能根据字面意思理解，因为上帝是没有面孔的。）这一切终将发生，不是由于我们天生就有这方面能力，而是由于神的光。但即便到了那时，我们也不能看其全貌。而且，正是通过这次与上帝面对面的相见，我们得以永生，游离于时间之外。

神意并不排除罪恶、偶然性、自由意志、机遇或者幸运。恶出于第二原因，这就同一个卓越的艺术家使用坏了的工具是一样的。

天使也不尽相同，他们之间存在着等级秩序。每个天使都是他所属的那一类中唯一成员，因为天使没有躯体，他们之间只有凭借种类的差别加以区分，而不能通过空间中的位置来区分。

根据常识，占星术应该被摒弃。阿奎那在回答“命运存不存在”这一命题时，曾提出我们也许可以将上帝所规定的秩序称为“命运”，但是，不对其这样称呼似乎更为明智，因为“命运”是异教徒的词汇。这样就引出了尽管天意是不可改变的，但祈祷仍然有用的论证。（我本人并不同意该论证。）上帝有时候可以行奇迹，除他之外没人可以。当然，在魔鬼的帮助下魔术也可以做到，但这已经不是真正的奇迹了，而且这也不是出于星宿的帮助。

神的律法引导我们，首先要爱上帝，其次要爱近邻。它禁止人们通奸，因为在子女养育期间，父亲须要和母亲住在一起；它禁止节制生育，因为这是违背自然的；但是它却没有禁止终身的独身主义；婚姻是不可拆散的，因为在子女的教育上，父亲是不可或缺的：一方面，父亲往往比母亲更为理智，另一方面在需要对子女进行体罚的时候，父亲往往有更强壮的体力；并非所有的性交都是有罪的，因为这是合乎自然规律的；但如果相信已婚的身份与禁欲作用相同，那就会堕入约维年之异端；必须要严格遵循一夫一妻制，因为一夫多妻制对妇女是不公平的，而一妻多夫制又会造成子女父亲不确定的问题；乱伦须得严格禁止，因为这会造成家庭生活的混乱。关于兄妹之间的乱伦，书中有一段颇为新奇的论证：如果夫妻之情和兄弟姊妹之情混在一起，那么互相之间强烈的吸引会导致更为频繁的性行为。

值得注意的是，所有这些性道德方面的论证，都纯粹出于理性的考虑，而非神的戒律。这部分与他在前三卷中的做法一样，阿奎那在经过一番推理之后，便开始引用一些经文，从而证明理性可以引导他得出与经文一致的结论。他在得出自己的结论之前，从不喜欢轻易地诉诸权威。

书中还有一段关于自甘清贫的讨论，也十分生动有趣。并且，最后得到的结论也正如我们所料——跟托钵僧教团的原则相一致。但书中也陈述了来自俗界僧侣们的反对意见，而且写得极为有力和真实，仿佛他真的听到过这些反对声一般。

之后，他又谈到了有关罪恶、预定和上帝的召选等话题，总的来说，他的观点继承了奥古斯丁。一个人若是因犯了死罪（招致精神死亡的罪）而丧失了去往来世的权利，那万劫不复自是其应得的惩戒。除了神赐予特殊恩惠，否则一切有罪之人都不能逃脱罪责，如果他不知悔改，那就该遭受谴责。人需要神恩来坚持为善，但无人值得神力相助。上帝并非罪恶的因，但他可以让一些人留在罪恶中，而将另一些人从罪恶中救赎出来。谈及选召，圣·托马斯持有与圣·奥古斯丁相同的观点，认为上帝之所以选定一些人升入天堂，而遗弃另一些人并使之下地狱，是没有任何理由的。他还认为人只有在受洗之后才有资格升入天堂。这不是仅靠理性就可以证明的真理，其在《约翰福音》第三章第五节有所启示[1]。

该书第四卷还讲到了三位一体、道成肉身、教皇的至上权力、圣礼以及肉身复活等方面的内容，但这主要针对的是神学家，而非哲学家，因此，这部分内容

「1」耶稣说，我必须要告诉你，人如果不是由水和圣灵而生，那就不能进入天国。

我们只对其进行扼要叙述：

可以通过三种途径认识上帝：理性，启示，以及一些必须事先借助神的启示方能认识事物的直觉。对于第三种途径，阿奎那几乎只字不提。如果阿奎那是一个倾向于神秘主义的哲学家，那他在这方面应要比其他两方面花费更多笔墨才对，然而他并非神秘主义者，而是注重推理型的。

希腊教会因拒绝承认圣灵来源的双重性[1]和教皇的至上权力，在书中遭到了阿奎那的谴责。他还提醒我们，虽然基督是由圣灵受孕，但我们却不能根据肉体关系就推论说基督是圣灵的儿子。

即便是由邪恶的神父所施行的圣礼，那也是有效的，这是教义中十分重要的一点。很多神父都过着充满罪恶的生活，有些虔诚的信徒认为这样的神父是不能主持圣礼的。这种情形十分尴尬，因为，谁也不知道自己所举行的婚礼是否有效，或者自己的罪行是否能得到有效的救赎。这很容易导致异端和分裂的出现，因为那些具有清教徒式思想的人往往会寻找一个在道德上没有瑕疵的独立神父群体。结果，教会只能被迫地不断声称，神父自身的罪恶并不能使其失去施行圣礼的职能。

书中最后讨论的一个问题是肉身复活。正如他之前的论证过程，阿奎那在这里也引述了一些反正统教义的观点。其中有一条乍一看很是棘手：如果一个人一生不吃别的东西，只吃人肉，他的父母也是如此，那将会出现什么情况？由于此人贪吃，那些受害者在审判日时失去了自己的肉身，显然这是不公平的；但如果不这样，他又能用什么来构筑自己的肉身呢？我很高兴地指出，这个乍一看似乎不能解决的难题，实际上已经被阿奎那顺利解决了。圣·托马斯指出，肉体的同一性，并不取决于相同物质粒子的永久保持；在人的一生中，由于吃饭和消化，构成肉身的物质不可能是一成不变的。因此，这个食人者在复活的时候依然能获得同样的肉身，即便其组成成分可能与他在去世时的肉体有所不同。关于《异教徒驳议辑要》这本书，我们就介绍到这个让人感到宽慰的想法为止。

阿奎那的哲学体系总体上与亚里士多德的哲学体系是一致的，但凡接受或拒绝亚里士多德哲学的读者，基本也会同等程度地接受或拒绝阿奎那哲学。阿奎那的独创性在于，他能对亚里士多德的哲学稍作修改，使之更加适应基督教义的需要。在他所处的时代，他被人们认为是一个勇敢的革新者，即便在其去世后，他的许多学说仍曾受到巴黎大学和牛津大学的指责。实际上，相较于他所做的独创性工作，其体系化工作更为出色。即便他的所有学说都是错误的，《异教徒驳议

「1」圣灵来源的双重性是指圣灵来自于圣父和圣子。——译者注

辑要》这本书仍算得上是一座知识的大厦。当他想要驳斥某种学说时，他总是尽可能公正地先将该学说叙述出来。他在区分源于理性或启示的两类论证过程中，其文笔表现相当明确、清晰，这不由得让人心生赞叹。他十分了解亚里士多德，并彻底理解了他的学说，而这是他之前的所有天主教哲学家都不能做到的。

但这些优点似乎还远不足证明他的盛名。从某种程度上讲，其诉诸理性的做法显得很不真诚，因为他要得出的结论实际上事先早已确定。以婚姻的不可解除为例，支持者主要是以父亲在子女教育方面所发挥的作用为主要依据：父亲往往比母亲更为理智；父亲往往比较强壮，必要的时候更适合执行体罚。但一个现代教育家很可能这样反驳：没有证据表明男人总体上要比女人更为理智；那种较大力度的体罚在子女教育的过程中并不可取。而且，这位现代教育家可能会进一步指出，在现代社会中，父亲在子女教育问题上几乎没有起到任何作用。但圣·托马斯的追随者们并不会因此就不再信奉终身的一夫一妻制，因为真正信仰的基础并非那些说辞。

或者再以那些声称证明了上帝存在的论证为例，除了无生命物体的目的论这一论证之外，所有的论证都依据了同一个原理：即没有首项的级数是不存在的。每一个数学家都知道并非没有这种“不可能性”存在，以“–1”为末项的负整数级数便是最好的反例。但这里也不会令天主教徒因此放弃对上帝的信仰，即便他认识到圣·托马斯的论证并不好。他会千方百计想出别的论证加以代替，或者干脆以“启示”来逃避这个问题。

关于上帝的本质和存在是等同的、上帝就是其自身的善、上帝就是其自身的权能等论争，暗示了个体与共相在存在方式上产生的混淆，而这种混淆在柏拉图的学说中也很常见，且多次被亚里士多德规避。人们必须假定，上帝的本质属于诸共相，而其存在却并非如此。这个难题很难圆满地加以解决，因为它存在于一种不能被人类所接受的逻辑之中。但它也明确地显示出了一些句法上的模糊性，如果没有这种模糊性，很多关于上帝的论证便失去了似真性。

阿奎那身上并没有多少真正的哲学精神，他不像柏拉图所描述的苏格拉底那样，始终都在追随着辩论，而不管辩论会将其引向哪里。他并非是在研究那些事先无法得知结论的问题，事实上，在他还没有开始哲学思辨之前，他往往已经掌握了答案，亦即在天主教的信仰中所宣扬的那些真理。如果他能为这些信仰的某些部分找到明显理性的论证，那自然最好；如若不能找到，那他也会退回来诉诸启示。给某种事先已存在的结论找论据，这不是哲学，而是一种诡辩。因此，我觉得我们不能将其与古希腊或当代的一流哲学家们相提并论。

第十四章

弗兰西斯教团的经院哲学家

总体而言，弗朗西斯教团在正统教义的恪守方面，并不如多米尼克教团严格。两个教团之间的竞争非常激烈。其中，弗兰西斯教团一直不肯承认圣·托马斯·阿奎那的权威。该教团有三名重要的哲学家，他们分别是：罗吉尔·培根、邓斯·司各脱和奥卡姆的维廉。另外圣·博纳梵图拉和阿夸斯巴塔人马太也值得我们注意。

罗吉尔·培根（约公元1214年—约公元1294年）在他所处的时代并没有得到太多肯定，但在现代他所得到的称赞则远远超出了他所做出的贡献。他不仅是一个狭义上的哲学家，更是一个对数学和科学有着极大热情的大博学家。在他所处的时代里，科学和炼金术是混在一起的，甚至被人认为其中夹杂着巫术。培根本人也经常因被人怀疑是异端或具有魔法而陷入种种麻烦。公元1257年，他在巴黎遭到了弗兰西斯教团的主管圣·博纳梵图拉的监视，他的著作也被禁止出版。尽管如此，当这项禁令还具有效力的时候，教皇驻英格兰的使节居·德·福勒克还是命令他，即便违背禁令，也要为教皇写出他的哲学。因此，他在较短的时间内接连写出了三本书：《大著作》《小著作》和《第三著作》。这三本书在当时引起了极大的反响。公元1268年，他获准重返牛津大学，从此他终于摆脱了在巴黎的那种被监禁的生活。但他还是没能吸取之前的教训，并总是对与之同时代的所有著名学者予以十分轻蔑的批判；特别是，他认为那些翻译希腊文和阿拉伯文经典的作家相当地不称职。公元1271年，他又完成了一部名叫《哲学研究纲要》的著作，在书中他再次攻击了教士们的无知和愚昧。显然，这只会增加他在同事中的受人反感的程度。公元1778年，他的著作再次被教团的主管宣布被禁，他自己也被投进监狱，并在那里度过了十四年。公元1292年，他终于刑满获释，但他出狱后不久便去世了。

他在学识方面可谓是百科全书式的，但也存在着体系性不足的缺点。和当时的大部分哲学家不同的是，他很推崇实验的价值，并曾通过关于彩虹的理论来说明实验的重要性。他写过非常专业的地理学文章，后来的哥伦布也曾读过他这方面的文章，并深受启发；他还是一名优秀的数学家，在文章中经常会引用欧几里得几何学的第六卷和第九卷的内容；他还曾根据阿拉伯文的文献资料研究过透视画法。一方面，他认为逻辑学是一门华而不实的学科，另一方面，他对炼金术评价甚高，并因而经常从事这方面的写作。

为了让读者对其学识和方法有个大概的了解，下面我把《大著作》中的部分内容扼要介绍如下：

他说，愚昧有四种原因：

第一，脆弱而不合适的权威所树立的范例。（由于此书是为教皇写的，因此，他很谨慎地说明这里的权威并不包括教会。）

第二，是惯例的影响。

第三，是无知群众的观点。（人们猜测，这里的无知群众包括除了他自己以外的所有同时代的人。）

第四，是隐藏于表面炫耀的智慧背后的愚昧。

以上这四种原因造成了世间所有的罪恶，特别是第四项尤甚。

当我们对某个观点表示支持时，单从我们祖先的智慧、习惯或共同信仰出发去论证显然是错误的。培根为证明自己的观点，引证了塞涅卡、西塞罗、阿维森纳、阿威罗伊、巴斯人阿戴拉德、圣·杰罗姆和圣·克里索斯托姆，他似乎认为有关这些权威的例证已足以证明人们不应当顺从权威。

他非常尊敬亚里士多德，但并非毫无节制。他认为“在所有智者的眼光中，唯有亚里士多德和他的门徒们算得上是哲学家”。当他谈及亚里士多德的时候，和其同时代的人一样，他也会使用“大哲学家”这一称呼。但他又告诉我们，即便是这位斯塔基拉人，其智慧也远未达到人类智慧的极限。在亚里士多德之后的阿维森纳被人们称作是“哲学的君王与领袖”，尽管他并没有彻底了解彩虹现象，因为他根本就没认识到彩虹形成的原因。而根据创世纪中的说法，彩虹是由于水蒸气的消散引起的。（尽管如此，在培根讨论彩虹的问题时，还是非常敬佩地引用了阿维森纳的观点。）他还时而会讲一些带有正统教义意味的话，譬如，正如教规和哲学所示，只有在《圣经》中才有完美智慧的存在。但是，当他在谈到从异教徒那里获取知识也未尝不可的话语时，看上去似乎更为恳切。除了阿维森纳和阿威罗伊外，他还经常引证阿勒法拉比[1]的观点，此外，他也会不时引证阿勒布玛查[2]以及其他人的观点。他通过引用阿勒布玛查的观点证明了数学在洪荒之前就已被诺亚和他的子孙们所知晓；我想，这就是一个可以从异教徒那里获得知识的例证。培根将数学作为确定性的唯一来源（神没有在启示中言明），而且认为其是天文学和占星学所必需的一门科学。

培根认为，具有主动性的智慧和灵魂有本质的不同，这一观点始于阿威罗伊。随后，他又引用了包括林肯的主教格罗塞持斯特在内的许多著名神学家的学说来论证这一和圣·托马斯相悖的观点。他还指出，亚里士多德著作中那些明显自相矛盾的地方，是翻译错误的结果。他并没有直接引用过柏拉图的学说，只经由西塞罗第二手文献间接引用过，或是通过阿拉伯人翻译的蒲尔斐利的第三手文献引用过。不过，他对蒲尔斐利的学说并不在意，他将其共相的学说视为“幼稚的”。

在现代，培根之所以为人们大家赞赏，是因为他注重实验甚于论辩，而实验已被人当作是一切知识的来源。当然，他的个人兴趣以及处理问题的方法，与那些典型的经院哲学家有着明显的不同。他那百科全书式的学识使其更像是那些阿拉伯学者，而那些人对他的影响也确实比对其他天主教哲学家深远得多。阿拉伯哲学家大多和培根一样，对科学极感兴趣，而且还相信巫术和占星术，而基督徒则认为巫术是邪恶的，同时占星术是一种欺骗。从这方面来讲，培根是一个让人惊讶的人物，因为他跟中世纪基督教哲学家相比，显得是那么的另类，但他对其所处时代却又几乎没有产生任何影响。因而在我看来，他并不像人们所认为的那么科学进步，英国的学者经常说是他发明了火药，但这显然是错误的。

那位禁止培根出书的弗兰西斯教团主管圣·博纳梵图拉（公元1221年—公元1274年）是一个和培根完全不同类型的人。他遵循着圣·安瑟罗姆的传统，并支持其关于本体论的论证。他已然发现了新亚里士多德主义和基督教之间存在着某种根本对立。他信奉柏拉图的理念，并认为只有上帝才能彻底了解这些理念。在他的著作中，他经常引用奥古斯丁的学说，但从来不会引用阿拉伯人的著作，也极少引用古代异教徒的学说。

阿夸斯巴塔人马太（约公元1235年—公元1302年）是博纳梵图拉的忠实追

「1」阿勒法拉比是金迪（Kindi）的忠实追随者，死于公元950年。

「2」天文学家，公元805年—公元885年。

随者，但他也已经多少接触到了些新兴哲学。他是弗兰西斯教团的一名成员，曾担任过红衣主教；他曾借助奥古斯丁的某些观点以反驳圣·托马斯；但在他看来，亚里士多德已然是一位“大哲学家”，所以，他经常会引用他的学说；此外他的著作中还经常提及阿维森纳；圣·安瑟罗姆和伪狄奥尼修斯的学说，这些也都会被他十分恭敬地提起。他说，我们必须在柏拉图和亚里士多德之间寻找一条中间道路。柏拉图的诸多理念都是“极端错误的”，这些理念只能建立起智慧，而非知识。另一方面，亚里士多德同样也是错误的，因为他只建立起了知识，却没有智慧。因此，他做出如下推论：我们的知识既来自低级的事物，也来自高级的事物；既来自外在客体，也来自观念理性。

邓斯·司各脱（约公元1270年—公元1308年）延续了弗兰西斯教团针对阿奎那的论争。他生于苏格兰或者乌勒斯特，于牛津大学读书时加入了弗兰西斯教团，其晚年在巴黎度过。他反对圣·托马斯的观点，拥护“纯洁受胎说”，在这方面，他得到了巴黎大学甚至全天主教会的支持。他是一个奥古斯丁主义者，但同博纳梵图拉，甚至阿夸斯巴塔人马太的那种极端方式相比，他所采取的形式要温和得多。他和圣·托马斯的差别，正如博纳梵图拉和阿夸斯巴塔人马太与托马斯的差别一样，也是其在哲学中掺入了太多柏拉图主义因素的缘故（大多是通过奥古斯丁而来的）。

譬如他讨论的这样一个问题：“任何一项确切而又纯粹的真理，如若没有经过天然之光的特殊照耀，可否能自然地被一个路人所知晓呢?”他竭力论证这是不可能的。在论证过程中，他主要引用了一些圣·奥古斯丁的学说来支持自己的观点，他所遇到的唯一困难便是《罗马人书》第一章第二十节：自从上帝创世以来，关于上帝的一些不可见之事，借由他所创造之物，足可让人心领神会。

邓斯·司各脱是一个温和的实在论者。他相信自由意志，并倾向于裴拉鸠斯主义。他认为存在和本质并无区别。他对显证，也就是那些无须证明便可为人所知的事物尤感兴趣。据司各脱而言，显证主要包括以下三种：其意自明的原理；由经验得知的事理；我们自己的行动。但他又同时强调：如果没有神光的照耀，我们什么也不会知道。

大多数弗兰西斯教团的成员都会选择追随邓斯·司各脱而非阿奎那。

邓斯·司各脱认为，既然存在和本质之间没有区别，那么“个体化原则”——亦即使一物区别于另一物的原则——必定是形式方面的，而非物质方面的。“个体化原则”是经院哲学中讨论的一个重要问题，直到今天，这个问题仍然以不同的形式存在。下面，我们将对这一问题进行简要的论述，需要指出的是，这里的论述并不限于某个特定的作者。

在事物具有的诸多性质中，一些是本质性的，另一些则是偶然性的。一个事物的偶然性指的是那些即便失去也不至丧失其同一性的性质——正如一个人同他所戴的帽子之间的关系。这样会产生一个问题：假如现在有同一种事物的两个不同个体，那么这两个个体在本质上是有所差异呢，还是完全相同？圣·托马斯关于物质的实体性论使其持后一种观点，而关于非物质的实体性论又使其持前一种观点。对此，邓斯·司各脱认为两个不同个体之间在本质上总是存在区别的。圣·托马斯的观点基于以下理论：纯物质是由各个无差别的部分组成的，而这些组成部分之间只是通过空间位置的不同加以区分。因此，一个由思想和肉体组成的人，在身体上仅仅依靠其肉体在空间中的不同位置，才能与其他人区别开来。（理论上讲，这种情况也适用于双胞胎的情况。）不过，邓斯·司各脱则认为，如果两个事物是不同的，那它们必定是源于其间的质的不同。显然，这一观点要比圣·托马斯的观点更接近于柏拉图主义。

在我们用现代术语陈述这个问题之前，还需经过几个阶段。第一步是由莱布尼兹完成的，主要是消除本质性和偶然性性质之间的差别，这种差别正如我们从亚里士多德那里继承过来的许多经院哲学那样，每当我们想要详细地加以陈述时，它就会变得不真实起来；如此一来，我们得到的，不再是“本质”，而是“所有有关我们所谈论事物真实性的命题”。（但总体来说，时间和空间位置仍然要被排除。）莱布尼兹辩称，从这个角度来讲，两个完全相同的事物是不可能存在的，这便是他关于“无法识别的事物的同一性”原则。这一原则曾受到物理学家们的批评，他们认为同一物质的两个质点仅仅因为时间和空间位置的不同才有可能有所区别——相对论使得该观点变得更为复杂，因为它将时间和空间又还原为种种关系了。

这个问题的现代化还需要进一步消除“实体”这个概念。如此一来，一个“物”便成了一束性质的集合，因为任何纯粹的“物性”的核心已经不存在了。接下来，如果“实体”遭到摒弃，那么我们与其采用和阿奎那类似的观点，倒不如采用同司各脱相类似的观点了。但这又会在时间和空间方面带来更多麻烦。对于这一问题，我在《意义和真理的探究》一书中的“专有名称”一章中曾做过专门的论述。

奥卡姆的维廉是继圣·托马斯之后的又一位最重要的经院哲学家。其具体生平不详，大概生于公元 1290 年至 1300 年间；死于 4 月 10 日，但不确定是在 1349 年还是在 1350 年。（黑死病在公元 1349 年暴发过一次，因此，他很有可能是在这年去世的。）大多数人认为他出生于苏里的奥坎姆，但戴利勒·伯恩斯却坚持认为是约克郡的奥坎姆。维廉先是待在牛津，之后又去了巴黎，在那里他成了邓斯·司各脱的学生，但不久却成了他的对手。他还一度卷入了弗兰西斯教团和教皇约翰二十二世之间展开的、关于安贫这个问题的论争。教皇在弗兰西斯教团的主管、西塞纳人米凯尔的支持下，对属灵派进行了残酷的迫害。曾经有这样一项规定，即但凡捐献给托钵僧的财产，须得由托钵僧先转交给教皇，则教皇可以准许托钵僧享有这些财产的权益，而不必担负有产的罪名。教皇约翰二十二世废止了这一规定，他提出他们应理所当然地获得这些财产的归属权。不过，教团中以西塞纳人米凯尔为首的大多数人都对此提出了反对。奥卡姆早先曾被教皇召唤至阿维农，以应对他在化体问题上遭到的异端指控，然而，他和另一名重要人物巴都阿人马西哥利欧却在此时联手向迈克尔表示支持。这三个人在公元1328年都被给予开除教籍的处分，但他们从阿维农逃了出来，并且在国王路易斯那里得到了庇护。路易斯是帝国皇位的两位争夺者之一，他深受日耳曼人的欢迎，而另一位帝位争夺者则深得教皇之心。为了帮助那位得到教皇恩宠的争夺者，教皇开除了路易斯的教籍，为此，路易斯在一次全体性的宗教会议上对教皇进行了控诉，教皇本人也被指责为异端。

据说奥卡姆在拜见皇帝的时候，曾这样说："请您用刀剑保护我，而我将用笔来保护您！"至少，在他和巴都阿人马西哥利欧受皇帝保护定居于慕尼黑的这段时期，他的确写下了许多非常重要的政治论文。公元1338年，皇帝去世后，奥卡姆的事迹便又不可考了。有人说他与教会达成了和解，但这似乎是假的。

神圣罗马帝国已无法再现霍恩施陶芬朝代的盛况了，虽然从表面上看教廷仍在不断发展壮大，但他们已渐渐失去了以前所享有的那种尊敬。公元十四世纪初期，教皇博尼费斯八世将教廷迁到了阿维农，此时教皇已经沦为法兰西国王政治上的附属品了。神圣罗马帝国的衰落则更为严重：随着英格兰和法兰西的强盛，帝国甚至已经不能再要求之前就名存实亡了的普遍统治权了；另一方面，由于对法兰西国王的屈从，教皇对普遍参与世俗事务的要求也有所削弱。因此，教皇和皇帝之间的斗争实际上已演变为法兰西和日耳曼之间的斗争。当时处于爱德华三世统治下的英格兰正在跟法国交战，因此它便跟日耳曼结成了联盟，这就使得英格兰也成了一个敌视教皇的国家。教皇的敌对者要求召开全体宗教会议——因为那是唯一高于教皇的基督教会权威。

此时，反对教皇的性质也已有所改变，他们不仅只是支持皇帝，而且开始要求在教会事务的管理上实行民主，这一要求给了他们莫大的新生力量，而这股力量也最终导致了宗教改革。

作为一名诗人，但丁（公元 1265 年—公元 1321 年）无疑是一位革新者，但是作为一位思想家，他显然是落后于时代的。他的著作《君主制论》中的一些观点属于基伯林派，若是早出现一百年恐怕会更合时宜一些。他认为，皇帝和教皇是互相独立的，并且都是由神来任命的。他在《神曲》中描写的撒旦有三张嘴，在其嘴里他一直咀嚼着加略人犹大、布鲁图斯和喀修斯，这三个人都是叛徒，第一个人背叛了基督，后两个人则背叛了恺撒。但丁的思想本身就很有趣，而作为一名世俗人的思想家，则显得更有意思了。不过，他的思想不仅没有产生太多影响，反而已太过陈旧了。

与但丁相反，巴都阿人马西哥利欧（公元 1270 年—公元 1342 年）则开创了一种反对教皇的新形式，其中，皇帝主要扮演了一种表面上十分高贵的角色。他是奥卡姆的维廉的密友，并对维廉的政治思想产生过重要影响。在政治方面，他也要比奥卡姆重要许多，他认为立法者应当是民众的大多数，并且民众的大多数具有惩罚君主的权力。他又将民众统治理论应用于教会，并将世俗者也包括了进来。他认为，各地应当成立一个由当地教众和世俗民众组成的宗教会议，由该会议选举出代表去参加全体宗教会议。只有全体宗教会议才有权力实行开除教籍的处分，并给圣经做出权威的解释。因此，所有的信徒在决定教义的时候都可以发出自己的声音。教会在世俗界不再享有权威，不经市民的一致同意，教会不能行使开除教籍的权力，教皇也不再享有特权。

奥卡姆虽没达到巴都阿人马西哥利欧那么高的水平，但他也设计出了一套选举产生全体宗教会议的完备民主方案。

公元十五世纪初期，阻止天主教大分裂的工作迫在眉睫，宗教会议运动也迎来了其发展的高峰。但随着这一任务的完成，该运动又逐渐转入了低谷。从巴都阿人马西哥利欧那里我们可以看到，宗教会议运动与之后的新教徒所持的立场在理论上是不同的。新教徒要求私人的判决权限，并不想屈从全体宗教会议。他们认为，宗教信仰不应由任何一个行政管理结构来决定。与之相反，马西哥利欧致力于维护天主教信仰的统一，只不过希望其可以通过较为民主的方式，而非教皇的独裁专制来实现。但在实际操作过程中，当新教徒取得国家政权后，他们仅仅是以国王代替了原来的教皇，其在判决时的自由表决权和裁决教义问题时的民主制度均未得以实现。不过，他们在对抗教皇的过程中，却在宗教会议运动的原则里寻求到了支援。在所有的经院哲学家中，奥卡姆是路德最喜欢的一位。应该指出的是，即便是在新教国家里，绝大部分新教徒仍然坚守着个人判决自由的教义。而这也正是英国内战期间，独立会与长老会的主要区别所在。

奥卡姆的政论性著作[1]，在写作上颇有哲学论辩式的风格，对于不同的命题，他经常会做出正反两个方面的论证，而且有时还不给出一个明确的结论。现在我们可能已经习惯了直截了当的政治宣传，但在他所处的时代，他所选择的方式或许更为有效。

下面我们将列举一些例子以阐述他的方法和观点。

他写过一篇名为《关于教皇权力的八项问题》的长篇论文。其中第一个问题为：一个人能否在教会和国家中同时合法地获得至高无上的地位？第二个问题为：世俗界的权威是否也直接源于上帝？第三个问题为：教皇是否有权授予世俗的皇帝和君王以统治权？第四个问题为：选举人所进行的选举是否能赋予德意志国王以充分的权力？第五个和第六个问题为：通过主教给国王施行涂油仪式，教会可从中获得什么样的权力？第七个问题为：由一个不称职的大主教所主持的加冕礼是否有效？第八个问题为：由选举人所进行的选举能否给德意志国王以皇帝的称号？所有这些问题都算得上是当时实际政治中的热点问题。

他还有一篇关于君王在未经教皇许可的情况下能否得到教会财产的论文。这篇论文主要是为爱德华三世为筹措对法战争的军费而向教士们征税一事辩解，并竭力证明国王的做法是正当的，无可厚非的。我们还记得，爱德华也是皇帝的同盟者之一。

在一篇名为《一个婚姻事件的商榷》的论文中，他对皇帝同其堂姊妹结婚是否正当这一问题进行了论述。

通过以上几篇论文，我们不难发现，为了获得皇帝提供的刀剑护佑，奥卡姆可谓竭尽全力了。

下面，我们有必要谈一下奥卡姆在纯哲学方面的理论。关于这个问题，厄内斯特·伊·穆迪所著的《奥卡姆的维廉的逻辑学》已做了非常好的工作。我下面要讲的内容，大部分也是以此书中的内容为基础的。这本书虽然采取了某种不太寻常的观点，但我认为该观点是正确的。以往写哲学史的作者，往往存在这样一种倾向，即用后人的眼光来解释前人的思想，这种做法明显是错误的。人们经常认为，是奥卡姆导致了经院哲学的崩溃，并且还将他视为笛卡儿、康德，以及其他一些备受评论家密切关注的现代哲学家们的先驱。穆迪认为，所有这些都是错误的，而我也持相同的看法。穆迪认为，奥卡姆最关心的事莫过于将真正的亚里

「1」参见《奥卡姆的维廉政治论文集》，曼彻斯特大学出版社，1940年版。

士多德从奥古斯丁和阿拉伯人的影响中还原出来，而这很大程度上也是圣·托马斯的目标。但正如我们所见，弗兰西斯教团对圣·奥古斯丁的追随要比对圣·奥卡姆来得紧密得多。据穆迪所述，现代历史学家为了能顺利找出从经院哲学到现代哲学的过渡，他们不惜对奥卡姆的学说加以曲解。这就使得人们硬要在他那里读出现代哲学的某些学说来，而事实上，奥卡姆只是对亚里士多德的学说加以阐释而已。

奥卡姆曾因他的一句格言而广为人知，但这句名为“奥卡姆的剃刀”的格言却并未出现在他的任何著作当中。其内容为：“若无必要，勿增实体。”尽管他没有这样说过，但他的确说过一句与之意义接近的话：“事倍功半，即是徒劳。”也就是说，在一门学科里，如果无须这样或那样假设的实体便足以对其进行解释，那么我们便没有必要进行假设。我个人认为，这在逻辑分析中是最为有效的一项原则。

奥卡姆在逻辑上是一个唯名主义者，尽管很明显，他在形而上学方面并非如此。十五世纪的唯名主义者[1]后来将其视为该派的创始人。他认为司各脱主义曲解了亚里士多德，而造成这种曲解的因素一部分包括奥古斯丁的影响，另一部分由于阿维森纳，还有一部分则是由于某种更早的原因，即蒲尔菲利所著的关于亚里士多德《范畴论》的一篇论文。在这篇论文中，蒲尔菲利提出了三个问题：（1）属（genera）和种（species）是否均为实体？（2）它们是有形体还是无形体？（3）如果是无形体，它们是在感性事物之中还是之外？这些问题都是蒲尔菲利紧扣亚里士多德的范畴论而提出来的，因此，这导致了中世纪对亚里士多德《工具篇》的解释过于形而上学。阿奎那曾试图纠正这一错误，但其后这一错误又被邓斯·司各脱重新引入。其结果便是，逻辑和认识论成为形而上学跟神学的附庸。奥卡姆则致力于将其重新与之剥离。

在奥卡姆看来，逻辑是自然哲学的一种工具，它可以独立于形而上学而存在。逻辑是推理科学的分析；科学和事物相关，但逻辑则不然。事物是个别的，但在词语中却存在着共相；逻辑学研究共相，而科学只是利用共相，而并不对其进行研究。逻辑关心的词语或概念——不是作为心理状态的词语或概念，而是作为包含某种意义的词语或概念。“人是一个种”[2]，这不是一个逻辑命题，因为，这需要相关人类的一项知识。逻辑的研究对象是由思维在其自身中构建的

「1」比如斯温斯赫德、海特斯伯里、格森、戴利等人。

「2」这里的种英文为 species，是分类学意义上的概念。——译者注

事物，该事物依赖于理性的存在而存在。一个概念是一个自然的符号，一个词语则是一个约定俗成的符号。我们必须将我们所说的作为一个事物的词，与我们所使用的作为一个有意义的词区分开来。不然，我们很有可能陷入这样一种谬论中："人是一个种，苏格拉底是一个人，因此苏格拉底是一个种。"

他把指向事物的词称为"第一意向词"，将指向词语的词称作为"第二意向词"。一般科学中所用的词属于第一意向词，而逻辑中的词则属于第二意向词。形而上学中所用的词比较特殊，它兼有第一意向词所指的事物和第二意向词所指事物。确切地说，像这样的形而上学的词只有六个：存在、事物、某物、一、真实和善[1]。这些词有一种共性，即他们之间可以互为表述。但逻辑的研究也可不必假借这些词来进行。

我们所理解的是事物，而非由思维产生的某些形式；形式不应是被理解者，而应是理解事物的媒介。在逻辑中，"共相"只是一个用以表述其他一些术语或概念的术语或概念。共相、属、种都属于第二意向词，因此不能指向事物。但是，由于"一"和"存在"可以互为转化，若是一个共相存在，它应作"一"，并且是一个个别物。共相仅仅是事物的一个符号。在这点上，奥卡姆和阿奎那的观点相同，而和阿威罗伊、阿维森纳和奥古斯丁派的观点相悖。奥卡姆和阿奎那都认为只存在个体性事物，个体性精神和理性行为。确实，他们二人赞同共相先天存在论，但他们仅用其来解释创世，即在上帝创造万物之前，共相就已经存在于上帝的头脑中了。不过，这已经是神学的内容，而非对人类认识论的解释了，因为后者主要与后天存在的共相有关。在解释人类认识论方面，奥卡姆从不认为共相即事物。他说，苏格拉底类似柏拉图，但绝不是由一个名为"相似性"的第三方事物造成的。相似性是第二意向词，其存在于人的思维之中。（所有这些分析都相当精妙。）

根据奥卡姆的观点，所有与未来偶然性事物相关的命题，都无谓乎真伪。奥卡姆意欲将此观点同上帝的全知性进行调和，正如他在别处所做的，这里他仍使逻辑独立于形而上学和神学之外。

我们不妨举一些奥卡姆在论证过程中的例子加以说明。

他问："根据发生的先后次序，最先为理解力所知者是否为个体？"

反面答案：共相才是理解力的首要合适对象。

正面答案：感知的对象和理解的对象是同一的，但个体是感知的首要对象。

「1」这里我不打算对奥卡姆对这些词的用法提出批评。

因此，须对该论题的意义加以陈述。(大概是因为这两种观点都非常有力。)

他继续写道："处于灵魂之外的非符号性事物，会首先为这种知识所理解（比如个体的知识），由于处于灵魂之外的所有事物皆是个体，因此个体首先被认知。"

他继而提出，抽象的知识往往是以"直观的"知识（即知觉层面的知识）为基础的，而这亦是由个体事物触发的。

紧接着他又列举了可能产生的四个疑问，并一一做了解答。

他对最初提出的那个问题给出了肯定性的回答来予以总结，但同时附有这样一句话："共性是按相应次序上的第一对象，而非发生次序上的第一对象。"

这里又牵涉到另外一个问题，即感知是否是，或者在多大程度上是知识的来源？我们还记得柏拉图在《泰阿泰德篇》中曾明确反对将知识定义为感知的做法。显然，奥卡姆并不知道《泰阿泰德篇》的存在，倘若他知道的话，必定是要对其提出反对意见的。

至于"感性灵魂与理性灵魂在某人身上是否截然不同"这一问题，他给出的答案是，两者的确存在区别，只不过很难证明。他给出的论据之一是：我们的嗜好可能会使我们欲求那些为我们认知所拒绝的事物。因此，嗜好和认知便分属不同的对象。另外一个论据是：感觉是主观地存在于感性灵魂之中的，而并非主观地存在于理性灵魂中。另：感性灵魂是可延展的、物质的，理性灵魂则不然。紧接着他又提出了四项神学方面的异议[1]，并一一做了解答。对于这一问题，奥卡姆的观点可能并不像人们所期待的那样。不过，他赞同圣·托马斯的观点而反对阿威罗伊的观点，认为每个人的知性应该是其自身的，而不是非个人的。

由于坚持认为，脱离形而上学和神学去研究逻辑和人类认识是可能的，奥卡姆的著作大大地鼓励了科学研究。他认为，奥古斯丁主义者的错误，首先在于假定世间万物都是不可知的，其次在于认为人类没有智力，其认知需借助无限时空里的一道光才得以实现。关于这一点，他虽认可阿奎那的观点，但侧重点却有所不同，因为阿奎那主要是一名神学家，而奥卡姆在逻辑方面，却主要是一位世俗的哲学家。

他的治学态度，给了那些研究特殊问题的学者们极大的信心。譬如，他最为忠实的追随者欧利斯姆人尼古拉（死于公元1382年），曾钻研过行星理论。从某

[1] 比如：在基督受难日到复活节期间，基督的灵魂降入地狱，而他的肉体则在亚利马太人约瑟的坟墓中。如果感性灵魂真的与理性灵魂所有不同，那么这段时间基督的感性灵魂是在地狱中度过的，还是在坟墓中度过的呢？

种程度上讲，尼古拉算得上是哥白尼的先驱，他同时提出了地心说和日心说，只不过他认为这两种理论都能解释他所处的时代里遇到的各种事实，因而没有办法决定这两者谁对谁错。

在奥卡姆的威廉之后，就再也没有伟大的经院哲学家了。下一个能产生伟大的哲学家的时代则始于文艺复兴后期。

第十五章

教皇制度的没落

公元十三世纪完成了哲学的、神学的、政治的和社会方面的伟大综合，而这项综合是由许多因素共同作用，慢慢建立起来的。最初的因素是纯希腊哲学，特别是毕达哥拉斯、巴门尼德、柏拉图和亚里士多德的哲学。后来随着亚历山大的入侵，大量东方的信仰开始流入。[1]这些因素利用奥尔弗斯教和神秘主义，重塑了希腊语世界甚至拉丁语世界的世界观。死而复活的神，意味着吃神肉的圣餐仪式，通过某种类似于洗礼的仪式而重获新生等，这些逐渐变为异教罗马世界中大部分地区神学的重要组成部分。在这些因素之上，又结合了一种解脱肉体束缚的伦理，至少从理论上讲，这种伦理道德是禁欲主义的。从叙利亚、埃及、巴比伦和波斯逐渐传来的僧俗分离制度，那些僧侣或多或少地掌握些魔力，并能对政治施加相应的影响。那些与来世信仰相关的宗教仪式也同样来自这些地方。特别是从波斯传来的一种二元论，该理论将世界视为一个两大阵营较量的修罗场，其中一方是阿乎拉·玛滋达所率领的善，另一方是由阿里曼所统领的恶。在阿里曼及其拥簇者的帮助下，巫术得以在灵界大行其道。撒旦则正是阿里曼的进一步发展。

蛮族的理念和实践经验逐渐流入，并且跟新柏拉图主义哲学中的某些希腊因素相融合。在奥尔弗斯主义、毕达哥拉斯主义和柏拉图的部分学说中，希腊人也发展出了一些容易与东方的观点相结合的学说。也有可能，这些观点正是他们在更早的时候从东方借鉴而来的。异教哲学发展到普罗提诺和蒲尔菲利便终止了。

「1」参见库蒙所著的《罗马异教主义中的东方宗教》。

诚然，这些人的思想具有浓重的宗教色彩，但如果不对其加以改造，是不可能成功地变成一种大众宗教的。他们的哲学显得过于深奥，不能为一般人所理解；而他们所提出的救赎之法，对大众而言也有点偏理性化了。他们的保守性促使他们努力维护希腊的传统宗教，但又不得不对其进行寓言式的解读，以便减轻传统宗教中的某些不道德因素，并使之与他们在哲学上的一神主义相调和。但希腊宗教终究未能和东方宗教中的种种仪式和神学思想相抗衡，而逐渐走向了衰落。预言家们三缄其口，祭司们也未能形成一个强有力的特殊阶层。复兴希腊宗教的企图也因此具有了拟古的性质，而该性质又使这一企图具有某种软弱性和迂腐性，这在皇帝朱利安身上表现得尤为明显。早在公元三世纪，尽管尚有很多不同的宗教互相竞争，并且看上去都有机会在竞争中获胜，但已有人预言，某种亚洲宗教最终会征服罗马世界。

基督教整合了各方面的有利因素。其从犹太人那里得到《圣经》，并采纳了犹太人认为除了自身外其他所有宗教都是充满虚伪和罪恶的教义，不过，它同时也抛弃了犹太人在种族上的排他性以及摩西律法中的种种不便之处。之后，犹太教逐渐接受人死后的世界；相应地，在基督教中人死后则去往天堂或地狱，它甚至向人们明确了升入天堂或坠入地狱的方法和缘由。复活节是犹太人的逾越节跟异教徒庆祝神之复活的典礼相结合的产物。波斯人的二元论也被基督教加以吸收，并同时对善才是终极全能的原则给予更加坚定的确信，而且还追加了一条，认为异教徒所信奉的神皆是撒旦的门徒。起初，在哲学以及宗教仪式方面，基督徒都无法与其敌对者相匹敌，但他们逐渐弥补了自己在这些方面的缺陷。首先，哲学在半基督教的奈斯托流斯教派那里取得了于正统教义中不曾有过的巨大进步；不过，自欧利根以降，基督教逐渐借助对新柏拉图主义的修正，发展出了一套更为适用的哲学。在早期基督教徒中，宗教仪式还是一件非常模糊的事情，但到了圣·安布洛斯时代，它已经变得非常清晰了。僧侣们的权力和独立性也都是取自东方，但他们通过一些统治方式，使自身的权力和特殊地位都得到了加强。教会中发生的这些变化，实际上都源于罗马帝国的政治实践。旧约全书、神秘宗教主义、希腊哲学和罗马的行政制度被天主教会有机地结合在一起，并赋予了教会以之前任何社会组织都不曾有过的强大力量。

同古罗马类似，西方教会虽然发展较为迟缓，但都是由共和制向君主制转变。我们之前已经了解了教皇权力增长的各个阶段，从大格雷高里，经尼古拉一世、格雷高里七世和伊诺森三世，直到霍恩斯陶芬王朝在规勒夫派和基伯林派之间的战争中被彻底打败为止。同时，本来仅仅停留在奥古斯丁及其带来的柏拉图主义基础上的基督教哲学，也因跟君士坦丁堡和伊斯兰世界联系的加强而引入了一些新的元素。公元十三世纪，亚里士多德在西方几乎家喻户晓，并且在阿勒贝尔图斯·马革努斯和托马斯·阿奎那的影响下，亚里士多德在学者的心中逐渐成为仅次于圣经和教会的最高权威。时至今天，他在天主教哲学家的心目中仍然保持了这一地位。但如果仅从基督教的观点出发，我不得不认为，用亚里士多德代替柏拉图和奥古斯丁是一个错误。柏拉图与亚里士多德相比，更具有宗教气质，而基督教哲学一开始就是同柏拉图主义相契合的。柏拉图认为知识并不是一种感知，而是一种回忆性质的想象；亚里士多德则更多的是一位经验主义者。圣·托马斯为从柏拉图式之梦幻到科学化观察的转变铺平了道路，尽管这也许是他无意为之的。

关于始于公元十四世纪的天主教体系的崩溃，一些外部事件起到了比哲学更为重要的加速作用。公元1204年拜占庭帝国被拉丁人征服，此后便一直受其统治，直到公元1261年。在此期间，拜占庭的官方宗教一直是天主教，而非希腊正教。但君士坦丁堡在公元1261年被教皇失手之后就再也没有回到他手中，尽管在公元1438年在费拉拉曾有过一次名义上的联合。由于法兰西和英格兰等国家君主制的逐渐兴起，教会在打败西罗马帝国之后基本没能捞到什么好处；在十四世纪的大部分时间里，教皇都是作为法兰西国王手中的政治工具而存在的。比这些原因更为重要的，则是富商阶层的兴起，以及普通信徒知识的增加。这两者都是先从意大利开始的，并且一直持续到公元十六世纪中叶为止，这两者在意大利的发展程度都远高于西欧其他地区。公元十四世纪，意大利北部的一些城市比北欧的任何城市都要富庶；博学的信徒也越来越多，特别是在法律和医学两个领域。这些城市都具有很强的独立精神，而且，由于此时的罗马皇帝已不具威胁，这种独立自主的精神便主要被用来和教皇对抗了。与此同时，在另外一些地方也发生了相同的运动，尽管运动的规模还远不及此。弗兰德斯逐渐兴盛，汉撒诸城也繁荣了起来。在英格兰，羊毛交易成了财富的重要来源。这段时期，存在着一种可以称之为广义民主的强烈倾向，但民族主义倾向更为强烈。而此时已变得非常世俗化了的教廷，看上去更像是一个征税机构，将大量财富都揽入自己囊中，显然，绝大部分国家是情愿将这些税收留在国内的。教皇们已不再拥有赋予其无上权力的道德权威。圣·弗兰西斯尚能与伊诺森三世和格雷高里九世和平相处，但十四世纪里，大多数热忱的人都被迫与教廷展开斗争。

不过，在十四世纪初期，这些使教廷走向衰落的原因并不太明显。教皇鲍尼法斯八世在兀纳姆·伞克塔姆教令（*Bull Unam Sanctam*）中提出了比其所有前任都更为苛刻的要求。他于公元1300年创立了大赦年制度，凡是来罗马朝拜并在那儿参加了某项仪式的天主教徒，都可以获得大赦。这项制度给教廷的金库和罗马市民的钱袋都带来了十分可观的财富。在该制度建立之初，规定每过一百年方可举行一次大赦年祭典，此后在巨额利润的诱惑下，两次大赦年之间的间隔期不断被缩短，先是缩短到五十年，然后又缩至二十五年，从此，该制度一直延续至今。在公元1300年举行的首次大赦年祭典，可视为教皇成功的最高点，同时，出于方便起见，也可将该日期作为教廷走向衰落的开端。

鲍尼法斯八世是一个意大利人，他出生在阿纳格尼。他在英格兰时，曾因代表教皇援助亨利三世讨伐叛乱的贵族，而被关押在伦敦塔中。公元1267年，他为亨利三世之子，即之后的爱德华一世所救。在他所处的时代，教会内部出现了一个实力强大的法兰西派。在当选教皇的过程中，他遭到了法兰西籍红衣主教的强烈反对。关于国王是否有权对法兰西籍僧侣征税的问题，他曾与法兰西国王菲利普四世发生过激烈的冲突。鲍尼法斯一向任人唯亲而且贪得无厌，因此，他自然想要尽可能多地掌握一些经济来源。他被指控为“异端”，这在某种程度上是公正的，他看上去像是阿弗罗埃斯主义者，而且他并不相信灵魂不死说。他和法兰西国王之间的争执是如此激烈，以至于国王通过全体宗教会议将其废黜，并且派兵逮捕他。他在阿纳格尼被抓，但之后逃到了罗马，并在那里去世了。在他之后的很长一段时间里，再也没有教皇敢大胆地站出来，与法兰西国王公然对抗。

经过一段短暂的过渡统治，公元1305年，红衣主教们选举波尔多大主教为新一任教皇，即为克莱门特五世。他是嘎斯坎尼人，在教会中一直是法兰西派的代表人物。在其教皇任期内，他甚至从未去过意大利。他在里昂接受了加冕礼，随后于公元1309年定居于阿维农，此后，历任教皇在此盘踞长达七十年之久。教皇克莱门特五世借助他和法兰西国王在反对圣殿骑士团时所采取的联合行动，大肆宣扬两者的联盟。当时双方都急需钱财，教皇是为了徇私、维护裙带关系，菲利普（法兰西国王）则是为了维持对英战争、镇压弗兰德人起义以及维持庞大的政府开销。菲利普劫掠了伦巴底的银行家们之后，他又在“生意所能允许的范围内”对犹太人大肆迫害。后来他发现圣殿骑士团大多都是银行家，他们在法兰西拥有大量的田产、庄园，如果教皇愿意提供协助，他便可以肆意攫取这些财产。于是国王和教皇商定，先由教会寻找将圣殿骑士团诬为异端的证据，当他们被打成异端之后，国王和教皇就可以名正言顺地瓜分他们的财产了。公元1307年的某天，圣殿骑士团在法兰西的所有领导人都遭到了逮捕，一份事先拟好了的带有强烈诱导倾向的问题摆在了这些人面前，在遭受了一番严刑拷打后，他们不得不承认自己曾信奉过撒旦，并且还犯有其他种种不可饶恕的罪行。最终，在1313年教皇下令取缔圣殿骑士团，并没收了他们的所有财产。亨利·C.李在其《宗教裁判史》一书中对此事进行了详细叙述，在经过一番周密的调查后，他得出了如下结论：针对圣殿骑士团的指控都是完全没有根据的。

在圣殿骑士团案中，教皇和国王有着一致的经济利益。但是，在基督教世界的大部分地区，于大部分情况下，两者的利益却是互相冲突的。在教皇鲍尼法斯八世时期，菲利普四世曾因征税问题与教皇发生过激烈争执，那时的国王甚至得到了包括教会阶层在内的各阶层的支持。当教皇逐渐在政治上屈从于法兰西，一些仇视法兰西国王的君主们自然也对教皇投以仇恨的目光。而这导致了皇帝对奥卡姆的维廉以及巴都阿人马西哥利欧的庇护。在稍后的一段时间里，又导致盖特人约翰对维克利夫提供庇护。

总的来说，此时的主教们已完全受制于教皇，而相应地，经他任命的主教所占的比例也逐渐增加。那些具有修道院性质的教团以及多米尼克教团也都表现得非常顺从，只有弗兰西斯教团在某种程度上还在坚守着自己的独立精神。而这也直接导致了弗兰西斯教团同教皇约翰二十二世之间的冲突。关于教皇约翰二十二世，我们在之前论述奥卡姆的维廉时已有所提及。在这场冲突中，马西哥利欧劝说皇帝进军罗马，在罗马，群众为皇帝举行了加冕仪式，并且在废黜了教皇约翰二十二世之后，又选举出了一名弗兰西斯教团的成员作为新任教皇，以与原教皇分庭抗礼。然而，所有这些事情，除了普遍削弱了人们对教廷的尊敬外，基本没有带来其他任何的影响。

不同地方反抗教廷统治的叛乱所采取的形式也不尽相同。有时，它与君主专制的国家主义相结合；有时，又与清教徒对教廷腐化和世俗化的憎恶相结合。在罗马当地，这种叛乱又与复古的民主主义相结合。克莱门特六世（公元1342年—公元1352年在位）时期，罗马在一个名为克拉·底·李恩济的杰出人物领导下，曾一度寻求脱离那个长期远在别处的教皇的统治。长期以来，罗马人民不仅遭受着教皇的残酷统治，而且也深受当地贵族们的不断骚扰。公元十世纪时，罗马教廷曾因对贵族持续骚扰罗马人民的不作为而威信尽失。实际上，教皇之所以从罗马逃往阿维农，在某种程度上也是为了躲避那些无法无天的罗马贵族们。李恩济是一个酒栈老板的儿子，他起初只是反抗罗马的贵族，在这方面他甚至还支持过教皇。他曾极大地煽起罗马群众的热情，以致当地的贵族纷纷落跑（发生于公元1347年）。著名诗人佩脱拉克是他的仰慕者，而且特意为他写过一首赞歌，以鼓励他继续进行他那伟大而又高尚的事业。他赢得了护民官的称号，并且宣告了罗马人民对罗马帝国的主权。他曾经以一种非常民主的方式来理解罗马人民享有的这种主权，因为他曾从意大利各城市召集代表，召开了一次类似议会性质的会议。但不断取得的胜利已然冲昏了他的头脑，让其产生了忘乎所以的错觉。就在这时，正如之前多次发生的那样，出现了两位敌对的皇位竞争者。李恩济将这两人连同所有拥有选举权的人都召集到自己跟前，以解决这一问题。这自然会招致两位竞争者的强烈反对，甚至连教皇也对其做法大为不满，因为教皇认为，这类事情本该是由他来宣布裁决的。公元 1352 年，李恩济被教皇逮捕，在监狱里度过了两年时间，直到教皇克莱门特六世去世才被释放。出狱后，他回到罗马重获权力，不过这一次维持了几个月，而且他的声望也极其短暂，最终，他遭到了暴民的谋杀。正如佩脱拉克一样，拜伦也曾写过颂扬他的诗篇。

很明显，如果教廷想要有效地保持自身在整个天主教会中的核心地位，那它就必须重返罗马，而从法兰西的羁绊中独立出来。另外，在英法战争中，法兰西数次遭到惨败，对教皇来说，法兰西早已成为是非之地，毫无安全可言。因此，公元 1367 年教皇乌尔班五世回到了罗马。但意大利的政治形势对他来说，过于复杂了，他不得不在去世前不久，又回到了阿维农。其下一任教皇是处事颇为果断的格雷高里十一世。此时，由于对法兰西教廷存在着普遍敌视，许多意大利城市，特别是佛罗伦萨，都对教皇存在着极大的敌对情绪。为了改变这一不利局面，格雷高里在其权力范围内，采取了所能采取的一切行动，譬如：果断决定再次重返罗马，并对法兰西籍红衣主教千方百计的挽留表示明确反对等。就这样，直到他去世为止，红衣主教团内部的法兰西派和罗马派之间的矛盾也仍然没有丝毫调和的迹象。根据罗马派的意愿，意大利人巴尔特洛苗·颇利格纳被选为新一任教皇，号称乌尔班六世。但是，许多红衣主教都声称这一选举是与教规相悖的，而且又选了一位新的教皇克莱门特七世，此人名为罗伯特，日内瓦人，在当选教皇之后便住到了阿维农。

此后便开始了一段长达四十年的大分裂期。法兰西人当然是承认住在阿维农的教皇，而所有与法兰西敌对的国家则承认罗马教皇。当时，苏格兰是英格兰的敌对国，而英格兰又是法兰西的敌对国，因此，苏格兰选择承认阿维农的教皇。每一个教皇都从自己所在的那一派中挑选红衣主教，当一个红衣主教去世后又会迅速选出另一名补上。因此，除非出现一种能凌驾于这两个教皇之上的权力，否则这种分裂便会永远存在下去。显然，两者之中只能有一人是合法的，因此，我们就不得不找到这样一种权力。唯一解决的办法便是召开全体宗教会议，与此同时，由盖森领导的巴黎大学又发展出了一套新的理论，该理论可以授予宗教会议动议权。世俗界的统治者们纷纷对该理论表示支持，因为当前教会分裂状态也给他们带来了诸多不便。最后，公元 1409 年，在比萨召开了一次宗教会议。但这次会议却以一种非常荒诞的方式失败了。会议先是以异端和分裂的罪名将两位教皇同时废黜，同时又另选了一位第三者担任新教皇，这位新教皇在被选出不久便去世了；他的红衣主教们随即又选出了一位名叫巴勒达撒瑞·寇撤的人作为他的继任者，此人曾是一名海盗，当选后号称约翰二十三世。因此，这次会议的实际结果便是：以现在的三位教皇鼎立的局面代替了原来两位教皇对峙的格局。而且，这位新选出的教皇后来成了一名臭名昭著的恶棍。局势到了这个地步，已经愈发显得没有希望了。

但宗教会议运动的支持者们并没有因这次失败而放弃。公元 1414 年，在康斯坦斯再次举行了会议，而且此次会议采取了一些积极行动。它首先宣布一项教令，即教皇无权解散此次会议，而且在某些方面须服从此次会议。会议还要求将来的教皇必须每隔七年召开一次全体宗教会议。会上约翰二十三世遭到废除，罗马教皇也在会议的劝告下主动辞职。阿维农的教皇拒绝辞职，并且在他去世后阿拉贡的国王又使他的一位继任者成功当选。但此时的法兰西已任由英格兰摆布了，他们拒绝承认阿维农新当选的教皇。就这样，阿维农教皇派的实力逐渐萎缩，并且很快就变得无关紧要，直至不复存在了。于是，由宗教会议于公元 1417 年选举出来的教皇马丁五世，便没人提出反对了。

这次会议总的来说是值得称道的，但在对待威克利夫的波希米亚门徒——赫斯的方式上却非如此。在赫斯被带往康斯坦斯之前，他曾得到保证其人身安全的允诺，但到了该地之后，他很快就被定罪，并以火刑处死。威克利夫本已正常死亡，但会议决定挖出他的尸骸并加以焚毁。显然，宗教会议运动的支持者是急于洗清自己身上所有非正统的嫌疑。

康斯坦斯宗教会议成功消除了分裂，但它还想做更多的事情，并以君主立宪的体制来代替教皇专制主义。马丁五世在其当选前曾做出了许多承诺，其中有些他后来遵守了，有些则违背了。他同意了每七年召开一次宗教会议的教令，并且一直遵守着该项教令。公元 1417 年，康斯坦斯宗教会议解散；新一次会议于公元 1424 年召开，虽然这次会议后来被证明是无关紧要的；之后便是公元 1431 在巴译尔举行的一次会议。马丁五世正是在此次宗教会议期间去世的，其继任者尤金尼乌斯四世在其任期内一直在和那些掌控宗教会议的革新家们进行着斗争。他一度解散宗教会议，但宗教会议拒不承认自己已被解散；公元 1433 年，他也曾妥协过一段时间，但到了 1437 年，他再度解散会议。尽管如此，这一会议一直延续到公元1448年，那时教皇在与宗教会议的斗争中获胜已经显而易见了。公元1439年，宗教会议宣布废除教皇，并且新立了一个敌对教皇（历史上的最后一位），由此，宗教会议彻底丧失了公众对他们的同情，而这位新当选的教皇也随即辞职。同年，尤金尼乌斯本人在费拉拉召集了一次宗教会议，并借此极大地增强了自己的威信。在此次会议上，希腊教会怀着对土耳其人的极度恐惧，也在名义上归顺了罗马。由此，教廷在政治上终于大获全胜，但与此同时，他们在道德方面的威信也大打折扣了。

威克利夫（约公元1320年—公元1384年）的生平和学说，是公元十四世纪教廷权威衰落的真实写照。与早期的经院学者不同，他既非修道士，也不是托钵僧，而是一个世俗的祭司。他在牛津大学享有很高的威望，并于公元1372年获得了牛津大学的神学博士学位。他曾在一段较短的时间内担任过巴里欧学院的院长一职；他是最后一位重要的经院学者。作为一位哲学家，他算不上是进步的；他是一个唯实论者，一名柏拉图主义者而非亚里士多德主义者。他认为上帝的谕令并不像某些人认为的那样是非常随意的。现实世界并不是所有可能世界中的一个，而是唯一一个可能的世界，因为上帝必然要选择最好的。当然，真正使他成为一个有趣人物的并不是这些观点，而且其本人对这些学说也并不太感兴趣。而是因为他曾主动从牛津大学退休，来到一个小乡村做了一名牧师。在他生命的最后十年中，他还受命担任了敕命路特沃尔兹的祭司一职，不过，他却仍然继续为牛津大学讲学。

值得注意的是，威克利夫思想的发展极为缓慢。公元1372年，在他五十多岁的时候，他还依然是正统教义的坚定拥护者；但仅仅一年之后，他便明显地成了一名异端分子。他之所以成为异端，看上去完全是由其强烈道德感推动的——他对穷人怀有的同情，对富有世俗僧侣的厌恶。起初，他对教廷的攻击仅仅停留在政治和道德方面，而不涉及教义；后来，他被迫渐渐走上了全面反抗的道路。

威克利夫与正统教义的决裂，始于公元1376年他在牛津所讲授的讲座课程——“论公民的统治权”。他发展出来如下理论：只有正义者才配享有统治权和财产权；非正义的僧侣是没有这些权利的；至于一个教士是否应当保留其财产则应该由公民的权力来决定。他还进一步指出：财产是罪恶的结果，基督及其门徒们是没有财产的，因而僧侣们也应当没有。这些教义招致了除托钵僧以外的全体僧侣的反对。但英格兰政府对此教义倒是十分欢迎，因为教皇经常要从英格兰掠取大量的税赋，而威克利夫所提出的不应将金钱从英格兰调往教皇手中的教义明显正是对英格兰政府有利的。这种情况在教皇屈从于法兰西时期，以及在英法战争时期显得更为突出。刚特人约翰是理查二世幼年时代的掌权者，他力保为威克利夫提供长久的帮助。与此相反的是，格雷高里九世却对威克利夫讲学中提到的十八个论点加以谴责，并认为它们源于巴阿都人马西歌利欧。为此，威克利夫被传唤至由主教组成的法庭受审，但女皇和暴民成功地保护了他，同时牛津大学也拒绝承认教皇对其教师拥有审判权。（即便是在那样的年代，英格兰的大学已经开始信奉学术自由了。）

与此同时，在公元 1378 年至 1379 年间，威克利夫还相继写了一些学术性著作，在这些著作中，他主张国王是上帝的代理，主教应服从国王的统治。大分裂发生之后，他甚至比之前更进一步地将教皇打上了伪基督的印记，并提出：承认君士坦丁堡赠予一事的合法性已经使以后历代教皇成了背叛者。他将拉丁文版本的圣经翻译成英语，并组建了“贫穷祭司”教团，其成员都是世俗界的信众。（通过这一行为，他将仅有的托钵僧也给得罪了。）他雇佣这些“贫穷祭司”为巡回传道者，其主要任务便是在贫民中间完成传道的任务。最后，在他对僧侣们的特权进行抨击时，他甚至对化体说加以否定，并将其说成是一种欺骗和亵渎神明的蠢事。在这一点上，刚特人约翰也曾下令让他保持沉默。

在公元 1381 年爆发的、由瓦特·泰勒所领导的农民起义过程中，威克利夫的处境变得更加艰难了。虽然我们没有证据表明他曾积极地参与过起义的发动工作，但和与他身处情形相似的路德表现不一样，他尽量不去谴责起义。而起义军中一位名叫约翰·鲍勒的领导者也曾对威克利夫提出过称赞，这让威克利夫的处境更为窘迫。这位约翰·鲍勒是一个社会主义者，同时还是一名被剥夺了圣职的祭司，早在公元 1366 年，他就被开除了教籍，那时的威克利夫还正笃信正统教义。因此，我们可以断定，约翰·鲍勒的思想是自己独立形成的。威克利夫所提出的关于共产主义的一些观点，虽然无疑会被“贫穷祭司”教团的成员们广为传播，但这些观点都是用拉丁文表述的，所以一般的农民是很难直接读懂原文的。

让人感到惊讶的是，威克利夫并没有因为他的观点，以及他所积极从事的民主活动，招致更多的迫害。牛津大学一直在尽可能地保护他，使其免遭他所反对的那些主教们的毒手。当英国的上议院对威克利夫领导的巡回传道者提出谴责时，众议院明确表示不同意这种谴责。毫无疑问，如果他活的时间再长一点，这些纠纷一定会逐渐累积起来；但直到公元 1384 年他去世为止，他甚至都还没有被正式定罪。他在路特沃尔兹去世，并葬于那里。直到康斯坦斯宗教会议决定将其尸骸掘出并加以焚毁为止，他的遗骸一直在这里安眠。

他在英格兰的追随者们被称作罗拉德派，他们也遭到了残酷的迫害，而且对其几乎是一次毁灭性打击。但由于理查二世的妻子是波希米亚人，因此，他的学说得以在波希米亚继续流传。赫斯便是他在此地的门徒之一。尽管在波希米亚仍然存在着针对他们的迫害，但他们却能一直存活到宗教改革时期。英格兰的那批人在遭受打击之后虽已转入地下活动，但他们反抗教廷的思想却仍深入人心，这就为新教提供了滋生的土壤。

在公元十五世纪，除了教廷的衰落之外，还有很多其他因素一起导致了政治和文化方面的突变。火药消灭了封建贵族，加强了中央集权的统治。在法兰西和英格兰，路易十一和爱德华三世纷纷与国内富裕的中产阶级结盟，借助这些人使贵族治下的无政府状态得以结束。直到该世纪的最后一年，意大利都未再受到北方军队的骚扰，因而得以在经济和文化方面都取得了长足的发展。新兴的文化在本质上就是异教性质的，它仰慕希腊和罗马文化，蔑视中世纪文化。建筑风格与文学风格则纷纷效仿古代典型。作为古代的最后一点残余，君士坦丁堡最终被土耳其人攻破，大批希腊难民逃往意大利，在那里，他们得到了当地人文学者的热切欢迎。瓦斯寇·达·伽马和哥伦布的海上航行扩大了世界，而哥白尼的学说扩大了天界。“君士坦丁的赐予”被人们当作传说而加以否定，并最终湮没于学者的一片嘲笑声中。在拜占庭人的协助之下，人们再也不用借助于新柏拉图主义或者奥古斯丁主义的二手资料，而可以通过许多一手资料直接认识和了解柏拉图。尘世之中，寰宇之内，皆已不再是泪之空谷，也不再是前往另一个世界朝圣途中的一个痛苦所在，而是一个可以提供异教的欢乐、荣誉、美丽和冒险等各种机会的场所。统治西方长达数世纪之久的禁欲主义，终于在艺术、诗歌和快乐的喧嚣声中，逐渐被人遗忘。即便是在意大利，中世纪也还是在经过一番垂死挣扎最终死去。萨万纳罗拉跟列奥纳多二人于同一年出生。但总体说来，过去的恐怖已没那么可怕，精神上新的自由让人欣喜若狂、如痴如醉。这种陶醉虽不会维持太久，但在当时足以消除恐惧。就在这令人欢娱的、迎接解放的时刻，近代世界诞生了。

A HISTORY OF PHILOSOPHY

A HISTORY OF PHILOSOPHY

A HISTORY OF PHILOSOPHY

西方哲学史

下

（英）勃特兰·罗素 著

解志伟 侯坤杰 译

应急管理出版社

·北 京·

西方哲学史

A HISTORY OF PHILOSOPHY

美国版序言

哲学史著述可谓硕果累累，我编纂的目的并不在于追求为哲学史研究增加一部别无二致的作品，而是要将哲学作为社会生活和政治生活的一个不可分割的部分进行展示——我并非把哲学作为卓越超凡的个体的幽思冥想，而是既把各种盛行制度下不同社群的品性作为哲学的影响，又把这些品性看成哲学的成因。这一目的就要求对一般性的历史知识做出比通常哲学史家更多的叙述。我感觉对普通读者未必熟稔的那几段历史时期来说，叙述更多的历史知识尤其必要。十一世纪的改革促生了经院哲学时代，反过来，这些改革又是对此前颓废堕落的反动。假如不了解罗马衰亡到中世纪教权兴起之间的那几个世纪的历史，就难以理解十二、十三世纪的士林风气。在叙述这段时期的哲学时，正如叙述其他时期的哲学一样，我致力于提供足够必要的一般历史知识，以达成对生成哲学家的相关时代与在哲学家襄助下生成的时代的交互理解。

这种观点会带来这样的结果，叙述中给予一个哲学家重要性的强调往往与其哲学价值有所背离。例如在我看来，与洛克相比，斯宾诺莎是一位更伟大的哲学家，但是他的影响要小得多，因而我对他的叙述就比对洛克的叙述要简略得多。有些人——如卢梭和拜伦——尽管在严格的学术意义上完全算不上哲学家，然而他们深远地影响了当时盛行哲学思潮的倾向，如果忽略了他们，就不可能理解哲学的发展。就影响这方面而言，甚至纯粹的实干家们有时也非同寻常——没有几个哲学家对哲学的影响能和亚历山大大帝、查理曼大帝或者拿破仑相提并论；莱库格斯，假如确有其人的话，就更是一个显著的例子了。

要想涵盖更加宽广的时间跨度，就必须要有强烈的选材原则。在阅读了一些中规中矩的哲学史后，我得出了这样一个结论：过分简略的叙述是不会让读者得到有价值的收获的。因此在我看来那些似乎不值得加以详述的人物（除了极少数例外）就完全略过不提了。在我所讨论的人物中，我只提及那些看起来似乎与他们的生平和社会背景相关的东西；有时我甚至会记下某些本身无关紧要的细节，只要我认为这些细节对一个人或者他的时代具有解释说明意义。

最后，一些专家的研究涉及我所研究的庞大题材中的一些内容，对于他们我还要再做一番辩解和致歉。显而易见，相比任何一位哲学家，我所拥有的知识都不能和一个研究范围并不广泛的人相比。我坚信，关于任何一个我论述到的哲学家（除了莱布尼茨以外），很多人都比我知道得多。然而，如果以此为充分理由必须谨守缄默的话，那么就很难有人来论述某一个短暂历史片段之外更多的东西了。斯巴达对于卢梭的影响、柏拉图对于十三世纪以前基督教哲学的影响、聂斯托利教派对于阿拉伯人以及进而对于阿奎那的影响、自伦巴第诸城的兴起到今天圣·安布洛斯对于自由主义的政治哲学的影响——这些都是只有在一部综合性的历史著作中才能处理的题材。基于上述理由，我要请求那些发现我研究的主体中某些知识显得不足的读者们迁就，如果没必要记住“时间是飞驰的战车”这句话，我关于这部分知识的论述可能会更充分一些。

本书得以问世要归功于巴恩斯（Albert C. Barnes）博士。原稿是为宾夕法尼亚大学的巴恩斯基金会的讲座写作而成，其中一部分内容曾被讲授过。

正如最近十三年来我的大多数作品一样，我的妻子巴特雷西亚·罗素在我的研究和其他许多方面都曾对我鼎力相助。

勃特兰·罗素

英国版序言

为了使本书免于遭受更多其所应得的苛刻的批评，我有必要做些致歉和解释。

我要向研究不同学派和个别哲学家的专家们致歉。我所论及的每一位哲学家，可能莱布尼茨例外，都比我知识丰富。编著一部涉及范围广泛的作品，这种情况是难以避免的，因为既然我们不能长生不老，那么凡是要撰写这样的书的人，对书中任何一部分所花费的时间势必要比一个集中精力研究一位作者或一个时代的人所花费的时间要少。有些学术严谨、毫不妥协的人可能会断言：根本就不应该撰写题材宏大的书籍；如果真要写的话也应该由许多不同作者的专题论文组成。但是多个作者合著存在一定的缺陷——如果历史的运动中存在统一性，如果前后相继发生的历史事件有联系，那么为了将这种统一性和联系表现出来，时代前后相继发生的事情就应当在一个人的思想中加以综合。一位卢梭的研究者可能难以公平对待卢梭与柏拉图和普鲁塔克的书中所记述的斯巴达的关系；一位研究斯巴达的历史学家未必就能先知先觉地联想到霍布斯、费希特和列宁。体现这样的关系正是本书的目的之一，而这一目的只有通过广泛的考察才能完成。

哲学史著作已经有很多部了，但据我所知，还没有一部其目的与我为自己所设定的完全相同。哲学家们既是结果，也是成因。他们是其时代社会政治与制度环境的产物；如果幸运的话，他们也可能是后世政治与制度的信条的成因。在大多数哲学史中，每个哲学家都仿佛出自真空一般——除了最多和早先的哲学家们在思想上相互有些联系以外，他们被展现出来的观点仿佛与其他一切都没有任何关系似的。与此相反，在事实所允许的范围内，我总是试图把哲学家呈现为其环境的产物，显示为一个笼统而宽泛的形式，具体并集中体现了以他作为其中一员的社会所共同拥有的思想和感情的人。

这就需要加入一些纯粹社会历史性质的章节。如果缺乏关于希腊化时代的一些知识，就无法理解斯多葛派和伊壁鸠鲁派；如果不了解一些公元五世纪到十五世纪基督教发展的历程，就不可能理解经院哲学。因此，我简明扼要地叙述了一些在我看来对哲学思想最有影响的历史概况；某些读者可能不太熟悉某段历史时期，比如早期中世纪，对此我进行了详细的叙述。但是在这些历史性的章节中，我已经严格地排除了任何看起来与前代后世的哲学没有联系或联系很少的内容。

选材对于今天这样一本书来说是十分不易的。缺乏细节的作品往往空洞乏味；铺陈细节则易于让人感到冗长难以忍受。撰写过程中我采取折中的办法，即只叙述那些在我看来相当重要的哲学家，关于他们提到的则是这样一些细节——其本身并不十分重要，却因为能够澄清疑难或是使描述生动而具有一定的价值。

从古至今，哲学就不只是某些学派之间的问题或少数学者之间的论争，而是社会生活的一个重要组成部分，这就是我著述的初衷。如果本书有任何贡献，也是来自上述观点。

本书得以问世要归功于巴恩斯（Albert C. Barnes）博士。原稿是为宾夕法尼亚大学的巴恩斯基金会的讲座撰写而成，部分内容曾经被讲授过。

正如在最近十三年来我的大多数著作上一样，我的妻子巴特雷西亚·罗素在我的研究和其他许多方面都曾给过我很大的帮助。

目录
Contents

第三卷
近代哲学

第一篇　从文艺复兴到休谟

■ 第二篇　从卢梭到当代

第三卷

近代哲学

I

西方哲学史

A HISTORY OF PHILOSOPHY

第一篇
从文艺复兴到休谟

I

第一章

总 论

常称之为“近代”的这段历史时期的精神面貌与中世纪相比在许多方面都各不相同。在诸多不同之中，有两点最为显著：教会权威逐渐衰弱和科学权威逐步上升。其他方面的不同与这两点均存在联系。近代时期的文化更倾向于俗世文化而非僧侣文化。国家逐步取代教会成为控制文化的统治性力量。最初，各个民族的统治权基本都为国王所控制；后来，国王逐渐被民主派或者僭主取而代之。民族国家的权力及其所行使的职能，在整个这段历史时期内不断扩张（除了出现一些小波折外）并稳步地增强；但是在近代，国家对哲学家们的意见的影响力多数情况下却比不上中世纪的教会。阿尔卑斯山以北的封建贵族阶层一直以来都能割据一方与中央政府分庭抗礼，但是从十五世纪开始，这些贵族先是失去了政治的重要地位，接着又失去了经济的重要地位。国王与富商巨贾联袂取代了贵族的位置，他们在不同国家按照不同比例分享各种权力。富商巨贾逐渐被吸纳进贵族阶层。自美国独立战争和法兰西大革命以来，近代意义上的民主制成了一种重要的政治力量。而社会主义制度与建立在私有财产基础上的民主制相对，这一制度在1917 年初次建立了政权，这种形式的政府倘若蔓延必然显而易见会产生一种新文化；但我们所关切的文化主要还是“自由主义”的，也就是说，是那种非常自然与商业贸易联系在一起的文化。但是这种标准特别是在德国也有一些例外相当显著，如费希特和黑格尔，此二人的观点与贸易没有丝毫联系，但是这些例外在他们的时代并不具代表性。

拒绝基督教会的权威是近代的否定的特征，而且这比近代对科学权威的接受的肯定性特征来得要早。意大利的文艺复兴中科学发挥的作用微乎其微；在人们的脑海中，反对教会与古代文明密切相关，它依赖往昔的文明，但却是比早期的教会和中世纪所依赖的更为遥远的往昔的文明。科学第一次急剧泛滥是1543年哥白尼理论的发表，但是这一理论直至被十七世纪的开普勒和伽利略继承并发扬光大之后才具有了影响力。随之拉开了科学与教义之间持久战的序幕，最后传统保守派在与新知识的较量中逐渐败北。

大多数近代的科学家承认科学的权威，科学的权威依赖于理智而非政府，因而它迥异于教会的权威。否认它的人不会受到任何惩罚，承认它的人也不会为审慎的思辨所左右。科学的权威凭借内在的对理性的吸引力取胜。此外，这是一种片段式、局部性的权威，它不像天主教的教义那样制定一个完整的体系，囊括人类道德、人类希望以及过去和未来的宇宙史。它只对当时似乎已经被科学证实之事发表看法，而那只不过是茫茫未知海洋中的一座小岛。另外，科学权威与基督教会的权威还有如下一点不同之处：教会声称自己的意见是纯然正确而且永无更改可能的；而科学的意见是一种建立在盖然性的基础之上的尝试，而且人们认为修正是难免的。由此使人产生了一种与中世纪的教条主义者们颇为不同的精神气质。

到此为止，我所谈论的都是理论科学，它是试图理解这个世界的科学。而实用科学则是试图改变这个世界的科学，它自始至终都很重要，而且其重要性还在不断地提升，最后它几乎将理论科学从人们的脑海中驱逐出去。科学在实际中的重要性首先是在与战争相关的事务上被认识到的；伽利略和莱昂纳多·达·芬奇二人都因为他们宣称能够改良战炮和修建防御工事受到政府的雇用。自他们的时代以来，科学家在战争中发挥越来越大的作用。而他们在改进机器生产、使人们习惯于使用蒸汽和后来的电力等方面发挥的作用则来得更晚，而且他们所发挥的这种作用直到十九世纪末叶才开始具有政治影响力。一直以来，科学的胜利主要得归功于其实际功用，因而也一直有人企图把科学的这一面与其理论的一面分离开来，从而让科学越来越成为一种技术，而越来越不成为一种关于自然世界本性的学说。这种观点对哲学家们的渗透是非常晚近的事。

摆脱教会权威的束缚导致了个人主义的发展，甚至达到了无政府状态的程度。文艺复兴时期，人们的心目中，知识学科、道德学科和政治学科无不与经院哲学和教会统治联系在一起。尽管经院哲学家亚里士多德式的逻辑很狭隘，但是也提供了某种对精确性的训练。当这一学派的逻辑不再流行时，最初并不是什么更加高明的东西取而代之，而只是折中和模仿各种古代典范罢了。直到十七世纪为止，哲学中几无任何重要之物可言。十五世纪的意大利在道德和政治上的无政府状态骇人听闻，并导致了马基雅维利学说的兴起。与此同时，摆脱了精神枷锁的人们在艺术和文学上展现了惊人的天赋。但是这样的社会是不稳定的。宗教改革运动和反宗教改革运动，再加上意大利对西班牙的屈服，这一切一并终结了意大利文艺复兴的善恶好坏。当这场运动传播到阿尔卑斯山以北之后，它就褪去了这种混乱无序的特色。

不过，近代哲学在很大程度上保留了一种个人主义和主观主义的倾向，这一点在笛卡儿身上得到彰显，他将一切知识都建立在其自身存在的确定性上，并且认为清晰和判然（两者皆是主观的）是真理的判断准则。斯宾诺莎的这种倾向并不显著，但是在莱布尼茨的“无窗单子”这种学说中又再次出现。洛克的气质上具有彻底的客观性，但是也极其不由自主地陷入这样一种主观性的观点之中：即认知是观念之间的相符或不相符——他对这种观点深感厌恶，甚至不惜通过一种严重的自相矛盾来逃避它。贝克莱在取消了物质的有效性之后，纯凭求助于上帝才避免陷入彻底的主观主义之中，而大多数后来的哲学家都认为这么做于理不合。休谟的经验主义哲学登峰造极，成了一种无人可以驳倒，但是无人可以接受的怀疑主义。康德和费希特二人的学说和气质都是主观的，黑格尔则借助斯宾诺莎的影响实现了自我拯救。卢梭和浪漫主义运动将主观主义从认识论推广到伦理学和政治学领域，其逻辑上的必然结局就是巴枯宁式的彻底无政府主义。主观主义的这种极端是一种病狂。

与此同时，科学作为技术，又在实用主义的人们中间滋生了一种与理论哲学家颇为不同的观点。技术赋予人们一种力量感：感觉人类现在再也不会像之前的时代那样任凭环境摆布了。但是技术所赋予的这种能力是社会性的，而不是个人的；一个普通人因船只失事而流落荒岛，如果他生活在十七世纪，那么他会比现在更有所作为。科学技术需要大量个人在单一的指导下被组织起来互相协作。因此它趋向于反对无政府主义，甚至反对个人主义，因为它要求一个组织严密的社会结构。科学技术异于宗教，它在伦理上是中立的，它确保人们可以创造一些奇迹，但是并不告知人们创造何种奇迹。从这个角度来看，科学具有不完整性。在实际中，很大程度上科学技艺用于何种目的纯属偶然。科学技术必需各种庞大的组织，在这些组织中，处于支配地位的人在一定限度内可以随心所欲左右科学发展的方向。权力欲施展的空间空前绝后，科学技术所激发的各种哲学都是权能哲学，这种哲学倾向于将所有非人类的事物仅仅视作有待加工的原材料。结局无须考虑，只有过程的巧妙才具有价值。这也是一种病狂，在我们今天的时代这是最危险的一种病狂，理智健全的哲学应为这种病狂提供一剂解毒药。

罗马帝国终结了古代世界的无政府状态，但罗马帝国乃是冷酷的现实而非理想。天主教世界谋求通过教会结束无政府状态，这倒是一种理想，但是在现实中从没有得到过充分的体现。古代和中世纪的解决方法都难能令人满意：前者无法实现理想化，后者无法实现现实化。就目前来看，现代世界似乎正在朝着一种类似于古代世界的解决方法发展：一种通过暴力强加的社会秩序，它代表了贵胄强权的意志而非普通人的希望。建立持久美满的社会秩序这一问题，只有通过将罗马帝国的巩固和圣奥古斯丁的“上帝之城”的理想主义相结合才能解决。为了实现需要一种新哲学。

第二章

意大利文艺复兴

文艺复兴运动肇始于意大利，它滋生了与中世纪相对的各种近代观点。最初，只有少数人怀有这种观点，特别是彼特拉克。但是在十五世纪，这种观点在意大利僧俗两界绝大多数有教养的人中间传播。在某些方面，文艺复兴时代的意大利人——除了达·芬奇和少数其他几个例外——并不尊崇科学，而尊崇科学只是十七世纪以来大多数扛鼎革新家的主要特色。由于缺失对科学的尊崇，他们无法从迷信，特别是从占星术中获得完全的解放。他们当中颇有一部分人仍像中世纪哲学家那样崇敬权威，只不过他们用古代人的权威代替了教会的权威。这无疑向解放迈进了一步，因为古代人彼此之间意见不同，要决定到底追随何者需要个人判断。但是在十五世纪的意大利，恐怕没有几个人敢持有一种无论是古代还是教会教义中都找不到权威依据的意见。

为了理解文艺复兴运动，简要回顾一下意大利的政治状况十分必要。从1250年神圣罗马帝国皇帝腓特烈二世驾崩离世，直到1494年法兰西国王查理八世入侵之前，意大利基本上没有受到过外国的干涉。意大利有五个重要的城邦，它们是米兰、威尼斯、佛罗伦萨、教皇国和那不勒斯。五大城邦之外还有诸多小公国，这些小公国或与他者彼此联合，或者臣服于某个较大的城邦。1378年之前，热那亚在商业贸易和海军力量方面还足以与威尼斯抗衡，但是在这一年之后，热那亚便沦落为米兰的附庸了。

米兰在十二—十三世纪时率先反抗封建制度，并在霍亨施陶芬家族最终败亡，受到维斯孔蒂家族的统治。维斯孔蒂家族是一个能力非凡的家族，其政治权力是财阀势力而不是封建势力。这个家族的统治从1277到1447年延续了一百七十年；接着，共和制政体经过三年的复兴之后，一个新家族，斯福尔扎家族获得了统治权，这个家族号称米兰大公，它与维斯孔蒂家族存在亲属关系。从1494到1535年，米兰是法兰西人和西班牙人交兵鏖战之地，斯福尔扎家族与两者之间变换结盟。这一时期，这个家族有时处于流亡之中，有时候只拥有名义上的控制权。1535年，米兰最终被查理五世皇帝所吞并。

威尼斯共和国多少有些置身意大利政治的漩涡之外，尤其是在其早期强盛的几个世纪里。威尼斯从来没有被蛮族征服过，而且起初它还自视为东罗马帝国的藩属。由于这一传统，结合威尼斯与东方贸易这一现实，使得威尼斯得以独立于罗马控制之外，这一状况一直延续到特伦特宗教会议时期（1545年）——关于这次会议，威尼斯人保罗·萨尔皮还写过一本对教皇敌意十足的历史作品。前文已经谈及，第四次十字军东征期间，威尼斯是如何坚持要攻占君士坦丁堡。威尼斯的贸易因此而受益；反过来，1453年君士坦丁堡被土耳其人攻占，威尼斯的商业贸易受损。出于种种原因，或多或少与保障食物供给有关，威尼斯人在十四—十五世纪时感到在意大利本土上获得足够大的领地十分必要；这招致各方面的敌意，并最终在1509年缔结了康布雷[1]同盟。这是一个列强之间的联盟，威尼斯最终被它所击败。威尼斯尚存希望从这场灾难中恢复过来，但随着瓦斯科·达·伽马发现了经过好望角通往印度的航路（1497—1498），一切皆成泡影。发现新航路和土耳其人的兴起摧毁了威尼斯，不过它还是苟延残喘生存下来，直到被拿破仑剥夺了独立。

威尼斯的政治制度原本是民主的，但是它的民主渐行渐远，最终在1297年之后变成了一种具有排他性的寡头制。政治权力的基础是大议会，其成员在1297年之后是世袭的，而且只限于豪门望族。行政权力属于十人议会，其成员从大议会中选举产生。城邦正式的元首是督治（Doge），由选举产生且任期终身；督治名义上的权力十分有限，但是在实际中他往往具有决定性的影响。威尼斯的外交权术公认精明狡诈之至，威尼斯大使的报告书中诸多见解异常犀利。从兰克开始，历史学家们通过这些报告获取他们所研究的各种历史事件的绝佳的资料。

佛罗伦萨的文明当时在世界上首屈一指，它也是文艺复兴的主要发源地。文艺复兴时期，几乎所有文学中的伟大名字，以及此前此后艺术界的伟大名字都与佛罗伦萨联系在一起；但是目下我们只讨论政治，不讨论文化。十三世纪，威尼

[1] 康布雷（Cambrai）位于法兰西东北部。该同盟的缔约各方为教皇尤里乌斯二世、神圣罗马帝国皇帝马克西米连一世、法兰西国王路易十二和阿拉贡国王费迪南德。——译者注

斯有三个阶层对立争衡：贵族、富商和平民。贵族大多是吉柏林党（Ghibelline，其成员支持神圣罗马帝国皇帝），另外两个阶层则是归而甫党（Guelf，其成员支持罗马教皇）。吉柏林党最终在1266年败下阵来，十四世纪时平民又在与巨贾富商的斗争中占了上风。然而，这种斗争却并没有建立起稳定的民主政治，而是逐渐促生了一种希腊人称之为“僭主制”的政治制度。美第奇家族最初作为民主派牵线人而起家，最终成了佛罗伦萨的统治者。科西莫·德·美第奇（1389—1464）是这个家族中第一个取得明确领导地位的人，他还没有正式的职位，其权力依赖于操纵选举的旁门左道。他为人阴险狡诈，相时宽和待人，见机残酷无情。在他归西之后不久，他的孙子伟大的洛伦佐继承他的位置。洛伦佐从1469年直到1492年离世为止一直大权在握。祖孙二人的地位建立在他们的财富之上，其主要的财源是商业贸易、矿业，以及其他实业。他们不仅懂得发家致富，也懂得如何让佛罗伦萨变得像他们自己一样富庶，在他们的统治下这座城市繁荣昌盛。

皮特罗欠缺其父洛伦佐的种种优点，在1494年遭受驱逐。随后萨万纳罗拉[1]影响延续四年，其间有一种清教徒式的信仰复兴，人们反对欢愉和奢侈并远离自由思想，趋就已往较淳朴的年代想必一向特有的虔诚。但是最终，主要出于政治原因，萨万纳罗拉的敌对势力获得了胜利，他被判处死刑，并被焚尸（1498年）。一个名为民主、实为财阀统治的佛罗伦萨共和国一直存续到1512年，那一年美第奇家族再度复辟。洛伦佐的一个儿子，年仅十四岁就当上了红衣主教，在1513年又被推选为教皇，号称利奥十世。美第奇家族以托斯卡尼大公的名义统治佛罗伦萨直到1737年，但是佛罗伦萨在这期间也像意大利的其他地方一样变得穷困不堪了。

教皇的俗世权力起源于丕平和那份伪造的“君士坦丁赠礼”，在文艺复兴期间，这种权力极尽扩张；但是教皇为了取得这种权力无所不用其极却在精神领域剥夺了教权的威信。代表了教会中最热诚的分子的宗教会议运动在巴塞尔宗教大会和教皇尤金尼乌斯四世（1431—1447年在位）之间的争斗中宣告失败，也许更重要的是，它代表了阿尔卑斯山以北的教会的意见。教皇们的胜利就是意大利的胜利，而且（在较小程度上）也是西班牙的胜利。意大利的文明在十五世纪后半

「1」吉洛拉莫·萨万纳罗拉（Girolamo Savonarola，1452—1498），多明戈会教士，意大利宗教改革家。他是一个严格的禁欲主义者，因为强烈抨击以美第奇家族为代表的佛罗伦萨统治者阶层的道德腐化而广受欢迎，在1495—1496年间成为佛罗伦萨实际上的统治者。但是在美第奇家族重新得势之后，他在1497年被逐出教门，并在次年以叛教者和异教徒的罪名被处死。——译者注

期完全不像北方诸邦那样还保留着中世纪的面貌。意大利人文化上严肃认真，但在道德和宗教上则远非如此；甚至在神职人员的脑海里，典雅的拉丁文总会掩盖种种罪恶。尼古拉五世（1447—1455年在位）是第一位崇尚人文主义的教皇，他任命一些学者在教廷中任职，仅仅因为他尊重他们的学识，而不虑及其他方面。洛伦佐·瓦拉，一位伊壁鸠鲁主义者，那个证明了“君士坦丁赠礼”的文件为赝品、嘲笑拉丁文《圣经》[1]的文体，还指控圣奥古斯丁为异端的人，被任命为教皇的秘书。这一鼓励人文主义胜过鼓励虔诚或者正统信仰的政策一直持续到1527年罗马遭受洗劫为止。[2]

对人文主义的鼓励，尽管让当时的北方诸邦感到愤慨不已，但是认为，这却不失为一件德行；但是任何观点，除非赤裸裸的强权政治之外，都无法为某些教皇的好战政策和不道德的生活辩护。亚历山大六世（1492—1503年在位）在担任教皇期间，致力于扩张自己及其家族的势力。他有两个儿子，甘迪亚大公和恺撒·鲍尔吉亚，他非常偏爱前者。但是大公最终被人谋杀，凶手很可能就是他的兄弟。于是这位教皇建立王朝的野心就只好寄托在恺撒·鲍尔吉亚的身上了。父子二人一起征服了罗马涅和安科纳[3]，本来打算把这两个地方当作鲍尔吉亚的封邑，但是当教皇天年已尽时，鲍尔吉亚也重病缠身，因而无法立刻采取行动。结果他们的征伐之利又重新变成了圣彼得的世袭财产。[4]二人的罪恶行径很快就臭名昭著了，数不清的谋杀被归到他们头上，真假难辨。但是，他们推行背信弃义达到空前绝后的程度，这是无可争辩的事实。亚历山大六世的继承者尤里乌斯二世（1503—1513年在位）也不是特别虔诚，只不过没有像他的前任那样落下丑闻满天飞的口实。他继续扩张教皇国的领地；作为军人，他有其可取之处，但是作为基督教会的领袖来说却实无可取之处。他的继任者利奥十世（1513—1521年在位）统治期间发生的宗教改革运动，便是文艺复兴时期教皇们的各种非基督教政策的自然结果。

意大利南部被那不勒斯王国所占据，而且长久以来都是和西西里岛统一在一起的。那不勒斯和西西里曾是神圣罗马帝国皇帝腓特烈二世的特别私人王国，他

[1] 即 *Vulgate*，是公元四世纪末主要由圣杰罗姆所编纂的《圣经》拉丁文版本，1592年经过修订之后成为天主教会所认可的钦定版本。——译者注

[2] 1527年西班牙和神圣罗马帝国的军队攻入了罗马，对这座城市进行了洗劫。——译者注

[3] 均为意大利地名。罗马涅位于意大利中北部，安科纳则是位于意大利中东部的港口。——译者注

[4] 指成了罗马教廷的财产，因为罗马教皇自称是圣彼得的继承人。亚历山大六世父子本来打算将征服所得都当作自己家族的私产。——译者注

引进了一种伊斯兰式的绝对君主专制，他开明但是专断，不允许封建贵族阶层分享任何权力。1250年腓特烈亡故之后，那不勒斯和西西里便归属了他的私生子曼弗雷德。曼弗雷德也继承了和教会之间难以化解的敌意，他在1266年被法兰西人驱逐。但是法兰西人把自己弄得不得人心，结果在1282年的“西西里晚祷事件”[1]中遭到屠杀清洗。这次事件之后西西里王国便落入了阿拉贡[2]国王彼得三世和他的继承者手中。经过了各种错综复杂的变故之后，那不勒斯和西西里曾一度分裂，然后于1443年在著名的文人的赞助者宽容者阿方索五世手中重新统一。从1495年开始，有三位法兰西国王都试图征服那不勒斯，但是最终这一王国却落入阿拉贡的费迪南德手中（1502年）。查理八世、路易十二和弗兰西斯一世都宣称自己有权统治米兰和那不勒斯（在法律上没有任何有力证据），他们也都入侵过意大利并获得过暂时的成功，但是最终都被西班牙人所击败。西班牙人的胜利和反宗教改革运动终结了意大利的文艺复兴。教皇克莱门特七世反对反宗教改革运动，而且他还是美第奇家族成员和法兰西国王查理五世的同党，他于1527年让一支大部分由新教徒组成的军队洗劫了罗马。自此之后，教皇们虔诚了，意大利的文艺复兴也走到了终点。

意大利复杂的强权政治游戏令人难以置信。小邦的君主大多是自己白手起家的僭主，他们时而与某一个大邦结盟，时而又与另一个大邦结盟；如果他们在这场游戏中疏忽大意的话，他们就会输得精光。战争连绵不绝，但是直到1494年法兰西人到来之前战争几乎都是兵不血刃：士兵们都是雇佣兵，他们都急切地想把自己的职业风险降到最低。这类纯粹意大利式的战争并没有对商业贸易造成多大的损害，也没有阻碍国家财富的持续增长。治国的权术虽说不少，但是没有几个人能称得上是明智的政治家；法兰西人到来时，整个国家发现自己几乎是毫无防护。法兰西军队在战场上真的杀人，这吓坏了意大利人。后来法兰西人和西班牙人在意大利的土地上所进行的各场战争都是一本正经的军事行动，结果这些

---

[1] 1266年，法兰西安茹王朝的军队打败了曼弗雷德，获得了西西里王国。法兰西国王路易九世的弟弟，安茹伯爵夏尔成为西西里国王，是为卡洛斯一世。但是卡洛斯一世和他带来的法兰西官吏对西西里的治理却乏善可陈，抢劫、强奸甚至谋杀这样的罪行对法兰西官吏们来说司空见惯。最终在1282年3月30日，复活节晚祷时分，西西里首府巴勒莫的群众和法兰西人发生了冲突，引发了全岛各地对法兰西人的屠杀，即所谓西西里晚祷事件（Sicilian Vespers），并导致了法兰西和阿拉贡王国之间争夺西西里的长期战争。这次事件的背景比较复杂，牵扯到当时教廷、神圣罗马帝国、法兰西和阿拉贡等多方利益，但是事件的直接起因肯定和法兰西人在西西里岛上的恶劣行径有关。——译者注

[2] 阿拉贡是中世纪西班牙诸王国之一，位于伊比利亚半岛东北部。——译者注

战争给意大利带来了苦难和贫穷。但是意大利的各城邦继续互相倾轧，在内斗中乞求法兰西或者西班牙的援助，完全没有虑及任何民族统一性，最终一起同归于尽。我们必须承认，意大利在美洲和经好望角通往东方的航路被发现之后不可避免地会失去其重要地位，但是这个崩溃的过程至少可以对意大利人少一些灾难，至少可以对意大利文明的素质毁灭轻一些打击。

文艺复兴时期并非一个有伟大成就的哲学时代，但是它为十七世纪的伟大做了一些必不可少的准备。首先，文艺复兴摧毁了僵化的经院哲学体系，而这一体系已经成为理智上的绊脚石。文艺复兴期间恢复了对柏拉图的研究，因此要求人们至少需要独立思考在柏拉图和亚里士多德之间做出选择。文艺复兴促进了人们对这二人直接真正的认识，摆脱了新柏拉图主义者和阿拉伯注释家们评注的影响。更为重要的是，文艺复兴鼓励养成这种习惯，即将理智活动当作令人愉悦的社会性探索，而不再将知识当作一种旨在保存某种事先规定好了的正统学说的遁世沉思冥想。

接触拜占庭的学术加速了柏拉图对经院派的亚里士多德的取代进程。费拉拉宗教大会（1438 年）名义上将东方教会和西方教会重新统一起来，早在那次大会上就有一场辩论，辩论上拜占庭人坚持认为柏拉图要胜过亚里士多德。希腊热诚的柏拉图主义者格弥斯托士·卜列东的正统信仰态度很令人怀疑，他为柏拉图主义在意大利的振兴做出了很大贡献，同样当上了红衣主教的希腊人贝萨里翁也功不可没。科西莫·德·美第奇和洛伦佐·德·美第奇也都醉心于柏拉图，科西莫创办了旨在研究柏拉图的佛罗伦萨学院，洛伦佐则让这个学院继续运转不息。科西莫弥留之际还在听人诵读柏拉图的对话录。不过这一时期的人文主义者们都在忙于获取古代的知识，以至于不能在哲学上取得什么原创性的成就。

文艺复兴不是一场普罗大众的运动，而是少数学者和艺术家们的运动。文艺复兴运动受到一些开明奖励人的资助，特别是美第奇家族和人文主义者教皇的资助。要是没有这些资助人，这场运动所取得的成就说不定要小得多。十四世纪的彼特拉克和薄伽丘就精神层面而言属于文艺复兴时代，但是因为他们所处政治条件不同，他们的直接影响无法与十五世纪的人文主义者们相比。

文艺复兴时期的学者们对教会的态度很难进行简单的刻画。有些人是公开的自由思想者，但是即便是这些人通常也会接受终敷（临终涂油礼），他们在觉得死亡迫近时与教会和解。他们中大多数人都对当时教皇的罪恶有着切身的感受，但是他们依然乐于接受教皇的聘用。历史学家圭恰尔蒂尼在 1529 年时写道：

“没有任何人比我更对教士们的野心、贪婪和放荡而感到厌恶的了，不仅仅是因为这些恶行本身令人憎恶，而且因为其中每一种都与那些声称自己和上帝有着特殊关系的人极不相称，还因为这些恶行彼此之间是如此矛盾，只在那些本性极其怪异的人身上才能共存。尽管如此，我在几位教皇的宫廷里担任的职位迫使我出于自身利益的考虑去期望他们伟大。但是，如果没有这一原因，我早就像爱我自己一样热爱马丁·路德了，而且这么做并不是为了我个人摆脱一般所理解和解释的基督教义所施加在我们身上的戒律，而是为了看看这帮恶棍被打回老家去，让他们不得不去过一种既无法作恶，也没有权力的生活。"[1]

这种坦率真是淋漓尽致，它也清楚地揭示了人文主义者不可能发起宗教改革运动的原因。再者说，他们中大多数人都不认为在正统信仰和自由思想之间有什么折中方案；路德的态度，对他们来说是不可能的，因为他们对神学的种种精细之处再也没有那种中世纪式的感受了。马苏奇奥描述了修士、修女和托钵僧的罪恶之后，写道："对他们最好的惩罚就是让上帝把炼狱取消，这样一来他们就再也得不到任何施舍，也就不得不重新拾起他们的锄头了。"[2]但是他没有像路德那样想到去否认炼狱的存在，而是保留了大部分的天主教信仰。

罗马的财富只有些许依靠从教皇领地里收上来的岁收，其大部分收入主要通过一个主张教皇掌握着通往天堂的钥匙的神学体系，从整个天主教世界所抽取的贡税献金。如果任何一个意大利人质疑这个体系并收到实效，就难保不让意大利陷入贫困并失去其在西方世界中的位置。因而文艺复兴时期意大利的非正统思想纯粹是精神上的，并没有导致教会的分崩离析，也没有激起任何一种试图脱离教会的群众运动。唯一一个例外，而且很不完全的例外，是在精神上属于中世纪的萨万纳罗拉。

大多数人文主义者接受并保留了那些在古代受到维护的迷信思想。魔法和巫术也许是邪恶的，但并不被认为是不可能的。教皇英诺森八世在 1484 年下诏反对巫术，结果在德意志和其他地方引发了一场骇人听闻的迫害女巫的运动。占星术尤其得到自由思想者的青睐，并且风行程度亘古未有。摆脱了教会的枷锁所带来的最初的效果并非使人们理性地思考，而是让他们对每一种古代的荒诞都敞开了怀抱。

在道德方面，解放所带来的最初效果同样也灾难重重。旧有的道德准则不再受人尊敬，大多数城邦的统治者都是靠背信弃义获取权力，并且依靠残酷无情来

「1」引自布克哈特的《意大利的文艺复兴》，第四编，第二章。

「2」同上。

维系他们的统治。红衣主教们受邀参加教皇的加冕礼晚宴时，都带着自己的酒水和斟酒人，唯恐有人下毒。[1]除了萨万纳罗拉以外，这一时期几乎没有任何一位意大利人甘愿为公众利益冒任何风险。教权腐化堕落的种种罪恶人尽皆知，但是人们对其束手无策。意大利统一的好处显而易见，但是统治者们无法相互联合起来。异邦统治的危险迫在眉睫，但是任何一位意大利统治者在与任何一位其他意大利统治者的任何一场争斗中都情愿乞求任何外部势力的援助，甚至愿意乞求土耳其人。除了毁坏古代抄本这一件事以外，我想不出来文艺复兴时代的人们平常还有什么罪行是犯不了的。

除道德领域之外，文艺复兴时代成就卓越。在建筑、绘画和诗歌方面，这个时代的美名一直蜚声世界。这个时代产生了众多伟人，例如莱昂纳多·达·芬奇、米开朗琪罗和马基雅维利。这场运动将受过教育的人们从狭隘的中世纪文化中解放了出来，即便人们依旧是崇拜古代的奴隶，但是通过文艺复兴，学者们总算知道了在几乎一切问题上那些声名卓著的权威都持有过种种不同的意见。通过复兴希腊世界的知识，这一时代创造出了一种精神气氛，在这种气氛里，人们得以再一次有可能创造出足以与希腊人相媲美的成就，也使得个人天赋能够在一种自亚历山大时代以来就不为人所知的自由状态下蓬勃发展。文艺复兴时期的政治状况有助于个人发展，但是并不稳定；这种不稳定性与个人主义密切地联系在一起，就像在古希腊那样。一个稳定的社会体系是必要的，但是迄今为止设计出来的所有稳定的社会体系都阻碍了艺术和理智领域杰出成就的发展。为了文艺复兴式的伟大成就，我们情愿忍受多少谋杀和无政府的混乱？在过去，我们情愿大量忍受；然而在我们今天的时代，则要少得多。尽管随着社会组织正不断发展，这一问题变得日益重要，然而对于这个问题到目前为止还没有找到解决方法。

「1」布克哈特，前引书，第六编，第一章。

第三章

马基雅维利

文艺复兴时代尽管并没有产生任何重要的理论哲学家，但是却在政治哲学领域产生了一位无比卓越的人物：尼克罗·马基雅维利。对他感到震惊已经成为一种惯例，当然他有时候的确令人感到震惊。但是其他许多人如果也像他一样摘下伪君子的面具的话，也会像他一样令人震惊。他的政治哲学是科学和经验的学问，它建立在其本人从政经验的基础之上，这一政治哲学所关心的是实现特定的目的所要采取的各种手段，而不管这些目的被认为是善的还是恶的。偶尔他会听任自己讨论他所期望达到的那些目的，而那些目的是我们会为之鼓掌称赞的。惯常加诸他名上的诽谤应该归因于伪君子们的恼羞成怒，因为他们憎恨对邪恶行径的供认不讳。的确，他的思想中还是有许多地方需要批判，但是这些地方也不过是反映了他的时代而已。这种对于政治上的不诚实在思想上的诚实在任何其他时代或者任何其他国家几乎都是不可能的，也许只有那些接受了智者学派理论教育，又饱经小规模城邦战争实际历练的希腊人除外；小规模的城邦战争，在文艺复兴时期的意大利就如同在古典时代的希腊一样，是与个人天才伴生相连的政治背景。

马基雅维利（1469—1527）是佛罗伦萨人，他的父亲是一位律师，家境一般。马基雅维利二十多岁时，萨万纳罗拉统治了佛罗伦萨；而他的悲惨结局无疑给马基雅维利留下了极为深刻的印象，因为他如此评论："所有武装的先知都胜利了，而那些没有武装的先知都失败了。"接着他将萨万纳罗拉作为后一类人的实例。关于前一类人，他提到了摩西、居鲁士、忒修斯和罗慕洛斯「1」，但他没有

「1」摩西是公元十三世纪犹太人的先知；居鲁士是古代波斯阿黑门尼德王朝的皇帝；忒修斯是希腊传说中的雅典国王，有过很多英雄事迹；罗慕洛斯是传说中罗马城的建造者，罗马即以他的名字命名。——译者注

提到基督，这是文艺复兴时期的典型现象。

萨万纳罗拉刚被处死之后不久，马基雅维利在佛罗伦萨的政府中谋得一个较低等的职位（1498 年）。他在政府中一直供职，直到 1512 年美第奇家族复辟为止，其间还时常接受重要的外交任务。1512 年之后，他因一贯与美第奇家族作对而被捕，但被宣判无罪，并应允在邻近佛罗伦萨的乡村中过一种退隐的生活。因为无所事事，他便开始著书立说。成书于 1513 年、献给洛伦佐二世的《君主论》是为他带来盛名之作，因为他试图借此书赢得美第奇家族的赏识（然而后来证明这纯属徒劳），书中的语气也许部分地归之于这个实际的用途。同时他还撰写了一部篇幅较长的著作《罗马史论》，该书就很明显地带有更多共和主义和自由主义的色彩。他在《君主论》的开篇部分说道，他在这本书中并不准备谈论共和政体，因为这一问题他已经在其他地方讨论过。那些没有阅读《罗马史论》的人十分容易对他的学说产生非常偏颇的看法。

因为未能与美第奇家族达成和解，马基雅维利只好继续著书立说。他一直隐居到终老时，并于查理五世的军队洗劫罗马之年离世。这一年也可以被视作是意大利的文艺复兴运动终结的一年。

《君主论》所关注的是从历史与当下各种事件中揭示各个邦国是如何得到、治理，以及又是如何失去的。十五世纪的意大利提供了许多大大小小的实例。几乎没有几个统治者是合法的；甚至在许多情况下，教皇也都是通过各种营私舞弊的手段来保证当选的。在那个时代获得成功所要遵循的规则和较为稳定的时代迥然不同，因为在当时没有人会对残忍和背叛感到震怒，而这些在十八世纪或者十九世纪会让一个人身败名裂。或许我们的时代会再一次较为欣赏马基雅维利，因为我们这一时代那些最引人注目的成功就是通过与文艺复兴时期的意大利人所使用过的同样卑劣的手段获得的。作为一个权术艺术鉴赏家，马基雅维利也许会为希特勒的国会纵火案、1934 年纳粹党内的大清洗，以及他在慕尼黑会议之后的背信弃义而鼓掌欢呼吧。

教皇亚历山大六世的儿子恺撒·鲍尔吉亚在书中受到极力赞扬。他面临一个十分棘手的问题：首先，要促成手足兄弟之死，让自己成为父亲建立王朝野心的唯一受益人；其次，要以教皇的名义武力征服一些领地，并让这些领地在亚历山大六世死后归自己而非教皇国所有；第三，要操纵红衣主教团以保证下一任教皇是自己的同党。鲍尔吉亚实现这些困难目标的手法非常老练，马基雅维利说，新的君主应该把鲍尔吉亚的做法奉为金科玉律。的确，鲍尔吉亚以失败而告终，但那只是因为“极度的不幸运”而已。他碰巧在其父归西时也病入膏肓，等他大病初愈时，他的敌人已经纠合兵力，他最大的冤家对头已经当选为教皇。教皇选举的当天，鲍尔吉亚对马基雅维利说，他已经万事俱备了，“只是出乎他意料，在父亲去世时自己也将油尽灯灭”。

马基雅维利对鲍尔吉亚的种种恶行无一不晓，但是他却做出如下总结：“那么，回顾大公（指恺撒·鲍尔吉亚）的种种行为，我找不出丝毫应该指责的地方。相反，我感到应该像我所说的那样，将他当成所有依赖运气、借助其他人武力而掌握了权力的人应该效法的榜样。”

书中名为《论教皇国》一章韵味十足，根据《罗马史论》所言，这一章显而易见隐藏了马基雅维利的部分思想。这么做无疑是因为《君主论》是特地为了讨取美第奇家族的欢心，而且该书成书时，一个美第奇家族成员刚刚当上教皇（利奥十世）。关于教皇国，马基雅维利在《君主论》中说，其唯一的艰巨任务就在于如何取得领地，因为一旦获得了领地，教皇国就会受到古代宗教习惯的保护，教皇国的君主即便胡作非为也都能够保住自己的权力。他还说，教皇国的君主没有必要拥有军队，因为“他们是通过一些人类心灵无法企及的崇高理由而得到维系的”。他们“受到上帝的提拔和维护”，“谈论他们恐怕就是那些冒失和愚蠢之人的所作所为了”。尽管如此，他仍继续写道，还是应该允许人们追问亚历山大六世是通过什么手段使教皇的俗世权力得到大力强化的。

《罗马史论》中对教皇权力的讨论更为详尽和坦率。马基雅维利首先对各位名人在道德上进行了排序。他说，最高尚的人是那些宗教创始人，接下来是那些君主国和共和国的创建者，再接下来是文人。以上各种人都是高尚的人，但是那些摧毁宗教的人、那些颠覆共和国和王国的人、那些与德行和文学为敌的人则是道德败坏的人。那些建立了专制政体的人也是罪恶的，包括尤里乌斯·恺撒在内；从另一个方面来讲，布鲁图斯则是好人（这种观点和但丁的观点之间的差别显示了古典文学的影响）。马基雅维利认为宗教应该在国家中占据显要的地位，但并不是因为宗教揭示了真理，而是把宗教当作社会的黏合剂：罗马人是正确的，他们假装相信占卜，并惩罚那些蔑视占卜的人。他对当时教会的指责主要为两点：教会的各种罪恶行径动摇了宗教信仰，教皇的俗世权力和这种权力所导致的政策阻碍了意大利走向统一。这些指责掷地有声：“与我们宗教的首领罗马教会越接近，人民的宗教信仰就越淡薄。……她的毁灭和对她的惩罚已近在眼前。……我们意大利人之所以变得不虔诚和罪恶全得感谢罗马教会和她的教士们，但是我们还亏欠她一笔巨债，一笔终将毁了我们的巨债，那就是教会已经并且现在一直在让我们的国家处于四分五裂之中。”[1]

鉴于上边几段文字，我们必须承认马基雅维利无非只是欣赏恺撒·鲍尔吉亚的手段，而并不欣赏他的目的。在文艺复兴时期，人们极为欣赏巧妙的手腕和各种能够带来名声的行为。当然，这种感情一直以来就存在，拿破仑作为一个军事战略家就受到他许多敌手的敬佩。但是马基雅维利时代的意大利，这种对机敏准艺术式的欣赏可谓空前绝后。但如果试图把这种对手段的欣赏和马基雅维利所看重的更大的政治目标混为一谈那就错了。热衷要手腕和渴求意大利统一的爱国激情在他的头脑中同时并存，而且没有丝毫混淆。正因为如此，他可以赞扬恺撒·鲍尔吉亚的狡诈，但是也谴责他不该让意大利陷入混乱状态。可以设想，根据马基雅维利的看法，任何完美之人都应该像恺撒·鲍尔吉亚那样狡诈和不择手段，但是又应该朝着一个与之不同的目标。《君主论》的结尾向美第奇家族感人肺腑地呼吁，让他们将意大利从“野蛮人”（即法兰西人和西班牙人）手中解放出来，那些人的统治“污秽腐朽”。马基雅维利预料到要完成这项任务，不会是出于任何大公无私的动机，而是出于贪恋权力和追名逐利。

《君主论》十分明确拒绝了接受这种观点，他否认统治者的行为应该符合道德。一个统治者如果总是良善，那他就会灭亡；他必须如狐狸一般狡猾，像狮子一样凶狠。书中有一章（第十八章）名为《君主们必须在哪些方面守信》，我们从中学到，君主们在守信有益时才应该谨守信用，否则就没有必要守信。在某些情况下，君主必须是背信弃义的：

“但是能够将这种品质很好地伪装起来十分必要，必须学会当一个出色的假道学和伪君子。人们是那么单纯、那么顺从眼前的必然情况，以至于骗子总能找到上当受骗的人。我仅举一个当代的例子：亚历山大六世除了骗人之外一无所为，也一无所求，而且他总是能找到骗人的机会。没有人比他更会信誓旦旦地许下诺言，也没有人会许下比他更重的诺言，也没人放松过对他的警惕。然而，他欺世盗名的各种行径从未失手，因为他深谙此道。因此，一位君主并没有必要具备上述各种品质（传统德行），但是很有必要让自己看上去具有这些品德。”

他继续说，最重要的是，一位君主应该显得虔心信仰宗教。

《罗马史论》名义上是对李维历史著作的评注，其笔调与《君主论》大为不同。许多完整的章节看上去就像出自孟德斯鸠之手，十八世纪的自由主义者读起来也会赞许该书大部分内容。该书明确阐释了制约和均衡的学说。君主、贵族和

「1」这一点直到1870年之前一直是符合实际情况的。

平民在政治体制中都应该有自己特定的位置，“那么这三种力量就会让彼此互相处在制约之中”。来库古为斯巴达所建立的政治体制无比高明，因为它体现了完美无比的均衡；梭伦的体制就过于民主，结果导致了庇西特拉图的僭主统治。罗马共和国的体制也十分合理，因为存在元老和人民之间的对立。

书中一直在使用“自由”一词指代某种宝贵之物，但是到底所指代何物却含混不清。这个词当然自古代承接下来，又流传给十八、十九世纪。托斯卡纳地区[1]能够保留自己的各种自由权利，因为那儿没有城堡和绅士（Gentlemen）。（“绅士”当然是一个误译，但却挺令人愉悦。）政治自由需要公民们具备某种个人德行，这一点似乎是不言自明的。他说，只有在德国，正直和信奉宗教的虔诚还十分普遍，因此在德国才有许多共和国。一般来说，民众明智和忠诚远超君主，尽管李维和大多数其他作者都持有相反的看法。常言道“人民的声音就是上帝的声音”，并不缺乏正当的理由。

一个趣味横生的事实值得留意：在政治思想上，希腊人和共和时代的罗马人在十五世纪变得具有现实性，而这种现实性在亚历山大之后的希腊和奥古斯都之后的罗马都不复存在。新柏拉图主义者、阿拉伯人和经院哲学家对柏拉图和亚里士多德的形而上学深感兴趣，但是却并不在乎他们的政治著作，因为城邦时代的政治体系已经消失殆尽。意大利城邦的发展是和学术的复兴相伴而行的，因此人文主义者有可能学习共和时代的希腊人和罗马人的政治理论。源自古代的对“自由”的热爱，以及制约和平衡的学说，都传到了文艺复兴时期，又主要从文艺复兴时期传到了近代，尽管也有直接从古代继承的部分。马基雅维利的这方面的研究至少也和那些在《君主论》中更为出名的“不道德”的学说同等重要。

值得注意的是，马基雅维利从来不将政治论述建立在基督教义或《圣经》的基础上。中世纪的作家“合法”权力的观念，指的就是教皇和皇帝，或者得之于他们的权力。北方诸国的作家，即使像洛克那样晚近，依然在探讨伊甸园中发生了什么，并认为能够从中为某种权力的合法性找到证据。在马基雅维利那里却没有这样的观念。权力属于那些自由竞争中有手段抓住它的人。他对平民政府的偏好并非出于什么“权利”的理念，而是由于他观察到平民政府并不像专制政府那样残忍、专横和动荡不安。

我们试着综合论述一下马基雅维利学说中“道德的”和“不道德的”（他本人并未总结）。下文并非我一己之见，而是马基雅维利的明述或隐含的意义。

「1」托斯卡纳（Tuscany）是意大利中西部一地区，首府即是佛罗伦萨。——译者注在政治上有一些好的东西，其中有三件东西特别重要：民族独立、安全和组织良好的政治体制。良好的政治体制应该根据各自的实际力量在君主、贵族和民众之间分配法权，因为革命在这样一种体制下是很难成功的，因而就有可能实现稳定；出于稳定的考虑，给予民众更多的权力是明智的。关于政治的目的大概如此。

但是在政治上还有方法手段问题。用一种注定要失败的方法去追求一个政治目标是徒劳的。如果认为目的是好的，我们就必须选择一种足以实现它的手段。方法问题能够不考虑目的善恶用一种纯粹科学的方式进行处理。“成功”意味着达到目的，不管目的是什么。如果有一门关于成功的科学，按臭名昭著的恶人的成功去研究与对声名卓著的好人的成功研究异曲同工——实际上会更好，因为成功的恶人要比成功的圣人例子多得多。但是这门科学一旦被建立起来，对圣人们来说也会和对恶人一样有用。因为圣人如果涉足政治的话，也一定是和罪人们一样希望获得成功。

归根结底这是一个关于强力的问题。为了达到一个政治目的，各种不同力量总是必不可少的。这个简单明了的事实却被诸如“正义终将战胜邪恶”或者“多行不义必自毙”这类口号所掩盖。即使你认为正义一方占据了优势，那也是因为这一方力量更强而已。的确，力量的大小常常依赖舆论，而舆论又依赖宣传；的确，宣传你显得比对手道德高尚是一个优势，而显得道德高尚的一个办法就是真的道德高尚。因为这个原因，胜利有时可能会碰巧落入具有最多公众所认可的德行的一方手中。我们必须承认马基雅维利是正确的，十一一十三世纪时教会力量的增长，以及十六世纪宗教改革运动的成功，这一点都是一个重要的因素。但是这种因素有一些重要局限性。首先，掌握权力的人可以通过控制宣传让他们那一方貌似品行端正。例如，在纽约或者波士顿的公立学校中，恐怕谁也不能提及教皇亚历山大六世的种种恶行。[1]其次，在一些混乱无序的时代，那些明目张胆的无赖屡获成功，马基雅维利的时代正是这样一个时代。在这样的时代，玩世不恭的犬儒主义很容易迅速蔓延，它让人们能够原谅任何事情，只要这么做有利可图。但是按照马基雅维利的观点，即使在这样的时代，也应该在无知的公众们面前摆出一副品行端正的样子。

这个问题还可以再进一步进行讨论。马基雅维利持有这种意见，即认为文明人几乎无疑都是肆无忌惮的利己主义者。他说，如果有人想在今天建立一个共和

「1」美国的这两个地方有大量天主教移民。——译者注

国，那么他会发现在山村野老中间比在城市市民中要容易，因为后者可能已经腐化堕落了。[1]如果一个人是肆无忌惮的利己主义者，那么他就会将自己的行动方针建立在他不得不管理的人群之上。文艺复兴时期所有的人都憎恶教会，但是只有在阿尔卑斯山以北才让人们对教会十分憎恨，以至于酿成了宗教改革运动。路德开始叛教时期，如果亚历山大六世和尤里乌斯二世品行稍微端庄一些，那么他们统治时期教廷收入方面可能更少；如果这是事实，那就是因为文艺复兴时期的意大利盛行玩世不恭的犬儒主义的缘故。由此可以推导出，当政治家所依赖的是有道德操守的人民时，他们的行为会好于他们所依赖的人民漠不关心道德时，在政治家的罪行能够广为人知的社会中，他们的品行，也会好于一个受到自己严格控制和审查的社会。当然，凭借伪善总是能够获取一定的成功，但是通过合适的制度可以大大减少这种成功。

马基雅维利的政治思想与古代人并无二致，那就是在一些方面或多或少比较肤浅。他总是念念不忘来库古和梭伦之流的伟大立法者，幻想他们能够在几乎无视以往情况的前提下创造出一个完整的社会来。将社会视为一个有机成长体，政治家只能在一定限度内发挥影响，这种观点主要在近代才产生，并且在进化论的影响下得到了极大的增强。这种观念无论是在马基雅维利还是在柏拉图那里同样无法找到。

然而，也许应该认为社会进化论的观点尽管在过去合乎实情，但是如今已经不适用了，而且从此以后将会为一种更加机械的观点所取代。俄国和德国所创造的新的社会形态几乎就是按照传说中来库古创造斯巴达政体的方式创造出来的。古代的立法者是仁慈的神话，当代的立法者则是恐怖的现实。与过去相比，这个世界更类似于马基雅维利的那个世界了，假如当代人希望能驳斥他的哲学，就必须对十九世纪做一番更加深入的思考。

「1」有意思的是，这一点预示了卢梭的思想。将马基雅维利解释成一个不得志的浪漫主义者会很有趣，而且也不完全错误。

第四章

伊拉斯谟和莫尔

文艺复兴运动在北方诸国开展得都比意大利要晚，而且很快就和宗教改革纠缠在一起。但是在十六世纪初的一段很短的时期，新学问在法兰西、英国和德国得到了广泛传播，并没有卷入到神学上的论战。北方文艺复兴运动在许多方面都迥异于意大利的文艺复兴运动。它既不混乱无政府，也没有失去道德感；它与虔诚和公共德行联系在一起。北方文艺复兴运动对于将学术标准应用到《圣经》上极有兴致，而且也十分热衷于得到一个比钦定拉丁文《圣经》更精准的文本。这场运动虽不像意大利的先驱那么辉煌，但是要更加稳固，它不太关切炫耀高人学问，而是急切地想让学问得到尽可能广泛的传播。

伊拉斯谟和托马斯·莫尔爵士二人可算是北方文艺复兴运动的代表。他们十分亲密，且有许多相同之处。两人学识都很渊博，但是莫尔不如伊拉斯谟；他们都鄙视经院哲学；都试图从内部推动教会改革，但是都强烈地谴责和痛惜新教的分裂；两人都是机智、幽默而又独具匠心的作家。在路德反叛之前，两人均为思想上的领袖；但是此后，无论是新教世界还是天主教世界对他们来说都变得太过激烈了。莫尔以死殉教，伊拉斯谟则穷困潦倒。

伊拉斯谟和莫尔都不是严格意义上的哲学家。我之所以谈论他们，是因为以他们为例，可以十分生动地说明一切前革命时代的气质，在这时候普遍存在着温和的改良要求，怯懦者还没有被极端派惊吓得倒向反对派。他们两人还体现出抗拒经院哲学的特色，他们厌恶神学或经院哲学中一切体系性的东西。

伊拉斯谟（1466—1536）生于鹿特丹。[1]他是非婚所生，因而为自己的出生

「1」关于伊拉斯谟的生平，我所依据的主要是海辛加的那本出色的传记。

编造了一套浪漫虚饰的谎话。实际上，他的父亲是一位教士，有点学问，会一些希腊语。在他长大成人之前就父母双亡，他的监护人诱骗他到斯泰因修道院当了修士（显然为了侵占他的财富），他终生后悔迈出了这一步。监护人中有一个是学校的老师，但是他的拉丁文知识比伊拉斯谟在当学生时还要少。在一封回复这个孩子的拉丁文来信时，这位老师写道："如果你下次写信时用词还是这么文雅的话，请加上注释。"

1493 年，伊拉斯谟担任康布雷主教的秘书，这位主教身兼金羊毛骑士团[1]的大团长。这为他提供了机会离开修道院去游历，尽管不是如其所愿去意大利。那时他的希腊文水平还十分粗浅，但是在拉丁文上的造诣很深；洛伦佐·瓦拉写了那本论拉丁文的种种典雅之处的书，这招致伊拉斯谟对他的无限景仰。他认为拉丁语和真诚的信仰完全可以共存，并列举奥古斯丁和杰罗姆为例——他显然忘记了杰罗姆曾经梦到过我主斥责他阅读西塞罗的作品。

他曾经在巴黎大学待过一段时间，但是在那里没有找到任何对他有用的东西。从经院哲学发端到盖尔森和宗教会议运动之间，巴黎大学曾经有过辉煌岁月，但是现在那些陈旧的争论都变得索然无味了。托马斯派和司各特派并称为古代派，他们与奥卡姆派一向不睦，后者被称为唯名论派或者近代派。1482 年，双方终于达成和解，将对抗人文主义者当成了他们的共同事业；当时在巴黎除了大学圈子之外，人文主义者正在日益壮大。伊拉斯谟厌恶经院哲学家，认为他们老朽过时，落在了时代的后面。他在一封信中写道，为了获得博士学位，他不得不试着放弃说出优雅或者机智的语言。他并不真正喜欢任何一种哲学，哪怕是柏拉图的和亚里士多德的，只是因为他们是古人，在谈论时必须敬重罢了。

1499 年伊拉斯谟第一次访问英格兰，很喜欢那里亲吻女孩子的风俗。他在英格兰结识了克莱特和莫尔，他们鼓励伊拉斯谟从事一些更严肃的工作，别再舞文弄墨。克莱特讲授《圣经》，却不懂希腊文；伊拉斯谟因为觉得自己愿意精心研究《圣经》，则觉得希腊文知识必不可少。在 1500 年初他离开英格兰之后，尽管穷得请不起老师，他还是着手开始学习希腊文；到了 1502 年秋天，他就已经十分精通了，而且 1506 年到意大利时，他发现意大利人没有任何可教他的东西了。他下决心去编辑圣杰罗姆的著作，并出版了一部附有新的拉丁文翻译的希腊文《圣经》，这两件事都于 1516 年完成。他发现原先钦定拉丁文《圣经》中有诸多不准确的地方，这个发现在后来的宗教论战中为新教徒所利用。他还尝试学习

「1」由法兰西的勃艮第公爵菲利普三世于 1430 年建立。——译者注

希伯莱文，但还是放弃了。

伊拉斯谟唯一一本仍被传阅的书就是《愚人颂》。萌生写作这本书的想法是在1509他由意大利去往英格兰的路上翻越阿尔卑斯山时。在托马斯·莫尔爵士伦敦的寓所里这本书一气呵成，并将它题献给莫尔，他还戏谑地暗示，这么做恰如其分，因为moros的意思就是蠢货。[1]本书采用了自述的口吻，愚神以极大的热情高唱对自己的赞美之词，她的言辞与霍尔拜因画的插图相映成趣。愚神涉及人类生活的方方面面，涉及所有的阶层和所有的职业。要不是有她愚神的存在，人类的种族就要灭绝，因为对任何人来说结婚难道不是一件蠢事？她向人们提出忠告，要把娶妻当成智慧的解毒剂，“娶一位妻子吧——这是无害和愚蠢的造物，但她又是那么有用和方便，她可以抚慰和软化男人们呆滞而又阴郁的心情”。假如没有人奉承，或者自己不爱自己，那么谁会幸福？但是这样的幸福还是很蠢。最幸福的就是那些接近于兽类、舍弃了自身理性的人。最好的幸福建立在幻觉之上，因为那样代价最低，想象自己是一个国王要比使自己真的成为一个国王更加容易。伊拉斯谟接着又取笑了民族自豪感和职业的自负：几乎所有不同的艺术和各门科学的教授都异乎寻常地自负，他们从自负之中得到了幸福。

有些段落讽刺变成了猛烈的抨击，而且愚神也开始讲述伊拉斯谟的一些严肃的观点，这些段落都是关于教会流弊的。教士们用来“计算每个灵魂在炼狱中的停留时间”的免罪符和赎罪券；对圣徒的崇拜，甚至对圣母的崇拜，“她的那些盲目的崇拜者认为把母亲置于儿子之前是合乎礼仪的”；神学家在三位一体和基督化身人形问题上的争论；圣餐变体的学说[2]；经院哲学的各个派别；教皇、红衣主教和主教——这一切都受到了猛烈嘲弄。尤其猛烈的是对各种隐修会中人员的攻击：他们是“脑子有病的蠢货”，他们几乎不怎么信仰宗教，但是却“极为自恋，他们是自身幸福盲目的追求者”。他们行为举止看上去一切宗教都在于琐碎的细节之上似的，“他们在系凉鞋时究竟要打几个结；各自的衣服分别应是什么颜色，要用什么材料；他们的腰带要有多宽、多长”，等等诸如此类的事情。“听他们在末日审判的法庭上如何申辩妙不可言：有人会吹嘘他如何通过只吃鱼来克制性欲；另一个人会高声喧嚷他是如何将在世间的大部分光阴都花在了吟唱圣歌上……还会有人说他六十年里从来没有碰过一分钱，他用戴着厚厚手套的

「1」moros在希腊文中是蠢货的意思，而莫尔爵士的姓氏是More，两个词音形相近。——译者注

「2」指的是天主教认为在圣餐仪式中所使用的面包和葡萄酒在经过了一系列神奇的变化之后会变成耶稣的血和肉。——译者注

手指摸过的不算”，但是基督会插话说：“你们这些抄书吏和法利赛人[1]大祸临头了……我只给你们留下了一条训诫，那就是要彼此相爱，可是我们没有听到一个人申辩说他已经忠实地履行了这条训诫。”但是在人世间，人们还是害怕这帮人，因为他们在忏悔室里获悉许多秘密[2]，而且经常在喝醉时将这些秘密说漏嘴。

教皇也没有被放过抨击和讽刺。他们本应该以谦恭和清贫来效法他们的主，“他们唯一的武器应该是精神上的，而他们用起这些武器来也的确慷慨之至，比如他们的圣事禁令、停职处罚、书面谴责、破门警告、大绝罚和小绝罚，以及他们那些咆哮的敕令，不管他们在敕令中痛斥的是谁，都会对他们造成沉重的打击；可是这些极为神圣的神父[3]只有在对待那些受到魔鬼的教唆、目中没有对上帝的敬畏，以及凶狠恶毒试图削弱圣彼得的遗产的人才将这种敕令颁布得比任何其他时候都勤快”。

从这些段落文字来看，人们也许会认为伊拉斯谟欢迎宗教改革，但是事实证明并非如此。

书的结尾处提出了一种严肃的看法，认为真正的宗教信仰是一种愚蠢。全书描述了两种形式的愚蠢，一种是受到了讽刺性的赞扬，另一种则是真心的赞扬，得到真心赞扬的那种愚蠢就是基督徒的单纯中所展现出来的愚蠢。这种赞扬与伊拉斯谟对经院哲学和那些有学问但不精通拉丁语的博士的厌恶联系在一起。不过这种赞扬还有更深刻的一面。据我所知，这是在文学作品中第一次提出在卢梭的《萨瓦牧师》中得到了详细阐发的那种观点，即真正的宗教信仰是出于情而非出于理，一切精巧的神学理论都是多余的。这种观点已经变得越来越流行，现在新教徒已经普遍接受了。这种观点在本质上是北方的重情主义对希腊式的重理主义的驳斥。

伊拉斯谟第二次访问英格兰，并逗留了五年（1509—1514），其间部分时间在伦敦，部分时间在剑桥。他大大激励了英格兰的人文主义。英国公立学校的教育直到不久之前还几乎完全保留了他所希望的那种样子：打实希腊文和拉丁文基础，不仅要会翻译，而且要会创作韵文和散文。尽管从十七世纪以来科学就在知识领域占据了统治地位，但是却认为它不值得绅士们和神学家的注意；柏拉图是

「1」法利赛人是古代一个犹太教派的成员，严格遵守传统和教法。后世往往将法利赛人作为伪君子的代名词。——译者注

「2」天主教堂中一般都有一个封闭的隔间，神父在其中听取信众们忏悔自己各种不为人知的罪恶。——译者注

「3」指教皇。——译者注

应该研究的，但是柏拉图认为值得研究的学科却另当别论。所有这些都和伊拉斯谟的影响相一致。

文艺复兴时期的人们怀有极大的好奇心，海辛加说："这些头脑永远也不会得到满足探求出乎意料的事件、有趣的细节和奇闻逸事的欲望。"但是最初他们并不是在现实世界中而是在故纸堆中搜寻这些东西。伊拉斯谟虽然对现实世界充满兴趣，但是无法未经处理就把它们加以消化，世界必须按照希腊文或者拉丁文的样子进行烹制他才能吸收。旅行家的故事令人怀疑，但是普林尼书中所记载的任何奇迹却都是不容置疑的。然而，人们的好奇心还是逐渐从书籍转移到了现实世界中，人们对现实中被发现的而不是古典作家们笔下所描述的野人异兽产生了兴趣。半人半兽怪物凯列班[1]出自蒙田，而蒙田笔下的食人族则出自旅行家。奥赛罗亲眼见到过的"食人族和脑袋长在肩膀底下的人"就不是源于古代的。

如此，文艺复兴时期人们的好奇心就逐渐从文学转移到了科学。这样新鲜事物如同一股急流淹没了人们，他们最初只能被这股潮流裹挟着前进。旧有的体系显然是错误的：亚里士多德的物理学、托勒密的天文学和盖伦的医学都无法加以扩展将新的发现囊括在内。蒙田和莎士比亚满足于这种混乱：探索是令人欣喜的，旧有体系则是探索的敌人。一直到十七世纪人们构建体系的能力才赶上了关于各种事实的新知识。但是这一切与伊拉斯谟并没有多大关系，对他来说哥伦布根本没有阿尔戈英雄们[2]有趣。

伊拉斯谟对语言文学的酷爱达到不知天高地厚、难以自拔的程度。他写过一本名为《基督教士兵手册》的书，向那些不通文墨的士兵提出了如下的建议：不仅要读《圣经》，还要读柏拉图、安布洛斯、杰罗姆和奥古斯丁。他编写过一本巨细靡遗的拉丁语格言集，在新版本中还加入了许多希腊格言，他的本意是让人们能够按照语言习惯写拉丁文。他还写过一本风靡一时名为《对话》的书，教人使用拉丁语谈论诸如木球游戏之类的日常事务。该书在当时的用处也许要比现在看起来要大。因为拉丁语是当时唯一一种国际性的语言，而巴黎大学的学生又来自西欧各国。经常是，拉丁语是两个学生之间唯一能够用来交谈的语言。

宗教改革发生后，伊拉斯谟先是旅居在依然谨守正统天主教信仰的鲁汶[3]，后来又迁居到已经倒向新教的巴塞尔。两方都试图争取他的支持，但是费尽千辛

「1」凯列班（Caliban）是莎士比亚剧作《暴风雨》中的一个角色，是一个半人半兽的怪物。——译者注

「2」指希腊神话中在伊阿宋的率领下乘坐"阿尔戈号"去夺取金羊毛的英雄们。——译者注

「3」比利时城镇名，位于布鲁塞尔东部。——译者注

万苦未见任何成效。正如我们已经谈到的那样，他对教会的弊端和教皇们的罪恶发表过激烈的意见；1518 年[1]路德造反，他还出版了一部名为《被拒的尤里乌斯》的讽刺作品，描述尤里乌斯二世如何没能进入天堂。但是他十分反感路德的粗暴作风，而且他也厌恶战争，最终他投身到天主教这一边。1524 年他写了一本为自由意志辩护的著作，路德崇奉奥古斯丁并渲染夸大了他的观点，因而他否认自由意志。路德对这本著作的回应十分凶狠粗暴，伊拉斯谟被逼无奈进一步倒向了反动。从此时直到他去世，伊拉斯谟的地位江河日下。他本来生性胆怯，而时代已经不再适合懦夫了。对于诚实的人来说，光荣的选择只有殉教或者胜利。伊拉斯谟的朋友托马斯·莫尔爵士被迫选择了殉教，对此伊拉斯谟评论道："要是莫尔当初没有招惹那些危险，并将神学上的问题留给神学家，那该有多好。"伊拉斯谟太长寿了，他看到了一个新德行和新罪恶并行的时代——英雄豪迈的气概和狭隘偏执，这两种品质他哪一样都学不会。

托马斯·莫尔爵士（1478—1535）在为人方面要比伊拉斯谟更加令人敬佩，但是他却远没有伊拉斯谟的影响重要。莫尔是一个人文主义者，但也是一个极为虔诚之人。在牛津时，他开始学习希腊文，这在当时十分不同寻常，人们因此认为他同情意大利的那些异教徒[2]。学校当局和他的父亲都反对此事，他还因此被牛津大学开除。他随后又迷上加尔都西教团[3]，亲身实践行种种苦修，并忖思加入这个教团。恰逢其时他遇到了伊拉斯谟，很显然正是由于后者的影响他才没有迈出这一步。莫尔的父亲是位律师，于是他决定承袭父业。1504 年他成了议会议员，领导了对亨利七世要求增收新税的反抗。他虽然取得了成功，但是深深激怒了国王；国王把莫尔的父亲关进了伦敦塔，不过在支付了一百镑的保金之后又把他放了出来。1509 年亨利七世驾崩，莫尔因此重操法律职业，并且得宠于亨利八世。他在 1514 年受封成为爵士，并且参与了各种外交使团。亨利八世经常邀请他到宫中相聚，但是莫尔总是不应召；最后国王不请自来驾临他在切尔西的住所，与他共进晚餐。但是莫尔对亨利八世并不抱有任何幻想，当有人恭维国王对他宠信有加时，他回答道："如果我项上人头能为国王赢得一座法兰西的城堡的话，那么这颗人头是一定会落地的。"

「1」原文有误。路德发表《九十五条论纲》引发宗教改革运动是在 1517 年。——译者注

「2」指意大利的人文主义者。希腊文是直接了解古代文化的重要手段，因此被以拉丁文为官方语文的天主教会视为威胁。——译者注

「3」1084 年由圣布鲁诺建立的天主教团，主张苦修和冥思。——译者注

沃尔西[1]倒台之后，国王任命莫尔接替大法官的职位。莫尔打破惯例，拒绝了所有官司缠身者馈赠之物。他很快就失宠，因为亨利八世决心和阿拉贡的凯瑟琳离婚以便迎娶安妮·博林，而莫尔坚定不移反对国王离婚。因此他在1532年辞官。辞职后他每年只有一百镑的收入，他为官时的清正廉洁由此可见一斑。尽管与自己意见不合，国王还是邀请莫尔参加自己和安妮·博林的婚礼，但是莫尔拒绝了邀请。1534年，亨利八世授意议会通过了“至高权力法案”，宣布国王而非教皇为英格兰教会的首脑。根据这项法案的规定，人们必须对英王的这一至高的权力宣誓，但是莫尔拒绝做这样的宣誓；这只是近似叛逆，罪不至死。然而又有一些不太可信的证据证明莫尔曾经说过议会无权让亨利八世成为教会的首脑。根据这项证据他被判处叛逆罪，并处斩首。他的财产移交给了伊丽莎白公主[2]，她将这些财产一直保存到了离世为止。

莫尔今天还为人所铭记，几乎完全是因为他的《乌托邦》这本书（1518年）。[3]乌托邦是南半球的一个岛屿，在那里一切尽善尽美。一位叫作拉斐尔·希斯罗德的水手无意中造访这个岛屿，并在那里生活了五年，而他后来返回欧洲只是为了让欧洲人知道这座岛上的各种优越的制度。

在乌托邦，如同在柏拉图的理想国里一样，所有的东西都是人们共同拥有的，因为凡是存在私有财产的地方，公共利益就得不到振兴，并且如果没有共产制度，也就不会有平等。在对话中，莫尔提出异议，认为共产制度会让人们懒惰，并会摧毁人们对长官的尊敬。对此拉斐尔回答道，只要是在乌托邦岛上生活过的人都不会这么说的。

乌托邦一共有五十四座城镇，除了首都之外，其他城镇都是按照同样的规划建造起来的。所有的街道都是二十英尺宽，所有的私人住所也都完全相同，有一个门朝向大街，还有一个门朝向花园。门上都没有锁，每个人都可以进入任何一座房屋。屋顶都是平的。每十年人们交换一次住所——显然是为了防止产生任何私有的感觉。农村地区有农场，每座农场都拥有不少于四十名成员，包括两个奴隶；每块农场都处于年长睿智的男女主人的管理之下。雏鸡不是由母鸡孵化的，而是在孵化器中孵化的（这在莫尔的时代还不存在）。所有人服饰一致，只是性

「1」托马斯·沃尔西（Thomas Wolsey，约1475—1530），英国政治家，枢机主教。在亨利八世在位初期左右了英国内外政策的制定，后因未能说服教皇同意亨利八世和凯瑟琳离婚的申请而与王室结怨，以叛国罪被逮捕，在押赴伦敦审判的途中病死。——译者注

「2」亨利八世与安妮·博林的女儿，即后来的伊丽莎白一世。——译者注

「3」此处原文有误，《乌托邦》第一版出版于1516年。——译者注

别和婚姻状况方面服装会有一定的差异。服装的款式一成不变，也没有夏装和冬装的区别。人们在工作中穿着皮革或者毛皮衣服，一套衣服能穿七年。工作之外，他们就在工作服外面再套上一件羊毛斗篷。这些斗篷也都毫无差别，而且就是羊毛的天然颜色。每个家庭都自己做衣服。

不分男女，所有人每天工作六小时，正餐之前三小时，之后三小时。所有人都在八点钟上床，休息八小时。清晨会有讲演，尽管不是强制性的，但还是有很多人去听讲。晚饭后还有一小时的娱乐时间。六小时的工作时间已经足够，因为那里没有懒汉，也没有无用的工作。书里说："在我们这边，女人、教士、富人、仆人和乞丐基本上都不干任何有用的工作，而且因为存在富人，大量的劳动都被耗费在生产各种不必要的奢侈品上；这一切在乌托邦里都避免了。有时候人们会发现生产过剩，长官就会宣布暂时缩短每天的工作时间。"

有些人被选出来当学者，只要他们不负众望，就豁免他们的其他工作。与政府有关的职位，其人选都是从这些学者中产生的。政府是代议民主制，采用一个间接选举的体系；首脑是一个由选举产生、任期终身的君主，但是如果他专横暴虐的话，也可以被废黜。

家庭生活是族长制的；儿子婚后依然和父亲生活在一起，而且除非父亲已经年迈昏庸，儿子依旧受父亲的约束。如果家族繁衍得过于庞大，过多的子女就会被转移到其他家族。如果一座城市扩张得过于庞大，部分居民就会被迁移到另外的城镇。如果所有的城镇都出现人口过剩，就会在荒野新建一座城镇。如果所有的荒地都用完该怎么办？书中没有讨论。为了食用而宰杀牲畜的所有工作都由奴隶们来完成，以防自由民们变得残忍。为医病疗伤开设的医院设备十分完善，病人都愿意前往就医。允许在家用餐，但是大多数人都在公共食堂进食。乌托邦"下贱的活儿"都是由奴隶完成，但是妇女们做饭，而餐饮服务由岁数较大的孩子来做，男女要分坐在不同的长椅上。哺乳期母亲带着五岁以下的孩子在一个单独的房间里用餐。所有的妇女都用母乳哺育自己的子女。年过五岁，但是又太小不能伺候别人用餐的孩子在长辈吃饭时"庄重肃穆地站立一边"，他们没有单独的伙食，必须满足于饭桌上为他们剩下的残羹剩菜。

至于婚姻，无论男女如果在结婚时不是处子之身都会受到严厉的惩罚；任何一户人家有人行为不端，家长都有可能招致治家不严的坏名声。婚前新娘和新郎要互相看对方的裸体；马匹不卸下马鞍和笼头，没人会买，类似的考虑也适用于婚姻。夫妻双方中有一方犯了通奸罪或者"乖张任性难以容忍"，就可以离婚；但是犯错的一方就不能再婚。破坏婚姻的人会被罚做奴隶。

对外贸易是存在的，主要是为了获得岛上所没有的铁。商业贸易也用来满足种种与战争相关的目的。乌托邦人轻视战功荣耀，但是不分男女都要学习如何战斗。他们会为了三种目的而诉诸战争：受到侵犯时保卫自己的领土、将盟邦的领土从侵略者手中拯救出来，以及让一个受到专制压迫的民族获得自由。不过只要有可能，他们都会让雇佣兵替自己打仗。他们设法让其他民族欠下自己的债，再让他们提供雇佣兵来折抵债务。也是出于战争的目的，他们发现储备金银有用，因为金银可以用来支付外国雇佣兵的报酬。但是他们自己却没有货币，还用黄金做夜壶和锁奴隶用的锁链，以此来让人们鄙视黄金。珍珠和钻石用来给幼儿做装饰，但是成年人是绝对不用的。他们对能在战争中杀死敌人君主的人高悬重赏，对那些能够生擒敌方君主或者自愿投降的敌方君主本人，奖赏更为丰厚。他们怜悯敌军中的普通人，“知道他们是在不情愿之中被他们的君主和首领们的威逼利诱驱使着上战场的”。妇女也能像男人一样战斗，而且没有人会被强迫上战场，“他们设计创造的兵器巧夺天工且独具匠心”。可以看出乌托邦人对待战争的态度是理智要多于英勇，但是他们在必要时也会展现出极大的勇气。

在伦理方面，书中写到，他们偏执地认为幸福就在于快乐。不过这种观点并未带来任何不好的后果，因为他们认为来世善有善报，而恶有恶报。他们不是禁欲主义者，认为斋戒十分愚蠢。他们信奉许多种宗教，他们对所有的宗教都十分宽容。几乎所有人都相信上帝和永生，极少数不相信的人不被算作公民，这些人在政治生活中没有地位，但是除此之外倒也平安无事。一些圣洁之人戒绝肉食，终身不婚；人们认为这些人十分圣洁，但并不明智。年老寡居之妇也可以成为祭司。但只有极少数人是祭司，他们享有荣耀，但是没有实权。

奴隶来源于那些罪孽深重的犯人，或是在本国犯了死罪，但乌托邦人同意收留的人。

如果有人患了无法治愈的痛苦难忍的顽疾，人们就会建议他自杀，但是如果病人拒绝自杀也会得到悉心照料。

拉斐尔·希斯罗德讲述道，他向乌托邦人宣讲基督教，当他们听到基督反对私有财产时，许多人就皈依了基督教。《乌托邦》不断强调共产制度的重要性，在全书接近结尾之处，拉斐尔告诉我们，他在其他民族中“除了富人打着国家利益的幌子狼狈为奸巧取豪夺之外，没有发现任何别的东西”。

莫尔的《乌托邦》在许多方面开明程度令人震惊。我指的并不特别是那套共产制度的说教，那是许多宗教运动的一种传统。我指的是在战争、宗教和宗教宽容、反对虐杀动物（书中有一段反对狩猎极为雄辩的议论），以及在赞成温和的刑法这些方面所说的话（这本书开篇就是一段反对盗窃罪处以死刑的论证）。不过也必须承认，莫尔的乌托邦里的生活，也像在大部分其他乌托邦里的生活一样沉闷得令人难以忍受。多样性对于幸福来说是必不可少的，但是在乌托邦里却几乎找不到。这一点是一切被计划出来的社会的缺陷，空想中的制度如此，现实制度也不例外。

第五章

宗教改革运动和反宗教改革运动

宗教改革运动和反宗教改革运动同样都代表了文明程度较低的民族对意大利的精神控制的反抗。就宗教改革运动而言，这场反叛同时也是政治上和神学上的：教皇的权威被否定，原先他因掌握着天堂的钥匙而获得的那部分贡赋也没有了。就反宗教改革运动而言，则只有对文艺复兴时期意大利知识和道德自由的反抗；教皇的权力并没有被削弱，反而有所增强，同时也明确了教皇的权威与鲍尔吉亚家族和美第奇家族的散漫放荡行径是不相容的。粗略来说，宗教改革运动是德意志的运动，而反宗教改革运动则是西班牙的运动。历次宗教战争同时也是西班牙与其敌国之间的战争，这一时期也是西班牙国势的鼎盛时期。

当时一句英国谚语生动说明了北方民族的公众舆论对文艺复兴时期的意大利的态度：

> 意大利化了的英国人，
> 就是魔鬼的化身。

我们会注意到，在莎士比亚的剧作中有许多恶棍都是意大利人。伊阿古或许是最著名的例子了，但是还有个更突出的例子是《辛白林》的阿埃基摩，他把正在意大利游历的品德高尚的布立吞人[1]引上了歧途，又来到英格兰对毫无防备的当地人要起了阴谋诡计。在道德上对意大利人的愤恨和宗教改革运动有着很大的

「1」布立吞人（Briton）是古代英国南部的原住民。——译者注

联系。不幸的是，这种愤恨导致了否定意大利对文明知识领域所做的贡献。

宗教改革运动和反宗教改革运动的三位著名人物是路德、加尔文和罗耀拉。这三个人不论是与他们之前不久的意大利人相比还是与伊拉斯谟和莫尔这样的人相比，他们的理智和哲学都属于中世纪。哲学在宗教改革开始之后的一个世纪一无所成。路德和加尔文又回到了圣奥古斯丁，不过只保留了他的学说中论述灵魂与上帝的关系的部分，而没有保留与教会有关的部分。他们的哲学旨在削弱教会的权力。死者的灵魂在炼狱中可以通过弥撒而获得拯救，但他们否认炼狱的存在。他们否认了免罪说，而教皇收入中的很大一部分就依赖这种学说。通过预定说，灵魂在死后的归宿变得与教士们的行为完全无关。这些创新虽然有助于针对教皇的斗争，但是却阻止了新教教会在新教国家变得像天主教会在天主教国家那样有权势。新教的神职人员（至少在刚开始时）也像天主教的神学家们一样偏执，但是他们没有那么大的权力，因此也造不成太大的危害。

几乎从一开始，在新教徒们中间，关于国家在宗教事务中的权力这一问题就存在分歧。路德愿意承认任何一位统治者是他自己国家教会的首脑，只要这位君主信仰新教。在英格兰，亨利八世和伊丽莎白一世都极力维护这种主张，德意志、斯堪的纳维亚和荷兰（脱离西班牙之后）的新教君主也是如此。这就加速了业已存在的王权扩张的趋势。

清教徒宗教改革的个人主义态度十分严肃，他们不愿意服从国王，正如他们不愿意服从教皇一样。德意志的再洗礼派遭到了镇压，但是他们的学说传播到了荷兰和英格兰。克伦威尔和议会之间的长期斗争涉及范围广泛，但是在神学方面的斗争在一定程度上就是国家在宗教事务上是否应当拥有决定权这个问题上对立双方之间的斗争。逐渐地，人们开始厌倦宗教战争，于是宗教宽容的信念逐渐发展了起来，并且成为十八、十九世纪自由主义运动的源头之一。

新教徒最初迅速取得的成功令人难以置信，这主要是因为罗耀拉创立了耶稣会才受到了限制。罗耀拉出身行伍，而且他的教团也是按照军事化方式建立的：必须无条件服从大团长，并且每一位耶稣会士必须时刻准备投身于对抗异端的战争。早在特伦特宗教会议时，耶稣会的人就有影响力，他们遵守纪律，精明强干，忠于事业，善于宣传。他们的神学与新教徒的神学南辕北辙，他们否定圣奥古斯丁的学说中为新教徒所强调的那些因素。他们相信自由意志，反对救赎预定论。获得救赎不能只靠信仰，而要信仰和功德两者兼备。耶稣会士因为他们热诚传教获得了声望，特别是在远东。身为告解神父他们很受欢迎，因为（如果帕斯卡的话可信的话）他们除了对待异端之外，要比其他的教士仁慈宽厚得多。他们专注于教育，并因此牢牢抓住了年轻人的心灵。只要没有神学的介入，他们所传授的教育出类拔萃；我们将会看到，他们传授给笛卡儿的数学知识比他在其他地方所学到的都要多。在政治上，他们是一个单一、团结而又纪律严明的组织，不惧劳苦、不畏艰险；他们竭力敦促天主教的君主们进行残酷无情的迫害；他们追随着西班牙军队征服的脚步，在所到之地建立起异端裁判所的恐怖，甚至近一个世纪以来享有自由思想盛名的意大利也未能幸免。

宗教改革运动和反宗教改革运动最初给知识领域带来了不良后果，但是最终还是有益的。三十年战争让每个人都深信无论是新教徒还是天主教徒都不可能取得彻底的胜利，必须放弃统一教义这个中世纪的愿望，而这促使人们能够更自由地进行独立思考尤其是一些根本性的问题。不同的国家在教义上的多样性使得人们有可能通过迁居异国他乡逃避迫害。精明强干者由于厌恶宗教战争，他们越来越关注世俗学问，特别是数学和科学。部分原因基于此，路德兴起之后的十六世纪在哲学上无所建树，但是十七世纪却出现了一些最伟大的名字，并取得了自希腊时代以来举世瞩目的进步。十七世纪的进步开始于科学，我将在下一章中加以讨论。

第六章

科学的兴起

近代世界与之前的世纪区别开来，几乎每一点都可以归之于科学，科学在十七世纪取得了极为辉煌的胜利。意大利的文艺复兴，既非中古，也非近代，它更类似于希腊的全盛时代。十六世纪专注于神学，它比马基雅维利所处的世界还像中世纪。从思想面貌上来说，近代世界开始于十七世纪。文艺复兴时期没有一个意大利人对柏拉图或者亚里士多德来说是不可理解的，路德可能会让托马斯·阿奎那感到震惊，但是阿奎那并不难于理解路德。但是到了十七世纪，情况就不同了，不管是柏拉图和亚里士多德，还是阿奎那和奥卡姆，都可能对牛顿摸不着头脑。

由科学所引进的各种新概念极为深刻地影响了近代哲学。在某种意义上笛卡儿既是近代哲学的一位创立者，也是十七世纪科学的一位创立者。为了更好理解近代哲学诞生的时代精神氛围，必须先讨论文学和物理学的方法和成果。

在科学的创立过程中，出现了四位杰出的伟人——哥白尼、开普勒、伽利略和牛顿。其中哥白尼属于十六世纪，但是生前他几乎是默默无闻。

哥白尼（1473—1543）是一位波兰教士，怀有纯真诚挚的正统信仰。年轻时他曾游历过意大利，受到了文艺复兴气氛的熏陶。1500 年，他在罗马获得了一个讲师或者教授的职位，但是在 1503 年他回归故国，成为弗劳恩堡教堂的一名修士。他似乎耗尽大部分时间抵抗德国人和币制改革，同时利用闲暇时光进行天文学的研究。他很早就确信太阳位于宇宙的中心，而地球则在做双重运动：每天自转一次，每年绕太阳公转一次。因为慑惮教会指责，他一直没有公开发表自己的观点，尽管他也宣扬自己的观点。他的主要著作《天体运行论》是在他去世那一年（1543 年）出版的，书中有他朋友奥希安德写的一篇序言，序言声称太阳中心理论只不过是被当作一种假说提出来的。我们不清楚哥白尼本人是否认可这个声明，但是这个问题并不重要，因为他自己在正文中也做了一些类似的声明。[1]这本书题献给了教皇，因此在伽利略时代之前逃过了天主教会的正式责难。与经历了特伦特宗教会议、耶稣会士和复活的异端裁判所相比，哥白尼时代的天主教会还算是比较开明的。

哥白尼著作中的基调，与其说是近代的，倒不如说是毕达哥拉斯式的。他认为一切天体的运动都是等速圆周运动，这是不言自明的公理，而且他也和希腊人一样听任审美动机的影响。在他的体系中依然有周转圆，尽管周转圆的中心在太阳上，更确切地说，在邻近太阳的地方。太阳并不恰好在中心这个事实影响他的理论的简明性。哥白尼虽然对毕达哥拉斯的理论有所耳闻，但是他似乎并不知晓亚里斯达克斯的太阳中心理论，不过他所思索的内容无出希腊的天文学家的研究。他的著作的重要之处在于将地球从位置独尊的几何学宝座上驱逐了下来。长远来看，这剥夺了基督教神学中赋予的人在宇宙中的重要地位，但是哥白尼不承认其学说带来的这种后果，他的正统信仰真挚诚恳，他反对那种认为他的理论与《圣经》相矛盾的观点。

哥白尼的理论中有一些真正难以解决的问题。其中最大的一个难题就是观察不到恒星视差。假定地球在其轨道上的某一点，那么六个月后地球与这一点之间的距离就有一亿八千六百万英里，这理应造成从地球上看来恒星位置的变动；正如一艘船从海岸上的某一点看去是位于正北方，但是从另一点看去并非如此。但是当时并没有观察到任何视差现象，对此哥白尼做出一个正确的推断，即恒星一定要比太阳遥远得多。直到十九世纪，测量技术才精确到足以观察到恒星视差，而且这也仅仅局限于少数离地球很近的恒星。

另一个难题是关于自由落体的。如果地球在不断自西向东自转，那么从高处落下的物体不应该落在起始点的垂直下方，而应该位置偏西一点才对，因为在下落时间里，地球在不知不觉中会转过一段距离。伽利略的惯性定律解决了这一难题，但是在哥白尼的时代还无法对此做出任何回答。

E.A. 伯特写过名为《近代物理学的形而上学基础》（1925 年）趣味十足的一本书，他浓笔重墨详述了近代科学创立者的许多无法验证的假设。他英明地指出，在哥白尼的时代并没有任何已知的事实迫使人们必须接受他的体系，倒是有

「1」见《哥白尼论著三篇》，英译本，芝加哥，1939 年。

若干事实对他的学说不利。“当代的经验主义者如果生活在十六世纪的话，会第一个嘲笑这种新宇宙哲学不值一驳。”这本书总体上的目的是要让科学名声扫地，暗示科学发现是从如同中世纪迷信一样粗鄙的偶然幸运事件中产生的。我认为这表明作者对科学的态度存在误解：将具有科学精神的人与常人区别开来的并不是他相信什么，而是他以什么方式相信以及为什么相信。具有科学精神的人，其信念是试探性的，而不是武断的；是建立在证据的基础上的，而不依靠权威或者直觉的。哥白尼将他的理论称为假说是正确的，他的对手认为无须新的假说则是错误的。

近代科学的创立者有两种并不必然共存的优点：在观察中极大地耐心，在构想假说时大胆无畏。最早期的希腊哲学家曾拥有后一种优点，而前一种优点在古代晚期的天文学家们身上也有过相当程度的存在。但是仅有亚里斯达克斯这位古人同时拥有这两种优点，而在中世纪更无一人拥有其中任何一种优点。哥白尼则和那些伟大的后来者一样兼备两种优点。关于从地球上看到的天球上各种天体的运动，用当时所有的工具所能观察到的一切，他全都知道，并且他还察觉到，地球每日公转这种假说和所有的天体都在天球上公转这种说法比起来更简洁。近代观点认为一切运动都是相对的，按照这种观点来说，哥白尼的假说中能够得到的唯一好处就是简洁，但这既不是他的观点，也不是他同时代人的观点。关于地球每年一度的公转，哥白尼的观点中又有一种简化，但是不像在自转的情况中那么显著。哥白尼依然需要周转圆，无非需要的数目比托勒密的体系要少。直到开普勒发现了行星运动定律，新的理论才充分简洁。

新天文学为人们对宇宙的想象带来了革命性的影响，此外还有两个伟大的贡献：第一，确认了自古代以来人们所信仰的东西有可能是错误的；第二，确立了科学的真理就是耐心收集事实，再加上大胆猜测是支配这些事实的规律。这两个贡献在哥白尼的著作中已经有了高度的表现，但是没有得到像在他的后来者那里那样的充分发展。

哥白尼与一些人交流了自己的理论，其中有些交流对象为路德派教徒；但是当路德本人知道了这一理论时，他极为震惊，并说道：“人们聆听这个自命不凡的占星术士，而他处心积虑所要证明的却是天体或者苍穹，太阳和月亮不在转动，而是地球在绕着其他东西转动。自作聪明的人总会杜撰出新体系，而且还是一切体系中最好的一个体系。这个蠢货想要颠覆整个天文科学，但是《圣经》告诉我们，受约书亚之命保持静止的是太阳，而不是地球。”同样，加尔文为了彻底否定哥白尼，也引用了经文，“世界也是稳固的，不可能被动摇”（赞美诗，第九十三篇第一节)，并叫嚣：“还有谁敢把哥白尼的权威凌驾于圣灵的权威之上？”新教的牧师至少也和天主教的教士同样顽冥不化，不过新教国家的思想自由很快就比天主教国家多得多，这是因为新教国家的神职人员没有那么大的权力。新教的重要性在于分裂了教会，而不在于树立异端；因为教会分裂导致产生国家教会，而国家教会的力量还没有强大到足以控制世俗政府。这一点的好处是实实在在的，因为无论什么地方的教会，对待能够增进世间幸福和知识的每一项革新，都是尽其所能进行反对。

哥白尼无法为他的假说提供任何铁定的证据，因此长久以来天文学家拒绝接受这种假说。接下来一位重要的天文学家第谷·布拉赫（1546—1601）采取了一种折中妥协的立场，他提出太阳和月亮围绕地球运动，而行星则围绕太阳运动，这在理论方面没有多少原创性。不过，针对亚里士多德月球上一切事物静止不变化的观点，他提出了两点充足的反驳理由：其一是 1527 年出现了一颗新星，而且发现这颗星星周日视差，因此它一定要比月球遥远得多；其二是来自对彗星的观测，人们发现彗星也很遥远。读者也许会记起亚里士多德一切变化和衰退都局限在月球以下的衰变理论，这种理论同他在科学问题上所说的一切观点一样，证明都是进步的绊脚石。

第谷·布拉赫之所以十分重要不在于他是一个理论家，而在于他是一个观测家。他先后受到丹麦国王和鲁道夫二世皇帝的资助。他制作了一张星图，并标明了行星位置多年间的变化。在他人生即将结束之前，青年开普勒成了他的助手。对开普勒来说，第谷的观测所得乃无价之宝。

一个人假如天分一般，通过耐心也能取得很大成就，开普勒（1571—1630）就是一个最著名的例证。开普勒是哥白尼之后第一位采信太阳中心说的重要天文学家，但是第谷·布拉赫的观测资料表明按照哥白尼的形式太阳中心说不是那么正确。开普勒尽管是一位虔诚的新教徒，但是因为受到毕达哥拉斯的影响而多少有些较为奇怪地具有太阳崇拜的倾向。这些动因无疑让他偏爱太阳中心假说。毕达哥拉斯主义又引导他追随柏拉图《蒂迈欧篇》中的观点，他认为宇宙的意义一定和五种正多面体有关。他用这五种正多面体在设想各种假说，最后十分走运，有一个假说发挥了效用。

开普勒的伟大成就在于他发现了行星运动的三大定律。他在 1609 年发表了其中两条，第三条则发表于 1619 年。开普勒第一定律表述如下：行星按椭圆轨道运动，太阳位于椭圆的一个焦点上。开普勒第二定律则是：行星和太阳之间的连线在相等的时间内扫过相等的面积。第三定律是：行星公转周期的平方与行星和太阳之间距离的立方成反比。

我们必须解释一下这几条定律的重要性。

在开普勒的时代，前两条定律只能在火星的情况中得到验证；至于其他行星，观测结果和定律也不冲突，但是也不足以使之得到明确的证实。不过没过多久，决定性的证据就找到了。

发现行星沿椭圆轨道运行的第一定律，所需摆脱传统的努力不是现代人能够轻易地认识到的。此前天文学家们只在一件事情上意见完全一致，那就是一切天体运动都是圆周运动或者复合的圆周运动。当遇到圆周运动不足以解释行星运动时，就要用到周转圆。所谓周转圆就是一个转动并与另一个圆时时相切的圆上一个固定的点所画出的轨迹。举例来说：将一个大车轮平放固定在地面上，再拿一个小车轮（同样平放在地面上）并把一颗钉子钉在小车轮上面，让小车轮沿着大车轮转动，同时钉子与地面接触，这样钉子在地面上画出来的曲线就是一个周转圆。月球轨道相对于太阳来说大致就是这种情况：粗略地说，地球围绕太阳转动，而月球同时又围绕地球转动。但这只是一个近似的描述。随着观测结果越来越精确，人们发现没有一种周转圆的体系能够完全符合事实。开普勒发现，他的假说与被记录下的火星位置要比托勒密的吻合得多，甚至比哥白尼的假说都更加吻合。

用椭圆代替圆就势必放弃自毕达哥拉斯以来就一直支配着天文学的审美偏见。圆周是一种完美的形状，天体则是完美的物体——起源上都是神，即便按照柏拉图和亚里士多德的说法，也与神有着密切的联系。完美的物体必须按照完美的形状运动似乎是显而易见的事。再者说，既然天体既没有被推动也没有被拉动在做自由运动，那么它们的运动就一定是“自然的”运动。人们十分易于设想圆周有某种“自然”之处，但是对椭圆的自然性就不那么容易设想了。这样，要接受开普勒的第一定律，就必须抛弃许多根深蒂固的偏见。任何一位古人，甚至包括萨摩斯的亚里斯达克斯在内，都未曾预见到这样一种假说。

第二定律涉及行星在其轨道的不同位置上速度的变化。假设S表示太阳，P1、P2、P3、P4、P5表示行星在相等的时间段——比如说，一个月——行星的相继位置，那么开普勒的第二定律就是说P1SP2、P2SP3、P3SP4、P4SP5这几块的面积全部相等。因此行星在离太阳最近时运动得最快，在离太阳最远时运动得最慢。这一点又骇人听闻：行星应该从容不迫，怎么会时而匆匆忙忙，时而又拖拖拉拉呢？

定律十分重要，因为这条定律对不同行星的运动进行了比较，而前两条定律只处理了单个行星的情况。第三定律认为：假设 r 表示行星与太阳之间的平均距离，而 T 表示行星公转的周期，那么 r^3 除以 T^2 的结果对不同的行星来说都一样。这条定律可以在太阳系内为牛顿的万有引力平方反比例定律提供证明。但是这一点我们留到后面再说。

也许除了牛顿之外，伽利略（1564—1642）应算近代科学最伟大的创立者了。他大概生于米开朗琪罗去世的那一天，并且又在牛顿生年去世。我把这两件事实推荐给那些仍然相信转世轮回的人（如果还有这样的人的话）。作为一位天文学家他举足轻重，但是也许作为力学的创始人还要更加重要。

伽利略首先发现了加速度在力学上的重要作用。“加速度”指的是速度的变化，无论是速率还是方向上的变化，如一个绕着圆周做匀速运动的物体每时每刻都有一个朝向圆心的加速度。用这个时代之前人们素以惯用的话语来说，伽利略只将直线上的匀速运动当成是唯一的“自然”的运动，不管是在地球上还是在天空中。之前一直认为天体做圆周运动，而地面上的物体做直线运动是“自然”的，但是又认为地上的物体如果没有外力的干扰就会逐渐停止运动。伽利略反对这种观点，认为一切物体如果不受干扰，都会沿着直线做匀速运动。不论是运动快慢还是方向上的任何变化，都需要借助某种“力”的作用来加以解释。这条原则被牛顿明确地表述为“第一运动定律”，也叫惯性定律。我会在后文中再来谈它的要旨，但是首先要讲述伽利略的各种发现的详情。

伽利略是第一个确立了自由落体定律的人。鉴于有“加速度”这个概念的存在，这条定律极为简明。其具体内容是：物体在自由下落的过程中，如果排除空气阻力的影响，那么其加速度是恒定的。也就是说，所有物体无论轻重大小，其加速度都相同。这条定律直到大约 1654 年发明了抽气机之后才得到彻底的证明。抽气机发明之后，才有可能观察物体在近于真空的空间里下落的情况，结果发现羽毛和铅块的下落速度相同。伽利略所证明的是同一种物质大小块之间的下落速度没有可测得的差别。而在他那个时代之前，一直认为大铅块要比小铅块下落得快，但是伽利略通过实验证明这与事实不符。伽利略时代，测量技术不像后来发展得那样精密；尽管如此，他依然得出了真确的落体定律。如果物体在真空中自由下落，其速度按照恒定的比率增大。在第一秒末，物体的速度是每秒 32 英尺，在第二秒末是每秒 64 英尺，在第三秒末是每秒 96 英尺，依此类推。加速度，也就是速度增加的比率总是一样的，增速大约都是每秒 32 英尺。

伽利略还研究了抛射物运行的轨迹，这对他的雇主托斯卡尼大公来说是个很重要的问题。此前一直认为水平发射出去的炮弹在水平运动一段时间后突然开始垂直下落。伽利略则证明，忽略空气阻力，水平方向上的速度遵从惯性定律保持不变，但是需要另加一个垂直速度，这个垂直速度按照自由落体定律增加。在炮弹飞行一段时间后，要想求出它在一段很短的时间——比如说一秒钟内的运动情况，我们可以这样来做：首先假设炮弹并没有在下落，它会在下一秒内在水平方向上飞过其飞行过程第一秒一样的距离。然后，假设炮弹并没有在做水平运动，而只是在下落，其垂直下落的速度会和飞行时间成正比。炮弹位置的实际变化和假设它先匀速水平运动一秒钟，再以和飞行时间成正比例的速度垂直运动一秒钟所得到的结果相同。经过简单的计算可以得知，其轨迹结果是条抛物线，忽略不计空气阻力影响的话，这一点可以由观察得到证明。

以上为力学中一条应用极广的原则给出的一个简单实例，这条原则说，如果几个力同时发生作用，其效果等于依次发生作用的总和。这是一条更为普适的被称为“平行四边形定律”的原则的一部分。例如，假设你横着走过一艘行船的甲板。在你行进时船也在前进，那么对于水面来说你既向前进了也沿着垂直于船只运动方向的方向前进了。如果你想知道相对于水面来说你移动到了什么位置，那么你可以先设想在船前行时你站立不动，再设想在同样的时间里，船停止不动而你横穿甲板。同样的原则也适用于力。这使得我们有可能求出若干个力的合力效果，而且如果我们发现了运动中的物体所受几个力各自的支配规律，便可能分析物理现象了。引入这个极为有效方法的正是伽利略。

在以上的段落中，我试着尽可能地用十七世纪的话语来表述。现代的话语在许多重要的方面都有所不同，但是解释十七世纪所取得成就还是采用当时的表达方式比较合适一些。

惯性定律解释了一个在伽利略之前哥白尼的体系无法解释之谜。前文提到过，如果你从一座塔顶扔下一块石头，它将垂直落到塔底，而不是稍微偏西一点的地方；但是，如果地球确实在转动的话，那么在石头下落的过程中地球应该转过了一段距离。这种情况之所以没有发生，是因为石块保持了在下落之前与地球表面上其他所有事物所共有的那个旋转速度。实际上，如果塔足够高的话，会出现与哥白尼的反对者所期望的相反结果。塔顶和塔底相比，因为离地心比较远，运动得也会更快，因此石头会落在塔底稍微偏东之处。不过这种差距过于微小，以致很难测量得到。

伽利略热切地采纳太阳中心的体系，他与开普勒通信，并接受了他的各种发现。他闻知最近一位荷兰人发明了一种望远镜，他就自己制作了一架，并且很快就有了若干重要发现。他发现银河是由难以胜数的星星组成的。他还观测到了金星的盈亏，哥白尼利用自己的理论推断存在这种现象，但是仅凭肉眼这点无法加以确认。伽利略还发现了木星有四颗卫星，为了向自己的雇主表达敬意，他将它们命名为“sidera medicea”（美第奇星）。还发现这些卫星也遵循开普勒的定律。但是这里却出现了一个难题。之前一直说有七个天体，五大行星再加上日月，所以七是一个神圣的数字。安息日不就是一周的第七天吗？教堂里用的不就是七支烛台吗？不是有亚细亚七教会吗？那么，还有什么比有七个天体更恰如其分的呢？但是如果我们必须加上木星的四颗卫星，那么天体的数目就会变成十一个——一个没有任何神秘属性的数目。基于这个理由，传统派谴责望远镜，拒绝用它来看东西，并断言看到的都是幻觉。伽利略为此致函开普勒，希望两人能够一起嘲笑“群氓”的愚昧；从这封信的内容来看，“群氓”指的是那些试图用“魔法咒语般的强词诡辩”咒跑木星卫星的哲学教授。

众所周知，伽利略受到了异端裁判所的审判，1616年的审判是秘密的，1633年的那次审判则是公开的。在第二次受审时，他放弃了自己的观点，保证不再认为地球的自转或公转。异端裁判所成功地终结了意大利的科学，使之在几个世纪内都没有得到复兴。但是异端裁判所并没能阻止具有科学精神的人采纳太阳中心说，并且因为裁判所的愚蠢而给教会造成了相当大的伤害。幸亏还有新教国家，那里的牧师不管如何急于破坏科学，却不能取得国家的控制权。

牛顿（1642—1727）沿着哥白尼、开普勒和伽利略所开拓的道路取得了最终完全的胜利。牛顿从自己的三大运动定律出发——前两条应该归功于伽利略——证明了开普勒的三定律与下面这个命题等效：每颗行星时刻都有一个朝向太阳的重力，这个重力和行星与太阳的距离的平方成反比。他证明了根据同样的公式，朝向太阳和地球的重力是月球运动的原因，还证明了地球表面上下落物体的重力加速度根据平方反比定律也和月球的重力加速度有关。他将“力”定义为运动变化的原因，也就是重力加速度。这样他就能够清晰地阐释他的万有引力定律：“任意物体两两之间都互相吸引，引力和物体的质量成正比，和它们之间距离的平方成反比。”从这个公式出发能够推导出行星理论中的一切东西：行星及其卫星的运动、彗星的轨道、潮汐等等。后来似乎行星实际轨道和椭圆形轨道之间的细微偏差也可以通过牛顿的定律推导出来。这个成功实在完美圆满，以至于牛顿存在成为第二个亚里士多德的危险，为进步设下难以逾越的障碍。在英国，直到他死后一个世纪人们才从他的权威之下充分地解放出来，开始在他研究过的问题上做出重要的原创性工作。

十七世纪不仅仅在天文学和力学上成绩斐然，也在与科学有关的其他许多方面引人注目。

首先讨论科学的工具问题[1]。复式显微镜在十七世纪之前不久，大约1590年时被发明了出来。望远镜则在1608年由名叫利伯希的一位荷兰人发明了出来，不过伽利略是将望远镜用于严肃的科学目的第一人。伽利略还发明了温度计——至少这件事极有可能属实；他的学生托里拆利发明了气压计；盖里克（1602—1686）发明了抽气机；钟表虽然不是什么新发明，但在十七世纪主要是伽利略对它进行了极大的改进。因为有了这些发明，科学观测的精度和广度要远远超过以往的任何一个时代。

此外，天文学和力学之外的其他科学领域也取得了重要的成果。吉尔伯特（1540—1603）在1600年出版了关于磁铁的巨著；哈维（1578—1657）发现了血液循环，并在1628年公布了他的发现；列文虎克（1632—1723）发现了精子细胞，不过似乎另一个叫作斯蒂芬·哈姆的人此前几个月就已经有了这个发现；列文虎克还发现了原生动物（又叫单细胞有机体），甚至还发现了细菌；罗伯特·波意耳（1627—1691），按照我年轻时教给孩子们的说法，是“化学之父和科克伯爵之子”，如今他还被人记起主要是因为“波意耳定律”，即处在一定温度下的一定量的气体，其气压和体积成反比。

到现在我还没有谈到纯数学方面的进步，而这些进步确实非常巨大，而且对许多自然科学上的工作来说是必不可少的。纳皮尔在1614年发现并公布了对数的发现。坐标几何从几位十七世纪的数学家的工作中诞生出来，其中贡献最大的是笛卡儿。牛顿和莱布尼茨分别独立发明了微积分，那是几乎一切高等数学的工具。这些还仅仅是纯数学领域最杰出的成就，另外还有难以胜数的重要成果。

我们一直讨论的科学成就所带来的结果就是它彻底改变了饱学之士的人生观和世界观。在这个世纪初，托马斯·布朗爵士参加了对女巫的审判；到了世纪末，这种事就不可能发生了。[2]在莎士比亚时代，彗星依然是一种预示不祥的征兆；1687年牛顿的《原理》出版后，世人方知他和哈雷已经算出了某些彗星的轨道，而且彗星与行星一样都遵守万有引力定律。规律在人们的想象中根深蒂

---

[1] 关于这个问题，参见A.沃尔夫所著《十六、十七世纪科学、技术和哲学史》一书中的《科学工具》这一章。

[2] 此处原文有误。托马斯·布朗爵士（1605—1682）是十七世纪英国作家和医生，据说他曾经在1664年时在一桩女巫案中作为证人出庭。此事尚有争议，但是肯定不是发生在十七世纪初。——译者注

固，使得诸如魔法和巫术之类的东西不再可信。到了1700年，学人的精神面貌已经是近代的了；而在1600年时，除了极少数人之外，人们基本上依然保持中世纪的精神面貌。

我将利用本章余下的篇幅，试着简述那些似乎是随着十七世纪的科学而产生的哲学信念，以及当代与牛顿那个时代科学的一些不同之处。

首先值得注意的就是各种物理定律退去了几乎一切泛灵论的痕迹。希腊人尽管没有明言，但他们显然认为运动能力是生命的标志。对基于常识的观察来说，似乎动物自己会动，而没有生命的物体只有在受到外力作用下才会动。在亚里士多德的著作中，动物的灵魂有各种不同的功能，其中之一就是驱动动物的身体。希腊思想倾向于认为太阳和行星就是众神，或者至少也是为众神所控制和驱使。阿那克萨戈拉并不这么想，但是他本来就是不信奉神灵的。德谟克利特也不这么认为，但是除了伊壁鸠鲁主义者关注他之外，人们都赞同柏拉图和亚里士多德而忽略了他的观点。亚里士多德认为四十七个或者五十五个不可移动的推动者是神灵，是天空中一切运动的终极根源。任何无生命的物体如果不受自身以外的其他作用的话，很快就会停止不动；所以要运动不止的话，灵魂对物质的作用就必须持续不断。

所有这些都被运动第一定律所改变。没有生命的物质，一旦置于运动状态之中，就会一直运动下去，除非因为某种外因而被停止。而且，促成运动变化的外部原因只要是能够被明确查明，结果一定是物质性的。至少，太阳系是依靠自身的动量、根据自身的规律而运行的，不再需要神明的干预。也许依然需要神将这一套装置发动起来，据牛顿所说，行星最初是上帝之手掷出去的。但是当上帝一掷之后，就颁行了万有引力定律，一切就独自运行，不再需要神灵的干预。拉普拉斯认为，目前依存的各种作用力有可能正是促成行星从太阳中诞生的原因，当他提出这点时，上帝在自然进程中的地位又被压低一等。上帝可能依然是造物主，但是即便这一点也值得怀疑，因为并不清楚世界在时间上是否有一个开端。尽管当时大多数科学研究者都是信仰虔诚的典范，但是他们工作所暗示的观点却在扰乱正统信仰，所以神学家们惶恐不安是有一定道理的。

科学带来的另一个结果是人类对自己在宇宙中地位的认识。在中世纪，地球是天空的中心，万物都有一个与人相关的目的。在牛顿这类人的世界中，地球是一颗并不特别显赫的恒星的一颗小行星，天文距离是如此之大使得地球相比之下小如尘埃。这个庞大的结构看起来绝不会完全是为了这尘埃上的某些小小的造物的利益而设计出来的。此外，自亚里士多德以来“目的”一直是科学观念的内在组成部分，现在通过科学的程序被驱逐了出去。任何人都可以依然相信天体是为了宣示上帝的荣光而存在的，但没有人能够让这一信念干预天文计算，而且目的也无法再进入到各种科学的解释之中了。

哥白尼的理论本来应该会伤及人类的自豪感，但是实际上却造成了相反的结果，因为科学的胜利复活了人类的自豪感。行将就木的古代世界一直被一种罪恶感所萦绕，并将这种压抑作为遗产传给了中世纪。在上帝面前谦卑是正确而又明智的，因为上帝会惩罚骄傲。瘟疫、洪水、地震、土耳其人、鞑靼人，还有彗星几个阴郁的世纪以来一直闹得人心惶惶不宁，人们感到只有谦卑有加才能避免这些现实的或具有潜在威胁的灾难。但是当人们取得了如下胜利时，再想谦卑就不可能了：

> 自然和自然的规律在黑暗中藏身。
> 上帝说："要有牛顿！"于是万物光明。[1]

至于天谴，浩瀚洪荒宇宙的创造者不会因为神学上的瑕疵把人送进地狱。以色加略人犹大也许要下地狱，但是牛顿不会下地狱，尽管他是一个阿里乌斯派[2]信徒。

当然，自满还有许多更重要的理由。鞑靼人被限制在亚洲，土耳其人也逐渐失去了威胁。彗星在哈雷面前低下了头；至于地震，尽管依然令人生畏，但却是如此有趣以至于科学家无法预知它而感到遗憾。西欧人骤然暴富，而且君临天下：他们征服了北美洲和南美洲，他们的势力在非洲和印度不可一世，他们受到中国人的尊敬，为日本人所畏惧。当所有这一切再加上科学的胜利，难怪十七世纪时的欧洲人自我感觉不再是周日礼拜依然自称的可怜罪人，而是出类拔萃的上等人。

当代理论物理学的观念在某些方面与牛顿的体系有所不同。先从十七世纪占据重要地位的"力"这个概念说起，现在已经发现这个概念是多余的。牛顿认为，"力"是运动变化的原因，不管是力度上的还是方向上的。原因的观念被认为很重要，力则被想象成我们拉扯某物时所经验到的东西。因为这个原因，远

---

[1] 这两句是英国诗人蒲柏为牛顿写的墓志铭。——译者注

[2] 阿里乌斯派是公元 3 世纪前后亚历山大城的一位基督教神父阿里乌斯创立的教派，最主要的特点是反对三位一体，认为耶稣是被圣父创造出来的，在此之前并不存在。——译者注

距离起作用的引力被认为是反对万有引力的理由，牛顿本人也承认，一定存在某种传导引力的介质。逐渐地，人们发现不借助力的概念也可以写出各种方程。可以观测到的是加速度和相对位置之间存在某种关系，声言这种关系是由一种叫作“力”的中介带来的并没有拓展我们的知识。观测结果表明行星时时刻刻都存在一个朝向太阳的加速度，并且这个加速度和行星与太阳之间的距离成反比。要是说这得归因于万有引力的“力”，就好比说鸦片能够让人们入睡是因为它有催眠作用一样，都完全是字句上的问题。因此当代的物理学家们只陈述确定加速度的公式，而避免使用“力”这个词。“力”是活力论者的观点在运动原因这个问题上虚弱的幽灵，这个幽灵已经逐渐被祛除了。

力学定律需要用加速度的形式加以表述，这是前两条运动定律的根本要义，直到量子力学出现之前，没有发生任何事情对这一要义进行任何程度的更改。在这一方面，哥白尼和开普勒依然应该和古代人为伍，他们都探求一种能够描述天体轨道的形状的定律。牛顿则指明，用这种形式表述的定律只可能是近似的。行星并非严格地按照椭圆形轨道运转的，因为有其他行星的引力产生的摄动。同理，行星的轨道从来也不会完全重复。但是万有引力定律在处理加速度的问题时十分简洁，并且在牛顿之后两百年里一直被认为是相当准确的。在这条定律被爱因斯坦修正之后，依然是加速度的问题。

的确，能量守恒定律是关于速度而非加速度的。但是在使用这条定律进行运算时，依然要用到加速度。

至于量子力学所带来的改变，确实是极为深刻的，但是在某种程度上量子力学依然是一个充满争议和不确定性的问题。

这里必须讨论一个由牛顿哲学带来的改变，那就是对绝对空间和绝对时间的摒弃。读者可能会记得我们在有关德谟克利特的章节中谈过这个问题。牛顿相信空间由许多个点构成，时间则由许多个瞬间构成，而且空间和时间都不受占据其中的物体和事件的影响而独立存在。关于空间，他有一个经验论证来支持他的观点，那就是有一个物理现象能让我们辨别出绝对转动。如果搅动一个桶里的水，水面就会沿着桶壁上升而朝着中心下落；但是如果转动桶而不是水的话，就不会产生这种效果。在牛顿时代之后，傅科设计了摆的实验，据信这为地球的自转给出了证明。即使按照最现代的观点来看，绝对转动的问题依然会看上去令人困惑。如果一切运动都是相对的，那么认为地球旋转的假说和认为天空旋转的假说之间的区别就纯属字句上的，这无异于“约翰是詹姆斯的父亲”和“詹姆斯是约翰的儿子”这两种说法之间的区别。但是如果天空在旋转，那么星星就会比光运动得还快，而这是不可能的。[1]不能说对这一难题的现代回答完全令人满意，但是现代的回答已经十分令人满意，所有的物理学家都接受了这种观点：运动和空间是纯粹相对的。这一点再加上由空间和时间合并而来的“时空”概念，已经使得我们的宇宙观与诞生于伽利略和牛顿的成就中的那种宇宙观大相径庭。但是关于这一点，和关于量子理论一样，我在这里不再赘述了。

---

[1] 大多数天体距离地球的距离都必须以光年计，如果天空中的星辰每天围绕地球旋转一周的话，那就意味着星星在二十四小时的时间里走过了好几光年的距离。而根据爱因斯坦的相对论，宇宙中不存在比光速还快的速度。——译者注

第七章

弗兰西斯·培根

弗兰西斯·培根（1561—1626），尽管他的哲学在许多方面都不尽如人意，但是作为近代归纳法的奠基者和试图将科学程序加以逻辑系统化的先驱，他依然具有无与伦比的重要性。

他是掌玺大臣尼古拉斯·培根爵士的儿子，他的姨母是威廉·塞西尔爵士，即后来的伯利勋爵的妻子，因此培根从小就对国家大事并不陌生。他在二十三岁时进入了议会，成了埃塞克斯的顾问。但是随着埃塞克斯的失宠，培根就忙于对他进行检举。因为这件事他一直受到严厉的指责，例如利顿·斯特雷奇的《伊丽莎白和埃塞克斯》一书就把培根描绘成一个背信弃义和忘恩负义的恶棍。这是相当不公正的。培根在埃塞克斯忠于女王时和他共事，但是继续忠于埃塞克斯就会对女王构成背叛，在这种情况下他抛弃了埃塞克斯。在这件事上，即便是当时最严格的道德家也无从置喙对他进行谴责。

尽管他抛弃了埃塞克斯，但是他在伊丽莎白女王生前并未获得极度的宠信。然而，詹姆斯一世一登基，他的前途便光明起来。1617 年，他获任父亲曾经担任过的掌玺大臣职位，1618 年成为大法官。但是他坐在这个显耀的位子仅仅两年，之后便被人告发接受诉讼人的贿赂。培根承认了对他的指控，但是辩驳声称那些礼物从未影响过他的判决。至于这一点，每个人都可以编织自己的观点，因为我们没有什么证据能够表明培根在拒绝贿赂的情况下会做出什么判决。他被课以罚金四万镑，并遵从国王的旨意被监禁在伦敦塔中，永远被逐出宫廷，再也不能担任任何官职。这项判决只被执行了一部分，培根并没有受到强迫支付罚金，而且他在伦敦塔中仅仅被关了四天。但是他不得不放弃了政治生涯，并将余生花在了著书立说上。

那个时代法律工作的职业道德尺度多少是有些松弛的，几乎所有的法官都收受礼物，而且原告、被告两边通吃。我们今天认为一位法官收受贿赂是极为恶劣的行径，而受贿之后做出不利于行贿者的判决就更为恶劣之至了。而在培根的时代，送礼是司空见惯的事，一位法官如能不受礼物的左右就表明未失“德行”。培根被判刑只是朋党争斗中的一次矛盾激化，而不是因为他格外罪大恶极。培根不像自己的前任托马斯·莫尔爵士那样道德卓然超群，但是他也不是一个罪大恶极的人。在道德上他只是一个普通人，与当时的绝大多数人比起来既不更好也不更坏。

度过了五年的隐退生活之后，培根在做鸡肚子里塞雪的冷冻实验时，因着凉而去世。

培根久负盛名的著作是《论学术的进步》，这本书在许多方面带有突出的近代色彩。一般认为他是“知识就是力量”这句格言的创始人，尽管在他之前可能已经有人说过同样的话，但是他在讲这句话时有不同的着重点。培根哲学的基础整个都是实用的，就是要通过科学发现和创新的手段赋予人类驾驭自然力量的能力。他主张哲学应该与神学相分离，而不应该像经院哲学那样完全搅和在一起。培根承认正统信仰，他不会在这样一个问题上与政府发生争执。尽管他认为理性能够证明上帝的存在，但他依然将神学中的其他东西视作只是凭启示才为人所知。的确，他主张没有任何启示相助的理性，教义显得最荒谬时正是信仰的胜利最伟大时。但是哲学又应该只依赖于理性，因而培根是主张理性真理和启示真理“双重真理”论的拥护者。这种理论曾经在十三世纪为某些阿威罗伊主义者所宣扬，但是遭到了教会的谴责。“信仰的胜利”对正统信仰来说是一种危险的修辞手法。皮埃尔·贝尔[1]在十七世纪末时曾经讽刺性地使用过这种修辞手法，他先是长篇大论详尽列举了从理性出发足以反对某些正统信念的话语，然后总结道，“尽管如此，信仰的胜利却越发伟大了”。至于培根对正统信仰到底有多么真诚就无从得知了。

一长串的哲学家具有科学头脑，并且强调和演绎法相对的归纳法的重要性，而培根位居其首。像他的许多后继者一样，培根也试图找出某种比所谓的“简单枚举法”更好的归纳方法。可用一个寓言故事来说明何谓简单枚举法。从前，一

「1」皮埃尔·贝尔（1647—1706），法兰西哲学家和评论家，十八世纪理性主义的先驱。他曾经编纂过著名的《历史的和批判的辞典》。——译者注

位人口普查官要记录下威尔士的一个村庄里所有户主的名字。他所询问的第一个户主名叫威廉·威廉姆斯，第二个、第三个、第四个……也都同名同姓。最后他对自己说："这太令人厌倦了，显然他们都叫威廉·威廉姆斯。我就这样把他们记下来好去度假。"但是他错了，偏偏有一户主名叫约翰·琼斯。这个故事告诉我们，如果我们过于相信简单枚举法很可能会误入歧途。

培根自信有一种能让归纳法比在上面那个故事里的表现更加高明的方法。例如，他希望发现热的本质，而他设想热是由于物体的各个微小部分的快速不规则运动所导致（这个设想是正确的）。他的方法是列出热的物体一览表，再列出冷的物体一览表，再列出热度变化物体一览表。他希望这些表能够显示出某种特性总是出现在热的物体中，但总是不见于冷的物体中，而在热度不同的物体中又有不同程度的表现。他期望通过这种方法可以得出各种普遍法则，首先是普适性最低级的法则。再从若干个低级法则，他希望能够得到具有二级普适性的法则，并依此类推。但凡提出一个法则，就应该将其应用到各种新情况中加以检验；如果在这些情况下有效，那么在这个范围内法则就得到证实。某些例证特别有价值，因为它们能够让我们在两种理论之间做出决断，而根据之前的观察，两种理论都是有可能成立的，这样的例子被称作"特权"实例。

培根不仅鄙视三段论，还轻视数学，也许这是缘于数学的实验性不是那么强。他对亚里士多德怀有恶毒的敌意，但是对德谟克利特评价很高。尽管他并不否认自然的进程为某个神圣的目的提供了例证，但是他反对在对现象的实际研究中夹杂进任何目的论的解释，他主张一切事物都应该被解释成随着作用因而必然产生的结果。

他对自己的方法的评价是：它阐明了如何整理科学赖以建立观察资料。他说，我们既不应该像蜘蛛那样只知道吐丝，也不应该像蚂蚁那样只知道采集；而应该像蜜蜂那样，既采集又整理。这段话对蚂蚁来说多少有些不公平，但是十分清楚阐明了培根的意思。

培根哲学中十分闻名的部分是他列举他称为"幻象"的那种东西，他用幻象一词指那些引人误入歧途的不良思维习惯。他一共列举了四种幻象："种族幻象"指的是那些人的本性内在固有的习惯，培根特别提到了期望自然现象能具有比实际发现的更多的秩序的不良思维习惯；"洞穴幻象"指的是个人偏见，这些偏见为那些个人研究者所特有的不良思维习惯；"市场幻象"指的是那些和词语的暴政有关的不良思维习惯；"剧场幻象"指的是那些和被封为权威的思想体系有关的不良思维习惯，自然，在这种幻象中，亚里士多德和经院哲学家为他提供了尤其值得注意的实例。

尽管培根对科学十分感兴趣，尽管他思想的总体面貌是科学的，但是他却没有注意到在他的时代科学正在发生的主要变化。他拒绝接受哥白尼的理论，这仅对哥白尼本人而言情有可原，因为哥白尼没有为自己的理论提出任何确凿的论证。但是1609年开普勒的《新天文学》就出版了，培根本应该被其中的观点说服才对。培根似乎未曾听闻近代解剖学的先驱维萨里的工作，但他十分敬佩吉尔伯特，后者关于磁力现象的研究完美地诠释了何谓归纳法。令人惊讶的是，他似乎对哈维的研究浑然不觉，尽管哈维是他的私人医生。哈维的确是在培根死后才发表他对血液循环的发现的，但是人们总是情不自禁设想培根应该知道他的研究。哈维对培根的评价并不高，说他"像一个大法官那样写作哲学"。毫无疑问，培根如果少关注一些世间功名利禄的话，他的哲学肯定会写得更好。

培根的归纳法存在一个缺陷，即他对假说重视不够。他希望仅凭将资料加以系统整理，正确的假说就会显现出来，但实际情况很少如此。一般来说，科学工作中最困难的部分是构建假说，这也是离不开真才实学的部分。到目前为止，尚未出现一种方法能够让我们有可能按照某种规则去创造假说。假说通常是搜集事实工作必要的先决条件，因为搜集事实时需要某种方法能够决定事实是否相关。如果没有假说，光是一大堆事实定会让人束手无策。

演绎法在科学中所起的作用远远超出培根的想象。通常，当我们需要验证假说时，从这个假说到某种可以被观察所证实的结果之间要走一段很长的演绎之路。这个演绎过程通常是数学上的，从这个方面来讲，培根低估了数学研究在科学研究中的地位。

简单枚举法存在的问题时至今日依然没有解决。在涉及科学研究细节之处，培根拒绝简单枚举法是颇为正确的，因为在处理细节问题时，我们可以假定各种普遍的法则，只要认为这些法则是有效的，就可以在其基础上建立起或多或少比较有说服力的方法。约翰·斯图亚特·米尔为归纳法设立了四种标准，只要先假定因果律成立，都可以有效应用这四种标准；但是米尔也坦承，因果律本身也只在简单枚举法的基础上才能被接受。在科学上，理论化的组织工作的成就是将所有低级的归纳集聚成少数十分综合的归纳——也许只有一个。这样的综合归纳因为在如此众多的事例的支持下才有效，以至于人们认为，就这些事例而论，承认简单枚举法合情合理。这种情况实在令人非常不满意，但是无论培根还是他的后继者都没有找到一个解决的办法。

第八章

霍布斯的《利维坦》

霍布斯（1588—1679）是一位难以归类的哲学家。他是一个经验主义者，和洛克、贝克莱和休谟等一样；但是与他们有别的是，他十分赞赏数学方法，不管是纯数学领域，还是应用领域中的数学方法。他的学说总体看来与其说是受到培根的启迪产生的，倒不如说是受益于伽利略。从笛卡儿到康德，欧洲大陆哲学对于人类知识的本质的认知相当大一部分来自数学，但是欧陆哲学又认为对数学的了解是独立于经验的。这就导致了欧陆哲学对知觉作用极力贬低，而过分强调纯粹思维。与之相反，英国的经验主义几乎未受数学的影响，而且往往对科学方法存在错误看法。霍布斯并不具有这些缺点。在我们这个时代之前，我们找不到任何如同霍布斯一样既是经验主义者又适当关注数学的哲学家。从这方面来说，霍布斯具有伟大的优点。但是他也存在一些十分严重的缺陷，这使得我们不能将他划入一流大家的行列。他缺乏耐心进行精雕细琢，过度倾向于用砍戈耳迪之结[1]的方式来解决问题。他通过符合逻辑的方式解决各种问题，却常忽视棘手的事实。他的论证有力，但是简单粗暴；他更擅长挥动战斧而不是轻舞刀剑。尽管如此，他的国家理论比以往任何一种理论，甚至比马基雅维利的都要更加近代化，因而也就更加值得我们认真讨论。

霍布斯的父亲是一位国教牧师，脾气不好且没有文化。他因为在教堂门口与邻近郊区的牧师争执而丢了工作。在那之后，霍布斯由他的一位叔父抚养成人。

「1」戈耳迪之结（Gordian Knot）是希腊神话中费吕加国王所打的一个非常复杂的结，神谕说谁能解开此结谁就能成为亚细亚之王。后来亚历山大东征路过此地，用剑将这个结劈开。“砍戈耳迪之结”后来成了一句西方俗语，意思相当于汉语中的“快刀斩乱麻”。——译者注他接受了较好的古典文化教育，十四岁时他就将欧里庇得斯的《美狄亚》翻译成了拉丁文抑扬格诗体（他在暮年时自我炫耀说拒绝引用古典诗人和演讲家并非因为不熟悉他们的作品是有理由的）。十五岁时，他进入了牛津大学学习经院派逻辑和亚里士多德的哲学。这些在他后来的生活中成了让他憎恨的怪物，而且他坚持认为自己的大学时光几乎没有学到任何有用的东西，在他的著作中他也确实总是对一般意义上的大学持批评态度。1610 年二十二岁时他成了哈德威克勋爵（后来的德文郡伯爵二世）的家庭教师，并跟他一起进行了“大旅行”[1]。正是在此时他开始了解到伽利略和开普勒的著作，并深受他们的影响。他的学生成了他的资助人，并一直到 1628 年去世为止。霍布斯通过哈德威克勋爵结识了本·琼生、培根、切伯里的赫伯特勋爵，以及其他许多要人。在德文郡伯爵死后，霍布斯在巴黎住了一段时间，并在那里开始研究欧几里得；伯爵死时撇下一个年幼的儿子，霍布斯后来又成了他以前学生儿子的家庭教师。霍布斯和他一起游历了意大利，1636 年他在意大利拜访了伽利略。1637 年他返回英国。

《利维坦》[2]中所表达的政治观点是极端的君主主义，这是霍布斯一直秉持的观点。当议会在 1628 年起草“权利请愿书”时，他出版了一部修昔底德[3]著作的英文译本，其目的很明显是要暴露民主制的种种弊端。当 1640 年长期议会召开时，劳德和斯特拉福[4]都被关进了伦敦塔，霍布斯对此感到极为震恐并逃亡法兰西。他的著作《公民论》写于 1641 年，但是直到 1647 年才出版，该书阐释的理论在本质上和《利维坦》一脉相通。促使他产生这些观点的并不是实际爆发的内战，而是对内战的预期；不过当然，当这些担心成为现实时，他对自己的信念就更加坚定不移了。

他在巴黎受到许多顶尖数学家和科学研究者的欢迎。他是在笛卡儿的《沉思录》出版之前就读过这本书的人之一，并且还写下了一些反对意见，笛卡儿把这些意见连同自己的回复一起出版了。他很快也结识了一帮英国的保王党流亡者，

[1] 大旅行（Grand Tour）指的是当时英国上层阶层的子女周游欧洲大陆的旅行，这被认为是他们所受教育的一部分。——译者注

[2] 利维坦是《圣经》中记载的水生巨兽，霍布斯在书中用它来比喻国家。——译者注

[3] 修昔底德（Thucydides，约公元前 455—约前 400）是古希腊历史学家，其最主要的著作是《伯罗奔尼撒战争史》，记述实行民主制的雅典和实行寡头制的斯巴达之间战争的经过。雅典在这场战争中最终失败，而民主制度所带来的政局不稳和严重内耗是重要原因之一。——译者注

[4] 斯特拉福伯爵和劳德大主教都是当时英王查理一世的宠臣，两人于长期议会开幕后第二年被捕，后来都被处死。——译者注

并与他们保持来往。有一段时间，从 1646 到 1648 年，他还向未来的查理二世教授数学。然而，1651 年他出版了《利维坦》，该书却并未讨得所有人的欢心。书中的理性主义触怒了大多数流亡者，其对天主教会的猛烈攻击则触怒了法兰西政府。因此，霍布斯潜逃回了伦敦，归顺了克伦威尔，并回避了一切政治活动。

不过与他漫长一生中的其他时候一样，他在这时也不是无所事事。他和布兰哈尔主教就自由意志的问题展开了论战，霍布斯本人则是一个固执的决定论者。他因为过高估计了自己在几何学上的能力，曾经臆想自己发现了化圆为方的方法。在这个问题上，他愚不可及地和牛津大学的几何学教授沃利斯展开了论辩。当然，这位教授成功地让霍布斯成为无知的笑柄。

在复辟时期，霍布斯受到国王及其朋友中那些不太热诚的人的抬举与善待；国王不仅将霍布斯的画像挂在墙上，还奖励他每年一百镑的养老金，不过这笔钱国王陛下忘记支付了。对这样一个有无神论嫌疑的人所显示的恩宠，大法官克拉伦登感到十分震惊，议会也是如此。黑死病和伦敦大火[1]激起了人们各种迷信的恐惧，议会下院在这时任命了一个委员会对各种无神论著作展开调查，霍布斯的作品受到他们的特别关照。从那之后，他在任何有争议性的话题上都被禁在英国出版自己的著作。就连他那本关于长期议会的历史著作《贝希摩斯》[2]也只能在国外出版（1668 年），尽管这本书论述的是正统学说。他的全集是 1688 年在阿姆斯特丹出版的。暮年他的声望在国外要比在英国大得多。为了消遣闲暇时光，他在八十四岁高龄时用拉丁文韵文体写了一部自传，在八十七岁又出版了一部荷马作品的英译本。我未能发现他在八十七岁之后写过任何大部头的著作。

现在我们来讨论一下《利维坦》中的各种理论学说，霍布斯的名声主要就建立在这些理论学说之上。

他开宗明义宣布了自己完全彻底的唯物主义。他说，生命不过是肢体的运动，因而机器人也具有人造的生命。他将国家称为利维坦，并认为国家是人工的创造，因此实际上是一个人造人。他说这话并非仅仅是作为一个类比，还对利维坦进行了某些细节上的描述。主权就是人造的灵魂。在最初创造利维坦时达成了各种协议和盟约，这些协议和盟约的地位就相当于上帝在说“让我们造人”时所发布的神旨。

「1」1665 年欧洲暴发黑死病，英国也受到波及；次年伦敦发生火灾，全城六分之一的建筑被烧毁。——译者注

「2」贝希摩斯也是《圣经》中记载的一种怪物。——译者注

本书的第一部讨论作为个体的人，以及霍布斯认为必需的各种一般性的哲学。霍布斯认为，感觉是由客体对象的压力所引起的，颜色、声响等等都不在客体对象之中。客体对象中相当于我们感觉的性质是运动。书中叙述了第一运动定律，之后立即就将其应用于心理学：想象是一种衰退中的感觉，想象和感觉则都是运动。睡眠时的想象就是做梦。异教徒的各种宗教都源自不能区分梦境和清醒的生活。（性急的读者可能会将同样的论证用到基督教上，但是霍布斯相当谨慎，他没有这样做。[1]）相信梦为预言是一种妄想，相信巫术和鬼魂也是如此。

我们思绪的前后相继并不是任意的，而是受到各种法则支配的——有时候是和联想有关的各种法则，有时候则是建立在我们思维中的一个目的之上的那些法则。（这一点作为决定论在心理学上的应用而具有重要意义。）

就如人们可能会预料的那样，霍布斯是一个彻头彻尾的唯名论者。他说，除了名之外没有任何普遍的东西；而没有了词语，我们就无法想象任何一般性的观念。没有了语言，也就没有了真假，因为“真”和“假”都是言语的属性。

他认为几何学是到那时为止被创造出来的唯一一门真正的科学。推理从本质上来说带有估测的成分，并且从下定义入手。但是在定义中避免自相矛盾的概念十分必要，而这一点在哲学中并不能一贯做到。例如，“无形的实体”纯属废话。如果有人提出上帝就是一个无形的实体这一异议，霍布斯会这样回应：第一，上帝不是哲学讨论的对象；第二，许多哲学家认为上帝是有形的。他说，所有一般性命题的错误都是出自悖谬（即自相矛盾），他把自由意志观念、奶酪为面包的附属品的看法作为谬误的实例。（众所周知，按照天主教的信仰，面包的附属品能够固定在不是面包的物质上。）

在这段文字中，霍布斯表现出一种过时的理性主义。开普勒得出一个一般性的论点：行星沿椭圆轨道绕太阳公转。但是其他的观点，例如托勒密的那种，在逻辑上并不矛盾。霍布斯并没有充分理解在得出一般性规律这件事上归纳法的用处，尽管他十分尊敬开普勒和伽利略。

霍布斯的理性主张与柏拉图相反，他认为理性并不是先天固有的，而是通过后天的努力发展起来的。

霍布斯接着开始讨论各种激情。“企图”（Endeavour）可以被定义为动机的微小发端；如果朝向某物，就是欲求，而如果离开某物，就成了厌弃。爱和欲求是一回事，恨和厌弃也是一回事。当某物是欲望的对象时，我们就称它是“好”，

「1」在另一处，他说异教的诸神都是由人类的恐惧所创造的，但是我们的上帝则是第一推动者。

而当它是厌恶的对象时，我们就称它为“坏”。(值得注意的是，这些定义没有赋予“好”和“坏”客观性。如果人们的欲求各异，并没有理论上的方法可以调节这些差异。）书中还对各种不同的激情进行了界定，这些界定大部分都是建立在一种充满竞争性的生活观念上的。例如：笑就是突然的得意。得到了公开许可的对无形力量的恐惧，就是宗教；如果没有得到许可，就是迷信。因此决定何为宗教、何为的权力掌握在立法者手中。幸福在于不断进步，在于勃然兴起，而不在于已经繁荣。没有静止的幸福——当然，天堂中的欢愉除外，而那种幸福超出我们的理解范围。

意志不过是经过深思熟虑之后最后剩下的欲求或者厌弃。也就是说，意志并不是某种跟欲求和厌弃不同的东西，而只是在矛盾冲突的情况下最强烈的那一种。这种说法显而易见与霍布斯对自由意志的否定有联系。

霍布斯与大多数专制政府辩护人不同，他主张所有人生来平等。在自然状态下，在任何政府都没有产生之前，每个人都有一种保存自己的自由而获得对他人控制权的欲望；欲求与厌弃两方面的欲望都受到自我保护冲动的支配。从欲望两个方面的冲突中产生了一种所有人对所有人的战争，使得人生“危险、野蛮而又短暂”。在自然状态中没有财产、没有正义或非正义，只有战争，而“暴力和欺诈是战争两种最重要的优点”。

书的第二部告诉读者为了避免这些弊端，人们何以结合成若干个各自服从于一个中央权威的社会组织。据说这件事通过一种订立社会契约的方式而发生。霍布斯设想，一群人聚集在一起，并同意选择一个统治者或者一个统治集团来对他们行使权力，从而结束那种人与人之间的混战。我并不认为这种契约（如同霍布斯通常所称呼的那样）是一种确定无疑的历史事件，承认与否与书中的论证也确实没有什么关系。这是一个神话解释，用以说明人们为什么会屈从，以及为什么应该屈从，而且甘受归顺权威必然导致的个人自由受到的种种限制。霍布斯说，人类加诸自身之上的限制，是我们在那种所有人之间混战状态中的自我保全，而那种状态是我们热爱自身自由和支配他人的结果。

霍布斯还探讨了人类不能像蚂蚁和蜜蜂那样分工协作的原因。他说，在同一个蜂房之中的蜜蜂彼此之间并不存在相互竞争关系，它们没有对荣誉的渴望，也不会运用理智来批评政府。蜜蜂之间的一致是自然的，而人类之间的一致只可能是通过契约人为地妥协。这种契约必须把权力赋予一个人或者一群人，因为否则权力就无法行使。“没有武力的契约是一纸空文。”（威尔逊总统很不幸忘记了这一点。）这种契约并不像后来洛克和卢梭那里的那样是在公民和统治权力之间订立的，而是公民为了服从大多数人所选择的统治权力彼此之间订立的。当公民选出了统治权力之后，他们的政治权利也就终止了。少数人也和多数人一样受到约束，因为这个契约就是要让人们服从多数人所选择的政府。一旦选定了政府，除了那些政府认为应当作为权宜之计允许的权利之外，公民便丧失了所有的权利。公民没有造反的权利，因为统治者不受任何协定的束缚，而臣民们则不同。

像这样被联合起来的大众就被称为国家，这个“利维坦”就是一个凡间的上帝。

霍布斯偏爱君主制，但是他所有那些抽象的论证同样也适用于任何一种这样的政府：其中有一个至高无上的，不受任何其他群体的合法权利制约的权威。他尚能容忍议会，但是他无法容忍一个在国王和议会之间分享政府权力的体制。这正好与洛克和孟德斯鸠的观点对立。霍布斯说，英国内战之所以发生，就是因为权力分属国王、议会上院和议会下院。

这种至高无上的权威，或属于一个人，或属于一个群体，都被称为主权者。在霍布斯的体系中，主权者的权力不受限制，他有权审查一切人的意见。书中假定，主权者的主要利益在于维持国内和平，因此他不会使用这种审查权来压制真理，因为一种与和平相矛盾的学说不可能是真实的。（实乃一种实用得出奇的观点！）财产法完全受主权者意愿的左右，因为在自然状态下并没有财产，因此财产是由政府创造的，政府也有权随意控制这种创造。

书中也承认主权者可能是专制的，但是即便是最坏的专制也要好过无政府状态。再者说，在许多问题上主权者和其臣民的利益是一致的。臣民越富裕，君主就越富裕；臣民越守法，君主就越安全，等等。造反是不应该的，一则因为造反常以失败告终；二则因为如果造反成功，便开创了恶劣的先例，教唆其他人去造反。书中否定了亚里士多德关于僭主制和君主制的差别的学说，根据霍布斯的观点，所谓僭主制不过是言语者碰巧不喜欢的君主制罢了。

霍布斯列出了各种不同理由说明更应该选择君主制政府而不是议会制政府。书中承认君主当其私利与公众利益发生冲突时通常会顺从其私利，但是议会同样也会如此。一位君主可能会有亲信，而议会中的每一位成员同样也都会有亲信，因此在君主制中亲信们的总数目可能比议会制要少。君主可以私下听取任何人的意见；而议会只能听取自己成员的意见，而且还是公开听取。议会中某些成员的偶然缺席可能会导致不同党派取得多数，并因此造成政策的改变。更有甚者，如果议会内部因为敌对而发生分裂的话，其结果可能就是内战。基于所有这些理由，霍布斯总结道，君主制是最好的。

在整部《利维坦》中，霍布斯从来没有考虑到定期选举有可能会抑制议会成员们为了个人私利而牺牲公众利益的倾向。事实上，他所考虑的似乎不是民主选举的议会，而是类似于威尼斯的大议会和英国的上院的团体。他所设想的民主制像古代那样让每一位公民直接参与立法和行政，至少，他的观点似乎就是如此。

在霍布斯的体系中，人民的作用在开始选定君主时就彻底被终结了。继承问题由君主决定，如同罗马帝国在没有发生兵变时的做法那样。书中赞同君主从自己的子女中选择继承人，或者如果没有子嗣的话就选择一位近亲，但是霍布斯认为任何法律也不应该阻止君主从其他人中间选择继承人。

有一章论及臣民们的自由，该章开篇为自由下了一个十分精确、令人佩服的定义：自由是在没有外界阻碍下的运动。在这个意义上，自由和必然性是一致的。例如，当运动不受阻碍时，水必然流下山岗，按照这个定义，这时水就是自由的。一个人享有自由随心所欲做事，但是他必然要遵从上帝的意志。我们所有的意志都有其原因，因此在这个意义上讲自由都是必然的。至于臣民的自由，他们在法律不干涉的情况下是自由的。这一点并不是对君主权力的限制，因为如果君主决定干涉，法律就会干涉。臣民无权反对君主，除非君主自愿让步。当大卫王计杀乌利亚时，他并没有伤害乌利亚，因为乌利亚是他的臣子；但是大卫伤害了上帝，因为他是上帝的臣子，但没有遵守上帝的法律。[1]

在霍布斯看来，古代作者赞颂自由，导致了人们偏爱骚乱和暴动。他主张，如果正确地解释这些作者的意思的话，他们所赞扬的自由其实是君主的自由，也就是不受异邦控制的自由。霍布斯谴责国内对君主们的反抗，而不顾反抗看起来是否正当。例如，他坚持认为圣·安布洛斯无权在帖撒罗尼迦大屠杀后开除狄奥多修斯皇帝的教籍。并且他疾言厉色地斥责扎迦利教皇，认为他不该帮助罢免最后一位墨洛温王朝的统治者而支持丕平登基。

然而，他也承认服从君主们的义务是有限度的。他认为自我保存的权利是无条件的，而且臣民有捍卫自己的权利，甚至为捍卫自己的权利而反对国王。这个观点没有逻辑问题，因为霍布斯之前已经将自我保存当成组建政府的动机。基于这一理由，他认为（尽管有限制）一个人在被政府征召参战时有权拒绝。这是任何一个近代政府都不会容忍的一种权利。他的利己主义伦理观导致了一个很奇怪的结论，那就是只有在保卫自己时反抗君主才是正当的，为了保护其他人的反抗

[1] 乌利亚（Uriah）是《圣经》中以色列国王大卫手下的赫梯人将领，大卫看上了他的妻子拔示巴（Bathsheba），因此设计让他在战争中阵亡。事见旧约《撒母耳记下》第十一章。——译者注

则总是应该受到谴责的。

另外还有一个例外相当符合逻辑：人们对没有能力保护自己的君主是没有义务的。这就使得在查理二世流亡期间霍布斯归顺克伦威尔的行为正当化了。

当然，霍布斯认为不应该存在诸如政治派别和我们现在称之为工会的那一类组织。所有的教师都应该是君主的仆人，都应该只教授君主认为有用的东西。财产权只在针对其他臣民时有效，在针对君主时无效。君主有权管理对外贸易。君主并不受民法的约束。君主之所以拥有惩戒权，并不是因为任何正义的观念，而是因为他保留了那种所有人在自然状态下都拥有的自由，在那种状态下谁也不会因为伤害其他人而受到责备。

书中还开出一个具有趣味性的清单列明了国家解体的各种原因（除外国征服以外）。其中有：授予君主的权力太小，允许臣民私下判断，认为一切有违良知之事都是罪恶的学说，信仰灵感，认为君主应该服从民法的学说，承认绝对私有财产，分散君主权力，模仿希腊人和罗马人，世俗权力和教会权力的分离，拒绝君主征税权，有势力的臣民深得人心，以及与君主争论的自由。关于所有这些理由，在当时的英国和法兰西的历史中许多例证近在眼前。

霍布斯认为教化人民相信君主的各种权力应该并不十分困难，因为他们不也在别人的教化下相信了基督教义，甚至相信了违背理性的圣餐化体说吗？应该单独设定一些日子用于学习服从的义务。对人民的指导依赖于各所大学中的正确教育，因此大学必须受到严格的监管。在信仰问题上必须保持一致，宗教应该由君主来规定。

第二部结尾寄托了霍布斯的希望，他希望某位君主能够读到此书从而让君主本人不受任何限制，他的希望还不如柏拉图希望某位国王能够变成哲学家那么偏于空想。霍布斯向统治者保证，这本书十分易读而且趣味盎然。

第三部《论基督教国家》解释了没有一个普遍的教会，因为教会必须依赖国民政府。在每个国家，国王必须是教会的领袖，教皇的超领主权和无过说是不能加以承认的。可以想见，这一部分论证说，如果一个基督徒是一位非基督教君主的臣民，那么他应该在表面上屈服，因为乃缦不是也必须在临门神庙中低头吗？[1]

---

[1] 乃缦（Naaman）是古代亚兰国的将领，临门（Rimmon）是古代亚述人和巴比伦人崇拜的神。乃缦因为以色列先知以利沙治好了自己的麻风病而想皈依耶和华，但是他曾经出于偶然地在临门的庙里屈身低头。事见《旧约·列王纪下》第五章。——译者注

第四部《论黑暗王国》主要批评了罗马教会，霍布斯憎恨罗马教会，因为它置教会权力于世俗权力之上。这一部分余文攻击了空洞哲学，他所谓的空洞哲学经常是指亚里士多德。

现在让我们来斟酌一下我们应该如何评价《利维坦》一书。这本书的优点与缺点十分紧密地纠缠在一起，因而评价起来并不容易。

在政治上存在两个不同的问题，一个是关于国家的最好组织形式的，另一个是关于国家的各种权力的。在霍布斯看来，君主制是国家的最好形式，但是这部分在他的学说中并不重要。重要的是他认为国家的各种权力应当是绝对的、无条件的这个论点。这种学说或与其类似的看法在文艺复兴和宗教改革期间在西欧逐渐发展起来。首先，封建贵族被路易十一世、爱德华四世、费迪南德和伊莎贝拉，以及他们的继承者们所慑服。接着宗教改革又让新教诸国的世俗政府在与教会的斗争中占了上风。亨利八世所拥有的权力超过之前任何一个英国国王。但是在法兰西，宗教改革在一开始产生的效果完全相反，夹在胡格诺派和吉兹派之间的国王几乎是没有权力的。在霍布斯写《利维坦》一书之前不久，亨利四世和黎塞留奠定了君主专制的基础，这种制度在法兰西一直延续到大革命。在西班牙，查理五世占了国会的上风，而且菲利普二世除了和教会的关系之外也享有绝对的专制权力。但是在英国，清教徒又毁掉了亨利八世的事业，他们的所作所为给霍布斯带来如下暗示：反抗君主必然导致无政府状态。

每个社会都面临着无政府状态和专制主义这两种危险。清教徒，特别是公理会信徒，对专制主义的危险铭刻在心。与之相反，霍布斯则经历过各种互相敌对的狂热信仰之间的争执，因此无法摆脱对无政府状态的恐惧。在复辟时期兴起、1688 年之后得势的自由主义哲学家则同时认识到了这两种危险，他们既不喜欢斯特拉福，也不喜欢再洗礼派。这才导致了洛克制约和平衡的分权学说。在英国，只要国王举足轻重，就享有真正的分权；然后议会权倾朝野，最终是内阁变得至高无上。在美国，国会和最高法院能够制衡政府，如此说来依然存在着制约和平衡。在德国、意大利、俄国和日本，政府权力之大远超霍布斯的理想。因此总体来说，关于国家权力问题，世界是按照霍布斯的预期发展的，而在这之前经历了一段很长的自由主义时期，其间至少从表面上看，世界是反其道而行之的。不管这次大战的结局如何，看起来国家的各种职能肯定会继续增长，对抗国家也肯定会变得越来越难。

霍布斯支持国家的理由——国家是无政府状态的唯一替代方案——总体上是合理的。不过一个国家也可能像 1789 年的法兰西和 1917 年的俄国那样十分糟糕，即使无政府状态看起来也好于国家的继续存在。另外，每个政府都有一种暴政的趋向，只有国家对反叛心存几分畏惧，这种倾向才可能得到遏止。如果臣民真的普遍如同霍布斯所说那么顺从，政府会变得比现在更坏。无可置疑，政府在政治领域会尽可能地保持自己的个人地位不可撼动；在经济领域，政府会试图假公济私，养肥自己和朋党；在知识领域，政府会试图压制任何一种损害自己的权力的发现和学说。之所以不能仅仅考虑无政府状态的风险，也要考虑全能政府所必然带来的不公正和僵化的危险，理由即在于此。

如果将霍布斯与之前的政治理论家做一个对比，那么他的优点便显露得更加清楚。他完全摆脱了各种迷信的影响，他不会根据亚当和夏娃被逐出伊甸园时的遭遇来进行论证。他思维清晰，符合逻辑；他的伦理学并不使用任何模棱两可的概念，无论对错，根本上总是可以理解的。除了比他孤陋寡闻的马基雅维利之外，他是政治理论方面第一位真正的近代作家。他的错误之处在于过分简单化，而不是因为他思想的基础不现实或空想。因为这个原因，他依然值得反驳。

暂且不去批评霍布斯的形而上学和伦理学，他的理论依然存在两个弱点。第一是他总是将国家利益当作一个整体，并且不言而喻地假定全体公民中大多数人的利益是一致的。霍布斯并不理解不同阶级之间的冲突十分重要，而在马克思那里，这种冲突是引起社会变革的主要原因。这个观点又与另一个假定密切相关，即统治者的利益大体上等同于其臣民的利益。在战争时，尤其是胶着状态，各方的利益可能会趋于一致；但是在和平时期，一个阶级和另一个阶级之间的利益冲突可能是非常巨大的。在这种情况下避免无政府状态的最好办法是宣扬君主的绝对权力，这个观点绝不尽然。在分享权力方面做出某种妥协也许是避免内战的唯一办法。根据当时英国的当代历史，霍布斯应该早就对此心知肚明。

另一个论点是关于不同国家之间的关系问题，霍布斯的学说在这一点上过分狭隘了。在《利维坦》中，除了其间不定期发生的间歇的战争和征服之外，关于国与国之间的关系他只字未提。按照霍布斯的原则，战争和征服是因为没有国际政府而产生的，因为国家之间的关系依然处在一种自然状态之中，也就是那种所有人对所有人的战争状态。只要这种国际的无政府状态还存在，我们就决不能确切无疑地肯定不同国家的效率的提高有利于整个人类的利益，因为那会使战争更加残酷，破坏性更强。霍布斯用来论证支持政府的一切论点，如果妥当，就完全能够用来支持国际政府的论证。只要民族国家还存在并彼此兵戈不休，那么只有效率低下才可以保全人类的种族。假如没有阻止战争的任何手段，改进各个国家的战争能力所筑就的是一条通往普遍毁灭的道路。

第九章

笛卡儿

通常认为，热内·笛卡儿（1596—1650）是近代哲学的奠基人，而且我认为这是正确的。他是既具有高度的哲学能力又大部分思想受到了新物理学和新天文学深刻影响的第一个人。固然他也保留了经院哲学中的许多东西，但是他并未接受前任打下的基础，而是另起炉灶，努力构建一个完整的哲学体系，自亚里士多德以来这种事闻所未闻，这也标志了科学的进步带来了新的自信心。他的著作有一种清新气息，柏拉图以来任何杰出的哲学家中都找不到这种气息。在柏拉图和笛卡儿之间，所有的哲学家都是教师，他们拥有属于这种“业余爱好”的职业优越感。笛卡儿不是作为一个教师，而是作为一个探索者和发现者在写作，他渴望将自己的所得与他人分享。他的文笔平易而不虚饰浮夸，他的写作对象不是一般的学生，而是生活中明白事理之人。此外，这种风格极为出色。近代哲学的先驱者能够有这样令人敬佩的文学意识真是一件幸事。直到康德之前，在欧洲大陆和英国，他的继承者也都保留了他的非职业资格，其中有些人还承袭了几分他的文风特长。

笛卡儿的父亲是布列塔尼地方议会的一名议员，地产还算丰厚。笛卡儿在父亲死后继承了这份地产，他变卖了父亲的土地，所得用来投资，从中每年获得六七千法郎的收入。从 1604 年到 1612 年，他就读于拉夫莱歇的耶稣会学校，这所学校给他打下了近代数学的基础，这差不多超越了当时大多数大学所能够给予的。1612 年他前往巴黎，他觉得巴黎的社交生活令人厌烦，于是便隐居于巴黎郊区的圣日耳曼区，并在那里研究几何学。不过他的朋友还是打探到了他的踪迹，于是为了获取更彻底的宁静，他参加了荷兰军队（1617 年）。因为荷兰当时正处在和平之中，他似乎享受了两年没有干扰的思考时光。然而，三十年战争的爆发导致他又加入了巴伐利亚军队（1619 年）。正是在巴伐利亚，在 1619—1620 年的冬季，笛卡儿亲身体验了他在《方法论》一书中所描述的那种经历。因为天气寒冷，他在早上钻进一座火炉中[1]，并整天待在那里思索问题，他自称，当他钻出来时他的哲学已经完成了一半。不过我们对于这种说法也不必太过较真。苏格拉底曾经时常整天站在雪里思考，而笛卡儿的头脑只在他暖和时才起作用。

1621 年笛卡尔结束了军旅生涯，在意大利一番游历之后，他于 1625 年定居巴黎。但是他的朋友再次偏要在他起床之前来拜访（他很少在中午之前起床），于是他加入了拉罗谢尔的军队，当时这支军队正在围攻胡格诺派大本营。这段插曲结束后，他决定到荷兰生活，也许是为了逃避受迫害的风险。他是一个生性怯懦的人，一个奉行教规，但是却持有和伽利略一样的异端思想的天主教徒。有人认为他听说过 1616 年对伽利略的第一次（秘密的）审判。不管怎样，他还是决定不出版那本凝聚了他的心血的巨著《宇宙论》。他的理由是书中含有两种异端学说：地球的自转和宇宙的无限。（这本书从未完整地出版过，只有一些片段在他死后才发表。）

他在荷兰生活了二十年（1629—1649），其间出于公事，他几次对法兰西和一次对英国进行了短期访问。作为当时唯一有思想自由的国家，荷兰在十七世纪的重要性，那是无论怎么强调也不为过的。霍布斯只有在荷兰出版他的书；1688 年之前英国最反动的时期，五年间洛克在荷兰避难；贝尔（《辞典》的署名作者）觉得到荷兰生活十分必要；至于斯宾诺莎，换个国家几乎不可能允许他从事自己的工作。

前文已经提及，笛卡儿生性怯懦，但是也许更温和一点贴近人情的说法是他希望在宁静中无干扰地从事研究。他总是讨好教士们，尤其是耶稣会士——不仅当他受制于他们时如此，在他迁居荷兰之后依然如此。他的心理活动十分难以揣测，但是我更愿把他看成一个真诚的天主教徒，并且出于自己和教会的利益考虑，希望教会能够对近代科学减少一点如同伽利略案中表现出的敌意。有些人认为他的正统信仰仅仅只是一种政治手腕，这种观点或许不错，但是我认为可能性不大。

即使在荷兰他也难免遭受各种令人气恼的攻击，这些攻击不是来自罗马教

「1」笛卡儿确实说是一座火炉，而大多数注释家都认为这是不可能的。不过，那些了解旧式巴伐利亚房屋的人向我保证说这是完全可信的。

会，而是来自新教中的顽固分子。谣传笛卡儿的观点会导致无神论，如果不是法兰西大使和奥伦治大公的干预，他可能就会因此而遭到迫害。在这次攻击流产数年后，莱顿大学的权威又发动了一次间接阴险的攻击，他们不问褒贬完全禁止提及笛卡儿。奥伦治大公再一次出面干预，告诉莱顿大学别那么荒谬无知。这件事十分生动说明了新教国家基于教会从属于国家，以及非国际性教会力量的相对薄弱这两点上有所裨益。

不幸的是，在法兰西驻斯德哥尔摩大使香尼的联络下，笛卡儿开始与瑞典女王克里斯蒂娜通信。克里斯蒂娜是一位热情而又博学的贵妇，并且自认为作为一位君主，有权浪费伟人的时间。笛卡儿送给他一篇关于爱情的论文，这个题目直到那时为止他一直未曾关注。他还送给她一部关于灵魂的各种激情的著作，而这本书本来是为巴拉丁选侯的女儿伊丽莎白公主所作。因为这两部作品，女王便诏令笛卡儿亲往自己的宫廷，他最后遵令而行，于是女王就派了一艘军舰来接他（1649 年 9 月）。结果女王想每天都听他讲课，但是他除了早上五点钟之外女王又抽不出时间来。在斯堪的纳维亚寒冷的冬季，这对一个没有早起习惯、体质孱弱的人来说实在难熬。此外，香尼又重病缠身，笛卡儿便去照料他。这位大使康复了，但是笛卡儿却被病魔击倒，并于 1650 年 2 月间溘然辞世。

笛卡儿一生未娶，但是他有一个私生女，这个私生女五岁便夭亡了，他说，那是他一生中最大的痛苦。他总是衣冠楚楚，并且身佩宝剑。笛卡儿并非勤奋好学之士，他工作时间很短，也很少读书。在他前往荷兰时，随身没带几本书，但是他带有《圣经》和托马斯·阿奎那的著作。他的著作似乎是在短时间内、精力高度集中情况下完成的，但是这也有可能只是一种假象——为了保持绅士风度的业余爱好者的表象，假装比实际工作得要少——因为否则的话他的成就就很难让人相信了。

笛卡儿集哲学家、数学家和科学家于一身。在哲学和数学上，他的著作重要性至高无上，无与伦比；在科学上，尽管他的工作也可圈可点，但是稍逊色于同时代的某些人。

他在几何学上的重大贡献就是发明了坐标几何，尽管与其最终形式存在一些差别。他还使用解析的方法，也就是先假定一个问题已经得到解决，再来考察这个假设所带来的各种后果；他还把代数方法应用到几何学中。这两件事在他之前都有人做过，至于前者，甚至在古代就有人做过。使用坐标系则是他的原创，就是用平面上距离两条固定直线的距离来确定某一点的位置。他本人并没有发现这个方法的全部力量，但是他的工作已经足以为进一步的发展铺平了道路。这绝不是他数学上唯一的贡献，但却是他最重要的贡献。

1644 年出版的《哲学原理》一书中详细地阐释了他的大多数科学理论。此外他还创作了其他一些重要的著作：《哲学论文集》（1637 年）讨论光学以及几何学，他还写过一本名叫《论胚胎的形成》的书。他十分乐于接受哈维对血液循环的发现，也一直都希望自己能在医学上有一些重要发现（但是未能如愿以偿）。他将人类和动物的肉体都视作机器，并认为动物是自己能动的机械，完全受物理定律的支配，缺乏情感和意识。人类则不同，他们有灵魂，就位于松果腺内。在那里灵魂和“生命的灵气”发生接触，通过这种接触，就有了灵魂和肉体之间的相互作用。宇宙中运动的总量是恒定的，因此灵魂无法对其产生影响；但是灵魂能够改变生命灵气的运动方向，并进而改变肉体其他各部分的运动方向。

笛卡儿理论中的这一部分被他的学派所舍弃——首先是他的荷兰弟子古林克斯，以及后来的马勒伯朗士和斯宾诺莎。物理学家发现动量是守恒的，根据这个定律，在世界上任何一个给定的方向上运动的总量都是恒定的。这表明笛卡儿所想象的那种精神对物质的作用是不可能存在的。假定——如同笛卡儿学派十分常见的假定那样——所有的物理作用在本质上都和碰撞有关，各种力学定律便足以确定物质的运动，任何精神的影响都没有什么发挥作用的空间。但是这样会带来一个困难。我想要我的手臂运动时手臂就会动，但是我的意志是精神现象，而我手臂的运动则是物理现象。那么如果精神和物质无法相互作用，为什么我身体的行为会如同受到我的精神的控制一样呢？对这个问题古林克斯发明了一种回答，就是所谓的“双时钟”理论。假设你有两个走时都非常准确的钟，只要其中一个时钟指向了整点，另一个时钟就会报时，这样如果你看见一个钟而听见了另一个，你就会认为这个时钟的报时是由另一个时钟引起的。精神和肉体也是如此。每个都由上帝上紧了发条，并且彼此之间保持一致，这样当我的意志力起作用时，是纯粹的物理定律引起了我手臂的运动，但是我的意志没有真正地作用于我的身体。

这个理论中当然存在种种困难。首先，这个理论非常古怪；其次，既然物理事件的序列是严格由自然律所决定，与之平行的精神事件的序列也一定是被决定了的。如果这个理论站得住脚，那么就有可能编出一部辞典，其中大脑的每一次活动都可以被翻译成相应的精神活动。一个理想的计算者可以通过力学定律来计算脑部活动，再借助这部辞典来推断同时发生的精神活动。即使没有这部辞典，这位计算者也能够推断人们的言语和动作，因为这些都是肉体的运动。这种观点很难与基督教的伦理观和作恶会受惩罚的观点调和共存。

然而，这些后果并不是马上就明了的。而这个理论似乎也有两个优点。第一点是这个理论让灵魂在某种意义上完全独立于肉体，因为灵魂永远不受肉体的作用。第二点是这个理论承认了这样一个普遍原则：一个实体不能作用于另一个实体。有两种实体，精神和物质，它们是如此不同，以至于它们之间的相互作用似乎是不可想象的。古林克斯的理论在否定了相互作用的现实的同时对相互作用的现象做出了解释。

在力学上，笛卡儿相信运动第一定律，根据这条定律，一个不受外力作用的物体会沿直线匀速运动。但是笛卡儿的思想中没有后来牛顿的万有引力定律中所讲的那种远距离的作用，没有真空这种东西，也没有原子，但是所有的相互作用在本质上都与碰撞有关。如果我们的知识足够丰富，我们就能够将化学和生物学简化为力学，胚胎发育成动物或者植物的过程纯粹是机械的。亚里士多德所说的三种灵魂是没有必要的，只有其中一种，即理性的灵魂是存在的，而且只存在于人类之中。

笛卡儿谨小慎微、带着对神学上的非难发展出了一套与某些前柏拉图的哲学家不无相似之处的宇宙演化论。他说，我们都知道，世界是像《创世记》中所讲的那样被创造出来的，但是考察一下世界本来可能如何自然生成也是非常有趣的。他构造了一种旋涡形成理论：在太阳周围的实空（与真空相反）中有一个巨大的旋涡，带动了行星绕着它旋转。这个理论倒也十分精巧，但是却无法解释行星的轨道为什么是椭圆形的而不是圆形的。这个理论在法兰西被广泛地接受，而牛顿的理论在法兰西要取代旋涡说还得经历一个很长的过程。柯茨是牛顿的《原理》一书第一个英文版的编辑者，他曾经理直气壮地论证过旋涡说会导致无神论，而牛顿的理论则需要由上帝来使得行星在不朝着太阳的方向上运动。基于这个理由，他认为更应该接受牛顿的理论。

我现在来谈谈笛卡儿在纯哲学方面的两本最重要的著作。那就是《方法论》（1637 年）和《沉思录》（1642 年）。这两本书内容重复很多，所以没有必要把它们分开来讨论。

在这两本书中，笛卡儿首先解释了后来被人们称作“笛卡儿式怀疑”的方法。为了建立一个稳固的哲学基础，笛卡儿决心让自己怀疑一切自己有办法怀疑的事情。因为他预料这个过程可能会颇费时日，笛卡儿决心在这段时间内行为循规蹈矩，这样会让他的思想不受自己与实践有关的各种怀疑所可能带来的各种后果的妨害。

他从各种与感觉有关的怀疑主义开始。他说：“我能否怀疑我现在是不是身着晨衣坐在炉火旁呢？可以，因为有时候我曾经梦见过我正在这里，但实际上我正赤身裸体躺在床上（睡裤甚至睡衣那时都还没有发明出来）。再说精神病患者有时候会有幻觉，所以我也有可能处境相同。

“然而，梦也像画家一样向我们展现真实事物的各种写照，至少依据梦的各种要素来说是如此（你可能梦到过一匹带翅膀的马，但那只是因为你既见过马也见过翅膀）。因此，一般性的物质性质，包括广延性、大小和数目这些东西，比起对各种特殊事物的信念来不那么容易受到怀疑。算术和几何与特殊事物无关，因此就比物理和天文学更可靠；算术和几何即便对梦中的物体来说也是真实的，梦中的物体在数目和广延性上也和真实的物体没有区别。然而，即便是算术和几何依然有可能受到怀疑。也许每当我想数一个正方形的边数时，或者想求 2 和 3 的和时，上帝就让我出错。也许将这样一种不仁归之于上帝是不对的，即便是在想象之中；但是也许有一个邪恶之魔，既狡猾奸诈又力量强大，并且还尽其所能误导我。如果真有这样一个恶魔，那么我所看到的一切可能仅仅是幻觉，恶魔用这些作为陷阱来骗取我的轻信。

“然而，总剩下某些东西让我无法怀疑。如果我并不存在的话，那么任何恶魔，不管多么狡猾，也不可能欺骗到我。我可能没有肉体，肉体也可能是一种幻觉。但是思想则不同。在我想要认为一切都是虚假时，那个进行思考的我必定是某种东西；于是因为注意到‘我思，故我在’这个事实是如此有效和可靠，以至于怀疑主义者那些最虚妄的假设也无法推翻它，我断定我可以深信不疑地将它作为我所寻求的哲学的第一原则。”[1]

这段文字是笛卡儿认识论的核心，包含他的哲学中最重要的内容。自笛卡儿以降，大多数哲学家都十分重视认识论，他们这么做主要归因于笛卡儿。“我思，故我在”使得精神要比物质可靠，而我的精神（对我来说）又比其他人的精神要可靠。因此，在所有出自笛卡儿的哲学中，都有一种主观主义的倾向，并且倾向于把物质视作某种如果可以被认知的话，就只能通过从精神的已知部分进行推导才可以认知的东西。这两种倾向在欧洲大陆的唯心主义和不列颠的经验主义中都存在——前者对其感到鼓舞，后者则对其感到遗憾。在最近几年，一种被称为工具主义的哲学试图摆脱这种主观主义，但是在这里我不准备谈这个话题。除了这个例外，近代哲学对各种问题的表述在极大程度上都是继承了笛卡儿的，只是不

「1」以上论证，“我思，故我在”（cogito ergo sum），被称作笛卡儿的“我思”（cogito）论，推导出这个论点的过程则被称为“笛卡儿式的怀疑”。

接受他的解答罢了。

读者也许会记得，圣奥古斯丁提出过一种非常类似于“我思论”的论点。然而，奥古斯丁并不特别看重这个论点，而且他准备用这个论点来解决的问题也只在他的思想中占据很小的部分。因此应该承认笛卡儿的原创性，尽管这种原创性更多的是由于认识到了这个论点的重要性，而不是由于创造了这个论点。

现在既然已经确保了坚实的基础，笛卡儿便着手开始建造知识的大厦。已经被证明存在的那个“我”是通过我在进行思考这个事实推断出来的，因此当且仅当我在思考时我才存在。如果我停止思考，就不会有我存在的证据。我是一个思想着的事物，一种全部本性或者本质就在于思考，而且不需要依赖地方或者物质性事物而存在的实体。因此，灵魂和肉体是截然不同的，灵魂比肉体更容易被认识；即便没有肉体，灵魂是什么样还会是什么样。

笛卡儿然后自问：为什么“我思论”这么明显呢？他得出的结论是，这无非是因为“我思论”是清晰而又与众不同的。因此他把这个原理作为一般性的准则：所有我们可以很清晰很判然地加以设想的事物都是真实的。然而，他也承认，有时候要知道这些事物是什么存在一定的困难。

笛卡儿在一个非常宽泛的意义上使用“思维”一词。他说，一个能思维的事物就是一个能怀疑、理解、肯定、否定、愿望、想象以及感觉的东西——因为发生在梦中的感觉也是一种思维。既然思维是精神的本质，那么精神一定总是在思维，哪怕是在酣睡中。

笛卡儿接着又开始讨论我们对于各种物体的认识问题。他以蜂巢中取出的一块蜂蜡为例。对各种感官来说，某些事情是显而易见的：这块蜂蜡尝起来像蜂蜜，闻起来像鲜花，有某种可以感觉到的颜色、大小和形状，生硬冰冷，如果敲打一下还会发出响声。但是如果你把它放在一团火边，这些性质都会发生变化，尽管蜂蜡依然是蜂蜡，因此之前呈现于各种感官的并不是蜂蜡本身。蜂蜡本身是由广延性、柔韧性和运动性构成的，这些性质是通过精神而不是通过想象来理解的。蜂蜡这种东西本身是无法被感觉到的，因为它同等地分布于蜂蜡呈现于不同感官的各种现象之中。对蜂蜡的感知“不是观看、触摸或者想象，而是一种精神的考察”。我并未看见蜂蜡，正如我在街上看见衣冠并不能说我看见了行人一样。“我纯凭我精神中的判断力来理解我认为我的眼睛所见之物。”由感觉得来的认识是混乱的，动物也同此理；但是现在我剥下蜂蜡的外衣，并且从精神上感知它赤裸的本相。因为我用感官看见了蜂蜡，也就随之确定了我自己的存在，但是无法确定蜂蜡的存在。对外界事物的知识一定是通过精神的，而不是通过感觉的。

这一点又带来对各种观念的讨论。笛卡儿说，最常见的谬误就是自认观念和外在的事物相似（“观念”这个词按照笛卡儿的用法包括各种感觉 - 知觉）。观念似乎有三种：天生固有的；外来的，从外面得到的；自己创造的。第二种观念，我们会很自然地假设与外界物体相像。我们之所以会这么假定，部分因为自然教我们这么思维，部分因为这种观念的得来独立于意志（也就是说，是通过感觉作用的），因此一个外来的事物将自己的形象印在我的脑海中，这种假设似乎十分合理。但是这些理由站得住脚吗？当我在这种联系中说到“自然教我们”时，我指的不过是我倾向于相信它，而不是指我通过一种自然之光看见了这种联系。借助自然之光看见的东西是无法否定的，但是单单一个倾向则有可能会是错误的。至于说通过感官得来的观念是不受意志控制的，那不是一种论证，因为梦也是不受意志控制的，但却是来自内部的。那些假定感官的观念来自外界的理由不能让人信服。

再者说，有时候关于同一个外界物体，会有两种不同的观念，比如呈现于感官的太阳和天文学家们所相信的太阳。这两个观念不会都像太阳，而理性告诉我们直接来自经验的那个观念一定在两者之中比较不像太阳。

但是这些讨论无法驳倒那些质疑外部世界存在的怀疑主义论证。唯有首先证明了上帝的存在才能驳倒怀疑主义。

笛卡儿对上帝存在的证明并不独出心裁，他的论证基本上都来自经院哲学。莱布尼茨的论述更为精妙，因此我暂且略去这些论证，在介绍莱布尼茨时再进行讨论。

证明了上帝的存在之后，其余的问题就容易解决了。因为上帝性本善良，他的行为肯定不像笛卡儿所想象的作为怀疑的理由的多诈的恶魔那样。那么既然上帝赋予了我相信物体存在这样一种强烈的倾向，如果物体并不存在，那上帝肯定是自欺欺人，因此物体存在。此外，上帝还一定赐予了纠错的能力，我在利用“凡是清晰判然的都是真实的”这条原则时使用的便是这个能力。这使得我能够懂得数学，并且如果我铭记一定只能通过精神，而不是通过精神和肉体相结合来了解关于物体的真理，我也能懂得物理学。

笛卡儿认识论建设性部分的趣味性远不如之前的破坏性部分。建设性部分运用了各种各样经院哲学的公理，诸如“结果远不能比其原因更完美”，不知这些初始时为何逃过了批判性的细察。为什么没有给出任何理由就接受这些公理，尽管它们无疑比人自身的存在更缺乏自明性，但自身的存在却自吹自擂地证明。柏拉图、圣奥古斯丁和圣托马斯的著作中包含了《沉思录》中大部分肯定性的内容。

批判性怀疑的方法在哲学上具有极大的重要性，但是笛卡儿却只是半心半意地使用这种方法。根据逻辑，很明显，只有怀疑主义止于某处，这种方法才有可能产生积极的后果。假如同时具备逻辑知识和经验知识，就必须有两种怀疑停止点：无可置疑的事实和无可置疑的推断原则。笛卡儿的无可置疑的事实是他自己的思维——按照最为宽泛的意义上使用的“思维”这个词。“我思”是他原初的前提。这里“我”这个词实际上不合逻辑，他应该把其原初叙述成“思维是有的”这种形式才对。“我”这个词在语法上十分方便，但是并不描述一个作为论据的事实。当笛卡儿接着说“我是一个思维之物”时，他已经在不加批判地使用经院主义传承下来的各种范畴工具了。他没有在任何地方证明思维需要思维者，除了一种语法意义之外，也没有任何理由相信这一点。然而，决定将思维而不是外部事物作为首要的经验确实性十分重要，并且这对所有后来的哲学都有深刻的影响。

笛卡儿的哲学在另外两点也非常重要。第一，他的哲学完成了，或者说极其近乎完成了那种始于柏拉图，并主要基于宗教原因在基督教哲学中得到发展的精神与物质的二元论。因为笛卡儿忽略了松果腺里各种奇特的相互作用，并被他的追随者所抛弃，所以笛卡儿式的体系呈现出两个平行但互相独立的世界，即精神世界和物质世界，其中任何一个世界都可以在不涉及另一个的情况下加以研究。精神并不驱动肉体，这种观念比较新颖，明确提出这一观念的是古林克斯，但是内在地应该归功于笛卡儿。这个观念的优势在于，它使得我们有可能说肉体并不驱动精神。《沉思录》中关于在肉体感到干渴时精神会觉得“难过”有相当多的讨论。笛卡儿式的正确答案是肉体和精神就如同两座时钟，当其中一座显示“干渴”时，另一座就显示“难过”。然而，从宗教的观点来看，这个理论存在严重的缺陷，这就将我们带回上文提到的笛卡儿主义的第二个特点。

笛卡儿主义物质世界的理论完全是严格的决定论。生命有机体就像无生命的物质一样受物理定律的支配，笛卡儿哲学也不再像亚里士多德派的哲学那样需要一个“隐德来希”（entelechy）或者灵魂来解释有机体的生长和动物的运动。笛卡儿本人只承认存在一个小小的例外：人类的灵魂通过意志作用，尽管不能改变生命精气的运动量，但是可以改变其运动方向。然而这一点与他体系的精神相违背，后来发现这也与力学定律相悖，因而终遭背弃。结果就是物质的所有运动都由物理定律决定，并且因为平行关系，精神事件同样也一定是确定的。所以笛卡儿派关于自由意志的问题就存在困惑，而且对那些尤其关注笛卡儿的科学而不是他的认识论的人来说，并不难想到扩展动物自动机制理论：何不对人类也这么说？何不通过将这个体系改造成一个前后一致的唯物主义从而将其简化？实际上在十八世纪已经迈出了这一步。

在笛卡儿身上有一种摇摆不定的二元主义，一方面是从时下科学中所学到的东西，另一方面是拉夫莱歇教给他的经院主义哲学。这使他前后自相矛盾，但是也丰富了他的研究成果，这是任何完全符合逻辑的哲学家无法企及的。如果能够自圆其说，他也许只会是一派新的经院哲学的创始人，但是自相矛盾使他成为两派重要但背驰的哲学流派的源头。

第十章

斯宾诺莎

斯宾诺莎（1632—1677）是哲学巨匠中人格至高无上、性情极其平易随和的人。他的才智非无人可及，且在道德方面他的高尚卓然不群。木秀于林，风必摧之，自然，他生前死后一个世纪里都被认为是一个坏到骨子里的人。他出身犹太家庭，但是犹太人将他逐出了教门。基督徒也同样对他心怀憎恶，尽管他的整个哲学贯彻着上帝这一观念，但是正统派却指责他宣扬无神论。莱布尼茨曾大大得益于斯宾诺莎但却隐瞒了自己受到的恩惠，并且极其谨慎不愿意说出一句赞扬的话语，甚至不惜撒谎否认与这位异端犹太人有深厚的私人交情。

斯宾诺莎的生平非常简单。他的家族为了逃避异端裁判所从西班牙或葡萄牙移居荷兰。他本人接受了犹太教育，但是发现自己无法再坚持正统的犹太教信仰。有人愿意每年给他一千弗罗林让他隐藏自己对正统犹太教信仰的怀疑；斯宾诺莎拒绝了，此后他又遭到暗杀的威胁；逃过暗杀之后，他便被人加诸《申命记》中的种种诅咒，甚至还被咒让母熊撕成碎片——这是以利沙对孩子们所下的诅咒。但是斯宾诺莎并没有受到母熊的攻击，他生活十分平静。他靠打磨镜片为生，先是在阿姆斯特丹，后来在海牙。他需求极其简单，并且在整个一生中对金钱表现出了罕见的淡漠。认识他的人不多，但都敬重他，即便他们不赞成他的各种原则。荷兰政府以其惯有的自由主义精神容忍了他在神学问题上的观点，只是有一段时间他支持德·威特家族反对奥伦治家族而导致政治声誉欠佳。他在四十三岁[1]风华正茂之际罹患肺结核去世。

「1」此处原文有误，应为四十四岁。——译者注他的扛鼎之作《伦理学》是在他死后出版的。在讨论《伦理学》之前，必须先来谈谈他的《神学－政治论》和《政治论》这两本书。前者融会贯通了《圣经》批评与政治理论，后者只研究了政治理论。在《圣经》批评方面，斯宾诺莎在一定程度上预示了近代的观点，特别是在旧约各卷的成书年代远比传统观点靠后这一点的认定上。他致力于阐明《圣经》能够被解释得和一种开明的神学共存。

尽管斯宾诺莎和霍布斯两人的气质存在天壤之别，但是他的政治理论却与霍布斯一脉相承。斯宾诺莎也认为在自然状态下没有对错之分，因为错误就在于违背法律。他也认为君主无过，也赞同霍布斯教会应该完全从属于国家的观点。他反对一切反叛，哪怕反叛针对的是一个坏政府，并证明发生在英国的种种反抗当局的暴力带来了种种危害。但是与霍布斯不同，他认为民主制是“最自然的”政府组织形式。在臣民应该向君主让渡所有权利的观点上他也与霍布斯存在分歧，尤其是他还主张意见自由十分重要。我并不十分清楚他是怎么将意见自由与国家应该决断宗教问题的观点调和起来的。我认为所表达的意思是宗教问题应该由国家而不是由教会决断；而在荷兰，政府要比教会更加宽容。

斯宾诺莎的《伦理学》讨论了三个不同问题。首先他讨论的是形而上学，接着讨论了各种激情和意志等心理特点，最后阐述了建立在形而上学和心理学基础之上的伦理学。斯宾诺莎的形而上学是笛卡儿的变体，他的心理学也让人联想到霍布斯，但是他的伦理学却是原创的，这也是全书最有价值的部分。斯宾诺莎和笛卡儿之间在某些方面与普罗提诺和柏拉图的关系不无相似之处。笛卡儿多才多艺，充满了对知识的好奇心，而且并没有太高的道德上的热忱。尽管笛卡儿发明了种种“证明”以支持正统信仰，但是他也可能像卡涅阿德斯利用柏拉图那样被怀疑主义者利用。斯宾诺莎尽管并不是没有科学上的兴趣，甚至还写了一篇关于彩虹的论文，但是他所关心的主要是宗教和德行。他接受了笛卡儿和同时代人的一套唯物的和决定论的物理学，并想要在这个框架内为虔诚和一种献身于“善”的生活找到位置。他的努力追求无比高尚，并且也激起了那些认为这并不成功的人的钦佩之情。

斯宾诺莎的形而上学体系类属巴门尼德所开创的哲学。除了“上帝或者自然”这唯一的实体，任何有限的事物都是不能独立存在的。笛卡儿承认上帝、精神和物质这三种实体的存在。的确，即便对笛卡儿而言，上帝也在某种意义上比精神和物质更具有实在性，因为上帝创造了精神和物质，而且上帝可以随心所欲毁灭它们。但是除了与上帝的全能性有关的部分之外，精神和物质是两个独立的实体，它们分别由思维和广延性这两个属性来界定。斯宾诺莎毫不同意这种观点。对他来说，思维和广延性都是上帝的属性。上帝还有无限多个其他属性，因为上帝在每个方面一定都是无限的，只是这些其他的属性不为我们所知。个人的灵魂和单块物质在斯宾诺莎看来是形容词性的；它们不是事物，而只不过是那个神圣的存在的特性。基督徒们所信仰的个人的不朽永无可能，可能的只是那种在于越来越和上帝合二为一的非个人的不朽。有限的事物由其物理上或者逻辑上的边界所确定，也就是说，它们是通过自身不是什么来界定："一切确定都是否定。"完全肯定的存在只有上帝，而且上帝一定是绝对无限的。这样斯宾诺莎就被带到了一种彻底而又纯粹的泛神论。

在斯宾诺莎看来，一切事物都在一种绝对的逻辑必然性的统治之下。在精神领域根本就不存在自由意志，在物理世界中绝没有偶然。一切发生的事情都是上帝高深莫测的本性的显现，所以从逻辑上讲各种事件就不可能异于它们现实的形象。这种观点比较难于论述罪恶问题，批评者会轻而易举发现这一问题。其中一位批评者说，根据斯宾诺莎的观点，一切都遵循上帝的命令，因而一切都是善的。他便愤慨地问道："尼禄弑杀亲母难道也是善的吗？亚当吃禁果难道也是善的吗？"斯宾诺莎答道："在这些行为中肯定性的部分为善，只有否定性的部分为恶，而否定只有从有限的造物的观点来看才存在。在唯一完全实在的上帝那里不存在否定，因此在我们看来是罪的恶性，当视作整体的部分时恶并不存在。"尽管大多数的神秘论者曾经主张过种种类似的观点，但是很显然无法与正统的罪恶和天谴的学说相调和。这种观点与斯宾诺莎对自由意志的彻底否定存在密切的联系。尽管斯宾诺莎一点也不喜欢争辩，但是他过于诚实，不会隐藏自己的观点，他也从不虑及自己的观点对同时代的人来说有多么荒谬，多么骇人听闻，因此他的学说遭人厌恶也就不足为奇了。

《伦理学》一书的铺陈参照了欧几里得的风格，有定义、公理和定理，在公理之后的一切都通过演绎性的论证得到了严密的证明。这让他的这本书读起来很费劲。一个现代的研究者，如果无法设想斯宾诺莎声称要确立的那些东西能有严谨的"证明"，肯定会对证明的细节越读越没有耐心，事实上这些细节也没有必要掌握。读一读对命题的阐述，再研究一下囊括《伦理学》一书大部分精华的注释就足够了。但是如果苛责斯宾诺莎的几何学方法，也表明认识不足。主张一切事物都能够得到证明，这一点在伦理学上以及在形而上学上都是斯宾诺莎的体系的核心，因此提供证明必不可少。我们无法接受他的方法，因为我们无法接受他的形而上学。我们无法相信宇宙各部分之间的相互联系是符合逻辑的，因为我们认为只有通过观察而不是通过推理才能发现科学定律。但是对于斯宾诺莎而言，几何学的方法很有必要，这也是与他的学说中最根本的部分紧密联系的。

现在探讨一下斯宾诺莎的各种情感理论。书中一段先对精神的本性和源头的形而上学进行了讨论，这段讨论逐渐导向了一个惊人的论点，即“人类的精神能够充分认识上帝永恒和无限的本质”。但是在《伦理学》第三卷中所讨论的各种激情分散了我们的注意力，并模糊了我们对整体的理智洞察。书中写道：“一切事物只要是自在的，便努力保持自己的存在。”因此便出现了爱、恨和争斗。第三卷中的心理学完全是利己主义的心理学。“谁想象自己所憎恨之物毁灭，谁就会感到快乐。”“如果我们认为某人以某物为乐，而此物又只能为一个人所拥有，我们便会努力让那个人无法拥有那个东西。”但是即便在这一卷中，斯宾诺莎有时也会抛弃披着数学证明外衣的犬儒主义，并说道：“以恨报恨会增强憎恨；但是反过来，以爱报恨，则会使憎恨被抵消。”根据斯宾诺莎的看法，自我保存是各种激情最根本的动机；但是当我们认识到在我们自身之中实在的和肯定性的东西是将我们联合成一个整体的那种东西，而不是维持我们各自独立的表象的那种东西时，自我保存的品质就会发生改变。

《伦理学》的最后两卷是全书中最有趣的部分，这两卷的题目分别是《论人类的束缚或情感的强度》以及《论理解的力量或人类的自由》。发生在我们身上的事情由外部原因决定的程度，决定了我们受奴役的程度；我们有多少自觉，就有多少自由。斯宾诺莎像苏格拉底和柏拉图一样，相信所有的错误行为都是因为理智上的错误：充分理解自己周围的人，其行为就会十分明智，甚至在对其他人来说是不幸的事情面前也能快乐。他并不指望人们能够无私，而是认为自我追求，以及在某种意义上更具体的自我保存支配了一切人类行为。“不能设想有任何德行能够先于这种维持自身存在的努力。”但是明智的人自我追求选择的目标，其想法与普通的利己主义者不同：“精神上至上的善是关于上帝的知识，精神上最高的德行就是认识上帝。”从不恰当的观念中迸发出来的情感被称为“激情”，不同的人的激情可能会互相冲突，但是遵循理性生活的人会和谐共处。快乐本身即是善，但是希望和恐惧则是恶，谦卑和悔恨亦然：“懊悔自己行为的人倍加可怜和软弱。”斯宾诺莎将时间视作非实在的，因此所有在本质上与未来或者过去的事件有关的情感都有悖于理性：“只要精神在理性的支配下理解一件事物，不论所产生的观念是关于现在、过去还是未来的，精神都会同样受到影响。”

这是一种不容置疑的说法，但却是斯宾诺莎体系的核心，因而宜详加斟酌。按照流行的观点，“结局好一切都好”；如果宇宙在逐渐进步，我们认为这好于逐渐恶化，哪怕在这两种情况中善恶等量齐观。我们关心自己时代的灾难胜于关心成吉思汗时代的灾难。按照斯宾诺莎的看法，这是不合理性的。无论发生什么，都是上帝所看见的永恒的超时间的世界的一部分；对上帝来说，日期毫无关系。明智之人在人类所允许的限度内，努力按照上帝的方式在永恒的方位下来看世界。但是，你也许会反驳，说我们更关心未来的不幸肯定是正确的，因为那些还有可能加以避免，而对过去的灾难我们是无能为力的。针对这一论点，斯宾诺莎的决定论给出了答案。只有无知才使得我们认为自己可以改变未来，该来的总会来，未来如同过去一样是确定和不可更改的。希望和恐惧之所以遭到了谴责，这主要在于两者都建立在将未来视作不确定的基础之上，并且因此都产生于智慧的缺乏。

假如我们能尽力而为，我们就可能获得一种类似于上帝对世界的洞察，将万物都视作整体的部分，都看成是对整体的善来说必不可少的东西，因此"对邪恶的理解是不充分的理解"。上帝不知道邪恶，因为没有邪恶可知，只有将宇宙的各部分视作独立自存时才会出现邪恶的表象。

斯宾诺莎的世界观意在将人们从恐惧的专横下解放出来。"自由人根本想不到死亡，他的智慧是关于生命的沉思而不是死亡的默想。"斯宾诺莎的人生彻底践行了这条箴言。在生命的最后一天他镇静自若，不像《斐多篇》中的苏格拉底那样兴奋激动，而是同往常一样与来访者谈论他们感兴趣的问题。有别于其他哲学家，他不仅相信自己的学说，还践行自己的学说；我闻所未闻，尽管受到极大的挑衅，他会陷入自己的伦理学所谴责的激动和愤怒之中。在论辩当中，他总是谦和并通情达理，从不非难他人，而是尽最大的努力来说服对方。

所有源自我们自身、发生在我们身上之事皆为善，源自外部的事乃为恶，"因为所有致效因为人的事物都必然为善，所以除非通过外因，否则任何邪恶都无法降临到人的头上"。因此，宇宙作为一个整体很显然不会发生任何恶事，因为宇宙不受外因的支配。"我们是普遍的自然的一部分，并且我们遵循着她的秩序。如果我们对此理解清楚、判然，我们的本性中由才智所界定的部分，换句话说就是我们身上的良善部分，就一定会默许临头之事，并且在默许中还努力坚持。"只要一个人情非得已成为一个更大整体中的一部分，他就会陷入束缚之中；但是只要通过理解掌握了这个整体的唯一实在，人即会自由。《伦理学》的最后一卷对这种学说各种隐含的意义进行了发挥。

斯宾诺莎并不像斯多葛派那样反对一切情感，他只反对激情，也就是那些让我们显得在外部力量的掌控下身处其中被动的情感。"激情，只要我们对它形成一种清晰判然的认识，它就立即不再是激情了。"对一切事物的理解皆是必然的，这有助于精神获得掌控情感的力量。"只要清晰并且判然地理解自身和自身的各种情感，人就会热爱上帝，而且越是理解自身和自身的情感，人就越是热爱上帝。"这个论点让我们初次认识了"对上帝的理智的爱"，而所谓的智慧就在于这种爱。对上帝的理智之爱是思维与情感之间的一种结合，可以说这种理智之爱由真正的思维和理解真理的过程所带来的快乐共同组成。真思维中的一切快乐都是对上帝理智之爱的一部分，因为它不包含任何否定性的东西，所以真正是整体的一部分，不像那些互相分离因而显得恶的片段，只是在表面上是整体的一部分。

如前所述，对上帝的理智之爱与快乐有涉，但是也许存在误解，因为斯宾诺莎说上帝不为任何快乐或痛苦的情感所左右，又说"精神对上帝的理智之爱是上帝对自己的无限的爱的一部分"。尽管如此，我依然认为"理智之爱"中有某种不仅仅是理智的东西，也许涉及远比愉悦更快乐的某种东西。

据斯宾诺莎说，"对上帝之爱一定在精神中占据了一个最为主要的位置"。之前的论述已经略去了斯宾诺莎的证明，但这无以完整展现他的思想。由于对斯宾诺莎的论证过程过于简略，为了完整描述他的思想，在此需要再完善对他的论述。读者们可以凭借想象为其他的论点做一些补充。对以上论点的证明如下：

"因为这种爱与肉体的所有改变都有关联（据第五卷，论点十四），并且这些改变对其有促进作用（据第五卷，论点十五），因此（据第五卷，论点十一），它一定在精神中占据了一个最主要的位置。证毕。"

关于以上这个证明中所引用的种种论点，第五卷论点十四表述如下："精神能够使得所有的肉体性改变和对事物的意象有可能和上帝的观念相关联。"上面已经引用的第五卷论点十五则这样表述："一个人能够清晰并且判然地理解自身和自身的各种情感就会热爱上帝，而且他理解自己和自己的情感越深就越是热爱上帝。"第五卷论点十一的表述则是："一种精神意象所关联的对象越多，它就会越加频繁、越加生动地占据更多的精神。"

上面所引用的这些"证明"也许可以表述为：对我们所遭遇之事增加一份理解都在于将事件和上帝的观念关联起来，因为从真理上讲，一切都是上帝的一部分。将一切都理解为上帝的一部分就是对上帝的爱。当所有的对象都被归因于上帝时，上帝的观念便会完全占据精神。

这样一来，"对上帝的爱一定在精神中占据了最主要的位置"，这就不再主要是一种道德劝诫，而是随着我们对理解的获得而一定不可避免地要发生的事。

我们得知，无人能够憎恨上帝，而且另一方面，"热爱上帝的人也无法努力让上帝爱他作为回报"。歌德在对斯宾诺莎尚不了解的情况下就开始崇敬他，并且把这个论点作为自我克制的例子。这个论点绝非自我克制，而是斯宾诺莎的形而上学的逻辑结果。他不是说人们不应该让上帝爱自己，而是说爱上帝的人没法让上帝爱自己。这一点可以通过以下论述得到澄清："因为，如果一个人真这样努力了，他就是在期望自己所爱的上帝不是上帝（据第五卷论点十七的推论），而且结果他就是在期望感受痛苦（据第三卷论点十九），而这是荒谬的（据第三卷论点二十八）。"第五卷论点十七是那个已经征引过的论点，就是说上帝没有各种激情、快乐和痛苦，从上面引用的推论中推断出上帝既不爱也不恨任何人。在这里所牵扯的又不是伦理规诫，而是一种逻辑必然：一个爱上帝又希望上帝爱他的人就是在希望感受痛苦，"而这是荒谬的"。

不应该认为上帝不能爱任何人这一表述与上帝以一种无限理智的爱来爱自己这个表述相矛盾。上帝可以爱自己，因为那是可能的，不涉及错误信仰的；而且不管怎样，理智之爱也是一种非常特殊的爱。

此时，斯宾诺莎告诉我们他现在已经给我们开出了"针对各种情感的所有治疗方法"。最主要的方法是对各种情感的本性以及它们和外界原因的联系有清晰和判然的认识。与对人类的爱相比，对上帝的爱还有一个更大的优点："心灵上的不健康和不幸一般都能追溯到对某种臣服于多种变化的事物过度的爱。"但是从清晰判然的知识中却会"诞生出对不变的和永恒的事物的爱"，并且这种爱没有那种对短暂而又多变的对象的爱所具有的激荡而又不安的品质。

尽管个人在死后的不朽是一种幻觉，但是人类精神中依然有某种东西是永恒的。精神只能在肉体延续的情况下才能够想象或者记忆，但是在上帝之中存在一种观念能够将这个或那个人的肉体本质以永恒的形式表示出来，这种观念就是精神的永恒部分。对上帝的理智之爱，当被个人体验到时，就包括在精神的永恒部分中。

神佑就在于对上帝的爱，它并不是对德行的奖赏，而是德行本身；我们并非因为控制住了自己的欲望才为神佑而感到欣喜，而是因为我们为神佑感到欣喜才控制住了自己的欲望。

《伦理学》以这些话作为结束：

"明智之人，只要他被认为是明智的，其心灵极少受到扰动，是因为通过某种永恒的必然性认识到了自己、上帝和万物，所以永远不会停止存在，而且永远拥有对自己心灵的真正顺从。即使我所指出的通往这个结果的道路看起来极为艰难，但那依然是一条可以被发现的道路。但是不必说这一定是一条艰难之路，因为它被发现得如此之少。如果拯救的办法唾手可得，毫不费力就能发现，那怎么可能还会被几乎所有人忽略呢？但是一切卓越的事情实践起来都是像它们的罕见程度一样困难的。"

为了批判性评价作为哲学家的斯宾诺莎的重要性，有必要将他的伦理学和他的形而上学区分开来，研究一下在摒弃后者之后，前者还有多少能够保留下来。

斯宾诺莎的形而上学可以被称为"逻辑一元论"的绝佳范例。所谓逻辑一元论就是那种将世界作为一个单一的实体来看待的学说，认为世界的任一部分在逻辑上都不可能独自存在。支持这种观点最终极的依据是认为一切命题都有一个主项和一个谓项这种信念，这个信念将我们导向了"关系"和"多元"一定都是幻觉这个结论。斯宾诺莎认为世界和人类生活的本性能够从自明的公理中用符合逻辑的方法推理出来，我们应该像对待 2 加 2 等于 4 那样顺从地对待各种事件，因为它们同样都是逻辑必然性的结果。整个这套形而上学都是不可能被接受的，它和现代逻辑和科学方法都是无法共存的。事实必须通过观察来发现，而不是通过推理。如果我们成功地推断了未来，我们所依据的原理在逻辑上并不是必然的，而是由经验性的资料所揭示的。而且斯宾诺莎所依赖的实体概念，无论是今天的科学还是哲学都是不能接受的。

谈及斯宾诺莎的伦理学，我们会觉得——至少我是如此——即使其学说的形而上学基础被否定，依然有某些东西，尽管不是全部，是可以接受的。泛泛而言，斯宾诺莎试图说明，即便承认了我们作为人类所拥有的力量的各种局限，人们怎样才能高尚地生活。受其必然性学说的影响，他想象的局限比实际更多；但是当这些局限不容置疑地存在时，斯宾诺莎的准则大概更加有效。比如，以死亡为例：一个人竭尽全力都不能让自己永生，因此在为我们必死这一事实而恐惧和叹息上浪费时间毫无意义。让对死亡的恐惧迷住心窍是一种奴役，斯宾诺莎说"自由的人坦然面对死亡"，他说得对。但即便如此，我们所讨论的是一般意义上的死亡；由任何一种疾病所导致的死亡，如存一线希望，还是应该通过求医问诊来加以避免的。而且即便在这种情况下也不应该焦虑或者恐惧，而应该冷静地采取各种必要的手段，我们的思维也应该转移到其他问题上。所有其他个人的不幸也同此理。

但是如果不幸发生在亲朋好友身上又怎么办？让我们来想一想在我们的时代欧洲或者中国的居民们头上可能发生的某些事情。假如你是犹太人，而你的家人惨遭屠杀；假如你是一个抵抗纳粹的地下工作者，敌人因为抓不着你就枪杀了你的妻子；假设你的丈夫因为纯粹某个莫须有的罪名被遣送到北极地区强制劳动，并且死于虐待和饥饿；假设你的女儿在被敌军士兵强奸后又被杀死——在这些情况下，你还应该保持一种哲学的平静吗？

如果你信奉基督，你会说："父啊，赦免他们，因为他们不晓得他们的所作所为。"[1]我曾经结识一些贵格派教徒，他们能够诚恳深切地说出这句话，而且我很敬佩他们能做到这一点。但是在表示敬佩之前，人们必须非常确定一点，即不幸理应被深深地感受到了。人们无法接受某些斯多葛派的态度，他们说："就算我的家人都在受苦受难又有什么关系？我依然能够道德高尚。"基督教"要爱你的敌人"这一原则是善的，但是斯多葛派"别关心你的朋友"的原则则是恶的。而且基督教的原则所极力主张的并非平静，而是对哪怕最坏的人也要有热切的爱。对这一条无语以对，对大多数人而言它太难了，因而无法真心践行它。

对那样的灾难，初始反应是复仇。当麦克德夫获悉麦克白杀害了自己的妻子儿女时，他便决心亲手杀死这个暴君。暴行所造成的伤害十分严重，而且严重到引起不相关的人们道德上的恐惧时，复仇的反应依然为大多数人所赞赏。我们无法完全非难这种反应，因为它是导致惩罚的动力之一，而有时惩罚是必要的。此外，从精神健康的观点来看，复仇的冲动很可能十分强烈，如果不允许发泄出来，一个人整个的人生观就有可能变得扭曲或多少有些偏狂。这一点虽然不是放之四海而皆准，但是在大多数情况下是正确的。但是在另一方面，必须承认复仇是一个危险的动机，如果社会承认复仇，那就是允许一个人在他自己的诉讼中充当法官，而这正是法律所力图阻止的事情。再说复仇的动机通常也十分过分，它所追求的并非罪当其罚。例如，虐待罪并不应该用虐待来处罚，但是一个被复仇的欲望折磨得发疯的人会认为让他憎恨的对象无痛苦死去太便宜了。此外——而且斯宾诺莎在这一点上是正确的——单一的激情所支配的生活是狭隘的生活，它无法同任何一种智慧的生活相容。因此这种复仇并不是对伤害的最佳反应。

斯宾诺莎能够说出基督徒之语，也能说出超乎这之外的一些话。对他而言，所有的罪恶都源于无知。他会像基督徒们那样"赦免他们，因为他们不晓得他们的所作所为"。但是他会让你按照他的观点避开产生罪恶的根源，即见识狭隘；而且他会极力规劝你，即使万劫不复，也不要将自己封闭在痛苦的世界里；他会让你将罪恶及其原因放在一起来看，并将罪恶视作自然秩序整体的一部分。我们已经看到过，他相信仇恨能够被爱所化解："以怨报怨会使憎恨增强，但是反过来以德报怨则会使憎恨化解。被爱彻底征服的恨会逐渐变成爱，于是爱就会比没

[1] 这是耶稣在被钉上十字架之前所说的话，见《新约·路加福音》第二十三章第三十四节。——译者注

有恨之前更大。”但愿我能够相信这种说法，但是我做不到；除非出于特殊情况，即个人的憎恨完全被不肯冤冤相报的人所掌控。在这种情况下，惊讶于自己不受惩罚，一个人可能会心生善念。但是只要权力为邪恶的人所掌握，你做出不恨他们的保证用处不大，因为他们会曲解你话语的动机，而且不抵抗你也无法剥夺他们的权力。

对斯宾诺莎来说，这个问题要比对那些不相信宇宙至善的人来说容易。斯宾诺莎认为，如果你从实质上来看自己的不幸，即将自己的不幸置于一连串从始至终连绵不断、前后互相联系的事件一部分来看，你就会明白，那些不幸只属于你，而不是宇宙的不幸；对宇宙来说，所有的不幸不过是为了加强最后的和声而转瞬即逝的不协和的音符罢了。我无法接受这种观点，我认为个别的事件就是个别的事件，并不会因为被纳入一个整体之中而变得有所不同。每一种残酷的行为都永远是宇宙的一部分，之后发生的任何事情都不能使这种行为由恶变善，任何后来发生的事情都无法将完美赋予包含着残酷行为的整体。

尽管如此，如果你命中注定要忍受命运对你的不公（或者在你看来是如此），斯宾诺莎所宣扬的去思考整体的原则，或去思考比你不公的命运更宏大的事情这一条的原则对你而言还是有用的。甚至，当我们想到人类的生活，连同其中所包含的所有罪恶和痛苦都不过是宇宙生命中极微小的一部分时，我们是会感到安慰的。这种沉思也许还不足以构建一种宗教，但是在一个痛苦的世界中，它们有助于我们保持清醒，并且斯宾诺莎的伦理学原则是救治彻底绝望下的麻木不仁的解药。

第十一章

莱布尼茨

莱布尼茨（1646—1716）是千古绝伦的大智者，但是他的为人却并不值得称道。的确，他具有雇员推荐信中雇主所希望看到的所有德行：勤勉、节俭、克制，并且不贪恋钱财。但是他完全缺乏斯宾诺莎身上崇高的哲学品德。他最为精湛的思想并不能为他博取世人的欢心和赢得声望，于是他就将这些思想的手稿束之高阁不予发表。他蓄意投其所好发表可以博取君主和贵妇们赞许的东西，结果便有了两套可以认为代表了莱布尼茨的哲学体系：一套是他公开宣扬的，乐观、正统、肤浅而又离奇玄虚；另一套是最近编辑者们从他的手稿中慢慢挖掘出来的，深刻、条理清楚、深受斯宾诺莎影响，并且逻辑性惊人。流俗的莱布尼茨杜撰了“这个世界是所有世界中至善的世界”这种学说，F.H. 布拉德利给这种说法加上了一个嘲讽性的评语：“所以其中的一切都是必然的罪恶。”伏尔泰以漫画式的手法加以嘲讽的邦格乐斯博士[1]的原型正是莱布尼茨。忽略了这个莱布尼茨可以说不合历史，但是另一个莱布尼茨在哲学上要重要得多。

莱布尼茨在三十年战争结束之前两年生于莱比锡，他的父亲是当地的道德哲学教授。莱布尼茨在大学里学习法律，1666 年他取得了阿尔特道夫大学的博士学位。这所大学向他提供了一个教授的职位，但是他拒绝了，说自己“另有非常不同的计划”。1667 年他开始在美因茨大主教手下供职，这位大主教也像其他西德意志的君主一样，正在为对路易十四的恐惧而苦恼。在获得了大主教的同意之后，莱布尼茨便试图教唆这位法兰西国王去侵略埃及而不是德意志，但是有人十

「1」邦格乐斯博士（Doctor Pangloss）是伏尔泰的小说《老实人》中的人物。——译者注

分礼貌地提醒他自从圣路易的时代之后，对异教徒的圣战就已经过时了。莱布尼茨的这个计划一直秘而未宣，直到拿破仑自己在远征埃及失败四年之后于1803年占领汉诺威时才被发现。1672年，因为这项计划，莱布尼茨到了巴黎，随后的四年大部分时光都在那儿度过。他在巴黎的种种社交活动大大地促进了他才智的发展，因为那个时候的巴黎在哲学和数学方面在世界上遥遥领先。正是在巴黎，1675—1676年间，莱布尼茨对牛顿的成就一无所知，他独立发明了微积分。莱布尼茨的著作最初发表于1684年，牛顿的则最初发表于1687年。十分不幸，为了争夺微积分的发明权而惹起了争执，而参与的各方都颜面尽失。

莱布尼茨花钱有些吝啬。每当汉诺威宫廷中有女士要结婚，他便照例送给她一套自己的“结婚礼物”，这些礼物无非是一些有用的格言，末尾再附上一条建议，规劝新娘不要因为得到了丈夫而停止洗衣物。至于新娘们是不是感激，历史没有记载。

在德意志，莱布尼茨所学的是一种新经院哲学派的亚里士多德哲学，他在自己整个后来的生活中都保持着其中的部分思想。但是在巴黎，他逐渐了解了笛卡儿主义和伽桑狄的唯物主义，两者都对他产生了影响。他说，他在这个时候放弃了“浅薄琐碎的学派”，即经院哲学。在巴黎，他开始了解到马勒伯朗士和詹森派信徒阿尔诺[1]。对他的哲学具有决定性重要影响的是斯宾诺莎，莱布尼茨在1676年时拜访过他。他和斯宾诺莎相处了一个月，经常进行讨论，并且获得了《伦理学》的一部分手稿。但是在后来几年，莱布尼茨加入到攻击斯宾诺莎的行列之中，几乎不再与斯宾诺莎接触来往，并声称自己和斯宾诺莎只见过一面，斯宾诺莎只跟他讲了一些政治上的闲言碎语。

莱布尼茨1673年开始与汉诺威王朝联系，他后来为汉诺威王室服务终生。从1680年开始，他担任沃尔芬比特的汉诺威王室图书馆馆长，并且正式受聘来编写布伦瑞克公国[2]的历史。莱布尼茨在去世时已经写到了1009年，而这部书直到1843年才出版。他还曾费尽心机策划一项旨在促成各个教会之间重新联合的方案，但是这个计划以流产而告终。为了获得证据证明布伦瑞克公爵和埃斯特家族[3]存在亲缘关系，他还游历过意大利。尽管有这些功劳，他在乔治一世成为英格兰国王时还是被留在了汉诺威，最主要的原因就是他和牛顿的争吵已经让他

「1」马勒伯朗士和阿尔诺都是当时法兰西的笛卡儿派学者。——译者注

「2」布伦瑞克是北德意志的一个公国，汉诺威王室便是从这个公国传下来的一支。——译者注

「3」埃斯特家族是意大利的贵族世家之一。——译者注

在英格兰不受欢迎了。然而，正如莱布尼茨在函件中告诉所有人的那样，威尔士王妃站在他这一边反对牛顿。但是尽管有她的支持，莱布尼茨还是默默无闻地辞别了人世。

莱布尼茨的流俗哲学展现在他的《单子论》和《自然与天恩的原理》等著作中，两本书中有一本（但不清楚是哪一本）是为马尔伯勒的同僚萨伏依亲王尤金所写。为普鲁士王后夏洛特所写的《辩神论》一书则奠定了他的神学乐观主义的基础。下文将先来论述这些著作中的哲学，再来讨论他那些搁置未发表但内容更为充实的思想。

与笛卡儿和斯宾诺莎一样，莱布尼茨也将自己的哲学建立在实体的概念之上，但是在精神和物质的关系以及实体的数目这些问题上莱布尼茨却有别于他们。笛卡儿承认存在三种实体，上帝、精神和物质；斯宾诺莎只承认上帝。对笛卡儿来说，广延性是物质的本质属性；而对斯宾诺莎来说，广延性和思维都是上帝的属性。莱布尼茨主张广延性不可能是某种实体的属性，他的理由是广延性牵扯到“众多”，因此只可能属于一个实体的集合。每个单独的实体一定是不可延展的。结果便是他相信实体的数目是无限多的，一种实体便被他称为一个“单子”。每一种单子都具有某些物理上的点所具有的性质，不过抽象看来如此；事实上，每个单子都是一个灵魂。这一点在否定了广延性是实体的属性之后是会很自然地随之产生的，剩下的唯一可能有的本质属性可能就是思维了。这样就导致莱布尼茨否认物质的实在性，而代之以一个有无限多个成员的灵魂家族。

实体之间不会发生相互作用，这种观点是由笛卡儿的追随者们发展起来的，也在莱布尼茨这里得到了继承，并且他还从中得出了各种奇妙的结论。他认为，任意两个单子之间永远不可能有因果联系；即便看起来似乎存在因果关系，那也是因为表象的欺骗性而已。根据他的观点，单子“无窗”。这个观点导致了两个难题：一个是力学上的，因为在力学中，物体彼此之间似乎有影响，特别是在碰撞时；另一点则与知觉有关，因为知觉似乎是被感知的物体对感知者的一种作用。我们现在暂时忽略掉力学上的难题，先来讨论知觉问题。莱布尼茨主张，每一种单子能够映照宇宙并不是因为宇宙对单子有影响，而是因为上帝赋予了单子一种能够自发地产生这种结果的本性。在一个单子的变化和另一个单子的变化之间有一种“前定的和谐”，从这种“前定的和谐”中产生出了相互作用的假象。这显然是两座时钟理论的引申，笛卡儿派所说的两座时钟因为各自都很准，所以在同一时刻报时；而莱布尼茨则有无限多个钟，全部在造物主的安排下在同一瞬间报时，这并不是因为它们彼此影响，而是因为每座时钟都是一套极为精密准确的机械装置。莱布尼茨为那些认为前定和谐说太古怪的人们指出，自己的这个观点为上帝的存在提供了十分绝妙的证据！

单子形成了一个等级系统，其中有些单子比其他单子更能映照宇宙的清晰性和判然性。所有的单子在进行知觉作用时都有某种程度的混杂，但是混杂程度大小则随着单子地位的高低而不同。人的肉体完全是由单子组成，每个单子都是一个灵魂，每个单子也都是不朽的；但是有一个处于支配地位的单子，这个单子便被称为它所在的那个人的专属灵魂。这个单子不仅与其他单子相比具有更清晰的知觉作用，在此意义上它是居于统治地位的。在另一个意义上也是如此，那就是人肉体中的种种变化（在一般的情况下）就是因为这个统治单子的缘故而发生的：当我的手臂活动时，这个活动所要达到的目的就在于这个统治性单子，即我的精神之中；而不在于那些构成我的手臂的单子之中。这就是常识上所讲的我的意志控制我的手臂的真理。

呈现于各种感官的，以及在物理学中所假定的空间，都不是实在的；但是空间有一个实在的对应物，也就是单子们根据它们映照这个世界的视角按照三维秩序所形成的排列组合。每个单子都通过某种自身特有的观点来看待这个世界，在这个意义上，我们可以不严格地说，单子是有空间位置的。

一旦承认了这种表述方式，我们便能够说所谓真空这种东西是不存在的，每一个可能的视角都被一个且仅仅被一个实际存在的单子所占据。任意两个单子都不是完全相同的，这就是莱布尼茨的“不可识别者的同一性”原理。

为了表现自己与斯宾诺莎不同，莱布尼茨很重视自己的体系中所承认的自由意志。他有一条“充分理由原理”，根据这条原理，没有什么事情的发生是没有原因的；但是当我们关心的是各种自由动因时，它们所带来的各种行动的理由“有倾向性但是无必然性”。一个人的行为总是有动机的，但是他行为的充分理由却是没有逻辑必然性的。至少，莱布尼茨在他为公众写作时是这么说的；但是我们将会看到，他还有另一种学说，但是他在发现阿尔诺讨厌这种学说之后就没有发表。

上帝的各种行为也有着同样的自由。上帝的行动总是以至善为出发点，但是上帝这样做并不为任何逻辑所强迫。莱布尼茨同意托马斯·阿奎那的观点，认为上帝行事不可能有违逻辑定律，但是上帝可以下命令做任何逻辑上可能的事情，这就使得上帝拥有很宽泛的选择自由。

莱布尼茨将关于上帝存在的各种形而上学证明发展到了终极形式。这些证明有着悠久的历史，它们始自亚里士多德，甚至可以追溯到柏拉图，在经院哲学家手中实现了形式化，其中一种，即本体论论证，是由圣安瑟勒姆所创造的。尽管圣托马斯否定了这种论证，但是笛卡儿又复活了它。莱布尼茨的逻辑能力无与伦比，他对这些论证的叙述比以前的都要好。这就是我要在谈到莱布尼茨时考察这些论证的原因。

在考察这些论证的细节之前，我们应该认识到现代的神学家们已经不再依赖这些论证了。中世纪的神学是希腊理智的衍生物。旧约中的上帝是一位力量之神，新约中的上帝也是一位仁爱之神。但是在神学家那里，从亚里士多德到加尔文，上帝都具有理智的吸引力：上帝的存在解决了某些难题，如果这些难题不解决的话，它们就会为我们理解宇宙造成种种推理上的困难。在证明几何命题的推理后出现的那位神明并没有让卢梭感到满意，他又回到了与福音书中的上帝相类似的上帝概念上去。大体上讲，近代的神学家，特别是新教的神学家，在这方面都沿袭了卢梭的观点。哲学家们则一直更为保守，在黑格尔、洛策和布拉德利那里，种种形而上学的论证仍然存在，尽管康德宣称他已经将这些论证一劳永逸地推翻了。

莱布尼茨对上帝存在的论证一共有四个，分别是：本体论论证；宇宙论论证；基于各种永恒真理的论证；基于前定和谐说的论证。其中最后一种可以被推广为预定设计说论证，或者像康德所称呼的那样称之为物理－神学论证。下面我们就来依次考察这些论证。

存在与本质的区别是本体论论证依据的基础。这种论证主张，任何一种普通的人或物，一方面是存在的，另一方面又有某些性质，这些性质构成了其“本质”。哈姆雷特尽管并不存在，但是也有某种本质，他郁郁寡欢、优柔寡断而又风趣诙谐等等。当我们描述一个人时，不管我们的描述有多么细致，这个人是实际存在的还是虚构这个问题依然是悬而未决的。用经院哲学的语言来表述，就是对任何有限的实体来说，其本质并不必然意味其存在。但是对于被定义成最完美的神的上帝来说，圣安瑟勒姆坚持认为本质必然意味着存在，他所依据的理由是，对于一个拥有所有其他完善性的神来说，如果他存在要好过他不存在，从中可以推断出如果他不存在他就不是可能有的至善之神。笛卡儿也继承了这种观点。

莱布尼茨既没有全盘接受也没有全盘否定这个论证，他说，这个证明还需要补充，即证明一个被这样定义的上帝是可能的。他为上帝的观念是可能的写出了一个证明，他在海牙时给斯宾诺莎看过。这个证明将上帝定义为最完善的存在，也就是所有完善性的主项，而完善性则被定义成“一种积极而又绝对的单纯性质，无论它所要表现的是什么都会毫无保留地表现出来”。莱布尼茨很轻易地证明了任何两种像上面那样定义的完善性都是不可能相容的。他得出的结论是：“因此，一个所有完善性的主项，或者说最完美的神，是存在的，或者说是可以被设想的。由这一点又可以推断出上帝是存在的，因为存在是诸种完善性之一。”

康德通过主张存在不是一个谓项来反驳这个论证。另一种反驳则出自我的描述语理论。对一个现代的头脑来说，这种论证显得不是那么可信，但是准确地找出到底在哪儿出了错却比感觉到其中一定有错要困难。

宇宙论论证比起本体论论证来更栩栩如生。这种论证是初因论证的一种形式，而初因论证本身又来自亚里士多德对不动的推动者的论证。初因论证十分简单，它指出一切有限的事物都有一个原因，这个原因反过来又有一个原因，依此类推。这个论证又主张，这个前因的序列不会是无穷的，序列的第一项本身一定是没有原因的，因为否则它就不会是第一项。因此万物都有一个没有前因的原因，而那显然就是上帝。

莱布尼茨对这个论证采取了一种多少有些不同的形式。他论证道，世界上的每一种特殊事物都是“偶然的”，也就是说，在逻辑上也有可能不存在；而且这一点不仅对每个特殊的事物来说是真的，对整个宇宙来说也是真的。即便我们假定宇宙一直都存在，在宇宙之中也没有任何东西可以表明宇宙为什么会存在。但是按照莱布尼茨的哲学，万物都必须有一个充分的理由，因此作为一个整体的宇宙也一定有一个外在于宇宙的充分的理由，这个充分理由就是上帝。

这个论证优于直白的初因论证，而且反驳起来不太容易。初因论证依赖于凡是序列一定有首项这个假定，而这个假定是错误的，例如真分数的序列就没有首项。但莱布尼茨的论证并不依赖宇宙一定在时间上有一个开端这一观点。只要我们同意莱布尼茨的充分理由原理，这个论证就是有效的；但是如果否定了这个原理，这个论证也就随之瓦解了。莱布尼茨的充分理由原理到底意味着什么是一个众说纷纭的问题。古图拉[1]主张一切真命题都是“分析性的”，也就是说其矛盾命题都是自相矛盾的。但是这个解释（在莱布尼茨不公开的著作中可以找到对这个解释的支持）即使是正确的，也是只有行家里手才能看懂。在莱布尼茨公开发表的著作中，他主张必然命题和偶然命题之间存在区别，而且只有前者才可以从逻辑定律中推出；还主张支持存在的命题都是偶然命题，只有支持上帝存在的

[1] 古图拉（Couturat，1868—1914），是法兰西数学家、逻辑学家和哲学家。他曾经在 1901 年出版过一本研究莱布尼茨逻辑的专著。——译者注

那个例外。尽管上帝是必然存在的，他创造这个世界却不是因为逻辑的强迫；相反，那是自由的选择，是受到上帝自身善的驱动而不是由其自身的善所注定的。

康德说这个论证依赖于本体论论证，很明显他是对的。如果世界的存在只能通过一个必然的神的存在才能得到说明，那么一定有一个神，其本质是包括存在的，因为一个必然的神就是这个意思。但是如果一个本质包括存在的神真的有可能存在，那么只凭理性，不靠经验就可以定义这样一位神，而且其存在还可以从本体论论证中推导出来，因为一切只和本质有关的事物都可以不依赖经验而得到认识——至少莱布尼茨的观点如此。因此宇宙论论证比起本体论论证来似乎显得更为有理乃是一种错觉。

基于各种永恒真理的论证有点难以准确叙述。大体上讲，这个论证是这样的：像“天正在下雨”这样的陈述有时候为真，有时候为假；而像“2 加 2 等于 4”这样的陈述则总是为真。所有只与本质有关而与存在无关的陈述，要么总是为真，要么永远不是真的。总是为真的陈述就被称为“永恒真理”。这个论证的要点在于，各种真理是各种精神所包含的内容的一部分，因此一种永恒的真理一定是一种永恒的精神所包含的内容的一部分。在柏拉图那里已经展开的论证与之不无相似之处，柏拉图论证中通过各种相的永恒性来推导不朽。但是莱布尼茨的论证有了进一步的发展，他主张偶然真理的终极理由必须在必然真理中寻找。这里的论证过程与宇宙论论证一样：整个偶然的世界一定有一个理由，而这个理由本身不可能是偶然的，而且必须在永恒真理之中寻找。又因为存在的事物其理由本身也一定存在，因此永恒真理在某种意义上一定是存在的，而且它们只能作为思想存在于上帝的精神之中。这个论证实际上只是宇宙论论证的另一种形式。而且，它仍然容易招来进一步的反驳：很难说一个真理是“存在于”一个理解它的精神之中的。

至于莱布尼茨所叙述的基于前定和谐说的论证，只有在那些接受了莱布尼茨单子学说并认为单子没有窗户并且全都映照着宇宙这个说法的人看来才是有效的。这个论证是：既然所有的时钟在相互之间不发生因果作用的前提下依然彼此一致，那么就一定有一个独立的外部原因曾经校对过所有的时钟。显而易见，这个论证的困难正是那个困扰着整个单子论的困难：如果单子从不发生相互作用，那么其中任何一个单子是怎么知道其他单子的呢？表面上看来像是在映照宇宙这件事可能仅仅是个梦。事实上，如果莱布尼茨是正确的，那么这件事也就是个梦，但是他以某种方式确信所有的单子在同一时刻都做着同样的梦。这当然是异想天开的，而且如果没有之前笛卡儿主义的历史也绝不会显得可信。

然而，莱布尼茨的这个论证可以不依靠他那奇特的形而上学，并转化为一种所谓的预定设计论证。这个论证主张，通过对已知世界的调查，我们会发现有些事物被解释成盲目的自然力的结果似乎不合理，而如果被当作是一个仁慈意图的证据则要合情理得多。

这个论证没有逻辑形式的缺陷，其前提是经验性的，其结论则声称是通过通常的经验推论得到的。因此是否承认这个论证就并不取决于一般性的形而上学问题，而取决于相对细节化的考量。这个论证与其他的论证相比有一个很大的不同，那就是如果它是有效的，那么它所证明的上帝并不需要具有通常的那些形而上学属性。这个上帝并不一定全能或者全知，他也许只是远比我们明智和有力量罢了。世界上的罪恶可能就是因为他的力量有限。有些现代的神学家在构造自己的上帝观念时利用了这些可能性。但是这些思索与莱布尼茨的哲学离题太远，现在我们必须言归正传。

莱布尼茨哲学别出心裁之一就是多个可能世界的学说。如果一个世界和逻辑规律不矛盾，它就是“可能的”。可能世界有无限多个，上帝在创造现实世界之前已经全部深思熟虑过了。上帝因为是善的，便决定创造所有可能世界中最好的一个，并且上帝将那个善超过恶最多的世界当作最好的世界。上帝本来可以创造一个并不包含罪恶的世界，但是那样一个世界不如现实世界好。这是因为有些大善在逻辑上和某些特定的恶有着紧密的联系。举一个很简单的例子，当你在一个大热天口渴难忍时，喝一口凉水会让你感到极大的快乐，以至于你会认为之前的口渴虽然痛苦，但是值得忍受；因为如果没有口渴的话，之后快乐的享受就不可能来得这么大。在神学上，这样的例子微不足道，而是罪恶与自由意志之间的联系。自由意志是大善，但是上帝在逻辑上是不可能在赋予人们自由意志的同时又命令人们不许作恶。因此尽管上帝预见到亚当会吃掉苹果，尽管罪恶不可避免地会带来惩罚，上帝还是让人类自由。所产生的这个世界，尽管包含罪恶，但是善超过恶的部分却要远远多于任何其他可能的世界。因此这个世界就是所有可能的世界中最好的，其中所包含的恶并不构成反对上帝性善的理由。

这个论证显然很让普鲁士王后满意。她的农奴们继续忍受着恶带来的痛苦，而她则继续享受着善带来的好处，并且还有一个哲学大家保证这是既公平又正当的。这真令人欣慰。

莱布尼茨对罪恶问题的解答，像他的其余大多数流俗学说一样，在逻辑上是可能的，但是并不那么令人信服。一位摩尼教徒完全可以这样反驳：现实世界是所有可能的世界中最坏的一个，其中善的事物的存在只是为了服务于加深各种罪恶这个目的。他还可以说，世界是由一个邪恶的造物主创造的，这个造物主允许有善的自由意志，为的是确保坏的罪恶，而且恶要超过自由意志的善。他可能还会继续说，这个造物主创造了某些有德行的人，为的是让那些邪恶的人来惩罚他们，因为惩罚有德行的人是一件极大的罪恶，足以让世界比没有好人存在时更坏。我不是在宣扬这些观点，我认为那是奇思异想，我只是在说这种意见并不比莱布尼茨的理论更加想入非非。人们愿意认为宇宙是善的，并且会对证明宇宙是善的种种糟糕论证抱有宽容的态度，但是证明宇宙坏的种种糟糕论证则受到了仔细的审视。实际上，这个世界当然是善恶并存的，除非否定了这个显而易见的事实，否则就不会出现什么"罪恶的问题"。

我现在来谈谈莱布尼茨的秘传哲学。在其中我们能够发现为什么在他的流俗学说中有那么多显得武断和荒诞的内容，还能发现对他的各种学说的解释，如果这个解释广为人知的话，就会让那些流俗的学说令人极度难以接受。有一个事实值得注意，就是他故意欺骗了后来的哲学研究者，以至于那些编辑在整理他那浩如烟海的手稿，为他编订出版选集时，更愿意选择支持他体系的公认解释的文章。然而一些文章足以证明莱布尼茨并非他希望别人认为的那样，而是一位深刻的哲学家，而这些文章却被视如草芥并弃而不收。我们必须依靠路易·古图拉最早在 1901 年或者 1903 年编成出版的两部文集中的材料才能了解莱布尼茨的秘传哲学。莱布尼茨甚至在一部开头冠以如下按语："在这里我取得了巨大的进步。"但是尽管如此，直到莱布尼茨去世将近两个世纪之后才有编辑者认为这部手稿值得出版。的确，在他写给阿尔诺的信函中包含了一部分他的更为深刻的哲学，而这些信件在十九世纪也都出版了，但是最早认识到其重要性的人是我。阿尔诺对这些信件的反应实乃令人失望，他写道："我在这些思想中发现了许多令我警觉的东西，而且如果我没有被误导的话，这些东西也会让大多数人感到震惊，所以我看不出这样一部几乎在全世界都会遭到否定的作品何用之有。"这种评论充满了敌意，这无疑让莱布尼茨从此之后对他在各种哲学问题上的真实观点采取了一种保密措施。

实体这个概念在笛卡儿、斯宾诺莎和莱布尼茨的哲学中都是至关重要的，它是从主项和谓项这个逻辑范畴中派生出来的。有些词既可以是主项也可以是谓项，例如我可以说"天空是蓝色的"，也可以说"蓝色是一种颜色"。其他有些词——其中专有名词是最明显的例子——绝不会出现在谓项的位置上，而只能做主项，或者一个关系的各项之一。这样的词便被认为指称的是实体。实体除了具有这种逻辑特性之外，还会在时间中一直存在，只要它不被万能的上帝所毁灭

(人们推测，这种事永远也不会发生)。所有的真命题要么像“人都是会死的”那样是一般命题，并在这种情况下陈述一个谓项必然意味着另一个谓项；要么像“苏格拉底是会死的”那样是特称命题，并且在这种情况下，谓项被包括在主项之中，谓项所表示的性质是主项所表示的实体的概念的一部分。不管在苏格拉底身上发生了什么事，都能用一个以“苏格拉底”作为主项，以描述所发生的事情的词语作为谓项的句子来断言。所有这些谓项加在一起就构成了苏格拉底的“概念”，并且在如下的意义上都是必然属于苏格拉底的：一个这些谓项所做的断言不为真的实体就不是苏格拉底，而是其他人。

莱布尼茨坚定相信逻辑的重要性，不仅仅是就处在自身领域内的逻辑而言，而且是就作为形而上学的基础的逻辑而言。他研究过数理逻辑，如果他发表了自己的研究成果，这门学问的重要性早就会凸显出来了；在那种情况下，他就会成为数理逻辑的奠基者，并让这门学问提前一个半世纪为人所知。他之所以放弃发表，是因为他不断地发现证据证明亚里士多德的三段论学说在某些问题上是错误的；他对亚里士多德的尊敬使得他不可能相信这件事，于是他错误地认为一定是自己错了。尽管如此，他在一生中依然怀抱着发现一种普遍化的数学的心愿，他称之为“Characteristica Universalis”(万能参数)，通过这种方法可以用计算来代替思考。他说：“如果我们有了这种东西，就能够差不多像几何学和数学解析那样对形而上学和道德问题进行推理了。”“如果发生了争议，两位哲学家之间会像两个会计之间那样没有争论的必要。因为他们只需要在手里拿着笔，在他们的石板前坐下，对彼此说(如果他们愿意还可以请一位朋友做证人)：让我们来算一算，就足够了。”

莱布尼茨将自己的哲学建立在两个逻辑前提之上：矛盾律和充分理由律。这两个前提又都建立在一种“分析”命题的概念之上，而所谓的分析命题就是谓项被包含在主项之中的命题——例如，“所有的白种人都是人”。矛盾律所陈述的是所有分析命题都是真命题。充分理由律（只在秘传的体系中）所陈述的则是所有的真命题都是分析命题。这一点甚至对于那些我们必须当作关于实际问题的经验性陈述也适用。如果我做一次旅行，我的概念一定自永恒以来就将这次旅行的概念包括在内了，这次旅行就是我的谓项。“我们可以说，一个个体性的实体，或者完全地有，其本性就在于这样一个概念；这个概念是如此地完全，以至于它足以包括这个概念所归属的那个主项的所有谓项，并且能够从自身之中推导出这些谓项。例如，亚历山大大帝‘国王’这一性质，如果被从主项中抽出来，对一个个人来说就不够确定，不再牵扯到同一主项的其他性质，也不再涉及这位君主的概念所包含的一切；反之，上帝因为看到了亚历山大的个体概念或者存在的个体性，同时就在其中看到了所有真正能够被归属于亚历山大的谓项的根据和理由。例如，他是否会征服大流士和波鲁斯，甚至于先验地（而不是根据经验）知道他是死于自然原因还是死于毒药，而这些我们只能从历史书中了解到。”

莱布尼茨在写给阿尔诺的一封信中明确陈述了自己的形而上学的基础：

“在我求助于所有真命题都具有的那个概念的过程中，我发现所有的谓项，无论是必然的还是偶然的，也不管是过去的、现在的还是将来的，都包含在关于主项的概念之中，于是我就不再多问了。……所讨论的这个命题极为重要，值得好好地加以确认，因为从中可以推导出每个灵魂都是一个单独的世界，它独立于上帝之外的任何事物；还可以推导出灵魂不仅是不朽的，还可以说是无感觉的，而且灵魂在自己的实体中保留下所有发生在它身上的事情的痕迹。”

他接着解释到实体之间并不发生相互作用，而是每个实体都从自己的视角来映照宇宙，并通过这一点取得一致。之所以不可能相互作用，是因为发生在每个实体身上的一切都是其自身概念的一部分，只要实体存在就是被永远确定了的。

这个体系很明显与斯宾诺莎的一样都是决定论的。阿尔诺曾经惊恐和厌恶莱布尼茨的陈述：“每个个人的概念将发生在他身上的一切全部囊括在内。”这种观点明显无法与基督教的罪恶和自由意志学说共存。因为发现阿尔诺对这个观点的态度很冷淡，莱布尼茨便十分谨慎地没有将其发表。

的确，对于人类来说，通过逻辑认识的真理和通过经验认识的真理之间存在区别。这种区别体现在两个方面：首先，尽管发生在亚当身上的一切都可以从他的概念中推导出来，但是如果他存在的话，我们也只能通过经验来确认他的存在；其次，任何一个单个实体的概念都是无限复杂的，只有上帝才有可能做出为了推导其谓项所需要的分析。然而，这些区别只能被归因于我们的无知和知识上的局限；对上帝来说，这些区别都不存在。上帝能够理解亚当这个概念全部无限的复杂性，因此就能够看出所有关于亚当的真命题都是分析的。上帝还能够先验地确认亚当是否存在。因为上帝知道自己的善，所以从中可以推导出上帝创造是可能有的最好的世界，而且上帝还知道亚当是不是构成这个世界的一部分。因此我们无法通过自己的无知而真正逃脱决定论。

然而，此外还有一个非常奇特的问题。莱布尼茨在大多数时候都将创世描述成上帝的自由行为，需要上帝行使自己的意志。根据这种学说，对现实中存在什么的决定就是不受观察的影响的，而是必须通过上帝的善来进行的。上帝的善使得他创造了可能有的最好的世界，除了这一点之外，关于一个事物存在而另一个不存在没有什么先验的理由。

但是有时，在从未示人的手稿中，莱布尼茨有一个完全异乎寻常的理论解释了为什么有些事物存在而另外一些同样有可能的事物不存在。根据这一理论，所有不存在的事物都在为存在而努力，但并不是所有可能存在的东西都能够存在，因为它们并不都是“可共存的”。有可能A存在，也有可能B存在，但是A和B同时存在则是不可能的；在这种情况下，A和B就不是“可共存的”。两个或者更多的事物只有在它们都有可能存在时才是“可共存的”。莱布尼茨似乎在想象一种发生在地狱边缘[1]的战争，在那里居住的本质都力图存在；在这场战争中，可共存的事物组成了一个个集团，其中最大的那个集团取得了胜利，就像在一场政治斗争中取胜的是最大的游说集团一样。莱布尼茨甚至把这个概念当作一种定义存在的方法。他说：“存在者可以被定义为能够与之共存的事物要比不能与之共存的事物更多的事物。”也就是说，如果A和B不相容，而A和C、D、E都能相容，而B只能和F、G相容，那么按照定义，存在的就是A而不是B。他说：“存在者就是能和最多事物共存的有。”

在这个叙述中完全没有提及上帝，显而易见也没有提到任何创世行为。为了决定什么存在，除了纯逻辑之外也不需要任何其他东西。对于莱布尼茨而言，A和B是否可共存是一个逻辑问题，也就是A和B同时存在是否牵扯到矛盾。从中可以推知，逻辑能够决定哪个可共存事物的集团最大，这个集团结果就会存在。

然而，也许莱布尼茨并非真正要表达以上给出的是存在的一个定义。如果那不过是个判断的依据，它就可以通过莱布尼茨称之为“形而上学的完善性”的方法及其他的流俗观点取得调和。他所使用的“形而上学的完善性”这个术语，似乎指的是存在的量。他说，那“不过是在严格理解之下积极的实在性的大小”。他一直主张上帝创造了尽可能多的事物，这也是他反对真空的理由之一。有一个普遍的信念（但是我一直不理解）认为存在要比不存在好，根据这个理由孩子们就被告诫要对父母感恩戴德。莱布尼茨显然也持有这种观点，他认为创造一个尽可能完满的宇宙是上帝的善的一部分。从这点就可以推导出现实世界是由最大的那个可共存者的集团构成的。一个本领足够高强的逻辑学家只用逻辑依然能够决定某个实体会存在还是会不存在，看来此言不虚。

就其隐秘的思想来看，莱布尼茨是将逻辑作为解决形而上学问题的关键的哲

---

[1] 地狱边缘是某些基督教派的教义中所说的位于天堂和地狱之间的地方，在那里居住着没有受洗的婴儿和耶稣生前的好人的灵魂。——译者注

学家的最好实例。这种哲学始于巴门尼德，柏拉图利用相的理论来证明种种逻辑范畴之外的命题，又将这类哲学推进了一步。斯宾诺莎的哲学也属于这一类，同样的还有黑格尔的哲学。但是莱布尼茨更加清晰明确地从句法角度为现实世界做推论，这一点他们无人可及。这种论证方式因为经验主义的发展已经名声扫地。我不敢轻下结论，可以由语言对非语言事实做出可靠的推断，但是从莱布尼茨和其他先验论的哲学家中间可以看到的那种推论显然并不可靠，因为这些推论依据的逻辑都是存在缺陷的。往昔的哲学家所假定的主项－谓项逻辑，要么完全忽视了关系，要么提出了各种错误的论证来证明关系不是实在的。莱布尼茨因为将主项－谓项逻辑和多元论结合起来而犯了一个极为严重的前后不一致的错误，因为“有许多单子”这个命题并不是主项－谓项的形式。如果一个相信所有命题都属于这个形式的哲学家想要前后一致，他就应该像斯宾诺莎那样是一元论者。莱布尼茨之所以拒绝一元论在很大程度上是出于他对力学的兴趣，还因为他论证广延性涉及重复，因此不可能是单个实体的一种属性。

莱布尼茨的文字非常枯燥沉闷，他对德意志哲学的影响就是使之变得枯燥无味而又学究气十足。他的弟子沃尔夫在康德的《纯粹理性批判》出版之前一直独霸德意志的各所大学，他抛弃了莱布尼茨思想中所有有趣的部分，由此形成了一种死气沉沉学究式的思考方式。在德意志之外，莱布尼茨对哲学的影响微乎其微；他的同时代人洛克支配了英国哲学，而在法兰西，笛卡儿继续处于统治地位，直到伏尔泰引入了英国的经验主义并使之大行其道之后，他的统治地位才被推翻。

但不管怎么样，莱布尼茨依然是位伟人，而且他的伟大现在看起来比之前任何时代都明显。除了作为数学家和微积分的发明者声名显赫之外，他还是数理逻辑的先驱，早于其他所有人认识到数理逻辑的重要性。而且他的哲学假说虽然有点离奇，但是表达十分清晰、严密。即便是他的单子说，因为暗示了看待知觉作用的几种可能的角度，也依然具有一定的用处，只是不能认为单子没有窗户罢了。就我个人而言，我认为他的单子论中最好的部分是他的两种空间说：一种是主观性的空间，位于每个单子的知觉之中；另一种是客观性的空间，由不同的单子在映照宇宙时的角度聚合而成。我相信，这一点在连接知觉作用和物理学方面依然功不可没。

第十二章

哲学上的自由主义

自由主义在政治和哲学中的兴起，为研究一个极具普遍性而又极为重要的问题提供了素材。这个问题是：政治和社会环境对杰出而富有原创性的思想家的思想有何影响？反过来，这些人对之后的政治和社会发展又有何影响？

两种常见完全对立的错误都应该予以避免。一方面，那些熟悉书本要超过实际事务的人倾向于高估哲学家们的影响。当他们看到某个政党声称自己受到了某某人学说的感召时，就会认为这个政党的行动可以归功于某某人；但是一位哲学家受到一个政党的欢呼可能只是因为他所推荐这个政党本该干的事情，而且这种情况并不罕见。直到最近，著书立说的人差不多全都极力渲染同行前辈的影响。但是反过来说，对旧有错误的抵抗又导致了一种新的错误的产生，这种新错误就在于将理论家们几乎完全视作其环境的被动产物，并认为他们对各种事件的进程几乎毫无影响。按照这一观点，各种观念和想法就好比是深深水流表面的泡沫，水流本身是由物质性和技术性原因决定的；河水的流向并非是由泡沫向岸上人表明的一样，社会变革也不是由思想决定的。就我看来，真理在这两个极端之间。在思想观念与实际生活之间，也像在其他地方一样，存在着相互作用；要是问何为因何为果，就如同先有鸡还是先有蛋的问题一样毫无意义。我不准备浪费时间对这个问题进行抽象讨论，但是我准备从历史的角度来考察一下这个一般性问题的一个重要实例，那就是从十七世纪至今，自由主义及其派生思想的发展。

早期的自由主义是英格兰和荷兰的产物，具有某些十分显著的特征。自由主义拥护宗教宽容；它本身属于新教，但是并不属于那些狂热的新教教派，而是开明的新教；它认为宗教战争是愚蠢的，等等。早期的自由主义十分重视贸易和工业，所以它支持正在崛起的中产阶级而不支持君主和贵族阶层；自由主义极为尊重财产权，特别是对由个人所有者凭劳动积累起来的财产更是如此。世袭主义虽然没有被摒弃，但是与之前相比在范围上受到了限制；尤为重要的是，自由主义否定了君权神授，转而支持这样的观点：所有的社会至少最初都有权选择自己的政体。十分显然，早期的自由主义是一种调和了财产权的民主主义。当时存在一种理念（最初并没有得到清晰的阐述），认为所有人生来都是平等的，人们之后的不平等便是环境的产物。这就极大强调了与先天气质相对的后天教育的重要性。当时还存在某种针对政府的偏见，因为当时几乎所有国家的政府都掌握在国王和贵族手中，他们几乎既不理解也不尊重商人的需求，但是这种偏见受到了制约，因为相信不久就能赢得必要的理解和尊重。

早期的自由主义是乐观的，既富于活力又具有哲学精神，因为它代表了一种增长中的力量，而且这种力量看起来很可能不经过很大的困难就会取得胜利，而且在胜利之后可能给人类带来极大的好处。早期的自由主义在哲学上和政治上反对一切中世纪的东西，因为中世纪的各种理论曾经被用来确保教会和国王的权力，为迫害寻找借口，并为科学的兴起设置障碍；但是它也同样反对当时各种近代的狂热主义，例如加尔文教派和再洗礼派。早期的自由主义试图为政治上和神学上的纷争画上一个句号，好让释放出来的精力能够从事各种激动人心的商业和科学事业，诸如东印度公司和英格兰银行、万有引力定律和血液循环的发现等等。在整个西方世界，顽固不化逐渐被开明宽容所取代，对西班牙武力的恐惧也逐渐终结了，社会各个阶层都在日益富裕，并且那些最高的希望似乎也由无比清明的判断做出了保证。一百年里，没有任何事情曾经让这些希望蒙上阴影；但是后来，这些希望本身最终引发了法兰西大革命，大革命直接导致了拿破仑的上台，之后又是神圣同盟的缔结。经过种种事件，自由主义不得不喘息一下，然后十九世纪复兴的乐观主义才有可能出现。

在开始讨论各种细节之前，很有必要对十七一十九世纪自由主义运动的一般模式做一番考察。这个模式最初十分简单，但是逐渐变得日益复杂。整个自由主义运动的特有属性从某个宽泛的意义上来说是个人主义；但是个人主义如果不加以进一步界定的话，就是个模棱两可的术语。在我使用这个术语时所要表达的意义上，亚里士多德及其之前的希腊哲学家都不是个人主义者。他们从根本上将人作为社会的一员来看待，例如柏拉图的《理想国》所关心的就是如何描绘一个好的社会，而不关心如何描绘一个好的个人。随着从亚历山大的时代开始希腊丧失其政治自由，个人主义就发展起来了，其代表就是犬儒派和斯多葛派。按照斯多葛派哲学的观点，一个人不管社会环境如何都可以过一种善的生活。这也是基督教的观点，特别是在基督教取得国家的控制权之前。但是在中世纪，虽然神秘主义者继续使得基督教伦理中原有的个人主义倾向活跃不减，但是大多数人的观念，包括大部分哲学家在内，都处在一个由教义、法律和风俗所组成的牢固的结合体的支配之下，这就使得人们的理论信念和实践道德都受到一个社会机构即天主教会的控制：什么是真，什么是善，这些问题都不由个人的独立思考所决定，而是由宗教会议的集体智慧所决定。

新教打开了这个封闭体系的第一个重要缺口，新教断言宗教理事会也可能会犯错。这样，对什么是真理的决断就不再是社会性的，而是个人性的活动了。既然不同的个人会得出不同的结论，结果便是争斗；而且神学上的决定再也不在主教会议上去寻求了，而是到战场上去寻求。又因为双方都无法彻底根除对方，所以问题最后就变得很明显，必须找到方法来调和理智上和伦理上的个人主义与有秩序的社会生活。这是早期自由主义试图解决的主要问题之一。

与此同时，个人主义渗透到了哲学之中。笛卡儿认为能从根本上确定的事实“我思，故我在”，使得知识的基础变得因人而异了，因为对每个人而言，起始点都是自己的存在，而不是其他个人或者社会的存在。他对清晰判然的观念的强调也产生了同样的作用，因为通过内省我们才能认为自己发现了自己的观念是否清晰和判然。笛卡儿之后大多数哲学家都或多或少地具有这种理智上的个人主义的一面。

不过，这个一般性的立场也有各种不同的形式，在实际中也有着非常不同的结果。典型的科学探索者的观点所带有的个人主义成分也许最少，如果他得出了一个新的理论，那只是因为这个理论在他看来是正确的；他并不屈服于权威，因为如果他那么做了，他就是在继续承认前人的理论。同时，他所依据的是公认的真理标准，并且他不是通过自己的权威来说服其他人，而是希望在其他个人看来论证合乎道理而信服。在科学中，任何个人与社会之间的冲突本质上都是暂时的，因为大体说来，具有科学精神的人都接受同样的知识标准，因此争论和研究最终往往会产生一致的意见。不过这是一个近代的发展；在伽利略时代，亚里士多德和教会的权威依然被认为至少和得之于各种感官的证据一样有说服力。这表明科学方法中的个人主义尽管并不显著，但是仍然是必不可少的。

早期的自由主义在与知识有关的问题上是自由主义的，在经济问题上也是如此，但是在情感和伦理上并不带有自我主张的气息。这种形式的自由主义支配了十八世纪的英国，支配了美国宪法的起草者，也支配了法兰西的百科全书派。在法兰西大革命期间，这种自由主义的代表是包括吉伦特党在内的那些比较温和的派别；但是随着这些派别的覆灭，这种自由主义在法兰西的政治中绝迹长达一个世代。在英国，在拿破仑战争结束之后，这种自由主义随着边沁派和曼彻斯特学派的兴起而再度辉煌。这种自由主义在美国取得了最伟大的成功，在那里因为没有封建制度和国家教会的阻碍，这种自由主义从1776年到今天，或者至少到1933年[1]，都一直占有优势地位。

有一个运动始于卢梭，在发展过程中，从浪漫主义运动和国家主义原则中获得了力量，并逐渐走上了自由主义的对立面。在这个运动中，个人主义从知识领域扩展到了各种激情的领域，个人主义无政府主义从多个方面得以显现。卡莱尔和尼采所发扬光大的英雄膜拜就是这种哲学的典型代表，各种不同元素都聚集在这种哲学之中：有对早期工业化时代的厌恶，对工业化带来的丑陋的憎恨，对工业化带来的残酷的反感；有对中世纪的乡愁式的眷念，因为对现代世界的厌恶而将中世纪理想化；还有一种试图将维护日益衰落的教会和贵族的特权与保卫工人不受工厂主的欺压这两件事结合起来的努力；还有一种在国家主义和捍卫"自由"的光荣战争的名义下维护反叛的权利。拜伦是这个运动的诗人，费希特、卡莱尔和尼采是这个运动的哲学家。

但是既然我们不能全部经历英雄式的领袖生涯，也不能全部都让自己的个人意志得到伸张，所以这种哲学像其他形式的无政府主义一样，如果被应用到现实中，就会不可避免地导致最成功的"英雄"独裁统治。一旦英雄暴政被确立起来，他就会压制其他人自我主张的伦理观，而他自己却是借助这种伦理观取得了权力。因此，这一整套人生观存在内在的矛盾，即在实践中采用这个理论会导致某种截然不同的结果：一个个人在其中受到严厉压制的独裁国家。

另外还有一种哲学大体上讲也是从自由主义中派生出来的，那就是马克思主义哲学。我在后文中会讨论它，因此眼下只需要在脑海中对它有个印象。

洛克的著作最早对自由主义进行了全面阐述，洛克尽管绝不是近代哲学家中最深刻的人，但却是最有影响的人。在英国，洛克的各种观点和大多数受过教育的人的观点是如此彻底地一致，以至于除了在理论哲学中以外，很难觅得洛克观点影响的踪迹。但是另一方面，在法兰西，洛克的观点却在实践中引起了对现存政权的反抗，并在理论上引起了对占统治地位的笛卡儿主义的对立，因此无疑在

---

[1] 1933年罗斯福总统开始推行新政，采用凯恩斯主义学说，国家干预经济活动，这被认为有违自由主义的精神。——译者注

决定各种事件的发展方向上发挥相当大的作用。这就是一个普遍原则的实例：一种在一个政治上和经济上都比较先进的国家中发展起来的哲学在其诞生地可能只是对流行意见的梳理和系统化，但是在其他地方就可能成为革命激情的来源，并最终催生出现实中的革命。在先进国家用来调控政策的一些准则主要是通过理论家们才为后进国家所知的。在先进国家，实践启发理论；而在落后的国家，理论启发实践。移植的理论之所以很少像在其祖国那样成功，这个区别也是原因之一。

在讨论洛克的哲学之前，让我们先来回顾一下在十七世纪英国对他的观点的形成有影响的一些背景情况。

内战中国王和议会存在的冲突使得英国人从此长期以来爱好妥协和稳健，而且害怕将任何一种理论推到其逻辑终点，时至今日这些仍然是英国人的特点。议会长期所极力争取的各项原则起初得到了大多数人的支持，议会希望废除国王贸易垄断的权力，并且迫使国王承认征税权专属于议会。议会还期望放宽英国国教内部给受到劳德大主教压制的一些观点和做法以自由。议会成员主张议会应当定期召开，而不是仅仅在国王感到议会必不可少的时候才召开。议会还反对随意拘捕、法官们对王室意愿的无条件效忠。但是也有许多人虽然愿意为这些目标进行宣传鼓动，但是并不愿意为此发动对国王的战争，那对他们来说是叛国和亵渎神明的行为。所以等到战争真的爆发了，双方势均力敌。

从内战爆发到克伦威尔当上护国公，其间的政治发展历程现在已人尽皆知，但是在当时则是史无前例的。议会党分成长老会派和独立教会派两派，长老会派希望保留国家教会，但是取消主教，独立教会派在主教的问题上和长老会派意见一致，但是主张每个宗教团体都有自由地选择自己神学的权利。与独立教会派相比，长老会派大体上属于更高的社会阶层，他们的政治观点也更温和。他们寄希望于国王战败举行和谈并与国王缔结和约。但是如下两种情况使得他们的希望十分渺茫：第一，国王在主教的问题像殉道士般顽固；第二，打败国王证明十分困难，而且只有克伦威尔的新模范军能够做到，而这支军队是由独立教会派的人士组成的。结果，当国王的军事抵抗被粉碎时，他依然不肯坐到谈判桌前，而长老会派在议会所掌握的武装力量数量上又失去了优势。为了保卫民主，权力被集中到了少数人手中，而这部分人行使权力时完全不顾及民主和议会政府。查理一世曾经试图逮捕议会的五名成员，结果弄得群情激奋，而行动流产让他颜面尽失。但是克伦威尔就不存在这样的困难。在普拉德清洗中，他驱逐了大约一百名长老会派成员，并获得了一个暂时服从自己意志的多数。最后，当他决定干脆解散议会时，“悄然无声”——战争已渐行渐近了，并且引起了对宪政体制的蔑视。此后，克伦威尔统治时期英国的军事独裁政体受到国民中越来越多的大多数人的憎恨，但是克伦威尔及其党羽重兵在握，人民无力摆脱这种统治。

查理二世躲进橡树从里死里逃生，到荷兰流亡之后，在复辟时期便决心闭户不出。这迫使他接受了某种程度上的妥协。他不再要求不经议会允许征税的权力。偶尔他也能够靠路易十四的财政援助藐视一下议会的财政权，不过总体上讲，他还是一个立宪制的君主。最初查理一世的反对派们提出的对王室权力的各种限制，这在复辟时期大多得到了承认，也受到了查理二世的尊重，因为事实已经证明，国王决不能不受制于自己的臣民。

詹姆斯二世与他的哥哥不同，他完全没有各种技巧并且缺乏手腕。他顽固信仰天主教，国教徒和各种非国教徒团结起来站在了他的对立面，尽管他还无视国会试图与非国教徒达成和解，并对他们在宗教上十分宽容。斯图亚特王室为了避免战争所必需的征税行动（这会让他们有求于议会），不惜先后对西班牙和法兰西奉行屈辱顺从的外交政策。法兰西力量与日俱增引起了英国人对这个大陆上的领导国家的深藏于心的敌意，而撤销南特敕令[1]也让新教徒十分激烈地反对路易十四。最终，几乎每个英国人都想除掉詹姆斯二世，但是同时几乎所有人也都决心避免重回内战和克伦威尔独裁的日子。既然通过宪政体制内部无法剪除詹姆斯，就必须发动一场革命。但是革命必须速战速决，以便不给破坏性的力量留下任何机会。议会的权力必须得到永久的保证；国王必须退位，但是君主制必须保留，不过，不是一种信奉君权神授的君主制，而是一种既依赖立法许可，也依赖议会的君主制。贵族和大资产阶级联合起来，所有这一切都立竿见影了，根本没有动刀动枪的必要。在尝试各种强硬的态度并且失败了之后，妥协和稳健终于获得了胜利。

来自荷兰的新国王带来了那个国家为世人瞩目的商业和神学上的智慧。英格兰银行被创立起来了；国债变成了一种保险的投资，这种投资不再会因为君主脾气变化无常而有被拒绝兑换的危险。信教自由的宽容法令虽然依旧让天主教徒和各种非国教徒受到种种限制，但是终结了实际上的迫害。英格兰在外交上奉行坚定的反法政策，并且直到拿破仑被打败为止，除了间或有些例外。

---

[1] 1685年路易十四撤销了亨利四世在1598年发布的允许臣民自由选择宗教信仰的“南特敕令”，规定全体国民必须信仰天主教。——译者注

第十三章

洛克的认识论

约翰·洛克（1632—1704）是1688年革命的倡导者，那次革命温和而又成功前所未有。革命的目的虽然有限，但是都完全达到了，而且英国到今天为止都没有感到进行任何后续革命的必要。洛克忠实地体现了这次革命的精神，他的大部分著作都是在1688年前后那几年写成。他在理论哲学方面最主要的著作《人类理智论》，完成于1687年，出版于1690年。他的《论宽容的第一书简》用拉丁文写就，最初于1689年发表于荷兰；洛克在1683年时就出于慎重而隐退到那个国家。《论宽容》的后续两部书简分别发表于1690和1692年。他的《政府论》两篇在1689年获得了出版的许可，随后立即便发表了。他的《论教育》一书则发表于1693年。尽管洛克很长寿，但是他所有影响非凡的著作都是在1687—1693年这几年之间写成的。革命成功鼓舞了其信仰者。

洛克的父亲是清教徒，在内战中站在议会一方。在克伦威尔统治时期，洛克正在牛津大学求学；当时这所大学在哲学上依然是经院哲学式的，洛克既不喜欢经院哲学也不喜欢独立教会派的各种狂热信仰。笛卡儿对他影响深远。洛克后来成了一位医生，他服务于沙夫茨伯里勋爵，这位勋爵就是德莱顿笔下的“亚希多弗”的原型。1683年沙夫茨伯里失势，洛克便跟随他一起逃亡荷兰，在那里一直生活到光荣革命爆发。革命之后，除了有几年受雇于贸易部之外，他献身于著述工作和应对自己的作品所引发的无休止争论。

1688年革命前几年，如果不是冒着巨大的风险，他就无法在英国政治中发挥任何作用，不管是在理论上还是在实践上；他利用这几年构思《人类理智论》，这是让他名垂青史的扛鼎之作。他对政治哲学也有深远和巨大的影响，以至于我们必须既把他当作哲学上自由主义的创立者，也得把他当作经验主义认识论的奠基人。

洛克远比任何哲学家都幸运。在政治观点相同的人掌握政权时，他完成了自己的理论哲学著作。他所宣扬的观点在后来的许多年里，无论是在实践中还是在理论上都为那些无比重要的政治家和哲学家所遵从。他的政治学说，再加上孟德斯鸠的进一步发展，构成了美国宪法的基石；总统和国会之间每每出现争论，这种学说的作用就凸现出来。直到大约五十年前为止，英国的宪法也是以他的学说为基础，法兰西 1871 年宪法也同样如此。

洛克在十八世纪的法兰西的影响十分巨大，而这得归功于伏尔泰。伏尔泰青年期在英国待过一段时间，并在自己的《哲学书简》中向自己的同胞们阐释了英国的各种思想观念。当时洛克为法兰西的哲人和温和改革派所追随，卢梭则受到极端革命派的追随。法兰西洛克的追随者一致认为（他们中也正误并存）洛克的认识论与政治思想之间有着密切的联系。

在英国，这种联系并不十分明显。洛克有两个最重要的追随者：贝克莱和休谟。贝克莱在政治上无足轻重；休谟则是一个托利党人，在他的《英国史》一书中阐述了自己的极端保守见解。但是在康德的时代之后，德意志的唯心主义开始影响英国思想，哲学和政治之间逐渐又有了一种联系：大体上讲，追随德国人的是保守派，而属于洛克传统的边沁主义者则是激进派。不过这种相互关系并非一成不变，例如 T.H. 格林是自由党人，但却是唯心主义者。

不仅洛克的观点可靠，甚至他的错误见解在实际中也有用途。对此以他的主性质和次性质的学说为例。他将主性质定义为那些和物体不可分离的性质，他列举了充实性、广延性、运动和静止，以及数目等等。次性质就是物体所有剩下的性质：颜色、声响、味道等等。洛克主张，主性质实际上在物体之中，而次性质与之相反，只在知觉者中。没有眼睛，就不会有颜色；没有耳朵，就不会有声响，依此类推。洛克关于次性质的观点是有着很充分的理由的——黄疸病[1]、蓝色眼睛等等。但是贝克莱指出，同样的论证也适用于主性质。自从贝克莱之后，洛克在这个问题上的二元主义在哲学上就已经过时了。尽管如此，直到量子力学在我们的时代兴起之前，这种观点还是在实际上支配了物理学。不仅物理学家或明确或隐晦地拿它当假定，而且它还证明了自己作为许多重大发现的一个源头结出了丰硕的果实。主张物理世界只是由运动着的物质构成的那种理论，是那些得

[1] 黄疸病人看所有物体都是黄色的。——译者注

到公认的声学、热学、光学和电学理论的基础。从实用的角度来说，这个理论是有用的，不管从理论的角度来说它可能错到了什么地步。这正是洛克学说的典型特点。

洛克的哲学，就其《人类理智论》所体现的观点而言，自始至终都是优点与缺点并存而不废，那些缺点只有从理论的立场来看才为缺点。洛克从来都通情达理，也从来都愿意为了避免荒唐怪诞而牺牲逻辑。他阐述了一些原理，读者们几乎可以看出，从这些原理出发会推出奇怪的结论；但是每当奇怪结论似乎要出现时，洛克就漠然回避。对于一个逻辑学家来说，这着实让人气恼；但在务实者看来，这是判断力健全的证明。既然世界本是如此，那么十分显然从可靠的原理出发经过有效的推理不会得出谬论。但是一条原理有可能只是极为接近真实，它依然值得我们在理论上加以重视，但是也能够推导出让我们感到荒谬的实际结论。因此常识在哲学中便有了存在的正当理由，不过只有在我们的理论原理并不完全正确，而且我们感到了一种不可抗拒的诉诸常识来非难这些原理所得出的结论时，常识在哲学中的存在才是正当的。理论家或许会反驳，常识和逻辑一样不可能完美无缺。尽管贝克莱和休谟都有类似的反驳，但是这些反驳对洛克的理智气质来说有点格格不入。

洛克并不独断，这是他的特点，他将之传给了整个自由主义运动。他从前人那里继承了为数不多的几个确定无疑的东西：我们自己的存在、上帝的存在、数学真理。但是只要他的学说与他的先驱者们出现分歧，他就会这样敷衍塞责：真理是难以确定的，一个理性的人总是带着几分怀疑来主张自己的观点的。这种精神气质显然与宗教宽容、议会民主制的成功、放任主义和自由主义原则的一整套体系都有联系。尽管洛克非常虔诚，他真诚地信仰基督教，并且承认启示是知识的一个来源，但是他依然给那些声称的启示加上了一层理性的防护措施。他曾说“启示的证据本身便是最高的确实性”，但是又说“启示必须接受理性的判断”，所以理性终究是至高无上的。

书中《论热忱》一章在这个方面就十分具有启发性。洛克的“热忱”一词的含义与今天有所不同，它指的是相信一个宗教领袖或他的追随者受到个人启示。这是在复辟时期落败的各个教派的共同特征。如果有许多个这样的个人启示，彼此之间又互不一致，那么真理，或者被人们当作是真理的那种东西，便成为纯粹个人性的了，而丧失了社会性。洛克极为重视对真理的爱，而爱真理与爱某个宣称为真理的特殊学说截然不同。洛克说，爱真理的一个准确无误的标志就是“在主张任何论点时不怀有超越这个论点的证据所能保证的自信”。他说，唐突动辄指责他人，这种态度表明缺乏对真理的爱。“热忱因为把理性弃于一边，就会在不讲理性的情况下树立启示。因为这个缘故热忱便把理性和启示都剥夺了，而代之以个人毫无根据的幻想。”患有抑郁或者自负毛病的人十分易于持有“和神明直接交流的信念”。这样，古怪的行为和意见都获得了神明的许可，这就纵容了“人们的懒惰、无知和虚荣”。洛克用前文所述的“启示必须接受理性的判断”这条原则作为这一章的结论。

洛克“理性”一词的含义应该从全书进行推断。书中的确有一章为《论理性》，但是这一章主要是证明理性并非由三段论式的推理组成，其大意可以概括为：“上帝对人类不至于吝啬到只把人造成两条腿的动物，而留待亚里士多德来赋予人类理性。”按照洛克对“理性”这个词的用法，理性是由两部分组成的：第一，是对我们确知事情的探究；第二，是对这样一种论点的研究，这种论点尽管只有盖然性而没有确实性作为支持，但是在实际中承认它们乃明智之举。他说：“盖然性的依据有两种：与自己的经验相合，或者与他人的经验所提供的证据一致。”他还谈到，当暹罗王听到欧洲人对他提起冰时就不再相信他们了。

在《论同意的程度》一章中，洛克说我们对任何一个论点的赞同程度应该取决于支持这个论点的证据盖然性的程度。他指出，我们必须经常依据达不到确实性的盖然性而行动；之后，他又说，对这点的合理应用便是“对彼此的宽容和忍耐。既然大多数人，即便不是所有人，都持有多种不同的意见，而且没有确切而不容置疑的证据来证明这些意见的真实性，但是如果人们在听到一种自己无法立即回答并难以指出其不足之处的论证就马上放弃并拒绝承认自己先前的信条，那也会招来无知、轻浮或者愚蠢这样严厉的责难。所以在我看来，所有人都应当在众说纷纭中保持平静，并坚守人性、友情和礼法。因为论理来说，我们不会期望任何人毫不勉强而又卑躬屈膝地放弃个人意见，而带着对一个人类的理智并不承认的权威的顺从来拥抱我们的意见。因为，不管人类的理智如何经常出错，它都不会承认任何理性之外的指导，也不会盲从于他人的意志和命令。如果你希望别人接受你的观点，而这个人又是个通过仔细思索才会同意的人，你就必须让他空闲时再斟酌你的解释，让他回想一下没有虑及的事情，让他检查一下各种细节和特殊情况，好让他能够看出优势到底在哪边。那些论证十分重要足以让他劳神苦思，但如果他不愿意深入思考，那与我们的常情相符；如果他认为我们必须指出哪些是我们研究的问题，我们也会感到心中不悦。如果他是一个不问证据、惯于相信他人的人，我们又怎么能够认为他会放弃那些岁月和习惯烙在脑海的，并且他自认不言自明、具有无可置疑的确定性的信条？又怎么能认为他会放弃那些他认为是他亲自直接从上帝本身，或者上帝的使者那里得到的观点呢？试想，我们怎么能期望这样根深蒂固的意见会屈服于陌生人或者论敌的论证或者权威？当对你的利益和企图心存猜忌的话，便更是如此，人们在觉得自己受到了不公正待遇时非常容易产生那样的念头。我们应当怜悯我们彼此间的无知，并努力以一切彬彬有礼而且公正的说服方式来去除这种无知；万不可在别人不肯放弃自己的观点并接受我们的观点（或者至少是那些我们想要强迫他们接受的观点）时，就认为他人顽固不化、一意孤行并对他们横眉怒目。在那时，几乎可以肯定，我们不接受他人观点时的顽固程度与他们也只是五十步笑百步。因为哪里有这样的人，对他所主张的一切都有无可辩驳的证据证明那是真理，而对自己所非难的一切都有证据证明那是错误呢？又或者，哪里会有这样的人说他已经彻彻底底地仔细研究过自己和其他人的所有意见？在我们所处的这样匆促无常的行动和盲目的状态中，有必要在不熟悉甚至只有很牵强的理由的情况下去相信某件事情，这个必要性应该使我们更认真地专心于说服自己而不是限制别人。……我们有理由认为，如果人们自己受到了更好的教导，他们就会更少地将自己的意见强加于人”[1]。

到此为止，我只讨论了《人类理智论》末尾的一些章节，在这几章里，洛克的道德结论出自他之前对人类认识的本性和各种局限的理论研究。现在我们来探讨一下他对更纯粹的哲学问题的研究。

一般来说，洛克蔑视形而上学。洛克致函一位朋友评论莱布尼茨的一些思想，他说：“你我都受够了这套无聊的把戏。”实体这个概念在当时的形而上学中居于统治地位，洛克却认为它既含混不清又无以为用，但是他并没有冒险完全否定这一概念。他承认各种形而上学对于上帝存在的论证是有效的，但是他并没有让自己的讨论总局限于这些论证，而且似乎对它们感到有些不自在。每当他要表达新观念，而不仅仅是在重复传统时，他总是从具体的细节而不是宏大的抽象概念出发进行思考。他的哲学如同科学工作一般是片段式的，而不是像十七世纪欧洲大陆哲学的那些大体系那样如雕塑般庄严而且浑然一体。

洛克也许可以被视作经验主义的奠基人，而经验主义指的就是这样一种学说：我们所有的知识（逻辑和数学可能例外）都是从经验中得到的。因此，《人类理智论》的第一卷就是要反驳柏拉图、笛卡儿和经院哲学家们的观点，而主张没有天赋的、固有的观念或原则。在第二卷他开始着手详述从经验中如何产生了各种不同观念。在否定了天赋观念之后，洛克说道：

[1]《人类理智论》，第四卷，第十六章第四节。

“那么，让我们来将心灵设想为，比如一张白纸，没有任何文字和观念，那么这些东西又是如何被装备到心灵上的呢？人类那喧嚷嘈杂而又无边无际的想象以几乎无穷的多样性在这张白纸上印上的庞大储备又是来自何处？心灵从何处得到了理性和认识的所有材料？对此我以一语作答，是从经验之中，那里有我们所有知识的根基，也是知识的最终源头。”

我们的观念得之于两个源头：感觉作用；对我们自己心灵活动的知觉，这又可以被称为“内感”。既然我们只能通过观念的手段进行思考，既然所有的观念都来自经验，所以很明显，我们所有的知识都不能先于经验而存在。

洛克说，知觉是“通往认识的第一步和第一阶段，是认识的所有材料的入口”。这一点在一个现代人看来几乎是不言而喻的，因为至少在英语国家，这已经成了受过教育的人常识的一部分。但是在洛克的时代，人们设想心灵先验地知道所有种类的事物。洛克宣扬认识完全依赖于知觉，这在当时还是一个崭新的革命性的学说。柏拉图在《泰阿泰德篇》中曾经驳斥过将认识和知觉等观其论的做法，从他之后，几乎所有的哲学家，包括笛卡儿和莱布尼茨在内，都认为我们大多数最有价值的知识并不是来自经验。因此，洛克的彻底经验主义是一个大胆的创新。

《人类理智论》的第三卷讨论的是词语，主要是想说明形而上学家们所提出的关于世界的知识纯粹是词句上的。第三章《论一般用语》在共相问题上持有的观点是一种极端的唯名论。所有存在的事物都是殊相，但是我们能够构建出诸如“人”这样的适用于许多殊相的一般性观念，对于这些一般性观念我们就可以给它们命名。这些观念的一般性只在于它们适用于，或者可能适用于多种特殊事物；就其本身而言，它们也是位于我们心灵中的观念，和心灵中存在的其他所有观念一样都是特殊的。

第三卷第六章《论诸实体的名称》驳斥经院哲学的本质学说。事物有可能具有一个实在的本质，这个本质在于其物理构造，但是大体上讲那是不为我们所知的，也不是经院哲学家们所说的“本质”。我们所能知道的本质纯粹是词句上的，仅仅在于给一般性用语下定义而已。例如，论证物体的本质到底只是广延性还是广延性加上充实性，就是在论证词语：我们可以随意定义“物体”这个词，只要我们坚守定义就不会有缺陷。截然不同的各种事物并不是自然中的事实，而是语言上的事实，它们是“附带截然不同的名称的截然不同的符合观念”。自然界中的确有互不相同的事物，但是那种不同是逐渐地体现出来的：“人们区分不同种类的界限是由人定的。”洛克然后以巨人为例进行说明，这些巨人是否算人一直尚有疑问，这个观点直到达尔文说服了大家接受渐变进化论才得到普遍承认。只有那些饱受经院哲学家的折磨的人才会认识到这种观点对形而上学起到了摧枯拉朽的作用。

经验主义和唯心主义都面临着同样的一个问题，直到今天哲学家们都没有为这一问题找到令人满意的回答，这一问题即是：如何说明我们对自身之外的其他事物以及自身心灵活动的认识？洛克讨论了这个问题，但是他所说的显然无法让人十分满意。在有一处[1]，洛克说："因为心灵在其一切思维和推理过程中，除了只有其自身默想或者能够默想的观念之外，没有任何其他的直接对象，所以我们的知识很显然只熟悉这些观念。"又说，"认识就是对于两个观念一致或者不一致的知觉。"从这一点似乎可以立即推导出我们无法知道其他人或者物理世界的存在，因为这些东西即使存在也不过是我们心灵中的观念。因此，只要涉及认识，那么我们每个人都是被禁闭在自身之内，并且与外部世界切断了一切联系。

但是这个观点是个悖论，而洛克是不愿意与悖论有瓜葛的。于是，他在另一章中又论述了一个与之前十分矛盾的理论。他说："我们对实际的存在有三种认识：我们对自身存在的直觉性认识、我们对上帝存在的论证性认识、我们对呈现于感官事物的感觉性认识。"

接下来的一章，洛克多少意识到了这个矛盾。他推测有些人也许会说："如果认识在于不同观念的一致，那么狂热之徒和冷静之士就处于同一水平线上了。"对此他认为："在观念与事物相符的地方并非如此。"洛克继续论证，所有简单观念必定与事物相符，因为"心灵，正如同我们已经证明的那样，并不能自己得出"任何简单观念，这种观念皆是"事物以一种自然的方式作用于心灵的产物"。至于关于诸实体的复合观念，洛克认为："我们关于实体的复合观念一定是，而且只能是由被发现共存于自然之中的简单观念所组成。"他再次强调，我们除了：（1）通过直觉；（2）通过理性，来考察不同观念之间一致或者不一致；（3）"通过感觉，感知个别事物的存在"之外，得不到任何知识。

在所有这些论述中，洛克假定存在两个已知点：一是他称为感觉的某种精神事件在其自身之外另有原因，一是这些原因至少在某个程度上和某些方面与作为其结果的感觉相似。但是严格按照经验主义的原则来说，这些怎么可能知道呢？我们经验到了感觉，但是经验不到感觉的原因；如果我们的感觉是自发产生的，我们的经验也会完全相同。相信感觉具有原因，并且更进一步地相信感觉与其原

[1]《人类理智论》，第四卷，第一章。

因相似，这是一种如果要主张就必须依据和经验完全无关的基础上去主张。“认识就是对于两个观念一致或者不一致的知觉。”洛克有资格主张这一观点，但是这必然会带来悖论，而洛克只能以一种严重的自相矛盾来回避这种悖论，以至于他纯凭坚决依附常识才得以无视这种矛盾。

直到今天这个难题依然困扰着经验主义。休谟通过舍弃感觉具有外部原因这个假定而解决了这个困难。但是这时他忘记了自己的原则，即便是他也会保留这个假定，而且这种事仍数见不鲜。休谟的基本原则——“没有任何观念不具有先在印象”——是他从洛克那里继承过来的，而这条准则只有在我们认为印象具有外部原因时才似乎有道理，这无可避免让人联想到“印象”这个词。而且当休谟在某些地方、在某种程度上达到前后一致时，他的论断就荒谬至极了。

还没有人成功地建构出一种既可信又能自圆其说的哲学。洛克追求的是可信度，并且通过牺牲一致性实现了这个目标。大部分伟大的哲学家则大相径庭。不能自圆其说的哲学不可能完全正确，但是能够自圆其说的哲学完全可以一无是处。成果尤为丰硕的各种哲学都包含着显而易见的自相矛盾，但也正是由于这个原因才部分正确。我们没有理由设想一个能自圆其说的体系比一个洛克式的、明显多少有些错误的体系包含有更多的真理。

洛克的伦理学十分有趣，一方面是因为其自身的缘故，另一方面是因为它是边沁的先驱。当我谈论他的伦理学说时，并不是指他这个人在实际中的道德气质，而是指他关于人们的行为如何与人们的行为应该如何这两个问题所提出的一般性理论。与边沁一样，洛克也十分平易近人，但是他也认为每个人（包括他自己）一定总是在行动中完全为追求自身幸福或快乐的欲望所驱使。下边引自洛克的几段话足以说明这点：

“事物只有在与快乐或痛苦相关时才有善有恶。我们称为‘善’的就是易于引起或者增加我们快乐，或消减我们痛苦的事物。”

“是什么驱动了欲望？我认为，是幸福，只是幸福。”

“充分的幸福是我们所能感受到的最极致的快乐。”

“追求真正幸福的必然性奠定了一切自由的基础。”

“弃善从恶属于一个明显错误的判断。”

“我们对激情的驾驭即是对自由正确的改进。”

这些陈述中的最后一句似乎是基于来世有报学说的。上帝定下了某些道德戒律，遵守这些道德戒律者会上天堂，违反者则要冒下地狱的风险。因此富于远见卓识的快乐追求者都是有德行的。随着作恶会下地狱这种信念的衰落，就越来越难以从一个纯粹利己的角度为有德生活提出一个支持的论证了。边沁作为一个自由思想家，将人间的立法者替换到了上帝的位置上：在公共利益和私人利益之间求得一种和谐是法律和各种社会制度的职责所在，所以每个人在追求自身幸福时也应该强迫自我为总体的幸福贡献一份力量。但是这种学说试图调和公私之间的利益，还不如借助天堂与地狱的方式令人满意，这不仅是因为立法者并不总是睿智而德高望重，而且是因为人间政府并非是无所不知的。

洛克不得不承认，人们的行动显而易见并不总是按照从理性的角度推测可能会为自己带来最大快乐方式。对待快乐，时间越迫近我们就越重视。我们可以说，利率就是对未来快乐总体折扣的一个数量化的度量——这不是洛克的说法，如果在一年后消费一千英镑和今天消费一千英镑一样让人高兴，那么我就没有必要为了利息而让我的快乐延期。洛克承认，虔诚的信徒也常犯下一些罪恶，而按他们自己的信条这些罪恶会让他们有下地狱的危险。我们都认识一些人迟迟不肯去看牙医，如果他们真的坚持理性追求快乐，本来不应该拖那么久的。所以，即便追求快乐或者避免痛苦确实是我们行事的动机，也必须说上一句，即快乐的吸引力和痛苦的可怕性都与它们在未来的遥远程度成反比。

根据洛克的观点，既然个人利益和总体利益只是从长远来看才一致，那么对人们来说，尽可能地按照自身长远利益的指导来行事就变得尤为重要。也就是说，人应该有远见。远见是唯一一种仍需宣扬的德行，因为所有德行上的失误都是因为缺乏远见。强调远见是自由主义的特点，和资本主义的兴起也存在联系，因为远见者变得富裕，而缺乏远见之人则变得贫穷，或者不改贫穷。这也和新教中某种形式的虔诚有关：为了上天堂而必须积德行善和为了投资而储蓄，这两种行为在心理学上非常类似。

对私人和公共利益之间的和谐的信念是自由主义的特征，在洛克所依据的神学基础消失之后依然长久存在。

洛克论述道，自由依赖于我们对真正幸福的必然追求和我们对各种激情的驾驭。这个观点是他从自己的学说中总结出来的，这个学说就是：公私利益虽然在短期内未必一定一致，但是从长远来看是一致的。由这个学说可以得出，假使有一个全都是由虔诚且有远见的公民组成的社会，让公民自由行动，那么他们全都会遵照一种方式来促进总体的利益，也就没有必要用人间的法律来约束他们，因为神的法律就已经足够了。当一个向来敦厚之人受到诱惑去做拦路强盗时，他就会对自己说："我也许会逃脱人间法官的审判，但是我不会逃脱神界法官的惩罚。"他因而像肯定会被警察抓住一样，就会放弃他那邪恶的计划而去循规蹈矩地生活。因此，只有在远见和虔诚都普遍存在的情况下，才彻底有可能实现遵守法律的自由；否则，刑法所带来的约束就是必不可少的。

洛克不断地论述道德是可以证明的，但是他没有把这个想法如人们所愿进行充分发挥。关于这个问题，最重要的一段论述是：

"道德可论证。有一个至高无上的存在，在力量、善和智慧方面都是无限的，我们都是他的造物，并且离不开对他的依赖；又有我们自己，是有理解力、讲理性的存在。我们对这两者都有着清晰的观念，因此我设想，如果进行适当的考虑和探讨，这些观念就会为我们的行为之本和各种准则提供一个基础，而这个基础就有可能将道德置于可论证的科学行列之中。我并不怀疑，对于那些愿意像研究其他科学一样公正地研究这门科学[1]的人来说，只从自明的命题出发，借助如同数学一般无懈可击的推论，就能够制定出正确和错误的标准。如同数目和广延性之间的关系那样，其他道德模式之间的关系无疑也能够被感知，所以我就看不出如果我们想出了考察或者探究这些道德模式之间是否一致的适当方法，为什么它们就不也是可以论证的。'没有财产的地方，就没有不正义'，这是一个和欧几里得的《几何原本》中任何一个证明一样确实的命题：因为财产的观念就是对某物拥有权利，而'不正义'这个名词所指的观念就是对这种权利的侵犯或破坏。很明显，当这样两个概念被确立之后，再把那两个名词和那些观念联系起来，这如我确知三角形的三个内角等于两直角那样确定地知道这个命题是真的。再比如'任何政府都不允许绝对自由'这个命题：政府就是按照某些准则和法律建立社会，而这些准则和法律是要求人们遵守的；而绝对自由的观念就是任何人都可以做任何自己喜欢的事情。我能够像确定一切数学命题一样确定这个命题的真实性。"[2]

这段话很让人疑惑。因为，起初似乎把道德准则建立在上帝的神命之上，但是例子中又暗示道德准则是分析性的。我猜想，洛克实际上认为有一部分伦理学是分析性的，而其他部分的伦理学则是建立在上帝的神命之上的。另外让人困惑的是，所给出的例子似乎根本不是伦理命题。

还有一个困难，人们可能希望对其加以探讨。神学家一般主张，上帝并不是随意下神命，而是由上帝的善和智慧所激发的。这就要求有某种善的概念先于上帝的神命存在，以便使上帝发出这些命令而不发出那些命令。这个概念可能是什

---

[1] 指科学化了的道德。——译者注

[2]《人类理智论》，第四卷，第三章，第十八节。

么，是不可能在洛克的著作中发现的。他所说的就是有远见的人会按照某种方式行动，因为否则的话就会受到上帝的惩罚，但是他完全没有告诉我们为什么惩罚会降临到这些特定的行为而不是相反的行为之上。

洛克的伦理学说当然是难以加以辩护的。除了一个将远见当作唯一的德行的体系有某种令人反感的地方这个事实之外，还有一些不那么情绪化的理由可以反对他的理论。

首先，说人们只期望快乐是把马车套在了马头前。[1]无论我碰巧期望的是什么，我都会在得到它时感到快乐。但是一般来说，快乐可以归因于欲望，而欲望不能归因于快乐。像受虐狂那样期望痛苦也是有可能的，在那种情况下，欲望的满足依然会带来快乐，但是在快乐中混合了一些与之相反的东西。即便按照洛克自己的学说来说，人们所期望的也并不就是那样的快乐，因为临近的快乐比起遥远的快乐来更为人所期望。如果道德真的像洛克和他的追随者们所追求的那样，能够从欲望的心理特点中推导出来，那么就没有理由反对将遥远的快乐打折扣这种做法，也没有理由来主张远见是一种道德义务。概而言之，他的论证就是："我们只期望快乐。但是实际上有许多人并不只是期望快乐，而是期望临近的快乐。这件事违背了我们所说的人们追求快乐的学说，因而是有罪的。"几乎所有的哲学家在他们的伦理学体系中，都先制定出一个错误的学说，然后再论证不道德就在于按照一种能够证明他们的学说错误的方式行动；而如果这个学说真的是正确的，这些不道德行为又是不可能的。洛克便为这种伦理学提供了一个实例。

「1」意为因果倒置。——译者注

第十四章

洛克的政治哲学

一、世袭主义

在1689年和1690年，也就是1688年革命刚刚结束后不久，洛克写出了《政府论》两篇，其中第二篇在政治思想史上尤为重要。

两篇论文中的第一篇是对世袭权力学说的批评，也是对罗伯特·费尔默爵士的《先祖论：或论国王的自然权力》一书的回复。费尔默爵士的那本书出版于1680年，但是在查理一世时期写就。他是君权神授说的虔诚拥护者，然而不幸活只到了1653年，想必因为处决查理一世和克伦威尔的胜利而肝肠寸断。但是《先祖论：或论国王的自然权力》这本书却写于这些令人伤心的事件之前，且并不早于内战，因此他在书中自然会表现出自己已经意识到了那些颠覆性学说的存在。那些学说，正如费尔默指出的那样，在1640年就已经不新鲜了。实际上，无论是新教还是天主教的神学家，在他们分别与天主教和新教统治者的争斗中，都曾经激烈地拥护过臣民反抗暴君的权力，他们的著作为费尔默爵士的论战对手提供了丰富的材料。

罗伯特·费尔默爵士是由查理一世册封的，他的住宅据说曾经遭受议会党人十次抢劫。他认为诺亚远航地中海，并将非洲、亚洲和欧洲分别指派给了自己的三个儿子含、闪和雅弗这件事未必就没有可能发生过。他主张，根据英国宪法，上议院只负责向国王提供忠告，下议院的权力则更小；他还说，只有国王可以指定法律，法律完全出自国王的意志。根据费尔默的意见，国王是绝对不受任何人间控制的，并且不会受到先王法令的束缚，甚至不会受到他自己法令的束缚，因为“一个人给自己制定法律从根本上来说是不可能的”。

从这些观点来看，费尔默属于主张君权神授的人中最极端的一派。

《先祖论：或论国王的自然权力》开篇就是在回击这样一种“流俗见解”：“人类生来就被赋予了不受任何奴役的自由，而且可以不受约束地选择自己中意的政治体制，任何人所拥有的对其他人的权力最初都是根据大多数人的意见而被授予的。”费尔默说：“这种信条最初是在各个学院中孕育出来的。”根据他的意见，真相完全不是如此。而是如此：起初上帝将王权授予了亚当，从亚当那里又传给了他的继承人，并最终传到了当代的各位统治者手中。他向我们保证，国王“或者就是，或者应该被认为是那两位先祖[1]的隔代继承人，他们也是整个人类的生身父母”。看起来，我们的先祖似乎并没有充分地意识到自己作为万王之王的特权，因为“对自由的渴望是造成亚当堕落的第一原因”。而罗伯特·费尔默爵士认为渴望自由是一种亵渎神明的感情。

查理一世和他那一派的头面人物所要求的权力，要超过之前的时代会允许国王们拥有的权力。费尔默还提到，英格兰的耶稣会士帕森斯和苏格兰的加尔文教徒布坎南虽然在其他问题上的意见几乎都不一致，但是他们都主张君主可以因为统治不当而被人们废黜。当然，他们在说这话时，帕森斯想的是新教的伊丽莎白女王，而布坎南想的是天主教的玛丽女王。布坎南的学说成功地得到了认可，而帕森斯的学说则因为他的同仁坎平被处死而遭到了反驳。

早在宗教改革之前，神学家就倾向于认为应该对王权加以限制。这是中世纪大部分时间里遍及欧洲的教会与国家之争的一部分。在这场斗争中，国家依靠的是军事力量，而教会依靠的是机巧和神圣。只要教会同时拥有两种优势，它就能取得胜利；当教会只剩下机巧时，它就会失败。但是那些杰出而又圣洁的人所说的话还是被记载下来了，尽管这些话本来是为了维护教皇的利益的，但是也可以被用来支持人民自治的权利。费尔默说：“那些狡猾的经院学者，一定要把国王贬低到教皇之下，而他们认为最可靠的做法就是把人民抬到国王之上，这样就能用教权来代替王权。”他还引用了神学家贝拉明的话，这位神学家说俗世权力是由人授予的（也就是说，不是由上帝授予的），而且“只要这权力没有被授予君主就还在人民手中”。根据费尔默的意见，这样一来贝拉明“就让上帝成为一个民主等级的直接缔造者”——这在费尔默看来是令人震惊的，就如同对一个现代的富豪说上帝是布尔什维克主义的缔造者一样。

「1」指亚当和夏娃。——译者注

费尔默认为，政治权力并不是来自任何契约，也不是来自任何对公共利益的考虑，而是完全来自父亲对其子女的权威。他的观点是："王权的源头就是子女对父母的服从；《创世记》里那些族长都是统治者；国王都是亚当的继承人，至少也应该这样认为；国王的天赋权力就如同父亲的天赋权力一样；从本性上说，儿子永远不能独立于父权，哪怕儿子已经长大成人而父亲已经年老昏聩。"

整个这套理论在一个现代人看来完全是荒诞不经，以至于很难相信这是一种严肃主张的观点。我们并不习惯将政治权力追溯到亚当和夏娃的故事。而且在我们看来，以下的道理也是显而易见的：当儿子或女儿到二十一岁时父母的权力就应该完全终止，而在这之前父母的权力也应该受到国家和年轻人逐渐获得的独立发言权的制约。我们还承认，做母亲的权力至少也和做父亲的权力相等。而且即使排除这种种考虑，任何一个生活于日本以外的现代人也不会想到在任何方面将政治权力与父母对子女的权力挂上钩。的确，当今日本依然信奉着一种十分类似于费尔默的理论，而且所有的大学教授和学校老师都必须教授这种学说。那就是天皇的血统可以追溯到太阳女神，天皇便是女神的继承人；其他的日本人也是女神的后代，但是属于女神家族中的支系。因而天皇便是神，违抗天皇便是亵渎神明。这个理论大体上是在 1868 年被杜撰出来的，但是今天的日本声称这是从创世时便传下来的传统。

试图将一个类似的理论强加给欧洲——费尔默的《先祖论：或论国王的自然权力》就是这种尝试的一部分——最终失败了。原因何在？接受这样一种理论与人类的本性绝对不是互相矛盾的，例如除了今天的日本之外，古埃及人、西班牙征服之前的墨西哥人和秘鲁人，都信奉过这种理论。在人类发展的某个特定阶段，这种说法十分自然。斯图亚特王朝统治下的英国已经经过了这个阶段，而现代的日本还没有。

君权神授论在英国的失败主要出于两种原因，其一是教派众多，其二是君主、贵族和上层资产阶级之间的权力斗争。先来谈谈宗教：自从亨利八世统治以来，国王便是英国教会的首领，而英国教会既反对天主教又反对大部分的新教教派。这个教会以中庸妥协为荣——英王钦定本《圣经》的序言是这样开头的："英格兰教会在编纂其第一本祈祷书时便在两个极端之间保守中庸，这一直是本教会的智慧所在。"总的来说，这个中庸让大多数人都满意。玛丽女王和詹姆斯二世试图将国家拖到罗马一边，而内战的胜利者则试图将国家拖到日内瓦[1]那一边，

「1」瑞士日内瓦是新教中较为激进的加尔文派的大本营。——译者注

这些努力都失败了，于是 1688 年之后，英国教会的权力便再也没有受到过挑战。尽管如此，英国国教的反对派依然延续了下来。尤其是非国教徒往往是一些精力充沛的人，在力量不断增长的富商和银行家中间为数甚多。

国王的神学立场多少有些不伦不类，因为他不仅是英格兰教会的首领，还是苏格兰教会的首领。在英格兰，他必须信奉主教并拒绝加尔文派；但是在苏格兰，他又得拒绝主教而相信加尔文派。斯图亚特王朝的国王都有真正坚定的宗教信仰，这使得对他们来说，这种模棱两可的态度是不可能的，而且这种不可能给他们在苏格兰造成的麻烦比在英格兰更大。但是 1688 年之后，国王出于政治上方便的考虑便默认了同时忠于两种宗教的做法。这妨碍了宗教热诚，也使得人们很难将英国国王视为神一般的人物。不管怎样，天主教徒和非国教徒都不会默许任何代表王室利益的宗教主张。

国王、贵族和富裕的中产阶级这三种力量在不同时代有不同组合。在爱德华四世和路易十一的统治下，国王和中产阶级联合起来反对贵族；在路易十四的统治下，国王和贵族联合起来反对中产阶级；在 1688 年的英国，贵族和中产阶级联合起来反对国王。如果国王得到了另外两种力量之一的支持，他就十分强大；如果另外两派联合起来反对国王，他的力量就薄弱了。

仅凭以上的各种理由，洛克要推翻费尔默的论证就不费吹灰之力了。

有关推理方面的工作对洛克来说当然是轻车熟路。他指出，如果牵扯到父母的权力，那么母亲的权力应该和父亲的权力相等。他着力强调了长子继承制的不公正，而如果要将世袭作为君主制的基础，这种制度就必不可少。他还嘲弄道，在任何一种现实意义上将实际中的统治者当成是亚当的继承人都是荒谬的。亚当只能有一个继承人，但是谁也不知道到底是谁。他问道："如果找到了那个真正的继承人，费尔默是不是主张现有的所有统治者都把自己的王冠献到他的足前？如果承认了费尔默支持君主制的根据，那么所有的国王，最多只有一个例外，就都成了篡位者，没有任何权力要求现实中自己臣民们的服从。"洛克还说，此外父母的权力还是暂时性的，也不能扩展到生命或财产。

根据洛克的意见，除了那些更根本性的理由之外，只凭借以上所说的这些原因，就不能承认世袭制是合法的政治权力的基础。因此，在他的第二篇论政府的论文中，他就要寻找一个更能进行辩护的基础。

世袭主义在政治中差不多已经完全消失了。在我的一生当中，巴西、中国、俄国、德国和奥地利的皇帝们都退位了，取而代之的独裁者并不以建立世袭王朝为目标。除了在英国以外，贵族在整个欧洲都失去了自己的特权；而在英国他们也不过是一种历史形式罢了。在大多数国家，这一切都还是相当晚近的事，而且在很大程度上和各种独裁制的兴起关系十分密切，因为传统的权力基础都被扫除了，而为了成功实行民主制所需要的思维习惯还没来得及发展。有一个庞大的组织从来没有任何世袭因素，那就是天主教会。我们可以期待，各种独裁制如果延续下去的话，会逐渐发展成一种和天主教会相类似的政治体制。在美国的大企业身上这种变化已经显现，这些大企业拥有，或者说在珍珠港事件之前拥有几乎和那种政治体制相类似的权力。

奇怪的是，民主国家在政治上拒绝世袭主义在经济领域却几乎没有产生任何影响（在极权制国家，经济权力已经被纳入到政治权力之中）。我们依然认为将自己的财产留给儿女十分自然；也就是说，我们在关于政治权力的问题上拒绝世袭主义，但是在关于经济权力的问题上则承认世袭主义。政治王朝消失了，但是经济王朝却延续了下来。我在这里既不是在赞同也不是在反对这种对不同形式的权力的区别对待，我只是在指出存在这种事情，而且大多数人还没有认识这一点。只要想一想由巨额财富带来的支配他人生活的权力能够世袭这一点在我们看来是多么自然，你就能够更好地理解罗伯特·费尔默爵士这样的人是如何在关于国王权力的问题上采取同样的观点了，也能够更好地理解由洛克这样的人所代表的思想创新是多么重要了。

要想理解怎么会有人相信费尔默的理论，以及洛克与之相反的理论为什么看上去会具有革命性，我们只需要思考一下那时是如何看待一个王国的，以及今天是如何看待一处地产的。土地所有者在法律上拥有许多重要的权利，其中最主要的一项就是有权选择雇哪些人来干活。土地的所有权是可以通过继承来转让的，而我们则觉得继承了地产的人有正当的理由来要求一切法律所允许的特权。但是从根本上来说，他的立场与罗伯特·费尔默爵士为之辩护的君主们的要求是一样的。今天在加利福尼亚州有若干庞大的地产，其权利是由，或者声称是由西班牙国王所授予的。西班牙国王能够做出这样的授予无非是因为：西班牙承认与费尔默类似的观点；西班牙人能够在战争中打败印第安人。尽管如此，我们还是认为那些继承了他所授予的财产的人有正当的理由。也许这件事在未来也会像费尔默在今天一样荒唐可笑。

二、自然状态和自然法

洛克在《政府论》第二篇开篇就说，他已经证明了从父亲的权威中得出政府权威的不可能性，因此现在他就要来阐述他所认为的政府的真正起源。

他在一开始便假定了一个他称之为“自然状态”，并且先于一切人类政府的东西的存在。在这种状态中有“自然法”，但那是由神的命令组成的，而不是由任何世俗的立法者所颁布的。我们并不清楚洛克在多大程度上认为自然状态只是一个用作说明的假说，又在多大程度上认为那是历史上的真实存在；但是我觉得，他恐怕倾向于认为那是历史上真实存在过的时代。人们借助构建了公民政府的社会契约摆脱了自然状态，这也被他认为多少是历史事实。但是眼下我们只谈自然状态。

洛克关于自然状态和自然法的话语大体上并非原创性的，而是对中世纪经院学者学说的重复。圣托马斯·阿奎那就曾经这样说过：

“每一条人所制定的法律，在多大程度上出自自然法，就在多大程度上带有法律的性质。但是如果在任何一个问题上与自然法相冲突，那么它就立即不再是一条法律，而仅仅是对法律的扭曲。”[1]

在整个中世纪，自然法都被用来谴责“高利贷”，也就是有息借贷。当时教会的财产差不多完全出自土地，而土地所有者从来都是借款人而不是贷款人。但是后来兴起的新教，其支持者——特别是加尔文派的支持者——主要是来自富裕的中产阶级，而这些人是放贷而不借钱的。因此首先是加尔文派，接着是其他的新教教派，最后连天主教会都认可了“高利贷”。这样自然法逐渐就有了不同的理解，但没有人怀疑这样一种东西的存在。

许多比对自然法的信仰更为长久的学说都是从这种理论中衍生出来的，例如自由放任主义和人权学说。这两种学说之间是有联系的，它们都起源于清教主义。托尼所给出的两段引用文字可以十分清楚地说明这一点。1604 年下院的一个委员会陈述道：

“所有自由的臣民，对于他们的土地和他们专心于并赖以为生的产业中的自由营生，具有天赋的继承权。”

而在 1656 年，约瑟夫·李写道：

“在自然和理性之光的照耀下，有一条无可否认的公理，那就是所有人都会为了自己的最大利益而行动。……个人的进步也会是公众的进步。”

要不是有“在自然和理性之光的照耀下”这几个字，这段话完全有可能被认为是在十九世纪写成的。

「1」托尼在《宗教与资本主义的兴起》一书中所引用的话。

我再重复一遍，洛克的政府理论中几乎没有原创性的东西。在这一点上，他和大多数因为其思想而获得了名声的人相类似。一般来说，最早构想出新观念的人总是因为远远地超前于时代而导致每个人都认为他十分愚蠢，于是他就一直不为人知，不久便被人遗忘了。然后世界逐渐地为接受这种思想做好了准备，在这个幸运的时刻将其发表的人就得到了全部的功劳。例如，达尔文就是这样，而可怜的孟伯窦勋爵则沦为笑柄。

关于自然状态，洛克思想的原创性尚不如霍布斯；后者对这种状态的看法是其中存在着所有人对所有人的战争，在这种状态中的生活是下流、残酷和短暂的。但是霍布斯被认为是一个无神论者。而洛克从前人那里接受过来的关于自然状态和自然法的观点是离不开其神学基础的，大多数近代的自由主义者在没有这个神学基础的情况下依然谈论自然状态和自然法，他们的思想是缺乏清晰的逻辑基础的。

相信在遥远的过去曾有过一个幸福的“自然状态”，这种观点一部分是来自《圣经》中对族长时代的叙述，一部分来自黄金时代这个古典的神话。人们在进化论学说出现之后才逐渐相信遥远的过去十分糟糕这一观点。

在洛克的著作中能够找到的最接近对自然状态定义的是下面这段文字：

“人们依据理性生活在一起，而且在世间没有一个公认的高于他人一等的人在人们之间有权威做裁断，这就是真正的自然状态。”

这不是在描写野蛮人的生活，而是在描述一个想象中由德行敦厚的无政府主义者组成的社会，他们不需要警察或法院，因为他们总是遵循“理性”，而那就和“自然法”是一回事。反过来，自然法本身又是由一些被认为具有神圣起源的行为准则构成的。（例如，“汝不可杀人”就是自然法的一部分，而交通规则却不是。）

一些更进一步的引证可以让洛克的意思变得更加清楚。

“（洛克说）为了正确地并且正本清源地理解政治权力，我们必须考虑人类天然地处于何种状态。而那种状态就是，在自然法范围内，人们完全自由地按照自己认为适当的方式安排自己的行为，处置自己的财产和人身；不需要请求许可，也不依赖任何其他人的意志。”

“另外还有一种平等的状态：其中所有的力量和权限都是相互的，没有谁拥有比其他人更多的力量和权限。也没有什么比这个道理更明白：同样种类和等级的造物彼此之间无差别地生来就具有同样的自然优势，能够运用同样的功能；因此他们彼此之间也应该是平等的，没有从属和屈服。除非他们所有人的上帝和统治者明确了宣告了自己的意志，将他们中间的一个人提到其他人之上，并且明确地授予这个人一种不容置疑地统治和为王的权力。”

“但是尽管这（自然状态）是一种自由的状态，但并不是一种放纵的状态。尽管处在自然状态中的人们具有不受控制的自由去处置自己的人身和财产，但是他并没有杀害自己的自由，也没有自由杀害自己所拥有的任何造物，除非有某种比单纯保存那个造物更高尚的用途需要这么做。自然状态由自然法来支配，这种法律每个人都必须遵守；而理性，也就是自然法，则教导人们，而人们也只会向理性请教——因为全人类都是平等而且独立的，所以所有人都不应该伤害其他人的生命、健康、自由或是财产。”[1]（因为我们都是上帝的财产。[2]）

然而，我们似乎可以从这些话中立即推断出，在大多数人都处在自然状态中时，依旧有某些人是不遵照自然法生活的，于是自然法便在一定限度内针对这些犯罪者提供了对抗的手段。洛克告诉我们，在自然状态中，每个人都可以保卫自己和自己所有的东西。“凡流人血的，他的血也必被人所流”也是自然法的一部分。我甚至可以在一个小偷正在窃取我的财产时将他杀死，而且这个权利在政府被组建起来之后依然存在；当然，如果政府存在，我就必须在小偷逃脱的情况下放弃私人的报复而诉诸法律。

自然状态下最严重的缺陷就是只要这种状态得到延续，其中的每个人便都是自己诉讼案件中的法官，因为人们为了捍卫自己的权利必须依赖自己。针对这个缺陷，政府就是补救的手段，但并不是一个自然的手段。据洛克所说，人们逃避自然状态依靠订立契约来创建政府。并不是所有的契约都能终结自然状态，而只有那些创造了一个政治团体的契约才如此。各个不同的独立国家的政府彼此之间现在就处在一种自然状态之中。

大概是在一段要驳斥霍布斯的文字中，洛克告诉我们，自然状态并不等同于战争状态，而更接近于后者的对立面。洛克在解释我们为什么有权在认为一个小偷对我有害时将他杀死之后，又说：

“在这里我们就看到了‘自然状态和战争状态之间很清晰的区别’。而且不管有些人如何混淆这两者，它们之间的距离还是像一种和平、友善、互助互存的状态和一种敌对、怨恨、暴力并且互相毁灭的状态之间的那样遥远。”

也许应该认为自然法一定比自然状态范围更广，因为前者还要对付小偷和谋杀犯，而在后者之中就没有这些犯罪分子。这个看法至少为解决洛克的一个显见的自相矛盾提供了一种方法，那个矛盾就在于洛克有时候将自然状态描述得其中

---

[1] 参照美国的《独立宣言》。

[2] “他们是主的财产，是主的造物，他们只听主的命令，主让他们存在多久，他们就存在到最后一刻。”

人人都德行敦厚，有时候又讨论在自然状态中为了抵御坏人的侵犯可以采取什么样的正当措施。

洛克关于自然法的思想有些时候出乎我们的意料。例如，他说在一场正义的战争中被俘获的人依照自然法成为奴隶。他还说每个人天生都有权惩罚对自己和自己的财产的侵犯，甚至可以致人死命。他没有加上任何限制性条件，所以如果我抓到一个人正在小偷小摸，根据自然法，我显然有权向他开枪。

财产在洛克的政治哲学中地位十分突出。而且，根据他的看法，财产还是组建公民政府的主要缘由：

“人们联合成国家，并将自己置于政府的管辖之下，其最重大和最主要的目的就是为了保护财产；而在自然状态下要做到这一点存在多方面的欠缺。”

这一整套自然状态和自然法的理论，在某种意义上很清晰，但是在另一种意义上又让人十分疑惑。清晰的是洛克在想什么，但是他是怎么想到这些的则让人疑惑。我们已经看到，洛克的伦理学具有功利主义，但是在他考虑“权利”时却没有带进去任何功利主义的因素。与之类似的情况也充斥于法学家所教授的法律哲学中。合法权利可以这样来定义：宽泛地说，当一个人能够诉诸法律来保护自己不受伤害时，他就拥有合法权利。一般来说，一个人对自己的财产拥有合法权利。但是如果他拥有非法的（比方说）可卡因而又被人偷走了，那么他是得不到合法补偿的。但是立法者必须决定哪些合法权利是可以被确定的，于是便很自然地又回到了“自然”权利的概念上，并认为这些就是法律应该保障的权利。

我现在打算尽量用非神学的语言来论述与洛克的理论相类似的那种学说。如果假定伦理学和将行为划分为“对”与“错”这种做法在逻辑上是先于实际的法律的，那么就有可能用不涉及神话历史的语言来重新论述这种理论。为了达到自然法这一结论，我们可以提出这样的问题：在没有法律和政府的情况下，A 针对 B 的哪些种类的行为便使得 B 有正当的理由报复 A？而且，在许多不同的情况中，哪种又是正当的报复？一般认为，人们为了抵抗蓄意谋杀的袭击而捍卫自己无可指责，哪怕在必要的情况下这种防卫造成了袭击者的死亡也是如此。这个人同样也可能会保卫自己的妻子和儿女，或者甚至可能会保卫普通大众的任何一个人。如果像最可能出现的情况那样，被袭击者死于在警察的援助到达之前，那么在这种的情况下，制止谋杀的法律就变得无关紧要了。因此，我们就不得不回到“自然”权利之上。一个人也有权保卫自己的财产，但是关于他可以正当地施加给一个小偷的伤害程度这个问题，人们的意见各不相同。

在国家关系这个问题上，正如洛克所指出的那样，“自然法”是适用的。在什么情况下战争是正当的？只要国际政府还不存在，对这个问题的回答就纯粹是伦理学的，而不是法学的。而且这个回答一定无异于一个处在无政府状态下的个人所给出的回答。

法学理论会被建立在个人“权利”应由国家保护这个观点的基础之上。也就是说，如果一个人受到了根据自然法的原则可以施加正当报复的伤害，那么成文法就应该规定这种报复应由国家来进行。如果你看到一个人为了谋杀你的兄弟而对他发动袭击，而你又没有其他的办法来救你兄弟，那么你有权杀死袭击者。而在自然状态下，如果一个人已经成功地杀害了你的兄弟，你也有权杀死他——至少洛克是这么认为的。但是只要有法律存在，你就失去了这个权力，而被国家接手了。而且如果你为了自卫或者保卫他人而杀人，你就必须向法庭解释那就是你杀人的理由。

那么，只要“自然法”独立于成文法令，我们就可以将“自然法”和道德准则等同起来。如果善法和恶法之间存在什么区别，那么就一定要有这些准则。对洛克来说，这个问题十分简单，因为道德准则是由上帝制定的，可以在《圣经》中找到。当这个神学基础被移走之后，问题就越发复杂了。但是只要认为正确的行为和错误的行为之间在伦理上存在区别，那么我们就能够说：“在一个没有政府的社会里，自然法决定了哪些行为在伦理上是正确的，而哪些又是错误的；成文法应该尽可能地以自然法为指导，并秉承自然法的精神。”

个人拥有某种不可剥夺的权力这种学说的绝对形式和功利主义是不相容的；也就是说，与那种认为最正确的行为就是最能够促进总体幸福的行为的这种学说是不相容的。但是一种学说为了能够成为法律的适当基础，并没有必要在所有的情况下都是正确的，而只需要在绝大多数情况下是正确的就可以了。我们都能够想象出一些谋杀是正当的情况，但是这些情况很罕见，也不能为反驳谋杀的违法性提供论证。类似地，从一种功利主义的角度来看，给个人保留一定程度的个人自由可能还是可取的——但我并不是说这就是可取的。如果是这样，那么人权学说就为相应的法律提供十分适当的基础，即使那些人权也有例外情况。一个功利主义者对于这个被认为是法律的基础学说，会不得不从其实际效果的角度进行仔细考察，他不会唐突指责这种学说与自己的伦理观点相违背。

三、社会契约

在十七世纪的政治思考中，关于政府起源这个问题主要存在两种理论。其中一种理论我们已经以罗伯特·费尔默爵士作为实例：这种理论主张上帝将权力授予了某些特定的人，这些人或他们的继承人就构成了合法政府，反抗这个政府不仅是叛国，而且还是亵渎神明。这种观点自无法追忆的远古以来就得到了人们情感的认可：在几乎所有早期的文明中，国王都是神圣人物。自然，国王认为这是一个绝妙的理论。贵族们则既存在支持这个理论也存在反对它的动机。对这种理论有利的是，它强调世袭主义并庄严支持抵抗商人阶层的暴发户。如果贵族对中产阶级的惧怕和憎恶超过对国王的惧怕和憎恶，那么这些动机就会发挥作用。但是如果情况恰恰相反，特别是当贵族自己有机会掌握大权时，他们就倾向于反对国王，并拒绝君权神授理论。

另一种主要的理论就是洛克代表的理论，它主张公民政府是契约的结果，是纯粹此世的事务，而不是某种由神明的权威确立的东西。有的作者将社会契约当成历史事实，也有些作者则把它当作是法律拟制[1]；而对所有这些人来说，重要的是为政府的权威找到一个人间的起源。事实上，除了这个被构想出来的契约之外他们也想不出其他什么神权的替代物。但是除了反叛者之外，所有人又都感到必须为服从政府这件事寻求某种理由，而他们又认为对大多数人来说服从政府的权威是十分实际的这个说法不够充分。政府必须要在某种意义上有权力迫使人服从，而权力是由契约赋予的似乎就成了神授说的唯一替代物了。结果，政府是根据契约组建的这种学说在几乎所有反对王权神授说的人们中间都十分流行。托马斯·阿奎那在其著作中已经暗示了这种理论，而最早对其进行严肃讨论的则是格劳修斯[2]。

契约论有可能以某种使暴政正当化的形式出现。例如，霍布斯就认为公民之间订立的契约将所有的权力都移交给了君主，但是君主不是缔约方之一，因此必然获得了不受限制的权威。这个理论起初有可能将克伦威尔的极权制国家正当化；在斯图亚特王朝复辟之后，它又为查理二世的统治辩护。但是，在洛克所讲的那种形式的契约论中，政府也是缔约方之一，而且如果政府不履行条约中规定的义务就可以正当地对其进行反抗。洛克的学说在本质上多少是民主的，但是其民主因素受到了一种观点（暗示但是没有明说）的限制，那就是没有财产的人不能被算作公民。

「1」法律拟制是指在法律事务中为了某些特殊目的而做的不一定真实但是可以被接受的假定。——译者注

「2」格劳修斯（1583—1645），荷兰法学家和外交家，其著作《战争与和平法》奠定了现代国际法的基础。——译者注

现在我们来探讨洛克对我们刚才所讨论的话题是如何论述的。

首先是政治权力的定义：

“我把政治权力视为制定法律的权力，这种法律包括死刑和为了管理和保护财产而设立的所有较轻的刑罚；以及在行使这些法律和在捍卫国家不受外来侵犯时动用社会力量的权力，而这一切都只是为了公共利益。”

洛克告诉我们，在自然状态下，每个人都是自己诉讼案件的法官，因而产生了许多不便，而政府就是对这些不便的补救。但是如果统治者也是争执的一方，那政府就不是补救的手段，因为统治者既是法官也是原告。出于这些考虑便产生了一种观点，即认为政府的权力不应该是绝对的，而且司法应该独立于行政。这些看法在后来的英国和美国前途无量，但是眼下我们并不准备谈论这些。

洛克说，每个人天生都有权惩罚对自身或财产的侵犯，甚至可以因此而杀人。当人们被迫将这项权力转交给团体或法律时，才有政治社会。

绝对的君主制不是一种公民政治，因为没有中立的权威来裁决统治者和臣民之间的争执；实际上，君主和其臣民的关系依然处在自然状态之中。希望一个天生粗暴的人在当上国王之后就会变得有德行是没有用的。

“那些在美洲的丛林里既傲慢又待人不公的人在王座上恐怕也好不到哪里去。这种人在王座上可能会找出学术和宗教来为自己对臣民们所要做的一切辩护，宝剑会立刻使任何胆敢提出质疑的人沉默。”

绝对君主制就好比是人们保护自己不受臭鼬和狐狸的侵犯，但是却“满足于被狮子所吞食，而且还认为这就是安全”。

公民社会就必须包括过半数人的统治，除非大家一致认为需要达到一个更大的人数（例如，像在美国想要修改宪法或者批准条约时那样）。这听起来很民主，但是我们必须记住洛克是事先将妇女和穷人排除在公民权之外的。

“政治社会的起源建立在不同的个人同意加入并建立一个单一的社会的基础之上。”他还论证——但是有些不认真——这种赞同一定是在某个时间实际发生过的，不过他也承认，除了在犹太人中间以外，政治在各处的起源都是先于历史的。

组建起政府的公民契约只约束那些缔约的人，儿子必须重新确认父亲所同意的契约。（洛克从自己的原则中是如何推导出这一点的很清楚，但是这一点却不太现实。一个达到了二十一岁的美国青年如果宣布‘我拒绝再受创立了合众国的契约的约束’，他就发现自己身处重重困难之中。）

洛克告诉我们，根据契约创立的政府，其权力绝不会超出公众利益的范围以外。刚才我引用了一句关于政府各项权力的话，结尾是“而这一切都只是为了公共利益”。洛克似乎并没有想到要问一问，公众利益的裁决者是谁。很明显，如果政府是这个裁决者，那么它就会总是做出有利于自己的决定。据推测洛克可能会说由公民中过半数的人来当这个裁决者。但是有许多问题必须得迅速做出决定，以至于不可能先确定选民们的意见，在这些问题中和平与战争的问题也许是最重要的了。在这种情况下唯一的补救手段就是给予公众意见或其代表者某些权力——例如检举权——让他们有权在事后惩治那些做出了被证明不得人心的事情的行政官员。但是这个补救往往并不足够。

我在之前引用过的一句话在这里必须再引用一次：

“人们联合成国家，并将自己置于政府的管辖之下，其最重大和最主要的目的就是为了保护财产。”

与这个观点一致，洛克又宣称：

“除非本人同意，最高权力不能从任何人那里拿走其财产的任何一部分。”

更加惊人的是这个说法，即尽管军队的指挥官对他们的士兵们有生杀大权，但是他们却无权拿走他们的金钱。（从这一点可以推导出，在任何一支军队中，对于轻微的违纪处以罚金是不对的，但是处以肉体刑罚，例如鞭笞，则是可以允许的。这表明洛克对财产的崇拜已经达到了十分荒谬的地步。）

人们也许会设想，税收的问题会给洛克带来困惑，但是他却对那些困惑只字未提。他说，政府的费用必须由公民们来承担，但是要经过他们同意，也就是说，要有公民中过半数的人同意。但是人们会问，为什么有过半数人的同意就足够了？洛克不是告诉过我们，政府必须要由个人的同意才能够拿走任何人的财产的任何一部分吗？我猜测，一个公民对根据过半数人的决定来征税这一点的默许是被洛克假定为包括在其公民身份之中，而公民身份又被假定为是自愿的。很显然，这一切有时候与事实是大相径庭的。大多数人都实际上没有自由来选择国家，而且今天没有人有自由选择不属于任何国家。例如，假设你是和平主义者，而且并不赞成战争。不管你生活在什么地方，政府都会为了军事用途而拿走你一部分财产。有什么正当理由能够迫使你顺从于这件事？我可以想象出许多答案，但是我想不出任何一个和洛克的原则相一致的答案。洛克没有经过适当的考虑就硬加进来一条服从过半数人的法则，而且除了神话性的社会契约说之外，他也没有提供任何过渡就从他的个人主义前提到这条法则。

社会契约，即便在以前的某个时代真的有一个契约创造了我们所说的那种政府，就其所必需的意义而言，是神话性的。美国就是一个恰如其分的例子。在签署美国宪法时，人们有选择的自由。那时也确实有些人投了反对票，因此就不是这个契约的缔约方。他们当然可以离开这个国家；但是因为他们留下来了，便被认为受到了他们并不同意的这个契约的约束。但是在实际中人们要离开自己的国家是十分困难的。至于在宪法被签署之后出生的人，他们的同意就更加虚无缥缈了。

个人很难反对政府的权力。民主派太过轻率地假定了当政府代表了过半数人的意见时，它便有权强制少数人。在某个范围内，这一点肯定千真万确，因为政府在本质上便具有强制性。但是如果太过分强调过半数人的神圣权力，就有可能使之成为和王权神授说一样专横的东西。洛克在《政府论》两篇中几乎没有讨论这个问题，但是在他的《论宽容的书简》中详尽考证了这一问题，他在那本书中论证道，凡是信仰上帝的人都不应该因其宗教见解而受到惩罚。

政府是由契约创立的这种理论显然是前进化论式的。政府如同麻疹和百日咳一样，一定都是逐渐发展起来的；但是它也和那两种疾病一样，有可能突然被传入像南太平洋诸岛那样的新区域。在我们对人类学有所研究之前，我们完全不了解政府起源过程中所必然涉及的种种心理机制，也不了解是什么样稀奇古怪的理由导致人们采纳了种种在后来才被证明是有用的制度和风俗。但是作为一种为使政府正当化的法律拟制，社会契约理论是包含了几分真理的。

四、财产

从我们到目前为止对洛克的财产观来看，似乎他是站在大资产阶级这一边既反对社会地位高于他们的人又反对低于他们的人，但是这句话只说对了一半。人们可以在他的著作中同时找到预示了种种关于发达资本主义的理论的学说，也可以找到一种隐隐地预见了更接近于社会主义观点的学说，两者不协调地共存不废。在这一问题上与在大多数问题上一样，单方面的引用容易造成对他的误解。

我在这里会罗列出洛克关于财产问题的一些原则性看法，以它们在洛克的著作中出现的先后为序。

洛克首先告诉我们说，每个人都对或者至少应该对经过自己的劳动生产出来的产品拥有私有权。在前工业化时代这条准则还不像后来那样不现实。城市中的生产活动主要是由自己拥有工具并且自己销售产品的手工业者完成的。至于农业生产，洛克所属的那个学派则认为小农土地所有制是最好的体制。他论述道，一个人可以尽其耕种能力拥有土地，但是不能更多。他似乎漫不经心而没有意识到，在所有欧洲国家，这个计划如果不经过一场流血革命几乎都是不可能实现的。在欧洲各地，农业用地的大部分都为贵族所拥有，他们从农民那里索取固定比例的农产品（通常是一半），或者征收随时可变的地租。前一种制度流行于法兰西和意大利，后一种制度则流行于英国。在更东边的国家俄国和普鲁士，其农业工作者是为地主干活的农奴，事实上没有任何权利。旧的体制在法兰西因为大革命而告终结，在北意大利和西德意志则因为法兰西革命军的征服而终结。普鲁士废除农奴制是被拿破仑打败的结果，俄国废除农奴制则是因为克里米亚战争的失败。但是在这两个国家，贵族阶层依然保有地产。在东普鲁士，这种体制尽管受到了纳粹党的严厉控制，直到今天依然存在；在俄国和现在的拉脱维亚、立陶宛和爱沙尼亚，贵族们因为俄国革命而丧失了土地。在匈牙利、罗马尼亚和波兰，贵族阶层则延续了下来；在东部波兰，他们在1940年遭到了苏联政府的“清算”。然而，苏联政府尽其所能要代替旧制度的却是集体农场制，而不是小农土地所有制。

在英国，这个发展过程更为复杂。在洛克的时代，乡村劳动者的处境因为公有土地的存在而得到了缓和；因为他们对公有地拥有很重要的权利，这使得他们能够从自己所拥有的公有地上得到相当大的一部分口粮。这个体制是从中世纪延续下来的，具有近代头脑的人们并不赞成这一体制，他们指出从生产的角度来看，这种体制造成了浪费。因此便出现了一个圈占公有土地的运动，这一运动始于亨利八世时期，在克伦威尔统治时期也一直存在，但是直到1750年前后才逐渐激烈。在1750年之后大约九十年时间里，一块接着一块的公有土地被圈占起来交给了当地的地主。每次圈地都需要议会的法令，于是掌握着议会上下两院的贵族便无情地运用他们的立法权力来为自己谋取利益，同时将农业劳动者逼到了饥饿的边缘。但是由于工业的发展，农业劳动者的处境又逐渐得到了改善，因为否则就无法阻止他们向城镇迁移。今天，作为由劳埃德·乔治[1]所创立的税制的结果，贵族被迫放弃了他们在农村的大部分财产。但是那些同时还拥有城市和工业财产的贵族则能够守住他们的地产，一直没有发生过激烈的革命，这是一种缓慢的过渡，直到今天，这一过渡尚未完全实现。目前，一些长盛未衰的贵族，他们的财富的来源是城市和工业财产。

这一漫长的发展过程，除了在俄国之外，可以被认为是与洛克的原则一致

[1] 劳埃德·乔治（1863—1945），英国自由党政治家。1916—1922年任首相，他在1908—1915年任财政大臣时引入了养老金制度和国家保险制度。——译者注

的。奇怪的是，洛克虽然能够提出在那么多场革命之后才被实现的学说，但是却没有任何迹象表明他认为当时存在的体制是不公正的，也没有迹象表明他意识到了当时的体制和他所倡导的体制是不同的。

劳动价值理论——也就是认为产品的价值取决于花费在这件产品上的劳动这种学说——有些人将其归功于卡尔·马克思，还有一些人将其归功于李嘉图，但是其实在洛克的著作中就能找到。而且洛克是从阿奎那等一系列前人那里得到这种学说的启示的。正如托尼在总结经院学派的理论时所说的那样：

“这种论证的本质是，制造商品的手工业者们和运输商品的商人们有正当的理由来要求报酬，因为他们在各自的职业中都付出了劳动，并满足了公众的需求。那些投机商和掮客的罪恶不可饶恕，因为这些人利用公众的需求来榨取私利。阿奎那学说的嫡系子孙便是劳动价值理论，最后一个经院学者便是卡尔·马克思。”

劳动价值理论有两种属性，一种是伦理上的，另一种是经济上的。也就是说，这种理论可能会断言产品的价值应该与花费其上的劳动成正比例，也可能会断言劳动在实际上决定着价格。而如同洛克所承认的那样，后一种学说只是近似正确。他说，价值的十分之九决定于劳动，但是对于剩下的十分之一，他一无所言。他还说，正是劳动使得所有事物的价值有了差异。他以印第安人在美洲所占据的土地为例，因为印第安人没有耕种这些土地，它们几乎是毫无价值的。洛克似乎并没有认识到，土地只要一有人愿意在它上面劳动，虽还没有实际的行动就可以获得价值。如果你拥有一块荒地，而有人在此发现了石油，那么你不需要在那块土地上进行任何劳动也可以卖得一个好价钱。但是洛克并没有虑及这点，而只想到了农业，这在他的时代本来十分自然。他所支持的小农土地所有制不适用于大规模采矿业等事情，因为那种事情需要昂贵的设备和大量的工人。

人对自己劳动的产品拥有权利这条原则在工业文明中是没有用的。假设你受雇在一条福特汽车的生产线上工作，你的劳动在总产出中所占的比例又该如何估计？再比如你受雇于铁路公司管理货物运输，又有谁可以决定你在这些货物的生产过程中所占的份额是多大？出于这种种考虑，那些希望阻止剥削劳动的人放弃了认为人对自己的产品有权利这一条原则，转而支持各种更社会主义化的有组织生产和分配的方法。

由于对某个被认为掠夺成性的阶级的敌意，劳动价值理论常常得到提倡。经院学者只要是在主张这种理论，便是出于对高利贷者的反对，而他们大多是犹太人。李嘉图的理论主张则是为了反对地主，马克思则是为了反对资本家。但是洛克却好像是在凭空主张这种理论，而并不对任何阶级抱有敌意。他只对君主们抱有敌意，但是这一点与他对价值的看法无关。

洛克的有些观点是如此古怪，以至于认为很难让它们听起来显得有道理。他说，一个人不可以拥有超过自己和家人食用的李子，多了只能烂掉；但是可以合法地拥有同样多的黄金和钻石，因为黄金和钻石是不会腐败变质的。他并没有想到有那么多李子的人可以在李子变坏之前把它们卖掉。

洛克十分看重贵金属不会腐败变质这种属性，还说贵金属是货币和财产不平等的起源。他似乎是在以一种抽象的和学院式的方式为经济上的不平等感到惋惜，但是他肯定认为采取能够防止这种不平等的措施是不明智的。无疑他也像当时的大多数人一样，认为主要在富人们的资助下，艺术和文学带来的文明成果留下了深刻的印象。像现代的美国语词一样，在那里科学和艺术也在很大程度上依赖于富豪们的资助。在某种意义上，文明就是由社会不公正推动的。这一点便是保守主义中最正派的那部分的基础。

五、制约和平衡

认为政府的立法权、行政权和司法权应该相互分开这种学说是自由主义所特有的，它在反抗斯图亚特王朝的过程中兴起于英国。而且至少立法权和行政权应该分开这一点是由洛克加以清晰地阐释的。他说，必须将行政权和立法权分开，以防止滥用权力。当然，我们必须理解，当洛克谈到立法机构时他指的是议会，而当他谈到行政机构时他指的是国王，至少他的意思在感情上是这样的，而不论在逻辑上他的意思可能是什么。因此，他认为立法机构应有操守，而通常认为行政部门是邪恶的。

他说，立法权应该是至高无上的，但是社会应该有权终止这项权力。他所暗示的就是，立法机构应该像英国的议会下院那样，间或通过民众投票选举来产生。立法权可以被人民终止这个条件，如果认真对待的话，就是在谴责洛克时代的英国宪政允许由国王和贵族们拥有的那部分立法权力。

洛克说，在所有结构良好的政府中，立法权和行政权都是分离的。因此就出现了这样一个问题：两者之间一旦发生冲突时该怎么办？洛克说，如果行政部门未能在适当时召集立法机构开会，那它就是在向人民开战，就可以通过暴力来废除它。查理一世统治时期发生一些事情，这种观点显然是受这些事情的刺激。从1628年到1640年，查理一世试图在没有议会的情况下进行统治；洛克感到，这种事情必须加以杜绝，必要时可以诉诸内战。

他说："暴力不能用来反对任何事情，除了那些不公正和不合法的暴力。"这条原则在实际中是没什么用的，除非有一个什么团体有合法的权力来宣布何时暴力是"不公正的和不合法的"。查理一世试图不经过议会的批准就征收造船税，这被他的反对者宣布为是"不公正和不合法的"，但是国王自己则宣称那是"既公正又合法的"。只有内战的军事结果才能证明国王对宪政的解释是错误的。美国的南北战争也是如此，各州是否有退出联邦的权利？无人可知，只是北方的胜利才解决了这个法律问题。人们在洛克和当时大多数的作者身上都能找到一种信念，即相信任何一个正直的人都知道什么是公正和合法的，这个信念没有考虑到对立双方党派偏见的力量，也没有考虑到不论是在实际中还是在人们的良知中，建立起一个能够裁决争论不休问题的法庭都十分困难。在实际中，这样的问题如果足够重要，就不是由正义和法律来解决的，而完全是由实力来解决的。

洛克自己也在某种程度内承认这个事实，尽管他承认时语言含混不清。他说，在某些情况下，立法机构和行政机构之间的争执在天堂之下是找不到法官的，因为上天做不出明白的裁决；这就意味着，实际上只能通过战争来进行决定，因为上天被认为会将胜利给予拥有更好理由的一方。这样一种观点对任何主张政治分权的学说来说都是必不可少的。如果要将分权学说在宪政体制中具体化，那么避免不时爆发内战的唯一的办法就是践行妥协和常识。但是妥协和常识是思维习惯，在成文宪法中无法体现。

洛克对司法问题只字未提，这让人心生诧异，尽管在他的时代这是一个争执激烈的问题。直到光荣革命以前，国王都可以随时免去法官的职务，结果法官们便总是判国王的敌人们有罪而判国王的朋友们无罪。在光荣革命之后，法官们的职位变得不可动摇了，除非有议会两院联署的公文。人们认为这样就可以使法官的决定只受法律的指导；但是实际上，在涉及党派情绪的案件中，这只不过是让法官的偏见代替了国王的偏见。然而尽管如此，在制约和平衡的原则流行的地方，司法部门还是与立法部门和行政部门并列为政府的三个独立分支。最著名的例子便是美国的最高法院。

制约和平衡学说有一段有趣的历史。

在其起源地英国，本来是打算用它来限制国王的权力的，因为国王在光荣革命之前，完全控制了行政部门。然而，行政部门逐渐变得依赖于议会，因为内阁如果没有议会下院中过半数的支持便不可能维持下去。这样，行政部门虽然并不是在形式上，但是在实际上成了由议会选择的一个委员会，结果便是立法权和行政权之间的界限逐渐变得越来越模糊。在过去的大约五十年间，这个发展过程更进了一步，因为首相有权解散议会并且政党的纪律日益严格。议会中的多数派现在可以决定哪个政党上台执政，但是在做出决定之后，议会实际上便不能再决定其他任何事情。立法动议案如果不是由政府提出就几乎不会得到通过。这样政府既有立法权又有行政权，其权力只是因为必须不时进行大选才受到了限制。这种体制肯定与洛克的原则是南辕北辙的。

在法兰西，这种学说得到了孟德斯鸠的大力宣扬，并为大革命中较温和的各派所主张；但是雅各宾派的胜利将这种学说暂时扫除得一干二净。拿破仑自然不喜欢这个学说，但是它在复辟时期又复活了，接着又随拿破仑三世的崛起而再一次销声匿迹。这个学说在 1871 年再一次复兴，并促成通过了一部宪法，这部宪法规定总统几乎没有权力，而政府也不能解散议院。结果就是赋予了下议院极大的权力，不管是针对政府还是针对选民。权力之间的界限比近代英国更分明，但是还达不到洛克的原则规定的程度，因为立法结构位于行政机构之上。眼下的这场战争之后法兰西的宪政体制会是什么样现在还很难预测。

洛克的分权理论在美国得到了最充分的贯彻，在这个国家总统和国会彼此完全独立，最高法院又独立于这两者之外。美国的宪政体制在无意中将最高法院变成了立法机构的一个分支，因为凡是最高法院认为不是法律的便不是法律。最高法院的权力在名义上只是解释性的，但是这个事实却在实际上让最高法院的权力更大了，因为最高法院只做解释这一点，人们很难去批评被认为是纯粹法律上的决定。这个宪政体制只有一次导致了武装冲突，这一点足以说明美国人在政治上的精明。

在工业革命之前，洛克的政治哲学从总体上来说一直是适当并且有用的。工业革命之后，这种哲学则越来越难以应付各种重要的问题。巨型企业所体现出的财产权利，已经发展到了完全超出洛克的想象的地步。国家的各种必要职能——例如，在教育方面——也得到了极大的强化。国家主义导致了经济权力和政治权力之间的联盟，有时甚至是融合，这就使得战争成了竞争的主要手段。单个独自的公民已经不再拥有洛克思想中所具有的那种权力和独立性。我们的时代是一个组织化的时代，其间所发生的冲突是组织之间的冲突，而不是独立的个人之间的冲突。自然状态，正如洛克所说，依然存在于国家之间。在我们能够享受到政府向我们保证的各种利益之前，必须先有一个新的国际性的社会契约。一旦国际性政府被创立起来了，洛克的政治哲学中有许多又会变得适用了，但是并不包括与私有财产相关的那部分在内。

第十五章

洛克的影响

从洛克的时代直到今天，欧洲主要存在两种类型的哲学，其中一类其学说和方法都来源于洛克，而另一类则以笛卡儿为滥觞，后来又吸收了康德。康德自认他已经将源自笛卡儿的哲学和源自洛克的哲学做了一个综合，但这种说法是无法得到承认的，至少从历史的角度来看是如此，因为康德的追随者属于笛卡儿式的传统而不是洛克式的。洛克的继承者先是贝克莱和休谟，然后则是法兰西卢梭学派的以外的哲人，再然后是边沁和哲学上的激进主义者，最后，是从欧洲大陆哲学中吸收了许多重要成分的马克思和他的追随者。但是马克思的体系是兼容并蓄的，任何关于这个体系的简单论述几乎肯定都是错的，因此在此先把马克思放到一边，后面我再详细地讨论他。

在洛克的时代，笛卡儿派和莱布尼茨是他哲学上最主要的对手。相当不合逻辑的是，洛克哲学在英国和法兰西的胜利在很大程度上要归功于牛顿的威望。作为一个哲学家，笛卡儿的权威在他自己的时代也因其数学和自然哲学方面的工作而得到了提升。但是他的作为对太阳系的解释的漩涡学说无疑难与牛顿的万有引力定律媲美。牛顿式的宇宙进化论的胜利减弱了人们对笛卡儿的尊敬而增强了对英国的尊敬。这些原因都使得人们更加倾向洛克。在十八世纪的法兰西，知识分子在反抗一种过时、腐朽和无能的君主专制，他们把英国看成是自由的故乡，于是先入为主，因为他们支持洛克的政治学说而支持他的哲学。大革命爆发前夜，洛克在法兰西的影响又因为休谟的缘故而得到了增强，因为后者在法兰西生活过一段时间，并且与许多学者领袖都有来往。

将英国的影响传播到法兰西去的最主要的中介者是伏尔泰。

洛克哲学在英国的追随者直到法兰西大革命才对他的政治学说感兴趣。贝克莱是个主教，并不关心政治；休谟是个追随波林勃洛克领导的托利党人。英国的政治在他们的时代正处在休眠期，哲学家也满足于在不插手世俗事务的情况下从事理论工作。法兰西大革命改变了这个局面，并迫使当时最优秀的思想家们起来反对现状。尽管如此，纯哲学的传统并未中断。雪莱的《论无神论的必然性》就充满了洛克的影响，这篇文章导致他被牛津开除。[1]

1781 年康德的《纯粹理性批判》出版之前，笛卡儿、斯宾诺莎和莱布尼茨的旧哲学传统似乎肯定要被这种新的经验主义的方法所压倒。然而，这种新方法却从未在德意志的各大学中流行起来，而且在 1792 年之后还认为它应该为大革命中的种种恐怖负责。像柯勒律治那样不彻底的革命者，就在康德那里找到了反对法兰西无神论的理论支持。德国人在抵抗法军入侵时，也十分乐见有一种德国哲学在支持他们。甚至法兰西人在拿破仑倒台之后，也很欢迎任何一种反对雅各宾主义的武器。所有以上这些因素都对康德有利。

康德和达尔文一样，引发了一场让他们自己都感到厌恶的运动。康德是个自由主义者、民主主义者和和平主义者，但是那些宣称发展了康德哲学的人却完全非这一类人。或者说，如果他们依然自称是自由主义者的话，那他们也是一种新型的自由主义者。自卢梭和康德以来，就存在着两种自由主义学派，不妨将它们分别称为“硬头脑派”和“软心肠派”。前者经由边沁、李嘉图和马克思这样的逻辑顺序发展到了斯大林；后者则经由另外一种逻辑顺序，由费希特、拜伦、卡莱尔和尼采发展到了希特勒。当然，这个说法太过提纲挈领，也不十分正确，但依然可以拿来指导记忆。思想演化的各阶段几乎具有一种黑格尔式辩证法的属性：各种学说经过每一步似乎都按照十分自然的顺序发展成了其对立面。但是这种发展并不完全在于内在的思想活动，而是自始至终都受到了外部环境和人类情感对这些外部环境反思的支配。这种情况可以用一个突出的事实来说明：自由主义的思想在美国没有经过这种发展的任何一个阶段，至今仍然保持着洛克思想的原貌。

将政治搁置一边，让我们来考察一下两个哲学派别之间的相异之处，可以粗略地将这两派哲学称为欧洲大陆哲学和英国哲学。

这些差异之中最重要的就是方法不同。与欧洲大陆哲学相比，英国哲学更具

[1] 例如雪莱的这个观点：“当一个论点被呈现到心灵面前时，心灵就感知构成这个论点的各观念之间一致还是不一致。”

有细节化和片段化的特点，如果英国哲学承认某个一般性的原则，就会通过考察这条原则的各种不同的应用通过归纳对其加以证明。比如，休谟在宣称所有的观念都具有先在印象之后，接着立即开始考虑以下反驳：假设你看见了两种相似但并不等同的颜色，而你又没有见过一种介于这两种颜色之间的颜色，你是否依然能够想象出这样一种颜色？休谟并没有对这个问题下结论，而且他还认为一个与自己的一般性原则相悖的结论也不会对自己造成致命伤害，因为他的原则不是逻辑性的而是经验性的。而在另一方面，莱布尼茨想要让自己的单子论为人所接受，他却大致是这样来论证的：复合的事物一定是由简单的部分组成的，简单的事物又是不可延展的，因此所有的事物都是由不具有广延性的部分组成的。但是不可延展的事物不是物质。因此事物最根本的组成部分不是物质性的，而凡不是物质的就是精神的。因此，一张桌子实际上是聚集在一起的一群灵魂。

也许可以这样来描述这种方法上的不同：在洛克和休谟那里，一个相对有限的结论是从对大量事实的广泛观察中得出的；而在莱布尼茨那里，一座倒金字塔形的演绎大厦则被建立在针尖大小的逻辑原则之上。在莱布尼茨那里，如果原则完全为真而演绎的过程也完全可靠，那么就不会有任何问题；但是这个结构不稳定，随便什么地方出现一个最小的瑕疵就能让它垮掉。与之相反，在洛克和休谟那里，金字塔的底座是建立在可靠的观察事实的基础之上的，而且塔尖朝上而不是朝下，因此具有稳定的平衡状态，这里或那里出现一个瑕疵可以得到修补，而不会导致全盘崩溃。尽管康德试图吸收一部分经验主义哲学的成分，但是这种方法上的差异在他之后依然存在，并且没有改变：一方面从笛卡儿到黑格尔，另一方面从洛克到约翰·斯图亚特·米尔。

方法上的不同与其他各种不同相互关联。让我们先举形而上学为例。

笛卡儿为上帝的存在提供了一些形而上学的证明，十一世纪坎特伯雷大主教圣安瑟勒姆的证明是其中最重要的。斯宾诺莎有一个泛神论的上帝，而那在正统信徒们看来根本就不是上帝；不管怎样，斯宾诺莎的论证在本质上都是形而上学的，而且都可以归结到认为每个命题都有一个主项和一个谓项这种学说上（尽管他可能并没有认识到这一点）。莱布尼茨的形而上学也有同样的源头。

而洛克对自己开创的那个哲学方向并没有进行充分的探索，他承认笛卡儿关于上帝存在的论证是可靠的。贝克莱提出了一个崭新的论证；但是休谟——在他那里这种新哲学终告圆满——则完全否定了形而上学，他认为对形而上学所关心的那些问题进行推理不会有任何发现。这个观点在经验主义学派中一直存在；而相反的观点经过一定的修正之后，也一直存在于康德和他的追随者中间。

在伦理学上，这两个派别也有一个类似的区别。

我们已经看到，洛克相信快乐就是善，而这种观点在整个十八—十九世纪都在经验主义者之中流行。与之相反，经验主义者的对手则蔑视快乐，认为那是不高尚的，并且拥有各种显得较为崇高的伦理体系。霍布斯看重力量，而斯宾诺莎在一定程度上也和霍布斯观点一致。在斯宾诺莎身上有两种无法调和的伦理学观点：一种是霍布斯的，另一种则认为善在于一种神秘的和上帝的结合。莱布尼茨对伦理学没有太重要的贡献，但是康德则把伦理学变得至高无上，并且从伦理学前提中得出他的形而上学。康德的伦理学之所以重要，是因为他的伦理学是反功利主义的、先验的和所谓“高尚的”。

康德说，如果你因为喜欢自己的兄弟而对他友善，你并不因此而具有什么道德上的优秀品质：一种行为如果不是因为遵循道德准则而做，在道德上就没有什么可取的地方。康德还主张，尽管快乐并不是善，但是德行敦厚的人受苦还是不公正的。但是既然这种事在这个世界经常发生，那么就一定存在着另一个世界，有德之人在死后会在其中受到奖赏，而且一定有一位上帝来主持死后生活中的正义。康德否定了关于上帝和不朽的一切旧式的形而上学证明，但是认为他的新式伦理学证明是无可辩驳的。

康德本人对各种实际事务的看法是仁慈而又人道的，但是对于大多数否定幸福就是善的人不能这么说。那种所谓“高尚”的伦理学和认为我们应该努力让人们更幸福一点这个平凡的观点相比，与试图改善这个世界的各种努力相距更远。这并不奇怪，因为轻视别人的幸福总比轻视我们自己的幸福要简单。通常，用来替代幸福的是某种形式的英雄主义。这就为权力冲动提供了无意识的发泄渠道，为残忍的行为提供了充足的借口。或者，被推崇的是强烈的情感，浪漫主义者便是如此。这就导致了对诸如憎恨和复仇心这样的激情的宽容，拜伦式的英雄便是典型，而且绝对算不上是行为的典范。对促进人类幸福贡献最多的人——正如人们可能会猜想的那样——是那些认为幸福重要的人，而不是那些因为某种更“崇高”的东西而鄙视幸福的人。此外，一个人的伦理观通常还反映他的性格，心怀仁心者便会期望大家都幸福。因而，那些认为幸福是人生目标的人通常都仁慈有加，而那些提出了其他目标的人则往往无意识地为残忍和权力欲所支配。

这些伦理上的不同通常（但并不总是）与政治上的不同有联系。正如我们已经看到的那样，洛克对待自己信念的态度是尝试性的，一点也不是权威性的，并且愿意通过自由讨论来解决每个问题。结果就是他和他的追随者们都相信改革，而且是一种渐进式的改革。因为他们的思想体系是片段式的，是对许多不同问题分别进行研究的结果，所以他们的政治观点自然也通常具有同样性质。他们不愿意制定一个大而化之的纲领，而更愿意就事论事地来研究每一个问题。在政治上，如同在哲学上一样，他们是试探性的和实验性的。而在另一方面，他们的对手则认为自己能够"整个地把握万物这可悲的格局"，并且更加愿意"将其打碎，然后重新铸造得更合心中的期许"。他们有可能作为革命者来这么干，或者也有可能是希望提升当权者权威的人。而不管是哪种情况，他们在追求宏大目标时都不回避暴力，并且还谴责热爱和平是不高尚的。

从现代的观点来看，洛克及其追随者在政治上存在重大的缺陷，他们崇拜财产。但是基于这个理由而批评他们的人却往往是为了一些比资本家更坏的阶级，诸如君主、贵族和军阀。贵族地主不劳而获的收入是依据那些难以追溯的习惯，他们并不认为自己是在攫取财富，那些不透过美丽的外表看的人也这么认为。相反，实业家忙于有意识地追求财富，所以他们在自己的活动多少还有些新奇的时代，在人们中间激起了一种对地主们绅士般的勒索行为前所未有的憎恨。我是说，对那些中产阶级的作家们和阅读他们作品的人来说情况就是如此；但是对于出现在法兰西大革命和俄国革命中的农民们来说情况并非如此，只是农民们不善言辞罢了。

大多数反对洛克学派的人都对战争怀有一种赞叹之情，将其视为必然包含着对舒适和安逸的鄙夷不屑的英雄般的行为。与之相反，那些采纳功利主义伦理观的人则通常认为大多数战争是愚蠢的。这又使得他们和资本家结成了联盟，后者也不喜欢战争，因为战争会妨碍贸易，至少在十九世纪情况是如此。资本家的动机当然纯粹是利己的，但是由此产生的各种观点与军阀及他们在文学上的支持者的观点相比，他们和大众利益的关系却更为协调。的确，资本家们对待战争的态度也是摇摆不定的。英国在十八世纪进行的战争，除了美国独立战争之外，总体上都是赚钱的买卖，也获得了商人们的支持；但是在整个十九世纪直到末期，商人们是拥护和平的。在现代，大企业在各处都和民族国家存在着紧密的联系，以至于局面发生了极大的改变。但是即便是在现在，在英国和美国，大企业总体上也都是厌恶战争的。

开明的利己当然不是最崇高的动机，但是那些诋毁它的人往往有意无意地以一些更坏的动机取代之，诸如憎恨、嫉妒和权力欲。总的来说，起源于洛克的学派和那些宣扬开明利己的学派，对增进人类的幸福和减少人类的苦难所做的贡献要大于那些以英雄主义和自我牺牲为名鄙夷人类幸福的学派。我并没有忘记工业化时代早期种种悲惨往事，但是那些悲惨往事最终还是在体制内部得到了缓和。而且我们可以把那些往事与以下这些事做个对比：俄国的农奴制、战争的罪恶及其留下的恐惧和憎恨的隐患，以及那些试图维系已经丧失了活力的旧制度的人身上所不可避免的蒙昧。

第十六章

贝克莱

乔治·贝克莱（1685—1753）在哲学上的重要性在于他否定了物质的存在，并且他支持自己观点的论证十分巧妙。他主张物质对象只存在于被感知的过程中。有人会反驳，那么这样一来，一棵没有被人看见的树岂不是不存在了？对此他的回答是：上帝总是在感知一切事物；如果上帝真的不存在，那么被我们当成是物质对象的那种东西就会处在不稳定的状态中，一旦我们去看它，它就会突然跃入到存在之中；但是照现状来看，因为有上帝在知觉，所以树木、岩石和石块还是如同常识认为的那样有一个连续的存在。在贝克莱看来，这是支持上帝存在的一个十分有力的论证。罗纳德·诺克斯所写的一首五行打油诗，再加上另一首应和之作，就很清楚地解释了贝克莱关于物质对象的理论：

曾有位年轻人说道："上帝
一定会觉得这太稀奇，
当他发现这棵树
一直存在，
但却没有谁正在庭院里。"

答
亲爱的先生：
您的惊讶真稀奇：
我一直总在庭院里。

这就是为什么那棵树
会一直存在，
因为注视着它的是
您忠实的，
上帝。

贝克莱是爱尔兰人，在二十二岁时进入都柏林三一学院学习。他曾经在斯威夫特的引荐下进入过英国宫廷；斯威夫特的瓦妮莎[1]还留给了他一半的遗产。贝克莱制订过一个计划，他想在百慕大群岛建立学院，并为了这个目的而前往美国，但是在罗得岛度过了三年光阴（1728—1731）后，他放弃了这个计划并回国。他就是那行著名的诗句的作者：

帝国的大业踏上西进的征途。

因为这个缘故，加利福尼亚的伯克利城就以他的名字命名。1734 年他成为克洛因的主教。他在晚年为了焦油水而放弃了哲学，他认为那种东西有许多奇妙的药用属性。关于焦油水，他写道："这是一种开怀但不醉人的杯中物。"——这种感情广为人知是因为后来柯珀对茶也有过同样的感慨。

贝克莱最好的著作都是在他还十分年轻时写成：《视觉新论》写于 1709 年，《人类认识原理》写于 1710 年，《海拉斯和费洛诺斯对话录》则写于 1713 年。他在二十八岁之后的作品就很一般了。他是一个极富魅力的作家，文笔十分动人。

他反对物质的论证在《海拉斯和费洛诺斯对话录》一书中得到了最有说服力的阐释。我准备只考察这些对话中的第一篇和第二篇开篇的一小部分，因为余文的内容在我看来并没有那么重要。本书我将要讨论，贝克莱为了支持某个重要的结论而提出了若干有效的论证，只是这些论证并不十分支持他认为自己在证明的那个结论。他认为自己证明的是一切实在都是精神的，但是他实际在证明的却是我们感知的是性质而非事物，并且性质是与知觉者相关的。

接下来我会先对这些对话中在我认为重要的部分进行一个非批评性的叙述，再着手展开批评，最后我会谈一谈我自己对所涉及问题的看法。

这篇对话录中登场的有两个人物：代表受过科学教育的常识的海拉斯和代表

「1」一位热恋斯威夫特的女子。——译者注贝克莱的费洛诺斯。

海拉斯先是对费洛诺斯的意见做了一番友善的评论，接着便说自己听到了关于这些意见的一些传言，说费洛诺斯实际上并不相信物质实体。海拉斯便惊叫道："还有什么比不相信有一种叫作物质的东西更异想天开、更违反常识、更明目张胆地主张怀疑主义吗?!"费洛诺斯回答道，他并不否认可感觉事物，也就是那些可以直接通过感官被感知到的事物的实在性，他只是在说，我们既看不到颜色的原因，也听不到声响的原因。两人都同意感官是不会做推论的。费洛诺斯指出，通过视觉我们只能感知到光线、颜色和形状，通过听觉则只能感知到声响，依此类推。因此，除了各种可感觉的性质以外并没有任何可感觉的东西，而可感觉的东西就是可感觉的性质或可感觉性质的集合。

费洛诺斯接着着手证明"可感觉事物的实在性在于被感知"，以此来反对海拉斯那种'存在是一回事，而被感知是另一回事'的观点。感官材料是精神性的，这是费洛诺斯通过对各种感官细致的考察所得出的论点。他先从热和冷说起。他说，强度很高的热是一种痛苦，而且一定是在精神之中的。因此热是精神性的；同样的论证也适用于冷。这一点又通过那个著名的温水论证得到了加强。如果你的一只手很热而另一只手很冷，你把两只手都放进温水中，那么一只手会感到冷而另一只手会感到热，但是水是不可能同时既冷又热的。这难住了海拉斯，于是他便承认"热和冷都只是存在于我们心灵中的感觉"。但是他乐观地指出，其他的可感觉性质依然是存在的。

费洛诺斯继续谈到滋味。他指出甜味是一种快乐而苦味是一种痛苦，而快乐和痛苦都是精神的。同样的论证也适用于气味，因为它们也是令人愉快或者令人不快的。

海拉斯奋力拯救声音。他说，声音是实在的空气中的运动，这从真空中不会有声音这一点就可以看出来。他还说，我们必须"在被我们感知到的声音和声音本身之间做一个区别，或者必须在被我们直接感受到的声音和没有我们依然会存在的声音之间做一个区别"。费洛诺斯则指出，海拉斯所说的"实在的"声音，因为是一种运动，所以有可能被看到和感觉到，但是肯定不可能被听到，因此就不是我们通过知觉作用知道的声音。对于这种说法，海拉斯也只能承认"声音在心灵之外没有实在的存在"。

他们接着谈论颜色，而这时海拉斯很自信地开腔道："对不起，颜色的情况可大不相同。还有什么比我们在物体上看到的颜色更明白的吗?"他还主张，存在于心灵之外的实体具有我们在它们身上所看到的那种颜色。但是费洛诺斯要驳倒这个观点一点也不困难。他从黄昏时的那种红色和金黄色的云彩说起，并指出，如果你靠近了来看这种云彩，它们就没有那种颜色。他接着谈到由显微镜所造成的颜色差异，以及黄疸病人看任何东西都是黄的这个事实。他说，一种非常小的昆虫一定能看到比我们所能看到的物体小得多的物体。于是海拉斯又说颜色不在物体中，而在光线中，他把颜色说成是一种稀薄的、流动的实体。费洛诺斯则指出，和声音的情况一样，根据海拉斯的意见，所谓“实在的”颜色是某种和我们看到的红色和蓝色不同的东西，这是站不住脚的。

于是海拉斯在所有关于次性质的问题上都认输了，但是他依然说，各种主性质，特别是形状和运动，是无思想的外界实体所固有的。对此费洛诺斯的回答是，当事物离我们近时看起来就大，离我们远时看起来就小，而一种运动可能在一个人看来很快而在另一个人看来很慢。

这时，海拉斯试图换一种说法。他说自己犯了一个错误，没有将对象和感觉区分开，他承认知觉这种行为是精神性的，但是被知觉的东西则不是。例如，各种颜色就“在心灵之外，某种无思想的实体中有一个实在的存在”。对此费洛诺斯回答道：“任何感官的直接对象——也就是任何观念或者观念的集合——应该存在于一种无思想的实体之中，或者外在于一切心灵，这个说法本身就包含着一个明显的矛盾。”我们应该注意到，在这个问题上，论证是逻辑性的而不再是经验性的了。在几页之后，费洛诺斯又说：“能够被直接感知到的都是观念，有什么观念能够存在于心灵之外吗？”

在对实体进行了一番形而上学的讨论之后，海拉斯又回过头来讨论视觉问题，并论证一定距离之外的事物依然能被自己看到。对此费洛诺斯回答道，这对在梦中被看到的事物来说也是一样的，而每个人都承认在梦里看到的东西是精神性的。再说，距离也不是通过视觉感知的，而是通过经验判断的结果；对一个生来就是盲人而现在第一次能够看见东西的人来说，视觉对象可能并不会显得有距离。

在第二篇对话的开始部分，海拉斯极力主张大脑中的某些痕迹是产生感觉的原因。但是费洛诺斯反驳道：“大脑既然是个可感觉的事物，就只存在于心灵之中。”

这篇对话录的其余部分就不那么有趣了，我们也没有必要对其加以讨论。

现在让我们来对贝克莱的论点做一个批判性的分析。

贝克莱的论证由两部分组成。一方面，他论证我们并没有感知到物质事物，而只感知到了颜色、声音等等；另一方面论证这些是“精神性的”或“在心灵之中的”。对于第一个问题，他的推理是完全令人信服的。但是对于第二个问题，他的推理的缺陷在于没有为“精神性的”（mental）这个词下任何定义。他所依赖的实际上是人们一般认为的那种观点，即一切事物一定都是要么是物质的要么是精神的，任何事物都不会两者兼而有之。

当他说我们感知的是性质，不是“事物”或“物质实体”时，以及我们没有理由假设那些常识认为全部属于一个“事物”的性质就真的是为一个和其他每一种实体都不同的实体所固有时，他的推理是可以被接受的。但是当他继续说到可感觉的性质——包括主性质在内——都是精神性的时，其论证便属于一些颇为不同的类型，论证的可靠性也大为不同了。有些论证是企图证明逻辑上的必然性的，而其他的论证则是更偏向经验性的。让我们先来谈论第一种论证。

费洛诺斯说：“能够被直接感知到的都是观念，有什么观念能够存在于心灵之外吗？”这就需要对“观念”这个词做一个很长的讨论。如果认为思维和知觉作用就在于主体和客体之间的关系的话，那么就有可能将主体等同于客体，并主张在心灵之中什么也没有，而只在心灵之前有各种客体。贝克莱还讨论了这种观点，即我们必须将感知行为和被感知的对象区别开来，前者是精神性的而后者不是。他反对这种观点的论证是模糊不清的，而且肯定会这样，因为对于一个像贝克莱那样相信精神实体的人来说，没有什么有效的手段可以反驳那种观点。他说：“任何感官的直接对象都应该存在于一种无思想的实体之中，或者外在于一切心灵，这个说法本身就包含着一个明显的矛盾。”这句话里有一个错误，类似于：“外甥不可能没有舅舅而存在，而A先生是一个外甥，因此按照逻辑A先生必然有一个舅舅。”如果已知A先生是一个外甥，这在逻辑上当然是必然的，但是由对A先生的分析所知的任何事情都推不出这种必然性。同样，如果某物是感官的对象，某个心灵就与它有关，但是从中并不能推导出如果它不是感官的对象就不存在。

关于被我们构想的事物，贝克莱有一个类似的错误。海拉斯坚持认为他能够构想出一座不被任何人所感知，不属于任何心灵的房屋。费洛诺斯反驳道，不管海拉斯构想什么都在他的心灵之中，所以那座被想象出来的房屋最终还是精神性的。海拉斯本可以这样来回答：“我并不是说我在自己的心灵中有一个房子的形象，当我说我可以构想出一座不被任何人感知的房屋时，我实际上是在说我理解‘有一个不被任何人感知的房屋’这个命题，或者更好的说法是‘有一座不被任何人感知或构想的房屋’。”这个命题完全是由可理解的词语构成的，这些词语也是被正确地组合在一起的。我并不知道这个命题是真还是假，但是我确信它不会被证明是自相矛盾的。某些与其极为类似的命题是可以证明的。例如，两个整数相乘的可能组合的数目是无限的，因此有某些组合是从来也没有被想到过的。而如果贝克莱的论证是可靠的，那就会证明这是不可能的。

这里涉及的是一个十分常见的错误。我们借助从经验中得来的概念，可以构建一些关于“类”的语句，这些类中的部分或者全部成员都可以是未被经验到的。举个极为普通的概念为例，比如说“小石头”，这是一个由知觉得来的经验概念，但是从中并不能推导出所有的小石头都被感知到了，除非我们将被感知到这个事实当成我们对“小石头”的定义的一部分。除非我们这么做，否则“未被感知的小石头”这个概念在逻辑上就是无懈可击的，尽管从逻辑上说不可能感知到这个概念的实例也是事实。

简明扼要地说，贝克莱的论证如下。他说：“可感觉的对象一定是可感觉的。A是一个可感觉的对象，因此A一定是可感觉的。”但是如果“一定”这个词指称的是一种逻辑必然性，那么这个论证只有在A一定是可感觉对象时才是可靠的。这个论证并不证明，从A除了可感觉性之外的其他性质出发，能够推断出A是可感觉的。例如，它并不证明，那些本质上和我们看到的颜色无法区分的颜色在没有被看见时并不存在。我们根据生理上的感受可以相信这种颜色是不存在的，但这种感受是经验性的。只要涉及逻辑，就没有理由说如果没有眼睛和大脑就不会有颜色。

我现在来谈谈贝克莱的经验性论证。首先，将经验性论证和逻辑性论证混在一起就是底气不足的表现，因为如果后者是有效的，就会使前者成为多余的。[1]如果我要主张正方形不会是圆的，我不会求助于所有已知的城市里的广场[2]都不是圆形的这个事实。但是因为我们已经否定了逻辑性论证，就有必要来仔细地考察一下经验性论证的本来面目。

贝克莱的第一条经验性论证十分古怪：热不可能在对象之中，因为“最炽烈的和强度最高的热（是）极大的痛苦”，而我们又无法想象“任何无知觉的事物能够有痛苦或快乐”。“痛苦”这个词有一种模棱两可性，而贝克莱正利用了这一点。这个词可以用来指一种感觉所具有的令人痛苦的性质，也可以用来指具有这种性质的感觉。我们说一条摔断的腿很痛（painful），并不暗示这条腿在心灵之中；类似地，我们可以说热导致了痛苦，但那就是我们说热是痛苦时所应当表示

[1] 例如：“我昨晚没有喝醉。我只喝了两杯，再说，大家都知道我是滴酒不沾的。”

[2] 正方形和广场英文都是square。——译者注

的全部意思。因此，贝克莱的这个论证是很糟糕的。

至于那个把热手和冷手同时放进温水里的论证，严格地说来，只能证明我们在这个实验中感知到的不是热和冷，而是比较热和比较冷。这个论证里没有什么能够证明热和冷是主观的。

在关于滋味的问题上，快乐和痛苦的论证又被重复了一遍：甜是快乐而苦是痛苦，因此两者都是精神性的。贝克莱还极力主张，一种在你健康时尝起来甜的东西在你生病时可能尝起来苦。非常类似的论证被用在了气味上：因为气味是令人愉快的或者令人不快的，所以“除了在能感知的实体或心灵之中以外，它们不会有任何存在”。贝克莱在这里，和在所有的地方一样，都假定了一切事物不是在物质中固有的就是在精神中固有的，并且没有什么东西既是精神的又是物质的。

关于声音的论证是一个针对人身的[1]论证。海拉斯说声音“实际上”是空气中的运动；而费洛诺斯则反驳道，运动可以被看见和感觉到，但是不能被听见，因此“实在的”声音是听不见的。这很难算是一个恰当的论证，因为根据贝克莱的意见，与运动有关的知觉对象也和其他的知觉对象一样是主观性的。而海拉斯所指的运动则必须是没有被感知到和不可被感知的。尽管如此，就这个论证指出了听到的声音不能被等同于物理学上认为是声音源头的空气运动这一点来说，这个论证还是有效的。

海拉斯在放弃了次性质之后，但并不准备放弃主性质，即广延性、形状、充实性、重量、运动和静止。论证很自然集中在了广延性和运动上。费洛诺斯说，如果事物有实在的大小，那么同一个事物不会在同一个时刻大小不同，但是一个事物依然在我们离它近时看起来大，而在我们离它远时看起来小。而且如果运动实际上在客体之中，那为什么同一个运动可能在一个人看来快而在另一个人看来慢呢？我认为，必须承认这种论证证明了被感知空间的主观性。但是这种主观性是物理的：对一部照相机来说这个论证也成立，因此并不证明形状是“精神性的”。在第二篇对话中，费洛诺斯对已经进行的对话进行了一个总结，他说：“除了各种心绪之外，我们所了解或构想的一切都是我们的观念。”当然，他不应该把心绪当作例外，因为那正如物质一样是不可认识的。实际上，这两种情况的论证几乎是等同的。

现在让我们试着来论述一下，我们能够从贝克莱所开创的这种论证中得出什

「1」指从对方的人身出发，而不是从对方的观点出发。——译者注

么肯定的结论。

我们所认识的事物是可感觉性质的束。例如，一张桌子就是由其可见的形状、坚硬程度、叩击时发出的声响和气味（如果有的话）所组成的。这些性质在经验中有某种连续性，使得常识认为它们属于同一个“事物”；但是“事物”或者“实体”的概念在被感知到的性质之上并没有增加任何东西，因此是不必要的。到这里为止，我们都站在牢固的基础上。

但是我们现在必须自问，我们在说“感知”时到底指的是什么？费洛诺斯主张，关于可感觉的事物，它们的实在性就在于被感知；但是他并没有告诉我们他所说的感知作用是什么意思。他还否定了那种认为感知就是主体和客体之间的一种关系的理论。既然他相信自我是实体，他本来是应该采纳那种理论的；然而，他还是决定反对之。而对那些否认实体性自我的人来说，那种理论又是不可能的。那么，把某种东西称为“知觉对象”到底是什么意思？除了指某种东西存在以外，还有什么别的意思吗？我们能不能把贝克莱的论点反过来，不说实在在于被感知，而说被感知在于实在呢？不管怎样，从逻辑上讲贝克莱是主张存在没有被感知到的事物的，因为他认为某些实在的事物，即精神性的实体是没有被感知到的。所以很明显，当我们说一个事件被感知到时，除了指它发生过之外还有别的意思。

这个别的意思是什么？被感知到和未被感知到的事件之间有一个明显的区别，那就是前者能够被记忆，而后者不能。还有什么别的不同吗？

有一大类心理感受，差不多是为那种我们会很自然地称之为“精神性”的现象所特有的，回忆就是其中之一。这种感受和习惯有关，一个被火烧过的孩子会怕火，一根被火烧过的拨火棍则不会。不过，生理学家们把习惯和类似的问题当成是神经组织的特性，他们没有必要违背那种物理主义的解释。用物理主义的话来说，如果一个事件产生了某种效果，我们就可以说它被“感知到了”。在这个意义上，我们几乎可以说一条水道“感知”了将其冲刷得更深的雨水，河谷是对之前倾盆大雨的“记忆”。如果用物理主义的用语来描述习惯和记忆，那么就算是在无生命的物体中两者也不是完全没有，有生命的物体和无生命的物体在这方面的差别只是程度上的。

按照这个观点，说一个事件被“感知到了”就是说它产生了某种效果，而且我们无论是在逻辑上还是在经验上都没有理由假设所有的事件都会产生这种效果。

认识论则提出了一种不同观点。按照这种观点，我们不是从已完成的科学出发，而是从支持我们对科学的信仰的任何理由出发。这正是贝克莱所做的事情。这时就没有必要事先给“知觉对象”下定义。这个方法就其要点来说是这样的：我们将自己觉得不通过推论就可以知道的命题收集在一起，又发现这些命题大部分都与过去的某些特殊事件有关系。这些事件被我们定义为“知觉对象”。因此，知觉对象就是那些我们不通过推论而知道的事件；或者承认记忆，那么这样的事件至少在某些时候曾是知觉对象。那么我们就面临着一个问题：我们能够从自己的知觉对象出发推论出任何其他的事件吗？关于这个问题有四种立场都是可能的，其中前三种都是唯心主义的不同形式。

我们可以完全否定从我们现在的知觉对象和对其他事件的记忆所得出的推论的有效性。凡是将推论局限在演绎法范围的人一定都持有这种观点。任何一个事件，或任何一组事件，在逻辑上都是能够自立的，因此任何一组事件都不能在逻辑上为其他事件的存在提供论证性的证明。因此，如果我们将推论局限于演绎法，已知的世界也就被局限于那些我们在自己的生平中所感知到的事件；或者是曾经感知到的事件，如果承认记忆的话。

第二种立场就是一般所理解的唯我论，允许从自己的知觉对象出发做某些推论，但是结论只能是自己生平中的其他事件。例如这种观点：在我醒着的生活中的任何时刻，都有我没有注意到的可感觉对象。我们看见了许多事物，但是并不同时对自己说我看见了它们；至少，似乎是这样的。在一个我们感知不到运动的环境中将目光聚集起来，我们就能接连不断地注意到各种不同的事物，因而我们感到应该相信在我们注意到它们之前，这些事物也是可见的，但是在我们注意到它们之前，它们并不是认识论的材料。从自己的观察所得做这种程度的推论是每个人都不加思考地在做的，即便是那些极力希望避免将我们的认识扩展到经验之外的人也是如此。

第三种立场——例如，爱丁顿似乎就持有这种立场——是说那些与我们自己经验中的事件相类似的事件是有可能被推论出的，因此我们有理由去相信，比如说被其他人看见但是没有被自己看见的颜色、其他人感受到的牙疼、其他人所经历的快乐和痛苦等等。但是我们无法推论出没有被任何人经验过和不构成任何“心灵”的一部分的事件。这个观点可以这样来辩护：对位于自己观察范围之外的事件的推论是通过类推进行的，而没有被任何人经历过的事件和我的经验材料不够类似，不足以保证类推推论。

第四种立场是常识和传统物理学的立场。根据这个立场，在我自己和其他人的经验之外，依然有谁也没经验过的事件——例如，我正眠于其中的漆黑卧室里的家具。G.E. 摩尔曾经指责唯心论者以乘客在车厢内看不见车轮为理由来主张火车只在停站时才有车轮。常识拒绝相信车轮会在你看它时突然跃入存在，而在没人注视时就懒得存在。若这个观点是科学上的观点，则是以因果律作为未感知事件存在推论的基础。

眼下我并不打算就这四种观点下决断。这个决断如果能下，也只有在对非论证性的推论和盖然性理论事先进行一个细致的研究。我只打算指出研究过这些问题的人所犯的某种逻辑错误。

正如我们已经看到的那样，贝克莱认为有逻辑上的理由证明只有心灵和逻辑上的事件才能存在。黑格尔及其追随者基于别的理由也持有这种观点。我相信这是一个彻头彻尾的错误。诸如“这个星球在生命存在之前曾有过一个时期”和“有没有被任何计算过的乘法组合”这样的陈述，无论是真还是假，基于逻辑上的理由都是无法驳斥的。被注意到，或者说成为知觉对象，只是说产生了某种效果，而且并没有逻辑上的理由来说明为何任何事件都会产生这样的效果。

不过，还有另一种论证，如果这个论证可靠，那么在没有将唯心主义确立为一种形而上学的情况下它就会将其确立为一种实践方针。这个论证是说，一个不能被证实的命题是没有意义的，而证实命题要依赖于知觉对象。因此，关于现实的或者可能的知觉对象之外的任何事物的命题都是没有意义的。我认为这种观点如果严格地加以解释的话，会将我们局限在上述四种理论中的第一种，并会禁止我们讨论任何自己没有清楚地注意到的东西。如果真是这样，那么这种观点在实际中就无法为任何人所持有，这对一个基于实际理由的理论来说是一个缺陷。关于如何证实一个命题，以及证实命题与知识之间的关系，都是既困难又复杂的问题，因此我会暂时把它们搁置在一边。

上述四种理论中的第四种承认有不被任何人感知的事件，对这种理论的论证也可能并不可靠。我们可以主张因果关系是先验地为人所知的，也可以主张如果没有未被感知的事件因果律就是不可能的。但是与之相反，我们也可以极力主张因果关系不是先验的，并且无论观察到什么规律性都一定与知觉对象有关。因此不管我们有什么理由去相信物理定律，似乎这个理由都可以从知觉对象的角度加以表述。这种表述也许既古怪又复杂，并且缺乏直到最近人们依然期望一条物理定律应该具有的连续性的特性。但是这种表述也很难说是不可能的。

我认为，对以上四种理论都无法从先验的角度进行反驳。不过，我们可以说所有的真理都是实用主义的，而在那四种理论之间并没有什么实用上的区别。如果这话是正确的，那么我们就能采纳任何一种自己喜欢的理论，而且它们之间的区别也只是语言上的。我不能承认这种观点，而这也是我们后文中将要讨论的一个话题。

还有一个问题，能否将什么意义与“精神”和“物质”这两个词联系在一起？众所周知，唯心论者认为除了“精神”之外再没有任何其他的东西，唯物论者对“物质”也这么认为。我希望，读者们还知道唯心论者德行高尚而唯物论者邪恶有余。[1]但是除了这些以外也许还有可说之语。

我本人对“物质”的定义也许看上去并不令人满意，我会把“物质”定义成满足物理方程的那种东西。但是有可能没有任何东西能够满足这些方程，在那种情况下，不是物理学是个错误，就是“物质”的概念是个错误。如果我们否定了实体，那么“物质”就只是一个逻辑上的结构了。至于这个结构是不是由各种事件（可以部分地被推断出）构成的，这个问题很难解决，但绝不是不可解决的。

至于“精神”，在实体被否定之后便一定是某种事件的集合或构造。而且这种集团的划分一定是由某种我们愿意称之为“精神的”现象所特有的关系造成的效果。我们可以拿记忆当作典型，将“精神性”事件定义成——尽管这有些过分简单化——有记忆或者被记忆的事件。那么一个特定的精神性事件所属于的“精神”便是通过向前或者向后的记忆链条相联系的事件集合。

根据上面的定义，可以看出精神和一块物质都是事件的集合。没有理由认为每个事件都应该属于这个或那个集合，也没有理由认为某些事件不会分别属于两个集合。因此，某些事件可能既不是精神的也不是物质的，而另一些事件可能既是精神的又是物质的。而在这个问题上，只有通过细致的经验考察才能够做出决断。

「1」西方民众受到基督教的影响，一般认为唯物论者就是无神论者，因而是邪恶的。——译者注

第十七章

休谟

大卫·休谟（1711—1776）是最重要的哲学家之一，因为他把洛克和贝克莱的经验主义哲学发展到了其逻辑终点，通过将这种哲学变得前后一致而使得它不可相信了。他在某种意义上代表了一条死胡同：沿着他的方向不可能再往前走了。自从他开始著书立说以来，反驳他就成了形而上学家们最喜欢的消遣。在我看来，他们的反驳没有一点是让人信服的；尽管如此，我依然希望能够发现和休谟的体系相比不那么怀疑主义的思想体系。

休谟的主要哲学著作《人性论》是他在1734年至1737年生活在法兰西时写成的。前两卷出版于1739年，第三卷出版于1740年。他那时非常年轻，还不到三十岁，也不为人所知，而他的结论却几乎在所有的学派那里都不受欢迎。他希望受到猛烈的攻击，这样他就能用各种绝妙的反驳来予以回击。结果没有人注意到这本书，正像他自己所说的那样，“它从印刷机上下来时就已胎死腹中”。但是，他又补充说：“因为我天生快活乐观，所以很快我就从这个打击中恢复过来了。”他致力于创作随笔，并于1741年出版了第一卷随笔集。1744年，他试图在爱丁堡大学取得教授职位未果；遭受了这次挫折后，他先是当了一个疯子的家庭教师，后来为一位将军做秘书。这些经历增强了他的信心，使他再度冒险从事哲学。他删去了《人性论》中的精华部分和用来支持自己结论的大多数依据，改变成《人类理智研究》一书，该书比《人性论》更负盛名。正是这本书将康德从“独断的睡梦”中惊醒，但是康德似乎并不知晓《人性论》一书。

休谟还写过一本《自然哲学对话录》，只是该书在他生前一直没有发表。遵照他的指示，此书在他死后于1779年出版。他的《论奇迹》后来更为出名，书中主张的奇迹般的事件根本没有充分的历史依据。

他的《英格兰史》出版于 1755 年，在本书及此后的若干年间，他热衷于证明托利党人优越于辉格党人、苏格兰人优越于英格兰人，他并不认为对历史应当抱有哲学般的超然。1763 年他访问了巴黎，在那儿他广受哲人们的重视。不幸的是，他与卢梭结下了友谊，并与卢梭发生了一次有名的争吵。休谟表现出的忍让令人敬佩，然而受到迫害妄想狂折磨的卢梭则坚持与他彻底绝交。

休谟在为自己所写的讣告——或者“葬礼演讲”中这样描述他的性格：“本人性情温和，善于制怒，开朗快活，长于交际；我乐于受人爱慕，却几乎受不了敌意，而且我对一切激情拥有极大的控制力。即便我最主要的激情，即对文学声誉的热爱，在我历经失望的情况下，也没有让我大为光火。”所有这些描述从我们对他的了解中都得到了证实。

休谟的《人性论》分成三卷，分别讨论理智、激情和道德。他的学说的精华而又别出心裁的部分在于第一卷，所以我将只讨论这一卷。

他从讨论“印象”（impression）与“观念”（idea）之间的区别入手。印象与观念是两种知觉，其中印象力度和激烈程度更高。而“观念，我指的是思维和推理过程中那些模糊不清的形象”观念，至少那些简单观念与印象相似，只是更为模糊。“所有的简单观念都有一个简单印象与其相似，而所有的简单印象都有一个对应的观念。”“我们所有的简单观念在初次出现时都是得自简单印象，这些简单印象与简单观念相对应，并严格地为这些简单观念所代表。”在另一方面，复合观念并不一定与印象相似。我们可以想象一匹见所未见的带翅膀的马，但是构成这个复合观念的要素依然都来自印象。证明印象先行的证据则来自经验，例如一个天生的盲人就不会有颜色的观念。在各种观念中，那些依然在相当大的程度上保留了原先印象的生动性的属于记忆，其他的则属于想象。

书中有一节[1]叫作《论抽象观念》，其开篇的一段文字很显然与贝克莱的下述学说一致：“所有的一般性观念都是附属于某个特定词语的特殊观念，这个词语让这些一般性观念具有了更宽泛的意义，也让它们在必要时能够回忆起与自己相似的其他个体观念。”休谟主张，当我们有了一个关于人的观念时，这个观念便具有了关于人的印象所具有的所有特殊性。“心灵如果不先对量或质的程度分别形成一个精确的概念，便无法对量或质形成任何概念。”“抽象观念就其本身来说是个体性的，不管它们在代表（印象）时会变得多么具有一般性。”这个理论

[1]《人性论》，第一卷，第一编，第七节。

是唯名论的一种近代形式，它存在两个缺陷，一个是逻辑上的，另一个是心理学上的。先来谈逻辑上的缺陷。“当我们在若干个对象身上发现了相似性时，”休谟说道，“我们便把同一个名称用到所有的对象身上。”每一个唯名论者都会同意这一说法。但是实际上像“猫”这样的一般性名词，正像共相的猫一样都是不实在的。这样，唯名论者对共相问题的解决，因为在应用自己的原则不够彻底而遭到了失败，其错误就在于只将这些原则应用于“事物”，而没有应用于词语。

心理学上的缺陷至少就休谟的情况而言更为突出。他所阐述的一整套将观念当作印象的摹本的理论，都因为忽略了模糊性而站不住脚。例如，如果我看到了一朵特定颜色的花，之后又回想起花的形象，那么这个形象在以下这个意义上是缺乏精确性的，即有若干个非常类似的颜色都可能形成一个形象，或者用休谟的术语来讲，形成“观念”。“心灵如果不先对量或质的程度分别形成一个精确的概念，便无法对量或质形成任何概念”这个说法是不正确的。假设你见过一个六英尺又一英寸高的人，并记住了他的形象，但是这个形象大概对一个高半英寸或者矮半英寸的人来说也是适用的。模糊性和一般性并非同一回事，但是有某些相同的特征。因为没有注意到这点，休谟陷入一些不必要的困惑之中。例如，是否可能想象一种你没有见过，而又介于两种你见过的极为相似的颜色之间的颜色？如果那两种颜色足够相似，那么你所构想的任何形象都能够同样地适用于那两种颜色和介于它们之间的那种颜色。当休谟说观念来自为自己严格代表的印象时，他就超出了心理学的正确范围了。

休谟从心理学中驱逐了实体的概念，正如贝克莱从物理学中将这个概念驱逐一样。他说，没有关于自我的印象，因此就没有关于自我的观念。[1]“就我的情况而言，当我极其亲密地进入到我称之为我自己的那种东西之中时，我总是会受到某种特殊知觉的干扰，诸如对热或冷、明或暗、爱或恨、苦或乐的知觉。我从没有在任何时候在没有知觉的情况下碰见我自己，也从来不能观察到知觉之外的任何东西。”他又嘲讽似的做出了让步，说可能有某些哲学家能够感知他们的自我，“撇开这一类的形而上学家们不谈，我愿意大胆地断定，对于人类中的其他人来说，自我不过是不同知觉的一个束或者一个集合，这些知觉以难以想象的速度彼此接替，并永远处在流变和运动之中”。

对关于自我的观念的这种否定极为重要。让我们来严格地看看这个观点的主张，它又在多大程度上是有效的。首先，这个观点是说即使有自我这种东西，也

---

[1]《人性论》，第一卷，第四编，第六节。

从来没有被感知到过，因此我们不会拥有关于自我的观念。如果要接受这种论证，就必须对其加以仔细的叙述。任何人都感知不到自己的大脑，但是在一个重要的意义上，每个人都有关于大脑的“观念”。这种“观念”是从知觉得出的推论，并不属于那种有逻辑基础的观念；它们是复合的和描述性的——如果休谟关于一切简单观念都来自印象这个原则正确，就一定是这样的；而如果否定了那条原则，我们就不得不回到“天赋”观念的说法上。用现代的术语来说，我们可以这么说：关于未被感知的事物或事件的观念总是能够借助被感知事物或事件的词语来定义，因此通过替代被定义词语的定义，在不引入任何未被感知的事物或事件的前提下，我们总是能够对我们由经验所知的东西进行叙述。至于我们眼下的这个问题，我们可以说所有的心理认识都可以在不引入“自我”的前提下得到叙述；而“自我”按照定义也不过是一束知觉，不是什么新的简单“事物”。我认为在这个问题上任何一个彻底的经验主义者都会认同休谟的意见。

但是从中并不能推导出简单的自我是不存在的；从中只能推导出我们并不能知道简单自我是否存在，而且作为一束知觉的自我，也无法构成我们认识的任何一部分。这个结论在形而上学上十分重要，因为它剔除了对“实体”这个概念最后一点残余的运用；它在神学上也十分重要，因为它废除了关于“灵魂”的所有假定的认识。它在对认识的分析上十分重要，因为它表明主体和客体的范畴并不是根本性的。在这个关于自我的问题上，休谟在贝克莱的基础上取得了重要的进步。

在整部《人性论》中最重要的部分是题为《论知识和盖然性》的那一节。休谟所说的“盖然性”并不是指数学上的盖然性理论所包含的那种知识，诸如用两个骰子掷出两个 6 的概率是 1/36。这种认识本身在任何专门的意义上都不是盖然的，它具有知识所能具有的所有确实性。休谟所关心的是从经验材料中通过非论证性的推论所得到的不确定的知识。其中包括了我们关于未来和关于未经观察的过去和现在的全部知识。实际上，除了直接的观察所得以及逻辑和数学之外，这种知识就是我们所有知识的全部。对这种“盖然”知识的分析让休谟得出了某些怀疑主义的结论，既难以反驳也难以接受。其结果便是给哲学家提出了挑战，而且在我看来，到现在依然没有出现够资格的应战者。

休谟首先区分了七种哲学关系：相似、等同、时间与地点的关系、量或者数目上的比率、任意一种性质的程度、对立，以及因果关系。他说，这些关系可以被分成两类：依赖于观念的与可以不改变观念而得到改变的。相似、对立、性质的程度，以及量或数目的比率属于第一类；而时空关系和因果关系则属于第二类。只有第一种哲学关系能够给人以确实的知识，我们关于其他关系的知识则只是盖然的。代数和算术是唯一能在我们做出了一系列的推理之后依然不失确实性的科学。几何学并不如代数和算术那么确定，因为我们无法保证几何公理的真实性。“一定能够从一个纯粹的并且理智的观点来理解，并且只有灵魂的各种高级天赋有这个能力”，像许多哲学家这样设想数学中的观念是错误的。休谟说，只要我们一记起“我们所有的观念都是从我们的印象中复制出来的”这一点，就会顿时发现这个观点的错误十分明显。

并不完全依赖于观念的三种哲学关系是等同、时空关系和因果关系。在前两种关系中，心灵并不超出直接呈现于感官的范围之外。(休谟主张，时空关系是能够被感知的，也能够构成印象的一部分。) 只有因果关系使得我们能够从某个事物或某个事件推论其他的事物或事件：“只有因果关系能够造成这样一种关联，即向我们保证能从一个对象的存在或动作推知其前或其后的任何其他存在或动作。”

休谟认为，一个因果联系是没有所谓印象这种东西的。这就引出了一个困惑，我们仅凭对 A 和 B 的观察，能够感知到 A 在 B 之上，或者 A 在 B 的右边，但是感知不到 A 是 B 的原因。在休谟之前，因果联系多多少少被当作了逻辑上的依据和结果，但是休谟正确地认识到这是一个错误。

在笛卡儿派哲学那里，正如在经院哲学那里一样，因果之间的联系被认为是必然的，正如逻辑上的联系是必然的那样。对这个观点第一个严肃的挑战就来自休谟，近代关于因果关系的哲学也正是从他开始。他与后来直到并包括柏格森在内的几乎所有的哲学家一样，都将因果律当成是以“因为 A，所以 B”这种形式加以叙述的命题，而 A 和 B 是两类事件，哲学家们似乎并不知道这样的定律在任何一种高度发展的科学中都不存在这一事实。但是哲学家们关于这个问题的话语有很多都能够被翻译得适用于因果律的真实面貌，因此，我们暂时可以忽略这个问题。

休谟首先评论道，一个对象导致另一个对象的力量无法在关于这两个对象的观念之中发现，因此我们只能通过经验来了解原因和结果，而不能通过推理和内省。他说，“发生的事情一定有一个原因”这个表述是不像逻辑表述那样具有直觉上的确实性的。用他的说法就是：“如果我们只考察各对象本身，而决不超出我们关于这些对象所形成的观念的范围，我们就会发现，没有什么对象必然意味着任何其他对象的存在。”据此休谟论证道，一定是经验提供了关于原因和结果的知识，而且不仅仅是关于 A 和 B 这两个互为因果的事件的经验。之所以一定是经验，是因为这个联系不是逻辑性的；而之所以不仅仅是关于A和B这两个特殊事件的经验，是因为我们从A自身发现不了任何能够导致B产生的东西。他说，所需要的经验是A类事件和B类事件之间有一个不断发生的联合。他指出，当两个对象在经验中总是被联合在一起时，我们在实际中就从其中一个推论另一个（休谟所说的“推论”，指的是感知到一个对象就使得我们预期另一个；而不是指那种形式上的或者清晰的推论）。“也许，必要的联系依赖于推论”，反之则不然。也就是说，见到A让我们预期B，并导致我们相信A和B之间有必然的联系。推论不是由理性决定的，因为那就会要求我们假定自然的一致性，而自然的一致性本身不是必然的，而只是从经验中推论出来的。

这样休谟就被引到了这样一种观点：当我们说“因为A，所以B”时，我们所指的只是A和B在实际中总是连接在一起，而不是说两者之间有某种必然的联系，“除了总是被连接在一起的某些对象的概念之外，我们没有任何其他关于原因和结果的概念。……我们无法看透这种连接的理由”。

他通过界定“信念”来支持自己的理论。他认为，信念就是“与当前的一个印象有联系或者相关联的鲜明的观念”。通过联想作用，如果A和B在过去的经验中一直被连接在一起，关于A的印象就产生了关于B的鲜明观念，而后者就构成了对B的信念。这就解释了为什么我们会相信A和B是被联系在一起的：对A的知觉和关于B的观念就是相互联系的，所以我们会认为A和B有联系，尽管这个意见实际上并没有依据。“各对象彼此之间并不存在可以被发现的联系，只有从作用于想象的习惯中我们才能根据一个对象的出现推论出对另一个对象的经验，除此之外对象间的联系也不依据任何其他的原理。”他将以下这个论点重复了许多次，即在我们看来是对象之间的必然联系实际上只是关于这些对象的观念之间的联系；心灵受到习惯的支配，而且“正是这种印象，或者支配，为我提供了关于必然性的观念”。各种实例的重复导致我们去相信A是B的原因，但是这种重复并没有为对象增加任何新的东西，而只是在心灵中导致了观念之间的联想，所以“必然性是某种存在于心灵之中，而不是对象之中的东西”。

现在让我们自问我们应该如何评价休谟的学说。这个学说有两部分，一是客观的，一是主观的。客观的部分认为：当我们判断A是B的原因时，在涉及A和B的范围内，实际上发生的是我们观察到两者经常连接在一起。也就是说，A的后面总是B如影相随，我们没有理由说A一定是B紧随其后，或者在未来的时刻后面也会跟着B。而且不管B是出现在A的后面多频繁，我们都没有任何根据设想这里除了先后顺序之外还涉及了任何其他关系。实际上，因果关系可以从先后顺序的角度来加以定义，因而并不是一个独立的概念。

这个学说的主观部分则认为：关于 A 的印象导致了关于 B 的观念，而导致了这一点的则是经常观察到 A 和 B 之间的连接。但是如果我们按照这个学说的客观部分所提示的那样来定义“导致”（cause）这个词，我们就必须把上面那段话换一个说法。将“导致”这个词的定义替换掉，上面那段话就变为：

“经常观察到 A 和 B 两对象连接在一起，而这种连接后面经常跟随着这样的情况，即关于 A 的印象后面跟着关于 B 的观念，而以上这一点又是经常被观察到的。”

我们可以承认这个陈述是正确的，但是它几乎没有休谟认为自己学说的客观部分所具有的那种力量。休谟一再主张，A 和 B 经常相连接并不能提供理由预期它们未来也会连接，而只是这种预期的原因。也就是说：（两对象）经常连接这个经验与一种联想的习惯经常联系在一起。但是，如果承认休谟学说的客观部分，那么过去相同情况下经常形成联想这个事实便不能成为设想这种联想会继续，或者新的联想在类似的情况下会形成的理由。事实是，在心理学的范围内，休谟允许自信有一种其意义一般来说他会反对的因果关系。让我们举个例子来说。我看见一个苹果，并且预期如果我吃掉它，就会体验到某种滋味。根据休谟的意见，没有理由说明为什么我会体验到这种滋味：习惯律解释了为什么会存在我的这种预期，但是并不能说明这种预期是合理的。而且习惯律本身就是一种因果律。因此，如果我们严肃地对待休谟的观点，我们就必须这么说：尽管在过去看见一个苹果总是和预期某种滋味联系在一起，但是没有理由说这样的联合会继续，也许下一次我看见一个苹果就会预期它尝起来像烤牛肉。也许现在你认为这是不可能的，但是这并不是预期你在五分钟之后依然认为这不可能的理由。如果休谟的客观学说是正确的，我们在心理学上就像在物理世界中一样没有什么更好的理由来支持这种预期。休谟的理论可以戏谑地描述如下：“‘因为 A，所以 B’这个命题意思就是‘因为（有）关于 A 的印象，所以（有）关于 B 的观念’。”作为一个定义来说，这一努力并不让人满意。

因此，我们必须更仔细地对休谟的客观学说进行考察。这部分学说又分成两部分：当我们说“因为 A，所以 B”时，我们有权说的只是“在过去的经验中，A 和 B 经常一起出现，或者快速相继出现，并且没有观察到过 A 的后面没有 B 或者 A 和 B 不相伴的例子”；不管我们可能观察到多少 A 和 B 连接在一起的例子，都不能为预期它们在未来的一个时刻会联系在一起提供理由，但是 A 和 B 的连接，也就是说，经常观察到这种连接和这种预期联系在一起，是做出这种预期的原因。客观学说的这两个部分可以被叙述如下：一、在因果关系中，除了“连接”（conjunction）和“相继”（succession）之外，没有不可以下定义的关系；二、通过简单枚举法所进行的归纳并不是一种可靠的论证形式。经验主义者一般来说都承认这两个论点中的第一个而否定第二个。当我说他们否定第二个论点时，我指的是他们相信，如果给定了一个足够庞大的关于连接的例子的聚集，这种连接在下一个例子中依然会出现的可能性就会超过一半；或者，如果他们没有恰好主张这种观点，他们也主张了某种会得出相似结论的学说。

目前，我并不愿意去讨论归纳法，那是一个艰巨复杂的难题；现在我愿意讨论的是，如果我们承认了休谟学说的前一部分，那么对归纳法的否定就会使得所有关于未来的预期，甚至我们会继续保有预期这个预期，都成为不合理的东西。我所指的并不只是我们的预期可能是错误的，这一点是无论如何都得承认的。我所指的是，即便就太阳明天会升起这样我们最坚定的预期来说，也没有一丁点儿理由去设想它们得到证实的可能性比得不到证实的可能性要大。带着这个附加条件，我回过头来再谈“因果”一词的含义。

那些与休谟的意见不一致的人认为，“因果”是一种特殊的关系，必然会导致始终如一的先后顺序，但是有始终如一的先后顺序未必有这种关系。让我们回到笛卡儿派的时钟说：两个完全准时的计时器可能会始终不变地先后报时，但是其中任何一个也不是另一个报时的原因。一般来说，那些持有这种观点的人主张，我们有时候可以感知到因果联系，只是在大多数情况下我们被迫多少有些冒险地从始终不变的连接中去推断这种联系。让我们来看看休谟支持和反对这个论点的论证。

休谟将自己的论证总结如下：

“我感觉到，在我已经提出，或者在这本书之后的进程中有可能提出的所有奇谈怪论中，眼下的这个要算是最奇怪的了；并且只是凭借可靠的证据和推理，我才会希望我的这个怪论能够得到承认并打破人类那根深蒂固的偏见。这个学说有如下几个论点：第一，如果只是单纯地看到任意两个对象或动作，不管它们之间的关系有多么紧密，都不能为我们提供任何关于这两者彼此之间的力量或者联系的观念；第二，这种观念来自两者之间反复发生的联合；第三，这种反复既不会发现也不会导致对象身上的任何事情，而且通过自身所引起的合乎习惯的转变，只对心灵有影响；第四，这种合乎习惯的转变因而和之后被灵魂感觉到，但是不为外在的肉体所感知的那种力量和必然性是一回事。在我们对这一学说心悦诚服之前，自己把这些论点得重复多少遍？！”

人们经常指责休谟持有一种过分原子论式的知觉观。但是他承认某些关系能被感知，他说："我们不应该将自己对同一性和时间与地点的关系所做的任何观察当成是推理，因为在这些观察中，心灵都不能超越直接呈现于感官的东西。"他说，因果关系的不同在于它超越我们感官印象，告诉我们未感知的存在。作为一个论证，这似乎欠妥。我们相信有许多自己无法感知的时间和地点的关系，我们会认为时间向后和向前延伸，并且相信空间会延伸到我们房间的墙壁之外。休谟实际上是在论证：虽然我们有时候感知到时间和地点的关系，但是我们从来都感知不到因果关系。因此如果要承认因果关系的话，就必须承认那是从能被感知的各种关系中推论出来的。这样争论就被简化为一个关于经验事实的争论：我们到底会不会在某些时候感知到一种可以被称为因果关系的关系呢？休谟说不会，他的对手们说会，但是要明白双方是如何提出证据的都不是一件容易的事。

我认为，也许休谟一方最有力的论证可以从物理学上因果律的性质中找到。"因为A，所以B"这种形式的简单规则在科学上除了在早期作为一些很粗糙的提法之外，似乎是绝不会得到承认的。在高度发达的科学中代替了这些简单规则的因果律十分复杂，以至于没有谁会设想它们是在知觉作用中产生的，它们很显然都是从对自然进程的观察结果中得出的精妙推论。我没有将现代量子理论考虑在内，而那种理论只会增强上述的结论。在自然科学的范围内，休谟是完全正确的，像"因为A，所以B"这样的命题是绝不会得到承认的。而我们之所以有接受它们的倾向，可以从习惯律和联想律的角度加以解释。这两条定律就其严格的形式而论，就是关于神经组织的精巧论述——首先是关于其生理学，然后是关于其化学，最终是关于其物理学。

然而，即使休谟的反对者承认以上关于自然科学所说的一切，他依然有可能不承认自己会被彻底驳倒。他可能会说，在心理学上我们有因果关系被感知到的实例。原因这个概念或许完全来自意志，可以说我们在意志作用和随后发生的行为之间感知到了一种关系，而且这种关系并不只是始终如一的先后顺序。对突然的疼痛和喊叫之间的关系也许就可以这么说。不过，这种观点在生理学看来很难成立。在移动自己胳膊的意志和随后发生的动作之间，有一长串由神经和肌肉的活动所构成的因果中介。我们只感知到了这个过程的两个终端：意志和动作。如果我们认为自己看到了这两者之间的直接因果联系，我们就被误导了。这个论证对那个一般性的命题并不是结论性的，但是说明了当我们认为自己感受到了因果律时就设想我们感知到了因果律是轻率的。因此，休谟的观点更占优势，这种观点认为在因果中除了始终如一的前后相继之外别无他物。不过其论据并不像休谟所设想的那样具有决定性。

休谟并不满足于将因果联系的论据简化为对时常发生的连接的经验，他进一步论证道，这样的经验并不是预期未来有类似的连接的合理理由。例如（重提之前的一个例子），当我看见一个苹果，过去的经验让我预期它尝起来会像一个苹果，而不像烤牛肉，但是这个预期没有合乎理性的正当理由。而如果真有这样一个正当的理由，它也必须得从这样一个原理出发："那些我们对其没有任何经验的实例和那些我们对其有经验的实例相似。"这条原理在逻辑上并不是必然的，因为我们至少都能够设想自然进程中的变化。因此，这应该是一条盖然性原理。但是所有盖然性的论证都假定了这条原理，因此这条原理本身就不能通过任何盖然性的论证来证明，甚至任何一种这样的证明都不能使之成为盖然性的。"未来和过去相似这个假定并没有建立在任何一种论证的基础上，而且完全是从习惯中得出的。"[1]其结论便是彻底怀疑主义的：

"所有盖然性的推理不过都是感觉作用的一种类型。不光在诗歌和音乐中我们必须跟着自己的品位和感觉走，在哲学中也是一样。如果我确信什么原理，那不过是一种观念，比较有力地撞到我的心灵之上。如果我倾向于这套论证而不倾向于那一套，我也只是在根据我对这套论证影响力的优越程度的感觉做决定而已。在各对象彼此之间不会发现什么联系，而且我们能从一个对象的表象推论出另一个对象的存在，所依据的也不是任何其他原理，而不过是作用于想象力的习惯而已。"[2]

休谟对通常的知识所做的研究，其最终结果和我们猜测他所期待的东西并不相同。他这本书的副标题是"在道德问题上引入经验性的推理方法的尝试"，显然，他在动笔时有一个信念，即科学方法会带来真理，所有的真理，而且只带来真理；然而，他在全书结尾时却坚信所谓信念不是理性的东西，因为我们什么也不知道。在阐述了支持怀疑主义的各种论证之后[3]，他并没有接着去驳斥这些论证，反而退到了人类天生的轻信之上：

"自然通过一种绝对的和无法控制的必然性，决定了我们会做判断，也会呼吸和感觉。自然还决定了我们在充足的光线下会忍不住因为某些对象和自己当前的印象有一个符合习惯的联系而对它们进行察看；还决定了我们只要醒着，就会

[1]《人性论》，第一卷，第三编，第四节。

[2]《人性论》，第一卷，第三编，第八节。

[3]《人性论》，第一卷，第四编，第一节。

忍不住思考，或者当我们把眼睛转到明媚的阳光下时，就会忍不住去看周围的物体。凡是曾经煞费苦心地反驳这种彻底的怀疑主义的人，实际上是在进行没有对手的论辩，努力通过论证证实一种能力，而这种能力自然早已先在地移植到心灵之中了，并使之成为不可避免。我之所以如此仔细地展现这个异想天开的学派的论点，其目的只是想让读者们意识到我的这个假说的真实性：我们关于原因和结果的所有推理都是从习惯中来的；信念与其说是我们本性中有思考能力的那部分的行为，倒不如说是与感觉有关的那部分的行为更恰当。”

他继续说道[1]：“即使一个怀疑主义者断言无法用理性来为他自己的理性辩护，他也依然会去推理，去相信。根据同样的准则，尽管他通过任何哲学上的论证也不能去假装主张物体存在的真实性，他也一定会同意和物体存在有关的原理。……我们完全可以问，是什么导致我们相信物体的存在？但是如果问到底有没有物体，那就是徒劳的。在我们所有的推理中，这一点必然被视为是理所当然的。”

以上这段文字便是题为《论关于感官的怀疑主义》这一节的开头。在经过了一段漫长的讨论之后，这一节以下面的结论作为结束：

“这种既与理性又和感官有关的怀疑主义式的疑惑，是一种永远也无法根治的顽疾。不论我们如何想把它赶走，并且有时候似乎完全将其摆脱，它都肯定会随时重又降临到我们头上。……只有满不在乎和漫不经心能够为我们提供一种补救。因为这个理由，我完全依赖这两种态度，并且认为以下这一点是理所当然的：不管读者在此刻的意见如何，一小时之后他就会确信既有外在世界也有内在世界。”

休谟还主张，研究哲学只有一个理由，那就是对具有某些气质的人来说，这是一种令人愉快、消磨时间的方式。“对待一切生活中的事件，我们还是应该保持自己的怀疑主义。如果我们相信火让人暖和，或者水让人振作，那也只是因为如果我们不这么相信的话代价太大。而如果我们是哲学家的话，情况则不然，那就应该只是由于怀疑主义的原则，以及一种我们感觉正按照其方式来消耗自己的时间的倾向。”如果他放弃了思索，“我感觉就快乐而论我应该会有所损失，而这便是我的哲学的源头”。

休谟的哲学，不管对错，都代表了十八世纪理性精神的破产。他在开始自己的思索之前，和洛克一样，都抱着要明智和重经验的打算，绝不轻信，并追求从

[1]《人性论》，第一卷，第四编，第二节。

经验和观察中能够得到任何教诲。但是因为他的智力比洛克更高、在分析中敏锐性更高，而心安理得地接受前后不一致的能力却更小，所以他最终得出了从经验和观察中学不到任何东西这个灾难性的结论。没有合理性的信念这种东西："如果我们相信火让人暖和，或者水让人振作，那也只是因为如果我们不这么相信的话代价太大。"我们无法不去相信，但是任何信念都不是以理性为基础的。而且一种行动的方针也不会比另一种更合理，因为所有的行动方针都是建立在非理性的信心之上。不过，休谟似乎并没有得出最后这个结论。即便是在他最具怀疑主义精神的一章，即他总结第一卷中的各种结论的那一章里，他还是说道："一般来说，宗教上的错误是危险的，而哲学上的错误则只是荒唐。"他这么说没有理由。"危险"是一个表示因果关系的词，而一个针对因果关系的怀疑主义者是不会知道任何"危险"的事情的。

实际上，在《人性论》的后面各部分，休谟完全忘记了他的根本性怀疑，也像当时任何一个开明的道德学家那样进行写作。他将自己推荐的补救措施，即"满不在乎和漫不经心"应用到了自己的怀疑身上。在某种意义上，他的怀疑主义是不真诚的，因为他无法在实践中坚持下去。然而，他的怀疑主义却导致令人棘手的后果：它让每一种想要证明一种行动方针好过另一种行动方针的努力都付之东流了。

不可避免，在这样一种对理性的自我否定之后跟随着非理性信念的大爆发。休谟和卢梭之间的争吵是象征性的：卢梭疯狂但是有影响，休谟清醒但是没有追随者。后来的英国经验主义者否定了他的怀疑主义却没有加以反驳；卢梭和他的追随者们在认为所有的信念都不是以理性为基础这一点上与休谟是一致的，但是他们认为感情要优于理性，并允许自己在感情的引导下达到一些信念，而这些信念与休谟在实践中加以保留的那些信念迥然不同。德国的哲学家，从康德到黑格尔，都没能领会休谟的论证。我特意指出这一点，因为许多哲学者和康德一样，都相信他的《纯粹理性批判》已经对休谟做出了回答。实际上，这些哲学家——至少康德和黑格尔是这样——代表了一种前休谟式的理性主义，可以用休谟的论证将他们驳倒。而那些并不以理性自居的，诸如无法以这种方式驳倒的哲学家是卢梭、叔本华和尼采。在整个十九世纪和到目前为止的二十世纪，非理性的发展是休谟对经验主义的破坏的自然后果。

因此，重要的是在彻底经验主义或者大体上属于经验主义的哲学框架内能够找出对休谟的回答。如果找不出，那么神志清醒和神志迷乱之间就没有理智上的区别了。对一个相信自己是一个荷包蛋的疯子，也只能根据他是少数派这个理由来进行谴责；或者不如说——因为我们不一定要先假定民主制——根据政府和他意见不一这个理由。这是一种令人绝望的观点，我们肯定希望能找到某种摆脱这种观点的方法。

休谟的怀疑主义完全建立在他对归纳原理的否定之上。如果将归纳原理应用于因果关系，就是在说：如果发现 B 极为频繁地和 A 相伴出现，或者在 A 之后出现，而且不知道有任何 A 和 B 并不相伴出现，或者 B 并不出现在 A 之后的例子，那么就可以盖然地说，下次观察到 A 时，就会有 B 和它相伴出现，或者在 A 之后出现。要让这条原理充分有效，就必须要有足够多的例子来使其盖然性和确实性相差不是太远。这条原理，或者其他什么能够推导出这条原理的东西，如果是正确的，那么遭到休谟否定的因果推论就是有效的。这么说绝不是因为这条原理能够提供确实性，而是因为它能够为实际用途提供足够的盖然性。如果这条原理不正确，那么从个别观察结果得出普遍科学规律的所有努力就都是错误的，而且休谟式的怀疑主义对一个经验主义者来说就是逃脱不了的。当然，如果不犯循环论证的错误，这条原理本身是无法从由观察得到的一致性中推论出来的，因为所有这种推论都需要先有这条原理才算正当。因此这一定是一条不依赖经验的独立原理，或者是从一条不依赖经验的独立原理中推导出来的原理。在这个范围内，休谟证明了纯粹的经验主义不是科学充分有效的原理。但是如果这条原理得到承认，其余的一切就能够按照我们所有的知识基于经验这个理论进行下去。必须承认，上面那种做法是严重有悖于纯粹经验主义的。不是经验主义者的人就会问，为什么一种违背被允许，而其他的违背就要被禁止？然而，这些都不是由休谟的论证所直接引发的问题。他的论证所证明的——而且我并不认为这个证明可以被反驳——是归纳法，是一种独立的逻辑原理，无法从经验或其他的逻辑原理中推论出来，而且没有这条原理就不可能有科学。

西方哲学史

A HISTORY OF PHILOSOPHY

第二篇
从卢梭到当代

II

第十八章

浪漫主义运动

从十八世纪后半叶至今，艺术、文学、哲学，甚至包括政治都受到了广义上被称为浪漫主义的那场运动所特有的情感方式或积极或消极的影响。即便是那些对这种情感方式持反感心态的人也被迫对它进行思考，而且在许多情况下他们受到这种情感方式的影响远远高于他们自己的认识。我打算在本章主要就那些未必与哲学有关的问题对浪漫主义做一个简要的描述，因为浪漫主义构成了我们将要讨论到的那段历史时期大部分哲学思想的文化背景。

浪漫主义在一开始并没有与哲学联系在一起，但是没过多久它们就走到了一起。因为卢梭，这场运动从一开始就与政治有关。只是在我们能够理解其政治和哲学影响之前，必须先考察其最本质的形式，即作为对公认的伦理和审美标准的反抗。

这场运动的领军人物就是卢梭，但是在某种意义上，他只是表现了已经存在的各种潮流而已。十八世纪的法兰西，有教养的人极为欣赏一种被他们称为 la sensibilité（善感性）的那种东西，这个法语词的意思是容易动感情，特别是容易产生同情心这一气质。要做到完全令人满意，情感就必须直接、激烈且无须经过思考。敏感的人看到一个赤贫的农民家庭可能会伤心落泪，但是对一个精心设计的改善农民阶级处境的方案却可能漠然置之。穷人被认为比富人拥有更多的德行，贤人则被认为是从腐朽的宫廷中隐退，去享受淡泊的乡村生活带来的宁静快乐的人。这种态度作为一种暂时的心境，见于几乎所有时代的诗人。《皆大欢喜》中流亡公爵正是这样的态度，尽管他一有可能就立即返回他的领地；只有那忧郁的杰奎斯是真心钟情于林野生活的。甚至连浪漫主义运动所反对的一切人中的完美典范蒲柏也曾经说道：

> 将自己的希望和心计，
> 固守几亩祖传的土地，
> 满足于呼吸淳朴的空气，
> 这样的人便会幸福如意。

在那些具有敏感气质的人的想象中，穷人总是有几亩祖田，生活自给自足。是的，他们又总是在悲惨的境况中失去了自己的土地，因为年迈的父亲丧失了劳动能力，美丽的女儿又身染重疴，罪恶的放债人或者领主又在觊觎着土地和女儿的贞操。对浪漫主义者来说，穷人绝对与城市和工业无关；无产阶级是一个十九世纪的概念，也许同样是被浪漫化了的，但是肯定与“穷人”颇为不同。

卢梭借助了内在的对敏感的狂热崇拜，并将其发展到了一种只有他才能达到的广度和规模。无论在理论还是趣味上，卢梭都是一个民主派。他一生大多数光阴都是一个贫穷的流浪汉，受到了境况比他稍好一点的人们的好心照料。他在行为上用卑鄙至极的忘恩负义来回报这种善意，但是在情感上则是用一个最热诚的敏感性的崇拜者所能期望的一切作为回报。他因为有着流浪汉的习性，所以厌恶巴黎社交圈的繁文缛节。从他那里浪漫主义者学会了蔑视习俗的束缚——首先体现在服装和礼节上，体现在小步舞曲和英雄偶句诗上，后来体现在艺术和爱情上，最终遍及了传统道德的整个领域。

浪漫主义者并不是寡廉鲜耻；相反，他们的道德判断犀利而又激烈。但是他们所依据的原则迥然相异于那些在他们的前人看来很好的原则。从 1660 年到卢梭之间的这段历史时期，充斥着对法兰西、英国和德意志的宗教战争以及内战的各种回忆。人们十分清楚混乱无序的危险，以及由各种强烈的激情所引发的无政府倾向的危险，也意识到了安全和为了获得安全所做的各种必要的牺牲的重要。谨慎被认为是最高的德行，理智被视为对抗颠覆性的狂热分子最有效的武器，彬彬有礼被赞赏为抵抗野蛮习气的屏障。牛顿的宇宙是有秩序的，其中的行星沿着合乎规律的轨道永恒不变地绕太阳转动，这成了好政府的想象性的象征。表现激情时要有节制成了教育的首要目标，也是一位绅士最确切的标志。在法兰西大革命中，前浪漫主义的法兰西贵族们默默地死去；罗兰夫人和丹东是浪漫主义者，他们在死时依然讴歌不止。

但是到了卢梭的时代，许多人对安全已经越来越厌倦，并开始渴望刺激。法兰西大革命和拿破仑让他们受到了足够的刺激。当1815年政治世界重归宁静时，重新降临的却是那样一种死寂、僵硬、对一切生气勃勃的生活都充满敌意的宁静，以至于只有那些被之前的经历吓破了胆的保守派才能忍受得了。结果，在理智上对现状的默许就不复存在了，而这种默许正是太阳王治下的法兰西和法兰西大革命之前的英国的特征。十九世纪对神圣同盟体系的反抗采取了两种形式。一种是工业主义的反抗，资本家无产阶级联合起来反对君主和贵族，这种反抗几乎没有受到浪漫主义的感召，而且在许多方面又回到了十八世纪，并且以哲学上的激进派、自由贸易运动和马克思式的社会主义为代表。另一种与之迥然相异的是浪漫主义的反抗，部分是反动的，部分是革命的。浪漫主义者并不以和平和平静，而是以有生气又富有激情的个人生活作为追求目标。他们对工业主义没有好感，因为那是丑陋的，聚敛钱财在他们看来是为不朽的灵魂所不齿的，还因为近代经济组织的发展妨碍了个人自由。在后革命的时代，他们通过民主主义逐渐被引入了政治，他们感到每个民族都有一个共同的灵魂，只要国家的疆界和民族的疆界不一致，这个灵魂就不会得到自由。在十八世纪上半叶，民族主义是最生机勃勃的革命原则，并得到了大多数浪漫主义者的热诚拥护。

浪漫主义运动的总体特征是用审美的标准代替了实用的标准。蚯蚓有用，但是不美丽；老虎美丽，但是没有用。达尔文（他不是一个浪漫主义者）赞美蚯蚓，布莱克则赞美老虎。浪漫主义者原本都有审美上的动机。但是为了把握浪漫主义者的典型特征，不仅有必要考虑审美动机的重要性，也有必要考虑导致他们的审美感与其前人不同旨趣的变化。关于这种变化，他们对哥特式建筑的偏爱就是最著名的一个例子，另一个则是他们对风景的趣味。约翰逊博士钟情于舰队街胜过了任何乡村风景，还断言凡是厌倦伦敦的人一定也厌倦生活。假如卢梭的前人欣赏乡村的什么东西，他们欣赏的也是一种富饶的景象，有肥沃的牧场和沉吟着的母牛。卢梭因为是瑞士人，自然会欣赏阿尔卑斯山。在他的追随者所写的小说和故事中，我们能找到汹涌急流、陡壁悬崖、迷途森林、雷电交加、海上风暴，以及一般来说没有用的、具有破坏性的和暴烈的东西。这种变化似乎多少是永久性的：与绿草青葱的牧场和麦浪起伏的田野相比，今天几乎所有人都更偏爱尼亚加拉大瀑布和美国西部的大峡谷。旅馆可以为人们对风景的趣味提供统计数字上的证据。

浪漫主义者的气质在小说中得到了最好的研究。他们习惯奇怪的东西：鬼魂、古老衰败的城堡、昔日望族最后一批忧郁的传人、催眠术士和研究神秘科学的人、失势的暴君和黎凡特[1]的海盗。菲尔丁和斯摩莱特[2]写的都是有可能真实发生的情景中的普通人物，那些反对浪漫主义的现实主义者都是如此。但是对浪漫主义者来说，这类主题太平淡乏味了，他们只从那些宏大的、遥远的、恐怖的事物中获取灵感。那种多少有些可疑的科学，如果引发了任何令人震惊的事情的话，也可以加以利用。但是总体来说，中世纪和当前各种最富中世纪色彩的事物最能博得浪漫主义者的欢心。他们频频完全脱离现实，不管是过去的现实还是当前的现实。在这方面，《古舟子咏》就十分典型，柯勒律治的那首《忽必烈汗》也很难说是关于马可波罗笔下的那位历史上的君主。浪漫主义者的地理学也趣味盎然，从上都到"荒凉的寇拉兹米亚海岸"[3]，他们感兴趣的都是遥远的、亚洲的，或者古代的地方。

尽管浪漫主义运动将自己的源头归到卢梭，但是最初这主要是德国人的运动。德意志的浪漫主义者在十八世纪最末那几年还很年轻，他们也正是在风华正茂时表达了自己独具特色的思想观点。那些运气不佳英年早逝的人，最后都让自己的个性被天主教会的一致性给磨平了（如果一个浪漫主义者生来是新教徒的话，那么他有可能成为天主教徒，否则的话几乎不可能，因为他必须将天主教义和反抗结合在一起）。德意志的浪漫主义者影响了柯勒律治和雪莱，但是同样的思想观点在十九世纪早期的英国流行起来则与德意志的影响无关。在法兰西，浪漫主义尽管采取了一种弱化了的形式，但是依然在从王政复辟直到维克多·雨果的这段时期内盛行不衰。在美国，可以从梅尔维尔、梭罗和布鲁克农场[4]身上看到几乎纯粹的浪漫主义，而在爱默生和霍桑身上则可以看到多少得到了缓和的浪漫主义。尽管浪漫主义者倾向于天主教，但是在他们的思想观点的个人主义方面却有着某种难以根除的新教成分，而且他们在移风易俗、改造观点和制度方面取得的成功也几乎完全局限于新教国家。

从英国的讽刺作家中可以一窥浪漫主义在英国的发端。在谢里丹[5]的《情敌》

---

[1] 指东地中海地区。——译者注

[2] 斯摩莱特（1721—1771），苏格兰小说家，擅长写流浪汉题材的小说，代表作有《罗德里克·兰登传》等。——译者注

[3] 上都位于今天内蒙古自治区锡林郭勒盟正蓝旗境内，是忽必烈时代蒙古帝国的统治中心之一。寇拉兹米亚是里海东部一地区的古称。——译者注

[4] 位于今天的波士顿西南，是由美国的乔治·雷普利夫妇于 1841 年创立的一个空想社会主义团体，霍桑是其成员之一。——译者注

[5] 谢里丹（1751—1816），爱尔兰剧作家和辉格党政治家。——译者注

（1775 年）一书中，女主人公决心为了爱情嫁给某个穷光蛋，而不愿意为了讨好自己的监护人和父母而嫁给一个富翁，但是他们给她选择的富翁冒用假名并假装贫穷来向她求爱并赢得了她的爱情。简·奥斯汀也在《诺桑觉寺》和《理智与情感》（1797—1798）这两部小说中消解了浪漫主义者。《诺桑觉寺》中的女主人公被拉德克利夫夫人 1794 年出版的一部超级浪漫主义的小说《尤道弗的秘密》引入了歧途。英国第一部正面的浪漫主义著作——布莱克的著作除外，因为他是一个孤僻的斯维登堡派信徒，几乎不是任何“运动”的一部分——则是柯勒律治发表于 1799 年的《古舟子咏》。但是在第二年，他不幸获得了威治伍德家的资助，前往哥廷根大学学习并沉溺在康德的哲学中，却没有再提高自己的诗艺。

在柯勒律治、华兹华斯和骚塞变得反动之后，对法兰西大革命和拿破仑的憎恨暂时遏止了英国的浪漫主义的发展。但是不久浪漫主义就在拜伦、雪莱和济慈的手中得到了复活，而且在某种程度上浪漫主义支配了整个维多利亚时代。

玛丽·雪莱的《弗兰肯斯坦》是在阿尔卑斯山的浪漫景色和与拜伦的交谈的启迪下写成的，其内容几乎可以被看成是一部寓言体和预言性的浪漫主义发展史。弗兰肯斯坦的怪物并不像后来谚语中描述的那样，是个彻头彻尾的怪物。他最初也是一个温和的生灵，渴望人间的感情，他试图获得某些人的爱，但是他的丑陋把那些人吓坏了，这终于在他的心中激起了憎恨和狂暴之情。他偷偷观察着一户贫穷但是正直的农家的生活，并且偷偷地帮他们干活。最终他决定让他们认识自己：

“我越是瞧着他们，就越是渴望得到他们的渴望和友善。我的心盼望着被这些和蔼可亲的人所了解，看见他们体贴的面容带着感情地朝着我，便是我最大的奢求了。我不敢去想他们会带着鄙视和惊悚的表情离我而去。”

但是他们真的这么做了。于是这个怪物先是要求他的创造者创造出一个和他一样的女性；当这个要求遭到拒绝后，怪物便专心于将弗兰肯斯坦索爱的人一个接一个地杀害。但是即便当怪物完成了自己的暴行，并注视着弗兰肯斯坦的尸体时，他的情操依然是高尚的：

“这也是我的受害者！杀了他我的罪恶就达到了顶点，我的存在的这位可怜的守护神受到了致命伤！哦，弗兰肯斯坦！慷慨大方而又牺牲了自我的人！我现在请求你宽恕我又有什么用？是我，毁灭了所有你爱的人，从而不可挽回地毁灭了你。啊！他变冷了，没法回答我了。……当我浏览自己那可怕的恶行录时，我无法相信自己是一个思想里曾经对美和庄严的善充满崇高而又超验幻想的人。但是事实就是如此，堕落的天使变成了恶毒的魔鬼。即便是上帝和人类的敌人也有朋友和伙伴，只有我孤身一人。”

如果剔除这种心理的浪漫主义形式，剩下的并没有任何不现实的地方，要想找出类似的例子也没必要去探寻海盗或者汪达尔人的国王。退位的德皇[1]在道恩就曾经对一位英国的拜访者叹息英国人不喜欢他了。伯特博士[2]在他一本关于少年犯的书中，也曾经提到过一个七岁的男孩儿将另一个男孩儿溺死在伦敦的摄政运河里，他的理由是自己的家人和同龄人都不喜欢自己。伯特博士对他很友善，最终他成为一个体面的公民；但是没有一个伯特博士着手去改造弗兰肯斯坦的怪物。

出问题的不是浪漫主义者的心理，而是他们的价值标准。他们欣赏强烈的激情，不论是什么类型的，也不管它们的社会后果如何。浪漫的爱情，特别是遭遇了不幸的爱情，其强烈程度足以得到他们的赞许；但是大多数最强烈的激情都是破坏性的——憎恶、怨恨和嫉妒，悔恨和绝望，受到不公正压迫的人那种受刺激的自尊和狂怒，好战狂以及对奴隶和懦夫的蔑视。因此，受到浪漫主义激励的人，特别是受到拜伦式浪漫主义激励的人，都是激烈和反社会的，不是无政府主义的造反者，就是耀武扬威的暴君。

这种思想观点之所以吸引人，其原因隐藏在人类本性和人类生活条件的极深处。为了个人利益，人类变成了群居性的，但是个人在本性上依然保持了很大程度的独居性，因此就有必要用宗教和道德来加强个人利益。但是为了将来的利益而放弃眼前的满足这个习惯是令人厌烦的，所以当激情被唤醒时，社会行为方面各种出于谨慎考虑的约束就变得难以忍受。此时此刻，那些将社会约束置于脑后的人就从内心冲突的停息中获得了一种新能量和权力感，尽管他们可能面临着灾难性的结局，但是同时却享受到了一种像神一样高高在上的感觉。这种感觉是一个平庸之人永远无法体验到的，但是却能为那些伟大的神秘主义者所了解。这些人天性中独居成分再度现身，但是如果理智尚存的话这种现身会披上神话的外衣。神秘主义者与上帝合为一体，在对无限的冥想中感觉被免除了自己对世人的责任。无政府主义的造反者则更进一步，他不是感觉自己与上帝合为一体，而是感觉自己就是上帝。真理和责任代表的是我们对物质世界和世人的责任，对于一个已经成为上帝的人来说是不复存在的。对其他人来说，真理由他来构想，责任

「1」指德国的末代皇帝威廉二世，他在1918年十一月革命之后宣布退位，流亡于荷兰的道恩。——译者注

「2」西里尔·伯特（1883—1971），英国心理学家。——译者注

由他来命令。如果我们都能独自生活而且不事劳作，那么我们就都能享受到这种自由自在的狂喜。但是既然我们不能实现这一愿望，这种喜悦就只有疯子和独裁者才能得到了。

独居本能对社会束缚的反抗不仅是了解一般被称为浪漫主义的这场运动的哲学、政治和情操的关键，也是了解这场运动在今天留下的各种影响的关键。哲学在德国唯心主义的影响下，变得唯我论了，自我发展也被宣布为伦理学的根本原则。至于情操，则必须在追求孤独、激情和经济的必需品之间做一个让人不快的妥协。D.H. 劳伦斯的小说《爱岛的人》中的主人公就逐渐对这种妥协越来越厌恶，并最终为此饥寒交迫而死，但是却享受到了彻底的孤独，但是那些赞赏孤独的作家从来也没有得到过这种程度的言行一致。隐士们无法得到文明生活中的种种舒适，而且一个想要写书或者创作艺术作品的人如果想在工作期间活下去的话，他就必须屈尊纡贵接受其他人的侍奉。为了能继续感觉到孤独，他就必须能够阻止其他人侵犯他的自我，如果服侍他们的人是奴隶，那这件事就最好完成。然而，轰轰烈烈的爱情却是一个比较困难的问题。只要充满激情的恋人被认为是在反抗社会束缚，他们就应受到赞赏。但是在现实生活中，恋爱关系本身很快也成了一种束缚，于是自己的恋人就遭到憎恨，而且两人间的爱情越是强烈情丝难断，这种憎恨就越是激烈。这样爱情就逐渐被理解为一场战斗，双方都试图通过侵入对方自我的保护墙来摧毁对方。这种观点通过斯特林堡的作品，尤其是通过劳伦斯的作品，已广为人知。

按照这种情感方式来说，不光是热烈的爱情，连所有和其他人的友好关系都只有在其他人能够被当作是自我的投影时才有可能。如果别人和自己有血缘关系，这一点就比较容易做到，而且关系越近越是容易。因此便有了对血统的重视，结果就像托勒密家族那样，导致了族内通婚。我们知道这一点对拜伦有很深的影响[1]，瓦格纳剧中齐格蒙德和齐格琳德[2]的爱情也让人想到同样的感情。尼采偏爱（但是没有可耻的意味）他的妹妹胜过任何女人，他在给妹妹的信中说："从你的一言一行中，我是多么强烈地感觉到你我属于同一个家族！你比任何人都理解我，因为我们来自同一个世系。这和我的'哲学'非常投合。"

民族原则也是同一种"哲学"的扩展，拜伦正是这个原则的拥护者。一个民

「1」拜伦和同父异母的姐姐奥古丝塔关系亲密，曾一度有两人乱伦的传闻。——译者注

「2」都是瓦格纳的歌剧《尼伯龙根的指环》中的人物，两人是兄妹，相爱并生下了英雄齐格弗里特。——译者注

族被假定成一个家族，拥有共同的祖先，共享某种“血缘意识”。一直批评英国人无法欣赏拜伦的马志尼[1]，就将民族设想成一种拥有神秘个性的东西，并将其他的浪漫主义者在英雄人物身上寻找的那种无政府的伟大的东西归结到了民族身上。各民族的自由，不仅被马志尼，也逐渐被那些相对来说更持重的政治家认为是某种绝对的东西，这一点在实践中阻绝了国际合作。

对血统和世系的信仰自然又和反犹主义联系在了一起。有些是因为浪漫主义的思想观点是贵族式的，有些是因为这种思想观点偏爱激情而非算计，在这两个原因的共同作用下，它便对商业和金融有了一种强烈的鄙视。这就导致了浪漫主义者宣称反对资本主义，但是他们的反对和代表着无产阶级利益的社会主义者的反对是截然不同的，因为浪漫主义的反对是建立在对经济上的重要事务的厌恶之上的，并且因为资本主义世界由犹太人统治着这种联想而得到了增强。当拜伦在极少数场合屈尊降贵留意经济权力这样庸俗的事物时，他便表达了这样的观点：

> 谁掌握着世界的平衡？谁的统治
> 高于征服者，不管是保皇党还是自由党？
> 是谁惊醒了衣衫褴褛的西班牙爱国者？

（这让旧欧洲的报章一齐喧嚣不已。）

> 谁让旧世界和新世界都处在痛苦
> 或幸福之中？谁让政治变得油腔滑调？
> 是波拿巴那高贵而又英勇的幽灵？
> 是犹太人罗斯柴尔德和他的基督教友培林！

这几行诗可能不是太悦耳，但是其感情完全属于我们这个时代，而且引起了拜伦的所有追随者的共鸣。

浪漫主义运动从本质上说目的在于将人类的个性从社会传统和社会道德的桎梏下解放出来。这些桎梏有一部分纯粹是对可取的行为方式无用的阻碍，因为每个古代社会都曾经发展出一套除了传统性之外空无一物的行为准则。但是各种自我主义的激情一旦得到释放，就难于再想让它们服从于社会需要。基督教曾经在某种程度上驯服了自我，但是经济上、政治上和理智上的原因激起了对教会的

---

[1] 朱塞佩·马志尼（1805—1872），意大利民族复兴运动领袖。——译者注

反抗，浪漫主义运动又把这种反抗带进了道德领域。这场运动通过鼓励一个新型的无法无天的自我而使得社会协作变得不可能，也使得追随者面临着无政府状态或者独裁统治的选择。自我主义先是让人们期望从别人那里得到一种父母般的关爱，但是当他们带着愤慨发现别人也有自我时，渴望关爱而不得的失望就转化成了憎恨和狂暴。人类不是独居性的动物，因此只要社会生活还在持续，自我实现就不可能是最高的伦理原则。

第十九章

卢梭

让·雅克·卢梭（1712—1778）尽管是一个十八世纪法语意义上的哲人，但并不是我们现在所说的“哲学家”。尽管如此，他对哲学也如同对文学、趣味、礼俗和政治一样，具有强有力的影响。不管我们对作为一个思想家的卢梭的优缺点有什么看法，我们都必须承认他作为一种社会力量具有巨大的重要性。这种重要性来自他诉诸内心情感以及当时所说的“敏感性”所得到的力量。他是浪漫主义运动之父，也是从人类的情感去推断非人类的事实的这种思想体系的开创者，还是与绝对君主制相对的各种伪民主独裁制的政治哲学的奠基人。从他的时代以来，自认的改革家通常分为两派，卢梭的追随者和洛克的追随者。有时候这两派互相合作，而且许多人难以看出两派的不协调之处。但是渐渐地，这种不协调越来越明显。在当前，希特勒便是卢梭的结果，而罗斯福和丘吉尔则是洛克的结果。

卢梭在其《忏悔录》中对自己的生平有过极为详尽的叙述，但是叙述得一点也不盲从于事实。他很喜欢声称自己是罪大恶极之人，有时候在这方面做过了头，但是本书以外大量的证据表明他缺乏一切寻常的德行。这并不使他苦恼，因为他自认为总有一副热心肠，然而这副热心肠永远也不妨碍他对最好的朋友做出卑劣的行径。我会仅仅出于理解他的思想和他的影响的必要性来叙述的他的生平。

卢梭生于日内瓦，受的是正统加尔文派的教育。他的父亲因为贫穷兼做钟表匠和舞蹈教师。他尚处襁褓之中母亲就离开了人世，他的姑母将他抚养成人。他十二岁时辍学，在各种不同的行当里当学徒，但是每一行他都憎恶，于是便在十六岁时从日内瓦逃到了萨伏依。因为缺乏谋生的手段，他便到一位天主教神父那里声称自己要改宗。正式的皈依仪式是在都灵的一所慕道者会所里举行的，过程持续了九天。他描述自己的动机完全是为了钱："我不能假装不知道我将要做的神圣之举实际上是强盗行为。"但是这话写于他在重新信仰新教之后，而且我们可以认为他有段时间是一个信仰真诚的天主教徒。1742 年他做证说，他在 1730 年住过的一栋房子因为一位主教的祈祷而奇迹般地逃过了一场火灾。

他钱包里装着二十法郎被赶出都灵的慕道者会所，之后，当上了一个名叫德·维切利的贵妇的男仆。这位贵妇三个月后就死了，在她身亡之后，有人发现卢梭拥有的一条丝带原先属于这名贵妇。这实际上是他偷来的，但是他却坚称是某个自己喜欢的女仆送给他的，人们相信了他的话，那个女仆受到了惩罚。卢梭的辩解很奇怪："我从来也没有像在这个残酷的时刻那样远离恶毒了。当我指控那个可怜的姑娘时，我对她的感情是我那么做的原因，这说来矛盾，但却是实情。她出现在我的脑海里，我便把罪名推给了第一个出现在我脑海里的人。"这是按照卢梭的伦理观，"敏感性"是如何代替了所有寻常的德行的一个绝佳的例子。

在这个事件之后，他成了德·瓦朗夫人的朋友，后者和他一样也是从新教改宗的。瓦朗夫人是个很迷人的妇人，因为对宗教有功而从萨伏依国王那里领受了一笔相当可观的补助金。有九到十个年头儿，卢梭的大部分时间都是在她家中度过的，卢梭甚至在她已经成了自己的情妇之后依然叫她"妈妈"。有一段时间他和她的杂役共同占有了她，大家生活得极为融洽。在杂役死后，卢梭感到了悲伤，但是又用这个念头来安慰自己："算了，不管怎样我都能得到他的衣裳。"

他早年有很多时候都是过着这样的生活：四处流浪、徒步旅行、尽自己所能找一个不稳定的活计。其间发生了许多插曲。有一次，一位和卢梭一起旅行的朋友在里昂的大街上癫痫发作，卢梭趁着人群聚拢过来时抛下正在发病的朋友逃走了。又有一次，卢梭当上了一个自称是前往圣墓途中的东正教修道院院长的秘书。还有一次，他假扮成一个名叫杜丁的苏格兰詹姆斯二世党人[1]，和一个贵妇人偷情。

尽管如此，在 1743 年，在一位显赫的贵妇人的帮助下，卢梭还是当上了法兰西驻威尼斯大使的秘书。大使名叫蒙太古，是个酒鬼，给卢梭派工作却忘记付

[1] 光荣革命之后依然拥护遭废黜的詹姆斯二世和他的后裔重登英国王位的人，他们得到了苏格兰信仰天主教的家族的支持。——译者注

他报酬。卢梭工作干得很好，所以那场不可避免的纠纷并不是他的错。他前往巴黎试图寻求公正，每个人都承认他是有理的一方，但是那件事却久拖不决。这次欠薪让他十分恼火，卢梭转而反对法兰西当时的政治体制与此有一定关系，尽管最终他还是领到了自己应得的报酬。

正是这一时期（1745 年），他开始和特雷莎・勒・瓦色同居，她是他在巴黎所住的旅馆中的一位仆人。他后来终身都和她生活在一起（不包括其他的风流韵事），并和她生了五个孩子，但是全被卢梭送进了育婴堂。从来没有人理解她有什么地方吸引了卢梭，她既难看又无知，既不会阅读也不会写字（卢梭教她写字，但是不教她阅读），不知道月份的名称，也不会换算金钱单位。她的母亲贪得无厌，把卢梭和他所有的朋友都当成了摇钱树。卢梭断言（不管是真是假）自己对特雷莎从来没有过一丝爱情。她在晚年又酗酒，还追求马车夫。或许卢梭喜欢的是自己在金钱上和智力上对她的那种无可置疑的优越感，以及她完全依赖自己这个事实。卢梭和大人物在一起时总是不自在，并真心地偏爱纯朴的人，在这方面，他的民主感情是完全真诚的。尽管他到死都没有娶特雷莎为妻，但是也几乎把她当成妻子来对待，而且所有和卢梭来往的贵妇都得让她几分。

他在文字方面大器晚成。第戎学院设立了一个最佳论文奖金，论文的题目为《艺术和科学是否为人类带来了好处》，卢梭的论文给出了否定的答案，并赢得了奖金（1750 年）。他辩称，科学、文学和艺术是道德最凶恶的敌人，而且这些学科创造了欲望创造了枷锁，它们也是奴隶制的根源，因为像美洲的野蛮人那样从来裸体的人，又怎么会被套上锁链呢？正如人们也许会猜测的那样，他支持斯巴达而反对雅典。他在七岁时读过普鲁塔克的《希腊罗马名人传》，受到了其中人物事迹很大的影响，尤其敬仰来库古的生平。与斯巴达人一样，卢梭也将战争中的胜利当作价值判断的标准。他还是赞美“高贵的野蛮人”，尽管老练的欧洲人能够在战争中将他们击败。他主张，科学和德行互不相容，而且所有的科学都有一个卑贱的出身。天文学出自占星术的迷信，雄辩术出自野心，几何学出自贪婪，物理学则出自无聊的好奇心，甚至伦理学的起源也是由于人类的自负。教育和印刷术是应该加以强烈反对的，将文明人和未开化的野蛮人区别开的一切都是罪恶的。

卢梭凭着这篇文章赢得了奖金而声名鹊起之后，就开始按照文中的原则来生活。他采取了一种简朴的生活方式，并卖掉了他的表，说自己再也不需要知道时间了。

第一篇论文中的观点在他第二篇题为《论人类不平等的起源和基础》（1754

年）中又得以详细地阐释，然而这篇论文并没有获奖。他主张，"人生来是善的，只是因为各种制度才变坏"——正是和原罪说以及通过教会得到拯救说相对立的一种观点。与当时大部分政治理论家一样，卢梭也谈论自然状态，但是多少带点假设地把自然状态说成是"一种不复存在，也许从未存在过，而且将来可能也绝不会存在的状态，但是为了更好地判断我们当前所处的状态，依然有必要对自然状态有正确的观念"。自然法应该从自然状态中推论出来，但是只要我们不了解自然人，就不可能确定最初为自然人规定的或者最适合自然人的是什么法律。我们所能知道的只是，那些服从自然法的人其意志一定是察觉到这种服从的，并且自然法一定是直接由自然亲口制定的。卢梭并不反对在年龄、健康、智力等方面的自然不平等，而只反对由习惯所认可的特权所造成的不平等。

公民社会和随之而来的社会不平等的起源可以在私有财产中找到。"第一个圈占了一片土地，并想到去说'这是我的'，而又发现人们头脑简单到相信他所说的话的人，就是公民社会的真正奠基人。"他继续说道，一次可叹的革命引入了冶金术和农耕，谷物是我们不幸的象征。欧洲是最不幸的大陆，因为这里的谷物与铁都最多。要消灭这种罪恶，只需要放弃文明，因为人生来是善的，野蛮人在填饱了肚子之后就会与自然界中的万物及所有自己的同类友好相处。

卢梭将这篇论文送给伏尔泰，后者回复道（1755 年）："我收到了您反对人类的新书，谢谢。在设计使我们全都变蠢的计划时，还没有人使用过这样一种聪明劲。一个人如果读了您的书，就会渴望用四只脚走路。但是因为我失去那种习惯已经有六十多年了，因此我很不幸地感到，不可能再把这习惯拾起来了。而且我也没办法去加拿大探访野蛮人，因为我身患的疾病让我必须有一位欧洲的外科医生，因为那些地方正在打仗，还因为我们行为的榜样已经使那些野蛮人几乎和我们一样坏了。"

卢梭与伏尔泰之间最终发生了争吵并不令人惊讶，让人惊讶的是这争吵没有来得更早一些。

1754 年，在卢梭出名之后，他出生的那座城市记起他来了，并邀请他到那里访问。卢梭答应了邀请，但因为只有加尔文派信徒才能成为日内瓦公民，他便改回了原来的宗教信仰。他在这之前已经习惯于自称是日内瓦清教徒和共和主义者，于是在恢复了原先的宗教信仰之后便考虑在日内瓦生活。他把自己的《论人类不平等的起源和基础》献给城市的元老们，但是并没有讨到他们的欢心，因为元老们不希望被当成和普通公民们一样的人。元老们的反对并不是卢梭在日内瓦生活的唯一障碍，还有一个更严重障碍，那就是伏尔泰也来到了日内瓦。伏尔泰是个剧作家和戏剧事业的热心支持者，但是在日内瓦，因为清教教义的缘故，所有的戏剧演出都遭到了禁止。当伏尔泰试图让这条禁令取消时，卢梭便加入了清教徒一方阵营。野蛮人绝不演戏，柏拉图不赞成戏剧，天主教会拒绝为演员们主持婚礼和葬礼，博须埃[1]将戏剧称为“淫欲学院”。这个攻击伏尔泰的机会太好了，决不能错失这一机会，卢梭把自己塑造成了禁欲德行的捍卫者。

这并不是这两位名人之间的第一次公开不和。第一次是因为里斯本地震[2]（1755 年）而引起的，伏尔泰因为那次地震写了一首质疑天意对世界的统治的诗歌，卢梭对此感到十分愤慨。他评论道：“伏尔泰看上去似乎一直是信仰上帝的，但是实际上他除了魔鬼之外谁也不信，因为他所声称的那个上帝根据他的描述是个专以恶作剧找乐的邪恶神灵。这种学说从一个享尽了各种荣誉的人嘴中说出来尤其荒谬让人作呕，因为这个人自己身处幸福之中，却试图用一场他自己置身事外的严重灾难那残酷而又可怕的景象让自己的同类充满绝望。”

至于卢梭自己，他不明白有什么理由要对这次地震大惊小怪，不时有若干数量的人丧命完全是一件好事。另外，里斯本人遭受苦难是因为他们住在七层高的楼房里，如果他们按照人应该做的那样散居在树林里，他们就会不受伤害逃脱的。

关于地震的神学问题和关于戏剧的道德问题在伏尔泰和卢梭之间导致了激烈的敌意，所有的哲人们也都表了态。伏尔泰将卢梭当成是一个胡搅蛮缠的疯子，卢梭则说伏尔泰是“那个鼓吹不敬神明的号手，那个爱炫耀的天才，那个卑鄙的灵魂”。然而，对高雅的情操也必须有所表现，于是卢梭写信给伏尔泰（1760 年）说：“我恨您，因为您一直想要我这么做。但是我是作为一个如果您想要我爱您的话，本来更应该爱您的人来恨您的。在我的心中原本充满了对您的感情，但是现在只剩下了对您那让我们无法拒绝的炫目天才的敬仰，以及对您的作品的爱好。如果您身上除了才华之外没有任何值得我尊敬的地方，那错不在我。”

我们现在来讨论卢梭一生中最高产的一段时期。他的小说《新爱洛伊丝》发表于 1760 年，《爱弥儿》和《社会契约论》都出版于 1762 年。《爱弥儿》是一部

---

[1] 博须埃（1627—1704），法兰西高级教士和历史学家。——译者注

[2] 发生于 1755 年 11 月 1 日万圣节，是迄今为止欧洲发生的损失最为惨重的地震，死亡人数高达六万 — 十万，里斯本这座富足文明并以对上帝的虔诚著称的城市几乎被完全摧毁。这次地震极大地震动了当时的欧洲社会，直接催生了地震学这门科学，更将十七世纪的欧洲人从自文艺复兴以来养成的乐观主义氛围中彻底惊醒。围绕着“善良的上帝为什么要毁灭一座伟大而虔诚的城市”这个问题，主张天谴说的天主教会和进步的知识分子之间展开了论辩，结果在神学、哲学、社会学等方面进一步地动摇了宗教迷信的统治，促进了欧洲的思想解放。——译者注

根据各种“自然”原则来讨论教育问题的论文，如果其中不包括《一位萨伏依牧师的信仰自白》这一段的话，本来对各国政府来说是无害的，但是那一章阐述了卢梭所理解的自然宗教的原则，这同时激起了天主教和新教两方面的正统信仰的怒火。《社会契约论》甚至更加危险，因为此书提倡民主制，否定了王权神授说。这两本书极大地增加了他的声望，但是也给他带来了暴风雨般的来自官方的谴责。他被迫逃离法兰西，但是日内瓦容不下他[1]，伯尔尼也拒绝了他避难的请求。最后普鲁士的腓特烈大帝怜悯他，允许他在纽沙特尔附近的莫蒂埃居住，此地是这位哲人王[2]的领地的一部分。卢梭在那里住了三年；但是在第三年末（1765年），莫蒂埃的村民在当地牧师的带领下控告他投毒，并想要置他于死地。卢梭逃往英国，因为休谟在1762年时曾经答应向他提供帮助。

在英国最初一切顺利。他在社交方面十分成功，乔治三世还授予他一笔赞助金。他几乎每天都和伯克见面，但是他们的友谊很快就冷淡下来，以至于伯克说道：“他没有任何原则，不管是影响自己的感情还是指导自己的理智，他所依靠的只有虚荣心。”休谟和他的友情最持久，并且说自己很爱卢梭，可以带着友谊和尊重和他永远生活在一起。但是卢梭在此时并不让人意外地患上了被迫害妄想症，最终被逼得精神失常。他怀疑休谟是各种想要谋害自己性命的阴谋的指使者。有时候他也会意识到这种怀疑的荒唐，于是就拥抱着休谟并高叫道：“不，不，休谟不是一个背信弃义的人。”休谟（无疑被弄得非常尴尬）则回答道：“什么，我亲爱的先生？（Quoi，mon cher Monsieur！）”但是最终他的幻觉还是取得了胜利，于是他落荒而逃。他在极度贫困中在巴黎度过了最后几年，他被人怀疑是自杀身亡。

休谟在两人绝交之后说道：“他在整个一生中只有感觉，在这方面他的敏感性是我从来都没有见过的，但是这依然使他在感觉痛苦时的敏锐性要超过感觉快乐。他像是一个不仅被剥掉了衣服，还被剥掉了皮肤的人，而且在这种情况下还被赶出门去和狂风暴雨的天气进行战斗。”

这是对他的性格最友善而且又有几分符合事实的总结。

卢梭著作中有许多内容，不管多么重要，都和哲学思想史无关。我对他的学说仅仅详细讨论两个部分：第一，他的神学；第二，他的政治理论。

---

[1] 日内瓦市议会命令将这两本书焚毁，并发出指示，如果卢梭来到日内瓦，就将其逮捕。法兰西政府下达了对他的逮捕令，索邦大学和巴黎的高等法院也都谴责了《爱弥儿》。

[2] 腓特烈二世即位前反感军事和政治，而爱好艺术和学问。即位后也曾经按照十八世纪启蒙运动的精神进行过一些改革，还和伏尔泰有过密切的来往，故有此称。——译者注

在神学上卢梭做出了一个现在已为大多数新教神学家接受的创新。在卢梭之前，自柏拉图以来的任何一位哲学家，如果信仰上帝的话，都会为支持自己的信仰提出理智上的论证。这些论证也许在我们看来并不那么令人信服，而且我们可能还会感觉，如果不是已经对结论的真实性深信不疑的话，谁也不会对这些论证感到信服。但是提出这些论证的哲学家确实相信它们在逻辑上是可靠的，是能够使任何具有足够的哲学素养且没有偏见的人确信上帝的存在。极力说服我们相信上帝的近代新教徒们，在大多数情况下则鄙视旧有的“证明”，而将自己的信仰建立在人类本性的某一个方面之上——各种敬畏或者神秘的情感、是非感、渴望之情等等。这种为宗教信仰辩护的方法是由卢梭创造的，而且这种方法已经变得如此为人熟知，以至于除非一位现代的读者不怕麻烦把卢梭和（比如说）莱布尼茨做一个比较，否则就难以体会到卢梭的原创性。

卢梭在给一位贵妇人的信中写道：“啊，夫人！有时候当我一个人待在自己的书房里，在夜晚的黑暗中用双手紧紧地捂住自己的眼睛，我会认为没有什么上帝。但是且往远方眺望：那冉冉升起的太阳，正在驱散笼罩着大地的雾气，展现出自然壮丽的美景，同时也驱散了我灵魂中全部的疑云。我又找回了我的信仰，我的上帝，以及我对上帝的坚信。我赞美他，崇拜他，在他面前五体投地。”

在另一个场合他又说道：“我对上帝的信仰和我对任何其他真理的信仰一样坚定，因为相信还是不信是这个世界上最后一件取决于我的事情。”这种论证形式的缺点在于它是私人性的，卢梭不由自主地会相信某件事情这个事实并不能为其他人也应该相信同样的事情提供依据。

卢梭的有神论是非常决绝的。有一次在宴会上，因为圣·朗伯（一位客人）表达了对上帝存在的怀疑，卢梭便威胁要离席而去。他愤怒地高声叫道：“我嘛！先生！我是相信神的！（Moi，Monsieur，je crois en Dieu！）”罗伯斯庇尔在一切事情上都是卢梭忠实的信徒，在这方面也不例外。太上主宰节（Fête de l'Etre Suprême）应该会得到卢梭的衷心赞许。

《一位萨伏依牧师的信仰自白》是《爱弥儿》这本书第四卷中的一段插话，这是卢梭对自己的信条最清晰、最正式的叙述。这段自白声称是由自然亲口对一位道德高尚的牧师诉说的，这位牧师正遭受着引诱未婚女子这件完全“自然”的过错带来的耻辱之苦，[1]但是读者读起来会感到很惊讶，因为自然之声一开口，

[1] 卢梭在另外一个地方转述过一位牧师的话：“守规矩的教士应当只和结了婚的妇女生孩子。（Un prêtre en bonne règle ne doif faire des enfants qu'aux femmes mariées）”

满嘴说的都是亚里士多德、圣奥古斯丁和笛卡儿等人的论证的大杂烩。这些论证都被剥夺了严密和符合逻辑的形式；这被认为可以为这些论证开脱，并且让那位可敬的牧师能够说他一点也不在乎哲学家们的智慧。

这段自白的后半部分并不像前半部分那样能让人想起之前的思想家。那位牧师在满足了自己认为上帝存在的要求之后，接着开始讨论行为准则。他说："我并不从高高在上的哲学那里推断出这些准则，相反我发现它们在我的内心深处，是自然用不能被抹去的文字写下的。"由这一点他接着发挥自己的观点，良知在一切情况下都是正确行为不会出错的向导。他在为这部分论证下结论时说："感谢上苍，我们就这样从一切可怕的哲学故纸堆里得到了解放。我们没有学问也能做人，因为没有必要再在这种道德研究上浪费自己的生命，我们便在人类意见的庞大迷宫中用更小的代价找到了一位更可靠的向导。"他主张，我们的自然感情引导我们去服务于公共利益，而我们的理性则极力怂恿自私。因此我们想要有德行只需要服从感情而不服从理性。

自然宗教——那位牧师这么来称呼他的学说——是用不着有启示的，如果人们都听见了上帝对自己的心所说的话，那么世界上便只会有一种宗教。如果上帝真的专门对某些人显示了神迹，那也只有通过人类的证词才能被知道，而人类的证词是可能出错的。自然宗教有直接向每个人做启示这个优点。

还有一段奇特的关于地狱的文字。那位牧师不知道恶人是不是要受永恒的折磨，还多少有点高傲地说，恶人的命运并不让他特别感兴趣。但是大体上，他倾向于认为地狱的痛苦并不是无休无止的。不管怎么样，他确信拯救不会局限于任意一个教会的成员。

也许正是对启示和拯救的否定如此剧烈地震动了法兰西政府和日内瓦市议会。

在我看来否定理性来支持情感并不是一个进步。实际上，只要理性似乎还站在宗教信仰那一边就不会有人想到这个手段。在卢梭所处的环境中，伏尔泰所描述的理性与宗教是相对的，因此理性必须走开！再说，理性既晦涩又难懂，野蛮人即便填饱了肚子也无法理解本体论论证，但是野蛮人又是一切必要智慧的宝库。卢梭笔下的野蛮人——并不是人类学家所知道的野蛮人——是一个模范的丈夫和慈祥的父亲，他不贪婪，还信仰一种自然而又友好的宗教。他是个用起来很方便的角色，但是如果他在那位好牧师解释信仰上帝的理由时能够跟得上的话，那么他对哲学一定懂得要比人们根据他的纯真无邪所猜测的要多。

卢梭的"自然人"，除了其性质是虚构的之外，将对于客观事实的信仰建立在内心情感的基础之上的这种做法也有两个地方可以反驳：一个是没有任何理由假设这样的信仰可能是真实的；另一个是因而产生的信仰是私人性的，因为心对不同的人诉说不同的事情。有些野蛮人因为“自然之光”而深信吃人是他们的责任，甚至伏尔泰笔下那些在理性之声的引导下认为应当只吃耶稣会士的野蛮人，也并不完全符合要求。对于佛教徒们来说，自然之光并没有启示上帝的存在，但是却宣布吃动物的肉是错误的。甚至即使心对所有的人都说了同样的事情，这也不能为我们自身情感之外的任何事情的存在提供证据。不管我或者全人类多么热切地期望着某种事物，不管这事物对人类幸福来说有多么必要，这都不是认为这事物存在的理由。没有什么自然律会保证人类能够幸福。每个人应该都能看出，这是我们在尘世间生活的真实情况，但是通过一种奇怪的扭曲，我们在今生所受的苦难成了在来生会过上更好生活的理由。我们不能把这样一种论证应用到其他任何方面。如果你向一个人买了十打鸡蛋，第一打全都是坏的，你总不能推论说剩下的九打肯定好得不得了；然而，这就是作为尘世苦难安慰剂的“心中情感”所鼓励的那种推理。

对我来说，我更偏向于本体论论证、宇宙论论证等等诸如此类的老一套的东西，而不喜欢卢梭的那种多愁善感的不合逻辑。老式的论证至少是诚实的：如果有效，它们就证明了自己的观点；如果无效，也能够接受任何一种证明它们无效的批评。但是新式的内心神学免去了论证；它无法被反驳，因为它并不声称能够证明自己的观点。说到底，这种神学提供给我们的唯一一种接受它的理由就是它允许我们沉溺在白日梦中。这是一个不光彩的理由。如果一定要我在托马斯·阿奎那和卢梭之间做选择的话，我会毫不犹豫地选择那位圣徒。

卢梭的政治理论在1762年出版的《社会契约论》中得到了阐述。这本书在性质上和他的大部分著作迥然相异，几乎没有什么多愁善感，但却有许多理智的推理。书中的各种学说，虽然在嘴巴上对民主制大献殷勤，但是却有为极权制国家辩护的倾向。但是日内瓦和古代历史联合起来却使得卢梭更喜欢城邦制国家，而不喜欢英国和法兰西那样的大帝国。在书的扉页上，他把自己称为“日内瓦公民”，在引言中，他又说道：“因为我生来是一个自由国家的公民，也是那个国家的一位统治者，所以我觉得，不管我的声音对公共事务所起的影响有多么微弱，对公共事务拥有的投票权还是使得我责无旁贷研究这些事务。”书中经常带着赞美的口吻援引普鲁塔克在他的《来库古传》中所描写的斯巴达。卢梭声言，小型国家最适合民主制，中型国家最适合贵族制，大型国家则最适合君主制。但是必须明白，根据他的意见，小型国家是更可取的，有些是因为小国让民主制变得更可行。当他谈论民主制时，他的意思和希腊人的一样，都是指每个公民直接参政；代议制政府被他称为“选举贵族制”。因为直接民主在大国是不可能实现的，所以卢梭对民主制的赞扬总是暗含着对城邦制国家的赞扬。在我看来，这种对城邦的热爱在大部分论述卢梭政治哲学的著作中都没有得到足够的强调。

尽管这本书总体上不像卢梭的大部分著作那样注重辞藻，但是第一章的开头还是有一段气势非凡的文字：“人生来自由，但却无往不处在枷锁中。一个自认为是其他人主人的人，与他人相比更是一个奴隶。”自由在名义上是卢梭思想的目标，但是实际上他更加重视平等，甚至他为了追求平等不惜牺牲自由。

他关于社会契约的概念起初似乎与洛克相类似，但是很快就显现出自己和霍布斯的概念血缘更近。自然状态在其发展过程中会遭遇一个时刻，这时个人再也无法保持其原始的独立性了，那么就有必要为了自我保存而联合起来组成一个社会。但是怎么才能在不损害自己利益的前提下保证我的自由呢？“问题在于如何找到一种联合方式，能够以最大的群体力量去保护每个加入这个联合的人的人身和财产，而且每个加入联合的人在与其他人结合的同时，依然能够只服从自己，依然能像以前一样自由。这就是社会契约为之提供了解答的那个根本性的问题。”

这种契约在于“每个参加联合的人都把自己和自己的一切权力完全转让给总体社会。首先，因为每个人都彻底地献出自己，所有人的境况便都一样了；又因为这一点，就不会有任何人有兴趣让这种境况变得糟糕。”这种转让应该是毫无保留的：“如果个人保留下一些权力，因为没有共同的上级来在个人权力和公众权力之间做出决断，所以每个人因为在一个问题上是自己的法官，便会在所有的问题上都要求如此。这样自然状态就会依然延续，那种联合也一定会变得无效或者专横。”

这就必然意味着完全取消自由和彻底否定人权学说。不过在随后的一章中，也的确对这种理论做了某种缓和。卢梭在那一章里说道，尽管社会契约赋予了一个政治团体[1]对其所有成员的绝对权力，其中的成员依然有作为人类的自然权利，“统治者不能在人民头上强加任何无益于社会的束缚，它甚至都不能这么想”。但是关于什么对社会有用，什么又对社会无用，统治者是唯一的法官。显而易见，这样一来为集体暴政所树立的屏障是十分薄弱的。

应该注意到，卢梭所说的“统治者”并不是指君主或者政府，而是指集体性的并拥有立法权的社会。

「1」原文为 body politic，通常指的是在一个政府领导下的全体人民，也就是国家。——译者注

社会契约可以用以下这样的话来叙述："我们每个人都将自己的人身和所有的权力集中起来置于至高无上的总体意志的指导之下，我们凭借自己的法人资格，将每个成员都看成是整体不可分割的一部分。"这种联合行为创造出了一种集体性的并且有道德的团体，这种团体在被动时被称为"国家"，在主动时被称为"统治者"，在涉及和其他像自己一样的团体的关系时被称为"政权"。

在以上对社会契约的描述中出现的"总体意志"这个概念，在卢梭的思想体系中占有十分重要的地位，我稍后会对这一概念进行详细论述。

卢梭论证道，统治者没必要向国民给出任何保证，因为既然统治者是由构成这个团体的个人组成的，它的利益就不可能与那些个人的利益有冲突。"统治者一定应当是什么，只取决于它本来是什么。"这个学说对那些不太注意卢梭那多少有些奇怪的术语用法的读者来说具有误导性。统治者并不是政府，后者卢梭承认可能会是专制的；统治者是个有点形而上学意味的实体，国家的任何实际存在的机构都不能将其充分地体现。所以，即便承认这种实体的完美无缺，它也不会在实际中带来人们认为它会有的那种效果。

统治者这种总是正确的意志便是"总体意志"。每个公民，作为公民来说，都分享了总体意志；但是作为个人来说，他也可能拥有和总体意志背道而驰的个别意志。社会契约必然包含着强迫任何违反总体意志的人服从总体意志这个意思，"这只是意味着，他会被强迫得自由"。

这种"被强迫得自由"的概念十分形而上学化。伽利略时代的总体意志无疑是反对哥白尼学说的，当异端裁判所迫使伽利略放弃自己的观点时，他被"强迫得自由"了吗？是不是连一个犯罪分子被关进监狱时也被"强迫得自由"了？想想拜伦笔下的海盗吧：

在深蓝大海那欢乐的波涛上，
我们的思想正如我们那自由的心情一样奔放。

这样一个人在地牢里会更"自由"吗？说来奇怪，拜伦笔下高贵的海盗是卢梭的一个直接后果，但是在上面那段文字里，卢梭忘记了浪漫主义，说话像个强词夺理的警察。深受卢梭影响的黑格尔，继承了他对"自由"这个词的误用，就将其定义成了服从警察的权力，或者其他类似的东西。

卢梭没有洛克及其追随者所特有的那种对私有财产的深深的尊重。"国家，在与国民的关系上，是他们所有财产的主人。"他也不相信洛克和孟德斯鸠所宣扬的那种分权学说。不过在这方面，像在其他方面一样，卢梭后来对问题更详细的讨论与之前的总体性原则并不完全一致。在第三卷第一章里，他说道，统治者的职能局限于制定法律，又说行政部分或者政府是在国民和统治者之间设立的用来确保两者之间联系的中间性团体。他继续说道："如果统治者想要进行管理，或者行政官员想要制定法律，或者国民们拒绝服从，那么混乱就会取代秩序，并且……国家就会陷入专制或者无政府状态之中。"如果考虑到词汇上的区别，那么卢梭在这句话中似乎是赞同孟德斯鸠的观点的。

我现在来讨论一下总体意志学说，这一学说既重要又难以说清。总体意志并不等同于过半数人的意志，甚至也不等同于全体公民的意志。它似乎被设想成国家（body politic）这样一个东西本身的意志。如果我们接受霍布斯的观点，认为公民社会是一个人，那么我们必须设想这个社会被赋予了人格的种种属性，包括意志在内。但是这样一来我们在决定这个意志的有形化身到底是什么时就面临着困难，而卢梭在这个问题上又没有指明答案。他告诉我们，总体意志总是正确的，并且总是公众利益趋同。但是从这一点并不能推导出经过人民审议的意见就同样正确，因为所有人的意志和总体意志之间往往有相当大的不同。那么，我们怎么能知道何为总体意志？在同一章内，卢梭给出了某种解答：

"如果向人民提供足够的信息并让他们进行审议，而且公民们之间也不互相沟通，那么微小不同的总和就总是能产生总体意志，而所做出的决定也总是好的。"

卢梭脑子里关于总体意志的概念似乎是这样的：每个人的政治意见都受到自我利益的支配。而自我利益又由两部分组成，一部分是专属于个人的，另一部分是全体社会成员所共有的。如果公民们没有机会互相争斗、吹捧、提条件，那么他们彼此的个人利益因为有分歧，互相之间就会抵消；最后会剩下一个能够代表他们共同利益的结果，这个结果就是总体意志。卢梭的概念也许可以借地心引力来说明。组成地球的每一颗粒子都将宇宙中的其他每一颗粒子吸向自己，在我们上方的空气将我们向上吸引，而在我们下方的大地则把我们向下吸引。但是所有这些"自私"的引力只要彼此存在分歧就互相抵消了，结果便剩下了一个朝向地心的引力。我们可以在想象中把这当成是像一个社会一样的地球的行为，以及其总体意志的表现。

说总体意志总是正确的，无非是在说因为总体意志能够代表不同的公民们的自我利益中共同的东西，所以它一定能够代表对社会来说可能有的对个人自我利益最大规模的集体满足。对卢梭意思的这个解释，似乎比我之前能够想出的任何其他的解释都更符合他的原话。[1]

按照卢梭的看法，在实际中阻碍了总体意志的表现的是国家内部有低一级的联合存在。每个这种联合都会有自己的总体意志，可能会与社会整体的总体意志发生冲突。“那么我们就可以说，不再是有多少人就有多少选票，而是有多少联合便有多少选票。”这就引出了一个重要的结论：“因此，如果要让总体意志能够表现自己，最要紧的就是国家内部不能有局部小社会，而且每个公民都应该只想自己的思想：这便是伟大的来库古所建立的至高无上而又独一无二的体制。”在一个脚注里，卢梭还借助马基雅维利的权威来支持自己的观点。

我们考虑一下这样一种体制在实际中必然会造成什么后果。国家就必须取缔教会（国家教会除外）、政党、工会以及其他一切由具有相同经济利益的人所组成的组织。其结果显然就是一体制或者极权制国家，其中的个人公民是没有权力的。卢梭似乎也意识到了取缔所有的联合似乎也有困难，于是后来又补充了一句，说如果一定要有低一级的联合，那么越多越好，以便它们能够互相抵消。

当卢梭在这本书之后的一个部分开始讨论政府时，他意识到行政部分不可避免地会是一个具有自己的利益和总体意志的联合，而且其利益和总体意志很容易和社会的利益和总体意志发生冲突。他说，虽然大型国家的政府必须比小型国家的政府更有力，依然有必要借助统治者的手段来限制政府。政府的一位成员有三种意志：其个人意志、政府意志和总体意志。这三种意志应该形成渐强音（crescendo），但是实际上形成的往往是渐弱音（diminuendo）。而且，“在从一个拥有对他人的权力的人身上夺走正义感和理性这件事上，所有的一切都是共谋”。

因此，尽管“一直始终如一、不可改变并且纯粹”的总体意志是不会出错的，所有那些如何规避暴政的老问题依然存在。而对于那些问题卢梭所说的话，不是偷偷地重复孟德斯鸠，就是坚决主张立法机构至高无上。立法机构如果是民主的，就与他所说的统治者是一回事。卢梭在开始时所提出的，并且被他描述得好像解决了各种政治问题的一般性的大原则，当他屈尊进行各种细节的考量时便消失了，那些大原则对解决这些细节问题什么贡献也没有。

当时的反动派谴责这本书，这导致现代的读者期望从中找出比它实际蕴含的要彻底得多的革命学说。我们可以用关于民主制的内容来说明这一点。正如我们

---

[1] 例如：“所有人的意志和总体意志之间往往有很大的不同：后者只考虑公共利益；前者则照看私人利益，而且无非是诸个别意志的总和。但是从这些相同的个别意志中消去它们彼此毁灭之后多出来的以及不足的部分，作为差别总和的总体意志便出现了。”

已经看到的那样，当卢梭使用民主这个词时，他指的是古代城邦制国家的那种直接民主制。他指出，这种制度不可能完全被实现，因为人民不能总是被召集在一起，让他们总是忙于公共事务。“如果人民是由众神组成的，他们的政府就会是民主的。这样完美的政府人类是不会拥有的。”

我们所说的民主制，他称之为代议贵族制。他说，这种制度是所有政体中最好的，但不是对所有的国家都适用。适用国家必须是气候温和，物产仅能自给自足，因为否则的话，奢侈的恶习就在所难免，而且这种恶习被局限于君主和他的宫廷要好过扩散到人民之中。因为有这些限制，给专制政体留下的空间还是很大。尽管有这些限制，他对民主制的宣扬无疑依然是法兰西政府对这本书难以平息敌意的原因之一，另一个可能的原因是他那种将社会契约作为政府起源的学说所必然意味着的对王权神授说的否定。

《社会契约论》成了法兰西大革命的大多数领袖的《圣经》，但是无疑也遭到了和《圣经》一样的命运，许多本书的信徒对它并不仔细研读，对它的理解就更谈不上了。这本书在民主派的理论家们中间重新移入了只讲形而上学概念的习气，而且其总体意志学说使得领袖及其人民之间可能有一种神秘的等同，并且这没有必要用投票箱这样庸常的手段去加以证实。本书的哲学中有许多内容在黑格尔为普鲁士的独裁体制辩护时都是能派上用场的。[1]这本书在实践中结出的第一个果实是罗伯斯庇尔的统治，俄国和德国（尤其是后者）的独裁制也部分地是卢梭学说的后果。未来还会有什么进一步的胜利奉献给他的在天之灵，我就不冒险预测了。

「1」黑格尔挑出了总体意志和所有人的意志之间有区别这一点予以特别的赞扬。他说：“如果卢梭将这个区别总是记在心里，他对国家理论应该能有更出色的贡献。”（《大逻辑学》，第一百六十三节）

第二十章

康 德

一、德国唯心主义总论

十八世纪的哲学英国经验主义者独霸天下，洛克、贝克莱和休谟可以被认为是其代表。在这些人身上存在一种矛盾，而且他们自己似乎一直没有意识到，那就是他们的精神气质与他们理论学说倾向之间的矛盾。就精神气质而言，他们是具有社会观念的公民，绝不专断独行，也不过分地渴望权力，而是支持一个在刑法的限制下每个人都能够随心所欲的宽容社会。他们本性善良、老于世故、温文尔雅而又待人和蔼可亲。

但是尽管他们的气质是社会性的，他们的理论哲学却导致了主观主义。这种矛盾在古代晚期就已经存在过，在圣奥古斯丁身上最为明显，因而并非是一个新倾向。在近代，这种倾向又因笛卡儿的我思论而得到了复活，并在莱布尼茨没有窗户的单子那里达到了暂时的顶点。莱布尼茨认为，即使整个世界都被毁灭了，他经验里的一切依然不会改变；尽管如此，他还是致力于促成天主教会和新教教会之间的再统一。类似的前后不一也出现在洛克、贝克莱和休谟身上。

在洛克那里，这种前后不一还只是理论上的。我们在之前的一章中已经谈到过，洛克一方面说："因为心灵在其一切思维和推理过程中，除了只有其自身默想或者能够默想的观念之外，没有任何其他的直接对象，所以我们的知识很显然只和这些观念有关。"又说，"认识就是对于两个观念一致或者不一致的知觉。"尽管如此，他还是主张我们对实在的存在有三种认识：对我们自身存在的直觉认识、对上帝存在的论证性认识、对呈现于感官的事物的感觉性认识。他还主张，简单观念是“事物以一种自然的方式作用于心灵的产物”。他并没有解释自己是如何知道这一点的，而那显然也超出了“两个观念一致或者不一致”的范围了。

贝克莱朝着终结这种前后不一走出了重要的一步。对他来说，只有精神和精神的观念，外部的物理世界被废除了。但是他依然没能领会他从洛克那里继承来的认识论原理的全部结论。如果他达到了彻底的前后一致，除了对他自己心灵的认识以外，他就会否定对上帝的认识和对所有其他心灵的认识。他作为一个神职人员和社会存在所具有的情感阻止了他做出这样的否定。

休谟在追求理论一致性时无所畏惧，但是他没有感觉到让自己的实践和自己的理论相一致的冲动。休谟否定了自我，还质疑了归纳法和因果关系。他接受了贝克莱废除物质的做法，但是并不接受贝克莱以上帝的观念的形式提出的替代品。的确，休谟和洛克一样不承认不具有先在印象的简单观念，而且他无疑也将“印象”想象成一种由外在于精神的某物直接导致的精神状态。但是他并不承认这就是“印象”的定义，因为他对“因果”的概念是有疑问的。我怀疑他或者他的追随者们是否曾经清醒地意识到了关于印象的这个问题。很显然，按照他的观点，“印象”只能根据某种将它和“观念”区别开来的内在属性来定义，因为“印象”不能通过因果关系来定义。因此休谟便不能主张印象能赋予我们关于外在事物的认识，而洛克是这样主张过的，贝克莱也以一种经过修正的形式主张过。因而，休谟本来应该相信自己被封闭在一个唯我主义的世界之中，除了对自己的精神状态和各状态之间的关系之外对其他一切都一无所知。

休谟通过自己的前后一致表明了，如果经验主义被推到其逻辑终结的话，就会产生几乎没有人能说服自己接受的结论，并且会在整个科学领域内废除理性的信念和轻信之间的区别。洛克预见到了这个危险。他借一位假想的批评者之口提出这样的异议：“如果认识在于不同观念的一致，那么狂热者和清醒者就在一个水平线上了。”洛克生活在人们逐渐对“热忱”感到厌倦的时代，他让人们相信自己对那个批评的回答是可靠的一点困难也没有。卢梭则出现在一个人们又转而对“理性”感到厌倦的时代，他复活了“热忱”；而且，因为承认了理性的破产，还允许心中的感情去决定头脑中的理性存而不决的问题。从1750年到1794年，感情发出的声音越来越响；终于，至少在法兰西，感情那汹涌的言论被热月政变给终结了。在拿破仑的统治下，感情和理智同样都变得悄无声息。

在德意志，对休谟的不可知论的反应所采取的形式要比卢梭所采取的形式深刻而又精妙得多。康德、费希特和黑格尔发展出了一种新的哲学，打算在十八世纪末叶的种种颠覆性学说中捍卫知识和德行。在康德那里，更多的是在费希特那里，始于笛卡儿的主观主义被带到了新的极端。从这个角度来说，起初并没有对休谟的反动。对主观主义的反动是从黑格尔开始的，他通过自己的逻辑，试图确立一种逃离个人进入世界的新方法。

德国唯心主义整个都与浪漫主义运动存在亲缘关系。这一点费希特表现得十分明显，在谢林那里更是如此，在黑格尔那里则最不显著。

康德是德国唯心主义的奠基人，他自己在政治上并不重要，尽管他也写过一些有趣的政治问题论文。但是另一方面，费希特和黑格尔都阐述过一些深刻影响历史进程，并且依然在影响历史进程的政治学说。如果不事先对康德有所研究的话，就无法理解他们两人中的任一个。我们在这一章中主要讨论康德。

德国的唯心主义者有着某些共同特点，在着手讨论细节问题之前可以一提。

康德十分强调对认识的批判，将其作为达到哲学结论的手段，他的追随者们也继承了这一点，而且强调与物质相对的精神，并最终导致了只有精神存在的断言。他们认为各种思想体系可以通过抽象的哲学论证得到证明，为了支持这一点，他们激烈否定功利主义的伦理观。他们拥有之前英国和法兰西哲学家身上看不到的学者腔调；康德、费希特和黑格尔的演讲听众都是学识渊博的大学教授，而不是闲散无聊具有业余爱好的绅士。尽管他们的影响在某些方面具有革命性，但是他们自己并不是有意要呈现出颠覆性，费希特和黑格尔都很明确地投身到捍卫国家的事业中。他们所有人的生活都是模范式的和学院式的，他们关于道德问题的观点严格遵循正统观念。他们在神学上富有创新，但他们的创新却是为了宗教的利益。

有了这些作为铺垫，让我们回过头来再研究康德。

二、康德哲学的总体面貌

伊曼努尔·康德（1724—1804），一般被认为是最伟大的近代哲学家。我自己并不同意这一评价，但是如果不承认他极为重要也是愚蠢的。

康德整个一生都生活在东普鲁士的哥尼斯堡[1]或其附近。他的外在生活是学院式的，完全没有任何值得一提的事情，尽管他也经历了七年战争（其间有段时间俄国占领过东普鲁士），法兰西大革命和拿破仑时代的初期。他师承沃尔夫，

「1」即今俄罗斯的加里宁格勒。——译者注

接受了他传授的莱布尼茨哲学教育，但是有两个人物影响导致他改弦更张：卢梭和休谟。休谟对因果关系这个概念的批判，将他从独断的睡梦中惊醒，至少他是这么说的；但是这种惊醒只是暂时性的，康德很快就发明了一种能让他再度入睡的催眠剂。对康德来说，休谟是个要加以驳斥的对手，而卢梭的影响则要深刻得多。康德生活非常有规律，以至于人们常常根据他在散步时经过自己门前的时间来对表。但是有一次他的时间表被打乱了好几天，当时他正在读的就是《爱弥儿》。他说卢梭的书他必须反复研读，因为第一次读时文笔的优美会阻碍他去注意内容。尽管他生长在一个宗教虔诚的氛围中，但是他在政治和神学两方面都是自由主义者；他对恐怖时代之前的法兰西大革命一直都是同情的，而且他还是一个民主制的信仰者。我们将会看到，他的哲学允许诉诸和理论推理冰冷的命令相对的感情；说得夸张一点，可以把康德看作一个学究版的萨伏依牧师。他认为每个人都应该被认为是其自身目的，他的这一原则是人权说的一种形式。他对自由的热爱也表现在他所说（既针对儿童也针对成人）的这句话中："最为可怕无比的是一个人的行为服从于另一个人的意志。"

康德早期的著作更多地讨论科学而不是哲学。在里斯本地震后，他写过关于地震理论的文章；他还写过一篇论风的文章，并且撰写一篇短文讨论欧洲的西风是否因为横跨了大西洋而变得湿润这个问题。自然地理是他非常感兴趣的一门学科。

他的科学著作中最重要的是《自然通史与天体理论》(1755年)，此书在拉普拉斯之前提出了星云假说，并且论述了太阳系的一个可能的起源。这部著作的某些部分带有一种显著的弥尔顿式的庄严。这本书提出了一个假说，这一假说后来证明创造了丰硕的成果，但是康德并没有像拉普拉斯那样为支持自己的假说提出严谨的论证。在某些部分，这本书纯粹是幻想性的，例如他的学说认为所有的行星上都有居民，并且距离越远的行星上的居民越优秀——这种观点不过体现了地球人的谦逊，所以应该受到表扬，但是并没有任何科学的依据作为支撑。

康德在他最为怀疑主义者的论证所苦恼时写下了一本奇书，该书名为《一个睹灵者的梦，以形而上学的梦为证明》(1766年)。斯维登堡是一位"睹灵者"，他的神秘主义思想体系曾经以一部巨著的形式呈现于世人面前，那本书一共卖出去四部，其中三部买主不详，剩下那部就卖给了康德。康德称斯维登堡的体系是"异想天开"，还半是严肃半开玩笑地暗示道，这个体系也许并不比正统的形而上学更异想天开。不过，他对斯维登堡也不是完全持蔑视态度。康德神秘主义的一面是存在的，只是在他的著作中并没有太多的显现，正是康德的这一面让他敬重斯维登堡，并称他“极为崇高”。

像那个时代的所有其他人一样，康德也写过论崇高和美的论文。夜晚是崇高的，白天是美的；海洋是崇高的，陆地是美的；男人是崇高的，女人是美的；等等。

《不列颠百科全书》这样评述康德：“因为他终身未婚，他便将年轻时好学的习惯保持到了晚年。”我很想知道这一条评述的撰写人是个单身汉还是个结了婚的人。

康德最重要的著作是《纯粹理性批判》（第一版 1781 年，第二版 1787 年）。这本书的初衷是要证明，尽管我们所有的知识都不能超出经验的范围之外，但是依然有一部分知识是先验的，是不能从经验中用归纳的方法推断出来的。我们的知识中先验的那一部分，根据他的观点，不仅包括逻辑，还包括许多不能归入逻辑也不能从逻辑中演绎出来的东西。他将莱布尼茨混为一谈的两个不同做了一个区分：一个是“分析”命题和“综合”命题之间的不同，另一个是“先验”命题和“经验”命题之间的不同。关于这两种不同都必须做一番讨论。

所谓“分析”命题就是谓项是主项[1]的一部分的命题，例如“个子高的人是人”或“等边三角形是三角形”。这种命题是从矛盾律中推导出来的，如果主张个子高的人不是人就会自相矛盾。所谓“综合”命题就是非分析命题的命题。所有我们只能通过经验知道的命题都是综合性的。我们不能仅凭对概念的分析，发现诸如“星期二是个下雨天”或者“拿破仑是个伟大的将军”这样的真理。但是康德和莱布尼茨以及之前的所有其他哲学家不同，他不承认相反的一面，即所有的综合命题都是只能通过经验知道的。这就把我们带到了上面提到的第二种不同。

所谓“经验”命题就是那种除非借助感官－知觉的帮助，否则我们就无法知道的命题。这种感官－知觉要么是我们自己的，要么是我们接受其证词的其他人的，历史上和地理上的事实就属于这一类。还有各种科学定律，前提是我们对这些定律真实性的认识必须建立在观察资料的基础之上。与之相反，所谓“先验”命题则是这样一种命题：尽管可以用经验将它们引导出来，但是一旦知道了这种命题，我们就能看出它在经验之外另有基础。一个正在学习算术的儿童可以这样来帮助自己：经验到两颗弹子和另外两颗弹子，又观察到合起来自己一共经验到了四颗弹子。但是当他理解了“2 加 2 等于 4”这个一般性的命题，他就不再需

---

[1] 原文如此。从所举例子来看，应为“主项是谓项的一部分”。——译者注

要例子来确认了。这种命题具有一种确实性，那是归纳法永远也无法赋予一条一般性定律的。纯数学中的所有命题在这个意义上都是先验的。

休谟曾经证明过因果律不是分析性的，并且推断说我们无法确认其真实性。康德承认因果律是综合的这个观点，但是依然主张因果律是被先验地认识到的。他主张算术和几何学是综合性的，但是同样也是先验的。于是他就用这样的语言来阐述他的问题：

综合性的判断如何才有可能是先验的？

对这个问题的回答，以及各种推论，便构成了《纯粹理性批判》这本书的主题。

康德对自己对这个问题的解答具有极大的自信。他用了十二年的时间来寻找这个解答，但是在他的理论成型之后只花了几个月的时间就写成了这本巨著。在第一版的序言中他说道："我敢断言，还没有被解决，或者至少还没有人提出其解决方法的关键的形而上学问题一个也没有了。"在第二版的序言中他又把自己比作哥白尼，说他在哲学中引起了一场哥白尼式的革命。

根据康德的看法，外部世界只产生我们感觉的材料，是我们的精神器官将这些材料在空间和时间中整理出秩序，并提供了各种我们借以理解经验的概念。作为我们各种感觉的原因的物自体是不可认识的，它们不在时间和空间之中，不是实体，也不能用另外那些康德称之为"范畴"的一般性概念中的任何一种来加以描述。空间和时间是主观的，是我们知觉器官的一部分。但也正因为如此，我们才能够确信我们所经验到的一切都会展现出几何学和关于时间的科学所研究的那种特性。如果你总是戴着蓝眼镜，你所看到的一切一定都是蓝色的（这个例子不是康德举的）。类似地，因为你在精神上总是戴着一副空间眼镜，你所看到的一切也一定总是在空间之中的。因此，从几何学对我们所经验到的一切都适用这个意义上来说，几何学是先验的。但是我们没有理由设想与几何学类似的其他任何学科也适用于我们没有经验到的物自体。

康德说，空间和时间不是概念，而是"直觉"（intuition）的形式（直觉的德文词是"Anschauung"，字面上的意思是"注视"或者"观看"。"直觉"这个词虽然是公认的英文翻译，但是并不完全令人满意）。然而，先验的概念也是存在的，那就是康德从三段论的各种形式中得出的十二种"范畴"。这些范畴每三个一组分为四组。关于量的：单一性、多重性、全体性；关于质的：实在性、否定性、限制性；关于关系的：实体和偶然性、原因和结果、相互作用；关于样态的：可能性、存在、必然性。这些范畴都是主观的，正如在同样的意义上空间和时间也是主观的那样——也就是说，我们的精神构造是这样的：这些范畴适用于一切我们经验到的东西，但是没有理由设想它们也适用于物自体。然而，关于原因有一个自相矛盾的地方，物自体被康德当作是感觉的原因，而自由意志又被他认为是发生在空间和时间中的各种事件的原因。这个自相矛盾不是偶然的疏忽，而是他的体系中的一个本质性部分。

《纯粹理性批判》中相当大一部分内容都被用来说明将空间和时间或者各种范畴应用于没有被经验到的事物会导致什么样的错误。康德主张，如果我们那么做了，我们就会发现自己陷入了“二律背反”之中——也就是说，受困于两个互相矛盾，但是显然又都能被单独证明的命题。康德给出了四种这样的二律背反，每个都是由正题和反题组成的。

在第一种二律背反中，正题是说：“世界在时间上有一个起点，在空间上也是有限的。”反题则说：“世界在时间上没有起点，在空间上也没有界限，在空间和时间上世界都是无限的。”

第二种二律背反证明的是每个复合实体都既是由简单部分，又不是由简单部分组成的。

第三种二律背反的正题主张有两种因果联系，一种依照自然律，另一种依照自由律；反题则主张只有一种依据自然律的因果关系。

第四种二律背反证明的是既有又没有绝对必然的存在。

《纯粹理性批判》的这一部分极大地影响了黑格尔，他的辩证法完全是通过二律背反的形式来进行的。

书中有一节特别著名，这一节康德着手废除所有关于上帝存在的纯粹理智证明。他明言，自己另有一些相信上帝的理由，他将会在后面的《实践理性批判》一书中加以阐述。暂时他的目的纯粹是否定性的。

他说，有三种关于上帝存在的证明是纯粹依赖理性的，即本体论证明、宇宙论证明以及物理-神学证明。

在康德的阐述中，本体论证明将上帝定义为最实在的存在（ens realissimum），也就是一切绝对属于存在的谓项的主项。那些相信这个证明可靠的人主张，既然“存在”是这样一个谓项，那么其主项一定有“存在”作为谓项，也就是说，一定存在。康德反驳道，存在并不是一个谓项。他说，完全由他想象出来的一百个塔勒[1]，也可以拥有所有和一百个真实的塔勒一样的谓项。

「1」塔勒是德意志地区十五—十九世纪所使用的一种银币。——译者注

宇宙论证明如下：如果有任何东西存在，那么绝对必然地存在一定存在；现在我知道我存在，因此绝对必然的存在者一定存在，而且一定是最实在的存在。康德主张，这个论证的最后一步是对本体论论证的重复，因此可以用已经说过的话来驳倒。

物理－神学证明就是人们熟知的设计者论证，只是披上了一件形而上学的外衣。这个论证主张宇宙展现出的秩序是一种目的的证据，康德带着尊重来处理这个证明，但是他还是指出，这个论证最多只能证明有一个建造者，而不能证明有一个创造者，因此无法给出一个适当的上帝的概念。康德总结道："唯一可行的理性神学是建立在道德律的基础之上的，并寻求道德律的指导。"

他说，上帝、自由和不朽性是三种"理性的观念"。然而尽管我们在纯粹理性的引导下形成了这些观念，但是这些观念本身并不能证明它们的实在性。这些观念的重要性是实践上的，也就是说，是和道德联系在一起的。对理性纯粹理智化的使用会导致错误，理性唯一正当的用途是用于道德目的。

《纯粹理性批判》的结尾对理性在实践中的用途进行了简单的论述，在《实践理性批判》（1766 年）一书中则得到了更充分的发挥。论证是这样的：道德律要求正义，也就是说，要求和德行成正比例的幸福。只有天意能确保这一点，而且很显然天意在此世并没有确保这一点。因此便有上帝和来世，而且一定有自由，因为否则的话就不会有德行这回事了。

康德在《道德形而上学》（1785 年）一书中所阐述的伦理体系，具有相当重要的历史意义。这本书里所说的"定言令式"，至少作为一个词组来说，在职业哲学家的圈子以外也是广为人知。正如人们所料，康德不愿意和功利主义或者任何一种将道德本身之外的目的赋予道德的学说扯上半点关系。他说，自己需要"一种彻底孤立的关于道德的形而上学，不掺杂有任何神学、物理学或者超自然学说的成分"。他又继续说，一切道德概念都先验地蕴含于并发源于道德之中。只有当一个人出于一种责任感而行动时，才会有道德价值，按照责任本来所指定的那样来行动是不够的。为了自身利益而诚实的商人，或者出于仁慈的冲动而友善的人，都算不上是有德行的。道德的本质应该从规律这个概念中得出，因为尽管自然中的一切都按照各种规律而行动，但是只有有理性的存在才拥有按照观念的规律，也就是意志来行动的能力。一种客观性的原理，就其对意志带有强迫性这一点来说，就被称为理性的命令，这个命令的程式就叫作令式。

令式有两种：假言令式就是说："如果你想要达到这样或者那样的目的，你就必须这样或者那样来做"，定言令式则是说，某种行为在客观上是必然的，和任何目的都无关。定言令式是综合的和先验的，康德从规律这个概念推演出了它的性质：

“如果我想到一个定言令式，我立刻就知道它包含着什么内容。因为它作为定式所包含的，除了规律之外，只有准则应该和此规律一致这个必然性。但是此规律不包含限制自身的条件，因而所剩下的便只有它作为一条普遍性的规律所具有的普遍性了，行为准则要遵守的正是这个普遍性，也只有通过这种遵守才能将令式呈现为必然的。因此定言令式是单独的，实际上就是这个：只按照一条你在遵守的同时你的意志希望它能够变成一条普遍规律的准则去行动，或者‘行动时似乎你的行动所遵守的准则会通过你的意志成为一条普遍性的自然规律’。”

康德举出一个实例来说明定言令式如何起作用，即借钱是不对的一例，因为如果我们都试图那么做的话，就会没钱可借。人们通过同样的方式还能证明偷窃和谋杀是受到定言令式谴责的。但是某些康德肯定会认为不对的行为，用他的原则却是很难被证明是不对的。例如自杀，一个有抑郁症的人完全可能会希望所有人都自杀。实际上，康德的准则似乎是为德行提供了一个必要但不充分的标准。要想得到一个充分的标准，我们就不得不放弃康德纯粹形式化的观点，将行动的效果也考虑在内。然而，康德着重强调过德行并不取决于行动的预期结果，而只取决于行动本身是其结果的那条原则；如果承认了这一点，那么就不可能有比他的准则更具体的准则了。

康德主张——尽管他的原则似乎并不必然能够达到这个结论——我们应该将每个人都当作其本身的目的那样来对待。这可以被认为是人权学说的一种抽象的形式，因此也面临着同样的反驳。如果较真的话，只要两个人的利益有冲突，这种观点就会使得达成决定变得不可能。这种困难在政治哲学中尤为明显，因为政治哲学需要有某种原则，比如过半数的优先权，根据这种原则，可以在必要时为了其他人的利益而牺牲某些人的利益。如果政府能有什么伦理的话，那就是政府的目的必须是单一的，而唯一一个能和正义相调和的目的便是社会的幸福。不过，也可以将康德原则解释成如下的意思：并不是每个人都是一个绝对的目的，而是所有的人在为牵扯到许多人的行动做决定时都是同样算数的。这样一解释，这条原则就可以被认为给民主制打下了伦理上的基础，也不再会受到以上的那些反驳了。

康德晚年依然活力不减而且头脑清醒，这在他那篇名为《永久和平》（1795年）的论文中得到了体现。在这部著作中，他提倡一种自由国家的联邦，根据一种禁止战争的盟约而将各国团结在一起。他说，理性从根本上讲是谴责战争的，而战争只有通过国际政府才能够加以阻止。他还说，各加盟国的国内体制应该是“共和制”的，但是他对“共和制”这个词的定义是行政和立法部分的相分离。他并不是指不应该有国王，实际上，他说在一位君主的统治下最容易达到完美的政体。因为此文是在法兰西革命恐怖统治的冲击下写成的，所以他对民主制有些怀疑，他说，民主制必然会导致专制，因为民主制确立了行政权力。“执行自己的法案的所谓‘全体人民’，实际上不是所有人，而只是过半数人。所以在这一点上普遍意志就自相矛盾，而且也和自由原则相矛盾。”这段话的措辞显示出卢梭的影响，但是将世界联邦作为保障和平的手段这个重要的观念并不是从卢梭那里来的。

自 1933 年[1]以来，这篇文章让康德在自己的祖国变得不受欢迎了。

三、康德的空间和时间理论

《纯粹理性批判》最重要的部分是关于空间和时间的学说。在这一节中，我打算对这个学说做一个批判性的考察。

要想解释清楚康德关于空间和时间的理论并不容易，因为这一理论本身就不清楚。《纯粹理性批判》和《绪论》中对这个理论都有所阐述，后者的论述比较简单易懂，但是不如《纯粹理性批判》说得充分。我会先试图来讲解一下这个理论，尽我所能地让它变得通俗易懂一些，在做出了这样的论述之后我再试着做出批判。

康德认为，知觉的直接对象部分是由外部事物导致的，部分是由我们的知觉器官导致的。洛克已经让所有人习惯了这样一种观念，即次性质——颜色、声音、气味等等——是主观的，并不像表面上看起来那样是属于客观对象的。康德像贝克莱和休谟一样把这个观点又推进了一步，但并不是朝着同样的方向，他把主性质也说成是主观的。康德在大多数时候并不怀疑我们的感觉是具有原因的，他将这种原因称为“物自体”或者“本体”(noumena)。在知觉中显现给我们的东西他称之为“现象”，这又是由两部分组成的：由对象导致的部分被他称为“感觉”；由我们的主观器官导致的部分被他称为形式，他还说，正是这部分将纷繁的东西整理出了某种秩序。后一部分本身不是感觉，因此并不取决于环境的偶然性；这部分永远不会发生改变，因为我们随身携带着它，而且从它不取决于经验

[1] 希特勒和纳粹党上台的那一年。——译者注

这个意义上来讲它还是先验的。感觉能力的一种纯粹的形式被叫作“纯粹直观”（Anschauung），有两种这样的形式，即空间和时间，一种是对于外部的感觉来说的，另一种是对于内在的感觉来说的。

为了证明空间和时间是先验的形式，康德有两类论证：一类是形而上学的；另一类是认识论的，或者像他所称呼的那样，是超验的。前一类论证是直接从空间和时间的本性中得出的，后一类则是从纯数学的可能性中间接得出的。关于空间的论证要比关于时间的论证详尽，因为后者被康德认为在本质上和前者是一样的。

关于空间，形而上学的论证一共有四种：

空间不是从外部经验中抽象出来的经验性概念，因为在将感觉归因于某种外部事物时就预先假定了空间，而且外部经验只有通过关于空间的表象才有可能。

空间是一种必然的、先验的表象，并且构成了所有外部知觉的基础，因为我们无法想象会没有空间，尽管我们可以想象空间中会空无一物。

空间不是关于一般性事物之间关系的推理性或者一般性的概念，因为空间只有一个，我们所说的“各空间”不是空间的部分，而是其实例。

空间是一个无限而又给定的量，这个量在自身中包括了空间的所有部分。这种关系不同于一个概念与其实例之间的那种关系，因此空间不是一个概念，而是一个直观。

有关空间的超验论证是从几何学那里来的。康德认为欧几里得几何是先验地被认识到的，尽管它是综合的，也就是说，是不能只从逻辑中推演出来的。他认为，几何学证明是依赖于图形的。例如，我们能够看出，给定两条相交并成直角的直线，通过其交点只能做出一条和这两条直线都成直角的直线。他认为，这种知识不是从经验中来的。但是我的直观要是想预料到在对象中会发现什么，唯一的办法就是在我的主观性中先于所有的真实印象——如果直观只包含我感觉能力的形式的话。感觉的对象必须服从几何学，因为几何学涉及的是我们感知的方式，因而我们用其他办法就无法进行感知。这就解释了为什么几何学尽管是综合的，但仍然是先验的和必然为真的。

关于时间的论证在本质上是一样的，除了因为计数需要时间这个观点而用算术代替了几何。

现在让我们来逐一考察这些论证。

关于空间的第一种形而上学论证说：“空间不是从外部经验中抽象出来的经验性概念。因为，为了某些感觉能够被归因于外在于我的某物（也就是说，归因于某些所处的空间位置和我自己所处的位置不同的东西)，更为了我能够感知到它们是外在于彼此并彼此并列的——这样我就能感知到它们不仅是不同的，而且处在不同的空间位置，空间的表象一定已经打好了基础。”因此只有通过空间的表象才可能有外部经验。

“外在于我”（也就是说，处于和我所处的空间位置不同的位置）是一个很难理解的词组。作为一个物自体来说，我不在任何地方，没有任何东西在空间上是外在于我的，只有作为现象而言的我的肉体能够承载这样的意思。因此，实际上所包含的意思都来自那句话的后半部分，即我感知到处于不同空间位置的不同对象。人们在脑海中可以把这个景象想象成一个衣帽间的服务员将不同的大衣挂在不同的挂钩上，挂钩一定是已经存在的，但是将大衣加以整理的是服务员的主观性。

康德关于空间和时间主观性的理论自始至终都存在一个困难，但是他似乎并没有感觉到这个困难。是什么引导我们将知觉对象整理成这样而不是别的样子？例如，为什么我总是看见人们的眼睛在嘴巴上面而不是下面？根据康德的观点，眼睛和嘴巴作为物自体而存在，并分别成为我的知觉对象，但是它们本身并没有任何东西和我在知觉中对它们的空间整理是相一致的。让我们将这个观点和关于颜色的物理学理论做一个对比。我们并不认为物质在我们的知觉对象具有颜色那个意义上是有颜色的，但是我们确实认为不同的颜色对应着不同的波长。然而，因为波动必然涉及空间和时间，所以对康德来说，波动并不是我们会有知觉的原因之一。另一方面，如果我们的知觉对象的空间和时间在物质世界中有对应物，那么几何学对这些对应物就是适用的，那么康德的论证就失效了。康德主张精神将感觉的物质原料整理出秩序，但是却从不认为有必要说明为什么要整理成这样而不是那样。

这个困难在讨论时间时更大，因为有因果关系的干扰。我在感知到雷声之前先感知到了闪电，物自体 A 导致了我对闪电的知觉，物自体 B 则导致了我对雷声的知觉，但是 A 并不早于 B，因为时间只存在于知觉对象之间的关系中。那么，为什么两个无时间性的事物 A 和 B 会在不同的时间产生影响呢？如果康德是对的，那就一定是完全任意的，A 和 B 之间一定没有任何关系对应着 A 所导致的知觉对象要早于 B 所导致的知觉对象这个事实。

第二种形而上学论证主张，去想象空间中空无一物是有可能的，但是去想象没有空间是不可能的。在我看来，任何严谨的论证都不能建立在我们能想象什么或者不能想象什么的基础上，而且我要断然地否认我们能够想象其中空无一物的空间。你可以想象在一个阴暗多云的夜晚注视着天空，但是那时你自己就在空间之中；你也可以想象自己看不见的云，情形也是一样。维兴格曾经指出，康德的空间是绝对的，和牛顿的一样，而且不仅仅是由各种关系组成的一个体系。但是我不明白，绝对虚无的空间怎么能够被想象。

第三种形而上学论证说："空间不是关于一般而言的事物之间关系的推理性或者所谓一般性的概念，而是一个纯粹的直观。因为首先，我们只能想象（sich vorstellen）一个单独的空间，如果我们说到'各空间'，我们所指的只是同一个独一无二的空间的组成部分。这些部分不能先于整体而成为整体的部分……只能被认为在整体之中。它（空间）本质上是独一无二的，其中的纷繁完全是由于各种限制。"由此得出的结论是，空间是一个先验的直观。

这个论证的要点在于否定了空间本身的多重性。我们所说的"各空间"既不是"一个空间"这个一般性概念的各实例，也不是一个集合的各部分。我并不十分清楚，根据康德的观点，"各空间"的逻辑地位是怎样的，不过不管怎样，它们在逻辑上都是后于空间的。对那些关于空间抱有一种关系性观点的人来说——所有的现代人实际上都是这么做的，这种论证变得无法加以叙述，因为不论是"空间"还是"各空间"都不能作为实词存在。

第四种形而上学论证主要关心的是证明空间是一种直观，而不是一个概念，其前提是"空间被想象为（或者呈现为，vorgestellt）一种无限而又给定的量"。这是一个住在像哥尼斯堡那样的平原地区的人的观点，我看不出一位阿尔卑斯山山谷中的居民如何能接受这种观点。很难理解任何无限的东西怎么会又是"给定"的。空间中被给定的部分为知觉作用的对象所充满，对于其他部分，我们只有一种运动有可能发生的感觉——我本来认为这是很明显的事情。而且如果允许我引入一个鄙俗至极的论证的话，那么现代的天文学家们还主张空间实际上不是无限的，而是像地球表面一样周而复始地运动着。

超验的（或者说认识论的）论证在《绪论》中叙述得最好，它比形而上学的各种论证更明确，无疑也更容易驳斥。我们现在所知道的"几何学"，是一个涵盖了两种不同研究的学科的名称。一方面，有纯粹几何，它从公理中推演结论，而不问这些公理是否"真实"。这种几何学不包含任何从逻辑中推导不出来的东西，因而不是"综合"的，也不需要像几何教科书中所用的那种图形。另一方面，又有作为物理学分支的几何学，例如在广义相对论中出现的那种几何学。这是一种经验性的科学，其中的公理是从观测数据中推断出来的，并被发现和欧几里得式的公理不同。这样，在这两种几何学中，一种是先验的，但不是综合的；

而另一种是综合的，但不是先验的。这就驳倒了超验论证。

现在让我们试着用一种更一般的方法来考察一下康德关于空间所提出的问题。如果我们采取物理学中被认为是理所当然的观点，即我们的知觉对象具有（在某种意义上）物质性的外部原因，那么我们就会得出这样的结论：知觉对象的一切现实性质与它们未被感知到的原因的现实性质不同，但是在知觉对象的系统及其原因的系统之间有某种结构上的相似性。例如，在颜色（被感知到的）和波长（物理学家所推断的）之间存在着一种对应关系。类似地，在作为知觉对象组成部分的空间和作为知觉对象未被感知的原因系统的组成部分的空间之间，一定也存在着一种对应关系。这一切都建立在一条准则“同因，同果”及其反命题“异因，异果”的基础之上。这样一来，比如说，当视觉对象 A 出现在视觉对象 B 的左边时，我们就会设想在 A 的原因和 B 的原因之间有某种对应关系。

按照这种观点，我们有两种空间，一个是主观的，另一个是客观的；一个是从经验中知道的，另一个只是被推断出来的。但是空间和其他样式的知觉在这方面并没有任何不同。其主观形式都是从经验中知晓的，其客观形式也都是借助与因果关系有关的准则推导出来的。没有任何理由认为我们关于空间的知识在任何方面和我们关于颜色、声音和气味的知识有所不同。

至于时间，问题有所不同。因为如果我们固守知觉对象有未被感知的原因这个信念，那么客观时间就必须等同于主观时间。如若不然，我们就会陷入已经考察过的闪电和雷声所带来的那种困难。或者，我们可以考虑一下这种情形：你听见一个人说话，你回应了他，他听见了你。他说话和他听见你的回应，这两件事对你来说都发生在未被感知的世界里，而且在那个世界中，前者先于后者。再者说，在客观性的物理世界里，他说话先于你听见他；在主观性的知觉对象的世界里，你听见他又先于你回应他；在客观性的物理世界里，你回话又先于他听见你。很显然，“先于”这个关系在所有这些命题中一定都是同样的。因此，虽然知觉空间的主观性有某种重要的意义，但是知觉时间的主观性却没有任何意义。

正如康德所做的那样，以上的这些论证都假定知觉对象是由“物自体”导致的，或者我们也可以说是由物理世界中的事件导致的。然而，这个假定从逻辑上讲绝不是必要的。如果放弃这个假定，那么知觉对象在任何重要的意义上都不再是“主观的”了，因为没有什么可做对照的东西了。

“物自体”是康德哲学中一个很累赘的成分，他的直接继承者们把它抛弃了，因而陷入了一种非常类似唯我论的学说之中。康德的各种自相矛盾使得受他影响的哲学家们会迅速地在经验主义和绝对主义的这两个方向上发生分化，在实际中，德意志哲学直到黑格尔去世时为止的发展都是沿着后一个方向的。

康德的直接继承人是费希特（1762—1814），他抛弃了“物自体”，并把主观主义发展到了一种简直有些精神失常的地步。他主张，自我是唯一的终极实在，自我之所以存在是因为它对自己做了这样的安排；具有低一等实在性的非自我之所以存在，也只是因为自我对它做了这样的安排。作为一个纯粹哲学家的费希特并不重要，他的重要性在于，他在耶拿战役之后发表的旨在号召德国人起来反抗拿破仑的《告德意志人民书》（1807—1808）使他成为德意志民族主义的理论奠基人。作为一个形而上学概念的自我很容易和经验中的费希特发生混淆，因为自我是德意志人，从中便可以推论出德意志人高于所有其他的民族。费希特说：“品质优秀和是德意志人无疑指的是一回事。”在这个基础上，他构建出了一整套民族主义的极权主义哲学，这在德国产生了极大的影响。

康德的另一个直接继承者谢林（1775—1854）更为温和，但是主观性也一点不差。他与德国的浪漫主义有着紧密的联系，他在哲学上并不重要，尽管在当时也十分出名。对康德哲学的重要发展是黑格尔的哲学。

第二十一章

十九世纪的思潮

十九世纪的思想生活比之前任何一个时代的都要复杂。原因有以下几个——首先，相关的地区得到了前所未有的扩大，美国和俄国做出了重要的贡献，而且欧洲也比以前更加留意古代和近代的印度哲学。其次，自十七世纪以来就一直是新生事物最主要源泉的科学取得了新的胜利，特别是在地质学、生物学和有机化学方面。再次，机器生产深刻地改变了社会结构，并在人类和自然环境的关系上赋予了人类一种新的对力量的概念。最后，在哲学上和政治上对思想、政治和经济领域内的各种传统体系的深刻反抗，导致了对许多到那时为止一直被认为是颠扑不破的信念的攻击。这种反抗有两种非常不同的形式，一个是浪漫主义的，另一个是理性主义的（我是在宽泛的意义上使用这两个词的）。浪漫主义的反抗历经拜伦、叔本华和尼采，直到墨索里尼和希特勒；理性主义的反抗始于大革命时期的法兰西哲学家，多少经过缓和之后传到了英国的哲学激进派手中，然后在马克思那里获得了一种更深刻的形式，并产生了苏联这个结果。

德国在知识上的统治地位是一个新的因素，这开始于康德。莱布尼茨尽管是德国人，但几乎一直是用拉丁文或者法文写作的，而且在自己的哲学中也几乎没有受到德意志任何影响。与之相反，康德之后的德国唯心主义以及后来的德国哲学都深受德意志历史的影响；德意志的哲学思想中许多看起来十分奇怪的东西，反映的是一个由于历史的偶然被剥夺了本来应该享有的那份权力的精悍民族的那种精神状态。德意志曾经拥有的国际地位要归功于神圣罗马帝国，但是这个帝国的皇帝逐渐失去了对他名义上的臣民的控制。最后一个强有力的皇帝是查理五世，但是他的权力来自他在西班牙和低地国家所拥有的领地。宗教改革运动和三十年战争摧毁了仅存的德意志统一性，留下了许多唯法兰西马首是瞻的弱小公国。在十八世纪，只有一个德意志国家——普鲁士——在抵抗法兰西人这件事上取得了成功；腓特烈二世号称“大王”，也正是由于这个原因。但是普鲁士自己抵抗不住拿破仑，在耶拿战役中一败涂地。普鲁士在俾斯麦带领下的起死回生，看起来像是在复活阿拉里克、查理曼和巴巴罗萨[1]那英雄般的过去（对德国人来说，查理曼是德国人，不是法兰西人）。当俾斯麦说“我们不去卡诺莎”[2]时，便表明了他的这种历史感。

然而，普鲁士尽管在政治上占有统治地位，但是在文化上却没有西德意志的大部分地区先进。这就是为什么许多著名的德国人，包括歌德在内，并不为拿破仑在耶拿的胜利感到痛惜的原因。十九世纪初的德意志，在经济上和文化上呈现出极大的多样性。在东普鲁士，农奴制依然得到了延续，乡村贵族大部分还沉浸在田园牧歌式的无知中，劳动者连最起码的教育都没有受过。与此不同的是，西德意志的一部分在古代曾经隶属于罗马，这一地区自十七世纪以来就处在法兰西的影响之下，还被法兰西的革命军队占领过，并获得了和法兰西的各种制度同样自由的体制。有些君主很聪明，并因为在自己的宫廷里模仿文艺复兴时期的君主而当了艺术和科学的赞助人，最著名的例子是魏玛，魏玛大公便是歌德的恩主。君主们当然大部分都反对德意志的统一，因为那会破坏他们的独立地位。因此他们是反对爱国主义的，受他们荫庇的许多知名人士也是如此。对他们来说，拿破仑是一种比德意志文化更高级的文化的传教士。

在十九世纪中，信奉新教的那部分德意志在文化上逐渐普鲁士化了。腓特烈大王是个自由思想者和法兰西哲学的崇拜者，他曾经努力让柏林成为一个文化中心。柏林科学院由一位著名的法兰西人莫佩尔蒂[3]担任终身院长，但是他却不幸成了伏尔泰那恶毒嘲弄的受害者。腓特烈的种种努力，和当时大多数开明专制的

「1」阿拉里克是公元三世纪末和四世纪初带领西哥特人侵扰希腊、意大利并曾经攻陷罗马的日耳曼人领袖；查理曼是法兰克王国的国王、查理曼帝国的创建者，他的帝国后来分裂成三部分，分别是今天法兰西、德国和意大利三个国家的雏形，因此德国人有理由认为查理曼是德国人。查理曼（Charlemagne）是对他的法语叫法，他在德语中被称为卡尔大帝（Karl der Große）；巴巴罗萨（Barbarossa）是中世纪神圣罗马帝国皇帝腓特烈一世的绰号，本是意大利语，意为红胡子，该皇帝在位期间武功卓著。——译者注

「2」卡诺莎是意大利北部的一座城堡。1077 年神圣罗马帝国皇帝亨利四世因为在和教皇格里高利七世的权力斗争中遭到失败，不得不到此地来乞求教皇的宽恕。俾斯麦的那句话表明，他将卡诺莎当成了德意志人对外屈服的耻辱象征。——译者注

「3」莫佩尔蒂（1698—1759），法兰西数学家、物理学家和哲学家。——译者注

君主的努力一样，并没有包括经济上和政治上的改革，实际上所成就的是一群雇来的知识分子的喝彩。在他死后，大部分有文化的德意志人又只有在西德意志才能找到了。

与德国的文学和艺术相比，德国哲学与普鲁士的联系要更深。康德是腓特烈大王的臣民，费希特和黑格尔是柏林的教授。的确，康德曾经因为自己的自由主义神学和普鲁士政府发生过纠纷，不过他几乎没受到普鲁士什么影响。但是费希特和黑格尔都是普鲁士在哲学上的代言人，都做了很多工作来为后来将德意志爱国主义等同于崇拜普鲁士这件事铺平道路。他们在这方面的工作由德国的大史学家们，特别是蒙森和特赖奇克，继承了下来。俾斯麦最终让德意志民族接受了在普鲁士领导下的统一，这就使得德国文化中国际主义色彩较淡的那些因素取得了胜利。

在黑格尔死后的整个一段时期内，大部分学院派哲学依旧是传统的，因此也并不十分重要。英国经验主义哲学直到这个世纪末在英国一直处于统治地位，在法兰西其统治地位则结束得稍早一些。接着，康德和黑格尔便在专业哲学教师这个范围内逐渐征服了法兰西和英国的大学。然而，一般受过教育的大众并没有受到这次运动什么影响，这次运动在科学家中也几乎没有拥护者。在那些继续学院派传统的作者中，约翰·斯图亚特·米尔属于经验主义这一派；洛策、齐格沃特、布拉德利和博桑基特则属于德国唯心主义这一派——其中没有一个人在哲学上算得上是数一数二的；也就是说，他们大体上采纳了别人的体系，而他们自己则无法与那些人匹敌。学院派哲学之前就经常和当时最有活力的思想脱节，例如在十六和十七世纪，学院派哲学大体上还是经院式的。只要发生了这种情况，哲学史家们更关心的就是非职业的异端分子而不是教授们了。

法兰西大革命时代的大多数哲学家都将科学与种种和卢梭相联系的信念结合在了一起。爱尔维修和孔多塞在将理性主义和热忱相结合这件事上可以被认为是典型代表。

爱尔维修（1715—1771）很荣幸地让自己的书《论精神》（1758年）受到了索邦大学的谴责，并由绞刑吏加以焚毁。边沁在1769年读到了他的著作，立即决定将自己的一生贡献给对立法原则的研究。他说："培根对自然世界意味着什么，爱尔维修对道德世界就意味着什么。因此，道德世界已经有了自己的培根，但是自己的牛顿还未降临。"詹姆斯·米尔在对自己儿子约翰·斯图亚特·米尔的教育中也将爱尔维修作为自己的指导。

追随着洛克认为心灵是白板（tabula rasa）的观点，爱尔维修认为个人之间的不同完全是因为教育的不同：对于每一个个人来说，他的才能和德行都是他所受指导的结果。他还主张，天才往往是出于偶然，如果莎士比亚在偷猎时没被逮着，他大概就成了一个羊毛商人。[1]他对立法的兴趣主要源于这个学说：人们在青春时期最重要的指导者是政治体制和随之而来的礼节与风俗。人生来无知，但不愚蠢；让人愚蠢的是教育。

在伦理学上，爱尔维修的观点是功利的，他认为快乐就是善。在宗教上，他是自然神论者，并且激烈地反对教权。在认识论方面，他采纳了一种经过简化的洛克思想："因为洛克的开导，我们知道我们的观念，进而我们的精神，都来自感觉器官。"他说，物理性的感觉能力是我们的行为、思想、激情以及社交能力的唯一原因。他对知识的评价很高，在这一点上他十分不赞同卢梭的观点。

他的学说是乐观主义的，因为让一个人变得完美所需要的只是完美的教育。他还暗示，只要把教士们赶到一边，完美的教育是很容易实现的。

孔多塞（1743—1794）的观点和爱尔维修很类似，但是受卢梭的影响更深。他说，人权完全可以只从一条真理中推演出来：人是有感觉，并能够进行推理和获得道德观念的存在，从这一点就可以推导出，人不能再被分成统治者和被统治者、说谎者和受骗者。"慷慨的西德尼为这些原则献出了生命，洛克在这些原则上刻上了自己的权威之名，后来卢梭又对这些原则进行了更精确的发挥。"他说，洛克最先指出了人类认识的局限，洛克的"方法很快就成了所有哲学家的方法，正是因为将这种方法应用到了道德、政治和经济领域，哲学家们才能够在这些学科中找到了一条如同在自然科学中那样真切的道路"。

孔多塞对美国独立战争赞赏有加。"简单的常识教育了英国殖民地的居民，在大西洋那边出生的英国人和在格林尼治子午线上出生的英国人享有完全相同的权利。"他说，合众国的宪法建立在天赋权利的基础之上，并且美国独立战争让从涅瓦河到瓜达尔基维尔河的整个欧洲都知道了人权。不过，法兰西大革命的原则要比"指导了美国人的原则更纯粹、更精确、更深刻"。这些话是他在躲避罗伯斯庇尔时写下的，之后不久，他就遭到了逮捕和监禁。他死于狱中，但是死因不详。

他信仰妇女的平等权利，也是马尔萨斯人口理论的首创者。不过，他的人口理论并没有马尔萨斯所说的那些悲观的结论，因为他还加上了控制生育的必要性。马尔萨斯的父亲是孔多塞的信徒，通过这种方式马尔萨斯才知道了这种

「1」传说莎士比亚曾经因为偷猎被发觉，遭到官府通缉，才不得不离开家乡前往伦敦。——译者注

理论。

孔多塞甚至比爱尔维修还要热忱和乐观。他相信，因为法兰西大革命原则的传播，所有主要的社会弊端不久都会消失。也许他没有活到1794年对他来说是件幸事。

法兰西大革命时期的哲学家们的学说，在被改造得热忱大减并且大为精确之后，由哲学激进派带到了英国，边沁是那些人公认的领袖。起初，边沁的兴趣几乎完全局限在法学领域，但是随着年龄的增长，他的兴趣逐渐更加广泛，他的观点也逐渐变得带有颠覆性。1808年之后，他是一个共和主义者、妇女平等权利的信仰者、帝国主义的敌人和毫不妥协的民主派。他的这些观点中有一部分来自詹姆斯·米尔，两人都相信教育是万能的。边沁采纳“绝大多数人的最大幸福”这条原则无疑是出于民主派的感情，但是这条原则必然意味着要反对人权学说，他索性就把人权学说描述成“胡说八道”。

哲学激进派在许多方面与爱尔维修和孔多塞这样的人不同。在气质上，他们很有耐心，并且喜欢用实际的细节来构建自己的理论。他们赋予经济学很大的重要性，还自认已经将经济学发展成了一门科学。在边沁和约翰·斯图亚特·米尔身上，有各种热忱的倾向，但是在马尔萨斯和詹姆斯·米尔身上则没有。热忱倾向被所谓的“科学”，特别是被马尔萨斯关于人口理论的悲观论调严格地限制住了。按照马尔萨斯的说法，除了在瘟疫刚过之后以外，雇佣劳动者的所得一定总是可以维持自己及家人生计的最低数目。边沁主义者和他们的法兰西前辈之间另一个重大的相异点在于，在工业化的英国，雇主和雇佣劳动者之间有着激烈的冲突，并导致了工会运动和社会主义的兴起。在这种冲突中，边沁主义者大体上讲站在雇主一边反对工人阶级。不过，他们最后的代表人物约翰·斯图亚特·米尔，逐渐也不再固守其父那些严厉的教条了。随着年龄的增长，他对社会主义的敌意越来越小，也越来越不确信古典经济学是永恒的真理了。根据他的自传，这个软化的过程是从阅读浪漫主义诗人的作品开始的。

边沁主义者尽管起初带有一种相当温和的革命性，但是逐渐也不再如此了。这一方面是因为他们在说服英国政府采纳自己的观点这件事上取得了成功，另一方面是因为对社会主义和工会运动日益增长的势力的反对。正如我们已经提到过的那样，反抗传统的人有两种，理性主义的和浪漫主义的，虽然这两种因素在某些人，例如孔多塞身上是结合在一起的。边沁主义者几乎完全是理性主义的，既反抗他们也反抗现存经济秩序的社会主义者也是如此。社会主义运动直到马克思才获得了一套完整的哲学，我们会在后面的一章中对他加以讨论。

浪漫主义形式的与理性主义形式的反抗之间存在很大的区别，尽管两者都源于法兰西大革命时期和在那之前不久的一些哲学家。披着非哲学外衣的浪漫主义形式可以在拜伦的作品中见到，但是在叔本华和尼采那里，这种形式学会了哲学的语言。这种形式的反抗倾向于不惜以理智为代价来强调意志的作用，没有耐心受推理的束缚，并且崇尚某些种类的暴力。在实际政治中，其重要性在于它是民族主义的盟友。虽然在实际中并不总是如此，但是在倾向上它无疑对通常所说的理性是抱有敌意的。这种反抗的某些最极端的形式可以在俄国无政府主义者那里找到，但是在俄国最终取得胜利的是理性主义形式的反抗。德国总是比任何其他国家更容易受到浪漫主义的影响，为反理性的赤裸裸的意志哲学提供了一个体制上出口的也正是德国。

到此为止，我们一直在讨论的各派哲学都受到了传统上的、文学上的或者政治上的启发。但是哲学观点另外还有两个源头，那就是科学和机器生产。其中第二个源头在理论上的影响是从马克思开始的，之后就逐渐变得越来越重要。第一个源头自十七世纪以来就一直很重要，但是在十九世纪中又有了新的形式。

达尔文对十九世纪的意味同于伽利略和牛顿对十七世纪的意味。达尔文的理论有两部分。一方面是进化论，主张不同种类的生命是由一个共同的祖先逐渐演化而来的。这个现在得到了普遍承认的学说其实并不新鲜。拉马克和达尔文的祖父伊拉斯谟·达尔文都曾主张过，更不用提阿那克西曼德了。达尔文所做的是为这个学说提供了大量的证据，并且在他的理论的第二部分中他还相信自己已经发现了进化的原因。这样一来，他就使这个学说获得了一种前所未有的流行度和科学力量，但是他绝没有首创这个学说。

达尔文理论的第二部分是生存竞争说和适者生存说。一切动植物繁殖的速度都要超过自然能够承受的限度，因此每一代中都有许多个体在达到能够复制自己的年龄之前就死掉了。哪些能够生存由什么来决定？在某种程度上无疑是纯粹的运气，不过另有一个更为重要的原因。动植物一般来说与亲代并不完全相同，而是在每一种可以测量的特征方面都因为过度或者缺失而有细微的不同。在一个给定的环境中，同一物种的个体为了生存而竞争，最适应环境的个体生存机会最大。因此，那些有利的偶然变异会在每一代的成年个体中占据优势。这样一代又一代，鹿跑得越来越快，猫在接近猎物时越来越安静，长颈鹿的脖子越来越长。达尔文主张，如果时间足够长久，这种机制能够说明从原生动物到智人之间整个漫长的发展过程。

达尔文理论的这一部分历来广受诟病，而且被大多数生物学家认为必须服从许多重要的限制条件。然而，那不是研究十九世纪思想的历史学家最关心的事情。从历史的角度来看，最让人感兴趣的是达尔文将自己的理论扩展到了整个那种哲学激进派所常说的经济生活中。根据他的意见，进化的动力是一个自由竞争的世界中的生物经济学。向达尔文暗示了生存竞争和适者生存是进化的根源的正是延伸到了动物界和植物界的马尔萨斯人口论。

达尔文本人是个自由主义者，但是他的理论却导致了一些在某种程度上对传统自由主义不利的结论。所有人生来平等，成年人之间的差异完全是因为教育，这种学说和他对同一物种的个体之间先天差异的强调是不相调和的。如果像拉马克所主张的，并且达尔文本人也在某种程度上承认的那样，后天获得的特征是可以遗传的，那么和诸如爱尔维修那样的观点之间的抵触多少会缓和一些.但是好像只有先天获得的特征是可以遗传的，只有某些并不十分重要的特征是例外。这样一来，人与人之间的先天差异就具有了根本的重要性。

从进化论中还能推出一个结论，并且与达尔文所提出的那种特殊的机制无关。如果人和动物有一个共同的祖先，并且人类经历了一个如此缓慢的发展过程以至于有些生物我们不知道该不该把它们划为人类，这就引出了这个问题：在进化的哪个阶段上，人类（或者我们半人类的祖先）开始一律平等呢？如果直立猿人受到了正确的教育，能够做出和牛顿一样好的成绩来吗？如果皮尔当人[1]曾被指控偷猎，能够写出莎士比亚般的诗歌吗？一个对这些问题做出肯定回答的坚定的平等主义者会发现自己不得不认为猿猴和人类是平等的。而且为什么要止于猿猴呢？我看不出他要如何反对支持牡蛎拥有投票权这种论点。进化论的拥护者应该主张，不仅人人平等的学说，而且人权学说都是必须受到反生物学的谴责的，因为它们太过强调人和动物之间的区别了。

不过，自由主义另外也有一面因为进化论的缘故得到了极大的巩固，那就是对进步的信念。只要世界局势允许有乐观主义，进化论就受到自由主义者的欢迎，既因为以上那个原因，也因为进化论提供了反对正统神学的新论证。马克思本人是希望将自己的书题献给达尔文的，尽管他的学说在某些方面是前达尔文式的。

生物学的威信使得那些思想受到科学影响的人将来自生物学而不是机械论的基本概念应用到现实世界中。万物都被认为处在进化之中，而且很容易想象进化

「1」1912 年英国人道森声称在英国的皮尔当发现了古人类头盖骨化石，后来被命名为皮尔当人，还被认为是当时发现的最早的人类化石。但是在 1953 年化石被证实纯系伪造。——译者注

是有一个内在的目标的。尽管有达尔文，许多人还是认为进化论证明了对宇宙目的的信仰是正确的。有机体的概念逐渐被认为是从科学和哲学上解释自然规律的关键，十八世纪的原子论思想逐渐被认为过时了。这种观点最终甚至影响到了理论物理学。在政治上，进化论很自然地导致了强调与个人相对的社会。这和国家权力的增长以及民族主义都是一致的，民族主义没有将达尔文的适者生存学说应用于个人，而是应用于诸民族。理解得不准确的学说在广大民众中会导致一些科学范围之外的观点，如果我们在这个问题上再做深入的讨论，就要进入到那个领域之中了。

虽然生物学一直都对机械论的世界观有不利的影响，但是近代的经济技术却有一个相反的作用。直到十八世纪末期为止，与科学学说相对的科学技术都对思想观点没有什么重要的影响。只是随着工业文明的兴起，科学技术才开始影响人们的思想。但是即便在那时，这种影响在很长一段时间里多少也都是间接的。提出哲学理论的人，一般来说和机器几乎没什么接触。浪漫主义者注意到了并且憎恨工业文明在之前一直美丽的地方造成的那种丑陋，以及那些在“生意”中赚了钱的人的庸俗（他们所认为的）。这导致了他们和中产阶级的对立，有时候还让他们和无产阶级的捍卫者结成了某种类似同盟的关系。恩格斯赞扬卡莱尔，但是却没有认识到卡莱尔期望的不是雇佣劳动者的解放，而是让他们服从于他们在中世纪曾经有过的那种主人。社会主义者欢迎工业文明，但是希望将工人从对雇主权力的服从中解放出来。他们所考虑的问题受到了工业文明的影响，但是他们解决那些问题的方法受的影响不大。

工业生产对人类对世界的想象图景所产生的最重要的作用就是导致了人类权力感的极度膨胀，这无非是自史前人类发明武器从而减轻了对野兽的恐惧、发明农耕从而减轻了对饥饿的恐惧以来便一直存在的那个过程的加速。但是这个加速度已经变得如此之大以至于在那些拥有现代技术所创造的力量的人身上产生了一种崭新的世界观和人生观。在过去，山脉和瀑布都是自然现象；而现在，碍事的山脉可以被夷平，便利的瀑布[1]可以被创造。在过去，有沙漠也有沃土；而现在，只要人们认为值得去做，就可以让沙漠开满玫瑰花，而沃土则被科学知识不足的乐观主义者们变成了沙漠。在过去，农民过他们的父母和祖父母所过的那种生活，拥有他们的父母和祖父母所拥有的那种信仰；教会用尽全力也无法根除某些异教的仪式，于是通过将这些仪式和当地的圣人相联系而给它们披上一件基督

「1」指水坝。——译者注

教的外衣。而现在，政府能够指定农民们的儿女在学校里学习什么东西，因而可以在一代人之内转变农耕者的心态。人们推测，这在俄国已经被做到了。

这样一来，在那些执掌事务的人和与执掌事务的人有接触的人中间，便产生了一种新的对力量的信仰：首先是人类在和自然的冲突中的力量；然后是统治者对那些自己企图控制的人的力量，他们通过科学的宣传，特别是教育，来控制那些人的信仰和志向。结果就是恒定性的减弱，似乎没有什么改变是不可能的。自然是原材料，人类中那些未有效地参与政治的人也是如此。某些旧有的概念表明人们是相信人类的力量是有限的，这些概念中最主要的两个便是上帝和真理（我并不是指这两个概念在逻辑上有关联）。这种概念有逐渐消失的倾向，即便没有遭到明确的否定，也失去了重要性，而且只是在表面上得以保留。这一整套世界观和人生观都是新的，还没法说人类要怎样去适应它。它已经导致了巨大的动乱，将来无疑还会导致其他的动乱。如何构建一种哲学，能够应付人们对几乎不受限制的权力这个前景的陶醉，以及那些无权无势的人的心灰意冷，是我们这个时代最紧迫的任务。

尽管许多人依然真心地信仰人类平等和理论上的民主，但是现代人的想象受到了十九世纪的工业组织让人联想到的那种社会组织形式的深刻影响，而那种组织形式本质上是不民主的。一方面有工业巨头，另一方面有广大的工人。民主制内部结构的改变，民主制国家中的大多数普通公民还没有认识到，但是自黑格尔以来就是大多数哲学家关注的首要问题，他们所发现的多数人的利益和少数人的利益之间尖锐的对立，也通过法西斯主义找到了实际的表现。在哲学家中，尼采不知廉耻地站在了少数人这一边，而马克思则全心全意地站在多数人这一边。也许边沁是唯一试图促成利益冲突的双方和解的重要人物，结果他遭到了来自两方面的敌意。

要阐释任何一种令人满意的关于人类关系的现代伦理学，必不可少的是要承认人类对非人类环境的力量是有限的，以及人对人彼此间权力的限制是适当的。

第二十二章

黑格尔

黑格尔（1770—1831）是德国哲学中始于康德的那场运动的顶点，尽管他经常批评康德，但是如果康德的体系不存在，他的体系也绝不会产生。他的影响，尽管现在处在衰退中，但其实一直都是很大的；而且既不局限于德国，也称不上主要是在德国。十九世纪末期，在美国和大不列颠处于领导地位的学院派哲学家大多数都是黑格尔派。在纯哲学之外，许多新教的神学家也采纳了他的学说，而且他的历史哲学还深刻地影响了政治理论。众所周知，马克思青年时代是黑格尔的信徒，他在自己已完成的思想体系中保留了某些重要的黑格尔派特征。即便黑格尔的学说几乎全部是错误的（我个人认为），他作为某种特定哲学的最佳代表，比任何其他人都更条理清晰和无所不包含，依然具有不仅仅是历史上的重要性。

他一生中几乎没有发生什么重大事件。在年轻时他颇受神秘主义的吸引，他后来的观点可以被认为是对最初显示给他的神秘洞见的理智化。他是职业哲学教师，先是在耶拿大学当无薪讲师[1]——他提到过，他在耶拿战役的前一天完成了《精神现象学》——然后又在纽伦堡大学当无薪讲师，后来到海德堡大学当教授（1816—1818），最终从1818年到逝世时为止一直在柏林大学当教授。他晚年是一位普鲁士的爱国者，国家的忠实仆人，安享着自己公认的哲学声望；但是在青年时代他却鄙视普鲁士而崇拜拿破仑，甚至达到了为法兰西人在耶拿的胜利而欣喜的程度。

黑格尔的哲学非常难懂——我想，他大概是所有大哲学家中最难理解的一

「1」德国大学里的一种职位，薪水不是由校方支付，而是直接来自听课的学生。——译者注

个了。在进入任何细节问题的讨论之前，一个总体性的描述也许会对我们有所帮助。

早年对神秘主义的兴趣让他保留下来一个信念，即分立性不是实在的。按照他的观点，世界不是一个坚固单元（不管是原子还是灵魂）的集合。有限事物表面上的自成一体在他看来是一种幻觉；他主张，除了整体之外没有任何事物具有终极而又彻底的实在性。但是他和巴门尼德以及斯宾诺莎不同，他并不把整体设想为一个单纯的实体，而将其设想为一种我们可以称之为有机体的复杂系统。表面上似乎构成了世界的分立事物并不简单地是一种幻觉，它们每一个都或多或少地具有某种程度的实在性，当它们被真切地观看到时，可以看出它们是整体的一个方面，其实在性正在于这个方面。很自然，与这种观点相伴随的是不相信空间和时间具有那样的实在性，因为如果空间和时间是彻底实在的，那就必然意味着分立性和多样性。所有这一切最初一定都是作为一种神秘的“洞见”降临到他心中的，他在书中对这种洞见进行理智上的精雕细琢一定是后来的事。

黑格尔断言，实在的就是合理的，合理的就是实在的。但是当他这么说时，他所用的“实在的”一词并没有经验主义者所指的那种意思。他承认，甚至还极力主张，在经验主义者看来是事实的都是，而且一定是不合理的；只有将事实视作是整体的一方面从而使其表面上的性质得到转变，才能看出它们是合理的。尽管如此，将实在和合理相等同依然会不可避免地导致某种与“存在的就是正确的”这个信念密不可分的沾沾自喜。

涵盖了一切错综复杂的整体，被黑格尔称为“绝对”。绝对是精神性的，斯宾诺莎认为整体具有广延性和思维这些属性的观点被否定了。

有两件事将黑格尔和之前抱有差不多类似的形而上学观点的人区分了开来。一个是对逻辑的强调，黑格尔认为只需要考虑实在绝不会自相矛盾这一点就能推演出其本性；另一个（与第一点有密切的联系）区别特征是被称为“辩证法”的三元运动。他最重要的著作是两部《逻辑学》，要想正确领会他在其他问题上支持自己观点的理由就必须理解这两本书。

黑格尔按照自己对逻辑这个词的理解，宣称逻辑和形而上学是一回事，是某种和通常所说的逻辑有很大不同的东西。他的观点是，任何一个谓项，如果被用来限定实在的整体，结果就会是自相矛盾的。试用巴门尼德的理论作为一个粗浅的例子：唯一实在的太一是球形的。任何没有边界的事物都不可能是球形的，而除非事物外面还有某物（至少是虚空间），否则就没有任何事物是有边界的。因此，假定作为一个整体的宇宙是球形的便是自相矛盾的（如果引入非欧几何学的话，可以对这个论证加以置疑，但是作为一个例子，它已经足够说明问题了)。或者，让我们来举另一个更为粗浅、黑格尔绝不会用的例子。你可以说 A 先生是一个舅舅，这话没有明显的矛盾；但是如果你说宇宙是一个舅舅，你就会让自己陷入困难之中。舅舅就是一个有外甥的男人，而外甥是一个独立于舅舅的人，因此舅舅不可能是实在的整体。

这个例子也可以用来说明由正题、反题和合题构成的辩证法。首先，我们说“实在是舅舅”，这是正题。但是舅舅的存在必然意味着外甥，又因为除了绝对之外没有任何东西具有实在的存在，而我们又必须保证外甥的存在，所以我们就必须得出结论“绝对是外甥”，这是反题。但是这和绝对是舅舅那种观点面临着同样的异议，因此我们被迫采取这种观点：绝对是由舅舅和外甥构成的整体。这就是合题。但是这个合题依然不能让人满意，因为一个人必须有一个姐妹来当外甥的母亲他才能够是舅舅。因此我们又被迫扩大我们的宇宙，将那个姐妹和她的丈夫包括进去。黑格尔主张，通过这种方式，从关于绝对的任何一个谓项出发，都能达到被称为“绝对理念”的辩证法的最终结论。这个过程自始至终都有一个基础性的假定，即对于任何事物来说，除非它是关于作为一个整体的实在的，否则它就不可能具有实在的真实性。

这个基础性的假定在传统逻辑中有一个根据，即假定每个命题都有一个主项和一个谓项。根据这种观点，所有的事实都在于某物有某种性质。从中可以推导出关系不可能是实在的，因为关系涉及的是两个事物，而不是一个。“舅舅”是一种关系，一个人可能当了舅舅而并不知情。在那种情况下，从经验主义的观点来看，这个人就没有受到当上舅舅这件事的影响，也没有因此获得任何之前没有的性质，前提是我们将“性质”这个词理解为描述他本人——除开他和其他人以及其他物的关系——所必需的某种东西。主项－谓项逻辑要想避免这个困难，唯一的办法就是说真理并不只在于舅舅这种性质，也不只在于外甥这种性质，而在于舅舅和外甥所构成的整体的性质。因为一切事物，除了整体以外，都和外部事物有各种关系，从这一点就可以推导出，关于分立的事物没有什么特别真实的东西可说，并且实际上只有整体才是实在的。这个结论从以下这个事实中可以比较直接地推论出来：“A 和 B 是两个”不是主项－谓项命题。因此以传统逻辑为基础，不可能有这样的命题。因此世界上不可能有两个这么多的事物；因此，只有被当作一个单元的整体才是实在的。

以上的论证在黑格尔那里并不明确，而是隐含在他的体系之中的，就像隐含在许多其他的形而上学家那里一样。

为黑格尔的辩证方法举一些例子也许可以让它更明白易懂一些。他在论证自己的逻辑时先是假定“绝对是纯有”，我们假定那就是纯有，而不给它指派任何性质。但是没有任何性质的纯有是无物，因此我们就得出了反题：“绝对是无物”。从这个正题和这个反题出发我们就过渡到了合题：有和非有的联合是生成。所以我们说：“绝对是生成”。这样当然还是不行，因为必须有某种进行生成的东西。通过这种方式，我们关于实在的观点就在不断地改正之前错误的过程中得到了发展，而这些错误都是因为我们把某些有限的或者受限制的事物不恰当地抽象成整体而产生的，“有限事物的限制并不仅仅来自外界，它自己的本性就是它被抛弃的原因，它通过自身的作用逐渐变成自己的对立面”。

根据黑格尔的说法，过程对于理解结果来说至关重要。辩证法的每一个之后的阶段都包含着所有之前的阶段，好像将它们都溶解了一样；没有任何一个之前的阶段被完全替换掉，而是将它作为整体的片段而赋予它一个适当的位置。因此，不经历辩证法的所有阶段就不可能达到真理。

作为整体的认识有自己的三元运动。它始于感觉－知觉，这时只有对客体的意识。然后，通过对感觉的怀疑性批判，认识变成了纯粹主体性的，最终达到了自我认识的阶段，这时主体和客体便不再有区别。因此，自我意识便是认识的最高形式。当然，在黑格尔的体系中，出现这种情形是肯定的，因为最高等的那种认识一定是由绝对所拥有的，又因为绝对是整体，所以它没有任何外在于自己的东西可以认识。

根据黑格尔的看法，在最好的思维过程中，各种思绪变得既流畅又交融。真和假的定义并不像一般所认为的那样有着尖锐的对立，没有任何东西完全是假的，也没有任何我们能够认识的东西完全是真的。“我们能够以一种多少有些错误的方式进行认识”，当我们将绝对真理归于某种孤立的信息片段时，就会发生这种事。诸如“恺撒出生在哪里”这样的问题有一个直截了当的答案，这个答案在某种意义上是真的，但是在哲学的意义上不是。对哲学来说，“真理就是整体”，任何部分的事物都不全然是真的。

黑格尔说：“理性就是对具有全部实在性这件事有意识地确认。”这并不意味着一个分立的人具有全部实在性，因为他的分立性，他并不全然是实在的。但是在他身上实在的是他对于作为一个整体的实在性的参与。随着我们变得越来越有理性，这种参与的程度也相应地越来越深。

《逻辑学》以对绝对理念的讨论结尾。所谓绝对理念是某种类似于亚里士多德的上帝的东西，是在思维着自身的思想。很显然，绝对除了其自身以外不能思考任何其他东西，因为除了和我们在理解实在时种种狭隘而又错误的方法相对的那些东西以外，没有任何其他的东西。黑格尔告诉我们，精神是唯一的实在，它自己的思想通过自我意识反映到自身之中。定义绝对理念的原话非常晦涩，华莱士[1]对它们的翻译如下：

“The Absolute Idea. The Idea, as unity of the Subjective and Objective Idea, is the notion of the Idea —— a notion whose object (Gegenstand) is the Idea as such, and for which the objective(Objekt) is Idea —— an Object which embraces all characteristics in its unity.”

“就理念之为主观的和客观的理念的统一言，就是理念的概念，这概念以理念的本身作为对象，而且从这一概念看来，客观世界即是一理念——在这客观世界里一切规定均统一起了。”

德文原文甚至更难懂。[2]然而，问题的本质多多少少并不像黑格尔搞得那样复杂。绝对理念是思维着纯思想的纯思想，这就是上帝古往今来所做的一切——这真是一位教授们的上帝。黑格尔接着说：“因而这种统一是绝对的和全部的真理，是思维着自身的理念。”

我现在来谈谈黑格尔哲学的一个奇异的特征，正是这个特征将黑格尔哲学和柏拉图或者普罗提诺或者斯宾诺莎的哲学区别了开来。尽管终极的实在是无时间性的，而且时间不过是我们因为无法看到整体而产生的一种幻觉，但是时间进程依然和辩证法的纯粹逻辑进程有着紧密的联系。实际上，世界历史的演进经历了各种范畴，从中国的纯有（关于中国，黑格尔除了知道它在历史上存在之外一无所知）到绝对理念，后者在普鲁士国家看起来即使没有完全实现，也差不多接近实现了。根据他自己的形而上学，我看不出有什么正当的理由可以支持世界历史重复着辩证法的各个变迁阶段这个观点，但是这就是他在《历史哲学》这本书中加以发挥的论点。这是一个有趣的论点，因为它赋予了人类事务的种种变革以意义和统一性。和其他的史学理论一样，如果要让自己听上去可信，这个论点也需要对事实做某些歪曲以及相当程度的无知。黑格尔同在他之后的马克思和斯宾格勒一样，那两种资格他都具备。一种被描述为宇宙性的进程竟会完全发生在我们的星球上，而且基本上又集中在地中海附近，这可真稀奇。此外也没有任何理

---

[1] 威廉·华莱士（1843—1897），英国哲学家，他对《小逻辑》的翻译是公认的英译本。——译者注

[2] 德文原文为：“Der Begriff der Idee, dem die Idee als solche der Gegenstand, dem das Objekt sie ist.”除了在黑格尔那里以外，Gegenstand 和 Objekt 是同义词。

由——如果实在是无时间性的话——说明为什么这个进程后面的各部分比前面的各部分体现了更高级的范畴。除非我们采纳这个亵渎神灵的假设——宇宙正在逐渐学习黑格尔的哲学。

根据黑格尔的观点，时间进程在伦理以及逻辑的意义上都是从较不完善到较完善的。这两种意义对他来说确实也不是真正能够区分得开的，因为逻辑的完善性就在于是一个紧密交织的、没有参差边缘的、没有独立部分的整体，而且像人的身体那样，或者不如说更像有理性的精神那样，是一个由互相依赖而又朝着一个共同的单一目的发挥作用的各部分联合而成的有机体。这也相当于伦理的完善性。引用几段话可以更好地说明黑格尔的理论：

“如同一位引导灵魂的墨丘利[1]，理念是这个世界和万民真正的领袖；而精神，那位引导者理性而又必然的意志，就是而且从来都是世界历史中的各种事件的指导者。从精神的指导职能来认识精神，正是我们当前工作的目的。”

“由哲学带入到对历史的沉思中的唯一思想，就是理性这一简单的概念。也就是说，理性是世界的统治者，世界的历史因而向我们呈现出一种合乎理性的进程。这个信念和直觉在历史学本身的领域内只是一种假说，但是在哲学的领域内却并不如此。正是在哲学中通过思辨的认知证明了，理性——不研究宇宙和神圣的存在之间所维持的关系，这个词在这里对我们来说足够了——是实体，也是无穷的力量，它为所有的自然生命和精神生命提供了无限的材料和无限的形式作为基础，并且正是那种形式驱动了那种材料。理性是宇宙的实体。”

“这种理念或者理性，是真实的、永恒的并且绝对有力的本质，它将自己显现在世界中，而且在世界中除了它和它的光荣和荣耀以外，再没有其他什么得以显现——正如我们已经说过的那样，这便是那个在哲学中已经得到了证明、在这里被当作是已经确认了的论点。”

“智慧和自觉的意志的世界，并没有被丢弃给偶然，而一定是借助自我察觉的理念表现出自己。”

这是“一个碰巧为我所知的结果，因为我已经踏遍了整个这片领域”。

以上所有引文都出自《历史哲学》一书的导言。

精神及其发展过程，是历史哲学实质上的研究对象。精神的本性可以通过将精神与其对立物，也就是物质相比较而加以理解。物质的本质是引力，精神的本

[1] 即希腊神话中的赫尔墨斯，是商业和交通之神，还是众神的信使。墨丘利是他的拉丁文叫法。——译者注

质是自由。物质的中心在自身之外，而精神的中心在自身之内。“精神是独立自足的存在”，如果这句话说得不清楚，那么下面的定义会有助于我们的理解：

“但是精神是什么呢？它是那个永远同质的无限——纯粹的同一性——同一性其次将自己同自己分离，成为和自己相反的对立面，也就是一种和共相相对的为了自我并且在自我之中的存在。”

在精神的历史发展过程中，有过三个主要的阶段：东方人、希腊人和罗马人、日耳曼人。“世界历史就是对不受控制的天赋意志的训练，使之服从于普遍的原则，并赋予它主观上的自由。东方在过去和现在都只知道单一是自由的，希腊和罗马的世界知道有些是自由的，日耳曼世界则知道一切都是自由的。”人们可能会认为，一个所有人都自由的地方适宜实行民主制的政体，但是并非如此。民主制和贵族制一样，都属于某些人自由的阶段，专制统治则属于单一者自由的阶段，而属于所有人自由阶段的是君主制。这和黑格尔所使用的“自由”一词那种极为古怪的意义是相联系的。对他来说，没有法律就没有自由（这一点我们可以同意）；但是他倾向于把这话倒过来说，主张只要有了法律就有自由。这样一来，他所说的“自由”就和服从法律的权力没有什么两样了。

正如人们可能会猜想的那样，他将精神在人间的发展过程中最高级的角色指派给了日耳曼人，“日耳曼精神是新世界的精神。其目的是实现绝对真理，即自由不受限制的自决——那种以自身的绝对形式作为自己目的的自由”。

这是一种被打上了“特级”商标的自由。这种自由并不是指你不会进集中营，也并不意味着民主制，或者出版自由[1]，或者任何一种常见的自由主义的口号，那些都是黑格尔带着鄙夷加以否定的。当精神给自己立法时，它这么做就是自由的。在我们这庸常的眼光看来，可能立法的精神体现于君主，而被立法的精神则体现于君主的臣民。但是从绝对的观点来看，君主和臣民之间的区别也像其他所有区别一样，都是幻觉。当君主将一位有自由思想的臣民关进监狱时，那依然是精神在自由地决定自己。黑格尔赞赏卢梭将总体意志和所有人的意志相区分的做法。人们会猜测，体现总体意志的是君主，而体现所有人意志的是议会中的过半数。这真是个方便好用的学说。

德国历史被黑格尔分成三个阶段：第一阶段，到查理曼为止；第二阶段，从查理曼到宗教改革；第三阶段，自宗教改革以来。这三个阶段被分别称为圣父王

「1」他说，出版自由并不在于被允许写自己想写的东西，那种观点是浅薄无知的。例如，不应该允许新闻界让政府或警方显得卑鄙可耻。

国、圣子王国和圣灵王国。圣灵王国居然始自镇压农民战争的过程中那血腥而又令人发指的暴行，这似乎有点奇怪，不过黑格尔自然是不会去提那种琐碎的小事的。相反，他像人们所猜测的那样，转而赞扬起了马基雅维利。

黑格尔对罗马帝国灭亡以来的历史的解释，部分地是德国学校里教授的世界历史的结果，部分地又成了它的原因。在意大利和法兰西，虽然在某些人，诸如塔西佗和马基雅维利身上也有对日耳曼人浪漫化的赞赏，但是日耳曼人一般来说被认为是“蛮族”入侵的罪魁祸首，以及教会的敌人——他们先是受那些皇帝的领导[1]，后来又成了宗教改革的领袖。直到十九世纪为止，各拉丁民族都将日耳曼人视作在文明上低于自己的人。德意志的新教徒们自然有不同的看法，他们认为晚期的罗马人衰弱无能，并将日耳曼人对西罗马帝国的征服当成是走向复兴的关键性一步。在谈到中世纪皇权和教权之间的冲突时，他们持有吉伯林党的观点：直到今天，德国学校里的学生们依然被教导要对查理曼和巴巴罗萨怀有无限的敬仰。在宗教改革之后的时代，德意志在政治上的软弱和不统一让人痛惜，逐渐兴起的普鲁士受到了欢迎，因为德意志在普鲁士的新教领导下，而不是在奥地利那有些无力的天主教领导下变得强大起来了。黑格尔在将历史哲学化时，心里想着的是狄奥多里克[2]、查理曼、巴巴罗萨、路德和腓特烈大王这样的人。在解释黑格尔时必须考虑到这些人的功绩，必须考虑到那时德意志刚刚受到了拿破仑的侮辱。

对德意志的赞扬达到了如此之高的程度，以至于人们也许会猜想能发现德意志是绝对理念的最终体现，在德意志之外不会再有任何进一步的发展。然而那并不是黑格尔的观点。相反，他说美洲是未来之地，“在那里，在我们身后的时代，世界历史的主旨会得以显现——也许（他所做的补充在他来说很典型）会采取北美洲和南美洲之间对抗的形式”。他似乎认为一切重大的事情都会采取战争的形式。如果有人向他指出，美洲对世界历史的贡献可能是发展出一个没有极端贫困的社会，他是不会感兴趣的。与此相反，他说美洲至今还没有真正的国家，因为真正的国家需要贫富两个阶级之间的分裂。

民族在黑格尔那里所扮演的角色，与阶级在马克思那里所扮演的角色相同。他说，历史发展的本源是民族精神。在每个时代，都会有某个民族担负起推动这

「1」指中世纪神圣罗马帝国和教皇之间的权力斗争，神圣罗马帝国的大多数居民都属于日耳曼族裔。——译者注

「2」狄奥多里克（约公元 454—526），意大利东哥特王国的国王，又称狄奥多里克大王。在位期间多次对外用兵，对内统治相对清明，使当时的意大利在一定程度上恢复了安定和繁荣。——译者注

个世界从已经达到的辩证法阶段继续向前发展的重任。当然，在我们的时代，这个民族就是德意志民族。但是在民族之外，我们还必须考虑到世界历史中的这种个人：他们所追求的目标体现了在他们的时代所应该发生的辩证法转变。这些人是英雄，可以正当地违反普通的道德准则。亚历山大、恺撒和拿破仑是黑格尔给出的例子。我怀疑，按照黑格尔的意见，一个不是军事征服者的人能不能成为一个“英雄”。

黑格尔对民族的强调，再加上他那奇怪的“自由”概念，就解释了为什么他会赞颂国家——这是他的历史哲学中一个极为重要的方面，现在我们必须将注意力转向这方面。他的国家哲学在《历史哲学》和《法哲学》这两本书里都有发挥，总体上和他通常的形而上学是协调的，但不是他形而上学的必然结果。在某些问题上——例如，国家之间的关系——他对民族国家的崇拜已经达到了和他通常偏爱整体而非部分的做法前后不一的地步。

在近代的范围内，对国家的赞颂是从宗教改革开始的。在罗马帝国，皇帝被神化了，国家因而也获得了一种神圣的属性；但是中世纪的哲学家们除了极少数的例外都是教士，因此教会被放到了国家之上。路德因为得到了新教君主们的支持，便开始了相反的做法，路德派教会大体上都是埃拉斯都[1]派。霍布斯在政治上是一个新教徒，他发展了国家至上的学说，斯宾诺莎大体上也同意他的观点。我们已经谈到过，卢梭认为国家不应该容忍其他的政治组织。黑格尔是一个激进的路德派新教徒，普鲁士的国家则是埃拉斯都式的绝对君主制。这些理由确实会让人们预期国家会受到黑格尔的高度重视，但是即便如此，他在这个问题上走得距离之远也是让人惊讶的。

黑格尔在《历史哲学》中告诉我们“国家是真实存在的被实现了的道德生活”，人所拥有的全部精神实在性都是通过国家才拥有的。“因为人的精神实在性就在于：他自己的本质——理性——是客观地呈现给他的，对他来说，理性具有客观的直接存在。……因为真理是普遍的意志和主观的意志的统一体，而普遍的东西只有在国家那里，在国家的法律中，在国家各种普遍而又理性的安排中才能找到。国家是存在于地球之上的神圣理念。”又说，“国家是理性自由的体现，以一种客观的形式实现并认识自己。……国家是人类的意志和自由的外在化身的精神理念。”

「1」埃拉斯都（1524—1583），瑞士神学家和医生，海德堡大学教授，被认为是国家至上理论的创立者。——译者注

《法哲学》中关于国家的章节对同一个学说的发挥要更充分一些。“国家是道德理念的实在性——那种作为可见的、自明的实体意志的道德精神，这种道德精神思考并且了解自己，并在自己所知的范围内实现自己的所知。”国家具有自在、自为的理性。如果国家只是为了个人的利益而存在（像自由主义者所主张的那样），那么个人就既可以是，也可以不是一个国家的成员了。其实，国家和个人之间有一种全然不同的关系，因为国家是客观的精神，而个人只有在是国家的一员时才拥有客观性、真实性和道德性，国家的内容和目的便在于这种联合。黑格尔承认可能会有坏的国家，但是坏国家只是存在而已，并没有真实的实在性，而理性的国家本身是无限的。

可以看出，黑格尔声称国家所应该具有的地位和圣奥古斯丁及其天主教的继承者们声称教会所应该具有的地位大体上是一样的。不过，从两个方面来看天主教的要求要比黑格尔的更合理一些。首先，教会并不是一个偶然产生的地域性社团，而是由一群信仰共同信条并认为这个信条具有至高无上的重要性的成员所联合而成的团体，因此教会的本质正是黑格尔所说的“理念”的体现。其次，天主教会只有一个，而国家却有许多。如果每个国家在和自己国民的关系上都像黑格尔所说的那样不受限制，那么就很难找出什么哲学原则借以调节不同国家之间的关系了。实际上，黑格尔在这个问题上放弃了他的哲学空谈，又退回到自然状态说以及霍布斯式的所有人对所有人的战争那种学说中去了。

只要还没有世界国家，像似乎只有一个国家那样来谈论“国家”这种习惯就会将人引入歧途。因为在黑格尔看来，责任完全是个人对其国家的关系，所以他便没有留下任何原则来使国家之间的关系道德化。这个问题黑格尔也是承认的。他说，在对外关系上，每个国家都是一个个体，相对于其他国家都是独立的，“因为在这种独立中，实在精神的‘自为之有’是存在的，独立便是一个民族最基本的自由和最高的光荣”。他接着为反对任何一种可能会对分立国家的独立性造成限制的国家联盟进行了论证。公民的责任完全局限于（就其国家的对外关系的范围而论）支持自己国家的独立和主权以及实质性的个体性。从中可以推导出，战争并不完全是罪恶的，也不是某种我们应该极力加以废止的东西。国家的目的并不仅仅在于维护公民的生命和财产，这个事实就为战争提供了道德上的正当理由；战争不该被当作是某种绝对邪恶或者意外的东西，也不能认为其根源在于某种不该存在的东西。

黑格尔的意思并不仅仅是指一个民族在某些情况下无法合理地避免参加战争，他的意思远不止这些。他反对创建能够阻止那种情况发生的制度——例如世界政府，因为他认为不时发生战争是一件好事。他说，战争是一种状态，我们在其中能够真切地体会到眼前财产和物品的空虚无用（这个观点可以和相反的理论，即认为一切战争都有经济上的根源做一个对比）。战争有一种积极的道德价值，“战争有一种更高级的意义，通过战争，各民族会对将有限的决定固定化这种做法不以为然，他们的道德健康从而也就得到了保全”。和平是僵化；神圣同盟和康德和平联盟都是错误的，因为由各国组成的家族也需要一个敌人。国家间的冲突只能通过战争来解决，因为国家对彼此来说都处在战争状态中，所以它们之间的关系既不是法律关系也不是道德关系。国家的权力在其个别的意志中具有实在性，每个国家的利益就是自己最高的法律。道德和政治之间没有什么反差，因为国家并不服从平常的道德律。

这就是黑格尔的国家学说——这样一种学说如果得到了承认，那么一切能够想象的对内暴政和对外侵略就都有了正当的理由。黑格尔的偏见有多强从以下这个事实中可见一斑：他的国家理论在很大程度上和他自己的形而上学是自相矛盾的，而且这些矛盾之处都是为了给残忍以及国际上的强盗行径寻找借口。如果逻辑迫使一个人遗憾地得出某些他自己也会哀叹的结论，也许他还可以被原谅；但是如果为了能自由地鼓吹犯罪而不顾逻辑那就不可原谅了。黑格尔的逻辑让他相信，在整体中比在部分中有更多的实在性或者优越性（对他来说这两个是同义词），而整体越是变得有组织性，其实在性和优越性也随之增加。这就为他偏爱国家而非无政府的个人集合提供了理由，但是这本来应该让他同样地偏爱世界国家而非无政府的国家集合才对。在国家内部，他的一般性哲学本来也应该让他对个人怀有更多的尊敬才对，因为他的《逻辑学》中所讨论的整体并不像巴门尼德的太一，甚至也不像斯宾诺莎的上帝；个人在他的整体中不会消失，而会通过自己和一个更大的有机体的和谐关系获得更充分的实在性。个人在其中会被忽略的国家不是黑格尔的绝对的一个小型的模型。

在黑格尔的形而上学中，也没有任何单单强调与其他社会组织相对的国家的好的理由，在他偏爱国家而非教会这件事上我除了新教的偏见之外看不出其他任何东西。此外，如果像黑格尔所相信的那样，社会尽可能有组织化是件好事，那么在国家和教会之外，还有许多社会组织也是必要的。从黑格尔的原则中应该能够推论出，每一种对社会无害，并且能够通过合作而得到促进的事业都应该拥有适合自己的组织，而且每一个这样的组织都应该拥有自己的一份有限独立性。也许有人会反驳说，最终的权力必须归于某处，而且只能归于国家。但是即便那样，当这个终极权力带来的压迫超过某个限度时，人们不会束手无策也依然是值得期许的。

这就把我们带到了在评价黑格尔哲学的整体时的一个根本性问题。与部分相比，在整体中是不是有更多的实在性和更多的价值？黑格尔对这两个问题的回答都是肯定的。实在性的问题是形而上学的，而价值的问题则是伦理的。通常对这两个问题的处理就好像它们彼此几乎无法区分似的，但是在我看来，将它们分开来看是很重要的。让我们先从形而上学的问题开始。

黑格尔以及其他许多哲学家都有这样一个观点：宇宙任何一部分的性质都受到它与其他部分和整体关系的深刻影响，以至于关于任何部分，除了指派它在整体中的地位以外，不能做出任何真实的表述。又因为它在整体中的位置由所有其他的部分决定，所以关于一个部分在整体中位置的真实表述就会同时指定整体中所有其他部分的位置。因此只能有一个真实的表述，除了关于整体的真理之外没有别的真理。类似地，除了整体之外没有什么是全然实在的，因为任何部分只要一被孤立，就会因为被孤立而发生性质上的改变，并因此不再显现出完全真实的样子。而另一方面，如果像理所应当的那样，从部分与整体的关系着眼来审视部分，就能看出部分不是独立自存的，而且除了作为唯一真正实在的整体的一部分之外也不能存在。这便是形而上学的学说。

如果形而上学的学说是正确的，那么主张价值在于整体而非部分的伦理学说就一定是正确的；但是如果形而上学的学说是错误的，那种伦理学说却未必是错误的。此外，这种伦理学说还有可能对某些整体来说是正确的，而对其他的整体来说不正确。在某种意义上，它对有生命的物体来说显然是正确的。和身体相分离的眼睛是无用的；一堆残肢断臂，即便自身是完整的，也没有曾经拥有这些残肢的身体的价值。在黑格尔的设想中，公民与国家的关系类似于眼睛与身体的关系：公民在自己的位置上是有价值的整体的一部分，但是如果被孤立出来就像一只被孤立的眼睛一样无用。然而，这个类比是有问题的，从某些整体的伦理重要性，并不能推导出所有的整体都具有伦理重要性。

以上对伦理问题的表述在一个重要的方面是有问题的，那就是没有考虑到目的和手段之间的区别。一个有生命的身体上的眼睛是有用的，也就是说，它具有作为一种手段的价值，但是它并不比一只和身体相分离的眼睛具有更多的内在价值。一个事物如果因为自身的缘故，而不是作为某些其他事物的手段而受到重视，那么它就具有内在价值。我们将眼睛作为观看的手段来衡量其价值。观看可以是手段也可以是目的，当我们看见事物或敌人时观看就是手段，当我们看见某些觉得很美的东西时观看就是目的。作为手段的国家显然是有价值的：国家保护我们不受小偷和杀人犯的侵害，国家为我们提供道路和学校等等。当然，作为手段的国家也可能是坏的，例如发动一场不正义的战争。对于黑格尔我们要问的问题其实并不是这个，而是国家作为目的来说，其本质是不是好的：是公民们为了国家的缘故而存在，还是国家为了公民们的缘故而存在呢？黑格尔持有前一种观点，源自洛克的自由主义哲学持有后一种观点。很明显，只有当我们认为国家有自己的生命，并且在某种意义上拥有人格，我们才能认为国家具有内在价值这个属性。在这一点上，黑格尔的形而上学和价值问题便有了关联。人格是一个具有单一生命的复杂整体，有没有一个由不同人格构成的超人格，就像不同的器官构成身体那样，而且这个超人格还具有一个不同于组成自己的各人格的生命之和的单一生命呢？如果像黑格尔所认为的那样，能够有这样一种超人格，那么国家就可能是这样一种东西，而且国家就有可能像身体的整体之于眼睛那样高居我们之上。但是如果我们认为这种超人格不过是一个形而上学的怪物，那么我们就得说社会的内在价值来自其成员的内在价值，并且国家是手段而不是目的。这样一来，我们又从伦理问题回到了形而上学问题。而我们将会发现，形而上学问题本身实际上是一个逻辑问题。

这里有争议的问题要比黑格尔的哲学正确还是错误这个问题的范围大得多，这是一个会将分析的朋友和分析的敌人区分开的问题。让我们来举个例子。假设我说："约翰是詹姆斯的父亲。"黑格尔和所有信仰斯墨茨元帅所谓的"整体论"的人，都会说："在你能够理解这个陈述之前，你必须先知道约翰和詹姆斯是谁。而知道约翰是谁，就是知道他的全部特征，因为没有这些特征他就无法和其他人区别开来了。但是他的所有特征都必然牵扯到其他的人或事。他的特征是由他和父母、妻子、儿女的关系，由他是一个好公民还是坏公民，由他属于哪个国家来决定的。所有这些事情你都必须先知道才能说自己知道'约翰'这个词指的是什么。一步一步地，在你努力要说'约翰'这个词所指的意思时，你就会被引导着去考虑整个宇宙，你原先的那个陈述到头来会告诉你关于宇宙的某些事情，而不是关于两个分立的人，诸如约翰和詹姆斯。"

这种说法好倒是挺好，只是会遇上一个根源上的反驳。如果以上的论证是可靠的，那么认识如何能够开始呢？我知道若干个"A 是 B 的父亲"这种形式的命题，但是我并不知道整个宇宙。如果所有的认识都是关于作为一个整体的宇宙的认识，那么就不会有任何认识了。这一点足以让我们怀疑在哪个地方有错误。

事实是这样的：为了能正确合理地使用"约翰"这个词，我不需要知道关于约翰的一切，而只需要知道足以识别出他的事情。他无疑和宇宙中的万物都有着或近或远的关系，但是除了那些和正在谈论的话题直接相关的关系之外，不考虑那些关系依然可以如实地来谈论他。他可能既是詹姆斯的父亲也是杰迈玛的父亲，但是为了知道他是詹姆斯的父亲我没有必要知道后一点。如果黑格尔是正确的，那么如果我们想把“约翰是詹姆斯的父亲”的意思充分地表述出来就不能不提杰迈玛，我们应该说“杰迈玛的父亲约翰是詹姆斯的父亲”。这么说恐怕依然是不充分的，我们可能不得不继续提到约翰的父母和祖父母，以及整个一部名人辞典。但是这会让我们陷入荒唐之中。黑格尔派的立场可以被表述如下：“‘约翰’这个词意味着所有关于约翰的真实的事情。”但这是一个循环论证的定义，因为“约翰”这个词出现在了限定短语里。实际上，如果黑格尔是正确的，那么任何词语都不可能开始具有意义，因为为了能叙述这个词所指代的事物的所有性质，我们必须事先知道所有其他词语的意义，而根据黑格尔的理论，这个词的意思正是那些性质的全体。

将这个问题抽象出来便是：我们必须把不同种类的性质区别开来。一件事物可以拥有不涉及任何其他事物的性质，这种性质被称为特质。这个事物也可以具有涉及一个其他事物的性质，诸如“已婚”；或者涉及两个其他事物的性质，诸如“连襟”。如果某个事物具有一组任何其他事物都不具有的特质，它就可以被定义为“具有如此这般特质的事物”。从它具有这些特质这一点出发，根据纯逻辑不能推断出任何与它的关系性性质有关的东西。黑格尔则认为，如果关于一件事物所知道的足够将它和所有其他的事物区分开来，那么这个事物的一切性质都能够通过逻辑加以推知。这是一个错误，从这个错误中产生了他那美轮美奂的思想体系的大厦。这说明了一条重要的真理，即你的逻辑越糟糕，你借逻辑所得出的结论就越有趣。

第二十三章

拜伦

和眼下的时代相比，十九世纪显得合乎理性、开拓进取而又心满意足，但是我们的时代一些与之相反的特质，也为自由主义乐观时代的许多最著名的人物所拥有。如果我们不把人作为艺术家或发现者来看，也不关心他们是否投合我们自己的口味，而是将他们作为力量来看，作为社会结构、价值判断或者思想观念上变化的原因来看，我们就会发现最近事态的发展让我们有必要对我们的评价做出重大的调整，有些人不如以往看来那么重要了，另外一些人则比以往看来要重要了。在那些比以往看来更重要的人中间，拜伦应该享有崇高的地位。在欧洲大陆上，这种观点不会令人惊讶，但是在英语世界可能会被人认为很奇怪。拜伦有影响的地方是欧洲大陆，他的精神后裔也不应该到英国去寻找。对我们大多数人来说，他的诗歌往往显得很低劣，他的情操往往是华而不实的；但是在国外，他的情感方式和人生观点都得到了传播、发扬并产生了变形，直到它们变得广为流行并成为重大事件的因素。

拜伦在他的时代是贵族叛逆者的典型，那是和农民领袖或者无产阶级造反者十分不同的一种人。饥饿的人不需要精心构造的哲学来刺激不满或者为不满找借口，那种东西在他们看来全都是有闲的富人们的娱乐。他们想要其他人有的东西，而不是某种不可捉摸的形而上的好处。尽管像中世纪的共产主义叛逆者们一样，他们也可能宣扬基督徒的爱，但是他们这么做的实际理由很简单：有钱有势的人缺乏这种爱导致了穷人的苦难，而在造反的同志们中间出现的这种爱被认为是成功的关键。但是抗争的经验导致了对爱的力量的绝望，剩下的只有赤裸裸的恨作为驱动力。这一类的叛逆者如果像马克思一样也创造出一种哲学，那么他们的哲学便只是为了论证自己这一方的胜利，而与价值无关。他们的价值依旧是原始的：吃的东西足够就是善，其余的都是空谈。没有一个饿着肚子的人可能会有其他的想法。

贵族叛逆者因为有足够的吃的东西，所以一定有着其他不满的原因。我所说的这种叛逆者并不包括暂时无权的派系的领袖，而只包括那些其哲学所要求的变革要大于他们自己的个人成功的人。对权力的热爱可能是他们不满的潜在根源，但是在他们有意识的思想中存在着的是对人间政府的批评。这种批评如果足够深入，便会采取一种如泰坦般无所不包的一意孤行的形式，或者在那些保留了一些迷信的人身上，采取撒旦主义的形式。这两种形式在拜伦身上都能找到，并且主要通过他所影响的人，在几乎不能被认为是贵族的广大社会阶层中获得了流行。贵族式的叛逆哲学，经过成长、发展和接近成熟时的转变，感召了从拿破仑倒台之后的烧炭党到1933年希特勒的意外上台之间的一系列革命运动。在每个阶段，这种哲学还在知识分子和艺术家中间唤起了相应的思想和情感方式。

很显然，除非一位贵族的气质和背景在某些方面有些奇怪，否则他就不可能成为一个叛逆者。拜伦的背景是非常奇怪的。他最早的记忆是自己父母的争吵；至于他的母亲，他既恐惧她的残忍，又鄙视她的庸俗；他的保姆身上又兼有邪恶与最严格的加尔文派神学；他的跛脚让他深以为耻，并且让他在学校里不合群。在穷困中生活了一段时间之后，在十岁时他突然发现自己成了一位勋爵并拥有了纽斯泰德府。他继承的是自己的叔祖父，后者被称为“邪恶勋爵”，自从三十三年前在决斗中杀死了一个人之后就一直遭到邻居们的嫌弃。拜伦家一直是个不守法纪的家族，他母亲那边的戈登一家甚至更是如此。因为有在阿伯丁一条肮脏的小巷里生活的经历，这个男孩儿自然会为自己的封号和府邸而感到欢欣鼓舞，并且乐于继承祖先们的性格来感谢他们赐予的土地。虽然祖传的好勇斗狠在最近几年给他们带来了麻烦，拜伦还是得知了这种好斗的性格在之前的几个世纪中为他们赢得了名声。他最早期的一首诗，《离开纽斯泰德府之际》便描述了他当时的感情——对曾经在十字军东征中、在克雷西[1]、在马斯顿荒原战斗过的祖先们的敬仰。他用这种孝顺的决心作为结尾：

他会像你们一样活着，或者像你们一样死去：

当尸体朽烂之后，愿他的遗骸和你们的混在一起。

「1」法兰西地名。1346年，英法百年战争早期，英王爱德华三世在此大破法王腓力六世。法军伤亡过万，英军损失则只有约两百人。——译者注这不是一个叛逆者的心境，倒是让人想起"恰尔德"哈罗尔德，那个模仿中世纪男爵派头的当代贵族。当拜伦在大学期间第一次获得属于自己的收入时，他写道，感觉自己像一个"自己铸造钱币的德意志邦主"那样独立自主，又"像一个根本不铸造钱币，但是却享受着一样更宝贵的东西——自由的切罗基[1]酋长。我带着狂喜谈到那位女神，因为我那好脾气的妈妈实在是太专横了"。他后来写了很多赞美自由的诗歌，但是我们必须理解，他所赞美的自由是一位德意志邦主或者切罗基酋长的自由，而不是普通人也可以想象自己能够拥有的那种低等的自由。

尽管他有贵族血统和封号，他的贵族亲戚们还是对他敬而远之，这让他感到自己在社交上和他们不是一路人。人们极为厌恶他的母亲，也带着疑心来看待他。拜伦知道自己的母亲很庸俗，暗地里也害怕自己和她有同样的毛病。由此便产生了他所特有的那种势利和反叛的奇怪混合。如果他不能当一个当代派头的绅士，他就要当一个像他那些参加过十字军的祖先们那样勇敢的男爵，或者是那种更加狂暴而又更加浪漫的吉伯林党的首领——在上帝和众人的诅咒中迈步走向壮丽的灭亡。中世纪的浪漫小说和历史是他的礼仪课本。他像一个霍亨施陶芬家族[2]的人那样犯下罪孽，又像一个十字军战士一样在和穆斯林的战斗中死去[3]。

他的害羞和孤独感让他期望从恋爱中寻求安慰，但是因为他下意识地是在寻找一个母亲而不是一个情妇，所以除了奥古丝塔，其他所有人都让他失望。他始终没有摆脱掉的加尔文派信仰——他在1816年在雪莱面前将自己描述为一个"循道宗信徒、加尔文派信徒、奥古斯丁派信徒"——让他感觉自己的生活方式是罪恶的。但是他又告诉自己，罪恶是他的血液中遗传下来的诅咒，是全能的上帝为他注定的邪恶命运。如果事实确实如此，那么既然他必须不同寻常，他就要成为一个不同寻常的罪人，并且敢于做那些他希望能够鄙视的时髦浪荡子们所不敢做的离经叛道之事。他真诚地爱着奥古丝塔，因为他们有着同样的血脉——拜伦家的以实玛利[4]一系——而且更简单的是因为她对拜伦的日常幸福有着姐姐般亲切的照顾。但这还不是她能带给拜伦的全部。她通过自己的淳朴和乐于助人的本性，成了向拜伦提供最美妙的自我满足与悔恨的源泉。拜伦会感觉自己能和那

「1」北美印第安部族名。——译者注

「2」霍亨施陶芬家族曾经是中世纪神圣罗马帝国的皇族，和教皇之间有着严重的权力冲突。此处指拜伦对教会和教会所代表的寻常道德观的反叛。——译者注

「3」拜伦后来参加了希腊人民反抗奥斯曼土耳其帝国统治的斗争，因操劳过度而死。——译者注

「4」以实玛利是《圣经》中亚伯拉罕与使女所生的儿子，这里借指庶出。——译者注

些罪恶最深重的人相提并论——曼弗雷德的贵族、该隐甚至撒旦本人。那位加尔文派信徒、贵族和叛逆者都得到了同样的满足；还有那位浪漫主义的情种，在失去了人世间唯一能够在自己的心中引起怜悯和爱慕这种更温和的情感的人并因此而心碎之后，也得到了满足。

尽管拜伦感到自己能和撒旦相提并论，但是他从来并不怎么敢把自己置于上帝的位置上。将自负发展到那种程度的是尼采，他说："如果有众神，那么我怎么能够容忍自己不是神！因此没有众神。"请注意这个推理过程中隐藏的前提："凡是伤害了我的自尊的事都应该断定是假的。"尼采和拜伦一样，在成长的过程中都深受宗教的影响，甚至程度更深；但是尼采因为才智更多，所以找到了一种比撒旦主义更好的逃避方法。然而，他依然对拜伦表示了极大的同情，他说："悲剧在于，如果我们在心中和头脑中都追寻关于真理的严格条理，那么我们就无法相信宗教和形而上学中的教条；但是另一方面，我们因为人性的发展，又已经变得如此多愁善感、易受伤害，以至于我们需要一种最高级的拯救和慰藉的手段，从中还会产生人因为自己所认识的真理而流血至死的危险。拜伦用不朽的诗句表现了这一点：

> 知识就是不幸：那些知道得最多的人
> 一定会对着一条致命的真理深深地叹息——
> 知识之树不是生命之树。

有些时候，尽管很少见，拜伦也会比较接近尼采的观点。但是一般来说，拜伦的伦理理论和他的实际做法相反，始终是严格地遵循传统的。

尼采将伟大的人物看得如神一般，而拜伦则通常认为大人物是在和自己作战的泰坦。不过有时候，他也会描述一位和查拉图斯特拉不无相似之处的贤人——海盗，他这样来处理和自己手下的关系：

> 更以不怒自威的手段控制他们的灵魂，
> 让那颗庸俗的心眩晕、拜服还打冷战。

同样是这位英雄"恨人类恨到了不感到后悔的程度"。诗中的一个脚注向我们保证，这位海盗才是真正符合人类的本性的，因为在汪达尔人的国王盖塞里克、吉伯林党的暴君艾济利诺和路易斯安那的某个海贼都体现出了同样的品质。

拜伦在寻找英雄的过程中并不是非得把自己局限在黎凡特和中世纪不可，因为给拿破仑披上一件浪漫主义的外套不是什么困难的事情。拿破仑对十九世纪欧洲人想象力的影响是极为深远的，他感召了克劳塞维茨、司汤达、海涅，以及费希特和尼采的思想意大利爱国者们的行动。他的魂灵横行于整个时代，是唯一强大得足以抵抗工业主义和贸易的力量，并对和平主义和经营店铺大加嘲笑。托尔斯泰的《战争与和平》就是驱除这个魂灵的一种努力，但这种努力是徒劳的，因为这个幽灵从来也没有像今天这么强大。

在百日王朝期间，拜伦公开声明他希望拿破仑获得胜利，而当他听说了滑铁卢战役的结果时，他说："我真是难过得要死。"只有一次，他暂时转而反对自己的英雄，那是在1814年，拜伦认为对拿破仑来说自杀要比退位更体面。那时，拜伦从华盛顿的德行中寻求安慰，但是拿破仑从厄尔巴岛的归来让这种努力成为不必要的了。当拜伦去世时，法兰西的"许多报纸都评论道，本世纪的两大伟人，拿破仑和拜伦，几乎同时离开了我们"[1]。把拜伦当成是当时"欧洲最高尚的灵魂"的卡莱尔，则感觉自己好像"失去了一个兄弟"。他后来逐渐更偏爱歌德，但是依然把拜伦和拿破仑相提并论：

"对你们这些高尚的人物来说，以这种或者那种方言出版一些这样的艺术作品，几乎成了必需的事情。因为那些作品除了是在你们和恶魔公平地开始战斗之前发生的口角之外，又能是什么呢？你们的拜伦出版了他的《拜伦勋爵之烦恼》，里面全都是诗歌、散文和许多其他的东西；你们的波拿巴上演了他的《拿破仑之烦恼》[2]这出歌剧，配的音乐是大炮的齐射和满世界杀人的狂叫，他的舞台灯光就是熊熊的火焰，他的旋律和念白就是军队方阵的脚步声和城市陷落时的巨响。"[3]

在之后的三章里，卡莱尔的确发出了决绝的命令："合起你的拜伦，打开你的歌德。"但是拜伦是在他的血液里的，而歌德则只是个抱负。

对卡莱尔来说，歌德和拜伦是对立的；对阿尔弗莱·德·缪塞来说，他们则都是往快乐的高卢灵魂中灌输忧郁的毒药这件邪恶计划的共谋。那个时代的法兰西青年，似乎纯凭《少年维特之烦恼》来认识歌德的，而根本不知道奥林匹斯式

「1」莫洛瓦：《拜伦传》。

「2」这两本书都不是实际存在的，前者喻指拜伦的文学作品，后者喻指拿破仑的功业。两本书的名字都是在戏仿歌德的小说《少年维特之烦恼》。——译者注

「3」《拼凑的裁缝》，第二卷，第六章。

的歌德存在。缪塞因为拜伦没有从亚得里亚海和圭齐奥利伯爵夫人[1]那里得到抚慰而责备他——这是错误的，因为拜伦在认识了她之后就不再写《曼弗雷德》了。但是《唐璜》和歌德的那些较明快的诗歌一样，在法兰西几乎都没有人读。尽管有缪塞的批评，大多数法兰西诗人从那时起还是觉得拜伦式的忧伤是他们诗歌最好的题材。

在缪塞看来，只有在拿破仑之后的拜伦和歌德才算得上是那个世纪最伟大的天才。缪塞生于1810年，属于他在自己的一首关于帝国时期兴衰荣辱的抒情叙事诗中所描写的“两次战役之间”的那一代人。在德意志，对拿破仑的感情分歧比较大。有像海涅那样的人，将拿破仑视作自由主义的有力传播者、农奴制的破坏者、正统性的敌人、让那些世袭的小诸侯们发抖的人；也有一些人将他视作基督之敌，那个想要摧毁高贵的德意志民族的人，那个一劳永逸地证明了条顿人的德行只有通过对法兰西不可遏制的憎恨才能得到保全的邪恶之徒。俾斯麦实现了一种综合：拿破仑依然是基督之敌，但是一个应该模仿的基督之敌，而不仅仅是一个应该憎恶的基督之敌。尼采接受了这个折中，他带着病态的残忍欣喜地评论道，古典的战争时代就要来临了，而且这个恩惠我们应该感谢的不是法兰西大革命，而是拿破仑。民族主义、撒旦主义和英雄崇拜——拜伦的遗产，就以这种方式成了德国那复杂灵魂的一部分。

拜伦并不温和，而是如暴风雨一般猛烈。他对卢梭所说的话也可以用在他自己身上。他说，卢梭是这样的人：

> 他将魔法
> 抛到激情之上，并且从哀愁中
> 拧出了势不可挡的雄辩……
> 但是他也知道
> 如何让疯狂变得美丽，以及如何
> 为错误的行为和思想涂上虔诚的色调。

但是在这两人之间有着深刻的不同。卢梭是感伤的，拜伦则是凶暴的；卢梭的胆怯显而易见，拜伦的胆怯则被隐藏了起来；卢梭赞扬德行，只要那德行是纯朴的，拜伦则赞扬罪恶，只要那罪恶是粗犷的。这种不同，尽管只是非社会性的

「1」拜伦在威尼斯结识的情妇。——译者注

本能所引发的反抗的两个阶段之间的不同，但还是很重要的，并且还指明了运动发展的方向。

必须承认，拜伦的浪漫主义只有一半是真诚的。有时候他会说蒲柏的诗比自己的要好，但是这个判断可能不过是他在某些心境下的想法。世人坚持要将拜伦简单化，并且要忽略掉他的散文中对全宇宙的绝望和对人类公然的蔑视这些因素。和许多其他的著名人物一样，作为一个神话的拜伦要比作为真实的拜伦更为重要。作为一个神话，他的重要性极为巨大，特别是在欧洲大陆上。

第二十四章

叔本华

叔本华（1788—1860）在哲学家当中是个在许多方面都很古怪的人。他是个悲观主义者，而其他几乎所有哲学家都是某种程度上的乐观主义者。他不像康德和黑格尔那样是个十足的学院派，但是也不完全处在学院传统之外。他不喜欢基督教，而偏爱印度的宗教，不管是印度教还是佛教。他是一个修养广泛的人，对艺术的兴趣几乎和对伦理的兴趣一样大。他不同寻常地没有受到民族主义的影响，而且对英国和法兰西作家的熟悉程度和对本国作家一样。一直以来，他对专业哲学家的吸引力都没有那么大，而是在那些寻找自己能信仰的哲学的艺术家和文学家的群体中更具感召力。他首创了对意志的强调，这成为十九和二十世纪许多哲学的特征；但是在他看来，意志尽管在形而上学上是根本性的，但是在伦理上却是罪恶的——这种对立在一个悲观主义者身上才是可能的。他承认自己的哲学有三个源头：康德、柏拉图和《奥义书》[1]，但是我并不认为他得自柏拉图的东西像他所认为的那么多。他思想的总体面貌和希腊化时代的思想观点有某种气质上的亲近性，两者都是疲惫而又柔弱的，更重视和平而非胜利，更看重清静无为而非努力改革，他认为所有改革的努力不可避免地都是徒劳的。

他生于但泽，父母都来自当地的商人世家。他的父亲是伏尔泰的信徒，将英国当成是自由和理智的国度。和但泽的大部分上流市民一样，他的父亲也很憎恨普鲁士对这个自由城市独立地位的侵犯，当但泽在 1793 年并入普鲁士时他也为

「1」印度古代哲学典籍，是印度上古时代的文献总集《吠陀》的最后一部分，由约两百篇梵文散文或韵文组成。——译者注

此感到愤愤不平——甚至不惜在金钱方面受相当大的损失也要移居汉堡。叔本华从 1793 到 1797 年随父亲一起生活在汉堡；然后在巴黎待了两年，在这两年快结束时他父亲发现自己的儿子几乎把德语给忘了，感到很欣喜。1803 年叔本华被送进英国的一所寄宿制学校，他憎恶那里的装腔作势和伪善习气。两年之后，为了讨好父亲，他当了汉堡一家商号的职员；但是他极不喜欢经商这条路，而渴望过一种文人式的和学院式的生活。他父亲的死（很可能是自杀）让他的想法有了实现的可能，而他母亲对他想放弃商业进学校和大学的念头一直都是很支持的。人们也许会认为这结果会让他偏向母亲而不是父亲，但是事实正好相反，他不喜欢自己的母亲，相反对父亲倒是一直保留了很亲切的回忆。

叔本华的母亲是一位有文学抱负的女士，她在耶拿战役之前两周定居于魏玛。她在那里举办了一个文学沙龙，写写书，并和有文化的人士来往。她对自己的儿子几乎没有什么感情，对他的过错倒是眼光锐利。她警告自己的儿子不要夸夸其谈和耽于感伤，叔本华则对她的卖弄风情感到恼火。在他成年之后，他继承了一份可观的收入；在那之后，他和他的母亲就逐渐发觉彼此越来越难以容忍对方了。他对妇女的评价很低，这无疑部分地和他与自己母亲的争吵有关。

还在汉堡时，他就已经受到了浪漫主义者的影响，特别是蒂克、诺瓦利斯和霍夫曼。他从这些人那里学会了敬仰希腊，而贬低基督教中的希伯来成分。另一位浪漫主义者，弗雷德里希·施莱格尔，则巩固了他对印度哲学的敬仰。他在二十一岁那年（1809 年）进入哥廷根大学，在那里学会了敬仰康德。两年之后他进入了柏林大学，在那里主要研究科学，他听过费希特的课，但是很鄙视他。对解放战争[1]所带来的兴奋和激动，他始终无动于衷。1819 年他当上了柏林大学的无薪讲师，但是又自负到把自己的课和黑格尔的课放在同一时间，因为没能将听黑格尔课的学生吸引过来，他不久就停止了授课。最终他在法兰克福安定下来过老单身汉的生活。他养了一条卷毛小狗，给它取名 Atma（意为宇宙灵魂）；每天散步两小时，用长烟斗吸烟，读伦敦的《泰晤士报》，并雇用通讯员搜集自己名声的证据。他是个反民主派，憎恨 1848 年的革命；他相信招魂术和魔法；他在自己的书房里有一座康德的半身像和一座佛陀的铜像。他在生活方式上力图模仿康德，只是早起这一点除外。

他最主要的著作，《作为意志和表象的世界》出版于 1818 年末。他相信这本

「1」指欧洲各民族联合起来反抗拿破仑，争取民族独立的战争。1813 年反法联军在德意志境内的莱比锡终于打败了拿破仑，并迫使他于次年宣布退位。——译者注

书具有极大的重要性，甚至于说其中某些段落是由圣灵亲口传授给他的。但是让他深感耻辱的是，这本书完全没有掀起什么波澜。1844 年他说服出版商又出了第二版，但是直到若干年后他才开始受到一些他所渴望的赏识。

叔本华的思想体系是对康德体系的改造，但是他对《批判》中那些部分的强调与费希特和黑格尔不同。后两人移除了物自体，从而使认识具有了形而上学的根本性。叔本华保留了物自体，但是将其等同于意志。他主张，我呈现于知觉的身体其实是我的意志。将这种观点作为对康德思想的一种发展会有更多可说的东西，但是大部分康德派都不愿意认同这种做法。康德曾经主张，对道德规律的研究能将我们带到现象的背后，并给予我们感觉 – 知觉所无法给予的认识；叔本华也主张在涉及意志时，道德规律是必不可少的。一个好人和一个坏人之间的差别，在康德看来是物自体的世界中的差别，因此也是关于意愿的差别。从这一点可以推导出，在康德看来，意愿一定是属于实在世界而不是现象世界的。与意愿相对应的现象就是身体的活动，根据叔本华的意见，这就是为什么身体是表象而意志是其实在的原因。

但是在现象背后的意志，不会是由若干个不同的意愿构成的。根据康德的意见——叔本华也同意这一点——时间和空间都只属于现象，物自体不在空间或时间之中。因此，从我的意志是实在的这个意义上来说，它不可能有时间性，也不会是由一些分立的意志动作构成的，因为空间和时间正是多重性的根源——或者用叔本华偏爱的经院哲学的术语来说，是“个体化原则”的根源。因此，我的意志是唯一的和无时间性的。不仅如此，还应该将我的意志和宇宙整体的意志等同起来，我的分立性是一种幻觉，是我主观的空间时间知觉器官的结果。实在的是唯一而又广大的意志，它出现在整个自然进程中，不管是有生命的进程还是无生命的进程。

到这里为止，我们也许会猜测叔本华会将他的宇宙意志和上帝等同起来，从而宣扬一种和斯宾诺莎不无相似之处的泛神论学说，而按照那种学说，德行就在于遵从神圣的意志。但是在这个问题上，叔本华的悲观主义导致了一种不同的发展。宇宙意志是邪恶的，所有的意志都是邪恶的，或者无论怎样也是我们一切无尽苦难的根源。苦难对所有生命来说都是本质性的，而且随着知识的增长，苦难也会加深。意志没有确定的目标，一旦达到了就会带来满足。尽管死亡一定是最后的征服者，我们依然在追求自己那徒劳的目的，“这就好比我们把一个肥皂泡吹得尽可能大，尽可能长久，尽管我们极为清楚地知道那最后是要破的”。没有所谓幸福这种东西，因为满足不了的愿望会导致痛苦，而满足了这个愿望又只会带来腻烦。本能驱使人们去生儿育女，这又给苦难和死亡带来了新的机会，这就是为什么羞耻感会和性行为联系在一起。自杀也没有用，因为轮回转世的学说即便从字面上讲不真实，也通过神话的形式传递出了真理。

所有这一切都令人悲伤，但是有一条出路，那是在印度被发现的。

涅槃（叔本华将其解释为消亡）是最好的神话。他同意，这个神话和基督教的学说相悖，但是“人类的古老智慧不会被发生在加利利的事情[1]代替”。苦难的起因是强烈的意志，我们对意志的使用越少，我们所受的苦难也越少。结果知识总归还是有用的，只要它是某一特定种类的知识。一个人和另一个人的区别是现象世界的一部分，当世界得到真实的观看时这种区别就消失了。对于善人来说，摩耶（幻象）的面纱已经变成透明的了，他能够看出万物都是同一，以及自己和其他人的区别只是表面上的。善人通过爱达到了这个洞见，爱永远是同情，并且和其他人的痛苦有关。当摩耶的面纱被掀起，人就接下了整个世界的苦难。对善人来说，对整体的认识平息了一切意愿，他的意志离开生命并否认他自己的本性，“从他心中升起一种惊恐，对自己的现象存在是其表现形式的本性的惊恐，对那个被认为充满了悲惨的世界的核心和内在本性的惊恐”。

这就导致叔本华至少在实践方面和禁欲神秘主义达到了完全的一致。艾克哈特[2]和安格鲁斯·西勒修斯[3]要比新约好。正统的基督教义中也有一些好东西，特别是圣奥古斯丁和路德为了反对“庸俗的佩拉吉[4]主义”而宣扬的原罪说，但是四福音书中的形而上学则少得可怜。他说，佛教是最高级的宗教；佛陀的伦理学说在整个亚洲都是正统的，只有那些“可憎的伊斯兰学说”流行的地方除外。

善人会严守贞操、自甘清贫、斋戒和自我折磨，在一切事情上他都以克制自己的个人意志为目标。但是他这么做不像西方的神秘主义者那样是为了达到与上帝的和谐，他所追求的不是那种积极的善，而是完全彻底的消极的善：

“我们在一切德行和神圣背后都会察觉到它们的终极目标是虚无，我们对这种虚无的恐惧就如同孩子们恐惧黑暗一样——但是这种黑暗的印象我们必须予以清除；我们甚至也不能像印度人那样，用神话和无意义的话语，诸如重回梵天[5]

[1] 巴勒斯坦北部地名，是基督教最早开始活动的地方。“发生在加利利的事情”指的就是基督教。——译者注

[2] 艾克哈特（1260—1327），德意志多明我会修士、神秘主义哲学家。——译者注

[3] 安格鲁斯·西勒修斯（1624—1677），德意志神秘主义者、宗教诗人。——译者注

[4] 佩拉吉（约360—约420），基督教修士，否认原罪说和宿命论。——译者注

[5] 梵天是印度教三主神之一，是创造宇宙之神。——译者注

和佛教徒所说的涅槃来逃避它。我们反而应该坦率地承认，对那些依然满怀意志的人来说，在完全废除意志之后剩下的无疑是虚无；但是反过来，对那些意志已经发生了转化并且否定了自己的人来说，我们这个如此实在，有着一切恒星和银河的世界——不过是虚无。”

这里有一个模糊的暗示：圣人能够看到某些其他人看不到的积极东西，但是这种东西是什么却没有给出一点线索，所以我认为这种暗示只是修辞上的。叔本华说，这个世界及其一切现象，都只是意志的客观化。随着意志的投降，“所有那些现象同时也被废除了，自始至终构成了世界客观性的各阶段中，那无目的、无休止的永恒的辛劳和努力；在各阶段的转化中，那彼此相继的多种多样的形式；意志的所有表现形式；最后，还包括表现的普遍形式——时间和空间，及其最终的根本形式——主体和客体。这一切都被废除了。没有意志，没有表象，没有世界。在我们面前无疑只有虚无”。

除了认为这段话的意思是圣人的目的是尽可能地接近非存在，我们无法做出别的解释；又因为某种从未得到清楚解释的理由，圣人通过自杀是无法达到那个目的的。为什么圣人比一个总是酩酊大醉的人更可取，这不太容易理解，也许叔本华认为，清醒的时刻很不幸是常态。

叔本华所提倡的听天由命的福音不是那么前后一致，也不是很真诚。他所援引的那些神秘主义者是相信冥想的，相信在至福直观[1]中可以达到一种最深刻的认识，这种认识便是至高无上的善。自从巴门尼德以来，关于表象的虚妄的认识便被和另一种认识相对比，而不是和某种完全不同种类的东西相对比。基督教向我们宣扬，我们永恒的生命在于对上帝的认识。但是叔本华不接受这种观点。他同意，通常被认为是知识的东西属于摩耶的领域，但是当我们穿透面纱，看到的不是上帝，而是撒旦，那个为了折磨自己的造物而永远在忙着编织苦难之网的邪恶的全能意志。贤人被这个魔鬼直观吓坏了，大叫道：“走开！”便躲到非存在中避难去了。如果要说神秘主义者是这种神话的信徒，那就是对他们的侮辱。而且贤人不需要达到彻底的非存在依然可以过有某种价值的生活，这个暗示和叔本华的悲观主义也是不相调和的。只要贤人还存在，他就是因为保留了邪恶的意志而存在。他可以通过削弱自己的意志来减少罪恶的量，但是他永远不能获得任何积极的善。

如果从叔本华的生活来判断，这种学说也不真诚。他通常都在上等餐馆里吃

「1」基督教所说的信徒在天堂里亲眼见到上帝。——译者注

得很好；他有过许多次只有肉欲而无激情的琐碎的桃色事件；他极为爱争吵，而且异常贪婪。有一次，一个年老的女裁缝在他房间外面和自己的一位朋友谈话，这惹恼了他。他把她推下了楼梯，造成了她终身残疾。她赢得了官司，法庭判决叔本华必须在她活着时每个季度付给她一笔钱（十五塔勒）。二十年后她终于死了，叔本华在账本上记下了："Obit anus，abit onus。"[1]除了对动物的仁慈之外，在他的一生中很难找到任何德行的踪迹，而他对动物的仁慈已经达到了反对为了科学的利益进行活体解剖的程度。在所有其他方面，他都是彻底自私的。很难相信一个深信禁欲主义和听天由命是美德的人会从来没有打算在自己的实际生活中体现自己的信念。

历史地来看，叔本华有两点是比较重要的：他的悲观主义和他的意志高于认识的学说。他的悲观主义让人们在不确信所有的罪恶都能得到解释的情况下也有可能去从事哲学，在这个方面，它作为一种解毒剂还是有用的。从科学的角度来看，乐观主义和悲观主义同样都是应该反对的：乐观主义假定了，或者试图证明，宇宙的存在是为了让我们高兴；而悲观主义则是为了让我们不高兴。从科学上讲，说宇宙通过前一种或者后一种关系与我们相关都是没有根据的。相信乐观主义还是悲观主义是一个气质的问题，而不是理性的问题，只是在西方哲学家中乐观气质一直就普遍得多。因此，一位相反派别的代表提出一些本来可能会被忽略的问题还是可能会有用的。

比悲观主义更重要的是意志第一的学说。显然这个学说和悲观主义并没有逻辑上的必然联系，而且叔本华之后主张这个学说的人经常从中得到一种乐观主义的基础。意志至上的学说曾经以这种或那种形式为许多重要的现代哲学家所主张过，特别是尼采、柏格森、詹姆斯和杜威。此外，这种学说在职业哲学家的圈子以外也变得时髦起来了。随着意志地位的上升，认识的地位就成比例地下降。我认为，这是我们时代的哲学在气质上所发生的最显著的改变。卢梭和康德为这种改变做了准备，但是第一个以纯粹的形式正式提出的是叔本华。因为这个理由，尽管他的哲学前后不一而且还有某种肤浅的地方，作为历史发展的一个阶段还是具有相当大的重要性的。

「1」老妇死，重负释。

第二十五章

尼 采

尼采（1844—1900）认为自己是叔本华的继承者，他是对的；但是他在许多方面都要胜过叔本华，尤其是在自己学说的前后一致和条理分明上。叔本华那东方式的弃世伦理似乎和他那意志万能的形而上学是不协调的；但是在尼采那里，意志在伦理上和在形而上学上一样都是首要的。尼采虽然是个教授，但是一个文人式的而非学院派的教授。他没有在本体论或者认识论方面创造任何新的专业理论，他的重要性首先是在伦理学上，其次是作为一个敏锐的历史批评家。我会将对他的讨论几乎完全局限在伦理学和他的宗教批评上，因为正是他著作中的这一部分使他具有了影响力。

他的生平很简单。他的父亲是一个新教的教堂牧师，因此他成长于一个非常虔诚的宗教氛围中。他在大学里是一个出色的古典人文学者和语文学研究者，甚至在 1869 年，在他拿到学位之前，巴塞尔大学就向他提供了一份哲学教授的工作，他也接受了。他的身体一直就不好，在休过几次病假之后他最终不得不在 1879 年退休。在那之后，他生活在瑞士和意大利。1888 年他精神失常，直到去世一直如此。他对瓦格纳怀有热切的敬仰，但是又和他争吵，名义上是为了《帕西法尔》，尼采认为那部歌剧基督教气息太浓，充满了厌世情绪。在那次争吵之后，他恶毒地批评瓦格纳，甚至指责瓦格纳是犹太人。然而，一般来说，尼采思想的总体面貌和瓦格纳在《尼伯龙根的指环》中所传达的思想非常相似，尼采的超人非常像齐格弗里特，只是超人懂希腊文。这也许听上去很古怪，但那不是我的错。

尼采自我感觉不是一个浪漫主义者，他确实也对浪漫主义者做过严厉的批评。他自认为自己的思想观点是希腊式的，但是省略了奥尔弗斯教的成分。他崇拜苏格拉底之前的哲学家们，但是毕达哥拉斯除外。他和赫拉克利特有着很近的类同性。亚里士多德所说的气度宏大的人和尼采所说的“高贵的人”非常相似，但是总体上说，他认为苏格拉底之后的希腊哲学家们都比不上他们的前辈。他无法原谅苏格拉底低微的出身，他将后者称为“庶民”，并且指责他用一种民主派的道德偏见败坏了雅典的贵族青年。柏拉图因为对教化的嗜好而受到了尼采特别的谴责。不过尼采显然不愿意谴责他，于是为了替他找借口便暗示他那么做也许不是真心的，而只是将鼓吹德行作为使低等阶级遵守秩序的手段。尼采有一次将柏拉图称为“一位伟大的卡里奥斯特罗”[1]。他喜欢德谟克利特和伊壁鸠鲁，但是他对后者的喜爱多少显得有些不合逻辑，除非我们将这种感情解释成实际上是对卢克莱修的敬仰。

正如人们可能会猜测的那样，他对康德评价很低，他把康德称为“卢梭式的道德狂热分子”。

虽然尼采对浪漫主义者有批评，但是他的思想观点有很大一部分都来自他们；他的思想和拜伦的一样，是贵族式的无政府主义，所以当我们发现他敬仰拜伦时不必感到惊讶。他试图将两套不易调和的价值结合起来：一方面他喜欢无情、战争和贵族的骄傲；另一方面他又热爱哲学、文学、艺术，特别是音乐。从历史上看，这些价值在文艺复兴时代是可以共存的。教皇尤里乌斯二世既为博洛尼亚而战，又雇用米开朗琪罗，也许他可以被当成那种尼采希望看到执掌政府权力的人。将尼采和马基雅维利做对比是很自然的事情，尽管两人之间也有一些重要的不同。这些不同在于：马基雅维利是一个干实事的人，他的观点是在和公共事务的密切接触中形成的，和自己的时代是协调的；他既不学究也不成体系，他的政治哲学几乎无法组成一个连贯的整体。与此相反，尼采是一个大学教授，本质上是个书生气的人，是个有意识和当时似乎占统治地位的政治和伦理倾向唱反调的哲学家。然而，两人的相似之处要更深刻一些。尼采的政治哲学和《君主论》(不是《罗马史论》中的）中的政治哲学很类似，只是条理比较清楚，适用的范围也更广。尼采和马基雅维利都有一种以权力为目标，并且故意反对基督教的伦理观，只是尼采在这方面更坦率。尼采看拿破仑，就像马基雅维利看恺撒·鲍尔吉亚那样：一个被低贱的对手打败的伟人。

「1」卡里奥斯特罗（1743—1795），原名朱塞佩·巴尔萨莫，意大利冒险家，炼金术士，曾经在欧洲各地行骗。——译者注

尼采对各种宗教和哲学的批评，完全受到伦理上的动机的支配。他赞扬某些他认为只可能出现在少数贵族身上的品质（也许有些品质确实如此）；在他看来，多数人只是极少数人成就自己卓越的手段，不应该认为他们拥有任何幸福或者福利方面的诉求。他在提到普通人时习惯于称他们是“粗制滥造的”，如果普通人的苦难对于产生一位伟人来说是必要的，他就看不出有什么好反对的。因此1789年—1815年这一时期的所有重要性都集中到了拿破仑身上：“法兰西大革命让拿破仑得以产生，这就是革命的正当理由。如果我们的整个文明发生无政府式的崩溃能够有这样一个结果作为奖赏，我们就应该期望这种崩溃。而那样做的理由是，拿破仑让民族主义成为可能。”他说，这个世纪几乎所有高级的希望都得归功于拿破仑。

他喜欢以看似矛盾的方式来表达自己的观点，为的是让守旧的读者们感到震惊。他是这么做的，他按照“善”和“恶”这些字眼通常的含义来使用这些词，然后又说自己更偏爱“恶”而非“善”。他的《超善恶》一书实际上旨在改变读者关于什么是善、什么是恶的观点，但是除了某些时候以外，却声称是在赞扬“恶”而反对“善”。例如，尼采说，将致力于取得善的胜利和恶的灭绝当成一种责任是错误的，那种观点是英国式的，特别为“约翰·斯图亚特·米尔那个木头脑袋”所特有。尼采对米尔怀有特别恶毒的鄙视，关于后者，他说：

“当他说‘对一个人正当的对另一个人也正当’‘你不想别人对你做的事，你也不要对别人做时’[1]时，我对这个人的庸俗感到憎恶。这些原则会不得不将所有的人际交往都建立在互相效劳之上，于是我们的每一种行为便似乎都是对某件为了我们所做的事情的现金报酬。这里的假定卑劣到极点：想当然地认为我的行为和你的行为之间有某种价值上的相等性。”

与传统德行相对的真正的德行，不应该是每个人都有的，而应该总是为少数贵族所特有。这种德行无利可图，也不教人积德行善；它只是将拥有这种德行的人和其他人区分开来；这种德行敌视秩序，会使低等人受到伤害；高等人有必要对庸众宣战，并且抵抗这个时代的各种民主倾向，因为在四面八方，平庸的人们都在联起手来，想让自己当主人。“凡是支持普选权——也就是说，支持‘低等’人统治的事情，都是些纵容人、软化人，并且将‘人民’或者‘妇女’推上前台的事情。”始作俑者是卢梭，他让妇女显得很有趣；接下来是哈丽艾特·比彻·斯

「1」我似乎记得有些人在米尔之前就说过这句格言。比如《论语》中的“己所不欲，勿施于人”。（涉及《论语》部分为译者观点）

托[1]和奴隶们；再接着是捍卫工人和穷人利益的社会主义者。要和所有这些人进行战斗。

尼采的伦理学在任何寻常的意义上都不是自我放任的，他相信斯巴达式的纪律，也相信为了重要的目的自己需要有能力忍受痛苦并且能对他人施加痛苦。他对意志的力量的崇拜超过一切。他说："我根据一种意志能够提供的抵抗的量以及它能够忍受，并且知道如何充分地为己所用的痛苦和折磨的量来考验它的力量。我不用责备的手指指向存在的罪恶和痛苦，反而满怀着有一天生活比之前更罪恶、更充满苦难的希望。"他将同情心当作一种应该与之战斗的弱点。"目标是要获得一种无与伦比的伟大的能力，能够通过纪律和消灭成千上万粗制滥造的人这两种手段来塑造未来的人，而且又能避免一看到因此而造成的、以前从未有过先例的苦难而走向崩溃。"他带着某种欢喜预言会有一个大战的时代，我倒是很想知道如果他活着看到自己的预言成真会不会很高兴。

然而，尼采并不是一个国家的崇拜者，绝对不是。他是一个充满激情的个人主义者、一个信仰英雄的人。他说，一个民族整体的不幸不如一个伟大的个人的苦难重要："所有这些小人物的不幸，加在一起也构不成一个总和，除非是在强力之人的感情中。"

尼采不是一个民族主义者，对德国也没有表现出过度的崇拜。他想要一种国际性的统治种族来做地球的主人："一个建立在最严格的自我纪律之上的新型的、庞大的贵族阶层，这个阶层中的那些懂得哲学的强力人物和艺术家－暴君会将千秋万世都打上自己意志的烙印。"

他也不是一个明确的反犹主义者，尽管他也认为德国所容纳的犹太人已经是能够同化的极限，所以不应该再允许犹太人迁入了。他厌恶新约，但是不厌恶旧约，他谈到旧约时用的都是最高等的赞美之词。为公正起见，我们必须强调，许多和他的总体伦理思想有某种关联的现代发展形式和他明确表示过的意见都是相悖的。

他的伦理学在两个方面的运用值得注意：第一，他对女人的鄙视；第二，他对基督教辛辣的批评。

他总是不厌其烦地谩骂女人。在他的伪预言体著作《查拉图斯特拉如是说》中，他说女人还没有和别人建立友谊的能力，她们还是猫，或者鸟，或者最多不

「1」哈丽艾特·比彻·斯托（1811—1896），美国女小说家，她的小说《汤姆叔叔的小屋》在南北战争之前的美国产生了很大的影响，使得废奴主义在广大群众中深入人心。——译者注

过是母牛。“男人和女人都应该受到训练，男人是为了战争，女人则是为了战士们的消遣。其他的一切都是愚蠢。”如果我们可以相信尼采在这个问题上最有力的警句“你要去女人那里吗？别忘了你的鞭子”的话，那么战士们的消遣应该是非常乖僻的一种消遣。

尽管尼采对女人总是这么鄙夷，但是他并不总是这么激烈。在《权力意志》一书中，他说：“我们以女人为乐，也许就像是以一种更精致、更纤巧、更空灵的造物为乐一样。遇见一种脑子里只有跳舞、闲话和漂亮衣服的造物是一件多么让人愉快的事啊！她们一直都是让每一个紧张而又深刻的男性灵魂感到高兴的东西。”然而，甚至连这些魅力也只有当女人受到男子汉的管教时才能在她们身上找到，她们只要一获得任何独立性，就会变得让人难以容忍。“女人有那么多羞耻的理由，女人身上隐藏了那么多的迂腐、浅薄、好为人师、轻率、放荡以及小气的自以为是……这些至今为止全然是因为对男人的恐惧才得到了很好的限制和约束。”以上是他在《超善恶》中所说的话，在那里他又补充道，我们应该像东方人那样把女人当作财产。他对女人的辱骂全都是当作自明的真理而提出的，既没有历史上的证据也没有自身经验作为支持，而且尼采本人关于女人的经验，几乎完全局限于他妹妹。

尼采之所以反对基督教，是因为他认为基督教使人们接受了他所谓的“奴隶道德”。注意一下尼采的论点和大革命之前法兰西哲人们的论点之间的差别是很有意思的。后者坚决主张基督教的信条是不真实的；基督教宣扬要服从某种被认为是上帝的意志的东西；而有自尊的人类不应该在任何高级的权力面前低头；各个基督教会已经成了暴君的同盟者，正在帮助民主的敌人们否定自由，并搓磨穷人的脸[1]。尼采对基督教或者任何其他宗教的形而上学真实性不感兴趣，因为坚信任何宗教实际上都是不正确的，所以尼采便完全从其社会效果来评判一切宗教。在反对服从假想的上帝意志这一点上，他和哲人们意见一致，但是他又要用人世间“艺术家－暴君”的意志来代替上帝的意志。除了这些超人以外，其他人的服从行为是正当的，但是也不能服从基督教的上帝。至于基督教会是暴君的同盟和民主的敌人这种观点，尼采说那恰好是事实的反面。根据他的意见，法兰西大革命和社会主义的精神在本质上和基督教的精神都是一致的，而这些他都一样地反对，理由也一样：他决不平等地对待所有人，不管是在什么方面。

他说，佛教和基督教都是“虚无主义”的宗教，因为两者都否认一个人和另

「1」语出《旧约》《以赛亚书》第三章第十五节。意为压榨、盘剥穷苦人。——译者注

一个人之间有任何终极的价值差别，但是其中佛教让人反感的地方要少得多。基督教是退化的，充满了腐朽的、粪便一样的成分，其驱动力就是粗制滥造者们的反抗。这种反抗是从犹太人那里开始的，由圣保罗那样毫无诚信可言的“神圣的癫痫病人”带进了基督教。“新约是低贱至极的一类人的福音。”基督教是存在过的最致命的、最有诱惑性的谎言。从来没有任何著名人物和基督教的理想有相似之处，例如，想想普鲁塔克的《名人传》中的那些英雄吧。基督教应该受到谴责，因为它否定了“骄傲、遥远的感伤、伟大的责任、澎湃的精神、光辉的兽性、战争和征服的本能、将激情奉若神明、复仇、愤怒、奢侈淫逸、冒险、知识”这些东西的价值。所有这些都是好的，而所有这些都被基督教说成是坏的——这就是尼采的主张。

他主张，基督教的目的在于驯化人心，但那样做是错误的。一只野兽有某种壮美之处，一旦被驯化就会失去。陀思妥耶夫斯基比不上他结交的罪犯们，因为他们更有自尊。尼采对忏悔和救赎感到作呕，他将其称为“循环往复的蠢事”。我们很难将自己从关于人类行为的这种思考方式中解放出来：“我们承袭了有两千年历史之久的活剖良心和将自己钉上十字架的做法。”有一段关于帕斯卡的雄辩文字值得引用一下，因为用这段文字来说明尼采反对基督教的理由再好不过了：

“基督教中我们与之战斗的到底是什么呢？那就是基督教之以摧毁强者、以破坏他们的精神、以利用他们厌倦和虚弱的时刻、以将他们自豪的信心转化成焦虑和良心上的困扰为目标；以及基督教懂得如何毒害最高贵的本能，让它们染上疾病，直到这些本能的力量和它们的权力意志转而向内反对它们自己——直到强者因为过度的自我鄙视和自我牺牲而消亡：这种消亡的方式非常可怖，帕斯卡就是最著名的代表。”

尼采希望看到他所谓的“高贵的”人获得和基督教圣人一般的地位，但绝不是作为一个普遍的种类，而是作为一个统治性的贵族阶层。“高贵的”人能干得出残忍的事情，而且偶然还能干出被庸人们认为是犯罪的事情，他只承认对自己同类的责任。他会保护艺术家和诗人，以及所有碰巧精通某种技艺的人，但是当他这么做时，他认为自己是比这些只懂一门手艺的人更高级的等级中的一员。追随着战士们的榜样，他学会了将死亡和他要捍卫的利益联系在一起，学会了牺牲数量上的优势，学会了为了严肃对待自己的事业而绝不轻饶别人，学会了实行无情的纪律以及允许自己在战争中使用暴力和奸诈。他会认识到残忍在贵族的美德中所起的作用：“几乎所有我们称之为‘高级文化’的东西，都建立在残忍的精神化和强化的基础之上。”“高贵的”人本质上是权力意志的化身。

我们该如何看待尼采的学说呢？它们有多少是正确的？在多大程度上是有用的？其中有任何客观的东西吗？或者它们只不过是一个病人的权力幻想？

不可否认的是，尼采一直都有着很大的影响，不是在专业的哲学家们中间，而是在那些有文学和艺术修养的人们中间。也必须承认，他对未来所做的预言迄今为止被证明比自由主义者和社会主义者们的预言更接近现实。如果尼采只是一种疾病的症状，那么这种疾病在现代世界也一定极为流行。

尽管如此，他依然有大量的东西不过是自大狂的表现，必须置之不理。谈到斯宾诺莎时，他说：“这个多病隐士的伪装暴露了多少个人的胆怯和脆弱啊！”完全一样的话也可以用来说尼采，而且说起来更不勉强，因为他说斯宾诺莎时都没有犹豫过。很显然，在自己的白日梦中，他是一个战士而不是教授，他所崇拜的都是军人。和所有男人一样，他对女人的看法都是自己对女人的情感的客观化，而尼采的这种情感显然是恐惧。“别忘了你的鞭子”——可是十个女人中有九个能从他手上把鞭子夺走，他也知道这一点，于是就避开了女人，用尖刻的话语来抚慰自己受伤的虚荣心。

他谴责基督徒式的爱，因为他认为那是恐惧的结果：我害怕自己的邻居会伤害我，于是我便让他确信我爱他。如果我更强壮、更勇敢一些，我就会公开地展示我对他肯定会感到的轻蔑。尼采从未想到一个人可能真心地怀有普遍的爱，这显然是因为他自己怀有几乎普遍的憎恨和恐惧，而他又喜欢将这些情感伪装成贵族式的漠不关心。他的“高贵的”人——也就是他白日梦中的自己——是一个完全没有同情心、无情、狡诈、残忍、只关心自己权力的人。李尔王在快要发疯时说道：

> 我要干一些事情——
> 到底是什么我还不知道——但它们会成为
> 人间的梦魇。
> 这就是尼采哲学的缩影。

尼采从来没有想到，他赋予自己的超人的那种权力欲本身也是恐惧的结果。不惧怕自己邻居的人看不出有什么欺压他们的必要。已经征服了恐惧的人没有尼采“艺术家－暴君”般的尼禄式的疯狂特质，尼禄试图欣赏音乐和屠杀，但是他的心中却充满了对不可避免的宫廷政变的担忧。我不会否认，现实世界已经非常近似于尼采的梦魇，这部分地也是他学说的结果，但是这丝毫也没有使这个梦魇的可怕程度有所减弱。

必须承认，也有某种基督教伦理，尼采对它们的非难是公正的。帕斯卡和陀思妥耶夫斯基——尼采自己举的例子——在德行方面确实都有某些奴颜婢膝之处。帕斯卡为了他的上帝牺牲了自己卓越的数学才能，因而将一种野蛮的属性归到了上帝身上，而那正是帕斯卡病态的精神痛苦无限扩张的结果。陀思妥耶夫斯基和“自尊心”是不沾边的，他会为了忏悔和享受告解的快乐而作恶。我不想争论这种反常行为在多大程度上可以被正当地归罪于基督教这个问题，但是我承认，我和尼采一样认为陀思妥耶夫斯基的沮丧消沉是可鄙的。我也同意，某种正直和骄傲，甚至某种程度上的自以为是，都是构成最好品质的要素，没有哪种根植于恐惧的德行是值得大加赞赏的。

圣人有两种：天生的圣人和出于恐惧的圣人。天生的圣人有一种自发的对人类的爱，他行善是因为这样做带给他快乐。而另一方面，出于恐惧的圣人和那些只是因为有警察才克制自己不去行窃的人一样，如果没有地狱之火或者其他人的报复这种念头的约束，就会变得邪恶。尼采只能想象第二种圣人，他心中充满了恐惧和憎恨，以至于对人类自发的爱在他看来是不可能的。他从来没有设想过这样一种人：虽然有着无畏和倔强的骄傲，但是不会将痛苦强加给别人，因为他不愿意那么做。有谁会认为林肯的事迹是他出于对地狱的恐惧呢？但是对于尼采来说，林肯是卑劣的，而拿破仑则是高贵的。

还有一个尼采提出的主要伦理问题需要考虑，即我们的伦理观应该是贵族式的呢，还是应该在某种意义上对所有人一视同仁。按照这个叙述，这个问题的含义还不是很清楚，所以很显然，第一步就是试着让这个问题更明确一些。

我们必须首先努力将贵族式的伦理从贵族式的政治理论中区分出来。一个信仰边沁的绝大多数人的最大幸福原则的人，其伦理观是民主的，但是他可能认为最能够促进普遍幸福的政体是贵族制。这不是尼采的立场，他认为普通人的幸福不是善本身的一部分。所有的善恶都只存在于少数高等人身上，至于其他人身上发生了什么那是无足轻重的。

接下来的问题是：如何定义少数高等人？在实际中，他们一直以来通常要么是征服者，要么是世袭的贵族——而世袭贵族通常，至少在理论上，也是征服者的后裔。我认为尼采会接受这个定义的。他告诉我们，“没有好出身就不可能有道德”。他说贵族阶层最初总是野蛮的，但是人类的每一次进步都应该归功于贵族社会。

尼采到底认为贵族的优越性是天生的还是教育和环境的结果还不清楚。如果是后者，那么按理说其他人同样也能够具备这些优势，那么就很难为将他们排斥在外这种做法辩护了。因此我假定他认为作为征服者的贵族和他们的后代在生物学上比他们的臣民优越，就像人高于家畜那样，尽管程度较轻。

"在生物学上优越"又是什么意思呢？在解释尼采时，我们的意思是：高等种族和他们的后代在尼采的意义上更有可能是"高贵的"：他们有更多的意志的力量、更多的勇气、更多的权力冲动、更少的同情心、更少的恐惧、更少的柔和。

我们现在可以来叙述一下尼采的伦理观。我认为以下是对其伦理观的一个公正分析：

战争中的胜利者和他们的后裔，通常在生物学上比战败者更优越。因此由前者掌握所有的权力，并且只为其自身的利益而管理各种事务是可取的。

这里还有"可取的"这个词需要考虑。按照尼采的哲学哪些东西是"可取的"呢？从旁观者的观点来看，尼采称之为"可取的"东西就是尼采想要的东西。根据这个解释，尼采的学说可以更简单、更诚实地被叙述成一句话："我真希望自己生活在伯利克里时代的雅典或者美第奇时代的佛罗伦萨。"但是这不是哲学，这只是关于某个个人的传记性事实。"可取的"这个词和"我想要的"并不是同义语，前者要求有某种普遍适用性，不管这适用性多么模糊。一个有神论者可能会说可取的就是上帝想要的，但是尼采不会这么说。他本来可以说他通过直观知道什么是善，但是他不会这么说，因为那听起来太像康德了。作为对"可取的"这个词的详细阐述，他能够说的只有这些："如果人们来读我的著作，其中一部分人就会分享我关于社会组织的期望。这些人在我的哲学给予他们的能力和决心的启迪下，能够维护并复兴贵族统治，由他们自己当贵族，或者（像我一样）当贵族的谄媚者。通过这种方式他们就能获得比当人民的仆人所能获得的更充实的生活。"

尼采的思想中还有一种成分，和"粗犷的个人主义者"用来反对工会的理由非常类似。在所有人对所有人的战斗中，胜利者很可能拥有某些尼采赞赏的品质，例如勇敢、足智多谋和意志坚强等等。但是如果不具备这些贵族品质的人们（他们是绝对多数）互相团结起来，尽管他们作为个人是低劣的，也依然有可能获胜。在这样一场乌合之众对抗贵族的战斗中，意识形态上的战线是基督教，正如实际交火的战线曾经是法兰西大革命一样。因此我们应该反对软弱的个人之间任何形式的联合，以免他们联合起来的力量会胜过强大的个人联合起来的力量；

另一方面，我们应该促进人口中强硬而又有力的成分的联合，创立这种联合的第一步就是宣扬尼采的哲学。由此可见，保持伦理和政治之间的区别不是一件简单的事情。

假如我们希望——我肯定是这么希望的——找到一些反对尼采的伦理学和政治学的理由，我们能找到些什么呢？

有一些十分有力的实际理由，证明为了达到尼采的目标所做的努力实际上造成某种完全不同的结果。以出身而论的贵族今天已经名声扫地了，唯一一种可行的贵族统治形式是像法西斯党和纳粹党那样的社会组织。这种组织会激起反抗，而且有可能在战争中被打败；但是如果它没有被打败，不久之后也一定只能发展成一个警察国家，其中的统治者们活在被暗杀的恐怖中，英雄们都进了集中营。在那样一个社会中，信仰和荣誉都因为告密活动而遭到了腐蚀，自封的超人贵族阶层退化成一个战战兢兢的懦夫的集团。

然而，这些只是我们这个时代所提供的理由，对于过去贵族统治不被质疑的时代来说，这些理由就不会依然有效了。古埃及的政府在尼采式原则的指导下运行了好几千年。直到美国独立战争和法兰西大革命之前，几乎所有大国的政府都是贵族制的。因此我们必须自问：我们不爱一种有着如此漫长而成功的历史的政体而偏爱民主制到底有什么好的理由？或者，既然我们关心的是哲学而不是政治，我们有没有什么客观的根据来反对尼采用来支持贵族统治的那种伦理呢？

和政治问题相对的伦理问题是一个关于同情心的问题。从别人的苦难会让自己不快乐这个意义上来说，同情心在某种程度上是人类固有的，幼儿听见别的孩子哭自己也会忍不住。但是这种感情的发展在不同的人那里有很大的不同。有些人以折磨他人为乐；也有些人，比如佛陀，感觉只要还有任何生灵在受苦，自己就不可能完全快乐。大多数人在感情上将他人分为朋友和敌人，对前者怀有同情心，对后者则没有。基督教或者佛教那样的伦理，将其情感基础建立在普遍同情心之上；尼采的伦理，则建立在同情心的彻底缺失之上（他频繁地鼓吹反对同情心的观点，所以在这个问题上我们感觉他遵守自己的戒律应该不会有什么困难）。问题是：如果佛陀和尼采当面对质，他们中间的任何一个能否提出什么可以打动中立听众的论证呢？我指的不是政治上的论证。我们可以想象他们出现在全能者的面前，就像在《约伯记》第一章里那样，并且对于全能者应该创造一个什么样的世界给出自己的建议。他们两人分别会说些什么呢？

佛陀会这样开始自己的论证，他会谈到遭人排斥的悲惨的麻风病人，劳筋蚀骨而仅得温饱的穷人，在战场上受了伤、慢慢痛苦而死的士兵，受到狠心的监护人虐待的孤儿，甚至那些最成功的人也会受到失败和死亡的念头的折磨。他会说，必须找到一条摆脱这副悲伤重担的拯救之路，而拯救只有通过爱才会降临。

尼采只是在全能者的约束下才没有插嘴，当轮到他时他便大叫道："我的天哪，老兄！你必须学会让神经坚强一点。为什么要因为小人物们受苦而哭泣呢？或者，就这个问题来说，因为大人物们受苦而哭泣呢？小人物受苦依然是小人物，大人物受苦还是大人物，而且我们不应该为伟大的苦难而感到惋惜，因为它们是高贵的。你的理想纯粹是消极的，其中没有苦难，而那只有通过彻底的非存在才能达到。与你相反，我有着积极的理想，我崇拜亚西比德[1]、腓特烈二世皇帝和拿破仑。为了这些人的缘故，再怎么悲惨也是值得的。万能者啊，我向你呼吁，作为最伟大的创造艺术家，你可别让自己的艺术冲动被这个可怜的疯子那堕落的、满是恐惧的唠叨给约束住啊！"

佛陀在天堂的宫殿中学习了他死后的全部历史，并且精通了科学，他以拥有科学知识为乐，但是又对人们使用这种知识的方法感到难过。他平静而又彬彬有礼地回答道："你错了，尼采教授，我的理想并不是纯粹消极的。的确，它包括了一种消极的成分，即没有苦难，但是它此外拥有的积极成分也几乎和你学说中的一样多。尽管我对亚西比德和拿破仑没有什么特别的崇敬，但是我也有我的英雄：我的继承者是耶稣，因为他告诉人们去爱自己的敌人；和那些发现了如何掌控自然的力量并通过较少的劳动获取食物的人；以及告诉人们如何减少疾病的医生们；还有瞥见了神圣至福的诗人、艺术家和音乐家们。爱、知识和以美为乐不是消极的，它们足以让曾经生活过的最伟大的人的一生变得充实。"

尼采回答道："尽管如此，你的世界也是枯燥乏味的。你应该去研究赫拉克利特，他的著作在天堂的图书馆里有完整的保存。你的爱是怜悯，那是由痛苦诱发的；你的真理，如果你说的是实话，是让人感到不快的，而且只有通过痛苦才能认识；至于美，还有什么能比光彩来自凶猛的老虎更美呢？不，如果全能者选了你的世界，恐怕我们都要无聊而死了。"

"你也许有可能，"佛陀回答道，"因为你爱痛苦，你对生活的爱是伪装的。但是那些真正热爱生活的人会在我的世界里感受到谁也不曾有过的那种幸福。"

至于我，我同意我所想象的佛陀的意见。但是我不知道如何用数学问题或者科学问题中能够使用的论证来证明他是正确的。我讨厌尼采，因为他喜欢冥想痛

[1] 亚西比德（约公元前450—公前404年），雅典政治家、将军。生来才能出众而又高傲任性，在伯罗奔尼撒战争中多次反复于雅典、斯巴达和波斯之间，对战争走势产生了很大的影响。——译者注

苦，因为他把自负树立为一种责任，因为他最崇拜的人都是些征服者，而他们的光荣不过是在夺人性命这件事上更机灵而已。但是我认为，反对他的哲学和反对一切令人不快但是内在一致的伦理学一样，不能诉诸事实，而要诉诸情感来进行论证。尼采鄙视普遍的爱；而我则感觉普遍的爱是关于这个世界我所期待的一切事物的推动力。尼采的追随者们已经等到了自己大显身手的机会，但我们还是希望他们在台上的时间越少越好。

第二十六章

功利主义者[1]

在从康德到尼采这一整段时期内，不列颠的职业哲学家们几乎完全没有受到同时代德国人的影响，唯一的例外是威廉·汉密尔顿爵士，但是他基本没有什么影响力。柯勒律治和卡莱尔的确受康德、费希特和德国浪漫主义者的影响很深，但是他们不是专业意义上的哲学家。似乎有一次，某人向詹姆斯·米尔提到了康德，米尔将康德的著作草草浏览一遍之后评论道："可怜的康德打算干什么，我看得十分清楚。"但是连这种程度的认可也很罕见。一般来说，关于德国人有的只是一片沉默。边沁及其学派的总体哲学思想都来自洛克、哈特利[2]和爱尔维修；作为英国激进主义的领袖，以及无意中为各种社会主义学说铺平了道路的人，他们在哲学上的重要性不如在政治上大。

杰里米·边沁是"哲学激进主义者"公认的领袖，但却不是在人们的猜测中会站在这种运动风口浪尖上的那种人。他生于1748年，但是直到1808年才成为一个激进主义者。他腼腆到了让自己痛苦的程度，和陌生人在一起时总是强忍着极大的不安。他的著述极为丰富，但是他从来不去操心如何发表，以他的名义发表的作品都是他的朋友们出于好心从他那里偷走的。他的兴趣主要在法学上，他承认爱尔维修和贝卡利亚[3]是他在这方面最重要的先驱者。正是通过法律理论他才对伦理学和政治学产生了兴趣。

---

[1] 关于这个问题以及马克思的更详细的论述，参见我的《自由与组织》一书第二编。

[2] 大卫·哈特利（1705—1757），英国经验主义者和医生、联想主义心理学的创始人之一。——译者注

[3] 切萨雷·贝卡利亚（1738—1794），意大利经济学家和法理学家，著有《论犯罪与刑罚》，他是欧洲近代刑法学的鼻祖。——译者注

他将自己的整个哲学都建立在两条原则的基础之上，即“联想原则”和“最大幸福原则”。联想原则哈特利在1749年就已经强调过；在他之前，尽管人们也承认观念之间会有联想发生，但是这种联系被认为是细微错误的根源，例如洛克就这么认为。边沁追随着哈特利，将联想作用当作心理学的原理。他承认观念和语言之间的联想作用，以及观念和观念之间的联想作用。从这条原理出发，他试图为各种精神事件给出确定的描述。本质上，这个学说和建立在巴甫洛夫的实验基础上的更为现代的“条件反射”学说是一样的。唯一重要的区别是，巴甫洛夫的条件反射说是生理学上的，而观念之间的联想纯粹是关于心理的。因此巴甫洛夫的工作能够从唯物论的角度加以解释，就像行动主义者们所做的那样，而观念联想学说则导致了一种多少独立于生理学的心理学的产生。科学地讲，条件反射原则相对于旧有的原则来说无疑是一个进步。巴甫洛夫的原则如下：在一个给定的反射中，刺激B会产生反应C，又假设一只动物经常同时经验到刺激B和刺激A，那么即使没有刺激B，刺激A迟早也能导致反应C。决定这种事情在什么情况下会发生是一个实验的问题。很显然，如果我们用不同的观念来替换A、B、C，巴甫洛夫的原则就会变成观念联想原则。

无可置疑的是，这两条原则在某个领域内都是可靠的，唯一有争议的问题是这个领域的范围有多大。边沁和他的追随者们在谈论哈特利的原则时夸大了这个领域的范围，某些行动主义者在谈论巴甫洛夫的原则时也做了同样的事。

对边沁来说，心理学中的决定论很重要，因为他希望确立一部法典——或者更宽泛地说，一种社会制度——能够自动地使人们有德行。在为“德行”下定义这个问题上就有必要引入他的第二条原则，即最大幸福原则了。

边沁主张，所谓善便是快乐或者幸福——他将这两个词作为同义词使用——而所谓恶就是痛苦。因此如果一种境况中包含的快乐超过痛苦的差额更大，或者痛苦超过快乐的差额更小，它就比另一种境况更善。在一切可能的境况中，包含的快乐超过痛苦的差额最大的那个就是最善的。

这种后来被称为“功利主义”的学说，其实没有任何新的东西。哈奇森[1]早在1725年就提倡过这种学说。边沁将其功归于普利斯特里[2]，然而后者对这种学说似乎没有什么特别的贡献，它几乎在洛克的著作中就已经出现了。边沁的功劳

「1」弗兰西斯·哈奇森（1694—1746），苏格兰哲学家，生于爱尔兰，他是苏格兰文艺复兴运动的领袖和早期功利主义的代表人物之一。——译者注

「2」约瑟夫·普利斯特里（1733—1804），英国著名化学家、氧气的发现者。边沁说他在后者的著作中发现了功利主义的原则。——译者注

不在这种学说本身，而在于他努力将这种学说应用到各种不同的实际问题上。

边沁不仅主张善就是一般而言的幸福，而且主张每个个人都总是在追求他认为属于自己的幸福。因此，立法者的工作就是要促成公众利益和私人利益之间的协调。我约束自己不去行窃，这是符合公众利益的；但是除非有一部行之有效的刑法存在，否则我这么做就不符合我自己的利益。这样一来，刑法就成了保证个人利益和社会利益一致的一种手段，这就是刑法存在的正当理由。

人们受到刑法的惩治是为了防止犯罪，而不是因为我们憎恨罪犯。刑罚严明比严刑峻法更重要。在当时的英国，许多十分轻微的违法行为也要被处以死刑，结果就是陪审团经常拒绝定罪，因为他们认为刑罚太重了。边沁提倡，除了对那些罪大恶极的犯罪之外，废除一切死刑。到他去世之前，刑法在这方面已经有所缓和。

边沁说，民法应该有四大目标：生存、繁荣、安全和平等。我们会注意到他没有提到自由。实际上，他不怎么在乎自由。他崇拜的是法兰西大革命之前那些仁慈的专制君主们——凯瑟琳大帝[1]和弗兰西斯皇帝[2]。边沁对人权学说极为轻蔑。他说，人权是十足的胡扯，不可侵犯的人权是装腔作势的胡扯。当法兰西的革命者制定出《人权宣言》时，边沁称之为“一部形而上学式的著作——登峰造极的形而上学”。他说这部宣言的条文可以分成三类：无法理解的；错误的；既无法理解又错误的。

和伊壁鸠鲁一样，边沁的理想是安全而不是自由，“战争和风暴读起来最妙，但是更容易忍受的却是和平和宁静”。

边沁向激进主义的逐渐演化有两个根源，一个是他从计算快乐和痛苦中推导出的对平等的信仰，另一个是将一切都交由他所理解的理性来裁决的不可动摇的决心。他对平等的热爱在早年曾经导致他提倡在儿女们中间平分财产，反对立遗嘱的自由。到了晚年，这又促使他反对君主制和世袭贵族制，并且为了包括妇女投票权在内的彻底民主制而奔走。他拒绝相信任何非理性的理由，这使得他否定宗教，包括对上帝的信仰；这还使得他对法律中任何荒谬和反常的地方都抱着激烈的批评态度，不管它们的历史起源有多么值得尊敬。他不会以传统如此为依据

「1」即俄国女皇叶卡捷琳娜二世，1762 年—1796 年在位。她自诩实行开明专制，与多位启蒙思想家有通信联系，在位期间发动多次对外战争，大大扩张了俄国的领土。——译者注

「2」指神圣罗马帝国皇帝弗兰西斯一世，1740 年—1765 年在位。他是神圣罗马帝国哈布斯堡 - 洛林皇朝的建立者，但是实际掌权的是他的妻子玛利亚·特雷莎女王，后者在统治期间同样以开明专制著称。——译者注

来为任何事情开脱。他在很年轻时就反对帝国主义，不管是英国在美洲实行的帝国主义还是其他国家的帝国主义，他认为殖民地是件蠢事。

边沁逐渐开始在实际政治中表明立场是由于詹姆斯·米尔的影响。詹姆斯·米尔比边沁小二十五岁，是他的学说的热诚信徒，但是也是一位积极的激进主义者。边沁送给米尔一栋房子（曾经属于弥尔顿），在后者编写印度史时给过他经济上的援助。那部史书完成之后，东印度公司给了米尔一个职位，后来米尔的儿子也受雇于东印度公司，直到公司因为暴乱[1]余波而被撤销为止。詹姆斯·米尔极为敬佩孔多塞和爱尔维修。像当时所有的激进主义者一样，他也相信教育是万能的。他将这个理论应用在自己的儿子斯图亚特·米尔身上，结果有好有坏。最重大的坏结果就是约翰·斯图亚特·米尔从来没有完全摆脱父亲的影响，哪怕他觉察到了父亲的思想观点其实有狭隘之处。

詹姆斯·米尔和边沁一样，认为快乐是唯一的善而痛苦是唯一的恶。但是他又和伊壁鸠鲁一样，最重视适度的快乐。他认为理智上的享受是最好的享受，有节制是最重要的德行。他的儿子说："对他来说，激烈就是不赞同的代名词。"他还补充道，自己的父亲反对近代人对感情的强调，和整个功利主义学派一样，他也完全反对任何一种形式的浪漫主义。詹姆斯·米尔认为政治能够受到理性的支配，并且期望人们的意见能够由证据的砝码来决定。他还主张，如果在一场争论中对立的双方都展现出了同样的技巧，那么过半数的人自然会做出正确的判断，这几乎是必然的。他的思想观点因为他生性感情贫乏而受到了限制，但是在这个限制的范围之内，他具有勤勉、无私和合乎理性等优点。

他的儿子名叫约翰·斯图亚特·米尔，生于1806年，并承袭了一种多少有些缓和的边沁派学说直到1873年去世时为止。

在整个十九世纪中叶，边沁学派对英国立法和政策的影响都是很大的，考虑到他们完全缺乏情感上打动人的力量，这种影响之大就让人惊讶了。

边沁提出了各种不同的论证来支持总体幸福就是至善这种观点。这些论证中有些是对其他伦理学理论的尖锐批评。在他所写的论政治诡辩的文章中，他以一种似乎预示了马克思的思想的语言说道，多愁善感的道德和禁欲主义的道德都是为统治阶级的利益服务的，并且都是贵族政体的产物。他接着说，那些宣扬牺牲道德的人并不是错误思想的受害者，他们想要的是其他人为自己牺牲。他说，道德上的秩序是利益平衡的结果。统治集团会谎称统治者和被统治者之间已经有了

「1」指1857年—1859年的印度民族大起义。——译者注

利益的一致，但是改革者会清楚地指出，这种一致还不存在，而他们就是要努力将其付诸实现。他还主张，只有功利原则能够在道德和立法方面提供一个准则，并且奠定一门社会科学的基础。他用来支持自己原则的明确的理由主要是，这条原则实际上是暗含在各种表面上不同的伦理体系之中的。然而，只有给他的概括加上一个苛刻的限制，这个观点才似乎有些道理。

边沁的体系中有一个问题明显没有被顾及。如果每个人都总是在追求自己的快乐，那么我们该如何保证立法者会追求人类总体的快乐呢？边沁自己具有天生的仁慈心（他的心理学理论妨碍了他注意到这一点），这使得他看不到这个问题。如果他受聘为某个国家起草一部法典，他会根据他所想象的公共利益来制定自己的提案，而不是根据自己的利益或者（有意识地）根据自己所属阶级的利益。但是如果他承认了那个事实，他就不得不修改自己的心理学学说了。他似乎认为，通过民主制与充分的监督相结合这种手段，就能够控制立法者，让他们只有通过促进公共利益才能促进自己的私人利益。在边沁的时代，在评判民主制度的运行情况时还没有多少可用的资料，他的乐观主义因此似乎还是不无道理的；但是在我们这个充满了幻灭的时代，边沁式的乐观就多少有些天真了。

约翰·斯图亚特·米尔在他的《功利主义》一书中提出了一种论证，但是错得离谱儿，以至于很难理解他怎么会认为这个论证是可靠的。他说，快乐是人们唯一渴望的（desired）东西，因此快乐是唯一可取的（desirable）东西。他论证道，只有看得见的东西才能被看见，只有听得见的东西才能被听见，同理，只有可取的东西才能被人渴望。他没有注意到，如果一件事物能够被看见它就是可见的，但是它应该被渴望时才是可取的。这样一来，“可取的”就成了一个以伦理学理论为前提的词，我们不能从什么是可取的推导出什么是被渴望的。

而且，如果每个人实际上都不可避免地在追求自己的利益，那么说他应该做其他的事情是没有意义的。康德极力主张，“你应该”一定暗含了“你能够”的意思；反之，如果你没有那个能力，说你应该如何也是徒劳。如果每个人一定都会追求他自己的快乐，那么伦理学就被简化成了深谋远虑：你可以促进别人的利益，因为你希望他们反过来促进你的利益作为回报。同理，在政治中一切合作都变成了互相吹捧。从功利主义者的前提出发，能够有效地推导出的结论只有这个。

这里涉及两个不同的问题。首先，每个人都追求自己的幸福吗？其次，总体幸福是人类行为的正当目标吗？

当我们说每个人都渴望自己的幸福时，这个陈述能够承载两种含义，其中一个是自明的真理而另一个是错误的。不管我碰巧渴望的是什么，在实现我的愿望时我都会获得一些快乐。在这个意义上，不管我渴望的是什么，那都是一种快乐，而且我们可以略显宽泛地说，快乐就是我所渴望的东西。那个陈述在这个意义上是一条自明的真理。

但如果我们的意思是，当我渴望任何东西时，我这么做是因为它会带给我快乐，那么那个陈述通常就不正确了。我饥饿时会渴望食物，只要我的饥饿感还在持续食物就会带给我快乐。但是作为一种渴望的饥饿是先有的，快乐是这种渴望的后果。我并不否认在有些场合下会有一种直接的对快乐的渴望。如果你已经决定了要在剧院里消磨一个空闲的晚上，你会选择一家你认为能给你带来最大快乐的剧院。但是像这样由对快乐的直接渴望所决定的行为既不常见也不重要。每个人的主要活动都是在计算快乐和痛苦之前就有某种渴望决定了的。

任何事情都能够成为渴望的对象，一个受虐狂可以渴望自己的痛苦。受虐狂无疑会从他所渴望的痛苦中获得快乐，但是这快乐是由于那种渴望，而不是相反。一个人可能会渴望某种除了能满足他的渴望之外对他个人毫无影响的东西——例如，在一场他的国家处于中立地位的战争中某一方的胜利。他可能会渴望总体幸福的增加和总体苦难的减少。或者他也可能像卡莱尔那样，渴望相反的事情。随着渴望的不同，他的快乐也会不同。

伦理学之所以必要，是因为人们的渴望会发生冲突。冲突的首要原因是自私自利，大多数人对自己的福祉比对其他人的福祉更感兴趣。但是在没有自私自利因素的情况下，同样有可能发生冲突。一个人可能会希望人人都是天主教徒，另一个人可能会希望人人都是加尔文派教徒。这种非自利性的渴望经常出现在社会冲突中。伦理学有着双重目的：首先，找到一条区分善的渴望和恶的渴望的准则；其次，通过赞扬和谴责的手段，促进善的渴望，阻止恶的渴望。

功利主义学说的伦理学部分从逻辑上讲是独立于其心理学部分的，其伦理学部分说的是：那些在实际上促进了总体幸福的渴望和行为都是善的。这里所说的不是行为的意图，而只是其效果。对这种学说我们在理论上有什么可靠的支持或者反对的理由吗？在谈到尼采时我们曾经面对过类似的问题。尼采的伦理学和功利主义者的不同，因为前者主张人类中只有一小部分人具有伦理上的重要性——剩下那些人的幸福或不幸应该被忽视。我个人并不认为这种意见不一致能够通过可以在一个科学问题中使用的那种理论论证来解决。显然，那些被排斥在尼采式的贵族统治之外的人会起来反抗，这样一来问题就是政治上的而不是理论上的了。功利主义者的伦理学是民主的和反浪漫主义的。民主派倾向于接受它，但是那些更喜欢拜伦式世界观的人，在我看来只能从实际中加以驳斥，而不能根据一些只诉诸事实而忽视了渴望的理由。

哲学激进主义者是一个过渡性的学派。从他们的体系中诞生了两种比激进主义更重要的学说——达尔文主义和社会主义。达尔文主义是将马尔萨斯的人口理论应用到整个动物界和植物界的结果，而马尔萨斯的人口论则是边沁派的政治学和经济学不可分割的组成部分——达尔文说有一个全球性的自由竞争，其中的胜利会属于那些和成功的资本家非常相似的动物。达尔文本人受到了马尔萨斯的影响，一般来说他对哲学激进主义者的观点也是比较赞同的。然而，正统经济学家所欣赏的竞争和被达尔文宣布为进化推动力的那种竞争之间还是有着很大的不同。在正统经济学中，“自由竞争”是一个人为痕迹很重的概念，受到了法律限制的束缚。你可以和你的竞争对手打价格战，但是你决不能杀死他。你也决不能借助国家武装力量的帮助来打败外国生产商。那些没有好运占有资本的人也决不能通过革命来寻求改变自己的命运。边沁派所理解的“自由竞争”实际上一点也不自由。

达尔文式的竞争则没有这些限制，没有什么反对暗箭伤人的规则。动物们之间是没有什么法律体制的，也不排斥将战争作为一种竞争手段。在竞争中借助国家的力量来获取胜利与边沁派所设想的规则是相悖的，但是并不受到达尔文式的生存竞争的排斥。事实上，尽管达尔文本人是一个自由主义者，尽管尼采每次提到他都带着鄙视，但是达尔文的“适者生存”的信条，如果被人充分地领会了，所导致的结果要更接近于尼采的哲学，而绝不是边沁的哲学。不过，这些发展属于后来的一个时期，因为达尔文的《物种起源》发表于 1859 年，而且人们最初没有体会出其政治含义。

与之相反，社会主义作为正统经济学的一个直接后果，发端于边沁主义的全盛时期。与边沁、马尔萨斯和詹姆斯·米尔都有密切往来的李嘉图，宣扬一件商品的交换价值完全取决于生产这件商品时所花费的劳动。他在 1817 年发表了这个理论；八年之后，一位前海军军官，托马斯·霍吉斯金发表了第一部社会主义的答辩，《反对资方要求并为劳方辩护》。他论证道，如果像李嘉图所宣扬的那样，所有的价值都是由劳动赋予的，那么所有的报酬都应该归于劳动者，目前归地主和资本家所得的那部分一定是纯粹的敲诈。与此同时，罗伯特·欧文在通过当生产商积累了丰富的实际经验之后，也逐渐坚信了那种后来不久就被称为社会主义的学说（“社会主义者”一词最初被使用是在 1827 年，指的就是欧文的追随者）。他说，机器正在取代工人的位置，而自由放任政策又没有赋予工人阶级和机器力量相抗衡的适当手段。他提出的处理这种弊端的方法，就是近代社会主义最早的形式。

尽管欧文是边沁的朋友，边沁还在欧文的事业中投资了相当大的一笔钱，但是哲学激进主义者并不喜欢欧文的新学说；实际上，社会主义的出现使得他们的激进色彩和哲学意味都不如从前了。霍吉斯金在伦敦拥有了一批追随者，这吓坏了詹姆斯·米尔，他写道：

“他们的财产观念看起来真是丑陋……他们似乎认为财产不应该存在，财产的存在在他们看来是一种弊端。我毫不怀疑，有无赖在他们中间活动。……这些笨蛋，竟然看不出他们发疯般渴望的是这样一种灾难，只有他们自己的双手才能让这种灾难降临。”

写于 1831 年的这封信，可以被认为是资本主义和社会主义之间漫长斗争的开端。在后来的一封信中，詹姆斯·米尔把社会主义学说归因于霍吉斯金“疯狂的胡说”，又补充道：“这些观点如果得到传播，会颠覆文明社会，比潮水般汹涌而来的匈人和鞑靼人还要坏。”

局限于政治学和经济学范围内的社会主义，并不应该进入一部哲学的历史著作的视野。但是在卡尔·马克思手里，社会主义获得了一种哲学，我们将在下一章里对其进行讨论。

第二十七章

卡尔·马克思

卡尔·马克思通常被认为是一个宣称将社会主义科学化了的人，并且对创造一个强有力的运动所做的贡献要超过其他任何人，不管人们为这个运动所吸引还是对其感到反感，这个运动都支配了近来欧洲的历史。他的经济学和政治学（除了某些一般性的问题之外）不在本书的讨论范围之内，我打算只把他作为一个哲学家和对其他人的哲学产生了影响的人来讨论他。在这方面，他很难归类。从一个方面来看，他和霍吉斯金一样，是哲学激进主义者的一个结果，继承了他们的理性主义和对浪漫主义者的反抗；从另一个方面来看，他是唯物主义的复兴者，赋予了这种学说一个新的解释和与人类历史的新的关联；再从另一个方面来看，他是最后一个建造大体系的人，是黑格尔的继承人，而且也像黑格尔一样，相信理性的公式能够概括人类的进化。强调这些方面的任何一面而忽视其他的，都会对他的哲学产生错误的和扭曲的看法。

他生平的各种事件能够部分地解释这种复杂性。他生于 1818 年，和圣安布洛斯一样生于特里尔。这座城市在法兰西大革命和拿破仑时代曾经受到过法兰西人很深刻的影响，在思想观点上比德意志的大部分地区都具有更浓厚的世界主义色彩。他祖上是犹太教的拉比，但是他的父母在他还是个孩子时改信了基督教。他娶了一个非犹太人的贵族女子，终其一生都与她非常恩爱。在大学里，他受到了当时依然很流行的黑格尔主义的影响，也受到了费尔巴哈为了唯物主义反抗黑格尔的影响。他涉足过新闻界，但是他主编的《莱茵报》因为思想激进而遭到了当局的查禁。在这之后，他于 1843 年前往法兰西研究社会主义。在那里他遇见了恩格斯，后者当时是曼彻斯特一家工厂的经理。通过恩格斯，他逐渐了解了英国工人的状况和英国的经济学。就这样，他在 1848 年革命之前，获得了一种不同寻常的国际化的修养。在西欧的范围内，他没有表现出任何民族偏见。但是对东欧就不能这么说了，因为他一向是鄙视斯拉夫人的。

他参加了 1848 年的法兰西革命和德国革命，但是后来的反攻倒算迫使他于 1849 年逃往英国寻求避难。除了一些短暂的间断之外，他在伦敦度过了余生，尽管受到贫穷、疾病和儿女夭折的困扰，他依然不懈地坚持著书立说和积累知识。一直以来，激励他从事工作的力量是他对社会革命的期望，这场革命即使在他的有生之年不会发生，在他身后不久也会爆发。

和边沁以及詹姆斯·米尔一样，马克思与浪漫主义无关，他的意图始终是科学性的。他的经济学是英国古典经济学的一个结果，只是将原动力改变了。古典的经济学家们，不管自觉还是不自觉，都是以和地主及雇佣工人相对立的资本家的福祉为目标的；与此相反，马克思开始为代表雇佣工人的利益而工作。在 1848 年的《共产党宣言》中，青年时代的马克思表现出了与一场新的革命运动相匹配的热心和激情，正如自由主义在弥尔顿的时代曾经拥有过的那样。但是他总是急切地诉诸证据的力量，从不依赖任何非科学的直觉。

马克思称自己为唯物主义者，但不是十八世纪的那种。在黑格尔的影响下，他将自己的那种唯物主义称为“辩证”唯物主义，在一个很重要的方面和传统唯物主义有区别，而更类似于今天所说的工具主义。他说，旧唯物主义错误地认为感觉作用是被动的，并进而将活动主要归因于客体。按照马克思的观点，一切感觉或知觉作用都是主体和客体之间的相互作用，离开了知觉者的活动，光秃秃的客体仅仅是原材料，在逐渐被认识的过程中会发生转变。认识，在被动性的凝思这个旧的意义上，只是一个非现实的抽象；真正发生的是处理事物的过程。他说：“人的思维是否具有客观的真理性，这不是一个理论的问题，而是一个实践的问题。人应该在实践中证明自己思维的真理性，即自己思维的现实性和力量。关于离开实践的思维的现实性或非现实性的争论，是一个纯粹经院哲学的问题。……哲学家们只是用不同的方式解释世界，而问题在于改变世界。”[1]

我认为，我们可以这样来解释马克思的意思：以往被哲学家们称为追求认识的那个过程，并不像一直所认为的那样，其中的客体始终如一，所有的变化都发生在认知者这一边。与之相反，不管是主体还是客体，也不管是认知者还是被认

「1」《关于费尔巴哈的十一条提纲》，1845 年。译者按：译文根据《马克思恩格斯选集》中文第二版，第一卷，第 58—61 页。

知的事物，都处在一个连续不断的互相适应的过程中。他将这个过程称为“辩证的”，因为它永远不会彻底终结。

否定英国经验主义者所设想的“感觉”的实在性对这个理论来说是必不可少的。当发生的事情最接近经验主义者所说的“感觉”时，还是称之为“察觉”（noticing）比较好，因为这个词暗示了能动性。马克思会这样主张：实际上，我们是将事物作为活动着的过程的一部分来察觉的，这个过程又是关于我们所察觉的事物的，任何遗漏了行动的理论都是会误导人的抽象。

据我所知，马克思是第一个从能动主义的角度批评了“真理”概念的哲学家。他并没有太强调这个批评，因此我在这里也不准备多谈，将这个理论留到下一章再来仔细考察。

马克思的历史哲学是黑格尔和英国经济学的一个混合。和黑格尔一样，他认为世界是按照一个辩证的程式发展的，但是关于这个发展的原动力，他和黑格尔的意见完全不一致。黑格尔相信，有一个叫作“精神”的神秘实体导致了人类历史按照他在自己的《逻辑学》中所阐述的辩证法的各阶段进行发展。为什么精神要经历这些阶段则不清楚。人们不禁会设想，精神正在努力理解黑格尔，在每个阶段仓促地将读到的内容客观化。而马克思的辩证法除了某些老一套的东西之外完全没有这种性质。在马克思看来，推动力不是精神而是物质。但是那是一种我们已经谈论过的意义特殊的物质，而不是原子论者所说的完全非人化的物质。也就是说，在马克思看来，推动力其实是人与物质的关系，其中最重要的部分是人的生产方式。在这一方面，马克思的唯物主义实际上就变成了经济学。

根据马克思的观点，人类历史上任何一个时代的政治、宗教、哲学和艺术都是生产方式的结果，在一个较小的程度上，也是分配方式的结果。我认为他不是在主张这个观点可以应用于文化上的一切细节之处，而是在主张这个观点只能应用于文化的大体轮廓。这个学说被称为“唯物史观”。这是一个非常重要的论点，尤其是在和哲学史家的关系上。我本人并不原封不动地接受这个学说，但是我认为其中包括了非常重要的真理的成分，而且我意识到它对本书中论述的我对于哲学发展的个人观点也有影响。首先，让我们来考察一下与马克思的学说有关的哲学史。

主观地讲，每个哲学家都认为自己所从事的工作是在追求某种可以被称为“真理”的东西。哲学家们对“真理”的定义可能会有不同，但是无论如何，那都是某种客观的东西，某种在某个意义上每个人都应该接受的东西。如果所有的哲学都被认为仅仅是不合理性的偏见的表现，那么就不会有人从事研究哲学这项工作了。但是所有的哲学家又都同意，许多其他的哲学家受到了偏见的驱使，并且通常不自觉地为他们的许多观点持有超理性的理由。马克思和其他哲学家一样，也相信自己的学说是真理，而不认为它们不过是十九世纪中叶一个生性叛逆的德国犹太人感情的表现。关于哲学的主观看法和客观看法之间的这种冲突，我们有什么可说的呢？

泛泛地讲，我们可以说直到亚里士多德为止的古希腊哲学表现的是与城邦制相适应的思想心态；斯多葛主义则与世界性的专制统治相适应；经院哲学是作为一个组织的教会在知识方面的表现；哲学自笛卡儿以来，或者至少自洛克以来，便常常体现了商业中产阶级的偏见；以及马克思主义和法西斯主义是和现代工业化国家相适应的哲学。我认为，这个认识既正确又重要。不过，我也认为马克思在两个方面上有错误。首先，必须加以考虑的社会环境确实是经济的，但是也几乎同样是政治的；社会情况和权力有关，而财富只是权力的一种形式。其次，只要问题一变得细节化和专门化，社会性的因果关系就不再适用了。这两点异议中的第一点，我在《权力论》一书中有详细的论述，因此我不准备再多谈了。第二点和哲学史有着更紧密的联系，我会就这个问题给出一些例子。

先以共相问题为例。最先讨论这个问题的是柏拉图，接着有亚里士多德、经院学者、英国经验主义者和最近的逻辑学家。在这个问题上，偏见影响了哲学家们的观点，否认这一点是不讲道理的。柏拉图受到了巴门尼德和奥尔弗斯教的影响，他想要一个永恒的世界，无法相信时间性的流变具有终极的实在性。亚里士多德更具有经验主义的色彩，也并不厌恶日常世界。近代的彻底经验主义者有一种和柏拉图的偏见正相反的偏见，他们觉得超感觉世界这个念头是令人不快的，愿意不遗余力地避免必须相信这样一种东西的存在。但是这些互相对立的偏见是经常反复的，和社会制度只有一种多少比较遥远的关系。据说，热爱永恒是依赖他人劳动的有闲阶级的特征。我怀疑这并不正确。爱比克泰德和斯宾诺莎都不是有闲的绅士。反过来，也可以极力主张，天堂是个无所事事的地方这个概念是由那些只求休息的疲劳的苦工们想出来的。这样的争论能够无休止地进行下去，永远不会有结果。

另一方面，我们开始关注共相论争的细节时，就会发现双方都能提出一些对方会承认有效的论证。在这个问题上，亚里士多德对柏拉图的一些批评现在几乎已经得到公认了。在最近的时代，尽管还没有得出任何决断，但是发展出了一种新的技术，解决了许多枝节性的问题。我们可以并不悖理地期望，逻辑学家不久之后就会在这个问题上达成一个明确的一致。

再举本体论论证作为第二个例子。我们已经谈到过，这个论证是由圣安瑟勒姆创造的，托马斯·阿奎那反对它，笛卡儿接受它，康德驳斥它，黑格尔又使它复活。我认为可以相当明确地说，根据对“存在”这个概念进行分析所得出的结果，现代逻辑已经证明了这个论证是不可靠的。这不是个人气质或者社会体制的问题，而纯粹是一个专业性的问题。对这个论证的驳斥当然并不能为设想其结论（即上帝的存在）不正确提供依据；如若不然，我们就无法想象托马斯·阿奎那当初怎么会否定这个论证了。

又或者，拿唯物主义这个问题作为例子。“唯物主义”是一个能够有许多意义的词，我们已经讲过，马克思彻底改变了它的含义。关于唯物主义是正确还是错误的激烈争论，一直以来都是靠避免下定义的方法才保持了活力。当这个术语被定义之后，我们就会发现，根据某些定义，唯物主义能够被证明是错误的；而根据某些其他的定义，它也能被证明是错误的，但是没有确定的理由可以这么认为；再根据其他一些定义，又有一些支持它的理由，但是这些理由不是决定性的。所有这些，依据的都是专业方面的考量，和社会体制没有任何关系。

问题的真相实际上相当简单。通常所说的“哲学”，是由两种截然不同的成分构成的。一方面，有一些科学性或逻辑性的问题，能够用人们普遍接受的方法来处理；另一方面，又有一些问题能够引起相当多人的兴趣，但是关于这些问题在正反两面都没有可靠的证据。后一类问题中有些是不可能置身事外的实际问题。在战争期间，我必须支持自己的国家，否则就会和朋友们以及当局发生痛苦的冲突。在许多时代，在支持官方宗教和反对官方宗教之间是没有中间道路的。出于这种或那种理由，我们都感觉在许多纯粹理性无能为力的问题上是不可能保持一种怀疑主义的超然态度的。按照“哲学”这个词极为常见的一个意义来说，哲学就是超理性的决断的一个有机整体。只有在这个意义上，马克思关于“哲学”的意图才基本上是正确的。但是即便在这个意义上，哲学也是由经济上的以及其他方面的社会原因决定的。特别是战争在历史的因果联系中有其地位，而战争中的胜利并不总是属于经济实力最强大的一方。

马克思将他的历史哲学纳入了黑格尔式的辩证法的模子，但是实际上他所关心的只有一个三元组：以地主为代表的封建主义、以工业雇主为代表的资本主义、以雇佣劳动者为代表的社会主义。黑格尔将民族视作辩证运动的载体，马克思则把民族替换成了阶级。他一直拒绝承认自己偏向社会主义或者雇佣劳动者一边是由于任何伦理的或者人道主义的理由，他说自己并不是在主张这一边在伦理上更好，而是在主张站在这一边是由辩证法那完全注定的运动决定的。他其实可以说自己并没有提倡社会主义，而只是预言了它。不过，那么说并不完全符合事实。他无疑相信辩证法的每一个发展阶段在某种非个人的意义上都是一种进步，并且他肯定也认为社会主义一旦建成，就会给人类带来比封建主义和资本主义更多的幸福。这些信念，尽管肯定支配了他的一生，但是在他的著作里基本上都处在背景中。然而，时不时地，他也会放弃冷静的预言，转而激烈地提倡反叛；在他所写的所有著作中都隐含有那些表面上科学的预言的情感基础。

将他作为一个纯粹的哲学家来考察，马克思有着严重的缺点。他太过实际，注意力太过集中于自己时代的问题。他的视野局限于这个星球，在这个星球的范围内，又局限于人类。在哥白尼之后，有件事已经十分清楚：人类并没有以前自己妄称的那种宇宙重要性。任何一个没有领会这个事实的人都无权称自己的哲学是科学的。

与专注人间事务这个局限相伴随的是乐于相信进步是一条普遍的规律。这种乐观是十九世纪的特征，不仅存在于马克思身上，也存在于同时代的其他人身上。只是由于对进步的不可避免性的信仰，马克思才认为可以省略掉伦理上的考虑。如果社会主义当真会降临，那一定是一种进步。马克思会毫不犹豫地承认，这在地主或者资本家们看来不是一种进步，但那只是表明了他们和时代的辩证法运动不协调罢了。马克思自称是一个无神论者，但是又保留了一种只有从有神论中才能找到正当理由的宇宙乐观精神。

泛泛地说，在没有任何理由能够支持其正确性这个意义上，马克思的哲学中所有得之于黑格尔的成分都是非科学的。

也许马克思给他的社会主义学说披上的哲学外衣和他思想观点的基础实际上并没有太大关系。将他思想中最重要的部分重新叙述一遍而完全不提辩证法是很容易做到的。通过恩格斯和皇家委员会的报告，一百年之前英国存在过的那种工业体制骇人听闻的残酷给马克思留下了极为深刻的印象。他看出这种制度很有可能从自由竞争向垄断发展，其不公正之处一定会激起无产阶级的反抗运动。他主张，在一个彻底工业化的社会中，代替私有资本主义制度的唯一选择是土地和资本的国有化。这些主张都不是哲学上的问题，因此我不准备在这里讨论它们到底正确还是错误。问题在于，如果这些主张是正确的，它们便足以证实马克思的体系中实际上重要的那些部分，因此丢弃那些黑格尔学说的包装是有好处的。

马克思的名声经历了一个很奇特的发展。在自己的祖国，他的学说启迪了社会民主党的纲领，这个党一直很稳定地发展，到 1912 年为止，它已经获得了大选中总票数的三分之一。第一次世界大战之后不久，社会民主党曾经执政过一段时间，魏玛共和国的首任总统艾伯特就是这个党的党员，但是这个时候的社会民主党已经不再坚守正统的马克思主义了。与此同时，在俄国，马克思的狂热信仰者取得了政权。在西方，没有一个大型的工人运动全然是马克思主义的，英国工党似乎曾经朝那个方向发展过，但是最终还是坚持了一种经验主义式的社会主义。不过，在英国和美国，相当多的知识分子受到了马克思很深刻的影响。在德国，任何一种宣扬马克思学说的行为都被强行禁止了，但是我们可以期望在纳粹被推翻之后他的学说能够复活。

这样一来，当代的欧洲和美国在政治上和意识形态上就被分成了三个阵营：自由主义者，他们在力所能及的范围内依然追随洛克和边沁，但是也为了工业时代组织性的必要做了不同程度的调整；马克思主义者，他们掌握了俄国的政权，并且很有可能在许多其他的国家变得越来越有影响。这两派的观点在哲学上相差不是太远，他们都是理性主义的，在目的上也都是科学的和经验主义的。但是从实际政治的角度来看，差别是很明显的。上一章引用过詹姆斯·米尔的一封信，当他说“他们的财产观念看起来真是丑陋”时，这种差别就已经显现出来了。

然而，我们必须承认，在某些方面马克思的理性主义是有局限的。尽管他主张自己对历史发展趋向的解释是正确的，而且也会被各种事件所证实，但是他却相信自己的论证只会对那些在阶级利益上与之一致的人（除了极少数的例外）产生吸引力。他对说服几乎不抱什么希望，而将希望完全寄托在阶级斗争上。这样他在实际中就陷入了强权政治，并且相信关于统治阶级（虽然不是统治种族）的学说。作为社会革命的结果，我们的确可以期望阶级区别最终会消失，被政治上和经济上完全的和谐所取代。但那是一个很遥远的理想，如同基督的再次降临一样；在实现这个理想的同时，会有战争和独裁统治，以及在意识形态方面的强制正统化。

在政治上以纳粹党和法西斯党为代表的第三种当代观点，在哲学上和另外两派的区别要比那两派彼此之间的区别深刻得多。这一派是反理性和反科学的。其哲学先驱是卢梭、费希特和尼采。他们强调意志，特别是权力意志；还相信权力意志集中在哪些种族和个人身上，哪些种族和个人就有统治的权力。

在卢梭之前，哲学世界是有某种统一性的。这种统一性暂时已经消失了，但是也许不会消失太久。理性主义对人们心灵的重新征服能够让这种统一性得到恢复，用其他任何办法都不行，因为对统治权的要求只会招来纷争。

第二十八章

柏格森

亨利·柏格森是本世纪第一流的法兰西哲学家。他影响了威廉·詹姆斯和怀特海，对法兰西思想也有相当大的影响。索莱尔[1]、工团主义[2]的热诚倡导者、《关于暴力之我见》一书的作者，就曾经利用柏格森的非理性主义来为没有明确目标的革命工人运动辩护。不过最终索莱尔放弃了工团主义而成了一个保皇党。柏格森哲学的主要影响是保守的，很容易和那个以维希政府为顶点的运动相协调。但是柏格森的非理性主义在与政治无关的领域内引起了人们广泛的兴趣，例如萧伯纳的《千岁人》就是纯粹柏格森主义的。把政治丢在一边，我们必须考察的是这种思想哲学的一面。我将柏格森的非理性主义处理得比较详细，因为它是反抗理性的一个绝佳的例子，始于卢梭的这种反抗已经逐渐在世人的生活和思想中占据了越来越大的份额。

一般说来，对哲学的分类要么是按照其方法，要么是按照其结果："经验主义"哲学和"先验"哲学就是按照方法来分的类，"唯实论"哲学和"唯心论"哲学就是按照结果来分的类。但是企图用这两种方法中的任何一种来为柏格森的哲学分类几乎都很难成功，因为柏格森的哲学贯穿了所有公认的分类。

但是还有一种为哲学分类的方法，不那么精确，但是也许对哲学的门外汉来说比较好用，这种方法原则上根据导致哲学家进行哲学思考的支配性渴望来进行

「1」乔治·索莱尔（1847—1922），法兰西哲学家和革命理论家。——译者注

「2」十九世纪末到二十世纪初欧洲的一种工人思潮，主张用团结一致的工会和资本家对抗，反对社会民主党式的工人政党，希望用怠工破坏和总罢工这样的行为来推翻资本主义制度。工团主义具有一定的无政府主义色彩和暴力倾向。——译者注

分类。这样我们就有了由对幸福的热爱而生的感情哲学、由对知识的热爱而生的理论哲学，以及由对行动的热爱而生的实践哲学。

我们将一切最富有乐观色彩或者悲观色彩的哲学，以及所有提供了拯救的方案或者试图证明拯救不可能的哲学都归入到感情哲学这一类中，例如大多数宗教性的哲学。大部分大哲学体系则属于理论哲学这一类，因为尽管求知欲很罕见，但它却一直是大部分最好的哲学的源泉。另一方面，实践哲学则是那些认为行动是最高的善的哲学，因为它们认为幸福是一种结果，而知识不过是成功行动的手段。如果哲学家们都是些普通人的话，这种类型的哲学本来在西欧应该是很普遍的；但是事实上，直到最近这种哲学一直很罕见，实际上这种哲学的代表人物就是实用主义者和柏格森。随着这种哲学的兴起，我们可以像柏格森本人那样，从中看出现代的行动家对希腊权威的反抗，特别是对柏拉图的权威的反抗；或者我们可以像席勒博士[1]也许会做的那样，将这种哲学与帝国主义和汽车联系起来。现代世界需要这样一种哲学，因此它所取得的成功并不令人奇怪。

与大多数之前的思想体系不同，柏格森的哲学是二元的，在他看来，世界分成两个完全不同的部分，一方面是生命，另一方面是物质——或者更确切地说是某种被理智认为是物质的无法自行运动的东西。整个宇宙就是两种相反运动的碰撞和冲突：向上攀登的生命和向下坠落的物质。生命是一股伟大的力量，是一种巨大的充满活力的冲动，在世界开始时便被一劳永逸地给定了；生命遇到物质的抵抗，于是便奋力在物质之中劈出一条路来，并且逐渐学会通过组织的手段来利用物质。生命遭遇到障碍便岔开来继续向前流动，就像街角的风那样，因为物质强迫生命做出了改变，生命部分地被驯服了。然而，生命一直保持了自由行动的能力，因为它总是奋力要找到新的出口，总是在彼此对立的物质壁垒之间寻求更大的活动自由。

用适应环境无法从根本上解释进化，适应只能解释进化过程的迂回曲折，就像是一条经过山地朝向一座城镇的蜿蜒的道路一样。但是这个比喻并不完全恰当，因为进化所走的道路其终点没有城镇，也没有确定的目标。机械论和目的论都有着同样的缺陷，这两种学说都假设了这个世界本质上是没有新鲜事物的。机械论认为未来隐含在过去之中，而目的论则否认最终的结果中能够包含任何本质上新颖的东西，因为它相信所要达到的目的事先是能够知晓的。

柏格森的意见和这两种观点都不同，虽然他对目的论的认可要比对机械论多

---

[1] 费迪南德·席勒（1864—1937），英国哲学家、实用主义者。——译者注

一些，他主张进化其实是创造性的，如同艺术作品那样。事先存在着一种行动的冲动，一种不明确的需求，但是直到需求被满足之前，都不可能知道能够带来满足的事物的本性。举例来说，我们不妨假设没有视觉的动物在和物体接触之前有某种模糊的想要察觉到物体的渴望。这个渴望导致了种种努力，最终的结果是创造了眼睛。视力满足了这个渴望，但是我们无法事先想象这种能力。基于同样的理由，进化是无法预测的，决定论驳不倒自由意志的提倡者。

这个宽泛的思想纲领被柏格森用对地球生命实际发展过程的描述填充了起来。生命演化的潮流是这样的：先是分成植物和动物，植物以储藏能量为目标，动物则以使用能量进行迅捷而快速的活动为目标。但是在后来的一个阶段，动物中间又出现了新的分化，本能和理智多少变得有些分开了。尽管这两者永远不能彻底离开对方而存在，但是总的来说，理智是人类的不幸，而本能的最佳形态见于蚂蚁、蜜蜂和柏格森。理智和本能之间的区别在他的哲学中具有根本性的意义，他的哲学有很大一部分就像是桑福德和莫顿的故事[1]，本能是好孩子而理智是坏孩子。

最好的本能被称为直觉。他说："我所说的直觉指的是那种已经变得公正无私、具有自我意识、能够沉思自身的对象并将其无限扩大的本能。"他对理智活动的解释并不总是那么好领会，但是如果我们想要理解柏格森，就必须尽最大的努力。

当智慧或理智"离开自然的双手之后，其最主要的对象便是无机的固体"；理智只能对不连续的并且不可移动的事物形成清晰的观念；理智的概念是外在于彼此的，就像空间中的物体一样，而且具有同样的稳定性。理智在空间中会分离，在时间中会固定；理智不是被制造出来用以思考进化的，而是用来将生成过程表现成一个状态的系列。"天然地无法理解生命是理智的特征。"几何学和逻辑学就是典型的理智的产物，严格地说只适用于固体；但是在其他地方，推理就必须受到常识的制约，而正如柏格森正确地指出的那样，常识是极为不同的一种东西。固体似乎是某种精神故意创造出来好将理智应用于其上的东西，这就好比精神为了下棋而创造了棋盘一样。柏格森告诉我们，精神的起源和物质性事物的起源是互相关联的，两者是通过互相适应发展起来的，"将物质和理智从蕴含着这两者的东西中同时剥离出来的一定是同一道工序"。

[1] 指十八世纪末英国作家托马斯·戴所著的儿童故事书《桑福德和莫顿的历史》中的两位主人公。桑福德是一个淳朴善良的自耕农之子，而莫顿则是一个被宠坏了的贵族少爷。——译者注

这种物质和理智同时成长的想法很巧妙，值得我们加以理解。我认为，泛泛地讲，其意思是这样的：理智是看出事物彼此分离的能力，而物质是已经被分成不同事物的那种东西。在实际中，并没有分离的固体事物，有的只是一个无穷无尽的生成之流，从中生成了无物，无物所生成的也是无物。但是生成可能是向上的运动也可能是向下的运动，当生成是向上的运动时就叫作生命，当它是向下的运动时就叫作物质——如同理智所误会的那样。我设想宇宙的形状呈圆锥形，“绝对”是其顶点，因为向上的运动将事物聚拢在一起，而向下的运动将事物分离开，或者至少看上去是这样的。精神在向上运动时为了能够穿过砸落到自己身上的向下运动的物体，就必须能够在这些物体中间切开一条路。这样一来，智慧在形成时便具有了外观和路径，原始的流变被切割成了分离的物体。理智就好比是在餐桌上分肉的人，但是有一个奇怪之处，就是想象鸡永远是被切肉刀切成鸡块之后的那个样子。

正如理智和空间相联系一样，本能或直觉也和时间相联系。柏格森的哲学最值得注意的一个特点是，他和大多数著述者不同，他认为时间和空间之间有着深刻的差异。作为物质特征的空间，是从对流变的切割中产生的。这种切割实际上是幻觉，在实践中在某个限度内也许是有用的，但是在理论上是极为误导人的。与此相反，时间则是生命或者精神的本质特征。他说，“凡是有生命的地方，就有某种将时间铭刻下来的记录器正在运动。”但是这里所说的时间不是数学上的时间，即不是彼此外在的诸瞬间的匀质聚合体。根据柏格森的意见，数学时间实际上是空间的一种形式，对生命有本质意义的时间是他所谓的绵延（duration）。这在他的哲学中是个基础性概念，在他最早的一部著作《时间与自由意志》中已经出现。如果我们想对他的思想体系有任何理解，就有必要懂得这个概念。然而，这个概念非常难懂。我自己并没有完全理解，因此我无法期望能够将这个概念解释得像它所应得的那样清楚。

柏格森告诉我们：“纯粹的绵延是当我们的自我控制自己，不让其当前的状态和之前的状态相分离，并且允许自己有生命时我们意识的形态会呈现出的形式。”它会将过去和当前组合成一个有机的整体，其中有相互的渗透，有无差别的连续相继，“在我们的自我之内，有不带相互外在性的连续相继；在我们的自我之外，在纯粹的空间中，有不带连续相继的相互外在性”。

“有关主体和客体的问题，有关这两者的差别和统一的问题，应该从时间的角度而非空间的角度来提。”在那个我们能够看见自己的行动的绵延中，有一些分离的要素；但是在那个我们于其中行动的绵延中，我们的各种状态就会彼此融合。纯粹绵延是与外在性距离最远，并且最少为外在性渗透的一个绵延，其中的过去为全新的当前所充满。但是那样我们的意志就会紧张到极点，我们不得不聚集起正在溜走的过去，用力将其整个地、不加切割地插入到当前之中。在这样的时刻，我们真正便拥有了自己，但是这样的时刻很少见。绵延就是实在的材料，而实在则是永恒的生成，绝不是某种已经制成的东西。

绵延首先是在记忆中展现自己，因为在记忆中过去存留到了当前。因此，关于记忆的理论在柏格森的哲学中具有极大的重要性。《物质与记忆》一书就是想通过分析“正是精神和物质的交叉”的记忆来说明精神与物质的关系，通过这个分析，柏格森断言精神和物质都是实在的。

他说，有两种截然不同的事物通常都被称为记忆。柏格森着重强调了这两种记忆之间的差别，他说：“过去以两种不同的形式存留下来：第一，以运动机制的形式；第二，以独立回忆的形式。”例如，如果一个人能够背诵一首诗，也就是说，如果他获得了某种习惯或机制使得他能够重复之前的一个行动，我们就说他记住了这首诗。但是至少从理论上来说，他完全可以在对之前读这首诗的场合没有任何回忆的情况下背诵这首诗，因此在这类记忆中不包含对任何过去事件的意识。只有第二种记忆才真的有资格被称为记忆，这种记忆展现在他对之前阅读这首诗的各种场合的回忆中，每个场合都是独一无二的、有日期的。他认为，这里不涉及任何习惯的问题，因为每个事件只发生了一次，我们必须立即获得其印象。这样他就暗示了，从某个角度来看，发生在我们身上的一切事情都被记住了，但是一般来说只有那些有用的事情进入了意识。柏格森极力主张，表面上看和记忆有关的失败，实际上不是记忆精神部分的失败，而是将记忆转化为行动的运动机制的失败。他还讨论了大脑的生理学和与失忆症有关的一些事实来支持这个观点，从这个讨论中得出的结论被认为是：真正的记忆不是大脑的功能。过去必须由物质来付诸行动，由精神来想象。记忆不是物质的发散，尽管如果我们所说的物质指的是在具体的知觉作用中所把握的物质的话，与之相反的观点的确更接近事实。

“原则上，记忆一定是一种绝对独立于物质的能力。那么，如果精神是一种实在，那么我们可以通过实验与之发生接触的地方正是记忆这种现象。”

柏格森将纯粹知觉放在和纯粹记忆相对的另一端，并且对纯粹知觉采取了一种超实在论的立场。他说：“在纯粹知觉中，我们实际上被放置在自身之外，我们接触到对象的实在性是通过直接的直觉。”他将知觉和知觉的对象完全等同起来了，以至于他几乎根本不承认知觉的精神性。他说：“纯粹的知觉是最低一级的精神——没有记忆的精神，它实际上是我们所理解的物质的一部分。”纯粹知觉是由正在发端中的行动构成的，其现实性在于其能动性。大脑通过这层联系才和知觉有关，因为大脑并不是行动的工具。大脑的功能在于将我们的精神生活限定在实际有用的范围内。我们会推测，要不是有大脑的存在，我们会感知到一切，但是实际上我们只感知到了让我们感兴趣的东西。“肉体总是倾向于行动，其根本职能就是为了行动为限制精神生活。”实际上，大脑成了进行选择的工具。

在以上的概括中，我基本上努力只陈述柏格森的观点，而没有提供他为了支持自己观点的真实性而引证的理由。对柏格森这么做比对大部分哲学家要容易，因为一般来说他并不为自己的意见提出理由，而是依赖这些意见固有的吸引力和自己那出色的文笔的魅力。和做广告的人一样，他依赖的是形象生动、变化多端的表述，是对许多晦涩的事实表面上的解释。在他向读者介绍自己的观点时，类推和比喻这两种方法尤其占据了特别重要的地位。在他的著作中能够找到的和生命有关的比喻的数目，要超过我所知道的任何一位诗人的著作。他说，生命就像是炮弹，其爆炸形成的碎片又各自成为炮弹。生命就像是一个束，最初它“是在一种在蓄水池中进行积累的趋势，特别类似于在植物的绿色部分所发生的那种事”，但是这个蓄水池会被冒着蒸汽的沸水注满。“喷射的水流一定会不断地迸发出来，每股水流落下之后就是一个世界。”又说，“生命的整体显得就像是一个巨大的涟漪，由中心开始，向四周扩散，但是在周围几乎都遭到了阻挡并被转化成了振动：只有在一个点上，障碍被冲开了，冲动得到了自由的释放。”接着是这类比喻的登峰造极之作：将生命比作骑兵的冲锋，“一切有机的事物，从最卑微的到最高等的，从生命的起源到我们所处的时代，在所有的地点以及所有的时间，无不为一个单一的冲动提供了证据，这个冲动与物质运动是反向的，本身是不可分割的。所有生物都团结在一起，都受到一个巨大的推动力的支配。动物的位置在植物之上，而人类更高居动物之上。人类的整体在时间和空间中就是一支庞大的军队，在我们每个人的前后左右纵马狂奔，这是一次势不可挡的冲锋，能够击碎一切抵抗，清除无数障碍，甚至也许能战胜死亡”。

但是一个冷静的、感觉自己只是一个旁观者，而且也许只是一个无动于衷的旁观者的评论家，则可能倾向于认为人类驾驭着动物进行冲锋这种行为与心平气和、谨慎小心的思考几乎是不相容的。如果有人告诉这样一位评论家，说思想只是行动的一种手段，只是避开田野中障碍的冲动，他可能会感觉这样一种观点适合于一位骑兵军官，但是不适合于一位哲学家，因为哲学家的工作毕竟还是和思考有关的。他会感觉，在剧烈的运动所带来的激情和喧嚣中，没有为理性那微弱的音乐留下余地，也没有为公正无私的思索留出闲暇，而正是在这种思索中，我们通过被映照出来的宇宙的伟大，而不是通过狂乱，寻求到了伟大。在这种情况下，他可能会问，有什么理由接受这样一种不得安宁的世界观呢？如果我想得没错的话，如果他提出这个问题，那么无论是在宇宙中还是在柏格森先生的著作中他都找不到答案。

像柏格森哲学这样的反理智哲学所带来的恶劣后果之一，就是它会借助理智上的谬误和混乱而发展壮大。这就导致了这种哲学偏爱糟糕的思考而不是优秀的思考，并且倾向于宣称任何一种暂时性的困难都是不可解决的，相反却认为任何一种愚蠢的错误都揭示了理智的破产和直觉的胜利。柏格森的著作中有许多提及数学和科学的地方，粗心的读者会以为这些引证巩固了他的哲学。关于科学，特别是生物学和生理学，我没有资格去批评他的解释。但是关于数学，他在解释中故意偏向一种传统的谬误，而不理会在数学家们中间流行的更为现代的观点。在这个问题上，大多数哲学家早已这么做了。在十八和十九世纪早期，微积分作为一种方法虽然已经得到了高度的发展，但是在基础上还是由许多错误和混乱的思考来支持的。黑格尔和他的追随者们抓住了这些错误和混乱作为证据，试图证明所有的数学都是自相矛盾的。从那时开始，黑格尔对这些问题的解释就进入到了哲学家们的流行思想之中，而且在数学家们将哲学家所依赖的那些困难全部解决之后依然存在了很久。只要哲学家们的主要目标是要证明通过耐心和细致的思考什么东西也学不到，是要证明我们应该以“理性”（如果我们是黑格尔主义者）或者“直觉”的名义（如果我们是柏格森主义者）崇拜无知者的偏见，那么数学家们为解决黑格尔曾经从中得到好处的错误所做的工作就会一直受到哲学家们故意的无视。

除了我们已经讨论过的数的问题之外，柏格森与数学发生接触的主要问题是他否定了他称之为“电影镜头式的”描述世界的做法。数学将变化，甚至连续的变化都设想成一系列的状态；而柏格森与之相反，他坚持认为任何状态的系列都无法描述连续的事物，处在变化中的事物永远根本不会处在任何状态之中。认为变化是由一系列变化中的状态构成的这种观点被柏格森称为是“电影镜头式的”，他说，这种观点对理智来说是很自然的，但是本质上却是极为有害的。真正的变化只能用真正的绵延来解释，真正的绵延包含着过去和当前的相互渗透，而不包含静态的状态数学式的前后相继。这被称为“动态的”而非“静态的”世界观。这个问题很重要，尽管很难我们也不能忽略。

柏格森的绵延理论和他的记忆理论有着密切的联系。根据这种理论，被记住的事物会保留在记忆之中，进而和当前的事物相互渗透：过去和当前不是外在于彼此的，而是在意识的统一体中混合在一起的。他说，构成了存在的是行动；数学上的时间只是被动的容器，它什么也不做，因而什么也不是。他说，过去是不再行动的东西，而当前是正在行动中的东西。但是在这个表述中，正如在他对绵延的所有解释中一样，柏格森不自觉地是以寻常的数学上的时间为前提的，没有这个前提，他的表述就是没有意义的。说“过去本质上是不再行动的东西”，除了指在过去之中的行动已经过去之外还能有什么意思呢？“不再”这个词是用来表示过去的，对一个并不拥有将过去作为外在于当前的某物这个普通概念的人来说，这个词是没有意义的。因此他的定义是循环论证。他实际上等于是在说，“过去是其中的行动已经过去的东西”。作为一个定义来说，这可不能认为令人满意。同样的道理也适用于当前，他说，当前即“正在行动的东西”(粗体是原来就有的)。但是“正在”这个词恰好引入了需要定义的那个当前的概念。当前是与曾在行动或者将要行动的东西相对立的正在行动的东西。也就是说，当前的行动是在当前，不是在过去也不是在将来。这个定义又是循环论证的。同一页上靠前的一段能够进一步地说明这种错误。他说：“构成了我们的纯粹知觉的，是我们正在发端中的行动……因而我们知觉的现实性在于其能动性，在于那些延长了知觉的活动，而不在于更大的知觉强度：过去只是观念，而当前则是与观念有关的运动。”从这段话可以十分清楚地看出，当柏格森谈论过去时，他指的不是过去，而是我们当前对过去的记忆。当过去存在时，它也和当前在现在一样具有能动性。而如果柏格森的解释是正确的，那么当前的时刻就应该是整个世界历史中唯一含有能动性的时刻了。在以往的时代存在着其他一些知觉，它们在自己的时代就像我们当前的知觉一样能动和现实；过去在以往绝不仅仅只是观念，而是按内在属性来说和在现在的当前一样。然而，这个实在的过去却被柏格森完全遗忘了，他所谈论的是当前关于过去的观念。实在的过去不能和当前相混淆，因为前者不是后者的一部分，而且这两者也是大不相同的两种东西。

柏格森的绵延和时间理论自始至终都建立在一个根本性的混淆之上，即把回忆这个当前事件和被回忆的过去事件等同起来了。要不是我们对时间太过熟悉，那么柏格森企图以不再具有能动性这一点来推导过去的做法其中所包含的恶性循环就会立刻显露无遗。实际上，柏格森叙述的是知觉和回忆——两个当前的事实之间的差异，而他相信自己叙述的是当前和过去之间的差异。只要认识到了这个混淆，他的时间理论看上去简直是一个把事件完全遗漏掉了的理论。

当然，柏格森的哲学中有很大一部分，也许正是这种哲学之所以受欢迎的那一部分，是不依赖论证的，因此也无法用论证来推翻。他对世界的想象性描绘，作为一种诗意的努力来看，基本上既不能被证明也不能被驳倒。莎士比亚说生命不过是个行走的影子，雪莱说生命是一个色彩斑斓的玻璃屋顶，柏格森则说生命是一发炮弹，其爆炸之后的碎片又分别成为炮弹。如果你更喜欢柏格森的意象，那也完全是合情合理的。

柏格森希望在这个世界上实现的善是为了行动而行动。一切纯粹的思索他都称为“做梦”，而且用一大串不客气的字眼来加以非难：静态的、柏拉图式的、数学的、逻辑的、理智的。他告诉那些期望对行动要达到的目的有所预见的人们，被预见到的目的不是什么新鲜的东西，因为期望和记忆一样，与其自身的对象是同一的。因而我们在行动中被迫当本能盲目的奴隶，生命力从背后无休止、不间断地推动我们向前。在这种哲学中没有为思索时获得洞见的时刻留下空间，而我们正是在这样的时刻，超脱了动物性的生命，认识到将人从野兽般的生活中拯救出来这更崇高的目的。对于那些觉得没有目的的行为便是足够善的人来说，柏格森的著作会为他们提供一幅令人满意的宇宙图景。但是对某些人来说，行动如果要有任何价值，就必须受到某种梦想的启迪，必须受到某种想象性的预测的启迪，预测一个不像我们日常生活的世界那样痛苦、那样不公正、那样充满了争斗的世界。总而言之，那些将行动建立在思索的基础之上的人，在柏格森的哲学中会找不到任何他们追求的东西，也不会为没有任何理由认为这种哲学是正确的而感到遗憾。

第二十九章

威廉·詹姆斯

威廉·詹姆斯（1842—1910），首先是个心理学家，但是由于两个原因而具有了哲学上的重要性：他创造了他称之为“彻底经验主义”的学说，他是所谓“实用主义”或者“工具主义”这种理论的三位倡导者之一。在晚年，他被公认为美国哲学的领袖，这是他应得的。他对医学的研究引导他开始探讨心理学，1890 年他在心理学方面出版的巨著[1]具有无比的卓越性。不过，我不准备讨论那本书，因为那是科学上而不是哲学上的贡献。

威廉·詹姆斯的哲学兴趣主要在两个方面，一方面是科学，另一方面是宗教。在科学这一面上，对科学的研究使得他的思想具有了唯物主义的倾向，然而这种倾向受到了他宗教情感的制约。他的宗教感情具有浓厚的新教和民主色彩，并且充满了人情的温暖。他一点也不像他的弟弟亨利·詹姆斯[2]那样清高和恃才傲物。他曾经说过：“黑暗之子可能是位绅士，正如别人告诉我们的那样，但是人间和天堂的上帝无论如何也不可能是一位绅士。”这个表态在他来说非常典型。

他的热心肠和好脾气让他几乎受到所有人的爱戴。我所知道的唯一一个对他没有任何好感的人是桑塔亚纳[3]，威廉·詹姆斯曾经把他的博士论文形容为“道德败坏的典范”。这两人之间存在着一种气质上无法克服的对立。桑塔亚纳也喜

---

[1] 指《心理学原理》。——译者注

[2] 亨利·詹姆斯（1843—1912），美国著名作家，代表作有《一个美国人》《贵妇的画像》等。——译者注

[3] 乔治·桑塔亚纳（1863—1952），生于西班牙马德里，长期生活工作在美国，著名自然主义哲学家和美学家。——译者注

欢宗教，但是喜欢的方式大不相同。他对宗教的喜爱是审美的和历史的，并不把宗教当作是对道德生活的帮助，而且很自然地，他对天主教的喜爱要远远超过对新教的喜爱。他在理智上不接受任何基督教的教义，但是他很满意于其他人去相信这些教义，而他自己去欣赏他所认为的基督教神话。在詹姆斯看来，这种态度除了不道德之外没有什么好说的。詹姆斯从他的清教徒祖先那里保留下来了一个根深蒂固的信念，即认为最重要的是善良的品行，而他的民主感情也让他无法默许对哲学家们讲一套道理、对俗人们讲另一套道理这种想法。新教徒和天主教徒在气质上的对立在非正统的信徒们中间依然存在，桑塔亚纳是一位天主教的自由思想家，詹姆斯不管有多么异端，仍然是一位新教徒。

詹姆斯的彻底经验主义学说初次发表于 1904 年的一篇名为《意识存在吗？》的论文中。这篇论文的主旨是要否定主客体关系的根本性。在这之前，哲学家们一直认为所谓“认知”这种事件的存在是毋庸置疑的，其中的一个实体，即认知者或主体，察觉到另一个实体，即被认知者或客体。认知者被认为是心灵或者灵魂；被认知的客体可能是物质性的，也可能是永恒的本质、另一个心灵或者认知者本身——在自我意识中。通常所说的哲学中的几乎一切东西都与主客体之间的二元对立有着紧密的联系。如果不承认主客体之间的区别是根本性的，那么物质和精神之间的区别、可供沉思的理想，以及传统的“真理”概念，所有这些都需要从根本上加以重新考虑。

在我看来，我相信詹姆斯在这个问题上是部分正确的，单单因为这个理由，他在哲学家中间就配得上崇高的地位。我原先和他意见相左，但是他和他的追随者们说服了我，使我相信了他的学说是包含着真理性的。接下来让我们来谈谈他的论证。

他说，意识“指代的是一种非实体，没有权利在首要的原则中占据一席之地。那些依然固守着意识的人，只是在固守着消逝中的‘灵魂’留在哲学空气中的一个微弱回音罢了”。他接着说：“存在没有任何原始的材料或性质，与构成物质客体的材料或性质相对立，而我们关于物质客体的思想就是由这些材料和性质构成的。”他解释说，他并不是在否定我们的思想可以行使认知的职能，这种职能也许可以称之为“具有意识”；他否定的是可以粗略地说意识是一种“事物”这个观点。他主张，只有一种“原初的材料或原料”，世界上的一切都是由它构成的，他把这种材料称为“纯粹经验”。他说，认知是两部分纯粹经验之间的一种特别的关系。主体和客体之间的关系是衍生性的——“我相信，经验并不具有这种内在的二元性。”经验中一个给定的、未分割的部分在一个语境中可以是认知者，在另一个语境中可能是某种被认知的东西。

他将“纯粹经验”定义为“直接为我们之后的思考提供原料的生命的流变”。

由此可见，如果将精神和物质的区别当作是两种詹姆斯所谓的“材料”之间的区别的话，这种学说就废除了这种区别。与此相应，在这个问题上同意詹姆斯的人提倡了一种他们称之为“中性一元论”的学说。根据这个学说，构成世界的原料既不是精神也不是物质，而是某种先在于这两者的东西。詹姆斯自己并没有发挥这个隐含在他理论中的含义；与之相反，“纯粹经验”这个短语在他那里的用法倒是指示了一种也许不自觉的贝克莱式的唯心主义。“经验”是一个哲学家们经常使用的词，但是却很少被定义。让我们来考虑考虑它都能有哪些含义。

常识认为，许多事情发生了，但是没有被“经验”到，例如月球背面上的各种事件。贝克莱和黑格尔出于不同的原因，都否认这一点，并且都主张没有被经验到的就是无。现在大部分哲学家都认为他们的论证是不可靠的——我也这么认为。如果我们要坚持世界的“材料”是“经验”这样一种观点，我们就会发现有必要编造一些复杂而又让人难以相信的解释，来说明月球背面的事情对我们来说意味着什么。而且除非我们能够从未“经验”到的事物推断“经验”到的事物，否则我们就很难找出除了我们自身之外其他任何事物存在的根据。的确，詹姆斯是否定这一点的，但是他的理由不那么让人信服。

我们所说的“经验”指的是什么呢？为了找到答案，最好的办法是这样来提问：未被经验到的事件和被经验到的事件有什么不同？被看见或者被感觉到正在下落的雨滴被经验到了，但是在没有生命的沙漠里落下的雨滴则没有被经验到。这样我们就得出了我们的第一个要点：只有在有生命的地方才有经验。但是经验和生命的范围并不是完全一致的。许多发生在我身上的事情我没有注意到，这些事情就很难说被我经验到了。又很显然，我经验到的事情都是我记得的，但是某些我记得不是太清楚的事情可能会造成延续至今的习惯。被烧伤的儿童害怕火，即便他已经回忆不起来自己被烧伤时的情景了。我认为如果一个事件造成了一种“习惯”，我们就可以说它被经验到了（记忆就是一种习惯）。宽泛地说，只有生物体才能够形成习惯。一根拨火棒不管多么经常地被烧得通红，也不会怕火。因此基于常识，我们说“经验”的范围和世界的“材料”的范围并不完全一致。在这个问题上，我个人看不出有任何违背常识的正当理由。

除了这个“经验”的问题，我觉得自己是同意詹姆斯的彻底经验主义的。

至于他的实用主义和“信仰意志”，那就另当别论了。尤其是后者，在我看来那就是在有意为某种宗教教义提供既似是而非又强词夺理的辩护——而且，这种辩护任何一个真诚的信徒都是无法接受的。

《信仰意志》出版于1896年，《实用主义——一些旧的思考方式的新名称》则出版于1907年。后一本书里的学说是对前一本书里学说的扩充。

《信仰意志》这本书论证道，我们在实际中常常被迫在没有充分理论依据的情况下做决定，因为即便什么都不做也依然是个决定。詹姆斯说，宗教问题就属于这一类。他主张，我们有权力采取一种信仰的态度，尽管“我们纯粹逻辑的理智可能没有受到强制”。这本质上就是卢梭笔下萨伏依牧师的态度，但是詹姆斯做了新的发展。

他告诉我们，诚实这项道德责任由两条戒律组成：“相信真理”和“避开错误”。怀疑主义者错误地只注意到了后者，进而会不相信一个不那么小心的人会相信的各种不同的真理。如果相信真理和避免错误具有同等的重要性，那么当我需要从中二选一时，我就应该随便相信其中一个的可能性，因为这样一来我就有一半的概率会相信到真理，而如果我犹豫不决的话就一点机会也没有。

如果认真地对待这个学说，那么所产生的伦理准则就会十分古怪。假设我在火车上遇见一位陌生人，并且心想：“他的名字是不是埃比尼泽·威尔克斯·史密斯呢？”如果我承认我不知道，那么我关于他名字的信念肯定是不正确的；而如果我决定相信那就是他的名字，我的信念反倒有机会正确。詹姆斯说，怀疑主义者因为害怕上当受骗，结果由于胆小而可能失去重要的真理。“有什么证据，”他补充道，“能够证明因为希望而受骗就要比因为胆小而受骗糟糕得多吗？”由此似乎可以推导出，如果我在几年内都希望能遇见一个名叫埃比尼泽·威尔克斯·史密斯的人，与消极诚实相对的积极诚实就会促使我所遇到的每一个陌生人都叫这个名字，一直到我找到确凿的反证为止。

你可能会说：“但是这个例子太荒唐了，因为尽管你不知道那个陌生人的名字，但是你肯定知道总人口中有很小一部分人就叫埃比尼泽·威尔克斯·史密斯。因此你并不处在自由选择所需要假定的完全无知的状态。”其实说来奇怪，詹姆斯在他的论文中从来没有提到过盖然性，然而对任何问题来说几乎都总是能发现某些盖然性上的考虑。暂且承认（尽管正统的信徒没有一个会这么做）世界上任何一种宗教都既没有支持自己的证据也没有反对自己的证据。再假设你是一个中国人，和儒教、佛教和基督教都有接触，逻辑规律禁止你认为这三者都是真理。让我们假设佛教和基督教各自都有一半的概率是真理，那么因为两者不可能同时是真理，所以其中一个一定是真理，因而儒教就一定不是。如果三者都有同样的概率，那么它们不是真理的概率肯定要大于是真理的概率。照这种方式，只要允许我们引入盖然性上的考虑，詹姆斯的原理就会崩溃。

令人难以理解的是，尽管詹姆斯是位卓越的心理学家，但是他却允许自己在这个问题上抱有一种极为粗浅的看法。他在讨论时，似乎只有完全相信和完全不相信这两个选择似的，而忽略了各种不确定的情况。假设，比如说，我正在我的书架上找一本书。我心想“可能在这个架子上”，于是我就去找，但是在我看到这本书之前，我不会认为“它就在这个架子上”。我们习惯于按照假设来行动，而不是严格按照我们认为的确定性来行动。因为当我们按照假设行动时，依然在留心新的证据。

在我看来，诚实的戒律并不像詹姆斯所想象的那样。我认为它应该是“对于任何一个假说，只给予证据能够保证的信任”。如果一个假说足够重要，就有另外的责任去寻找进一步的证据。这是简单的常识，和法庭上的程序也是一致的，但是和詹姆斯所推荐的程序则全然不同。

将詹姆斯的信仰意志孤立起来讨论对他是不公平的，这是一个过渡性的学说，经过一个自然的阶段发展到了实用主义。在詹姆斯的著作中所出现的实用主义，本来是对“真理”的一个新的定义。实用主义另外还有两位倡导者，即F.C.S. 席勒和约翰·杜威。我会在下一章里来讨论杜威，而席勒的重要性则不如另外两位。在詹姆斯和杜威博士之间，有一个着重点的不同。杜威博士的思想观点是科学性的，而且他的论证基本上也都是使用科学方法的考察，而詹姆斯关心的首先是宗教和道德。粗略地讲，他愿意提倡任何一种旨在让人们有德行并幸福的学说，如果一种学说能让人们有德并幸福，在他所说的“真理”的意义上便是真理。

根据詹姆斯的说法，实用主义的原则最初是由 C.S. 皮尔斯[1]发表的，皮尔斯主张，为了在思想中获得关于某个对象的清晰性，我们只需要考虑一下这个对象在实际中会有哪些可以设想的后果。詹姆斯在阐释这个理论时说，如果这种或那种世界准则是正确的，那么哲学的职能就在于找出这个准则会给你我带来什么不同。这样一来，理论就成了工具，而不再是对奥秘的解答。

詹姆斯告诉我们，只要观念能够帮助我们与自己经验的其他部分建立令人满意的联系，就会变成真实的：“只要相信一个观念对我们的生活有好处，这个观念就是‘真的’。”真实是善的一个类型，而不是一个单独的范畴。真实发生在观念身上，事件使观念变得真实。像唯理智论者那样说真实的观念必须和现实一

「1」查尔斯·桑德斯·皮尔斯（1839—1914），美国哲学家和逻辑学家，实用主义的创始人。——译者注

致是正确的，但是“一致”并不意味着“复制”。“在最宽泛的意义上，与现实‘一致’的意思也只能是指被径直地引导到现实或者现实的周围，或者是指与现实发生这样一种可行的接触——我们对现实或者与现实相关的事物的处理比和现实不一致时要好。”他还补充道，“真实只是我们思考方式中的权宜之计……从长远来看并且从过程的整体来看，”换句话说，“我们追求真理的义务是付出得有回报这个一般性的义务的一部分。”

在关于实用主义和宗教的一章中，他总结了自己的收获：“任何一种假说，只要由它得出的结果对生活有用，我们就不能拒绝它。”“上帝这个假说如果在最宽泛的意义上起了令人满意的作用，它就是真实的。”“根据宗教经验提供的证明，我们完全可以相信更高的力量的确是存在的，并且正致力于按照与我们自己的理想路线相类似的路线从事拯救世界的工作。”

我发现在这个学说中有若干理智上的重大困难。这个学说假定，当一个信念有好的效果时，它就是“真实的”。如果想要这个定义有用——如果它没有用的话，它就会被实用主义者自己的检验证伪——我们就必须知道：什么是好；这个或那个信念的效果是什么。在我们能够知道任何东西是“真实的”之前，我们必须知道这些事情，因为只有在我们认定一条信念的效果是好的之后，我们才有权称其为“真实的”。结果就是令人难以置信的复杂化。假设你想知道哥伦布是不是在 1492 年横渡了大西洋，你绝对不能像其他人所做的那样，到书本里寻找答案。你必须先调查一下这个信念的效果是什么，以及它们和相信哥伦布的远航发生在 1491 或者 1493 年的效果有什么不同。这一点已经够困难了，但是从伦理的角度来权衡这些效果还要更困难。很显然，你说 1492 年会有最好的效果，因为这会让你在考试中得到更高的分数。如果你说了 1491 或者 1493 年，你的竞争者们就会超过你，但是他们可能会认为你的成功而不是他们的成功在伦理上是值得惋惜的。在考试之外，我想不出这个信念能有什么实际的效果，历史学家的情况除外。

但是麻烦不止于此。你必须认为你从伦理上和实际上对一个信念的后果所做的估计是正确的，因为如果你的估计是错误的，你用来支持自己信念真实性的论证就是错误的。但是根据詹姆斯的意见，说你关于后果的信念是正确的，就是在说你的信念有好的后果，而这反过来又只有在你的信念有好后果时才是真的，如此循环下去以至无穷。这样显然是不行的。

还有一个困难。假设我说有哥伦布这样一个人，每个人都会同意我说的是真的。但是为什么我这么说就是真的呢？是因为某个生活在四百五十年前的有血有肉的人——简单地说，是因为我的信念的原因而不是其效果。按照詹姆斯的定义，就有可能发生这样的事情："A存在"是真实的，尽管A并不存在。我就一直觉得圣诞老人这个假说"在最宽泛的意义上起了令人满意的作用"，因此"圣诞老人存在"是真实的，尽管圣诞老人并不存在。詹姆斯说（我再引一次）："上帝这个假说如果在最宽泛的意义上起了令人满意的作用，它就是真实的。"这就把上帝是否真的在他的天堂中当成了无关紧要的问题而忽略掉了，只要上帝是一个有用的假说就足够了。上帝这位宇宙的设计师被忘记了，被记住的只有对上帝的信念，以及这个信念对居住在我们这颗小小的星球上的造物有什么影响。难怪教皇谴责了从实用主义的角度对宗教的辩护。

在这里我们就接触到了詹姆斯的宗教观和过去人们的宗教观的一个根本性的不同。詹姆斯感兴趣的宗教是一种人间的现象，对宗教所沉思的对象几乎没有任何兴趣。他想要人们幸福，如果信仰上帝能让人们幸福，那就让他们信仰好了。在这个范围内，这还是善心，而不是哲学；当詹姆斯说如果信仰让人们幸福，那信仰就是"真实的"，这便成了哲学。对一个渴望崇拜对象的人来说，这是不能让人满意的。渴望崇拜对象的人关心的不是"如果我信仰上帝，我就会幸福"，他关心的是"我信仰上帝因此我幸福"。他相信上帝，就和他相信罗斯福或者丘吉尔或者希特勒的存在是一样的。上帝对他来说是一个实际的存在，并不仅仅是一个具有好效果的人类观念。具有良好效果的是真诚的信仰，而不是詹姆斯软弱无力的替代品。如果我说"希特勒存在"，我显然没有"相信希特勒存在的效果是好的"这个意思。对一个真心的信仰者来说，对上帝也可以这么说。

詹姆斯的学说是在怀疑主义的基础上建造关于信仰的上层建筑的尝试，他的错误和所有类似的尝试一样，都离不开错误。在詹姆斯的情况中，错误是因为试图无视一切超人类的事实而产生的。贝克莱式的唯心主义再加上怀疑主义导致他用信仰上帝来代替上帝，并且假装这样也行得通。但那不过是一种大多数近代哲学都具有的典型的主观主义疯狂罢了。

第三十章

约翰·杜威

约翰·杜威生于1859年，被公认为美国哲学在世[1]的领袖人物。我完全赞同这一评价。他不仅在哲学家中间影响非凡，而且对教育、美学和政治理论的研究者们也产生了深刻的影响。他的品质无比优秀，他在思想观点上是自由主义的，待人接物慷慨大方、和蔼可亲，对待工作孜孜不倦。我几乎完全赞同他的许多观点。出于对他的尊敬和敬仰，再加上曾亲历他的友善，我真希望能够完全接受他的观点，但是让我感到遗憾的是，我不得不对他最具特色的哲学学说持保留意见，也就是那种想要以“探究”代替“真理”，作为逻辑和认识论的基本概念的学说。

与威廉·詹姆斯一样，杜威也是新英格兰人，并且继承了一百年前伟大的新英格兰人某些子孙们已经放弃了的新英格兰自由主义传统。他从来不是一个所谓的“纯粹”哲学家。一直以来，他的兴趣尤其是集中在教育学上，他对美国教育产生了十分深刻的影响。我本人，虽然不如杜威，但也曾经试图对教育学施加一种和他非常类似的影响。也许他也和我一样，对那些声称遵循了他的教导的人的行为方式并不总是感到满意，但是在实际中，任何新学说在某种程度上都必定会言过其实地浮夸错误。其实这点并不像人们可能会认为的那样关系重大，因为新事物的缺陷要比传统事物的缺陷更容易被发现。

杜威在1894年成为芝加哥大学的哲学教授，教育学是他所讲授的科目之一。他创立了一个革新的学派，在教育方面著述硕果累累。他的《学校和社会》(1899

「1」杜威逝世于1952年。——译者注

年）一书对这一时期的论著进行了总结，该书也被公认在他所有著作中最具影响力。他一生中不断地在教育学方面著书立说，数量与哲学不分高下。

其他的社会和政治问题在他的思想中也占据十分重要的地位。与我一样，他访问俄国和中国并在那里产生了很大的影响，不过，在俄国是消极的影响，在中国是积极的影响。他并非第一次世界大战十分坚强的支持者。他在调查托洛茨基被指控的罪名的过程中扮演了十分重要的角色，而且尽管他深信这些罪名毫无依据，他也并不认为如果列宁的后继者是托洛茨基而不是斯大林，苏维埃的政体就能令人满意。他逐渐坚信，由暴力革命走向独裁不是实现良好社会的方法。尽管在所有经济问题上他都持有坚定的自由主义立场，但是他却从来都不是一个马克思主义者。有一次我听他说道，在好不容易才把自己从一种传统的正统神学中解放出来之后，他并不准备再受到另一套神学的束缚。在所有这些问题上，他的观点几乎都与我完全一致。

从严格的哲学角度来看，杜威的工作的重要性首先在于他对传统的“真理”概念的批评，这个批评体现在他称之为“工具主义”的理论中。按照大多数专业哲学家的理解，真理是静态和终极的、完美和永恒的；用宗教的术语来说，真理可以与上帝的思想相等同，与作为理性存在的我们和上帝所分享的那些思想相等同。真理的完美典范就是乘法表，它既精确又可靠，没有任何尘世的杂质。从毕达哥拉斯以来，特别是从柏拉图以来，数学就和神学联系在一起，而且深刻影响了大多数专业哲学家的认识理论。杜威的兴趣不是数学式的，而是生物学式的，他将思想设想为一种进化的过程。传统的观点当然也承认人们所知越来越多，但是每一条知识，在被获得后，就被认为是某种终极的东西。的确，黑格尔并不这样来看人类知识，他把人类知识设想为一种有机的整体，其中每个部分都在逐渐增长，但是在整体变得完满之前任何部分都不会是完满的。然而尽管黑格尔哲学在杜威的青年时代对他产生过影响，但是黑格尔哲学中依然有绝对，有比时间过程更实在的永恒世界。这些在杜威的思想中都是不可能占有一席之地的，因为在杜威看来，一切实在性都是时间性的，而且过程虽然是进化的，但是并不像黑格尔所认为的那样，是永恒理念的展现。

以上论述是我和杜威意见一致的地方，而且我们的一致还不止这么多。在开始讨论我们意见不一的问题之前，我会先来论述一下我自己的“真理”观。

第一个问题是：什么样的事物能够为“真”或者为“假”？最简明扼要的回答就是：句子。“哥伦布在1492年横渡了大西洋”是真的，“哥伦布在1776年横渡了大西洋”是假的。这个回答正确，但不完整。不管句子是真是假，那都是因为它们“有意义”，而句子的意义依赖于所使用的语言。如果你将描述哥伦布的一句话翻译成阿拉伯语，你就必须将“1492”替换成回历中相应的年份。不同语言中的句子可能会有同样的意义，正是意义而不是词语决定了句子是“真”还是“假”。当你言说了一个句子，你就表达了一个“信念”，这个信念在另一种语言中同样也可以得到十分妥帖的表达。不管“信念”是什么，它都是“真的”或者“假的”或者“多少有些真的”东西。这就迫使我们去研究“信念”。

但是假设一个信念足够简单，不用词语表达它也可能会存在。如果不使用词语，我们就很难相信圆周率大约是3.14159，也很难相信当恺撒决定跨过卢比孔河[1]时，罗马共和体制的命运就被决定了。但是在简单的情况下，不用语言表达的信念也十分常见。例如，假设你在下楼梯，但是在快到底时犯了个错，你用适合于平地的步伐迈了一步，结果打了个趔趄，吓了自己一跳。你会很自然地说：“我还以为已经到底了呢。”但是其实你当时并没有在想楼梯，因为否则你就不会犯这个错了。你的肌肉已经按照适合于平地的方式做了调节，但是实际上你还没有下到底。出错的是你的精神而不是身体——至少这是对发生的事情的一个自然描述。但是实际上精神与身体之间的区别是很含糊的。更好的办法是说“有机体”，而搁置了有机体的活动属于精神还是身体这个问题。那么我们就可以说，你的有机体本来是按照已经下到楼梯底的情况进行调节，但是实际情况并非如此。这个调节上的失误构成了谬误，我们就可以说你抱有的是一个假的信念。

上例中，意外感让我们检验到了错误。我认为普遍说来，这个方法对可以检验的信念都适用。假信念就是会在适当的情况下使怀有这个信念的人经验到意外感的那些信念，而真信念就不会造成这个效果。但是尽管意外感在适用的情况下是一个很好的评判标准，但是它却并没有给出“真”和“假”这两个词的含义，而且它也并不总是适用。假设你正在一阵暴风雨中行走，并且对自己说“我绝对不会被闪电击中”。在下一刻你被击中了，但是你不会经验到意外感，因为你已经丧命。又比如太阳像詹姆斯·基恩斯爵士[2]似乎预计过的那样发生爆炸，我们便会立刻消失，因此也不会感到意外。但是除非我们预见到了这场灾难，否则我

「1」卢比孔河是古代亚平宁半岛北部的一条小河，在古代曾经是意大利本土和山南内高卢的界河。共和国时期的罗马法律为了防止军人拥兵作乱，规定任何将领都不得带兵跨过这条河。但是在公元前49年，为了返回罗马和庞培争夺权力的恺撒打破了这条禁令，这标志着罗马的共和政体已经名存实亡。后来“跨过卢比孔河”成了西方的一句谚语，意思类似于汉语中的“破釜沉舟”。——译者注

「2」詹姆斯·基恩斯（1877—1946），英国数学家、天文学家。——译者注

们就都犯了错。这样的例子说明了真和假是有客观性的：真的（或者假的）事物是有机体的一种状态，但是一般来说，这种状态是因为外在于有机体的各种事件而为真的（或者为假的）。要确定真和假有时候可以进行实验性的检验，但是有时候不行。如果不行，替代方案还是有的，而且意义重大。

我就不再继续阐述我关于真和假的观点，让我们接着来考察杜威的学说。

杜威并不追求那些绝对“真实”的判断，也不把与这些判断相反的判断斥为绝对的“虚假”。根据他的意见，有一个叫作“探究”（inquiry）的过程，是有机体于其环境之间相互调节的一种形式。从我的角度来说，如果我希望竭尽可能同意杜威的意见，我就会先开始分析“含义”或者“意义”。例如，假设你正在动物园中，你听见扩音器里一个声音说，“有只狮子刚刚逃脱了”。此情此景下，你会像真的看见了狮子逃脱了——也就是说，你会尽快地逃走。“有只狮子刚刚逃脱了”这个句子意味着某个事件，这么说的意思是，这句话会促成和真的被你看到的那个事件一样的行为。概括地讲：如果一个句子S促成一个事件E会促成的事件，那么这个句子就“意味”着这个事件。如果实际上并没有发生这样的事件，这个句子就是假的。这一点对一个不用词语表达的信念也完全适用。我们可以说：信念是有机体的一种状态，可以促成一个被感官捕捉到的事件能够促成的行为，促成了这个行为的事件就是“意义”。这个陈述太过简单，但是可以用来指示我所主张的理论。到此为止，我并不认为杜威与我会有很大的分歧。但是关于他的进一步发展，我觉得自己和他有着非常明确的不同之处。

杜威让探究成为逻辑的本质，而非真理或者知识。他将探究定义如下：“探究是一种受控制的，或者受引导的转化过程，其中一个不确定的事态被转变成一个确定的事态，这个转化的过程是如此之彻底，以至于构成原事态的区别要素和关系要素都被转化成了一个统一的整体。”他还补充道，“探究所关注的是对客观素材进行客观转化。”这个定义显然不严谨。例如，军队中的教官与一群新兵的关系，或者一个泥瓦匠与一堆砖头的关系，这两者都完全符合杜威对“探究”的定义。因为他显然不愿意将这两种关系包括在内，所以他的“探究”概念中必定有某个要素在定义中忘记提及。我稍后就会试着来确定这个要素到底是什么。但是让我们先来考虑一下按这个定义的原样能够得出什么结果。

显而易见，杜威所设想的“探究”是试图使这个世界成为有机的普遍过程的一部分。“统一的整体”应该是探究的结果。杜威对有机物的热爱在某些方面是因为生物学，在另一些方面是因为挥之不去的黑格尔的影响。除非以黑格尔式的形而上学作为基础，否则我看不出为什么要预料探究会产生“统一的整体”这个后果。如果有人给我一副打乱顺序的扑克牌，并让我探究一下牌的顺序，如果我遵照杜威的指示，我会先把牌整理好，然后说这就是由探究所产生的顺序。当我在理牌时，的确会有一个“对客观素材进行客观转化”的过程，但这是定义所允许的。如果到了最后，别人告诉我：“我们想知道的是这副牌被交给你时的顺序，而不是你把它们洗过之后的顺序。”如果我是杜威的信徒，我就会回答道：“你们的观念实在是太静态了。我是一个动态的人，我探究任何素材，首先会按照使探究易于进行的方式对其进行转化。”认为只有在黑格尔式的现象和实在的差异的基础上这个处理合情合理才是一个正当的想法：现象可能是混乱和零碎的，但是实在永远是井井有条和有机的。因此当我在洗牌时，我不过是在揭示它们真正的永恒本性罢了。但是这一部分杜威学说从来没有得到明确的阐释。有机物的形而上学是杜威理论的基础，但是我不知道他在多大程度上意识到了这个事实。

现在让我们试着来探究，如果要把其他形式的有机化活动和军队教官、泥瓦匠这类的有机化活动区分开来，还需要对杜威的定义做哪些补充。从前，我们一直说探究是按照其目的进行区分的，而探究的目的就是要确定某种真理。但是对杜威来说，“真理”要通过“探究”的方式来进行定义，而不是相反。他赞同并引用了皮尔斯的定义：“真理”是“所有研究者最终注定都会同意的意见”。这就让我们对研究者到底在做什么完全一无所知，因为我们不能说他们在努力确定真理而不犯循环论证的错误。

我认为杜威博士的理论可以叙述如下：有机物与其环境之间的关系有时候是令有机物满意的，有时候则令有机物不满意。当这种关系并不令有机物感到满意时，事态可以通过相互调整得到改善。如果使事态得到改善的改变主要是有机物这一边的——这种改变绝不可能只在任何一边——所涉及的过程就叫作“探究”。例如：在一场战斗中，你主要是在关注如何改变环境，即敌军；但是在作战之前的侦察时期，你主要关注的是根据敌军的部署来调整自己的军力。之前的这一时期就是“探究”时期。

在我看来，这个理论的难点在于割裂了一个信念和一般来说可以“证实”这个信念的一个或多个事实之间的联系。让我们继续来考察将军指挥作战这个例子。他的侦察机向他报告了敌军的一些准备情况，他则采取了某些相应的反制措施。常识告诉我们，如果敌军真的做了报告中所说的那些准备，那么将军据以制定行动计划的报告就是“真的”；而且，在这种情况下，即便将军最后输掉了这场战斗，那些报告依然是真的。这种观点被杜威博士否定了。他并不把信念分成“真的”和“假的”这两类，但是他依然有两种信念：如果将军后来赢了，我们就称那个信念是“令人满意的”；如果将军后来被打败了，我们就称那个信念是“不能令人满意的”。直到战斗发生之后，将军才能够决定该对侦察兵的报告持有什么看法。

概括来说，我们可以说杜威博士像其他所有人一样，也把信念分为两类：一类是善，另一类是恶。然而，他还认为，一个信念可能在此时是善，而在彼时就是恶，比之前的理论好而比后来的理论坏的不完美的理论就属于这种情况。一个信念到底是善是恶，取决于有机体由它而起的行动所具有的结果是否令人满意。因而关于过去某个事件的信念是“善”还是“恶”，所依据的不是这个事件是否真的发生过，而是这个信念在未来有什么效果。这样一来结果就离奇了。假设有个人问我：“你今天早饭时喝咖啡了吗？”如果我是个普通人，我会试着回想。但如果我是杜威博士的信徒，我就会说：“稍等，我必须先做两个实验才能告诉你。”接着我会先让自己相信自己喝了咖啡，并观察会有什么结果；再让自己相信自己没有喝咖啡，再来观察结果。我还要比较这两组结果，看哪组更让我满意。如果有一组更让我满意，我就会选择那个回答；如果双方不相上下，我就得承认我无法回答这个问题。

但是麻烦还不止如此。我是如何知道相信自己早饭时喝了咖啡这个信念的结果的？如果我要说“结果是如何如何”，这回过头来又必须受到其结果的检验，这样我才能知道我所说的是一个“善”陈述还是一个“恶”陈述。而且即便这个困难被克服了，哪组结果更令我满意又该如何判断？关于我是否喝了咖啡这个问题，一个决定可能是这让我感到满足，另一个决定可能是这会坚定我从事战争的决心。这两个都可以被认为是好的，但是除非我决定了哪个更好，否则我就无法知晓自己早饭时是否喝了咖啡。这当然是荒唐的。

杜威和迄今为止人们所认为的常识的分歧，是因为他拒绝在自己的形而上学中承认“事实”，拒绝承认“事实”就意味着确定无疑、无法操控。不过在这一点上，常识正在变化，也许他的观点与常识将会变成的那个样子是不矛盾的。

杜威博士与我之间的主要差异是，他从一个信念的效果来判断这个信念，而我当这个信念涉及过去的一个事件时是从其原因进行判断的。如果一个信念和其原因有某种联系（有时候这种联系极为复杂），我就认为这样一个信念是“真的”，或者认为我们差不多可以把它当作是“真的”。杜威博士则主张，如果一个信念有某种效果，这个信念就具有“有保证的可断言性”——他用这个说法来代替“真实性”。这个分歧和世界观的不同是联系在一起的。过去无法受到我们现在所作所为的影响，因此，如果真实性是由已发生的事情决定的，过去就独立于当前或未来的意志；在逻辑形式上，过去代表了人力的局限。但是如果真实性，或者不如说“有保证的可断言性”取决于未来，那么只要我们有能力改变未来，我们就有能力改变可被断言的事物。这增强了人类的权力感和自由感。恺撒是不是跨过了卢比孔河？我会认为，根据过去的一个事件，对此问题的回答必然不可更改的是肯定的。杜威博士则要根据对未来事件的估量来决定说是还是说不，而我们又完全可以通过人力对这些未来事件进行安排，让否定的回答更让人满意。如果我觉得恺撒跨过了卢比孔河这个信念非常讨厌，我没必要干坐着沮丧和绝望；如果我有足够的手段和能力，我就可以安排一个社会环境，让恺撒没有跨过卢比孔河的说法在其中具有“有保证的可断言性”。

在本书中，我自始至终都在努力将哲学和哲学家们身处的社会环境联系起来。在我看来，对人类力量的信仰，以及不愿意承认“确定无疑的事实”这两种现象，一直都是与机器生产和通过科学手段操控自然环境这两个事实所带来的希望联系在一起的。杜威博士的许多支持者也持有这种观点。例如，乔治·雷蒙德·盖格[1]在一篇称功颂德的文章中，说杜威博士的方法“意味着思想上的一场革命，正如一个世纪前发生的工业革命那样，是中产阶级的、不引人注目的，但也是同样伟大的”。在我看来，当我写下下面这段话时说的也是同样的意思：“杜威博士的思想观点在其独具特色的地方，与工业文明和集体企业的时代是协调的。很自然地，他的思想对美国人有着最强的吸引力，也很自然地同样为诸如中国和墨西哥这样的国家中的进步人士所欣赏。”

让我感到遗憾和惊讶的是，这个在我看来完全没有冒犯之意的说法，竟会惹恼了杜威博士，他回应道：“罗素先生有个根深蒂固的习惯，就是将实用主义的认识理论和美国工业文明中令人憎恶的各方面联系在一起……似乎我要把他的哲学和英国地主贵族的利益联系在一起似的。”

对于我来说，我已经习惯于自己的观点被别人（尤其是共产党人）解释成是因为我和英国贵族阶级的关系[2]，而且我也十分愿意承认自己的观点和其他人一样受到了社会环境的影响。而且如果关于杜威博士所受的社会影响我的观点有错，我为此感到遗憾。然而，我发现我不是唯一犯下这个错误的人。例如，桑塔亚纳就说过：“在杜威的著作中，正如在眼下的科学和伦理学中一样，弥漫着一种准黑格尔式的倾向，这种倾向不仅将个人消融在了其社会功能中，还将一切实

「1」乔治·雷蒙德·盖格（1903—1998），美国哲学家，杜威博士的学生。——译者注

「2」本书作者勃特兰·罗素出身英国贵族世家，是第三代罗素伯爵。——译者注

质的和现实的事物都消融在了相对的和过渡性的事物之中。”

在我看来，杜威博士的世界是一个人类占据了想象力的世界，尽管他肯定也是承认天文学上的宇宙的，但是大多数时候这个宇宙被他忽略了。他的哲学是一种权力哲学，只不过不像尼采的哲学那样是个人权力的哲学，他所看重的是一个社会的权力。在我看来，有些人对我们对自然力量新的控制力的印象更为深刻，而不是我们的控制力依然受到的那些限制，而工具主义的哲学正是因为这种社会力量的因素而对这些人产生了吸引力。

人类对非人的环境所抱有的态度在不同的时代大不相同。希腊人害怕骄傲自大，并且信仰一位地位甚至比宙斯还高的必然或者命运之神，因而他们小心地避免去做那些在他们看来对宇宙无礼的事情。中世纪则将顺从做到了前所未有的程度：对上帝的谦卑是基督徒的首要责任。创造力被这种态度束缚住了，伟大的原创几乎变得不可能。文艺复兴运动恢复了人类的尊严，但是又把人类的尊严提升到了会导致无政府状态和灾难的程度。文艺复兴运动的大部分成绩都被宗教改革运动和反宗教改革运动抵消了。近代的技术，尽管并不完全支持文艺复兴式的高傲的个人，但是却使人类社会的集体力量之感得到了复活。之前过分谦卑的人类开始认为自己几乎就是上帝。意大利的实用主义者帕皮尼就极力主张我们用“模仿上帝”来代替“模仿耶稣”。

在所有这些事情上，我都感到了一种极度的危险，一种可以称之为“宇宙性的不敬神明”的危险。将“真理”当作某种依赖于事实的东西，而事实在很大程度上又在人类的控制之外——这种观念迄今为止一直是哲学教导我们谦卑是必要的要素的方法之一。当移除这个对骄傲的制约，我们在通向某种疯狂的道路上就又前进了一步——这种疯狂就是随着费希特侵入到哲学之中的对权力的迷醉。近代人，不管是不是哲学家，都容易陷入这种迷醉之中。我深信这种迷醉是当下最大的危险，也深信任何一种助长了这种迷醉的哲学，不管有多么无意，都会增加巨大的社会性灾难的风险。

第三十一章

逻辑分析哲学

自从毕达哥拉斯的时代以来，哲学中就存在着两种人的对立：一种人的思想主要是在数学的启迪下产生的，另一种人则更多地受到经验科学的影响。柏拉图、托马斯·阿奎那、斯宾诺莎和康德可以说属于所谓的数学派，德谟克利特、亚里士多德和近代自洛克以降的经验主义者则属于相反的那一派。在我们今天的时代兴起了一派新的哲学，其所从事的工作是要从数学的原理中清除毕达哥拉斯主义，并且将经验主义与对人类知识中演绎性部分的兴趣相结合。这个学派的目标不像过去的大部分哲学那样引人注目，但是它的一些成就却像科学家们的成就一样可靠。

这种哲学源起于那些努力想从自己的学科中把各种错误和草率的推理清除出去的数学家所取得成就。十七世纪的大数学家们都是乐观派，并且都急于迅速地取得结果，结果他们将解析几何和微积分建立在了不稳固的基础之上。莱布尼茨相信无穷小是实际存在的，然而尽管这个信念是符合他的形而上学的，它却没有合理的数学基础。在十九世纪中期之后不久，魏尔斯特拉斯[1]证明了如何不借助无穷小来建立微积分，这样终于使得微积分有了坚实的逻辑基础。接着又有格奥尔格·康托[2]，他发展了连续性和无穷数的理论。直到他给"连续性"(continuity)下定义之前，这一直是一个含糊的字眼，为黑格尔那样想把形而上学的混乱想法带进数学的哲学家提供了方便。康托赋予这个词一个准确的意义，并且说明了他

「1」卡尔·魏尔斯特拉斯（1815—1897），德国数学家、教育家，他对数学语言的严密化和精确化有着重要的贡献。——译者注

「2」格奥尔格·康托（1845—1918），德国数学家，原籍俄国，数学集合论的创立人。——译者注

所定义的连续性就是数学家们和物理学家们所需要的那个概念。通过这种手段，大量的神秘主义思想，例如柏格森的那种，就变得陈旧过时了。

康托还攻克了长期存在的关于无穷数的那些难题。试举从 1 开始的整数序列为例，这种数到底有多少？很显然，这个数目不是有穷的。到 1000 为止，有 1000 个数；到 100 万为止，有 100 万个数。不管你提出什么有穷的数目，显然肯定还有比它大的数，因为从 1 到你提出的这个数 X，必定有 X 个数，然后还有比这更大的数。因此，有穷整数的数目一定是个无穷数。但是现在就出现了一个奇怪的事实：偶数的数目必定与全体整数的数目一样多。试看下面两列数：

1，2，3，4，5，6……

2，4，6，8，10，12……

上列中的每一个数在下列中都有一个对应项，因此两列的相数一定是相同的，尽管下一列只是由上一列的项的一倍组成的。莱布尼茨注意到了这一点，他认为这是一个矛盾，并由此得出结论说，虽然无穷的集合是有的，但是并没有无穷的数。与他相反，格奥尔格·康托大胆地否定了这是一个矛盾。他是正确的，这只是一个奇事罢了。

格奥尔格·康托将“无穷”集合定义为这样一个集合：其各部分所包含的项数与集合的整体所包含的项数相同。依据这个基础，他得以建立起一种非常有趣的关于无穷数的数学理论，并进而将以前被放弃给神秘主义和混乱思想的领域纳入了精确逻辑的领域之内。

下一位重要的人物是弗雷格[1]，他在 1879 年发表了他的第一篇著作，在 1884 年发表了他对“数”的定义。然而尽管他的发现具有划时代的意义，直到 1903 年我让大家注意到他为止，他一直完全不为别人所承认。值得大书特书的是，在弗雷格之前，人们所提出的所有关于数的定义，都包含着基础性的逻辑差错。习惯上人们总是将“数”(number) 等同于“多元”(plurality)。数的实例是一个特殊的数，比如说 3；而 3 的实例则是一个特殊的三元。三元是一种多元，但是所有的三元所组成的那个类别，则是一个由多个多元组成的多元——弗雷格就将这个类别等同于数字 3；而一般意义上的数（3 是它的一个实例），则是由多个多元组成所组成的一个多元。因为将这个多元和由一个给定的三元所组成的多元相混淆而犯下了基本的语法错误，弗雷格之前所有关于数的哲学都成了连篇的“废话”，而且是最严格意义上的“废话”。

---

[1] 戈特洛布·弗雷格（1848—1925），德国逻辑学家和数学家、现代逻辑的创始人。——译者注

从弗雷格的工作可以推导出算术和一般意义上的纯数学不过是演绎逻辑的延伸，这证明康德认为算术命题是“综合的”、包含着和时间的关系这种理论是不正确的。由逻辑如何展开纯数学，我和怀特海在我们合著的《数学原理》中有详细的论述。

有一个问题已经逐渐变得很清楚了，那就是有很大一部分哲学可以被归结为某种可以称之为“句法”（syntax）的东西，只是我们必须在一个比这个词迄今为止所惯有的更宽泛的意义上来使用它。有些人，特别是卡尔纳普[1]，曾经提出过一个理论，认为所有的哲学问题实际上都是句法问题，而且如果避开了句法上的错误，那么哲学问题因而要么得到解决，要么证明是不可解决的。我认为——卡尔纳普现在也赞同，这言过其实，但是无疑哲学句法在涉及传统问题时的功效是非常之大的。

我会简要地对所谓的描述理论做一番解释，来说明哲学句法的功效。我所说的“描述”（description），指的是像“美国现任总统”这样的短语，其中的人或物并不是根据名称来指示的，而是根据某种被认为已知为某人或某物特有的属性。这样的短语曾一度麻烦成堆。假如我说“金山不存在”，而你又问我“不存在的是什么”，如果我回答“是金山”，这就似乎把某种存在性赋予了金山。很显然，当我这么说时，我并没有做出一个像“圆正方形不存在”那样的陈述。这似乎暗示了金山是一个事物，而圆正方形也是一个事物，尽管这两者都不存在。描述理论所关注的就是如何解决这个困难以及其他一些困难。

根据描述理论，如果一个陈述包含着一个“如此这般”形式的短语，又得到了正确的分析，短语“如此这般”就会消失。例如，拿“司各特是《威佛利》[2]的作者”这个陈述来说，描述理论将这个陈述解释为：

“有且只有一个人写了《威佛利》，那个人是司各特。”

或者，说得更完全一点：

“有一个实体 c，使得如果 x 是 c 的话，那么‘x 写了《威佛利》’这个陈述就是真的，否则就是假的；而且 c 是司各特。”

这句话的前半部分，即“而且”这个词之前的那一部分，按照定义意思是这样的：“《威佛利》的作者存在（或者曾经存在，或者将会存在）。”因而“金山不

---

[1] 鲁道夫·卡尔纳普（1891—1970），美国哲学家，生于德国，逻辑实证主义的代表人物。——译者注

[2]《威佛利》是十九世纪早期由苏格兰作家沃尔特·司各特爵士创作的一部历史小说，一般被认为是近代西方第一部历史小说。——译者注

存在”的意思就是说：

“没有一个实体 c，使得如果 x 是 c 的话，那么‘x 是金子而且是山’是真实的，否则就不是。”

有了这个定义，我们在说“金山不存在”时指的是什么意思这个难题就消失了。

根据这个理论，“存在”只能用来断言描述。我们可以说“《威佛利》的作者存在”，但是说“司各特存在”就是语法混乱，或者不如说句法混乱。这就澄清了自柏拉图的《泰阿泰德篇》以来两千年间关于“存在”的糊涂想法。

以上所讨论的工作的结果是，从毕达哥拉斯和柏拉图以来一直占据着崇高地位的数学被赶了下来，从数学中得出的反对经验主义的臆断也被摧毁了。数学知识的确不是通过推断从经验中获得的，我们相信 2 加 2 等于 4 的理由并不是我们经常通过观察发现一对东西加上另一对东西就是四件东西。在这个意义上，数学知识依然不是经验性的。但是数学知识也不是关于这个世界的先验性知识，实际上，它只是词句上的，“3”意味着“2+1”，“4”意味着“3+1”。从中可以推导出（尽管这个证明很长），“4”和“2+2”的意思相同。这样一来数学知识就不再神秘了，它和一码有三英尺这条“颠扑不破的真理”具有完全相同的性质。

物理学和纯数学一样，也向逻辑分析哲学提供了材料，特别是通过相对论和量子力学理论。

对哲学家来说，相对论的重要性在于用时空关系代替了时间和空间。常识认为物理世界是由“事物”构成的，事物在一段时间之内延续，在空间之内移动。哲学和物理学将“事物”的概念发展为“物质实体”的概念，并认为物质实体是由粒子组成的，每个粒子都极为微小，并且在时间中始终存在。爱因斯坦用事件代替了粒子，每个事件和另外的每个事件之间都有一种可以称之为“间隔”的关系，这种关系可以通过各种不同的方式分解为一个时间要素和一个空间要素。对于这些不同方式的选择是任意的，其中任何一种在理论上都不比其他任何一种更为可取。假设在不同的区域内有给定的事件 A 和事件 B，那么完全可能出现这种情况：根据一种规定，它们是同时的；根据另一种规定，A 要早于 B；再根据另一种规定，B 要早于 A。没有任何物理事实和这些不同的规定相对应。

从这一切似乎可以推导出，事件而非粒子一定是物理学的“素材”。之前所认为的粒子必须被认为是一系列的事件。代替了粒子的这个事件的系列有某种重要的物理属性，因此值得我们的注意，但是它并不比我们任意挑选出的任何其他事件的系列具有更多的实在性。这样一来，“物质”就不是组成这个世界的基本材料的一部分，而只是将各种事件集合成束的一种便捷方式而已。

量子理论也巩固了这个结论，但是量子理论在哲学上的重要性主要在于它认为物理现象可能是不连续的。这个理论指出，在一个原子（如前文解释）中，某种事态持续一段时间，然后突然被另一种有限不同的事态所取代。之前一直假定运动的连续性，看起来不过是偏见罢了。然而，与量子理论相适应的哲学还没有得到充分的发展。我怀疑与相对论相比，这种哲学会更多地要求背离传统的空间和时间学说。

在物理学将物质的物质性减弱的同时，心理学也正在减弱精神的精神性。在之前的一章中，我们曾经有机会将观念之间的联想和条件反射做了一个对比，后者已经代替了前者，而且显然生理学的色彩要浓得多（这只是一个例子，我并不想夸大条件反射的范围）。因而物理学和心理学一直在从两端互相靠近，这使得威廉·詹姆斯在批评"意识"时所提出的"中立一元论"的学说更有可能是真实的了。精神与物质的区别是从宗教进入到哲学之中的，尽管在很长的时间里，这个区别看上去似乎确实有可靠的理由。我认为，精神和物质都只是聚拢事件的便捷方式罢了。我承认，某些单独的事件只属于物质那一组，另外一些事件则同时属于两组，因此既是精神的也是物质的。这个学派的影响是，我们对这个世界构造的描绘大为简化了。

近代物理学和生理学在知觉这个古老的问题上开辟了一条新的道路。如果有什么能够被称为"知觉"的东西的话，它一定在某种程度上是被知觉到的对象的效果；而且如果它能够是关于这个对象的知识的来源的话，它一定或多或少地与这个对象相似。第一个必要条件只有在存在着一个多少和世界的其他部分无关的因果链条的情况下才能得到满足。根据物理学，情况就是如此。光波在从太阳传递到地球上时遵循着自身的规律，这么说只是大体上正确。爱因斯坦已经证明了光线会受到重力的影响，当光线达到大气层时会发生折射，有些光线比其他光线分散得更厉害。当光线到达人眼时，所发生的各种事情在别处都是不会发生的，最后的结果就是我们所说的"看见太阳"。尽管我们视觉经验中的太阳和天文学家所说的太阳有着极大的不同，前者依然是关于后者的知识的一个来源，因为"看见太阳"和"看见月亮"之间的不同，与天文学家所说的太阳和天文学家所说的月亮之间有着因果上的联系。然而，关于物理对象我们能够通过这种方式加以认识的只有某些抽象的结构的属性。我们能够在某种意义上知道太阳是圆的，但并不完全是在我们看见太阳是圆的这个意义上；而且我们没有任何理由设想太阳是亮的或热的，因为物理学不需要这样的设想也能解释太阳为什么会有如此的表现。因此，我们关于物理世界的知识只是抽象的和数学性的。

我已经对现代的分析经验主义进行了概述，这种经验主义与洛克、贝克莱和休谟的不同在于它结合了数学并且发展出了一套有力的逻辑技巧。因而能够在某些问题上得到确定的答案，这些答案的性质与其说是哲学的倒不如说是科学的。与缔造了体系的哲学相比，这种哲学具有一个优势，就是能够一次解决一个问题，而不必一下子为整个宇宙创造出一套理论来。在这方面，它的方法与科学方法相似。我毫不怀疑，只要哲学知识能够取得，就一定能够通过这种方法取得；我也毫不怀疑，通过这种方法，许多古老的问题是能够得到彻底的解决的。

不过，依然有一个广阔领域传统上包括在哲学中，科学的方法在其中是不够用的。这个领域包括了关于价值的种种根本性问题，例如，单凭科学就无法证明为什么以施暴为乐就是不好的。所有能够被认知的东西，都能通过科学的手段被认知，但是那些论理是关于感情的问题不在科学的职责范围之内。

哲学在其整个历史中，一直都是由两个互不协调的部分混合起来的：一方面是关于世界本质的理论，另一方面是关于最好生活方式的伦理学或者政治学理论。因为没能在这两部分之间做出足够明确的划分，结果使之成了许多混乱思想的根源。从柏拉图到威廉·詹姆斯的哲学家们都让自己关于宇宙构成的观点受到了自己好为人师习惯的影响，他们因为自认为已经知道了哪些信念会让人们有德行，所以便编造出一些往往非常诡辩的论证来证明这些信念是真实的。至于我，我依据道德上的和理智上的理由谴责这种偏见。在道德上，如果一个哲学家用他的专业能力做任何公正无私地探寻真理以外的事情，他就犯了某种背信弃义之罪。如果他在进行探究之前就假定某些信念无论真假都能够促进好的行为，他就给哲学思辨的范围加上了严重的限制，以至于使哲学成了某种浅薄琐碎的东西，真正的哲学家准备去考察一切先入之见。如果为追寻真理这件事设置任何限制，不管是有意还是无意之为，哲学都会因为恐惧而瘫痪，而政府为了处罚那些表达“危险思想”的人而设立的审查制度也会顺理成章——实际上，哲学家们已经为自己的研究工作加上了这样一种审查制度。

在理智上，道德上的错误考量对哲学的影响一直都极大地阻碍了进步。我自己并不相信哲学能够证明宗教教义是或者不是真理，但是自从柏拉图以来的大部分哲学家都将提出关于不朽和上帝存在的“证明”当作是自己职责的一部分。他们发现了自己前人证明中的错误——圣托马斯否定了圣安瑟勒姆的证明，康德否定了笛卡儿的证明——但是他们又都提出了他们自己的新的证明。为了让自己的证明显得可靠，他们不得不篡改逻辑，使数学神秘化并且假装一些根深蒂固的偏见是天赐的直觉。

这一切都被那些将逻辑分析当作是哲学的主要职责的哲学家否定了。他们坦承，人类理智无法为许多对人类具有深刻重要性的问题找到决定性的答案，但是他们拒绝相信有某种更“高级”的认知方法，能够为我们发现科学和理智发现不了的真理。他们因为这个否定而得到的报答是，之前许多被形而上学的迷雾笼罩的问题都可以得到精确的回答，而且是通过除了求知欲之外完全不引入哲学家个人气质的客观方法。以这样一些问题为例：什么是数？什么是空间和时间？什么是精神？什么是物质？我并不是在说我们此时此地能够为所有这些古老的问题给出确定的答案，但是我的确认为，一种能够让我们不断逼近真理的方法已经被发现了，像在科学里那样，这种方法中的每一步都是由对之前工作的改进而不是否定得到的。

在一片杂乱无章而又相互冲突的狂热主义中，为数不多的几个统一性的力量之一就是科学的实事求是——我指的是将我们的信念建立在人类能够做到的、尽可能剥除了地域性和气质性偏见的观察和推论的基础之上这种习惯。坚持将这种美德引入哲学，并创造了一种能让哲学硕果累累的有力的方法，这是我所属的哲学学派的两个主要功劳。这种哲学方法在实践中所养成的谨慎求实的习惯，能够扩展到整个人类活动的领域。结果便是，凡是有这种习惯存在的地方，狂热主义便有所减少，而同情别人和相互理解的能力便有所增强。在放弃了一部分自命不凡的教条式之后，哲学并没有停止提示和启迪人们的生活方式。